Um Curso de Direito da Insolvência

Um Curso de Direito da Insolvência

2016 · 2.ª edição revista e atualizada

Alexandre de Soveral Martins

UM CURSO DE DIREITO DA INSOLVÊNCIA
AUTOR
Alexandre de Soveral Martins
1.ª Edição: Fevereiro, 2015
EDITOR
EDIÇÕES ALMEDINA, S.A.
Rua Fernandes Tomás, nºˢ 76, 78 e 80
3000-167 Coimbra
Tel.: 239 851 904 · Fax: 239 851 901
www.almedina.net · editora@almedina.net
DESIGN DE CAPA
FBA.
PRÉ-IMPRESSÃO
EDIÇÕES ALMEDINA, S.A.
IMPRESSÃO E ACABAMENTO
PAPELMUNDE

Janeiro, 2016
DEPÓSITO LEGAL
403644/16

Os dados e as opiniões inseridos na presente publicação são da exclusiva responsabilidade do(s) seu(s) autor(es).
Toda a reprodução desta obra, por fotocópia ou outro qualquer processo, sem prévia autorização escrita do Editor, é ilícita e passível de procedimento judicial contra o infrator.

Biblioteca Nacional de Portugal – Catalogação na Publicação

MARTINS, Alexandre de Soveral

Um curso de direito da insolvência . – 2ª
ed. rev. e atualizada - (Manuais universitários)
ISBN 978-972-40-6431-4

CDU   347

NOTA PRÉVIA À SEGUNDA EDIÇÃO

A primeira edição deste Curso encontrou recetividade junto dos estudiosos do direito da insolvência, o que nos fez ganhar ânimo para continuar a melhorar o trabalho já realizado. Sai agora para as bancas uma segunda edição que obrigou a ter em conta muitas novidades legislativas, jurisprudenciais e doutrinais. Destacamos o novo Regulamento 2015/848 sobre insolvência (apesar do disposto no seu art. 84.º quanto ao respetivo âmbito de aplicação temporal), o novo regime do Fundo de Garantia Salarial e o novo Código Cooperativo. Noutros países, também houve alterações que procurámos trazer para a discussão dos temas. Como ficou escrito na nota prévia à primeira edição, a «análise dos diplomas legais foi feita com cuidado mas não dispensa a leitura das versões oficiais».

Considerámos oportuno convocar mais frequentemente antecedentes legislativos nacionais e os debates por eles suscitados. Esta memória evitará juízos precipitados de que a História começou com o Código da Insolvência e da Recuperação de Empresas ou com o Processo Especial de Revitalização.

Estamos perante uma obra em construção e o diálogo com outros autores só a pode enriquecer. Porém, foi pensada como um texto para os alunos. Por isso, este propósito pedagógico orientou a nossa seleção bibliográfica.

Nesta segunda edição são devidos agradecimentos: à Senhora Doutora Susana Tavares da Silva, pelos seus ensinamentos sobre direito fiscal; à Senhora Doutora Maria José Capelo, pelos esclarecimentos sobre processo civil; ao Senhor Professor Rui Pinto Duarte, pelas observações que dirigiu à primeira edição. O que estiver mal só a nós se deve.

Bairro Novo, Figueira da Foz, 24 de outubro de 2015 (data em que se deram por concluídas as atualizações).

NOTA PRÉVIA

No ano letivo de 2010, foi-me atribuída a regência da unidade curricular semestral de Direito da Insolvência, lecionada no Curso de Mestrado Jurídico-Forense da Faculdade de Direito da Universidade de Coimbra. Tenho lecionado essa unidade desde então, embora a mesma tenha entretanto passado a contar, por sugestão minha, com duas turmas, ficando ao meu cuidado a primeira turma e tendo sido entregue a regência da segunda turma à Doutora Carolina Cunha.

Apesar de existirem publicadas excelentes lições sobre os temas aqui tratados (destaco as obras dos Doutores Catarina Serra, Maria do Rosário Epifânio e Menezes Leitão) e de podermos também contar com o insubstituível Código da Insolvência e da Recuperação de Empresas Anotado de Carvalho Fernandes e João Labareda, entendi que estava na hora de deixar um comprovativo do que, ao longo dos anos, fui estudando e escrevendo.

Com efeito, este *Um Curso...* foi sendo preparado desde o primeiro momento em que comecei a lecionar a unidade e facultado, de forma gradual, como «sumários desenvolvidos» para auxílio do estudo de quem me ouvia. Algum desse trabalho foi aproveitado na redação de artigos, já publicados, sobre a tramitação do processo até à declaração de insolvência, o PER e as insolvências transfronteiriças. Os temas selecionados não esgotam o que poderia ser o conteúdo do livro. São, no entanto, aqueles que era possível tratar numa unidade curricular semestral que conta apenas com uma aula de hora e meia por semana. Deixei, por isso, de fora os capítulos relativos à evolução histórica do direito da insolvência, às regras de conflitos e às normas penais relevantes. Talvez na próxima edição me resolva a fazer as coisas de outra forma.

Quando estava já terminada a revisão das últimas provas deste livro, surgiu o DL 26/2015, de 6 de fevereiro, que alterou o DL 178/2012, o CIRE e o CSC. Essas alterações foram tidas em conta, embora só tenha sido possível fazer uma breve descrição das mesmas quanto ao regime do SIREVE e do PER.

Não é analisado o teor das alterações ao CSC introduzidas pelo DL 26/2015, pois dizem respeito ao regime das ações e obrigações. No entanto, essas novidades visam também facilitar o financiamento das empresas. Duas delas, é certo, ainda dizem respeito a temas que podemos considerar de direito da insolvência: refiro-me à atualização do texto dos arts. 355.º, 4, *c*), e 372.º, 1, de que fica dada aqui conta. Convém igualmente lembrar que o disposto no DL 26/2015 entra em vigor «no primeiro dia do mês seguinte ao da sua publicação» (2 de março de 2015) e que o referido diploma revoga vários preceitos do DL 178/2012.

Estão ainda na forja alterações ao Regulamento 1346/2000 (pelo menos), que não sei quando surgirão. Com exceção das alterações introduzidas pelo DL 26/2015, dei por encerrado o texto em *24 de dezembro de 2014* e tentei ter em conta a legislação portuguesa dada a conhecer aos cidadãos da República até essa data. A análise dos diplomas legais foi feita com cuidado mas não dispensa a leitura das versões oficiais.

Uma palavra de especial agradecimento é devida ao Doutor António Vieira Cura, meu Colega na Faculdade de Direito da Universidade de Coimbra. Os esclarecimentos que me prestou foram imprescindíveis para a compreensão da nova Lei da Organização do Sistema Judiciário. Não esqueço também as úteis trocas de impressões com o Dr. Pedro Pidwell.

Sempre considerei que a publicação dos textos de que nos servimos para o nosso ensino universitário é fundamental para prestar provas públicas do que é o trabalho de um docente universitário. Nenhuma outra atividade profissional me daria tanta satisfação como esta que dou hoje por terminada e cujo resultado vai dedicado às minhas alunas e aos meus alunos de quase duas décadas e meia de ensino na Faculdade de Direito da Universidade de Coimbra.

Chãs de Semide, aos 08 de fevereiro de 2015
Alexandre de Soveral Martins
Professor Auxiliar da Faculdade de Direito da Universidade de Coimbra
Membro do Instituto Jurídico da Faculdade de Direito da Universidade de Coimbra

LISTA DE SIGLAS E ABREVIATURAS

AAFDL	*Associação Académica da Faculdade de Direito de Lisboa*
AAVV.	Autores Vários
ACE	Agrupamento Complementar de Empresas
AEIE	Agrupamento Europeu de Interesse Económico
AJ	Atualidade Jurídica
AktG	*Aktiengesetz*
al./als.	alínea/alíneas
Anm.	Anmerkung
Art./Arts.	Artigo/Artigos
AUJ	Acórdão de Uniformização de Jurisprudência
BBTC	*Banca, Borsa e Titoli di Credito*
BFD	*Boletim da Faculdade de Direito da Universidade de Coimbra*
BGH	*Bundesgerichtshof*
BMJ	*Boletim do Ministério da Justiça*
CadMVM	*Cadernos do Mercado de Valores Mobiliários*
CCiv.	Código Civil
CCom.	Código Comercial
CDP	*Cadernos de Direito Privado*
Cfr.	Confira
CI	*Contratto e impresa*
CIMI	Código do Imposto Municipal sobre Imóveis
CIMT	Código do Imposto Municipal sobre as Transmissões Onerosas de Imóveis
CIP	Centro dos Interesses Principais
CIRC	Código do Imposto sobre o Rendimento das Pessoas Coletivas
CIRE	Código da Insolvência e da Recuperação de Empresas
CIRS	Código do Imposto sobre o Rendimento das Pessoas Singulares

CIS	Código do Imposto do Selo
cit.	citada/citado
CJ	*Colectânea de Jurisprudência*
CJTJ	*Colectânea da Jurisprudência do Tribunal de Justiça*
COMI	Center of the Main Interests
CPC	Código de Processo Civil
CPEREF	Código dos Processos Especiais da Recuperação da Empresa e da Falência
CPP	Código de Processo Penal
CPPT	Código de Procedimento e de Processo Tributário
CRCiv	Código do Registo Civil
CRCom	Código do Registo Comercial
CRP	Constituição da República Portuguesa
CRPred	Código do Registo Predial
CSC	Código das Sociedades Comerciais
CT	Código do Trabalho
CVM	Código dos Valores Mobiliários
DDC	*Documentação e Direito Comparado*
DL	Decreto-Lei
DR	Diário da República
DSR	*Direito das Sociedades em Revista*
ed.	edição
EIRL	Estabelecimento Individual de Responsabilidade Limitada
EL	Ergänzungslieferung
EPE	Entidade Pública Empresarial
ESUG	*Gesetzes zur weiteren Erleichterung der Sanierung von Unternehmen*
GmbHG	*Gesetz betreffend die Gesellschaften mit beschränkter Haftung*
HLR	*Harvard Law Review*
IDET	Instituto de Direito das Empresas e do Trabalho
InsO	*Insolvenzordnung*
JO/JOCE	Jornal Oficial das Comunidades Europeias
L	Lei
LGT	Lei Geral Tributária
nt.	nota
n.º	número
ob.	obra
OPA	Oferta Pública de Aquisição
p.	página
pp.	páginas
p. ex.	por exemplo

QL	*Questões Laborais*
RB	*Revista da Banca*
RC	Tribunal da Relação de Coimbra
RDE	*Revista de Direito e Economia*
RDES	*Revista de Direito e de Estudos Sociais*
RDM	*Revista de Derecho Mercantil*
RdS	*Revista de Derecho de Sociedades*
RDCiv.	*Rivista di Diritto Civile*
RE	Tribunal da Relação de Évora
RFDUL	Revista da Faculdade de Direito da Universidade de Lisboa
RG	Tribunal da Relação de Guimarães
RGICSF	Regime Geral das Instituições de Crédito e Sociedades Financeiras
RJPADLEC	Regime Jurídico dos Procedimentos Administrativos de Dissolução e de Liquidação de Entidades Comerciais
RL	Tribunal da Relação de Lisboa
RLJ	*Revista de Legislação e de Jurisprudência*
Rn.	Randnummer
ROA	*Revista da Ordem dos Advogados*
ROC	Revisor Oficial de Contas
RP	Tribunal da Relação do Porto
RPC	Revista Portuguesa de Contabilidade
RS	*Rivista delle società*
RTDPC	*Rivista Trimestrale di Diritto e Procedura Civile*
s./ss.	seguinte/seguintes
STJ	Supremo Tribunal de Justiça
t.	tomo
tb.	também
TC	Tribunal Constitucional
V.	Veja
V.g.	verbi gratia
Vol.	Volume

CONSIDERAÇÕES GERAIS INTRODUTÓRIAS

1. O crédito e a economia de mercado

Numa economia de mercado, o crédito permite a multiplicação das trocas. Como já foi dito, é o crédito o «oxigénio da economia». A obtenção de crédito permite a realização de operações que não seriam possíveis de outra forma.

Contudo, para que a economia respire saudavelmente, necessário é que as dívidas vão sendo pagas. Dessa forma, os credores podem pagar também aos seus credores e assim sucessivamente. Uma interrupção neste circuito pode gerar consequências em cadeia. Os diversos intervenientes, se não cobram, não conseguirão muitas vezes pagar o que devem e daí pode resultar uma série de insolvências, com graves prejuízos para a economia de um país. Como é evidente, o esquartejamento do devedor que a Lei das XII Tábuas admitia não seria a solução mais adequada.

O credor que é confrontado com uma situação de incumprimento por parte do devedor pode estar em condições de reagir de várias formas, consoante as circunstâncias. Basta lembrar a exceção de não cumprimento do contrato, a resolução por incumprimento, a execução judicial se houver título executivo. E um grande etc..

Porém, o devedor que não paga pode estar insolvente. Em certos casos, que veremos melhor adiante, o devedor pode estar insolvente apesar de conseguir ir pagando as suas dívidas. Perante a situação de insolvência de um devedor, interessa que a lei aplicável contenha mecanismos que permitam a rápida satisfação dos seus credores: se não quanto ao valor total que tinham a receber, pelo menos quanto a uma parte.

Mas, por outro lado, não é possível esquecer que o insolvente é, muitas vezes, o titular de uma empresa e/ou o empregador de quem dependem muitas famílias. A lei não pode ignorar totalmente essa realidade e deve conter mecanismos que, também por isso, permitam tentar a recuperação da empresa/do devedor.

Por sua vez, a pessoa singular chega frequentemente a uma situação de insolvência sem que para tal tenha verdadeiramente contribuído. Basta pensar em situações de doença grave ou de desemprego. Também aí a lei pode conter alternativas que permitam falar de uma segunda oportunidade.

O desejável seria, obviamente, que a insolvência não fosse declarada, abrindo-se caminhos que permitissem tentar evitá-lo. Alguns deles ainda têm natureza judicial (o PER), mas outros não (o SIREVE e, até, o PERSI e a mediação do crédito)[1].

2. Antes do CIRE já havia direito da falência e antes da Troika já se pensara na recuperação das empresas

A crise financeira e económica que começou a assolar Portugal no final da primeira década do séc. XXI conduziu a um crescimento acentuado do número de insolvências de cidadãos e de empresas. As consequências associadas a essa realidade levaram a que se passasse a dar maior atenção ao direito da insolvência, à recuperação de empresas e, consequentemente, ao CIRE e ao PER.

---

[1] O PER e o SIREVE serão adiante estudados desenvolvidamente. Sobre o PERSI (Procedimento Extrajudicial de Regularização de Situações de Incumprimento), cfr. o DL 227/2012, de 25 de outubro, e PAULO CÂMARA, «Crédito bancário e prevenção do risco de incumprimento: uma avaliação crítica do novo Procedimento Extrajudicial de Regularização de Situações de Incumprimento (PERSI)», in CATARINA SERRA (Coord.), *II Congresso de direito da insolvência*, Almedina, Coimbra, 2014, p. 313-332. Por sua vez, a L 58/2012, de 9 de novembro, alterada pela L 58/2014, de 25 de agosto, cria um regime extraordinário de proteção dos devedores de crédito à habitação que se encontrem em situação económica muito difícil. Sobre este último, JOÃO LABAREDA, «Reflexões acerca do regime extraordinário de protecção de devedores de crédito à habitação em situação económica muito difícil», in CATARINA SERRA (Coord.), *II Congresso de direito da insolvência*, cit., p. 281-311. Quanto ao sistema nacional de apoio a cidadãos sobre-endividados, cfr. a Portaria 312/2009, de 30 de março.

CONSIDERAÇÕES GERAIS INTRODUTÓRIAS

No entanto, a História do direito da falência[2] não começou aí. Há muitos séculos que o direito olha para as situações de incumprimento das obrigações e a evolução dos regimes aplicáveis é marcada por fases distintas. Muitas das soluções hoje conhecidas tiveram antecedentes[3].

O Direito Romano, se não conhecia um verdadeiro direito da falência tal como o concebemos atualmente[4], continha regimes para os casos em que os devedores não cumpriam e que já revelavam um «princípio de ação coletiva»[5]. No entanto, a pessoa do devedor surgia inicialmente em primeiro plano[6]. Da táb. III da Lei das XII Tábuas resultava que o próprio devedor respondia pessoalmente pelas dívidas contraídas: podia ser preso acorrentado, vendido como escravo para lá do Tibre ou, até, esquartejado[7] para o seu corpo ser

[2] Como veremos mais desenvolvidamente, durante muito tempo a falência e a insolvência não se confundiam. A falência era um instituto reservado aos comerciantes e a insolvência diria respeito aos não comerciantes. Mas a insolvência também foi vista como um pressuposto da própria falência (PECORELLA GUALAZZINI, «Falllimento (storia)», in *Enc. del Dir.*, XVI, p. 225). Segundo PINTO FURTADO, «Perspectivas e tendências do moderno direito da falência», *RB*, 1989, jul-set, p. 64, terá sido apenas com o Alvará de 13 de novembro de 1756 que se começou a utilizar na lei o termo falência. O CPEREF já sujeitava à falência comerciantes e não comerciantes. Com o CIRE, a insolvência substitui a falência (o devedor em estado de insolvência é declarado insolvente – não é declarado falido), continuando a abranger comerciantes e não comerciantes. A justificação para a mudança terminológica (falência – insolvência) é dada pelo legislador no ponto 7 do Preâmbulo do DL 53/2004, de 18 de março, que aprovou o CIRE: a «supressão da dicotomia recuperação/falência, a par da configuração da situação de insolvência como pressuposto objetivo único do processo, torna também aconselhável a mudança de designação do processo, que é agora a de "processo de insolvência". A insolvência não se confunde com a "falência", tal como atualmente entendida, dado que a impossibilidade de cumprir obrigações vencidas, em que a primeira noção fundamentalmente consiste, não implica a inviabilidade económica da empresa ou a irrecuperabilidade financeira postuladas pela segunda». O CIRE foi logo republicado em 18 de agosto pelo DL 200/2004.

[3] V. tb., na mesma direção, JOSÉ MANUEL BRANCO, *Responsabilidade patrimonial e insolvência culposa*, cit., p. 15, nt. 7.

[4] A este propósito, afirma MENEZES CORDEIRO, «Perspetivas evolutivas do Direito da Insolvência», *RDS*, 2012, 3, p., que «não se encontra, no Direito romano, um típico processo judicial que vise a repartição de um património sobreendividado pelos credores, de acordo com os seus direitos preexistentes».

[5] JEAN HILAIRE, *Introduction historique au droit commercial*, PUF, 1986, p. 306.

[6] SOUSA MACEDO, *Manual de direito das falências*, cit., p. 21, lembra que a «origem religiosa do direito de propriedade não permitia a execução patrimonial».

[7] Para mais pormenores, SEBASTIÃO CRUZ, *Direito Romano*, Almedina, Coimbra, 1969, p. 185 e ss.. Mas SANTOS JUSTO, *Direito privado romano*, I, 3.ª ed, Universidade de Coimbra/Coimbra Editora, Coimbra, 2006, p. 299, diz não ter testemunho de esquartejamento. Afirmando

UM CURSO DE DIREITO DA INSOLVÊNCIA

dividido pelos credores tendo em conta o valor do crédito. Era a pessoa do devedor (ou, no último caso, o que restava dela) que contava acima de tudo[8].

A passagem para uma execução patrimonial deu-se gradualmente e constituiu um marco importante na evolução civilizacional do mundo Ocidental. A *Lex Poetelia Papira de nexis*, por exemplo, afastou o *se nexum dare*[9]. Vemos surgir a possibilidade de execução sobre os bens do devedor (lembre-se a *missio in possessionem executionis*[10]) e sua alienação (pensamos na *bonorum venditio*[11] e, posteriormente, na *distractio bonorum*[12]), encontramos regimes de administração dos bens do devedor (com os poderes conferidos ao *curator bonorum*), de reação perante atos do devedor (para isso servia a *restitutio in integrum ob fraudem creditorum* e a *actio Pauliana*[13], por exemplo), de cessão de bens a favor dos credores (a *cessio bonorum* da *Lex Julia de bonis cedendis*[14]), de reclamação de créditos[15] e até para concordatas[16] e moratórias[17]. O *fraudator* é por vezes

---

também que o esquartejamento, na prática, terá constituído apenas uma ameaça, visto que a sua concretização retiraria valor ao devedor, CESARE VIVANTE, *Tratado de derecho mercantil*, vol. I (versão espanhola da 5.ª ed. italiana), Reus, Madrid, 1932, p. 371.

[8] Sobre o tema, HENRIQUE DUARTE, *Questões sobre recuperação e falência*, vol. I, Almedina, Coimbra, 2003, p. 28.

[9] SEBASTIÃO CRUZ, *Direito Romano*, cit., p. 212.

[10] SEBASTIÃO CRUZ, *Direito Romano*, cit., p. 327.

[11] Considerando-a «um processo executivo que consiste na tomada de posse, decretada pelo magistrado, de todos os bens que integram o património do devedor e na sua venda em hasta pública», SANTOS JUSTO, *Direito privado romano*, I, cit., p. 383.

[12] Sobre a evolução, SANTOS JUSTO, *Direito privado romano*, I, cit., p. 388.

[13] Vendo-a como o resultado da fusão da *restitutio in integrum ob fraudem creditorum*, do *interdictum fraudatorium* e do *interdictum utile*, SEBASTIÃO CRUZ, *Direito Romano*, cit., p. 326.

[14] A cessão tinha lugar «para evitar a nota de infâmia que normalmente a *bonorum venditio* produz»: SANTOS JUSTO, *Direito privado romano*, I, cit., p. 384. Mas a possibilidade de recurso à *cessio bonorum* acabou por ser limitada: sobre isto, JEAN HILAIRE, *Introduction historique au droit comercial*, cit., p. 307. Considerando que a *cessio bonorum* corresponde à falência por apresentação, SOUSA MACEDO, *Manual de direito das falências*, cit., p. 25.

[15] Lembre-se o que sucedia quando a *missio in possessionem rei servandae causa* era concedida a um credor que a tinha pedido: isso «implicava a obrigação de afixar anúncios públicos nos locais mais frequentados para que os outros credores pudessem associar-se» no processo (SANTOS JUSTO, *Direito privado romano*, I, cit., p. 384, que recorda ainda a importância da divisão dos credores em três classes – hipotecários, privilegiados e comuns). Sobre a evolução descrita em texto, v. tb. MENEZES LEITÃO, *Direito da insolvência*, cit., p. 23 e ss..

[16] SOUSA MACEDO, *Manual de direito das falências*, cit., p. 25.

[17] SANTOS JUSTO, *Direito privado romano*, I, cit., p. 416 e s..

CONSIDERAÇÕES GERAIS INTRODUTÓRIAS

equiparado ao falido[18], mas é também possível encontrar nos antecedentes referidos semelhanças com o processo executivo. Se na *bonorum venditio* se verificava a tomada de posse «de todos os bens que integram o património do devedor» e a «sua venda em hasta pública», com a *distractio bonorum* tem lugar a «venda isolada de bens até à satisfação dos credores»[19]. Não pode igualmente deixar de ser sublinhada a afirmação do princípio da *par conditio creditorum*[20]. Note-se, porém, que ainda no séc. IV se identifica a possibilidade de «execução sobre a pessoa do devedor»[21].

É, porém, apenas com o desenvolvimento das cidades comerciais italianas[22] (Florença, Siena, Veneza, Lucca, Milão, Verona) que o enquadramento jurídico da falência adquire traços mais próximos dos atuais[23]. Os estatutos medievais, é certo, não tinham todos o mesmo conteúdo[24]. Mas foi-se ganhando consciência de que, se a multiplicação das trocas pelos comerciantes exigia a concessão de crédito, o incumprimento de um dos elementos da cadeia repercutia-se nos restantes. Os comerciantes, por causa da sua atividade, tinham em regra mais credores do que os não comerciantes. A falência não deixou de ser severamente sancionada (porque associada à existência de

---

[18] SANTOS JUSTO, *Direito privado romano*, I, cit., p. 385.

[19] Sobre tudo isto, SANTOS JUSTO, *Direito privado romano*, I, cit., p. 385 e 388.

[20] Salientando isso mesmo, MICHAEL FREGE/ULRICH KELLER/ERNST RIEDEL, *Insolvenzrecht*, Beck (Beck-online), 8. Aufl., 2015, Rn. 11.

[21] SANTOS JUSTO, *Direito privado romano*, I, cit., p. 414.

[22] Sobre a importância do direito visigótico para a construção de um regime da falência ao reforçar a vertente pública do processo, HENRIQUE DUARTE, *Questões sobre recuperação e falência*, cit., p. 28.

[23] Coincidem nesta leitura muitos autores: p. ex., MENEZES LEITÃO, *Direito da insolvência*, cit., p. 27, ALBERTO JORIO, «Introduzione», in GASTONE COTTINO (dir.), *Trattato di diritto commerciale*, XI, 2, *Il fallimento*, Cedam, 2009, p. 1. No entanto, a ideia do processo falimentar como concurso de credores parece só ter ficado clarificada a partir de 1646, com SALGADO DE SOMOZA e o seu *Labyrinthus creditorum concurrentum ad litem per debitorem communem inter illos causatam*: v. MICHAEL FREGE/ULRICH KELLER/ERNST RIEDEL, *Insolvenzrecht*, cit., Rn. 13. Por outro lado, a obra revelava o papel central do juiz e o carácter formal do processo: ULRICH KELLER, *Insolvenzrecht*, Franz Vahlen, München, 2006, Rn. 33.

[24] Para algumas comparações, PECORELLA GUALAZZINI, «Falllimento (storia)», cit., p. 221-233, e PEDRO CAEIRO, *Sobre a natureza dos crimes falenciais (o património, a falência, a sua incriminação e a reforma dela)*, Universidade de Coimbra/Coimbra Editora, Coimbra, 1996, p. 86. Ensinando que em Génova, Veneza e Pádua a quebra se aplicava a todos os devedores insolventes (e, portanto, não apenas aos comerciantes), CESARE VIVANTE, *Tratado de derecho mercantil*, vol. I, cit., p. 375, nt. 1.

fraude[25]), mas começou a ser dada maior atenção à necessidade de assegurar a igualdade entre os credores e procuraram-se mecanismos que evitassem a destruição de valor pelo próprio devedor. Os comerciantes ficaram sujeitos a um processo célere[26] que implicava a apreensão dos seus bens (muitas vezes por funcionários da própria corporação[27]), deixando estes de ser administrados pelos devedores. Os credores tinham a possibilidade de fazer verificar os seus créditos no processo[28] e, gradualmente, foram adquirindo alguns poderes para influenciarem o andamento do mesmo. A própria concordata era frequentemente admitida, permitindo aos credores atenuar o rigor do regime de liquidação. A reação contra atos anteriores à falência estava muitas vezes regulada, pois considerava-se que um certo período anterior à cessação de pagamentos já deveria ser tratado como se o devedor estivesse falido[29]. Com Stracca, surge a distinção entre os insolventes *fortunae vitio, suo vitio* e *partim suo partim fortunae vitio*[30].

No que diz respeito à história do direito falimentar português[31], esta pode ser subdividida em grandes ciclos, marcados ora pela prevalência dada à liquidação, ora ao saneamento. Até ao CPC de 1961, as diversas leis estavam

---

[25] JEAN HILAIRE, *Introduction historique au droit comercial*, cit., p. 309, lembrando que a expressão bancarrota terá origem na quebra (em sentido literal) da banca utilizada pelo banqueiro falido. Os devedores fugitivos eram por vezes equiparados a ladrões e até mesmo a *rebelles*: PECORELLA GUALAZZINI, «Falllimento (storia)», cit., p. 231.

[26] Celeridade que era alcançada por uma privatização do regime aplicável por força das cláusulas dos próprios contratos e da adesão a uma corporação e aos seus estatutos. O valor probatório atribuído aos documentos particulares e aos livros do comerciante falido, bem como à própria fuga deste, agilizavam o processo, que numa primeira fase tinha um cariz marcadamente executivo (PECORELLA GUALAZZINI, «Falllimento (storia)», cit., p. 228).

[27] JEAN HILAIRE, *Introduction historique au droit comercial*, cit., p. 309.

[28] Sobre a importância de Baldo na hierarquização dos créditos, PECORELLA GUALAZZINI, «Falllimento (storia)», cit., p. 229.

[29] JEAN HILAIRE, *Introduction historique au droit comercial*, cit., p. 309.

[30] PECORELLA GUALAZZINI, «Falllimento (storia)», cit., p. 232.

[31] Para apontamentos históricos sobre outros países, pode ver-se, quanto ao Reino Unido, ROY GOODE, *Principles of Corporate Insolvency Law*, Sweet & Maxwell/Thomson Reuters, 2010 (reimp. da ed. de 2005), p. 6 e ss.; quanto à Itália, ALBERTO JORIO, «Introduzione», in ALBERTO JORIO (dir.), *Il nuovo diritto fallimentare*, Zanichelli, Bologna, 2006, p. 3 e ss.; para a Alemanha, MICHAEL FREGE/ULRICH KELLER/ERNST RIEDEL, *Insolvenzrecht*, cit., Rn. 11 e ss., ou GERHARD PAPE/WILHELM UHLENBRUCK/JOACHIM VOIGT-SALUS, *Insolvenzrecht*, 2. Aufl, Beck (Beck-online), München, 2010, Rn. 6 e ss.; no que diz respeito à França, v. JEAN HILAIRE, *Introduction historique au droit comercial*, cit., p. 315 e ss..

sobretudo orientadas para a liquidação. Com aquele Código e até ao surgimento do CIRE, o intuito saneador parecia prevalecer. Efetivamente, no ponto 32 do Preâmbulo do DL n.º 44 129, de 28 de dezembro de 1961, lia-se: «A nova regulamentação do processo de falência dá primazia aos meios preventivos. Não se limita a trata-los em primeiro lugar, como é de boa ordem; dá-lhes prioridade real. É que a concordata ou o acordo de credores é sempre preferível, em regra, à ruinosa liquidação judicial». E por isso se previa, em certos casos, uma tentativa de conciliação com os credores. O CIRE deu novamente maior relevo à liquidação[32], mas a introdução do regime do PER atenuou essa tendência.

As Ordenações não contêm um regime sistematizado e completo aplicável à falência ou à quebra, mas nelas podemos encontrar algumas normas com interesse. Nas Ordenações Afonsinas[33] limitavam-se já os casos que poderiam dar lugar a prisão por dívidas. Lia-se no Título CVIIII do Livro V: «que nom seja algum preso por divida, se tever per honde pagar; e entregue-se o credor da sua divida pelos beës do devedor, segundo o foro e costume da terra, honde for devedor». Porém, a prisão seria admitida «se for por feitos maliciosos, em que per a Hordenaçom do regno deva seer preso; ca em tal caso deve pagar ellas dividas da cadea». A cessão de bens aos credores também era objeto de atenção (Título CXXI do Livro III). Se a divida «descendesse em todo de feito civil, ainda que o devedor fosse condenado por Sentença, dando elle luguar aos bens, em tal caso» não devia ser preso por tal dívida e ficava livre da obrigação civil ainda que que ficasse «naturalmente obriguado a esses, a que ante era». Por isso, se depois voltasse a ter bens, ficaria «por eles obriguado á dita divida, com tanto que lhe fiquem tantos bens, em que rezoadamente se possa manter [...]». Existiam ainda regras para a concessão de moratórias e era dado tratamento especial ao «bulrão, e inliçador».

---

[32] Para desenvolvimentos sobre cada um desses ciclos ou fases, MENEZES LEITÃO, *Direito da insolvência*, cit., p. 47 e ss.. Discordando de que o CPC de 1961 tenha regressado ao regime da «falência-saneamento», RUI PINTO DUARTE, «A administração da empresa insolvente: rutura ou continuidade?», in CATARINA SERRA (coord.), *I Congresso de Direito da Insolvência*, Almedina, Coimbra, 2013, p. 159.

[33] Disponíveis em http://www1.ci.uc.pt/ihti/proj/afonsinas/.

UM CURSO DE DIREITO DA INSOLVÊNCIA

Nas Ordenações Manuelinas[34] também vemos preocupação com o regime da prisão por dívidas (v. o Título LII do Livro IV), sendo objeto de tratamento especial os casos em que há malícia e revelando-se particular atenção à necessidade de combater o cárcere privado. Quanto à cessão de bens aos credores, procura-se evitar que a mesma seja usada pelos devedores para «fazerem muitas malicias, e enguanos» (Título LXXXIX, Livro III).

Nas Ordenações Filipinas[35] encontramos igualmente um Título (o LXVI do Livro V) dedicado, agora sim, aos «Mercadores que quebrão», bem como aos «que se levantão com fazenda alhea». Particularmente interessante (e citado) é o regime que faz a distinção entre três grupos de situações, de acordo com a sua gravidade relativa. Com efeito, é dado um tratamento mais severo (igual, em regra, ao conferido aos «publicos ladrões, roubadores») aos «Mercadores que quebrão de seus tratos, levantando-se com mercadorias que lhes forão fiadas, ou dinheiro que tomárão a câmbio, e se absentão, e escondem suas fazendas, de maneira que dellas se não pôde ter notícia, e outros poem seus creditos em cabeça alheia e para allegarem perdas fazem carregações fingidas». Nestes casos, os devedores não poderiam mais usar «em sua vida» o «Officio de Mercador», sendo havidos por «inabilitados» para tal. Não podiam também «fazer cessão de bens, nem gozar de quita, ou spera».

O regime menos severo estava reservado aos que «cairem em pobreza sem culpa sua, por receberem grandes perdas no mar, ou na terra em seus tratos, e commercios lícitos, não constando de algum dolo, ou malicia». Estes não incorriam em «pena alguma crime», sendo os «autos remetidos ao Prior e Consules do Consulado», que os procurariam «concertar e compor com seus credores».

Entre os dois grupos de situações encontrávamos o daqueles que «por sua culpa perdem sua fazenda, jogando, ou gastando demasiadamente». Estes incorriam nas penas aplicáveis aos casos mais graves referidos acima, mas não seriam «havidos por públicos ladrões», nem seriam condenados «em pena de morte natural».

Com o movimento de codificação, a evolução no sentido do atual direito da insolvência começa a ser identificável[36]. A preocupação em encontrar re-

[34] Disponíveis em http://www1.ci.uc.pt/ihti/proj/manuelinas/
[35] Disponíveis em http://www1.ci.uc.pt/ihti/proj/filipinas/ordenacoes.htm
[36] Durante o sec. XVIII foi também produzida legislação importante. V., designadamente, FERREIRA BORGES, *Diccionario jurídico-commercial*, Sociedade Propagadora dos Conhecimentos

CONSIDERAÇÕES GERAIS INTRODUTÓRIAS

gimes para problemas mais ou menos constantes, embora com diferenças de diploma para diploma, é visível quando lemos o Código Comercial de 1833[37] (ou de Ferreira Borges), o Código Comercial de 1888[38] (ou de Veiga Beirão), o Código das Falências de 1899, o Código de Processo Comercial de 1905[39] (com alterações profundas de 1932), o Decreto 21: 758 de 22 de outubro de 1932, prevendo a insolvência para não comerciantes, o Código de Falências de 1935, o CPC de 1939, o CPC de 1961 (antes e depois das alterações de 1967). Umas vezes, como se vê, a falência surge tratada em CCom, outras em autónomos Códigos de Falências, outras ainda no CPC ou num CPCom.

Durante muitos anos é o *comerciante* que pode ser considerado falido[40]: assim acontecia no CCom 1833 (n.º 1122[41]), no CCom 1888 (art. 692.º), no CFal 1899 (art. 1.º), no CPCom de 1905 (art. 185.º), no CFal de 1935 (art. 1.º), no CPC de 1939 (art. 1135.º), no CPC de 1961 (art. 1135.º, mesmo depois das alterações de 1967).

Isso deixou de ser assim com o Código dos Processos Especiais de Recuperação da Empresa e de Falência (CPEREF), aprovado pelo DL 132/93, de

---

Úteis, Lisboa, 1939, entrada «Fallencia», p. 196 e ss., e SOUSA MACEDO, *Manual de direito das falências*, cit., p. 39. Sem prejuízo de já na *Ordonnance* de 1673 encontrarmos um Título XI dedicado às «faillites et banqueroutes» (para textos anteriores, v. SOUSA MACEDO, *Manual de direito das falências*, cit., p. 29, e CESARE VIVANTE, *Tratado de derecho mercantil*, vol. I, cit., p. 375), o movimento de codificação do direito da falência começa verdadeiramente com o *Code de Commerce* de 1807. Este foi criticado por o seu regime ser demasiado lento e severo. De tal modo que chega a afirmar-se que os próprios credores procuravam «éviter la procédure de faillite» (JEAN HILAIRE, *Introduction historique au droit comercial*, cit., p. 329).

[37] V. a Parte Primeira, Livro III, Títulos XI (Das Quebras), XII (Da Rehabilitação do Falido) e XIII (Das Moratórias), n.ºs 1121 a 1286. Uma lei de 2 de julho de 1849 sujeitou os comerciantes não matriculados ao juízo de falências.

[38] Arts. 692-749.

[39] Arts. 181.º-362.º.

[40] Desde o séc. XIX que o direito alemão sujeita ao *Konkurs* comerciantes (*Kaufleute*) e não comerciantes: MICHAEL FREGE/ULRICH KELLER/ERNST RIEDEL, *Insolvenzrecht*, cit., Rn. 14. Na Inglaterra, a distinção entre *traders* e *non-traders* foi abolida com a *Bankruptcy Act* de 1861 (ROY GOODE, *Principles of Corporate Insolvency Law*, Sweet & Maxwell/Thomson Reuters, London, 2010, reimp. da ed. de 2005, p. 7). Note-se, porém, que na Inglaterra a *bankruptcy* diz respeito a pessoas singulares.

[41] No CCom 1833 o devedor não comerciante poderia achar-se em «estado d'insolvencia» (n.º 1122). Também surgia regulada a insolvência dos não comerciantes no Dec. n.º 21:758, de 22.10.1932, no CPC de 1939 (arts. 1355.º-1368.º) e no CPC de 1961 (arts. 1313.º-1325.º).

23 de abril[42]. Com efeito, o art. 1.º daquele Código veio sujeitar à falência a *empresa* em situação de *insolvência*, mas só podendo ser declarada essa falência quando a empresa se mostrasse *economicamente inviável* ou *não se considerasse possível, perante as circunstâncias a sua recuperação financeira*. O *devedor insolvente que não fosse titular de empresa* não podia beneficiar dos meios de recuperação (de empresa) mas podia evitar a declaração de falência requerida pelos credores através da concordata particular (arts. 27.º e 240.º-245.º).

A situação de quebra era vista no CCom 1833 como a do comerciante que «por vício da fortuna ou seu, ou parte da fortuna e parte seu, se acha inhabil para satisfazer a seus pagamentos, e abandona o commercio» (n.º 1121; o comerciante que cessava pagamentos encontrava-se em estado de quebra – n.º 1123)[43].

---

[42] Criticamente, referindo-se a uma «"falencialização" do mundo civil», PEDRO CAEIRO, *Sobre a natureza dos crimes falenciais (o património, a falência, a sua incriminação e a reforma dela)*, cit., p. 144.

[43] Para uma análise das discussões a propósito da articulação dos preceitos, PEDRO CAEIRO, *Sobre a natureza dos crimes falenciais (o património, a falência, a sua incriminação e a reforma dela)*, cit., p. 93 e s.. A flutuação da terminologia era grande. Se os n.ºs 1121 e 1123 do CCom de 1833 usavam os termos «quebra», já no n.º 1122 se lia «estado de quebra ou fallencia». No CCom 1888 surgiam os termos «quebra» e «fallido». No CFal 1899 (art. 1.º) e no CPCom 1905 (art. 185.º, corpo), equipara-se falência a quebra. Dizia BARBOSA DE MAGALHÃES, *Codigo de processo comercial anotado*, vol. 2.º, 3.ª ed, A.M. Pereira, Lisboa, 1912, p. 12, acerca do CPCom 1905: «Pôz-se agora termo a esta confusão de palavras, usando sempre do mesmo nome – *falencia*. Como, porém, continúa a denominação de *quebra* nos art.s 447 e 448 do Cod. Penal, e ele tem de aplicar-se aqui, por força do art 332, entendeu-se conveniente, para evitar todas as dúvidas, declarar n'este art. equivalentes essas duas palavras, segundo tambem o são no uso comum. Todavia, em rigor, não o deviam ser. *Quebra*, na nossa antiga legislação, era propriamente *banca-rota*, falencia com fraude ou culpa. Na jurisprudencia moderna, *falencia* é termo jeral para designar a insolvencia do comerciante, de boa ou má fé, e n'este sentido se emprega aqui». Também CUNHA GONÇALVES, *Comentário ao Código Comercial Português*, vol. III, José Bastos, Lisboa, 1918, p. 483, afirmava que a palavra quebra «é mais rigorosamente aplicável á insolvencia fraudulenta». Antes, já tinha escrito FERREIRA BORGES, *Dicionario jurídico-commercial*, cit., p. 196 e s., o seguinte: «Rigorosamente falando todo o comerciante que *cessa* pagamentos está em estado de *fallencia*: mas o comerciante falido, que se acha n'um dos casos ou de *culpa grave*, ou de *fraude* diz-se ter feito *banca-rota*. O uso confunde os termos *fallencia* e *banca-rota*; e diz-se commummente fallencia ou *quebra de boa*, ou *de má fé* [...]. É certo que *fallencia* e *banca-rota* quer dizer a decomposição ou desconcerto dos negócios d'um devedor – Propriamente falando a fallencia não difere da banca-rota: tanto uma como outra importa o estado d'um negociante ou banqueiro, que pela desordem em que se achão os seus negócios, é forçado a quebrar-lhe o curso. Porem no uso chama-se *fallencia* ou quebra a quebra

CONSIDERAÇÕES GERAIS INTRODUTÓRIAS

Com o CCom 1888, não só se presumia «em estado de quebra» o comerciante que *cessa pagamentos* das suas obrigações *comerciais*, como também podia ser declarada a quebra «com audiência do falido» se fosse «justificada» previamente «a manifesta insufficiencia do activo para satisfação do passivo» (v. art. 692, corpo e § único)[44].

De acordo com o art. 1.º do CFal de 1899, a cessação de pagamentos das obrigações comerciais fazia presumir o estado de «fallencia» ou quebra[45] e a «manifesta insufficiencia do activo para satisfação do passivo» também permitia («póde tambem declarar-se» declarar a falência com audiência «do arguido» (§ 1.º, que igualmente previa outros casos[46]). A redação do art. 185.º do CPCom de 1905 era muito semelhante[47].

causada por acidentes acontecidos ao devedor, e em perdas que sofreu; e chama-se *banca--rota fraudulenta*, ou simplesmente *banca-rota* a fallencia ou quebra acompanhada de má fé».

[44] E isto também para o comerciante pessoa humana, como aliás continuou a ser no CFal de 1899 e no CPCom de 1905. O critério mencionado tem particular interesse atendendo ao disposto no art. 3.º, 2, do CIRE. Quanto aos não comerciantes, o art. 1.º do Decreto n.º 21.758, de 22 de outubro de 1932, permitiu a declaração de insolvência «quando o activo do seu património seja inferior ao passivo» (v. tb. o art. 1355.º do CPC de 1939 e o art. 1313.º do CPC de 1961), sendo o regime aplicável às sociedades civis sob forma comercial e às sociedades civis (art. 24.º).

[45] Dizia a norma que «presume-se em estado de fallencia ou quebra» o comerciante que cessa pagamentos.

[46] § 1.º «Antes da cessação de pagamentos póde tambem declarar-se a fallencia no caso de fuga de comerciante ou abandono do seu estabelecimento [...]. § 2.º A declaração da fallencia terá ainda logar nos casos dos artigos 116.º, 133.º e 139.º».

[47] Antes da cessação de pagamentos e para além da manifesta insuficiência do ativo para satisfação do passivo, o § 1.º do art. 185.º do CPCom de 1905 (como o art. 1.º, § 1.º, do CFal 1899) previa ainda a possibilidade («póde tambem») de ser declarada a falência «no caso de fuga do comerciante ou abandono do seu estabelecimento». Barbosa de Magalhães, *Codigo de processo comercial anotado*, vol. 2.º, cit., p. 177 e s., considerava que a «cessação de pagamentos, assim como a fuga do comerciante ou o abandono do seu estabelecimento, são simples presunções legaes, suscetíveis, segundo a regra jeral, de ser ilididas pela prova em contrário. Já assim não é a manifesta insuficiência do ativo para satisfação do passivo, porque essa, logo que demonstrada, determina a declaração da falência, ainda que não tenha havido cessação de pagamentos». O autor escrevia ainda, a propósito da «manifesta insufficiencia do activo para satisfação do passivo», que a «insuficiência tem de ser manifesta, o que não quer dizer publicamente notória. Não basta, para a classificar, que haja *deficit* maior ou menor no respetivo balanço. É preciso que essa diferença seja manifestamente insolúvel, isto é, que o ativo seja em absoluto insuficiente, não pelo seu valor atual, mas pelo seu produto provável, para em tempo oportuno ocorrer aos encargos ou permitir a sua reforma em razoáveis condições. Tudo depende da qualidade do ativo, das circunstancias do mercado, do crédito do comerciante,

UM CURSO DE DIREITO DA INSOLVÊNCIA

Por sua vez, o art. 1.º do CFal 1935 considerava em estado de falência o «comerciante que se encontra impossibilitado de solver os seus compromissos». Mas a falência «com fundamento na insuficiência manifesta do activo para satisfação do passivo» só podia ser declarada relativamente às *sociedades de responsabilidade limitada*, como resulta do art. 2.º, § 1º. É, aliás, de realçar que se discutia o valor dos casos previstos no referido art. 2.º[48].

No CPC de 1939 a falência surge regulada como processo de liquidação em benefício de credores. O art. 1135.º do CPC 1939 considera novamente em estado de falência o «comerciante impossibilitado de solver os seus compromissos» e o art. 1136.º, § 1.º, parecia permitir (?) declarar a falência nas *sociedades de responsabilidade limitada* «com fundamento na insuficiência

e da natureza e prasos da exigibilidade do passivo». Parece-nos, no entanto, que uma coisa é a determinação do valor do ativo, outra é saber se esse ativo é manifestamente insuficiente para satisfazer o passivo. Esta última é conclusão a que se chega depois da primeira tarefa concluída. O CIRE, hoje, não faz menção à manifesta insuficiência do ativo para satisfazer o passivo, mas sim à manifesta superioridade do passivo relativamente ao ativo, avaliados segundo as normas contabilísticas aplicáveis (art. 3.º, 2).

[48] Considerando-as presunções do estado de falência, AURELIANO STRECHT RIBEIRO, *Anotações ao Código de Falências (com um índice alfabético e um formulário)*, Atlântida, Coimbra, 1936, p. 5 (mas v., sobre a discussão doutrinal, PEDRO CAEIRO, *Sobre a natureza dos crimes falenciais (o património, a falência, a sua incriminação e a reforma dela)*, cit., p. 104 e ss., que salienta que «o CFal de 1935 e, posteriormente, os dois Códigos de Processo Civl não aludiam a presunção alguma»). STRECHT RIBEIRO afirma, a p. 8, que a manifesta insuficiência do ativo para satisfação do passivo deixou de ser considerado fundamento para a declaração de falência do *comerciante em nome individual* «porque o crédito pessoal do comerciante, o seu bom nome na praça, em honrar os seus compromissos, é de grande importância, porque quantas vezes os comerciantes contraem obrigações superiores às forças do seu activo e todavia cumprem rigorosamente os seus compromissos». O art. 2.º do CFal de 1935 também indicava outros casos que levavam (poderiam levar?) à declaração do estado de falência: «A declaração do estado de falência terá lugar nos casos seguintes: 1.º Cessação de pagamentos; 2.º Fuga do comerciante ou ausência do seu estabelecimento, sem deixar legalmente indicado quem o represente na respectiva gestão; 3.º Dissipação e extravio de bens ou qualquer outro abusivo procedimento que revele, por parte do comerciante, manifesto propósito de se colocar na situação de não poder solver os seus compromissos [...]»; o § 2.º dispunha ainda que a declaração de falência teria lugar noutros casos. Sobre a discussão doutrinal quanto à articulação entre impossibilidade de solver os compromissos e a cessação de pagamentos, PEDRO CAEIRO, *Sobre a natureza dos crimes falenciais (o património, a falência, a sua incriminação e a reforma dela)*, cit., p. 95 e ss.. Trata-se de uma discussão interessante e que se prolonga para os Códigos seguintes, mas que não cabe nos estreitos limites desta introdução histórica.

CONSIDERAÇÕES GERAIS INTRODUTÓRIAS

manifesta do activo para satisfação do passivo» (para além de outros casos previstos no referido art. 1136.º[49]).

O CPC de 1961 mantinha no art. 1135.º (mesmo depois das alterações de 1967) que o critério para se determinar se o comerciante se encontrava em estado de falência era o da impossibilidade de cumprir as suas obrigações. Contudo, o art. 1174.º, 2, também estabelecia como motivo para a declaração de falência quanto às sociedades de responsabilidade limitada a *insuficiência* manifesta do ativo para satisfação do passivo. Previa-se ainda, no art. 1174.º, mais um conjunto de factos que conduziam (poderiam conduzir?) à declaração de falência[50].

O CPEREF tinha como ponto de partida a *recuperação*[51]. Com o CPEREF, a situação de *insolvência* era um dos requisitos para que se pudesse declarar o devedor em regime de falência. A empresa estava em situação de insolvência quando, «por carência de meios próprios e por falta de crédito», se encontrasse «impossibilitada de cumprir pontualmente as suas obrigações» (art. 3.º). Mas a situação de insolvência era também pressuposto do recurso às providências de recuperação (art. 1.º, 1). Como se lia no art. 1.º, 2, daquele Código, a falência da *empresa* insolvente só podia ser decretada se ela se mostrasse *economicamente inviável* ou *financeiramente irrecuperável em face das circunstâncias*. E, portanto, *mesmo quando a empresa estava insolvente não era necessariamente decretada a falência*. O devedor não titular de empresa não podia recorrer ao processo de recuperação mas podia evitar a declaração de falência com a apresentação de concordata que o juiz homologasse (art. 27.º, 1, do CPEREF). No art. 8.º, 1, estavam previstos «factos reveladores da insolvência do devedor» que permitiam, por sua vez, a qualquer credor e ao Ministério Público (em

---

[49] O corpo do preceito reproduziu o art. 2.º do CFal de 1935.

[50] A redação do art. 1174.º, 1, do CPC de 1961 corresponde, com ligeiras modificações, à do art. 2.º do CFal de 1935.

[51] Cfr., p. ex., CATARINA SERRA, *Falências derivadas e âmbito subjetivo da falência*, BFD/Coimbra Editora, Coimbra, 1999, p. 34. Mas v., chamando a atenção para o art. 23.º do CPEREF, PEDRO CAEIRO, *Sobre a natureza dos crimes falenciais (o património, a falência, a sua incriminação e a reforma dela)*, cit., p. 129. Para uma apreciação geral do regime, v. CARVALHO FERNANDES, «Sentido geral dos novos regimes de recuperação da empresa e de falência», *DJ*, IX, t. 1, 1995, p. 11-32, ID., «O Código dos Processos Especiais de Recuperação da Empresa e de Falência. Balanço e Perspectivas», *RDES*, jan-set, 1997, p. 5-21, e COUTINHO DE ABREU, *Curso de direito comercial*, I, 4.ª ed., Almedina, Coimbra, 2003, p. 121 e ss..

representação dos interesses que lhe estavam confiados) requerer a falência «da empresa [...] quando a não considere economicamente viável» (art. 8.º, 3; se a empresa fosse considerada economicamente viável, o credor podia requerer a aplicação de providência de recuperação).

Com as alterações introduzidas no CPEREF através do DL 315/98, de 20 de outubro[52], passou a ser também possível a aplicação de medidas de recuperação ou a declaração de falência de empresas que se encontrassem em *situação económica difícil* (art. 1.º, 1, na redação do DL 315/98). A insolvência passou a consistir na *impossibilidade de cumprir pontualmente as obrigações em virtude de o ativo disponível ser insuficiente para satisfazer o passivo exigível* (art. 3.º, 1, CPEREF, redação do DL 315/98)[53].

A apresentação do devedor à falência já estava prevista no CCom 1833, (n.º 1124), no CCom 1888 (art. 695.º, 1.º), CFal 1899 (art. 5.º, 1.º), no CPCom de 1905 (art. 187.º, 1.º), no CFal 1935 (art. 4.º, 1.º), no CPC de 1939 (art. 1138.º, 1.º), no CPC de 1961 (arts. 1136.º e 1176.º, 1, *c*) – também depois das alterações de 1967) e no CPEREF (art. 6.º).

Para além disso, vemos a falência a poder ser requerida por credor comercial no CCom 1833, n.º 1126 (requerimento «d'um ou mais dos legitimos crédores commerciaes do falido»[54]) e por um ou mais credores no CCom 1888, art. 696.º, 2.º. No CFal 1899, art. 5.º, 2.º e 3.º, a falência podia novamente ser requerida por credor por *obrigação comercial* mas também pelo Ministério Público (em caso de fuga do comerciante ou abandono do estabelecimento). Um regime idêntico surge no CPCom 1905 (art. 187.º, 3.º).

Com o CFal 1935, qualquer credor podia requerer a declaração de falência *qualquer que fosse a natureza do seu crédito* e o Ministério Público também o podia requerer com certos fundamentos (art. 4.º, 2.º e 3.º). O mesmo se podia ver no art. 1138.º, 2.º (acrescentando-se que o credor também podia ser preferente ou privilegiado) e 3.º, do CPC de 1939.

---

[52] Sobre estas, v. CATARINA SERRA, «Alguns aspectos da revisão do regime da falência pelo DL n.º 315/98, de 20 de outubro», SI, t. XLVIII, jan-jun 1999, p. 183-206.

[53] O art. 8.º do CPEREF sofreu pequenas alterações.

[54] Mas havia limitações motivadas pela necessidade de proteger a instituição familiar: v. o n.º 1127 do CCom 1833, o art. 696, § único, do CCom 1888, o art. 5.º, § 1.º, do CFal 1899, o art. 187.º, § 1.º, do CPCom de 1905, o art. 4.º, § único, do CFal 1935 e o art. 1138.º, § único, do CPC de 1939.

CONSIDERAÇÕES GERAIS INTRODUTÓRIAS

No CPC de 1961 (antes e depois das alterações de 1967), o art. 1136.º previa que a falência também se iniciasse por requerimento dos credores ou do Ministério Público. O art. 1176.º, 1, voltava a esclarecer que o credor requerente podia ser qualquer um, ainda que preferente e qualquer que fosse a natureza do crédito, e indicava em que casos o Ministério Público podia apresentar o requerimento. Porém, o art. 1176.º, 2, acrescentava que só era lícito aos credores requererem a declaração de falência «com fundamento na cessação de pagamentos depois de decorrido o prazo fixado no artigo 1140.º, sem que o comerciante» se apresentasse.

No CPEREF, o art. 8.º, 3, conferia igualmente a qualquer credor («ainda que preferente e seja qual for a natureza do seu crédito»), em certos casos, a possibilidade de requerer a falência da empresa «quando a não considere economicamente viável». O mesmo preceito permitia também que o Ministério Público, «em representação dos interesses que lhe estão legalmente confiados», requeresse a falência da empresa devedora (com a redação do DL 315/98, nos termos ali referidos). Por sua vez, o art. 8.º, 4, admitia que a falência fosse oficiosamente decretada pelo tribunal nos casos especialmente previstos na lei.

O dever de apresentação à falência já teve prazos de cumprimento muito diferentes do atual: de três dias a contar da cessação de pagamentos no CCom de 1833 (n.º 1124[55]), de dez dias no CCom de 1888 (art. 697.º seguintes cessação de pagamentos), no CFal 1899 (art. 6.º seguintes), no CPCom de 1905 (art. 188.º), no CFal de 1935 (art. 5.º) e no CPC de 1939 (art. 1139.º).

O CPC de 1961 (art. 1140.º, 1) também estabelecia o dever de apresentação do comerciante, mas agora, se estivesse impossibilitado de cumprir as obrigações *comerciais*, deveria apresentar-se antes de cessar efetivamente os pagamentos ou no prazo de 10 dias após a cessação (a redação manteve-se depois das alterações de 1967).

No CPEREF, o art 6.º estabelecia um prazo de 60 dias a contar da falta de cumprimento de uma das obrigações nas circunstâncias descritas no art. 8.º, 1, a)

---

[55] Era também de três dias «de la cessation de paiement» o prazo estabelecido no art. 440 do *Code de Commerce* de 1807 (que esclarecia estar o dia da cessação de pagamentos compreendido nesses três dias).

UM CURSO DE DIREITO DA INSOLVÊNCIA

(salvo se, «tendo razões bastantes para o fazer», optasse pelo requerimento de providência de recuperação).

A audição do devedor relativamente à declaração de falência que não foi requerida por ele surge prevista no CCom 1888 (art. 699.º, corpo), no CFal 1899 (art. 11.º), no CPCom de 1905 (art. 193.º), no CFal 1935 (art. 11.º, §§ 1.º e 2.º), no CPC 1939 (art. 1142.º), no CPC de 1961 (art. 1178.º, também após as alterações de 1967), no CPEREF (art. 20.º). Mas também ali encontramos a possibilidade de ser dispensada a audiência do devedor.

O chamamento dos credores do falido tem grande importância no processo falimentar. Desde logo, para procurar saber qual é o passivo por que responde o falido. Esse chamamento é mencionado no n.º 1184 do CCom 1833, no art. 713.º do CCom 1888, no art. 55.º CFal 1899, no art. 236.º do CPCom de 1905, no art. 75.º do CFal 1935, no art. 1144.º do CPC 1939, nos arts. 1146.º, 1181.º e 1218.º do CPC de 1961 (na versão de 1967 também), no art. 128.º, 1, e), e 188.º do CPEREF.

Mas, evidentemente, não basta que os credores reclamem os seus créditos. É necessário que algum controlo tenha lugar. Um momento de verificação de créditos pode ser encontrado ao longo da evolução legal: v. o n.º 1184 CCom 1833, o art. 718.º CCom 1888, os arts. 55.º ss. CFal 1899, os arts. 237.º e ss. do CPCom 1905, os arts. 75.º e ss. CFal 1935, o art. 1194.º do CPC 1939, os arts. 1149.º e ss., 1231.º e 1235.º do CPC 1961 (também na versão de 1967) e os arts. 196.º e 200.º CPEREF. A existência de um momento para verificação ulterior de créditos também surge prevista desde cedo: v. o art. 70.º CFal 1899[56] e, posteriormente, o art. 251.º CPCom 1905, o art. 91.º CFal 1935, o art. 1196.º CPC 1961 (e assim igualmente no texto de 1967), bem como o art. 205.º CPEREF.

E também a graduação de créditos vai encontrar o seu regime em várias disposições: v. os n.ºs 1217 e ss. CCom 1833, o art. 720.º CCom 1888, o art. 68.º CFal 1899, o art. 249.º do CPCom de 1905, o art. 89.º CFal 1935, o art. 1139.º CPC 1939, o art. 1235.º CPC 1961 (igualmente depois de 1967) e os arts. 196.º e 200.º CPEREF

A concordata já estava prevista no n.º 1184 CCom 1833, e o mesmo sucede nos arts. 730.º-733.º do CCom 1888, nos arts. 107.º-140.º CFal 1899, nos arts.

---

[56] Sobre os problemas que o enquadramento legal anterior colocava, v. BARBOSA DE MAGA-LHÃES, *Código de processo comercial anotado*, cit., p. 373, em texto e nt. 3.

286.º e ss. do CPCom 1905, nos arts. 140.º e ss. do CFal 1935, nos arts. 1236.º e ss. CPC 1939 e nos arts. 1147.º e 1152.º e ss. e 1266.º e ss. do CPC 1961 (mesmo após as alterações de 1967).

A admissibilidade de moratórias resultava dos n.ºs 1271 e ss. CCom 1833[57], dos arts. 730.º e ss. do CCom 1888[58], dos arts 191.º-193.º CFal 1935 e dos arts. 1297.º-1299.º CPC 1939.

A Lei das Sociedades por Quotas de Responsabilidade Limitada, de 11 de abril de 1901 (LSQ), continha normas sobre o acordo de credores «de qualquer sociedade ou firma comercial, cuja quebra tenha sido ou esteja em condições de ser legalmente declarada [...]» (art. 54.º da LSQ). No CPCom de 1905, essa figura estava também prevista nos arts. 352.º e ss. e, portanto, no âmbito das «Disposiçõis especiais á falencia das sociedades». No CPC de 1939 o acordo de credores surge regulado nos arts. 1286.º- 1299.º (considerando o art. 1288.º que o «acordo será, para todos os efeitos considerado como concordata preventiva ou suspensiva, conforme os casos [...]») e no CPC de 1961 é nos arts. 1167.º- 1173.º (incluindo após as alterações de 1967) que aparece o seu regime.

Com o CPEREF, a concordata surge prevista entre as providências de recuperação da empresa (art. 4.º), ao lado do acordo de credores, da reestruturação financeira e da gestão controlada (v. tb., para o devedor insolvente não titular de empresa, o regime da concordata particular previsto nos arts. 240.º e ss.)[59]. Com o DL 315/98, o «acordo de credores» passou a designar-se «reconstituição empresarial» (mas a mudança da designação foi acompanhada de alterações do regime aplicável).

A necessidade de cuidar dos bens do falido é tida em conta em várias normas ao longo da evolução legislativa. No CCom 1833, os administradores da quebra são considerados «representantes da massa dos credores» (n.º 1205). No CCom 1888, diz-se que a «incapacidade do falido é suprida pelo administrador e curadores fiscais [...]» (art. 700.º, § 1.º). O CFal de 1899 também

---

[57] Que também suspendia toda e qualquer execução (art. 1281).

[58] A partir do CFal 1899, a moratória passou a ser possível no âmbito da concordata.

[59] Nos arts. 231.º-237.º achava-se o regime do acordo extraordinário, que podia ter lugar já na fase de liquidação (art. 232.º) e que, uma vez homologado, levava a que o processo de falência fosse declarado findo (art. 237.º, 1). Para uma comparação com a anterior «concordada suspensiva», CARVALHO FERNANDES/JOÃO LABAREDA, *Código dos Processos Especiais de Recuperação da Empresa e de Falência anotado*, cit., p. 525.

UM CURSO DE DIREITO DA INSOLVÊNCIA

prevê a existência de curadores fiscais e de administrador (arts. 14.º e 15.º), sendo a incapacidade do falido suprida por este último; o mesmo se verifica no CPCom de 1905 (arts. 196.º e 198.º). O art. 22.º, § 2.º, do CFal 1935 confere igualmente ao administrador da falência a representação do falido, cabendo àquele a administração dos bens da massa sob orientação do síndico (sobre a administração da massa, v. tb. arts. 46.º e ss.); regime paralelo surge previsto nos arts. 1158.º, § 2.º, e 1173.º, do CPC 1939, e nos arts. 1189, 3, e 1210.º e ss. do CPC 1961 (também depois das alterações de 1967). Com o CPEREF, no processo de falência é o liquidatário judicial que tem competência para administrar os bens que compõem a massa falida (art. 141.º).

No CCom 1833, o n.º 1833 previa a colocação de «sellos em todos os bens, livros e documentos do quebrado». A apreensão dos bens do falido também surge prevista no art. 703.º do CCom 1888, no art. 19.º do CFal 1899, no art. 201.º do CPCom, no art. 16.º do CFal 1935, no art. 1153.º do CPC 1939, no art. 1205.º do CPC de 1961 (também após as alterações de 1967), nos arts. 175.º e ss. do CPEREF.

A inibição para o exercício do comércio já era um efeito da declaração da insolvência no CCom 1833 (n.º 29, 2.º, quanto aos «falidos não reabilitados» e dizendo tratar-se de proibição do comércio por incapacidade legal), no CFal 1935 (art. 22.º, § 1.º)[60], no CPC 1939 (art. 1158.º, § 1.º), no CPC 1961 (art. 1191.º, mas surgindo aí dito que se trata de proibição), incluindo na versão de 1967, § 1.º, e no CPEREF (148.º)[61].

Cedo se compreendeu que deveria haver a possibilidade de pôr em causa alguns atos praticados pelo falido durante um certo período. Assim

---

[60] O CCom 1888 não estabelecia expressamente que o falido estava interdito para o comércio, como não o fazia o art. 16.º do CFal 1899 nem o art. 198.º CPCom de 1905. BARBOSA DE MAGALHÃES, *Código de Processo Comercial anotado*, cit., p. 243, escrevia, no entanto, que se «o nosso Cod. Com antigo no n.º 2 do art. 29 expressamente proibia o exercício do comercio, por incapacidade legal, aos falidos não reabilitados, e essa disposição não foi reproduzida no art. 14 do Cod. actual, apesar de o ter sido no n.º 5.º do art. 9 do projeto primitivo, isso só significa haver-se reconhecido inútil tal reprodução, como agora se reconheceu. Efetivamente, desde que é proibida a profissão do comercio aos que por lei ou disposições especiais estão inibidos de comerciar, e desde que só podem praticar actos de comercio os que fôrem civilmente capazes de obrigar-se, é sem dúvida que a falência, operando a interdição civil do falido, lhe tira também a capacidade comercial».

[61] Quanto a esta, v. CARVALHO FERNANDES, «O novo regime da inibição do falido para o exercício do comércio», DJ, vol. XIII, t. 1, 1999, p. 7-13.

estava previsto no CCom 1833 (n.ºs 1134, 1135, 1136, 1137), no CCom 1888 (art. 721, § único), nos arts. 77.º e 78.º do CFal 1899, no art. 256.º do CPCom de 1905, nos arts. 32.º-37.º do CFal 1935, no CPC 1939 (art. 1168.º), no CPC 1961 (art. 1200.º, que, na versão de 1967, passou a usar a palavra «resolução») e nos arts. 156.º e 157.º do CPEREF,

O vencimento ou a exigibilidade das dívidas como efeito da quebra ou da declaração de insolvência aparecem previstos no CCom 1833 (n.º 1138 – exigibilidade), no CCom 1888 (art. 710.º, corpo – vencimento), no CFal 1899 (art. 17.º – vencimento), no CPCom 1905 (art. 199.º, corpo – vencimento), no CFal 1935 (art. 28.º, corpo – vencimento), no CPC 1939 (art. 1164.º, corpo – vencimento), no CPC 1961 (art. 1196.º, 1, mesmo após as modificações introduzidas em 1967 – vencimento) e no CPEREF (art. 151.º, 1 – a declaração de falência tornava imediatamente exigíveis todas as obrigações do falido).

A compensação pode constituir um mecanismo que favorece alguns credores em relação a outros. Surgem, por isso, limites à compensação: v. o CCom 1833 (n.º 1139), o CFal 1899 (art. 18.º), o CPCom de 1905 (art. 200.º), o CFal de 1935 (art. 31.º), o CPC de 1939 (art. 1167.º), o CPC de 1961 (art. 1220.º, ainda depois das alterações de 1967) e o CPEREF (art. 151.º – vencimento de todas as obrigações do falido).

A liquidação do ativo do devedor quebrado ou falido é objeto de regulamentação mais ou menos desenvolvida. É o que vemos acontecer nos n.ºs 1202 e ss. CCom 1833 (liquidar a massa – n.º 1202 -, liquidar as dívidas ativas e passivas – n.º 1207), CCom 1888 (arts. 726.º-729), CFal 1899, arts. 82.º e ss. (liquidação do ativo), CPCom 1905, arts., CFal 1935 arts. 105.º e ss., CPC 1939, arts. 1209.º e ss., CPC 1961 arts. 1245.º e ss. (também na redação de 1967), CPEREF arts. 179.º e ss..

Verificadas certas condições, vemos as leis reconhecerem que o falido tem direito a alimentos ou «soccorro»: v. o CCom 1833, n.º 1144, o CCom 1888, art. 705.º, § único, o art. 24.º do CFal 1935, o art. 1160.º do CPC 1939, o art. 1195.º do CPC 1961 (v. tb. a redação de 1967) e o art. 150.º CPEREF.

A «qualificação» da quebra (e, a partir do CFal 1899, da falência) era possível no CCom 1833 (n.º 1145 – quebra ou falência casual, culposa ou fraudulenta) e no CCom 1888 (art. 735.º), no CFal de 1899 (art. 141.º), no CPCom de 1905 (art. 320.º), no CFal de 1935 (art. 194.º), no CPC de 1939 (art. 1300.º) e no CPC de 1961 (art. 1274.º, mesmo depois das alterações de 1967).

UM CURSO DE DIREITO DA INSOLVÊNCIA

Durante muitos anos foi possível encontrar disposições especiais para sociedades: foi assim nos arts. 745.º-749.º do CCom de 1888, nos arts. 160.º-174.º do CFal de 1899, nos arts. 339.º-359.º do CPCom de 1905, nos arts. 218.º-238.º do CFal de 1935, nos arts. 1322.º-1336.º do CPC de 1939, e nos arts. 1288.º-1302.º do CPC de 1961 (também após as alterações de 1967).

Existiram igualmente disposições aplicáveis a pequenos comerciantes: v. os arts. 239.º-253.º do CFal de 1935, os arts. 1337.º-1350.º do CPC de 1939 e os arts. 1303.º-1312.º do CPC de 1961 (igualmente depois das alterações de 1967). No CPEREF encontramos antes um regime próprio para os devedores insolventes não titulares de empresa (art. 240.º-245.º).

No período posterior ao 25 de abril de 1974, os problemas económicos que se fizeram sentir obrigaram a dar renovada atenção à recuperação de empresas[62]. Surgiu assim o regime dos contratos de viabilização, de natureza extrajudicial[63] (destacando-se os DLs 124/77, de 1 de abril, 120/78, de 1 de junho, 23/81, de 29 de janeiro, e 112/83, de 22 de fevereiro).

Em 1976, já fora publicado o DL 864/76, de 25 de dezembro, que tratava da declaração de (certas) empresas em «situação de crise económica». Posteriormente, surgiu o DL 353-H/77, de 29 de agosto, contendo o regime das empresas «em situação económica difícil»[64] e revogando o DL 864/76. Em 10 de maio de 1979 foi publicado o DL 125/79, que criou a «Parageste – Sociedade Parabancária para a Recuperação de Empresas, S.A.R.L.»[65] (depois designada, com o DL 310/79, «Parempresa – Sociedade Parabancária para a Recuperação de Empresas, S.A.R.L.»).

---

[62] As razões para se ter em conta a necessidade de recuperação das empresas são conhecidas. Sublinhando a generalização do recurso a sociedades para o exercício de atividades que durante muito tempo estiveram entregues a comerciantes em nome individual, a evolução tecnológica e a cada vez maior concorrência, JEAN HILAIRE, *Introduction historique au droit commercial*, cit., p. 330 e 339.

[63] Sobre a extinção da figura com os DLs 338/87, de 21 de outubro, e 26/90, de 24 de janeiro, HENRIQUE DUARTE, *Questões sobre recuperação e falência*, cit., p. 36, nt. 29.

[64] Aquelas «cuja exploração se apresente fortemente deficitária, prevendo-se que a sua recuperação seja problemática ou demorada» (art. 1.º, 1).

[65] O objeto da Parageste era a «recuperação de empresas de estatuto privado em dificuldades financeiras, mas economicamente viáveis, num quadro de colaboração com as instâncias governamentais na implementação das políticas sectoriais ou regionais que superiormente forem definidas e de molde a acautelar os diferentes interesses envolvidos» (art. 2.º, 1, do DL 125/79).

CONSIDERAÇÕES GERAIS INTRODUTÓRIAS

Mas, como se dizia no Preâmbulo do DL 132/93, de 23 de abril, «a curto prazo vieram à superfície os inconvenientes de um sistema inteiramente entregue aos favores da Administração Pública e desligado da participação de muitos credores, que figuravam entre os principais sacrificados com algumas das medidas previstas para a recuperação da devedora. Assim se explica a publicação, em 2 de Julho de 1986, do Decreto-Lei n.º 177/86 [...]». Este último criou o processo especial (judicial) de recuperação de empresa e proteção dos credores[66]. Estabelecia-se o dever de a empresa impossibilitada de cumprir as suas obrigações se apresentar a tribunal requerendo a adoção de uma das medidas ali previstas, podendo, em certos casos, qualquer credor da empresa e o Ministério Público apresentar também o requerimento (art. 1.º). O processo *especial* em causa era aplicável a sociedades comerciais, comerciantes em nome individual, sociedades civis sob forma comercial e cooperativas (art. 2.º) e as medidas previstas eram a concordata, o acordo de credores e a gestão controlada (art. 3.º, 1). Posteriormente, aquele regime foi complementado pelo DL 10/90, de 5 de janeiro[67].

O DL 132/93, de 23 de abril, veio reunir o processo de recuperação de empresas e o processo de falência num mesmo Código: o CPEREF ou Código dos Processos Especiais de Recuperação da Empresa e de Falência. Apesar de existir uma fase inicial comum, a lei fazia a distinção entre ambos os processos. Contudo, existiam «testas-de-ponte» de um para outro[68]. Como referimos antes, o CPEREF previa as seguintes medidas de recuperação: concordata,

---

[66] Sobre o mesmo, v. ARMINDO RIBEIRO MENDES, «Processo de recuperação de empresas em situação de falência», *RB*, 1, jan-mar, 1987, p. 67-90. O DL 177/86 alterou, entre outras normas, o art. 1174.º, 1, *a*), do CPC, passando a exigir-se que a cessação de pagamentos, para permitir a declaração de falência, fosse «suficientemente significativa de incapacidade financeira». Esta alteração foi causa de rica discussão e justificou que, no Assento do STJ 9/94, de 2 de março, se entendesse que «a cessação de pagamentos pelo devedor só justifica a declaração da falência desde que suficientemente significativa de incapacidade financeira»: sobre tudo isto, PEDRO CAEIRO, *Sobre a natureza dos crimes falenciais (o património, a falência, a sua incriminação e a reforma dela)*, cit., p. 109 e ss. e 120.

[67] Quanto a este, v. ANTÓNIO DE CAMPOS, «Sistema bancário e a recuperação de empresas», *RB*, 13, jan-mar, 1990, p. 59 e ss..

[68] Sobre o tema, v. ABÍLIO MORGADO, «Articulação entre os processos de recuperação da empresa e de falência», *RB*, 27, jul-set 1993, p. 41-64. Quanto ao processo de recuperação, v. ANTÓNIO DE CAMPOS, «Linhas gerais do processo de recuperação da empresa», *RB*, 27, jul-set, 1993, p. 107-123.

acordo de credores (que, com o DL 315/98, passou a designar-se «reconstituição empresarial»), reestruturação financeira e gestão controlada (para o devedor insolvente não titular de empresa, tínhamos o regime da concordata particular)[69].

Como é evidente, as leis não surgem fora da história e é necessário ter em conta a sua dependência do passado. O elemento histórico da interpretação já assim o impunha. A interpretação que tenha sido feita de preceitos anteriormente vigentes ajudará na leitura dos atuais que os reproduzam ou deles se aproximem. A seleção das matérias acima realizada permite ver que muitos temas se repetem, variando de tempos a tempos as soluções dadas aos problemas. Outros temas poderiam ter sido tratados: os efeitos da declaração da insolvência sobre os negócios do devedor; os recursos e/ou embargos; o pagamento; e etc.. O caminho percorrido não se estendeu a muitas das discussões doutrinais e jurisprudenciais a que os preceitos apresentados deram lugar: não porque elas não tenham interesse, mas porque apenas pretendemos revelar a importância de olhar para os antecedentes que permitem compreender as mudanças e as permanências.

Umas vezes o papel do juiz é reforçado, mas outras são os credores que têm protagonismo. Ora se vê dar primazia à recuperação da empresa, ora se considera que a liquidação é a melhor solução. Se há tempos em que é possível evitar a declaração de falência mediante acordo com os credores, noutros o acordo só teve sentido após aquela declaração. Épocas houve em que as decisões dos credores deviam ser tomadas com maiorias reforçadas e, noutras, com menores exigências a esse respeito. Compreende-se que essas flutuações existam, pois na falência estão em jogo múltiplos interesses: dos credores, que pretendem ver satisfeitos os seus créditos; dos devedores, que gostariam de pagar o menos possível; dos trabalhadores da empresa e muitas vezes da economia em geral, que ficariam a ganhar com a manutenção de uma empresa e dos postos de trabalho. As conceções dominantes em cada momento histórico ditarão quais serão os interesses que prevalecerão. As tradições dos diversos países conduzem igualmente a diferentes soluções.

---

[69] Sobre a recuperação de empresas no CPEREF v. João Labareda, «Providências de recuperação de empresas», *DJ*, vol. IX, t. 2, 1995, p. 51-112. Quanto à concordata e acordo de credores, pode ver-se Sousa Macedo, «Novos aspectos da concordata e do acordo de credores», *RB*, 27, jul-set, 1993, p. 65-92.

CONSIDERAÇÕES GERAIS INTRODUTÓRIAS

Mas o futuro é hoje e outras reformas se impõem. Os grupos de sociedades vão, certamente, colocar novas exigências ao direito da insolvência. O mesmo se diga da necessidade de reforçar a proteção dos devedores pessoas singulares que não são empresários. E também o regime da administração da massa pelo devedor acabará por ser revisto para seguir o «ar dos tempos». Por outro lado, não deixará de se questionar o papel que, no devedor sociedade, poderão ter os respetivos sócios[70] ou os membros dos órgãos de fiscalização.

Não é, por enquanto, imaginável um direito falimentar ou da insolvência uniforme e vigente em todos os países. As pressões a que ficam sujeitos os países financeiramente «assistidos» por organizações internacionais vão aproximando também os regimes jurídicos, aumentando as semelhanças com as que são consideradas as «melhores práticas internacionais». Estando o direito falimentar/da insolvência numa zona de contacto com o direito processual civil e com o direito das coisas, refletirá necessariamente o que nesses outros ramos se passar[71].

Não é igualmente possível ignorar que as instâncias europeias intervêm no âmbito do direito da insolvência. Foi recentemente publicado o Regulamento 2015/848 de 20 de maio de 2015 relativo aos processos de insolvência (reformulação) (JOUE L 141, de 5 de junho de 2015), que em várias das suas normas menciona a necessidade de o regime ali contido não ser incompatível com as regras aplicáveis aos processos em causa. É provável que os bons alunos não queiram essa incompatibilidade. Além disso, em 14 de março de 2014 foi publicada no JOUE a Recomendação da Comissão de 12 de março de 2014 «sobre uma nova abordagem em matéria de falência e de insolvência das empresas» que propõe alterações que podem ter consequências no plano interno. Várias são as recomendações ali contidas que, se aceites pelo legislador português, poderão ter reflexos no direito interno. É, por exemplo, recomendado: que o devedor mantenha «o controlo sobre o funcionamento quotidiano das suas atividades» (6, b)); que, no âmbito de um processo de reestruturação de empresa, a «nomeação de um mediador ou de um supervisor pelo tribunal não

---

[70] Discutindo a questão, MARTIN SCHWEIGER, *Aktive Krisenpflichten im Recht der GmbH. Plädoyer für eine Erstreckung der Insolvenzantragspflicht auf die Gesellschafter der GmbH*, Nomos, Baden-Baden, 2011.

[71] Lembrando essas influências, ALBERTO JORIO, *Introduzione*, in GASTONE COTTINO (dir.), *Trattato di diritto commerciale*, XI, 2, Cedam/Wolters Kluwer, 2009, pp. 3.

UM CURSO DE DIREITO DA INSOLVÊNCIA

deve ser obrigatória, mas efetuada numa base casuística [...]» (9); que, estando isso previsto na legislação do Estado-Membro, «a obrigação de o devedor declarar falência, bem como os requerimentos apresentados pelos credores para solicitar a abertura de um processo de insolvência contra o devedor após ter sido concedida a suspensão, também devem ser suspensos durante o período da suspensão» (12); que os tribunais que confirmam os planos de reestruturação devem poder controlar se os novos financiamentos previstos no plano são necessários para a aplicação do mesmo e se não prejudicam injustamente os interesses dos credores dissidentes (22, d)); que os Estados--Membros «devem assegurar que os tribunais podem rejeitar os planos de reestruturação que não apresentem perspetivas claras de evitar a insolvência do devedor e de assegurar a viabilidade da empresa [...]» (23); que as dívidas dos empresários falidos devem ser integralmente objeto de quitação no prazo máximo de três anos», contados dos momentos referidos na Recomendação (30, a) e b)), devendo a quitação ser automática e sem necessidade de recorrer a um tribunal (31).

3. O atual Código da Insolvência e da Recuperação de Empresas: o paradigma. A satisfação dos credores como primeira finalidade

Como se pode ler hoje no art. 1.º, 1, do CIRE, «O processo de insolvência é um processo de execução universal que tem como finalidade a satisfação dos credores pela forma prevista num plano de insolvência, baseado, nomeadamente, na recuperação da empresa compreendida na massa insolvente, ou, quando tal não se afigure possível, na liquidação do património do insolvente e a repartição do produto obtido pelos credores».

Na versão do CIRE anterior à reforma de 2012 lia-se no art. 1º que o processo de insolvência tinha «como finalidade a liquidação do património de um devedor insolvente e a repartição do produto obtido pelos credores, ou a satisfação destes pela forma prevista num plano de insolvência, que nomeadamente se baseie na recuperação da empresa compreendida na massa insolvente».

Atualmente, como se vê, resulta com maior clareza do art. 1.º,1, do CIRE que o processo de insolvência tem sempre como finalidade a satisfação dos credores e que essa finalidade norteia todo aquele processo.

CONSIDERAÇÕES GERAIS INTRODUTÓRIAS

Na versão inicial do art. 1.º, não era dada preferência a qualquer uma das alternativas ali indicadas. A satisfação dos credores[72] teria lugar através da liquidação do património do devedor insolvente e da repartição do produto obtido pelos credores *ou* através de um plano de insolvência, que podia conter medidas de recuperação da empresa que eventualmente integrasse a massa insolvente.

Os credores surgem vistos como os «proprietários económicos da empresa» que têm a seu cargo a «decisão de recuperar a empresa, e em que termos, nomeadamente quanto à sua manutenção na titularidade do devedor insolvente ou na de outrem» (ponto 3 do Preâmbulo do DL 53/2004, doravante Preâmbulo[73]). Menezes Leitão[74] chegava a afirmar que «nem sequer se compreendia a designação do Código como Código da Insolvência e Recuperação de Empresas, sendo suficiente a designação Código da Insolvência, dado que a ideia de recuperação é secundária ou subalternizada». Como revela Lebre de Freitas, «o projecto denominava-o Código da Insolvência *tout court*. O baptismo ocorreu quando da sua aprovação pelo 15.º Governo Constitucional, visando diminuir o impacto social negativo que o desaparecimento da finalidade da recuperação poderia ter»[75].

O regime supletivo contido no CIRE era o do «imediato ressarcimento dos credores mediante a liquidação do património do insolvente» (6 do Preâmbulo). Para outra via, lá estava o plano de insolvência. Só que, para ser afastado o regime supletivo de liquidação, era necessário que esse plano fosse elaborado e, mais importante ainda, que fosse aprovado e depois homologado. Para isso, seria necessário encontrar credores disponíveis em número ou com importância suficiente. Daí que a alternativa teórica não o fosse na prática[76].

---

[72] Para outras finalidades do processo de insolvência, CATARINA SERRA, *A falência no quadro da tutela jurisdicional dos direitos de crédito*, cit., p. 314 e s..

[73] Também na Alemanha o regime contido na *InsO* levou a que se falasse dos credores como os «"wirtschaftlichen Eigentümer" des Unternehmens»: HORST EIDENMÜLLER, «Vorbemerkungen vor §§ 217 bis 269», in HANS-PETER KIRCHOFF/HORST EIDENMÜLLER/ROLF STÜRNER (her.), *Münchener Kommentar zum Insolvenzornung*, Bd. 3, 3. Aufl., Beck (Beck-online), München, 2014, Rn. 8.

[74] MENEZES LEITÃO, *Direito da insolvência*, 4.ª ed., Almedina, Coimbra, 2012, p. 75.

[75] LEBRE DE FREITAS, «Pressupostos objectivos e subjectivos da insolvência», *Themis*, Edição Especial, 2005, *Novo Direito da Insolvência*, p. 12, nota 11.

[76] Considerando que «na esmagadora maioria dos casos» os credores nada decidem, MARIA JOSÉ COSTEIRA/FÁTIMA REIS SILVA, «Classificação, verificação e graduação de créditos no

UM CURSO DE DIREITO DA INSOLVÊNCIA

O plano de insolvência, no entanto, não tinha nem tem de visar necessariamente a recuperação da empresa. Isso está bem claro no art. 192.º, 1, de que se extrai que tal plano pode servir para, em derrogação das normas do CIRE, regular o pagamento de créditos sobre a insolvência, a liquidação da massa insolvente e a sua repartição pelos titulares daqueles créditos e pelo devedor, e a responsabilidade do devedor depois de findo o processo de insolvência.

De qualquer modo, deve ser dito que mesmo a liquidação já então podia abranger a alienação da empresa como um todo. Sublinhe-se ainda que a recuperação da empresa servirá para obter meios de satisfação dos credores (art. 195.º, 2, *b*)).

Hoje, e após as alterações de 2012 introduzidas no CIRE, a finalidade do processo de insolvência continua a ser a satisfação dos credores. O art. 1.º, 1, até parece dar a entender que o plano de insolvência será sempre necessário[77]. A satisfação dos credores terá lugar «pela forma prevista num plano de insolvência». Esse plano de insolvência pode basear-se na recuperação da empresa ou, quando tal não se afigure possível, na liquidação do património do insolvente e «a» repartição do produto obtido pelos credores.

No entanto, aquela aparente obrigatoriedade de existência de um plano de insolvência é desmentida por outras normas do CIRE. Basta ver o que resulta do art. 250.º. Com efeito, decorre deste preceito que os processos de insolvência abrangidos pelo capítulo em causa, aplicável à insolvência de pessoas singulares não empresários ou «titulares de pequenas empresas», nos termos descritos no art. 249.º, não estão sujeitos às «disposições dos títulos IX e X». Como as pessoas singulares não empresários ou titulares de pequenas empresas são abrangidas pelo referido Capítulo (porque o mesmo lhes «é aplicável»: art. 249.º, 1), os processos de insolvência que lhes digam respeito não podem incluir um plano de pagamentos ou a administração da massa pelo devedor[78]. Os «processos de insolvência abrangidos» pelo Capítulo são

---

CIRE – Em especial os créditos laborais», *Prontuário de direito do trabalho*, CEJ, jan.-dez. 2007, p. 359.

[77] Questionando se haverá um dever de apresentar um plano de insolvência, MADALENA PERESTRELO DE OLIVEIRA, *Limites da autonomia dos credores na recuperação da empresa insolvente*, Almedina, Coimbra, 2013, p. 25 (mas a autora responde negativamente).

[78] Nesse sentido, cfr. o Ac. RP de 21.03.2011 (Relator: Mendes Coelho), Proc. n.º 306/09.3TBM-BR.P1. Com outra leitura, JOSÉ ALBERTO VIEIRA, «Insolvência de não empresários e titulares de pequenas empresas», in AAVV., *Estudos em memória do Professor Doutor José Dias Marques*,

CONSIDERAÇÕES GERAIS INTRODUTÓRIAS

os processos de insolvência que dizem respeito aos devedores identificados no art. 249.º.

Além disso, continua a ser necessário que o plano de insolvência seja aprovado pelos credores (art. 212.º). Se não for aprovado, também não existirá plano de insolvência: só existirá, quando muito, uma proposta de plano de insolvência.

Note-se igualmente que a alternativa ao plano de insolvência não é forçosamente a liquidação. Como revela o art. 259.º, 4, o trânsito em julgado das sentenças de homologação do plano de pagamentos e de declaração de insolvência nos casos ali abrangidos conduz ao encerramento do processo de insolvência. A própria sentença de declaração de insolvência apenas contém as menções do art. 36.º, 1, *a)* e *b)*.

A nova redação do art. 1.º, 1, também nos obriga a dizer que, aparentemente, surge colocada em primeiro lugar a recuperação da empresa. Só quando essa não se afigura possível é que se passaria à liquidação do património do devedor insolvente. Contudo, e tendo em conta que, como vimos, o plano de insolvência tem que ser aprovado pelos credores, se isso não acontecer a alternativa é a da liquidação[79].

O art. 1.º, 1, é ainda equívoco porque dá a entender que a liquidação só pode ser afastada com um plano de insolvência que preveja a recuperação da empresa do devedor. Mas não parece estar excluída a possibilidade de o plano de insolvência visar apenas a recuperação do devedor, ainda que empresário.

A própria palavra «nomeadamente» usada no art. 1.º, 1, não ajuda a clarificar o sentido da norma. Em primeiro lugar, a lei indica que o conteúdo do plano de insolvência pode não ser aquele que apresenta («plano de insolvência,

---

Almedina, Coimbra, 2007, p. 256, CARVALHO FERNANDES/JOÃO LABAREDA, *Código da insolvência e da recuperação de empresas anotado*, Quid Juris, Lisboa, 2015, 3.ª ed., p. 879.

[79] PAULO DE TARSO DOMINGUES, «O CIRE e a recuperação das sociedades comerciais em crise», *Estudos*, 1, Abreu Advogados/Almedina, Coimbra, 2013, p. 32, considera aliás que o art. 1.º, 1, contém nada mais do que um «wishful thinking». Por sua vez, PESTANA DE VASCONCELOS/PEDRO CAEIRO, «As dimensões jurídico-privada e jurídico-penal da insolvência (uma introdução)», in AAVV., *Infrações económicas e financeiras. Estudos de criminologia e direito*, Coimbra Editora, Coimbra, 2014, p. 534, consideram que a modificação «parece ser meramente simbólica». Mas v., tentando uma releitura de algumas normas do CIRE perante a nova redação do art. 1.º, 1, MADALENA PERESTRELO DE OLIVEIRA, *Limites da autonomia dos credores na recuperação da empresa insolvente*, cit..

baseado, nomeadamente»), mas em segundo lugar já considera que a alternativa à recuperação é apenas a liquidação.

A recuperação da empresa prevista num plano de insolvência será tentada no âmbito do processo de insolvência[80]. E a aprovação do plano de insolvência só ocorrerá após a declaração de insolvência do devedor. Essa é, aliás, uma diferença significativa relativamente ao CPEREF.

Porém, com a reforma de 2012 foram introduzidos no CIRE os arts. 17.º -A a 17.º-I. Nesses preceitos encontra-se hoje o regime do processo especial de revitalização (ou PER). Na realidade, é até mais correto falar de processos especiais de revitalização, pois o art. 17.º-I parece conter o que será uma segunda modalidade de PER, destinado à homologação de acordos extrajudiciais. Estes são ainda processos que correm perante um tribunal (ainda que muita coisa se passe fora dele). Não se confundem, por isso, com o SIREVE ou Sistema de Recuperação de Empresas por Via Extrajudicial (aprovado pelo DL 178/2012, de 3 de agosto, entretanto alterado).

4. O CIRE não é apenas um código da insolvência e recuperação de *empresas*

O regime da insolvência consta, fundamentalmente, do Código da Insolvência e da Recuperação de Empresas (CIRE). No entanto, o CIRE não abrange apenas a insolvência de devedores empresários. É o que claramente resulta dos arts. 249.º e ss. quanto às pessoas singulares. Os devedores não empresários também podem ser declarados insolventes. Se forem pessoas singulares, o andamento do processo pode sofrer alterações significativas. Além disso, a recuperação de que o CIRE se ocupa não é apenas e somente a de empresas. Também a recuperação do devedor é abrangida pelo regime contido naquele Código.

No art. 5.º, o CIRE dá-nos uma noção de empresa: «toda a organização de capital e de trabalho destinada ao exercício de qualquer actividade económica»[81]. Trata-se de uma noção que vale «para efeitos» do CIRE.

---

[80] Já o CPEREF era, precisamente, o Código dos *Processos* Especiais de Recuperação da Empresa e de Falência

[81] Para uma análise crítica, COUTINHO DE ABREU, *Curso de direito comercial*, vol. I, cit., p. 325 e s.. Também o CPEREF dava uma noção de empresa: v. o seu art. 2.º.

5. O processo de insolvência como «processo de execução universal»

O art. 1.º, 1, do CIRE qualifica o processo de insolvência como «processo de execução universal». É um processo universal porque será por ele abrangido praticamente todo o património do devedor. Veja-se que, em regra (mas há excepções, como veremos), a sentença de declaração de insolvência decreta «a apreensão, para imediata entrega ao administrador da insolvência, dos elementos da contabilidade do devedor e de todos os seus bens, ainda que arrestados, penhorados ou por qualquer forma apreendidos ou detidos e sem prejuízo do disposto no n.º 1 do artigo 150.º» (art. 36.º, *g*), do CIRE; cfr. tb. o art. 149.º, 1, do CIRE).

A massa insolvente vai precisamente ser constituída (e salvo disposição em contrário) por «todo o património do devedor à data da declaração de insolvência, bem como os bens e direitos que ele adquira na pendência do processo» (art. 46.º, 1, CIRE). No entanto, estão excluídos da massa insolvente os bens absolutamente impenhoráveis; e mesmo os bens relativamente impenhoráveis só integram a massa insolvente se o devedor os apresentar voluntariamente (cfr. art. 46.º, 2, CIRE).

6. O processo de insolvência é um processo concursual

O processo de insolvência é ainda um processo concursual[82]: é um processo a que são chamados os credores do insolvente. A própria sentença de declaração de insolvência deve em regra fixar um prazo «até 30 dias» para a reclamação de créditos (art. 36.º, *j*), do CIRE). Isto significa, portanto, que a lei apenas fixa um prazo limite: até 30 dias. Mas em concreto o prazo será fixado pelo juiz.

É também importante chamar a atenção para o disposto no art. 90.º: durante a pendência do processo de insolvência os credores da insolvência só podem exercer os seus direitos em conformidade com o disposto no CIRE.

A natureza concursual visa garantir uma igualdade entre credores da insolvência que estejam nas mesmas condições. Com efeito, será necessário atender às classes de créditos que encontramos previstas no art. 47º, 4.

---

[82] Contra, CATARINA SERRA, *A falência no quadro da tutela jurisdicional dos direitos de crédito*, Coimbra Editora, Coimbra, 2009, p. 95 e s., aceitando antes a concursualidade a p. 162.

7. Insolvência como estado e como processo

A insolvência é um estado: veja-se o art. 3º. Mas a palavra designa igualmente um processo, enquanto encadeamento de atos dirigidos a um fim: a composição de pretensões[83].

Perante a distinção entre processo declarativo e processo executivo, podemos dizer que o processo de insolvência tem natureza mista: em parte é declarativo, em parte é executivo. Sendo um processo de execução, tem fase ou fases declarativas[84].

8. A aplicação subsidiária do CPC

O art. 17.º esclarece que o CPC vai regular o processo de insolvência no que diz respeito a tudo o que não contrarie o disposto no próprio CIRE.

O facto de apenas se fazer ali menção ao processo de *insolvência* e não aos processos *especiais de revitalização* não afasta, quanto a estes, a possibilidade de recorrer ao CPC para regular aspetos não previstos no CIRE. Com efeito, aqueles são processos «especiais» e, por isso, parece que sempre seria essa a solução que resultaria do próprio CPC (arts. 549.º, 1, e 551.º, 1 e 4)[85]. Mas, para além do mais, também se poderá dizer que a ausência de alterações ao art. 17.º após a introdução dos arts. 17.º-A a 17.º-I só pode dever-se a esquecimento do legislador, obrigando a uma interpretação atualista do próprio art. 17.º[86].

---

[83] Alfredo Soveral Martins, *Processo e direito processual*, 1.º vol., Centelha, 1985, p. 34.
[84] Por isso lhe é atribuída natureza mista: Maria do Rosário Epifânio, *Manual de direito da insolvência*, 6.ª ed., Almedina, Coimbra, 2014, p. 15.
[85] Carvalho Fernandes/João Labareda, *Código da Insolvência e da Recuperação de Empresas anotado*, cit., p. 135. Mas as dificuldades surgirão porque o PER surge regulado nas «Disposições introdutórias» do CIRE e porque este contém também o regime do processo de insolvência.
[86] Deve ainda ser tido em conta que o CIRE não regula todas as matérias relacionadas com a insolvência e a recuperação de empresas. Chamando a atenção para isso mesmo, com exemplos, Maria do Rosário Epifânio, «A crise da empresa no direito português», in Fábio Ulhoa Coelho/Maria de Fátima Ribeiro, *Questões de direito comercial no Brasil e em Portugal*, Saraiva, São Paulo, 2014, p. 379.

9. O carácter urgente

O processo de insolvência deve conhecer um rápido desfecho. Os credores, obviamente, pretendem receber o valor dos seus créditos e evitar que o devedor possa prejudicar esse objetivo. O devedor, por seu lado, também pode ter a ganhar com um célere esclarecimento da sua situação, almejando a adoção de medidas de recuperação. Há ainda que pensar no interesse em ver decidido em que termos aquele devedor pode continuar a atuar.

Tudo isso ajuda a compreender por que razão o art. 9.º, 1, confere caráter urgente ao processo de insolvência. Caráter urgente que abrange os respetivos incidentes, apensos e recursos. Além disso, o serviço a realizar no processo de insolvência goza de precedência sobre o serviço ordinário do tribunal onde aquele corra.

Tem sentido que o caráter de urgência se estenda aos incidentes, apensos e recursos. Quem percorra o CIRE depara-se com um número muito elevado de preceitos que preveem a existência de incidentes e apensos. Não seria bom que tivéssemos um processo a correr a dois, três e mais tempos.

O caráter urgente vai abranger inclusivamente a realização de registos de sentenças, de despachos, de atos de apreensão de bens da massa insolvente e de atos praticados no âmbito da administração e liquidação dessa massa ou previstos em plano de insolvência ou de pagamentos (art. 9.º, 5).

A necessidade de garantir um andamento a bom ritmo do processo de insolvência, seus incidentes e apensos tem reflexos no regime de notificações e publicações, como se comprova pela leitura do art. 9.º, 2, 3 e 4[87].

10. A suspensão da instância

O regime da suspensão da instância no processo de insolvência é influenciado pela necessidade de assegurar um rápido desenrolar da tramitação. Por isso é que o art. 8.º, 1, estabelece que, em regra, é inadmissível a suspensão da instância.

---

[87] Lembre-se também que, nos termos do art. 8.º, não é em regra admissível a suspensão da instância. Siga-se, por isso, para o ponto seguinte.

No entanto, também ali é ressalvada a existência de casos em que o CIRE prevê a possibilidade de suspensão da instância.

O próprio n.º 2 do art. 8.º obriga à suspensão da instância quando está a correr contra o mesmo devedor um outro processo de insolvência instaurado por outro requerente se a correspondente petição inicial deu primeiro entrada em juízo (mas cfr. tb. o art. 8.º, 3; v. ainda, para os casos em que a suspensão prevista no art. 8.º, 2, não ocorreu, o art. 4.º, 3).

Além disso, assim que seja declarada a insolvência contra o devedor em qualquer processo de insolvência, deve também ser suspensa a instância nos outros processos de insolvência que contra ele corram, até ao trânsito em julgado daquela sentença. Quando ocorrer esse trânsito em julgado, aqueles outros processos extinguem-se (art. 8.º, 4). E isso ainda que nos outros referidos processos a petição inicial respetiva tenha dado entrada em juízo antes da que iniciou o processo de insolvência em que foi proferida a sentença de declaração de insolvência.

Porém, e em derrogação do disposto no art. 8.º, o art. 261.º, 2, permite que prossiga um outro processo de insolvência instaurado contra o mesmo devedor apesar de já estar pendente um processo de insolvência se neste último foi apresentado um plano de pagamentos[88] e o primeiro processo referido foi instaurado por titulares de créditos não incluídos na relação anexa ao plano[89]. Se for declarada a insolvência do devedor no processo em que foi apresentado o plano de pagamentos, isso não conduz à suspensão ou extinção da instância no outro processo.

Por sua vez, o art. 261.º, 3, estabelece que, estando pendente um processo de insolvência em que tenha sido apresentado plano de pagamentos, pode prosseguir outro processo de insolvência instaurado por credor incluído na relação anexa ao plano se, após o termo do prazo referido no art. 256.º, 3, subsistir divergência quanto ao montante ou a outros elementos do crédito. Se for proferida a declaração de insolvência do devedor no processo em que foi apresentado o plano de pagamentos, daí também não decorre a suspensão ou extinção da instância no outro processo. Simplesmente, a sentença de

---

[88] Nos casos em que isso é possível. Cfr., a propósito, o art. 249.º.

[89] Aparentemente, os titulares em causa são os que pura e simplesmente não foram incluídos na relação. Não se trata, pois, de titulares que foram incluídos mas relativamente a outros créditos.

CONSIDERAÇÕES GERAIS INTRODUTÓRIAS

insolvência não será proferida aí[90] enquanto o requerente não fizer prova da incorreção da identificação efetuada pelo devedor.

Alguns outros casos merecem referência especial. Assim, o art. 10.º, 1, *b)*, também prevê que o processo de insolvência fique suspenso por cinco dias em caso de falecimento do devedor.

Outro caso de suspensão vem previsto no art. 17.º-E, 6. Se, depois de requerida a insolvência do devedor, é proferido despacho a nomear o administrador judicial provisório no âmbito de um PER, nos termos do art. 17.º-C, 3, *a)*, aquele art. 17.º-E, 6, determina a suspensão do processo de insolvência anteriormente instaurado «na data de publicação no portal Citius» se ainda não tiver sido proferida sentença de declaração de insolvência. Sendo suspenso o processo de insolvência, o mesmo extingue-se «logo que seja aprovado e homologado plano de recuperação».

Também parece ser um caso de suspensão o que se verifica se não for efetuado o depósito exigido pelo art. 39.º, 7, *d)*, pois a falta de realização do mesmo impede o prosseguimento do novo processo de insolvência (mas v. tb. o Ac. TC n.º 602/2006, de 14.11).

Convém ainda ter presente o art. 255.º, 1, que estabelece que o juiz, se não entender que é altamente improvável a aprovação de plano de pagamentos apresentado, suspende o processo de insolvência «até à decisão sobre o incidente do plano de pagamentos».

Lembre-se, ainda, o art. 264.º, 3, *b)*, segundo o qual a apresentação à insolvência de um dos cônjuges no âmbito do processo de insolvência instaurado contra o outro vai, uma vez admitida, suspender «qualquer processo de insolvência anteriormente instaurado apenas contra o apresentante e em que a insolvência não haja sido já declarada, se for acompanhada de confissão expressa da situação e insolvência ou caso seja apresentada pelos cônjuges uma proposta de plano de pagamentos» (cfr., a propósito, o art. 4.º, 3, parte final). Note-se que o art. 264.º surge inserido num capítulo que abrange apenas devedores pessoas singulares que não sejam titulares de empresas ou

---

[90] No art. 261.º, 3, parte final, lê-se que «a insolvência não será declarada neste processo sem que o requerente faça a prova da incorreção da identificação efetuada pelo devedor». «Neste» parece dizer respeito ao «outro» processo instaurado e não ao processo de insolvência em que foi apresentado o plano de pagamentos.

que apenas sejam titulares de pequenas empresas, no sentido dado a estes termos pelo art. 249.º.

Fora do CIRE, o art. 18.º, 3, do DL 178/2012, de 3 de agosto, permite que o juiz suspenda a instância no processo de insolvência em que ainda não foi declarada a insolvência se foi apresentado pelo devedor um requerimento de utilização do SIREVE. A suspensão deve ser requerida pela empresa devedora, que deve apresentar o despacho (leia-se cópia do mesmo) de aceitação do requerimento de utilização do SIREVE (art. 18.º, 2 e 3, do DL 178/2012).

11. O princípio do inquisitório

A partir do momento em que o juiz tem de tomar decisões no processo de insolvência, nos embargos ou no incidente de qualificação de insolvência, deve ser tido em conta o teor do art. 11.º, de que resulta, naquele âmbito, o princípio do inquisitório. Com efeito, as decisões do juiz podem então ser tomadas com fundamento em factos não alegados pelas partes. E isso revela apreço pela verdade material[91] e a intenção de tutelar interesses públicos[92].

No entanto, o princípio do inquisitório, com aquele sentido, parece difícil de aplicar no momento da apreciação liminar de que se ocupa o art. 27.º.

---

[91] Dirk Andres, «§ 5», in Dirk Andres/Rolf Leithaus/Michael Dahl, *Insolvenzordnung*, 3. Aufl., Beck (Beck-online), 2014, Rn. 5.

[92] Maria José Capelo, «A fase prévia à declaração de insolvência: algumas questões processuais», cit., p. 188.

CAPÍTULO I
A situação de insolvência
(pressupostos objetivos de declaração de insolvência)

1. O «critério geral»: impossibilidade de cumprir as obrigações vencidas

Encontra-se em situação de insolvência «o devedor que se encontre impossibilitado de cumprir as suas obrigações vencidas» (art. 3.º, 1)[1-2]. Como se vê, apenas são consideradas as obrigações vencidas e não as vincendas. E só releva a impossibilidade de cumprir.

Não há impossibilidade se o devedor tem meios para cumprir mas não o faz porque contesta a existência da obrigação. A impossibilidade em causa não se confunde também com a impossibilidade objetiva que constitui causa

---

[1] Cfr., com semelhanças, o § 17 (1), da *InsO*: «Constitui fundamento geral para a abertura do processo de insolvência a incapacidade para efetuar pagamentos». Estabelece ainda o § 17 (2): «O devedor não tem capacidade para efetuar pagamentos quando não consegue pagar as suas obrigações vencidas. Presume-se que o devedor não tem capacidade para efetuar pagamentos quando cessou os seus pagamentos». O art. 2, 2 da *Ley Concursal* espanhola considera em estado de insolvência «el deudor que no puede cumplir regularmente sus obligaciones exigibles».

[2] O critério para identificar uma situação de insolvência ou de falência foi sofrendo alterações ao longo dos tempos, como vimos. Preferindo falar de crise económica do devedor em vez de insolvência, CATARINA SERRA, *A falência no quadro da tutela jurisdicional dos direitos de crédito*, Coimbra Editora, Coimbra, 2009, p. 241.

de extinção das obrigações (art. 790.º CCiv.)[3]. Do que se trata, isso sim, é de não ter meios para cumprir as obrigações vencidas. Meios que o devedor não tem porque nem sequer consegue obtê-los junto de terceiros.

Em rigor, a impossibilidade de cumprir as obrigações vencidas não significa que se tenha de fazer a prova de que o devedor está impossibilitado de cumprir todas e cada uma dessas obrigações. Basta a prova de que o devedor não consegue cumprir obrigações vencidas que *demonstrem não ter possibilidade de cumprir as restantes*[4]. Como se lê no sumário do Ac. RL de 13/07/2010, elaborado pela Relatora Desembargadora Márcia Portela[5], estão em causa «as obrigações que, pelo seu significado no conjunto do passivo do devedor, ou pelas próprias circunstâncias do incumprimento, evidenciam a impotência, para o obrigado, de continuar a satisfazer a generalidade das suas obrigações»[6].

Mas, por outro lado, não basta que não consiga cumprir pontualmente uma parte insignificante das suas obrigações vencidas[7].

O cumprimento em causa é o que ocorre pontualmente. Embora o CIRE não tenha recuperado o que constava do art. 3.º, 1, do CPEREF, que, ao caraterizar a situação de insolvência, fazia expressa referência à impossibilidade

---

[3] Chamando a atenção para isso mesmo, PEDRO DE ALBUQUERQUE, «Declaração da situação de insolvência», *O Direito*, 137.º, 2005, III, p. 511.

[4] Exigindo que esteja em causa uma parte essencial das obrigações, tendo em conta o montante, COUTINHO DE ABREU, *Curso de direito comercial*, vol. I, 9.ª ed., Almedina, Coimbra, 2013, p. 135. Bastando-se com «um único incumprimento desde que assuma um peso significativo no passivo do devedor», MARIA JOSÉ COSTEIRA, «A insolvência das pessoas coletivas. Efeitos no insolvente e na pessoa dos administradores», *Julgar*, 18, 2012, p. 162.

[5] www.dgsi.pt, Proc. 863/10.1.TBALM.L1-6.

[6] Formulação muito próxima, aliás, da que é fornecida por CARVALHO FERNANDES/JOÃO LABAREDA, *Código da Insolvência e da Recuperação de Empresas anotado*, cit., p. 86. Referindo-se a um incumprimento tal que, «no caso concreto, face ao passivo do devedor a possibilidade deste não cumprir seja manifesta», PEDRO PIDWELL, *O processo de insolvência e a recuperação da sociedade comercial de responsabilidade limitada*, Coimbra Editora, Coimbra, 2011, p. 84, nt. 350.

[7] Para a Alemanha, dando conta de que a doutrina dominante e o BGH têm entendido que pequenas faltas de liquidez que não ultrapassem 10% não relevam («*geringe Liquiditätslücke (regelmäßig bis maximal 10 %) nicht unter § 17 fällt*»), ROLF LEITHAUS, in DIRK ANDRES/ROLF LEITHAUS/MICHAEL DAHL, «§ 17», *Insolvenzordnung*, 3. Aufl., Beck (Beck-online), 2014, Rn. 2. O mesmo autor revela igualmente que, nesses casos, o BGH também tem entendido que a referida pequena falta de liquidez não pode durar mais de três semanas. Dando conta de que o BGH considera que se devem ter em conta os meios de pagamento de que o devedor possa dispor nessas três semanas, ROBERT BRAHMSTAEDT, *Die Feststellung der Zahlungsunfähigkeit*, Carl Heymanns/Wolters Kluwer, Köln, 2012, p. 157.

de «cumprir pontualmente», a melhor leitura parece ser a que considera que é «inerente à ideia do cumprimento a realização atempada das obrigações a cumprir»[8]. Mas não basta a mora para haver impossibilidade de cumprir.

O Ac. RL de 20.05.2010[9] identifica um conjunto de aspetos que foram considerados relevantes para se determinar a existência de uma situação de insolvência: «Deve ser considerado em situação de insolvência o devedor que se encontre impossibilitado de cumprir pontualmente as suas obrigações vencidas. A situação de insolvência da ora apelante é evidenciada pela dimensão do passivo reconhecido, sem que tenham ficado demonstrados pagamentos significativos, pela falta de informação em relação aos resultados da sua actividade, sabendo-se que não permitiram fazer face ao pagamento do passivo, e pela ausência de crédito, quer junto da banca, quer dos fornecedores. E é particularmente evidenciada pela dimensão e antiguidade do crédito da ora apelada, pelo incumprimento quase total dos dois planos de pagamento da dívida que foram acordados entre as partes, sendo que o último já teve como contrapartida a extinção da instância em anterior processo de insolvência, e ainda pela inexistência de qualquer pagamento, ou proposta de pagamento deste crédito, posterior à instauração da presente acção» (Sumário elaborado pelo Relator Desembargador Farinha Alves).

Uma palavra ainda para referir o teor do art. 30.º, 4, que bem ilustra a posição do devedor que não seja requerente da declaração de insolvência: «Cabe ao devedor provar a sua solvência, baseando-se na escrituração legalmente obrigatória, se for o caso, devidamente organizada e arrumada, sem prejuízo do disposto no n.º 3 do artigo 3.º». Porém, este é um preceito que só pode ser devidamente compreendido tendo também em conta o art. 20.º, 1, e o que é aí exigido aos requerentes que não sejam o devedor[10].

Como decorre do art. 780.º, 1, do CCiv., a situação de insolvência, ainda que não esteja judicialmente declarada, permite que o credor, não obstante o prazo estabelecido a favor do devedor, exija o cumprimento imediato da obrigação. O que não significa, evidentemente, que a obrigação se considere

---

[8] CARVALHO FERNANDES/JOÃO LABAREDA, *Código da Insolvência e da Recuperação de Empresas anotado*, cit., p. 84.

[9] www.dgsi.pt, Proc. 2509/09.1TBPDL-2.

[10] Chamando a atenção para isto, CASSIANO DOS SANTOS, *Direito comercial português*, vol. I, Coimbra Editora, Coimbra, 2007, p. 221.

UM CURSO DE DIREITO DA INSOLVÊNCIA

sempre vencida. No entanto, a declaração de insolvência «determina o vencimento de todas as obrigação do insolvente não subordinadas a uma condição suspensiva» (art. 91.º, 1)[11].

2. A manifesta superioridade do passivo em relação ao ativo

O critério geral enunciado no art. 3.º, 1, do CIRE não parte da situação relativa do ativo e do passivo do devedor. Pelo contrário, o art. 3.º, 2, considera que, em certos casos, já é relevante a situação do passivo e do ativo (embora continue a poder aplicar-se o critério geral[12]).

Que casos são esses? São aqueles em que os devedores são pessoas coletivas e patrimónios autónomos «por cujas dívidas nenhuma pessoa singular responda pessoal e ilimitadamente, por forma directa ou indirecta»[13]. Quanto a essas pessoas e patrimónios, a lei considera que também são considerados insolventes «quando o seu passivo seja manifestamente superior ao activo, avaliados segundo as normas contabilísticas aplicáveis»[14]-[15]. Estamos, aqui, perante um critério autónomo, pretendendo a lei evitar que se mantenha

[11] Sobre a distinção entre vencimento e exigibilidade, a propósito do problema tratado no texto, CATARINA SERRA, *O regime português da insolvência*, 5.ª ed., Almedina, Coimbra, 2012, p. 36, nt. 19, e bibliografia aí citada.

[12] MARIA DO ROSÁRIO EPIFÂNIO, *Manual de direito da insolvência*, cit., p. 25. Para uma crítica ao art. 3.º, 2, COUTINHO DE ABREU, *Curso de direito comercial*, cit., p. 136 e ss.; CATARINA SERRA, *O regime português da insolvência*, cit., p. 36 e s..

[13] Admitindo que essa responsabilidade seja «assumida por via de garantia, desde que inclua a totalidade das responsabilidades», CASSIANO DOS SANTOS, *Direito comercial português*, vol. I, cit., p. 220.

[14] Tem interesse comparar a redação da lei portuguesa com o § 19 da *InsO*: «(1) Para uma pessoa coletiva o excesso de passivo é também causa de insolência. (2) Existe excesso de passivo quando o património do devedor não cobre as obrigações existentes, a não ser que, tendo em conta as circunstâncias, a continuação da empresa seja mais fortemente provável [...]» («(1) Bei einer juristischen Person ist auch die Überschuldung Eröffnungsgrund. (2) Überschuldung liegt vor, wenn das Vermögen des Schuldners die bestehenden Verbindlichkeiten nicht mehr deckt, es sei denn, die Fortführung des Unternehmens ist nach den Umständen überwiegend wahrscheinlich [...]»). A ressalva relativa à mais forte probabilidade de continuação da empresa tinha uma vigência bem limitada no tempo. Entretanto, a redação consolidou-se. Sobre todo este processo, HARALD BUBHARDT, «§ 19», in EBERHARD BRAUN, *Insolvenzordnung*, 6. Aufl., Beck (Beck-online), München, 2014, Rn. 1, e ROLF LEITHAUS, in DIRK ANDRES/ROLF LEITHAUS/MICHAEL DAHL, «§ 19», *Insolvenzordnung*, 3. Aufl., Beck (Beck-online), München, 2014, Rn. 1, que revela ter sido intenção do legislador evitar a insolvência de devedores que

A SITUAÇÃO DE INSOLVÊNCIA

ou agrave uma situação claramente perigosa para quem se relaciona com o devedor[15]. A lei exige, é certo, que o passivo seja «manifestamente» superior ao ativo. Mas isso terá ficado a dever-se ao receio de que a situação dos devedores abrangidos fosse muito grave relativamente a um número demasiado elevado.

Note-se, aliás, que parece clara a intenção da lei em afastar-se do que foram as soluções tradicionais em Portugal relativamente à relação ativo/passivo[16]. A manifesta *insuficiência* do ativo *para satisfação* do passivo era relevante no CCom 1888, no CFal de 1899, no CPCom de 1905, no CFal 1935, no CPC de 1939 e no CPC de 1961.

E isso mostra duas coisas: a) Que, na lei, a *insuficiência* não se confundia com o *caráter manifesto* da mesma. Isto é, a insuficiência não ocorria só quando era manifesta... O caráter manifesto não era relevante para se apurar a insuficiência; b) Que a *insuficiência* não se confundia com a inferioridade.

Com as alterações introduzidas no CPEREF através do DL 315/98, de 20 de outubro[17], a insolvência passou a consistir na *impossibilidade de cumprir pontualmente as obrigações em virtude de o ativo disponível ser insuficiente para satisfazer o passivo exigível* (art. 3.º, 1, CPEREF, redação do DL 315/98). Também aqui é a *insuficiência* que surge tida em conta: não a superioridade ou inferioridade.

No CIRE é considerado relevante, em certos casos, o caráter manifestamente superior do passivo relativamente ao ativo. E isto faz todo o sentido

---

viram o seu balanço afetado pela crise financeira. Aparentemente, não terá sido por viverem acima das suas possibilidades.

[15] Mas v. , defendendo que é ainda necessário «poder afirmar-se com segurança que o devedor se encontrará, a curto prazo, na situação de impotência económica», PESTANA DE VASCONCELOS/PEDRO CAEIRO, «As dimensões jurídico-privada e jurídico-penal da insolvência (uma introdução), cit., p. 540. Considerando que (só?) é manifesta «*a superioridade [...] que, não importando ainda uma impossibilidade de cumprir, é susceptível de suportar um juízo de prognose em termos de se poder afirmar que o deficit se projectará no futuro, com forte probabilidade, numa situação de impossibilidade de cumprir, sendo esta já potencial*», CASSIANO DOS SANTOS/HUGO FONSECA, «Pressupostos para a declaração de insolvência no Código da Insolvência e da Recuperação de Empresas», *CDP*, 29, janeiro/março, 2010, p. 24. Pela nossa parte, consideramos, de modo mais simples, que «manifesto» é o que é «evidente» ou que «salta aos olhos».

[16] E que geraram interpretações díspares: v. PEDRO CAEIRO, *Sobre a natureza dos crimes falenciais (o património, a falência, a sua incriminação e a reforma dela)*, cit., p. 118 e ss..

[17] Sobre estas, v. CATARINA SERRA, «Alguns aspectos da revisão do regime da falência pelo DL n.º 315/98, de 20 de outubro», SI, t. XLVIII, jan-jun 1999, p. 183-206.

no que diz respeito às entidades que podem ser declaradas insolventes com o fundamento previsto no art. 3.º, 2. Com efeito, esses devedores cujo passivo é manifestamente superior ao ativo constituem um perigo para o tráfico e para os que, em geral, com eles lidam. Tanto mais que, muitas vezes, as decisões de administração (em sentido lato) são tomadas por quem não investiu na entidade em causa. A lei confere, assim, uma maior importância aos dados contabilísticos e obriga a dar-lhes atenção. Como é evidente, se o passivo é superior ao ativo aumenta o risco de o devedor em causa não pagar. E se o passivo é manifestamente superior ao ativo, o risco aumenta manifestamente. Mas esse risco aumenta se o passivo é manifestamente superior ao ativo. Não é o maior risco que torna manifesta a superioridade.

O que se pretende, obviamente, é *evitar que a situação patrimonial do devedor se agrave cada vez mais enquanto o devedor vai conseguindo crédito e pagando as suas obrigações vencidas*. O devedor pode conseguir crédito durante anos e anos apesar de o passivo ser superior ao ativo. E pode conseguir esse crédito sem que uma única pessoa humana tenha que constituir qualquer garantia, pessoal ou real. Mas pode chegar um momento em que, de repente, a «torneira» do crédito seca. Entretanto, o passivo foi crescendo. Se só então fosse possível pedir a declaração de insolvência do devedor, pobres credores...

Na Alemanha, a *Überschuldung* não se confunde com a *Zahlungsunfähigkeit*. Quanto à primeira, defendeu-se que podia existir *Überschuldung* no balanço mas não um dever de apresentação se o juízo de prognose quanto à continuação da atividade fosse positivo, assim levando a uma avaliação numa perspetiva de continuidade e não de liquidação[18]. Porém, o § 19 da *InsO* teve sempre redação diferente da que foi dada ao art. 3.º, 2, do CIRE e parece claro que este quis que a leitura defendida na Alemanha fosse afastada ao exigir que a avaliação tenha lugar «segundo as normas contabilísticas aplicáveis». Ou seja: mesmo o caráter manifesto da superioridade do passivo em relação ao ativo deve resultar da utilização das normas contabilísticas aplicáveis[19].

---

[18] Sobre isto, v., p. ex., ULRICH SCHMERBACH, «§ 18», in KLAUS WIMMER (her.), *Frankfurter Kommentar zur Insolvenzordnung*, cit., Rn. 7.

[19] O BGH considerava que não havia *Überschuldung* se «die Fortführung des Unternehmens überwiegend wahrscheinlich war»: Rolf LEITHAUS, «§ 19», in Dirk ANDRES/ROLF LEITHAUS, *Insolvenzordnung*, cit., Rn. 1.

A SITUAÇÃO DE INSOLVÊNCIA

A eventual manifesta superioridade do passivo em relação ao ativo «segundo as normas contabilísticas aplicáveis» não conduz necessariamente à existência de uma situação de insolvência. Com efeito, a lei prevê a possibilidade de uma eventual reavaliação. E dessa reavaliação, efetuada tendo em conta algumas regras especiais, pode resultar que, afinal, o ativo é superior ao passivo.

As regras especiais de reavaliação referidas são as seguintes (art. 3.º, 3): serão considerados «no activo e passivo os elementos identificáveis, mesmo que não constantes do balanço, pelo seu justo valor»[21]; se o devedor é titular de uma empresa, «a valorização baseia-se numa perspectiva de continuidade ou de liquidação, consoante o que se afigure mais provável, mas em qualquer caso com exclusão da rubrica de trespasse[22]; o passivo não incluirá «dívidas que apenas hajam de ser pagas à custa de fundos distribuíveis ou do activo restante depois de satisfeitos ou acautelados os direitos dos demais credores do devedor»[23].

A referência que é feita ao «justo valor» a propósito dos elementos identificáveis no ativo e passivo tinha necessariamente que suscitar dúvidas e interrogações.

Para João Labareda[24], a solução pode conduzir ao eventual benefício do infrator que viola as regras sobre organização da sua escrita. Mas não parece que assim seja. A situação de que se parte é a de um passivo manifestamente

---

[20] Se o passivo é manifestamente superior ao ativo, então está perdida muito mais de metade do capital social (art. 35.º, 2, CSC). Daí resulta uma dificuldade adicional: a de saber se prevalece, para os devedores sujeitos ao regime do art. 35.º, 1, do CSC, o dever aí estabelecido para os gerentes e administradores relativamente à convocação de assembleia geral, ou se podem estes avançar com o requerimento de declaração de insolvência sem prévia deliberação dos sócios. Sobre o problema, COUTINHO DE ABREU, *Curso de direito comercial*, cit., p. 132, defendendo que o disposto no art. 35.º prevalece; no mesmo sentido, CATARINA SERRA, *O regime português da insolvência*, cit., p. 38. Temos, porém, dúvidas que deva ser sempre assim tendo em conta os riscos que correm os gerentes e administradores em caso de qualificação da insolvência como culposa.

[21] Só haverá alteração relativamente ao que resulta da aplicação das normas contabilísticas aplicáveis (art. 3.º, 2) se estas não tiverem já imposto a tomada em consideração dos elementos em causa e a utilização do justo valor como critério de avaliação.

[22] Duvidando da «bondade» desta exclusão, COUTINHO DE ABREU, *Curso de direito comercial*, cit., p. 128.

[23] Lembrando os arts. 213.º, 3, e 245.º, 3, *a*), CSC e o art. 48.º do CIRE, COUTINHO DE ABREU, *Curso de direito comercial*, cit., p. 139.

[24] JOÃO LABAREDA, «O Novo Código da Insolvência e da Recuperação de Empresas», Almedina/IDET, Coimbra, 2004, p. 32

superior ao ativo de acordo com «as normas contabilísticas aplicáveis». E, portanto, sem que tenham sido violadas essas normas e sem que haja por isso infrator.

Entre nós, já se defendeu que o n.º 2 do art. 3.º tem que ser relacionado com o n.º 1[25]. Contudo, a relação não é muito próxima. Se o passivo excede manifestamente o ativo, a lei considera que o risco para os credores de o devedor continuar a exercer normalmente a sua atividade é demasiado elevado. Daí o art. 3.º, 2. Mas não se pode por isso concluir que só é manifesta a superioridade do passivo em relação ao ativo quando revelar uma qualquer probabilidade de não cumprir pontualmente no futuro as suas obrigações. Este será, certamente, um aspeto a considerar para se ver se a superioridade é ou não manifesta. Mas não é o único, nem é necessário. Lembre-se, novamente, que estão em causa devedores que são pessoas coletivas e patrimónios autónomos «por cujas dívidas nenhuma pessoa singular responda pessoal e ilimitadamente , por forma directa ou indirecta»[26].

3. A insolvência iminente

Decorre do art. 3.º, 4, do CIRE que se equipara «à situação de insolvência actual a que seja meramente iminente, no caso de apresentação pelo devedor à insolvência». Como se vê, apenas o devedor pode requerer a declaração de

---

[25] Assim, por exemplo, CARVALHO FERNANDES/JOÃO LABAREDA, *Código da Insolvência e da Recuperação de Empresas anotado*, cit., p. 89, para quem «o que está em causa é assumir que a insuficiência do ativo em relação ao passivo só deve, ela própria, constituir um índice seguro de insolvabilidade quando reveste uma expressão que, de acordo com a normalidade da vida, torna insustentável, a prazo, o pontual cumprimento das obrigações do devedor». Cfr. tb. CASSIANO DOS SANTOS, *Direito comercial português*, cit., p. 226: «é manifesta a superioridade do passivo naqueles casos em que, não importando ela ainda uma impossibilidade de cumprir, é susceptível de um juízo de prognose em termos de se poder dizer que o défice se projectará no futuro, com forte probabilidade, numa situação de impossibilidade de cumprir, sendo esta já potencial».

[26] Lembrando também, para a Alemanha, que no regime do § 19 da *InsO* é tida em conta a exclusiva responsabilidade do património da sociedade em questão (está em causa um «notwendiges Korrelat zur alleinigen Haftung des Gesellschaftsvermögens»), JOCHEN DRUKARCZYK/SCHÜLER, «§ 19», in HANS-PETER KIRCHHOFF/HORS EIDENMÜLLER/ROLF STÜRNER, *Münchener Kommentar zur Insolvenzordnung*, Bd. 1, 3. Auflage, Beck (Beck-online), 2013, Rn. 1.

insolvência com base na situação de insolvência iminente[27]. Compreende-se que assim seja, pois de outra forma o devedor poderia ficar sujeito a pressões injustificadas[28]. Além disso, a liberdade de iniciativa económica do devedor seria consideravelmente restringida[29]. Mas se o devedor requer a declaração de insolvência com base numa situação de insolvência iminente, pode tornar--se mais fácil a aprovação de um plano de recuperação.

A influência do § 18 («Drohenede Zahlunsunfähigkeit») da *InsO* é evidente: «(1) Se o devedor requerer a abertura do processo de insolvência, constitui também fundamento para abertura a iminente incapacidade de pagamento»[30].

Mas quando é que o intérprete e o aplicador do direito podem considerar que a insolvência é iminente? Infelizmente, a lei portuguesa não contém um esclarecimento como aquele que resulta do § 18, (2), da *InsO*: «O devedor será considerado em situação de iminente incapacidade de pagamentos quando previsivelmente não irá estar na posição de cumprir no momento do vencimento as obrigações de pagamento existentes»[31]. Também a *Ley Concursal* espanhola auxilia o intérprete ao estabelecer, no seu art. 2, 3, que «se encuentra en estado de insolvencia inminente el deudor que prevea que no podrá cumplir regular y puntualmente sus obligaciones».

Como é evidente, se estamos a falar de insolvência iminente é porque nos encontramos já perante uma ameaça. Mas não basta um medo ou pavor por

---

[27] O devedor pode apresentar um requerimento para o início de um PER quando «se encontre em situação económica difícil ou em situação de insolvência iminente, mas que ainda seja susceptível de recuperação» (art. 17.º-A, 1). Para se poder apresentar à insolvência com base na existência de uma situação de insolvência já não é necessário que exista suscetibilidade de recuperação.

[28] Nesse sentido, HARALD BUBHARDT, , «§ 18», in EBERHARD BRAUN, (her.), *Insolvenzordnung*, 6. Aufl., Beck (Beck-online), München, 2014, Rn. 1.

[29] Com este argumento, pensando nas soluções alemã e espanhola, LINO GUGLIELMUCCI, *Diritto fallimentare*, 3ª ed., Giappichelli, Torino, 2008, p. 10, nota 3.

[30] «(1) Beantragt der Schuldner die Eröffnung des Insolvenzverfahrens, so ist auch die drohende Zahlunsunfähigkeit Eröffnungsgrund».

[31] «Der Schuldner droht zahlungsunfähig zu werden, wenn er voraussichtlich nicht in der Lage sein wird, die bestehenden Zahlungspflichten im Zeitpunkt der Fälligkeit zu erfüllen». Mas v., considerando que na Alemanha a insolvência iminente tem desempenhado um papel subalterno (*untergeordnete Rolle*), ROBERT BRAHMSTAEDT, *Die Feststellung der Zahlungsunfähigkeit*, cit., p. 1.

UM CURSO DE DIREITO DA INSOLVÊNCIA

parte do devedor. É preciso que se trate de uma probabilidade objetiva[32]. Daí que seja necessário efetuar um juízo de prognose, que pode ser auxiliado pela elaboração de um estudo sobre a liquidez do devedor. Será preciso averiguar qual a probabilidade de o devedor não pagar as obrigações *vencidas*[33] e as obrigações *atuais não vencidas* no momento em que se vencerem. Se for previsível que isso venha a acontecer, há insolvência iminente.

Na doutrina alemã, há quem proponha que seja feita uma avaliação em função do que é mais provável: há insolvência iminente se a insolvência é mais provável do que a hipótese de a evitar (*worst-case-Betrachtung*)[34]. E este parece ser um bom critério[35]. Tanto mais que permite distinguir a insolvência iminente da mera existência de uma situação económica difícil: esta última, nos termos do art. 17.º-B, consiste em «dificuldade séria para cumprir pontualmente as suas obrigações, designadamente por ter falta de liquidez ou por não conseguir obter crédito»[36]. Existe dificuldade séria para cumprir

---

[32] Ángel Rojo, «Artículo 2», in Ángel Rojo/Emilio Beltran, *Comentario de la Ley Concursal*, t. 1, Thomson/Civitas, Madrid, 2008 (reimp.), p. 176

[33] Estas (as vencidas no momento em que é feita a apreciação), no entanto, não podem permitir dizer que o devedor já está em situação de insolvência atual (art. 3.º, 1).

[34] Jochen Drukarczyk, «§ 18», in Hans-Peter Kirchhoff/Hors Eidenmüller/Rolf Stürner, *Münchener Kommentar zur Insolvenzordnung*, 3. Auflage, Beck (Beck-online), 2013, Rn. 48. Mas v., bastando-se com uma probabilidade de pelo menos 50% de que não terá lugar o cumprimento, Ulrich Schmerbach, «§ 18», in Klaus Wimmer (her.), *Frankfurter Kommentar zur Insolvenzordnung*, Luchterhand/Wolters Kluwer, 2015, Rn. 24.

[35] Parecendo exigir algo mais («toda a probabilidade»), Carvalho Fernandes/João Labareda, *Código da Insolvência e da Recuperação de Empresas anotado*, cit., p. 87, e Pedro de Albuquerque, «Declaração de insolvência», cit., p. 513, nt. 22 (exige-se «praticamente uma certeza»). Exigindo circunstâncias que, «com toda a probabilidade», vão determinar a situação de insolvência atual, v. o Ac. RL de 25.06.2009, (Relatora: Carla Mendes), Proc. n.º 7214/08.3 TMSNT.L1-8.

[36] Para uma crítica, Carvalho Fernandes/João Labareda, *Código da Insolvência e da Recuperação de Empresas anotado*, cit., p. 145 e s.. Para Menezes Cordeiro, «O princípio da boa-fé e o dever de renegociação em contextos de "situação económica difícil"», in Catarina Serra (Coord.), *II Congresso de direito da insolvência*, cit., p. 65, «está em situação económica difícil a pessoa ou a entidade que, de acordo com as regras da experiência, se vá defrontar brevemente com a situação de não poder cumprir as suas obrigações». Menezes Leitão, «A responsabilidade pela abertura indevida do processo especial de revitalização», in Catarina Serra (Coord.), *II Congresso de direito da insolvência*, cit., p. 145, entende que «praticamente em todos os casos, a situação económica difícil se reconduz a uma situação de insolvência iminente».

A SITUAÇÃO DE INSOLVÊNCIA

(e não insolvência iminente) se a probabilidade de se verificar uma situação de insolvência não é superior à de a evitar.

Falámos das obrigações vencidas e das atuais não vencidas. Mas será que as obrigações ainda não contraídas podem ser tidas em conta para o efeito de se avaliar se existe ou não situação de insolvência iminente? Os autores alemães discutem o problema. E, apesar da redação do § 18, 2, da *InsO* (contendo a referência às obrigações de pagamento existentes ou «bestehenden Zahlungspflichten»), há quem aceite que devem ser também tidas em conta as *drohende Verbindlichkeiten*[37] ou obrigações iminentes. É evidente que alguma cautela se impõe quanto a obrigações ainda não existentes. Mas não custa a aceitar que, para verificarmos se há probabilidade de o devedor não pagar as obrigações vencidas e as atuais não vencidas, também devem ser tidas em conta as que ainda não são atuais mas que *muito provavelmente serão contraídas e se vencem durante o período de tempo* a considerar[38].

E qual é esse período de tempo a tomar em consideração para se saber se estamos ou não perante uma situação de insolvência iminente? Dependerá do devedor em causa e da sua atividade[39] e, quanto a esta última, devendo ser

---

[37] Para o direito alemão, considerando que devem ser tidas em conta «lediglich *drohende Verbindlichkeiten*, ROLF LEITHAUS, in DIRK ANDRES/ROLF LEITHAUS/MICHAEL DAHL, «§ 18», *Insolvenzordnung*, cit., Rn. 4; por sua vez, JOCHEN DRUKARCZYK, «§ 18», in HANS-PETER KIRCHHOFF/HORS EIDENMÜLLER/ROLF STÜRNER, *Münchener Kommentar zur Insolvenzordnung*, 3. Auflage, Beck (Beck-online), Bd. 1, 2013, Rn. 54, entende que devem ser consideradas obrigações que surjam durante o período de tempo relevante e que durante o mesmo se vençam («diejenigen Zahlungspflichten, die im Prognosezeitraum neu entstehen *und* in diesem Zeitraum fällig werden»).

[38] Entre nós, fazendo apenas referência às obrigações já existentes, COUTINHO DE ABREU, *Curso de direito comercial*, vol. I, cit., p. 135.

[39] Assim também, PEDRO DE ALBUQUERQUE, «Declaração da situação de insolvência», cit., p. 513, nt. 22. Deverá nomeadamente resolver-se este assunto considerando o tipo de actividade do devedor, em particular se se tratar de uma sociedade ou empresa, se a sua produção é a curto ou longo prazo, se é ou não sazonal, etc.». ANA FILIPA CONCEIÇÃO, «A noção de insolvência iminente – Breve análise da sua aplicação à insolvência de consumidores em Espanha e Portugal», *RCEJ*, 23, 2013, p. 34, vai no mesmo sentido. Entre nós, afirmando que se tem «apontado para, como mínimo, o período de um ano», MARIA DO ROSÁRIO EPIFÂNIO, *Manual de direito da insolvência*, cit., p. 26. Referindo-se ao «curto prazo», CARVALHO FERNANDES/JOÃO LABAREDA, *Código da Insolvência e da Recuperação de Empresas anotado*, cit., p. 87, e ANA FILIPA CONCEIÇÃO, «A noção de insolvência iminente – Breve análise da sua aplicação à insolvência de consumidores em Espanha e Portugal», cit., p. 32. Considerando que o *Prognosezeitraum* terá um limite máximo de 3 a 6 meses, ROLF LEITHAUS, «§ 18», in DIRK ANDRES/ROLF LEITHAUS/MICHAEL

UM CURSO DE DIREITO DA INSOLVÊNCIA

prestada especial atenção aos ciclos que seja possível identificar (quanto aos pagamentos e recebimentos, em especial).

Outra dificuldade que o art. 3.º, 4, coloca ao intérprete resulta de não indicar qual é a situação de insolvência atual a que se equipara a de insolvência iminente. Ora, as pessoas coletivas e patrimónios autónomos que podem ser declarados insolventes nos termos do art. 3.º, 2, também podem apresentar-se à insolvência. Mas poderão fazê-lo nos casos em que estão na iminência de ver o seu passivo ficar manifestamente superior ao seu ativo?

A letra da lei não o exclui[40]. E, com efeito, não se pode afastar aquela possibilidade[41].

Questão também importante é a de saber se há dever de apresentação à insolvência por parte do devedor que se encontra em situação de insolvência iminente.

Carvalho Fernandes e João Labareda entendem que sim. Contudo, não nos parece ser essa a melhor solução[42].

O art. 18º, 1 do CIRE dispõe que «O devedor deve requerer a declaração da sua insolvência dentro dos 30 dias seguintes à data do conhecimento da situação de insolvência, tal como descrita no n.º 1 do artigo 3.º, ou à data em

---

DAHL, *Insolvenzordnung*, cit., Rn. 5; já JOCHEN DRUKARCZYK, «§ 18», in HANS-PETER KIRCHHOFF/HORS EIDENMÜLLER/ROLF STÜRNER, *Münchener Kommentar zur Insolvenzordnung*, 3. Auflage, Beck (Beck-online), Bd. 1, 2013, Rn. 55, defende que nunca pode ser mais longo do que o mais longo prazo de vencimento de uma obrigação já existente no momento do cálculo («wenn die am längsten laufende Zahlungspflicht der zum Prognosezeitpunkt bereits bestehenden Zahlungspflichten endet»). Para a Espanha, referindo um prazo máximo de 10 anos, JUAN PALAO UCEDA, *La insolvencia iminente y el sistema concursal preventivo*, Bosch, Barcelona, 2013, p. 84.

[40] Com dúvidas, MARIA DO ROSÁRIO EPIFÂNIO, *Manual de direito da insolvência*, cit., p. 26.

[41] Referindo-se a uma situação tal que «presumivelmente e com elevado grau de certeza, a breve trecho a condição patrimonial do devedor será *objectivamente* definida por uma insuficiência do activo relativamente ao passivo», PEDRO PIDWELL, *O processo de insolvência e a recuperação da sociedade comercial de responsabilidade limitada*, cit., p. 94.

[42] Afastando também o dever, PEDRO DE ALBUQUERQUE, «Declaração da situação de insolvência», cit., p. 513, nt. 22, MENEZES LEITÃO, *Manual de direito da insolvência*, cit., p. 138, MANUEL REQUICHA, FERREIRA, «Estado de insolvência», cit., p. 308 e PAULO OLAVO CUNHA, *Lições de direito comercial*, cit., p. 127. A posição de CARVALHO FERNANDES/JOÃO LABAREDA está expressa no *Código da Insolvência e da Recuperação de Empresas anotado*, cit., p. 85 e s. (note-se, porém, que é ali defendido que o dever é cumprido se o devedor, «apoiado por credores [...] desencadeia o processo de revitalização [...]. E o mesmo sucede se optar por promover um procedimento de recuperação por via extrajudicial (SIREVE)».

A SITUAÇÃO DE INSOLVÊNCIA

que devesse conhecê-la». A situação de insolvência relevante parece assim ser apenas a «descrita no n.º 1 do artigo 3.º» e já não a de insolvência iminente, pois esta encontra-se prevista no n.º 4 do art. 3.º.

Mas o problema não fica assim resolvido. É que esse n.º 4 começa precisamente por dizer que a insolvência iminente é equiparada à insolvência atual. Dir-se-ia então que essa equiparação teria lugar para todos os efeitos: designadamente, quanto à existência de dever de apresentação à insolvência.

Ainda assim, esse argumento não nos parece suficientemente forte. O art. 18.º, 1, remete para o art. 3.º, 1, de uma forma que não deixa margem para dúvidas: o dever existe nos casos em que há situação de insolvência «tal como descrita no n.º 1 do artigo 3.º». A forma como a descrição da situação de insolvência é feita foi considerada determinante pela lei.

Veja-se também que na Alemanha parece consensual que o devedor em situação de insolvência iminente não tem um dever de requerer a declaração de insolvência. Tem, isso sim, um direito de obter a proteção concedida no âmbito do processo de insolvência[43]. Por exemplo, a que, após a declaração de insolvência, resulta da impossibilidade de instaurar ou de prosseguimento de qualquer ação executiva a intentar ou intentada pelos credores da insolvência (art. 88.º, 1), da possibilidade de, em certos casos, apresentar plano de insolvência (art. 193.º, 1, e 250.º), da possibilidade, também em certos casos, de se assegurar a administração da massa insolvente pelo devedor (arts. 223.º e ss. e art. 250.º), etc..

Não estando em situação de insolvência, o devedor pode não querer avançar para o processo de insolvência por pensar nas consequências que isso pode ter para a sua imagem[44]. E isso afastará muitos devedores do recurso ao processo de insolvência em caso de insolvência iminente. Tanto mais que hoje é possível recorrer a um Processo Especial de Revitalização (PER) se o devedor se encontra comprovadamente «em situação económica difícil ou em

---

[43] HARALD BUBHARDT, «§ 18», in EBERHARD BRAUN, *Insolvenzordnung (InsO). Kommentar*, 6. Aufl., Beck (Beck-online), München, 2014, Rn. 1; JOCHEN DRUKARCZYK, «§ 18», in HANS--PETER KIRCHHOFF/HORS EIDENMÜLLER/ROLF STÜRNER, *Münchener Kommentar zur Insolvenzordnung*, 3. Auflage, Beck (Beck-online), Bd. 1, 2013, Rn. 2.

[44] Lembrando que isso sucede também na Alemanha, ROLF LEITHAUS, in DIRK ANDRES/ ROLF LEITHAUS/MICHAEL DAHL, «§ 18», *Insolvenzordnung*, cit., Rn. 2; indicando várias razões para o reduzido sucesso da figura, JOCHEN DRUKARCZYK, in HANS-PETER KIRCHHOFF/HORS EIDENMÜLLER/ROLF STÜRNER, *Münchener Kommentar zur Insolvenzordnung*, cit., Rn. 3.

UM CURSO DE DIREITO DA INSOLVÊNCIA

situação de insolvência meramente iminente, mas que ainda seja suscetível de recuperação» (art. 17.º-A, 1, CIRE) ou ao Sistema de Recuperação de Empresas por Via Extrajudicial (SIREVE) também quando a empresa esteja «em situação económica difícil ou numa situação de insolvência iminente» e, *até à entrada em vigor do DL 26/2015*, em situação de insolvência atual (art. 2.º, 1, DL 178/2012, de 3 de agosto[45]; note-se, porém, que o DL 26/2015 introduziu no referido artigo vários outros requisitos para que a empresa possa recorrer ao SIREVE).

---

[45] O art. 6.º, 1, *a*), *ii*), do referido DL também estabelecia que o IAPMEI proferia despacho de recusa do requerimento quando «A empresa seja economicamente inviável». Com a entrada em vigor do DL 26/2015, aquela subalínea deve considerar-se revogada (art. 10.º, *a*), do DL 26/2015).

CAPÍTULO II
Quem (e o que) pode ser declarado insolvente

1. O art. 2.º do CIRE. Apreciação geral

É o art. 2.º do CIRE que nos diz quem (e o que) pode ser declarado insolvente[1]. Ou, como se lê no n.º 1, aquele preceito indica quem (e o que) pode ser «objeto» de processo de insolvência, sendo neste (ou não) declarada a insolvência. O processo de insolvência não tem que conduzir necessariamente à declaração de insolvência. Isto é, o processo de insolvência pode correr contra alguém (ou algo) que não chega a ser declarado insolvente.

Embora na epígrafe do art. 2.º surja a indicação de que estão ali em causa «sujeitos» passivos da declaração de insolvência, a verdade é que nas várias alíneas do seu n.º 1 são identificadas realidades que não são verdadeiros sujeitos: a herança jacente, as comissões especiais, o E.I.R.L., os patrimónios autónomos[2].

A partir da leitura do art. 2.º verificamos que não se exige que o devedor seja comerciante ou, sequer, que seja empresário[3].

---

[1] No sentido da inadmissibilidade de coligação passiva exceto nos casos expressamente previstos na lei, MARIA JOSÉ COSTEIRA, «O Código da Insolvência e da Recuperação de Empresas revisitado», *Miscelâneas*, n.º 6, IDET/Almedina, Coimbra, 2010, p. 64.

[2] Criticando a imprecisão «conceptual e terminológica», CARVALHO FERNANDES/JOÃO LABAREDA, *Código da Insolvência e da Recuperação de Empresas anotado*, cit., p. 78. Defendendo a existência de uma «personalidade insolvencial», LUÍS MENEZES LEITÃO, *Direito da insolvência*, cit., p. 83.

[3] Mas ter ou não empresa acarreta consequências em certos casos, assim como as tem a dimensão da empresa: cfr. especialmente os arts. 18.º, 2, e 249.º.

UM CURSO DE DIREITO DA INSOLVÊNCIA

2. Quaisquer pessoas singulares ou coletivas

Podem ser «objeto» de processo de insolvência e aí ser declaradas insolventes *quaisquer pessoas singulares*. Mesmo que, eventualmente, sejam incapazes, como se extrai do art. 19.º. Com efeito, decorre deste último preceito que, não sendo o devedor pessoa singular capaz, «a iniciativa da apresentação à insolvência cabe [...] a qualquer dos seus administradores». Administrador, neste caso, é o representante legal do incapaz (art. 6.º, 1, *b*)).

Também podem ser «objeto» de processo de insolvência e aí ser declaradas insolventes *quaisquer pessoas coletivas*. São abrangidas, desde logo, as entidades coletivas com personalidade jurídica. Será o caso das sociedades comerciais e sociedades civis sob forma comercial com ato constitutivo registado (arts. 5.º e 1.º, 4, CSC). Embora seja utilizada a expressão «pessoas coletivas», não parece que estejam afastadas as sociedades por quotas e anónimas unipessoais. Desde logo porque as pessoas coletivas surgem contrapostas a pessoas singulares. Daí que Catarina Serra[4] prefira fazer referência a pessoas jurídicas[5].

São igualmente pessoas coletivas as cooperativas cujo ato constitutivo já foi registado (art. 17.º CCoop. e, quanto às sociedades cooperativas europeias, os arts. 1.º, 5, 17.º e 18.º do Regulamento (CE) n.º 1435/2003). No que diz respeito às associações, decorre do art. 158.º, 1, do CCiv. que gozam de personalidade jurídica as que tenham sido constituídas por escritura pública ou outro meio legalmente admitido que «contenham» as especificações referidas no art. 167.º, 1[6]. Por sua vez, as fundações de interesse social (art. 157.º CCiv.[7]) adquirem personalidade jurídica pelo reconhecimento (art. 158.º, 2 CCiv.[8]).

---

[4] CATARINA SERRA, *O regime português da insolvência*, 5.ª ed., Almedina, Coimbra, 2012, p. 35, nt. 17.

[5] No § 11 (1) da *InsO* é justamente de «jeder juristische Person» que se fala. E o que é ali objeto do processo de insolvência é o património («Vermögen») das pessoas humanas e jurídicas. As sociedades anónimas europeias também têm personalidade jurídica (arts. 1.º, 3, 10.º e 16.º, do Regulamento (CE) n.º 2157/2001). Quanto à extinção de empresas públicas que sejam sociedades comerciais constituídas por decreto-lei, v., com interesse, o art. 35.º, 1, do RJSPE.

[6] Tenha-se, porém, em atenção que várias modalidades de associações possuem regime jurídico próprio.

[7] Sobre o que sejam fins de interesse social, cfr. o art. 3.º, 2, da Lei-Quadro das Fundações, aprovada pela L 24./2012, de 9 de julho.

[8] Cfr. tb. o art. 6.º, 1, da Lei-Quadro das Fundações.

Os agrupamentos complementares de empresas (ACE's) adquirem igualmente personalidade jurídica com a inscrição do ato constitutivo no registo comercial (Base IV da Lei 4/73, de 4 de junho), o mesmo resultando para os agrupamentos europeus de interesse económico (AEIE's) do art. 1.º do DL 148/90, de 9 de maio.

3. Herança jacente

A herança jacente é a que está aberta mas ainda não foi aceita nem declarada vaga para o Estado (art. 2046.º do CCiv.). Também ela pode ser objeto de um processo de insolvência e ser declarada insolvente.

Se o devedor era uma pessoa singular e morre na pendência de processo que corria termos para ser declarada a sua insolvência, o processo passa a correr contra a herança aberta com a sua morte. É o que resulta do art. 10.º, 1, a)[9], em que se pode também ver que a herança «se manterá indivisa até ao encerramento do processo. E isto é assim, quer a herança jacente venha posteriormente a ser aceite, quer não. Se o processo passa a correr contra a herança aberta, não há necessidade de qualquer habilitação dos sucessores. Isso mesmo já tinha sido afirmado no Ac. RL de 12.11.09 (anterior, portanto, à Lei 16/2012), em cujo sumário pode ler-se que o falecimento do devedor na pendência do processo «não implica a suspensão do processo e tão pouco implica para a sua prossecução a habilitação dos sucessores, passando a correr contra a herança do devedor falecido que se manterá indivisa até ao encerramento do processo». E isto é assim quer a herança seja aceite, quer não o seja.

Para o herdeiro, tem especial interesse o disposto no art. 2071.º CCiv.. Se a herança for aceita a benefício de inventário, pelos seus encargos só respondem «os bens inventariados, salvo se os credores ou legatários provarem a existência de outros bens». Ou seja, os credores ou legatários é que terão o ónus da prova de que existem outros bens que devam responder pelos encargos da herança. Mas, se o herdeiro aceita a herança pura e simplesmente, então, embora a responsabilidade pelos encargos não exceda o valor dos bens herdados, já aquele tem a seu cargo a prova de «que na herança não existem valores suficientes para cumprimento dos encargos».

[9] Com a redação da L 16/2012.

4. Associações sem personalidade jurídica e comissões especiais

Como já vimos, as associações constituídas por escritura pública ou por outro meio admitido por lei gozam de personalidade jurídica se os respetivos atos constitutivos contiverem as especificações referidas no art. 167.º, 1[10] do CCiv.. Por isso, se tais especificações não constarem dos atos constitutivos, as associações ali em causa não terão personalidade jurídica[11]. Mas, ainda assim, podem ser objeto de processo de insolvência.

Por sua vez, as comissões especiais visadas pelos arts. 199.º e ss. do CCiv. também não têm personalidade jurídica. É o que decorre do referido art. 199.º. Mas, como se vê pelo art. 2.º, 1, *c*), podem ser objeto de um processo de insolvência.

5. Sociedades civis

As sociedades civis podem ser objeto de processo de insolvência. A al. *d*) do n.º 1 do art. 2.º não faz distinção entre sociedades civis com e sem personalidade jurídica. Pode, certamente, discutir-se se as sociedades civis de que tratam os arts. 980.º e ss. do CCiv. têm ou não personalidade jurídica. Mas, como é evidente, as sociedades civis que tenham personalidade jurídica já poderiam ser objeto de processo de insolvência por força da al. *a*)[12].

6. Sociedades comerciais e civis sob forma comercial que ainda não viram o contrato pelo qual se constituíram definitivamente registado

Como vimos, as sociedades comerciais e civis sob forma comercial cujo ato constitutivo esteja definitivamente registado são pessoas jurídicas e, por isso,

---

[10] Diz assim o art. 158.º, 1, do CCiv.: «As associações constituídas por escritura pública, ou por outro meio legalmente admitido, que contenham as especificações referidas no n.º 1 do artigo 167.º, gozam de personalidade jurídica». Em bom rigor, não são as associações que contêm as ditas especificações, mas sim os respetivos atos constitutivos. Isso retira-se facilmente do próprio art. 167.º, 1, CCiv.. Pena é que o legislador escreva cada vez pior. A leitura dos clássicos faz muita falta.

[11] Sobre as associações sem personalidade jurídica vejam-se os arts. 195.º e ss. do CCiv..

[12] Parecendo aceitar que as sociedades civis reguladas nos arts. 980.º e ss. do CCiv. ficam sujeitas à al. *d*), Maria do Rosário Epifânio, *Manual de direito da insolvência*, cit., p. 19 e nt. 21. Defendendo que as sociedades civis são pessoas coletivas, Luís Menezes Leitão, *Direito da insolvência*, cit., p. 85.

já serão abrangidas pelo disposto na al. *a)* do art. 2.º, 1. A al. *e)* prevê os casos em que esse registo ainda não ocorreu e em que, por isso, não adquiriram personalidade jurídica.

Embora a al. *e)* apenas faça referência ao «contrato», a lei parece ter dito menos do que queria dizer. Devem considerar-se abrangidas também as sociedades comerciais e civis sob forma comercial que têm como ato constitutivo um negócio unilateral.

Do art. 36.º, 1, CSC, resulta que «Se dois ou mais indivíduos, quer pelo uso de uma firma comum quer por qualquer outro meio, criarem a falsa aparência de que existe entre eles um contrato de sociedade responderão solidária e ilimitadamente pelas obrigações contraídas nesses termos por qualquer deles». Nesses casos, entendemos que apenas os sujeitos responsáveis nos termos daquele preceito poderão ser declarados insolventes. Ali há, como diz a lei, apenas a «falsa aparência» de que existe contrato de sociedade.

7. Cooperativas, antes do registo da sua constituição

As cooperativas adquirem personalidade jurídica com o registo da sua constituição (ou, talvez, melhor, do seu ato constitutivo). Assim o diz o art. 17.º do CCoop.. Tendo em conta disposto no art. 5.º do CSC (v. o art. 9.º CCoop.), deve entender-se que se trata do registo definitivo. Faltando esse registo, a cooperativa sem personalidade jurídica pode ainda ser declarada insolvente.

8. Estabelecimento Individual de Responsabilidade Limitada (E.I.R.L.)

O E.I.R.L. é um património autónomo, como o revelam os arts. 10.º, 1, 11.º, 1 e 22.º do DL 248/86, de 25 de agosto. E, como tal, pode ser objeto de um processo de insolvência e ser declarado insolvente.

Porém, o art. 11.º, 2, do referido DL 248/86 estabelece o seguinte: «No entanto, em caso de falência do titular por causa relacionada com a actividade exercida naquele estabelecimento, o falido responde com todo o seu património pelas dívidas contraídas nesse exercício, contanto que se prove que o princípio da separação patrimonial não foi devidamente observado na gestão do estabelecimento». Trata-se, na realidade, de um preceito que não deixa de causar alguma estranheza. Se o E.I.R.L. pode ser declarado insolvente, como é que o titular do E.I.R.L. pode também ser declarado insolvente por causa relacionada com a atividade exercida no dito estabelecimento? Será que isso apenas pode acontecer quando «se prove que o princípio da separação patrimonial não foi devidamente observado na gestão do estabelecimento»?

Ainda que assim seja (e a lei podia ser aperfeiçoada[13]), têm razão os que afirmam que «a insolvência do estabelecimento individual de responsabilidade limitada não envolve hoje necessariamente a do respetivo titular, mesmo que ele tenha agido em violação das regras da separação patrimonial»[14]. Será sempre de exigir que em relação ao titular estejam preenchidos os pressupostos objetivos de declaração da insolvência[15]. Ou seja, a insolvência do E.I.R.L. não implica automática ou necessariamente a do respetivo titular[16].

---

[13] Dizemos isto, desde logo, porque o art. 11.º, 2, do DL 248/86 não é claro. Com efeito, deveria ser possível declarar a falência (insolvência) do titular quando este respondesse com todo o seu património pelas dívidas contraídas com a atividade exercida no estabelecimento. Mas o preceito parece pressupor que antes já existe situação de falência (insolvência). A exigência de prova de que o princípio da separação patrimonial não foi respeitado parece estar relacionada apenas com a responsabilidade do falido (insolvente) com todo o seu património. E não será necessária aquela prova para que ao menos o titular do E.I.R.L. possa ser declarado falido (insolvente) «por causa relacionada com a actividade exercida naquele estabelecimento»? Queixando-se também da falta de clareza do art. 11.º, 2, Carvalho Fernandes/João Labareda, *Código da Insolvência e da Recuperação de Empresas anotado*, cit., p. 81.

[14] Carvalho Fernandes/João Labareda, *Código da Insolvência e da Recuperação de Empresas anotado*, cit., p. 81.

[15] Mas, se é preciso que o titular do E.I.R.L. esteja em situação de insolvência, não parece que só seja relevante a impossibilidade de cumprimento das obrigações vencidas: não estará afastada a insolvência iminente. Aparentemente com outra opinião, Carvalho Fernandes/João Labareda, *Código da Insolvência e da Recuperação de Empresas anotado*, cit., p. 81: «Na medida em que o titular seja por isso responsável, pode ou não haver lugar à sua própria insolvência, conforme ocorra ou não, em relação a ele, uma situação de impossibilidade de cumprimento do conjunto das suas obrigações, tanto as relativas ao funcionamento do estabelecimento como as demais».

[16] Parecendo ter outra leitura, Luís Menezes Leitão, *Direito da insolvência*, cit., p. 86. Por isso certamente é que o autor considera que o art. 11.º, 2 referido estará tacitamente revogado pelo CIRE. O art. 11.º, 2, do DL 248/86 coloca-nos ainda perante esta outra interrogação: se o titular do E.I.R.L. fica em situação de insolvência por *causa não relacionada com a atividade exercida naquele estabelecimento*, responde com todo o seu património pelas dívidas contraídas nesse exercício quando se prove que o princípio da separação patrimonial não foi observado na gestão do E.I.R.L?

9. Outros patrimónios autónomos

Estranha-se que sob a epígrafe «Sujeitos passivos da declaração de insolvência» surjam patrimónios autónomos (assim como a herança jacente ou o EIRL). A redação da al. do n.º 1 parece revelar que algumas das figuras enumeradas previamente também serão consideradas patrimónios autónomos.

Outros há, no entanto. É o caso, desde logo, da própria herança aceite[17].

10. As exclusões do art. 2.º, 2

10.1. Pessoas coletivas públicas e EPE's

A al. *a)* do art. 2.º, 2, começa por afastar do âmbito de aplicação do n.º 1 as pessoas coletivas públicas e as entidades públicas empresariais.

O elenco de pessoas coletivas públicas é vasto e todas são aqui abrangidas. Estamos a pensar nas pessoas coletivas públicas territoriais, de tipo institucional e associativo. Será, por isso, necessário analisar o respetivo regime jurídico para se avaliar o que sucede quando se encontrem em situação de «insolvência». Mas quanto ao Estado, regiões autónomas e autarquias locais a atual situação nacional mostra bem as consequências da respetiva «insolvência»...

Por sua vez, as entidades públicas empresariais surgem fundamentalmente reguladas nos arts. 56.º e ss. do DL 133/2013, de 3 de outubro. São também elas «pessoas coletivas de direito público», mas de «natureza empresarial, criadas pelo Estado para prossecução dos seus fins» (art. 56.º do DL 133/2013). O art. 5.º, 2, do DL 133/2013 considera-as empresas públicas e a sua extinção tem lugar através de decreto-lei (art. 35.º, 1 e 2, do DL 133/2013).

---

[17] Assim também, OLIVEIRA ASCENSÃO, *Direito das sucessões*, 5.ª ed., Coimbra Editora, Coimbra, 2000, p. 503;

10.2. Empresas de seguros, instituições de crédito, empresas de investimento que prestem serviços que impliquem a detenção de fundos ou de valores mobiliários de terceiros e OICs

As entidades referidas no art. 2.º, 2, *b*), também não são abrangidas pelo disposto no n.º 1 «na medida em que a sujeição a processo de insolvência seja incompatível com os regimes especiais previstos para tais entidades».

Quanto às *empresas de seguros*, é preciso ter em conta o disposto no DL 94-B/98, de 17 de abril (sucessivamente alterado), que contém o Regime de Acesso e Exercício da Atividade Seguradora e Resseguradora (RAEASR). Neste Regime está previsto o que deve suceder quando a empresa de seguros está em risco de ficar numa «situação financeira insuficiente» (art. 108.-A RAEASR), surgindo identificadas no art. 109.º, 2, RAEASR, providências de recuperação e saneamento, bem como várias outras medidas (sendo de destacar a possibilidade de designar administradores provisórios reconhecida no art. 117.º RAEASR ao Instituto de Seguros de Portugal). Por sua vez, o art. 121.º, 1, RAEASR[18] começa por estabelecer que não «se aplicam às empresas de seguros os regimes gerais relativos aos meios preventivos da declaração de falência e aos meios de recuperação de empresas e protecção de credores», conferindo o n.º 2 *legitimidade exclusiva ao ISP para requerer a falência das empresas de seguros*. Apesar de tudo, o art. 121.º, 3, RAEASR acaba por considerar aplicáveis à falência das empresas de seguros, «com as necessárias adaptações», as «normas gerais» constantes do CPC e do CPEREF. Para além da necessidade de atualização dos termos e remissões utilizados, identificar as «normas gerais» nem sempre será fácil[19].

Em 9 de setembro de 2015 foi publicada a L 147/2015, que, entre várias outras coisas, contém o novo «regime jurídico de acesso e exercício da atividade seguradora e resseguradora». Merece destaque, em primeiro lugar, o disposto no art. 316.º daquele «regime», que também determina não serem aplicáveis às empresas de seguros e de resseguros os «regimes gerais relativos aos meios preventivos da declaração de insolvência e aos meios de recuperação

---

[18] Que, embora surja atualmente inserido numa Subsecção que tem por epígrafe «Sucursais em Portugal de empresas de seguros com sede fora do território da União Europeia» (!!!), parece ter caráter geral.

[19] Sobre liquidação de empresas de seguros, cfr. o DL 90/2003, de 30 de abril.

de empresas e proteção de credores». Por sua vez, o art. 328.º, 3, estabelece que, sem prejuízo do disposto no Cap. II do Título VII, «são aplicáveis, com as necessárias adaptações, à dissolução judicial, à liquidação judicial em benefício dos sócios e à insolvência de empresas de seguros o disposto na lei geral, designadamente no Código de Processo Civil e no Código da Insolvência e da Recuperação de Empresas». O Título VII é precisamente dedicado à recuperação e liquidação das empresas de seguros e de resseguros. O art. 328.º confere à ASF «legitimidade exclusiva para requerer a dissolução judicial e insolvência».

Relativamente às *instituições de crédito*, é fundamental a consulta do Regime Geral das Instituições de Crédito e Sociedades Financeiras (RGICSF), aprovado pelo DL 298/2002, de 31 de dezembro (e sucessivamente alterado[20]). O art. 116.º-C RGICSF identifica um conjunto de medidas corretivas que podem ser exigidas pelo Banco de Portugal às instituições de crédito e o art. 116.º-D RGICSF trata do plano de recuperação para corrigir a situação de uma instituição de crédito em desequilíbrio financeiro ou em risco de o ficar. No Título VIII, sob a epígrafe «Intervenção correctiva, administração provisória e resolução», surge-nos, por exemplo, a previsão de planos de *reestruturação* (art. 141.º, 1, *b*) RGICSF) e de medidas de *resolução* (arts. 145.º-A e ss. RGICSF). Também importante é o art. 153.º-A RGICSF, de acordo com o qual as instituições de crédito não ficam sujeitas ao regime geral relativo aos meios de recuperação de empresas e proteção de credores.

Por sua vez, o DL 199/2006, de 25 de outubro (com as alterações introduzidas pelo DL 31-A/2012, de 10 de fevereiro, que, aliás, o republica, e pela L 23-A/2015, de 26 de março), contém, para além de aspetos relacionados com o saneamento de instituições de crédito e sociedades financeiras, o regime da respetiva liquidação (incluindo o procedimento pré-judicial dos arts. 7.º-A e ss.). No art. 8.º, 1, do DL 199/2006, lê-se que a «liquidação judicial das

---

[20] Recentes alterações, bastante noticiadas, resultam do DL 114-A/2014, de 1 de agosto, do DL 114-B/2014, de 4 de agosto e do DL 157/2014, de 24 de outubro (este com republicação do Regime). Essas alterações foram justificadas com a necessidade de adaptação da legislação interna à Diretiva 2014/59/EU, do Parlamento Europeu e do Conselho, de 15 de maio de 2014 (as duas primeiras) e à Diretiva 2013/36/UE, do Parlamento Europeu e do Conselho, de 26 de junho de 2013 (a última). Mais recentemente ainda, a L 23-A/2015, de 26 de março, voltou a alterar profundamente o RGICSF e republicou-o. Mas entretanto foram surgindo mais alterações.

UM CURSO DE DIREITO DA INSOLVÊNCIA

instituições de crédito fundada na revogação de autorização pelo Banco de Portugal faz-se nos termos do presente diploma e, em tudo o nele não estiver previsto, nos termos do Código da Insolvência e da Recuperação de Empresas»[21]. Por sua vez, o n.º 2 estabelece que a «decisão de revogação da autorização pelo Banco de Portugal produz os efeitos da declaração de insolvência». Nos termos do art. 8.º, 3, o Banco de Portugal tem competência exclusiva para requerer a liquidação da instituição de crédito[22].

No que diz respeito às *empresas de investimento* que prestem serviços que impliquem a detenção de fundos ou de valores mobiliários de terceiros, merecem especial atenção os arts. 196.º, 1, 198.º e 199.º, I, 2, do RGICSF[23]. Note-se ainda que o DL 199/2006 regula também a liquidação de sociedades financeiras (com sede em Portugal e suas sucursais criadas noutro Estado membro – art. 1.º, 1, do DL 199/2006)[24].

Quanto aos *Organismos de Investimento Coletivo* (OIC's), impõe-se a consulta do respetivo Regime Jurídico, aprovado pela L 16/2015, de 24 de fevereiro (alterada pelo DL 124/2015, de 7 de julho), no qual está contido o regime de liquidação dos mesmos.

11. Nota sobre os grupos de sociedades

Cada vez mais as sociedades comerciais atuam inseridas em grupos (de facto ou de direito). Grupos que, muitas vezes também, se estendem para lá das fronteiras dos Estados[25]. Contudo, não está prevista no art. 2.º a possibilidade de todo o grupo de sociedades ser objeto, enquanto tal, de um processo de insolvência[26].

---

[21] Cfr. tb. o art. 9.º, 3, do DL 199/2006.

[22] Reveste-se de especial importância também a L 63-A/2008, de 24 de novembro (sucessivamente alterada, republicada com a L 23-A/2015, de 26 de março, pois ali está contido um conjunto de medidas de reforço da solidez financeira das instituições de crédito.

[23] Os preceitos mencionados remetem para algumas normas dos Títulos VII e VIII.

[24] Sobre o que sejam sociedades financeiras, cfr. o art. 6.º do RGICSF.

[25] Sobre a matéria, cfr. ALEXANDRE DE SOVERAL MARTINS, «O "CIP" ("Centro dos Interesses Principais") e as sociedades: um capítulo europeu», *DSR*, 2009, 1, p. e ss.. V. tb. CATARINA SERRA, «Insolvência transfronteiriça – Comentários à Proposta de alteração do Regulamento europeu relativo aos processos de insolvência, com especial consideração do Direito português», *DSR*, outubro 2013, ano 5, vol. 10, p. 97-143.

[26] Curiosamente, o art. 1.º, 3, do CPEREF, na redação do DL 315/98, de 20 de outubro, dispunha que, sem «prejuízo dos efeitos patrimoniais da existência de personalidade jurídica

No entanto, estando pendente um processo de insolvência contra uma sociedade comercial, o art. 86.º, 2, confere ao administrador da insolvência[27] a possibilidade de requerer a apensação dos processos em que tenha sido declarada a insolvência[28] de outras sociedades que ela domine ou com as quais esteja em relação de grupo. A esse propósito, a doutrina portuguesa discute se é ou não possível uma liquidação conjunta de todos os patrimónios envolvidos[29]. Questão que, obviamente, ganha relevo quando seja possível a «redistribuição

distinta», era «permitida a coligação ativa ou passiva de sociedades que se encontrem em relação de domínio ou de grupo, nos termos do Código das Sociedades Comerciais, ou que tenham os seus balanços e contas aprovadas consolidadamente». Para esses casos, o art. 2.º-A (acrescentado pelo DL 315/98) determinava que as assembleias de credores tivessem lugar separadamente mas possibilitando assembleia de credores conjunta se as circunstâncias o aconselhassem e o juiz o determinasse após requerimento do gestor judicial, da comissão de credores ou de qualquer requerente da providência. Por sua vez, o art. 13.º, 2, CPEREF (mais uma vez na redação do DL 315/98) admitia, em certos casos, a apensação de processos de recuperação da empresa ou de falência relativos a sociedades coligadas. Dando conta de ordenamentos jurídicos em que o tema merece mais atenção do que no CIRE, CATARINA SERRA, «Grupos de sociedades: crise e revitalização», in CATARINA SERRA (coord.), *I Congresso de direito da insolvência de Santo Tirso*, cit., p. 38 e ss. A autora discorre também sobre as normas do CPEREF referidas. A insolvência nos grupos de sociedades tem inclusivamente merecido a atenção da UNCITRAL. Para mais informações, cfr. www.uncitral.org.

[27] Mas veja-se, admitindo que o juiz decrete *ex officio* a apensação ou que a mesma seja pedida por qualquer interessado, ANA PERESTRELO DE OLIVEIRA, «Insolvência nas sociedades em relação de grupo: de novo pela consolidação substantiva das massas patrimoniais», in CATARINA SERRA (coord.), *I Congresso de direito da insolvência*, Almedina, Coimbra, 2013, p. 305; contra, CARVALHO FERNANDES/JOÃO LABAREDA, «De volta à temática da apensação de processos de insolvência (em especial, a situação das sociedades em relação de domínio ou de grupo», *DSR*, 2012, 7, p. 155 e ss. e CATARINA SERRA, «Grupos de sociedades: crise e revitalização», cit., p. 44.

[28] No sentido de que se trata agora de declaração de insolvência posterior à que ocorreu no processo em causa, CARVALHO FERNANDES/JOÃO LABAREDA, *Código da Insolvência e da Recuperação de Empresas anotado*, cit., p. 430.

[29] Sobre os termos da questão, de um lado, embora com limites, ANA PERESTRELO DE OLIVEIRA, «A insolvência nos grupos de sociedades: notas sobre a consolidação patrimonial e a subordinação de créditos intragrupo», *RDS*, 2009, 4, p. 995 e ss., ID., «Ainda sobre a liquidação conjunta das sociedades em relação de domínio total e os poderes do administrador da insovência: a jurisprudência recente dos tribunais nacionais»», *RDS*, 2011, 3, p. 713 e ss., ID. «Insolvência nas sociedades em relação de grupo: de novo pela consolidação substantiva das massas patrimoniais», cit., p. 995 e ss.; de outro, CARVALHO FERNANDES/JOÃO LABAREDA, *Código da Insolvência e da Recuperação de Empresas anotado*, cit., p. 432, ID., «De volta à temática da apensação de processos de insolvência (em especial, a situação das sociedades em relação de domínio ou de grupo», cit., p. 133 e ss..

de responsabilidades no grupo»[30]. Pela nossa parte, não nos parece que o art. 86.º, 2, seja argumento suficiente para sustentar a admissibilidade daquela liquidação conjunta. E também não o será o art. 86.º, 3, que trata dos casos em que os processos correm «em tribunais com diferente competência em razão da matéria».

O Regulamento 2015/848 do Parlamento Europeu e do Conselho de 20 de maio de 2015 relativo aos processos de insolvência inclui um Capítulo dedicado aos «Processos de Insolvência Relativos a Membros de um Grupo de Sociedades». Mas parece continuar subjacente a abordagem «entidade por entidade». A isto voltaremos no Cap. XIX. [31]

---

[30] ANA PERESTRELO DE OLIVEIRA, «A insolvência nos grupos de sociedades», cit., p. 1001.

[31] O problema também surge noutros ordenamentos jurídicos. Em Espanha, os arts. 25, 25 bis e 25 ter da LC preveem a possibilidade de declaración conjunta de concurso de devedores de um mesmo grupo de sociedades, mas não há consolidação das massas. Sobre os problemas que este regime coloca, RAFAEL SEBASTIÁN QUETGLAS, *El concurso de acreedores del grupo de sociedades*, 2.ª ed., Civitas/Thomson Reuters/Aranzadi, Cizur Menor, 2013. Nos EUA, tem sido admitida pela jurisprudência, em certos casos, a consolidação processual e até patrimonial: v. aut. e ob. cit., p. 101 e ss.. Dando conta da discussão em curso na Alemanha, CATARINA SERRA, «Revitalização no âmbito de grupos de sociedades», *III Congresso Direito das Sociedades em Revista*, cit., p. 472 e ss..

CAPÍTULO III
A tramitação do processo de insolvência antes da sentença de declaração de insolvência ou de indeferimento do pedido de declaração de insolvência[1]

---

[1] Não serão por agora tidos em conta, pelo menos de forma sistematizada, os aspetos particulares previstos nos regimes do PER (que pode ser «convertido» em processo de insolvência – cfr. o art. 17.º-G, 7), do plano de pagamentos (cfr., designadamente, a confissão da situação de insolvência referida no art. 252.º, 4, a suspensão do processo de insolvência mencionada no art. 255.º, 1, e o art. 259.º, 1), da insolvência de ambos os cônjuges (cfr. p. ex. o art. 264.º, 3) e dos processos de insolvência secundários (cfr., p. ex., o art. 296.º, 3, o o art. 29.º, *a*), do Regulamento 1346/2000 e o art. 37.º do Regulamento 2015/848), sem prejuízo de se chamar a atenção para um ou outro ponto que se entenda mais importante. De acordo com o art. 4.º, 1, do Regulamento 1346/2000, na ausência de disposição em contrário do próprio Regulamento «a lei aplicável ao processo de insolvência e aos seus efeitos é a lei do Estado-Membro em cujo território é aberto o processo [...]» (*lex concursus* – mas há que ter em conta, obviamente, o que resulta do próprio Regulamento). Acrescenta o n.º 2 que a «lei do Estado de abertura do processo determina as condições de abertura, tramitação e encerramento do processo de insolvência [...]». Quanto aos processos secundários, o art. 28.º do Regulamento também estabelece que na ausência de disposição em contrário «a lei aplicável ao processo secundário é a do Estado-Membro em cujo território tiver sido aberto o processo secundário». Quanto ao Regulamento 2015/848, v. os arts. 7.º, 1 e 2, e 35.º. Cfr. tb. o art. 276.º do CIRE.

1. O Requerimento de Insolvência

1.1. Quem pode requerer. Os créditos litigiosos

O próprio *devedor* pode requerer a declaração da sua insolvência[2] e, em muitos casos, até *deve* requerê-la. Com efeito, esse dever resulta do art. 18.º, 1, embora o n.º 2 o afaste se o devedor, sendo *pessoa singular*, não é titular de *empresa*.

No art. 20.º, 1, vamos encontrar a identificação de outros sujeitos com legitimidade[3] para requererem a declaração de insolvência do devedor[4]. Diz a lei que esse requerimento, *verificados certos factos*, pode ser realizado por *quem for legalmente responsável pelas dívidas* do devedor em causa, por *qualquer credor*, mesmo que condicional e qualquer que seja a natureza do seu crédito, ou pelo *Ministério Público* «em representação das entidades cujos interesses lhe estão legalmente confiados»[5].

O regime do PER prevê a possibilidade de esse processo terminar sem a aprovação de um plano de recuperação. Quando assim seja, se o devedor estiver em situação de insolvência é ao *administrador judicial provisório* que

---

[2] Sobre a apresentação conjunta de marido e mulher, lê-se no art. 264.º, 1, que se ambos estiverem em situação de insolvência e não forem casados no regime de separação de bens podem apresentar-se conjuntamente à insolvência. Veja-se também que, se tiver sido instaurado processo de insolvência contra um dos cônjuges apenas, o outro pode apresentar-se à insolvência no mesmo processo se tiver a anuência do consorte. No entanto, essa intervenção só será admitida se ainda não se tiver sido iniciado o incidente de aprovação de plano de pagamentos ou, se tal incidente já se tiver iniciado, se o plano não for aprovado ou homologado. Embora o art. 264.º, 2, não o diga expressamente, parece pressuposto que a intervenção do outro cônjuge ali prevista só será admissível se marido e mulher estiverem casados em regime que não seja o da separação de bens. Julgamos ser isso que também entendem CARVALHO FERNANDES/JOÃO LABAREDA, *Código da Insolvência e da Recuperação de Empresas anotado*, cit., p. 908. Sobre o âmbito de aplicação do art. 264.º, veja-se o art. 249.º.

[3] Considerando antes que não está em causa a legitimidade mas a «legitimação substantiva», cfr. o Ac. RL de 22.11.2011, Proc. 433/10.4TYLSB.L1-7 (Relator: Luís Lameiras), www.dgsi.pt

[4] O art. 264.º, 1, permite que o processo de insolvência seja instaurado contra marido e mulher se ambos estiverem em situação de insolvência, não forem casados em regime de separação de bens e ambos sejam responsáveis perante o requerente. Mas, como referido, deve ser tido em conta o art. 249.º.

[5] V., a propósito, o art. 182.º, 2, do CPPT. MENEZES LEITÃO, *Direito da insolvência*, cit., p. 135, exige ainda que os requerentes identificados no art. 20.º, 1, tenham interesse na declaração da insolvência. Mas talvez se deva entender que o art. 20.º, 1, está a indicar o que permite demonstrar esse interesse.

A TRAMITAÇÃO DO PROCESSO DE INSOLVÊNCIA

compete requerê-la (art. 17.º-G, 4). Esta será matéria a abordar a propósito do PER, que aliás tem a sua própria tramitação.

Por sua vez, o art. 296.º, 2, confere legitimidade ao *administrador de insolvência estrangeiro* para requerer a instauração de um *processo secundário* de insolvência[6]. E também o art. 29.º, *a)*, do Regulamento 1346/2000 (CE) atribui ao síndico do processo principal o poder de requerer a abertura de um processo secundário. Por sua vez, a al. *b)* do mesmo art. 29.º confere aquele poder igualmente a «qualquer outra pessoa ou autoridade habilitada a requerer a abertura de um processo de insolvência pela lei do Estado-Membro em cujo território seja requerida a abertura do processo secundário». O regulamento (UE) 2015/848 mantém no seu art. 37.º, 1, soluções equivalentes.

É fácil de compreender por que razão o art. 20.º, 1, atribui legitimidade para requerer a declaração de insolvência do devedor a quem for *legalmente responsável pelas dívidas* do devedor. Como se lê no art. 6.º, 2, são considerados responsáveis legais para efeitos do CIRE «as pessoas que, nos termos da lei, respondam pessoal e ilimitadamente pela generalidade das dívidas do insolvente, ainda que a título subsidiário». Será o caso, por exemplo, do sócio de sociedade em nome coletivo, do sócio comanditado de sociedade em comandita simples ou por ações ou do sócio de sociedade civil[7].

Se não lhes fosse conferida aquela legitimidade, essas pessoas responsáveis legais estariam muitas vezes confrontados com uma verdadeira bola de neve a que não poderiam pôr termo mas de que sofreriam as consequências. Quanto mais tempo o devedor insolvente atuasse, maiores os riscos para os

---

[6] Lembrando isto mesmo, Isabel Alexandre, «O processo de insolvência: pressupostos processuais, tramitação, medidas cautelares e impugnação da sentença», *Themis*, 2005, Ed. Especial, p. 55, e Catarina Serra, *A falência no quadro da tutela jurisdicional dos direitos de crédito. O problema da natureza do processo de liquidação aplicável à insolvência no direito português*, cit., p. 263, nt. 698.

[7] Há, porém, casos que deixam dúvidas, lembrando Catarina Serra, *A falência no quadro da tutela jurisdicional dos direitos de crédito. O problema da natureza do processo de liquidação aplicável à insolvência no direito português*, cit., p. 406, nt. 1042, os sócios únicos responsáveis nos termos do art. 84.º CSC, os sócios de SUQ no caso do art. 270.º-F, 4, do CSC, o sócio comanditário sujeito ao disposto no art. 467.º, 3, 4 e 5 do CSC e o regime do art. 11.º, 2, DL 248/86, de 25.8, quanto ao titular do EIRL. Sem dúvidas quanto ao art. 84.º CSC, Ricardo Costa, «Artigo 84.º», in J. M. Coutinho de Abreu (Coord.), *Código das Sociedades Comerciais em comentário*, vol. I, Almedina, Coimbra, 2010, p. 976.

referidos responsáveis, que por isso devem poder apresentar o requerimento de declaração de insolvência.

O art. 20.º, 1, confere legitimidade para requerer a declaração de insolvência do devedor a «qualquer credor, ainda que condicional e qualquer que seja a natureza do seu crédito». Também aqui é fácil de compreender por que razão é que os credores têm aquela legitimidade. Perante uma situação de insolvência do seu devedor, o recurso ao processo de insolvência permitirá evitar que o devedor contraia outras obrigações e prejudique quem antes lhe concedeu crédito, assegurando uma igualdade (relativa) entre os credores. O credor tem legitimidade para requerer a declaração de insolvência mesmo quando o seu crédito ainda não está vencido[8]. Dessa forma pode evitar que a situação do devedor sofra um agravamento até à data do vencimento do seu crédito[9].

Embora o art. 20.º, 1, confira a «qualquer credor» legitimidade para requerer a insolvência do devedor, essa regra pode ser afastada pela lei. É o que se verifica, no que diz respeito aos suprimentos, no art. 245.º, 2, do CSC[10].

---

[8] Cfr. CATARINA SERRA, *A falência no quadro da tutela jurisdicional dos direitos de crédito. O problema da natureza do processo de liquidação aplicável à insolvência no direito português*, cit., p. 264, e MENEZES LEITÃO, *Direito da insolvência*, cit., p. 136. A declaração de insolvência, aliás, tem também como efeito «o vencimento de todas as obrigações do insolvente não subordinadas a uma condição suspensiva» (art. 91.º, 1). Note-se ainda que o regime do PERSI pode afastar a possibilidade de a instituição bancária apresentar o pedido de declaração de insolvência, tendo em conta o disposto no art. 18.º, 1, *b*), do DL 227/2012 (parece ser essa também a leitura de PAULO CÂMARA, «Crédito bancário e prevenção do risco de incumprimento: uma avaliação crítica do novo Procedimento Extrajudicial de Regularização de Situações de Incumprimento (PERSI)», cit., p. 327) e que o mesmo pode resultar do regime do regime extraordinário de proteção de devedores de crédito à habitação em situação económica muito difícil, por força agora do art. 9.º, 1, da L 58/2012 (pelo menos, na interpretação de JOÃO LABAREDA, «Reflexões acerca do regime extraordinário de protecção de devedores de crédito à habitação em situação económica muito difícil», cit. p. 311, pois se está «vedado à instituição de crédito promover a execução da hipoteca dada em garantia do crédito à habitação, por maioria de razão tem de concluir-se não poder, alternativamente, optar por instaurar acção de insolvência contra o devedor)».

[9] Em sentido próximo perante o direito então vigente, PEDRO DE SOUSA MACEDO, *Manual de direito das falências*, vol. I, Almedina, Coimbra, 1964, p. 384.

[10] Cfr. MENEZES LEITÃO, *Direito da insolvência*, cit., p. 104, nt. 128, invocando que o art. 245.º, 2, CSC constitui lei especial. Também no sentido de que o art. 245.º, 2, se mantém em vigor, MARIA JOSÉ COSTEIRA, «O Código da Insolvência e da Recuperação de Empresas revisitado», cit., p. 59, mas dando conta de decisões em sentido diverso.

Apesar de o art. 20.º, 1, reconhecer legitimidade a «qualquer credor» para a apresentação do requerimento de declaração de insolvência, a verdade é que a jurisprudência tem-se mostrado dividida acerca do tratamento a dar aos casos em que o crédito invocado pelo requerente é *litigioso*[11]. Recorde-se que é litigioso, nos termos do art. 579.º, 3, do CCiv., o crédito «que tiver sido contestado em juízo contencioso, ainda que arbitral, por qualquer interessado».

Os argumentos apresentados para a defesa da falta de legitimidade são de ordem variada. Invoca-se frequentemente que o crédito litigioso não é certo, líquido e exigível e que, por isso, só após decisão condenatória transitada em julgado é que o credor pode apresentar o requerimento de declaração de insolvência. Alega-se também que a possibilidade de o credor requerer a declaração de insolvência quando é titular de crédito litigioso permite que surjam decisões contraditórias.

Contudo, o STJ, no seu Acórdão de 29.03.2012[12], mostrou que é outra a solução adequada. Com efeito, naquele Acórdão o STJ decidiu, com boas razões[13], que quem invoca a titularidade de crédito litigioso tem legitimidade

---

[11] Vejam-se, p. ex., o Ac. RC 3.12.2009, Proc. n.º 3601/08.5TJCBR.C1 (Relator: Emídio Costa), www.dgsi.pt («I – O credor só pode requerer a declaração de insolvência do devedor se o montante do seu crédito sobre este se mostrar judicialmente reconhecível, pelo que o crédito deve ser certo, líquido e exigível. II – Carece de legitimidade para requerer a declaração de insolvência o requerente cujo crédito que serve de fundamento ao pedido de declaração de insolvência se mostra litigioso») e o Ac. RC 24.11.2009, 1896/09.6TBPBL.C1 (Relator: Alberto Ruço), www.dgsi.pt («O facto de existir uma acção cível em que o Autor pede a condenação do Réu a pagar-lhe uma dívida e este último contesta a sua existência, não retira legitimidade a esse Autor para instaurar uma outra acção a pedir a insolvência do Réu, alegando, nos termos do n.º 1 do artigo 20.º do CIRE, ser titular do mesmo crédito»). Exigindo uma obrigação certa, líquida e exigível, MARIA JOSÉ COSTEIRA, «O Código da Insolvência e da Recuperação de Empresas revisitado», cit., p. 63.

[12] Proc. 1024/10.5TYVNG.P1.S1, www.dgsi.pt (Relator: Fernandes do Vale).

[13] De forma resumida, as razões apresentadas são essencialmente as seguintes: o art. 20.º, 1, não faz qualquer distinção; a legitimidade em causa é de natureza processual e o CPC, aplicável subsidiariamente, não exige, para se ter legitimidade, que se seja titular do direito; não há motivo para discriminar o titular de crédito litigioso em relação ao titular de crédito condicional; o juiz do processo não é passivo; pode afirmar-se um princípio da autossuficiência do processo de insolvência; o reconhecimento de legitimidade nos casos referidos evitará o benefício para o devedor que apresenta a sua contestação no processo declarativo só para ganhar tempo; a legitimidade é processual e por isso não haverá necessariamente julgados contraditórios; o requerente pode ser responsabilizado pela dedução de pedido infundado.

UM CURSO DE DIREITO DA INSOLVÊNCIA

para requerer a declaração de insolvência do devedor[14]. Em apoio do sentido dessa decisão foi sobretudo dito que o credor sempre poderia reclamar o seu crédito mesmo não sendo o requerente da declaração de insolvência e que o próprio devedor pode tornar qualquer crédito litigioso quando deduz oposição[15]. Claro que o tribunal pode decidir que não está provada a existência do crédito. Mas isso é coisa diferente de afirmar que não decide porque a questão... é complicada. Quantas questões complicadas e complicadíssimas eram apreciadas e (bem) decididas em processos sumários e sumaríssimos!

Por último, o art. 20.º, 1, confere legitimidade para requerer a declaração de insolvência ao Ministério Público, «em representação das entidades cujos interesses lhe estão legalmente confiados»[16]. Mas as entidades públicas titulares de créditos podem, nos termos do art. 13.º, 1, entregar a sua representação no processo de insolvência a «mandatários especiais»[17].

1.2. A vantagem contida no art. 98.º, 1, para o credor que requer a declaração de insolvência

Para além das vantagens que qualquer credor pode retirar do processo de insolvência, o art. 98.º, 1, atribui ao credor que requer a declaração de insolvência do devedor um privilégio creditório mobiliário *geral*, que incide sobre todos os bens móveis integrantes da massa insolvente[18].

Contudo, esse privilégio é graduado em último lugar, apenas garante os créditos *não subordinados* do requerente, só diz respeito a *um quarto do montante* dos créditos não subordinados referidos e tendo como máximo o valor correspondente a *500 unidades de conta*.

---

[14] Cfr. tb., no mesmo sentido, p. ex., o Ac. RP de 29.09.11, Proc. 338/11.1TYVNG.P1 (Relator: Teles de Menezes), e o Ac. RL de 22.11.11, Proc. 433/10.4TYLSB.L1-7 (Relator: Luís Lameiras), ambos em www.dgsi.pt.

[15] Cfr., com os argumentos expostos, CARVALHO FERNANDES/JOÃO LABAREDA, *Código da Insolvência e da Recuperação de Empresas anotado*, cit., p. 198.

[16] Cfr. o Estatuto do Ministério Público, aprovado pela L 47/86, de 15 de outubro, e sucessivamente alterado.

[17] Sobre a atribuição da representação de entidades públicas a um mandatário comum, cfr. o art. 13.º, 2.

[18] Considerando-o incompreensível, PEDRO DE ALBUQUERQUE, «Declaração da situação de insolvência», cit., p. 510.

Vamos porém supor que estão a correr *dois processos de insolvência* contra o mesmo devedor. Nesse caso, o privilégio referido não é atribuído aos dois requerentes. Se a declaração de insolvência tiver lugar no processo iniciado em data mais próxima prejudicando um processo mais antigo, o privilégio creditório será atribuído ao credor *não subordinado* que requereu a declaração de insolvência no *processo mais antigo*. É o que resulta da primeira parte do art. 98.º, 2.

Mas o art. 98.º, 2, diz mais: nos casos previstos no art. 264.º, 3, *b*), o privilégio creditório mobiliário geral sobre os bens móveis próprios do *cônjuge apresentante* e sobre a sua meação nos móveis comuns é atribuído a quem foi requerente da declaração de insolvência no processo *instaurado em primeiro lugar*. Este regime carece de algumas explicações para ser compreendido. Se, nos termos do art. 264.º, 2, foi instaurado um processo de insolvência contra um dos cônjuges, o outro cônjuge pode, com alguns limites, *apresentar-se* à insolvência nesse mesmo processo[19]. Quando esse outro cônjuge já tinha, por sua vez, outro ou outros processos de insolvência a correr contra si nos quais a insolvência ainda não tinha sido declarada, tais processos ficarão *suspensos* com a admissão da *apresentação* à insolvência referida se forem cumpridos certos requisitos[20]. *Apesar dessa suspensão*, o privilégio creditório mobiliário geral mencionado ficará a caber ao credor que requereu a declaração de insolvência no processo *instaurado em primeiro lugar* contra o cônjuge apresentante.

1.3. Desvantagens para certos credores que não requerem atempadamente a declaração de insolvência

No art. 97.º, 1, *a*) e *b*), encontramos estabelecidas algumas desvantagens para certos credores que não agiram com celeridade na defesa do seu crédito.

---

[19] O regime do art. 264.º integra-se numa Secção de um Capítulo que diz respeito às pessoas singulares que não sejam empresários ou que sejam apenas titulares de pequenas empresas (art. 249.º, 1). E os requisitos referidos devem verificar-se em relação a cada um dos cônjuges no caso de apresentação de marido e mulher à insolvência ou sendo o processo instaurado contra ambos como prevê o art. 264.º (art. 249.º, 2).

[20] Apresentação à insolvência acompanhada de confissão expressa da situação de insolvência ou apresentação pelos cônjuges de uma proposta de plano de pagamentos.

Da al. *a*) decorre que a declaração de insolvência tem como consequência a *extinção* dos privilégios creditórios *gerais* acessórios de créditos sobre a insolvência de que sejam titulares o Estado, as autarquias locais e as instituições de segurança social quando esses créditos tenham sido constituídos «mais de 12 meses antes da data do início do processo de insolvência». Isto é, se os créditos privilegiados sobre a insolvência se constituíram mais de 12 meses antes daquela data, os privilégios respetivos extinguem-se caso venha a ser declarada a insolvência.

Por sua vez, o art. 97.º, 1, *b*) determina a extinção de privilégios creditórios especiais de que sejam titulares os mesmos sujeitos e que sejam acessórios de créditos sobre a insolvência vencidos «mais de 12 meses antes da data do início do processo de insolvência».

Em ambos os casos parece estar subjacente que a lei entende ter passado demasiado tempo até ao início do processo de insolvência. E em ambos os casos vemos o Estado-legislador a prejudicar os seus interesses enquanto Estado-credor. No Preâmbulo do DL 53/2004, ponto 14, pode ler-se que o regime descrito é visto como um estímulo para que as entidades em causa «não deixem decorrer demasiado tempo desde o incumprimento por parte do devedor».

1.4. O dever de apresentação à insolvência

1.4.1. Em que casos existe. Prazo

Os devedores, desde que não sejam *pessoas singulares não titulares de empresas* na data em que fiquem em situação de insolvência, têm o *dever de requerer* a declaração da sua insolvência no prazo de 30 dias seguintes à data do conhecimento da situação de insolvência tal como descrita no art. 3.º, 1, ou à data em que devessem conhecê-la. É o que resulta do art. 18.º, 1 e 2.

O dever *não* recai sobre *pessoas singulares não titulares de empresas*[21]. Contudo, estes devedores podem ter *interesse* em não demorarem a sua apresentação à insolvência. É que o art. 238.º, 1, *d*) estabelece que o pedido de exoneração do passivo restante é «liminarmente indeferido» também quando o devedor

---

[21] Daí que Cassiano dos Santos, *Direito comercial português*, cit., p. 214, defenda que «a alienação da empresa antes do decurso do prazo faz cessar o dever». Sobre a noção de empresa para efeitos do CIRE, cfr. o art. 5.º.

A TRAMITAÇÃO DO PROCESSO DE INSOLVÊNCIA

não obrigado a apresentar-se à insolvência «se tiver abstido dessa apresentação nos seis meses seguintes à verificação da situação de insolvência, com prejuízo em qualquer dos casos para os credores, e sabendo, ou não podendo ignorar sem culpa grave, não existir qualquer perspetiva séria de melhoria da sua situação económica».

Mas o dever já recai sobre as *pessoas singulares titulares de empresas* e os *devedores que não sejam pessoas singulares*. Quanto a estes últimos, não importa agora que sejam ou não titulares de empresas, pois estarão sempre sujeitos ao dever de apresentação.

O dever de apresentação à insolvência só existe quando se esteja perante uma situação de insolvência «tal como descrita no n.º 1 do artigo 3.º»[22]. Fica desde logo *excluída* a existência desse dever quando se trata de uma situação de insolvência «tal como descrita» no n.º 2 do art. 3.º[23]. Essa exclusão ficará provavelmente a dever-se ao receio do legislador relativamente à situação de muitos balanços[24].

Que dizer, porém, quando o devedor se encontra em situação de insolvência *iminente*? Também aí existe o dever previsto no art. 18.º, 1? Para Carvalho Fernandes/João Labareda[25], essa é a solução preferível[26]. Temos, como vimos,

---

[22] Assim também, MARIA DO ROSÁRIO EPIFÂNIO, *Manual de direito da insolvência*, cit., p. 33, nt. 72.

[23] Cfr., nesse sentido, CARVALHO FERNANDES/JOÃO LABAREDA, *Código da Insolvência e da Recuperação de Empresas anotado*, cit., p. 189.

[24] Já o § 15a da *InsO* estabelece um dever iniciar o processo também nos casos de *Überschuldung* de pessoas jurídicas ou de sociedades sem personalidade jurídica que não tenham pessoas físicas como sócios pessoalmente responsáveis. O dever ali estabelecido recai, consoante os casos, sobre os membros do órgão de representação, liquidatários, sócios com poderes de representação ou até, no caso de não haver representante orgânico (assim vemos a *Führungslosigkeit*), qualquer sócio de *GmbH* e membro do Conselho de Vigilância de uma *sociedade por ações* ou de uma cooperativa (exceto se não tinham conhecimento dos pressupostos ali previstos). Considerando o § 15a uma norma de proteção a favor dos credores, ROLF LEITHAUS, «§ 15a», DIRK ANDRES/ROLF LEITHAUS/MICHAEL DAHL, *Insolvenzordnung*, 3. Aufl., Beck (Beck-online), 2014, Rn. 1. Sublinhe-se ainda a previsão no § 15a de penas privativas da liberdade para o caso de violação do dever referido. Sobre a *Überschuldung* pode ver-se, com desenvolvimento, MANUEL REQUICHA FERREIRA, «Estado de insolvência», in RUI PINTO (coord.), *Direito da insolvência*, Coimbra Editora, Coimbra, 2011, p. 274 e ss.

[25] CARVALHO FERNANDES/JOÃO LABAREDA, *Código da Insolvência e da Recuperação de Empresas anotado*, cit., p. 86.

[26] Cf., para mais desenvolvimentos, o que escrevemos no Capítulo I, ponto 3.

opinião diferente. Em primeiro lugar, porque a própria caracterização da situação de insolvência iminente já envolve alguma incerteza. Em segundo lugar, e sobretudo, porque o art. 18.º, 1, claramente remete não apenas para o art. 3.º, 1, mas para a «situação de insolvência, tal como descrita no n.º 1 do artigo 3.º». Os termos em que a situação de insolvência está *descrita* são, pelos vistos, considerados decisivos[27].

Se o devedor, pessoa singular ou não, for *titular de empresa*, presume-se que conhecia a situação de insolvência após o decurso de pelo menos três meses «sobre o incumprimento generalizado de obrigações de algum dos tipos referidos na alínea *g)* do n.º 1 do artigo 20.º»[28]: obrigações tributárias, contribuições e quotizações para a segurança social, dívidas emergentes de contrato de trabalho ou da sua violação ou cessação, rendas de qualquer tipo de locação, prestações do preço da compra ou de empréstimo garantido pela respetiva hipoteca, relativamente a local em que o devedor realiza a sua atividade, tem sede ou residência. A presunção legal é inilidível (art. 18.º, 3). A partir do momento em que se presume o conhecimento da situação de insolvência, o prazo para a apresentação à insolvência começa a contar. Mas não se pode dizer que seja fácil determinar em que momento exato se deve presumir que o devedor tinha conhecimento da sua situação de insolvência.

1.4.2. Suspensão do prazo

Como vimos, o art. 18.º, 1, estabelece para certos devedores um dever de apresentação à insolvência no prazo de 30 dias. Porém, de acordo com o art. 5.º, 1, do DL 178/2012, de 3 de agosto (que institui o SIREVE ou Sistema

---

[27] Na Alemanha, a *drohende Zahlungsunfähigkeit* do § 18 da *InsO* também não fundamenta o dever consagrado no § 15a: Busshardt, «§ 15a», in Braun, *Insolvenzordnung*, 6. Aufl., Beck (Beck-online), 2014, Rn. 15; Lars Klöhn, «§ 15a», in Hans-Peter Kirchhof/Horst Eidenmüller/Rolf Stürner, *Münchener Kommentar zur Insolvenzordnung*, Bd. 1, 3. Aufl., Beck (Beck-online), 2013, Rn. 116. A solução por nós defendida sai reforçada com a eliminação da possibilidade de recurso ao SIREVE em caso de insolvência atual e com a revogação do art. 5.º pelo DL 26/2015, de 6 de fevereiro.

[28] Considerando que a presunção «só operará quando o incumprimento de uma das obrigações do art. 20.º não for justificado», Pestana de Vasconcelos/Pedro Caeiro, «As dimensões jurídico-privada e jurídico-penal da insolvência (uma introdução)», cit., p. 541.

de Recuperação de Empresas por Via Extrajudicial), a apresentação de requerimento de utilização do SIREVE suspendia aquele prazo[29]. O art. 5.º do DL 178/2012 foi revogado pelo art. 10.º, *a)*, do DL 26/2015.

Para Carvalho Fernandes e João Labareda, se o devedor em situação de *insolvência iminente* apresenta requerimento para o início de um PER nos termos do art. 17.º-A, isso deve conduzir também à suspensão do prazo de apresentação à insolvência[30]. No entanto, a solução adiantada por aqueles autores pressupõe que exista dever de apresentação à insolvência em caso de insolvência iminente. E já vimos que não é assim.

Que dizer, porém, se, *uma vez apresentado o requerimento* para o início do PER, o devedor *ficar em situação de insolvência?* Tem ou não o dever de apresentação à insolvência referido no art. 18.º, 1? Esse dever fica *suspenso* enquanto o PER estiver pendente? Carvalho Fernandes e João Labareda[31] entendem que o dever de apresentação ficará ali *paralisado* e «de duas, uma: ou é alcançado um acordo recuperatório homologado judicialmente e a situação de insolvência é, nos correspondentes termos, superada; ou não é, e segue-se o regime do art.º 17.º-G, n.ºs 3 e 4».

Não é, porém, claro que o dever de apresentação fique paralisado nos casos referidos e que isso não seja relevante quando, não havendo aprovação de plano de recuperação, venha a ser declarada a insolvência do devedor. O PER tem lugar para permitir que o devedor «comprovadamente» em situação económica difícil ou em situação de insolvência «meramente» iminente, ainda suscetível de recuperação, estabeleça negociações com os credores para concluir com estes um acordo conducente à sua revitalização (art. 17.º-A, 1). Se, pelo contrário, o devedor se encontra «comprovadamente» em situação de insolvência atual, justifica-se ou não a continuação da instância? Não será esse um caso de impossibilidade superveniente da lide?

Apesar da dúvida enunciada, entendemos também que o dever de apresentação à insolvência, quando exista, deve considerar-se suspenso se a situação

---

[29] Era essa também a solução que resultava do regime que regulava o procedimento extrajudicial de conciliação.

[30] CARVALHO FERNANDES/JOÃO LABAREDA, *Código da Insolvência e da Recuperação de Empresas anotado*, cit., p. 191.

[31] CARVALHO FERNANDES/JOÃO LABAREDA, *Código da Insolvência e da Recuperação de Empresas anotado*, cit., p. 682.

UM CURSO DE DIREITO DA INSOLVÊNCIA

de insolvência atual ocorreu na pendência do PER. Essa leitura tem apoio no disposto no art. 17.º-G e, em particular, no seu n.º 3. Com efeito, aí se pode ver que, se não foi possível um acordo pelas razões expostas no n.º 1, no caso de o devedor estar «já em situação de insolvência» isso «acarreta a insolvência do devedor». Como decorre do n.º 3, a insolvência deve ser requerida pelo administrador judicial provisório. A lei prevê, nesse caso, que o requerimento de insolvência referido só seja apresentado se não foi possível alcançar o acordo. Como não existiu o acordo, tal como previsto no n.º 1, e o devedor está em situação de insolvência, o administrador judicial provisório apresenta o requerimento de insolvência.

Mas o que também se retira do n.º 3 é que a lei não exclui que, na pendência do PER, o devedor fique em situação de insolvência. E quando assim seja prevê que o administrador judicial provisório requeira a declaração de insolvência nos termos referidos. Mas só apresenta esse requerimento se não foi possível o acordo no âmbito do PER. A lei dá assim a entender que, enquanto esse acordo é ainda possível (no prazo devido), se o administrador judicial provisório não tem que requerer a declaração de insolvência, também não se justificará que exista o dever de apresentação à insolvência.

1.4.3. Consequências do incumprimento do dever de apresentação à insolvência

O incumprimento do dever de apresentação à insolvência tem consequências. A mais fácil de identificar é a que está prevista no art. 186.º, 3 e 4. Daí resulta que o referido incumprimento faz presumir a existência de culpa grave do devedor. Presunção que é ilidível, como o são em regra as presunções legais (art. 350.º, 2, CCiv.).

Para além disso, resulta do art. 238.º, 1, *d*), que o pedido de exoneração do passivo restante será liminarmente indeferido se o devedor não tiver cumprido o dever de apresentação à insolvência com prejuízo para os credores «e sabendo, ou não podendo ignorar sem culpa grave, não existir qualquer perspetiva séria de melhoria da sua situação económica»[32]. Certo é que o não

---

[32] Com efeito, estes requisitos parecem dizer respeito também aos casos em que o devedor não tenha cumprido o dever de apresentação.

A TRAMITAÇÃO DO PROCESSO DE INSOLVÊNCIA

cumprimento do dever não acarreta necessariamente a existência de prejuízo para os credores[33].

No plano penal, o incumprimento do dever de apresentação à insolvência pode também ter relevo. Sobretudo perante o teor do art. 228.º do CPen. («Insolvência negligente»). Mas não parece que a simples não apresentação em tempo permita dizer que está automaticamente preenchido o tipo da al. *b*) do n.º 1[34]: «O devedor que: [...] *b*) Tendo conhecimento das dificuldades económicas e financeiras da sua empresa, não requerer em tempo nenhum providência de recuperação; é punido, se ocorrer a situação de insolvência e esta vier a ser reconhecida judicialmente [...]».

Já parece de aceitar a defesa que Menezes Leitão[35] faz da possibilidade de *responsabilizar civilmente* perante os credores o devedor que não cumpre o prazo para a apresentação à insolvência. Tratar-se-á então de responsabilidade civil extracontratual, nos termos do art. 483.º, 1, CCiv..

1.4.4. Algumas vantagens para o devedor que se apresenta à insolvência

A apresentação à insolvência não deixa de trazer algumas vantagens para o devedor.

Se o devedor está *obrigado* a apresentar-se à insolvência, a apresentação atempada afasta as consequências desvantajosas decorrentes do incumprimento daquele dever.

---

[33] Cfr. p. ex. o Ac. STJ 24.01.2012, Proc. 152/10.1TBBRG-E.G1.S1 (Relator: Fonseca Ramos), www.dgsi.pt.

[34] Aparentemente com outra leitura, Maria do Rosário Epifânio, *Manual de direito da insolvência*, cit., p. 34.

[35] Menezes Leitão, *Direito da insolvência*, cit., p. 137 e ss., fazendo a distinção entre créditos constituídos antes do momento em que a apresentação à insolvência deveria ter ocorrido e os posteriores a esse momento. Em sentido próximo, Carneiro da Frada, «A responsabilidade dos administradores na insolvência», *ROA*, 2006, p. 683 e ss.: a «responsabilidade do administrador decorre ...] do disposto no art. 186º, n.º 3, *a*). Na realidade, o art. 18 tem carácter de disposição de protecção, o que significa que a sua infracção implicaria sempre responsabilidade ao abrigo do art. 483.º, n.º 1, 2.ª modalidade, do CC». Sobre o tema, cfr. ainda Maria de Fátima Ribeiro, «A responsabilidade de gerentes e administradores pela actuação na proximidade da insolvência de sociedade comercial», *O Direito*, 142.º, 2010, p. 127, e Nuno Oliveira, «Responsabilidade civil dos administradores pela insolvência culposa», in Catarina Serra (coord.), *I Congresso de direito da insolvência de Santo Tirso*, Almedina, Coimbra, 2014, p. 232 e ss..

UM CURSO DE DIREITO DA INSOLVÊNCIA

Mas, para além disso, a apresentação à insolvência do devedor pessoa singular que a isso *não estava obrigado*, se realizada no prazo de seis meses seguintes à verificação da situação de insolvência, permite-lhe *afastar a causa de indeferimento liminar do pedido de exoneração do passivo restante* prevista no art. 238.º, 1, *d*). E, como resulta do art. 236.º, 1, o devedor pessoa singular pode formular o pedido de *exoneração do passivo restante* logo no requerimento de apresentação à insolvência.

Se o devedor é pessoa singular não titular de empresa ou apenas titular de pequena empresa (art. 249.º), pode também apresentar um *plano de pagamentos* com o seu requerimento de apresentação à insolvência (art. 251.º)[36]. O devedor que apresenta plano de pagamentos tem de ter em atenção que há o risco de esse plano não ser aprovado. Se pretender obter a exoneração do passivo restante no caso de o plano não ser aprovado, tem de o declarar quando apresenta o plano de pagamentos (art. 254.º).

Quando o devedor possa apresentar *plano de insolvência*, uma das alternativas para o fazer é precisamente a de o juntar com o requerimento de declaração de insolvência (art. 24.º, 3).

A tudo isso acresce que o devedor titular de empresa, desde que não seja pessoa singular titular de pequena empresa (art. 250.º)[37], pode requerer a *administração pelo devedor*. Mas para que o juiz decida que essa administração tenha lugar é necessário, entre outras coisas, que o devedor «tenha já apresentado, ou se comprometa a fazê-lo no prazo de 30 dias após a sentença de declaração de insolvência, um plano de insolvência que preveja a continuidade da exploração da empresa por si próprio». Se o devedor se apresenta à insolvência e requer a administração pelo devedor, pode já apresentar também o plano de insolvência. E antes da sua apresentação à insolvência até pode ter contactado os credores acerca do conteúdo do plano de insolvência, procurando obter apoio para o mesmo tendo em vista a respetiva aprovação.

---

[36] Tenha-se porém em atenção que a apresentação do plano de pagamentos «envolve confissão da situação de insolvência, ao menos iminente, por parte do devedor» (art. 252.º, 4).

[37] Com outra leitura, JOSÉ ALBERTO VIEIRA, «Insolvência de não empresários e titulares de pequenas empresas», in AAVV., *Estudos em memória do Professor Doutor José Dias Marques*, Almedina, Coimbra, 2007, p. 256.

1.4.5. O art. 19º e a necessidade (ou não) de deliberação dos sócios

Quando o devedor é uma pessoa singular com capacidade, a ele cabe a iniciativa da apresentação à insolvência. Não necessita de atuar através de representante.

No que diz respeito aos devedores que podem ser objeto de um processo de insolvência e que não são pessoas singulares, decorre do art. 19.º que a iniciativa da apresentação à insolvência cabe ao órgão social incumbido da administração do devedor ou, se não for o caso, a qualquer dos seus administradores. Com efeito, há devedores que, não sendo pessoas singulares, também não têm órgãos sociais. Os titulares do órgão social incumbido da administração do devedor devem atuar nos termos gerais, respeitando o modo de exercício dos poderes de representação que no caso seja devido[38].

Relativamente aos devedores que sejam sociedades comerciais, ganha especial importância perguntar se a decisão de apresentar o devedor à insolvência cabe ao órgão de administração ou se este apenas tem poderes para executar a decisão já tomada. Estando em causa, por exemplo, uma sociedade por quotas, a gerência pode avançar com o requerimento de apresentação à insolvência sem ter apoio em deliberação dos sócios?

O art. 19.º dá a entender que, no plano externo, esse requerimento será válido e eficaz. Com efeito, aquele preceito confere ao órgão social de administração a própria «iniciativa». Isso parece significar que o órgão de administração não tem de esperar pela tomada de decisão de um qualquer outro órgão nem está sujeito a uma decisão de sentido contrário que seja tomada noutro órgão para tomar eficazmente a iniciativa[39].

A solução apresentada impõe-se com especial intensidade nos casos em que exista dever de apresentação à insolvência, atendendo aos riscos que os

---

[38] Parece ser essa também a leitura de Carvalho Fernandes/João Labareda, *Código da Insolvência e da Recuperação de Empresas anotado*, cit., p. 194 e s..

[39] Cfr., mais uma vez, Carvalho Fernandes/João Labareda, *Código da Insolvência e da Recuperação de Empresas anotado*, cit., p. 193. Dispensando também a deliberação dos sócios de sociedades, Pedro de Albuquerque, «Declaração da situação de insolvência», p. 517, Maria José Costeira, «O Código da Insolvência e da Recuperação de Empresas revisitado», cit., p. 58. Com outra opinião, Fátima Reis Silva, «Algumas questões processuais no Código da Insolvência e da Recuperação de Empresas», *Miscelâneas*, 2, IDET/Almedina, Coimbra, 2004, p. 65 e s..

administradores correm se a insolvência for considerada culposa. E, como vimos, o incumprimento do dever de apresentação à insolvência conduz à presunção de culpa grave prevista no art. 186.º, 3, *a*).

A corroborar a bondade da nossa preferência está ainda o art. 24.º, 2, *a*). Com efeito, o devedor deve juntar «documento comprovativo dos poderes dos administradores que o representem e cópia da ata que documente a deliberação da iniciativa do pedido por parte do respetivo órgão social de administração, se aplicável».

No plano interno (e, portanto, no plano das relações entre o órgão de administração e a sociedade ou entre aquele e os sócios), pode eventualmente discutir-se se a apresentação do requerimento que não foi precedida de deliberação dos sócios dá ou não lugar à responsabilização dos membros do órgão de administração[40]. Trata-se de um problema que terá que ser apreciado caso a caso. Não pode ter o mesmo tratamento a situação de insolvência apenas iminente e a que é já atual. E também não pode ter o mesmo tratamento a atuação dos administradores de uma sociedade anónima e a dos gerentes de uma sociedade por quotas: nas primeiras, decorre do art. 377.º, 4, do CSC que entre a última divulgação da convocatória da assembleia geral e a data da reunião deve mediar pelo menos um mês ou, no caso de expedição de cartas registadas ou mensagens de correio eletrónico (quando possível), 21 dias; nas sociedades por quotas, o art. 248.º, 3, exige que a convocatória seja expedida com a antecedência mínima de 15 dias[41].

Quando o devedor seja uma sociedade comercial que se encontra insolvente porque o passivo é manifestamente superior ao ativo (art. 3.º, 2), surge uma dificuldade adicional. Se o passivo é manifestamente superior ao ativo, está perdida muito mais de metade do capital social (art. 35.º, 2, CSC). Torna-se

---

[40] Considerando que a apresentação da sociedade à insolvência por decisão dos administradores não é ilícita ainda que falte o acordo dos sócios, Maria José Costeira, «A insolvência de pessoas coletivas. Efeitos no insolvente e na pessoa dos administradores», *Julgar*, 2012, setembro-dezembro, p. 164. Para a autora, no entanto, se «se vier a considerar indevida a apresentação por parte do devedor à insolvência, podem os administradores ser responsabilizados pelos prejuízos que causaram ao devedor ou aos seus credores, se agiram com dolo (artigo 22.º)».

[41] Note-se ainda, a talhe de foice, que o art. 425.º, *d*), do CT, obriga o empregador a solicitar o parecer da comissão de trabalhadores antes de apresentar o pedido de declaração de insolvência da empresa.

então necessário saber se, para os devedores sujeitos ao regime do art. 35.º, 1, do CSC, prevalece o dever aí estabelecido para os gerentes e administradores relativamente à convocação de assembleia geral, ou se podem estes avançar com o requerimento de declaração de insolvência sem prévia deliberação dos sócios.

Coutinho de Abreu[42], defendeu que o disposto no art. 35.º prevalece, sendo seguido por Catarina Serra[43]. Ainda que se defenda que, internamente, os gerentes ou administradores devem respeitar o disposto no art. 35.º do CSC, julgamos que isso não afetará a validade e eficácia do requerimento de apresentação à insolvência do devedor que não seja antecedido de deliberação dos sócios nesse sentido. Por um lado, tendo em conta os já referidos riscos que correm os gerentes e administradores em caso de qualificação da insolvência como culposa e ainda que não exista dever de apresentação. Por outro, porque o art. 19.º do CIRE não faz qualquer distinção: a «iniciativa» cabe ao órgão social incumbido da administração.

O art. 19.º também não é claro quanto a um outro aspeto. É ali dito que, se o devedor não é pessoa singular, «a iniciativa cabe ao órgão social incumbido da sua administração, ou, se não for o caso, a qualquer dos seus administradores». Mas quais são os casos em que a iniciativa não cabe ao órgão social incumbido da administração do devedor?

É, antes de mais, aquele em que o devedor *não tem* órgão de administração. E será também aquele em que o órgão de administração *não pode funcionar* porque já não tem em funções membros em número suficiente para tal.

Porém, que dizer se o órgão de administração está em funcionamento pleno mas *não delibera* no sentido da apresentação à insolvência? Será que nesse caso um dos administradores pode, sozinho, apresentar o devedor à insolvência? Julgamos que não[44]. Numa situação dessas, o administrador que receia as consequências da eventual qualificação da insolvência como culposa deve fazer cessar unilateralmente a relação com a sociedade, nos termos da lei aplicável ao caso concreto.

---

[42] COUTINHO DE ABREU, *Curso de direito comercial*, cit., p. 141

[43] CATARINA SERRA, *O regime português da insolvência*, cit., p. 38.

[44] Com outra leitura, CASSIANO DOS SANTOS, *Direito comercial português*, cit., p. 215, PEDRO PIDWELL, *O processo de insolvência e a recuperação da sociedade comercial de responsabilidade limitada*, cit., p. 100 e s..

UM CURSO DE DIREITO DA INSOLVÊNCIA

Vejamos agora a situação da *pessoa singular que não tem capacidade plena*. O requerimento deve ser apresentado por quem? Como é evidente, a pessoa singular não tem órgão social incumbido da sua administração. Qual é então o administrador a quem cabe a iniciativa da apresentação à insolvência? Será o seu representante legal, consoante a incapacidade de que sofra (art. 6.º, 1, *b*) – mas tenha-se em conta o regime da inabilitação).

1.5. Requisitos da petição inicial

O requerimento de declaração de insolvência é apresentado através de uma petição escrita inicial (art. 23.º, 1). Nessa petição[45] «são expostos os factos que integram os pressupostos da declaração requerida» e conclui-se «pela formulação do correspondente pedido»[46].

Qualquer que seja o requerente da declaração da insolvência, a petição deve identificar «os administradores, de direito e de facto, do devedor e os seus cinco maiores credores, com exclusão do próprio requerente» e bem assim o cônjuge do devedor casado e o regime de bens do casamento (art. 23.º, 2, *b*) e *c*)). À petição deve ser junta «certidão do registo civil, do registo comercial ou de outro registo público a que o devedor esteja eventualmente sujeito» (art. 23.º, 2, *d*)). Se não for possível ao requerente que não seja o devedor fazer as indicações e juntar os documentos referidos, solicita que sejam prestados pelo devedor (art. 23.º, 3).

Sendo *o devedor o requerente* da declaração da insolvência, *deve* indicar na petição «se a situação de insolvência é atual ou apenas iminente e, quando seja pessoa singular, se pretende a exoneração do passivo restante, nos termos das disposições do capítulo I do título XII» (art. 23.º, 2, *a*)). Deverá também juntar à petição os documentos indicados no art. 24.º, 1 e 2. Contudo, no que diz respeito aos documentos mencionados no art. 24.º, 1, o n.º 2, *b*), permite que o devedor *justifique a não apresentação ou a não conformidade* de algum

---

[45] Sobre a necessidade de deduzir a petição de forma articulada, cfr. o art. 147.º do novo CPC. Considerando que a petição «deve sempre revestir a forma articulada», CARVALHO FERNANDES/JOÃO LABAREDA, *Código da Insolvência e da Recuperação de Empresas anotado*, cit., p. 215; no mesmo sentido, Luís MENEZES LEITÃO, *Direito da insolvência*, cit., p. 142, MARIA DO ROSÁRIO EPIFÂNIO, *Manual de direito da insolvência*, cit., p. 38, nt. 86.

[46] Quanto à obrigatoriedade de constituição de advogado, cfr. o art. 40.º do novo CPC.

A TRAMITAÇÃO DO PROCESSO DE INSOLVÊNCIA

deles[47]. Saliente-se que a «apresentação à insolvência pelo devedor implica o reconhecimento por este da sua situação de insolvência».

O devedor requerente que pretenda obter a *administração da massa insolvente*, nos casos em que é admissível (art. 223.º e 250.º), *deve* requerer na petição inicial que essa administração lhe seja entregue. Isto, naturalmente, tendo em conta o disposto no art. 28.º[48].

Se o devedor *pode* apresentar um *plano de pagamentos* aos credores, é também com a sua petição inicial que *deve* fazê-lo (art. 251.º). Se apresenta plano de pagamentos na petição inicial, então, se quiser beneficiar da *exoneração do passivo restante* na hipótese de o plano de pagamentos não ser aprovado, também tem que o *declarar* (art. 254.º).

Nos casos em que o devedor *pode* apresentar *plano de insolvência* (cfr. o art. 250.º), essa apresentação *pode* ter lugar com a própria petição inicial[49]. E o devedor pode ter vantagens em, antes mesmo de se apresentar à insolvência, contactar os credores (ou aqueles que sejam necessários para a eventual aprovação do plano de insolvência) para tentar apurar em que termos estariam dispostos a aprovar o plano de insolvência. Sobretudo se está apenas em situação de insolvência iminente.

Se a declaração de insolvência é *requerida por quem não é o devedor*, a petição deve conter a justificação da «origem, natureza e montante» do crédito ou da sua responsabilidade pelos créditos sobre a insolvência e deve ser acompanhada com os elementos que o requerente possua quanto ao ativo e passivo do devedor (art. 25.º, 1). Embora o art. 25.º, 1, não o diga, o requerimento deve ainda conter a alegação de um ou mais factos-índice referidos no art. 20.º, 1, pois sem isso o requerente não será considerado legitimado[50].

---

[47] A importância da justificação apresentada para a falta de documento compreende-se bem perante o teor do art. 27.º, 1, *b*), e 36.º, 1, *f*).

[48] CARVALHO FERNANDES/JOÃO LABAREDA, *Código da Insolvência e da Recuperação de Empresas anotado*, cit., p. 813; MARIA DO ROSÁRIO EPIFÂNIO, *Manual de direito da insolvência*, cit., p. 39.

[49] CARVALHO FERNANDES/JOÃO LABAREDA, *Código da Insolvência e da Recuperação de Empresas anotado*, cit., p. 709. Como decorre do art. 224.º, 2, *b*), para que o juiz determine que a administração da massa insolvente seja assegurada pelo devedor, quando tal seja possível, é necessário que o devedor já tenha apresentado um plano de insolvência ou que se comprometa a apresentá-lo no prazo de 30 dias após a sentença de declaração de insolvência. E esse plano deve prever a continuidade da exploração da empresa pelo devedor.

[50] Cfr. CARVALHO FERNANDES/JOÃO LABAREDA, *Código da Insolvência e da Recuperação de Empresas anotado*, cit., p. 213. Para além de tudo o mais, não se pode esquecer o teor do art. 23.º, 1.

UM CURSO DE DIREITO DA INSOLVÊNCIA

Além disso, o requerente que não seja o devedor deve «oferecer todos os meios de prova de que disponha»[51]. Se arrolar testemunhas, fica obrigado a apresentá-las (art. 25.º, 2)[52].

Quanto ao número de testemunhas, o novo CPC veio introduzir um problema adicional na interpretação do CIRE. Antes de entrar em vigor o novo CPC, fazia sentido estabelecer (art. 25.º, 2) que o número de testemunhas a arrolar pelo requerente que não seja o devedor não podia exceder os limites indicados no art. 789.º do anterior CPC. Este último preceito, aplicável ao processo sumário, limitava a 10 o número de testemunhas que podiam ser oferecidas e a três as que podiam depor sobre cada facto a provar pela parte. O novo CPC não contempla o processo sumário declarativo[53]. Mas, como lembram Carvalho Fernandes/João Labareda[54], se no novo CPC não há processo sumário declarativo, há no entanto um preceito a limitar o número de testemunhas: o art. 511.º, que deve ser considerado aplicável às testemunhas a arrolar na petição inicial.

Como o CIRE considera que o requerimento de declaração de insolvência deve ser formulado numa *petição inicial*, deve igualmente ser tido em conta o que resulta ainda do CPC quanto à peça processual com a mesma designação, uma vez que o CPC se aplica «em tudo o que não contrarie as disposições» do CIRE (art. 17.º deste último Código; cfr., com especial importância, os arts. 17.º e 552.º do CPC). O art. 15.º, embora não o diga expressamente, lembra que é necessário indicar o valor da ação na própria petição, sendo de sublinhar que ali apenas se trata do critério de determinação do valor para «efeitos

---

[51] Sobre as dificuldades quanto à prova pericial, Maria José Costeira, «O Código da Insolvência e da Recuperação das Empresas revisitado», cit., p. 67, e Maria José Capelo, «A fase prévia à declaração de insolvência: algumas questões processuais», *I Congresso de Direito da Insolvência* (coord. Catarina Serra), Almedina, Coimbra, 2013, p. 193, nt. 26.

[52] Cfr., com interesse, o Ac. RL de 18.05.2010, Proc. 1062/05.OTYLSB-AG.L1-1 (Relator: Maria do Rosário Barbosa), *CJ*, 2010, III, p. 73 e s., também disponível em www.dgsi.pt, em que se entendeu que «Num processo de insolvência a regra de que as provas devem ser requeridas nos articulados implica que a gravação da prova deva ser requerida, também, com esses articulados».

[53] Cfr. o art. 548.º do CPC.

[54] Carvalho Fernandes/João Labareda, *Código da Insolvência e da Recuperação de Empresas anotado*, cit., p. 229.

processuais»: o valor da causa para efeitos de custas deve ser apurado tendo em conta o disposto no art. 301.[55].

1.6. Requisitos da petição inicial (cont.). O art. 20.º

O art. 20.º, 1, do CIRE enumera um conjunto de factos cuja verificação deve ter lugar para que os sujeitos ali referidos possam requerer a declaração de insolvência do devedor. Não se trata, na verdade, de outras tantas situações de insolvência que devam ser somadas às previstas no art. 3.º, mas sim de meros requisitos de legitimidade[56] e de «*factos-índices* ou *presuntivos* da insolvência, tendo precisamente em conta a circunstância de, pela experiência da vida, manifestarem a insusceptibilidade de o devedor cumprir as suas obrigações [...]»[57]. Esta é, aliás, a leitura que parece dominante na jurisprudência[58].

---

[55] Sobre o valor da ação, v. Ac. STJ de 02.06.2015 (Relator: Fonseca Ramos), Proc. n.º 189/13.9 TBCCH – B.E1.S1.

[56] LEBRE DE FREITAS, «Pressupostos objectivos e subjectivos da insolvência», cit., p. 18. Para uma súmula de outras leituras, MANUEL REQUICHA FERREIRA, «Estado de insolvência», cit., p. 334 e ss..

[57] CARVALHO FERNANDES/JOÃO LABAREDA, *Código da Insolvência e da Recuperação de Empresas anotado*, cit., p. 197. De factos-índice da insolvência falam também, p. ex., NUNO MARIA PINHEIRO TORRES, «O pressuposto objectivo do processo de insolvência», cit., p. 173, PEDRO PIDWELL, *O processo de insolvência e a recuperação da sociedade comercial de responsabilidade limitada*, cit., p. 104, CATARINA SERRA, *O regime português da insolvência*, cit., p. 113, e MENEZES LEITÃO, *Código da Insolvência e da Recuperação de Empresas anotado*, 6.ª ed., Almedina, Coimbra, 2012, p. 69. MANUEL REQUICHA FERREIRA, «Estado de insolvência», cit., p. 363, embora diga também que estamos perante factos-índice, considera que não são factos presuntivos «os constantes das als. *b*) e *c*) e também (ainda que com algumas dúvidas) da *h*), que devem ser qualificados como concretizações fácticas do conceito geral de insolvência previsto no art. 3.º do CIRE». Referindo-se a «*verdadeiros pressupostos de prossecução da acção*» ou «*condições necessárias da acção*», CASSIANO DOS SANTOS/HUGO FONSECA, «Pressupostos para a declaração de insolvência no Código da Insolvência e da Recuperação de Empresas», *CDP*, 29, jan.-mar. 2010, p. 15. A técnica dos factos-índice não é nova: cfr., p. ex., ALBERTO DOS REIS, *Processos especiais*, vol. II, Coimbra Editora, Coimbra, 1982 (reimp. da ed. de 1956), p. 319 e ss., e, para mais alguns dados históricos, MANUEL REQUICHA FERREIRA, «Estado de insolvência», cit., p. 311 e ss., e PEDRO CAEIRO, *Sobre a natureza dos crimes falenciais (o património, a falência, a sua incriminação e a reforma dela)*, cit., p. 104 e ss..

[58] Cfr., com interesse, os Acs. RL de 22.04.2010, Proc. 1577/08.8TBALQ-CL1-8 (Relator: Rui da Ponte Gomes – as alíneas do art. 20.º, 1, CIRE «estabelecem factos presuntivos da insolvência»), RL de 04.05.2010, Proc. 26139/09.9T2SNT-C.L1-7 (Relator: Ana Resende – no mesmo sentido), RL de 18.06.2010, Proc. 5220/09.0TBCSC-A.L1-6 (Relator: Pereira

UM CURSO DE DIREITO DA INSOLVÊNCIA

O caráter presuntivo da insolvência atribuído aos factos referidos compreende-se melhor se lermos o art. 30.º, 5: «Se a audiência do devedor não tiver sido dispensada nos termos do artigo 12.º e o devedor não deduzir oposição, consideram-se confessados os factos alegados na petição inicial, e a insolvência é declarada no dia útil seguinte ao termo do prazo referido no n.º 1, se tais factos preencherem a hipótese de alguma das alíneas do n.º 1 do artigo 20.º». Além disso, é ao devedor que cabe provar a sua insolvência, nos termos do art. 30.º, 4.

Vejamos quais são esses factos que devem ser alegados pelo requerente não devedor[59].

Começa a lei por mencionar (al. *a*)) os casos em que ocorreu *suspensão generalizada do pagamento das obrigações vencidas*. Este não é um facto que se confunda com a situação de insolvência identificada no art. 3.º, 1. *Suspensão* não é a mesma coisa que *impossibilidade* de cumprir[60].

Surge-nos em segundo lugar (al. *b*)) a referência à falta de cumprimento «de uma ou mais obrigações que, pelo seu montante ou pelas circunstâncias do incumprimento, revele a impossibilidade de o devedor satisfazer pontualmente a generalidade das suas obrigações». Mais uma vez, não estamos apenas perante uma repetição do que é dito no art. 3.º, 1[61]. Não parece sequer que se possa dizer que, provado que o incumprimento revela «a impossibilidade de o devedor satisfazer pontualmente a generalidade das suas obrigações», esteja feita a prova da situação de insolvência[62]. Julgamos que a referida alínea deve ser lida procurando dar-lhe um sentido mais razoável, exigido pelo elemento sistemático da interpretação. E isso consegue-se se considerarmos

Rodrigues – idem) e RP de 14.09.2010, Proc. 2793/08.8TBVNG.P1 (Relator: Guerra Banha). Referindo-se a «pressupostos de prossecução da acção», CASSIANO DOS SANTOS/HUGO FONSECA, «Pressupostos para a declaração de insolvência no Código da Insolvência e da Recuperação de Empresas», cit., p. 15.

[59] Nesse sentido, CASSIANO DOS SANTOS, *Direito comercial português*, cit., p. 222 e s..

[60] Entendendo que nada é acrescentado ao art. 3.º, 1, MANUEL REQUICHA FERREIRA, «Estado de insolvência», cit., p. 318. Considerando que está no entanto em causa na al. *a*) a suspensão total de pagamentos, FÁTIMA REIS SILVA, «Algumas questões processuais no Código da Insolvência», *Miscelâneas*, n.º 2, IDET/Almedina, Coimbra, 2004, p. 61.

[61] Considerando que parece desnecessária a consagração do facto-índice em causa, MANUEL REQUICHA FERREIRA, «Estado de insolvência», cit., p. 319.

[62] MANUEL REQUICHA FERREIRA, «Estado de insolvência», cit., p. 362, entende que, provado que o incumprimento revela «a impossibilidade de o devedor satisfazer pontualmente a generalidade das suas obrigações», está feita a prova da situação de insolvência.

que ali está em causa a falta de cumprimento de uma ou mais obrigações que, pelo seu montante ou pelas circunstâncias do incumprimento, *faça presumir* a impossibilidade de o devedor satisfazer pontualmente a generalidade das suas obrigações. Mesmo que assim não se entenda, a referida al. *b*) faz menção à generalidade das obrigações do devedor e não apenas às obrigações *vencidas*. Mas a verdade é que num momento o devedor pode estar impossibilitado de cumprir obrigações vincendas e, quando as mesmas se vencerem, já não se encontrar impossibilitado de as cumprir.

Em terceiro lugar (al. *c*)), é referida a fuga «do titular da empresa ou dos administradores do devedor ou abandono do local em que a empresa tem a sede ou exerce a sua principal atividade, relacionados com a falta de solvabilidade do devedor e sem designação de substituto idóneo». Não basta, pois, a fuga ou abandono, sendo necessário que exista a relação exigida entre a fuga e a falta de solvabilidade do devedor e que não seja deixado um substituto idóneo.

Seguidamente (al. *d*)), consta da enumeração do art. 20.º, 1, a «dissipação, abandono, liquidação apressada ou ruinosa de bens e constituição fictícia de créditos». Como é óbvio, é dado relevo a comportamentos que podem afetar seriamente a consistência do património do devedor.

A quinta alínea (a *e*)) indica por sua vez como facto legitimador a insuficiência «de bens penhoráveis para pagamento do crédito do exequente verificada em processo executivo movido contra o devedor». Não é, aliás, necessário que o aí exequente seja também o requerente da declaração da insolvência do devedor[63]. E, como também é evidente, se no processo executivo foi verificada aquela insuficiência de bens, será muito difícil que o processo de insolvência alcance a sua finalidade (art. 1.º), tendo em conta o disposto no art. 39.º[64].

Seguindo a ordem do art. 20.º, 1, encontramos como facto relevante o incumprimento «de obrigações previstas em plano de insolvência ou em plano de pagamentos, nas condições previstas na alínea a) do n.º 1 e no n.º 2 do artigo 218.º». Quer isto dizer que não é qualquer incumprimento de obrigação prevista em plano de insolvência ou em plano de pagamentos que é considerada relevante. Para se compreender a alínea em análise é preciso ter em conta que

---

[63] Carvalho Fernandes/João Labareda, *Código da Insolvência e da Recuperação de Empresas anotado*, cit., p. 202.

[64] Chamando a atenção para isto mesmo, Carvalho Fernandes/João Labareda, *Código da Insolvência e da Recuperação de Empresas anotado*, cit., p. 202.

UM CURSO DE DIREITO DA INSOLVÊNCIA

está em causa uma situação em que correu já contra o devedor um anterior processo de insolvência e que nesse processo foi aprovado e homologado um plano de insolvência ou um plano de pagamentos.

A remissão para o art. 218.º, 1, *a*), significa que o facto mencionado no art. 20.º, 1, *f*) só ganha relevo se «a prestação, acrescida dos juros moratórios, não for cumprida no prazo de 15 dias após interpelação escrita pelo credor». O art. 20.º, 1, *f*) não estabelece que só o credor dessa prestação não cumprida pode invocar o que nele está disposto[65] para apresentar o requerimento de declaração de insolvência. E o credor mencionado no art. 218.º, 1, *a*) (o credor que tem de fazer a interpelação) não tem que ser o requerente da declaração de insolvência referido no art. 20.º, 1.

O art. 20.º, 1, *f*), torna também necessário que se achem cumpridas as condições previstas no art. 218.º, 2. Daí resulta que, sendo o caso, têm de estar em causa «créditos reconhecidos pela sentença de verificação de créditos ou por outra decisão judicial, ainda que não transitadas em julgado»[66]. No entanto, é necessário olhar para este regime com mais cuidado. Desde logo, quanto aos casos em que noutro processo de insolvência foi aprovado e homologado um plano de pagamentos. Quando assim seja, não houve sequer sentença de verificação de créditos: é o que resulta dos arts. 255.º, 1, parte final, e 259.º, 2 e 4. Aliás, também no anterior processo de insolvência pode ter sido aprovado e homologado plano de insolvência sem que tenha sido proferida sentença de verificação de créditos[67]. Mas, uma vez transitada em julgado a sentença de homologação do plano de insolvência, o próprio processo de insolvência, em regra, é declarado encerrado (art. 230.º, 1, *b*)). Haverá nesses processos de insolvência alguma outra decisão judicial que reconheça os créditos? Não nos custa a aceitar que valham como tal as sentenças de homologação dos planos de pagamentos ou de insolvência[68].

---

[65] Com diferente opinião, CARVALHO FERNANDES/JOÃO LABAREDA, *Código da Insolvência e da Recuperação de Empresas anotado*, cit., p. 203.

[66] Para mais desenvolvimentos, CARVALHO FERNANDES/JOÃO LABAREDA, *Código da Insolvência e da Recuperação de Empresas anotado*, cit., p. 203-204; os autores defendem que as sentenças homologatórias do plano de insolvência ou do plano de pagamentos já realizam indiretamente o reconhecimento dos créditos «que o próprio plano contempla».

[67] Cfr. o art. 209.º, 2.

[68] CARVALHO FERNANDES/JOÃO LABAREDA, *Código da Insolvência e da Recuperação de Empresas anotado*, cit., p. 204, defendem essa solução para os casos em que foi homologado plano

Na penúltima alínea do art. 20.º, 1 (al. *g*)), é feita referência ao incumprimento *generalizado*, nos últimos seis meses (anteriores à apresentação do requerimento), de dívidas de algum (ou alguns) dos tipos ali mencionados: tributárias; de contribuições e quotizações para a segurança social; emergentes de contrato de trabalho ou da sua violação ou cessação; rendas de qualquer tipo de locação ou «prestações do preço da compra ou de empréstimo garantido pela respetiva hipoteca, relativamente a local em que o devedor realize a sua atividade ou tenha a sua sede ou residência».

Por fim, é indicado que, sendo o devedor uma das entidades referidas no art. 3.º, 2, pode ser invocado pelo requerente que existe manifesta superioridade do passivo sobre o ativo de acordo com o último balanço aprovado ou que há *atraso superior a nove meses* na *aprovação* e *depósito* das contas, quando a isso esteja obrigado. Isto merece-nos alguns comentários. Por um lado, para dizer que a referência ao último balanço aprovado não consta do art. 3.º, 2. E, portanto, o último balanço aprovado pode já não traduzir a situação do devedor. Por outro, para salientar a importância da *certidão permanente* para se apurar se o depósito das contas obrigatório já foi ou não realizado. E deve ser ainda realçado que a lei parece estar a referir-se apenas aos casos em que tanto a aprovação como o depósito são obrigatórios[69].

1.7. Tribunal competente

Relativamente à *competência internacional* dos tribunais portugueses, lê-se no art. 63.º, *e*), do CPC, que os mesmos são exclusivamente competentes em «matéria de insolvência ou de revitalização de pessoas domiciliadas em Portugal ou de pessoas coletivas ou sociedades cuja sede esteja situada em território português». Isto, naturalmente, sem «prejuízo do que se encontre estabelecido em regulamentos europeus e em outros instrumentos internacionais [...]» (art. 59.º do CPC). E é precisamente o art. 3.º, 1, do Regulamento (CE)

---

de insolvência e, tratando-se de plano de pagamentos, consideram que para a aplicação do art. 20.º, 1, *f*), bastará a verificação das situações estabelecidas no art. 218.º, 1.

[69] Com opinião diferente, CARVALHO FERNANDES/JOÃO LABAREDA, *Código da Insolvência e da Recuperação de Empresas anotado*, cit., p. 207. Considerando que a al. *h*) pode ter «efeito perverso», como meio nas mãos de sócios desavindos, FÁTIMA REIS SILVA, «Algumas questões processuais no Código da Insolvência», cit., p. 62.

UM CURSO DE DIREITO DA INSOLVÊNCIA

n.º 1346/2000, do Conselho, de 29 de maio de 2000 que confere competência internacional aos órgãos jurisdicionais de um Estado-Membro para abrir o processo de insolvência ali previsto[70] se é naquele Estado que se situa o centro dos interesses principais do devedor (cfr. tb., para os processos territoriais, o art. 3.º, 2 do Regulamento). É também o centro dos interesses principais que, no Regulamento 2015/864, surge como critério para verificar se o órgão jurisdicional tem competência para abrir o processo principal de insolvência (art. 3.º, 1).

Os tribunais portugueses têm ainda competência internacional não exclusiva nos casos previstos no art. 294.º, 2[71]. Este preceito estabelece que *no caso de devedor que não tenha estabelecimento em Portugal* «a competência internacional dos tribunais portugueses depende da verificação dos requisitos impostos pela alínea *d*) do n.º 1 do artigo 65.º do Código de Processo Civil» (devendo ler-se a remissão ali feita para o art. 65.º, 1, *d*), como sendo para o art. 62.º, 1, *c*), do novo CPC). Agora, estão em causa processos particulares de insolvência, que apenas abrangem os bens do devedor situados em território português. Mas o critério previsto no art. 294.º, 2, só pode valer onde não seja aplicável o Regulamento 1346/2000 CE[72] (cfr., mais uma vez, o art. 59.º do CPC).

Do art. 294.º, 2, também se retira que, se o devedor tem estabelecimento em Portugal, os tribunais portugueses terão competência internacional relativamente aos referidos processos particulares de insolvência[73]. No entanto,

---

[70] Sustentando que os tribunais dos Estados vinculados pelo Regulamento devem verificar se são internacionalmente competentes perante o disposto no art. 3.º, 1, do Regulamento, Jörg Nerlich, «Verordnung (EG) Nr. 1346/2000 des Rates vom 29. Mai 2000 über Insolvenzverfahren. Artikel 3», in Jörg Nerlich/Volker Römmermann, *Insolvenzordnung*, 26. EL, Beck (Beck-online), 2014, Rn. 6. A questão surge resolvida no art. 4.º, 1, do Regulamento 2015/848: «Cabe ao órgão jurisdicional ao qual é apresentado o pedido de abertura de um processo de insolvência verificar oficiosamente a sua competência, nos termos do artigo 3.º [...]».
[71] Sobre este preceito, considerando que dele se retira, «a contrario, que se o devedor tiver estabelecimento em Portugal, a competência internacional dos tribunais portugueses não depende da verificação dos requisitos impostos pela alínea d) do n.º 1 do artigo 65.º do CPC. Resulta, sem mais da existência de estabelecimento em Portugal», Isabel Alexandre, «O processo de insolvência: pressupostos processuais, tramitação, medidas cautelares e impugnação da sentença», *Themis*, 2005, Ed. Especial, p. 48.
[72] Carvalho Fernandes/João Labareda, *Código da Insolvência e da Recuperação de Empresas anotado*, cit., p. 965.
[73] Carvalho Fernandes/João Labareda, *Código da Insolvência e da Recuperação de Empresas anotado*, cit., 964.

é preciso ter em conta o disposto no art. 3.º, 2, do Regulamento 1346/2000, de que decorre a possibilidade de abrir processos de insolvência territoriais num Estado-Membro em que o devedor tenha um estabelecimento e situando-se o seu centro dos interesses principais noutro Estado-Membro. Esses processos territoriais de insolvência só podem ser abertos antes da abertura de um processo de insolvência principal no Estado-Membro onde se situa o centro dos interesses principais se estiverem cumpridos os requisitos do art. 3.º, 4, do Regulamento. Se não estiverem cumpridos, o processo territorial previsto no art. 3.º, 2, não pode ser aberto antes da abertura do processo principal. Se o processo territorial é aberto depois do processo principal, será um processo de liquidação. Mas o que sobretudo agora interessa sublinhar é que o processo territorial previsto no art. 3.º, 2, do Regulamento só pode ser aberto se existir estabelecimento no Estado-Membro. Se não houver sequer estabelecimento, esse processo não pode ser aberto (cfr. tb. o art. 3.º, 2, do Regulamento 2015/848). E esta é uma solução diferente da que encontramos prevista no art. 294.º, 2[74].

Internamente, a determinação do tribunal competente para o processo de insolvência obriga a ler o disposto no art. 7.º. No que diz respeito à *competência em razão do território*, há que distinguir consoante o devedor (art. 7.º, 1). Se tiver domicílio, como é o caso do devedor pessoa singular, será competente o tribunal do lugar do seu domicílio. Sendo o devedor uma herança, também será competente o tribunal do lugar do domicílio do autor da herança à data da morte. Nos casos em que o devedor tiver sede, é competente o tribunal do lugar da sede. Em qualquer caso, será também sempre competente o tribunal do lugar em que o devedor tenha o centro dos seus principais interesses (lugar esse que, como esclarece o art. 7.º, 2, é aquele em que o devedor administra os seus interesses de forma habitual e cognoscível por terceiros)[75].

---

[74] Considerando também que não é possível abrir e fazer seguir um processo particular territorial em Portugal se for aplicável o Regulamento 1346/2000 e o devedor não tiver em Portugal um estabelecimento, CARVALHO FERNANDES/JOÃO LABAREDA, *Código da Insolvência e da Recuperação de Empresas anotado*, cit., p. 965.

[75] Defendendo, embora com dúvidas, que a opção fica afastada se num daqueles lugares funciona um tribunal especializado, CARVALHO FERNANDES/JOÃO LABAREDA, *Código da Insolvência e da Recuperação de Empresas anotado*, cit., p. 104. Afastando a aplicação do art. 7.º, 1 e 2, quando esteja em causa um processo particular de insolvência, ISABEL ALEXANDRE,

UM CURSO DE DIREITO DA INSOLVÊNCIA

Quanto à *competência em razão da matéria*, e de acordo com a LOSJ[76], havendo secção de comércio na instância central, competirá àquela preparar e julgar os «processos de insolvência e os processos especiais de revitalização» (arts. 81.º, 2, *f*), e 128.º, 1, *a*), da LOSJ)[77].

Se não existir secção de comércio ou, se ela não abranger toda a comarca[78], quanto à área por ela não abrangida, a competência parece caber às *secções de competência genérica das instâncias locais*. Com efeito, lê-se no art. 130.º, 1, *a*), da LOSJ que é às secções de competência genérica que compete «Preparar e julgar os processos relativos a causas não atribuídas a outra secção da instância central ou tribunal de competência territorial alargada». E não parece de recorrer aqui ao disposto no art. 117.º, 2, LOSJ, que considera o n.º 1 «extensivo» às ações nas comarcas onde não haja secção de comércio às ações que caibam a essas secções. Com efeito, essa aplicação do art. 117.º, 1, LOSJ, parece só fazer sentido quanto à preparação e julgamento de ações declarativas cíveis de processo comum de valor superior a (euro) 50 000», ao exercício, no âmbito das ações executivas de natureza cível de valor superior a (euro) 50 000, das competências previstas no Código de Processo Civil, em circunscrições não abrangidas pela competência de outra secção ou tribunal, à preparação e julgamento dos procedimentos cautelares a que correspondam ações da sua competência e ao exercício das «demais competências conferidas por lei». Ao considerar que o regime do n.º 1 é «extensivo» às ações que caibam às

«O processo de insolvência: pressupostos processuais, tramitação, medidas cautelares e impugnação da sentença», cit., p. 51.

[76] Sobre a sua entrada em vigor, cfr. o respetivo art. 188.º.

[77] A LOFTJ de 1999 (revogada pela L 62/2013, de 26 de agosto, a partir da data de início da produção de efeitos do DL que aprovava o Regime de Organização e Funcionamento dos Tribunais Judiciais) previa a possibilidade de criação de tribunais de 1.ª instância com competência especializada. No art. 89.º, 1, *a*), ficou estabelecido que os tribunais de comércio tinham competência para preparar e julgar o «processo de insolvência se o devedor for uma sociedade comercial ou a massa insolvente integrar uma empresa».

Por sua vez, a LOFTJ de 2008 determinava, no seu art. 121.º, 1, *a*), que, havendo na comarca juízos de comércio, era a estes que competia preparar e julgar os «processos de insolvência». Sobre a aplicação a título experimental da LOFTJ de 2008 a comarcas piloto (Alentejo Litoral, Baixo-Vouga e Grande Lisboa Noroeste), cfr. especialmente os arts. 171.º e 187.º, 1 e 3 . A L 62/2013, de 26 de janeiro, revogava os arts. 1.º a 159.º da LOFTJ de 2008 a partir da produção de efeitos do DL que aprova o Regime de Organização e Funcionamento dos Tribunais Judiciais.

[78] Lembrando isso mesmo, VIEIRA CURA, *Curso de organização judiciária*, 2.ª ed., Coimbra Editora, Coimbra, 2014, p. 213. O referido Professor critica a redação do art. 130.º, 1, *a*), na nota 671.

secções de comércio a LOSJ não está a mandar aplicar o n.º 1 a todos os processos e ações previstos no art. 128.º[79].

Por fim, no que diz respeito à *estrutura* do tribunal, a competência[80] pertencerá sempre ao juiz singular. Essa competência abrange o processo de insolvência, os seus incidentes e os seus apensos.

2. Dedução de pedido infundado

A dedução de pedido de declaração de insolvência ou a apresentação à insolvência só devem ter lugar quando existam fundamentos para tal. O devedor não deve apresentar-se à insolvência apenas para obter alguma proteção perante os credores e estes não devem requerer a insolvência daquele apenas como meio de pressão para conseguirem o pagamento dos seus créditos.

Por isso mesmo é que o art. 22.º determina que a indevida apresentação à insolvência ou a dedução de pedido infundado de declaração de insolvência dão origem, em caso de dolo[81], a responsabilidade civil pelos prejuízos causa-

---

[79] É isso que diz VIEIRA CURA, *Curso de organização judiciária*, cit., p. 213, pois aquele Professor faz referência à necessidade de ter em conta o valor da ação e a forma de processo para determinar se a competência cabe às secções cíveis da instância central do tribunal de comarca, às secções de competência genérica das instâncias locais ou «ao seu desdobramento em matéria cível, quando exista». Aparentemente com outra leitura, SALVADOR DA COSTA/RITA COSTA, *Lei da Organização do Sistema Judiciário anotada*, 2.ª ed., Almedina, Coimbra, 2014, p. 209.

[80] Utilizamos o termo «competência» atendendo ao que se lê no art. 7.º, 3.

[81] Crítico em relação à solução, defendendo a aplicação analógica do art. 22.º à negligência grosseira, MENEZES LEITÃO, *Direito da insolvência*, cit., p. 144; concordando com a responsabilização em caso de negligência grosseira e sustentando tratar-se de responsabilidade por litigância de má fé, PEDRO DE ALBUQUERQUE, *Responsabilidade processual por litigância de má fé, abuso de direito e responsabilidade civil em virtude de actos praticados no processo (A responsabilidade por pedido infundado de declaração da situação de insolvência ou indevida apresentação por parte do devedor)*, Almedina, Coimbra, 2006, p. 158; no sentido da «extensão teleológica do conceito de dolo de forma a abranger os casos de negligência grave», MANUEL REQUICHA FERREIRA, «Estado de insolvência», cit., p. 355. Com soluções que distinguem entre a posição do devedor e a do credor, CARNEIRO DA FRADA, «A responsabilidade dos administradores na insolvência», cit., p. 658, e MENEZES CORDEIRO, *Litigância de má fé, abuso do direito de acção e culpa in agendo*, 2.ª ed., Almedina, Coimbra, 2011, p. 230 e ss.; o autor dá a p. 225 e ss. uma tentativa de explicação para o surgimento da solução contida no art. 22.º. Para uma defesa da responsabilidade prevista no art. 22.º limitada aos casos de dolo, cfr. o Ac. RP de 22.4.2008, Proc. 7065/07, *CDP*, 32, Out.-Dez. 2010, p. 71 e ss.. Criticando a solução contida no art. 22.º mas considerando que a mesma deve ser alterada no plano legislativo, PAULA COSTA E SILVA, «O abuso do direito de

dos, consoante os casos, aos credores ou ao devedor[82]. E tal responsabilidade não fica automaticamente afastada por se conseguir provar um facto-índice previsto no art. 20.º, 1[83].

3. Desistência do pedido ou da instância

A desistência do pedido ou da instância não pode ter lugar quando o próprio devedor se apresentou à insolvência. É o que resulta da primeira parte do art. 22.º e é algo que bem se compreende. Como já foi dito, decorre do art. 28.º que a apresentação do devedor à insolvência «implica o reconhecimento por este da sua situação de insolvência [...]».

---

acção e o art. 22.º do CIRE», *Estudos dedicados ao Professor Doutor Luís Alberto Carvalho Fernandes*, vol. III, UCP, Lisboa, 2011, p. 166. Recusando que «se possa estender o tipo subjetivo a outras modalidades de culpa que não o dolo», Teresa Nogueira da Costa, «A responsabilidade pelo pedido infundado ou apresentação indevida ao processo de insolvência prevista no artigo 22.º do CIRE», in Maria do Rosário Epifânio (coord.), *Estudos de direito da insolvência*, Almedina, Coimbra, 2015, p. 46.

[82] A litigância de má fé visada pelo art. 542.º do CPC basta-se com a negligência grave, como é sabido. Quanto aos termos que devem ser observados na dedução do pedido de indemnização a que se refere o art. 22.º, lê-se no sumário do Ac. RL de 20.04.2010, Proc. 336/09.5TYLSB. L1-7 (Relator: Roque Nogueira), o seguinte: «[...] III - O pedido indemnizatório deve ser apresentado no próprio processo, desde que o lesado tenha oportunidade processual para aí deduzir esse pedido, como acontece no caso de a acção ser desencadeada por um credor, já que o insolvente é chamado a pronunciar-se e pode, então, requerer a indemnização por danos sofridos, se o pedido de declaração de insolvência é infundado e a actuação do requerente é dolosa. IV - Já no caso de o processo ser aberto por apresentação do devedor, uma vez que os credores só são chamados a intervir após a declaração de insolvência, no caso de indeferimento do pedido não têm a possibilidade de exercer o direito ao ressarcimento no próprio processo, pelo que, não há outro meio senão admitir que podem agir em processo próprio [...]». Por usa vez, Fátima Reis Silva, «Algumas questões processuais no Código da Insolvência», cit., p. 64, defendia que a responsabilidade em causa, «no que exceda a má-fé processual, terá que ser feita valer em processo autónomo, de natureza cível». Sobre a questão, cfr. tb. Carvalho Fernandes/João Labareda, *Código da Insolvência e da Recuperação de Empresas anotado*, cit., p. 210-211..

[83] Manuel Requicha Ferreira, «Estado de insolvência», cit., p. 343. Com outra leitura, Luís Menezes Leitão, *Direito da insolvência*, cit., p. 145.

Se, porém, o requerente da declaração de insolvência não foi o devedor, então já é possível a desistência do pedido ou da instância «até ser proferida sentença». E isto é assim quer a sentença declare a insolvência, quer não[84].

Mas, ainda que tenha lugar a desistência do pedido ou da instância, isso não afeta o eventual procedimento criminal que possa ter lugar (cfr. a parte final do art. 22.º).

4. Apreciação liminar da petição inicial

Recebida a petição no tribunal, a mesma é objeto de *distribuição*[85]. No próprio dia da distribuição ou até ao 3.º dia útil subsequente o juiz deve realizar uma *apreciação liminar* daquela peça processual.

Do art. 27.º, 1, *b*), resulta que, se em consequência daquela apreciação o juiz entender que a petição sofre de *vícios sanáveis*, deve conceder ao requerente o prazo máximo de cinco dias para os *corrigir*, sob pena de indeferimento. São exemplos de vícios *sanáveis* a falta de *requisitos legais* ou de *documentos que devam instruir a petição*, quando a falta não seja devidamente justificada. Tendo sido concedido prazo máximo de cinco dias para corrigir os vícios, a letra da lei revela que, se aquela correção não ocorrer nesse prazo, o juiz *indefere* o pedido[86].

A solução parece ser a mesma *independentemente do documento* em causa que deva instruir a petição. Se o documento deve instruir a petição mas isso não acontece, o juiz deve conceder prazo para a correção do vício, sob pena de indeferimento. E se o documento que deve instruir a petição não chega a ser junto ao processo no prazo para a correção do vício, o pedido deve ser

---

[84] Nesse sentido, CARVALHO FERNANDES/JOÃO LABAREDA, *Código da Insolvência e da Recuperação de Empresas anotado*, cit., p. 208.

[85] Sobre a distribuição por meios eletrónicos, cfr. o art. 204.º CPC. Quanto à distribuição de processos de insolvência, cfr., em especial, o art. 212.º, 8.ª, CPC.

[86] Sem prejuízo de eventual recurso da decisão e do disposto no art. 560.º do CPC. Criticando a solução relativamente aos casos em que a petição foi apresentada pelo devedor (por considerar que, sendo a insolvência requerida por outro interessado, «mesmo que o devedor citado não junte os documentos que lhe cabem, o processo não fica inviabilizado»), JOÃO LABAREDA, «O novo Código da Insolvência e da Recuperação de Empresas. Alguns aspectos mais controversos», Miscelâneas, n.º 2, IDET/Almedina, Coimbra, 2004, p. 20. Tenha-se também em conta o art. 36.º/1, *f*).

UM CURSO DE DIREITO DA INSOLVÊNCIA

indeferido[87] se a falta não for devidamente justificada. A possibilidade de justificar devidamente a falta não parece abranger os casos em que a petição careça de requisitos legais.

Caso a apreciação liminar realizada leve a concluir que o pedido de declaração de insolvência é *manifestamente improcedente*[88] ou que «ocorram, de

---

[87] Foi sustentado por CARVALHO FERNANDES/JOÃO LABAREDA, *Código da Insolvência e da Recuperação de Empresas anotado*, cit., p. 229, que apenas se justifica que o juiz fixe prazo para corrigir a falta de um documento que deva instruir a petição *quando esse documento é essencial*. Se não for essencial, parece que então o processo deve prosseguir. E se proferiu despacho a fixar prazo para corrigir a falta de um documento que não é essencial, não deve depois indeferir liminarmente se o documento que não é essencial também não é junto no prazo. Cfr., com interesse, o Ac. RL de 24.01.2012, Proc. 9694/11.0TBOER.L1-7, www.dgsi.pt (Relatora: Graça Amaral), em cujo sumário pode ler-se: «[...] VI – Só a não sanação de vícios ou documentos essenciais (entendidos como estritamente necessários à marcha do processo) determina a prolação de despacho de indeferimento. VII – A omissão de certidão do registo civil, a falta de documento explicitando as actividades a que o Requerente se dedicou nos últimos três anos e a falta de indicação do valor actual e localização do veículo automóvel de que é titular, não constituindo vícios impeditivos da continuação do processo e, como tal, não legitima o indeferimento liminar da petição». Em sentido próximo, veja-se tb. o sumário do Ac. RL de 21.3.2013, Proc. 485/13.5 TBVFX.L1-6, www.dgsi.pt (Relatora: Ana de Azeredo Coelho): «I) No domínio da insolvência por apresentação é determinante o cabal esclarecimento da situação de insolvência, face ao regime de ausência de contraditório prévio à declaração. II) Porém, o indeferimento liminar deve ocorrer tão somente nos casos em que a pertinácia em não corrigir ou instruir a petição oblitere a possibilidade do juízo de mérito a proferir quanto à petição inicial, não se encontrando o juiz vinculado pela anterior cominação assinalada. III) Deve assim o juiz ponderar se o incumprimento verificado é de ordem a prejudicar a apreciação da petição, caso em que deve indeferir liminarmente, prosseguindo com a apreciação pertinente no caso contrário. IV) [...]». É legítimo perguntar se também deve ter lugar a fixação de prazo para que o requerente proceda ao «suprimento das insuficiências ou imprecisões na exposição ou concretização da matéria de facto alegada». CARVALHO FERNANDES/JOÃO LABAREDA, *Código da Insolvência e da Recuperação de Empresas anotado*, cit., p. 228, consideram aplicável o art. 590.º, 4, do CPC, por força do art. 17.º do CIRE. E essa parece ser a solução mais adequada. A aplicação do art. 27.º, 1, *b*), conduziria a que a falta de suprimento tivesse como consequência o indeferimento puro e simples.

[88] CARVALHO FERNANDES/JOÃO LABAREDA, *Código da Insolvência e da Recuperação de Empresas anotado*, cit., p. 228, consideram que será o caso de o requerente credor não fundamentar a ação na verificação de um dos factos-índices referidos no art. 20.º, 1. Mas temos dúvidas que assim seja. Veja-se que os referidos factos-índices permitem ao requerente ter legitimidade para requerer a declaração de insolvência. Contudo, o fundamento do indeferimento liminar é a manifesta improcedência do pedido. Está, portanto, em causa uma apreciação do mérito do pedido e não uma questão de legitimidade. Não aceitando que a invocação de outros factos reveladores da situação de insolvente diferentes dos factos-índice conduza ao indeferimento

forma evidente», *exceções dilatórias insupríveis de que deva oficiosamente conhecer*[89], o juiz *indefere liminarmente* o pedido de declaração de insolvência. E isto vale, também, para os processos de insolvência que se iniciam pela apresentação do devedor.

No que diz respeito ao requerimento de declaração de insolvência formulado pelo próprio *devedor que se apresentou à insolvência*, o art. 27.º, 2, obriga a dar *publicidade*, em certos casos, ao despacho de indeferimento liminar. Será assim sempre que o indeferimento liminar «não se baseie, total ou parcialmente, na falta de junção dos documentos exigida pela alínea *a*) do n.º 2 do artigo 24.º». Ou seja, sempre que o indeferimento liminar se baseie, total ou parcialmente, na falta de junção de «documento comprovativo dos poderes dos administradores que o representem e cópia da ata que documente a deliberação da iniciativa do pedido por parte do respetivo órgão social de administração, se aplicável», não tem lugar a dita publicidade. Nos casos de indeferimento liminar do requerimento na apresentação do devedor à insolvência em que o indeferimento não se baseia nem total, nem parcialmente, na falta de junção dos documentos referidos, mas sim em outras razões, o despacho respetivo é publicado no Diário da República[90] e respeitando as exigências contidas no art. 27.º, 2[91].

5. Medidas cautelares

O art. 31.º prevê a possibilidade de adoção de medidas cautelares no processo de insolvência[92]. Essas medidas cautelares devem ser ordenadas pelo *juiz*,

---

liminar da petição inicial de pedido de declaração de insolvência apresentada por quem não é o devedor, MANUEL REQUICHA FERREIRA, «Estado de insolvência», cit., p. 340.

[89] Quanto às cautelas a observar, cfr. ISABEL ALEXANDRE, «O processo de insolvência: pressupostos processuais, tramitação, medidas cautelares e impugnação da sentença», cit., p. 53.

[90] Defendendo que a publicação deve ter lugar no Citius, MARIA DO ROSÁRIO EPIFÂNIO, *Manual de direito da insolvência*, cit., p. 41, nt. 95; com outra leitura, embora crítica, CARVALHO FERNANDES/JOÃO LABAREDA, *Código da Insolvência e da Recuperação de Empresas anotado*, cit., p. 227.

[91] Não parece, assim, que do art. 27.º, 2, se retire só ser possível o indeferimento liminar, em caso de apresentação à insolvência, se o despacho de indeferimento não se basear, total ou parcialmente, na falta de junção dos documentos nele referidos.

[92] Sobre o tema, cfr. MARTA MADALENA PINTO FIGUEIRA, *Aplicação de medidas cautelares no processo de insolvência*, dissertação de Mestrado/2.º ciclo, FDUC, Coimbra, 2013. Cfr. tb.

que decide *oficiosamente* ou *a pedido do requerente* da declaração de insolvência. O requerente pode, aliás, solicitar a adoção das medidas cautelares na própria petição inicial.

As medidas cautelares destinam-se a evitar o *periculum in mora*. E, por isso, dizem respeito ao período *anterior à sentença*[93]. Trata-se, na nossa perspetiva, de evitar que não possa ser atingida a finalidade do processo de insolvência indicada no art. 1.º, 1: a satisfação dos credores.

Por isso é que as medidas cautelares são admissíveis se houver «justificado receio da prática de atos de má gestão». Por isso também é que as medidas a adotar serão aquelas «que se mostrem necessárias ou convenientes para impedir o agravamento da situação patrimonial do devedor». É que, em regra, a sentença de declaração da insolvência decreta a apreensão dos bens do devedor e nomeia o administrador da insolvência, ficando o devedor insolvente privado dos poderes de administração e disposição dos bens da massa insolvente.

Estando em causa a adoção de medidas cautelares, e tendo em conta o disposto no art. 17.º, parece justificado dizer que a decisão do juiz que as ordena deve bastar-se com o *fumus boni iuris*[94] e com uma *summaria cognitio* (cfr. os arts. 368.º, 1, e 365.º, 1, do CPC).

O CIRE apenas indica uma das medidas cautelares possíveis: a nomeação de administrador judicial provisório (cfr. arts. 32.º-34.º). Mas o art. 31.º, 2, revela que essa nomeação é somente uma das medidas que o juiz pode ordenar. O que importa é que a medida permita evitar atos de má gestão e seja necessária ou conveniente para impedir o agravamento da situação patrimonial do devedor.

---

o art. 38.º do Regulamento 1346/2000 quanto à possibilidade de o síndico no processo principal de insolvência requerer medidas «de conservação ou de proteção dos bens do devedor que se encontrem noutro Estado-Membro». V. ainda o Considerando (16). Sobre o reconhecimento de decisões relativas a medidas cautelares, v. o art. 25.º, 1, III, do Regulamento. Cfr. tb., no CIRE, os arts. 288.º, 2, e 289.º, com a ressalva do art. 275.º. No Regulamento 2015/848, v. os arts 52.º 32.º, 1, III, e o Considerando (36).

[93] E quer se trate de sentença de declaração de insolvência como de sentença de indeferimento: ISABEL ALEXANDRE, «O processo de insolvência: pressupostos processuais, tramitação, medidas cautelares e impugnação da sentença», cit., p. 74. Já não parece fazer sentido que possa ocorrer a inversão do contencioso prevista no art. 369.º do novo CPC, tendo em conta o regime do processo de insolvência.

[94] Cfr. CARVALHO FERNANDES/JOÃO LABAREDA, *Código da Insolvência e da Recuperação de Empresas anotado*, cit., p. 239.

A TRAMITAÇÃO DO PROCESSO DE INSOLVÊNCIA

No que diz respeito à nomeação de administrador judicial provisório, o n.º 2 aceita expressamente duas alternativas: administrador com poderes exclusivos para a administração do património do devedor ou administrador que assiste o devedor nessa administração (do património). Mas entre essas duas alternativas há outras a explorar. Por exemplo, a nomeação de administrador judicial provisório com poderes exclusivos para administrar certo ou certos bens do património do devedor e com poderes de assistência em relação a outro ou outros[95].

É no entanto fácil de compreender que muitas outras medidas cautelares podem ter sentido: por exemplo, inventários, arrestos ou proibição de alienação ou oneração de bens.

A admissibilidade de medidas cautelares compreende-se bem quando não foi o devedor que requereu a declaração de insolvência. Se, porém, teve lugar a apresentação à insolvência pelo devedor, aquelas medidas são difíceis de articular com a tramitação processual que em regra deve ser observada nos referidos casos: a insolvência será declarada até ao 3.º dia útil seguinte ao da distribuição da petição inicial ou, sendo o caso, ao do suprimento de vícios corrigíveis (art. 28.º). O *periculum in mora* não existirá[96]. Mas não se pode esquecer que o juiz pode ordenar oficiosamente as medidas cautelares, que a decisão a solicitar o aperfeiçoamento da petição pode levar dias, que o mesmo pode suceder com o suprimento dos vícios, e que, sendo apresentado plano de pagamentos, a suspensão prevista no art. 255.º, 1, não prejudica a adoção de medidas cautelares (art. 255.º, 3)[97].

As medidas cautelares podem ser adotadas antes da citação do devedor[98]. Mas isto só será assim, nos dizeres do art. 31.º, 3, se a antecipação for «julgada

---

[95] A importância da atuação do administrador judicial provisório compreende-se também se tivermos em atenção o disposto no art. 51.º, 1, *g)* e *h)*.

[96] Com esse argumento, para a Espanha e tendo em conta a relação entre *medidas cautelares* e *concurso necesario*, PÍA CALDERÓN, «Artículo 17», in ÁNGEL ROJO/EMÍLIO BELTRÁN, *Comentario de la Ley Concursal*, T. I, Thomson-Civitas, Madrid, 2008 (reimp.), p. 404.

[97] Mas veja-se, com opinião diferente sobre a questão de fundo, CARVALHO FERNANDES/JOÃO LABAREDA, *Código da Insolvência e da Recuperação de Empresas anotado*, cit., p. 241.

[98] O art. 31.º não é explícito quanto à possibilidade de serem requeridas e adotadas medidas cautelares antes mesmo da apresentação em juízo do pedido de declaração de insolvência. Parecendo admitir essa possibilidade, CARVALHO FERNANDES/JOÃO LABAREDA, *Código da Insolvência e da Recuperação de Empresas anotado*, cit., p. 239. E julgamos ser essa a melhor solução atendendo ao art. 17.º. Com argumento semelhante para a Espanha, MARÍA MARCOS

indispensável para não pôr em perigo o seu efeito útil». Contudo, a citação não pode ser retardada «mais de 10 dias relativamente ao prazo que de outro modo interviria»[99].

6. Apresentação à insolvência e tramitação processual

O processo de insolvência segue passos diferentes até à sentença quando é o próprio devedor que se apresenta à insolvência. Nesse caso, não haverá citação do devedor, nem oposição deste, nem audiência de discussão e julgamento.

De facto, o art. 28.º estabelece que a apresentação do devedor à insolvência tem duas grandes consequências: por um lado, implica o *reconhecimento pelo devedor da sua situação de insolvência*; por outro, conduz à *declaração da insolvência do devedor* «até ao 3.º dia útil seguinte ao da distribuição da petição inicial ou, existindo vícios corrigíveis, ao do respetivo suprimento».

No entanto, o art. 28.º é enganador. Com efeito, a declaração da insolvência nem sempre tem lugar naquele prazo tão curto. Vejamos.

O devedor pessoa singular que não é empresário ou que é titular de pequena empresa e que se apresentou à insolvência pode ter juntado à petição inicial um *plano de pagamentos* aos credores (art. 251.º). A apresentação do plano de pagamentos «envolve» confissão da situação da insolvência (art. 252.º, 4). Mas, se o juiz não considerar que é altamente improvável que o plano de pagamentos mereça aprovação, determina a suspensão do processo de insolvência até que seja decidido o incidente do plano de pagamentos (art. 255.º, 1).

Por sua vez, o art. 264.º, 2[100], prevê a possibilidade de um processo de insolvência ser *instaurado contra um dos cônjuges* e de o outro, com a anuência

---

González Lecuona, «Artículo 17.º», in Faustino Cordón Moreno (dir.), *Comentarios a la Ley Concursal*, t. I, Aranzadi/Thomson Reuters, Cizur Menor, 2010, p. 288; mas veja-se, rejeitando também para a Espanha as medidas cautelares *ante causam*, Pía Calderón, «Artículo 17», cit., p. 405 e s., Maria del Mar Hernández Rodríguez/Nuria Orellana Cano, «Artículo 17», in Prendes Carril (dir.), *Tratado práctico concursal*, T. I, Aranzadi-Thomson Reuters, Cizur Menor, 2009, p. 448 (estas últimas lembrando no entanto o teor da *Ley Orgánica* 8/2003).

[99] Chama-se também a atenção para a publicidade que revestirá a nomeação do administrador judicial provisório por força do disposto no art. 34.º, no art. 9.º, *l*), CRCom, e no art. 1.º, *m*), CRCiv.

[100] Convém no entanto lembrar, mais uma vez, o art. 249.º e ainda o art. 264.º, 4 e 5, quanto à apresentação por ambos os cônjuges.

A TRAMITAÇÃO DO PROCESSO DE INSOLVÊNCIA

do primeiro e verificados certos pressupostos, se apresentar à insolvência *naquele processo*. Se for admitida essa apresentação à insolvência, o art. 264.º, 3, *a*) dispõe que a mesma envolve «confissão da situação de insolvência do apresentante apenas se a insolvência do outro cônjuge vier a ser declarada». Mas se não vier a ser declarada a insolvência do outro cônjuge, parece que também não o será a do cônjuge apresentante[101].

A apresentação à insolvência realizada pelo outro cônjuge nos termos do art. 264.º, 2, tem também como consequência a suspensão de qualquer processo de insolvência instaurado apenas contra aquele apresentante desde que a apresentação seja acompanhada de confissão expressa da situação de insolvência ou desde que os cônjuges apresentem uma proposta de plano de pagamentos.

Convém ainda ter presente que a apresentação do devedor à insolvência não afasta a possibilidade de indeferimento liminar. Isso, aliás, decorre expressamente do art. 27.º, 2. Este preceito obriga a fazer a distinção entre os casos em que o indeferimento liminar ficou a dever-se, total ou parcialmente, à falta dc junção dc documentos exigidos pelo art. 24.º, 2, *a*), e os casos em que tal não aconteceu. Como vimos, só quando o indeferimento não se baseia, total ou parcialmente, na falta de junção daqueles documentos é que tem lugar a publicidade exigida pelo art. 27.º, 2.

7. Citação. Dispensa da audiência do devedor

Vamos agora tratar dos casos em que a petição inicial não é apresentada pelo devedor. A tramitação dependerá, desde logo, de haver ou não motivo de indeferimento liminar, da (des)necessidade de adotar medidas cautelares antes da citação e da existência ou não de razão para dispensar a citação.

Não existindo motivo de indeferimento liminar nem fundamento para a adoção de medidas cautelares antes da citação, o juiz manda citar *pessoalmente* o devedor, o que deve fazer até ao 3.º dia útil seguinte ao da distribuição da petição inicial ou do suprimento de vícios corrigíveis. Na realização da citação

---

[101] Carvalho Fernandes/João Labareda, *Código da Insolvência e da Recuperação de Empresas anotado*, cit., p. 909.

UM CURSO DE DIREITO DA INSOLVÊNCIA

não podem ser esquecidas as exigências constantes dos arts. 29.º, 2, 30.º, 3[102], 236.º, 2, e 253.º[103].

O art. 12.º prevê a possibilidade de ser dispensada a audiência do devedor, incluindo a citação. Essa possibilidade existe quando a citação «acarrete demora excessiva pelo facto de o devedor, sendo uma pessoa singular, residir no estrangeiro, ou por ser desconhecido o seu paradeiro»[104].

Não sendo o devedor uma pessoa singular, a dispensa de audiência pode ocorrer se a demora excessiva resulta de residirem no estrangeiro os administradores do devedor ou de ser desconhecido o paradeiro dos mesmos (art. 12.º, 3). Mas se os administradores do devedor sem residência no estrangeiro ou sem paradeiro desconhecido forem suficientes para a representação do devedor não parece justificável a dispensa de audiência[105].

Não haverá fundamento para dispensar a audiência do devedor nos termos do art. 12.º, 1, se o devedor está no estrangeiro a realizar uma viagem que não tem duração anormalmente longa ou de que é conhecida a data do regresso[106]. E não parece que baste a residência no estrangeiro: será necessário que a citação acarrete nesse caso demora excessiva[107].

Ainda que, porém, seja dispensada a audiência do devedor, e portanto também no caso em que seja dispensada a citação do mesmo, deverá ser ouvido, sempre que possível, um representante do devedor. Na falta desse representante, e sendo o devedor uma pessoa singular, deverá então ser ouvido, também

---

[102] Considerando que «o citando deve ainda ser advertido que, se não juntar a lista dos cinco maiores credores com a oposição, esta será rejeitada», MARIA JOSÉ CAPELO, «A fase prévia à declaração de insolvência: algumas questões processuais», cit., p. 190.

[103] Cfr. tb. os arts. 219.º, 3, 227.º e 246.º, 1 do novo CPC.

[104] Defendendo a interpretação extensiva «no sentido de permitir excluir a audição do devedor sempre que, por circunstâncias concretas a ele relativas, seja de entender que ela implicaria demora excessiva do processo», CARVALHO FERNANDES/JOÃO LABAREDA, *Código da Insolvência e da Recuperação de Empresas anotado*, cit., p. 122.

[105] CARVALHO FERNANDES/JOÃO LABAREDA, *Código da Insolvência e da Recuperação de Empresas anotado*, cit., p. 124.

[106] Assim, perante o § 10 da *InsO*, GERHARD GANTER/ILSE LOHMAN, «§ 10», in HANS-PETER KIRCHHOF/HORST EIDENMÜLLER/ROLF STÜRNER, *Münchener Kommentar zur Insolvenzordnung*, Bd. 1, 3. Aufl., Beck (Beck-online), 2013, Rn. 10, DIRK ANDRES, «§ 10», in DIRK ANDRES/ROLF LEITHAUS/MICHAEL DAHL, *Insolvenzordnung*, 3. Aufl., Beck (Beck-online), 2014, Rn. 5.

[107] Em termos próximos, para a Alemanha, MICHAEL BÖHNER, «§ 10», in EBERHARD BRAUN, *Insolvenzordnung*, 6. Aufl., Beck (Beck-online), 2014, Rn. 10.

sempre que possível, o cônjuge do devedor, um seu parente ou pessoa que com ele viva em união de facto (art. 12.º, 2)[108]. Como os devedores que não sejam pessoas singulares não têm cônjuges, parentes ou pessoas com quem vivam em união de facto, sobram os representantes.

8. Oposição à insolvência

Realizada a citação do devedor, este tem o prazo de 10 dias para deduzir a sua *oposição*[109]. A oposição pode basear-se na *inexistência do facto em que se fundamenta o pedido* de declaração de insolvência ou na *inexistência de situação de insolvência* (art. 30.º, 3)[110].

Lembre-se que, nos termos do art. 25.º, 1, o requerente deverá ter justificado na petição a origem, natureza e montante do crédito ou a sua responsabilidade pelos créditos sobre a insolvência. Além disso, o requerente deverá também ter alegado algum ou alguns dos factos enumerados no art. 20.º, 1[111]. Todos esses factos são ainda fundamentos do pedido de declaração de insolvência. E o devedor pode deduzir oposição a todos eles.

Mas o devedor pode também deduzir oposição fundada na inexistência de situação de insolvência. Significa isso que o devedor pode alegar que não se encontra impossibilitado de cumprir as suas obrigações vencidas ou, sendo o caso, que o seu passivo não é manifestamente superior ao seu ativo.

---

[108] Considerando que existe uma hierarquia entre os sujeitos indicados, CARVALHO FERNANDES/JOÃO LABAREDA, *Código da Insolvência e da Recuperação de Empresas anotado*, cit., p. 122. No entanto, essa hierarquia não resulta da lei. Parece-nos, antes, que o critério deve ser o da celeridade (que foi o que motivou a dispensa de audiência) e o da garantia do contraditório. Sobre os problemas que levanta o enquadramento da audição das pessoas referidas, MARIA JOSÉ CAPELO, «A fase prévia à declaração de insolvência: algumas questões processuais», cit., p. 191.

[109] Sobre a possibilidade de, em alternativa e verificados certos pressupostos, o devedor (pessoa singular não empresário ou apenas titular de «pequena empresa») apresentar um plano de pagamentos, cfr. o art. 253.º.

[110] Sobre a necessidade de a oposição ser articulada, cfr. o art. 147.º do novo CPC. No sentido de que a oposição deve ser articulada, MARIA DO ROSÁRIO EPIFÂNIO, *Manual de direito da insolvência*, cit., p. 45, nt. 110. Defendendo que a apresentação de matéria de exceção permite resposta no início da audiência de discussão e julgamento, FÁTIMA REIS SILVA, «Algumas questões processuais no Código da Insolvência», cit., p. 67.

[111] Cfr. tb. CASSIANO DOS SANTOS, *Direito comercial português*, cit., p. 222.

UM CURSO DE DIREITO DA INSOLVÊNCIA

Há que ter em conta, contudo, que o art. 30.º, 4, para além de *fazer recair sobre o devedor a prova da sua solvência*, torna necessário que para isso o devedor tenha a escrituração *a que esteja legalmente obrigado* devidamente organizada e arrumada (sem prejuízo, diz a lei, do art. 3.º, 3).

O art. 30.º, 3, não esclarece se o devedor *apenas* tem à sua disposição os fundamentos de oposição ali indicados. Com efeito, aquele preceito não faz referência, por exemplo, às *exceções dilatórias insupríveis*[112]. Estamos, porém, com aqueles que entendem ser objetivo do art. 30.º, 3, o de esclarecer que a oposição pode basear-se num dos fundamentos que a norma refere, *sem ser necessário que o outro seja invocado*[113].

Se apresentar a oposição, o devedor tem de oferecer com ela *todos* os meios de prova de que disponha e fica obrigado a *apresentar* as testemunhas que arrola. Além disso, valem também as limitações quanto ao número de testemunhas referidas no art. 25.º, 2, cuja remissão para o art. 789.º do antigo CPC obriga a relembrar as considerações feitas a propósito da petição inicial.

A oposição deve ser acompanhada de lista que contenha a identificação e domicílio dos *cinco maiores credores* do devedor, com exclusão do requerente[114]. A falta de junção dessa lista determina o não recebimento da oposição (art. 30.º, 2). Mas, como é evidente, o devedor que tenha menos do que cinco credores só tem de juntar a lista com os credores que efetivamente tem («quem dá o que tem, a mais não é obrigado»)[115]. Por outro lado, não é claro se a obrigação existe ainda quando o próprio requerente já fez a indicação exigida pelo art. 24.º, 2, *b*)[116].

---

[112] CARVALHO FERNANDES/JOÃO LABAREDA, *Código da Insolvência e da Recuperação de Empresas anotado*, cit., p. 237.

[113] CARVALHO FERNANDES/JOÃO LABAREDA, *Código da Insolvência e da Recuperação de Empresas anotado*, cit., p. 236. Sustentando que o devedor «pode defender-se alegando excepções peremptórias ou dilatórias», MARIA JOSÉ CAPELO, «A fase prévia à declaração de insolvência: algumas questões processuais», cit., p. 197, nt. 50. Lembrando a possibilidade de invocar o pagamento do crédito invocado pelo requerente, MENEZES LEITÃO, *Direito da insolvência*, cit., p. 152.

[114] Os quais, sendo proferida sentença de declaração da insolvência, serão citados nos termos do art. 37.º, 3.

[115] Cfr. MARIA JOSÉ CAPELO, «A fase prévia à declaração de insolvência: algumas questões processuais», cit., p. 194.

[116] Como lembra MARIA JOSÉ CAPELO, «A fase prévia à declaração de insolvência: algumas questões processuais», cit., p. 194, o requerente que não seja o devedor deve indicar os seus

A TRAMITAÇÃO DO PROCESSO DE INSOLVÊNCIA

É certo que já foi questionada a constitucionalidade da sanção prevista na lei para a falta de apresentação da referida lista. Até porque o não recebimento da oposição conduz a que se considerem confessados os factos alegados na petição inicial e a que, achando-se preenchida alguma das hipóteses previstas no art. 20.º, 1, seja declarada a insolvência no dia útil seguinte (!) ao termo do prazo para a dedução da oposição (art. 30.º, 5).

Contudo, o TC, no seu Ac. n.º 606/2013, de 24 de setembro de 2013 (Relatora: Conselheira Maria Lúcia Amaral), considerou não ser inconstitucional o art. 30.º, 2, «na interpretação segundo a qual a oposição que não se mostra acompanhada de informação sobre a identidade dos cinco maiores credores do requerido não deve ser recebida, sem que ao devedor seja facultada a oportunidade de suprir essa omissão». Não tinha sido essa, porém, a decisão do mesmo Tribunal no Ac. n.º 556/2008, de 19 de novembro. Aqui, o entendimento que venceu foi o de «Julgar inconstitucional, por violação do direito a um processo equitativo, consagrado no n.º 4, do artigo 20.º, da Constituição da República Portuguesa, a norma do artigo 30.º, n.º 2, do Código da Insolvência e da Recuperação de Empresas, na interpretação segundo a qual deve ser desentranhada a oposição que não se mostra acompanhada de informação sobre a identidade dos cinco maiores credores do requerido, sem que a este seja facultada a oportunidade de suprir tal deficiência»[117]. Esta leitura foi reafirmada nos Acs. TC n.ºs 350/2012 e 639/2014.

9. Consequência da falta de oposição

Se o devedor não deduzir oposição, há que distinguir. Se a *audiência* do devedor foi *dispensada*, essa falta de oposição não implica para o devedor as

---

cinco maiores credores ou, não lhe sendo isso possível, solicitar a prestação dessa informação pelo devedor (art. 23.º, 3). A Professora de Coimbra defende também, a p. 196, nt. 41, que nos casos em que o devedor deduz «oposição para alegar a inexistência de quaisquer obrigações vencidas» ficará dispensado de «qualquer declaração expressa, de que não tem credores, para efeitos do cumprimento do "ónus" do n.º 2 do artigo 30.º».

[117] Pondo também em causa do ponto de vista da constitucionalidade a solução do art. 30.º, 2, se interpretado no sentido de não permitir o convite dirigido ao requerido devedor para que supra a falta de requisitos legais ou para que junte documentos em falta, Maria José Costeira, «O Código da Insolvência e da Recuperação de Empresas revisitado», cit., p. 65.

consequências previstas no art. 30.º, 5. Será, então, marcada a audiência de discussão e julgamento de acordo com o estabelecido no art. 35.º, 1.

Mas se aquela *audiência não foi dispensada* e o devedor foi citado, então a falta de oposição leva a que se considerem *confessados* os factos alegados na petição inicial e a que, estando preenchida alguma das hipóteses do art. 20.º, 1, seja *declarada a insolvência* no dia útil seguinte ao termo do prazo para deduzir a oposição[118].

10. Apresentação de plano de pagamentos em alternativa à contestação

A citação do devedor que seja pessoa singular deve ser efetuada de modo a constar do ato de citação «a indicação da possibilidade de apresentação de um plano de pagamentos em alternativa à contestação, no prazo fixado para esta, verificado algum dos pressupostos referidos no n.º 1 do artigo 249.º» (art. 253.º). E essa apresentação do plano de pagamentos «envolve confissão da situação de insolvência, ao menos iminente», como decorre do art. 252.º, 4. Se o juiz não entender que é altamente improvável a aprovação do plano de pagamentos, suspende o processo de insolvência de acordo com o disposto no art. 255.º, 2. E se o plano de pagamentos for aprovado e homologado, após o trânsito em julgado da sentença de homologação é proferida a sentença de declaração de insolvência, nos termos do art. 259.º, 1.

11. Audiência de discussão e julgamento

Se o pedido de declaração de insolvência foi apresentado por quem *não é o devedor*, a audiência de discussão e julgamento no processo de insolvência terá lugar quando a audiência do devedor foi dispensada (e, portanto, o mesmo

---

[118] Questionando esta solução perante o princípio do inquisitório do art. 11.º, ISABEL ALEXANDRE, «O processo de insolvência: pressupostos processuais, tramitação, medidas cautelares e impugnação da sentença», cit., p. 65, e MARIA JOSÉ CAPELO, «A fase prévia à declaração de insolvência: algumas questões processuais», cit., p. 197. Levantando a mesma questão, à luz do Anteprojeto, LEBRE DE FREITAS, «Pedido de declaração de insolvência», *Código da insolvência e da recuperação de empresas*, Ministério da Justiça/Coimbra Editora, 2004, p. 14. Chamando a atenção para a necessidade de ter em conta algumas regras gerais sobre a prática de atos processuais (os arts. 145.º, 150.º e 486.º, 2 do CPC na altura em vigor), FÁTIMA REIS SILVA, «Algumas questões processuais no Código da Insolvência e da Recuperação de Empresas», p. 67, e PEDRO DE ALBUQUERQUE, «Declaração da situação de insolvência», cit., p. 518.

A TRAMITAÇÃO DO PROCESSO DE INSOLVÊNCIA

não foi citado e não teve oportunidade de deduzir oposição) ou quando aquela audiência não foi dispensada e o devedor deduziu oposição[119]. Nos casos em que é *o próprio devedor que se apresenta à insolvência*, a insolvência é declarada sem realização de audiência de julgamento (art. 28.º), o mesmo se passando quando, não tendo sido dispensada a audiência, faltou a oposição e estão preenchidos os requisitos do art. 30.º, 5.

Se a *audiência do devedor foi dispensada*, é marcada a audiência de discussão e julgamento para um dos cinco dias subsequentes. O requerente, o devedor e os administradores de direito ou de facto identificados na petição inicial serão notificados para comparecerem *pessoalmente* ou se fazerem representar *por quem tenha poderes para transigir* (art. 35.º, 1). Se, na data da audiência, *não comparecerem o requerente ou seu representante* com poderes para transigir, isso vale como desistência do pedido (art. 35.º, 3)[120]. Mas se *nem o devedor requerido nem o seu representante com poderes para transigir comparecem*, estando presente o requerente ou o seu representante com poderes para transigir, o juiz seleciona a matéria de facto de acordo com o art. 35.º, 5, seguindo-se os demais termos (n.ᵒˢ 6, 7 e 8). O mesmo acontece se *comparecem ambas as partes* (art. 35.º, 5). As consequências da mera falta do devedor requerido e do seu representante são fáceis de compreender se não esquecermos que estamos a falar de casos em que a audiência do devedor foi dispensada.

Não tendo sido dispensada a audiência do devedor e tendo havido oposição pelo devedor, é também logo marcada audiência de discussão e julgamento para um dos cinco dias subsequentes. O requerente, o devedor e os administradores

---

[119] Mas veja-se o que decidiu o Ac. RL de 22.11/2011, Proc. 433/10.4TYLSB.L1-7 (Relator: Luís Lameiras): «[...] V – Embora a lei não autonomize, na tramitação do processo de insolvência, um momento autónomo de saneamento, se, na sua fase declaratória (inicial), após a oposição do devedor, for reconhecível que o processo já reúne as condições para o proferimento de uma consciensiosa decisão de mérito, sem necessidade de outra prova, deve o tribunal proferir essa decisão, com o valor de sentença (artigos 17.º do CIRE e 510.º, n.º 1, alínea *b*), e n.º 3, final, do CPC); dado que só essa solução se compatibiliza com o carácter urgente e célere do processo (artigo 9.º, n.º 1, do CIRE) e, por outro lado, permite obviar a actos processuais supérfluos (artigo 137.º do CPC)» (Sumário). Defendendo que a marcação da data por acordo «parece ser uma possibilidade afastada face ao regime do art. 35.º n.º 1 do CIRE, Fátima Reis Silva, «Algumas questões processuais no Código da Insolvência e da Recuperação de Empresas», p. 68.

[120] Com críticas à solução legal, Maria José Capelo, «A fase prévia à declaração de insolvência: algumas questões processuais», cit., p. 199 e s..

de direito ou de facto identificados na petição inicial serão notificados para comparecerem *pessoalmente* ou se fazerem representar *por quem tenha poderes para transigir* (art. 35.º, 1). Supondo que o devedor foi devidamente citado, se *tanto o devedor requerido como o seu representante com poderes para transigir faltam*, consideram-se confessados os factos alegados na petição inicial (art. 35.º, 2)[121]. Nesse caso, se tais factos forem subsumíveis no art. 20.º, 1, o juiz dita «logo» para a ata sentença de declaração da insolvência (art. 35.º, 4). Verificando-se *apenas a falta do requerente e do seu representante com poderes para transigir*, isso vale como desistência do pedido (art. 35.º, 3) e o juiz dita «logo» para a ata a sentença homologatória da desistência do pedido (art. 35.º, 4). Se, porém, *faltarem tanto o requerente e o seu representante com poderes para transigir como o devedor requerido e o seu representante com poderes para transigir*, o que se segue? O devedor e o seu representante com poderes para transigir não comparece-ram e deve aplicar-se o n.º 2. Por isso, têm-se por confessados os factos alegados na petição inicial. Veja-se que o n.º 3 só se aplica se não se verificar a situação prevista no número anterior: ou seja, só se aplica se não ocorrer a falta do devedor e do seu representante com poderes para transigir [122].

Se comparecem requerente e devedor ou os seus representantes com pode-res para transigir, ou se apenas comparece o requerente ou o seu representante com poderes para transigir mas a audiência do devedor foi dispensada, diz o art. 35.º, 5, que o juiz «seleciona a matéria de facto relevante que considere assente e a que constitui a base instrutória». Trata-se de terminologia que já não surge utilizada no art. 596.º, 1, do novo CPC. Este último preceito prevê antes a elaboração de um «despacho destinado a identificar o objeto do litígio e a enunciar os temas da prova».

A seleção da matéria de facto assente e da que constitui a base instrutó-ria é feita na audiência de discussão e julgamento e deverá constar de uma decisão do juiz. Essa decisão pode ser objeto de reclamações, que serão

---

[121] Veja-se que, se não foi dispensada a audiência do devedor e aparece agora a possibilidade de se considerarem confessados os factos alegados na petição inicial, é porque foi apresentada a oposição pelo devedor: caso contrário, já antes teriam ocorrido as consequências dessa falta de oposição previstas no art. 30.º, 5. Sublinhando este aspeto, Maria José Capelo, «A fase prévia à declaração de insolvência: algumas questões processuais», cit., p. 197.

[122] Cfr. Carvalho Fernandes/João Labareda, *Código da Insolvência e da Recuperação de Empresas anotado*, cit., p. 251.

logo decididas pelo juiz. Se não houver reclamações ou, havendo-as, depois de ser proferida decisão sobre as mesmas, tem lugar a produção de prova (art. 35.º, 6). Seguidamente, são proferidas alegações orais de facto e de direito e é decidida pelo tribunal a matéria de facto (art. 35.º, 7).

A sentença deverá ser logo proferida na própria audiência de discussão e julgamento. Quando assim não possa ser, deverá sê-lo no prazo de cinco dias (art. 35.º, 8).

CAPÍTULO IV
A sentença de declaração de insolvência e a sentença de indeferimento do pedido de declaração de insolvência

1. A sentença de declaração de insolvência

1.1. Aspetos gerais. O art. 36.º

O conteúdo da sentença de declaração de insolvência é objeto do art. 36.º[1]. Este preceito indica no seu n.º 1 vários elementos da sentença referida. Uns *têm que constar* de qualquer sentença de declaração de insolvência. Outros, *excluem-se* mutuamente. Há também elementos que só constarão da sentença em função do que for o *entendimento do juiz*[2].

Além disso, alguns elementos referidos no art. 36.º, 1, *não constarão* da sentença se o juiz concluir que «o património do devedor não é presumivelmente suficiente para a satisfação das custas do processo e das dívidas previsíveis da massa insolvente e não estando essa satisfação por outra forma

---

[1] Sobre a natureza da sentença declarativa da insolvência, CATARINA SERRA, *A falência no quadro da tutela jurisdicional dos direitos de crédito*, cit., p. 278 e ss..

[2] De acordo com o art. 27.º do Regulamento 1346/2000, o processo de insolvência *secundário* ali previsto pode ser aberto num Estado-Membro «sem que a insolvência do devedor seja examinada neste outro Estado». Solução semelhante está prevista no art. 296.º, 3, do CIRE. O art. 34.º do Regulamento 2015/848 estabelece que se «o processo principal de insolvência tiver exigido que o devedor seja insolvente, a insolvência do devedor não pode ser reexaminada no Estado-Membro em que pode ser aberto um processo secundário de insolvência».

UM CURSO DE DIREITO DA INSOLVÊNCIA

garantida» e se não for requerido o complemento da sentença (art. 39.º, 1 e 2, *a*))[3]. Quando assim seja, a sentença de declaração da insolvência apenas conterá o disposto nas als. *a*) a *d*) e *h*) do art. 36.º, 1. Note-se, porém, que o disposto no art. 39.º não é aplicável se o devedor é pessoa singular e requereu antes da sentença de declaração de insolvência a exoneração do passivo restante (art. 39.º, 8).

Também o art. 259.º, 1, limita os elementos que constarão da sentença de declaração de insolvência nos casos em que foi *homologado por sentença o plano de pagamentos aprovado*. Transitada em julgado essa sentença, é então proferida a sentença a declarar a insolvência do devedor, da qual constarão apenas os elementos referidos no art. 36.º, 1, *a*) e *b*). Como resulta dos arts. 249.º e 250.º, o regime em causa só se aplica a pessoas singulares que não sejam empresários ou que apenas sejam titulares de pequenas empresas, de acordo com o sentido que o referido art. 249.º dá a esses termos.

Por outro lado, há ao longo do CIRE normas que tornam necessário incluir na sentença de declaração de insolvência outros elementos[4]. E deve também ser tido em conta o que o CPC dispõe acerca do conteúdo das sentenças.

Convém lembrar que nem sempre a sentença de declaração de insolvência é proferida apenas após a realização da audiência de discussão e julgamento com produção da prova, alegações e decisão da matéria de facto (art. 35.º, 7). Lembre-se o que já foi dito acerca da apresentação do devedor à insolvência (art. 28.º), da falta de oposição do devedor (art. 30.º, 5) e da falta de comparência à audiência de discussão e julgamento (art. 35.º, 4)[5]. E, naturalmente, há que ter presente o disposto nos arts. 255.º, 1, e 259.º, 1, quanto aos processos em que a apresentação de plano de pagamentos determina a suspensão do processo de insolvência.

---

[3] O art. 39.º, 9, presume a insuficiência da massa se o património do devedor é inferior a 5.000 euros. Sobre o complemento da sentença, cfr. também o art. 39.º, 3 a 6, e o Ac. TC n.º 83/2010, de 3.3.

[4] Cfr., p. ex., os arts. 39.º, 1, 66.º, 1 (mas v. tb. o n.º 2), e 271.º.

[5] Chamando a atenção para isso mesmo, ISABEL ALEXANDRE, «O processo de insolvência: pressupostos processuais, tramitação, medidas cautelares e impugnação da sentença», cit., p. 67.

1.2. Data e hora da prolação da sentença

A sentença de declaração de insolvência deve sempre indicar a data em que é proferida[6]. Quanto à hora da sua prolação, das duas, uma: ou ela é também indicada na sentença, ou decorre do art. 36.º, 1, *a*), que, na falta dessa indicação, considera-se que a prolação teve lugar ao meio-dia. Apesar de a lei não o dizer expressamente, parece que estamos perante uma presunção legal ilidível[7].

Convém ter presente o que dispõe o art. 4.º, 1: «Sempre que a precisão possa assumir relevância, as referências que neste Código se fazem à data da declaração de insolvência devem interpretar-se como visando a hora a que a respetiva sentença foi proferida».

Por sua vez, o art. 4.º, 2, vem estabelecer que os prazos previstos no CIRE que indiquem o início do processo de insolvência como termo final abrangem também o período compreendido entre a data do início do processo e a data da declaração de insolvência.

1.3. Identificação do devedor insolvente e da sua sede ou residência

O art. 36.º, 1, *b*), impõe a identificação do devedor insolvente na sentença de declaração de insolvência, acrescentando que deve ser igualmente feita a indicação da sede ou residência, consoante os casos.

Se marido e mulher se apresentaram à insolvência ou se o processo de insolvência instaurado por terceiro corre contra ambos, nos casos em que tal possa suceder (cfr. o art. 249.º), a mesma sentença deve conter a «apreciação da situação de insolvência de ambos os cônjuges» (art. 264.º, 4, *a*)).

---

[6] Cfr., p. ex., para a compreensão do sentido útil dessa referência, o art. 17.º, 1, *a*), do DL 105/2004, de 8 de maio.

[7] Nesse sentido, CARVALHO FERNANDES/JOÃO LABAREDA, *Código da Insolvência e da Recuperação de Empresas anotado*, cit., p. 94. Lembrando o art. 283.º do CVM para mostrar a importância da hora, ISABEL ALEXANDRE, «O processo de insolvência: pressupostos processuais, tramitação, medidas cautelares e impugnação da sentença», cit., p. 68.

1.4. Identificação dos administradores, de direito e de facto, do devedor, e fixação de residência a estes e ao devedor pessoa singular

A sentença contém a identificação dos administradores, de direito e de facto, do devedor. Isto, evidentemente, se este os tiver. Nos termos do art. 6.º, 1, são administradores, relativamente às pessoas singulares, «os seus representantes legais e mandatários com poderes gerais de administração», e, quanto aos restantes devedores, «aqueles a quem incumba a administração ou liquidação da entidade ou património em causa, designadamente os titulares do órgão social que para o efeito for competente».

Quanto à fixação de residência aos administradores e ao devedor pessoa singular, não se trata, evidentemente, de dizer onde os mesmos vão residir, mas sim de assegurar que esses sujeitos estão contactáveis para lhes ser exigido o cumprimento dos seus deveres[8].

Lembre-se, porém, que os elementos da al. *c)* do art. 36.º, 1, não constarão da sentença de declaração de insolvência proferida nos termos do art. 259.º, 1.

1.5. Nomeação de administrador da insolvência e indicação do seu domicílio profissional

A nomeação do administrador da insolvência constitui um momento de grande relevo no processo de insolvência, pois aquele deverá desempenhar um papel central no desenrolar do processo. O seu estatuto será estudado desenvolvidamente no capítulo dedicado aos órgãos da insolvência.

Mas algumas notas podem já ser aqui deixadas. Em primeiro lugar, para destacar que em certos casos pode haver *mais do que um* administrador da insolvência (cfr. o art. 52.º, 4).

Depois, para dizer que *os credores* podem, verificados certos pressupostos, eleger para o cargo de administrador da insolvência *pessoa diferente* da que

---

[8] V. com interesse, o Ac. RC de 21.10.2014 (Relator: Moreira do Carmo), Proc. n.º 1523/12.4TBA-CB-E.C1, in www.dgsi.pt: «É inconstitucional a referida interpretação do art. 36º, *c*), do CIRE e do mencionado dever de colaboração, que exige a prévia autorização do tribunal aos insolventes para mudarem de residência, depois desta ter sido fixada na sentença que declarou a insolvência, designadamente em caso de os mesmos emigrarem para a Alemanha, por violação do art. 44º da C. Rep. Portuguesa».

A SENTENÇA DE DECLARAÇÃO DE INSOLVÊNCIA

foi nomeada pelo juiz (art. 53.º, 1), embora também essa deva em seguida ser nomeada pelo juiz (arts. 52.º, 1, e 53.º, 3).

Além disso, é de realçar que a nomeação do administrador da insolvência *tem lugar* ainda quando o juiz conclui que a *massa insolvente é insuficiente* (art. 39.º, 1) e quando a *administração da massa insolvente é assegurada pelo devedor* (art. 226.º).

Mas, por outro lado, se é aprovado e homologado um *plano de pagamentos*, a sentença de declaração de insolvência apenas conterá «as menções referidas nas alíneas *a)* e *b)* do n.º 1 do artigo 36.º, sendo aplicável o disposto na alínea *a)* do n.º 7 do artigo 39.º» (art. 259.º, 1). E, portanto, não será nomeado administrador da insolvência na sentença de declaração de insolvência.

1.6. A administração da massa insolvente pelo devedor

Na al. *e)* do art. 36.º, 1, está previsto que a sentença determine a administração da massa insolvente pelo devedor[9]. Mas a al. *e)* também acrescenta que essa administração só pode ser determinada quando estejam preenchidos os pressupostos constantes do art. 224.º, 2. Ou seja, é necessário que o devedor tenha requerido a administração da massa pelo próprio devedor, que o devedor já tenha apresentado um plano de insolvência ou que se comprometa a apresentá-lo no prazo de 30 dias após a sentença de declaração de insolvência e que esse plano preveja a continuidade da exploração da empresa por si próprio, que não haja razões para recear atrasos na marcha do processo ou outras desvantagens para os credores e que o requerente da insolvência, se não for o devedor, dê o seu acordo.

Mas, para além disso, só pode haver administração da massa insolvente pelo devedor se essa mesma massa compreende uma empresa (art. 223.º). Mesmo isso não basta. É que, nos termos do art. 250.º, o título X («Administração pelo devedor») não se aplica nos processos de insolvência em que o devedor é pessoa singular que não é empresário ou que é titular apenas de uma pequena empresa[10].

---

[9] O regime terá sido certamente influenciado pela *Eigenverwaltung* prevista nos §§ 270-285 da *InsO*. O *Chapter 11* do *Bankrupcy Code* também prevê a figura do *debtor in possession*.

[10] Com outra leitura, JOSÉ ALBERTO VIEIRA, «Insolvência de não empresários e titulares de pequenas empresas», cit., p. 256.

UM CURSO DE DIREITO DA INSOLVÊNCIA

Para além de determinar a administração da massa insolvente pelo devedor, o juiz pode, oficiosamente, proibir que o devedor pratique determinados atos sem a aprovação do administrador da insolvência, sendo nesse caso aplicável o disposto no art. 81.º, 6 (art. 226.º, 4).

Como foi já dito, se o juiz conclui que a massa insolvente é insuficiente, nos termos do art. 39.º, 1, a sentença de declaração de insolvência não determinará a administração da massa insolvente pelo devedor (mas v. o art. 39.º, 8).

1.7. Entrega de documentos

A sentença de declaração de insolvência deve ainda determinar a entrega pelo devedor ao administrador da insolvência dos documentos referidos no art. 24.º, 1, que ainda não constem dos autos.

Tendo em conta o teor do art. 27.º, 1, *b*), os documentos podem ainda não constar dos autos porque a falta dos mesmos foi «devidamente justificada».

Carvalho Fernandes/João Labareda[11] entendem, a propósito do art. 27.º, que o juiz apenas deve fixar prazo para corrigir a falta de um documento que deva instruir a petição *quando esse documento é essencial*. Se não for essencial, parece que então o processo deve prosseguir. E se proferiu despacho a fixar prazo para corrigir a falta de um documento que não é essencial, não deve depois indeferir liminarmente se o documento que não é essencial também não é junto no prazo. Para quem sustente o mesmo entendimento, é fácil de ver que a sentença de declaração de insolvência pode determinar a entrega desses documentos não essenciais em falta. Mas, além disso, o controlo previsto no art. 27.º pode falhar.

Também aqui, se o juiz conclui que a massa insolvente é insuficiente, nos termos do art. 39.º, 1, a sentença de declaração de insolvência não determina a entrega dos documentos referidos no art. 36.º, 1, *f*) (mas sem esquecer o art. 39.º, 8). O mesmo se verifica nos casos do art. 259.º, 1.

---

[11] Carvalho Fernandes/João Labareda, *Código da Insolvência e da Recuperação de Empresas anotado*, cit., p. 229.

1.8. Apreensão de bens. A massa insolvente

A sentença de declaração de insolvência decreta a apreensão dos elementos de contabilidade do devedor e de todos os bens deste para entrega ao administrador da insolvência. A apreensão tem lugar ainda que os bens estejam «arrestados, penhorados ou por qualquer forma apreendidos ou detidos»[12]. Tudo sem prejuízo do disposto no art. 150.º, 1: uma coisa é decretar a apreensão, outra é obter a efetiva entrega dos bens apreendidos.

O administrador da insolvência passa a ter, com a declaração de insolvência, poderes para administrar e dispor dos bens da massa insolvente (art. 81.º, 1). E essa massa insolvente é composta por «todo o património do devedor à data da declaração de insolvência, bem como os bens e direitos que ele adquira na pendência do processo» (art. 46.º, 1).

Lembramos, mais uma vez, a redação dos arts. 39.º, 1, e 259.º, 1.

1.9. Entrega de elementos ao Ministério Público que indiciem a prática de infração penal

Se já resultarem do processo elementos que indiciem a prática de infração penal, o juiz ordena a entrega dos mesmos ao Ministério Público «para os devidos efeitos». E agora essa ordem constará da sentença de declaração de insolvência mesmo nos casos de insuficiência da massa insolvente, nos termos do art. 39.º, 1. Mas já não constará da sentença de declaração de insolvência prevista no art. 259.º, 1.

Note-se que, nos termos do art. 185.º, a qualificação que tenha lugar no processo de insolvência (culposa ou fortuita) «não é vinculativa para efeitos da decisão de causas penais [...]». Mas, por outro lado, será remetida ao tribunal onde corre o processo de insolvência «certidão do despacho de pronúncia ou de não pronúncia, de acusação e de não acusação, da sentença e dos acórdãos proferidos no processo penal» (art. 300.º).

---

[12] É no entanto necessário ter em conta o que resulte da lei penal e processual penal, bem como do regime contraordenacional. O art. 149º, 1, *a*), do CIRE exclui a apreensão dos bens «apreendidos por virtude de infracção, quer de carácter criminal, quer de mera ordenação social». Cfr., em especial, os arts. 178º. ss. (apreensão), 228.º (arresto preventivo), e 249.º, 2, *c*), todos do CPP.

1.10. O incidente de qualificação da insolvência

Com as alterações introduzidas no CIRE através da L 16/2012, o juiz deixou de estar obrigado a abrir sempre o incidente de qualificação da insolvência. Na verdade, de acordo com a nova redação do art. 36.º, 1, *i*), o juiz só declara aberto aquele incidente quando disponha de elementos que o justifiquem. Mas se na sentença de declaração de insolvência não declarar aberto o incidente, isso não significa que a abertura não possa ocorrer mais tarde, como o revela o art. 188.º, 1.

O art. 36.º, 1, *i*), ressalva o disposto no art. 187.º. Isto porque decorre deste último preceito que, nos casos em que devedor declarado insolvente já tenha sido *anteriormente* declarado insolvente num processo encerrado, só será aberto incidente de qualificação se não tiver chegado a ser aberto no outro processo de insolvência devido à aprovação de plano de pagamentos aos credores (lembre-se, nesse caso, o teor da sentença de declaração de insolvência, nos termos do art. 259.º, 1) ou se for feita prova de que a situação de insolvência não se manteve de forma ininterrupta desde a data da anterior sentença de declaração de insolvência (porque, então, mesmo que no anterior processo tenha sido aberto o incidente, estaremos agora perante nova situação de insolvência, com as suas causas).

O incidente de qualificação da insolvência aberto na sentença de declaração de insolvência pode ter caráter pleno ou limitado[13]. Com efeito, o art. 39.º, 1, prevê que, no caso de insuficiência da massa insolvente nos termos ali descritos, o incidente de qualificação da insolvência seja aberto com caráter limitado (mais uma vez, se o juiz dispõe de elementos que justifiquem essa abertura). Esse incidente pode prosseguir com caráter pleno quando seja requerido complemento da sentença, nos termos do art. 39.º, 4. Contudo, o art. 39.º, 8, afasta o regime do artigo quando o devedor pessoa singular requereu antes da sentença de declaração de insolvência a exoneração do passivo restante.

Se o juiz entende que dispõe de «elementos que justifiquem a abertura do incidente de qualificação da insolvência», deverá identificá-los na sentença de declaração de insolvência.

---

[13] Cfr., em especial, o art. 191.º, 1.

1.11 Prazo de reclamação de créditos.

De acordo com a al. *j*) do art. 36.º, 1, a sentença de declaração de insolvência designa prazo até 30 dias para a reclamação de créditos[14]. O prazo designado pelo juiz não tem que ser de 30 dias: pode ser inferior.

A abertura de prazo para a reclamação de créditos tem sentido atendendo à finalidade do processo de insolvência (art. 1.º, 1). O prazo para a reclamação de créditos também se justifica atendendo ao disposto no art. 90.º: «Os credores da insolvência apenas poderão exercer os seus direitos em conformidade com os preceitos do presente Código, durante a pendência do processo de insolvência».

Se o credor não reclama o seu crédito no prazo designado na sentença de declaração de insolvência, pode ainda intentar ação contra a massa insolvente para verificação ulterior de créditos, nos termos dos arts. 146.º e ss.. Por outro lado, o administrador da insolvência pode ainda incluir na lista dos credores reconhecidos aqueles «cujos direitos constem dos elementos da contabilidade do devedor ou sejam por outra forma do seu conhecimento» (art. 129.º, 1).

Lembre-se, também aqui, o teor dos arts. 39.º, 1, e 259.º, 1.

Note-se que as disposições relativas à reclamação e verificação de créditos são ainda aplicáveis aos casos previstos no art. 141.º[15]. Assim, no prazo da reclamação de créditos deve proceder-se:

a) À reclamação do direito de restituição aos respetivos donos dos bens apreendidos para a massa insolvente de que o insolvente fosse mero possuidor em nome alheio;

b) À reclamação do direito que o cônjuge tenha de obter a separação da massa insolvente dos seus bens próprios e da sua meação nos bens comuns;

c) À reclamação para separar da massa bens de terceiro que tenham sido indevidamente apreendidos;

d) À reclamação para obter a separação da massa de bens de que o insolvente não tenha a plena e exclusiva propriedade;

---

[14] Sobre a reclamação de créditos, cfr. o art. 128.º.
[15] Embora com as adaptações previstas na lei.

UM CURSO DE DIREITO DA INSOLVÊNCIA

e) À reclamação para obter a separação da massa de bens estranhos à insolvência;

f) À reclamação para obter a separação da massa de bens insuscetíveis de apreensão para a massa.

Se, porém, as reclamações de restituição e separação de bens referidas não forem apresentadas, o administrador da insolvência pode requerer ao juiz que este ordene as separações mencionadas no art. 141.º, 1, instruindo o requerimento com parecer favorável da comissão de credores (se esta existir). O juiz decidirá sobre o requerido, nos termos do art. 141.º, 3. Pode, porém, suceder que as apreensões de bens para a massa só tenham lugar depois de terminado o prazo das reclamações de créditos. Nesse caso, o direito de restituição ou separação de bens pode ser exercido no prazo de cinco dias após a apreensão, por requerimento que é apensado ao processo principal (art. 144.º, 1; sobre os termos ulteriores, cfr. o art. 144.º, 2). Além disso, depois de decorrido o prazo da reclamação de créditos o direito à separação ou restituição de bens apreendidos para a massa insolvente pode ainda ser reconhecido através de ação intentada contra a massa insolvente, os credores e o devedor (art. 146.º, 1), podendo aquele direito ser exercido a todo o tempo (art. 146.º, 2).

1.12. Advertência aos credores quanto à comunicação de garantias reais de que beneficiem

A al. *l*) do art. 36.º, 1, preceitua que a sentença de declaração de insolvência contém a advertência aos credores de que devem comunicar «prontamente» ao administrador da insolvência as garantias reais de que beneficiem. Essa é, aliás, uma indicação que deve constar da própria reclamação de créditos (art. 128.º, 1, *c*)).

Mais uma vez, há que ter em atenção os arts. 39.º, 1, e 259.º, 1.

1.13. Advertência aos devedores quanto a prestações a efetuar

Decorre do art. 81.º, 1, que com a declaração de insolvência do devedor o administrador da insolvência passa a ter os poderes de administração e disposição dos bens integrantes da massa insolvente. O art. 81.º, 4, acrescenta que o administrador da insolvência assume a representação do devedor para todos os efeitos de caráter patrimonial que interessem à insolvência. Daí que o art. 81.º, 7, venha estabelecer que os pagamentos de dívidas à massa que sejam realizados diretamente ao insolvente e não ao administrador da massa insolvente só sejam liberatórios nos casos ali previstos. Nos restantes, serão pagamentos mal feitos e o devedor pode ter de pagar duas vezes. Compreende-se assim melhor que o art. 36.º, 1, *m*), determine que a sentença de declaração de insolvência advirta os devedores do insolvente de que devem efetuar ao administrador da insolvência (e não ao insolvente) as prestações a que estejam obrigados. Tudo, obviamente, sem prejuízo do disposto nos arts. 39.º, 1, e 259.º, 1.

1.14. A assembleia de credores para apreciação do relatório

De acordo com o n.º 1, al. *n*), do art. 36.º, o juiz designa na sentença de declaração de insolvência o dia e a hora para a realização da assembleia de apreciação do relatório do administrador da insolvência (cfr. o art. 156.º). Essa assembleia deve ser marcada para um dia entre (?) os 15 e 60 dias subsequentes.

A sentença de declaração de insolvência não tem agora de conter *sempre* a designação do dia e hora da realização da assembleia de apreciação do relatório elaborado pelo administrador da insolvência (eis outra das alterações importantes que a Lei 16/2012 introduziu). O juiz pode, *em regra*, prescindir da realização da assembleia de apreciação do relatório desde que apresente fundamentos para essa decisão. Atendendo à importância do relatório do administrador da insolvência (art. 155.º) e ao papel dos credores no processo de insolvência, aquela fundamentação não pode ser descurada.

Dizemos que o juiz pode *em regra* prescindir da realização da assembleia porque o art. 36.º, 2, *não permite que isso ocorra em três casos*: se o devedor, no momento da apresentação à insolvência, requereu a exoneração do passivo restante (o que apenas é permitido para as pessoas singulares, como resulta do art. 235.º); se for previsível a apresentação de um plano de insolvência (e já sabemos que a apresentação desse plano de insolvência só é permitida quando o devedor não seja pessoa singular não empresário ou titular de pequena empresa: cfr. o art. 250.º na interpretação que preferimos); se for determinada a administração da massa insolvente pelo devedor (veja-se novamente o art. 250.º).

UM CURSO DE DIREITO DA INSOLVÊNCIA

Quando o juiz prescinde da realização da assembleia de apreciação do relatório do administrador da insolvência «deve, logo na sentença, adequar a marcha processual a tal factualidade, tendo em conta o caso concreto» (art. 36.º, 5). Este dever tornará a tarefa do juiz mais exigente.

E, sobretudo, pode revelar-se um trabalho inglório. É que, mesmo quando o juiz prescinda da realização da assembleia de apreciação do relatório, pode acabar por ter de designar dia e hora para que essa assembleia tenha lugar: basta que «qualquer interessado» requeira ao tribunal a sua convocação, no prazo fixado para as reclamações de créditos (art. 36.º, 3). E, também aqui, o dia deverá situar-se entre os 45 e os 60 dias subsequentes à sentença que declarar a insolvência.

Não sendo designado dia na sentença de declaração de insolvência para a assembleia de apreciação do relatório, e como há prazos previstos no CIRE contados por referência à data dessa assembleia, o art. 36.º, 4, estabelece que naquele caso os prazos mencionados «contam-se com referência ao 45.º dia subsequente à data de prolação da sentença de declaração da insolvência».

2. Notificações e citações

Proferida a sentença de declaração de insolvência, terão lugar várias notificações e citações[16].

Os *administradores do devedor* com residência fixada na sentença de declaração de insolvência serão *notificados* pessoalmente da mesma «nos termos e pelas formas prescritos na lei processual para a citação» (art. 37.º, 1).

O *devedor* será *notificado* também, sendo-o nos termos previstos para a citação se não foi ainda citado pessoalmente para os termos do processo (art. 37.º, 2).

Deverá ser efetuada igualmente a *notificação* do *Ministério Público* e ao *requerente* da declaração da insolvência, bem como a *notificação* da *comissão de trabalhadores* se o devedor for titular de uma empresa (art. 37.º, 2). O CIRE ressalva anda as notificações que sejam necessárias de acordo com a legislação laboral, incluindo ao Fundo de Garantia Salarial.

---

[16] A citação do devedor que não foi requerente da declaração de insolvência terá ocorrido antes, nos termos do art. 29.º. Contudo, o art. 12.º permite que, verificados certos pressupostos, seja dispensada a audiência do devedor, «incluindo a citação». O regime das notificações e citações deve ser lido tendo ainda em conta o teor do art. 9.º, 4.

Quanto aos credores, há que distinguir:

a) Os cinco maiores credores conhecidos, com exclusão do requerente, são citados pessoalmente, nos termos e formas prescritos na lei processual, se tiverem residência habitual, sede ou domicílio em Portugal; caso contrário, são citados por carta registada (art. 37.º, 3 e 1);

b) Os restantes credores conhecidos são citados por carta registada se tiverem residência habitual, domicílio ou sede em outros Estados membros da União Europeia (art. 37.º, 4, nos termos aí previstos);

c) O Estado, institutos públicos sem natureza de empresas públicas e instituições de segurança social são citados por carta registada (art. 37.º, 5)[17];

d) Os demais credores e outros interessados são citados por edital, com prazo de dilação de cinco dias, sendo o edital afixado na sede ou residência do devedor, nos seus estabelecimentos, no tribunal e por anúncio publicado no Citius (art. 37.º, 7)[18].

3. A impugnação

A sentença de declaração de insolvência pode ser impugnada através de embargos ou através de recurso. Não está sequer afastada a possibilidade de serem usadas as duas vias para a impugnação da sentença, como resulta do art. 42.º, 1. No entanto, os fundamentos a invocar para cada uma delas são diferentes.

Os *embargos* podem ser apresentados com base na existência de factos ou meios de prova «que não tenham sido tidos em conta pelo tribunal e que possam afastar os fundamentos da declaração de insolvência» (art. 40.º, 2).

---

[17] Considerando aplicável o art. 80.º, 1, CPPT («Citação para reclamação de créditos tributários») no processo de insolvência, RUI MORAIS, «Os credores tributários no processo de insolvência», *Direito e Justiça*, XIX, II, 2005, p. 212.

[18] Cfr., tb., o art. 37.º, 6 e 8. Para além das citações e notificações referidas, tenha-se presente o regime previsto no art. 38.º quanto à publicidade e registo da declaração de insolvência, e bem assim os arts. 9.º, *i*), 15.º, 5, do CRCom, o art. 1.º, 1, *l*), CRCiv e o art. 2.º, 1. *n*), CRPred. V. tb., no Regulamento 1346/2000, os arts. 21.º, 22.º e 40.º, e, no Regulamento 2015/848, os arts. 28.º, 29.º e 54.º.

UM CURSO DE DIREITO DA INSOLVÊNCIA

Já o *recurso* da sentença será lícito quando, perante os elementos apurados, se conclua que a sentença não devia ter sido proferida (art. 40.º, 1)[19].

Quanto à *legitimidade* para opor embargos ou para recorrer, há uma quase total coincidência entre os regimes (cfr. os arts. 40.º, 1, e 42.º, 1[20]). A diferença diz respeito à *posição do devedor*. Com efeito, este só pode deduzir embargos se estiver «em situação de revelia absoluta, se não tiver sido pessoalmente citado» (art. 40.º, 1, *a*)). Já o recurso pode ser apresentado pelo devedor ainda que não possa deduzir embargos (art. 42.º, 2).

A diferença percebe-se melhor se recuperarmos os *fundamentos* para embargar: é necessário que se invoquem factos ou meios de prova que não tenham sido tidos em conta pelo tribunal. Ora, se o devedor foi pessoalmente citado, poderia ter apresentado na sua oposição esses factos ou meios de prova. E se foi pessoalmente citado mas não apresentou sequer oposição, tem de contar com o art. 30.º, 5. Por outro lado, se o devedor se apresentou à insolvência não faria sentido permitir-lhe a oposição de embargos tendo em conta precisamente os fundamentos para os mesmos.

No que diz respeito ao *prazo* para apresentar os embargos, decorre do art. 40.º, 2 que esse prazo é de cinco dias «subsequentes à notificação da sentença ao embargante ou ao fim da dilação aplicável». Quanto ao prazo para recorrer, parece que a melhor solução é a de considerar que estão sujeitos ao prazo previsto no art. 638.º, 1, do CPC, devendo ser tido em conta que se trata de um processo urgente (art. 9.º, 1)[21].

---

[19] Porém, o art. 259.º, 3, determina, para os casos ali previstos, que só podem «reagir contra a sentença de declaração de insolvência proferida nos termos do n.º 1, por via de recurso ou da oposição de embargos, os credores cuja aprovação haja sido suprida [...]».

[20] Lembrando a necessidade de se alegar e provar factos que assegurem a legitimidade, CARVALHO FERNANDES/JOÃO LABAREDA, *Código da Insolvência e da Recuperação de Empresas anotado*, cit., p. 281. Para outros aspetos relativos ao regime dos recursos no processo de insolvência, cfr. os arts. 14.º e 17.º.

[21] Remetendo para o art. 638.º, 1, CARVALHO FERNANDES/JOÃO LABAREDA, *Código da Insolvência e da Recuperação de Empresas anotado*, cit., p. 287. A favor da aplicação do prazo geral, ISABEL ALEXANDRE, «O processo de insolvência: pressupostos processuais, tramitação, medidas cautelares e impugnação da sentença», cit., p. 77. Quanto ao momento a partir do qual começa a correr o prazo para recorrer, é discutível se deve aplicar-se o regime que parece resultar do art. 37.º, 8, para todos os casos, ou antes o que decorre do art. 40.º, 2, por analogia. Sobre o (grave) problema, CARVALHO FERNANDES/JOÃO LABAREDA, *Código da Insolvência e da Recuperação de Empresas anotado*, cit., p. 266.

A SENTENÇA DE DECLARAÇÃO DE INSOLVÊNCIA

Como decorre do art. 40.º, 3, a oposição de embargos à sentença de declaração da insolvência suspende a liquidação e partilha do ativo, sendo ressalvado, no entanto, o disposto no art. 158.º, 2. O mesmo acontece se for interposto recurso da decisão dos embargos que mantiver a declaração da insolvência. A solução compreende-se tendo em conta os fundamentos dos embargos. De acordo com o art. 42.º, 3, a interposição do recurso também suspende a liquidação e partilha, nos mesmos termos e «com as necessárias adaptações».

A revogação da sentença de declaração de insolvência «não afeta os efeitos dos atos legalmente praticados pelos órgãos da insolvência». Lembre-se que na sentença de declaração da insolvência tinha sido nomeado o administrador da insolvência e que os recursos têm efeito devolutivo (art. 14.º, 5; mas vejam-se os arts. 40.º, 3, 158.º, 1 e 173.º[22]).

4. Encerramento do processo após a sentença de declaração de insolvência

Como foi já referido, o art. 39.º contém um regime para os casos em que o juiz conclui que «o património do devedor não é presumivelmente suficiente para a satisfação das custas do processo e das dívidas previsíveis da massa insolvente e não estando essa satisfação por outra forma garantida»[23]. Quando assim seja, o juiz faz menção disso mesmo na sentença e apenas faz constar dela o disposto nas als. *a)* a *d)* e *h)* do art. 36.º, 1. Se entender que tem elementos suficientes para a abertura do incidente de qualificação de insolvência, deve declarar a sua abertura com caráter limitado, aplicando com as adaptações necessárias a al. *i)* do art. 36.º, 1. 39.º, 2 a 6, e para além de outras consequências[24], se não for requerido o complemento da sentença o processo de insolvência «é declarado findo logo que a sentença transite em julgado, sem prejuízo da tramitação até final do incidente limitado de qualificação da insolvência» (art. 39.º, 7, *b)*)[25].

Perante a sentença de declaração de insolvência proferida nos termos do art. 39.º, 1, qualquer interessado tem o prazo de cinco dias para requerer que

---

[22] Chamando a atenção para isso mesmo, CARVALHO FERNANDES/JOÃO LABAREDA, *Código da Insolvência e da Recuperação de Empresas anotado*, cit., p. 129.

[23] Como já foi dito, nos termos do art. 39.º, 9, «presume-se a insuficiência da massa quando o património do devedor seja inferior a € 5000».

[24] Cfr. o art. 39.º, 7, *a)*, *c)* e *d)*.

[25] Quanto aos devedores que sejam sociedades comerciais, cfr. o art. 39.º, 10 (!).

a sentença seja complementada com as restantes menções constantes do art. 36.º, 1 (art. 39.º, 2, *a*)). Porém, esse requerente tem que efetuar o depósito à ordem do tribunal do montante previsto no art. 39.º, 3, ou cauciona o pagamento com garantia bancária, o que constitui óbvio desincentivo à utilização do requerimento em causa.

Veja-se, no entanto, que o regime do art. 39.º não se aplica quando o devedor pessoa singular requereu, antes da sentença de declaração de insolvência, a exoneração do passivo restante (art. 39.º, 8).

No art. 259.º, 4, vem regulado um outro caso de encerramento do processo de insolvência após o trânsito em julgado da sentença de declaração de insolvência. Se tiver sido aprovado e homologado um plano de pagamentos e, transitada a sentença em julgado, foi declarada a insolvência do devedor, o trânsito em julgado de ambas as sentenças «determina o encerramento do processo de insolvência».

5. A sentença de indeferimento do pedido

A sentença proferida no processo de insolvência não declara necessariamente a insolvência do devedor. Com efeito, o pedido de declaração de insolvência pode acabar por ser *indeferido* pelo juiz. Quando assim seja, essa sentença é notificada apenas ao *requerente* e ao *devedor* (art. 44.º, 1). Mas se, no âmbito de medidas cautelares adotadas, foi antes nomeado um administrador judicial provisório, então a sentença de indeferimento do pedido será objeto de publicação e registo (art. 44.º, 2; cfr. também o art. 9.º, *i*), CRCom, e o art. 1.º, 1. *l*), CRCiv.). Faz sentido, uma vez que a própria nomeação também foi objeto da publicidade e registo previstos no art. 34.º.

Ao contrário do que se passa com a sentença de declaração de insolvência, a sentença de indeferimento do pedido só pode ser impugnada através de *recurso* (art. 45.º). Os embargos não são aqui utilizáveis. E só pode recorrer o *requerente* da insolvência.

Diferente da sentença de indeferimento do pedido é, obviamente, a de absolvição da instância, que não parece estar afastada[26].

---

[26] ISABEL ALEXANDRE, «O processo de insolvência: pressupostos processuais, tramitação, medidas cautelares e impugnação da sentença», cit., p. 67.

CAPÍTULO V
Efeitos da declaração de insolvência

1. Introdução

No Título IV do CIRE, sob a epígrafe «Efeitos da declaração de insolvência», surge-nos uma grande variedade de efeitos da declaração de insolvência com natureza muito diversa[1]. Alguns desses efeitos são *necessários* e outros são *eventuais*[2]. De facto, a sentença de declaração de insolvência tem efeitos que ocorrem sempre e outros que só se dão se verificados certos pressupostos. Isso mesmo deve ser tido em conta à medida que percorremos os efeitos que dizem respeito ao *devedor* e *outras pessoas*, os efeitos sobre os *créditos*, os efeitos sobre os *negócios em curso*, os efeitos *processuais* e a *resolução em benefício da massa*. Alguns desses efeitos são pessoais (é o que se passa com vários efeitos sobre o devedor) e outros patrimoniais.

---

[1] Cfr., porém, o art. 39.º, 7, *a*), que afasta a produção dos efeitos normais da declaração de insolvência aos casos ali previstos, e o art. 259.º, 1 (considerando aplicável o art. 39.º, 7, *a*)) e 4. Por sua vez, o art. 39.º, 7, *d*), obriga a que, tendo sido proferida sentença de declaração de insolvência nos casos de insuficiência da massa ali previstos sem ter havido requerimento de complemento da sentença, seja efetuado o depósito ali referido para prosseguimento de novo processo de insolvência. É preciso também ter presente o Regulamento 1346/2000 no que diz respeito aos processos de insolvência por ele abrangidos (e, quando se tornar aplicável, o Regulamento 2015/848) e, bem assim, as regras de conflitos dos arts. 275 e ss. do CIRE.

[2] Com essa classificação, Catarina Serra, *A falência no quadro da tutela jurisdicional dos direitos de crédito*, cit., p. 350, e Rui Pinto Duarte, «Efeitos da declaração de insolvência quanto à pessoa do devedor», *Themis*, Edição Especial, 2005, Novo Direito da Insolvência, p. 132.

Incluímos neste capítulo a resolução em benefício da massa insolvente porque essa matéria surge no Título IV do CIRE, dedicado precisamente aos efeitos da declaração de insolvência. Mas, na verdade, essa resolução tem lugar através de um ato do administrador da insolvência e não resulta sem mais da sentença de declaração de insolvência.

Por outro lado, trataremos da qualificação da insolvência em capítulo próprio. Com efeito, a qualificação da insolvência como culposa ou fortuita não parece ser um efeito da declaração de insolvência, mas um «modo de ser» da insolvência. Sem dúvida que a qualificação da insolvência só pode ter lugar ... se há insolvência. Só que isso não é suficiente para se dizer que ainda está em causa um efeito da declaração de insolvência. A qualificação da insolvência como culposa já implica certas consequências (cfr. o art. 189.º, 2). Mas estamos aí perante efeitos da sentença de qualificação da insolvência como culposa, mais do que efeitos da própria declaração de insolvência.

Justifica-se ainda chamar a atenção para o seguinte: alguns dos efeitos da declaração de insolvência implicam a tomada de decisões pelo administrador da insolvência. Veremos precisamente que é assim a propósito, por exemplo, dos efeitos sobre os créditos e sobre os negócios em curso. Mas não podemos esquecer que algumas dessas decisões podem ter que conduzir à prática de atos de especial relevo, sujeitos ao disposto no art. 161.º do CIRE[3].

---

[3] Como lembram Carvalho Fernandes/João Labareda, *Código da Insolvência e da Recuperação de Empresas anotado*, cit., p. 605, a liquidação abrange também atos que «respeitam à decisão sobre *negócios não cumpridos* e os de cobrança de créditos de que a massa é titular». E ao referirem-se aos negócios não cumpridos os autores teriam, certamente, em vista os negócios em curso à data da declaração de insolvência (cfr., em especial, o art. 102.º).

2. Efeitos sobre o devedor

2.1. Os poderes de administração e disposição dos bens integrantes da massa insolvente

2.1.1. Em regra, passam a competir ao administrador da insolvência (art. 81.º). Casos em que não é assim

O art. 81.º do CIRE[4] estabelece que a declaração de insolvência priva imediatamente o insolvente (por si ou pelos seus administradores) «dos poderes de administração e de disposição dos bens integrantes da massa insolvente». Tais poderes passam assim a competir ao administrador da insolvência[5].

Quando o processo de insolvência diz respeito a marido e mulher, nos termos do art. 264.º (cfr. tb. os arts. 249.º e 250.º), os bens que sejam comuns ou próprios de cada cônjuge «são inventariados, mantidos e liquidados em separado» (art. 266.º).

A massa insolvente abrange «todo o património do devedor à data da declaração de insolvência, bem como os bens e direitos que ele adquira na pendência do processo» (art. 46.º, 1, que ressalva a existência de disposição em contrário)[6]. Por sua vez, os bens isentos de penhora não integram, em regra, a massa insolvente. Os bens absolutamente impenhoráveis nunca a podem

---

[4] Para um panorama à luz do CPEREF, Oliveira Ascensão, «Efeitos da falência sobre a pessoa e negócios do falido», *RFDUL*, 1995, XXXVI, p. 319 e ss..

[5] Mas v., porém, o art. 18.º do DL 105/2004, de 8 de maio, e o que sobre isso escreve João Labareda, «Contrato de garantia financeira e insolvência das partes contratantes», *Estudos dedicados ao Professor Doutor Luís Alberto Carvalho Fernandes*, II, UCP, Lisboa, 2011, p. 122 e ss.. Apesar de o administrador da insolvência adquirir os poderes de administração e disposição dos bens integrantes da massa, isso não é considerado concentração de empresas: cfr. o art. 36.º, 4, *a*), da Lei 19/2012, de 8 de maio, e o art. 3.º, 5, *b*), do Regulamento (CE) n.º 139/2004 do Conselho, de 20 de janeiro de 2004.

[6] Quanto aos processos secundários previstos no Regulamento 1346/2000, veja-se o art. 27.º, limitando os seus efeitos aos bens do devedor situados no Estado-Membro em que os mesmos são abertos (cfr., no Regulamento 2015/848, o art. 34.º). O art. 3.º, 2, do Regulamento também só permite que os processos de insolvência abertos no Estado-Membro em que se situa um estabelecimento do devedor (e não o seu CIP ou COMI) tenham os efeitos limitados «aos bens do devedor que se encontrem neste último território» (V. ainda o art. 3.º, 2, do Regulamento 2015/848). Cfr. tb. o art. 294.º, 1, do CIRE (tendo em conta o teor do art. 275.º).

UM CURSO DE DIREITO DA INSOLVÊNCIA

integrar, mas os bens relativamente impenhoráveis já podem ser apresentados voluntariamente pelo devedor e integrados na massa insolvente (art. 46.º, 2)[7].

Compreende-se por isso que o administrador da insolvência assuma a «representação do devedor para todos os efeitos de carácter patrimonial que interessem à insolvência» (art. 81.º, 4)[8]. Mas essa representação já não abrange, em regra, a intervenção do próprio devedor *no processo de insolvência, seus incidentes e apensos* (art. 81.º, 5)[9]. Como lembra Carvalho Fernandes[10], estão agora em causa «os interesses pessoais, do próprio insolvente, e não dos credores, em função dos quais a intervenção do administrador da insolvência é orientada».

O art. 81.º, 2, proíbe ainda ao devedor «a cessão de rendimentos ou a alienação de bens futuros susceptíveis de penhora, qualquer que seja a sua natureza», ainda que se trate de «rendimentos que obtenha ou de bens que adquira posteriormente ao encerramento do processo». Ou seja, tais bens ou rendimentos que venham a ser adquiridos *após o encerramento do processo* não vão integrar a massa mas também *não podem ser objeto de cessão ou alienação* após a declaração da insolvência e antes do encerramento do processo. E dizemos que

---

[7] Defendendo que os bens dos que sejam pessoal e ilimitadamente responsáveis pelas dívidas do insolvente também integram a massa insolvente, Menezes Leitão, *Direito da insolvência*, cit., p. 93. No que diz respeito aos poderes de administração e disposição dos bens que não integram a massa, veja-se o disposto no art. 81.º, 8.

[8] Cfr. tb. o art. 55.º, 8: «O administrador da insolvência dispõe de poderes para desistir, confessar ou transigir, mediante concordância da comissão de credores, em qualquer processo judicial em que o insolvente, ou a massa insolvente, sejam partes».

[9] Cfr., com interesse, o Ac. RL 06.03.2008, *CJ*, 2008, II, p. 85-88, em cujo sumário se lê o seguinte: «[...] II- A declaração de insolvência priva imediatamente o insolvente, por si ou pelos seus administradores, dos poderes de administração e disposição dos bens integrantes da massa insolvente (artigo 81.º/1 do C.I.R.E.). III- Esta situação de indisponibilidade relativa não priva o insolvente de actuar em defesa dos seus interesses e, por isso, a lei prescreve que a representação do devedor pelo administrador da insolvência não se estende à intervenção do devedor no âmbito do próprio processo de insolvência, seus incidentes e apensos, salvo expressa disposição em contrário (artigo 81.º/4 e 5 do C.I.R.E.). IV- O devedor tem, assim, legitimidade para requerer o incidente de destituição do administrador da insolvência (artigo 56.º do C.I.R.E.) ou para impugnar a resolução de actos em benefício da massa insolvente (artigo 125.º do C.I.R.E.) ou para invocar de nulidade processual no âmbito do apenso de reclamação e verificação de créditos (artigos 201.º e 205.º do C.P.C.) ao abrigo de procuração junta aos autos».

[10] Carvalho Fernandes, «Efeitos substantivos privados da declaração de insolvência», in Carvalho Fernandes/João Labareda, *Colectânea de estudos sobre a insolvência*, Quid Iuris, Lisboa, 2009, p. 182.

não vão integrar a massa insolvente porque esta «abrange todo o património do devedor à data da declaração de insolvência, bem como os bens e direitos que ele adquira na pendência do processo». Não abrange, por isso, os bens ou rendimentos que venham a ser adquiridos *após o encerramento* do processo.

Note-se, também, que o administrador da insolvência não está sequer sujeito a «limitações ao poder de disposição do devedor estabelecidas por decisão judicial ou administrativa, ou impostas por lei apenas em favor de pessoas determinadas» (art. 81.º, 3).

Foi dito que os poderes de administração e disposição dos bens integrantes da massa insolvente passam a competir ao administrador da insolvência. Porém, nem sempre é assim. O próprio art. 81.º ressalva o disposto no Título X. Com efeito, os arts. 223.º-229.º contêm o regime da administração da massa insolvente pelo devedor.

Mas essa administração não pode sempre ficar a caber ao devedor. Decorre do art. 223.º que isso apenas pode suceder se na massa insolvente estiver compreendida uma *empresa*. E, no caso de um devedor que seja *pessoa singular*, a administração pelo devedor também não é possível se este *não for titular de empresa* ou for titular de *pequena empresa* (tal como a mesma se acha configurada no art. 249.º, 1; cfr. tb. o art. 250.º[11]).

Além disso, o art. 224.º estabelece vários *pressupostos* para que a administração da massa insolvente seja conferida ao devedor. Se a administração da massa insolvente é atribuída ao devedor *na própria sentença de declaração de insolvência*, não chega a ter lugar a apreensão dos bens[12]. É o que decorre do art. 228.º, 2. Mas a administração da massa insolvente pelo devedor não significa que este tenha total liberdade de atuação, como logo se retira do art. 226.º.

Concluindo o juiz que se verifica a *insuficiência da massa insolvente* nos termos previstos no art. 39.º, 1, e não sendo requerido o complemento da sentença, «o devedor não fica privado dos poderes de administração e disposição do seu património, nem se produzem quaisquer dos efeitos que normalmente correspondem à declaração de insolvência [...]» (art. 39.º, 7, *a*)). No entanto, o disposto no art. 39.º não se aplica se o devedor é *pessoa singular* e requereu

---

[11] Com outra leitura, José ALBERTO VIEIRA, «Insolvência de não empresários e titulares de pequenas empresas», cit., p. 256.

[12] Aparentemente com outra leitura, FÁTIMA REIS SILVA, «Dificuldades da Recuperação de Empresa no Código da Insolvência e da Recuperação de Empresa», cit., p. 170.

UM CURSO DE DIREITO DA INSOLVÊNCIA

antes da sentença de declaração de insolvência a *exoneração do passivo restante* (art. 39.º, 8).

Merece ainda destaque o regime que no art. 259.º, 1, está previsto para os casos em que o juiz homologa o *plano de pagamentos* aprovado. Como decorre do referido preceito, após o trânsito em julgado da sentença de homologação é declarada, também por sentença, a insolvência do devedor no processo principal, mas de tal sentença apenas constam as menções referidas nas als. *a*) e *b*) do art. 36.º. Isso significa, portanto, que não é nomeado administrador da insolvência, pois tal nomeação surge referida no art. 36.º, *d*). E não é também decretada a apreensão prevista no art. 36.º, *g*). Acresce que o art. 259.º, 1, considera aplicável o art. 39, 7, *a*), daí resultando que o devedor não ficará privado dos poderes de administração e disposição do seu património.

2.1.2. A apreensão dos bens

Como se lê no art. 36.º, *g*), a sentença de declaração de insolvência decreta, em regra, a imediata entrega ao administrador da insolvência não só dos elementos da contabilidade do devedor, mas também de todos os seus bens (ainda que arrestados, penhorados, apreendidos ou detidos). Tudo sem prejuízo do disposto no art. 150.º, 1[13].

Com efeito, decorre deste último preceito que é o próprio administrador da insolvência que deve diligenciar «no sentido de os bens lhe serem imediatamente entregues, para que deles fique depositário», mas sem prejuízo do disposto no art. 756.º, 1 e 2, do novo CPC, que corresponde ao art. 839.º, 1, e 2 do anterior CPC.

Acresce que, nos termos do art. 150.º, 2, é o próprio administrador da insolvência que, em regra, efetuará a apreensão (com a assistência da comissão de credores ou seu representante e, «quando conveniente, na presença do credor requerente da insolvência e do próprio insolvente»)[14].

---

[13] V. tb. os arts. 11.º e 12.º do Regulamento 1346/2000 e os arts. 14.º e 15.º do Regulamento 2015/848. Note-se que as marcas e patentes referidas no art. 12.º do Regulamento 1346/2000 e no art. 15.º do Regulamento 2015/848 (e direitos análogos ali mencionados) só podem ser abrangidos por processos principais de insolvência.

[14] V. tb. o art. 18.º do Regulamento 1346/2000 e o art. 21.º do Regulamento 2015/848.

EFEITOS DA DECLARAÇÃO DE INSOLVÊNCIA

Pode, porém, suceder que ao administrador da insolvência não convenha fazer pessoalmente a apreensão quanto a bens sitos em comarca que não seja a da insolvência[15]. Quando assim seja, a apreensão será realizada por deprecada e os bens ficam confiados a depositário especial e à ordem do administrador da insolvência (art. 150.º, 3). Não sendo esse o caso, é o administrador da insolvência que ficará em regra depositário dos bens que lhe sejam entregues (art. 150.º, 1). Contudo, se os bens apreendidos já estiverem confiados a depositário judicial, esse depósito também é mantido, ficando embora os bens abrangidos disponíveis e à ordem exclusiva do administrador da insolvência (art. 150.º, 4, *a*)).

Se o administrador da insolvência receber somas em dinheiro, deve proceder ao depósito imediato das mesmas em instituição de crédito escolhida por aquele. Só não será assim no que diz respeito às quantias «estritamente indispensáveis às despesas correntes de administração» (art. 150.º, 6).

A apreensão terá lugar ou por *arrolamento*, ou por *entrega direta através de balanço*, devendo ser efetuada de acordo com as regras estabelecidas nas diversas alíneas do art. 150.º, 4, sendo sempre elaborado *auto* (al. *e*)), que será junto por apenso ao processo de insolvência, sendo apenas junta cópia se efetuado em comarca deprecada (art. 151.º). Nesse auto serão descritos os bens em verbas numeradas («como em inventário»). Se for conveniente, o valor dos bens será fixado por louvado. No auto será ainda destacada a entrega dos bens ao administrador da insolvência ou ao depositário especial, conforme os casos, e será nele feita menção «de todas as ocorrências relevantes com interesse para o processo» (ainda art. 150.º, 4, *e*)).

O auto é assinado por quem presenciou a diligência e por quem é possuidor ou detentor dos valores apreendidos. Se o possuidor ou detentor não puder ou não quiser assinar, o auto será assinado por duas testemunhas a que se possa recorrer (art. 150.º, 2, *f*)).

Nem sempre será fácil para o administrador da insolvência realizar a apreensão dos bens. Se o administrador da insolvência deparar com oposição ou resistência à apreensão, pode inclusivamente proceder à requisição do auxílio de força pública. Nesse caso, é lícito o arrombamento de porta ou cofre e será lavrado auto de ocorrência do incidente (art. 150.º, 4, *c*)).

---

[15] Parece que é apenas para esses casos que o art. 150.º, 3, faz sentido.

UM CURSO DE DIREITO DA INSOLVÊNCIA

Se as dificuldades forem de outra natureza ou se o administrador da insolvência tiver dúvidas quanto aos bens que integram o depósito, pode requerer a um funcionário do tribunal que este se desloque ao local onde estão os bens. Uma vez superadas as dificuldades ou esclarecidas as dúvidas, será feita a entrega efetiva dos bens ao administrador da insolvência (art. 150.º, 4, b)).

No caso da desocupação de casa de habitação que seja residência habitual do insolvente, deve ser seguido, segundo parece, o regime previsto no art. 862.º do CPC (o art. 150.º, 5, remetia para o art. 930.º-A do CPC anterior).

Todos os bens integrantes da massa insolvente são apreendidos. Isto abrange bens que tenham sido «arrestados, penhorados, ou por qualquer forma apreendidos ou detidos, seja em que processo for»[16] e inclusivamente os que tenham sido objeto de cessão aos credores nos termos do art. 831.º CCiv. (cfr. o art. 149.º, 1, a) e b)). Não será assim, porém, em relação a bens que tenham sido «apreendidos por virtude de infracção, quer de carácter criminal, quer de mera ordenação social» (cfr. o art. 149.º, 1, a))[17].

No que diz respeito a bens entretanto vendidos, a apreensão recai, em princípio, sobre o produto da venda (cfr. o art. 149.º, 2).

Lembre-se ainda que, se o juiz na sentença declaratória da insolvência determina que a administração da massa insolvente seja assegurada pelo devedor (art. 224.º, 1), não terá lugar a apreensão dos bens. É o que se retira do art. 228.º, 2.

Se ocorre a apreensão de bens de que o insolvente fosse mero *possuidor em nome alheio*, de *bens próprios do cônjuge do devedor* ou da sua *meação nos bens comuns*, de *bens de terceiro que não o deviam ter sido*, de *bens de que o insolvente não tenha a plena e exclusiva propriedade*, de *bens estranhos à insolvência* ou de *bens insuscetíveis de apreensão* para a massa, o art. 141.º, 1, manda aplicar as disposições relativas

---

[16] Daí que o juiz requisite ao tribunal ou entidade competente «a remessa, para efeitos de apensação aos autos da insolvência, de todos os processos nos quais se tenha efectuado qualquer acto de apreensão ou detenção de bens compreendidos na massa insolvente» (art. 85.º, 2). Mas apesar de o preceito mencionar «todos» os processos, há limites. Pense-se nos processos penais e de mera ordenação social em que tenha ocorrido algum ato de apreensão. O art. 149.º, 1, a), do CIRE exclui precisamente a apreensão dos bens «apreendidos por virtude de infracção, quer de carácter criminal, quer de mera ordenação social».

[17] Devem ainda ser tidos especialmente em conta os arts. 5.º e 7.º do Regulamento 1346/2000 e 8.º e 10.º do Regulamento 2015/848.

à reclamação e verificação de créditos quanto às reclamações e verificações nele previstas, com as adaptações exigidas. Não sendo apresentadas as reclamações de restituição e separação de bens em causa, o administrador da insolvência pode requerer ao juiz que este ordene as separações mencionadas no art. 141.º, 1, instruindo o requerimento com parecer favorável da comissão de credores se esta existir. O juiz decidirá sobre o requerido, nos termos do art. 141.º, 3. Pode, porém, suceder que as apreensões de bens para a massa só tenham ocorrido depois de terminado o prazo das reclamações de créditos. Nesse caso, o direito de restituição ou separação de bens pode ser exercido no prazo de cinco dias após a apreensão, por requerimento que é apensado ao processo principal (art. 144.º, 1; sobre os termos ulteriores, cfr. o art. 144.º, 2). Além disso, depois de decorrido o prazo da reclamação de créditos o direito à separação ou restituição de bens apreendidos para a massa insolvente pode ainda ser reconhecido através de ação intentada contra a massa insolvente, os credores e o devedor (art. 146.º, 1), podendo aquele direito ser exercido a todo o tempo (art. 146.º, 2).

2.1.3. A ineficácia dos atos (art. 81.º, 6)

Como vimos, após a declaração de insolvência é ao administrador da insolvência que competem, em regra, os poderes de administração e de disposição dos bens que integram a massa insolvente. Se, no entanto, o insolvente viola esse regime, decorre do art. 81.º, 6, que os atos por ele praticados são, em princípio, *ineficazes*. São, aliás, ineficazes todos os atos praticados em violação do disposto nos n.ºs 1 a 5 do art. 81.º.

No entanto, essa ineficácia já não se verifica se estiverem em causa atos que respeitem *todos* os seguintes requisitos (art. 81.º, 6, *a)* e *b)*):

a) Caráter oneroso;
b) Celebrados com terceiros de boa fé;
c) Celebrados antes do registo da sentença da declaração de insolvência efetuado nos termos do art. 38.º, 2 ou 3;
d) Não serem atos de algum dos tipos referidos no art. 121.º, 1 (atos resolúveis em benefício da massa insolvente «sem dependência de quaisquer outros requisitos» – «resolução incondicional»).

UM CURSO DE DIREITO DA INSOLVÊNCIA

Nos casos em que se pode dizer que os atos são ineficazes, pode perguntar-
-se se tal ineficácia é apenas relativa à própria massa insolvente ou se é antes
uma ineficácia absoluta. O art. 81.º, 6, não faz distinções, pelo que parece
adequado dizer que estamos perante uma ineficácia *absoluta*[18]. Mas, sendo
ineficazes, será de aceitar a sua ratificação pelo administrador da insolvência[19]?
Parece a melhor solução. Aquela ratificação permitirá o aproveitamento das
eventuais vantagens que resultem do ato para a massa insolvente.

2.1.4. Os pagamentos de dívidas à massa

Vimos que depois da declaração de insolvência compete ao administrador da
insolvência administrar e dispor dos bens da massa insolvente. E, no que diz
respeito aos pagamentos de dívidas à massa, é também ao administrador da
insolvência que os mesmos devem ser efetuados. Contudo, nem sempre o que
pretende efetuar o pagamento está em condições de saber que foi declarada
a insolvência daquele a quem quer pagar. O risco de ter de pagar duas vezes
existe.

No entanto, para minorar esse risco, o art. 81.º, 7, estabelece que serão
liberatórios (mas só serão liberatórios) «os pagamentos de dívidas à massa
efectuados ao insolvente após a declaração de insolvência» em dois casos:

a) «se forem efectuados de boa fé em data anterior à do registo da sentença» – consequentemente, não serão liberatórios os pagamentos
efetuados: de má fé em data anterior à do registo da sentença; de má fé
em data posterior à do registo da sentença; de boa fé em data posterior
à do registo da sentença;

---

[18] Coutinho de Abreu, *Curso de direito comercial*, cit., p. 142. Contra, afirmando uma ineficácia relativa, Maria do Rosário Epifânio, *Manual de direito da insolvência*, cit., p. 105 e 107,
Carvalho Fernandes/João Labareda, *Código da Insolvência e da Recuperação de Empresas
anotado*, cit., p. 413. V., com interesse, o art. 14.º do Regulamento 1346/2000 e o art. 17.º do
Regulamento 2015/848.
[19] Que sim, Catarina Serra, *O regime português da* insolvência, cit., p. 64 e p. 65, nt. 87, Coutinho de Abreu, *Curso de direito* comercial, cit., p. 142, que não, Menezes Leitão, *Direito da
insolvência*, cit., p. 164, nt. 202 Maria do Rosário Epifânio, *Manual de direito da insolvência*,
cit., p. 106 e s..

EFEITOS DA DECLARAÇÃO DE INSOLVÊNCIA

b) «se se demonstrar que o respectivo montante deu efectiva entrada na massa insolvente» – e agora já sem se atender à boa ou má fé de quem efetua o pagamento ou à data do registo da sentença de declaração da insolvência[20].

2.2. A manutenção em funções dos membros dos órgãos sociais e as limitações quanto à renúncia

Como vimos, com a declaração de insolvência os poderes de administração e de disposição passam a competir ao administrador da insolvência. No entanto, isso não significa que os administradores do insolvente cessem automaticamente funções. É que o art. 82.º, 1, estabelece que os órgãos sociais do devedor «mantêm-se em funcionamento após a declaração de insolvência»[21]. No entanto, não serão em regra remunerados. Só terão direito à remuneração devida se a administração da insolvência for assegurada pelo próprio devedor (art. 227.º, 1, para que remete o já referido art. 82.º, 1).

Os titulares dos órgãos sociais não podem sequer renunciar aos cargos se não tiverem procedido ao «depósito de contas anuais com referência à data da decisão de liquidação em processo de insolvência» (art. 82.º, 2)[22].

2.3. A fixação de residência

Como se lê no art. 36.º, *c*), o juiz, na sentença que declara a insolvência, fixa residência ao devedor que seja pessoa singular, ou, não o sendo, aos administradores de direito ou de facto do devedor. O juiz não decide onde é que o devedor ou os respetivos administradores devem residir, mas define a respetiva morada como a que será considerada para os contactos a realizar no âmbito

---

[20] Cfr. tb. o art. 24.º do Regulamento 1346/2000 para os processos por ele abrangidos, o art. 31.º do Regulamento 2015/848 quando se tornar aplicável e o art. 292.º do CIRE.
[21] Como lembra, MARIA JOSÉ COSTEIRA, «A insolvência de pessoas coletivas. Efeitos no insolvente e na pessoa dos administradores», *Julgar*, 2012, setembro-dezembro, p. 167, a manutenção em funções pode ser relevante, desde logo, para a representação do devedor no processo.
[22] A redação do preceito deixa muitas dúvidas. Desde logo, porque não é necessário que haja uma decisão de liquidação em processo de insolvência. Quando a decisão tomada for diferente, o que podem fazer os titulares dos órgãos sociais?

UM CURSO DE DIREITO DA INSOLVÊNCIA

do processo de insolvência[23]. E não parece sequer que a fixação de residência impeça os sujeitos em causa de escolherem uma outra morada, que deverá ser comunicada ao processo para nova fixação. Se assim não fosse, poderíamos ser confrontados com situações absurdas. Imagine-se que o devedor pessoa singular tinha residência em casa arrendada e que o senhorio denunciava válida e eficazmente o contrato de arrendamento. Se a residência do devedor referido tivesse sido fixada naquele local e agora não pudesse ser alterada, como fazer? O exemplo dado mostra que é necessário interpretar a norma legal com inteligência.

2.4. O art. 83.º e as obrigações de fornecer informações, de apresentação e de colaboração

O art. 83.º estabelece várias obrigações que vão recair sobre o *devedor* insolvente, *administradores* do devedor insolvente e membros do seu órgão de fiscalização (incluindo os que tenham desempenhado esses cargos nos dois anos anteriores ao início do processo de insolvência) e até mesmo sobre *empregados* e *prestadores de serviços* do devedor (mais uma vez, incluindo os que o tenham sido nos dois anos anteriores ao início do processo de insolvência).

No que diz respeito ao *devedor insolvente*, vemos no referido preceito que fica obrigado a, em certos termos, fornecer *informações*, *apresentar-se* pessoalmente no tribunal e prestar *colaboração* requerida pelo administrador da insolvência[24]. Se o devedor faltar sem justificação, o juiz pode determinar que compareça sob custódia. Tudo sem prejuízo da multa aplicável. E se o devedor recusar a prestação de informações ou a colaboração, essa conduta será apreciada livremente pelo juiz, que pode mesmo tê-la em conta «para efeito da qualificação da insolvência como culposa» (art. 83.º, 3). Aliás, a insolvência considera-se sempre culposa quando os administradores de direito ou de facto de devedor

---

[23] Cfr. MARIA JOSÉ COSTEIRA, «A insolvência de pessoas coletivas. Efeitos no insolvente e na pessoa dos administradores», cit., p. 166, e RUI PINTO DUARTE, «Efeitos da declaração de insolvência quanto à pessoa do devedor», cit., p. 135.

[24] O art. 36.º, 1, *f*), impõe ao juiz que na sentença de declaração de insolvência determine que o devedor entregue ao administrador de insolvência os documentos referidos no art. 24.º, 1, que ainda não constem dos autos. Se já constarem dos autos todos aqueles documentos, a sentença não deve conter essa determinação.

que não seja pessoa singular tiverem «incumprido, de forma reiterada, os seus deveres de apresentação e de colaboração até à data da elaboração do parecer referido no n.º 2 do artigo 188.º» (art. 186.º, 2, *i*)). Por sua vez, o art. 238.º, 1, *g*) também estabelece que o pedido de exoneração do passivo restante é liminarmente indeferido se «o devedor, com dolo ou culpa grave, tiver violado os deveres de informação, apresentação e colaboração que para ele resultam do presente Código, no decurso do processo de insolvência».

O regime contido no art. 83.º, nºs 1 a 3, é aplicável aos *administradores* do devedor insolvente e *membros do seu órgão de fiscalização* (incluindo os que tenham desempenhado esses cargos nos dois anos anteriores ao início do processo de insolvência) (art. 83.º, 4).

Já no que diz respeito aos *empregados* e *prestadores de serviços* do devedor (mais uma vez, incluindo os que o tenham sido nos dois anos anteriores ao início do processo de insolvência), encontramos algumas diferenças. Por um lado, porque apenas ficam sujeitos às obrigações de fornecimento de informações e de apresentação pessoal no tribunal (já não, portanto, à obrigação de prestar a colaboração requerida pelo administrador da insolvência). Por outro, porque o art. 83.º, 5, não manda aplicar agora o art. 83.º, 3, pelo que a recusa de prestação de informações por aqueles sujeitos não será relevante para a qualificação da insolvência como culposa.

2.5. Algumas outras limitações

2.5.1. No âmbito do direito da família

A declaração de insolvência de pessoa singular tem ou pode ter consequências no plano jurídico-familiar.

No que diz respeito às *responsabilidades parentais*, poderá ocorrer uma *inibição* do seu exercício se, nos termos do art. 1915.º CCiv., for de considerar que o insolvente *não se mostra em condições de cumprir os deveres para com os filhos*. A inibição pode ser decretada pelo tribunal a requerimento do Ministério Público, de qualquer parente do menor ou de pessoa à guarda de quem o menor esteja confiado. Como se vê, a declaração de insolvência *não implica necessariamente* a inibição do exercício das responsabilidades parentais.

A possibilidade de exercício do cargo de *tutor* também não fica necessaria-mente afastada com a declaração de insolvência. Com efeito, o art. 1933.º, 2, CCiv. não impede o insolvente (o falido ou insolvente, no dizer desatualiza-do da lei) de ser nomeado tutor, mas estabelece que esse é um dos casos em que o tutor *apenas pode ser encarregado da guarda e regência da pessoa do menor*. O disposto no art. 1933.º, 2, CCiv. é aplicável aos vogais do conselho de família e, portanto, também ao protutor (art. 1953.º, 1 e 1955.º, 1, ambos do CCiv.).

No que diz respeito à possibilidade de ser designado *administrador de bens do menor*, o art. 1970.º, *a*), CCiv. afasta-a quanto ao insolvente mais uma vez, mantendo a lei a dintinção falido/insolvente. Por sua vez, o art. 1970.º, *b*), CCiv. exclui ainda da administração de bens o condenado como autor ou cúmplice do crime de insolvência fraudulenta (ainda aqui, com a distinção falência/insolvência...).

No caso de *interdição* são aplicáveis ao interdito, «com as necessárias adap-tações, as disposições que regulam a incapacidade por menoridade e fixam os meios de suprir o poder paternal». O interdito também pode ser sujeito a tutela ou ver instituído o regime de administração de bens, devendo ser tidas em conta as observações acima feitas.

Se tiver lugar a *inabilitação*, a designação de curador, de vogal do conselho de família e de subcurador não pode ser esquecida a remissão contida no art. 156.º CCiv. para o regime das interdições.

2.5.2. No âmbito do direito das sociedades comerciais e relativamente às associações, fundações, sociedades civis e cooperativas. Incompatibili-dades. Dissolução

O art. 414.º-A, do CSC estabelece um conjunto de *incompatibilidades* para a eleição ou designação como membro do *conselho fiscal, fiscal único* ou *ROC* de uma sociedade anónima, encontrando-se previsto na al. *j*) do n.º 1 o caso dos falidos e insolventes. Esse regime será também aplicável aos membros da *comissão de auditoria* (art. 423.º-B do CSC) e aos membros do *conselho geral e de supervisão* (art. 434.º, 4, do CSC)[25].

---

[25] Cfr. tb., para as sociedades por quotas, o art. 262.º do CSC, e, para as sociedades em co-mandita por ações, o art. 478.º do CSC.

EFEITOS DA DECLARAÇÃO DE INSOLVÊNCIA

Por sua vez, o art. 141.º, 1, *e*) do CSC considera a declaração de insolvência da sociedade uma causa de *dissolução imediata da sociedade comercial*. Com o registo do *encerramento do processo de insolvência após o rateio final*, a sociedade comercial considera-se *extinta* (art. 234.º, 3, do CIRE)[26].

Quanto às *associações, fundações* e *sociedades civis*, há que ter em conta o CCiv. Segundo o art. 182.º, 1, *c*), daquele Código, as associações extinguem-se por «decisão judicial que declare a sua insolvência». No que diz respeito às fundações, o art. 192.º, 1, *c*), do CCiv. estabelece que as mesmas se extinguem com «o encerramento do processo de insolvência, se não for admissível a continuidade da fundação». Por sua vez, o art. 1007, *e*), do CCiv. prevê que a sociedade civil se dissolve por «decisão judicial que declare a sua insolvência».

Relativamente às cooperativas, o art. 112.º, 1, *g*), CCoop. determina que se dissolvem por decisão judicial de declaração da insolvência que tenha transitado em julgado (cfr. tb. o art. 113.º, 2, CCoop., e especialmente o n.º 5).

2.5.3. No âmbito da capacidade eleitoral

O art. 6.º, 2, *a*), da Lei Orgânica 1/2001, de 14 de agosto (Lei Eleitoral dos Órgãos das Autarquias Locais), considera inelegíveis para os órgãos das autarquias locais os falidos insolventes se não estiverem reabilitados. É, no entanto, discutível a constitucionalidade da solução e a própria vigência do preceito[27].

---

[26] Para os casos de encerramento por insuficiência da massa insolvente, veja-se o art. 234.º, 4. Pode, porém, o encerramento do processo resultar da homologação de um plano de insolvência que preveja a continuidade da sociedade comercial. Nesse caso, a sociedade retoma a sua atividade independentemente de deliberação dos sócios (art. 234.º, 1) e, evidentemente, não se extingue. Se o processo de insolvência encerrar a pedido do devedor que deixou de estar em situação de insolvência ou com o consentimento de todos os credores (art. 230.º, 1, *c*), do CIRE), os sócios podem deliberar a retoma da atividade (art. 234.º, 2, do CIRE).

[27] Defendendo a revogação tácita do art. 6.º, 2, *a*) da Lei Orgânica 1/2001 ou, não sendo assim, a possibilidade de invocação da inconstitucionalidade da norma, CATARINA SERRA, *O regime português da insolvência*, cit., p. 60. Mas v., dando conta de que a CNE entende que a intelegibilidade se mantém até ao encerramento do processo de insolvência, ou, no caso de sujeitos afetados pela qualificação da insolvência como culposa, «durante o período que resultar da inibição fixada», JORGE MIGUÉIS/CARLA LUÍS/JOÃO ALMEIDA/ANA BRANCO/ANDRÉ LUCAS/ILDA RODRIGUES, *Lei Eleitoral dos Órgãos das Autarquias Locais*, INCM, Lisboa, 2014, p. 73. Como referem os autores, o TC considerou já que a inelegibilidade se mantém durante o período da cessão (Ac. TC n.º 553/2013) ou até à decisão final de exoneração (Ac TC n.º 588/2013).

E, evidentemente, torna-se difícil conciliar esse regime, anterior ao CIRE, com o que deste último resulta. Nomeadamente, quanto à referência à reabilitação.

2.5.4. Noutros âmbitos

Como lembra Catarina Serra[28], o Estatuto da Câmara dos Solicitadores (art. 78.º, 1, *d*)) não permite a inscrição na Câmara dos Solicitadores de quem esteja declarado falido ou insolvente e o art. 36.º, 2, *b*) do DL 422/89, de 1 de dezembro (Lei do Jogo), proíbe a entrada nas salas de jogos de fortuna e azar aos culpados de falência fraudulenta não reabilitados. Mais uma vez, a adaptação à terminologia do CIRE não é fácil.

2.6. O direito a alimentos

O art. 84.º prevê a possibilidade de o administrador da insolvência, com o acordo da comissão de credores ou, se esta não existir, da assembleia de credores, atribuir um subsídio a título de alimentos à custa dos rendimentos da massa insolvente em dois casos:

a) Ao próprio devedor, se este «carecer absolutamente de meios de subsistência e os não puder angariar pelo seu trabalho» – quando o insolvente estiver por sua vez obrigado a prestar alimentos a terceiros nos termos do art. 93.º, o art. 84.º, 4, determina que o administrador da insolvência tenha esse facto em conta na fixação do subsídio;

b) A quem, carecendo também absolutamente de meios de subsistência e não os possa angariar pelo seu trabalho, «seja titular de créditos sobre a insolvência emergentes de contrato de trabalho, ou da violação ou cessação deste contrato» – contudo, o subsídio a título de alimentos tem por limite o montante do crédito sobre a insolvência e a final os subsídios pagos serão deduzidos ao valor dos créditos.

---

[28] Catarina Serra, *O regime português da insolvência*, cit., p. 59.

3. Efeitos processuais

3.1. O art. 85.º e alguns efeitos sobre ações pendentes

Lendo o art. 85.º, vemos que nele são visadas ações diversas e que o regime para elas previsto não é igual.

Antes de mais, prevê-se a possibilidade de o *administrador da insolvência*, «com fundamento na conveniência para os fins do processo», *requerer a apensação* ao processo de insolvência de certas ações – aquelas «em que se apreciem questões relativas a bens compreendidos na massa insolvente, intentadas contra o devedor, ou mesmo contra terceiros, mas cujo resultado possa influenciar o valor da massa», e bem assim as «acções de natureza exclusivamente patrimonial intentadas pelo devedor». Assim, neste primeiro conjunto vamos encontrar ações que apenas são apensadas ao processo de insolvência se o administrador o requerer e de, naturalmente, o juiz entender que estão preenchidos os pressupostos legalmente previstos. Com efeito, não parece que o juiz esteja subordinado ao que foi requerido[29].

Tratando-se, porém, de processos «nos quais se tenha efectuado qualquer acto de apreensão ou detenção de bens compreendidos na massa insolvente», *o próprio juiz requisita* ao tribunal ou entidade competente «a remessa, para efeitos de apensação aos autos da insolvência». A apensação é, aqui, uma «forma expedita de integração dos bens em causa na massa insolvente»[30].

Com ou sem apensação, e haja ou não acordo da parte contrária nessas outras ações ou processos, o insolvente será substituído numas e noutros pelo administrador da insolvência (art. 85.º, 3).

É no entanto necessário ter em conta que o regime jurídico aplicável a essas outras ações e a esses outros processos pode impedir a apensação.

---

[29] Defendendo também que o juiz controla a verificação dos requisitos, CARVALHO FERNANDES/JOÃO LABAREDA, *Código da Insolvência e da Recuperação de Empresas anotado*, cit., p. 427. Salientando que o requerimento do administrador da insolvência deve ser dirigido ao juiz do processo de insolvência, MARIA JOSÉ COSTEIRA, «O Código da Insolvência e da Recuperação de Empresas revisitado», cit., p. 89. V. tb., com interesse, o art. 15.º do Regulamento 1346/2000 e o art. 18.º do Regulamento 2015/848.

[30] RUI MORAIS, «Os credores tributários no processo de insolvência», cit., p. 211.

UM CURSO DE DIREITO DA INSOLVÊNCIA

Quanto às ações de *impugnação de despedimento ilícito* intentadas contra o insolvente, a verdade é que nelas não se apreciam «questões relativas a bens compreendidos na massa insolvente», não havendo assim lugar à aplicação do art. 85.º, 1[31]. É questionável se a *sentença de declaração de insolvência* deve ter como consequência a *extinção da instância* quanto àquelas ações, por inutilidade superveniente da lide. A jurisprudência nacional mostrou-se dividida quanto a esse problema. O AUJ 1/2014, publicado no DR 1.ª série, n.º 39, de 25 de fevereiro de 2014, fixou o entendimento seguinte: «Transitada em julgado a sentença que declara a insolvência, fica impossibilitada de alcançar o seu efeito útil normal a acção declarativa proposta pelo credor contra o devedor, destinada a obter o reconhecimento do crédito peticionado, pelo que cumpre decretar a extinção da instância, por inutilidade superveniente da lide, nos termos da alínea *e)* do art. 287.º do CPC»[32].

Mas, se assim é, então há que permitir que também no processo de insolvência se possa discutir se o despedimento de um trabalhador do insolvente foi ou não ilícito. Com efeito, o art. 390.º, 1, CT (artigo que tem como epígrafe «Compensação em caso de despedimento ilícito») dispõe o seguinte: «Sem prejuízo da indemnização prevista na alínea *a)* do n.º 1 do artigo anterior, o trabalhador tem direito a receber as retribuições que deixar de auferir desde o despedimento até ao trânsito em julgado da decisão do tribunal que declare a ilicitude do despedimento».

Ora, se a ação de impugnação do despedimento ilícito é declarada extinta por inutilidade superveniente da lide, então a reclamação de créditos a apresentar pelo trabalhador ilicitamente despedido no processo de insolvência deverá incluir o pedido na condenação ao pagamento daquelas retribuições.

---

[31] Mas v., defendendo que pode ser requerida a apensação nos termos do art. 85.º de «acções laborais interpostas contra o empregador por parte dos trabalhadores», MENEZES LEITÃO, *Direito da insolvência*, cit., p. 209. Sobre o problema do tratamento a dar às ações de condenação no pagamento de um crédito em geral, CARLA GONÇALVES/SÓNIA VICENTE, «Os efeitos processuais da declaração de insolvência», in *Insolvência e consequências da sua declaração*, CEJ, 2012/2013, p. 151 e ss., aí sendo dada conta das orientações jurisprudenciais (extinção da instância por inutilidade superveniente após trânsito em julgado da sentença de declaração de insolvência/após o proferimento da sentença de verificação de créditos no processo de insolvência).

[32] No texto do AUJ n.º 1/2014 são indicadas várias decisões de sentidos diversos quanto ao tema.

No entanto, o trabalhador não sabe, na altura em que apresenta a reclamação de créditos, qual será o valor a receber: ele tem direito às *retribuições que deixar de auferir desde o despedimento até ao trânsito em julgado da decisão do tribunal que declare a ilicitude do despedimento*. Essa data não a pode ele indicar na altura em que está a apresentar a reclamação de créditos se na ação de impugnação do despedimento ilícito não foi proferida sentença transitada em julgado a declarar aquela ilicitude. E, no entanto, o art. 126.º, 1, *a*), obriga a indicar no requerimento de reclamação de créditos o montante do capital. Mas, por outro lado, o art. 90.º obriga os credores da insolvência a, na pendência do processo de insolvência, exercerem os seus direitos em conformidade com os preceitos do CIRE. Acresce que, segundo o art. 128.º, 3, a «verificação tem por objecto todos os créditos sobre a insolvência, qualquer que seja a sua natureza e fundamento [...]». Como fazer, então, quanto ao crédito previsto no art. 390.º, 1, CT, se ainda não tinha sido proferida sentença transitada em julgado na ação de impugnação do despedimento? Parece que o disposto no art. 96.º, 1, *b*), deve ser convocado: «Os créditos pecuniários cujo montante não esteja determinado são atendidos pelo valor em euros estimável à data da declaração da insolvência». Mas, a ser assim, será bem difícil saber qual é esse valor estimável, pois não se sabe, à partida, quando transitará em julgado a sentença que declarar a ilicitude do despedimento.

3.2. As ações executivas, diligências executivas e providências e o art. 88.º, 1

No que diz respeito às ações executivas intentadas por credores da insolvência[33], o art. 88.º faz a distinção entre as que têm apenas como executado o insolvente e as que têm outros executados[34].

No primeiro caso, a declaração de insolvência obsta à instauração ou prosseguimento de qualquer ação executiva intentada pelos credores da

---

[33] Mas v. o que adiante se diz acerca das ações relativas a dívidas da massa insolvente (art. 89.º). Sobre os efeitos da declaração de insolvência nas execuções fiscais, v., em especial, os arts. 180.º e 181.º do CPPT.

[34] Mas v., considerando que o art. 88.º não se aplica nos casos em que se verifica a insuficiência do ativo prevista no art. 39.º (se não for pedido o complemento da sentença), CARLA GONÇALVES/SÓNIA VICENTE, «Os efeitos processuais da declaração de insolvência», in *Insolvência e consequências da sua declaração*, CEJ, 2012/2013, p. 166, recordando o Ac. RL de 12.03.2009, o Ac. RC de 14.4.2009 e o Ac. RP de 18.6.2009.

insolvência[35]. No segundo caso, a declaração de insolvência não impede que a execução prossiga contra os outros executados. E, se não houver lugar à apensação de acordo com o estabelecido no art. 85.º, 2, será apenas extraído e remetido para apensação ao processo de insolvência o traslado do processado relativo ao insolvente (art. 88.º, 2).

Além disso, a declaração de insolvência «determina a suspensão de quaisquer diligências executivas ou providências requeridas pelos credores da insolvência que atinjam os bens integrantes da massa insolvente»[36]. Tudo, evidentemente, sem prejuízo do disposto no art. 85.º[37].

3.3. Ações de impugnação pauliana. O art. 127.º, 2

Se na data da declaração da insolvência estiverem *pendentes* ações de *impugnação pauliana* ou estas vierem a ser *propostas depois*, não serão apensas ao processo de insolvência (art. 127.º, 2). No caso de o ato impugnado ser também *resolvido* pelo administrador da insolvência, as referidas ações de impugnação *não prosseguem* os seus termos. Só não será assim se a resolução pelo administrador da insolvência for *declarada ineficaz* por decisão definitiva. Se assim for, essa decisão definitiva terá força vinculativa nas ações de impugnação pauliana

---

[35] O facto de o art. 88.º, 1, estabelecer que a declaração de insolvência obsta à instauração ou prosseguimento de qualquer ação executiva intentada pelos credores da insolvência não significa necessariamente a extinção das que estejam pendentes, como aliás resulta do n.º 3: Artur Oliveira, «Os efeitos externos da insolvência. As acções pendentes contra o insolvente», cit., p. 177, que no entanto exclui da suspensão «as execuções que não tenham por objecto bens patrimoniais do insolvente (p. 179). Mas com o encerramento do processo de insolvência nos termos do art. 230.º, 1, *a*) e *d*), extinguem-se, relativamente ao executado insolvente, as ações executivas suspensas («salvo para efeitos do exercício do direito de reversão legalmente previsto» – art. 88.º, 3). Com leitura aparentemente diferente quanto às pessoas singulares e em relação ao art. 230.º, 1, *a*), Artur Oliveira, últ. ob. cit., p. 179.

[36] Essas diligências ou providências não são apenas as que têm lugar em processo executivo, comum ou especial: cfr. Carvalho Fernandes/João Labareda, *Código da Insolvência e da Recuperação de Empresas anotado*, cit., p. 435, e Artur Oliveira, «Os efeitos externos da insolvência – as acções pendentes contra o insolvente», cit., p. 176.

[37] Lembre-se, no entanto, que nos termos do art. 793.º do CPC qualquer credor «pode obter a suspensão da execução, a fim de impedir os pagamentos, mostrando que foi requerida a recuperação de empresa ou a insolvência do executado». Ou seja, a suspensão da execução pode ser obtida ainda antes da declaração de insolvência do executado.

quanto às questões que aprecie (desde que isso não ofenda caso julgado formado antes).

3.4. As ações relativas a dívidas da massa insolvente

As ações relativas a dívidas da massa insolvente (cfr. o art. 51.º) estão especialmente previstas no art. 89.º. Se o n.º 2 apenas esclarece que tais ações, declarativas ou executivas, correm em regra por *apenso* ao processo de insolvência (com exceção das execuções por dívidas de natureza tributária), o n.º 1 vem *impedir* que, durante os três meses posteriores à declaração da insolvência, *sejam propostas execuções* para pagamento daquelas dívidas.

3.5. Apensação de processos de insolvência

3.5.1. Apensação de processos em que tenha sido declarada a insolvência de pessoas que legalmente respondam pelas dívidas do insolvente

O art. 86.º, 1, começa por determinar que, a *requerimento do administrador da insolvência*, se efetue a apensação aos autos de processos em que tenha sido declarada a insolvência de «pessoas que legalmente respondam pelas dívidas do insolvente». Será o caso, por exemplo, de sócios de sociedades em nome coletivo ou de sócios comanditados de sociedades em comandita. No entanto, pode o processo cuja apensação é requerida correr em tribunal com *diferente competência em razão da matéria*. Quando assim seja, só deve ser determinada a apensação se a mesma for requerida pelo administrador da insolvência do processo instaurado em tribunal de competência especializada (art. 86.º, 3).

3.5.2. Apensação de processos em que tenha sido declarada a insolvência de cônjuge não casado no regime de separação de bens

Também serão apensados ao processo de insolvência, se tal for *requerido pelo administrador da insolvência*, os processos em que tenha sido declarada a insolvência de *cônjuge do insolvente não casado no regime de separação de bens*. É, mais uma vez, o que resulta do art. 86.º, 1. No entanto, também aqui vale o disposto no art. 86.º, 3 no caso de processos que corram termos em tribunais com diferente competência em razão da matéria.

É ainda preciso ter em conta que, em certos casos, é possível a coligação ativa e passiva de ambos os cônjuges (cfr. os arts. 264.º e ss.).

3.5.3. Apensação de processos em que tenha sido declarada a insolvência de sociedades dominadas pela sociedade comercial devedora ou que com ela estejam em relação de grupo

Serão apensados ao processo de insolvência, a *requerimento do administrador da insolvência*, processos em que tenha sido declarada a insolvência de sociedades que sejam *dominadas* pela sociedade comercial devedora ou que estejam com ela em *relação de grupo*[38]. Para se averiguar se existe relação de domínio ou de grupo devem ser usados os critérios estabelecidos no CSC.

Importa assim ver o que estabelecem os arts. 486.º e 488.º e ss. do CSC. Mas, antes de mais, é preciso sublinhar que ambos os regimes estão contidos num título que trata das sociedades coligadas. Ora, como se lê no art. 481.º, 1, estão em causa apenas relações que entre si estabeleçam sociedades por quotas, sociedades anónimas e sociedades em comandita por ações.

Vejamos então o art. 486.º. Aplicando o n.º 1 deste preceito, a sociedade devedora poderá ser considerada dominante de uma outra sociedade quando «pode exercer, directamente ou por sociedades ou pessoas que preencham os requisitos indicados no artigo 483.º, n.º 2, sobre a outra, dita dependente, uma influência dominante». Se lermos agora o art. 486.º, 2, verificamos também que a lei presume que existe dependência se uma sociedade, direta ou indiretamente, detém noutra uma participação maioritária no capital, se dispõe de mais de metade dos votos nessa outra sociedade ou se nela tem a possibilidade de designar mais de metade dos membros do órgão de administração ou de fiscalização.

---

[38] O art. 1.º, 3, do CPEREF, na redação que foi dada pelo DL 315/98, de 20.10, admitia a coligação ativa ou passiva de sociedades em relação de domínio ou de grupo ou que tivessem os balanços e contas aprovados de forma consolidada.

EFEITOS DA DECLARAÇÃO DE INSOLVÊNCIA

Por sua vez, as relações de grupo podem resultar de uma situação de domínio total de uma sociedade sobre a outra (arts. 488.º e ss.), de um contrato de grupo paritário (arts. 492.º e ss.) ou de um contrato de subordinação (arts. 493.º e ss.).

Não obstante a apensação realizada, os processos de insolvência manterão a sua autonomia[39]. Trata-se, porém, de uma questão a merecer intervenção de legislativa[40].

Mais uma vez, aplica-se o disposto no art. 86.º, 3.

3.6. Convenções arbitrais

Se o insolvente for parte em convenções arbitrais que digam respeito a litígios «cujo resultado possa influenciar o valor da massa», essas convenções ficam com a sua *eficácia suspensa* (art. 87.º, 1, que ressalva o disposto em tratados internacionais aplicáveis). Isto, no entanto, apenas diz verdadeiramente respeito à eficácia relativamente a processos que *ainda não tenham sido instaurados*.

Com efeito, se já estiverem *pendentes* processos arbitrais iniciados com base na dita convenção arbitral, tais processos *prosseguem os seus termos*. Contudo, poderá ter lugar («se for o caso») a aplicação dos arts. 85.º, 3, e 128.º, 3

---

[39] Assim, CARVALHO FERNANDES/JOÃO LABAREDA, *Código da Insolvência e da Recuperação de Empresas anotado*, cit., p. 432, e «De volta à temática da apensação de processos de insolvência (em especial, a situação das sociedades em relação de domínio ou de grupo)», *DSR*, Março, 2012, p. 173. Com outra leitura, p. ex., ANA PERESTRELO DE OLIVEIRA, «Insolvência nas sociedades em relação de grupo: de novo pela consolidação substantiva das massas patrimoniais», in CATARINA SERRA (coord.), *I Congresso de direito da insolvência*, cit., p. 290 e ss.. No Ac. RC de 07.09.2010 (Relator: Jorge Arcanjo), Proc. n.º 213/10.7T2AVR-A.C1, in www.dgsi.pt, ficou escrito que o art. 86.º, 2, deve «interpretar-se extensivamente de modo a permitir, em determinadas condições, uma consolidação substancial, através de liquidação conjunta». Já no Ac. RC de 27.07.2010 (Relator: Carlos Gil), Proc. n.º, a leitura foi diferente: «ainda que viesse a efectivar-se a apensação das acções de insolvência, tal não significaria, como é pretendido pela recorrente, uma liquidação conjunta de todos o património das sociedades em relação de domínio, pois que a tanto obstaria a personalidade jurídica distinta de cada uma das sociedades em causa».

[40] Para um olhar sobre várias alternativas, CATARINA SERRA, «Revitalização no âmbito de grupos de sociedades», *III Congresso Direito das Sociedades em Revista*, Almedina, Coimbra, 2014, p. 467 e ss.. O Regulamento 2015/848 não parece afastar a autonomia dos processos de insolvência (abordagem «entidade por entidade»).

(cfr. o art. 87.º, 2). Significa isto que o administrador da insolvência irá substituir o insolvente nos processos arbitrais em causa nos termos do art. 85.º, 3, sendo o caso[41], e que o credor com crédito reconhecido por decisão definitiva nesses processos não está dispensado de o reclamar no processo de insolvência se quiser obter o seu pagamento no mesmo[42].

3.7. Ações que só o administrador da insolvência pode «propor e fazer seguir»

Estando pendente o processo de insolvência, só o administrador da insolvência tem legitimidade para *propor e fazer seguir* um conjunto de importantes ações (art. 82.º, 3), que correm por *apenso* ao processo de insolvência (art. 82.º, 6):

a) Ações de responsabilidade a favor do devedor contra fundadores, administradores de direito e de facto, membros do órgão de fiscalização, sócios, associados ou membros, independentemente de haver ou não acordo do devedor, dos seus órgãos sociais, sócios, associados ou membros;

b) Ações para «indemnização dos prejuízos causados à generalidade dos credores da insolvência pela diminuição do património integrante da massa insolvente, tanto anteriormente como posteriormente à declaração de insolvência»[43];

c) Ações contra «responsáveis legais pelas dívidas do insolvente».

---

[41] Como lembram CARVALHO FERNANDES/JOÃO LABAREDA, *Código da Insolvência e da Recuperação de Empresas anotado*, cit., p. 433, a remissão que no art. 85.º, 3, é feita para o art. 85.º, 2, não terá sentido, como não será efetuada a apensação determinada pelo art. 85.º, 1 (cfr. tb., com igual solução quanto a este último aspeto, MENEZES LEITÃO, *Direito da insolvência*, cit., p. 174.

[42] Sobre o tema, v. o art. 15.º do Regulamento 1346/2000 e o art. 18.º do Regulamento 2015/848.

[43] O preceito parece não abranger os casos em que os danos são «causados apenas a um ou mais credores, sem o serem à sua generalidade»: cfr. PEDRO PAIS DE VASCONCELOS, "Responsabilidade civil do administrador de insolvência", in CATARINA SERRA (coord.), *II Congresso de direito da insolvência*, Almedina, Coimbra, 2014, p. 206, para quem o art. 82º, 3, b), apenas se aplica «aos casos em que o dano seja posterior ao decretamento da insolvência». Sobre a possibilidade de o credor interpelar o administrador da insolvência para que este proponha a ação e, perante a recusa ou inércia, intentar a ação a título subrogatório, CARVALHO FERNANDES/JOÃO LABAREDA, «A situação dos acionistas perante dívicas da sociedade anónima no Direito Português», *DSR*, 2010, vol. 4, p. 72, e PEDRO PAIS DE VASCONCELOS, "Responsabilidade civil do administrador de insolvência", cit., p. 206. Tratando-se, porém, de ação contra

EFEITOS DA DECLARAÇÃO DE INSOLVÊNCIA

A isto acresce a competência exclusiva do administrador da insolvência para exigir aos sócios, associados ou membros do devedor as entradas de capital diferidas e as prestações acessórias em dívida (art. 82.º, 4). O administrador da insolvência pode fazer a exigência «logo que a tenha por conveniente» e «independentemente dos prazos de vencimento que hajam sido estipulados». Quando seja necessário intentar ações para obter a realização das entradas de capital ou as prestações acessórias em dívida, caberá ao administrador da insolvência atuar. Também essas ações correm por apenso ao processo de insolvência (art. 82.º, 6).

3.8. Efeitos sobre outros processos de insolvência que corram contra o mesmo devedor

No momento em que é declarada a insolvência do devedor num processo de insolvência não se pode afastar a possibilidade de estarem a correr outros processos de insolvência contra o mesmo devedor. Aquela declaração de insolvência obriga a *suspender a instância* nos outros processos de insolvência até que a sentença transite em julgado. Quando ocorra esse *trânsito em julgado* da sentença de declaração da insolvência, nos outros processos de insolvência deve considerar-se *extinta a instância*. E tudo isto, agora, independentemente da data da entrada em juízo das diversas petições iniciais em cada um dos processos de insolvência (art. 8.º, 4).

O art. 261.º, 2 e 3, prevê derrogações ao disposto no art. 8.º.

Comecemos pela hipótese do art. 261.º, 2. Em causa está um processo de insolvência em que foi apresentado um *plano de pagamentos* (v. os arts. 249.º e 250.º para o âmbito de aplicação). Esse plano de pagamentos deve ter anexa, entre outras coisas, uma *relação dos credores* (art. 252.º, 5, d)). Um titular de crédito *não incluído na relação anexa* ao plano pode pedir a declaração de insolvência do mesmo devedor *noutro processo de insolvência* e esse processo *vai prosseguir*.

---

administrador de insolvência, a mesma só pode ser intentada por outro administrador da insolvência que lhe suceda (art. 82.º, 5). Sobre a matéria leia-se, também, Maria Elisabete Ramos, «Insolvência da sociedade e efectivação da responsabilidade civil dos administradores», *BFD*, 83, 2007, p. 449-489, e Nuno Oliveira, *Responsabilidade civil dos administradores. Entre direito civil, direito das sociedades e direito da insolvência*, Coimbra Editora, Coimbra, 2015, p. 190 e s..

Não haverá assim lugar à suspensão prevista no art. 8.º, 2. Se for *declarada a insolvência do devedor no processo em que foi apresentado o plano de pagamentos* de acordo com o art. 256.º, 3, isso também *não conduz à suspensão ou extinção* do processo de insolvência instaurado por aquele titular de crédito não relacionado. E, por isso, não será aplicável o art. 8.º, 4.

Por sua vez, o art. 261.º, 3, manda aplicar o número anterior se, estando *pendente processo de insolvência em que tenha sido apresentado plano de pagamentos*, for instaurado contra o mesmo devedor um outro processo de insolvência por titular de crédito *relacionado* pelo devedor em anexo ao plano se, terminado o prazo previsto no art. 256.º, 3, *subsistir divergência quanto ao montante ou outros elementos* daquele crédito. Isto quer dizer que o processo de insolvência instaurado por aquele titular de crédito prosseguirá (não se suspenderá) e que nem mesmo a sentença de declaração de insolvência proferida no processo em que foi apresentado o plano de pagamentos conduz à suspensão e extinção do processo de insolvência. Porém, o art. 261.º, 3, também dispõe que a insolvência não será declarada no processo que o titular do crédito instaurou[44] «sem que o requerente faça a prova da incorreção da identificação efetuada pelo devedor». E este também pode ser considerado um efeito da sentença de declaração de insolvência.

O disposto no art. 261.º, 2 e 3, compreende-se melhor se tivermos presentes os termos em que é proferida sentença de declaração de insolvência nos processos em que é apresentado plano de pagamentos que é aprovado e homologado. Como se lê no art. 259.º, 1, essa sentença apenas contém as menções do art. 36.º, 1, *a*) e *b*)[45].

O art. 264.º, 3, *b*), diz respeito a casos em que está pendente um processo de insolvência instaurado contra um dos cônjuges e o outro cônjuge pretende apresentar-se à insolvência nesse mesmo processo. Essa apresentação é permitida pelo art. 264.º, 2. Porém, quando esse cônjuge pretende apresentar-se

---

[44] A redação da parte final do art. 261.º, 3, é equívoca. Com efeito, ali se escreveu que «a insolvência não será declarada neste processo sem que o requerente faça a prova da incorreção da identificação efetuada pelo devedor». A palavra «neste» parece dizer respeito ao processo de insolvência instaurado pelo titular do crédito em causa e não ao processo de insolvência em que foi apresentado plano de pagamentos. José Alberto Vieira, «Insolvência de não empresários e titulares de pequenas empresas», cit., p. 271, parece ter também essa opinião.

[45] Lembrando isso mesmo, Carvalho Fernandes/João Labareda, *Código da Insolvência e da Recuperação de Empresas anotado*, cit., p. 904.

à insolvência nos termos referidos, pode dar-se o caso de, contra ele, já ter sido instaurado um outro processo de insolvência. O que diz aquele n.º 3, *b*), é que este processo contra ele instaurado suspende-se se nele ainda não foi declarada a insolvência e se a apresentação à insolvência no outro processo for acompanhada da confissão expressa da situação de insolvência ou se for apresentada pelos cônjuges uma proposta de plano de pagamentos. Quer isto dizer, pois, que o processo instaurado contra o cônjuge que se apresenta à insolvência no outro processo não é suspenso se naquele primeiro já foi proferida a sentença de declaração de insolvência. Mais do que isso, se já foi declarada a insolvência do apresentante no outro processo, a sua apresentação no processo de insolvência movido contra o seu consorte não deve sequer ser admitida[46]. Mais uma vez, trata-se de efeitos da sentença de declaração de insolvência.

3.9. Efeitos sobre o PER

Sendo declarada a insolvência do devedor, este não pode iniciar um PER visto que tal processo só pode ter lugar se o devedor está em situação económica difícil ou em situação de insolvência iminente (art. 17.º-A, 1). Além disso, se o PER é iniciado mas, antes da publicação no CITIUS referida no art. 17.º-E, 6, for declarada a insolvência do devedor, parece que o PER também não pode prosseguir[47].

3.10. Efeitos sobre o PERSI

Nos termos do art. 17.º, 1, *d*), do DL 227/2012, o PERSI extingue-se com a declaração de insolvência do cliente bancário. O PERSI não é um procedimento ou processo judicial, mas sim um procedimento extrajudicial que corre no quadro de uma instituição de crédito.

---

[46] CARVALHO FERNANDES/JOÃO LABAREDA, *Código da Insolvência e da Recuperação de Empresas anotado*, cit., p. 909.

[47] Julgamos ser o que dizem também CARVALHO FERNANDES/JOÃO LABAREDA, *Código da Insolvência e da Recuperação de Empresas anotado*, cit., p. 162: o PER «não pode proceder nem prosseguir quando anteriormente tenha sido proferida a declaração de insolvência».

3.11. Efeitos sobre o SIREVE

De acordo com o art. 18.º, 1, *b*), do DL 178/2012, a declaração de insolvência da «empresa» obsta à utilização do SIREVE.

4. Efeitos sobre os créditos

4.1. Concentração

O art. 90.º obriga a que todos os credores da insolvência que queiram exercer os seus direitos o façam, *durante a pendência do processo de insolvência*, em conformidade com o estabelecido no próprio CIRE. Podemos assim falar de uma concentração no processo de insolvência. Mas, de forma rigorosa, o art. 90.º recua ao momento a partir do qual se considera *pendente* o processo de insolvência.

4.2. Estabilização do passivo

A declaração de insolvência vai ter como consequência o *vencimento de todas as obrigações* do insolvente que não estejam subordinadas a uma condição *suspensiva* (art. 91.º, 1)[48]. Assim, aquelas obrigações que apenas vencessem em data posterior à declaração de insolvência veem esse vencimento antecipado. E isso sem necessidade de interpelação. Com o regime descrito consegue-se uma (relativa) *estabilização do passivo*, tornando-se mais fácil avaliar a situação do devedor e assim tomar decisões. Desde logo porque os credores em causa, com os seus créditos vencidos, terão de vir ao processo exigir o que lhes é devido.

Pode, é certo, ser afirmado que uma tal antecipação acaba por conduzir a uma vantagem para o credor. Este apenas poderia exigir o seu crédito mais tarde e, com a declaração de insolvência, passa a poder fazê-lo mais cedo.

---

[48] Quanto aos créditos sob condição suspensiva vejam-se especialmente os arts. 50.º e 181.º. No que diz respeito aos créditos sob condição resolutiva, decorre do art. 94.º que serão considerados como incondicionados até ao momento em que a condição se preencha. Se, porém, a condição se preencher, os pagamentos recebidos devem ser restituídos. Por sua vez, o art. 99.º, 2, *b*), retira relevo ao vencimento antecipado em certos casos.

EFEITOS DA DECLARAÇÃO DE INSOLVÊNCIA

Para de alguma forma atenuar esse efeito[49], o art. 91.º, 2, vem obrigar a uma redução dos valores a pagar. No entanto, a redação do preceito é tudo menos clara.

Em primeiro lugar, é preciso ter em conta que o mesmo não será aplicável a todas as obrigações que não fossem exigíveis à data da declaração de insolvência. Só o será em relação a obrigações pelas quais não fossem devidos juros remuneratórios ou fossem apenas devidos juros inferiores à taxa de juros legal.

Quando tal situação se verifique, o art. 91.º, 2, impõe uma redução no valor da obrigação[50]. Partindo desse valor (o «valor de partida»), a norma obriga a reduzi-lo para um outro (o «valor de chegada»). Os termos da redução a realizar dependem de saber se pela obrigação não eram devidos juros remuneratórios ou se eram devidos juros à taxa legal. E, por outro lado, vão variar em função do período da antecipação do vencimento.

Se pela obrigação não eram devidos juros remuneratórios, a lei manda proceder à seguinte operação: o valor da obrigação (o «valor de partida») é considerado como incluindo já o valor («valor dos juros») que corresponderia à aplicação da taxa de juro legal ao valor da obrigação pelo período de antecipação. Se o valor da obrigação era de 1.000, considera-se que nesse valor está já incluída a quantia correspondente à aplicação da taxa de juro legal sobre esses mesmos 1.000, pelo período da antecipação. Será de seguida subtraído aos 1.000 o «valor dos juros» e assim se atinge o «valor de chegada».

Quando fossem devidos juros convencionados inferiores à taxa de juros legal, é necessário primeiro ver qual é a diferença entre os primeiros e a segunda. A diferença encontrada será então aplicada nos mesmos termos em que o foi a taxa de juro legal na situação anterior.

No que diz respeito à determinação do período de antecipação do vencimento, o art. 91.º, 4, estabelece que se considera que o vencimento ocorreria «na data em que as obrigações se tornassem exigíveis». Se essa data é

---

[49] Nesse sentido, GONÇALO ANDRADE E CASTRO, «Efeitos da declaração de insolvência sobre os créditos», *DJ*, 2005, p. 284.

[50] Trata-se, aliás, de um preceito que é convocado a vários propósitos. Cfr., p. ex., o art. 91.º, 6 e 7. Mas, por outro lado, o art. 92.º já ressalva que o vencimento imediato por força do art. 92.º, 1, de «dívidas abrangidas em plano de regularização de impostos e de contribuições para a segurança social» tem os efeitos atribuídos ao incumprimento do plano nos diplomas legais respetivos.

UM CURSO DE DIREITO DA INSOLVÊNCIA

indeterminada, então considera-se que o vencimento ocorreria na data em que provavelmente as obrigações se tornariam exigíveis.

O cálculo torna-se ainda mais complexo se a obrigação é fracionada. Quando isso aconteça, toda a operação acima descrita deve ser realizada a cada uma das prestações ainda não exigíveis (art. 91.º, 3).

Referimos que a redução da obrigação, nos termos acima expostos, ocorre quando a obrigação ainda não é exigível à data da declaração da insolvência. Porém, o art. 91.º, 5, vem acrescentar que tal redução também ocorre quando tem lugar a perda do benefício do prazo em resultado da situação de insolvência ainda não declarada judicialmente, nos termos do art. 780.º, 1, CCiv..

O regime de redução previsto torna-se mais compreensível se tivermos em conta que a declaração de insolvência não impede a contagem de juros[51]. Mas, naturalmente, isso também mostra que a estabilização do passivo não é absoluta[52].

O 92.º vem estabelecer que o vencimento imediato, nos termos do art. 91.º, 1, de dívidas abrangidas em plano de regularização de impostos e contribuições para a segurança social tem os mesmos efeitos que são estabelecidos para o incumprimento desses planos na legislação respetiva. Os montantes exigíveis serão também calculados em função do que resultar dessa legislação.

4.3. Créditos por alimentos

A declaração de insolvência tem consequências no que diz respeito à possibilidade de exigir alimentos do insolvente quanto a período posterior àquela declaração. Com efeito, o art. 93.º determina que esse direito *só pode ser exercido contra a massa insolvente no caso de não haver qualquer pessoa referida no art. 2009.º do CCiv. em condições de os prestar*. Verificado esse pressuposto, o juiz fixará o montante dos alimentos a pagar.

---

[51] Os credores da insolvência devem ter isso em conta ao redigirem a reclamação de créditos: cfr. o art. 128.º, 1, *e*). Sobre isto, GONÇALO ANDRADE E CASTRO, «Efeitos da declaração de insolvência sobre os créditos», cit., p. 283.

[52] Salientando isso mesmo, MARIA JOSÉ COSTEIRA, «O Código da Insolvência e da Recuperação de Empresas revisitado», cit., p. 79.

EFEITOS DA DECLARAÇÃO DE INSOLVÊNCIA

4.4. Créditos sob condição resolutiva

Um crédito sob condição resolutiva é, no âmbito do CIRE, aquele cuja «subsistência» está sujeita à não verificação de um acontecimento futuro e incerto, seja por força da lei, de decisão judicial ou de negócio jurídico (art. 50.º, 1). Esses créditos são tratados no processo de insolvência como se não estivessem sujeitos a qualquer condição até que esta se preencha. Uma vez verificada a condição, o titular do crédito que tenha recebido algum pagamento deve restituí-lo (art. 94.º).

4.5. Responsáveis solidários e garantes

O titular de um crédito pelo qual respondem dois ou mais devedores solidários insolventes pode, no processo de insolvência de cada um daqueles devedores, concorrer pela totalidade do seu crédito a cada uma das massas insolventes. E a mesma coisa pode fazer em relação a garantes insolventes. No entanto, a soma do que receber em cada um dos processos de insolvência não pode exceder o montante do seu crédito (art. 95.º, 1).

Compreende-se, por isso, o teor do art. 179.º, 1, que impede o credor de receber qualquer quantia num processo de insolvência que corre contra um devedor solidário se está pendente um processo de insolvência contra outro devedor solidário enquanto o credor não apresentar certidão comprovativa dos montantes recebidos neste outro processo. Claro que o mesmo vale se correrem mais processos de insolvência contra outros devedores solidários. Por sua vez, o administrador da insolvência deve dar conhecimento dos pagamentos que efetue aos demais processos de insolvência mencionados.

Note-se, porém, que o art. 179.º, 1, apenas trata expressamente dos casos em que existem dois ou mais devedores solidários. Não se preocupa, por isso, com os garantes do devedor insolvente. Mas não custa a aceitar a aplicação, por analogia, do mesmo regime[53].

---

[53] CARVALHO FERNANDES/JOÃO LABAREDA, *Código da Insolvência e da Recuperação de Empresas anotado*, cit., p. 661, propendem a «ler coobrigados onde a lei fala em condevedores» quanto ao art. 179.º.

O art. 95.º, 2, diz respeito a casos em que o credor de uma dívida solidária ou que tem garantes não reclama o crédito no processo de insolvência do devedor (ou de um dos condevedores). Quando assim seja (e só quando assim seja), os outros condevedores solidários ou o garante podem exercer no processo de insolvência o seu direito decorrente do eventual pagamento futuro da dívida em causa. Como os condevedores e o garante ainda não pagaram ao credor, o seu crédito é considerado sob condição suspensiva. Mas, para que se saiba se o credor reclamou ou não o seu crédito, é preciso esperar pelo fim do prazo para o efeito.

Além disso, pode dar-se o caso de também o condevedor solidário estar insolvente. Se liquidar a dívida solidária apenas parcialmente, não pode ser pago nos processos de insolvência dos condevedores sem que o credor esteja integralmente satisfeito (art. 179.º, 2).

4.6. Conversão de créditos

Os credores não são sempre titulares apenas de créditos de natureza pecuniária expressos em euros. Seria difícil ter em conta todos os seus créditos de diferente natureza no âmbito do processo de insolvência porque nem sempre é possível a comparabilidade.

Para que se torne mais fácil comparar esses créditos[54], o art. 96.º vem estabelecer que, para efeitos da participação do titular no processo de insolvência, deve ser realizada uma operação de conversão[55].

Assim, os créditos *não pecuniários* e os créditos *pecuniários sem montante determinado* «são atendidos pelo valor em euros estimável à data da declaração de insolvência». Por sua vez, os créditos que estão expressos em moeda estrangeira ou índices «são atendidos pelo valor em euros à cotação em vigor à data da declaração de insolvência no lugar do respectivo pagamento».

---

[54] Cfr. GONÇALO ANDRADE E CASTRO, «Efeitos da declaração de insolvência sobre os créditos», cit., p. 281.

[55] Que, nalguns casos, se pode tornar definitiva: cfr. o art. 96.º, 2. Mas v. tb. o art. 99.º, 2, *b*), que retira relevo à conversão em dinheiro em certos casos.

4.7. Extinção de certas garantias

O art. 97.º, 1, enumera um grande conjunto de garantias que se extinguem com a declaração de insolvência. Nuns casos, estamos perante garantias reais (als. *b)*, *c)*, *d)* e *e)*), noutros não (al. *a)*). Algumas das garantias são acessórias de créditos de que são titulares o Estado, as autarquias locais e as instituições de segurança social (als. *a)*, *b)* e *c)*)[56], outras extinguem-se independentemente do titular do crédito de que são acessórias (als. *d)* e *e)*). Se parte das hipóteses tem em conta a data da *constituição do crédito* (al. *a)*), outras consideram relevante a data de *vencimento* do crédito (al. *b)*), a data de *requerimento do registo* da garantia (al. *c)*) ou a data de constituição da garantia e do *pedido do registo* ou do *registo* (al. *d)*) e noutras ainda é relevante a distinção entre créditos *subordinados* e *não subordinados* (al. *e)*).

4.8. Inadmissibilidade de registo de certas garantias

Em relação às hipotecas legais que garantam créditos sobre a insolvência, o art. 97.º, 2, começa por afastar a possibilidade de registo das mesmas depois de declarada a insolvência do devedor. Essa impossibilidade de registo estende-se inclusivamente para além do encerramento do processo de insolvência. Porém, o registo já será admissível se o *pedido* do mesmo tiver sido apresentado *antes da declaração de insolvência* ou, no caso das hipotecas legais que forem acessórias de créditos sobre a insolvência do Estado, autarquias locais ou instituições de segurança social, se o pedido de registo tiver sido apresentado com uma *antecedência de (pelo menos) dois meses* em relação à data da declaração de insolvência.

4.9. Compensação: limites e exclusão

O titular de *créditos sobre a insolvência* que, simultaneamente, tenha *dívidas à massa* insolvente poderia ter interesse em efetuar a compensação. Como é

---

[56] Quanto ao problema de saber se são abrangidos os créditos de institutos públicos, cfr. os Acs. STJ/1/2001, DR, Série I-A, de 5.01.01, p. 52 e ss., STJ de 01/07/2008 (Relator: Sousa Leite), Proc. n.º 08P1722, in www.dgsi.pt, RUI MORAIS, «Os credores tributários no processo de insolvência», cit., p. 219, e MIGUEL LUCAS PIRES, *Dos privilégios creditórios. Regime jurídico e sua influência no concurso de credores*, cit., p. 406.

sabido, a compensação está prevista como causa de extinção das obrigações nos arts. 847.º e ss. do CCiv.[57]

No entanto, o art. 99.º começa por estabelecer alguns limites à compensação de *créditos sobre a insolvência* com *dívidas à massa insolvente*[58]. Assim, para que essa compensação possa ocorrer, e sem prejuízo do disposto noutras normas do CIRE, será necessário que seja respeitado *pelo menos um* dos requisitos a seguir indicados.

Aquela compensação será antes de mais possível se o preenchimento dos *pressupostos legais* da compensação ocorre *antes da data da declaração da insolvência* (1.º requisito). Tais pressupostos acham-se identificados no art. 847.º, 1: ser o crédito de quem pretende a compensação «exigível judicialmente e não proceder contra ele exceção, peremptória ou dilatória, de direito material»; «terem as duas obrigações por objecto coisas fungíveis da mesma espécie e qualidade»[59].

A compensação referida também é admitida (2.º requisito) se o *crédito sobre a insolvência* preencheu os requisitos do art. 847.º *antes do contra-crédito da massa*[60].

Contudo, para que se considere preenchido algum dos requisitos acabados de enunciar:

---

[57] Sobre a matéria, com muito interesse, cfr. o Ac. RL de 06.03.2014, Proc. n.º 961/08.1 TYLSB.K.L1-2 (Relatora: Teresa Albuquerque). Quanto à evolução do regime no âmbito do direito da falência/insolvência, Hugo Ferreira, «Compensação e insolvência (em particular, na cessão de créditos para titularização)», in Rui Pinto (coord.), *Direito da insolvência. Estudos*, Coimbra Editora, Coimbra, 2011, p. 36 e ss.. V. tb o art. 6.º do Regulamento 1346/2000 e o art. 9.º do Regulamento 2015/848. Há que contar ainda com eventuais regimes especiais: v. p. ex., o art. 279.º do CT.

[58] Sublinhando a função de garantia desempenhada pela compensação, Pestana de Vasconcelos, «Direito de retenção, *par conditio creditorum*, justiça material», cit., p. 12.

[59] No entanto, nos termos do art. 99.º, 3, a compensação de créditos sobre a insolvência com dívidas à massa «não é prejudicada pelo facto de as obrigações terem por objecto divisas ou unidades de cálculo distintas, se for livre a sua conversão recíproca no lugar do pagamento do contra-crédito, tendo a conversão lugar à cotação em vigor nesse lugar na data em que a compensação produza os seus efeitos».

[60] Mas já não se a dívida à massa se constitui após a data da declaração de insolvência (art. 99.º, 4, *a*)). Ainda assim, a compensação nos casos previstos no art. 99.º, 1, *b*), tem sido apelidada de garantia oculta: Gonçalo Andrade e Castro, «Efeitos da declaração de insolvência sobre os créditos», DJ, XIX, t. II, 2005, p. 287.

a) Não releva a simples perda do benefício do prazo prevista no art. 780.º, 1, do CCiv., sendo útil recordar que este último preceito permite ao credor exigir o cumprimento imediato da obrigação, em certos casos, não obstante a existência de prazo a favor do devedor, e que o art. 847.º, 1, *a*), CCiv. exige precisamente que o crédito de quem pretende a compensação seja exigível judicialmente;
b) Não releva o vencimento antecipado resultante do disposto no art. 91.º, 1, o que deve ser lido tendo em conta, mais uma vez, o art. 847.º, 1, a), CCiv.;
c) Não releva a conversão em dinheiro resultante do estabelecido no art. 96.º, sendo isso importante na medida justamente em que o art. 847.º, 1, b), do CCiv. exige que as duas obrigações tenham por objeto «coisas fungíveis da mesma espécie e qualidade».

Até agora vimos algumas limitações à compensação de créditos sobre a insolvência com dívidas à massa. Contudo, o art. 99.º, 4, indica casos em que essa compensação é *excluída*. É o que acontece:

a) Quando a *dívida à massa* se constitui *após* a data da declaração de insolvência;
b) Quando o credor da insolvência *adquire* o seu crédito de outrem *após* a data da declaração de insolvência;
c) Quando as dívidas do insolvente *não responsabilizam a massa*;
d) No que diz respeito à compensação entre dívidas à massa e *créditos subordinados* sobre a insolvência.

4.10. Efeitos quanto a juros

A declaração de insolvência do devedor *não suspende* a contagem de juros. No entanto, mesmo os juros de créditos *não subordinados* constituídos após declaração de insolvência serão em regra *subordinados* (art. 48.º, *b*)). São exceções os que sejam abrangidos por garantia real e por privilégios creditórios gerais, mas ainda assim apenas até ao valor dos bens respetivos.

Também os juros de créditos subordinados constituídos após a declaração de insolvência são créditos subordinados (art. 48.º, *f*)).

4.11. Suspensão de prazos de prescrição e caducidade

Após a sentença de declaração de insolvência e enquanto o processo de in-solvência estiver pendente («durante o decurso do processo», diz a lei), dá-se a suspensão de todos os prazos de prescrição e de caducidade que o devedor pudesse opor (art. 100.º).[61]

4.12. Sistemas de liquidação

Como se lê no art. 101.º, os arts. 283.º e ss. do CVM prevalecem sobre as regras do CIRE relativas aos efeitos da declaração de insolvência sobre os negócios em curso. Para compreendermos este regime, é necessário ter em conta que estão em causa normas do CVM sobre a insolvência de participantes em sistemas de liquidação de instrumentos financeiros. Tais sistemas «são criados por acordo escrito pelo qual se estabelecem regras comuns e procedimentos padronizados para a execução de ordens de transferência, entre os participantes, de instru-mentos financeiros ou de direitos deles destacados» (art. 266.º, 1, CVM)[62].

5. Efeitos sobre os negócios em curso

5.1. Considerações iniciais

O CIRE[63] dedica especial atenção aos efeitos da declaração de insolvência sobre os negócios em curso. A leitura dos vários preceitos ali encontrados deve ser realizada tendo em conta, por exemplo, qual é o *sujeito insolvente* na

---

[61] Mas v., decidindo «Julgar inconstitucional, por violação do artigo 165.º, n.º 1, alínea i), da Constituição, a norma do artigo 100.º do Código da Insolvência e da Recuperação de Empre-sas, aprovado pelo Decreto-Lei n.º 53/2004, de 18 de março, interpretada no sentido de que a declaração de insolvência aí prevista suspende o prazo prescricional das dívidas tributárias imputáveis ao responsável subsidiário no âmbito do processo tributário», o Ac. TC n.º 760/14 (Relator: Pedro Machete).

[62] V., com interesse, o art. 9.º do Regulamento 1346/2000 e o art. 12.º do Regulamento 2015/848.

[63] Quanto ao regime na vigência do CPEREF, pode ler-se OLIVEIRA ASCENSÃO, «Efeitos da falência sobre a pessoa e negócios do falido», cit., p. 327 e ss..

EFEITOS DA DECLARAÇÃO DE INSOLVÊNCIA

relação negocial, se já *houve ou não cumprimento* de alguma das partes e se os créditos em causa são *sobre a insolvência* ou *sobre a massa* insolvente. E, sobretudo, encontraremos diferenças quanto à *suspensão* ou não do contrato, quanto à possibilidade ou impossibilidade de o administrador da insolvência *optar* pelo cumprimento ou pela recusa de incumprimento.

A importância dos preceitos relativos aos efeitos da declaração de insolvência sobre os negócios em curso retira-se, nomeadamente, do disposto no art. 119.º. O respetivo n.º 1 estabelece que é nula qualquer convenção das partes que exclua ou limite as normas constantes dos arts. 102.º-118.º.

É, aliás, expressamente considerada nula a cláusula pela qual se considere que a situação de insolvência de uma das partes no negócio constitui condição resolutiva do mesmo. Nula é também a cláusula que, no caso de insolvência de uma das partes, confere à outra parte um direito de indemnização, resolução ou denúncia em termos diferentes dos contidos no Capítulo em causa.

No entanto, a situação de insolvência pode constituir justa causa de *resolução* ou *denúncia* «em atenção à natureza e conteúdo das prestações contratuais» (art. 119.º, 3).

O regime do CIRE não prevê os efeitos sobre todos os negócios em curso, uma vez que é possível encontrar noutros diplomas legais normas aplicáveis a certos negócios[64]. O próprio art. 16.º, 3, ressalva a aplicação do regime relativo a contratos de garantia financeira[65].

---

[64] Cfr., p. ex., o art. 98.º do Regime Jurídico do Contrato de Seguro. Pode também colocar-se a questão de saber se um contrato não previsto expressamente fica sujeito ao regime do art. 102.º ou se há que recorrer, por via analógica designadamente, a outra norma: v., p. ex., para a cessão de créditos em garantia, PESTANA DE VASCONCELOS, *A cessão de créditos em garantia e a insolvência*, Coimbra Editora, Coimbra, 2007, p. 831 e ss..

[65] Cfr. a Diretiva 2002/47/CE, do Parlamento Europeu e do Conselho, de 6 de junho de 2002, a Diretiva 2009/44/CE, do Parlamento Europeu e do Conselho, de 6 de maio, e o DL 105/2004, de 8 de maio, alterado pelo DL 85/2011, de 29 de junho, e pelo DL 192/2012, de 23 de agosto. O art. 18.º, 1, do DL 105/2004 estabelece, por exemplo, que em «situação de abertura ou prossecução de um processo de liquidação ou de adopção de medidas de saneamento relativas ao prestador ou ao beneficiário da garantia, os contratos de garantia financeira produzem efeitos nas condições e segundo os termos convencionados pelas partes». Sobre o regime das garantias financeiras em caso de insolvência, JOÃO LABAREDA, «Contrato de garantia financeira e insolvência das partes contratantes», *Estudos dedicados ao Professor Doutor Luís Alberto Carvalho* Fernandes, vol. II, UCP, Lisboa, 2011, p. 101 e ss., PESTANA DE VASCONCELOS, *Direito das garantias*, cit., p. 581 e ss..

5.2. O art. 102.º: «Princípio geral quanto aos negócios ainda não cumpridos»

5.2.1. Negócios a que se aplica

O art. 102.º tem por epígrafe «Princípio geral quanto aos negócios ainda não cumpridos». Contudo, lendo o seu n.º 1 verificamos que afinal parecem estar em causa apenas *contratos bilaterais ainda não cumpridos na totalidade por qualquer das partes* à data da declaração de insolvência. Parece assim difícil defender a aplicação, por analogia, do regime contido no art. 102.º aos negócios jurídicos unilaterais e aos contratos unilaterais[66].

Por outro lado, também fica por saber qual é o regime aplicável se por acaso a contraparte *já cumpriu na totalidade* a prestação a que se obrigara. Parece, nesse caso, que o art. 102.º, não terá aplicação. Mas o que deve então fazer o administrador da insolvência? Cumprir ou aceitar o cumprimento, como defende Oliveira Ascensão[67]? Maria do Rosário Epifânio[68] considera que deve a contraparte «reclamar o seu crédito face ao insolvente no processo de insolvência, ficando o devedor impedido de satisfazer este crédito». E julgamos que tem razão[69]. Com efeito, se uma das partes já cumpriu integralmente, há que ver se há alguma coisa a receber ou a entregar pela outra e verificar qual é o regime aplicável.

Chama-se ainda a atenção para o facto de o art. 102.º, 1, ressalvar o disposto «nos artigos seguintes», sendo igualmente de ter em conta o que possa resultar de outros diplomas legais aplicáveis a cada concreto negócio. Assim,

---

[66] Aceitando essa analogia, Oliveira Ascensão, «Insolvência: efeitos sobre os negócios em curso», *Themis*, Edição Especial, 2005, O Novo Direito da Insolvência, p. 111 e s.; rejeitando-a, Pestana Vasconcelos, «O novo regime insolvencial da compra e venda», *RFDUP*, III, 2006, p. 537, Maria do Rosário Epifânio, *Manual de direito da insolvência*, cit., p. 176, Menezes Leitão, *Direito da insolvência*, cit., p. 179, e Gisela César, *Os efeitos da insolvência sobre o contrato-promessa em curso*, Almedina, Coimbra, 2015, p. 76. Para o direito alemão, considerando inaplicável o § 103 da InsO aos contratos unilaterais (*einseitig verpflichtende Verträge*) e aos negócios jurídicos unilaterais (*einseitige Rechtsgeschäfte*), Gerhart Kreft/Michael Huber, «§ 103», in Kirchoff, Hans-Peter/Eidenmüller, Horst/Stürner, Rolf (her.), *Münchener Kommentar zur Insolvenzordnung*, Bd. 2, 3. Aufl., Beck (Beck-online), München, 2013, Rn. 91.

[67] Oliveira Ascensão, «Insolvência: efeitos sobre os negócios em curso», cit., p. 113.

[68] Maria do Rosário Epifânio, *Manual de direito da insolvência*, cit., 2014, p.177.

[69] Para uma leitura semelhante perante o § 103 da InsO, Gerhart Kreft/Mchael Huber, «§ 103», in Kirchoff, Hans-Peter/Eidenmüller, Horst/Stürner, Rolf (her.), *Münchener Kommentar zur Insolvenzordnung*, cit., Rn. 60.

e pensando em particular na compra e venda[70], o art. 102.º deve ser lido tendo especialmente em consideração o disposto nos arts. 103.º (no caso de prestação «fracionável na entrega de várias coisas, não facilmente substituíveis, entre as quais interceda uma conexão funcional»), 104.º (compra e venda com reserva de propriedade)[71], 105.º (compra e venda sem cumprimento da obrigação de entrega mas com transmissão da propriedade já efetuada) e 107.º (compra e venda a prazo). Assim, se houver reserva de propriedade há que contar com o art. 104.º. E se não houve cumprimento da obrigação de entrega mas a propriedade já foi transmitida, é necessário convocar o art. 105.º[72]. No entanto, nem sempre a propriedade sobre a coisa vendida se transfere por mero efeito da compra e venda sem reserva de propriedade.

5.2.2. A suspensão do cumprimento e a opção do administrador da insolvência

Para os negócios abrangidos pelo art. 102.º, 1, a lei estabelece que o respetivo cumprimento fica *suspenso* até que o administrador da insolvência declare que opta pela execução do contrato ou pela recusa do cumprimento[73]. Embora o CIRE não defina um prazo para essa opção, o n.º 2 do art. 102.º permite que a outra parte no negócio *fixe* um prazo «razoável» ao administrador da insolvência *para que este opte* por uma das duas alternativas. Caso, porém, não indique, dentro do prazo fixado, qual é a sua opção, decorre do referido preceito que se deve considerar que o administrador *recusa* o cumprimento[74].

---

[70] Tratando-se de imóveis, v. o art. 8.º do Regulamento 1346/2000 e o art. 11.º do Regulamento 2015/848.

[71] Quanto a esta, v. tb. o art. 7.º do Regulamento 1346/2000 e o art. 10.º do Regulamento 2015/848.

[72] Lembrando tudo isto, PESTANA DE VASCONCELOS, «O novo regime insolvencial da compra e venda», cit., p. 534 e s..

[73] Afirmando tratar-se de um direito potestativo de opção do administrador da insolvência, CATARINA SERRA, *O regime português da* insolvência, cit., p. 94, NUNO PINTO DE OLIVEIRA, «Efeitos da declaração de insolvência sobre os negócios em curso: em busca dos princípios perdidos?», *I Congresso de Direito da Insolvência*, Almedina, Coimbra, 2013, p. 208. Mas, como já vimos, pode estar em causa um ato de especial relevo (art. 161.º).

[74] Para além disso, o STJ já aceitou que a recusa do cumprimento fosse tácita: cfr. o Ac. STJ de 22.02.2011, Proc. n.º 1548/06.9TBEPS-D.G1-S1, referenciado por CARVALHO FERNANDES /JOÃO LABAREDA, *Código da Insolvência e da Recuperação de Empresas anotado*, cit., p. 484.

UM CURSO DE DIREITO DA INSOLVÊNCIA

A opção não existe se for «manifestamente improvável» o cumprimento pontual das obrigações contratuais pela massa insolvente. O art. 104.º, 2, considera que nesses casos a opção pela execução é «abusiva», o que significa que está excluída[75].

Se o administrador da insolvência optar pela *execução* do contrato, deve ser tido em conta que as dívidas resultantes de «contrato bilateral cujo cumprimento não seja recusado» por aquele são consideradas, em princípio, *dívidas da massa insolvente* (art. 51.º, 1, *f*)). Não será assim «na medida correspondente à contraprestação já realizada pela outra parte anteriormente à declaração de insolvência ou em que se reporte a período anterior a essa declaração»: ou seja, está pressuposto que a outra parte já realizou uma contraprestação antes da declaração de insolvência ou mesmo depois mas que se reporta a período anterior à declaração referida.

No exercício do direito de optar, o administrador da insolvência deve necessariamente olhar para o que é vantajoso para a massa insolvente[76] e para o conjunto dos credores[77].

5.2.3. A recusa do cumprimento pelo administrador da insolvência

As consequências da *recusa do cumprimento pelo administrador da insolvência* são pormenorizadamente abordadas no art. 102.º, 3.

Primeira regra: a recusa *não* confere às partes o direito à restituição do que já *tiver sido prestado* (n.º 3, *a*))[78]. Mas, evidentemente, pode não ter sido realizada qualquer prestação.

Segunda regra: a lei confere à *massa insolvente* o direito de exigir «o valor da contraprestação correspondente à prestação já efectuada pelo devedor,

---

[75] Defendendo a sujeição do direito de opção à «sindicância da cláusula geral da boa fé», NUNO PINTO DE OLIVEIRA, «Efeitos da declaração de insolvência sobre os negócios em curso: em busca dos princípios perdidos?», cit., p. 210.

[76] Cfr. NUNO PINTO DE OLIVEIRA, «Efeitos da declaração de insolvência sobre os negócios em curso: em busca dos princípios perdidos?», cit., p. 208.

[77] Assim também, para a Alemanha e perante o § 103 *InsO*, GERHART KREFT/MICHAEL HUBER, «§ 103», », in KIRCHOFF, HANS-PETER/EIDENMÜLLER, HORST/STÜRNER, ROLF (her.), *Münchener Kommentar zur Insolvenzordnung*, cit., Rn. 2.

[78] Defendendo a interpretação restritiva do art. 102.º, 3, a), «para que só se aplique á restituição em espécie», CATARINA SERRA, *O regime português da insolvência*, cit., p. 95.

EFEITOS DA DECLARAÇÃO DE INSOLVÊNCIA

na medida em que não tenha sido ainda realizada pela outra parte» (n.º 3, *b*)). Este regime retira alguma da utilidade à primeira regra quando a prestação efetuada pelo *devedor* foi realizada em dinheiro[79]. E, evidentemente, só se aplica quando o *devedor insolvente* tinha já cumprido uma parte daquilo a que estava obrigado. Nos termos do n.º 3, *e*), a obrigação da al. *b*) pode servir a qualquer das partes para compensação das obrigações das als. *c*) e *d*).

Terceira regra: a *outra parte* tem o direito de exigir o valor da prestação do devedor insolvente, na parte por este ainda não cumprida, *deduzido* do valor da contraprestação correspondente ainda não realizada por aquela (n.º 3, *c*)). Está assim pressuposto que o devedor insolvente *não cumpriu na totalidade* a sua prestação, como aliás decorre já do n.º 1 do art. 102.º. Mas, por outro lado, a dedução referida justifica-se porque estamos perante um valor que a outra parte *não terá que realizar*. O valor a que a outra parte tenha direito é considerado crédito sobre a insolvência. Mais uma vez lembramos que, nos termos do n.º 3, *e*), «qualquer das partes pode declarar a compensação das obrigações referidas nas alíneas *c*) e *d*) com a aludida na alínea *b*), até à concorrência dos respectivos montantes».

Quarta regra: o eventual direito a *indemnização dos prejuízos* causados à outra parte pelo incumprimento do negócio[80] está sujeito a um *limite* e a uma *dedução*, sendo considerado crédito sobre a insolvência (n.º 3, *d*), *iii*)).

O *limite*, imposto na al. i), é o que resulta do n.º 1, *b*): é o valor da «contraprestação correspondente à prestação já efectuada pelo devedor, na medida em que não tenha sido ainda realizada pela outra parte»[81].

---

[79] CARVALHO FERNANDES / JOÃO LABAREDA, *Código da Insolvência e da Recuperação de Empresas anotado*, cit., p. 463, vão mais longe, pois consideram que «a expressão "valor da contraprestação" não deve ser entendida à letra e que, se a prestação não realizada pela outra parte for de coisa, é esta que, pelo menos em príncipio, deve ser prestada e não o *seu valor*». No entanto, os autores não explicam como é que esta sua leitura casa com o n.º 3, *a*) e com a referência do n.º 3, *b*), à «medida em que não tenha sido ainda realizada pela outra parte».

[80] Considerando que se trata de indemnização quanto a outros prejuízos que não os resultantes das diferenças de valor entre prestações, NUNO PINTO DE OLIVEIRA, «Efeitos da declaração de insolvência sobre os negócios em curso: em busca dos princípios perdidos?», cit., p. 221.

[81] Mas veja-se, defendendo uma interpretação restritiva, PESTANA DE VASCONCELOS, «O novo regime insolvencial da compra e venda», p. 540 e s. (o limite só se aplica se o insolvente realizou parte da sua prestação sem que a outra parte tenha realizado a contraprestação correspondente; nos outros casos não se aplicará o limite à indemnização); contra,

A *dedução* (n.º 3, *d*), *ii*)), por sua vez, será efetuada abatendo o valor a que essa outra parte já tenha direito por força da al. *c*) do n.º 1: «o valor da prestação do devedor, na parte incumprida, deduzido do valor da contraprestação correspondente que ainda não tenha sido realizada».

A possibilidade de *compensação* prevista no n.º 3, *e*), não deve ser esquecida.

5.3. «Prestações indivisíveis» (!)

5.3.1. A terminologia e as hipóteses

Apesar da epígrafe do art. 103.º[82], o que neste preceito efetivamente encontramos é um regime para contratos que impõem prestações *infungíveis*[83] ou prestações *fracionáveis* «na entrega de várias coisas, não facilmente substituíveis» e entre as quais «interceda uma conexão funcional».

No entanto, se o contrato impõe a uma das partes uma *prestação infungível* que se *desdobra em parcelas autónomas*, é ainda preciso averiguar se alguma ou algumas dessas parcelas *já tinham sido efetuadas* quando foi declarada a insolvência. Se nenhuma dessas parcelas tinha então sido efetuada, o art. 103.º aplicar-se-á nos termos que são abaixo expostos a todas elas. Mas se alguma ou algumas das parcelas autónomas referidas *já tinha sido efetuada* quando foi declarada a insolvência, então o art. 103.º, 1 a 5, só terá aplicação às parcelas autónomas restantes, «repartindo-se a contraprestação por todas elas, pela forma apropriada» (art. 103.º, 6).

O art. 103.º faz a distinção entre os casos em que é a *outra parte* que está obrigada à realização da prestação em causa ou é antes o *devedor insolvente*. É com base nessa distinção que passamos a analisar aquele regime. Mas sempre tendo presente que o mesmo não afasta totalmente o teor do art. 102.º.

NUNO PINTO DE OLIVEIRA, «Efeitos da declaração de insolvência sobre os negócios em curso: em busca dos princípios perdidos?», cit., p. 224.

[82] Cfr. as críticas de OLIVEIRA ASCENSÃO, «Insolvência: efeitos sobre os negócios em curso», cit., p. 117,

[83] Porém, NUNO OLIVEIRA/CATARINA SERRA, «Insolvência e contrato de promessa», *ROA*, 2010, ano 70, I-IV, p. 410, defendem que deve ser feita uma interpretação corretiva: onde está «prestação infungível» deve ler-se «prestação de coisa não substituível» ou de «coisa não facilmente substituível».

EFEITOS DA DECLARAÇÃO DE INSOLVÊNCIA

5.3.2. É a outra parte que está obrigada à realização da prestação

a) A outra parte exerce o direito de completar a sua prestação

Vamos começar por ver o primeiro dos grupos referidos. E vamos começar pelo n.º 2 do art. 103.º. Com efeito, o que ali se diz é que a *outra parte* (obrigada realizar a prestação infungível ou prestação fracionável «na entrega de várias coisas, não facilmente substituíveis» e entre as quais «interceda uma conexão funcional») tem direito a «completar a sua prestação, e a exigir, como crédito sobre a insolvência, a parte da contraprestação em dívida». Quando assim seja, «cessa» o disposto nos arts. 103.º, 1, e 102.º. O crédito em causa, não obstante haver cumprimento do contrato, é um crédito sobre a insolvência.

Se o exercício pela outra parte do direito referido previsto no art. 103.º, 2, faz cessar o disposto no art. 102.º, isso parece querer dizer que, até lá, o contrato fica *suspenso*, pelo menos, enquanto não haja total cumprimento nem pelo insolvente, nem pela outra parte. Mas a lei podia ser bem mais clara.

Outro aspeto que também não é claro é o que diz respeito à relação entre o art. 103.º, 1, e o art. 103.º, 2. Numa primeira leitura, poderá entender-se que o direito de completar a prestação só é reconhecido após a opção do administrador da insolvência pela recusa do cumprimento[84]: é essa última hipótese que surge no n.º 1. Porém, diremos antes que o exercício pela outra parte do direito de completar a sua prestação nos termos daquele n.º 2 afasta a possibilidade de o administrador optar pela recusa de cumprimento.

O CIRE nada diz quanto ao prazo que a outra parte tem para exercer o direito de completar a sua prestação e a exigir a parte da contraprestação em dívida. Mas, naturalmente, como a parte da contraprestação em dívida constitui crédito sobre a insolvência, deve a outra parte ter em conta o prazo para a reclamação de créditos. Tirando isso, a aplicação por analogia do disposto no art. 102.º, 2, não parece absurda. O administrador da insolvência deveria assim fixar um prazo razoável à outra parte para dizer se exerce ou não o direito referido no art. 103.º, 2, findo o qual se considera que não o pretende exercer.

---

[84] Nesse sentido, PESTANA VASCONCELOS, «O novo regime insolvencial da compra e venda», cit., p. 547.

b) A outra parte não exerce o direito de completar a sua prestação

ba) O administrador recusa o cumprimento

Como vimos, se a outra parte *não exerce o direito de completar* a sua prestação o administrador da insolvência *pode recusar o cumprimento ou optar pela execução* do contrato. Neste caso, não se aplica o art. 103.º, 2, pois a outra parte não exerceu o direito de completar a prestação e a exigir a parte da contraprestação em dívida. E, portanto, afigura-se que não cessa o disposto no art. 102.º na parte em que não seja afastado pelo art. 103.º. Se assim for, então parece também que o contrato ficará *suspenso* até que o administrador da insolvência declare se opta pela execução ou recusa o cumprimento.

Se o administrador da insolvência *recusa o cumprimento*, a massa insolvente, se o *devedor insolvente já efetuou alguma prestação*, tem o direito de exigir da contraparte não o valor da contraprestação correspondente à prestação efetuada, mas sim a *restituição do que o devedor insolvente já tiver prestado*, na medida do enriquecimento da outra parte à data da declaração de insolvência (art. 103.º, 1, *a*)). Encontramos aqui duas grandes diferenças no que diz respeito ao regime do art. 102.º, 3. Em primeiro lugar, verificamos que pode agora dar-se a *restituição* do que tiver sido prestado. Em segundo lugar, é afastado o disposto no art. 102.º, 3, *b*).

Quanto à outra parte, terá direito a exigir, como crédito sobre a insolvência (art. 103.º, 1, *c*)): a) A *diferença* que lhe seja favorável entre os valores da totalidade das prestações contratuais; b) Se a *parte da prestação* por ela realizada *antes* da declaração de insolvência é *infungível*, o *reembolso do respetivo custo*; se essa prestação *não é infungível*, a *restituição do valor* dessa parte.

bb) O administrador da insolvência não recusa o cumprimento

Se o administrador da insolvência *não recusa* o cumprimento (e recorde--se que estamos a falar dos casos em que *a outra parte estava obrigada a realizar a prestação infungível ou fracionável*, nos termos do art. 103.º, 1), a outra parte tem direito à contraprestação. No entanto, essa contraprestação, apesar da opção do administrador da insolvência, não vai constituir na sua totalidade um crédito sobre a massa. Só vai constituir crédito sobre a massa na parte que «exceda o valor do que seria apurado por aplicação do disposto na alínea *c*) do n.º 1, caso o administrador da insolvência tivesse optado pela recusa do cumprimento». Mas esta limitação só terá sentido se a outra parte tiver realizado parcialmente a prestação antes da declaração de insolvência. Claro está que a outra parte também mantém o direito ao valor que não é considerado crédito sobre a massa: aquele constituirá um crédito sobre a insolvência, o que não deixa de fazer sentido uma vez que se trata do valor correspondente ao custo ou valor da parte da prestação realizada *antes* da declaração de insolvência (art. 103.º, 1, *c*)).

5.3.3. É o devedor insolvente que está obrigado à prestação

a) O administrador da insolvência recusa a realização da prestação

Se é o *devedor insolvente* que está obrigado a realizar uma prestação infungível ou fracionável nos termos do art. 103.º, 1, e se o administrador da insolvência *recusa* a prestação, temos mais uma vez de analisar a posição da massa insolvente e da outra parte.

No que diz respeito aos direitos da massa insolvente, há que distinguir consoante a natureza da prestação. Se a prestação é *infungível*, a massa insolvente não tem o direito de exigir o valor da contraprestação correspondente à prestação já efetuada pelo devedor insolvente. Se a prestação é *fracionável* nos termos previstos no art. 103.º, 1, a massa insolvente tem direito à restituição do valor da parte da prestação já efetuada antes da declaração de insolvência.

Por sua vez, a outra parte tem direito a exigir, como crédito sobre a insolvência, «a diferença, se favorável à outra parte, entre os valores da totalidade das prestações contratuais» e ainda, também como crédito sobre a insolvência, o reembolso do que já tiver prestado (art. 103.º, 4, *b*)).

b) O administrador da insolvência não recusa o cumprimento

Se o administrador da insolvência não recusa o cumprimento, cada uma das partes deve cumprir a prestação que lhe cabe. O direito da outra parte relativamente à contraprestação em dívida a cargo do devedor insolvente constitui na íntegra um crédito sobre a massa (art. 103.º, 5).

5.4. Venda com reserva de propriedade (e operações semelhantes)

5.4.1. A necessidade de articulação entre o art. 104.º e o art. 102.º

O art. 104.º tem em vista não apenas os contratos de *compra e venda com reserva de propriedade*, mas também os contratos de *locação financeira e de locação com a cláusula de que a coisa locada se tornará propriedade do locatário* depois de satisfeitas todas as rendas pactuadas (n.º 1). Com efeito, embora o n.º 2 apenas mande aplicar o n.º 1 aos contratos de locação financeira e de locação referidos, a verdade é que no n.º 3 surgem mencionados os locatários e no n.º 5 as rendas, o locador e o locatário.

Tenha-se ainda presente que, de acordo com o art. 104.º, 4, nos contratos de alienação de coisa determinada com reserva de propriedade em que o comprador seja o insolvente, a cláusula de reserva de propriedade só é oponível à massa no caso de ter sido estipulada por escrito até ao momento da entrega da coisa.

Mais uma vez, não é fácil ver onde pode ter lugar a aplicação do regime disponível no art. 102.º. No entanto, ele está ainda pressuposto. Só assim se entende o teor do art. 104.º, 3: «Sendo o comprador ou o locatário o insolvente, e encontrando-se ele na posse da coisa, o prazo fixado ao administrador da insolvência, nos termos do n.º 2 do artigo 102.º [...]».

5.4.2. O vendedor é o insolvente

Se o *vendedor* é o insolvente no contrato de compra e venda com reserva de propriedade, é necessário distinguir consoante a coisa vendida *já foi entregue* ao comprador na data da declaração de insolvência ou não.

Se foi, então o comprador pode exigir o cumprimento do contrato. Mais uma vez, a lei não fixa prazo para que essa exigência tenha lugar. Mas será que se pode dizer que, até ocorrer a exigência de cumprimento, o contrato fica suspenso? A lei também não o diz, mas a isso conduz o art. 102.º, 1, onde estejam verificados os pressupostos.

Se a outra parte não exigir o cumprimento do contrato ao vendedor insolvente, há que perguntar se o administrador da insolvência pode ou não *optar* entre o cumprimento ou a recusa de cumprimento. Parece que sim. É isso pelo menos que indica o art. 104.º, 5, que na sua parte final mostra aplicar-se tanto a casos em que o devedor insolvente é o comprador ou locatário, como naqueles em que é o vendedor ou locador[85].

Se o administrador, podendo fazê-lo, *recusar* o cumprimento do contrato, e sem prejuízo do eventual direito à separação da coisa, aplica-se o disposto no art. 102.º, 3, com as adaptações impostas pelo art. 104.º, 5. Assim:

a) Nenhuma das partes tem direito à restituição do que prestou;

b) A massa insolvente tem o direito de exigir da outra parte o valor da contraprestação correspondente à prestação já efetuada pelo devedor, na medida em que ainda não tenha sido realizada pela outra parte;

c) Se a outra parte for o *vendedor* ou o *locador*, terá direito a exigir, como crédito sobre a insolvência, a diferença, se positiva, entre o *montante das prestações ou rendas previstas até final do contrato, atualizadas* para a data da declaração de insolvência por aplicação do estabelecido no n.º 2 do art. 92.º, e o *valor da coisa na data da recusa*;

d) Se a outra parte for o *comprador* ou *locatário*, terá direito a exigir, como crédito sobre a insolvência, a diferença, se positiva, entre o *valor da coisa na data da recusa* e o montante das *prestações ou rendas previstas até final do contrato, atualizadas* para a data da declaração de insolvência por aplicação do estabelecido no art. 91.º, 2;

e) A outra parte mantém o direito à indemnização dos prejuízos referido no art. 102.º, 3, *d)*;

f) A compensação pode ter lugar nos termos mencionados no art. 102.º, 3, *e)*.

Como já se percebeu, o regime exposto aplica-se, sendo o locador o insolvente, aos contratos de locação financeira ou de locação com a cláusula de que a coisa locada se tornará propriedade do locatário depois de satisfeitas todas as rendas pactuadas (art. 104.º, 2 e 5).

---

[85] Quando a coisa não tenha sido entregue ao comprador na data da declaração de insolvência, o art. 104.º, 1 não se aplica. E parece que então o contrato ficará suspenso, nos termos do art. 102.º, 1, nos casos em que este seja aplicável, cabendo ao administrador da insolvência optar entre a execução do contrato ou a recusa do cumprimento. Considerando também aplicável o art. 102.º se não ocorrer a hipótese prevista no art. 104.º, 1, CARVALHO FERNANDES /JOÃO LABAREDA, *Código da Insolvência e da Recuperação de Empresas anotado*, cit., p. 468.

Se a coisa vendida *não tinha sido ainda entregue* ao comprador na data da declaração de insolvência, então há que ver se é aplicável o regime do art. 102.º do CIRE[86]. Desde logo, o vendedor insolvente não cumpriu na totalidade porque ainda não foi entregue a coisa vendida.

5.4.3. O comprador é o insolvente

O art. 104.º, 3, aplica-se se o devedor insolvente é o comprador ou o locatário que está na posse da coisa (que, por isso, terá sido entregue). Mais uma vez, está pressuposto o regime do art. 102.º, que tem agora de ser lido tendo em conta o art. 104.º.

Assim sendo, onde o art. 102.º, 1, se aplique, o cumprimento do contrato fica suspenso até que o administrador da insolvência declare optar pela execução ou pela recusa do cumprimento. Também aqui a outra parte pode fixar ao administrador da insolvência um prazo para este exercer a sua opção. A diferença está em que este prazo «não pode esgotar-se antes de decorridos cinco dias sobre a data da assembleia de apreciação do relatório». Não será assim «se o bem for passível de desvalorização considerável durante esse período e a outra parte advertir expressamente o administrador da insolvência dessa circunstância»[87]. A razão deste tempo mínimo para o exercício da opção pelo administrador da insolvência parece ser a de permitir que na assembleia de apreciação do relatório os credores verifiquem se a coisa de que o devedor insolvente é comprador ou locatário e que já está na sua posse tem ou não utilidade.

Se não é designado dia para a realização da assembleia de apreciação do relatório, parece que o prazo para o exercício da opção não pode terminar antes decorridos cinco dias sobre o dia que seja o 45.º subsequente à data de prolação da sentença de declaração da insolvência (art. 36.º, 4).

---

[86] Sobre isto, defendendo a aplicabilidade do art. 102.º, PESTANA VASCONCELOS, «O novo regime insolvencial da compra e venda», cit., p. 552.

[87] Podem estar em causa mercadorias facilmente perecíveis ou artigos sazonais: para a Alemanha, CLAUS OTT/MIHAI VUIA, «§ 107», in KIRCHOFF, HANS-PETER/EIDENMÜLLER, HORST/STÜRNER, ROLF (her.), *Münchener Kommentar zur Insolvenzordnung*, Bd. 2, 3. Aufl., Beck (Beck-online), München, 2013, Rn. 22.

EFEITOS DA DECLARAÇÃO DE INSOLVÊNCIA

Quando o administrador da insolvência, podendo fazê-lo, *recuse* o cumprimento do contrato, aplica-se novamente o art. 102.º, 3, com as adaptações referidas no art. 104.º, 5 (cfr. art. 105.º, 1, *b*)), nos termos acima referidos.

Mais uma vez chamamos a atenção para o facto de o n.º 3 e o n.º 5 mostrarem que o respetivo regime se aplica tanto à compra e venda com reserva de propriedade, como à locação financeira e ao contrato de locação com a cláusula de que a coisa locada se tornará propriedade do locatário depois de satisfeitas todas as rendas pactuadas.

5.5. Compra e venda sem entrega. A transmissão de outros direitos reais de gozo

No art. 104.º a compra e venda em causa é a que foi efetuada com *reserva de propriedade*. Por sua vez, o art. 105.º, 1, dirige-se também à compra e venda. Mas neste último caso não há reserva de propriedade: está, isso sim, em causa a compra e venda com transmissão da propriedade em que o vendedor ainda não cumpriu a sua obrigação de entrega, ressalvando embora o regime do art. 107.º. O art. 105.º, 1, obriga a distinguir consoante o devedor insolvente é o vendedor ou o comprador. É o que faremos.

Quando o devedor insolvente é o *vendedor*, o administrador da insolvência não pode recusar o cumprimento do contrato. Mas não é claro se o contrato se suspende ou não. À primeira vista, a solução mais razoável parece ser a de que não se suspende. Para que é que deveríamos suspender o contrato se na realidade o administrador da insolvência não tem de fazer qualquer opção?

Se o devedor insolvente é o *comprador*, a *recusa* de cumprimento pelo administrador da insolvência conduz aos efeitos previstos no art. 104.º, 5, aplicável «com as necessárias adaptações». Mas agora o administrador da insolvência volta a ter a possibilidade de optar entre a recusa e a execução. Logo, a suspensão já faz sentido.

Acrescente-se que o art. 105.º, 2, manda aplicar o n.º 1, com as devidas adaptações, «aos contratos translativos de outros direitos reais de gozo».

5.6. Efeitos sobre os contratos-promessa de compra e venda

5.6.1. Contratos-promessa de compra e venda com eficácia real e tradição

Os contratos-promessa são, como é sabido, convenções pelas quais alguém se obriga a celebrar certo contrato (art. 410.º, 1, CCiv.). Se o contrato prometido for uma compra e venda (e, portanto, se o contrato-promessa é um *contrato--promessa de compra e venda*), é necessário ter em conta o art. 106.º. Efetivamente, o n.º 1 tem em vista contratos-promessa de *compra e venda* (como aliás também o n.º 2). Mas não quaisquer contratos-promessa de compra e venda. Com efeito, são ali visados apenas os contratos-promessa com *eficácia real* se tiver havido *tradição* da coisa a favor do promitente-comprador. Quando seja esse o caso, o administrador da insolvência *não pode recusar* o cumprimento do contrato-promessa[88]. E compreende-se que assim seja apenas para os casos mencionados na norma. É que a eficácia real do contrato-promessa exige, entre outras coisas, o registo (art. 413.º, 1, CCiv.). E isso faz toda a diferença.

5.6.2. Contratos-promessa de compra e venda sem eficácia real e/ou sem tradição. O sinal e o direito de retenção

a) O art. 106.º, 2

Não havendo lugar à aplicação do art. 106.º, 1, o contrato-promessa de compra e venda fica sujeito ao art. 106.º, 2, que tanto diz respeito à insolvência do promitente-comprador como à do promitente-vendedor[89]. Se o administrador

---

[88] Mas v., defendendo que o contrato-promessa com eficácia real não deve ser «em caso algum, afectado pela declaração de insolvência», Luís MENEZES LEITÃO, *Direito da insolvência*, cit., p. 189. Para o Professor de Lisboa, justifica-se a aplicação do art. 106.º, 1, se tiver havido entrega ao promitente-comprador da coisa que se prometeu vender. Criticando o teor do art. 106.º, 1, BRANDÃO PROENÇA, «Para a necessidade de uma melhor tutela dos promitentes-adquirentes de bens móveis (máxime, com fim habitacional)», *CDP*, 22, abril/junho, 2008, p. 21, e PESTANA DE VASCONCELOS, «Direito de retenção, contrato-promessa e insolvência», *CDP*, n.º 33, janeiro/março, 2011, p. 11. Sobre o registo provisório da aquisição com base em contrato-promessa, considerando que o mesmo não afasta o regime do art. 106.º, 2, CATARINA SERRA, «O valor do registo provisório da aquisição na insolvência do promitente-alienante – Anotação ao acórdão do STJ de 12 de Maio de 2011, processo 5151/2006», *CDP*, Abr.-Jun 2012, p. 65 e s..

[89] Sustentando que o art. 106.º, 2, é apenas aplicável aos contratos-promessa sem sinal quando o insolvente é o promitente-vendedor, PESTANA DE VASCONCELOS, «Contrato-promessa

EFEITOS DA DECLARAÇÃO DE INSOLVÊNCIA

da insolvência, podendo fazê-lo, recusar o cumprimento do contrato-promessa, então aplica-se o art. 104.º, 5, «com as necessárias adaptações, quer a insolvência respeite ao promitente-comprador quer ao promitente-vendedor».

O art. 106.º, 2, compreende-se melhor se tivermos em conta que, não sendo aplicável o art. 106.º, 1 (sendo contrato-promessa, não é contrato-promessa de compra e venda; ou, sendo contrato-promessa de compra e venda, não tem eficácia real; ou sendo contrato-promessa de compra e venda com eficácia real, não houve tradição; ou sendo contrato-promessa de compra e venda com eficácia real e com tradição, é o promitente-comprador o insolvente), então o administrador da insolvência já pode optar. Já pode escolher entre recusar o cumprimento ou cumprir[90]. E, até lá, parece que o contrato ficará suspenso, nos termos do art. 102.º, 1[91].

Na verdade, o art. 106.º, 2, não contém todo o regime a que fica sujeito o contrato-promessa. Bem pelo contrário.

b) A prestação de sinal pelo promitente-comprador, sendo o promitente-vendedor o insolvente

O regime exposto não é muito claro quanto ao tratamento a dar no caso de eventual prestação de sinal pelo promitente-comprador se o insolvente é o promitente-vendedor. Sendo recusado o cumprimento do contrato-promessa

---

e falência/insolvência – Anotação ao Ac. do TRC de 17.4.2007, Agravo 65/03», *CDP*, n.º 24, 2008, p. 62 e s., «Direito de Retenção, contrato-promessa e insolvência», *CDP*, n.º33 – Janeiro/ Março de 2011, p. 9 e ss., MENEZES LEITÃO, *Direito da insolvência*, cit., p. 191, escreve que não parece que «nos contratos-promessa sinalizados, o promitente-vendedor possa reclamar a indemnização prevista no art. 104.º, n.º 5, em caso de insolvência do promitente-comprador, tendo apenas direito ao sinal recebido e a restituição e separação da coisa», só existindo aquele direito de indemnização se não foi entregue sinal.

[90] É também a posição defendida por CARVALHO FERNANDES/JOÃO LABAREDA, *Código da Insolvência e da Recuperação de Empresas* anotado, cit., p. 473, NUNO OLIVEIRA/CATARINA SERRA, «Insolvência e contrato de promessa», cit., p. GRAVATO MORAIS, «Promessa obrigacional de compra e venda com tradição da coisa e insolvência do promitente-vendedor», *CDP*, 29, janeiro/março, p. 4 e s..

[91] GRAVATO MORAIS, «Promessa obrigacional de compra e venda com tradição da coisa e insolvência do promitente-vendedor», cit., p. 6, PESTANA DE VASCONCELOS, «Direito de retenção, contrato promessa e insolvência», cit., p. 10 (o autor lembra que a suspensão impede a resolução do contrato por incumprimento; mas se o administrador da insolvência opta pelo cumprimento e depois não cumpre, aceita a possibilidade de resolução e o recurso à execução específica «pelo menos» nos casos do art. 830.º, 3, CCiv.).

pelo administrador da insolvência, perguntar-se-á se a contraparte que prestou *sinal* (o promitente-comprador) tem direito a exigir a *restituição do mesmo em dobro.*

A boa solução para esse problema parece ser a de considerar que, sendo lícita a recusa de cumprimento pelo administrador da insolvência, *não haverá lugar à restituição do sinal em dobro*[92]. Mas pode então o promitente-comprador exigir pura e simplesmente no processo de insolvência o valor (em singelo) do sinal pago? Tudo depende do sentido a dar ao art. 106.º. Disso também falaremos no ponto seguinte.

c) **Promitente-vendedor insolvente, recusa de cumprimento pelo administrador da insolvência, direito ao sinal e direito de retenção. O Ac. STJ de uniformização de jurisprudência n.º 4/2014 e a sua apreciação crítica**

ca) **A recusa de cumprimento pelo administrador da insolvência e o Ac. STJ n.º 4/2014**

No art. 755.º, 1, *f*), do CCiv. pode ler-se o seguinte: «Gozam ainda do direito de retenção [...] O beneficiário da promessa de transmissão ou constituição de direito real que obteve a tradição da coisa a que se refere o contrato prometido, sobre essa coisa, pelo crédito resultante do não cumprimento imputável à outra parte, nos termos do artigo 442.º».

---

[92] Assim também, Catarina Serra, *O regime português da insolvência*, cit., p. 105, Nuno Oliveira/Catarina Serra, «Insolvência e contrato de promessa», cit., p. 413 e s., Nuno Pinto Oliveira, «"Com mais irreflexão que culpa"? O debate sobre o regime da recusa de cumprimento do contrato-promessa», *CDP*, 36, outubro/dezembro, 2011, p. 3, e Gisela César, *Os efeitos da insolvência sobre o contrato-promessa em curso*, cit., p. 189. É igualmente o que se pode retirar do Sumário do Ac. RC de 30/11/2010: «4. – Ainda que haja sinal, porque o administrador da insolvência actua de forma lícita, no âmbito das suas atribuições e competências legais, ao abrigo da faculdade de recusa que lhe é conferida pelo artigo 106.º do CIRE, não se verifica o incumprimento culposo, mas antes uma forma especial de extinção do contrato, prevista na lei, sem que importe restituição em dobro». Considerando que o promitente-comprador terá direito à restituição do sinal em dobro no caso de o administrador da insolvência optar pela recusa do cumprimento e advogando uma interpretação restritiva do art. 106.º, 2, Gravato Morais, «Da tutela do retentor-consumidor em face da insolvência do promitente-vendedor – Ac. de Uniformização de Jurisprudência n. 4/2014, de 20.3.2014, Proc. 92/05», *CDP*, 46, abril/junho 2014, p. 56.

EFEITOS DA DECLARAÇÃO DE INSOLVÊNCIA

O direito de retenção previsto no art. 755.º, 1, *f*), do CCiv. não abrange apenas os contratos-promessa de compra e venda de coisa imóvel. Quanto ao crédito que, nos termos do art. 442.º do CCiv., resulta de não cumprimento imputável à outra parte, também ele não existe apenas quando estamos perante contratos-promessa de compra e venda de coisa imóvel.

Tem grande interesse saber se, tendo havido tradição da coisa *imóvel* prometida vender para o promitente-comprador, este último tem ou não o direito de retenção sobre a coisa até que lhe seja pago o valor do sinal entregue, quando o administrador da insolvência, sendo insolvente o promitente-vendedor, recusa o cumprimento do contrato-promessa de compra e venda. O problema apresentado tem um relevo prático que se torna evidente depois de olharmos para o art. 759.º, 1 e 2, do CCiv.. Daí se retira que o titular do direito de retenção sobre *coisa imóvel* tem, enquanto não entregar a coisa retida, «a faculdade de executar, nos mesmos termos em que o pode fazer o credor hipotecário, e de ser pago com preferência aos demais credores do devedor», prevalecendo então o direito de retenção sobre a hipoteca («ainda que esta tenha sido registada anteriormente»)[93].

Torna-se assim claro o problema com que podem ser confrontados os credores hipotecários e, em especial, os bancos financiadores.

Além disso, é preciso não esquecer que o direito real de retenção é um direito real de garantia. E os credores titulares de direitos reais de garantia, para além de serem titulares de créditos garantidos, merecem um tratamento especial no processo de insolvência: basta ver o que dispõe o art. 164.º, 2 e 3.

A jurisprudência mostrou-se dividida[94].

---

[93] Para uma crítica à solução legal, LEBRE DE FREITAS, «Sobre a prevalência, no apenso de reclamação de créditos, do direito de retenção reconhecido por sentença», *ROA*, 2006, II, p. 581 e ss.. Defendendo que «só poderá ser exercida a retenção que se reporte à tradição de um imóvel efectuada a um tempo em que o prédio não se encontrava onerado», GABRIEL GONÇALVES, »Temas da acção executiva», *Themis*, n.º 9, 2004, p. 282; sustentando uma interpretação atualista e restritiva do art. 759.º, 2, afastando a prevalência do direito de retenção previsto no art. 755.º, 1, *f*), sobre a hipoteca, CLÁUDIA MADALENO, *A vulnerabilidade das garantias reais – A hipoteca voluntária face ao direito de retenção e ao direito de arrendamento*, Coimbra Editora, Coimbra, 2008, p. 236. Defendendo o teor do art. 759.º, 2, PESTANA DE VASCONCELOS, *Direito das garantias*, 2.ª ed., Almedina, Coimbra, 2013, p. 368 e ss.

[94] Na doutrina, defendendo que o promitente-comprador não tem o direito de retenção previsto no art. 755.º, 1, *f*), em caso de recusa de execução pelo administrador da insolvência, CATARINA SERRA, *O regime português da insolvência*, cit., p. 106; admitindo a existência daquele

UM CURSO DE DIREITO DA INSOLVÊNCIA

No sumário do Ac RG de 14/12/2010, pode ler-se, quanto à questão em análise: «II – Tendo o administrador da insolvência optado por não cumprir a promessa de venda, o beneficiário da promessa que passou sinal não goza sobre a massa falida de crédito ao dobro do que prestou. III – Tão pouco goza de direito de retenção, apesar do imóvel prometido vender lhe ter sido traditado [...]». No mesmo sentido seguem também Carvalho Fernandes e João Labareda[95], bem como Nuno Oliveira e Catarina Serra[96].

O STJ, no seu Ac. de 14.6.2011, adotou a leitura de Oliveira Ascensão, para quem a decisão do administrador de insolvência de não cumprir o contrato-promessa constitui uma «reconfiguração da relação»[97]: logo, não é incumprimento e, por isso, o promitente-comprador não tem direito ao dobro do sinal. No entanto, não é afastada a possibilidade de o promitente-comprador ter direito à indemnização prevista no art. 103.º, 3, d), do CIRE. Além disso, e concordando agora com Pestana Vasconcelos[98], o STJ entendeu que em «caso de recusa pelo administrador da insolvência em cumprir o contrato-promessa de compra e venda, só no caso do promitente-comprador tradiciário ser um *consumidor* é que goza do direito de retenção e tem direito a receber o dobro do sinal prestado; não sendo consumidor não lhe assiste tal direito, sendo um credor comum da insolvência».

No Acórdão do STJ (de Uniformização de Jurisprudência) n.º 4/2014 (DR, 1ª série, 19.5.2014), a jurisprudência foi uniformizada nos seguintes termos: «No âmbito da graduação de créditos em insolvência o consumidor

---

direito de retenção na hipótese mencionada, Nuno Oliveira/Catarina Serra, «Insolvência e contrato promessa», cit., p. 395 e ss., Nuno Pinto Oliveira, «"Com mais irreflexão que culpa"? O debate sobre o regime da recusa de cumprimento do contrato-promessa», cit., p. 3, Gravato Morais, «Promessa obrigacional de compra e venda com tradição da coisa e insolvência do promitente-vendedor», cit., p. 10 e ss., e Gisela César, *Os efeitos da insolvência sobre o contrato-promessa em curso*, cit., p. 189. Admitindo aquele direito no caso referido quanto ao promitente-comprador/consumidor que prestou sinal, Pestana de Vasconcelos, «Direito de retenção, contrato-promessa e insolvência», cit., p. 3 e ss., *Direito das garantias*, cit., p. 382, e «Direito de retenção, *par conditio creditorum*, justiça material», cit., p. 5.

[95] Carvalho Fernandes/João Labareda, *Código da Insolvência e da Recuperação de Empresas anotado*, cit., p. 473.

[96] Nuno Oliveira/Catarina Serra, «Insolvência e contrato de promessa», cit., p. 413 e ss..

[97] Oliveira Ascensão, "Insolvência: Efeitos sobre os Negócios em Curso", cit., p. 125.

[98] "Direito de Retenção, contrato-promessa e insolvência", cit., p. 20 e s., e *Direito das garantias*, cit., p. 374 e ss..

EFEITOS DA DECLARAÇÃO DE INSOLVÊNCIA

promitente-comprador em contrato, ainda que com eficácia meramente obrigacional com traditio, devidamente sinalizado, que não obteve o cumprimento do negócio por parte do administrador da insolvência, goza do direito de retenção nos termos do estatuído no artigo 755.º n.º 1 alínea *f)* do Código Civil».

Parece-nos, no entanto, que a leitura adotada não é a melhor. *Vamos, num primeiro momento, dar de barato que o crédito do promitente comprador que resulta da opção do administrador da insolvência pela recusa do cumprimento, tratando-se contrato-promessa de compra e venda de coisa com tradição, está garantido pelo direito de retenção previsto no art. 755.º, 1, f), do CCiv.*. Ainda que assim seja, *não* vemos razões válidas para o considerar conferido *apenas* ao promitente-comprador que seja *consumidor. A lei não distingue.*

Além disso, no Preâmbulo do DL 379/86, de 11.11 (este último deu a atual redação ao art. 755.º do CCiv.), lemos que o DL 236/80, de 18.7 (que, por sua vez, introduziu o direito de retenção em causa no CCiv.), tinha por objetivo «acautelar a posição do promitente-comprador de edifícios, ou de fracções autónomas destes, sobretudo quando destinados a fins habitacionais». Ou seja, não estava em causa apenas a *tutela do consumidor* ou a *aquisição de imóveis para fins habitacionais.* Caso contrário, não se teria escrito que o objetivo era «sobretudo» aquele[99].

Deve ainda ser dito que o mesmo Preâmbulo do DL 379/96 também revela, mais uma vez quanto ao DL 236/80, que se pensou «directamente no contrato-promessa de compra e venda de edifícios ou de fracções autónomas deles. Nenhum motivo justifica, todavia, que o instituto se confine a tão estreitos limites». É por isso claro que o espírito da lei não vai no sentido da restrição sustentada pelo Supremo[100].

---

[99] No mesmo sentido, GRAVATO MORAIS, «Da tutela do retentor-consumidor em face da insolvência do promitente-vendedor – Ac. de Uniformização de Jurisprudência n. 4/2014, de 20.3.2014, Proc. 92/05», *CDP*, 46, abril/junho 2014, p. 53.

[100] Com diferente opinião, PESTANA DE VASCONCELOS, «Direito de Retenção, contrato-promessa e insolvência», cit., p. 20 e ss. e, ainda a propósito da versão do Acórdão de 30.5.2013, NATÁLIA ALVES/VERA MARQUES, *Ab Instantia*, Out. 2013, 1, n.º 2, p. 248 e s.

UM CURSO DE DIREITO DA INSOLVÊNCIA

cb) Apreciação crítica. A recusa de cumprimento pelo administrador da insolvência não permite exigir o sinal em dobro. Naquele caso, o direito ao valor do sinal prestado não é garantido por um direito de retenção

O que, num segundo momento, merece reflexão mais profunda é a própria questão de saber *se deve ser reconhecido um direito de retenção* ao promitente-comprador, consumidor ou não, pelo valor do sinal prestado, se o administrador da insolvência recusa a execução do contrato-promessa de compra e venda.

Uma coisa julgamos certa: se o administrador da insolvência opta por recusar o cumprimento do contrato-promessa de compra e venda, isso não equivale a um não cumprimento imputável ao insolvente[101]. O administrador da insolvência não está sequer obrigado a optar pela execução do contrato-promessa de compra e venda. Mesmo que a insolvência venha a ser qualificada como culposa, há que distinguir a situação de insolvência e a opção do administrador da insolvência. Esta é posterior à própria declaração de insolvência (e, portanto, à situação de insolvência).

O mesmo raciocínio leva-nos a afastar a possibilidade de o promitente-comprador exigir a restituição do sinal em dobro. O art. 442.º, 2, CCiv., reconhece esse direito ao promitente-comprador se houve não cumprimento do contrato devido ao promitente vendedor. E isso não parece existir em caso de recusa do cumprimento por parte do administrador da insolvência.

---

[101] Com leitura diferente da nossa, aceitando uma imputabilidade reflexa, GRAVATO MORAIS, «Promessa obrigacional de compra e venda com tradição da coisa e insolvência do promitente-vendedor», cit., p. 8 e 10, e «Da tutela do retentor-consumidor em face da insolvência do promitente-vendedor – Ac. de Uniformização de Jurisprudência n. 4/2014, de 20.3.2014, Proc. 92/05», cit., p. 54. Com dúvidas, PESTANA DE VASCONCELOS, «Contrato-promessa e falência/insolvência – Anotação ao Ac. do TRC de 17.4.2007, Agravo 65/03», cit., p. 62 e s. Cfr. ainda o já citado Ac. STJ n.º 4/2014: «a insolvência não surge do nada, radicando antes e à partida no comportamento de uma entidade que se mostrou não ter cumprido as suas obrigações [...] que se verifica uma imputabilidade reflexa, considerando o comportamento da insolvente na origem do processo; acresce que, seria sempre a esta última que cumpriria afastar a culpa, que se presume, em matéria de responsabilidade civil contratual». Naquele Acórdão concorda-se, aliás, com a linha de raciocínio seguida no Ac. STJ de 19.9.2006 (Relator: Sebastião Póvoas). Como se vê no texto, discordamos inteiramente desta solução. A presunção de culpa, a existir, sempre estaria afastada por natureza: foi o administrador da insolvência que exerceu a possibilidade de optar e por isso é que o contrato promessa não foi cumprido.

EFEITOS DA DECLARAÇÃO DE INSOLVÊNCIA

Mas este fio condutor que seguimos só nos pode levar ainda a considerar que, então, também o pagamento do crédito relativo ao valor do sinal prestado não está garantido pelo direito de retenção previsto no art. 755.º, 1, *f*), do CCiv.: é que o direito de retenção em causa só existe quanto ao «crédito resultante do não cumprimento imputável à outra parte, nos termos do artigo 442.º». Mas isso também não se verifica.

Não podemos deixar de enfrentar uma dificuldade adicional: a de saber se o promitente-comprador tem, sem mais, a possibilidade de exigir, no processo de insolvência em que é devedor insolvente o promitente-vendedor, o pagamento do sinal em singelo como crédito sobre a insolvência.

O art. 106.º, 2, manda aplicar à recusa de cumprimento do contrato-promessa de compra e venda pelo administrador da insolvência, com as necessárias adaptações, o art. 105.º, 4. Este último, por sua vez, introduz modificações no disposto no art. 102.º, 3. Julgamos que a remissão do art. 106.º, 2, para o art. 104.º, 5, deve ser entendida como significando que o direito do art. 102.º, 3, *c*), tem como objeto o pagamento da diferença, se positiva, entre o *valor da coisa na data da recusa* (o valor da coisa prometida vender, apurado na data da recusa do administrador)[102] e o *valor que ainda deveria ser pago por essa coisa, atualizado* para a data da *declaração de insolvência* (atualização essa que deve ser efetuada nos termos do art. 91.º, 2 – mas esta atualização pode não se justificar[103]). Tendo sido pago sinal, o valor a ele correspondente deve ser subtraído ao valor que ainda deveria ser pago (a subtração é realizada antes da atualização). A subtração do valor do sinal justifica-se, obviamente, quando a imputação seja possível. É esse o regime do art. 442.º, 1, CCiv.: quando «haja sinal, a coisa entregue deve ser imputada na prestação devida, ou restituída quando a imputação não for possível». Acresce que o art. 104.º, 5, manda ter em conta os montantes que seriam pagos até final do contrato: ora, com a imputação do sinal na prestação devida o valor a pagar até final já obrigaria a

---

[102] E começamos por aí porque, como se vê no art. 104.º, 5, parte final, a «outra parte» na hipótese que nos interessa é o promitente-comprador.

[103] Com efeito, a atualização só tem sentido se o valor que faltava pagar deveria ser pago posteriormente à data da declaração de insolvência: nesse caso haverá antecipação e justifica-se a redução a realizar nos termos do art. 91.º, 2.

efetuar o desconto do valor do sinal. O valor apurado nos termos do art. 104.º, 5, constitui um crédito sobre a insolvência[104].

Não podemos esquecer que o art. 104.º, 5, apenas nos indica como deve ser feito o cálculo exigido no art. 102.º, 3, *c*). Mas também manda aplicar as restantes alíneas do art. 102.º, 3. Sucede, porém, que essas outras alíneas só serão aplicadas... se forem aplicáveis.

No art. 102.º, 3, *a*), lemos, em primeiro lugar, que não há lugar à restituição do que tenha sido prestado. Isto, só por si, já nos mostraria que a quantia prestada a título de sinal não pode ser, sem mais, restituída.

Por sua vez, resulta do art. 102.º, 3, *b*), que a massa insolvente «tem o direito de exigir o valor da contraprestação correspondente à prestação já efetuada pelo devedor [...]. Mas o devedor insolvente nada prestou no que diz respeito à coisa que tinha prometido vender.

Quanto ao art. 102.º, 3, *d*), dele resultaria para o promitente-comprador um direito de indemnização dos prejuízos causados pelo incumprimento resultante da recusa do administrador da insolvência. Começamos por ler ali (i)) que esse direito apenas existe até ao valor da obrigação eventualmente imposta nos termos da al. *b*). Mas, se o valor que resulta da al. b) é zero, não pode haver lugar a indemnização[105]. Além disso, ao valor da eventual indem-

---

[104] O sentido que recolhemos da remissão feita no art. 106.º, 2, corresponde à solução criticada por PESTANA DE VASCONCELOS, «Direito de retenção, contrato-promessa e insolvência», cit., p. 14, nt. 41. Porém, aquele Professor defende que o art. 106.º, 2, só se aplica ao contrato-promessa não sinalizado: se «tiver sido constituído sinal, a contraparte do insolvente terá direito, como c′redito (comum ou garantido) sobre a insolvência, ao sinal em dobro ou a uma indemnização pelo aumento do valor da coisa, tal como a prevista no art. 442.º, 2» (do CCiv.). NUNO OLIVEIRA/CATARINA SERRA, «Insolvência e contrato-promessa», cit., p. 428, entendem, por seu lado, que o promitente-comprador em contrato-promessa de compra e venda abrangido pelo art. 106.º, 1, tem «*direito à diferença* (se positiva) *entre os valores das duas prestações* – uma equivalente ao *valor do objecto do contrato prometido* (na data da recusa de cumprimento do contrato-promessa) e a outra equivalente ao *montante do preço convencionado* (actualizado à data da declaração de insolvência), *acrescido do sinal* (em singelo)». Mas o art. 106.º, 2, gerou discussão quanto ao problema de saber se o promitente-comprador tem, perante a recusa do administrador da insolvência, um crédito «nos termos do artigo 442.º» do Código Civil. PESTANA DE VASCONCELOS, «Direito de Retenção, contrato-promessa e insolvência», cit., p. 27, e GRAVATO MORAIS, «Promessa obrigacional de compra e venda com tradição da coisa e insolvência do promitente-vendedor», p. 9, defendem que o art. 106.º, 2, só é aplicável às promessas não sinalizadas.

[105] Como vimos acima, PESTANA DE VASCONCELOS, «O novo regime insolvencial da compra e venda», p. 540 e s., defende uma interpretação restritiva (o limite só se aplica se o insolvente

nização sempre seria abatido o quantitativo apurado nos termos do art. 102.º, 3, *c)* (cfr. ii)). De qualquer modo, o valor do sinal já foi subtraído ao montante a receber até final do contrato (art. 104.º, 5)[106].

Diferente da hipótese que temos vindo a tratar é a de, antes da declara*ção de insolvência do promitente*-vendedor, existir situação de não cumprimento imputável a este último[107]. Nesse caso, nenhuma dúvida temos quanto à aplicabilidade dos arts. 442.º, 2, e 755.º, 1, *f)*, CCiv.[108]. O direito de retenção que *já protegia* o promitente-comprador antes da declaração de insolvência do promitente-vendedor *não se extingue* com essa declaração de insolvência[109]. Veja-se que o direito de retenção em causa só existe se houve tradição da coisa[110]. Necessário é, porém, que exista verdadeira tradição: não basta a mera

realizou parte da sua prestação sem que a outra parte tenha realizado a contraprestação correspondente; nos outros casos não se aplicará o limite à indemnização). Mas v., com outra leitura, Nuno Pinto de Oliveira, «Efeitos da declaração de insolvência sobre os negócios em curso: em busca dos princípios perdidos?», cit., p. 224.

[106] Se não for possível imputar o sinal na prestação devida (art. 442.º, 1, CCiv.), a questão torna-se mais complexa. É que então também não se poderia fazer a dedução do sinal ao valor a pagar até final (art. 104.º, 5). Além disso, não seria permitida a restituição do sinal (art. 102.º 3, *a)*). Não tendo o promitente-vendedor direito a exigir qualquer montante ao abrigo do art. 102.º, 3, *b)*, se nada prestou à outra parte (obrigou-se a vender mas não vendeu), então o art. 102.º, 3, *d)*, *i)*, também não permitiria exigir uma indemnização relativa ao prejuízo sofrido por ter entregue o sinal (que não pode ser restituído). Neste caso, parece justificar-se uma interpretação restritiva da última norma referida.

[107] Carvalho Fernandes/João Labareda, *Codigo da Insolvência e da Recuperação de Empresas anotado*, cit., p. 473.

[108] Defendendo uma interpretação restritiva do art. 755.º, 1, *f)*, para apenas abranger os casos, previstos no art. 442.º do CCiv., em que o promitente-comprador opta pelo aumento do valor da coisa, Menezes Leitão, *Direito das obrigações*, I, 9.ª ed., Almedina, Coimbra, 2010, p. 251 e ss., e Menezes Cordeiro, *Tratado de direito civil. II. Direito das obrigações*, T. II, *Contratos. Negócios unilaterais*, Almedina, Coimbra, 2010, p. 401 e s.. João Maldonado, «O direito de retenção do beneficiário da promessa de transmissão de coisa imóvel e a hipoteca», *Julgar*, 13, janeiro-abril, 2011, p. 268, faz uma «interpretação correctiva, por redução teleológica», e defende que «o regime estabelecido no artigo 759.º, 2, não é aplicável às situações do direito especial de retenção consagradas no artigo 755.º, n.º 1, alínea *f)*, ambos do Código Civil».

[109] Chamando a atenção para isto mesmo, Brandão Proença, «Para a necessidade de uma melhor tutela dos promitentes-adquirentes de bens imóveis (maxime, com fim habitacional)», cit., p. 21, e Gravato Morais, «Promessa obrigacional de compra e venda com tradição da coisa e insolvência do promitente-vendedor», cit., p. 3 e s. (que também lembra a inaplicabilidade do art. 106.º a contratos-promessa já extintos antes da declaração de insolvência).

[110] Embora no art. 755.º, 1, *f)*, não seja feita a distinção entre tradição material e simbólica, sempre diremos que nos parece difícil aceitar a existência do direito de retenção no caso de

declaração no contrato-promessa[111]. Com a tradição, quem aceite conceder crédito posteriormente tem que verificar a situação da coisa que se pretende hipotecar. Se a tradição da coisa é posterior à constituição da hipoteca, o credor conta com o regime da substituição ou reforço da hipoteca (art. 701.º CCiv.). Além disso, o próprio contrato que está na origem do crédito pode acautelar a hipótese de serem celebrados contratos-promessa com tradição da coisa[112].

Existindo direito de retenção, isso não afasta a apreensão da coisa pelo administrador da insolvência. O que permite, isso sim, é reclamar um crédito garantido que será assim tratado no processo de insolvência[113]. A isto

mera tradição simbólica, pois daí não decorre qualquer publicidade. Rejeitando também a existência do direito e retenção referido se há apenas tradição simbólica, (não seguida de um ato de «efetiva apreensão material da coisa prometida»), LEBRE DE FREITAS, «Sobre a prevalência, no apenso de reclamação de créditos, do direito de retenção reconhecido por sentença», cit., p. 598. Com leitura diferente, RUI PINTO DUARTE, *Curso de direitos reais*, 3.ª ed., Principia, Cascais, 2013, p. 294 e s..

[111] Discute-se, porém, se a invocação do direito de retenção no processo de insolvência obriga a prévia obtenção de sentença transitada em julgado que reconheça a existência desse direito e, bem assim, se essa sentença deve ou não ter sido proferida em ação intentada também contra o credor hipotecário. Sobre o tema, LEBRE DE FREITAS, «Sobre a prevalência, no apenso de reclamação de créditos, do direito de retenção reconhecido por sentença», cit., p. , JOÃO MALDONADO, «O direito de retenção do beneficiário da promessa de transmissão de coisa imóvel e a hipoteca», cit., p. 260 e s., PESTANA DE VASCONCELOS, «Direito de retenção, contrato promessa e insolvência», cit., p. 10, nt. 29, lembrando o ac. STJ de 19.11.2009 (Relator: Urbano Dias), www.dgsi.pt. Não nos parece que tal sentença prévia seja de exigir, uma vez que em sede de verificação e graduação de créditos será possível apurar se aquele direito de retenção deve ou não ser reconhecido. O mesmo autor, a p. 253, levanta a questão da admissibilidade do direito de retenção em relação a «edificações sem licença de construção ou utilização (nelas se incluindo as fracções de prédio urbano em edifício não submetido ao regime de propriedade horizontal». Sobre o tema, cfr. ainda o Acórdão do STJ (de uniformização de jurisprudência) de 12.03.1996, *BMJ*, n.º 455, p. 53 e ss.: «[...] tendo havido tradição da fracção de prédio urbano, o promitente-comprador goza do direito da sua retenção, mesmo que o edifício ainda não esteja submetido ao regime de propriedade horizontal». Para uma crítica da decisão, RUI PINTO DUARTE, *Curso de Direitos Reais*, cit., p. 295 e ss., BRANDÃO PROENÇA, «Para a necessidade de uma melhor tutela dos promitentes-adquirentes de bens imóveis (maxim, com fim habitacional)», cit., p. 20, nt. 82, e CALVÃO DA SILVA, *Sinal e contrato promessa*, 13.ª ed., Almedina, Coimbra, 2010, p. 193 e ss..

[112] Mas v., desvalorizando essa solução, PEDRO SAMEIRO, «O direito de retenção e a situação do credor hipotecário», *RB*, 26, abril/junho, 1993, p. 91.

[113] Cfr., sobre o tema, PESTANA DE VASCONCELOS, *Direito das garantias*, cit., p. 384 e ss..

voltaremos quando nos preocuparmos com a graduação dos créditos e o seu pagamento.

5.7. Operações a prazo

O art. 107.º tem em vista operações a prazo[114]. São ali visadas pelo n.º 1 operações a prazo relativas a mercadorias ou prestações financeiras que tenham um preço de mercado[115].

Consideram-se prestações financeiras, entre outras (art. 107.º, 3[116]): *a*) A entrega de valores mobiliários quando não se trate de ações representativas de 10% ou mais do capital da sociedade e a liquidação prevista no contrato não tenha caráter meramente financeiro; *b*) A entrega de metais preciosos; *c*) Os pagamentos em dinheiro quando o montante seja determinado, direta ou indiretamente, pela taxa de câmbio de divisa estrangeira, pela taxa de juro legal, por uma unidade de cálculo ou pelo preço de outros bens ou serviços; e *d*) Opções ou outros direitos à venda ou entrega dos bens referidos em *a*) e *b*) ou opções ou outros direitos a pagamentos referidos em *c*).

As operações a prazo tratadas no art. 107.º, 1, são as que preveem a entrega de uma mercadoria ou a realização de prestações financeiras. Tanto as mercadorias como as prestações financeiras devem ter preço de mercado e a entrega ou a prestação têm que ser efetuadas em determinada data ou dentro de certo prazo.

Se essa data ocorrer ou o prazo terminar depois da declaração de insolvência, *a execução da operação não pode ser exigida* por nenhuma das partes. O que podem exigir, isso sim, é o «pagamento da diferença entre o preço ajustado e o preço de mercado do bem ou prestação financeira no 2.º dia posterior ao

---

[114] Mas v., lembrando o art. 283.º CVM e a necessidade de considerar que tal regime prevalece, CARVALHO FERNANDES/JOÃO LABAREDA, *Codigo da Insolvência e da Recuperação de Empresas anotado*, cit., p. 476.

[115] Mas v., para uma interpretação restritiva, PESTANA VASCONCELOS, «O novo regime insolvencial da compra e venda», cit., p. 550, nt. 78. Para o autor, haverá que excluir «do âmbito do preceito a venda de mercadorias [...] que não estejam sujeitas a rápidas e frequentes alterações de valor, a não ser que sejam objecto de negócios fixos».

[116] A remissão feita na norma deve entender-se feita para o n.º 1 e não para o n.º 2, como bem advertem CARVALHO FERNANDES/JOÃO LABAREDA, *Código da Insolvência e da Recuperação de Empresas anotado*, cit., p. 475.

UM CURSO DE DIREITO DA INSOLVÊNCIA

da declaração de insolvência, relativamente a contratos com a mesma data ou prazo de cumprimento». Embora o art. 107.º, 1, não o diga, tudo aponta para que o contrato se deva considerar extinto[117].

Se lermos com atenção o art. 107.º, 1, verificamos que nele não é dito quem tem de pagar a diferença mencionada. E, na verdade, é preciso um grande esforço para compreender o sentido do preceito, pois sobre a matéria apenas estabelece que «o comprador ou vendedor, consoante o caso, tem apenas direito ao pagamento da diferença». No entanto, o preceito compreende-se bem melhor se tivermos em conta que, como vimos, o contrato cessa. E, portanto, o vendedor não terá de entregar a mercadoria ou de realizar a prestação financeira. Logo, pode ir vendê-la ao mercado. Mas, assim sendo, também não pode ficar em melhor posição do que ficaria se o contrato não cessasse. Por outro lado, fica protegido perante a incerteza decorrente de não saber o que seria a opção do administrador da insolvência[118] e a eventual especulação que este poderia realizar[119].

Vamos supor que A compra a B, a prazo, x toneladas de uma certa mercadoria que tem preço de mercado. Antes de terminado o prazo, A é declarado insolvente. A só tinha pago a B 10% do preço. Nem A pode exigir a entrega da mercadoria, nem B pode exigir o pagamento da parte restante do preço.

No entanto, é permitido que uma das partes possa eventualmente receber a diferença prevista na lei entre o preço ajustado e o preço de mercado. Para se saber quem tem direito a receber ou a pagar, será necessário fazer a comparação com o preço de mercado no 2.º dia posterior ao da declaração de insolvência.

Se, no nosso exemplo, o preço acordado era de 1.000 e o preço de mercado de 1.500, quem tem que pagar a diferença é o vendedor (B). Com efeito, o vendedor não tem de entregar a mercadoria, pois a execução da operação não pode ser exigida. E se o vendedor não tem de entregar a mercadoria, pode ir

---

[117] Parece ser essa a leitura de OLIVEIRA ASCENSÃO, «Insolvência: efeitos sobre os negócios em curso», cit., p. 115, e é certamente a de PESTANA VASCONCELOS, «O novo regime insolvencial da compra e venda», cit., p. 550.

[118] HELMUT BALHTASAR, «§ 103», in JÖRG NERLICH/VOLKER RÖMERMANN, *Insolvenzordnung*, 26 EL, Beck (Beck-online), München, 2014, Rn. 4.

[119] Dando conta dessa finalidade do legislador, UWE JAHN/JÖRG FRIED, «§ 104», in HANS-PETER KIRCHOFF/HORST EIDENMÜLLER/ROLF STÜRNER (her.), *Münchener Kommentar zur Insolvenzordnung*, Bd. 2, 3. Aufl., Beck (Beck-online), München, 2013, Rn. 32.

EFEITOS DA DECLARAÇÃO DE INSOLVÊNCIA

vender a mercadoria ao mercado e receber 1.500. Se tiver de pagar a diferença entre 1.000 (o preço acordado) e 1.500 (o preço de mercado), ficará na posição em que se encontraria se a operação fosse cumprida. Como o vendedor (B) já recebeu 10% do preço, também tem que o restituir (art. 107.º, 2).

Vejamos agora como se devem passar as coisas se o preço acordado é superior ao preço de mercado. Sendo o preço acordado de 1.000 e o preço de mercado de 500, B (o vendedor) tem um crédito sobre A (comprador insolvente) no valor da diferença (500). Isto é assim porque B tinha acordado a venda por 1.000 mas, se a vender no mercado, só conseguirá 500. O A (comprador insolvente) tem também um crédito sobre B correspondente à parte do preço que já pagou. A compensação pelo vendedor B é possível nos termos do art. 107.º, 2.

Imaginemos agora que o mesmo A compra ao mesmo B, a prazo, x toneladas de uma certa mercadoria que tem preço de mercado. Antes de terminado o prazo, B (vendedor) é declarado insolvente. O A só tinha pago a B 10% do preço. Nem A pode exigir a entrega da mercadoria, nem B (ou melhor, o administrador da insolvência) pode exigir o pagamento da parte restante do preço.

Imagine-se, mais uma vez, que o preço acordado era de 1.000 e o preço de mercado de 1.500. Nesse caso, A tem um crédito sobre B (insolvente) de valor igual à diferença em causa (500). E B tem de restituir a importância já paga (10% do preço acordado), tendo A, nessa medida, um crédito sobre a insolvência (art. 107.º, 2).

Mas pode, também aqui, dar-se o caso de o preço *acordado* ser *superior* ao preço de *mercado*. Se o preço acordado era de 1.000 e o preço de mercado de 500, é A que tem de pagar a B (insolvente) a diferença (500). Isto é assim porque A pode ir ao mercado comprar a mercadoria por 500. Mas A tem também um crédito sobre a insolvência correspondente à parte do preço que já pagou. A compensação pelo vendedor (o B insolvente – ou melhor, o administrador da insolvência) é mais uma vez possível nos termos do art. 107.º, 2.

Poderá perguntar-se qual é a razão para que o administrador da insolvência não possa optar pela execução da operação ou recusar o cumprimento, nos termos do art. 102.º, 1. A razão que tem sido apresentada é esta: evitar que o administrador da insolvência possa especular, tendo em conta o preço de mercado.

Se o preço de mercado fosse mais elevado do que o acordado e o administrador da insolvência pudesse optar entre executar o contrato ou não, essa

UM CURSO DE DIREITO DA INSOLVÊNCIA

especulação poderia surgir. A opção pelo cumprimento do contrato permitiria obter (insolvente comprador) algo por um preço mais baixo do que o praticado no mercado e depois proceder à revenda nesse mercado com ganho. A opção pelo não cumprimento permitiria manter (insolvente vendedor) algo que poderia ser vendido no mercado a um preço mais elevado do que o acordado, produzindo-se um ganho com essa diferença de preço.

E se o preço de mercado fosse mais baixo do que o acordado, o administrador da insolvência poderia optar entre vender pelo preço acordado (insolvente vendedor), realizando um ganho em relação ao preço de mercado, ou não comprar pelo preço acordado (insolvente comprador), podendo comprar no mercado a um preço mais baixo.

Embora se compreenda a razão de ser do regime legal, a verdade é que o mesmo pode fazer surgir sérios problemas para o administrador da insolvência. Basta pensar na eventual necessidade das mercadorias para a continuação do ciclo produtivo da empresa abrangida na massa insolvente, mercadorias essas cuja entrega já deveria ter ocorrido ou tinha sido acordada para data próxima.

O art. 107.º, 4, preocupa-se com os casos em que vários negócios sobre prestações financeiras (e já não para entrega de mercadorias) se integram num contrato quadro a que só pode pôr-se termo unitariamente em caso de incumprimento. Quando assim seja, o conjunto dos negócios referidos é havido como contrato bilateral para efeitos do art. 107.º e do art. 102.º. A solução descrita tem em vista permitir compensações[120] e evitar o *cherry-picking* entre operações *in-the-money* e *out-of-the-money*[121]. O art. 107.º, 4, dispõe que o regime nele previsto vale tanto para efeitos do próprio art. 107.º, como para efeitos do art. 102.º. Mas, como é evidente, para que o art. 107.º seja aplicável é preciso que se trate das prestações financeiras que nele são visadas.

---

[120] Afirmando que o preceito «visa permitir o netting», PESTANA VASCONCELOS, «O novo regime insolvencial da compra e venda», cit., p. 551.

[121] Sobre tudo isto, tendo em conta a celebração de *Master Agreements* que estabelecem «os termos em que as partes irão celebrar transacções periodicamente», SOFIA MACHADO, «*Close--out netting e set-off. Da validade e eficácia das cláusulas de close-out netting e set-off nos contratos sobre instrumentos financeiros*», *CadMVM*, dezembro, 2003, p. 9 e ss.; sobre os master *master agreements* e os *master netting agreements*, UWE JAHN/JÖRG FRIED, «§ 104», in HANS-PETER KIRCHHOF/HORST EIDENMÜLLER/ROLF STÜRNER, *Münchener Kommentar zur Insolvenzordnung*, cit., Rn. 161.

Se as operações a prazo não forem abrangidas pelo art. 107.º, 1, será aplicável, com as devidas adaptações, o art. 104.º, 5 (cfr. o art. 107.º, 5)[122].

5.8. Locação

5.8.1. Nota prévia

O CIRE dedica os arts. 108.º e 109.º aos efeitos da declaração de insolvência sobre o contrato de locação: o primeiro dirige-se aos casos em que o locatário é o insolvente; no segundo, é insolvente o locador.

A leitura dos preceitos referidos torna-se mais fácil se tivermos presente a necessidade de distinguir várias situações possíveis. Com efeito, podemos estar perante contratos de aluguer ou de arrendamento e, quanto a estes, de arrendamento para habitação ou para outros fins; podemos ter que lidar com rendas anteriores à declaração da insolvência ou posteriores a essa declaração; pode ter havido ou não entrega da coisa locada.

5.8.2. Insolvência do locatário

Comecemos por ver os casos em que o locatário é declarado insolvente. O art. 108.º, 1, estabelece, em primeiro lugar, que naqueles casos a declaração de insolvência não suspende o contrato de locação. Logo aqui encontramos um regime diferente do que consta do art. 102.º, 1.

Porém, se o contrato de locação *não diz respeito a um locado que se destina à habitação do insolvente*, o administrador da insolvência pode denunciá-lo[123] com um pré-aviso de 60 dias ou, quando previsto na lei ou no contrato, com pré-aviso inferior. A denúncia obriga a pagar as retribuições previstas no art. 108.º, 3, que constituem crédito sobre a insolvência. Essas retribuições são as correspondentes ao período entre a data de produção dos efeitos da denúncia e a do fim do prazo contratual estipulado ou a data para a qual teria

---

[122] Trata-se, como diz Pestana Vasconcelos, «O novo regime insolvencial da compra e venda», cit., p. 549, nt. 78, de aplicar «o cálculo diferencial ali previsto (diferença entre o preço em dívida, actualizado, e o valor da coisa e vice-versa)».

[123] Considerando que se trata de recusa de cumprimento e não de denúncia, Menezes Leitão, *Direito da insolvência*, cit., p. 193.

UM CURSO DE DIREITO DA INSOLVÊNCIA

sido de outro modo possível a denúncia pelo insolvente. Isto é, tem-se em conta o período de tempo que se inicia (i) na data em que a denúncia realizada no processo de insolvência produz efeitos e que termina (ii) na data em que o contrato cessaria pelo decurso do prazo de duração do próprio contrato ou (iii) na data para a qual teria sido possível a denúncia do contrato pelo insolvente de acordo com o regime desse mesmo contrato. Ao valor dessas retribuições serão, no entanto, deduzidos os custos inerentes à prestação do locador (porque terá deixado de os suportar após a produção de efeitos da denúncia) e os ganhos obtidos com uma aplicação alternativa do locado que possa ser imputável à antecipação do fim do contrato de locação. Todas essas quantias (retribuições, custos, ganhos de aplicação alternativa) serão atualizadas para a data de produção dos efeitos da denúncia com aplicação do disposto no art. 91.º, 2.

Imagine-se que está em causa um contrato de locação com a duração de sete anos. Suponha-se também que daqueles sete anos ainda falta o decurso de cinco. Se o administrador da insolvência denunciar o contrato com o pré-aviso de 60 dias, nos termos do art. 108.º, 1, o locador tem direito às retribuições relativas ao período entre a data de produção de efeitos dessa denúncia e a data «do fim do prazo contratual estipulado, ou a data para a qual de outro modo teria sido possível à denúncia pelo insolvente». A esse valor haveria que fazer as deduções mencionadas (custos que não tem que suportar quanto ao período dessas retribuições, ganhos resultantes de aplicação alternativa) e atualizar os montantes nos termos referidos.

Se o contrato de locação *diz respeito a um locado que se destina à habitação do insolvente,* o administrador da insolvência não o pode denunciar nos termos do art. 108.º, 1. É isso que decorre do art. 108.º, 2. No entanto, este último preceito começa por afastar a aplicação do n.º 1 aos casos referidos. Sucede, porém, que no n.º 1 está prevista não apenas a possibilidade de denúncia, mas também a inexistência de suspensão do contrato de locação.

Assim sendo, perguntar-se-á se o contrato de locação de um locado que se destina à habitação do insolvente se suspende, nos termos do art. 102.º, 1. O regime do art. 108.º, 2, dá a entender que essa suspensão não ocorre, pois ali surge feita referência a rendas vencidas após a declaração de insolvência.

EFEITOS DA DECLARAÇÃO DE INSOLVÊNCIA

Se o locado se destina à habitação do insolvente[124], o administrador pode declarar que o direito ao pagamento das rendas vencidas depois de transcorridos 60 dias sobre a declaração[125] não será exercível no processo. Isto é, se o contrato de locação se mantiver, o administrador da insolvência pode tomar a decisão de impedir o senhorio de exigir no processo de insolvência o valor das rendas vencidas após o decurso do prazo de 60 dias sobre a data em que tenha lugar a declaração nesse sentido do administrador da insolvência.

No caso de o administrador da insolvência efetuar a declaração referida, o senhorio que obtenha o despejo do insolvente por falta de pagamento de alguma ou algumas das rendas que não possam ser exigidas no processo de insolvência nos casos em que é permitido requerer a resolução do contrato (cfr. o art. 108.º, 4, a)), tem a possibilidade de exigir nesse mesmo processo uma indemnização pelos prejuízos sofridos que, no entanto, não pode exceder o montante correspondente às rendas de um trimestre. Essa indemnização é considerada um crédito sobre a insolvência.

O art. 108.º, 2, não resolve muitas dificuldades que não podem deixar de ser enunciadas. Com efeito, nada é ali dito relativamente ao regime dos créditos quanto às rendas devidas pelos 60 dias (ou menos) que decorrerão após a declaração do administrador da insolvência sobre a impossibilidade de exercício no processo de insolvência do direito às rendas vencidas. Poderia argumentar-se que se trataria de créditos sobre a insolvência, pois não teria sentido considerar como tais as indemnizações devidas nos termos do art. 108.º, 2, e não o fazer quanto às rendas em causa. Embora com dúvidas, inclinamo-nos para considerar que estamos antes perante créditos sobre a massa[126], atendendo ao disposto no art. 51.º, 1, e): a dívida é resultante de

---

[124] Para CARVALHO FERNANDES/JOÃO LABAREDA, *Código da Insolvência e da Recuperação de Empresas anotado*, cit., p. 479, o regime do art. 108.º, 2, aplica-se, por analogia, à locação de outros bens «destinados ao uso estritamente pessoal do insolvente», mas essa leitura não tem apoio na letra da lei. Além do mais, compreende-se bem a razão de ser do regime previsto naquele preceito: está em causa a habitação do insolvente, que pode ser considerada normalmente a base da sua vida pessoal e familiar. O que liga o insolvente à sua habitação não é, em geral, tão intenso como aquilo que o liga à sua máquina de barbear ou à sua televisão.

[125] CARVALHO FERNANDES/JOÃO LABAREDA, *Código da Insolvência e da Recuperação de Empresas anotado*, cit., p. 479, defendem que se trata das rendas «vencidas depois de passados sessenta dias sobre a declaração de insolvência», mas essa leitura não parece ter apoio na letra da lei.

[126] Cfr., tb. MARIA DO ROSÁRIO EPIFÂNIO, *Manual de direito da insolvência*, cit., p. 190.

contrato bilateral, diz respeito a período posterior à declaração de insolvência e o cumprimento não pode ser recusado pelo administrador da insolvência (o administrador da insolvência só pode denunciar o contrato).

Que dizer, porém, se o administrador da insolvência não emite a declaração prevista no art. 108.º, 2? O direito às rendas que se vençam após a sentença de declaração de insolvência constitui crédito sobre a massa ou sobre a insolvência? Pelas mesmas razões atrás apontadas e ainda porque se pode dizer que o administrador da insolvência não denunciou o contrato, parece-nos tratar-se de crédito sobre a massa[127].

No art. 108.º, 4, é excluída a possibilidade de resolução do contrato de locação, após a declaração de insolvência do locatário, quando essa resolução seja pretendida com fundamento em falta de pagamento das rendas ou alugueres que digam respeito ao período anterior à declaração de insolvência ou em deterioração da situação financeira do locatário. São soluções contestáveis e muito desvantajosas para o locador[128].

De qualquer forma, no caso de o locado se destinar a habitação parece que se retira do art. 108.º, 2, a possibilidade de pedir o despejo por falta de pagamento de rendas vencidas após a declaração de insolvência ou, pelo menos, vencidas após o decurso de 60 dias sobre a declaração do administrador da insolvência ali prevista.

Se a coisa locada ainda não tinha sido entregue ao locatário na data da sua declaração de insolvência, tanto o administrador da insolvência como o locador podem resolver o contrato de locação. O art. 108.º, 5, não fixa prazo para o efeito mas permite que o administrador da insolvência ou o locador fixem prazo razoável ao outro para que resolvam o contrato. Se no fim desse prazo não tiver ocorrido a resolução por parte daquele a quem foi fixado o prazo, cessa o respetivo direito de resolução[129].

---

[127] Maria do Rosário Epifânio, *Manual de direito da insolvência*, cit., p. 190.

[128] Criticando também a solução, Menezes Leitão, *Direito da insolvência*, cit., p. 194. Carvalho Fernandes/João Labareda, *Código da Insolvência e da Recuperação de Empresas anotado*, cit., p. 479, afastam a aplicação do art. 108.º, 4, aos casos abrangidos pelo n.º 2, mas essa solução não parece encontrar acolhimento na lei.

[129] Assim parece resultar do art. 108.º, 5: não tem sentido que cesse o direito de resolução de quem fixa ao outro o prazo.

5.8.3. Insolvente locador

Se o insolvente é o locador, o art. 109.º também estabelece que a declaração da sua insolvência não suspende a execução do contrato de locação. Mais uma vez, é uma solução diferente da que resulta do art. 102.º, 1.

Para além disso, o art. 109.º, 1, limita o direito de denúncia por qualquer das partes, estabelecendo que a mesma só é possível para o fim do prazo em curso. São, porém, ressalvados os casos de renovação obrigatória. Contudo, o CCiv. prevê em várias das suas normas sobre locação a possibilidade de oposição à renovação: cfr. os arts. 1055.º, 1097.º, 1098.º, 1110.º, 1. Mas, por outro lado, também surge prevista a figura do arrendamento urbano para habitação por duração indeterminada (art. 1094.º, 1). Mesmo este pode ser denunciado pelo arrendatário (art. 1100.º CCiv.) ou pelo senhorio (art. 1101.º do CCiv.) e, neste caso, até mediante comunicação ao arrendatário com antecedência não inferior a dois anos em relação à data em que pretende que cesse o contrato (al. *c*)).

Se coisa locada ainda não foi entregue pelo locador ao locatário na data em que é proferida a declaração de insolvência, pode ter lugar a resolução do contrato pelo administrador da insolvência ou pelo locatário, aplicando-se o disposto no art. 108.º, 5, com as «devidas adaptações» (art. 109.º, 2).

No caso de a coisa locada ser alienada no processo de insolvência (e, em especial, em caso de liquidação da massa), o locatário mantém os direitos que a lei civil lhe reconhece (art. 109.º, 3).

5.9. Contratos de mandato e de gestão

5.9.1. A insolvência do mandante

O art. 110.º preocupa-se com os casos em que o insolvente é o mandante. E não abrange sequer todos esses, uma vez que só é aplicável àqueles que não se mostre serem estranhos à massa insolvente. Serão estranhos à massa insolvente, por exemplo, os contratos de mandato quanto a bens não integráveis nessa massa.

A epígrafe é, assim, enganadora, uma vez que dá a entender que regula os efeitos da declaração de insolvência sobre os contratos de mandato e de gestão independentemente da posição do insolvente.

De acordo com o art. 110.º, 1, os contratos de mandato (incluindo os de comissão) ali em causa caducam, em regra, com a declaração de insolvência[130]. Não há, portanto, suspensão. A caducidade abrange inclusivamente os contratos de mandato em que este seja também conferido no interesse do mandatário[131].

Essa caducidade não afeta, antes de mais, os contratos de mandato em que a atuação do mandatário é necessária «para evitar prejuízos previsíveis para a massa insolvente, até que o administrador da insolvência tome as devidas providências» (art. 110.º, 2, a)). Nesse caso, a remuneração e o reembolso das despesas do mandatário constituem dívidas da massa insolvente (art. 110.º, 3). A atuação do mandatário não carece de ratificação pelo administrador da insolvência[132].

O contrato de mandato também não caduca se o mandatário, desconhecendo sem culpa a declaração de insolvência do mandante, e pelo período em que se mantiver aquele desconhecimento, exerceu as suas funções (cfr. o art. 110.º, 2, *b*)). Agora, a remuneração e o reembolso de despesas do mandatário constitui dívida da insolvência (art. 110.º, 3). E isto, veja-se, apesar de se tratar de dívidas posteriores à declaração de insolvência.

Até aqui, ainda não falámos dos contratos de gestão. Isto fica a dever-se ao facto de o art. 110.º, 4, se limitar a mandar aplicar, com as devidas adaptações, o regime do contrato de mandato aos «outros contratos pelos quais o insolvente tenha confiado a outrem a gestão de assuntos patrimoniais, com um mínimo de autonomia, nomeadamente a contratos de gestão de carteiras e de gestão do património».

---

[130] Questionando a aplicação do regime ao mandato forense, CARVALHO FERNANDES/JOÃO LABAREDA, *Código da Insolvência e da Recuperação de Empresas anotado*, cit., p. 483 e ss...

[131] Mas v., para uma interpretação restritiva, MARIA VAZ TOMÉ, «Sobre o contrato de mandato sem representação e o *trust*», *ROA*, 67, 2007, III, p. 1114 e 1164 (a autora considera que o mandato não deverá caducar se a respectiva execução pelo mandatário não puder reflectir-se na massa insolvente»). Criticamente quanto a essa solução, apesar de não concordar com a solução legal, MENEZES LEITÃO, *Direito da insolvência*, cit., p. 196, nt. 259.

[132] Assim também, para a Alemanha, CLAUS OTT/MIHAI VUIA, «§ 115», in KIRCHOFF, HANS-PETER/EIDENMÜLLER, HORST/STÜRNER, ROLF (her.), *Münchener Kommentar zur Insolvenzordnung*, Bd. 2, 3. Aufl., Beck (Beck-online), München, 2013, Rn. 16.

EFEITOS DA DECLARAÇÃO DE INSOLVÊNCIA

5.9.2. Insolvência de mandatário

Como vimos, o art. 110.º apenas abrange os contratos de mandato em que o mandante é o insolvente. Não há, porém, um preceito dirigido a regular os efeitos da declaração de insolvência sobre o contrato de mandato quando essa declaração diz respeito ao mandatário.

Na doutrina nacional, duas posições podem ser identificadas. De um lado, encontramos Pestana de Vasconcelos[133], para quem o contrato de mandato se mantém, nos termos gerais.

Por sua vez, Menezes Leitão[134], com a concordância de Carvalho Fernandes e João Labareda[135], defende que deve valer, por analogia, o regime fixado para a insolvência do mandante, por ser contrato com natureza pessoal.

No CPEREF, estava prevista no art. 167.º, 2, a caducidade do contrato de mandato com poderes de representação e do contrato de comissão em caso de falência do mandatário, pelo que sempre se poderia dizer que a lei, se quisesse manter esse regime, teria estabelecido algo de semelhante. Acresce que o argumento da natureza pessoal do mandato também pode ser rebatido pelo facto de, relativamente à prestação de serviços pelo devedor, o art. 114.º não prever a caducidade do contrato. Pela nossa parte, inclinamo-nos para a aplicação, por analogia, do disposto precisamente no art. 114.º. Tanto mais que o mandato é uma modalidade do contrato de prestação de serviços (art. 1155.º do CCiv.) e o próprio art. 111.º, 1, mostra essa relação.

5.10. Contratos de prestação duradoura de serviço

5.10.1. Insolvência de quem recebe a prestação

No CIRE, os efeitos da declaração de insolvência sobre o contrato de prestação duradoura de serviços surgem tratados nos arts. 111.º e 114.º.

---

[133] PESTANA DE VASCONCELOS, *Dos contratos de cessão financeira (factoring)*, Coimbra Editora, Coimbra, 1999, p. 232, nt. 503.

[134] MENEZES LEITÃO, *Direito da insolvência*, cit., p. 197.

[135] CARVALHO FERNANDES/JOÃO LABAREDA, *Código da Insolvência e da Recuperação de Empresas anotado*, cit., p. 486.

UM CURSO DE DIREITO DA INSOLVÊNCIA

O regime do art. 111.º é aplicável, antes de mais, aos contratos de prestação duradoura de serviço no interesse do insolvente. Mas, além disso, o art. 114.º, 2, com as adaptações necessárias e a alteração ali prevista, também manda aplicar o art. 111.º aos contratos de prestação duradoura de serviço pelo devedor se esses contratos não forem abrangidos pelo art. 114.º, 1. Decorre deste último preceito que não ficam sujeitos ao regime do art. 111.º os contratos de prestação de serviço em que o obrigado a prestá-lo seja uma *pessoa singular* e desde que tal serviço *não se integre na atividade da empresa* de que ele seja titular nem tenha *natureza infungível*.

Comecemos por ver o regime do art. 111.º, 1. Estão em causa contratos de prestação duradoura de serviço em que a prestação é realizada no interesse do insolvente e que não são abrangidos pelo art. 110.º. Agora, os contratos de prestação duradoura de serviço não caducam. E também não se suspendem com a declaração de insolvência de quem recebe a prestação de serviço. No entanto, qualquer das partes pode denunciar o contrato nos termos do art. 108.º, 1, «aplicável com as devidas adaptações»[136]. Isto significa que essa denúncia é possível com um pré-aviso de 60 dias, se nos termos da lei ou contrato não for suficiente um inferior. E, claro, há que ver se a denúncia pelo lado do insolvente deve ser efetuada pelo administrador da insolvência. Sendo antecipada a denúncia, só há lugar a indemnização pelo dano causado se a denúncia foi efetuada pelo administrador da insolvência. Essa indemnização, a que corresponde um crédito sobre a insolvência da outra parte, será calculada nos termos do art. 108.º, 3, aplicável com as devidas adaptações.

5.10.2. Insolvência da parte obrigada à prestação do serviço

De acordo com o disposto no art. 114.º, 2, os contratos de prestação duradoura de serviço pelo devedor ficam, como vimos, sujeitos ao disposto no art. 111.º, aplicável com as devidas adaptações e tendo em conta o que naquele preceito se estabelece quanto ao dever de indemnizar.

---

[136] Defendendo que apenas parecem estar em causa os contratos de prestação de serviços duradoura com prazo fixado, uma vez que para os restantes o art. 1170.º CCiv. já prevê a livre revogação, MENEZES LEITÃO, *Código da Insolvência e da Recuperação de Empresas anotado*, cit., p. 144.

EFEITOS DA DECLARAÇÃO DE INSOLVÊNCIA

A aplicação do art. 111.º, 1, conduz à manutenção do contrato, que não se suspende sequer com a declaração de insolvência. Mas, por outro lado, qualquer uma das partes o pode denunciar nos termos do art. 108.º, 1, com as devidas adaptações: isto é, com um pré-aviso de 60 dias, se a lei ou o contrato não exigirem pré-aviso inferior.

Agora, apesar de ser aplicável também o art. 111.º, 2, há uma alteração de fundo. Se for denunciado o contrato, a indemnização ali prevista só existe se a iniciativa da denúncia for da outra parte. Isto é, se o administrador da insolvência do devedor obrigado à prestação duradoura de um serviço denunciar o contrato, isso não obriga a indemnizar a outra parte. Mas, mais uma vez, se houver lugar a indemnização esta será calculada nos termos do art. 108.º, 3, com as devidas adaptações.

Se, porém, quem está obrigado a prestar o serviço é uma pessoa singular, há que ter em atenção o disposto no art. 114.º, 1, que manda aplicar o art. 113.º. Mas, se a prestação de serviços se integra na atividade da empresa daquele sujeito e não tem natureza infungível, o art. 113.º já não se aplica.

Aplica-se, portanto, o regime do art. 113.º se a prestação de serviços da pessoa singular não se integra na atividade da empresa daquele sujeito e/ou tem natureza infungível[137]. Como o art. 114.º, 1, manda aplicar o regime do art. 113.º, isso significa que a declaração de insolvência do obrigado à prestação de serviços não suspende o contrato e que só ao insolvente pode ser reclamado o ressarcimento de prejuízos pela violação de deveres contratuais.

5.11. Procurações

No art. 112.º surge-nos o regime dos efeitos da declaração de insolvência sobre as procurações que o insolvente tenha realizado e que sejam relativas ao património que integra a massa insolvente. São abrangidas, inclusivamente, as procurações que sejam conferidas também no interesse do procurador ou de terceiro. Em regra, essas procurações caducam. A razão de ser do regime é

---

[137] Considerando que o art. 114.º, 1, só se aplica a contratos de prestação de serviço não duradouros, CARVALHO FERNANDES/JOÃO LABAREDA, *Código da Insolvência e da Recuperação de Empresas anotado*, cit., p. 491.

simples: trata-se de evitar que seja prejudicado o exercício pelo administrador da insolvência das respetivas funções[138].

Não será assim, porém, nos casos que sejam abrangidos pelo art. 110.º, 2, *a*): aqueles em que existe mandato e o mandatário necessita de praticar atos que evitam prejuízos previsíveis para a massa insolvente, «até que o administrador da insolvência tome as devidas providências».

A caducidade da procuração resulta da lei. Com essa caducidade, quem era procurador do insolvente perde os seus poderes de representação. Embora a consequência da prática de atos sem poderes de representação seja, em regra, a da ineficácia relativa (art. 268.º CCiv.), o art. 112.º, 2, manda aplicar agora o art. 81.º, 6 e 7. Isto significa, para além do mais, que a sanção prevista para os atos praticados depois da caducidade da procuração por quem era procurador e em nome do insolvente são absolutamente ineficazes desde que não se verifiquem as exceções previstas na lei. Mas também aqui não parece de afastar a possibilidade de ratificação pelo administrador da insolvência.

Aquele que atua sem poderes de representação pode ser considerado civilmente responsável para com terceiros por assim ter atuado. O fundamento para essa responsabilidade encontra-se no art. 227.º CCiv.[139]. E isso também vale para a atuação de quem, após a caducidade da procuração acima referida, atuou como procurador em nome do insolvente. No entanto, decorre do art. 112.º, 3, que não será responsável por ter praticado um ato ineficaz em consequência da falta de poderes de representação o procurador que desconheça sem culpa a declaração de insolvência do representado.

---

[138] Nesses termos, para a Alemanha, CLAUS OTT/MIHAI VUIA, «§ 117», in KIRCHOFF, HANS-PETER/EIDENMÜLLER, HORST/STÜRNER, ROLF (her.), *Münchener Kommentar zur Insolvenzordnung*, Bd. 2, 3. Aufl., Beck (Beck-online), München, 2013, Rn. 1, HARALD KROTH, «§ 117», in EBERHARD BRAUN, *Insolvenzordnung*, 6. Aufl., Beck (Beck-online), München, 2014, Rn. 1.

[139] Defendendo a responsabilidade do procurador que desconhecia com culpa a caducidade da procuração com base na *culpa in contrahendo*, DIRK ANDRES, «§ 117», in DIRK ANDRES/ROLF LEITHAUS/MICHAEL DAHL, *Insolvenzordnung*, 3. Aufl., Beck (Beck-online), München, 2014, Rn. 8; aceitando a responsabilidade do procurador com base no § 179 BGB (responsabilidade do representante sem poderes), RALF SINZ, «§ 117», in WILHELM UHLENBRUCK, *Insolvenzordnung*, 13. Aufl., Beck (Beck-online), 2010, Rn. 18; rejeitando ambas as soluções, CLAUS OTT/MIHAI VUIA, «§ 117», in KIRCHOFF, HANS-PETER/EIDENMÜLLER, HORST/STÜRNER, ROLF (her.), *Münchener Kommentar zur Insolvenzordnung*, cit., Rn. 19-21.

EFEITOS DA DECLARAÇÃO DE INSOLVÊNCIA

5.12. Contratos de trabalho

5.12.1. Insolvência do trabalhador

Como se pode ler no art. 113.º, 1, a insolvência do trabalhador não suspende o contrato de trabalho[140]. Trata-se de uma solução inteiramente compreensível. A prestação a que está obrigado o trabalhador por força do contrato de trabalho pode continuar a ser realizada e aquele vai assim conseguir rendimentos que lhe permitam fazer face às despesas que tem de suportar no dia-a-dia. Se, porém, o trabalhador violar os seus deveres contratuais enquanto tal, os prejuízos daí decorrentes só podem ser reclamados ao insolvente (art. 113.º, 2).

5.12.2. Insolvência do empregador

O CIRE não parece conter um regime próprio quanto aos efeitos da declaração de insolvência do empregador sobre os contratos de trabalho anteriormente celebrados[141].

No art. 277.º pode ler-se que os «efeitos da declaração de insolvência relativamente a contratos de trabalho e à relação laboral regem-se exclusivamente pela lei aplicável ao contrato de trabalho». É com base no teor desse preceito que Carvalho Fernandes e João Labareda sustentam a aplicação do art. 347.º do Código do Trabalho[142].

[140] V., sobre os efeitos do processo de insolvência nos contratos de trabalho e na relação laboral, o art. 10.º do Regulamento 1346/2000 e o art. 13.º do Regulamento 2015/848.

[141] No entanto, o art. 249.º, 1, *b*), *i*), exclui do âmbito de aplicação do Capítulo em que se integra os processos de insolvência em que o devedor seja pessoa singular que, por exemplo, tenham dívidas laborais à data do início do processo. Sobre os poderes de contratação de trabalhadores pelo administrador da insolvência, v. o art. 55.º, 4. Vejam-se, ainda, com especial interesse, as Diretivas 2001/23/CE do Conselho, de 12 de março de 2001, «relativa à aproximação das legislações dos Estados-Membros respeitantes à manutenção dos direitos dos trabalhadores em caso de transferência de empresas ou de estabelecimentos, ou de partes de empresas ou de estabelecimentos», e 2008/94/CE do Parlamento Europeu e do Conselho, de 22 de outubro de 2008, «relativa à protecção dos trabalhadores assalariados em caso de insolvência do empregador», e o regime jurídico do Fundo de Garantia Salarial (cfr. o que escrevemos no Cap. X, ponto 10).

[142] CARVALHO FERNANDES/JOÃO LABAREDA, *Código da Insolvência e da Recuperação de Empresas anotado*, cit., p. 487. No mesmo sentido, CARVALHO FERNANDES, «Efeitos da declaração de insolvência no contrato de trabalho segundo o CIRE», in CARVALHO FERNANDES/JOÃO LABAREDA, *Colectânea de estudos sobre a insolvência*, Quid Juris, Lisboa, 2009, p. 228.

Pedro Romano Martinez[143] defendeu que os efeitos da declaração de insolvência do empregador sobre os contratos de trabalho deveriam procurar-se antes no art. 111.º («Contrato de prestação duradoura de serviço»), pelo que não se extinguiriam por caducidade. Contudo, tais contratos poderiam ser denunciados pelo administrador da insolvência com um pré-aviso de 60 dias, por força da remissão para o art. 108.º, 1. Assim, os contratos de trabalho não ficariam suspensos, podendo ser denunciados nos termos referidos. Mas o autor também acrescenta que, tendo em conta o art. 347.º do CT, que deve ser relacionado com ao art. 111.º, 1, CIRE, «os contratos de trabalho não cessam nem se suspendem automaticamente, mas caducam no termo do procedimento previsto nos artigos 360.º e seguintes do CT2009, excepto no caso de microempresas, em que basta o aviso prévio de sessenta dias (artigo 108.º do Código da Insolvência)», aceitando ainda que «a insolvência do empregador, indiretamente, pode levar à cessação de contratos de trabalho».

Já Menezes Leitão[144] defende a aplicação do CT e, em particular, dos seus arts. 347.º e 285.º. Essa parece ser realmente a boa solução. Com efeito, o art. 277.º apenas contém uma norma de conflitos. Supondo que se aplica a lei portuguesa, o que é então necessário é saber quais são as normas a que se deve recorrer. O CIRE não terá querido regular toda a matéria relativa aos efeitos da declaração de insolvência sobre os negócios em curso e foi isso que sucedeu relativamente aos efeitos sobre os contratos de trabalho. É certo que existe o art. 102.º do CIRE. Porém, o art. 347.º do CT contém lei especial. E é preciso não esquecer que o atual CT foi aprovado pela L 7/2009, de 12 de fevereiro, e portanto em momento posterior ao CIRE.

O que nos diz então o art. 347.º do CT? No seu n.º 1, começa por estabelecer que «A declaração judicial de insolvência do empregador não faz cessar o contrato de trabalho, devendo o administrador da insolvência continuar a satisfazer integralmente as obrigações para com os trabalhadores enquanto o estabelecimento não for definitivamente encerrado».

---

[143] Pedro Romano Martinez, «Artigo 347.º», AAVV., *Código do Trabalho anotado*, 9.ª ed., Almedina, Coimbra, 2013, p. 742.

[144] Menezes Leitão, *Direito da insolvência*, cit., p. 200. Maria do Rosário Palma Ramalho, *Aspectos laborais da insolvência, Estudos em memória do Prof. Doutor José Dias Marques*, Almedina, Coimbra, 2007, p. 696, defendia solução idêntica por entender que havia lacuna do CIRE, a preencher com o disposto no art. 391.º do anterior CT.

EFEITOS DA DECLARAÇÃO DE INSOLVÊNCIA

Assim, é inequívoco que a declaração de insolvência do empregador não faz cessar o contrato de trabalho. E não parece sequer que se suspenda, visto que o administrador da insolvência deve continuar a satisfazer integralmente as obrigações para com os trabalhadores[145]. Isto, naturalmente, se a administração da massa insolvente não tiver sido atribuída ao devedor[146], caso em que caberá a este aquela satisfação[147].

Se, porém, o estabelecimento for definitivamente encerrado, os contratos de trabalho cessam (art. 347.º, 3, do CT), aplicando-se previamente, com as devidas adaptações, o procedimento previsto nos arts. 360.º e ss. do CT[148] (salvo quanto a microempresas – cfr. o art. 347.º, 4, do CT)[149].

---

[145] Mas não é ele o empregador: cfr. MENEZES LEITÃO, *Direito da insolvência*, cit., p. 201, e JÚLIO VIEIRA GOMES, «Nótula sobre os efeitos da insolvência do empregador nas relações de trabalho», in CATARINA SERRA (coord.), *I Congresso do direito da insolvência*, Almedina, Coimbra, 2013, p. 289. Como os contratos de trabalho não se extinguem nem se suspendem com a declaração de insolvência do empregador, os créditos laborais que se constituem depois da declaração de insolvência são dívidas da massa, a pagar nos termos do art. 172.º, 3. Assim também, MENEZES LEITÃO, «A natureza dos créditos laborais resultantes de decisão do administrador da insolvência – Ac. do TRC de 14.7.2010, Proc. 562/09», *CDP*, 34, abril/junho 2011, p. 64, MARIA DO ROSÁRIO EPIFÂNIO, *Manual de direito da insolvência*, cit., p. 201. MENEZES LEITÃO, «As repercussões da insolvência no contrato de trabalho», *Estudos em memória do Professor Doutor José Dias Marques*, Almedina, Coimbra, 2007, p. 874, defende que o administrador da insolvência «não poderá aumentar os encargos laborais existentes, designadamente celebrando novas convenções colectivas, aumentando unilateralmente os salários ou atribuindo gratificações aos trabalhadores»; mas v., com diferente leitura, JÚLIO VIEIRA GOMES, «Nótula sobre os efeitos da insolvência do empregador nas relações de trabalho», cit., p. 290.

[146] Cfr. o Ac. RC de 17.07.2010, Proc. n.º 562/09.7T2AVR-P.C1, in www.dgsi.pt.

[147] CARVALHO FERNANDES, «Efeitos da declaração de insolvência no contrato de trabalho segundo o CIRE», cit., p. 230.

[148] Sobre essas adaptações, CARVALHO FERNANDES, «Efeitos da declaração de insolvência no contrato de trabalho segundo o CIRE», cit., p.236 e s. (defendendo que são maiores do que as exigidas em caso de cessação do contrato de trabalho de trabalhadores «não indispensáveis»), MENEZES LEITÃO, *Direito da insolvência*, cit., p. 206 e s., JOANA COSTEIRA, *Os efeitos da declaração de insolvência no contrato de trabalho: a tutela dos créditos laborais*, Almedina, Coimbra, 2013, p. 60 e ss. (mas a autora chama a atenção para o Ac. TJCE de 12.10.2004, Proc. n.º C-55/02, que condenou Portugal por incumprimento da Diretiva 98/59/CE, do Conselho, de 20 de julho de 1998, no que diz respeito especialmente à dispensa da consulta dos representantes dos trabalhadores); com uma perspetiva diferente, JÚLIO VIEIRA GOMES, «Nótula sobre os efeitos da insolvência do empregador nas relações de trabalho», cit.

[149] As quantias que sejam devidas ao trabalhador a título de compensação em resultado do encerramento do estabelecimento, com a consequente caducidade do contrato de trabalho (cfr. o art. 346.º, 3, CT; no sentido da extinção por caducidade nos casos referidos, ROMANO MARTINEZ,

Mesmo antes desse encerramento definitivo o art. 347.º, 2, permite que o administrador da insolvência faça cessar «o contrato de trabalho de trabalhador cuja colaboração não seja indispensável ao funcionamento da empresa». Mais uma vez, essa cessação «deve ser antecedida de procedimento previsto nos artigos 360º e seguintes, com as necessárias adaptações» (art. 347.º, 3, do CT[150],

Direito do Trabalho, 6.ª ed. Almedina, Coimbra, 2013, p. 875, CARVALHO FERNANDES, «Efeitos da declaração de insolvência no contrato de trabalho segundo o CIRE», cit., p. 235, MENEZES LEITÃO, «As repercussões da insolvência no contrato de trabalho», cit., p. 875, e *Direito da insolvência*, cit., p. 205, JOANA COSTEIRA, *Os efeitos da declaração de insolvência no contrato de trabalho: a tutela dos créditos laborais*, Almedina, Coimbra, 2013, p. 59, JÚLIO GOMES, «Nótula sobre os efeitos da insolvência do empregador nas relações de trabalho», in CATARINA SERRA (coord.), *I Congresso de direito da insolvência*, cit., p. 288) devem ser consideradas dívidas da massa. O próprio art. 47.º, 1, conduz nesse sentido, sendo também necessário ter em conta que o regime das dívidas da massa permite manter mais facilmente os trabalhadores ligados a uma entidade empregadora declarada insolvente. E sem trabalhadores não há trabalho. Mas não é claro como devem ser calculadas essas quantias (a prevista no art. 366.º CT? Ou deve ser tido também em conta o art. 360.º, 2, f), do CT? Sobre o tema, JOANA COSTEIRA, *Os efeitos da declaração de insolvência no contrato de trabalho: a tutela dos créditos laborais*, cit., p. 62). E será dívida da massa a correspondente ao crédito do trabalhador a que este tem direito como indemnização por não ter sido respeitado pelo administrador da insolvência o regime legal previsto quanto à cessação do contrato de trabalho. Cfr., com interesse, o Ac. RP de 6/7/2010: «I – Constituindo um acto de administração da massa insolvente a manutenção da empresa em laboração, as dívidas respeitantes a salários e demais contraprestações do trabalho prestado pelos trabalhadores da insolvente, após a declaração de insolvência, são qualificadas pelo art.º 51º, n.º 1, e), do CIRE, como dívidas da massa insolvente (...)». «III – Não sendo pois a compensação devida pela extinção dos contratos de trabalho, em consequência do encerramento da empresa, a referida no art.º 108º, n.º 3, do CIRE, a qual é qualificada como dívida da insolvência, ela enquadra-se perfeitamente na previsão do art.º 51º, c), do CIRE – dívida emergente de acto de administração da massa insolvente – podendo integrar a alínea d), do mesmo artigo– dívida resultante da actuação do administrador –, quando essa extinção é efectuada de forma ilícita pelo administrador (...)». Com leitura diferente, cfr., p. ex., o Ac. RC de 14.7.2010 (Relator: Barateiro Martins), Proc. n.º 562/09, www.dgsi.pt. Considerando que as quantias devidas em consequência da cessação do contrato de trabalho por decisão do administrador da insolvência são dívidas da massa, MENEZES LEITÃO, «A natureza dos créditos laborais resultantes de decisão do administrador da insolvência – Ac. do TRC de 14.7.2010, Proc. 562/09», cit., p. 63; com dúvidas, JÚLIO VIEIRA GOMES, «Nótula sobre os efeitos da insolvência do empregador nas relações de trabalho», cit., p. 292 e ss.. Defendendo que créditos laborais de cariz indemnizatório ou compensatório são créditos da (sobre a?) insolvência, MIGUEL LUCAS PIRES, *Dos privilégios creditórios. Regime jurídico e sua influência no concurso de credores*, cit., p. 414.

[150] As adaptações a realizar são agora menores do que em caso de encerramento definitivo: CARVALHO FERNANDES, «Efeitos da declaração de insolvência no contrato de trabalho segundo o CIRE», cit., p. 233. Sobre a matéria, v. MENEZES LEITÃO, «As repercussões da insolvência no contrato de trabalho», cit., p. 833 e s. (à luz do anterior CT), *Direito da* insolvênciia, cit.,

EFEITOS DA DECLARAÇÃO DE INSOLVÊNCIA

que não se aplica a microempresas – n.º 4)[151]. Também aqui, a cessação em causa deve ser permitida ao devedor que tenha a administração da massa insolvente[152].

Se, após a declaração de insolvência do empregador, tiver lugar no âmbito do processo de insolvência a transmissão de empresa ou estabelecimento, ou de parte de empresa ou estabelecimento que constitua uma unidade económica, decorre do art. 285.º, 1, do CT que se transmitem para o adquirente «a posição do empregador nos contratos de trabalho dos respectivos trabalhadores, bem como a responsabilidade pelo pagamento de coima aplicada pela prática de contra-ordenação laboral»[153]. Acrescenta o n.º 2 que o transmitente será também responsável solidariamente pelas obrigações que tenham vencido até à data da transmissão, mas apenas durante o ano subsequente a esta[154].

---

p. 202 e s., e JOANA COSTEIRA, *Os efeitos da declaração de insolvência no contrato de trabalho: a tutela dos créditos laborais*, cit., p. 53 e s..

[151] A extinção do contrato de trabalho terá lugar, na nossa opinião, por resolução (MENEZES LEITÃO, «As repercussões da insolvência no contrato de trabalho», cit., p. 875, olhando ainda para o anterior CT, e JOANA COSTEIRA, *Os efeitos da declaração de insolvência no contrato de trabalho: a tutela dos créditos laborais*, cit., p. 52) e não por caducidade (mas v. ROMANO MARTINEZ, *Direito do Trabalho*, cit., p. 876, ainda no sentido da caducidade). Mais uma vez, também é discutido se a compensação devida pela extinção do contrato de trabalho é dívida da massa. Essa parece ser a melhor solução (cfr. tb., nesse sentido, CARVALHO FERNANDES, «Efeitos da declaração de insolvência no contrato de trabalho segundo o CIRE», cit., p. 234; e MENEZES LEITÃO, «A natureza dos créditos laborais resultantes de decisão do administrador da insolvência – Ac. do TRC de 14.7.2010, Proc. 562/09», cit., p. 65, invocando o art. 51.º, 1, *d*); contra, porém, a jurisp. maioritária, e, na doutrina, CATARINA SERRA, «Para um novo entendimento dos créditos laborais na insolvência e na pré-insolvência da empresa – Um contributo feito de velhas e novas questões», *QL*, 42, 2013, p. 198, e JOANA COSTEIRA, «A classificação dos créditos laborais», in CATARINA SERRA (coord.), *I Colóquio de direito da insolvência de Santo Tirso*, cit., p. 168.). Será dívida da massa a correspondente ao crédito do trabalhador a que este tem direito se não é respeitado o regime legal previsto quanto à cessação do contrato de trabalho.

[152] CARVALHO FERNANDES, «Efeitos da declaração de insolvência no contrato de trabalho segundo o CIRE», cit., p. 233, JOANA COSTEIRA, *Os efeitos da declaração de insolvência no contrato de trabalho: a tutela dos créditos laborais*, cit., p. 50. Sobre a compensação devida ao trabalhador, cfr. o art. 347.º, 5 (mas tenha-se em atenção o seu âmbito de aplicação temporal)

[153] Esse regime é aplicável, nos termos do art. 285.º, 1, do CT, em «caso de transmissão, por qualquer título, da titularidade de empresa, ou estabelecimento ou ainda de parte de empresa ou estabelecimento que constitua uma unidade económica [...]».

[154] Contudo, o art. 285.º, 4, também estabelece que o «disposto nos números anteriores não é aplicável em caso de trabalhador que o transmitente, antes da transmissão, transfira para outro estabelecimento ou unidade económica, nos termos do disposto no artigo 194º, mantendo-o

UM CURSO DE DIREITO DA INSOLVÊNCIA

A proteção dos créditos laborais em caso de insolvência do empregador é alcançada por diversas vias. A isto voltaremos no capítulo relativo à verificação e graduação de créditos.

5.13. Cessão e penhor de créditos futuros emergentes de contrato de trabalho ou de prestação de serviços, ou do direito a prestações sucedâneas

Uma pessoa singular pode, antes de ser declarada insolvente, ceder ou dar em penhor créditos futuros. E pode fazê-lo relativamente a créditos futuros emergentes de contrato de trabalho ou de prestação de serviços. Pode, inclusivamente, ceder ou dar em penhor o direito a prestações sucedâneas daqueles contratos, como é o caso de subsídios de desemprego ou de pensões de reforma.

Quando assim suceda, o art. 115.º, 1, limita a eficácia desses negócios. Esta fica «limitada aos rendimentos respeitantes ao período anterior à data de declaração de insolvência, ao resto do mês em curso nesta data e aos 24 meses subsequentes».

O art. 115.º, 3, é igualmente aplicável. Porém, como bem notam Carvalho Fernandes e João Labareda[155], a sua redação carece de uma interpretação corretiva. Com efeito, quem tem de pagar os créditos futuros fica devedor desses valores. Não teria sentido compensar dívidas com dívidas. Mas isso é o que resulta da letra do preceito. Assim, tal como defendem aqueles autores, parece que as dívidas correspondentes aos créditos emergentes de contrato de trabalho, de prestação de serviços ou de prestações sucedâneas podem ser compensados com dívidas da massa (e não com dívidas à massa). A eventual compensação deve ser feita com respeito pelo disposto no art. 99.º, 1, *b*), e 4, *b*) a *d*).

---

ao seu serviço, excepto no que respeita à responsabilidade do adquirente pelo pagamento de coima aplicada pela prática de contra-ordenação laboral». Sobre a responsabilidade solidária do transmitente referida no texto, podem ler-se CARVALHO FERNANDES, «Efeitos da declaração de insolvência no contrato de trabalho segundo o CIRE», cit., p. 240 e s., MENEZES LEITÃO, «As repercussões da insolvência no contrato de trabalho», cit., p. 881, e JOANA COSTEIRA, *Os efeitos da declaração de insolvência no contrato de trabalho: a tutela dos créditos laborais*, cit., p. 70.
[155] CARVALHO FERNANDES/JOÃO LABAREDA, *Código da Insolvência e da Recuperação de Empresas anotado*, cit., p. 493.

5.14. Cessão e penhor de rendas ou alugueres que o administrador da insolvência não possa denunciar ou resolver

A cessão de créditos futuros (parece que é desses que trata o art. 115.º, 2) ou a constituição de penhor sobre eles pode ter por objeto rendas ou alugueres. Como é evidente, se foi o devedor insolvente que efetuou essa cessão ou constituição de penhor antes da declaração de insolvência a massa insolvente fica a perder se o administrador da insolvência não pode denunciar ou resolver os próprios contratos de locação. Os bens ficam sujeitos à locação e as rendas ou alugueres não vão ou podem não ir robustecer a massa insolvente.

Tratando-se de contratos de locação que o administrador da insolvência não possa denunciar ou resolver por força do disposto nos arts. 104.º, 2, e 109.º, 1, a eficácia da cessão e do penhor que tenham por objeto as rendas ou alugueres futuros e que tenham ocorrido antes da declaração de insolvência fica limitada às rendas e alugueres que digam respeito ao período anterior àquela declaração, ao resto do mês em curso na data da declaração de insolvência e ao mês subsequente. Este regime resulta do art. 115.º, 2, e vale independentemente de o devedor insolvente ser pessoa singular ou não.

Mais uma vez, o art. 115.º, 3, é aplicável. E novamente carece da aludida interpretação corretiva. Além disso, a eventual compensação deve ser feita com respeito pelo disposto no art. 99.º, 1, *b*), e 4, *b*) a *d*).

5.15. Contas correntes

No que diz respeito aos contratos de conta corrente[156] em que o insolvente seja parte, estes cessam com a declaração de insolvência. É o que resulta do art. 116.º. Em consequência, são encerradas as contas respetivas e é feito o apuramento do deve e haver. Não há, assim, suspensão do contrato.

---

[156] De acordo com o art. 344.º do CCom., o contrato de conta corrente é aquele em que «duas pessoas, tendo de entregar valores uma à outra, se obrigam a transformar os seus créditos em artigos de "deve" e "há de haver", de sorte que só o saldo final resultante da sua liquidação seja exigível».

5.16. Associação em participação

O contrato de associação em participação é aquele em que uma pessoa se associa à atividade económica exercida por outra, ficando a primeira (a associada) a participar nos lucros que resultem desse exercício para a segunda (a associante) e podendo eventualmente participar também nas perdas. É o que resulta do art. 21.º do DL 231/81, de 28 de julho (Regime Jurídico dos Contratos de Consórcio e de Associação em Participação). A associada deve, em regra, prestar ou obrigar-se a prestar uma contribuição de natureza patrimonial, que no entanto pode ser dispensada no contrato se a associada participar nas perdas (art. 24.º, 1 e 2, do mencionado Regime).

O art. 117.º visa os contratos de associação em participação em que o insolvente é a pessoa associante. Declarada a insolvência desta, o contrato de associação em participação extingue-se (não se suspende). Isso, aliás, já resultava do art. 27.º, *g*), do DL 231/81.

Como foi dito, a pessoa associada pode estar obrigada a participar nas perdas. Se a associante que foi declarada insolvente tinha perdas, a associada deve entregar à massa insolvente a parte nas perdas em que deve participar se ainda não a entregou. Mas se realizou prestações que não devam ser incluídas nessa participação nas perdas, tem direito a reclamá-las como crédito sobre a insolvência.

5.17. Agrupamento Complementar de Empresas e Agrupamento Europeu de Interesse Económico

No art. 118.º são indicadas as consequências da declaração de insolvência de um membro de um ACE ou de um AEIE. Essa insolvência não conduz à dissolução dos referidos Agrupamentos, embora o contrato possa estabelecer diversamente. Se um membro do ACE for declarado insolvente, pode exonerar-se do Agrupamento (art. 118.º, 2). Essa exoneração terá lugar por decisão do administrador da insolvência, naturalmente. Não é dito expressamente que o mesmo regime vale para o AEIE, mas essa tem sido a solução afirmada pela doutrina[157].

---

[157] Carvalho Fernandes/João Labareda, *Código da Insolvência e da Recuperação de Empresas anotado*, cit., p. 496, Maria do Rosário Epifânio, *Manual de direito da insolvência*, 2014, cit., p. 209.

EFEITOS DA DECLARAÇÃO DE INSOLVÊNCIA

O contrato do ACE ou do AEIE não pode prever que o membro declarado insolvente seja obrigado a indemnizar os danos daí resultantes aos outros membros do agrupamento ou a este. Uma tal cláusula será nula (art. 118º, 3).

6. Resolução em benefício da massa insolvente

6.1. A resolução pelo administrador da insolvência

A resolução em benefício da massa insolvente encontra-se regulada nos arts. 120.º e ss.[158]. Também aqui estamos perante um efeito da declaração de insolvência que *não é automático*. A declaração de insolvência é muito mais um pressuposto da resolução em benefício da massa insolvente do que uma sua causa. Como decorre do art. 123.º, é o *administrador da insolvência* que pode efetuar a resolução[159]. Para isso, dispõe em regra do prazo de *seis meses após o conhecimento do ato*, «mas nunca depois de decorridos dois anos sobre a data da declaração de insolvência (n.º 1). Contudo, se o negócio não estiver cumprido, a resolução pode ser declarada por via de exceção sem dependência de prazo (n.º 2).

Deve ser ainda tido em conta que o art. 120.º, 1, apenas permite a resolução dos atos ali previstos que tenham sido praticados «dentro dos dois anos anteriores à data do início do processo de insolvência» e que os atos que podem ser objeto de resolução incondicional nos termos do art. 121.º são aqueles que foram praticados dentro de certos períodos de tempo.

6.2. Atos que não podem ser resolvidos

Nem todos os atos, considerados em abstrato, são suscetíveis de resolução em benefício da massa. O art. 120.º, 6, ressalva os negócios jurídicos celebrados no

---

[158] V. tb. os arts 4.º, 2, *m)*, e 13.º do Regulamento 1346/2000 e os arts. 7.º, 2, *m)*, e 17.º do Regulamento 2015/848. Sobre o art. 13.º do Regulamento 1346/2000, v. o Ac. TJ de 15 de outubro de 2015, Nike European Operations Netherlands BV contra Sportland Oy, Proc. C-310/14.

[159] É também o administrador da insolvência que pode impugnar atos prejudiciais aos credores nos termos dos § 129 e ss. da *InsO*. Na Espanha é isso que igualmente ocorre quanto às *acciones de reintegración* ou *rescisorias* dos arts. 71 e ss. da LC, embora exista um mecanismo para, em regra, superar a inação do administrador da insolvência (v. art. 72, 1).

UM CURSO DE DIREITO DA INSOLVÊNCIA

âmbito[160] de PER, de providência de recuperação ou saneamento, de adoção de medidas de resolução previstas no Título VIII do RGICSF ou de procedimento equivalente «previsto em legislação especial, cuja finalidade seja prover o devedor com meios de financiamento suficientes para viabilizar a sua recuperação».

Por sua vez, o art. 122.º exclui a possibilidade de resolução de atos compreendidos num dos sistemas de pagamentos ali referidos.

6.3. A resolução condicional e a resolução incondicional

Comparando os arts. 120.º e 121.º, verificamos que entre os dois há grandes diferenças.

No art. 120.º, sob a epígrafe «Princípios gerais», o que na verdade encontramos é uma resolução *condicional*[161]. Esta resolução diz respeito a um ato *prejudicial* à massa praticado dentro dos dois anos anteriores à data do *início do processo* de insolvência[162]. Mas, como bem destacam Carvalho Fernandes e João Labareda[163], o prazo de que se trata é apenas um *prazo máximo*. A resolução em benefício da massa pode também abranger atos praticados depois do início do processo mas antes da declaração da insolvência. Tenha-se, aliás, em atenção que é dos efeitos da declaração de insolvência que falamos. Já quanto aos atos posteriores à declaração de insolvência, não se pode esquecer o disposto no art. 81.º, 6.

Quanto à natureza prejudicial do ato para a massa insolvente, entende-se que a mesma existe se o ato diminui, frustra, dificulta, põe em perigo ou retarda a satisfação dos credores da insolvência (art. 120.º, 2). E o n.º 3 presume («sem admissão de prova em contrário») que são prejudiciais os atos dos tipos referidos no art. 121.º, mesmo que praticados ou omitidos (?) fora dos prazos ali previstos.

---

[160] «No âmbito» é expressão equívoca.

[161] Assim também, CARVALHO FERNANDES/JOÃO LABAREDA, *Código da Insolvência e da Recuperação de Empresas anotado*, cit., p. 500.

[162] Lembrando o disposto no art. 4.º, 2, MARIA DO ROSÁRIO EPIFÂNIO, *Manual de direito da insolvência*, 2014, cit., p. 212, nt. 711.

[163] CARVALHO FERNANDES/JOÃO LABAREDA, *Código da Insolvência e da Recuperação de Empresas anotado*, cit., p. 500 e 502.

EFEITOS DA DECLARAÇÃO DE INSOLVÊNCIA

Além disso, a resolução em benefício da massa que está regulada no art. 120.º exige a *má fé* do terceiro[164]. Por má fé deve entender-se «o conhecimento, à data do ato, de qualquer das seguintes circunstâncias: *a*) De que o devedor se encontrava em situação de insolvência; *b*) Do caráter prejudicial do ato e de que o devedor se encontrava à data em situação de insolvência iminente; *c*) Do início do processo de insolvência» (n.º 5)». A má fé é presumida (presunção ilidível, nos termos gerais) «quanto a atos cuja prática ou omissão [?] tenha ocorrido dentro dos dois anos anteriores ao início do processo de insolvência e em que tenha participado ou de que tenha aproveitado pessoa especialmente relacionada com o insolvente, ainda que a relação especial não existisse a essa data» (n.º 4 – interpolação nossa)[165]. As pessoas especialmente relacionadas com o devedor são as identificadas no art. 49.º, em enumeração que parece taxativa[166].

---

[164] No Ac. STJ n.º 15/2014, DR, I série, de 22.12.2014, uniformizou-se assim a jurisprudência: «Nos termos e para os efeitos dos artigos 120.º, n.º 4, e 49.º, n.ºs 1 e 2, alíneas *c*) e *d*) do Código da Insolvência e da Recuperação de Empresas, presume-se que age de má fé a sociedade anónima que adquire bens a sociedade por quotas declarada insolvente, sendo de considerar o sócio-gerente desta e seu filho, interveniente no negócio de aquisição como representante daquela, pessoas especialmente relacionadas com a insolvente».

[165] A referência a atos omitidos também surge no art. 120.º, 3, e no art. 126.º, 1. Mas essa mesma referência desapareceu do art. 120.º, 1. Saudando a supressão, MENEZES LEITÃO, *Direito da insolvência*, cit., p. 218. Defendendo que o administrador da insolvência pode resolver «a omissão de contestar uma ação ou mesmo de a propor dentro do prazo», PEDRO PAIS DE VASCONCELOS, "Responsabilidade civil do administrador de insolvência", cit., p. 204. A referência à omissão de atos terá ido buscar inspiração, provavelmente, ao § 129, *Abs.* (2), da *InsO*, pois aí se estabelece que a «Unterlassung steht einer Rechtshandlung gleich» (que traduziremos por «a omissão equipara-se ao ato jurídico»). Considerando que essa equiparação só pode existir se há um ato da vontade, isto é, se a omissão foi conhecida e querida, BERTOLD SCHÄFER, *Insolvenzanfechtung anhand von Rechtsprechungsbeispielen*, 4. Aufl., Carl Heymanns/Wolters Kluwer, Köln, 2013, p. 32, Rn. 70. O autor entende também que as omissões só são relevantes se conduziram a uma diminuição do património do devedor. Por sua vez, JÖRG DAUERNHEIM, «§ 129», in KLAUS WIMMER (her.), *Frankfurter Kommentar zur Insolvenzordnung*, cit., Rn. 29, dá como exemplos de omissões equiparáveis a atos jurídicos, entre outros, a não invocação de exceções e a não impugnação por erro ou dolo; o mesmo autor, em «§ 132», in KLAUS WIMMER (her.), *Frankfurter Kommentar zur Insolvenzordnung*, cit., Rn. 9, refere, por exemplo, a omissão de protesto de letra. Defendendo que a simples desatenção ou o esquecimento não chegam, GODEHARD KAYSER, «§ 129», *Münchener Kommentar zur Insolvenzordnung*, 3. Aufl., Bd. 2, Beck (Beck-online), München, 2013, Rn. 24

[166] CARVALHO FERNANDES/JOÃO LABAREDA, *Código da Insolvência e da Recuperação de Empresas anotado*, cit., p. 301. O § 138 da *InsO* identifica também as «nahestehende Personen».

UM CURSO DE DIREITO DA INSOLVÊNCIA

Por sua vez, o art. 121.º considera um conjunto de atos, que em regra, são resolúveis em benefício da massa insolvente «sem dependência de quaisquer outros requisitos» para além daqueles que são indicados nas várias alíneas do seu n.º 1[167], sendo de destacar os relativos ao momento da prática do ato. Dizemos «em regra» porque o n.º 2 acrescenta que o disposto no n.º 1 «cede perante normas legais que excecionalmente exijam sempre a má fé ou a verificação de outros requisitos». Os atos identificados no n.º 1 do art. 121.º são sempre considerados prejudiciais à massa, como lemos no art. 120.º, 3. E isso é assim mesmo que os atos sejam praticados (ou «omitidos») fora dos prazos referidos no art. 121.º, 1.

6.4. Como deve ser efetuada a resolução

A resolução é efetuada através de carta registada com aviso de receção, enviada pelo administrador da insolvência[168]. A resolução deve ser efetuada no prazo de seis meses após o conhecimento do ato, mas nunca depois de decorridos dois anos sobre a data da declaração da insolvência (art. 123.º, 1)[169]. Contudo, se o negócio não estiver ainda cumprido, a resolução pode ter lugar sem

---

Considerando que a enumeração é exaustiva («erschöpfend»), JÖRG DAUERNHEIM, «§ 138», in KLAUS WIMMER (her.), *Frankfurter Kommentar zur Insolvenzordnung*, cit., Rn. 2. Para o autor, estão em causa pessoas que teriam possibilidade de obter informações sobre as relações económicas do devedor e estariam em melhor situação para colaborarem com o devedor em prejuízo dos credores (Rn. 1).

[167] Daí que GRAVATO MORAIS, em *Resolução em benefício da massa insolvente*, Almedina, Coimbra, 2008, considere que «ambas as modalidades são, na realidade, condicionais»

[168] Defendendo que a resolução deve ser dirigida a «ambas as partes no acto que se pretende resolver», MENEZES LEITÃO, *Direito da insolvência*, cit., p. 222.

[169] A epígrafe do art. 123.º parece qualificar o prazo como de prescrição. Ora, o art. 298.º, 2, CCiv. estabelece que, em regra, o prazo que a lei fixa para o exercício de um direito é de caducidade «a menos que a lei se refira expressamente à prescrição». O que nos coloca, evidentemente, perante o valor das epígrafes... No sentido de que a qualificação legal deve prevalecer, GRAVATO MORAIS, *Resolução em benefício da massa insolvente*, cit., p. 161 e ss.; contra, MENEZES LEITÃO, *Direito da insolvência*, cit., p. 223, e CARVALHO FERNANDES/JOÃO LABAREDA, *Código da Insolvência e da Recuperação de Empresas anotado*, cit., p. 510. Na Alemanha, o § 146 da InsO contém o termo *Verjährung* ou prescrição tanto na epígrafe como no n.º 1. Lembre-se ainda que o encerramento do processo de insolvência conduz à cessação de todos os efeitos que resultam da declaração de insolvência e à cessação, em regra, das atribuições do administrador da insolvência (cfr. o art. 233.º, 1, *a*) e *b*)).

EFEITOS DA DECLARAÇÃO DE INSOLVÊNCIA

dependência de prazo por via de exceção (n.º 2). Atendendo ao direito de impugnação da resolução (art. 125.º), a resolução deve ser fundamentada[170].

6.5. Impugnação da resolução

Se a resolução em benefício da massa pode ser realizada através de carta registada com aviso de receção, a impugnação dessa resolução tem necessariamente de ser efetuada por ação proposta contra a massa insolvente. Essa ação deve ser intentada no prazo de três meses, prazo esse que o art. 125.º considera ser de caducidade. A ação de impugnação da resolução constituirá «dependência do processo de insolvência», o que parece significar que terá a natureza de apenso[171], com as consequências daí resultantes.

6.6. Efeitos da resolução

Resulta do art. 126.º, 1, que a resolução em benefício da massa tem efeitos retroativos. Daí se conclui que deve ser reconstituída a situação que existiria se o ato não tivesse sido praticado (ou omitido).

Assim, quem tiver recebido algo deve restituí-lo. Porém, e estranhamente, o adquirente a título *gratuito* só tem de restituir «na medida do seu próprio enriquecimento, salvo o caso de má fé, real ou presumida». Dizemos «estranhamente» porque se está a dar proteção acrescida a quem adquiriu de forma gratuita[172] e que, por isso, tem menos a perder.

Não sendo possível a restituição em espécie de algo que foi entregue pelo devedor, deve ser restituído à massa um valor que permita reconstituir a situação

---

[170] GRAVATO MORAIS, *Resolução em benefício da massa*, cit., p. 164, CARVALHO FERNANDES/JOÃO LABAREDA, *Código da Insolvência e da Recuperação de Empresas anotado*, cit., p. 511.

[171] CARVALHO FERNANDES/JOÃO LABAREDA, *Código da Insolvência e da Recuperação de Empresas anotado*, cit., p. 513. Tendo em conta as consequências do encerramento do processo antes do rateio final, pode justificar-se atribuir ao administrador da insolvência, em eventual plano de insolvência, competência para a defesa nas ações de impugnação das resoluções de atos em benefício da massa insolvente.

[172] Cfr. tb. Luís MENEZES LEITÃO, *Direito da insolvência*, cit., p. 225, CATARINA SERRA, *O regime português da insolvência*, , cit., p. 52, e CARVALHO FERNANDES/JOÃO LABAREDA, *Código da Insolvência e da Recuperação de Empresas anotado*, cit., p. 516.

UM CURSO DE DIREITO DA INSOLVÊNCIA

que existiria no património do devedor se o ato não tivesse sido praticado[173]. No caso de se tratar de reconstituir a situação que existiria se não tivesse sido omitido o ato, não será sempre claro como é que se reconstitui a situação que existiria sem a omissão. Deverá ser permitida, em regra, a prática do ato omitido. Se, por exemplo, não foi praticado um certo ato processual, deve ser concedido um novo prazo caso tal ainda seja possível. Mas, se já foi proferida sentença transitada em julgado condenatória do devedor insolvente, a resolução da omissão parece poder limitar a eficácia dessa sentença[174]. Mas não se pode dizer que a resolução da omissão conduz a considerar que tudo se passa como se o ato tivesse sido praticado[175].

Como se retira do art. 126.º, 2, o administrador da insolvência pode intentar as ações que forem necessárias para obter a reconstituição da situação que existiria se o ato não tivesse sido praticado (ou «omitido»). Mais uma vez, trata-se de uma ação que constitui «dependência» do processo de insolvência. Proferida sentença que fixe prazo ao terceiro para este apresentar bens ou valores que devam ser restituídos à massa, o incumprimento desse prazo conduz à aplicação das «sanções previstas na lei de processo para o depositário de bens penhorados que falte à oportuna entrega deles».

No que diz respeito à obrigação da massa, a restituição de um objeto que tenha sido prestado pelo terceiro só ocorre se esse objeto «puder ser identificado e separado dos que pertencem à parte restante da massa» (art. 126.º, 4). Se assim não for, a obrigação de restituir o objeto é substituída pela obrigação de restituir o valor correspondente. Essa obrigação torna necessário verificar qual foi o valor do enriquecimento da massa insolvente à data da declaração de insolvência. O valor correspondente ao objeto que seja igual ou inferior ao valor daquele enriquecimento constitui uma obrigação de restituir que é uma dívida da massa insolvente. Caso o valor correspondente exceda o valor do enriquecimento da massa, a obrigação de restituir o *remanescente* constituirá dívida da insolvência.

---

[173] Nem sempre será fácil determinar o momento relevante.

[174] Aparentemente nesse sentido, para a Alemanha, Hans-Peter Kirchof, «§ 143», in Hans--Peter Kirchoff/Horst Eidenmüller/Rolf Stürner (her.), *Münchener Kommentar zur Insolvenzordnung*, Bd. 2, cit., Rn. 56

[175] Assim, para a Alemanha, Jörg Nerlich, «§ 143», in Jörg Nerlich/Volker Römermann, *Insolvenzordnung*, 28. EL, Beck (Beck-online), München, januar 2015, Rn. 43.

EFEITOS DA DECLARAÇÃO DE INSOLVÊNCIA

6.7. Oponibilidade a transmissários ou adquirentes posteriores

O ato que se pretende resolver pode consistir numa transmissão. Por sua vez, o transmissário pode ter também transmitido a outrem ou constituído a favor de terceiro um direito sobre o bem transmitido. Vamos supor que *A* vendeu a *B*, que por sua vez vendeu a *C*. Em casos como este, coloca-se o problema de saber se, tendo *A* sido declarado insolvente, a resolução do ato *A-B* pode repercutir-se no ato *B-C*.

Como decorre do art. 124.º, 1, a resolução do ato pode ser oposta a transmissários posteriores se estes estiverem de má fé[176]. A má fé tem de existir em todos os transmissários. Basta que um dos transmissários intermédios esteja de boa fé para que a resolução não seja oponível ao último transmissário. Porém, a má fé do *C* já não será exigida se *C* adquiriu a título gratuito ou é um sucessor de *B* a título universal.

O regime descrito vale se *B*, em lugar de transmitir a *C*, constituir a favor deste um direito sobre o bem que *A* lhe transmitiu (art. 124.º, 2).

6.8. Ainda os efeitos da resolução em benefício da massa: a ação de impugnação pauliana

Tendo sido resolvido em benefício da massa um determinado ato, isso terá consequências relativamente às ações de impugnação pauliana do mesmo ato.

Comecemos pelas ações de impugnação pauliana que já estejam pendentes. As ações de impugnação pauliana pendentes são tanto aquelas que foram propostas antes da declaração de insolvência, como aquelas que foram propostas depois dessa declaração de insolvência. Quanto a elas, o art. 127.º, 2, afasta a sua apensação ao processo de insolvência. Contudo, após a resolução em benefício da massa as ações de impugnação pauliana pendentes ficarão suspensas. Essa suspensão termina se a resolução em benefício da massa, tendo sido impugnada, for declarada ineficaz por decisão definitiva, que terá força vinculativa no âmbito das ações de impugnação pauliana pendentes quanto

---

[176] Este regime coloca ao intérprete muitas dificuldades na sua articulação com o direito registal, como salienta CATARINA SERRA, *O regime português da insolvência*, cit., p. 109. Sobre a má fé do transmissário posterior, v. Ac. STJ de 05.05.2015 (Relatora: Ana Paula Boularot), Proc. n.º 919/09.3 TJPRT–F.P3.S1.

às questões nela apreciadas e na medida em que não ofenda caso julgado de formação anterior. Terminada a suspensão e prosseguindo a ação de impugnação pauliana, se a mesma for considerada procedente o credor tem «direito à restituição dos bens na medida do seu interesse» (art. 616.º, 1, CCiv.). E esse interesse é aferido «com abstração das modificações introduzidas ao seu crédito por um eventual plano de insolvência ou de pagamentos» (art. 127.º, 3).

Tendo sido resolvido em benefício da massa insolvente um determinado ato, fica vedado aos credores da insolvência a instauração de novas ações de impugnação pauliana daquele ato (art. 127.º, 1). Se, porém, o ato não tiver sido resolvido em benefício da massa insolvente, os credores da insolvência poderão instaurar novas ações de impugnação pauliana. Mas se, tendo sido intentadas essas ações de impugnação pauliana, o administrador da insolvência resolver em benefício da massa os atos impugnados, segue-se a aplicação do regime contido no art. 127.º, 2.

7. Efeitos penais

Nos termos do art. 298.º, a declaração de insolvência tem como efeito a interrupção do prazo de prescrição do procedimento criminal.

CAPÍTULO VI
Órgãos da insolvência

1. Introdução

Como órgãos da insolvência são indicados nos arts. 52.º e ss. do CIRE o administrador da insolvência, a assembleia de credores e a comissão de credores. A estes dedicaremos a nossa atenção. Tais órgãos são vistos pela lei como intervenientes no processo de insolvência (cfr. a epígrafe do Título III). Já não consideramos órgão da insolvência o *Juiz* ou o *Tribunal*[1]. Não são como tal qualificados pelo CIRE e constituiria uma equivocada leitura do respetivo estatuto pensar de forma diferente[2]. Quanto ao *fiduciário*, embora se possa entender que é nomeado no despacho inicial previsto no art. 239º[3], a verdade é que a cessão do rendimento disponível que lhe deve ser efetuada terá lugar «durante os cinco anos subsequentes ao encerramento do processo de insolvência» (art. 239.º, 2). Tendo em conta as funções do fiduciário (art. 241.º), justifica-se não o tratar como órgão «da insolvência»[4].

---

[1] Com outra leitura, Catarina Serra, *O regime português da insolvência*, cit., p. 46, Luís Menezes Leitão, *Direito da insolvência*, cit., p. 111..

[2] Em sentido próximo, Carvalho Fernandes/João Labareda, *Código da Insolvência e da Recuperação de Empresas anotado*, cit., p. 312. Como diz Carvalho Fernandes, «Órgãos da insolvência», in Carvalho Fernandes/João Labareda, *Estudos sobre a insolvência*, cit., p. 144, órgãos de insolvência são os «criados especificamente para intervir em cada processo de insolvência».

[3] Carvalho Fernandes/João Labareda, *Código da Insolvência e da Recuperação de Empresas anotado*, cit., p. 862.

[4] De modo diferente, Catarina Serra, *O regime português da insolvência*, cit., p. 48, nt. 44. O fiduciário surge identificado no EAJ como administrador judicial (art. 2.º, 2). O EAJ (Estatuto

2. O administrador da insolvência

2.1. Nomeação

O administrador da insolvência é o primeiro dos órgãos da insolvência que surge mencionado no Capítulo II do Título III do CIRE (arts. 52.º e ss.)[5]. O administrador da insolvência é um administrador judicial, como decorre do art. 2.º, 2, do EAJ, e é em regra nomeado pelo juiz na sentença de declaração da insolvência (art. 36.º, 1, *d*)). Contudo, se é aprovado e homologado um *plano de pagamentos*, a sentença de declaração de insolvência apenas conterá «as menções referidas nas alíneas *a*) e *b*) do n.º 1 do artigo 36.º, sendo aplicável o disposto na alínea *a*) do n.º 7 do artigo 39.º» (art. 259.º, 1). E, portanto, não será nomeado administrador da insolvência na sentença de declaração de insolvência.

A nomeação do administrador da insolvência está sujeita ao disposto no art. 32.º, 1 (cfr. o art. 52.º, 2). Isto significa, antes de mais, que a escolha deve recair em entidade inscrita na lista oficial[6] de administradores da insolvência[7].

---

do Administrador Judicial) consta da L n.º 22/2013, de 26 de fevereiro. Já será possível falar de órgão quanto ao coordenador previsto nos arts. 71.º e ss. do Regulamento 2015/484 no que diz respeito aos processos de insolvência relativos a membros de um grupo de sociedades.

[5] O administrador judicial provisório nomeado no PER (art. 17º-C, 3, *a*)) não é órgão da insolvência: o PER não é um processo de insolvência. Como não o é o administrador judicial provisório nomeado nos termos do art. 31.º, 2, visto que as medidas cautelares em causa são as «que se mostrem necessárias ou convenientes para impedir o agravamento da situação patrimonial do devedor, até que seja proferida sentença». Em termos próximos, CARVALHO FERNANDES, «Órgãos da insolvência», cit., p. 144. Mais uma vez com outra leitura, CATARINA SERRA, *O regime português da insolvência*, cit., p. 48, nt. 44.

[6] Elaborada para cada comarca: art. 6.º, 1, EAJ. O art. 13.º, 2, EAJ prevê a nomeação pelo juiz «por meio de sistema informático que assegure a aleatoriedade da escolha e a distribuição em idêntico número dos administradores judiciais nos processos» (para os casos em que não seja possível o recurso ao sistema informático referido, cfr. o art. 13.º, 3, EAJ). Procura-se assim evitar que surjam situações menos claras. Alertando para as «corruptelas derivadas de la concentración de los nombramientos judiciales en unos pocos», IGNACIO TIRADO, «Artículo 27», in ÁNGEL ROJO/EMILIO BELTRÁN (coord.), *Comentario de la Ley Concursal*, t. I, Thomson/Civitas, Madrid, 2004, p. 587.

[7] Cfr. tb. o art. 6.º do EAJ. O EAJ estabelece incompatibilidades, impedimentos e suspeições, bem como requisitos quanto à idoneidade. Quanto ao exercício da atividade sob forma societária, cfr. o DL 54/2004, de 18 de março. Sobre os vários modelos admissíveis quanto aos requisitos subjetivos do administrador da insolvência (público, profissional, de credores e aberto ou semiaberto), IGNACIO TIRADO, «Artículo 27», cit., p. 573.

O art. 52.º, 2, permite também que o juiz tenha em conta «as indicações que sejam feitas pelo próprio devedor ou pela comissão de credores, se existir»[8]. Este segmento do preceito suscita-nos dois comentários.

Um primeiro para dizer que, no momento em que nomeia o administrador da insolvência na sentença de declaração de insolvência, o juiz não pode ainda ter indicações da comissão de credores, uma vez que esta não estará constituída[9].

Em segundo lugar, deve ser referido que não é fácil identificar a melhor forma de articular o disposto nos arts. 32.º, 1, e 52.º, 2, no que diz respeito às indicações do devedor ou da comissão de credores. Com efeito, se o juiz pode ter em conta as indicações do devedor ou da comissão de credores mas também deve respeitar o art. 32.º, 1, julgamos possível dizer que as indicações do devedor constantes da petição inicial podem apenas ser tidas em conta nos mesmos termos em que o são as propostas mencionadas no art. 32.º, 1: isto é, apenas quando esteja em causa um processo «em que seja previsível a existência de actos de gestão que requeiram especiais conhecimentos»[10].

---

[8] «Podendo o juiz ter em conta», diz agora o art. 52.º, 2. Mas, na versão anterior ao DL 282/2007, de 7 de agosto, era de um dever que se falava.

[9] A menos que se aceite a possibilidade de ser constituída uma comissão de credores como medida cautelar e essa constituição tenha ocorrido.

[10] Fátima Reis Silva, «Processo de insolvência: os órgãos de insolvência e o plano de insolvência», *Revista do CEJ*, 2010, 2º sem., 14, p. 145, parece ter diferente opinião, por considerar que assim possibilita às «empresas que se apresentem à insolvência nas quais não se verifique a existência de actos de gestão que requeiram especiais conhecimentos, a prévia preparação dessa apresentação assessorada por um Administrador da Insolvência capaz de prosseguir com o processo»; cfr. tb., da mesma autora, «Dificuldades da recuperação de empresa no Código da Insolvência e da Recuperação de Empresa», Miscelâneas, n.º 7, IDET/Almedina, Coimbra, 2011, p. 145. Contudo, os riscos dessa solução são evidentes. No sentido do texto, cfr. o Ac. RL de 05.03.2013, Proc. 13062/12.9T2SNT-A.L1-7 (Relator: Orlando Nascimento), onde se pode ler que «A indicação de administrador da insolvência pelo devedor, nos termos do art.º 32.º, n.º 1, do CIRE deverá ser acompanhada da articulação de factos que permitam concluir ser *previsível a existência de atos de gestão que requeiram especiais conhecimentos*, sendo insuficiente a articulação do conceito legal e devendo, também, articular os factos que permitam concluir que ele, administrador indicado, tem os especiais conhecimentos requeridos pelos *previsíveis atos de gestão*». O art 52.º, 2, apenas confere ao juiz o poder de tomar em conta as indicações do devedor ou da comissão de credores. Mas «quando seja previsível a existência de actos de gestão que requeiram especiais conhecimentos por parte do administrador da insolvência e o requerente invoque tal situação e proponha/requeira a nomeação do administrador por si indicado, o juiz, caso não acolha tal indicação, para que a decisão não padeça do vício de falta

UM CURSO DE DIREITO DA INSOLVÊNCIA

De qualquer modo, o art. 52.º, 2, manda dar preferência «na primeira designação» ao administrador judicial provisório que, no âmbito da adoção de eventuais medidas cautelares, esteja a exercer funções quando for declarada a insolvência do devedor.

Em certos casos, o juiz pode mesmo nomear *mais do que um* administrador da insolvência. Essa nomeação de vários administradores da insolvência terá lugar a requerimento de «qualquer interessado» (art. 52.º, 4). O requerente deve propor de forma fundamentada «o administrador da insolvência a nomear». O art. 52.º, 5, esclarece que a possibilidade de nomeação de mais do que um administrador da insolvência não se limita à nomeação de apenas mais um. Com efeito, lê-se naquele preceito que no caso de «divergência entre o administrador da insolvência nomeado pelo juiz ao abrigo do n.º 1 e os demais administradores de insolvência, prevalece, em caso de empate, a vontade daquele». É assim clara a referência a uma pluralidade de administradores da insolvência («os demais») para além do nomeado nos termos do art. 52.º, 1.

Mais complicado é saber em que situações podem ser nomeados vários administradores da insolvência. Isto porque o art. 52.º, 4, faz referência aos casos em que «o processo de recrutamento assuma grande complexidade». Ora, o processo de recrutamento referido no art. 52.º, 3, é o que diz respeito à formação das listas oficiais. Não se vê muito bem por que razão é que as dificuldades nesse processo de recrutamento devem servir de fundamento para a nomeação de mais do que um administrador da insolvência. Têm por isso toda a razão Carvalho Fernandes e João Labareda: «verdadeiramente o que, nestas situações, é complexo não é o recrutamento mas o próprio processo de insolvência, nos termos em que se apresenta, e visto sob a perspetiva da atividade que convoca»[11].

---

de fundamentação, tem que fundamentar porque não nomeia como administrador o que foi proposto»: cfr. o Ac. RC de 29.10.2013, Proc. 254/13.2TBSRE-A.C1 (Relator: Barateiro Martins), in www.dgsi.pt. Considerando que o juiz deve fundamentar a escolha quando se afaste das indicações recebidas ou quando privilegia alguma delas, CARVALHO FERNANDES/JOÃO LABAREDA, *Código da insolvência e da recuperação de empresas anotado*, cit., p. 315. Sobre o tema, com diferentes leituras, cfr. ainda o Ac. RL de 21.03.2013, Proc. 4525/12.7TBFUN-A.L1-6 (Relator: Olindo Geraldes), in www.dgsi.pt, e o Ac. RC de 26.02.2013, Proc. 2/13.7TBTND-A. C1 (Relatora: Regina Rosa), in www.dgsi.pt.

[11] CARVALHO FERNANDES/JOÃO LABAREDA, *Código da Insolvência e da Recuperação de Empresas anotado*, cit., p. 316.

ÓRGÃOS DA INSOLVÊNCIA

A nomeação de mais do que um administrador da insolvência tem consequências, desde logo, ao nível da *remuneração* dos mesmos. É que o administrador da insolvência adicional será também remunerado pela *massa insolvente* e, se esta não for suficiente para o efeito, deverá ser o *requerente* a remunerar o administrador da insolvência que tenha proposto.

De acordo com o art. 54.º, o administrador da insolvência assume imediatamente as suas funções uma vez notificado da nomeação. Esse início de funções não está assim dependente do registo da nomeação (cfr. art. 38.º, 2). Mas, para além da nomeação, deve entender-se que é necessária a aceitação pelo administrador da insolvência: é isso que está pressuposto no art. 12.º, 3 e 4, do EAJ[12].

A *assembleia de credores* pode escolher um administrador da insolvência diferente daquele que foi nomeado pelo juiz[13] e «prover» sobre a respetiva remuneração. Isso é o que decorre do art. 53.º, 1. E essa possibilidade tanto diz respeito ao administrador da insolvência escolhido pelo juiz, como ao que foi nomeado nos termos do art. 52.º, 4[14]. Aquela escolha deve realizar-se através de deliberação que obtenha os votos a favor da maioria dos votantes[15] e a maioria dos votos emitidos. As abstenções não são consideradas para o efeito.

---

[12] O art. 12.º, 3 e 4, retira clareza ao regime do CIRE. Sobre o pedido de escusa a todo o tempo, cfr. o art. 16.º, 1, EAJ. Referindo-se a um dever de aceitação da nomeação («em princípio»), CARVALHO FERNANDES/JOÃO LABAREDA, *Código da Insolvência e da Recuperação de Empresas anotado*, cit., p. 324. Chamando a atenção para a falta de clareza do regime contido no anterior Estatuto do Administrador de Insolvência relativamente à necessidade de aceitação, PEDRO PIDWELL, *O processo de insolvência e a recuperação da sociedade comercial de responsabilidade limitada*, cit., p. 147 e s., nt. 639.

[13] Considerando que, na Alemanha, a possibilidade tem pouco significado prático tendo em conta que na altura da eventual substituição já muita coisa estará preparada pelo anterior administrador, DIRK ANDRES, «§ 57», in DIRK ANDRES/ROLF LEITHAUS/MICHAEL DAHL, *Insolvenzordnung*, 3. Aufl., Beck (Beck-online), 2014, Rn. 1.

[14] Com a mesma leitura, CARVALHO FERNANDES/JOÃO LABAREDA, *Código da Insolvência e da Recuperação de Empresas anotado*, cit., p. 316 e 319. Em bom rigor, o art. 53.º, 1, não estabelece limitações quanto ao administrador da insolvência que pode ser afastado pelos credores. Basta que tenha sido designado. E também a eleição é uma modalidade de designação. O art. 53.º, 3, por sua vez, contém uma referência à «pessoa eleita pelos credores, em substituição do administrador em funções», sem distinguir.

[15] Também o § 57 da *InsO* exige, para além da maioria necessária por força do § 76, 2, o voto a favor da maioria dos credores votantes.

UM CURSO DE DIREITO DA INSOLVÊNCIA

No entanto, é necessário que *antes da votação* se junte aos autos a *aceitação* do proposto. Ou seja, a escolha de outro administrador da insolvência pela assembleia de credores pressupõe que exista um prévio contacto com o sujeito a propor e que este aceite vir a ser escolhido.

A assembleia de credores pode mesmo escolher um administrador da insolvência que não conste da lista oficial. Contudo, isso só pode suceder se a escolha for justificada pela «especial dimensão da empresa compreendida na massa insolvente, pela especificidade do ramo de atividade da mesma ou pela complexidade do processo» (art. 53.º, 2).

Feita a escolha pela assembleia de credores, deve o juiz nomear a pessoa escolhida[16]. Porém, a nomeação pode (ou, talvez melhor, deve) não ter lugar se o juiz considera que a pessoa escolhida pela assembleia de credores não tem idoneidade ou aptidão[17] para o exercício do cargo, se entende que a retribuição do administrador da insolvência aprovada pelos credores é manifestamente excessiva ou se, tratando-se de escolha realizada fora da lista oficial, considerar que não se verifica qualquer uma das circunstâncias que o permitem fazer (art. 53.º, 3). Antes da nomeação pelo juiz, o novo administrador da insolvência não está ainda em funções, aplicando-se o disposto nos arts. 54.º e 57.º.

2.2. Funções

O administrador da insolvência assume funções imediatamente depois de notificado da sua nomeação (art. 54.º). As suas tarefas são numerosas, variando naturalmente segundo o curso do processo[18]. Daí também que seja um administrador «da insolvência» e não apenas um administrador «da massa»[19].

---

[16] A nomeação está sujeita a registo, nos termos do art. 38.º. E a nomeação que tenha lugar na sentença de declaração de insolvência beneficia da publicidade inerente a essa mesma sentença. Cf. também o art. 9.º, *l*), CRCom., e o art. 1.º, 1, *m*), CRCiv.

[17] No § 57 da *InsO* é apenas usada a expressão «nicht geeignet» (que traduziríamos por «não idóneo»).

[18] Serão, porém, bem mais reduzidas no caso do art. 39.º, 7, *c*). Fora do CIRE é também possível encontrar outras tarefas a cargo do administrador da insolvência. É o caso, designadamente, do art. 181.º CPPT. Sendo aplicável o Regulamento 1346/2000, é preciso contar ainda com o regime daí resultante (e, a partir do momento em que seja aplicável, com o Regulamento 2015/848).

[19] Em termos próximos, para a Espanha quanto ao administrador concursal, EDUARDO VAL-PUESTA GASTAMINZA, «Artículo 26», in FAUSTINO CORDÓN MORENO (dir.), *Comentarios a la*

O próprio art. 55.º, embora tenha por epígrafe «Funções e seu exercício», logo ressalva no seu n.º 1 as «demais tarefas». Apenas indicaremos as que consideramos mais relevantes[20], mas do que vamos expor facilmente se conclui que tais funções não poderiam ser geralmente desempenhadas, de forma eficaz, pelo juiz ou pelo conjunto dos credores.

É ao administrador da insolvência que cabe *em regra* prover à *conservação* e *frutificação* dos direitos do insolvente e à eventual *continuação da exploração da empresa* (art. 55.º, 1, *b*)) e representa o devedor «para todos os efeitos de caráter patrimonial que interessem à insolvência» (art. 81.º, 4)[21]. Um dos efeitos da declaração de insolvência é normalmente o de passar a competir ao administrador da insolvência o poder de administrar os bens da massa insolvente e de deles dispor (art. 81.º, 1).[22] E é também o administrador da insolvência que deve diligenciar para que os bens apreendidos lhe sejam imediatamente entregues, ficando deles depositário (art. 150.º, 1).

O administrador da insolvência deve elaborar um[23] *inventário* dos bens e direitos integrados na massa insolvente na data anterior à do relatório (art. 153.º, 1)[24], inventário esse que no entanto pode ser dispensado pelo juiz de acordo com o art. 153.º, 5. Fica igualmente a cargo do administrador a elaboração da *lista provisória de credores* de que trata o art. 154.º e o *relatório* mencionado no art. 155.º.

Ley Concursal, T. I, Aranzadi/Thomson Reuters, Cizur Menor, 2010, p. 373. Salientando as diversas funções de «cariz marcadamente processual que são inerentes à marcha do processo», Pedro Pidwell, *O processo de insolvência e a recuperação da sociedade comercial de responsabilidade limitada*, cit., p. 147.

[20] Mesmo em caso de administração pelo devedor o administrador da insolvência tem poderes bastante amplos, como resulta desde logo do art. 226.º. E o consentimento do administrador da insolvência será necessário para que o devedor possa realizar as vendas antecipadas nos termos do art. 225.º.

[21] Cfr., p. ex., para a representação na celebração de transação, o Ac. RL de 12.12.2003, Proc. 6898/11.0TBCSC.L1 (Relator: Desembargador Rui Vouga).

[22] Para uma defesa de uma gestão da massa envolvendo «atividade de prossecução ativa do fim lucrativo e da gestão empresarial e proativa da massa», Pais de Vasconcelos, "Responsabilidade civil do administrador de insolvência", cit., p. 193.

[23] Mas v. o art. 266.º.

[24] Para a identificação dos bens integrantes da massa insolvente pode ser necessário requerer ao juiz que oficie entidades públicas e instituições de crédito (art. 55.º, 6).

UM CURSO DE DIREITO DA INSOLVÊNCIA

Antes mesmo da assembleia de apreciação desse relatório, o administrador da insolvência pode proceder ao *encerramento* de um ou mais estabelecimentos do devedor se estiverem verificados os pressupostos contidos no art. 157.º.

Por outro lado, o administrador da insolvência pode, com o parecer favorável da comissão de credores (caso exista), requerer a *separação de bens*: é o que se extrai do art. 141.º, 3. Se o insolvente deve restituir coisas que não se encontram na sua posse à data da declaração de insolvência, o art. 142.º, 1, prevê em certos termos a possibilidade de o administrador da insolvência as reaver se isso for mais conveniente para a massa insolvente.

Cabe ainda ao administrador da insolvência, se for o caso, *alienar bens da massa insolvente* para obter dinheiro que servirá para o pagamento das dívidas do insolvente e preparar esse pagamento (cfr. o art. 55.º, 1, *a*)). Como decorre do teor do art. 81.º, 1, com a declaração de insolvência, o poder de disposição dos bens da massa insolvente passa a competir ao administrador da insolvência. Pode, no entanto, ser necessário o consentimento da comissão de credores ou, se esta não existir, da assembleia de credores (art. 161.º).

Geralmente, a venda dos bens apreendidos para a massa insolvente só se inicia depois de *transitar em julgado a sentença declaratória da insolvência* e de se realizar a *assembleia de apreciação do relatório* (art. 158.º, 1, que determina também que o administrador da insolvência procede à venda daqueles bens «com prontidão»[25]), competindo ao administrador da insolvência a *escolha da modalidade de alienação* dos bens (art. 164.º, 1). Quanto à empresa ou estabelecimentos do devedor, o art. 162.º, 2, determina que o administrador da insolvência efetue imediatamente diligências para a sua alienação uma vez «iniciadas as suas funções». Por vezes é até necessário proceder à venda antecipada dos bens da massa insolvente (cfr. o art. 158.º, 2 e ss.).

---

[25] «Unverzüglich», diz o § 159 da *InsO*. Se é com prontidão, não parece admissível que o administrador da insolvência atrase a venda aguardando por uma eventual subida de preços: nesse sentido, para a Alemanha, KLAUS GÖRG, «§ 159», in HANS-PETER KIRCHOF/HORST EIDENMNÜLLER/ROLF STÜRNER (her.), *Münchener Kommentar zur Insolvenzordnung*, 2. Aufl., Beck, München, 2008, Rn. 4 (Beck-online), WILHELM UHLENBRUCK, «§ 164», in WILHELM UHELNBRUCK/HERIBERT HIRTE/HEINZ VALLENDER (her.), *Insolvenzordnung (InsO)*, *Insolvenzordnung (InsO)*, 13. Aufl., Franz Vahlen, München, 2010, Rn. 2 (Beck-online). Sobre a dispensa de liquidação, cfr. o art. 171.º

ÓRGÃOS DA INSOLVÊNCIA

Todas as somas em dinheiro recebidas pelo administrador da insolvência devem ser depositadas imediatamente em instituição de crédito, sendo apenas excluídas dessa obrigação as que sejam «estritamente indispensáveis às despesas correntes de administração» (150.º, 6). O produto da liquidação vai sendo depositado à ordem da administração da massa (art. 167.º, 1), devendo ser tido em conta que, se estiver previsto um período relativamente longo de imobilização dos fundos depositados, devem ser feitas as aplicações mencionadas no art. 167.º, 3.

Mas nem sempre o pagamento das dívidas do insolvente é conseguido através da alienação de bens da massa insolvente. O eventual plano de insolvência pode prever outra coisa. E pode a assembleia de credores encarregar o administrador da insolvência de elaborar o plano de insolvência (art. 156.º, 3, 193.º, 2), como pode o administrador da insolvência tomar a iniciativa de o fazer (art. 193.º, 1)[26]. Encerrado o processo de insolvência em resultado da aprovação e homologação do plano de insolvência, este pode prever que o administrador da insolvência fiscalize a sua execução e que a autorização do mesmo seja necessária para a prática de certos atos (art. 220.º, 1), devendo ainda prestar as informações mencionadas no art. 220.º, 2.

Quanto aos negócios em curso, caberá ao administrador da insolvência optar, quando isso seja possível, pela execução ou pela recusa do cumprimento (art. 102.º, 1)[27]. Trata-se, como é sabido, de um regime que será aplicável a vários tipos de negócios. Algumas normas mencionam também a possibilidade de denúncia ou resolução de negócios jurídicos: cfr. p. ex. os arts. 108.º, 109.º ou 111.º. Relativamente aos «atos prejudiciais à massa», lembre-se ainda o poder de os resolver em benefício da massa insolvente (art. 123.º, 1 e 2) e a possibilidade de o plano de insolvência prever que o administrador da insolvência representará o devedor nas ações de impugnação daquela resolução durante o período de fiscalização da execução do plano (art. 220.º, 3).

---

[26] No mesmo sentido, CARVALHO FERNANDES/JOÃO LABAREDA, *Código da Insolvência e da Recuperação de Empresas anotado*, cit., p. 709.

[27] Mas, como vimos, pode estar em causa um ato de especial relevo (art. 161.º). Para um caso em que se discutia se era ou não lícita a recusa de cumprimento e o meio processual para o determinar, cfr. o Ac. RL de 05.11.2013, Proc. 89/11.7TBVFC-I.L1-7 (Relatora: Rosa Ribeiro Coelho).

UM CURSO DE DIREITO DA INSOLVÊNCIA

O administrador da insolvência, com o acordo da comissão de credores ou, na sua falta, da assembleia de credores, pode atribuir ao devedor um subsídio a título de alimentos, nos termos do art. 84.º.

Nas relações com os credores, o administrador da insolvência irá, desde logo, receber as respetivas reclamações de créditos (art. 128.º, 2). Deverá apresentar na secretaria a lista com os credores reconhecidos e outra com os não reconhecidos (art. 129.º, 1), tendo em conta não só os que tenham reclamado, mas também o que resulte dos elementos da contabilidade do devedor ou do seu próprio conhecimento (art. 129.º, 1). Pode responder, em regra, a qualquer impugnação da lista (art. 131.º, 1; mas v. tb. o n.º 2). As reclamações, documentos que as instruam e documentos da escrituração do insolvente devem ser disponibilizados nos termos do art. 133.º.

O administrador da insolvência tem o direito e o dever de participar nas assembleias de credores, como decorre do art. 72.º, 5, podendo solicitar ao juiz a sua convocação (art. 75.º, 1). Na assembleia, o administrador da insolvência, se para tal solicitado, deve prestar «informação sobre quaisquer assuntos compreendidos no âmbito das suas funções» (art. 79.º)[28], e na assembleia de apreciação do relatório, terá logo a possibilidade de se pronunciar sobre o requerimento de exoneração do passivo restante. Tomada uma deliberação pela assembleia de credores, o administrador da insolvência pode dela reclamar para o juiz se entender que uma tal deliberação é contrária ao interesse comum dos credores (art. 78.º, 1).

Perante a comissão de credores, e nos termos do art. 68.º, 1, o administrador da insolvência deve também prestar as informações e apresentar os elementos que lhe forem solicitados. A isto acrescenta o art. 55.º, 5, que ao administrador da insolvência compete «prestar oportunamente à comissão de credores e ao tribunal todas as informações necessárias sobre a administração e a liquidação da massa insolvente» (cfr. o art. 55.º, 5).

Podemos ainda sublinhar a importância dos seguintes aspetos relativamente à atividade processual do administrador da insolvência:

---

[28] Para um caso em que a assembleia pediu informações «sobre factos necessários à decisão de resolução de negócios celebrados pelo insolvente em benefício da massa insolvente», cfr. o Ac. RL de 18.10.2012, Proc. 5006/11.1TBALM-A.L1-8 (Relatora: Teresa Prazeres Pais).

ÓRGÃOS DA INSOLVÊNCIA

a) Tem legitimidade exclusiva para propor e fazer seguir certas ações (as que estão previstas no art. 82.º, 3, 4 e 5) e para exigir os pagamentos mencionados no art. 82.º, 4, aos sócios, associados ou membros do devedor;

b) Cabe-lhe propor ações que sejam necessárias para, após a resolução de atos em benefício da massa, se obter a reconstituição da situação que existiria se não tivesse sido praticado (ou «omitido») o ato (art. 126.º, 2);

c) Poderá requerer a apensação das ações pendentes referidas no art. 85.º, 1, e 86.º;

d) Representa o devedor processualmente em certos casos, como vemos por exemplo nos arts. 85.º, 3, e 87.º, 2;

e) Tem poderes para desistir, confessar ou transigir, com a concordância da comissão de credores, em qualquer processo em que o insolvente ou a massa insolvente sejam partes (art. 55.º, 8);

f) Tem de efetuar comunicações (cfr. p. ex. arts. 88.º, 4, 129.º, 4 e 5, 160.º, 2);

g) Tem de comparecer para ser ouvido quando a lei o determine (cfr. o art. 139.º, *a*));

h) Pode contestar os requerimentos de restituição ou separação de bens, de acordo com o disposto no art. 144.º;

i) Tem um papel de relevo no incidente de qualificação da insolvência, como resulta dos arts. 188.º, 1, 3, 5 e 7, e 191.º;

j) Requer, nos termos do art. 243.º, a cessação antecipada do procedimento de exoneração do passivo restante;

k) Em caso de insuficiência da massa insolvente para satisfazer as custas do processo e restantes dívidas da massa insolvente, deve dar conhecimento disso ao juiz, o que pode levar à declaração de encerramento do processo (art. 230.º, 1, *d*), e 232.º);

l) O plano de insolvência pode atribuir-lhe competência para a intervenção em certas ações após o encerramento do processo (cfr. arts. 233.º, 2, *a*) e *c*));

m) Tem legitimidade para recorrer das decisões que contrariem o disposto no art. 272.º, 1 (cfr. o art. 272.º, 2).

Na fase de pagamento, o administrador da insolvência deve proceder à dedução da massa insolvente dos bens ou direitos necessários à satisfação das dívidas daquela massa (art. 172.º, 1). Deve também apresentar o plano e mapa de rateio parcial que é mencionado no art. 178.º e pode apresentar proposta de distribuição e de rateio final (art. 182.º, 3). A realização dos pagamentos terá que respeitar o disposto nos arts. 167.º, 2, e 183.º, devendo o saldo remanescente previsto no art. 184.º ser entregue nos termos ali previstos ao devedor ou às pessoas que nele participem. Sendo aprovado e homologado o plano de insolvência, e dando-se o encerramento do processo, o administrador da insolvência paga ou acautela as dívidas da massa insolvente nos termos do prescrito pelo art. 219.º.

Sempre que o juiz o determine (por sua iniciativa ou a pedido da comissão de credores ou da assembleia de credores), o administrador da insolvência é obrigado a prestar contas (art. 62.º, 2). Essas contas não se confundem com a informação trimestral que o administrador da insolvência deve sempre prestar, nos termos do art. 61.º. Como não se confundem também com as contas anuais do *devedor*[29], que poderão estar a cargo do administrador da insolvência (cfr. o art. 65.º e, especialmente, os seus n.ᵒˢ 4 e 5).

Por fim, diga-se ainda que no prazo de dez dias após a cessação de funções o administrador da insolvência deve apresentar contas (art. 62.º, 1)[30].

2.3. Exercício das funções

O administrador da insolvência deve exercer pessoalmente as competências do seu cargo. E, como vimos, essas funções iniciam-se imediatamente após a notificação da nomeação (art. 54.º).

Mas, como é evidente, pode ser obrigatório o *patrocínio judiciário* (art. 55º, 2). Além disso, há casos em que o administrador da insolvência deve obter a prévia concordância da comissão de credores ou da assembleia de credores (cfr. o art. 55.º, 2).

---

[29] Chamando a atenção para isto mesmo, MARIA DO ROSÁRIO EPIFÂNIO, *Manual de direito da insolvência*, p. 67 e s.. V., com interesse, a Circular da AT n.º 10/2015.

[30] Sobre a necessidade de observância deste prazo e de ter em consideração as custas e a remuneração fixa do administrador da insolvência, cfr. o Ac. RL de 20.03.2014, Proc. 1090/11.6TBCLD-C.L1-2 (Relator: Ezaguy Martins). Quanto à prestação de contas por terceiro, cfr. o art. 63.º.

O *substabelecimento* é possível, mas apenas para a prática de *atos concretos* e em administrador da insolvência inscrito nas listas oficiais (cfr. ainda o art. 55.º, 2). O recurso à *coadjuvação por técnicos e auxiliares ou pelo devedor*, sendo possível[31], carece de prévia concordância da comissão de credores ou, na falta desta do juiz (art. 55.º, 3). Esta coadjuvação não implica uma delegação nos técnicos e auxiliares.

Por sua vez, o art. 153.º, 3, admite que, no âmbito da elaboração do inventário, a *avaliação particularmente difícil* de bens ou direitos seja confiada a *peritos*, parecendo ser desnecessária a concordância da comissão de credores ou, na sua falta, do juiz[32].

O administrador da insolvência pode proceder à contratação de *trabalhadores necessários* à liquidação da massa insolvente ou à continuação da exploração da empresa. Tais contratos devem ser a termo, certo ou incerto. A sua caducidade dá-se com o encerramento definitivo do estabelecimento onde os trabalhadores contratados prestem serviço ou, salvo convenção em contrário, no da sua transmissão[33].

Sendo nomeados dois ou mais administradores da insolvência, ao abrigo do disposto no art. 52.º, 4, resulta deste último preceito que as decisões serão tomadas por maioria[34] e que, em caso de empate, prevalece a vontade do administrador da insolvência que tiver sido nomeado pelo juiz[35].

2.4. Remuneração

No que diz respeito à remuneração do administrador da insolvência, é necessário fazer a distinção entre aquele que é escolhido pelo juiz e o que foi eleito pela assembleia de credores[36].

---

[31] Sobre a responsabilidade do administrador da insolvência pelos danos causados pelos atos e omissões dos auxiliares, cfr. o art. 59.º, 3.

[32] Nesse sentido, CARVALHO FERNANDES/JOÃO LABAREDA, *Código da insolvência e da recuperação de empresas anotado*, cit., p. 574, lembrando ainda que há casos em que a avaliação deve, por lei, ser efetuada por certos peritos.

[33] O estatuto dos técnicos, auxiliares e trabalhadores mencionados no texto poderia ser mais claro.

[34] É o que está implícito no preceito.

[35] Também aqui é evidente a escassez de regulamentação. Mais fica para a doutrina e para a jurisprudência.

[36] Quanto ao pagamento da remuneração, cfr. os arts. 29.º e 30.º do EAJ.

UM CURSO DE DIREITO DA INSOLVÊNCIA

Se o administrador da insolvência foi *nomeado pelo juiz* sem ter sido eleito pela assembleia de credores, a sua remuneração será a que resultar dos termos previstos no respetivo estatuto (art. 60.º, 1)[37], compreendendo uma parte calculada em função dos atos praticados e de acordo com o montante fixado em portaria (art. 23.º, 1, EAJ) e uma parte variável «em função do resultado da recuperação do devedor ou da liquidação da massa insolvente», de valor também fixado por portaria (art. 23.º, 2)[38].

Tendo sido *eleito pela assembleia de credores*, a remuneração do administrador da insolvência deve estar prevista na deliberação que o elegeu (art. 60.º, 2)[39].

Se a assembleia de credores fixa uma remuneração pela atividade de elaboração de um plano de insolvência[40], pela gestão da empresa após a assembleia de apreciação do relatório[41] ou pela fiscalização do plano de insolvência aprovado, o administrador da insolvência que não tenha dado previamente o seu acordo a essa remuneração pode renunciar ao exercício do cargo. Mas para isso deve renunciar na própria assembleia de credores em que a deliberação seja tomada. E se a assembleia de credores elege um administrador da insolvência em substituição do que se encontra em funções, o juiz pode recusar a nomeação se considerar que a retribuição aprovada pelos credores é manifestamente excessiva (art. 53.º, 3).

Sendo nomeado mais do que um administrador da insolvência, aquele que seja nomeado ao abrigo do disposto no art. 52.º, 4, será remunerado pela massa insolvente ou, não sendo esta suficiente para o efeito, pelo interessado que requereu a sua nomeação.

Tendo existido substabelecimento para a prática de atos concretos em administrador da insolvência (art. 55.º, 2), este tem também direito a uma remuneração, que é da responsabilidade do administrador da insolvência que tenha substabelecido (art. 55.º, 7).

---

[37] Cfr. o art. 23.º EAJ. Sobre a remuneração variável, cfr. o Ac. RP de 16.01.2014, Proc. 1748/10. 7TBSTS-J.P1 (Relator: Pedro Lima Costa), in www.dgsi.pt.

[38] Quanto à remuneração pela gestão de estabelecimento compreendido na massa insolvente, cfr. o art. 25.º EAJ; no que diz respeito à remuneração pela elaboração do plano de insolvência, cfr. o art. 27.º EAJ.

[39] Cfr. o art. 24.º EAJ

[40] V. art. 26.º EAJ.

[41] Art. 25.º, 3, EAJ. Para o período anterior, cfr. o art. 25.º, 1, do EAJ.

Tendo sido aprovado e homologado um plano de insolvência, se esse plano prevê a fiscalização da execução pelo administrador da insolvência deve também fixar a remuneração deste durante o período de fiscalização (art. 220.º, 5).

No que diz respeito às despesas, o administrador da insolvência tem direito ao reembolso daquelas que «razoavelmente tenha considerado úteis ou indispensáveis» (art. 60.º, 1). O plano de insolvência que preveja a fiscalização da sua execução pelo administrador da insolvência deve também fixar as despesas a cujo reembolso aquele tem direito (art. 220.º, 5).

2.5. Fiscalização

O administrador da insolvência exerce as suas funções sob a fiscalização da comissão de credores, da assembleia de credores e do juiz[42]. Relativamente à comissão de credores, isso decorre dos arts. 55.º, 1, e 68.º. A fiscalização está dependente da informação a que o fiscalizador acede. O art. 55.º, 5, estabelece que o administrador da insolvência presta «oportunamente à comissão de credores e ao tribunal todas as informações necessárias sobre a administração e liquidação da massa insolvente» (cfr. tb. o art. 68.º, 2).

No que diz respeito à fiscalização pelo juiz, do art. 58.º resulta que a mesma se estende a toda a atividade do administrador da insolvência e, portanto,

---

[42] Os administradores da insolvência poderão ser responsabilizados disciplinarmente e no plano contraordenacional (cfr. os arts. 17.º e ss. do EAJ), bem como, sendo o caso, penalmente. O EAJ prevê a existência de uma entidade responsável pelo acompanhamento, fiscalização e disciplina dos administradores judiciais, que se regerá por diploma próprio (art. 31.º EAJ). Essa entidade «é responsável pelo acompanhamento, fiscalização e disciplina dos administradores judiciais» e compete-lhe «instruir os processos de contraordenação relativos ao exercício de funções dos administradores judiciais, bem como punir as infrações por estes cometidas» (art. 17.º, 1). O art. 32.º, 6, do EAJ extinguiu a comissão de apreciação e controlo da atividade dos administradores da insolvência (cfr. o art. 12.º da L. 32/2004, de 22 de julho, revogada pelo art. 33.º do EAJ). No entanto, o art. 32.º, 7, dispõe que até «à tomada de posse dos membros do órgão de gestão da entidade responsável pelo acompanhamento, fiscalização e disciplina dos administradores judiciais, a comissão de apreciação e controlo da atividade dos administradores da insolvência assegura a marcha dos processos instaurados ou a instaurar contra os administradores da insolvência, podendo praticar os atos de gestão corrente que se mostrem necessários». Com a Lei 77/2013, de 21 de novembro, foi criada a Comissão para o Acompanhamento dos Auxiliares da Justiça (CAAJ), estando sujeitos ao seu acompanhamento, fiscalização e disciplina os «auxiliares da justiça cujos estatutos prevejam a sua intervenção, nomeadamente os agentes de execução e os administradores judiciais [...]» (art. 1.º, 2, da Lei 77/2013).

desde que se inicia até que termina. Aquele preceito legal permite ao juiz exigir a todo o tempo ao administrador da insolvência «informações sobre quaisquer assuntos ou a apresentação de um relatório da atividade desenvolvida e do estado da administração e da liquidação». A fiscalização é um verdadeiro *dever* a cargo do juiz, e não apenas uma faculdade[43]. Essa fiscalização pode levar o juiz a concluir fundamentadamente que existe justa causa de destituição (art. 56.º, 1). Merecem ainda especial referência os arts. 158.º, 4, e 161.º, 5: em ambos vemos que, verificados determinados pressupostos, o juiz pode decidir que certas alienações de bens não poderão ter lugar[44].

Por sua vez, o art. 79.º mostra que também a assembleia de credores pode solicitar ao administrador da insolvência «informação sobre quaisquer assuntos compreendidos no âmbito das suas funções». E hoje o art. 53.º, 1, não estabelece um prazo para a escolha de outro administrador da insolvência pelos credores.

Ao longo do CIRE encontramos várias outras normas que revelam a fiscalização a que está sujeito o administrador da insolvência. Pense-se, por exemplo, nos preceitos que exigem prévio consentimento da comissão de credores ou da assembleia de credores para a prática de determinados atos (art. 161.º) e na prestação de informação trimestral (art. 61.º).

2.6. Destituição

A destituição do administrador da insolvência *pelo juiz*[45], podendo ocorrer «a todo o tempo» (e, portanto, em qualquer fase processual[46]), não é livre: só pode

---

[43] Nesse sentido quanto à fiscalização pelo tribunal, para a Alemanha, DIRK ANDRES, «§ 58», in DIRK ANDRES/ROLF LEITHAUS/MICHAEL DAHL, *Insolvenzordnung*, 3. Aufl., Beck (Beck-online), 2014, Rn. 1, salientando que aquela serve interesses dos credores, do devedor e até mesmo do administrador da insolvência, na medida em que transfere para o juiz parte da responsabilidade; em sentido próximo, para a Espanha, FERNANDO JUAN Y MATEU, «Artículo 35», in ÁNGEL ROJO/EMILIO BELTRAN, *Comentario de la Ley Concursal*, t. 1, Thomson/Civitas, Madrid, 2008 (reimp.), p. 721.

[44] Cfr. tb. o art. 163.º.

[45] Falando de um «poder vinculado, que ele não pode regularmente deixar de exercer quando se verifique justa causa», CARVALHO FERNANDES/JOÃO LABAREDA, *Código da Insolvência e da Recuperação de Empresas anotado*, cit., p. 336.

[46] Interpretando assim as expressões «in ogni tempo» do art. 37 da lei italiana sobre *falimento*, *concordato preventivo* e *liquidazione coatta amministrativa* – r.d. 16 marzo 1942, n. 267 (agg. al d.l.

ÓRGÃOS DA INSOLVÊNCIA

ter lugar se o juiz «fundadamente considerar existir justa causa»[47] e depois de ouvidos a comissão de credores e bem assim o devedor e o administrador da insolvência (art. 56.º, 1)[48]. A justa causa não tem que ser culposa e pode resultar de circunstâncias involuntárias.

Se o administrador da insolvência é destituído pelo juiz, este último deve substituí-lo por outro. Caso a assembleia de credores tenha indicado um substituto, o juiz deve escolhê-lo (art. 56.º, 2). Mas não estará vinculado a essa escolha se ocorrer algum ou alguns dos fundamentos de recusa previstos no art. 53.º, 3: isto é, se o substituto não tiver idoneidade ou aptidão para o exercício do cargo, se a remuneração aprovada pelos credores é manifestamente excessiva, se a pessoa não está inscrita na lista oficial e não se verificam as circunstâncias mencionadas no art. 53.º, 2.

35/2005 e al d.lgs. 5/2006 –, LUIGI ABETE, «Articolo 37», in ALBERTO JORIO (dir.), *Il nuovo diritto fallimentare*, Zanichelli, Bologna, 2006, p. 617.

[47] O § 59, 1, *InsO* usa os termos «wichtigem Grund». Considera-se existir esse fundamento se a manutenção do administrador no cargo objetivamente prejudica de forma duradoura os interesses dos credores e a legalidade do desenvolvimento processual («die Interessen der Gläubiger und die Rechtmäßigkeit der *Verfahrensabwicklung objektiv nachhaltig beeinträchtigt*»), de tal forma que de facto deixa de surgir como defensável a manutenção do administrador da insolvência em funções («sachlich nicht mehr vertretbar erscheint, den Insolvenzverwalter im Amt zu belassen»): cfr. THORSTEN GRAEBER, «§ 59», in HANS-PETER KIRCHHOF/HORS EIDENMÜLLER/ROLF STÜRNER (her.), *Münchener Kommentar zum Insolvenzordnung*, 3. Aufl., Beck (Beck-online), 2013, Rn 13. Falando de uma situação em que «é inexigível a manutenção da relação com ele e infundada a possível pretensão do administrador de se manter em funções», CARVALHO FERNANDES/JOÃO LABAREDA, *Código da Insolvência e da Recuperação de Empresas anotado*, cit., p. 334. Para concretizações jurisprudenciais, veja-se, p. ex., o Ac. RP de 28.02.2013, Proc. 3339/10.3TJVNF-F.P1 (Relator: José Manuel Araújo Barros), in www.dgsi.pt, e jurisprudência aí citada. Considerando que é justa causa de destituição a circunstância de o administrador da insolvência «ser TOC de uma sociedade em que o insolvente é detentor de uma quota», por se entender que tal «objetivamente afecta a aparência de imparcialidade e isenção e a omissão dessa função constitui violação grave do dever de lealdade para com o tribunal e afecta a sua posição enquanto órgão executivo isento e imparcial», Ac. RP de 11.07.2012, Proc. 2996/11.8TBVLG-G.P1 (Relator: Leonel Serôdio), in www.dgsi.pt. Quanto ao direito à indemnização do administrador da insolvência destituído sem justa causa, cfr. o Ac. RC de 30.11.2010, Proc. 509/07.5TBGRD.C1 (Relator: Pedro Martins), in www.dgsi.pt.

[48] De acordo com o art. 21.º, 1, EAJ, a destituição do administrador da insolvência pelo juiz, nos termos do art. 56.º do CIRE, é sempre comunicada à entidade responsável pelo acompanhamento, fiscalização e disciplina dos administradores judiciais, com vista a eventual instauração de processo disciplinar ou contraordenacional.

UM CURSO DE DIREITO DA INSOLVÊNCIA

A lei também identifica expressamente casos que considera constituírem justa causa de destituição. É o que ocorre quando o administrador da insolvência adquira «diretamente ou por interposta pessoa, bens ou direitos compreendidos na massa insolvente, qualquer que seja a modalidade da venda» (art. 168.º). É ainda o que se passa se o processo de insolvência não é encerrado «no prazo de um ano contado da data da assembleia de apreciação do relatório, ou no final de cada período de seis meses subsequente, salvo havendo razões que justifiquem o prolongamento» (art. 169.º)[49].

Embora o art. 53.º, 1, não o diga, a verdade é que a eleição pelos credores reunidos em assembleia de credores de outra pessoa para exercer o cargo de administrador da insolvência em lugar do anterior acarreta, explícita ou implicitamente, a deliberação de destituição do anterior nomeado que estivesse até aí em funções.

2.7. Outras causas de cessação de funções

Para além da destituição do art. 56.º, importa referir, como causas de cessação de funções mencionadas na lei[50], e verificados os respetivos pressupostos, a *escusa* (art. 16.º, 1, EAJ), a *substituição* (art. 16.º, 3 e 4, EAJ)[51], a *renúncia* (art. 60.º, 3) e o *encerramento do processo* (art. 233.º, 1, *b*)). Porém, neste último caso é necessário ter em conta que o plano de insolvência pode prever que o administrador da insolvência tenha atribuições após o encerramento do processo[52]. *E se o processo*

---

[49] Embora o art. 169.º faça menção à existência de um requerimento de interessado, não é esse requerimento que cria a justa causa: CARVALHO FERNANDES/JOÃO LABAREDA, *Código da Insolvência e da Recuperação de Empresas anotado*, cit., p. 635, parecem dizer o mesmo.

[50] Sobre a suspensão do exercício de funções, cfr. o art. 15.º do EAJ.

[51] Em bom rigor, não é claro se a substituição mencionada é em si causa de cessação de funções, se exige prévia destituição ou se a verificação dos pressupostos da substituição já implica a cessação automática de funções. O mesmo vale para a escusa. Aparentemente no sentido da aplicação do regime de destituição aos casos de escusa e substituição, CARVALHO FERNANDES/ JOÃO LABAREDA, *Código da insolvência e da Recuperação de Empresas anotado*, cit., p. 337.

[52] Perante o regime previsto no art. 233.º, 1, *b*), não parece que o administrador da insolvência a quem foram conferidas atribuições pelo plano de insolvência tenha deixado de ser órgão da insolvência após o encerramento. Com diferente opinião quanto ao *administrador concursal* que tem funções atribuídas pelo convénio, considerando que atuará como mandatário, FERNANDO JUAN Y MATEU, «Artículo 36», in ÁNGEL ROJO/EMILIO BELTRÁN (coord.), *Comentario de la Ley Concursal*, cit., p. 727.

de insolvência for encerrado por insuficiência da massa, o art. 232.º, 5, determina que o incidente de qualificação da insolvência prossiga como incidente limitado. Neste, o administrador da insolvência pode ainda desempenhar várias funções (cfr. o art. 191.º).

Naturalmente, a morte também tem o efeito de fazer cessar o exercício de funções[53].

Como já vimos, o administrador da insolvência deve apresentar contas no prazo de dez dias após a cessação de funções (art. 62.º, 1)[54].

2.8. Responsabilidade civil

O administrador da insolvência é (civilmente) responsável para com o *devedor* e os *credores* da insolvência e da massa insolvente[55] pelos danos que lhes causar se, com culpa, violar os deveres que sobre ele recaem (art. 59.º, 1)[56]. É, assim, necessário que se verifique o dano, que exista nexo de causalidade entre esse dano e a atuação ou omissão voluntárias do administrador da insolvência, que o comportamento deste seja ilícito e que haja culpa. Esta última será apreciada «pela diligência de um administrador da insolvência criterioso e ordenado»[57],

---

[53] Sobre o registo e publicidade da cessação de funções, cfr. o art. 57.º, o art. 9.º, *l*), CRCom. e o art. 1.º, 1, *m*), CRCiv.

[54] Não precisamente, evidentemente, se a cessação de funções ficou a dever-se à sua morte...

[55] Pode pelo menos perguntar-se se também serão aqui abrangidos os danos que o administrador da insolvência cause à «generalidade dos credores da insolvência pela diminuição do património integrante da massa insolvente», nos termos do art. 82.º, 3, *b*), e 5.

[56] Como já foi dito, não fica excluída a eventual responsabilidade disciplinar, contraordenacional ou, eventualmente, fiscal ou criminal do administrador da insolvência. O que o preceito esclarece é que, verificados os pressupostos ali contidos, o administrador da insolvência responde. Não afasta outras causas de responsabilidade. Cfr., a propósito, o art. 65.º, 4 e 5.

[57] Chamando a atenção para as semelhanças com o disposto no art. 64º do CSC, Pais de Vasconcelos, «Responsabilidade civil do administrador de insolvência», cit., p. 192 e ss.. Porém, há que ter cuidado com as comparações. Como lembra Fernando Juan y Mateu, «Artículo 35», in Ángel Rojo/Emilio Beltrán (coord.), *Comentario de la Ley Concursal*, cit., p. 709, os administradores da insolvência exercem as suas funções em condições mais adversas do que o normal, agravadas pela declaração de insolvência. Também Eduardo Valpuesta Gastaminza, «Artículo 26», in Faustino Cordón Moreno (dir.), *Comentarios a la Ley Concursal*, cit., p. 453, salienta as diferenças entre um administrador de uma sociedade e um administrador da insolvência no plano da iniciativa e do risco que podem assumir. O § 60 da *InsO* usa os termos «die Sorgfalt eines ordentlichen und gewissenhaften Insolvenzverwalters», embora não esclareça se esse critério deve ser tido em conta na apreciação da culpa. Defendendo que se deve partir dos conhecimentos e experiência de um administrador da insolvência médio ("die Kenntnisse und

UM CURSO DE DIREITO DA INSOLVÊNCIA

que não se confunde com a exigida ao bom pai de família. A ilicitude relevante é a que se traduz na violação dos deveres que recaem sobre o administrador da insolvência enquanto tal, estejam ou não previstos no CIRE.

Por sua vez, o art. 59.º, 2, diz respeito à responsabilização do administrador da insolvência perante os *credores da massa insolvente* por danos que tenha causado a estes se os direitos dos referidos credores *resultaram de atos do próprio administrador da insolvência* e a *massa insolvente for insuficiente* para satisfazer integralmente os direitos mencionados. O administrador da insolvência só não responderá se, tendo em conta as circunstâncias que conhecia e as que não devia ignorar, fosse imprevisível a insuficiência da massa.

A responsabilidade do administrador da insolvência estende-se ainda aos danos causados por atos e omissões dos seus *auxiliares*, sendo solidária com a destes. A menos que consiga provar que não teve culpa ou que, «mesmo com a diligência devida, se não teriam evitado os danos» (art. 59.º, 3)[58]. De qualquer modo, parece adequado aplicar aqui, por analogia, o disposto no art. 500.º, 2, CCiv.. Assim, o administrador da insolvência só responde se o facto danoso for praticado pelo auxiliar «no exercício da função que lhe foi confiada»[59].

No que diz respeito ao prazo de *prescrição* da responsabilidade do administrador da insolvência, o art. 59.º, 5, estabelece um prazo de dois anos a contar da data em que o lesado teve conhecimento do direito que lhe compete. Para além disso, parece que tal responsabilidade prescreve também depois de decorridos dois anos sobre a data da cessação de funções[60], o que será relevante se aquele conhecimento só se verificar depois dessa cessação[62].

Erfahrungen eines durchschnittlichen Insolvenzverwalters"), ANDREAS BAUMERT, «§ 60», in EBERHARD BRAUN (her.), *Insolvenzordnung*, 6. Aufl., Beck (Beck-online), 2014, Rn. 17.

[58] Defendendo a aplicação do art. 59.º, 3, à responsabilidade por atos do administrador substabelecido, CARVALHO FERNANDES/JOÃO LABAREDA, *Código da Insolvência e da Recuperação de Empresas anotado*, cit., p. 346.

[59] Seguimos aqui CARVALHO FERNANDES/JOÃO LABAREDA, *Código da Insolvência e da Recuperação de Empresas anotado*, cit., p. 345.

[60] O art. 59.º, 5, está mal redigido. Ali surge escrito que a «responsabilidade do administrador da insolvência prescreve no prazo de dois anos a contar da data em que o lesado teve conhecimento do direito que lhe compete, mas nunca depois de decorrido igual período sobre a data da cessação de funções». Literalmente, isto significaria que depois de decorrido o período de dois anos sobre a data da cessação de funções a responsabilidade do administrador da insolvência... já não prescreve!

ÓRGÃOS DA INSOLVÊNCIA

Por outro lado, a responsabilidade prevista no art. 59.º, 1 a 4, está «limitada às condutas ou omissões danosas ocorridas após» a nomeação do administrador da insolvência (art. 59.º, 4).

3. Assembleia de credores

3.1. Composição

A assembleia de credores vem prevista como órgão da insolvência nos arts. 72.º e ss.. A lei distingue entre aqueles que *podem* participar na assembleia de credores e os que *devem* nela participar (e que, por isso, também podem). Como é evidente, o controlo de quem pode ou deve participar na assembleia deve ser cuidadosamente efetuado, sendo muitas vezes demorado.

Na assembleia de credores podem, em regra, participar todos os *credores da insolvência*[62], sendo admissível a representação por *mandatário com poderes especiais* (art. 72.º, 3)[63]. Podem ainda nela participar os *titulares dos direitos* referidos no art. 95.º, 2, que não os possam exercer no processo nos termos daquele preceito (porque o respetivo credor os reclamou). Estão em causa os que sejam *condevedores solidários* ou *garantes*, que terão sobre o insolvente um direito (crédito) sob condição suspensiva decorrente do eventual pagamento futuro de uma dívida do insolvente e que não podem reclamar esse crédito no processo de insolvência se o credor da dívida do insolvente a reclamar.

Mesmo os *credores subordinados* podem participar na assembleia, apesar de só terem direito de voto nos casos em que a deliberação incide sobre a

---

[61] Defendendo a aplicação, por analogia, do disposto no art. 72.º, 2, do CSC, PAIS DE VASCONCELOS, «Responsabilidade civil do administrador de insolvência», cit., p. 201. Muitas outras coisas poderiam ter sido previstas pelo legislador. Pense-se, por exemplo, no regime da responsabilidade em caso de nomeação de mais do que um administrador da insolvência.

[62] Fala-se, por isso, de um «princípio da universalidade da assembleia»: FÁTIMA REIS SILVA, «Processo de insolvência: os órgãos de insolvência e o plano de insolvência», cit., p. 154.

[63] No art. 32.º, 3, do Regulamento 1346/2000, pode ler-se que o «síndico de um processo principal ou secundário está habilitado a participar, na mesma qualidade que qualquer credor, noutro processo, nomeadamente tomando parte numa assembleia de credores» (v. tb. o art. 45.º, 3, do Regulamento 2015/848). Cfr. tb. os arts. 284.º, 2, *b*), e 296.º, 5, do CIRE.

UM CURSO DE DIREITO DA INSOLVÊNCIA

aprovação de um plano de insolvência (art. 73.º, 3)[64]. Mas aquela participação está sujeita ao disposto no art. 73.º, 1 e 4, «com as necessárias adaptações»[65].

No entanto, o juiz pode *limitar a participação* na assembleia a *uma parte apenas dos credores* quando isso seja necessário ao conveniente andamento dos trabalhos. Essa limitação pode verificar-se através da fixação de um valor mínimo que os créditos devem atingir para que os respetivos titulares possam participar na assembleia. No entanto, esse limite não pode exceder 10.000 Euros. Além disso, os credores cujos créditos não atinjam o limite fixado podem fazer-se representar por outro que tenha o direito de participar e podem agrupar-se de forma a atingirem o montante fixado, participando nesse caso através de representante comum (art. 72.º, 4).

Nos termos do art. 75.º, 4, *c*), os *credores que ainda não tenham feito a sua reclamação de créditos* podem, se ainda estiver em curso o prazo para tal, fazer a reclamação na própria assembleia de credores para mero efeito de participação na mesma.

Podem também participar na assembleia de credores o *Ministério Público* e *até três representantes da comissão de credores* ou, se esta não existir, *até três representantes dos trabalhadores* que estes tenham designado (art. 72.º, 6).

Há também quem tenha não só o direito, mas sobretudo o *dever* de participar: é o caso do *administrador da insolvência*[66], dos *membros da comissão de credores*[67], do *devedor*[68] e dos seus *administradores* (art. 72.º, 5)[69].

---

[64] E mesmo aí nem sempre: cfr. o art. 212.º, 2, *b*).

[65] As adaptações a realizar não são muito fáceis de identificar. Na nossa opinião, mesmo para participar na assembleia o titular de crédito subordinado deve ter o crédito reconhecido por decisão definitiva no apenso de verificação e graduação de créditos ou em ação de verificação ulterior ou, se assim não for, deve preencher os requisitos das als. *a*) e *b*) do art. 73.º, 1. Se ocorrer a impugnação do crédito subordinado, a participação do seu titular na assembleia ficará também dependente de pedido e de decisão do juiz, nos termos do art. 73.º, 4.

[66] Dever que bem se compreende tendo em conta, desde logo, o art. 79.º. Existindo mais do que um administrador da insolvência, todos têm o dever de participar.

[67] Quanto aos membros da comissão de credores, o dever de participar encontra razão de ser, por exemplo, no teor do art. 68.º. O dever recai sobre os membros da comissão de credores e não sobre o órgão.

[68] Cfr. o art. 83.º, 1, *a*).

[69] Cfr. os arts. 83.º, 1, *a*), e 4. Sobre os termos da manutenção em funções dos membros dos órgãos sociais do devedor, cfr. o art. 82.º, 1 e 2.

ÓRGÃOS DA INSOLVÊNCIA

3.2. Competências

A assembleia de credores tem amplas competências no âmbito do processo de insolvência. Dessa forma, acaba por ser solicitada a colaboração dos próprios credores e alcança-se uma partilha de responsabilidades[70]. Vamos destacar algumas dessas competências.

Comecemos por aquelas que são relativas a outros órgãos da insolvência. Vimos já que a assembleia de credores pode, em certos termos, proceder à eleição de outro administrador da insolvência (53.º, 1). A ela compete a apreciação do relatório do administrador da insolvência (art. 156.º, 1) e a atribuição ao administrador da insolvência do encargo de elaborar um plano de insolvência (art. 156.º, 3). Pode também a assembleia de credores solicitar ao administrador da insolvência «informação sobre quaisquer assuntos compreendidos no âmbito das suas funções» (art. 79º)[71].

Quanto à comissão de credores, pode ser criada pela assembleia de credores, que também a pode dispensar ou substituir e eleger membros da mesma (art. 67.º, 1). A assembleia de credores pode revogar todas as deliberações da comissão de credores e as suas deliberações favoráveis autorizam a prática de certo ato que necessite de aprovação por aquela comissão (art. 80.º)[72].

Relativamente à massa insolvente, o art. 161.º exige, para a prática de atos jurídicos de especial relevo, o consentimento da comissão de credores ou, se esta não existir, da assembleia de credores. E logo na assembleia de credores

---

[70] ULRICH EHRICKE, «§ 74», in HANS-PETER KIRCHHOF/HORS EIDENMÜLLER/ROLF STÜRNER (her.), *Münchener Kommentar zum Insolvenzordnung*, Bd. 1, Beck (Beck-online), München, 2013, Rn. 4.

[71] Este direito de informação acaba por ser limitado pelo regime a que está sujeita a própria assembleia de credores. Referindo-se a um direito limitado e eventual, para a Espanha, ÁNGEL ROJO, «Artículo 120», in ÁNGEL ROJO/EMILIO BELTRÁN (coord.), *Comentario de la ley concursal*, t. II, Thomson/Civitas, Madrid, 2004, p. 2077. No entanto, não será necessária prévia deliberação da assembleia para que o direito à informação seja exercido individualmente por cada credor que participa na assembleia: cfr. CARVALHO FERNANDES/JOÃO LABAREDA, *Código da Insolvência e da Recuperação de Empresas anotado*, cit., p. 404. A lei podia ser, também aqui, mais clara.

[72] Referindo-se a um princípio da prevalência sobre as deliberações da comissão de credores, PEDRO PIDWELL, *O processo de insolvência e a recuperação da sociedade comercial de responsabilidade limitada*, cit., p. 166. Lembrando que a lei não limita a possibilidade de revogação referida em função da matéria, não estabelece prazo nem exige um motivo, MARIA JOSÉ COSTEIRA, «Questões práticas no domínio das assembleias de credores», in CATARINA SERRA (coord.), *II Congresso de direito da insolvência*, Almedina, Coimbra, 2014, p. 103.

de apreciação do relatório pode ser deliberado o encerramento ou manutenção em atividade do estabelecimento ou estabelecimentos integrados na massa insolvente (art. 156.º, 2). Se tiver atribuído ao administrador da insolvência o encargo de elaborar um plano de insolvência, a assembleia de credores pode suspender a liquidação e partilha da massa insolvente (art. 156.º, 2 e 3). E será a assembleia de credores que terá competência para aprovar o plano de insolvência (cfr. arts. 209.º e ss.), o que lhe confere um relevante papel na definição do andamento do processo. Pode também a assembleia deliberar, nos termos do art. 224.º, 3, que a administração da massa insolvente seja confiada ao devedor, e bem assim que seja posto um fim a essa administração (art. 228.º, 1, b)). Como se vê, não compete à assembleia de credores e a cada um deles a administração ou liquidação da massa insolvente. Mas a assembleia de credores tem significativos poderes quanto à definição dos termos dessa administração ou liquidação, sendo ela que pode decidir que esta liquidação não tem lugar.

Tendo sido requerida a exoneração do passivo restante e se o juiz proferiu o despacho inicial mencionado no art. 239.º, a assembleia de credores pode conferir ao fiduciário as funções de fiscalização identificadas no art. 241.º, 3.

3.3. Presidência e convocação

A assembleia de credores é presidida pelo juiz (art. 74.º). Será o juiz que declara abertos e encerrados os trabalhos, verifica quem pode participar na assembleia, concede e retira a palavra, garante o regular funcionamento da assembleia[73], proclama as deliberações tomadas e pode suspender os trabalhos (art. 76.º). A possibilidade de suspensão não deve no entanto conduzir a um arrastamento desnecessário dos trabalhos, cabendo ao juiz procurar fazer com que isso não suceda[74].

---

[73] Em termos próximos quanto à direção da assembleia de credores, para a Alemanha, WOL-FGANG DELHAES, «§ 76», in JÖRG NERLICH/VOLKER RÖMERMANN, *Insolvenzordnung*, 25. Ergänzungslieferung, Beck (Beck-online), 2013, Rn. 1. Veja-se tb. FÁTIMA REIS SILVA, «Processo de insolvência: os órgãos de insolvência e o plano de insolvência», cit., p. 152, lembrando o disposto nos arts. 73.º, 4, e 78.º.

[74] Cfr., com essa preocupação, para a Espanha, JORGE TOMILLO/VICENTE GOZALO, «Artículo 121», in ÁNGEL ROJO/EMILIO BELTRÁN (coord.), *Comentario de la ley concursal*, t. II, Thomson/Civitas, Madrid, 2004, p. 2088.

ÓRGÃOS DA INSOLVÊNCIA

Compete ao juiz convocar a assembleia de credores. Como vimos, se o juiz não prescindir da realização da assembleia de apreciação do relatório do administrador da insolvência, deve, na sentença que declara a insolvência, designar o dia e hora para a realização daquela assembleia. E, naturalmente, essa designação será dada a conhecer com a divulgação da própria sentença.

Nos restantes casos a convocação da assembleia de credores terá lugar, em regra, por iniciativa do próprio juiz ou a pedido do administrador da insolvência, da comissão de credores ou de credor ou grupo de credores que tenham certa importância: os respetivos créditos devem representar, «na estimativa do juiz, pelo menos um quinto do total dos créditos não subordinados» (art. 75.º, 1). Contudo, tratando-se da assembleia de credores para prestar o consentimento exigido pelo art. 161.º, 5, quanto à alienação ali prevista, deve ela ser convocada a requerimento do devedor ou de credor ou grupo de credores «cujos créditos representem, na estimativa do juiz, pelo menos um quinto do total dos créditos não subordinados», se «o requerente demonstrar a plausibilidade de que a alienação a outro interessado seria mais vantajosa para a massa insolvente» (art. 161º, 5).

A convocatória a que se aplica o art. 75.º deve pelo menos[75] conter (n.ºs 2 e 4):

a) A data, hora, local e ordem do dia da assembleia;
b) A identificação do processo;
c) O nome e a sede ou residência do devedor, se conhecida;
d) Sendo o caso, a advertência mencionada no art. 75.º, 4, c), dirigida aos titulares de créditos que os não tenham reclamado;
e) A indicação de limites à participação (art. 72.º, 4) e a informação da possibilidade de agrupamento ou representação.

A convocação da assembleia de credores sujeita ao regime do art. 75.º é divulgada através de anúncio publicado no CITIUS e por editais afixados na

---

[75] Quanto à convocatória da assembleia de credores para discutir e votar a proposta de plano de insolvência, deve da mesma constar que «a proposta de plano de insolvência se encontra à disposição dos interessados, para consulta, na secretaria do tribunal, desde a data da convocação», e que o mesmo sucederá, durante os dez dias anteriores à data da assembleia, com os pareceres eventualmente emitidos ao abrigo do art. 208.º (art. 209.º, 1). Note-se que o CIRE não faz claramente a distinção entre a convocatória e a sua divulgação.

UM CURSO DE DIREITO DA INSOLVÊNCIA

porta da sede ou residência do devedor e dos seus estabelecimentos, com a antecedência mínima de 10 dias (art. 75.º, 2)[76]. Os cinco maiores credores, o devedor, os seus administradores e a comissão de trabalhadores serão também avisados através de circulares expedidas sob registo (art. 75.º, 3)[77]. Quanto a estas últimas circulares, o CIRE não menciona a necessidade de conterem a ordem do dia (cfr. art. 75.º, 3 e 4), embora pareça adequado que a indiquem.

A convocação deve ter lugar de forma a permitir que a publicitação da mesma seja efetuada com a necessária antecedência[78].

3.4. Deliberações

Em regra, as deliberações da assembleia de credores são tomadas seja qual for o número de credores presentes ou representados, ou a percentagem dos créditos de que sejam titulares. Se a lei não exigir outra maioria, aquelas deliberações consideram-se tomadas se reunirem a maioria dos votos emitidos, não se considerando como tal as abstenções (art. 77.º).

Há, no entanto, exceções ao regime descrito, que o próprio art. 77.º salvaguarda. Vejamos as mais evidentes.

O administrador da insolvência designado pelo juiz pode ser substituído por outro eleito pelos credores reunidos em assembleia de credores. No entanto, a deliberação da assembleia deve nesse caso receber a aprovação não apenas da maioria dos votos emitidos, mas também da maioria dos votantes (art. 53.º, 1).

A mesma exigência consta do art. 67.º, 3, relativamente às deliberações pelas quais a assembleia de credores prescinda da existência da comissão de credores, substitua membros ou suplentes da comissão nomeada pelo juiz, eleja dois membros adicionais, crie a comissão de credores, designe o presidente e altere a composição da referida comissão (isto é, as deliberações mencionadas no art. 67.º, 1, com exceção da deliberação de destituição com justa causa de membro da comissão de credores).

---

[76] A convocatória da assembleia de credores para discutir e votar a proposta de plano de insolvência deve ser efetuada com a antecedência mínima de 20 dias (art. 209.º, 1).

[77] Cfr., porém, o importante art. 9.º, 4, e FÁTIMA REIS SILVA, «Processo de insolvência: os órgãos de insolvência e o plano de insolvência», cit., p. 152.

[78] Chamando a atenção para isto mesmo, FÁTIMA REIS SILVA, «Processo de insolvência: os órgãos de insolvência e o plano de insolvência», cit., p. 152.

ÓRGÃOS DA INSOLVÊNCIA

Outra exceção surge no art. 212.º, 1, relativamente à deliberação de aprovação de proposta de plano de insolvência. Essa deliberação só se considera aprovada se estiverem presentes ou representados na reunião credores cujos créditos constituam, pelo menos, um terço do total dos créditos com direito de voto. Para além disso, a deliberação deve reunir mais de dois terços da totalidade dos votos emitidos e mais de metade dos votos emitidos correspondentes a créditos não subordinados. Mais uma vez, as abstenções não se contam.[79]

3.5. Voto

O critério que, em regra, será utilizado para a contagem dos votos emitidos na assembleia de credores consta do art. 73.º, 1, dele resultando que se conta um voto *por cada euro ou fração do crédito*. Este critério aplica-se relativamente:

a) Aos créditos *reconhecidos por decisão definitiva* proferida no apenso de verificação e graduação de créditos ou em ação de verificação ulterior (art. 73.º, 1)[80];

b) Aos créditos *já reclamados no processo* ou, se ainda não se tiver esgotado o prazo de reclamação que tenha sido fixado na sentença de declaração de insolvência, aos créditos *reclamados na própria assembleia para efeito apenas de participação na reunião*[81], e em ambos os casos desde que não sejam objeto de *impugnação na assembleia* pelo administrador da insolvência ou de credor com direito de voto (art. 73.º, 1, *a*) e *b*))[82].

---

[79] Quanto aos processos que digam respeito a marido e mulher e a que sejam aplicáveis os arts. 264.º-266.º (cfr., tb., o art. 250.º), tenha-se em conta que o art. 265.º, 2, estabelece que na assembleia de credores os votos são «conferidos em função do valor nominal dos créditos, independentemente de a responsabilidade pelas dívidas ser de ambos os cônjuges ou exclusiva de um deles».

[80] Como mostra FÁTIMA REIS SILVA, «Processo de insolvência: os órgãos de insolvência e o plano de insolvência», cit., p. 155, não é difícil que se chegue à assembleia de apreciação do relatório sem créditos reconhecidos por decisão definitiva. Basta ver os prazos constantes dos arts. 36.º, 1, *j*) e *n*), 129.º, 130.º, 1, 131.º, 3, e 135.º.

[81] Chamando a atenção para as dificuldades práticas que se verificam neste caso para o início da assembleia, FÁTIMA REIS SILVA, «Processo de insolvência: os órgãos de insolvência e o plano de insolvência», cit., p. 156.

[82] Tal impugnação é necessária mesmo que tenha sido apresentada a impugnação prevista no art. 130.º: MARIA JOSÉ COSTEIRA, "Questões práticas no domínio das assembleias de credores", cit., p. 108.

No entanto, o critério referido nem sempre será utilizado.

Com efeito, ele não será necessariamente aplicado relativamente aos créditos *sob condição suspensiva*[83]. Para estes dispõe o art. 73.º, 2, que o número de votos que conferem é («sempre»[84]) fixado pelo juiz, «em atenção à probabilidade da verificação da condição».

Quanto aos créditos *subordinados*, como só conferem direito de voto quando se trate de deliberar sobre um plano de insolvência (art. 73.º, 3), também só aí o critério conhecerá aplicação[85].

Os créditos *impugnados*, por sua vez, *podem* conferir votos se o interessado assim *solicitar* e mediante decisão do juiz, que fixará a quantidade de votos conferidos. Para o efeito, deverá ponderar «todas as circunstâncias relevantes», incluindo nomeadamente a probabilidade da existência, montante e natureza subordinada do crédito e, no caso de créditos sob condição suspensiva, a probabilidade da verificação da condição (art. 73.º, 4). Este regime vale tanto para os créditos impugnados nos termos do art. 73.º, 1, *b*), como para os que foram impugnados de acordo com o disposto no art. 130.º[86].

Os casos em que os bens do devedor garantem dívida de terceiro pela qual o devedor insolvente não responde pessoalmente (art. 73.º, 7) merecem também uma referência. Estão em causa situações em que o insolvente é titular de bens que garantem dívidas de outros devedores, sem que o próprio insolvente seja pessoalmente responsável por essas dívidas. Quanto a elas, frise-se, ele é responsável de garantia. Nestes casos, os créditos garantidos também conferem um voto por cada euro do seu montante ou, se o valor do bem dado em garantia for inferior, um voto por cada euro do valor do bem.

Adiante veremos que, estando em causa uma proposta de plano de insolvência, o art. 212º, 2 afasta o direito de voto relativamente a certos créditos.

Quando o processo de insolvência diz respeito a marido e mulher, nos termos do art. 264.º (cfr. tb. os arts. 249.º e 250.º), os votos são conferidos

---

[83] Cfr. o art. 50.º.

[84] Considerando que a fixação é oficiosa, Fátima Reis Silva, «Processo de insolvência: os órgãos de insolvência e o plano de insolvência», cit., p. 158.

[85] E mesmo aí há que ter em conta o teor do art. 212.º, 2, *b*).

[86] Carvalho Fernandes/João Labareda, *Código da Insolvência e da Recuperação de Empresas anotado*, cit., p. 389.

ÓRGÃOS DA INSOLVÊNCIA

independentemente de ser comum ou não a responsabilidade dos cônjuges pelas dívidas em causa. Assim, os votos serão ainda conferidos em função do valor nominal dos créditos (art. 265.º, 2). No entanto, quando a deliberação da assembleia de credores incida sobre bens próprios de um dos cônjuges, não são admitidos a votar «os titulares de créditos da responsabilidade exclusiva do outro cônjuge» (art. 265.º, 3).

Realce-se ainda que, tratando-se de deliberação sobre proposta de plano de insolvência, o art. 212.º, 2, *a*), retira o direito de voto quanto aos créditos que «não sejam modificados pela parte dispositiva do plano». No entanto, esse regime já não se aplica se, em conjugação com a supressão do direito de voto prevista na al. *b)* do mesmo art. 212.º, 2, «todos os créditos resultassem privados do direito de voto» (art. 212.º, 3).

As regras expostas mostram que a verificação de quem tem direito de voto e de quantos votos é titular pode ser tarefa difícil e demorada.

3.6. Suspensão da assembleia

Os trabalhos da assembleia de credores podem ser suspensos. É o que vemos escrito no art. 76.º. A suspensão é decidida pelo juiz, sendo nesse caso determinado que a retoma dos trabalhos ocorrerá num dos 15 dias úteis seguintes[87]. Não há agora limite para o número de vezes que os trabalhos podem ser suspensos.

3.7. Reclamações para o juiz

O art. 78.º, 1, apenas prevê a possibilidade de *reclamar para o juiz* das deliberações da assembleia de credores num caso[88]: o de as deliberações serem contrárias ao interesse comum dos credores. Interesse comum que, tendo em conta que há credores da massa e credores da insolvência e que estes podem

---

[87] Criticando o prazo por o considerar muito curto, Maria José Costeira, "Questões práticas no domínio das assembleias de credores", cit., p. 105 e s..
[88] Sem prejuízo de eventual arguição de nulidades processuais, como defende Maria José Costeira, "Questões práticas no domínio das assembleias de credores", cit., p. 110, aliás na esteira de Carvalho Fernandes, «Órgãos da insolvência», cit., p. 177.

UM CURSO DE DIREITO DA INSOLVÊNCIA

ser titulares de créditos de classes diferentes, só pode querer significar o interesse na máxima valorização possível da massa insolvente[89].

Têm legitimidade para reclamar o administrador da insolvência e qualquer credor com direito de voto, devendo a reclamação ser apresentada, oralmente ou por escrito, na própria assembleia[90].

A reclamação deve ser decidida também *na assembleia*[91] e essa decisão é suscetível de recurso. Se a decisão deu provimento à reclamação, o recurso pode ser interposto por qualquer credor que tenha votado no sentido que fez vencimento. Mas se a decisão indeferiu a reclamação, só pode recorrer o reclamante (art. 78.º, 2).

3.8. A assembleia de apreciação do relatório do administrador da insolvência

A assembleia de apreciação do relatório do administrador da insolvência pode ter grande importância no futuro desenrolar do processo de insolvência e na sorte do devedor. Basta ver o que constará do próprio relatório (art. 155.º, 1 e 2)[92].

Porém, a prática mostrou que nem sempre essa importância é assumida pelos próprios credores e a situação de muitos devedores também não justifica a realização daquela assembleia. Atualmente, o art. 36.º, 1, *n*), faculta em regra

---

[89] Cfr., em termos próximos, ULRICH EHRICKE, «§ 74», in HANS-PETER KIRCHHOF/HORS EIDENMÜLLER/ROLF STÜRNER (her.), *Münchener Kommentar zum Insolvenzordnung*, cit., Rn. 7 («möglichst umfangreichen Vergrößerung der Haftungsmasse»). Considerando que será «a satisfação dos créditos na maior medida possível, garantindo o princípio da igualdade de tratamento (considerando sempre a diferente natureza dos créditos), e dentro dos critérios de proporcionalidade estabelecidos pelo legislador», FÁTIMA REIS SILVA, «Processo de insolvência: os órgãos de insolvência e o plano de insolvência», cit., p. 158, e MARIA JOSÉ COSTEIRA, "Questões práticas no domínio das assembleias de credores", cit., p. 109.

[90] Se houver suspensão dos trabalhos após a tomada da deliberação de que se pretende reclamar, não é claro se a reclamação pode ser apresentada depois de retomados os trabalhos ou se tem de ser apresentada antes da suspensão.

[91] CARVALHO FERNANDES/JOÃO LABAREDA, *Código da Insolvência e da Recuperação de Empresas anotado*, cit., p. 400. Defendendo que o juiz deve, antes de decidir, ouvir o administrador da insolvência, o devedor, os credores e a comissão de credores na própria assembleia, podendo suspender os trabalhos (art. 76.º), FÁTIMA REIS SILVA, «Processo de insolvência: os órgãos de insolvência e o plano de insolvência», cit., p. 159, e MARIA JOSÉ COSTEIRA, "Questões práticas no domínio das assembleias de credores", cit., p. 109.

[92] Quanto ao inventário, tenha-se também em conta o art. 266.º.

ÓRGÃOS DA INSOLVÊNCIA

ao juiz a possibilidade de, «fundamentadamente, prescindir da realização da mencionada assembleia». Quando assim aconteça, o art. 36.º, 5, obriga o juiz a, na sentença que declara a insolvência, *adequar a marcha do processo* à referida dispensa, tendo em conta o caso concreto. Relativamente aos prazos que no CIRE são contados por referência à data daquela assembleia, o art. 36.º, 4, estabelece que os mesmos são contados «com referência ao 45.º dia subsequente à data de prolação da sentença de declaração da insolvência».

A possibilidade de prescindir da assembleia de apreciação do relatório é afastada se foi requerida pelo devedor a exoneração do passivo restante quando se apresentou à insolvência[93], se for previsível a apresentação de um plano de insolvência[94] ou se for determinado que a administração da insolvência caiba ao devedor (art. 36.º, 2). Por outro lado, mesmo sendo possível a dispensa da assembleia de apreciação do relatório, o juiz que assim decidiu acabará por ter que a convocar se um qualquer interessado, no prazo para apresentação das reclamações de créditos, o requerer ao tribunal (art. 36.º, 3).

A assembleia de apreciação do relatório do administrador da insolvência deve ser convocada para um dia e hora situado entre os 45 e os 60 dias subsequentes ao da sentença que declarou a insolvência. Sendo convocada, decorre do art. 155.º, 3, que pelo menos oito dias antes da data da assembleia devem ser juntos aos autos aquele relatório e os seus anexos (o inventário e a lista provisória de credores)[95].

Na assembleia de apreciação do relatório, o devedor e a comissão de credores, bem como a comissão de trabalhadores ou os representantes dos trabalhadores, devem ter a possibilidade de se pronunciarem sobre o relatório (art. 156.º, 1). As deliberações da assembleia podem incidir sobre aspetos tão relevantes como, por exemplo, o *encerramento ou manutenção em atividade de*

---

[93] Defendendo que a mesma solução deve valer nos casos em que «o devedor formula esse pedido no prazo de 10 dias posteriores à citação (nos termos do art. 236.º, n.º 1, 1.ª parte)», MARIA DO ROSÁRIO EPIFÂNIO, *Manual de direito da insolvência*, cit., p. 77, nt. 198.

[94] Para MARIA DO ROSÁRIO EPIFÂNIO, *Manual de direito da insolvência*, cit., p. 77, nt. 199, «por maioria de razão, solução idêntica deverá ser seguida quando a petição inicial seja já acompanhada de um plano de insolvência» (art. 24.º, n.º 3)».

[95] Não sendo respeitada a antecedência legal, FÁTIMA REIS SILVA, «Processo de insolvência: os órgãos de insolvência e o plano de insolvência», cit., p. 161, defende que deve «ser posta à consideração da assembleia a realização da mesma ou a sua suspensão e realização posterior».

UM CURSO DE DIREITO DA INSOLVÊNCIA

algum estabelecimento compreendido na massa insolvente (art. 156.º, 2)[96] ou o *cometimento ao administrador da insolvência do encargo de elaborar um plano de insolvência*[97], podendo neste último caso também deliberar que seja *suspensa a liquidação e partilha* da massa insolvente (art. 156.º, 3; cfr. tb. o n.º 4). A importância desta deliberação de suspensão extrai-se facilmente do art. 158.º, 1: com o trânsito em julgado da sentença de declaração da insolvência e depois de realizada a assembleia de apreciação do relatório inicia-se em regra, «com prontidão», a venda dos bens apreendidos para a massa «na medida em que a tanto se não oponham as deliberações tomadas pelos credores na referida assembleia». Trata-se de um regime que ganha a sua verdadeira dimensão quando na assembleia de apreciação do relatório nada é deliberado.

Na assembleia de apreciação do relatório pode ser deliberada, nos termos do art. 224.º, 3, a atribuição da *administração da massa insolvente ao devedor* se este o tiver requerido. A tomada dessa deliberação não parece depender da inclusão do assunto na ordem do dia[98]. Mas será necessário que o devedor tenha apresentado um plano de insolvência que preveja a continuidade da exploração da empresa por si próprio ou, pelo menos, que se comprometa a apresentá-lo no prazo de 30 dias após a sentença de declaração de insolvência (art. 224º, 2, *b*)).

Como decorre do art. 53.º, 1, a escolha de administrador diferente daquele que foi designado pelo juiz pode (mas já não tem de) ter lugar na assembleia de apreciação do relatório, nos termos ali referidos[99].

---

[96]   Mas veja-se, quanto ao encerramento antecipado de algum ou alguns estabelecimentos do devedor, o art 157.º.

[97]   Podendo inclusivamente formular diretrizes quanto a essa elaboração: cfr. o art. 193.º, 3.

[98]   Cfr., nesse sentido, CARVALHO FERNANDES/JOÃO LABAREDA, *Código da Insolvência e da Recuperação de Empresas anotado*, cit., p. 814.

[99]   Considerando que o assunto não tem que constar da ordem de trabalhos, CARVALHO FERNANDES/JOÃO LABAREDA, *Código da Insolvência e da Recuperação de Empresas anotado*, cit., p. 320. Os autores citados consideram que na primeira assembleia de credores posterior à designação do administrador da insolvência (e que muitas vezes será a assembleia de apreciação do relatório) pode ter lugar a deliberação de escolha de outro administrador da insolvência, nos termos do art. 53.º, 1, sem necessidade de fazer constar o assunto da ordem de trabalhos. Mas as alterações introduzidas pela Lei 16/2012 tornam mais difícil sustentar essa leitura. Sobretudo se se entender que, aplicando com as devidas adaptações o art. 75.º, pode ser introduzido um ponto adicional na ordem de trabalhos da assembleia de apreciação do relatório relativo à substituição mencionada. Igual problema surge quanto à tomada das deliberações mencionadas no art. 67.º, 1.

Por sua vez, o art. 67.º mostra que a assembleia de apreciação do relatório pode também tomar decisões sobre a comissão de credores, de acordo com o regime constante do preceito mencionado.

A lista provisória de credores que o administrador da insolvência tem que elaborar (art. 154.º) permitirá identificar quem pode participar e votar na assembleia de apreciação do relatório[100]. Nessa lista o administrador da insolvência vai incluir os credores que constem da contabilidade do devedor, os que tenham reclamado o seu crédito e os que sejam por outra forma do conhecimento do próprio administrador. Essa lista será apresentada por ordem alfabética e com os elementos indicados no art. 154.º, 1. Na altura em que a assembleia de apreciação do relatório tem lugar dificilmente haverá já sentença de verificação e graduação de créditos e daí a importância da lista provisória de credores. No entanto, se tiver havido impugnação de créditos reclamados a lista provisória de credores deve indicar quais foram os créditos impugnados[101], pois isso será relevante para a aplicação do art. 73.º.

3.9. A assembleia de credores para discutir e votar a proposta de plano de insolvência

O plano de insolvência, apresentado por quem tenha legitimidade (art. 193.º, 1), deve ser discutido e votado em assembleia de credores (art. 209.º, 1). A convocatória deve nesse caso ser realizada com a antecedência mínima de 20 dias e não apenas de 10 (cfr. o art. 75.º, 2). Os anúncios e circulares devem mencionar que a proposta de plano está desde a data da convocação à disposição dos interessados na secretaria do tribunal caso aqueles o queiram consultar, e que o mesmo acontecerá com os pareceres previstos no art. 208.º durante os 10 dias anteriores à data da assembleia (art. 209.º, 1).

A assembleia de credores para discutir e votar a proposta de plano de insolvência não pode no entanto *reunir* «antes de transitada em julgado a sentença de declaração de insolvência, de esgotado o prazo para a impugnação

---

[100] Fátima Reis Silva, «Dificuldades da recuperação de empresas no Código da Insolvência e da Recuperação de Empresas», cit., p. 158, e Carvalho Fernandes/João Labareda, *Código da Insolvência e da Recuperação de Empresas anotado*, cit., p. 578.

[101] Carvalho Fernandes/João Labareda, *Código da Insolvência e da Recuperação de Empresas anotado*, cit., p. 578.

UM CURSO DE DIREITO DA INSOLVÊNCIA

da lista de credores reconhecidos e da realização da assembleia de apreciação de relatório» (art. 209.º, 2)[102].

A proposta de plano de insolvência considera-se aprovada se, por um lado, estiverem presentes ou representados na reunião credores «cujos créditos constituam, pelo menos, um terço do total dos créditos com direito de voto», e, por outro, reunir «mais de dois terços da totalidade dos votos emitidos e mais de metade dos votos emitidos correspondentes a créditos não subordinados, não se considerando como tal as abstenções».

A identificação do número de votos a atribuir a cada credor deverá respeitar o disposto no art. 73.º. No entanto, há que ter presente o art. 212.º, 2, que determina que certos créditos não conferem, em regra, direito de voto: é o que ocorre com os «créditos que não sejam modificados pela parte dispositiva do plano» e com os «créditos subordinados de determinado grau, se o plano decretar o perdão integral de todos os créditos de graus hierarquicamente inferiores e não atribuir qualquer valor económico ao devedor ou aos respetivos sócios, associados ou membros, consoante o caso». Contudo, os «créditos que não sejam modificados pela parte dispositiva do plano» recuperam o direito de voto se a aplicação do disposto no art. 212.º, 2, conduzisse a que «todos os créditos resultassem privados do direito de voto» (art. 212.º, 3). Ou seja, os «créditos que não sejam modificados pela parte dispositiva do plano» voltam a conferir o direito de voto se, sem eles, não houvesse créditos que atribuíssem direito de voto[103].

Após a discussão do plano de insolvência, «o juiz pode determinar que a votação tenha lugar por escrito, em prazo não superior a 10 dias» (art. 211.º, 1). Parece óbvio que, nesse caso, a votação não terá lugar na assembleia de credores. No entanto, só podem participar na votação «os titulares de créditos com direito de voto presentes ou representados na assembleia» (art. 211.º, 1)[104]. No que diz respeito ao prazo, não é claro se o juiz pode fixá-lo em menos de 10 dias. Inclinamo-nos para responder afirmativamente. Caso assim não

---

[102] Se a assembleia de apreciação do relatório não foi convocada (cfr. art. 36º, 1, *n*)), há que ter em conta o disposto no art. 36.º, 4.

[103] O regime descrito mostra que pode ser difícil determinar, desde logo, se está respeitada a exigência legal quanto ao *quorum* constitutivo: MARIA JOSÉ COSTEIRA, "Questões práticas no domínio das assembleias de credores", cit., p. 111. A elaboração de listas para efetuar os controlos necessários justificar-se-á na generalidade dos casos.

[104] Criticando a solução, CARVALHO FERNANDES/JOÃO LABAREDA, *Código da Insolvência e da Recuperação de Empresas anotado*, cit., p. 770.

fosse, bastava que a lei permitisse o exercício do direito de voto no prazo de 10 dias: nesse caso, sempre os credores poderiam exercer o direito de voto antes de decorrer a totalidade do prazo. Mas a lei usa outra formulação: a votação pode ter lugar «em prazo não superior a 10 dias». E isto surge assim dito para permitir que o juiz fixe um prazo inferior.

O voto escrito deve manifestar a aprovação ou rejeição da proposta de plano de insolvência. Se o voto escrito contém uma proposta de modificação do plano de insolvência ou qualquer condicionamento do voto, isso equivale a uma rejeição da proposta de plano de insolvência (art. 211.º, 2).

3.10. Cessação de funções

A assembleia de credores cessa funções com o encerramento do processo[105], apesar de isso não resultar com clareza do art. 233.º.

4. Comissão de credores

4.1. Nomeação

A comissão de credores é considerada no CIRE um órgão da insolvência. Os seus membros não são meros mandatários dos credores. Mas aquela não é um órgão necessário da insolvência. É isso que se conclui da leitura do art. 66.º, 2. Com efeito, embora o *juiz* possa proceder à nomeação da comissão de credores logo na *sentença de declaração da insolvência* ou em momento *anterior à primeira assembleia de credores* (art. 66.º, 1)[106], também pode não a nomear se o considerar justificado «em atenção à exígua dimensão da massa insolvente, à simplicidade da liquidação ou ao reduzido número de credores da insolvência». Porém, quando o juiz não decida não nomear a comissão de credores, deve nomeá-la. E deve nomeá-la antes da primeira assembleia de credores.

---

[105] Com essa opinião, CARVALHO FERNANDES, «Órgãos da insolvência», cit., p. 177, CARVALHO FERNANDES/JOÃO LABAREDA, *Código da Insolvência e da Recuperação de Empresas anotado*, cit., p. 839 e s., MENEZES LEITÃO, *Direito da insolvência*, cit., p. 133.

[106] Retirando do preceito que a comissão de credores poderia ser designada antes da sentença de declaração da insolvência, CARVALHO FERNANDES, «Órgãos da insolvência», cit., p. 147. Mas parece-nos que isso só faria sentido enquanto medida cautelar.

UM CURSO DE DIREITO DA INSOLVÊNCIA

O que não parece possível é que *o juiz* nomeie a comissão de credores depois da primeira assembleia de credores[107]. A partir dessa assembleia de credores o que o juiz pode fazer é convocá-la para que delibere sobre o assunto[108].

Além disso, a *assembleia de credores* pode *prescindir* da existência da comissão de credores eventualmente nomeada (art. 67.º, 1). Para isso, não tem de observar os requisitos impostos ao juiz no art. 66.º, 2. Mas, por outro lado, se o juiz não nomear a comissão de credores, a própria assembleia de credores pode *criar* uma (art. 67.º, 1). São assim evidentes as marcas do papel predominante que a assembleia de credores tem neste âmbito.

O CIRE não esclarece se o nomeado está ou não obrigado a aceitar a nomeação ou, até, se essa aceitação é necessária[109]. Para Carvalho Fernandes e João Labareda[110], a aceitação é pelo menos necessária (e deve até ser anterior à deliberação de eleição) quando o escolhido é um terceiro, o que só pode suceder nos casos em que é a assembleia de credores que o elege (cfr. art. 66.º, 1, e 67.º, 2). Os referidos autores já consideram defensável que exista «uma obrigação, a cargo dos credores, de aceitarem, salvo justa causa de escusa, a incumbência de pertencer à comissão de credores, quando são eles mesmos os designados». Mas essa solução parece discutível[111].

---

[107] Julgamos ser essa também a interpretação que fazem CARVALHO FERNANDES/JOÃO LABAREDA, *Código da Insolvência e da Recuperação de Empresas anotado*, cit., p. 366-367. E é também esse o sentido a retirar do § 68 da *InsO*: cfr. DIRK ANDRES, «§ 68», in DIRK ANDRES/ROLF LEITHAUS/MICHAEL DAHL, *Insolvenzordnung*, cit., Rn. 1.

[108] Admitindo que a assembleia de credores delibere constituir a comissão de credores após a primeira assembleia de credores, CARVALHO FERNANDES/JOÃO LABAREDA, *Código da Insolvência e da Recuperação de Empresas anotado*, cit., p. 367, e PEDRO PIDWELL, *O processo de insolvência e a recuperação da sociedade comercial de responsabilidade limitada*, cit., p. 158.

[109] Considerando que a aceitação é necessária para que se considere que é membro da comissão de credores, para a Alemanha, KLAUS SCHMID-BURGK, «§ 67», in HANS-PETER KIRCHOF/HORST EIDENMNÜLLER/ROLF STÜRNER (her.), *Münchener Kommentar zur Insolvenzordnung*, 3. Aufl., Beck, München, 2013, Rn. 27 (cfr. tb., na mesma obra e do mesmo autor, § 68, Rn. 12).

[110] CARVALHO FERNANDES/JOÃO LABAREDA, *Código da Insolvência e da Recuperação de Empresas anotado*, cit., p. 372.

[111] Defendendo ainda a necessidade de empossamento dos membros da comissão de credores, CARVALHO FERNANDES/JOÃO LABAREDA, *Código da Insolvência e da Recuperação de Empresas anotado*, cit., p. 370, e PEDRO PIDWELL, *O processo de insolvência e a recuperação da sociedade comercial de responsabilidade limitada*, cit., p. 156, nt. 685.

4.2. Composição

A composição da comissão de credores pode ser influenciada pela forma como foi nomeada.

Se a nomeação coube ao juiz, a comissão de credores será composta por três ou cinco membros e dois suplentes, podendo a assembleia de credores eleger dois membros adicionais (art. 67.º, 1). Os membros da comissão podem ser pessoas singulares ou pessoas coletivas, mas neste último caso a pessoa coletiva escolhida deve designar o seu representante (nos termos do art. 66.º, 4)[112]. O Estado e as instituições de segurança social podem ser nomeados para a comissão de credores[113]. A substituição de membros ou suplentes da comissão de credores nomeada pelo juiz compete à assembleia de credores, que pode alterar a todo o momento a respetiva composição, independentemente da existência de justa causa (art. 67.º, 1)[114].

O presidente da comissão de credores deverá ser, de preferência, o maior *credor* da «empresa» e os restantes membros devem ser escolhidos de modo a assegurar «a adequada representação das várias classes de *credores*, com exceção dos credores subordinados» (art. 66.º, 1)[115]. O Estado e as instituições de segurança social podem ser nomeados para a presidência da comissão de credores desde que conste dos autos um despacho do membro do Governo com supervisão sobre «as entidades em causa» autorizando o exercício da função e indicando o representante (art. 66º, 5; v. também o art. 195.º do CRCSPSS).

---

[112] Trata-se de um regime que coloca algumas dúvidas quando estão em causa, por exemplo, sociedades comerciais. Parece, no entanto, que o regime previsto no art. 66.º, 4, para a designação de representante só tem sentido se a pessoa coletiva não for representada por um membro do órgão de representação com os necessários poderes, que deverá comprovar pelos meios legais. Não se justifica que uma sociedade por quotas com gerente único tenha que designar um representante quando aquele gerente já o é. Se a gerência for plural, as dificuldades são maiores. O mesmo se pode dizer quanto aos restantes tipos de sociedades comerciais. Mas o membro da comissão de credores será a sociedade em causa.

[113] Sobre a representação de entidades públicas cfr. o art. 13.º.

[114] A possibilidade de alterar a todo o tempo a composição da comissão de credores parece estar prevista tanto para o caso em que foi a assembleia de credores a criar a comissão, como para aquele em que a comissão foi criada pelo juiz.

[115] Para a Alemanha, referindo-se a um «princípio da representação», KLAUS SCHMID-BURGK, «§ 68», in HANS-PETER KIRCHOF/HORST EIDENMNÜLLER/ROLF STÜRNER (her.), *Münchener Kommentar zur Insolvenzordnung,* cit., Rn. 7.

UM CURSO DE DIREITO DA INSOLVÊNCIA

Um dos membros da comissão representará os trabalhadores *titulares de créditos* sobre a «empresa»[116] e, se houver já uma designação realizada pelos trabalhadores ou, se existir, pela comissão de trabalhadores (art. 66.º, 3), a escolha daquele membro deve conformar-se com essa designação.

Se a comissão foi criada pela assembleia de credores, aquela terá três, cinco ou sete membros e dois suplentes, que *não têm de ser credores*[117], embora um deles deva ser representante dos trabalhadores que detenham créditos[118] sobre a empresa e ser escolhido nos termos do art. 66.º, 3 (cfr. o art. 67.º, 2). Tirando isso, a assembleia de credores não está obrigada a assegurar a adequada representação das várias classes de credores na comissão de credores. A própria assembleia de credores poderá designar o presidente da comissão[119] e poderá, mais uma vez, alterar a todo o momento a composição da mesma, com ou sem justa causa.

As deliberações que a assembleia de credores tome ao abrigo do art. 67.º, 1, serão tomadas por deliberação que obtenha a aprovação da maioria dos votantes e dos votos emitidos, não se contando as abstenções (cfr. os arts. 67.º, 3, e 53.º, 1). Não será assim no caso da deliberação de destituição com justa causa de membro da comissão de credores, que ficará sujeita ao disposto no art. 77.º.

---

[116] Quando existam ou o juiz já conheça, através do processo, a sua existência. Salientando esta dificuldade, PEDRO PIDWELL, *O processo de insolvência e a recuperação da sociedade comercial de responsabilidade limitada*, cit., p. 161.

[117] Chamando a importância para a eventual utilidade que pode existir na nomeação de clientes importantes, TOBIAS HIRTE, «§ 67», in EBERHARD BRAUN (her.), *Insolvenzordnung*, 6. Aufl., Beck (Beck-online), München, 2014, Rn. 7.

[118] Parece ser esse o sentido do disposto no art. 67.º, 2: a assembleia de credores deve «respeitar o critério imposto pelo n.º 3» do art. 66.º e, portanto, um dos membros deve representar os trabalhadores que detenham créditos sobre a empresa. No sentido exposto, MARIA DO ROSÁRIO EPIFÂNIO, *Manual de direito da insolvência*, cit., p. 78, nt. 219. No entanto, a verdade é que o art. 67.º, 2, começa por estabelecer que os «membros da comissão de credores eleitos pela assembleia não têm de ser credores». Mas isto parece significar que o representante dos trabalhadores não tem, por sua vez, de ser também credor.

[119] Mas veja-se, defendendo que as limitações resultantes do art. 66º, 5, também valem para a designação do presidente da comissão de credores pela assembleia de credores, CARVALHO FERNANDES, «Órgãos da insolvência», cit., p. 161.

4.3. Funções

As funções da comissão de credores são, desde logo, as referidas no art. 68.º, 1: fiscalizar a atividade do administrador da insolvência[120] e prestar-lhe colaboração (cfr. tb. o art. 55.º, 1). A própria colaboração não está limitada aos casos em que o administrador a solicita.

Contudo, o art. 68.º, 1, começa logo por lembrar que outras tarefas são também «especialmente cometidas» à comissão de credores. Tarefas que são numerosas e que, nalguns casos, constituem concretizações do teor do art. 68.º, 1.

Por vezes, a atuação da comissão de credores traduz-se na manifestação de *concordância* ou na prestação de *consentimento* ou na sua recusa (cfr. p. ex. os arts. 55.º, 8, 161.º, 1, 225.º). Outras vezes a comissão, consoante os casos, deve ou pode dar *pareceres* ou *pronunciar-se* (cfr. os arts. 52.º, 2, 56.º, 1, 63.º, 64.º, 1, 135.º, 141.º, 3, 153.º, 5, 156.º, 1, 157.º, *a*), 167.º, 3, 178.º, 1, 208.º, 231.º).

Várias normas do CIRE ocupam-se especialmente do relacionamento entre a comissão de credores e o *administrador da insolvência*: para além de, quando já esteja em funções, poder dar indicações quanto à nomeação do administrador da insolvência (art. 52.º, 2), vemos que umas vezes a comissão de credores *assiste* o administrador da insolvência (cfr. o art. 150.º, 2) ou com ele *colabora* (art. 193.º, 3), outras vezes pode apresentar requerimento contra a venda antecipada de bens (art. 158.º, 4), outras ainda é necessária para permitir a movimentação de depósitos (art. 167.º, 2) ou fiscaliza a atuação do administrador da insolvência (arts. 55.º, 1, 61.º, 1, 68.º, 1). Encontramos também casos em que a atuação do administrador da insolvência carece do acordo ou consentimento da comissão de credores (arts. 55.º, 8, 84.º, 1 e 3, 161.º, 1, 206.º, 2, 207.º, 1, *d*)[121]).

---

[120]   E para isso pode pedir-lhe informações: cfr. o art. 68.º, 2. Cfr. tb. o art. 158.º, 3 e ss..

[121]   O art. 84.º, 1 e 3, exige o acordo da comissão de credores ou, se esta não existir, da assembleia de credores, e coisa semelhante surge dita no art. 161.º, 1. Mas o art. 206.º, 2, tem redação diferente: exige o acordo da comissão de credores, se existir, ou da assembleia de credores. Ou seja, o acordo da assembleia de credores surge como alternativa ao acordo da comissão de credores mesmo quando esta exista. Considerando que «nada obsta a que, mesmo existindo comissão de credores, a assembleia, havendo condições para o fazer, nomeadamente por estar convocada, decida, ela própria, apoiar a pretensão do administrador da insolvência quanto à oposição ao pedido de suspensão da liquidação ou ao levantamento da que tenha sido

UM CURSO DE DIREITO DA INSOLVÊNCIA

Outros preceitos do CIRE revelam o papel da comissão de credores no acompanhamento da situação e atuação do *devedor* (cfr. p. ex. os arts. 83.º, 1, *a*), 220.º[122], 225.º e 226.º, 1). Na sua relação com os *credores*, o destaque vai para a possibilidade que é conferida à comissão de credores de pedir a convocação da assembleia de credores (art. 75.º, 1) e para o direito e dever de participar na assembleia de credores (art. 72.º, 5).

Nuns casos, o CIRE *prevê expressamente* o que deve suceder se não houver comissão de credores (cfr., p. ex., os arts. 157.º, *b*), 161.º, 1, 220.º, 2, *c*) e 226.º, 1). Noutros, apenas acrescenta que a intervenção da comissão de credores terá lugar *se ela existir* (cfr., p. ex., os arts. 141.º, 3, 153.º, 5 e 167.º, 3). Noutros ainda, *nada* mais adianta (cfr., p. ex., o art. 55.º, 8).

O art. 80.º estabelece que nos casos em que o CIRE exige a aprovação da comissão de credores para a prática de qualquer ato essa autorização pode ser substituída por uma deliberação favorável da assembleia de credores. Trata-se de um regime que ganha especial sentido quando exista comissão de credores e esta não toma a deliberação. E convém frisar que estão em causa situações em que é exigida a *aprovação* da comissão de credores para a *prática de qualquer ato*. Por outro lado, se a comissão de credores toma uma deliberação, também resulta do art. 80.º que a própria assembleia de credores pode revogá-la.

Porém, quando *não exista* comissão de credores, o art. 80.º não pode significar que a intervenção da assembleia de credores será sempre necessária nos casos em que, por força da lei, o era a da referida comissão[123].

Há preceitos que expressamente preveem o que deve suceder quando não há comissão de credores. É o que ocorre, designadamente, nos arts. 55.º, 3, e 161.º, 1. Mas quando a lei apenas estabelece a necessidade da autorização ou consentimento da comissão de credores, «se existir», para a prática de um ato (cfr. o art. 225.º), então, não havendo comissão de credores, também não é em regra necessária a autorização ou o consentimento da assembleia de

---

decretada», CARVALHO FERNANDES/JOÃO LABAREDA, *Código da Insolvência e da Recuperação de Empresas anotado*, cit., p. 756. Lembre-se ainda o art. 80.º, adiante analisado.

[122] Veja-se que, de acordo com o art. 220.º, 2, *c*), existindo ou sendo inevitáveis situações de incumprimento, o administrador da insolvência informa de imediato o juiz e a comissão de credores, mas, se não existir esta última, informa todos os titulares de créditos reconhecidos.

[123] CARVALHO FERNANDES/JOÃO LABAREDA, *Código da Insolvência e da Recuperação de Empresas anotado*, cit., ocupam-se em vários momentos do regime aplicável quando não exista comissão de credores. Cfr., p. ex., p. 328-329, 335, 355, 360, 362, 576, 657, 832.

ÓRGÃOS DA INSOLVÊNCIA

credores. Parece então claro que só será necessário obter a autorização ou o consentimento se a comissão de credores existir.

Que dizer, porém, dos casos em que a lei exige uma autorização ou consentimento da comissão de credores para a prática de certos atos e não acrescenta que essa intervenção daquele órgão só é necessária se ele existir? Quando assim seja (cfr. p. ex. o art. 55.º, 8), não parece que decorra do art. 80.º ser necessária a autorização ou consentimento da assembleia de credores se não existir comissão de credores. Veja-se que a lei, quando quis exigir a autorização ou consentimento da assembleia de credores para os casos em que não exista comissão de credores, disse-o expressamente (cfr. p. ex. os arts. 84.º, 1 e 3, e 161.º, 1)[124].

Não será igualmente necessária, em regra, a intervenção da assembleia de credores quando *não exista* comissão de credores e está em causa apenas a tomada de posição ou a apresentação de *pareceres* por aquela, *se existir*, sem indicação de um regime para a hipótese contrária (arts. 52.º, 2, 56.º, 1, 64.º, 1, 141.º, 3, 153.º, 5, 167.º, 3, 178.º, 1, 208.º, 231.º). O mesmo se diga se nem sequer é mencionada a hipótese de a comissão de credores não existir (arts. 63.º, 135.º, 156.º, 1).

Os membros da comissão de credores exercem as funções que são atribuídas a esta tendo em conta que o referido órgão não se destina apenas a acautelar os interesses dos respetivos membros[125].

4.4. Reuniões, voto e deliberações

A comissão de credores decide tomando deliberações em reunião[126], que pode ser convocada pelo seu presidente ou por outros dois membros (art. 69.º, 1)[127]. Para que essas deliberações possam ser tomadas é necessário

---

[124] No mesmo sentido, CARVALHO FERNANDES/JOÃO LABAREDA, *Código da Insolvência e da Recuperação de Empresas anotado*, cit., p. 329.

[125] Com a mesma leitura, para a Alemanha, KLAUS SCHMID-BURGK, «§ 69», in HANS-PETER KIRCHOF/HORST EIDENMNÜLLER/ROLF STÜRNER (her.), *Münchener Kommentar zur Insolvenzordnung*, cit., Rn. 2.

[126] Infelizmente, o CIRE não é claro acerca dos direitos e deveres individuais de cada membro da comissão de credores. E essas são matérias importantes tendo em conta o disposto no art. 70.º.

[127] Criticando a falta de poder do administrador da insolvência para convocar a comissão de credores, PEDRO PIDWELL, *O processo de insolvência e a recuperação da sociedade comercial de responsabilidade limitada*, cit., p. 162.

que esteja presente na reunião a maioria dos membros da comissão de credores. Cada membro da comissão de credores tem um voto e as deliberações são tomadas por maioria dos votos dos membros presentes, tendo o presidente voto de qualidade em caso de empate (art. 69.º, 2).

Quando o processo de insolvência diz respeito a marido e mulher, nos termos do art. 264.º (cfr. tb. os arts. 249.º e 250.º), não podem votar nas deliberações da comissão de credores que incidam sobre bens próprios de um dos cônjuges os «titulares de créditos da responsabilidade exclusiva do outro cônjuge» (art. 265.º, 3).

Os membros da comissão de credores podem ainda votar por escrito na tomada de deliberações se todos os membros tiverem acordado previamente em adotar essa forma de deliberação (art. 69.º, 3). Como se trata de uma forma de deliberação, isso significa que a reunião da comissão será dispensada para a tomada da deliberação[128].

Tomada a deliberação pela comissão de credores, é aquela comunicada ao juiz pelo presidente da comissão (art. 69.º, 3), não sendo admitida reclamação para o tribunal (art. 69.º, 5)[129]. Porém, a assembleia de credores pode revogar «todas» as deliberações da comissão de credores (art. 80.º)[130].

4.5. Remuneração

Os membros da comissão de credores não são remunerados. Têm, no entanto, direito a «reembolso das despesas estritamente necessárias ao desempenho das suas funções» (art. 71.º). O eventual plano de insolvência deve também fixar as despesas a que têm direito os membros da comissão de credores que se mantenham em funções de acordo com o art. 220.º, 4 (cfr. tb. o art. 220.º, 5).

---

[128] CARVALHO FERNANDES/JOÃO LABAREDA, *Código da Insolvência e da Recuperação de Empresas anotado*, cit., p. 377.

[129] Isto, obviamente, sem prejuízo do eventual recurso a juízo para arguição de invalidades: cfr. CARVALHO FERNANDES/JOÃO LABAREDA, *Código da Insolvência e da Recuperação de Empresas anotado*, cit., 378.

[130] Considerando que o poder de revogação «não está limitado nem pela matéria objecto de revogação, nem por qualquer prazo de revogação nem sequer pelo motivo que leva à revogação, FÁTIMA REIS SILVA, «Processo de insolvência: os órgãos de insolvência e o plano de insolvência», cit., p. 160, e MARIA JOSÉ COSTEIRA, «Questões práticas no domínio das assembleias de credores», cit., p. 103.

4.6. Cessação de funções

São várias as causas de cessação de funções dos membros da comissão de credores que estão previstas no CIRE[131]. Desde logo, essa cessação pode ocorrer por destituição, que se verificará quando a assembleia de credores delibere modificar a composição da mesma com a saída de um ou mais membros e a entrada de outros (art. 67.º, 1)[132]. Aliás, o termo «destituição» é usado no art. 67.º, 3[133].

A cessação de funções terá lugar igualmente se a assembleia de credores prescindir da existência da comissão de credores.

E uma vez encerrado o processo de insolvência, «cessam as atribuições da comissão de credores e do administrador da insolvência, com exceção das referentes à apresentação de contas e das conferidas, se for o caso, pelo plano de insolvência» (art. 233.º, 1, *b*)). Com efeito, o art. 220.º, 4, prevê a manutenção em funções do administrador da insolvência e da comissão de credores para efeitos dos números que o antecedem.

Naturalmente, a morte do membro da comissão de credores é também causa de cessação de funções.

Infelizmente, o CIRE já não torna claro se a renúncia constitui ou não causa de cessação de funções de membro da comissão de credores[134]. Parece

---

[131] Fazendo a distinção entre causas de cessação coletiva e causas de cessação individual, KLAUS SCHMID-BURGK, «§ 67», in HANS-PETER KIRCHOF/HORST EIDENMNÜLLER/ROLF STÜRNER (her.), *Münchener Kommentar zur Insolvenzordnung*, cit., Rn. 27 (e, na mesma obra e do mesmo autor, «§ 68», Rn. 13). Distinguindo entre a cessação da comissão em si mesma e a dos seus membros, CARVALHO FERNANDES, «Órgãos da insolvência», cit., p. 167.

[132] A substituição de um membro da comissão parece abranger os casos em que é necessário preencher a vaga aberta.

[133] A deliberação da assembleia de credores deve respeitar a exigência de dupla maioria que decorre do art. 53.º, 1, salvo tratando-se de destituição por justa causa (art. 67.º, 3). A exigência de dupla maioria constitui uma cautela perante o predomínio dos grandes credores, cautela essa que não é exigida se houver justa causa de destituição. A assembleia de credores pode destituir os membros da comissão nomeados por ela ou pelo juiz: CARVALHO FERNANDES, «Órgãos da insolvência», cit., p. 167 e s., defendendo também que o juiz não pode destituir os membros da comissão de credores.

[134] Rejeitando essa possibilidade para a Alemanha, KLAUS SCHMID-BURGK, «§ 68», in HANS-PETER KIRCHOF/HORST EIDENMNÜLLER/ROLF STÜRNER (her.), *Münchener Kommentar zur Insolvenzordnung*, cit., Rn. 14, salientando embora que o § 70 admite que o próprio membro

porém razoável aceitar que essa renúncia é possível pelo menos quando exista justa causa.

4.7. Responsabilidade civil

No exercício das suas funções os membros da comissão de credores que causem prejuízos aos credores da insolvência podem ser civilmente responsabilizados perante estes se violaram culposamente os seus deveres (art. 70.º). Essa responsabilidade pode existir, por exemplo, se há violação do dever de fiscalização da atividade do administrador da insolvência. Pressupõe-se que a violação de deveres pelos membros da comissão foi voluntária e causou os prejuízos referidos. A culpa tanto existe quando há dolo, como nos casos em que o comportamento é negligente. A responsabilidade de que se trata é a dos membros da comissão de credores e não a dos seus eventuais representantes. A existência de responsabilidade do administrador da insolvência não afasta sem mais a possível responsabilidade do membro da comissão de credores nem esta afasta necessariamente a daquele.

O art. 70.º manda aplicar o disposto no art. 59.º, 4. Contudo, esse n.º 4 diz respeito à definição do momento a partir do qual o administrador da insolvência responde. Ora, como lembram Carvalho Fernandes e João Labareda[135], antes das alterações introduzidas pela Lei 16/2012 o n.º 4 do art. 59.º era o atual n.º 5, que estabelece o prazo de prescrição da responsabilidade do administrador da insolvência. Parece, assim adequado, com aqueles autores, considerar que a remissão deve ser lida como feita para o art. 59.º, 5[136].

---

da comissão de credores solicite a sua *Entlassung* (que podemos traduzir por demissão), desde que invoque justa causa («wichtigen Grund»).

[135] Carvalho Fernandes/João Labareda, *Código da Insolvência e da Recuperação de Empresas anotado*, cit., 379.

[136] Parece ser também essa a compreensão de Maria do Rosário Epifânio, *Manual de direito da insolvência*, cit., p. 81. O § 71 da *InsO* manda aplicar à responsabilidade dos membros da comissão de credores o § 62, que trata precisamente da prescrição («Verjährung») da responsabilidade do administrador da insolvência.

5. Súmula acerca da relação entre os órgãos da insolvência e o juiz

Aqui chegados, é útil fazer uma pequena resenha de alguns aspetos importantes quanto à relação entre os órgãos da insolvência e entre estes e o juiz.

Como vimos, ao juiz compete nomear o administrador da insolvência, em regra, na sentença de declaração da insolvência, cabendo-lhe ainda a nomeação do administrador da insolvência escolhido pelos credores. O administrador da insolvência irá atuar sob a fiscalização do juiz (art. 58.º), da comissão de credores (art. 55.º, 1) e da própria assembleia de credores (art. 79.º). O juiz pode destituir o administrador da insolvência se «fundamentadamente considerar existir justa causa» (e nos termos do art. 56.º, 1), mas os credores reunidos em assembleia de credores também podem eleger outra pessoa para o cargo (agora, de acordo com o disposto no art. 53.º). Perante a atuação ou a omissão do administrador da insolvência, não cabe ao juiz, à comissão de credores ou à assembleia de credores substituírem-se àquele no exercício das respetivas funções[137].

Não é possível reclamar para o tribunal das deliberações da comissão de credores, mas a assembleia de credores pode revogar todas as deliberações daquela (art. 80.º). O juiz pode em certos casos não nomear a comissão de credores (art. 66.º, 2), mas a assembleia de credores tem amplos poderes acerca da criação, composição ou extinção daquele órgão (art. 67.º).

Por sua vez, as deliberações da assembleia de credores contrárias ao interesse comum dos credores podem ser objeto de reclamação para o juiz por parte do administrador da insolvência ou de qualquer credor com direito de voto (art. 78.º). É também o juiz que preside à assembleia de credores (art. 74.º).

Do administrador da insolvência é esperada uma grande capacidade de iniciativa, pois não é um mero executor. O art. 161.º, 1, apenas exige o consentimento da comissão de credores ou, na falta desta, da assembleia de credores, no caso de atos jurídicos de especial relevo. O juiz, por seu lado, não dirige o administrador da insolvência e tem que conviver com a vertente «privada» do processo de insolvência, comprovada através dos amplos poderes da assembleia de credores e da impossibilidade de reclamação para o tribunal das deliberações da comissão de credores.

---

[137] Chamando a atenção para isto, perante o direito italiano, LINO GULGIELMUCCI, *Diritto falimentare*, 3.ª ed., Giappichelli, Torino, 2008, p. 77.

CAPÍTULO VII
Reclamação, verificação e graduação de créditos

1. Introdução

Como resulta do art. 90.º, na pendência do processo de insolvência os credores da insolvência só podem exercer os seus direitos em conformidade com o disposto no CIRE[1].

Por outro lado, os créditos sobre a insolvência só podem ser pagos se «estiverem verificados por sentença transitada em julgado» (art. 173.º)[2]. A sentença de verificação e graduação de créditos procede a uma graduação «geral para os bens da massa insolvente» e «especial para os bens a que respeitem direitos reais de garantia e privilégios creditórios». No que diz respeito às dívidas da massa, devem ser pagas nas datas dos respetivos vencimentos e independentemente do estado do processo (art. 172.º, 3).

O art. 245.º, 1, revela que, sendo o caso, a exoneração do devedor conduz à extinção dos próprios créditos sobre a insolvência que não tenham sido reclamados e verificados, pelo que os titulares desses créditos terão geralmente

---

[1] E a declaração de insolvência tem efeitos relevantes sobre as ações executivas: cfr. o art. 88.º.
[2] No entanto, a venda dos bens apreendidos para a massa pode começar «independentemente da verificação do passivo, na medida em que a tanto não se oponham as deliberações tomadas pelos credores na referida assembleia» (art. 158.º, 1). Sobre a liquidação do ativo, cfr. o que se escreve adiante.

interesse em vê-los pagos no processo de insolvência ou nos cinco anos posteriores ao encerramento (art. 235.º).

Por sua vez, o art. 141.º convoca o regime da reclamação e verificação de créditos para a restituição e separação de bens. O exposto até aqui já mostra bem o relevo do tema anunciado no título deste texto e que nos propomos tratar nas linhas seguintes. É tempo de avançar.

2. Créditos sobre a massa e créditos sobre a insolvência

Como resulta do art. 46.º, 1, a «massa insolvente destina-se à satisfação dos credores da insolvência, depois de pagas as suas próprias dívidas, e, salvo disposição em contrário, abrange todo o património do devedor à data da declaração de insolvência, bem como os bens e direitos que ele adquira na pendência do processo»[3].

A massa insolvente serve, em primeiro lugar, para pagar o que poderemos chamar *as suas próprias dívidas* e, depois, para pagar aos *credores da insolvência*.[4] Às dívidas da massa insolvente correspondem *créditos sobre a massa*, de que são titulares os *credores da massa* (art. 51.º, 2[5]).

Por sua vez, os *credores da insolvência* são os «titulares de créditos de natureza patrimonial sobre o insolvente, ou garantidos por bens integrantes da massa insolvente, cujo fundamento seja anterior» à data da declaração de insolvência (art. 47.º, 1)[6]. Saliente-se: os credores da insolvência são titulares de créditos que têm um *fundamento anterior à data da declaração de insolvência*. Se o fundamento é posterior a essa data não estaremos, em regra, perante créditos sobre a insolvência. São também equiparados aos titulares de créditos sobre a insolvência os que mostrarem que os adquiriram *no decurso do processo* (art. 47.º, 3).

---

[3] O n.º 2 do art. 46.º acrescenta que os «bens isentos de penhora só são integrados na massa insolvente se o devedor voluntariamente os apresentar e a impenhorabilidade não for absoluta».
[4] Considerando que o CIRE não dá uma definição de massa insolvente, JOSÉ GONÇALVES FERREIRA, «As dívidas da massa insolvente e os negócios ainda não cumpridos: breves notas a propósito do regime legal», in CATARINA SERRA (coord.), *I Colóquio de Direito da Insolvência de Santo Tirso*, Almedina, Coimbra, 2014, p. 141.
[5] O exposto neste capítulo compreende-se melhor depois de estudado o relativo ao pagamento.
[6] Lembre-se também que, nos termos do art. 91.º, 1, a «declaração de insolvência determina o vencimento de todas as obrigações do insolvente não subordinadas a uma condição suspensiva».

RECLAMAÇÃO, VERIFICAÇÃO E GRADUAÇÃO DE CRÉDITOS

Os credores da insolvência são, enquanto tais, titulares de créditos sobre a insolvência (art. 47.º, 2), créditos estes que podem classificar-se em créditos *garantidos, privilegiados, comuns* ou *subordinados* (art. 47.º, 4)[7].

Como já resulta do acima exposto, as dívidas da massa insolvente são pagas *antes* de se efetuar o pagamento aos credores da insolvência. Isso mesmo é reafirmado no art. 172.º, 1. Mais: as dívidas da massa insolvente são pagas *nas datas dos respetivos vencimentos* e independentemente do estado do processo de insolvência (art. 172.º, 3).

Em primeiro lugar, as dívidas da massa devem ser imputadas aos rendimentos da massa. Quanto ao excedente, serão imputadas, «na devida proporção», ao produto de cada bem, móvel ou imóvel (pressupondo, obviamente, que há «produto»).

Mas, se esses bens forem *objeto de garantias reais*, há que distinguir várias situações possíveis. Se o produto dos bens objeto de garantias reais é indispensável à satisfação integral das dívidas da massa insolvente, a imputação não tem limite. Se esse requisito não se verifica, então a imputação não pode exceder 10% do produto dos bens objeto das garantias reais, salvo na medida do que não prejudicar a satisfação integral dos créditos garantidos. É o que resulta do art. 172.º, 2.

Convém, aliás, lembrar que o administrador da insolvência está sujeito ao regime de responsabilidade previsto no art. 59.º, 2, «pelos danos causados aos credores da massa insolvente se esta for insuficiente para satisfazer integralmente os respetivos direitos e estes resultarem de ato do administrador».

Sendo aprovado e homologado um plano de insolvência, o trânsito em julgado da decisão de homologação conduz à declaração de encerramento do processo de insolvência desde que o conteúdo do plano a isso não se oponha (art. 230.º). Porém, antes do encerramento o administrador da insolvência procederá ao pagamento das dívidas da massa insolvente e, se forem litigiosas, acautela os direitos dos credores por meio de caução (art. 219.º).

O administrador da insolvência está sujeito ao regime de responsabilidade previsto no art. 59.º, 2, «pelos danos causados aos credores da massa insolvente

---

[7] Falando de «castas» de credores, PESTANA DE VASCONCELOS, «Direito de retenção, *par conditio creditorum*, justiça material», cit., p. 10.

se esta for insuficiente para satisfazer integralmente os respetivos direitos e estes resultarem de ato do administrador».

Vendo ainda o disposto nos arts. 39.º, 1, 232.º, 1, e 89.º, 2, é evidente a importância de sabermos *quais são* aquelas dívidas da massa e correspondentes créditos. Será por aí que começaremos.

3. Dívidas da massa insolvente/créditos sobre a massa

O art. 51.º, 1, enumera um conjunto de dívidas que são consideradas dívidas da massa insolvente. No entanto, a enumeração *não é taxativa*, como logo resulta dos termos constantes do preceito («além de outras como tal qualificadas neste Código»)[8].

Na enumeração do art. 51.º, 1, são identificadas como dívidas da massa insolvente as *custas* do processo de insolvência (al. *a*)), dívidas que dizem respeito à própria massa (à sua administração, liquidação e partilha: al. *c*)), dívidas *relacionadas*, pelo menos de alguma forma, *com a atuação do administrador da insolvência* (als. *b*), *c*), *d*), *e*)[9], e *f*)), *dos membros da comissão de credores* (al. *b*))

---

[8] Cfr. tb., p. ex., o art. 140.º, 3. Por vezes, discute-se se um crédito é sobre a insolvência ou é sobre a massa: quanto à indemnização devida por extinção do contrato de trabalho em consequência do encerramento do estabelecimento após a declaração de insolvência, Maria José Costeira/Fátima Reis Silva, «Classificação, verificação e graduação de créditos no CIRE – Em especial os créditos laborais», *Prontuário de direito do trabalho*, CEJ, jan.-dez. 2007, p. 369; a propósito do teor da parte final do art. 142.º, 2, Luís Menezes Leitão, *Direito da insolvência*, cit., p. 99, e Carvalho Fernandes/João Labareda, *Código da Insolvência e da Recuperação de Empresas anotado*, cit., p. 551. Tem sido também discutido se a quantia devida ao trabalhador em consequência da cessação do contrato de trabalho *por decisão do administrador da insolvência* é dívida da massa insolvente ou dívida da insolvência. Sobre o tema, Carvalho Fernandes, «Efeitos da declaração de insolvência no contrato de trabalho segundo o CIRE», cit., p. 230 ss., Menezes Leitão, «A natureza dos créditos laborais resultantes de decisão do administrador de insolvência», cit., p. 55 e ss., Joana Costeira, *Os efeitos da declaração de insolvência no contrato de trabalho: a tutela dos créditos laborais*, cit., p. 88 e ss., «A classificação dos créditos laborais», in Catarina Serra (coord.), *I Congresso de Direito da Insolvência de Santo Tirso*, cit., p. 159-179.. A solução passa necessariamente pela convocação do art. 51.º, 1, *d*). Pestana de Vasconcelos, «Direito de retenção, *par conditio creditorum*, justiça material», cit., p. 10, afirma que são dívidas da massa as obrigações asseguradas pelos contratos de garantia financeira.

[9] No caso da al. *e*), estão em causa dívidas resultantes de «contrato bilateral cujo cumprimento não possa ser recusado pelo administrador da insolvência, salvo na medida em que se reporte a período anterior à declaração de insolvência». Embora o administrador da insolvência *não possa recusar o cumprimento* do contrato, ainda se pode dizer que as dívidas que o cumprimento

ou do administrador judicial provisório (als. *g*) e *h*)), dívidas que resultam do *enri-quecimento sem causa* da massa insolvente (al. *i*)) e ainda a obrigação de prestar *alimentos* quanto ao período posterior à data da declaração de insolvência e nas condições do art. 93.º (al. *j*)).

Muitas das que são consideradas legalmente dívidas da massa poderão resultar da atividade dirigida à exploração da empresa do devedor[10]. Como facilmente se percebe, isso criará resistências junto de alguns credores na apreciação de soluções que mantenham aquela empresa em funcionamento. É que as dívidas que esse funcionamento ocasiona, sendo dívidas da massa, serão pagas antes das dívidas da insolvência[11]. No entanto, a alternativa também seria prejudicial para a manutenção daquele funcionamento.

4. Créditos sobre a insolvência

4.1. Créditos garantidos

São créditos garantidos os que beneficiam de *garantias reais* sobre bens integrantes da massa insolvente, até ao montante correspondente ao valor dos bens objeto das garantias e tendo em conta as eventuais onerações prevalecentes. Estão incluídas nas garantias reais os privilégios creditórios especiais (art. 47.º, 4, *a*)), que incidem sobre bens certos e determinados[12]. Como o privilégio credi-

---

gera estão relacionadas com a atividade do administrador da insolvência: pelo menos, na medida em que *aceita o cumprimento da outra parte e cumpre o contrato*.

[10] Sobre as dívidas tributárias da massa insolvente, incluindo as que resultam da atividade do devedor, RUI MORAIS, «Os credores tributários no processo de insolvência», cit., p. 217 e s..

[11] Chamando a atenção para estes aspetos, JOÃO LABAREDA, «O novo Código da Insolvência e da Recuperação de Empresas. Alguns aspectos mais controversos», Miscelâneas, n.º 2, IDET/ Almedina, Coimbra, 2004, p. 27.

[12] O art. 735.º, 3, CCiv., estabelece que os privilégios creditórios *imobiliários* previstos no referido Código são sempre *especiais*. Cfr. tb. os arts. 738.º e ss. do CCiv.. O CIRE considera que os créditos beneficiados com privilégios creditórios *gerais* são apenas privilegiados e não garantidos. Mas tem sido discutido se os privilégios creditórios *gerais* são ou não garantias reais: cfr., sobre os termos da polémica, p. ex., JOANA COSTEIRA, *Os efeitos da declaração de insolvência no contrato de trabalho: a tutela dos créditos laborais*, cit., p. 113 e ss.. Contudo, a discussão parece muitas vezes resultar da confusão existente entre *garantias reais* e *direitos reais de garantia*. Cfr. tb., salientando a diferença, ORLANDO DE CARVALHO, *Direito das coisas*, Centelha, Coimbra, p. 220 e s. e 370, JOANA COSTEIRA, *Os efeitos da declaração de insolvência no contrato de trabalho: a tutela dos créditos laborais*, cit., p. 106 e ss. e 434, e ROMANO MARTINEZ/FUZETA DA PONTE,

UM CURSO DE DIREITO DA INSOLVÊNCIA

tório «é a faculdade que a lei, em atenção à causa do crédito, concede a certos credores, independentemente do registo, de serem pagos com preferência a outros», estamos perante garantias das obrigações que podem surpreender os outros credores[13]. Lendo o art. 47.º, 1, vemos que são também credores da insolvência os titulares de créditos de natureza patrimonial *garantidos por bens integrantes da massa insolvente cujo fundamento seja anterior à data da declaração de insolvência*. Esses credores, mesmo não sendo credores do insolvente, serão titulares de créditos garantidos[14].

Para além dos privilégios creditórios *especiais*, são também garantias reais previstas no CCiv. a *consignação de rendimentos*[15], o *penhor*, a *hipoteca*[16] e o *direito de retenção*[17].

Garantias de cumprimento, 5.ª ed., Almedina, Coimbra, 2006, p. 168. Vendo nas garantias reais direitos reais, GUILHERME MOREIRA, *Instituições do direito civil português*, vol. 2.º, *Das Obrigações*, 2.ª ed., Coimbra Editora, Coimbra, p. 294. O art. 8.º do DL 47.344, de 25 de novembro de 1966, que aprovou o CCiv., pode fazer surgir dúvidas acerca dos privilégios anteriores que se mantêm ou não em vigor. Naquele art. 8.º, lia-se: «1. Não são reconhecidos para o futuro, salvo em acções pendentes, os privilégios e hipotecas legais que não sejam concedidos no novo Código Civil, mesmo quando conferidos em legislação especial. 2. Exceptuam-se os privilégios e hipotecas legais concedidos ao Estado ou a outras pessoas colectivas públicas, quando se não destinem à garantia de débitos fiscais». Sobre este preceito, cfr. tb. MIGUEL LUCAS PIRES, *Dos privilégios creditórios. Regime jurídico e sua influência no concurso de credores*, cit., p. 342 e ss., e ROMANO MARTINEZ/FUZETA DA PONTE, últ. ob. cit., p. 208.

[13] Falando de incerteza para o comércio jurídico, MIGUEL LUCAS PIRES, *Dos privilégios creditórios. Regime jurídico e sua influência no concurso de credores*, cit., p. 11.

[14] Nesse sentido, CARVALHO FERNANDES/JOÃO LABAREDA, *Código da Insolvência e da Recuperação de Empresas anotado*, cit., p. 295. Veja-se, porém, o que dispõe o art. 174.º, 3, quanto ao pagamento de dívida de terceiro não exigível.

[15] Há, no entanto, que ter em atenção que nem todos aceitam a *natureza real* da consignação de rendimentos ou até a sua qualificação como *garantia*: cfr., sobre a matéria, ROMANO MARTINEZ/ PEDRO FUZETA DA PONTE, *Garantias de cumprimento*, cit., p. 167, MENEZES LEITÃO, *Garantias das obrigações*, Almedina, Coimbra, 2006, p. 194, ALMEIDA COSTA, *Direito das obrigações*, 12.ª ed., Almedina, Coimbra, 2009, p. 915.

[16] Sobre a constituição de hipoteca legal pelo órgão de execução fiscal, cfr. o art. 195.º CPPT. Para uma crítica do mesmo, RUI MORAIS, «Os credores tributários no processo de insolvência», cit., p. 220.

[17] Tem sido discutido se, em caso de *insolvência do promitente-vendedor*, o promitente-comprador em contrato-promessa de compra e venda com *eficácia meramente obrigacional* tem direito de retenção quando houve *traditio* e sinal. Para desenvolvimentos, cfr. o que escrevemos quanto aos efeitos da sentença de declaração de insolvência sobre os contratos-promessa.

Há, no entanto, garantias reais que se *extinguem* com a *declaração de insolvência*: os privilégios creditórios especiais referidos no art. 97.º, 1, *b*), as hipotecas legais mencionadas no art. 97.º, 1, *c*), e as garantias reais indicadas no art. 97.º, 1, *d*) e *e*)[18].

A *penhora* não é verdadeiramente uma garantia real[19], mas apenas uma *fase processual de apreensão de bens*. Porém, a questão assume aqui pouco interesse prático tendo em conta o disposto no art. 140.º, 3, que dispõe não ser atendível na graduação de créditos a preferência proveniente da hipoteca judicial e da penhora.

Os credores titulares de *créditos garantidos* por bens que integram a massa insolvente têm especiais vantagens na fase do *pagamento* na medida em que, uma vez feita a liquidação dos bens onerados com a garantia real em causa (se houver liquidação, como é evidente), tem *imediatamente* lugar o pagamento aos credores garantidos, nos termos do art. 174.º, 1. Isto, naturalmente, se os respetivos créditos já estiverem *verificados* por sentença transitada em julgado (art. 173.º)[20]. Se o bem em causa está onerado com mais do que uma garantia real, deverão ser observadas as regras que a lei estabeleça no que diz respeito à prioridade (art. 174.º, 1). Os credores garantidos podem, em certos termos, propor a aquisição de bens integrados na massa insolvente sobre os quais incidem as garantias[21], sendo-lhes aplicável o disposto para o exercício dos respetivos direitos na venda em processo executivo (art. 165.º).

---

[18] Tenha-se, porém, em conta o art. 17.º-H, 1. Chamando a atenção para isso mesmo, MENEZES LEITÃO, *Direito da insolvência*, cit., p. 101. Lembre-se também que o plano de insolvência pode em regra incidir sobre as garantias reais e privilégios creditórios, como resulta dos arts. 196.º (com as limitações que o n.º 2 encerra) e 197.º, *a*), sem esquecer as especificidades que envolvem os créditos do Estado (nomeadamente, tendo em conta o art. 30.º, 2 e 3, da LGT, na redação dada pela LOE para 2011 (L. 55-A/2010, de 31 de dezembro). Sobre este último tema, cfr. o recente estudo de JOAQUIM FREITAS DA ROCHA, «A blindagem dos créditos tributários, o processo de insolvência e a conveniência de um Direito tributário flexível», in CATARINA SERRA (coord.), *I Colóquio de Direito da Insolvência de Santo Tirso*, cit., p. 181-193, e o que adiante se escreve quanto ao plano de insolvência.

[19] Com outra leitura, MENEZES LEITÃO, *Direito da insolvência*, cit., p. 99 , e A. MENEZES CORDEIRO, *Tratado de direito civil. X. Direito das obrigações. Garantias*, Almedina, Coimbra, 2015, p. 408.

[20] Chamando a atenção para esse aspeto, CARVALHO FERNANDES/JOÃO LABAREDA, *Código da Insolvência e da Recuperação de Empresas anotado*, cit., p. 649.

[21] Cfr. o art. 164.º, cujo n.º 2 também prevê o direito de o credor com garantia real sobre o bem a alienar ser ouvido sobre a modalidade da alienação e informado de certos aspetos.

Tendo transitado em julgado a sentença declaratória da insolvência e se foi já realizada a assembleia de apreciação do relatório, o credor com garantia real beneficia de uma tutela especial em caso de *atraso na alienação* do bem objeto de garantia que não lhe seja imputável ou de *desvalorização* desse bem em resultado da sua utilização em proveito da massa insolvente. Com efeito, o art. 166.º, 1, confere àquele credor o direito de ser compensado pelos prejuízos que resultem de qualquer uma das referidas situações. Mas, por outro lado, o administrador da insolvência pode satisfazer integralmente um crédito com garantia real à custa da massa insolvente antes mesmo de vender o bem objeto da garantia, embora o pagamento só possa ser efetuado depois da data fixada no art. 158.º, 1, para o início da venda dos bens (art. 166.º, 2) e, também, depois do trânsito em julgado da sentença de verificação do crédito (art. 173.º)[22].

Se, feita a liquidação do bem onerado com a garantia real, o credor garantido não ficar integralmente pago, o saldo respetivo é incluído entre os créditos comuns se aquele não coincidir com o que já tenha sido incluído como *saldo estimado* nos créditos comuns. Isto, obviamente, se antes da venda do bem onerado com a garantia real já tiver sido feito o cálculo do que poderá ser o saldo estimado reconhecido como crédito comum. É o que deverá ter sucedido no caso de ter havido pagamentos a credores comuns[23].

4.2. Créditos privilegiados

São créditos *privilegiados* os que beneficiem de «privilégios creditórios gerais sobre bens integrantes da massa insolvente», até ao montante correspondente ao valor dos bens objeto dos privilégios gerais, «tendo em conta as eventuais onerações prevalecentes» (art. 47.º, 4, *a*)). Embora os privilégios creditórios *gerais* não sejam garantias «pessoais», o CIRE não considera que os créditos que beneficiem desses privilégios sejam créditos *garantidos*[24].

---

[22] CARVALHO FERNANDES/JOÃO LABAREDA, *Código da Insolvência e da Recuperação de Empresas anotado*, cit., p. 629, que identificam ainda outras limitações.

[23] CARVALHO FERNANDES/JOÃO LABAREDA, *Código da Insolvência e da Recuperação de Empresas anotado*, cit., p. 649 e s..

[24] O art. 97.º, 1, *a*), também prevê a extinção de alguns privilégios creditórios gerais com a declaração de insolvência.

Encontramos alguns exemplos de privilégios creditórios gerais nos arts. 736.º e ss. do CCiv., no art. 111.º do CIRS[25], no art. 116.º CIRC ou nos arts. 205.º e 206.º do CRCSPSS. O próprio credor requerente da declaração de insolvência beneficia de privilégio creditório geral graduado em último lugar sobre todos os bens móveis integrantes da massa insolvente, mas com os limites fixados no art. 98.º, 1.

Os créditos privilegiados são pagos à custa dos bens não afetos a garantias reais prevalecentes (art. 175.º). Mas, se incidirem sobre bens também afetos a garantias reais não prevalecentes, serão igualmente pagos à custa deles[26].

4.3. Créditos subordinados

Os créditos *subordinados* serão, em regra, os identificados no art. 48.º[27]. Não o serão, porém, se beneficiarem de privilégios creditórios gerais ou especiais

---

[25] Quanto a este, o Ac. TC n.º 362/2002, DR, I-A, n.º 239, de 16.10.2002, declarou-o inconstitucional, com força obrigatória geral, na interpretação segundo a qual o privilégio imobiliário geral nele conferido à Fazenda Pública prefere à hipoteca, nos termos do artigo 751.º do CCiv.. Entretanto, a redação do art. 751.º CCiv. foi alterada.

[26] Carvalho Fernandes/João Labareda, *Código da Insolvência e da Recuperação de Empresas anotado*, cit., p. 652, embora considerem que só devem ser pagos à custa dos bens onerados com garantias reais não prevalecentes «quando, real ou estimativamente, os bens livres de garantia real não chegarem para a satisfação integral dos créditos privilegiados». Com muito interesse, veja-se o Ac. RP de 7.04.2014, Proc. n.º 3586/06.2TBOAZ-BE.P1 (Relator: Soares de Oliveira), www.dgsi.pt, de cujo sumário consta: «I – No rateio parcial, se ainda há mais bens para liquidar, para que não ocorra prejuízo para o credor garantido, havendo credores privilegiados a concorrer com aquele, deverá o Administrador da Insolvência avaliar da suficiência do património para satisfazer o credor garantido e em que medida. II – Só depois de tal montante determinado se pode proceder à determinação dos montantes a pagar através do rateio parcial, muito especialmente do montante obtido pela venda do imóvel hipotecado».

[27] Sobre a origem da figura, que encontra na *subordinated debt* dos direitos anglo-americanos, Rui Pinto Duarte, «Classificação dos créditos sobre a massa insolvente no projecto de Código da Insolvência e Recuperação de Empresas», cit., p. 56. Na *section* 510 do *Bankruptcy Code*, estão previstas três situações que conduzem à subordinação: o acordo de subordinação, casos de certos direitos relacionados com a compra e venda de *securities* do devedor ou seu *affiliate* e, por fim, a *equitable subordination* decidida pelo tribunal. Salientando que o *Code* não define *equitable subordination* nem descreve os princípios que devem orientar a aplicação do regime, David Epstein, *Bankruptcy and related law in a Nutshell*, Thomson/West, St. Paul, 2005, p. 316 e s.. Quanto aos *subordination agreements* e a sua aceitação pela jurisprudência inglesa (*Re Maxwell Communications Corp. n.º 2* e *Re SSSL Realisations 2002 Ltd*), Roy Goode, *Principles of corporate insolvency law*, cit., p. 180 e s..

UM CURSO DE DIREITO DA INSOLVÊNCIA

ou de hipotecas legais, mas em ambos os casos se tais garantias não se extinguirem como efeito da declaração de insolvência (cfr. o art. 47.º, 4, *b*)).

Os créditos subordinados são graduados depois de todos os restantes créditos sobre a insolvência e, evidentemente, também depois dos créditos sobre a massa. Por isso, o pagamento dos créditos subordinados só tem lugar depois do pagamento dos créditos garantidos, privilegiados e comuns (arts. 48.º e 177.º, 1)[28].

Vejamos o que nos diz o art. 48.º. Começaremos pela sua al. *c*), pois dela resulta que serão créditos subordinados aqueles «cuja subordinação tenha sido convencionada pelas partes». Quer isto dizer que credor e devedor podem acordar em que o crédito em causa seja subordinado. Nesse caso, podem inclusivamente acordar na prioridade que esse crédito terá e que pode ser diferente da estabelecida no art. 48.º (art. 177.º, 2).

São também créditos subordinados (al. *a*)) os que forem «detidos por pessoas especialmente relacionadas com o devedor» *quando a relação especial existia no momento da aquisição do crédito*. Para combater eventuais fraudes, são considerados igualmente créditos subordinados os que tenham sido *transmitidos* a outrem por aquelas pessoas especialmente relacionadas com o devedor se a transmissão se deu «nos dois anos anteriores ao início do processo de insolvência»[29]. No art. 49.º a lei procura esclarecer quem são as «pessoas especialmente relacionadas com o devedor»[30], distinguindo consoante o devedor

---

[28] A qualificação tem efeitos não apenas processuais, mas também substantivos: RUI PINTO DUARTE, «Classificação dos créditos sobre a massa insolvente no projecto de Código da Insolvência e Recuperação de Empresas», cit., p. 56. Basta ver o que resulta do art. 604.º do CCiv..

[29] Criticando a ausência de distinção entre os casos em que há consciência de estar a adquirir um crédito suspeito e aqueles em que ela não existe, RUI PINTO DUARTE, «Classificação dos créditos sobre a massa insolvente no projecto de Código da Insolvência e Recuperação de Empresas», cit., p. 58.

[30] Cfr. tb., usando termos semelhantes, o § 138 *InsO* («nahestehende Personen») e o art. 93 da *Ley Concursal* («personas especialmente relacionadas con el concursado»). Pena é que o rigor tantas vezes proclamado na direção do devedor não tenha levado a acolher algumas das soluções do ordenamento alemão. Com efeito, o § 138, *Abs.* 1, não limita às pessoas humanas as que podem estar especialmente relacionadas com o devedor pessoa singular (o que sucede desde as alterações introduzidas pela *Gesetz zur Vereinfachung des Insolvenzverfahrens* de 13. 4. 2007). Além disso, o *Abs.* 2 considera *nahestehende Personen* os que participam em mais de um quarto do capital do devedor («Personen, die zu mehr als einem Viertel am Kapital des Schuldners beteiligt sind»). O art. 93.º, 2, 1.º, da *Ley Concursal* tem limites ainda mais baixos – mas v., criticamente, EDUARDO VALPUESTA GASTAMINZA, «Articulo 93», in FAUSTINO CORDÓN

é uma pessoa singular, uma pessoa coletiva ou um património autónomo[31]. Nuns casos, encontramos pessoas que pelo menos estariam em condições de poder conhecer a situação em que se encontrava o devedor[32]. Noutros, sujeitos que de alguma forma teriam podido no mínimo influenciar a atuação do devedor[33]. Em todos eles encontramos o risco de atuação em prejuízo dos restantes credores[34].

MORENO (dir.), *Comentarios a la Ley Concursal*, T. I, Aranzadi/Thomson Reuters, Cizur Menor, 2010, p. 1077. No Ac. STJ n.º 15/2014, DR, I série, de 22.12.2014, uniformizou-se assim a jurisprudência: «Nos termos e para os efeitos dos artigos 120.º, n.º 4, e 49.º, n.ºs 1 e 2, alíneas *c)* e *d)* do Código da Insolvência e da Recuperação de Empresas, presume-se que age de má fé a sociedade anónima que adquire bens a sociedade por quotas declarada insolvente, sendo de considerar o sócio-gerente desta e seu filho, interveniente no negócio de aquisição como representante daquela, pessoas especialmente relacionadas com a insolvente».

[31] No entanto, como notam CARVALHO FERNANDES/JOÃO LABAREDA, *Código da Insolvência e da Recuperação de Empresas anotado*, cit., p. 302, o n.º 2, al. *d)*, e o n.º 3 aproveitam o conteúdo do n.º 1.

[32] Falando de uma *Informationsvorsprung*, JÖRG NEHRLICH, «§ 138», in JÖRG NEHRLICH/ VOLKER RÖMERMANN, *Insolvenzordnung*, 26. Ergänzungslieferung, Beck (Beck-online), 2014, Rn. 4; invocando o maior conhecimento e informação acerca da verdadeira situação patrimonial do devedor, que «*contamina o impregna a dicho crédito de un cierto grado de culpabilidad*», PEDRO PRENDES CARRIL, «Artículo 93», in PEDRO PRENDES CARRIL (dir.), *Tratado práctico concursal*, T. III, Aranzadi/Thomson Reuters, Cizur Menor, 2009, p. 812.

[33] A atuação dos credores e os acordos celebrados com estes podem gerar situações duvidosas. Muitas vezes, poderemos estar perante pessoas que podem ser consideradas especialmente relacionadas com o devedor e, inclusivamente, administradores de facto deste (cfr. o art. 49.º, 2, *c)*). Para um estudo dos poderes que os credores adquirem nas sociedades, GABRIELA FIGUEIREDO DIAS, «Financiamento e governo das sociedades (Debt Governance): o terceiro poder», *III Congresso Direito das Sociedades em Revista*, Almedina, Coimbra, 2014, p. 359 e ss.. Com um caso interessante em que se discutia se existia ou não sociedade de facto ou administração de facto, perante os dados do direito brasileiro, ERASMO VALLADÃO FRANÇA, «Recuperação judicial. Sociedade estrangeira que presta garantias e favor de sociedade brasileira cujo grupo pretendia controlar. Inexistência de caracterização de sociedade em comum, da figura do sócio oculto ou do administrador de fato. Ilegalidade da proibição do voto da consulente na assembleia de credores havida na recuperação judicial das empresas do grupo» in *Temas de direito societário, falimentar e teoria da empresa*, Malheiros, São Paulo, 2009, p. 446 e ss..

[34] A propósito da possibilidade de celebração de contratos prejudiciais para os credores tendo em conta o conhecimento, em regra, das dificuldades do devedor, cfr. MARKUS GEHRLEIN, «§ 138», in HANS-PETER KIRCHOF/HORS EIDENMÜLLER/ROLF STÜRNER (herausg.), *Munchener Kommentar zur Insolvenzordnung*, Bd. 2., 3. Aufl., Beck (Beck-online), 2013, Rn. 2. A qualidade de pessoa especialmente relacionada tem consequências a outros níveis, como se retira dos arts. 73.º, 3, 120.º, 4, 197.º, *b)*. Para uma análise crítica quanto aos créditos subordinados de que sejam titulares pessoas da família do devedor, JORGE PINHEIRO, «Efeitos pessoais da

UM CURSO DE DIREITO DA INSOLVÊNCIA

Por sua vez, a al. *b*) classifica como subordinados os juros de créditos não subordinados constituídos depois da declaração de insolvência, *desde que* não sejam juros abrangidos por garantia real e por privilégios creditórios gerais e até ao valor dos bens respetivos. Os juros em causa dizem respeito a créditos não subordinados constituídos *antes* da declaração de insolvência: os juros considerados créditos subordinados é que se constituíram *depois* da declaração de insolvência[35]. O mesmo, aliás, se pode dizer quanto aos juros de créditos subordinados constituídos após a declaração da insolvência (al. *f*)): os juros referidos constituíram-se depois da declaração da insolvência, não os créditos subordinados em causa.

Na al. *d*) são classificados como créditos subordinados os que têm por objeto prestações do devedor a título gratuito. É fácil de perceber a razão de ser do regime. As prestações do devedor a título gratuito não beneficiarão, em regra, a massa insolvente.

Avancemos para a al. *e*), que considera créditos subordinados os créditos sobre a insolvência que resultem da resolução em benefício da massa insolvente para o terceiro de má fé. A resolução tem efeitos retroativos e deve ser reconstituída «a situação que existiria se o ato não tivesse sido praticado ou omitido» (art. 126.º, 1). Contudo, a restituição do que foi prestado pode não ser possível. O art. 126.º, 5, prevê casos em que a *restituição do valor* correspondente constitui dívida da *massa* ou da *insolvência*. Por aí se vê que nem todos os créditos que resultam da resolução são créditos sobre a insolvência. Além disso, a al. *e*) tem em vista casos em que o terceiro está de *má fé*. E nem sempre a resolução em benefício da massa pressupõe essa má fé. Mas, ainda que a resolução seja possível sem necessidade de prova da má fé, pode justificar-se a alegação e prova da má fé justamente para que os créditos que sejam consequência da resolução em benefício da massa sejam considerados subordinados[36].

---

declaração de insolvência», *Estudos em memória do Professor Doutor José Dias Marques*, Almedina, Coimbra, 2007, p. 217 e s..

[35] CARVALHO FERNANDES/JOÃO LABAREDA, *Código da Insolvência e da Recuperação de Empresas anotado*, cit., p. 299.

[36] Lembrando isso mesmo, Luís MENEZES LEITÃO, *Direito da insolvência*, cit., p. 108, autor que recorda também a aplicabilidade da presunção de má fé contida no art. 120.º, 4..

Por fim, temos a al. *g)* a classificar como subordinados os créditos por *suprimentos*. Com efeito, não seria justo que o pagamento desses suprimentos fosse realizado antes de outros créditos.

A enumeração do art. 48.º obriga a perguntar se a mesma é *taxativa* ou meramente *exemplificativa*. Também aqui parecem ter razão Carvalho Fernandes e João Labareda ao defenderem a sua natureza *taxativa*[37]. Aliás, isso mesmo parece resultar do art. 47.º, 4, *b)*: são aí considerados créditos subordinados os «enumerados no artigo seguinte».

A *ordem da enumeração* é importante, uma vez que o art. 177.º, 1, manda respeitar nos pagamentos a «ordem segundo a qual esses créditos são indicados no artigo 48.º, na proporção dos respetivos montantes, quanto aos que constem da mesma alínea, se a massa for insuficiente para o seu pagamento integral».

A qualificação de um crédito como subordinado tem consequências. Para além do que já foi mencionado (cfr., p. ex., o regime que resulta do art. 177.º), há um conjunto de outros aspetos que deve ser realçado. Desde logo porque, embora o juiz tenha em regra de assegurar a «adequada representação das várias classes de credores» na comissão de credores que nomeie, *não são abrangidos* por esse regime os créditos subordinados (art. 66.º, 1). Além disso, os créditos subordinados não conferem geralmente *direito de voto*, só assim não sucedendo quando a deliberação da assembleia de credores incida sobre a «aprovação de um plano de insolvência (art. 73.º, 3; mas v. tb. o art. 212.º, 2, *b)*; para o PER, v. em especial o art. 17.º-F, 3). E, mesmo aí, com as limitações do art. 212.º, 2, *b)*. Por sua vez, o art. 99.º, 4, *d)*, afasta a possibilidade de compensação entre dívidas à massa e créditos subordinados sobre a insolvência. E se for aprovado um plano de insolvência de que *nada conste* sobre os créditos subordinados, estes consideram-se objeto de *perdão total* (art. 197.º, *b)*).

4.4. Créditos comuns

Os créditos comuns constituem uma categoria que poderemos ver como residual, na medida em que o art. 47.º, 4, *c)*, considera comuns os *demais créditos*

---

[37] Carvalho Fernandes/João Labareda, *Código da Insolvência e da Recuperação de Empresas anotado*, cit., p. 297. Com outra leitura, Menezes Leitão, *Direito da insolvência*, cit., p. 105.

sobre a insolvência. São, por isso, créditos sobre a insolvência que não beneficiam nem de garantia real, nem de privilégio geral, nem são subordinados.

5. Verificação e graduação de créditos

5.1. A verificação de créditos como processo que corre por apenso

Nos termos do art. 132.º, será constituído um *apenso* com as listas de créditos reconhecidos e não reconhecidos pelo administrador da insolvência, as impugnações e as respostas. Curiosamente, o preceito mencionado não obriga a incluir as *reclamações* de créditos naquele apenso. Mas já é tornado claro que apenas haverá *um único apenso* para apreciar as questões relativas à verificação dos créditos. E esse apenso, como todos, em geral, do processo de insolvência, tem caráter *urgente* (art. 9.º, 1).

5.2. O requerimento de reclamação de créditos

Como já sabemos, a sentença que declara a insolvência do devedor deve fixar prazo até 30 dias para a reclamação de créditos (art. 36.º, 1, *j*))[38]. Nesse prazo os credores da insolvência («incluindo» o Ministério Público, quando intervenha «na defesa dos interesses das entidades que represente» – apesar da redação do art. 128.º, 1, o MP não é ali um «credor»)[39] devem reclamar

---

[38] Isto, evidentemente, se não se verificar alguma das situações em que não tem lugar essa fixação de prazo. Cfr., a propósito, os arts. 39.º e 259.º, 1.

[39] De acordo com o art. 32.º, 1, do Regulamento 1346/2000, qualquer credor pode reclamar o seu crédito tanto no processo principal como em qualquer processo secundário (cfr. tb. o art. 284.º, 1, do CIRE). Por sua vez, o art. 39.º do Regulamento 1346/2000 confere aos credores com residência habitual, domicílio ou sede num Estado-Membro que não seja o de abertura do processo o direito de reclamar os seus créditos por escrito naquele processo de insolvência. E isto tanto no processo principal, como nos processos secundários (cfr. Carvalho Fernandes/João Labareda, *Insolvências transfronteiriças. Regulamento (CE) n.º 1346/2000, do Conselho, de 29 de Maio de 2000. Anotado*, Quid Iuris, Lisboa, 2003, p. 128). O art. 40.º do Regulamento 1346/2000 obriga a prestar certas informações aos credores conhecidos (nomeadamente quanto a prazos e órgão ou autoridade habilitado a receber a reclamação. A reclamação a apresentar deve respeitar o teor do art. 41.º do Regulamento: deve «indicar a natureza dos créditos, a data da respetiva constituição e o seu montante», bem como «informar se reivindicam, em relação a esses créditos um privilégio, uma garantia real ou uma reserva de propriedade, e quais os bens sobre os quais incide a garantia que invocam».

RECLAMAÇÃO, VERIFICAÇÃO E GRADUAÇÃO DE CRÉDITOS

a verificação dos seus créditos através da apresentação de requerimento[40]. Merece destaque o facto de o art. 128.º, 1, apenas estabelecer esse dever para

Além disso, a reclamação deve ser acompanhada de cópia dos documentos «comprovativos» existentes. Quanto às línguas a utilizar, cfr. o art. 42.º do Regulamento. O art. 32.º, 2, do Regulamento 1346/2000 estabelece que os «síndicos do processo principal e dos processos secundários estão habilitados a reclamar nos outros processos os créditos já reclamados no processo para o qual tenham sido designados, desde que tal seja útil aos credores no processo para o qual tenham sido designados e sob reserva do direito de os credores se oporem a tal reclamação ou retirarem a reclamação dos seus créditos, caso a lei aplicável o preveja» (cfr. tb. o art. 284.º, 2, *a*), do CIRE). O art. 45.º, 1 e 2, do Regulamento (UE) 2015/848 tem redação semelhante à do art. 32.º, 1 e 2, do Regulamento 1346/2000. Porém, no art. 45.º, 2, em lugar de surgir escrito «estão habilitados a reclamar», surge antes dito que «reclamam». O art. 53.º do Regulamento (EU) 2015/848 reafirma o poder conferido a credores estrangeiros de reclamarem os respetivos créditos no processo de insolvência, esclarecendo que essa reclamação pode ter lugar «por qualquer meio de comunicação admitido pela lei do Estado de abertura do processo» e que para efeitos da reclamação de créditos não é obrigatória a representação por advogado ou outro profissional forense. As obrigações de informação aos credores são tratadas com mais desenvolvimento no art. 54.º. Quanto ao procedimento de reclamação de créditos, a nota que sobressai na leitura do art. 55.º é a que diz respeito à possibilidade de recurso a formulários-tipo, cujo conteúdo é indicado no referido preceito. É igualmente importante o regime que consta do art. 55.º, 8, quanto ao prazo para apresentar a reclamação. Se a regra é a de que vale a lei do Estado de abertura do processo, também se estabelece que o prazo não pode ser inferior a trinta dias quanto a credores estrangeiros. Tal prazo conta-se a partir da «inscrição da decisão de abertura do processo de insolvência no registo de insolvências do Estado de abertura do processo» (caso os Estados-Membros não invoquem o art. 24.º, 4, pois se o fizerem «o prazo não pode ser inferior a trinta dias após a informação dos credores nos termos do artigo 54.º»).

[40] Lê-se no art. 37.º, 8, que o prazo referido só começa a correr «depois de finda a dilação e que esta se conta da publicação do anúncio referido no número anterior». Essa publicação é efetuada no portal Citius. No entanto, o âmbito de aplicação do art. 37.º, 8, não é inteiramente claro. Maria José Costeira, «Classificação, verificação e graduação de créditos no Código da Insolvência e da Recuperação de Empresas», cit., p. 247, não faz distinção entre as várias modalidades de citação previstas no art. 37.º, o que parece encontrar apoio no art. 9.º, 4. Contudo, Carvalho Fernandes/João Labareda, *Código da Insolvência e da Recuperação de Empresas anotado*, cit., p. 266, defendem que o prazo para o credor reclamar os créditos se conta «sempre do momento em que deve ter-se por notificado», aplicando por analogia o art. 40.º, 2 (v. tb. p. 521, onde os autores lembram ainda o art. 9.º, 4). Fazendo também a distinção consoante a *modalidade da citação*, Salvador da Costa, *O concurso de credores*, 4.ª ed., Almedina, Coimbra, 2009, p. 322. O art. 37.º, 8, começa por fazer referência aos editais e anúncios do número anterior, que diz respeito à citação dos «demais credores e outros interessados», com dilação de cinco dias, por edital e por anúncio publicado no Citius. Mas o art. 9.º, 4, dispõe que com «a publicação, no local próprio, dos anúncios requeridos neste Código, acompanhada da afixação de editais, se

os *credores da insolvência*, não para os credores da massa. O art. 128.º, 3, por sua vez, acrescenta que a verificação «tem por objeto todos os créditos sobre a insolvência [...]» e não os créditos sobre a massa[41]. Ora, é o próprio art. 47.º, 1, que estabelece serem credores da insolvência os «titulares de créditos de natureza patrimonial sobre o insolvente, ou garantidos por bens integrantes da massa insolvente, cujo fundamento seja anterior à data» da declaração de insolvência.

De acordo com o art. 90.º, *na pendência* do processo de insolvência os credores da insolvência só podem exercer os seus direitos em conformidade com o disposto no CIRE. A declaração de insolvência «determina o vencimento de todas as obrigações do insolvente não subordinadas a uma condição suspensiva» (art. 91.º). Por sua vez, o art. 128.º, 3, abrange na verificação de créditos «todos os créditos sobre a insolvência, qualquer que seja a sua natureza e fundamento»[42], ali vendo-se também que «mesmo o credor que tenha o seu

---

exigida, respeitantes a quaisquer atos, consideram-se citados ou notificados todos os credores, incluindo aqueles para os quais a lei exija formas diversas de comunicação e que não devam já haver-se por citados ou notificados em momento anterior, sem prejuízo do disposto quanto aos créditos públicos». E este regime vale se entretanto não foram cumpridas as exigências contidas no art. 37.º, 1 a 7 (parece ser também isto que defende MIGUEL LUCAS PIRES, *Dos privilégios creditórios. Regime jurídico e sua influência no concurso de credores*, cit., p. 376, nt. 1122). Também não é claro se pode aplicar-se o disposto no art. 139.º, 5, do novo CPC. Sobre os termos da questão de fundo, embora tendo em conta o anterior CPC, MARIA JOSÉ COSTEIRA, «Classificação, verificação e graduação de créditos no Código da Insolvência e da Recuperação de Empresas», cit., p. 249, SALVADOR DA COSTA, «O concurso de credores no processo de insolvência», *Revista do CEJ*, número especial, 1.º semestre 2006, número 4, p. 104, MARIA JOSÉ COSTEIRA/FÁTIMA REIS SILVA, «Classificação, verificação e graduação de créditos no CIRE – Em especial os créditos laborais», cit., p. 361. Afastando a possibilidade de reclamação de créditos relativos a *obrigações naturais* e dos *direitos potestativos de anulação ou resolução de negócios jurídicos*, SALVADOR DA COSTA, *O concurso de credores*, cit., p. 320; no mesmo sentido perante o direito então em vigor, TEIXEIRA DE SOUSA, «A verificação do passivo no processo de falência», *RFDL*, 1995, vol. 2.º, p. 353 e ss.. O art. 17.º-D, 2, permite que «qualquer credor» reclame créditos no âmbito do PER no prazo de 20 dias contados da publicação no Citius do despacho de nomeação do administrador judicial provisório. Quanto ao PER iniciado nos termos do art. 17.º-I, cfr. o respetivo n.º 3.

[41] Concordamos, por isso, com Luís MENEZES LEITÃO, «A natureza dos créditos laborais resultantes de decisão do administrador de insolvência – Ac. do TRC de 14.7.2010, Proc. 562/09», cit., p. 66, na medida em que entende que o titular do *crédito sobre a massa* deve, isso sim, «requerer ao administrador da insolvência que o mesmo lhe seja pago com precipuidade nos termos do art. 172.º do CIRE».

[42] Veja-se, no entanto, considerando que o requerente da declaração da insolvência estará «em princípio» dispensado de reclamar o seu crédito, embora o possa fazer, CARVALHO

RECLAMAÇÃO, VERIFICAÇÃO E GRADUAÇÃO DE CRÉDITOS

crédito reconhecido por decisão definitiva não está dispensado de o reclamar no processo de insolvência, se nele quiser obter pagamento». E não pode o titular do crédito esquecer o que dispõe o art. 96.º («Convensão de créditos») para «efeitos da participação» daquele no processo.

O requerimento deve indicar: *a)* A *proveniência* dos créditos, a sua data de *vencimento*, o montante de *capital* e os *juros* (art. 128.º, 1, *a*)) [43]; *b)* As *condições* suspensivas ou resolutivas a que estejam subordinados os créditos reclamados (art. 128.º, 1, *b*)); c) Se o crédito é *garantido, privilegiado, comum* ou *subordinado*, e, sendo garantido, quais os bens ou direitos objeto da garantia e, no caso de ser aplicável, os dados de identificação registal (art. 128.º, 1, *c*)); d) A existência de *garantias pessoais*, com identificação dos garantes (art. 128.º, 1, *d*)); A *taxa de juros moratórios* aplicável (art. 128.º, 1, *e*)). Os *documentos probatórios* de que o requerente disponha devem acompanhar o requerimento contendo a reclamação de créditos (art. 128.º, 1)[44]. O requerente deve ainda ter em atenção que no apenso de verificação de créditos não parece valer o princípio do

---

FERNANDES/JOÃO LABAREDA, *Código da Insolvência e da Recuperação de Empresas anotado*, cit., p. 521. V. tb. o que escrevemos no ponto seguinte. Exigindo que os créditos sejam certos, líquidos e exigíveis, MARIA DO ROSÁRIO EPIFÂNIO, *Manual de direito da insolvência*, cit., p. 225.

[43] Os juros continuam a contar-se, em regra, após a declaração da insolvência do devedor. Criticamente, tendo em conta os inconvenientes para a estabilização do passivo, MARIA JOSÉ COSTEIRA, «Verificação e graduação de créditos», AAVV., *Código da Insolvência e da Recuperação de Empresas*, Ministério da Justiça/Coimbra Editora, Coimbra, 2004, p. 76; cfr., da mesma autora, «Classificação, verificação e graduação de créditos no Código da Insolvência e da Recuperação de Empresas», in CATARINA SERRA (coord.), *I Congresso de direito da insolvência*, cit., p. 244. Quanto à conversão de créditos (nomeadamente não pecuniários), cfr. o art. 96.º.

[44] Sobre a importância da apresentação da prova nesta fase, MARIA JOSÉ COSTEIRA, «Verificação e graduação de créditos», AAVV., *Código da Insolvência e da Recuperação de Empresas*, cit., p. 73. Quanto à necessidade de apresentação do requerimento de forma articulada, cfr. o art. 147.º, 2, do novo CPC. Afastando a necessidade de dedução articulada, MARIANA FRANÇA GOUVEIA, «Verificação do passivo», *Themis*, Ed. Especial, 2005, p. 152 e s., à luz do anterior CPC; no sentido da necessidade da forma articulada, MARIA JOSÉ COSTEIRA, «Classificação, verificação e graduação de créditos no Código da Insolvência e da Recuperação de Empresas», cit., p. 249, e «O Código da Insolvência e da Recuperação de Empresas revisitado», cit., p. 83, SALVADOR DA COSTA, «O concurso de credores no processo de insolvência», *Revista do CEJ*, número especial, 1.º semestre 2006, número 4, p. 104, SALVADOR DA COSTA, *O concurso de credores*, cit., p. 326, e MARIA JOSÉ COSTEIRA/FÁTIMA REIS SILVA, «Classificação, verificação e graduação de créditos no CIRE – Em especial os créditos laborais», cit., p. 361 (mas sem terem ainda em conta o novo CPC), LUÍZ MENEZES LEITÃO, *Direito da insolvência*, cit., p. 233, CARVALHO FERNANDES/JOÃO LABAREDA, *Código da Insolvência e da Recuperação de Empresas anotado*, cit., p. 521.

inquisitório (art. 11.º)[45] e não pode esquecer os termos da remissão contida no art. 17.º para o CPC[46].

Quando o processo de insolvência diz respeito a marido e mulher, nos termos do art. 264.º (cfr. tb. os arts. 249.º e 250.º), a reclamação de créditos indica, «quanto a cada dívida, se a responsabilidade cabe aos dois ou a um só dos cônjuges» (art. 265.º, 1).

O requerimento é *endereçado ao administrador da insolvência*, devendo ser apresentado no domicílio profissional deste ou remetido para aí[47]. Neste último caso, pode ser remetido por correio eletrónico ou por via postal registada (art. 128.º, 2). Se o requerimento foi apresentado no domicílio profissional do administrador da insolvência, este deve assinar no ato de entrega um comprovativo do recebimento. Quando o requerimento tenha sido remetido, nos termos expostos, para o domicílio profissional do administrador da insolvência, deverá este enviar ao credor reclamante, no prazo de três dias da receção e pela forma utilizada na reclamação, o referido comprovativo (cfr. ainda o art. 128.º, 2).

Convém também lembrar que, tendo havido *conversão* de processo especial de revitalização (PER) em processo de insolvência de acordo com o disposto no art. 17.º-G, 4, pode dar-se o caso de haver já *lista definitiva de créditos reclamados no PER*. Quando assim seja, o prazo de reclamação de créditos fixado na sentença de declaração da insolvência «destina-se apenas à reclamação

---

[45] Nesse sentido, MARIANA FRANÇA GOUVEIA, «Verificação do passivo», cit., p. 161, SALVADOR DA COSTA, «O concurso de credores no processo de insolvência», cit., p. 111, LUÍS MENEZES LEITÃO, *Direito da insolvência*, cit., p. 232; CARVALHO FERNANDES/JOÃO LABAREDA, *Código da Insolvência e da Recuperação de Empresas anotado*, cit., p. 120.

[46] Defendendo a aplicação do art. 25.º, 2, ao próprio requerimento de reclamação de créditos, MARIA JOSÉ COSTEIRA, «Classificação, verificação e graduação de créditos no Código da Insolvência e da Recuperação de Empresas», cit., p. 251.

[47] Com solução semelhante, cfr. o § 174 da *InsO* e o art. 85, 1, da *Ley Concursal*. SALVADOR DA COSTA, «O concurso de credores no processo de insolvência», cit., p. 104, entende que a entrega, por lapso, no tribunal deve conduzir à remessa por este ao administrador da insolvência, «considerando-se a apresentação ocorrida na data da sua entrada no tribunal» (cfr. tb. LUÍZ MENEZES LEITÃO, *Direito da insolvência*, cit., p. 233), mas dá conta da prática de alguns tribunais que «determinam a devolução dos referidos instrumentos de reclamação de créditos aos respectivos apresentantes». Por sua vez, o art. 17.º-D, 2, obriga a remeter a reclamação de créditos no PER ao administrador judicial provisório. Sobre o PER iniciado nos termos do art. 17.º-I, cfr. o respetivo n.º 3.

RECLAMAÇÃO, VERIFICAÇÃO E GRADUAÇÃO DE CRÉDITOS

de créditos não reclamados nos termos do n.º 2 do artigo 17.º-D» (cfr. o art. 17.º-G, 7[48]).

5.3. A não apresentação de reclamação de créditos no prazo fixado na sentença de declaração da insolvência

Se o credor da insolvência não apresenta a reclamação de créditos no prazo fixado na sentença de declaração da insolvência, nem tudo está perdido.

Antes de mais, porque o administrador da insolvência deverá incluir nas listas que elaborará, com os credores reconhecidos e não reconhecidos, aqueles «cujos direitos constem dos elementos da contabilidade do devedor ou sejam por outra forma do seu conhecimento» (art. 129.º, 1)[49]. Lembre-se o que ocorre com o crédito do credor requerente da declaração de insolvência, o que pode resultar de ações já apensas ao processo de insolvência e ainda o art. 24.º, 1, *a*)[50].

Para além disso, porque nos arts. 146.º e ss. está prevista a possibilidade de o credor, verificados certos requisitos, propor uma *ação para verificação ulterior de créditos*, ação essa que deverá ser proposta contra a massa insolvente, os credores e o devedor. A isto voltaremos.

Não pode ser esquecido o regime do art. 17.º-G, 7, quanto ao PER.

5.4. As listas dos credores reconhecidos e dos não reconhecidos

Findo o prazo para a apresentação das reclamações de créditos (prazo esse que, como vimos, é fixado na sentença de declaração da insolvência), o

---

[48] O regime não deixa de levantar alguns problemas: cfr. o que escrevemos no Capítulo relativo ao PER.

[49] Sobre o significado deste regime, Catarina Serra, *A falência no quadro da tutela jurisdicional dos direitos de crédito*, cit., p. 274 e ss.. V. tb., com interesse, o art. 129.º, 4.

[50] Com estes dois últimos exemplos (embora entenda que não há um dever de o administrador da insolvência os incluir, como vemos em *O concurso de credores*, cit., p. 330), Salvador da Costa, «O concurso de credores no processo de insolvência», cit., p. 103. O autor também entende que o administrador da insolvência pode reconhecer o crédito sobre a insolvência derivado da sua decisão de não cumprimento de contratos vigentes «ao tempo da insolvência» ou que tenha denunciado, e os que decorram da resolução de atos do insolvente (*O concurso de credores*, cit., p. 330).

administrador da insolvência tem o prazo de 15 dias para apresentar na secretaria do tribunal *duas listas*, ambas por ordem alfabética: uma, contendo os credores por si *reconhecidos*; outra, os credores que considera *não reconhecidos*[51].

Para a elaboração dessas listas o administrador da insolvência terá em conta não só as reclamações de créditos apresentadas, mas também os «direitos que constem dos elementos da contabilidade do devedor ou sejam por outra forma do seu conhecimento»[52].

O crédito do credor requerente da insolvência deverá, evidentemente, ser do conhecimento do administrador da insolvência[53]. Além disso, a atuação do próprio administrador da insolvência pode fazer surgir créditos sobre a insolvência (cfr., p. ex., o art. 102.º, 3, *c*) e *d*), *iii*), e 126.º, 5), que o administrador da insolvência também conhecerá[54]. Os créditos sobre a insolvência resultantes de recusa de execução ou denúncia antecipada pelo administrador de insolvência de contratos bilaterais em curso à data da declaração da insolvência serão inclusivamente havidos como créditos sob condição suspensiva *enquanto não se verificar a denúncia ou recusa*, o mesmo sucedendo quanto aos créditos resultantes da resolução de atos em benefício da massa insolvente *enquanto não se verificar a resolução* (art. 50.º, 2, *a*)). Quer isto dizer que os titulares desses créditos devem ser incluídos na lista dos credores reconhecidos, embora os créditos sejam considerados sob condição suspensiva, apesar de não ter havido ainda recusa de execução, denúncia antecipada ou resolução em benefício da massa insolvente. Sendo considerados créditos sob condição suspensiva, ficam sujeitos ao regime previsto no art. 181.º[55].

---

[51] Sobre a apresentação sucessiva de listas, cfr. MARIA JOSÉ COSTEIRA, «Classificação, verificação e graduação de créditos no Código da Insolvência e da Recuperação de Empresas», cit., p. 252.

[52] Alertando para o inconveniente de serem reconhecidos créditos que já não existam, MARIA JOSÉ COSTEIRA, «Verificação e graduação de créditos», cit., p. 74.

[53] CARVALHO FERNANDES/JOÃO LABAREDA, *Código da Insolvência e da Recuperação de Empresas anotado*, cit., p. 520.

[54] Sobre o tema, embora sem expressa referência à distinção entre créditos sobre a insolvência e créditos sobre a massa, CARVALHO FERNANDES/JOÃO LABAREDA, *Código da Insolvência e da Recuperação de Empresas anotado*, cit., p. 524.

[55] Chamando a atenção para este aspeto, CARVALHO FERNANDES/JOÃO LABAREDA, *Código da Insolvência e da Recuperação de Empresas anotado*, cit., p. 306 (cfr. tb., sobre o tema, o que surge escrito a p. 524).

RECLAMAÇÃO, VERIFICAÇÃO E GRADUAÇÃO DE CRÉDITOS

A lista dos credores reconhecidos deverá conter: a identificação de cada credor; a natureza do crédito; o montante do capital e juros à data do termo do prazo das reclamações; as garantias pessoais e reais; os privilégios creditórios[56]; a taxa de juros moratórios aplicável; as eventuais condições suspensivas ou resolutivas (art. 129.º, 2). O art. 130.º, 1, parece também ser fundamento para se dizer que a lista dos «créditos» reconhecidos deve proceder à sua *qualificação*. Já o art. 130.º, 3, *não* permite afirmar que o administrador da insolvência deve *graduar* os créditos da lista de credores reconhecidos[57].

Quando o processo de insolvência diz respeito a marido e mulher, nos termos do art. 264.º (cfr. tb. os arts. 249.º e 250.º), deve ser referida na lista de credores reconhecidos, quanto a cada dívida, se a responsabilidade é comum ou exclusiva de um dos cônjuges (art. 265.º, 1).

Por sua vez, a lista dos credores não reconhecidos deve indicar os *motivos justificativos* do não reconhecimento (art. 129.º, 3).

Tanto a lista de credores reconhecidos como a lista de credores não reconhecidos indicarão, no final, o local mais adequado para o exame das reclamações de crédito, dos documentos que as instruam e dos documentos da escrituração do insolvente. Todos esses documentos serão «patenteados» pelo administrador da insolvência, para serem examinados por qualquer interessado e pela comissão de credores durante o prazo para as impugnações e respostas (art. 133.º). O art. 134.º, 5, acrescenta que o processo é mantido na secretaria judicial para exame e consulta dos interessados durante o prazo para impugnações e respostas.

---

[56] Exigindo que a indicação das garantias e privilégios seja «devidamente fundamentada», Maria José Costeira, «Classificação, verificação e graduação de créditos no Código da Insolvência e da Recuperação de Empresas», cit., p. 251.

[57] No sentido de que «também a lista de créditos reconhecidos terá que ter alguma, ao menos sucinta, fundamentação, até porque, não sendo impugnados, os créditos serão reconhecidos por sentença homologatória da lista», Maria José Costeira, «Classificação, verificação e graduação de créditos no Código da Insolvência e da Recuperação de Empresas», cit., p. 251; no mesmo sentido, Salvador da Costa, «O concurso de credores no processo de insolvência», cit., p. 106, Maria José Costeira/Fátima Reis Silva, «Classificação, verificação e graduação de créditos no CIRE – Em especial os créditos laborais», cit., p. 363. Por sua vez, Mariana França Gouveia, «Verificação do passivo», cit., p. 154, defende que na lista de créditos reconhecidos deve haver «uma explicação sumária»

UM CURSO DE DIREITO DA INSOLVÊNCIA

Os credores não reconhecidos, os credores que foram reconhecidos apesar de não terem apresentado a sua reclamação de créditos e os credores reconhecidos que no entanto o foram em termos diversos dos que constavam da sua reclamação serão avisados disso mesmo pelo administrador da insolvência, nos termos do disposto no art. 129.º, 4 e 5[58].

Uma vez terminado o prazo para o administrador da insolvência apresentar as listas dos credores reconhecidos e dos não reconhecidos, começa a correr um prazo de 10 dias para a *impugnação* pelos interessados da lista dos credores reconhecidos (nos termos do art. 130.º, 1)[59]. Porém, no que diz respeito aos credores que tenham eventualmente sido avisados por carta registada, nos termos do art. 129.º, 4, o prazo para apresentar a impugnação «conta-se a partir do 3.º dia útil posterior à data da respetiva expedição» (art. 130.º, 2).

Vamos primeiro ver o que sucede se não forem apresentadas impugnações, para depois analisarmos o regime aplicável no caso contrário.

5.5. A sentença de verificação e graduação de créditos se não há impugnação

Se, no prazo previsto para a apresentação de impugnações, nenhuma impugnação for apresentada, é proferida («de imediato») sentença de verificação e graduação de créditos. Lê-se no art. 130.º, 3, que nessa sentença é homologada a lista de credores reconhecidos elaborada pelo administrador da insolvência e serão graduados os créditos «em atenção ao que conste dessa lista». E nos dizeres da lei só *não* será assim em caso de *erro manifesto*[60].

Trata-se, no entanto, de um regime que merece cuidadosa leitura. *Em primeiro lugar*, porque, como vimos, o apenso autuado nos termos do art. 132.º

---

[58] Quanto aos credores avisados de acordo com o art. 129.º, o art. 146.º, 2, *a*), exclui, em regra, a possibilidade de utilizar a verificação ulterior de créditos ali em causa.

[59] Mas v. tb. o que se escreve adiante acerca da impugnação da lista dos credores não reconhecidos.

[60] Considerando que há erro manifesto quando a lista «apresenta como créditos reconhecidos créditos reclamados exclusivamente com fundamento em avales prestados pela insolvente em livranças subscritas em branco e que ainda não foram preenchidas» e que esses créditos «apenas podem ser reconhecidos como créditos sob condição suspensiva», cfr. o Ac. STJ de 15.05.2013 (Relator: Abrantes Geraldes), Proc. n.º 3057/11.5TBGDM-A.P1.S1, www.dgsi.pt. V. tb., sobre o «erro manifesto», o Ac. STJ de 21.04.2015 (Relator: João Camilo), Proc. n.º 793/10.7T2AVR-A.C1.S1.

RECLAMAÇÃO, VERIFICAÇÃO E GRADUAÇÃO DE CRÉDITOS

não inclui as reclamações de créditos que tenham sido apresentadas, o que logo dificulta a identificação de erros manifestos[61] que não sejam apenas «erros internos, lapsos de escrita ou de lógica»[62].

Em segundo lugar, porque parece estranho que na própria graduação de créditos o *juiz* fique *limitado* pelo que consta da lista apresentada pelo administrador da insolvência.

Talvez a norma ainda possa ser lida como significando que é conferida ao juiz a possibilidade de apenas homologar a lista de credores reconhecidos e graduar os créditos, nos termos ali expostos, mas que *também poderá não o fazer* quando entenda que essa é a maneira adequada de proceder[63].

Quando o processo de insolvência diz respeito a marido e mulher, nos termos do art. 264.º (cfr. tb. os arts. 249.º e 250.º), a sentença de verificação e graduação de créditos deve fixar, quanto a cada dívida, se a responsabilidade é comum ou exclusiva de um dos cônjuges (art. 265.º, 1).

---

[61] MARIA JOSÉ COSTEIRA, «Verificação e graduação de créditos», cit., p. 75 e s., chamava a atenção, perante o Anteprojeto, para os riscos envolvidos na simples homologação da lista do administrador da insolvência. Mas igual aviso é deixado por CARVALHO FERNANDES/JOÃO LABAREDA, *Código da Insolvência e da Recuperação de Empresas anotado*, cit., p. 528-529. Estes últimos autores defendem uma interpretação «em termos amplos» do conceito de erro manifesto, «não podendo o juiz abster-se de verificar a conformidade substancial e forma dos títulos dos créditos constantes da lista que vai homologar para o que pode solicitar ao administrador os elementos de que necessite». Com outra leitura, MENEZES LEITÃO, *Direito da insolvência*, cit., p. 236, nt. 328. Por sua vez, o STJ, em Acórdão de 25.11.2008 (Relator: Silva Salazar), Proc. n.º 08A3102, www.dgsi.pt, considerou (cfr. o sumário) que mesmo na ausência de impugnações «o Juiz não pode abster-se de verificar a conformidade substancial e formal dos títulos dos créditos constantes dessa lista, nem dos documentos e demais elementos de que disponha [...]». Na mesma decisão entendeu o STJ que «se se tratar de erro de natureza substancial, cuja rectificação implique ficarem afectados direitos das partes, os princípios do contraditório e da igualdade substancial das partes implicam a impossibilidade de imediata elaboração de tal sentença, uma vez que a alteração que, com o fim de rectificação desse erro, seja efectuada, origina que a lista de credores passe a ser distinta», pelo que «deve o Juiz determinar a elaboração de nova lista de credores [...] abrindo-se novo prazo para impugnações».

[62] MARIANA FRANÇA GOUVEIA, «Verificação do passivo», cit., p. 156. Limitando os casos de erro manifesto àqueles que resultem «da análise dos factos constantes da lista de créditos e de credores, no confronto do direito aplicável», SALVADOR DA COSTA, «O concurso de credores no processo de insolvência», cit., p. 108.

[63] Afirmando que o art. 130.º, 3, não é uma «imposição ao juiz», mas uma «possibilidade de simplificação processual» à disposição do juiz, MARIANA FRANÇA GOUVEIA, «Verificação do passivo», cit., p. 156.

UM CURSO DE DIREITO DA INSOLVÊNCIA

O juiz terá não só que pronunciar-se sobre a lista de credores reconhecidos, como sobre a lista de credores não reconhecidos[64]. E da sentença poderá caber recurso.

5.6. A impugnação da lista de credores reconhecidos

Terminado o prazo para o administrador da insolvência apresentar as listas dos credores por si reconhecidos e dos não reconhecidos, a impugnação da lista de credores reconhecidos[65] deve ter lugar no prazo legalmente fixado e que não é sempre o mesmo.

Em regra, o prazo é de 10 dias a contar do termo do prazo fixado no art. 129.º, 1, para a apresentação das listas pelo administrador da insolvência, listas essas que, como já vimos, foram apresentadas na secretaria[66]. Mas para os credores avisados por carta registada nos termos do art. 129.º, 4 (os credores *não reconhecidos*, os credores cujos créditos foram *reconhecidos sem os terem reclamado* e os credores com créditos *reconhecidos em termos diversos* dos da respetiva reclamação), o prazo de impugnação é de 10 dias contados a partir do *3.º dia útil posterior à data da expedição do aviso* (art. 130.º, 2)[67].

Durante o prazo para impugnações, o processo pode ser examinado e consultado pelos interessados na secretaria judicial (art. 134.º, 5). Além disso, as reclamações de créditos, os documentos que as instruam e os documentos da escrituração do insolvente devem poder ser examinados por qualquer interessado e pela comissão de credores, para o que o administrador da insolvência os deve «patentear» no local mais adequado durante o prazo para

---

[64] MARIA JOSÉ COSTEIRA, «Classificação, verificação e graduação de créditos no Código da Insolvência e da Recuperação de Empresas», cit., p. 252, e MARIA JOSÉ COSTEIRA/FÁTIMA REIS SILVA, «Classificação, verificação e graduação de créditos no CIRE – Em especial os créditos laborais», p. 363.

[65] É o que diz o art. 130.º, 1. Mas, como veremos adiante, parece possível ir em certa medida além da letra da lei.

[66] Se o administrador da insolvência não apresenta a tempo as listas na secretaria, pode perguntar-se se haverá justo impedimento para o cumprimento do prazo de impugnação: SALVADOR DA COSTA, «O concurso de credores no processo de insolvência», cit., p. 107.

[67] O art. 129.º, 5, prevê a possibilidade de, em certos casos, o aviso referido no número anterior ser efetuado por correio eletrónico, considerando-se a comunicação realizada na data do seu envio. O CIRE, porém, não esclarece se é a partir dessa data que começa a correr o prazo para a impugnação.

RECLAMAÇÃO, VERIFICAÇÃO E GRADUAÇÃO DE CRÉDITOS

impugnações e respostas (art. 133.º). Como parece resultar do art. 132.º, as reclamações não são autuadas pelo administrador da insolvência no apenso.

Qualquer *interessado* pode impugnar a lista de credores reconhecidos. Será interessado «quem fica prejudicado se a sua contestação não for atendida»[68]. O fundamento da impugnação será a «indevida inclusão ou exclusão de créditos»[69], a «incorreção do montante» dos créditos reconhecidos ou a «qualificação dos créditos reconhecidos». Será interessado, por exemplo, o *credor* que *não foi reconhecido*, o *credor* que foi reconhecido mas quanto a um *valor inferior* ao reclamado ou o *credor* que veja reduzidas as possibilidades de ser pago porque foi *reconhecido outro credor*[70]. Será também interessado o próprio *insolvente*[71]. E isto, parece-nos, mesmo nos casos em que o insolvente pretende que seja reconhecido um credor que não o foi ou naqueles em que quer que seja reconhecido um crédito por um valor superior ao que consta da lista, pois pode entender-se que há vantagens para o próprio devedor pelo facto de o regime do processo de insolvência se aplicar ali.

A impugnação realiza-se mediante *requerimento*[72], devendo ser tida em conta a remissão feita no art. 17.º para o CPC. Aquele requerimento é dirigido ao *juiz* (art. 130.º, 1), ao contrário do que vimos suceder com a reclamação de créditos, que é endereçada ao administrador da insolvência (art. 128.º, 2). Na impugnação, o requerente deve oferecer todos os meios de prova de que disponha e é obrigado a apresentar as testemunhas arroladas (art. 134.º, 1,

---

[68] Mariana França Gouveia, «Verificação do passivo», cit., p. 155, com um resumo da discussão doutrinal em torno da solução na vigência do CPEREF.

[69] Se o fundamento pode ser a indevida exclusão de um crédito, então parece que a impugnação acaba a incidir também na *lista dos credores não reconhecidos*. Sublinhando este aspeto, Salvador da Costa, «O concurso de credores no processo de insolvência», cit., p. 106. Considerando que qualquer interessado pode também «naturalmente» impugnar a *lista dos créditos não reconhecidos*, Luíz Menezes Leitão, *Direito da insolvência*, cit., p. 234.

[70] Como defende Mariana França Gouveia, «Verificação do passivo», cit., p. 160, o impugnante que é credor reclamante não pode na impugnação alterar substancialmente o crédito reclamado.

[71] Assim também, Maria José Costeira, «Classificação, verificação e graduação de créditos no Código da Insolvência e da Recuperação de Empresas», cit., p. 250, Carvalho Fernandes/ João Labareda, *Código da Insolvência e da Recuperação de Empresas anotado*, cit., p. 527.

[72] Quanto ao número de duplicados, cfr. o art. 134.º, 2 e 3. No sentido da necessidade de utilização da forma articulada, ainda ao abrigo do anterior CPC, Menezes Leitão, *Direito da insolvência*, cit., p. 235, Maria do Rosário Epifânio, *Manual de direito da insolvência*, cit., p. 231. Mas veja-se, o art. 147.º, 2, do novo CPC.

UM CURSO DE DIREITO DA INSOLVÊNCIA

e 25.º, 2). O número destas está sujeito à limitação resultante do art. 25.º, 2, mas como o novo CPC não prevê a existência de um processo sumário, só parece fazer sentido aplicar o regime geral do art. 511.º do referido novo Código[73].

As impugnações só serão notificadas aos titulares de *créditos a que respeitem as próprias impugnações* e somente se esses titulares *não forem os próprios impugnantes* (art. 134.º, 4). Significa isto que, se o impugnante é um credor que apenas questiona a lista quanto ao seu próprio crédito, essa impugnação não será notificada aos restantes credores. Como estes últimos podem, ainda assim, ter interesse em responder à impugnação, terão de consultar o processo para verificarem se aquela impugnação foi ou não apresentada[74].

5.7. A resposta à impugnação

A resposta às impugnações deve ser apresentada no prazo de 10 dias, mas o momento a partir do qual começa a correr não é sempre o mesmo. Assim, nos casos em que a impugnação de um crédito *foi notificada* ao titular do crédito impugnado (art. 134.º, 4), o prazo para este responder começa a correr *após a notificação*. Nos *outros casos*, começa a correr *após o termo do prazo para a impugnação da lista de credores reconhecidos* (prazo esse que, como vimos, também não é contado sempre do mesmo modo). Se a resposta à impugnação não é apresentada em tempo, a impugnação é julgada procedente (art. 131.º, 3)[75].

Durante o prazo para as respostas às impugnações, o processo também pode ser examinado e consultado pelos interessados na secretaria judicial

---

[73] CARVALHO FERNANDES/JOÃO LABAREDA, *Código da Insolvência e da Recuperação de Empresas anotado*, cit., p. 222-223 e 535.

[74] Alertando para isto mesmo, MARIA JOSÉ COSTEIRA, «Classificação, verificação e graduação de créditos no Código da Insolvência e da Recuperação de Empresas», cit., p. 251.

[75] Questionando a conformidade da solução com o princípio constitucional da reserva de função jurisdicional, MARIANA FRANÇA GOUVEIA, «Verificação do passivo», cit., p. 159; no mesmo sentido, SALVADOR DA COSTA, «O concurso de credores no processo de insolvência», cit., p. 110. Problema diferente é, evidentemente, o de saber se tem aplicação o ónus da impugnação especificada: cfr. SALVADOR DA COSTA, «O concurso de credores no processo de insolvência», cit., p. 110, e CARVALHO FERNANDES/JOÃO LABAREDA, *Código da Insolvência e da Recuperação de Empresas anotado*, cit., p. 531. Problema diferente é, evidentemente, o de saber se tem aplicação o ónus da impugnação especificada: cfr. SALVADOR DA COSTA, «O concurso de credores no processo de insolvência», cit., p. 110, e CARVALHO FERNANDES/JOÃO LABAREDA, *Código da Insolvência e da Recuperação de Empresas anotado*, cit., p. 531.

(art. 134.º, 5). Além disso, as reclamações de créditos, os documentos que as instruam e os documentos da escrituração do insolvente devem poder ser examinados por qualquer interessado e pela comissão de credores, para o que o administrador da insolvência os deve «patentear» no local mais adequado não só durante o prazo para impugnações, mas também durante o prazo para as respostas (art. 133.º). Lembre-se que as impugnações só serão notificadas aos titulares de créditos a que respeitem as próprias impugnações e somente se esses titulares não forem os próprios impugnantes (art. 134.º, 4).

Quanto à *legitimidade* para a apresentação da resposta à impugnação, a lei também distingue. Tudo depende dos *fundamentos* invocados na impugnação. Assim, se a impugnação da lista de credores reconhecidos tem como fundamento a «indevida inclusão de certo crédito» na mesma, a «omissão da indicação das condições a que se encontre sujeito» tal crédito ou «no facto de lhe ter sido atribuído um montante excessivo ou uma qualificação de grau superior à correta», a resposta só pode ser apresentada pelo próprio *titular do crédito* em causa (art. 131.º, 2). Nos restantes casos, a resposta a qualquer das impugnações pode ser apresentada pelo administrador da insolvência e por «qualquer interessado que assuma posição contrária, incluindo o devedor» (art. 131.º, 1).

A resposta à impugnação realiza-se mediante requerimento, embora o CIRE não o esclareça[76], devendo ser tida em conta a remissão feita no art. 17.º para o CPC. Aquele requerimento é também dirigido ao juiz, apesar de o art. 131.º não o esclarecer. Mas, como a impugnação é dirigida ao juiz (art. 130.º, 1), é razoável assumir que a resposta a essa impugnação também o seja. Na resposta à impugnação, o requerente deve oferecer todos os meios de prova de que disponha e é obrigado a apresentar as testemunhas arroladas (art. 134.º, 1, e 25.º, 2). O número destas está sujeito à limitação resultante do art. 25.º, 2, mas como o novo CPC não prevê a existência de um processo sumário, só parece fazer sentido aplicar o regime geral do art. 511.º do referido novo Código[77].

---

[76] Quanto ao número de duplicados, cfr. o art. 134.º, 2 e 3.
[77] CARVALHO FERNANDES/JOÃO LABAREDA, *Código da Insolvência e da Recuperação de Empresas anotado*, cit., p. 222-223 e 535.

5.8. O parecer da comissão de credores

Terminado o prazo das respostas às impugnações, começa a correr um prazo de 10 dias para que a comissão de credores junte aos autos um parecer sobre as impugnações (art. 135.º). A falta desse parecer não afeta, porém, o andamento processual, como se retira do art. 136.º, 1. Se não houver comissão de credores, não parece que a mesma seja substituída pela assembleia de credores[78].

5.9. O saneamento

Depois de ser junto o parecer da comissão de credores dentro do prazo para o efeito, ou após o decurso desse prazo sem que tenha lugar aquela junção, o juiz tem a possibilidade[79] de marcar uma *tentativa de conciliação* (art. 136.º, 1)[80]. No entanto, se o juiz entender que a realização dessa tentativa de conciliação não é adequada, profere de imediato o *despacho saneador* previsto no art. 136.º, 3 (cfr. o art. 136.º, 8). Serão considerados reconhecidos os créditos incluídos na lista respetiva que não foram impugnados e os que possam sê-lo perante os elementos de prova dos autos (art. 136.º, 4 e 5). Pode, porém, ser necessária a produção de prova para a verificação de algum dos créditos. Nesse caso, a graduação de todos os créditos tem lugar na sentença final (art. 136.º, 7). Mas se essa prova não é necessária o despacho saneador contém a graduação dos créditos (art. 136.º, 6). O apenso prossegue os seus termos para que sejam realizadas as devidas diligências instrutórias (art. 137.º), tenha lugar a audiência de discussão e julgamento (arts. 138.º e 139.º) e seja proferida sentença (art. 140.º)[81].

---

[78] CARVALHO FERNANDES/JOÃO LABAREDA, *Código da Insolvência e da Recuperação de Empresas anotado*, cit., p. 534.

[79] A tentativa de conciliação era obrigatória antes das alterações introduzidas pela Lei 16/2012, de 20 de abril.

[80] O art. 136.º, 1, não parece estar pensado para os casos em que não há comissão de credores. Com efeito, se essa comissão não existe também não juntará o seu parecer. E não fará igualmente sentido estar à espera que decorra um prazo para a junção de um parecer que nunca surgirá. Por isso, se não existe comissão de credores parece mais adequado que o juiz possa designar o dia para a tentativa de conciliação logo após o decurso do prazo para as respostas às impugnações.

[81] Evidentemente, o CIRE deve ser lido tendo em conta o novo CPC e, em particular, a existência de forma única de processo de declaração: chamando a atenção para isso, CARVALHO

Se o juiz decide marcar a tentativa de conciliação, esta deve realizar-se nos 10 dias seguintes. Serão notificados para a tentativa de conciliação «a fim de comparecerem pessoalmente ou de se fazerem representar por procuradores com poderes especiais para transigir, todos os que tenham apresentado impugnações e respostas, a comissão de credores e o administrador da insolvência».

Na tentativa de conciliação, verificar-se-á se os créditos impugnados merecem ou não a aprovação de todos os presentes. Com efeito, não parece aceitável que a tentativa de conciliação sujeite a aprovação (ou não) os créditos que *não foram impugnados*. Isso é o que parece resultar do art. 136.º, 4, na medida em que manda considerar «sempre reconhecidos» os créditos incluídos nessa lista e não impugnados e os que foram aprovados na tentativa de conciliação[82].

Terminada a tentativa de conciliação, o juiz, depois de lhe ser «imediatamente» concluso o «processo», profere despacho saneador (cfr. os arts. 595.º e 596.º do novo CPC[83]). Quanto aos créditos reconhecidos, o despacho saneador tem a forma e valor de sentença e declara-os verificados e gradua-os de acordo com a lei (art. 136.º, 6). Deverão ser considerados reconhecidos os créditos contidos na lista de credores reconhecidos e não impugnados, os que tiverem sido aprovados na tentativa de conciliação por todos os presentes e nos precisos termos em que o forem, e ainda os demais créditos que possam ser considerados reconhecidos tendo em conta os elementos de prova constantes dos autos (art. 136.º, 2, 4, 5 e 6). Se nenhum dos créditos necessitar de produção de prova para a sua verificação, o despacho saneador também procederá à sua graduação e tem a forma e valor de sentença quanto aos créditos reconhecidos (art. 136.º, 6). Mas quando assim não seja (isto é, quando algum dos créditos necessitar de produção de prova para a sua graduação), então a graduação de *todos* os créditos é deixada para a sentença final (art. 136.º, 7)[84].

FERNANDES/JOÃO LABAREDA, *Código da Insolvência e da Recuperação de Empresas anotado*, cit., p. 543.

[82] CARVALHO FERNANDES/JOÃO LABAREDA, *Código da Insolvência e da Recuperação de Empresas anotado*, cit., p. 539.

[83] A remissão que consta do art. 136.º, 3, diz respeito ao anterior CPC.

[84] Como lembra MARIA JOSÉ COSTEIRA, «Classificação, verificação e graduação de créditos no Código da Insolvência e da Recuperação de Empresas», cit., p. 248, o saneador «é passível de recurso, nos termos gerais, e o que à selecção da matéria de facto respeita podem as partes reclamar».

Sendo o caso[85], o apenso prossegue os seus termos para que sejam realizadas as devidas diligências instrutórias, tenha lugar a audiência de discussão e julgamento e seja proferida sentença.

5.10. Instrução

Se é necessária a produção de prova quanto a algum dos créditos, pode haver diligências probatórias que devam ser realizadas antes da audiência de discussão e julgamento. Nesse caso, devem estar concluídas no prazo de 20 dias a contar do despacho que as determinar, cabendo ao juiz ordenar as providências necessárias para que tal ocorra (art. 137.º), o que poderá fazer através da marcação de prazos. A prova produzida por qualquer interessado aproveita a todos eles.

5.11. Audiência de discussão e julgamento

Se houver diligências probatórias a realizar antes da audiência de discussão e julgamento, já vimos que as mesmas devem estar concluídas no prazo de 20 dias a contar do despacho que as tiver determinado. Tendo sido produzida essa prova no prazo marcado nas cartas eventualmente enviadas ou tendo expirado esse prazo, deverá ser marcada a audiência de discussão e julgamento «para um dos 10 dias posteriores» (art. 138.º).

Quanto à audiência propriamente dita, o art. 139.º, ressalvando as especialidades nele contidas, manda aplicar os termos estabelecidos para o processo declaratório sumário, que já não existe no novo CPC. Parece, por isso, que devem ser aplicadas as regras que estão agora previstas nesse novo Código para a forma única do processo declarativo[86].

---

[85] Veja-se que estamos a falar de situações em que houve impugnação da lista de credores reconhecidos, que os fundamentos possíveis para essa impugnação são muito variados e que estaremos perante casos em que o despacho saneador não considerou reconhecidos todos os créditos (sendo certo que os créditos reconhecidos incluídos nessa lista e não impugnados serão sempre considerados reconhecidos no despacho saneador, como decorre do art. 136.º, 4).

[86] CARVALHO FERNANDES/JOÃO LABAREDA, *Código da Insolvência e da Recuperação de Empresas anotado*, cit., p. 543.

As especialidades previstas no art. 139.º são as seguintes: a) O administrador da insolvência e a comissão de credores serão ouvidos sempre que necessário e na altura em que o tribunal o determine; b) A ordem da produção das provas em audiência será igual à ordem por que foram apresentadas as impugnações; c) Na discussão, o uso da palavra cabe em primeiro lugar aos advogados dos impugnantes e depois aos dos respondentes[87], não havendo lugar a réplica.

5.12. A sentença de verificação e graduação de créditos

Terminada a audiência de discussão e julgamento, a sentença de verificação e graduação de créditos[88] deve ser proferida no prazo de 10 dias (art. 140.º, 1)[89]. Na sentença o juiz decide se *reconhece ou não* os créditos que ainda não tenham sido reconhecidos, declara *verificados* os créditos reconhecidos[90] e procede à sua *graduação*[91], significando esta última «a definição de prioridades entre os créditos quanto à sua satisfação pelo produto dos bens do devedor»[92]. Além

---

[87] Defendendo que o mandatário da devedora não pode alegar, MARIA JOSÉ COSTEIRA, «Classificação, verificação e graduação de créditos no Código da Insolvência e da Recuperação de Empresas», cit., p. 248.

[88] Como vimos, *se não há impugnações* é logo proferida sentença de verificação e graduação de créditos (art.. 130.º, 3). Também vimos que o *despacho saneador* pode ter a forma e valor de sentença quanto aos créditos reconhecidos, declarando-os verificados e graduando-os (art. 136.º, 6). Daí que a sentença de verificação e graduação de créditos *posterior à audiência de discussão e julgamento* seja considerada a sentença *final* de verificação e graduação de créditos: CATARINA SERRA, *O regime português da insolvência*, cit., p. 136.

[89] Quanto aos efeitos do encerramento do processo antes do rateio final no caso de ainda não ter sido proferida sentença de verificação e graduação de créditos, cfr. o art. 233.º, 2, *b*).

[90] Considerando que o juiz «procederá à verificação e graduação geral de todos os créditos do insolvente, mesmo daqueles que tenham já sido reconhecidos no saneador», CARVALHO FERNANDES/JOÃO LABAREDA, *Código da Insolvência e da Recuperação de Empresas anotado*, cit., p. 544.

[91] No Ac. STJ de 12.12.2013 (Relator: Bettencourt de Faria), Proc. n.º 1248/11.8.TBEPS.G1.S1, www.dgsi.pt (sumário), entendeu-se que há «caso julgado entre a decisão que, no processo de insolvência julgou reconhecido um crédito e a posterior acção declarativa em que se pede a declaração de nulidade do contrato em que se funda tal crédito».

[92] RUI PINTO DUARTE, «Classificação dos créditos sobre a massa insolvente no projecto de Código da Insolvência e Recuperação de Empresas», *Código da Insolvência e da Recuperação de Empresas*, Ministério da Justiça/Coimbra Editora, 2004, p. 54. Lembre-se, porém, o teor do art. 172.º quanto ao pagamento das dívidas da massa, não se podendo obviamente esquecer os arts. 173.º e ss. relativos aos pagamentos dos créditos sobre a insolvência.

disso, o art. 173.º dispõe que o «pagamento dos créditos sobre a insolvência apenas contempla os que estiverem verificados por sentença transitada em julgado».

A graduação é *geral* em relação aos bens da massa insolvente no seu *conjunto* e é *especial* quanto aos bens sobre os quais incidam *direitos reais de garantia* e *privilégios creditórios* (art. 140.º, 2)[93].

A graduação terá em consideração o disposto na lei. Na graduação *não* será tida em conta a preferência que resulta de *hipoteca judicial*[94] ou de *penhora*, mas as custas que foram pagas, respetivamente, pelo autor ou pelo exequente, serão consideradas no processo de insolvência como dívidas da massa insolvente (art. 140.º, 3). Além disso, decorre do art. 97.º a *extinção* de vários *privilégios creditórios* e *garantias reais*[95]. Não podem ser esquecidas as classes de créditos sobre a insolvência (e, em particular, os arts. 47.º, 4, *b*) e *c*), e 48.º). São, evidentemente, aspetos de grande importância prática.

Sendo a graduação geral em relação aos bens da massa insolvente no seu conjunto e especial quanto aos bens sobre os quais incidam direitos reais de garantia e privilégios creditórios, vamos começar precisamente por aspetos de regime que interessam a esta última. Apenas nos referiremos às garantias reais e privilégios creditórios mais frequentes, sem pretensão de sermos exaustivos[96].

---

[93] Convém ter presente o teor do art. 5.º, 1, do Regulamento 1346/2000: «A abertura do processo de insolvência não afeta os direitos reais de credores ou de terceiros sobre bens corpóreos ou incorpóreos, móveis ou imóveis, quer sejam bens específicos, quer sejam conjuntos de bens indeterminados considerados como um todo, cuja composição pode sofrer alterações ao longo do tempo, pertencentes ao devedor e que, no momento da abertura do processo, se encontrem no território de outro Estado-Membro». Cfr. tb. o art. 5.º, 2 e 3, do Regulamento. No Regulamento 2015/848, v. o respetivo art. 8.º.

[94] Mas não a que resulta de hipoteca *legal* ou *voluntária*. Veja-se, porém, quanto à necessidade de *registo*, o art. 687.º CCiv., e, quanto à extinção de algumas hipotecas *legais* por força da declaração de insolvência, o art. 97.º CIRE. Para exemplos de hipotecas legais, cfr. o art. 705.º do CCiv., o art. 207.º do CRCSPSS (Código dos Regimes Contributivos do Sistema Previdencial de Segurança Social) e o art. 50.º, 2, *b*), da LGT (Lei Geral Tributária).

[95] Sobre a interpretação da palavra «Estado» usada no art. 97.º, cfr. Carvalho Fernandes/ João Labareda, *Código da Insolvência e da Recuperação de Empresas anotado*, cit., p. 450, e o que escrevemos no Cap. V, ponto 4.7.

[96] Qualquer enumeração corre o risco de ficar desatualizada antes da publicação deste texto. Em legislação variada surgem previstas muitas garantias: cfr., como exemplos, os direitos de retenção do art. 21.º do DL 352/86, de 21 de outubro (transporte de mercadorias por mar)

RECLAMAÇÃO, VERIFICAÇÃO E GRADUAÇÃO DE CRÉDITOS

Comecemos pelos *imóveis*. Como lemos no art. 751.º CCiv., os *privilégios imobiliários especiais* preferem em regra à *consignação de rendimentos*, à *hipoteca* ou ao *direito de retenção*, ainda que estes sejam anteriores aos referidos privilégios. Os privilégios imobiliários *especiais* são graduados, em regra, de acordo com o estabelecido no art. 748.º, que dá prevalência aos créditos do Estado sobre os das autarquias locais[97].

Por sua vez, decorre do art. 746.º CCiv. que os privilégios mobiliários e *imobiliários* (especiais) pelas despesas de justiça ali referidas «têm preferência não só sobre os demais privilégios, como sobre as outras garantias, mesmo anteriores, que onerem os mesmos bens, e valem contra os terceiros adquirentes»[98].

---

ou do art. 14.º do DL 255/99, de 7 julho (transitários), o penhor de participações sociais admitido pelo art. 23.º do CSC, o penhor de valores mobiliários regulado nos arts. 81.º e 103.º do CVM ou o penhor financeiro de que trata o DL 105/2004, de 8 de maio (com alterações introduzidas pelo DL 85/2011, de 29 de junho e pelo DL 192/2012, de 23 de agosto). Para uma lista bem recheada, MIGUEL LUCAS PIRES, *Dos privilégios creditórios: regime jurídico e sua influência no concurso de credores*, cit., p. 306 e ss.. Os privilégios creditórios, não estando sujeitos a registo, são particularmente perigosos. Pronunciando-se sobre o aumento do número de privilégios creditórios e a medida em que isso põe em causa a *par conditio creditorum*, CATARINA SERRA, *A falência no quadro da tutela jurisdicional dos direitos de crédito*, cit., p. 153 e ss.. Há igualmente que contar com normas de direito especial que estabeleçam regimes diferentes. V., p. ex., o art. 114.º, 1, do CCoop, cuja articulação com o regime do CIRE não deixará de colocar dificuldades. O perigo da proliferação de privilégios creditórios tinha sido ponderado, como vimos, no DL 47344, de 25 de novembro de 1966, que aprovou o CCiv.. Não serão tidos em conta neste texto os casos em que os privilégios foram *adquiridos contra pessoas diversas*: cfr., sobre estes casos, MIGUEL LUCAS PIRES, ob. cit., p. 352. Para uma crítica às preferências dos credores «resultantes de privilégios creditórios e de direitos de retenção», RUI PINTO DUARTE, «Reflexões de política legislativa sobre a recuperação de empresas», in CATARINA SERRA (coord.), *II Congresso de direito da insolvência*, cit., p. 358 e A. MENEZES CORDEIRO, *Tratado de Direito Civil. X. Direito das obrigações. Garantias*, cit., p. 793 e ss..

[97] Há vários exemplos na legislação fiscal de privilégios imobiliários *especiais*. O art. 47.º do CIS confere aos créditos do Estado relativos a imposto de selo sobre aquisições de bens um privilégio *imobiliário sobre os bens transmitidos*, nos termos do *art. 744.º, do CCiv.*. Além disso, o imposto de selo que seja liquidado em *transmissões gratuitas* goza do privilégio creditório *especial* referido naquele art. 744.º CCiv. para o imposto sobre sucessões e doações. Por sua vez, o art. 39.º do CIMT estabelece que o IMT goza dos privilégios creditórios *especiais* que, no *art. 744.º do CCiv.*, estão previstos para a sisa. O art. 122.º, 1, reconhece ao IMI as garantias especiais *previstas no CCiv.* para a contribuição predial (cfr. o art. 744.º, 1, CCiv., que consagra um privilégio *imobiliário especial*).

[98] O art. 746.º não esclarece se apenas se aplica a privilégios *especiais* por despesas de justiça, mas é de privilégios creditórios *especiais* que tratam os arts. 738.º, 1 (os «créditos por

O privilégio *imobiliário especial* por créditos dos trabalhadores (emergentes de contrato de trabalho, da sua violação ou cessação[99]) que incida sobre *imóvel do empregador onde aqueles prestem trabalho* prevalece sobre os privilégios creditórios *imobiliários* previstos no art. 748.º CCiv.[100] (que, de acordo com o estabelecido no art. 735.º, 3, são *especiais*) e sobre o crédito relativo a contribuição para a Segurança Social (art. 333.º CT)[101]. Porém, o trabalhador deverá alegar e provar que prestou trabalho no imóvel em causa para poder beneficiar daquele privilégio[102]. Como é fácil de ver, a solução legal pode

despesas de justiça feitas directamente no interesse comum dos credores, para a conservação, execução ou liquidação de bens móveis, têm privilégio sobre estes bens»), e 743.º do CCiv. (os «créditos por despesas de justiça feitas directamente no interesse comum dos credores, para a conservação, execução ou liquidação de bens imóveis, têm privilégio sobre estes bens»). Não se esqueça, porém, o art. 51.º, 1, e as dívidas da massa aí previstas.

[99] O art. 78.º da L 98/2009, de 4 de setembro (Regulamentação do Regime de Reparação de Acidentes de Trabalho e de Doenças Profissionais) confere aos créditos provenientes do direito à reparação reconhecido naquela Lei as garantias consignadas no CT. Quanto ao direito de sub-rogação do Fundo de Acidentes de Trabalho, cfr. o art. 5.º-B do DL 142/99, de 30 de abril, com alterações introduzidas pelo DL 382-A/99, de 22 de setembro, e pelo DL 185/2007, de 10 de maio.

[100] O que se lê no art. 333.º do CT é que os créditos dos trabalhadores que emergem de contrato de trabalho ou da sua violação ou cessação gozam, designadamente, de privilégio imobiliário especial «sobre bem imóvel do empregador no qual o trabalhador presta a sua atividade». O art. 377.º do CT de 2003 conferia antes um privilégio imobiliário especial «sobre os bens imóveis do empregador nos quais o trabalhador preste a sua atividade». Como se passou do plural (bens imóveis) para o singular (bem imóvel), discute-se se a alteração obriga ou não a uma leitura mais restritiva. No Ac. RL de 28.09.2010 (Relator: Rijo Ferreira), Proc. n.º 345/09.4TBRMR-C.L1-1, www.dgsi.pt, entendeu-se que o privilégio imobiliário especial do art. 333.º do CT «abrange todos os imóveis existentes na massa insolvente que estavam afetos à atividade empresarial da mesma» (sumário), e essa parece ser a boa solução (em sentido próximo, v., mais recentemente, p. ex., o Ac. RC de 23.09.2014 – Relator: Jorge Arcanjo –, Proc. n.º 528/13.2TBFND-C.C1)). Mas v., questionando esse caminho, JOANA COSTEIRA, «A classificação dos créditos laborais», cit., p. 177 (e dando também conta das divisões da jurisprudência quanto às empresas de construção civil e aos imóveis que estas constroem). Cfr. tb. os arts. 122.º, 1, CIMI, e 39.º CIMT.

[101] De acordo com o art. 205.º do CRCSPSS, os «créditos da segurança social por contribuições, quotizações e respetivos juros de mora gozam de privilégio imobiliário sobre os bens imóveis existentes no património do contribuinte à data da instauração do processo executivo, graduando-se logo após os créditos referidos no artigo 748.º do Código Civil».

[102] Cfr. JOANA COSTEIRA, *Os efeitos da declaração de insolvência no contrato de trabalho*, cit., p. 125 (mas defendendo que a exigência apenas se aplica quando a entidade patronal possui mais do que um imóvel) e «A classificação dos créditos laborais», in CATARINA SERRA (coord.), *In Colóquio de Direito da Insolvência de Santo Tirso*, cit., p. 175.. No Ac. STJ de 6.7.2011 (Relator:

RECLAMAÇÃO, VERIFICAÇÃO E GRADUAÇÃO DE CRÉDITOS

gerar situações de desigualdade entre os que trabalham para uma mesma entidade patronal[103].

Contudo, de acordo com o art. 3.º, 2, do DL 59/2006, de 20 de março, as hipotecas que garantam os créditos referidos no seu n.º 1 (os créditos hipotecários subjacentes a obrigações hipotecárias e os outros ativos previstos no art. 17.º do diploma) «prevalecem sobre quaisquer privilégios creditórios imobiliários»[104]. O que, evidentemente, coloca problemas quanto à sua conciliação com o referido art. 746.º do CCiv., a resolver tendo em conta que o DL 59/2006 é lei posterior. Por outro lado, se as hipotecas que garantem aqueles créditos prevalecem sobre os privilégios creditórios imobiliários, parece que também devem prevalecer sobre as garantias relativamente às quais estes privilégios prevalecem. Como vimos, dispõe o art. 751.º CCiv. que os *privilégios imobiliários especiais* preferem em regra à *consignação de rendimentos*, à *hipoteca* ou ao *direito de retenção*, ainda que estes sejam anteriores aos referidos privilégios.

O que acabámos de dizer é importante para a leitura do art. 759.º, 2, do CCiv.. Este último preceito estabelece que o *direito de retenção sobre coisa imóvel* ali referido prevalece sobre a *hipoteca*, ainda que registada anteriormente[105].

Fonseca Ramos), Proc. n.º 897/06.0TBOBR-B.C1.S1, www.dgsi.pt, foi entendido que se o Juiz do processo considerava que «os elementos constantes da reclamação de créditos laborais não evidenciava, claramente, se, ao tempo da declaração de insolvência, os trabalhadores reclamantes trabalhavam em imóveis do insolvente, nada impedia que solicitasse tal informação ao administrador da insolvência: não se tratou de considerar factos não alegados, mas antes de obter informações para que a sentença fosse consonante com a realidade material em consideração do princípio da *primazia da materialidade subjacente*» (sumário).

[103] Sobre a sub-rogação do Fundo de Garantia Salarial (FGS), cfr., com ampla fundamentação, o Ac. STJ de 20.03.2014, Proc. n.º 176/11.1TBTNV-G.C1.S1 (Relator: Pinto de Almeida), www.dgsi.pt. Quanto ao regime atual do FGS, v. Cap. X, ponto 10, onde se trata tb. do FCT e do FGCT.

[104] Sobre o regime em causa pode ler-se Pedro Malaquias, «O novo regime jurídico das obrigações hipotecárias em Portugal», *Actualidad jurídica. Homenaje al profesor D. Rodrigo Uría González en el centenario de su nacimiento / número extraordinario-2006*, p. 99-111.

[105] No sentido de que a primazia do direito de retenção sobre a hipoteca, nos termos do art. 759.º, 2, CCiv., depende de prova dos factos integradores do direito de retenção consagrado no art. 755.º, 1, CCiv., devendo ser feita a junção de «título justificativo», que no caso era «a sentença condenatória a reconhecer o incumprimento do promitente-vendedor e a tradição da coisa para o promitente-comprador», cfr. o Ac. STJ de 19.11.2009 (Relator: Urbano Dias), Proc. n.º 1246/06.3TBPTM-H.S1, www.dgsi.pt (sumário), e o Ac. STJ de 30.11.2010, Proc. 2637/08.0TBVCT-F.G1.S1 (Relator: Moreira Camilo), www.dgsi.pt. Com leitura crítica,

UM CURSO DE DIREITO DA INSOLVÊNCIA

No entanto, já foi dito atrás que o Ac. STJ n.º 44/2014, de 20.03.2014 (DR, 1ª série, de 19.05.2014), uniformizou jurisprudência no seguinte sentido: «No âmbito da graduação de créditos em insolvência o consumidor promitente--comprador em contrato, ainda que com eficácia meramente obrigacional com *traditio*, devidamente sinalizado, que não obteve o cumprimento do negócio por parte do administrador da insolvência, goza do direito de retenção nos termos do estatuído no artigo 755.º n.º 1 alínea *f)* do Código Civil». Mas a hipoteca prevista no art. 3.º, 2, do DL 59/2006 prevalecerá sobre o direito de retenção[106] porque também prevalece sobre quaisquer privilégios creditórios imobiliários[107].

De acordo com o art. 686.º, 1, as hipotecas conferem ao credor «o direito de ser pago pelo valor de certas coisas imóveis, ou equiparadas, pertencentes ao devedor ou a terceiro com preferência sobre os demais credores que não gozem de privilégio especial ou de prioridade de registo» (v. tb. os arts. 687.º e 704.º CCiv.). Assim, decorre daquele preceito que, em regra, os privilégios *especiais* prevalecem sobre as hipotecas, independentemente da data de constituição destas. Também resulta do art. 751.º CCiv. que são os *privilégios imobiliários especiais* que preferem em regra à hipoteca, ainda que anterior aos referidos privilégios. Por outro lado, como a hipoteca confere o direito de ser pago com preferência sobre os demais credores que não gozem de privilégio especial ou de prioridade de registo, e como a consignação de rendimentos está, em regra, sujeita a registo (mas v. o art. 660.º, 2, CCiv.), o concurso entre uma e outra resolve-se pela prioridade de registo (quanto à exigência de registo, cfr., para a hipoteca, o art. 687.º do CCiv.)[108].

PESTANA DE VASCONCELOS, «Direito de Retenção, contrato-promessa e insolvência», cit., p. 10, nt. 29. Considerando que todas «as questões contra a verificação do direito de retenção podem ser levantadas na ação de verificação e graduação de créditos», cfr. o Ac. RL de 03.04.2014, Proc. n.º 1149/13.5TJLSB-A.L1-2 (Relator: Ezaguy Martins), www.dgsi.pt.

[106] Parece ser também esta a solução defendida por MIGUEL LUCAS PIRES, *Dos privilégios creditórios: regime jurídico e sua influência no concurso de credores*, cit., p. 165, nt. 497.

[107] Cfr., com essa leitura, PESTANA DE VASCONCELOS, «Direito de Retenção, contrato-promessa e insolvência», cit., p. 9, nt. 27.

[108] Com a mesma leitura, MIGUEL LUCAS PIRES, *Dos privilégios creditórios. Regime jurídico e sua influência no concurso de credores*, cit., p. 163, nt. 490.

RECLAMAÇÃO, VERIFICAÇÃO E GRADUAÇÃO DE CRÉDITOS

Embora decorra do art. 735.º, 3, CCiv., que os privilégios *imobiliários* estabelecidos naquele Código são «sempre especiais», também são relativamente frequentes os casos em que outra legislação cria privilégios imobiliários *gerais*.

É o que sucede, quanto ao IRS, no art. 111.º do CIRS, que determina que para pagamento do IRS relativo aos três últimos anos goza a Fazenda Pública, de privilégio *imobiliário* (geral, parece[109]) «sobre os bens existentes no património do sujeito passivo à data da penhora ou outro acto equivalente». No CIRC o art. 116.º tem teor semelhante. Há que atender aqui, julgamos nós, ao disposto no art. 748.º do CCiv.[110] (embora aqueles impostos não venham referidos neste preceito).

Também no art. 205.º do CRCSPSS é conferido aos créditos da *segurança social* por contribuições, quotizações e respetivos juros de mora um privilégio *imobiliário* sobre os bens imóveis existentes no património do contribuinte «à data da instauração do processo executivo»[111]. Tais privilégios serão graduados *logo após* os mencionados no art. 748.º do CCiv..

O facto de o CCiv. não estabelecer privilégios *imobiliários gerais* (art. 735.º, 3, CCiv.) pode dificultar a interpretação das normas legais avulsas que os consagram[112]. Parece preferível a leitura que sujeita os privilégios creditórios *imobiliários gerais* ao disposto no art. 749.º do CCiv., daí decorrendo, designadamente, que não valem «contra terceiros, titulares de direitos que, recaindo sobre as coisas abrangidas pelo privilégio, sejam oponíveis ao exequente»[113].

---

[109] Nesse sentido, MIGUEL LUCAS PIRES, *Dos privilégios creditórios: regime jurídico e sua influência no concurso de credores*, cit., p. 299, nt. 916.

[110] Parece ser esta a leitura de MIGUEL LUCAS PIRES, *Dos privilégios creditórios: regime jurídico e sua influência no concurso de credores*, cit., p. 357; v. tb. a p. 108, aplicando o art. 749.º. O problema existe porque o art. 748.º do CCiv. estava pensado para privilégios imobiliários *especiais*.

[111] Vendo aquele privilégio imobiliário como *geral*, Ac. RL de 09.05.2013, Proc. n.º 2134/12.0TB-CLD-B.L1-2 (Relatora: Ondina Carmo Alves), www.dgsi.pt.

[112] Sobre o tema, MIGUEL LUCAS PIRES, *Dos privilégios creditórios: regime jurídico e sua influência no concurso de credores*, cit., p. 102 e ss..

[113] Considerando que a *hipoteca* prevalece, em regra, sobre os privilégios creditórios *imobiliários gerais*, cfr. o Ac. STJ de 29.03.2012, Proc. n.º 10655/09.5T2SNT-G.L1.S1 (Relator: Serra Baptista), in www.dgsi.pt, ali se entendendo ser naquele sentido a jurisprudência maioritária daquele Tribunal e sendo invocada a redação dada ao art. 751.º pelo DL 38/2003, de 8 de março, tida como interpretativa. É mais fácil hoje defender que o art. 749.º abrange os privilégios imobiliários gerais porque nele é feita referência aos privilégios gerais sem distinguir se são imobiliários ou mobiliários. Por sua vez, o art. 751.º restringe a sua aplicação aos privilégios imobiliários *especiais*. Sobre o confronto direito de retenção/

Estando em causa bens *móveis*, e para além do disposto no art. 746.º quanto aos *privilégios por despesas de justiça* (como vimos, os privilégios mobiliários por despesas de justiça «têm preferência não só sobre os demais privilégios, como sobre as outras garantias, mesmo anteriores, que onerem os mesmos bens, e valem contra os terceiros adquirentes»), há que ter em atenção que o art. 747.º, 1, manda respeitar a ordem de graduação nele prevista para os diversos privilégios. O privilégio creditório mobiliário por despesas de justiça mencionado no art. 738.º, 1, do CCiv. é *especial*.

Para além disso, e «salvo disposição em contrário» (é o caso previsto, p. ex., no art. 746.º), em caso de conflito entre o privilégio *mobiliário especial* e um *direito de terceiro* «prevalece o que mais cedo se houver adquirido» (art. 750.º)[114]. Daqui decorre que, *em regra*, o privilégio *mobiliário especial* adquirido *mais cedo* prevalece sobre o *penhor*[115], eventual *hipoteca, consignação de rendimentos e direito de retenção*[116]. Quanto à hipoteca de bens móveis, lembramos que o art. 686.º, 1, CCiv. permite que ela incida sobre coisas móveis equiparadas às imóveis. Nesse caso, a hipoteca também confere «preferência sobre os demais credores que não gozem de privilégio especial ou de prioridade de registo».

No entanto, o art. 3.º, 1, do DL 59/2006, de 20 de março, estabelece que os «titulares de obrigações hipotecárias gozam de privilégio creditório especial *sobre os créditos hipotecários* que lhes subjazem, bem como sobre os outros ativos

---

/privilégio imobiliário geral da segurança social, v. Miguel Lucas Pires, *Dos privilégios creditórios. Regime jurídico e sua influência no concurso de credores*, cit., p. 170.

[114] Na legislação fiscal encontramos várias normas estabelecendo privilégios creditórios *mobiliários especiais*. Merecem referência os que resultam do art. 47.º do CIS. Assim, os créditos do Estado relativos a imposto de selo sobre aquisições de bens beneficiam de privilégio *mobiliário sobre os bens transmitidos*, nos termos do *art. 738.º, 2, do CCiv.*. Além disso, o imposto de selo que seja liquidado em *transmissões gratuitas* goza do privilégio creditório mobiliário *especial* referido naquele art. 738.º, 2, do CCiv. para o imposto sobre sucessões e doações. Por sua vez, o art. 39.º do CIMT estabelece que o IMT goza do privilégio creditório *mobiliário especial* que, no *art. 738.º do CCiv.*, está previsto para a sisa (embora o art. 738.º não se refira à sisa, mas sim, no n.º 2, ao imposto sobre as sucessões e doações). Mas também os há *gerais*, como veremos.

[115] Por vezes, e como veremos, a lei até considera que o privilégio mobiliário *geral* prevalece sobre penhor *anteriormente constituído*. Para um caso de penhor «legal», cfr. o art. 195.º, 1 e 5, do CPPT, que é analisado por Miguel Lucas Pires, *Dos privilégios creditórios: regime jurídico e sua influência no concurso de credores*, cit., p. 88 e s..

[116] Miguel Lucas Pires, *Dos privilégios creditórios: regime jurídico e sua influência no concurso de credores*, cit., p. 160 e ss., destacando a importância do momento da constituição de cada uma das garantias e os aspetos registais.

RECLAMAÇÃO, VERIFICAÇÃO E GRADUAÇÃO DE CRÉDITOS

previstos no artigo 17.º, com precedência sobre quaisquer outros credores, para efeitos de reembolso do capital e recebimento dos juros correspondentes às obrigações hipotecárias». Sublinhe-se: sobre quaisquer outros credores.

Chama-se ainda a atenção para o art. 749.º, 1, CCiv., de que resulta que o privilégio *geral* (e, portanto, também o *mobiliário* geral) «não vale contra terceiros, titulares de direitos que, recaindo sobre as coisas abrangidas pelo privilégio, sejam oponíveis ao exequente».

Vejamos alguns casos em que a lei concede privilégios creditórios mobiliários *gerais*.

Beneficia de privilégio creditório *mobiliário geral* o credor que, no âmbito de um PER, financie a atividade do devedor, «disponibilizando-lhe capital para a sua revitalização» (art. 17.º-H, 2, e 17.º-I, 6), sendo esse privilégio graduado *antes* do privilégio creditório *mobiliário geral* concedido aos *trabalhadores*. A mesma graduação está prevista em caso de insolvência do devedor quanto ao privilégio creditório mobiliário geral de que gozam os credores que, disponibilizando àquele «capital» para a respetiva revitalização, o financiem no decurso do processo que decorra no âmbito do SIREVE (art. 11.º, 8, do DL 178/2012, de 3 de agosto, na redação dada pelo DL 26/2015).

Com efeito, nos termos do art. 333.º, 1, *a*), do CT, os «créditos do trabalhador emergentes de contrato de trabalho, ou da sua violação ou cessação» gozam de privilégio mobiliário *geral*[117], graduado *antes* de qualquer dos créditos referidos no art. 747.º, 1, CCiv..

Já o privilégio creditório *mobiliário geral* referido no art. 98.º, 1, do CIRE, de que beneficiam os créditos não subordinados do credor requerente da declaração de insolvência (mas v. tb. o n.º 2), é graduado *em último lugar*.

Quanto a impostos *diretos inscritos para cobrança* no ano corrente[118] na data da penhora ou ato equivalente[119], e nos dois anos anteriores, e a impostos *indiretos*,

---

[117] Sobre a sub-rogação do Fundo de Garantia Salarial, v., entre outros, o Ac. STJ de 20.03.2014 e o Cap. X, ponto 10, onde também é tratada a subrogação pelo FGCT. Considerando tacitamente revogado o art. 737.º, 1, *d*), do CCiv., cfr. o Ac. RL de 26.02.2014, Proc. n.º 2843/03.4TTL-SB.L1-4 (Relatora: Francisca Mendes), www.dgsi.pt. Lembre-se tb. o art. 78.º da L 98/2009 quanto aos créditos provenientes do direito à reparação reconhecido naquela Lei e, quanto ao Fundo de Acidentes de Trabalho, o art. 5.º-B do DL 142/99.

[118] Sobre as dúvidas que o preceito suscita, cfr. MIGUEL LUCAS PIRES, *Dos privilégios creditórios: regime jurídico e sua influência no concurso de credores*, cit., p. 293 e s..

[119] Será ato equivalente a apreensão de bens do devedor no âmbito do processo de insolvência.

chama-se a atenção para o disposto no art. 736.º, 1 e 2, do CCiv.. Decorre do primeiro destes preceitos que o Estado e as autarquias locais têm em regra privilégio *mobiliário geral* para garantia dos créditos por aqueles impostos[120]. Tal não abrange, porém, quaisquer outros impostos que gozem de privilégio *especial*[121]. Os créditos por impostos com privilégio mobiliário estão em primeiro lugar na graduação do art. 747.º, 1, do CCiv..

Entre privilégios mobiliários *especiais* e privilégios mobiliários *gerais*, a prevalência vai, em regra, para os primeiros, tendo em conta o teor do art. 747.º, 1, CCiv.. Com efeito, vemos aí que é na última alínea (a al. *f*)) que surge a referência aos créditos com privilégio mobiliário *geral*. No entanto, atendendo à redação do art. 747.º, 1, *a*), parece que os *créditos por impostos* que beneficiem de privilégio creditório *mobiliário geral* prevalecem sobre os privilégios *mobiliários especiais* das alíneas seguintes[122].

---

[120] Vejamos alguns exemplos de normas estabelecendo privilégios creditórios *mobiliários gerais*. No que diz respeito ao IRS, o art. 111.º do CIRS determina que para pagamento do IRS relativo aos três últimos anos goza a Fazenda Pública de privilégio *mobiliário geral* «sobre os bens existentes no património do sujeito passivo à data da penhora ou outro acto equivalente» (o Ac. TC n.º 362/2002, DR, I-A, n.º 239, de 16.10.2002, declarou-o inconstitucional na interpretação segundo a qual o privilégio imobiliário geral nele conferido à Fazenda Pública prefere à hipoteca, nos termos do artigo 751.º do CCiv.; entretanto, a redação do art. 751.º CCiv. foi alterada). No CIRC, o art. 116.º tem teor semelhante. O art. 204.º, 1, do CRCSPSS vem conferir aos *créditos da segurança social* por contribuições, quotizações e respetivos juros de mora um privilégio mobiliário *geral*, que deverá ser graduado nos termos do art. 747.º, 1, *a*), do CCiv. *e que prevalece inclusivamente sobre qualquer penhor, ainda que anteriormente constituído* (art. 204.º, 2, CRCSPSS). Mas v., questionando a constitucionalidade do art. 204.º, 2, CRCSPSS, PESTANA DE VASCONCELOS, *Direito das garantias*, cit., p. 398, e MIGUEL LUCAS PIRES, *Dos privilégios creditórios. Regime jurídico e sua influência no concurso de credores*, cit., p. 126 e ss..

[121] Cfr. os já referidos arts. 47.º do CIS e 39.º do CIMT, para exemplos de privilégios mobiliários especiais. Veja-se, porém, que o art. 736.º, 2, só exclui o privilégio mobiliário geral do anterior n.º 1, como lembra MIGUEL LUCAS PIRES, *Dos privilégios creditórios: regime jurídico e sua influência no concurso de credores*, cit., p. 301.

[122] Nesse sentido, MIGUEL LUCAS PIRES, *Dos privilégios creditórios: regime jurídico e sua influência no concurso de credores*, cit., p. 12 e p. 159 e s.. O art. 574.º do CCom. estabelece que os créditos ali designados «preferem a qualquer privilégio geral ou especial sobre móveis estabelecido no Código Civil» (que era, na época, o de Seabra). No entanto, o art. 8.º do DL 47344, que aprovou o atual CCiv., torna questionável a manutenção em vigor, com caráter geral, do preceito. Sobre a matéria, também aqui, MIGUEL LUCAS PIRES, últ. ob. cit., p. 342 e ss., dando conta da jurisprudência que se pronunciou no sentido de o art. 8.º referido apenas ser dirigido à lei civil.

O *penhor* confere ao credor «o direito à satisfação do seu crédito, bem como dos juros, se os houver, com preferência sobre os demais credores, pelo valor de certa coisa móvel, ou pelo valor de créditos ou outros direitos não suscetíveis de hipoteca, pertencentes ao devedor ou a terceiro». Sublinhe-se: «com preferência sobre os demais credores», o que é em regra relevante perante credores cujos créditos beneficiam apenas de privilégio creditório *mobiliário geral* (cfr. o art. 749.º do CCiv.)[123]. Mas a lei pode prever coisa diferente, evidentemente[124].

Tendo em conta o teor dos arts. 749.º, 1, 751.º e 758.º CCiv., julgamos que o *direito de retenção*[125] e a *consignação de rendimentos* também prevalecem geralmente sobre o privilégio *mobiliário geral*.

Como vimos, e «salvo disposição em contrário» (p. ex., o art. 746.º), em caso de conflito entre o privilégio *mobiliário especial* e um *direito de terceiro* «prevalece o que mais cedo se houver adquirido» (art. 750.º CCiv.). Por isso, e em regra, o privilégio *mobiliário especial* adquirido *mais cedo* prevalece, por exemplo, sobre o penhor constituído posteriormente.[126]

Tanto no que diz respeito aos privilégios creditórios imobiliários como aos mobiliários vale, em geral, o disposto no art. 745.º, 2: «Havendo créditos igualmente privilegiados, dar-se-á rateio entre eles, na proporção dos respetivos montantes».

Perante a rapidez com que os diplomas legais se sucedem no tempo, chama-se ainda especialmente a atenção para a necessidade de ter em conta *o âmbito*

---

[123] Não obstante o disposto no art. 758.º, Miguel Lucas Pires, *Dos privilégios creditórios: regime jurídico e sua influência no concurso de credores*, cit., p. 160, nt. 481, considera, quanto ao concurso entre penhor e direito de retenção (e quando este seja possível), que «prevalecerá o primeiramente constituído». O autor também defende que o direito de retenção e o penhor prevalecem «ou não sobre a consignação de rendimentos em função da data de constituição daqueles e do registo desta».

[124] Lembre-se o art. 204.º, 2, do CRCSPSS quanto aos créditos da segurança social por contribuições, quotizações e respetivos juros de mora.

[125] Para exemplos de direito de retenção sobre coisas móveis, cfr. o art. 755.º do CCiv. e o art. 50.º, 2, *c*), da LGT.

[126] Porém, se um privilégio mobiliário geral prevalecer sobre os privilégios mobiliários especiais que, por serem constituídos mais cedo, prevalecem sobre o penhor, coloca-se a questão de saber se podem prevalecer (os mobiliários gerais) sobre o penhor. Defendendo que não, Miguel Lucas Pires, *Dos privilégios creditórios. Regime jurídico e sua influência no concurso de credores*, cit., p. 261.

temporal de aplicação de cada regime[127]. É também importante ver, em cada caso, se as garantias reais ou os privilégios gerais abrangem os *juros* e em que termos o fazem (cfr., p. ex., os arts. 656.º, 2, 666.º, 1, 693.º, 734.º do CCiv., bem como o art. 48.º, *b*), do CIRE), questão que ainda se revela mais complicada quando o mesmo crédito beneficia de garantia real e privilégio geral[128].

No que diz respeito aos créditos subordinados, o art. 48.º determina que serão graduados «depois dos restantes créditos sobre a insolvência», resultando do art. 177.º, 1, a necessidade de ser respeitada a ordem por que são indicados no art. 48.º.

5.13. O recurso da sentença

Nos termos do art. 173.º, só é possível efetuar *pagamentos* de créditos sobre a insolvência quanto aos que estiverem verificados por sentença *transitada em julgado*. Tendo sido interposto recurso da sentença de verificação e graduação de créditos, há que ver o que foi objeto do recurso. Desde logo porque, como manda fazer o art. 180.º, 1, os créditos objeto do recurso consideram-se condicionalmente verificados «pelo montante máximo que puder resultar do conhecimento do mesmo, para o efeito de serem atendidos nos rateios que se efetuarem, devendo continuar, porém, depositadas as quantias que por estes lhes sejam atribuídas». E, portanto, se continuam depositadas, também não são pagas. Sendo definitivamente decidido o recurso, e em conformidade com o teor da decisão, ou é autorizado o levantamento das quantias depositadas «na medida que se imponha», ou é efetuado o rateio dessas quantias pelos

---

[127] Considerando que a lei aplicável à graduação de créditos em processo de insolvência é a vigente à data do trânsito em julgado da sentença de declaração da insolvência, cfr., p. ex., o Ac. STJ de 12.01.2012, Proc. n.º 91/09.9T2AVR-A.C1.S1 (Relator: Lopes do Rego) e o Ac. STJ de 07.02.2013, Proc. 148/09.6TBPST-F.L1.S1 (Relatora: Maria dos Prazeres Pizarro Beleza), ambos em www.dgsi.pt. No sentido da aplicação imediata de leis que criam, suprimem ou modificam privilégios creditórios, cfr. o Ac. RL de 26.02.2014, Proc. n.º 2843/03.TTLSB.L1-4 (Relatora: Francisca Mendes), www.dgsi.pt.

[128] Chamando a atenção para isso mesmo, MARIA JOSÉ COSTEIRA/FÁTIMA REIS SILVA, «Classificação, verificação e graduação de créditos no CIRE – Em especial os créditos laborais», cit., p. 368. Lembrando as dificuldades de interpretação do art. 734.º tendo em conta, designadamente, a distinção entre juros moratórios e remuneratórios, MIGUEL LUCAS PIRES, *Dos privilégios creditórios: regime jurídico e sua influência no concurso de credores*, cit., p. 56 e ss..

credores (art. 180.º, 1, que também prevê a possibilidade de levantamento parcial).

A interposição de recurso pode ocasionar responsabilidade para o recorrente. Se com o recurso obstou ao levantamento de qualquer quantia e decair, deve indemnizar os credores lesados nos termos do art. 180.º, 3.

6. Verificação ulterior de créditos

Se o credor não reclama o seu crédito sobre a insolvência no prazo fixado na sentença de declaração de insolvência nem vê o seu crédito incluído na lista dos credores reconhecidos pelo administrador da insolvência, não está tudo necessariamente perdido se quiser que o seu crédito seja atendido no processo de insolvência. Com efeito, alguns credores têm a possibilidade de intentar uma ação contra a massa insolvente, os credores e o devedor para obter o reconhecimento do seu crédito. Essa ação corre por *apenso* ao processo de insolvência (art. 146.º, 3, e 148.º) e tem caráter urgente (art. 9.º, 1). Mas, agora, cada ação constituirá um apenso[129].

No entanto, só podem em regra intentar essa ação os credores que não tenham antes sido avisados nos termos do art. 129.º. Os que tenham sido avisados nesses termos apenas podem usar a referida ação quanto a créditos de constituição posterior (art. 146.º, 2, *a*)). Não sendo esse o caso, e uma vez avisados de acordo com o disposto no referido art. 129.º, poderão impugnar a lista de credores reconhecidos nos termos do art. 130.º.

A ação deve ser proposta no prazo de seis meses após o trânsito em julgado da sentença de declaração de insolvência ou, se terminar depois, no prazo de três meses seguintes à constituição (art. 146.º, 2, *b*))[130].

A citação dos credores tem lugar por edital eletrónico publicado no Citius, considerando-se os mesmos citados «decorridos cinco dias após a data da sua

---

[129] CARVALHO FERNANDES/JOÃO LABAREDA, *Código da Insolvência e da Recuperação de Empresas anotado*, cit., p. 562.

[130] Considerando que o prazo do art. 146.º, 2, *b*), é de caducidade, cfr., p. ex., o Ac. RP de 21.02.2013, Proc. n.º 2981/11. OTBSTS-G. P1 (relator: Carlos Portela) e o Ac. RG de 06.02.2014, Proc. n.º 1551/12.0TBBRG-C.G1 (Relator: Estelita de Mendonça), ambos em www.dgsi.pt. No sentido de que é um prazo processual (o que tem consequências quanto ao regime de conhecimento), v. o Ac. RP de 10.04.2014, Proc. n.º 1218/12.9TJVNF-P.P1 (Relator: José Manuel de Araújo Barros) e Ac. RP de 27.03.2014, Proc. n.º 1218/12.9TJVNF-W.P1 (Relatora: Judite Pires).

publicação» (art. 146.º, 1). Se não for deduzida contestação, as custas da ação ficam a cargo do autor (art. 148.º).

Uma vez proposta a ação, a própria secretaria lavra termo no processo de insolvência de acordo com o disposto no art. 146.º, 3, equivalendo a termo de protesto. A realização do protesto leva a que os créditos sejam considerados *condicionalmente verificados* para serem atendidos nos rateios, mas as quantias aí atribuídas ficam sujeitas ao regime previsto no art. 180.º[131]. Vale também aqui a regra prevista no art. 173.º, pelo que *os pagamentos só podem ser efetuados após verificação dos créditos por sentença transitada em julgado*[132].

Se o autor da ação, de forma negligente, deixar de promover os termos da causa durante 30 dias, a instância extingue-se e os efeitos do protesto no processo principal caducam (ar. 146.º, 4)[133].

---

[131] Veja-se que o art. 180.º, 1, faz referência aos «créditos dos autores do protesto [...]», mas o art. 146.º, 3, obriga a secretaria a «lavrar» oficiosamente o termo ali previsto, determinando que esse equivale a termo de protesto (pressupõe-se que seja termo de protesto pelos reclamantes identificados).

[132] Sobre o regime do recurso de revista, cfr. o Ac. STJ de 14.11.2013 (Relator: Abrantes Geraldes), Proc. n.º 22332/09.2T2SNT-ZV.L1.S1, www.dgsi.pt.

[133] Como a instância se extingue, o disposto no art. 147.º não parece fazer sentido. Defendendo a sua revogação implícita, CARVALHO FERNANDES/JOÃO LABAREDA, *Código da Insolvência e da Recuperação de Empresas anotado*, cit., p. 559.

CAPÍTULO VIII
A liquidação do ativo

1. A liquidação do ativo para satisfazer os credores

O art. 1.º, 1, do CIRE identifica como *finalidade* do processo de insolvência «a satisfação dos credores», que deverá ser procurada através da liquidação do património do devedor insolvente e subsequente repartição do produto obtido pelos credores quando não seja possível a recuperação da empresa compreendida na massa insolvente[1]. Na verdade, o preceito referido faz surgir

---

[1] Estamos, evidentemente, a lidar com a redação resultante das alterações introduzidas pela Lei 16/2012, de 20 de abril. O CIRE não mantém sempre a mesma terminologia: liquidação do *património* do devedor insolvente (art. 1.º, 1), liquidação da *massa insolvente* (arts. 156.º, 3, e 192.º, 1). A liquidação que nos interessa agora, como resulta do título do presente Capítulo, é a que diz respeito ao *ativo*. A massa insolvente de cuja liquidação tratamos está identificada no art. 46.º, 1: «a massa insolvente destina-se à satisfação dos credores da insolvência, depois de pagas as suas próprias dívidas, e, salvo disposição em contrário, abrange todo o património do devedor à data da declaração de insolvência, bem como os bens e direitos que ele adquira na pendência do processo». Considerando, porém, que o pagamento «constitui a expressão final da liquidação, quanto mais não seja entendida em sentido amplo», Carvalho Fernandes/ João Labareda, *Código da Insolvência e da recuperação de empresas anotado*, cit., p. 638. Uma outra nota desde já se impõe. Como se retira do art. 161.º, 3, a liquidação (ou até a liquidação do ativo) configurada no CIRE *não* se traduz apenas em *vendas* ou *alienações* de bens. Acresce que nem todo o ativo carece de ser vendido ou alienado: pense-se no dinheiro existente no cofre do estabelecimento ou no saldo positivo de contas bancárias. A liquidação do ativo visa *tornar líquido o que não o é*; considerando que a liquidação é «decisiva conversão do real património do devedor em dinheiro diretamente para fins de pagamento aos credores» («endgültigen Umwandlung

UM CURSO DE DIREITO DA INSOLVÊNCIA

a impressão de que a *liquidação* do património do devedor só terá lugar *se não for possível a recuperação* da empresa que integra a massa. Contudo, a adoção de medidas de recuperação num plano de insolvência não é necessariamente incompatível com a realização de atos de liquidação[2].

Os termos da liquidação podem constar de um *plano* de insolvência. Isso mesmo resulta do art. 1.º, 1[3]. Também o art. 192.º, 1, revela que «[...] a liquidação da massa insolvente e a sua repartição [...] podem ser regulados num plano de insolvência em derrogação das normas do presente Código»[4]. Por sua vez,

realen Schuldnervermögens in Geld unmittelbar zum Zwecke der Gläubigerbefriedigung)», *BGH*, 20/2/2002, *NZI*, 2003, p. 261 (Beck-online; consulta em 23/8/2013); no mesmo sentido, Philipp Esser, «§ 159», AAVV, *Insolvenzordnung (InsO). Kommentar* (her. Eberhard Braun), 6. Aufl., Beck (Beck-online), München, 2014, Rn. 2. Carvalho Fernandes/João Labareda, *Código da Insolvência e da Recuperação de Empresas anotado*, cit., p. 605, lembram inclusivamente que a liquidação da massa pode integrar atos «que respeitam à decisão sobre negócios não cumpridos e os de cobrança de créditos de que a massa é titular» e que podem ser atos de especial relevo, sujeitos por isso ao regime do art. 161.º. Tratando-se de sociedade comercial, a liquidação *do ativo* no âmbito do processo de insolvência não se confunde totalmente com a própria liquidação *da sociedade* (art. 146.º do CSC). A declaração de insolvência da sociedade comercial constitui um caso de dissolução imediata da sociedade (art. 141.º, 1, *e*) do CSC) e a sociedade dissolvida entra imediatamente em liquidação (art. 146.º, 1, CSC). A nomeação do administrador da insolvência não parece sequer impedir a existência de liquidatários da sociedade. A utilidade destes resulta, desde logo, do art. 81.º, 5, do CIRE. Quanto à *extinção* da sociedade, vejam-se também as diferenças entre o teor do art. 234.º, 3, CIRE, e do art. 160.º, 2, CSC. Se no processo de insolvência for homologado um *plano de insolvência* que preveja a *continuação da sociedade comercial*, o encerramento do processo não conduz à extinção da sociedade comercial. Pelo contrário, esta retoma a atividade independentemente de deliberação dos sócios (cfr. o art. 234.º, 1, do CIRE, bem como o art. 161.º do CSC). Lembre-se, ainda, o disposto no art. 234.º, 4, que o art. 39.º, 10, manda aplicar, «com as necessárias adaptações», daí resultando a liquidação segundo o RJPADLEC. Para uma análise das diferenças entre liquidação «social» e liquidação «concursal», tendo em conta as soluções do direito espanhol, Emilio Beltrán/ Aurora Martínez Flórez, «Artículo 145», in Ángel Rojo/Emílio Beltrán, *Comentario de la Ley Concursal*, vol. II, Thomson-Civitas, Madrid, 2008 (reimp.), p. 2346 e ss..

[2] A articulação entre a liquidação e o plano de insolvência carece, aliás, de um melhor enquadramento legal. Pense-se, desde logo, nos casos de incumprimento do plano ou de invalidade do mesmo.

[3] «[...] plano de insolvência, baseado, nomeadamente, na recuperação da empresa compreendida na massa insolvente, ou, quando tal não se afigure possível, na liquidação do património do devedor insolvente [...]».

[4] Trata-se então de um verdadeiro plano de liquidação, para a elaboração do qual será de grande importância o *inventário* elaborado pelo administrador da insolvência (cfr. o art. 153.º) e o valor nele indicado para os bens e direitos integrados na massa «na data anterior à do relatório» (tendo em conta, obviamente, as eventuais alterações entretanto ocorridas). É necessário ter

A LIQUIDAÇÃO DO ATIVO

o art. 195.º, 2, *b*), identifica como conteúdo do plano, entre outros elementos, a indicação «sobre se os meios de satisfação dos credores serão obtidos através de liquidação da massa insolvente, de recuperação do titular da empresa ou da transmissão da empresa a outra entidade».

O art. 1.º, 1, dá mesmo a entender que o processo de insolvência conterá *sempre* um plano de insolvência[5]. No entanto, o art. 192.º, 1, fornece indicações de sentido diverso, pois nele descobrimos uma referência à liquidação regulada pelas «normas do presente Código» (o CIRE)[6]. Além disso, o art. 250.º afasta a aplicação das disposições relativas ao plano de insolvência no que diz respeito aos processos de insolvência de não empresários e titulares de «pequenas empresas»[7].

em conta que nem todas as normas legais que regulam a liquidação podem ser afastadas. Daí a importância do disposto no art. 195.º, 2, *e*). Considerando inderrogáveis os arts. 159.º, 160.º e 168.º, PAULA COSTA E SILVA, «A liquidação da massa insolvente», *ROA*, 2005, III, p. 743.

[5] Com dúvidas («se for esse o caso»), CATARINA SERRA, *O regime português da insolvência*, cit., p. 26. Entendendo que «na prática» o plano de insolvência continua «a assumir natureza supletiva», MARIA DO ROSÁRIO EPIFÂNIO, *Manual de direito da insolvência*, cit., p. 17. CARVALHO FERNANDES/JOÃO LABAREDA, *Código da Insolvência e da Recuperação de Empresas anotado*, cit., p. 70, consideram antes que a liquidação é subsidiária em relação à satisfação dos credores pela forma prevista no plano de insolvência. O art. 148 da *Ley Concursal* espanhola tem algum interesse no âmbito deste tema na medida em que prevê o dever de a *administración concursal* apresentar, nos termos ali previstos, um plano de liquidação. As *reglas legales supletorias* contidas no art. 149 da *Ley Concursal* valem se não for aprovado um plano de liquidação ou em relação ao que não esteja previsto no plano aprovado.

[6] A menos que se entenda que mesmo a liquidação que não derroga as normas do CIRE deve contar com um plano de insolvência. Essa leitura não é incompatível com o teor do art. 192.º, 1, embora coloque sérias dificuldades práticas. Na Espanha, perante o art. 148 da *Ley Concursal*, já surgiu defendido que há lugar à apresentação do plano de liquidação mesmo quando esta segue o regime supletivo contido no art. 149 da referida *Ley*: IBON HUALDE LÓPEZ, «Artículo 148», in AAVV, *Comentarios a la Ley Concursal* (dir. Faustino Cordón Moreno), T. II, 2.ª ed., 2010, Aranzadi-Thomson Reuters, p. 422.

[7] O que o art. 1.º, 1, parece assim querer dizer (tendo em conta o elemento sistemático da interpretação e a indigesta presunção do «legislador razoável») é: «O processo de insolvência é um processo de execução universal que tem como finalidade a satisfação dos credores pela forma prevista num plano de insolvência baseado, nomeadamente, na recuperação da empresa compreendida na massa insolvente, ou, *quando aquela forma* não tenha lugar, pela liquidação do património do devedor insolvente nos termos legalmente previstos e a repartição do produto obtido pelos credores». Por um lado, o plano de insolvência não surge como imprescindível; por outro, a ausência de plano de insolvência não decorre apenas de o mesmo não ter sido aprovado ou homologado, mas também de normas legais que não o admitem.

UM CURSO DE DIREITO DA INSOLVÊNCIA

E mesmo sem plano de insolvência não tem de haver necessariamente liquidação: veja-se o que se passa no caso de transitarem em julgado as sentenças de homologação do plano de pagamentos e de declaração de insolvência (art. 259.º, 4). A própria recuperação do devedor empresário não tem que passar necessariamente pela recuperação da empresa (entendida esta com o sentido dado pelo art. 5.º). Note-se, ainda, que os «termos da equação» apresentada no art. 1.º, 1, também falham porque, em primeiro lugar, a lei indica que o conteúdo do plano de insolvência pode não ser aquele que apresenta («plano de insolvência, baseado, nomeadamente»), mas em segundo lugar já considera que a alternativa à recuperação é apenas a liquidação.

O CIRE contém ainda a previsão da possibilidade de o *juiz dispensar* a liquidação da massa «no todo ou em parte» (art. 171.º, 1). Porém, para que isso suceda é necessário que estejam cumpridos vários *requisitos*: tem de haver uma *solicitação* por parte do *administrador da insolvência*, com prévio acordo do devedor; o devedor tem que ser uma *pessoa singular*; a massa insolvente *não pode compreender uma empresa*; o devedor tem que entregar ao administrador da insolvência uma *quantia em dinheiro* não inferior à que resultaria da liquidação, quantia essa que o juiz fixará. Se o juiz dispensar a liquidação, a quantia em dinheiro referida deve ser entregue no prazo de oito dias, sob pena de, não o sendo, a decisão ficar sem efeito.

Caso o juiz conclua que o património do devedor «não é presumivelmente suficiente para a satisfação das custas do processo e das dívidas previsíveis da massa insolvente», e se não estiver garantida essa satisfação por outra forma, a sentença de declaração de insolvência apenas conterá o disposto no art. 36.º, 1, als. *a*) a *d*) e *h*) (cfr. o art. 39.º, 1). A sentença de declaração de insolvência não decreta, assim, a *apreensão dos bens* do devedor. E, se não for requerido o complemento da sentença, o próprio administrador da insolvência «limita a sua actividade à elaboração do parecer a que se refere o n.º 2 do artigo 188.º» (art. 39.º, 7, *c*))[8].

---

[8] Com opinião ligeiramente diferente, cfr. PAULA COSTA E SILVA, «A liquidação da massa insolvente», cit., p. 744.

A LIQUIDAÇÃO DO ATIVO

2. A liquidação do ativo segundo as normas do CIRE. O papel do administrador da insolvência e o início da liquidação

A liquidação do ativo é um meio para alcançar a satisfação dos credores. Essa liquidação do ativo será processada por apenso (art. 170.º)[9]. Sublinhe-se que a liquidação do ativo não se traduz apenas na *alienação* de bens. Como é evidente, o ativo pode integrar *créditos* sobre terceiros. A *cobrança* desses créditos também constitui ato de liquidação[10].

No que diz respeito à alienação de bens que integram a massa insolvente, é o administrador da insolvência que tem a seu cargo a *promoção* daquela (art. 55.º, 1, *a*))[11]. Exerce essa atividade sob a fiscalização do juiz (art. 58.º)[12], da comissão de credores (art. 68.º, 1) e da assembleia de credores (na medida, desde logo, do disposto nos arts. 79.º e 80.º)[13].

Em regra, a venda dos bens apreendidos para a massa insolvente só se inicia depois de *transitar em julgado a sentença declaratória da insolvência* e de se realizar a *assembleia de apreciação do relatório* (art. 158.º, 1, que determina

---

[9] Defendendo que «os pagamentos a credores garantidos efetuados antes do rateio final e todos os pagamentos intercalares são processualmente documentados no apenso da liquidação; os pagamentos correspondentes ao rateio final deverão inteirar o processo principal», CARVALHO FERNANDES/JOÃO LABAREDA, *Código da Insolvência e da recuperação de empresas anotado*, cit., p. 638.

[10] CARVALHO FERNANDES/JOÃO LABAREDA, *Código da Insolvência e da Recuperação de Empresas anotado*, cit., p. 605. Prevendo o depósito do produto da liquidação, cfr. o art. 167.º. Sobre a *cessão de créditos* realizada pelo administrador da insolvência, para a Alemanha, HELMUT BALTHASAR, «§ 159», in JÖRG NERLICH/VOLKER RÖMERMANN, *Insolvenzordnung (InsO)*, 26. Ergänzungslieferung, Beck (Beck-online), München, 2014, Rn. 15.

[11] O administrador da insolvência não está inclusivamente sujeito a «limitações ao poder de disposição do devedor estabelecidas por decisão judicial ou administrativa, ou impostas por lei apenas em favor de pessoas determinadas» (art. 81.º, 3). Já o insolvente está em regra privado de poderes de administração e disposição dos bens da massa (art. 81.º, 1). Mas tem deveres de *apresentação* e de *colaboração*, como se vê pelo art. 83.º.

[12] Cfr. tb., quanto à *informação trimestral* a apresentar pelo administrador da insolvência, o art. 61.º, 1.

[13] Como decorre do art. 168.º e nos termos aí contidos, o administrador da insolvência não pode adquirir bens ou direitos compreendidos na massa insolvente. Procurando atenuar o âmbito da proibição, cfr. CARVALHO FERNANDES/JOÃO LABAREDA, *Código da insolvência e da recuperação de empresas anotado*, cit., p. 633-634. A razão de ser do regime parece óbvia: o administrador da insolvência encontra-se em posição que envolve um potencial conflito de interesses, sendo também fácil de aceitar que os credores muitas vezes não têm tempo nem vontade de acompanhar de perto a atuação daquele.

UM CURSO DE DIREITO DA INSOLVÊNCIA

também que o administrador da insolvência procede à venda daqueles bens «com prontidão»[14]).

A solução legal tem sentido. Enquanto não transita em julgado a sentença declaratória da insolvência e é admissível a sua impugnação, é muito arriscado iniciar a liquidação do ativo tendo em conta a possibilidade de ser considerada procedente aquela impugnação[15]. Acresce que o relatório do administrador da insolvência contém informações que devem ser tidas em consideração na assembleia de apreciação do mesmo e que podem influenciar as decisões dos credores quanto ao caminho a seguir[16]. Na própria assembleia de apreciação do relatório podem ser tomadas pelos credores deliberações que se oponham, em maior ou menor medida, ao início da venda dos bens e que o adminis-trador da insolvência deve em princípio respeitar (cfr. o art. 158.º, 1, *in fine*)[17],

---

[14] «Unverzüglich», diz o § 159 da *InsO*. Se é com prontidão, não parece admissível que o administrador da insolvência atrase a venda aguardando por uma eventual subida de preços: nesse sentido, para a Alemanha, KLAUS GÖRG/CHRISTOPH JANSSEN, «§ 159», in HANS-PETER KIRCHOF/HORST EIDENMNÜLLER/ROLF STÜRNER, *Münchener Kommentar zur Insolvenzordnung*, Bd. 2, 3. Aufl., Beck (Beck-online), München, 2013, Rn. 6, WILHELM UHLENBRUCK, «§ 164», WILHELM UHELNBRUCK/HERIBERT HIRTE/HEINZ VALLENDER (her.), *Insolvenzordnung (InsO)*, 13. Aufl., Franz Vahlen (Beck-online), München, 2010, Rn. 2, HELMUT BALTHASAR, «§ 159», in JÖRG NERLICH/VOLKER RÖMERMANN, *Insolvenzordnung (InsO)*, cit., Rn. 9. A «prontidão» pode ser impedida por exigências legais: pense-se nos regimes aplicáveis à concentração de empresas. Mas v., sobre o argumento da «empresa insolvente», as *Orientações para a apreciação das concentrações horizontais nos termos do regulamento do Conselho relativo ao controlo das concen-trações de empresas (2004/C 31/03)*, par. 89-91, CAROLINA CUNHA, *Controlo das concentrações de empresas*, Almedina, 2005, p. 166-168, e MIGUEL GORJÃO-HENRIQUES, «A aquisição de empresas no direito da concorrência», p. 308-309, nt. 118.

[15] Impugnação que pode ser realizada através de *oposição de embargos* ou de *recurso* (cfr. os arts. 40.º e ss.). Qualquer uma dessas vias, com pressupostos diferentes, impede o trânsito em julgado da sentença de declaração da insolvência: PAULA COSTA E SILVA, «A liquidação da massa insolvente», cit., p. 723 e ss.. Os riscos, se tivermos em conta o art. 43.º, ameaçam sobretudo quem foi declarado insolvente na sentença impugnada.

[16] Cfr. o art. 155.º. O relatório do administrador da insolvência leva em anexo o inventário e a lista provisória de credores (art. 155.º, 2). Contudo, o juiz pode dispensar a elaboração do inventário nos termos previstos no art. 153.º, 5.

[17] A violação de uma dessas deliberações pelo administrador da insolvência não impedirá, em regra, a eficácia do ato perante terceiros, pois parece justificada a aplicação, diretamente ou por maioria de razão, do art. 163.º: se a falta de consentimento necessária para a prática de atos de especial relevo não prejudica geralmente aquela eficácia, *por maioria de razão não a deve prejudicar se o ato não é sequer de especial relevo*. Dizemos que a eficácia dos atos não será em regra afetada porque o art. 163.º afasta essa eficácia se as obrigações assumidas pelo administrador

A LIQUIDAÇÃO DO ATIVO

cabendo assim aos credores a decisão acerca do risco que pretendem correr com a liquidação[18]. Pense-se, por exemplo, no disposto no art. 156.º, 3, que permite que a assembleia determine a suspensão da liquidação e partilha se cometer ao administrador da insolvência o encargo de elaborar um plano de insolvência; pense-se ainda na deliberação pela qual é confiada ao devedor, nos termos do art. 224.º, 3, a administração da massa insolvente, tendo em conta as consequências previstas no art. 225.º[19].

Os termos do art. 158.º, 1, não levantam dificuldades nos casos em que se realiza a dita assembleia de apreciação do relatório. Quando tal não ocorra, como fazer? A liquidação deve iniciar-se logo que transita em julgado a sentença declaratória da insolvência? Ou só se inicia após o «45º dia subsequente à data de prolação da sentença de declaração da insolvência» (art. 36.º, 4)[20]?

A verdade é que o art. 36.º, 4, apenas dispõe que, não tendo sido designado dia para realização da dita assembleia, «os prazos previstos neste Código, contados por referência à data da sua realização, contam-se com referência ao 45.º dia subsequente à data de prolação da sentença de declaração da insolvência». E, cm bom rigor, o quc cstá cm causa no art. 158.º, 1, não é a contagem de um prazo, mas sim o momento a partir do qual o administrador da insolvência deverá proceder à venda ali referida.

Contudo, sempre se poderá dizer que a aplicação do art. 158.º, 1, em conjugação com o art. 36.º, 4, tem sentido para a identificação do momento em

da insolvência «excederem manifestamente as da contraparte». PAULA COSTA E SILVA, «A liquidação da massa insolvente», cit., p. 729, defende antes que no caso dos atos *sem especial relevo* não se aplicará a *parte final* do art. 163.º. Para a Alemanha, considerando que o § 164 da *InsO* se aplica por analogia aos casos em que é violada uma das deliberações da assembleia de credores referidas no § 159, KLAUS GÖRG, «§ 159», HANS-PETER KIRCHOF/HORST EIDENMNÜLLER/ROLF STÜRNER, *Münchener Kommentar zur Insolvenzordnung*, cit., Rn. 28, invocando a necessidade de proteger a confiança na eficácia da atuação jurídico-negocial do administrador da insolvência. O autor afasta o dever de respeitar o teor da deliberação em casos de *abuso de direito* ou que tenham como consequência a própria *responsabilização* do administrador da insolvência (Rn. 22 e 23). E, de facto, não se pode esquecer que o administrador da insolvência é um órgão da insolvência e não dos credores.

[18] Nesse sentido, quanto ao § 159 da *InsO*, HELMUT BALTHASAR, «§ 159», JÖRG NERLICH/VOLKER RÖMERMANN, *Insolvenzordnung (InsO)* , cit., Rn. 4.

[19] Chamando a atenção para isso mesmo, CARVALHO FERNANDES/JOÃO LABAREDA, *Código da Insolvência e da Recuperação de Empresas anotado*, cit., p. 593.

[20] Neste último sentido, CATARINA SERRA, *O regime português da insolvência*, cit., p. 135. Com dúvidas, MARIA DO ROSÁRIO EPIFÂNIO, *Manual de direito da insolvência*, cit., p. 262.

UM CURSO DE DIREITO DA INSOLVÊNCIA

que deve iniciar-se a liquidação se pensarmos que no art. 169.º está previsto que o juiz, a requerimento de qualquer interessado, decreta a destituição com justa causa do administrador da insolvência se o processo não for encerrado no prazo de um ano «contado da data da assembleia de apreciação do relatório, ou no final de cada período de seis meses subsequentes [...]». A isto acresce que o prazo da reclamação de créditos também se aplica às reclamações de restituição e separação de bens previstas nos arts. 141.º e ss.[21], devendo estas ser devidamente tidas em conta. Justificar-se-á, por isso, aguardar pelo decurso dos 45 dias previstos no art. 36.º, 4, quando não tenha sido designado dia para a realização da assembleia de apreciação do relatório.

O início da venda dos bens apreendidos para a massa insolvente não depende da verificação do passivo. Não é por isso necessário aguardar pelo trânsito em julgado da sentença de verificação e graduação dos créditos[22].

Antes de iniciar a venda de qualquer bem que integre a massa insolvente, o administrador da insolvência tem de verificar se é necessário o consentimento da comissão de credores ou da assembleia de credores (art. 161.º). Vimos já que esse consentimento terá que existir, designadamente, em relação à venda da empresa ou de estabelecimentos (art. 161.º, 3, *a*)).

Aliás, se a massa insolvente integra uma empresa ou estabelecimento, o administrador da insolvência, logo após o início das funções, deve efetuar «imediatamente» diligências para a sua alienação (art. 162.º, 2)[23]. A empresa deve em regra ser alienada «como um todo»[24]. Não será assim, porém, se não

---

[21] Sobre esse prazo, p. ex., JOSÉ LEBRE DE FREITAS, «Apreensão, separação restituição e venda», in CATARINA SERRA (coord.), *I Congresso de Direito da Insolvência*, Almedina, Coimbra, 2013, p. 234.

[22] No sentido de que o incidente de verificação dos créditos «não tem eficácia suspensiva da liquidação da massa insolvente», PAULA COSTA E SILVA, «A liquidação da massa insolvente», cit., p. 723.

[23] Deve ser recordado o regime a que ficam sujeitos os contratos de trabalho. Vejam-se, com especial interesse, os arts. 285.º e 347.º do CT, as Diretivas 2001/23/CE do Conselho, de 12 de março de 2001, «relativa à aproximação das legislações dos Estados-Membros respeitantes à manutenção dos direitos dos trabalhadores em caso de transferência de empresas ou de estabelecimentos, ou de partes de empresas ou de estabelecimentos», e 2008/94/CE do Parlamento Europeu e do Conselho, de 22 de outubro de 2008, «relativa à protecção dos trabalhadores assalariados em caso de insolvência do empregador», e o regime jurídico do Fundo de Garantia Salarial.

[24] O art. 162.º, 1, apenas faz menção à «empresa», que o CIRE não identifica com o estabelecimento. Para uma referência à venda ou à alienação de estabelecimentos, cfr. os arts. 161.º,

A LIQUIDAÇÃO DO ATIVO

3. Os atos jurídicos de especial relevo

Se a alienação ou outro ato jurídico de liquidação do ativo constituir um *ato jurídico*[30] *de especial relevo* para o processo de insolvência, será necessário o *consentimento* da comissão de credores ou, *na sua falta*, da assembleia de credores (art. 161.º, 1)[31].

Entre outros, serão atos jurídicos de especial relevo (e por isso carecerão do consentimento referido) a «venda da empresa, de estabelecimentos ou da totalidade das existências»[32], a «alienação de bens necessários à continuação da exploração da empresa» antes do encerramento desta, a «alienação de participações noutras sociedades destinadas a garantir o estabelecimento com estas de uma relação duradoura» e a «alienação de qualquer bem da empresa por preço igual ou superior a € 10 000 e que represente, pelo menos, 10% do valor da massa insolvente, tal como existente à data da declaração da insolvência, salvo se se tratar de bens do activo circulante ou for fácil a sua substituição por outro da mesma natureza» (art. 161.º, 3, als. *a*), *b*), *c*) e *g*)).

Mas no art. 161.º, 3 não encontramos apenas a previsão de atos de alienação. Também ali surgem referidas a aquisição de imóveis (al. *d*)), a celebração de

---

[30] No art. 161.º, apenas o n.º 1 contém a referência a atos *jurídicos*. Os n.ºs 2, 3 e 4 omitem a referência à juridicidade do ato e o n.º 5 usa a expressão «operação». Sobre os atos jurídicos «von besonderer Bedeutung» (especial sentido ou significado) para o «insolvenzverfahren», cfr. o art. 160.º da *InsO*.

[31] Convém ter presente, no entanto, o teor do art. 80.º («Prevalência da assembleia de credores»). Na medida em que o preceito faz referência à possibilidade de *revogação* pela assembleia de credores de todas as deliberações da comissão de credores e que o administrador da insolvência pode pedir ao juiz que convoque a assembleia (art. 75.º, 1), não é de excluir a possibilidade de o administrador solicitar essa convocação perante uma recusa de consentimento por parte da comissão de credores. Sobre o tema, para a Alemanha, admitindo que o administrador da insolvência procure obter a superação da recusa do consentimento da comissão de credores através de deliberação da assembleia de credores, HELMUT BALTHASAR, «§ 160», in JÖRG NERLICH/VOLKER RÖMERMANN, *Insolvenzordnung (InsO)*, 26 EL, Beck (Beck-online), München, 2014, Rn. 19; parecendo inclinar-se para um verdadeiro dever de provocar aquela superação, WILHELM UHLENBRUCK, «§ 160», WILHELM UHELNBRUCK/HERIBERT HIRTE/HEINZ VALLENDER (her.), *Insolvenzordnung (InsO)*, 13. Aufl., Franz Vahlen (Beck-online), München, 2010, Rn. 10. Quanto à reclamação para o juiz de deliberações da assembleia, cfr. o art. 78.º.

[32] A venda de estabelecimento em processo de insolvência é trespasse: COUTINHO DE ABREU, *Curso de direito comercial*, vol. I, cit., p. 284.

325

UM CURSO DE DIREITO DA INSOLVÊNCIA

novos contratos de execução duradoura (al. *e*)), a assunção de obrigações de terceiros e a constituição de garantias (al. *f*)).

A enumeração contida no art. 161.º, 3, não é taxativa («designadamente»). A apreciação a fazer para além dos casos previstos na lei deve partir dos critérios identificados no art. 161.º, 2: os riscos envolvidos, as repercussões sobre a tramitação ulterior do processo, as perspetivas de satisfação dos credores da insolvência e a suscetibilidade de recuperação da empresa[33]. Parece de exigir que o ato envolva *especiais* riscos, *especiais* repercussões sobre a tramitação ulterior do processo ou *especiais* consequências quanto às perspetivas de satisfação dos credores[34] e à suscetibilidade de recuperação da empresa. A análise dos exemplos contidos no n.º 3 ajudará, certamente, a densificar o teor normativo do n.º 2[35].

A solução legal tem como razão de ser a necessidade de conferir aos credores a possibilidade de se pronunciarem sobre atos que podem ter significativas consequências para aqueles. Embora o art. 161.º, 1, mencione o relevo para o *processo* de insolvência, este, como sabemos, tem por finalidade «a satisfação dos credores»[36].

---

[33] Considerando que, em casos de fronteira, o melhor é pedir o consentimento, KLAUS GÖRG/CHRISTOPH JANSSEN, «§ 160», in HANS-PETER KIRCHOF/HORST EIDENMNÜLLER/ROLF STÜRNER, *Münchener Kommentar zur Insolvenzordnung*, cit., Rn. 4.

[34] Para a Alemanha, apontando como critério orientador uma variação de cerca de 5 a 10% do conjunto dos ativos pelo menos para as grandes insolvências, HELMUT BALTHASAR, «§ 160», in JÖRG NERLICH/VOLKER RÖMERMANN, *Insolvenzordnung (InsO)*, cit., Rn. 8. O autor não considera o critério decisivo, pois invoca também critérios qualitativos.

[35] Lembrando também isso mesmo, CARVALHO FERNANDES/JOÃO LABAREDA, *Código da Insolvência e da recuperação de empresas anotado*, cit., p. 605. Nessa mesma obra, a p. 638, os autores recordam que podem ser atos de especial relevo «atos de outro tipo, que não se reconduzem à venda de bens. Os mais significativos serão os que respeitam à decisão sobre negócios não cumpridos e os de cobrança de créditos de que a massa é titular».

[36] Por isso mesmo pode ser questionado se em certas circunstâncias não poderá o administrador da insolvência praticar o ato jurídico de especial relevo *sem* o consentimento normalmente necessário. Sobre o tema, pensando em casos em que a necessidade de esperar pela deliberação conduziria a um relevante prejuízo para a massa («erheblichen Schädigung der Masse»), HELMUT BALTHASAR, «§ 160», JÖRG NERLICH/VOLKER RÖMERMANN, *Insolvenzordnung (InsO)*, cit., Rn. 23. Mas, por outro lado, também se pode perguntar se o administrador da insolvência está sempre obrigado a cumprir o que for deliberado. Quanto a este último problema, HELMUT BALTHASAR, «§ 160», cit., Rn. 25, para quem o administrador da insolvência pode (e deve) não cumprir uma deliberação que consente a prática do ato se a deliberação apenas serve para conseguir vantagens para uma minoria dos credores («wenn sie allein dazu

A LIQUIDAÇÃO DO ATIVO

No caso de o administrador da insolvência optar por alienar bens através de negociação particular, a qualificação dessa alienação como ato de especial relevo torna necessárias cautelas especiais. O art. 161.º, 4, obriga a comunicar à comissão de credores e ao devedor, com a antecedência mínima de 15 dias relativamente à data da transação, a intenção de efetuar aquela alienação por negociação particular, a identidade do adquirente e «todas as demais condições do negócio»[37]. Se não existir comissão de credores, a comunicação deve ser efetuada à assembleia de credores[38]. Aquela obrigação de comunicar não afasta a necessidade de consentimento resultante do art. 161.º, 4, como é evidente. O que se pretende é que as alienações por negociação particular possam ser acompanhadas de forma mais intensa, atendendo aos riscos associados[39]. E, desde logo, facilita-se a apresentação do requerimento referido no art. 161.º, 5.

Com efeito, este último preceito prevê a possibilidade de o *devedor* ou *um credor ou grupo de credores* «cujos créditos representem, na estimativa do juiz, pelo menos um quinto do total dos créditos não subordinados» requererem ao juiz que mande «sobrestar» na alienação e que convoque a assembleia de credores para que esta preste (ou não) o seu consentimento à «operação». Mas, para que a proteção seja alcançada, será necessário que o requerente demonstre «a plausibilidade de que a alienação a outro interessado seria mais vantajosa

---

dient, Gläubigerminderheiten Vorteile zu verschaffen»). Tenha-se ainda em atenção o art. 78.º, 1, que permite ao administrador da insolvência reclamar para o juiz das deliberações da assembleia que forem contrárias ao interesse comum dos credores.

[37] A redação do art. 161.º, 4, não é totalmente clara. Com efeito, dela não resulta, sem mais, que a obrigação de comunicar a identidade do adquirente e as demais condições do negócio só se verifica nos casos em que existe intenção de alienar por *negociação particular* (supondo que o ato é de especial relevo). Dir-se-á que uma coisa leva à outra: a negociação particular permitiria saber a identidade do adquirente e ter definidas as condições do negócio. Mas não se pode esquecer o teor do art. 164.º, 1: «o administrador da insolvência escolhe a modalidade da alienação dos bens, podendo optar por qualquer das que são admitidas em processo executivo *ou por alguma outra que tenha por mais conveniente*» [itálico nosso]. E essa outra modalidade pode permitir saber a identidade do adquirente e as condições do negócio. Sobre o tema, Paula Costa e Silva, «A liquidação da massa insolvente», cit., p. 739, Carvalho Fernandes/João Labareda, *Código da Insolvência e da recuperação de empresas anotado*, cit., p. 606 e s..

[38] Cfr. Paula Costa e Silva, «A liquidação da massa insolvente», cit., p. 738, Menezes Leitão, *Direito da insolvência*, cit., p. 256, nt. 349.

[39] Em sentido próximo, Paula Costa e Silva, «A liquidação da massa insolvente», *Direito da insolvência*, cit., p. 738.

UM CURSO DE DIREITO DA INSOLVÊNCIA

para a massa insolvente»[40]. Essa plausibilidade (que, repita-se, tem que ser demonstrada) obrigará o requerente a referir-se a uma concreta possibilidade de alienação a um determinado interessado, com as respetivas condições[41]. Por outro lado, a demonstração daquela plausibilidade também exige que se saiba em que termos está projetada a alienação. Daí se retira também que o art. 161.º, 5, apenas terá utilidade em relação a algumas modalidades de alienação.

O requerimento e a decisão referidos podem ter lugar quando se trate de uma alienação que constitua um ato jurídico de especial relevo. Se *houve* anterior consentimento da *comissão de credores*[42], justifica-se plenamente a necessidade de o requerente «demonstrar a plausibilidade de que a alienação a outro interessado seria mais vantajosa para a massa insolvente» para que seja convocada agora a assembleia de credores. Aliás, é precisamente para os casos em que não houve consentimento da assembleia de credores que o § 161 da *InsO* prevê a possibilidade de o juiz, verificados certos pressupostos, proibir provisoriamente («vorläufig untersagen») a transação e convocar uma assembleia de credores para deliberar sobre aquela[43].

---

[40] O § 161 da *InsO* não contém exigência semelhante relativamente à «proibição provisória do ato jurídico» («Vorläufige Untersagung des Rechtshandlung»). Mas naquele regime existe no § 163 (1) («Betriebsveräußerung unter Wert») uma expressão muito próxima («wenn der Antragsteller glaubhaft macht, daß eine Veräußerung an einen anderen Erwerber für die Insolvenzmasse günstiger wäre»).

[41] Perante o § 163 (1) da *InsO*, KLAUS GÖRG, «§ 163», in HANS-PETER KIRCHOF/HORST EIDENMNÜLLER/ROLF STÜRNER, *Münchener Kommentar zur Insolvenzordnung*, cit., Rn. 9, entende que o requerente deve indicar uma concreta possibilidade de alienação, um determinado adquirente e as condições da aquisição («muss hierfür eine konkrete Veräußerungsmöglichkeit durch Angabe eines bestimmten Erwerbers und der Erwerbskonditionen benennen können»). Em sentido muito próximo, PHILIPP ESSER, «§ 163», in EBERHARD BRAUN (her.), *Insolvenzordnung (InsO). Kommentar* cit., Rn. 4. Exigindo também a indicação de um concreto potencial adquirente, DIRK ANDRES, «§ 163», in DIRK ANDRES/ROLF LEITHAUS/MICHAEL DAHL, *Insolvenzordnung (InsO). Kommentar*, cit., Rn. 6.

[42] E MENEZES LEITÃO, *Direito da insolvência*, cit., p. 256, nt. 349, parece entender que o art. 161.º, 5, só se aplica se tiver havido consentimento da comissão de credores.

[43] A solução germânica parece até dizer respeito a uma reapreciação de uma anterior deliberação da comissão de credores («Sofern nicht die Gläubigerversammlung ihre Zustimmung erteilt hat [...]). Naquele sentido, e pensando nos casos em que foi dado o consentimento pela comissão de credores, WILHELM UHLENBRUCK, «§ 161», in WILHELM UHELNBRUCK/HERIBERT HIRTE/HEINZ VALLENDER (her.), *Insolvenzordnung (InsO)* cit., Rn. 4. No entanto, é discutido que sejam apenas aquelas as situações abrangidas pelo § 161, como reconhece aliás Uhlenbruck. Defendendo que

A LIQUIDAÇÃO DO ATIVO

Se *não houve* ainda deliberação de consentimento da *comissão de credores* (existente), o art. 161.º, 5, deve aplicar-se? A letra da lei não o exclui. E o risco subjacente aos atos em questão justifica a abertura daquela via. É preciso ter em conta, evidentemente, que o n.º 5 exige que o requerente demonstre «a plausibilidade de que a alienação a outro interessado seria mais vantajosa para a massa insolvente». Essa prova só será possível se o requerente também sabe a quem irá ser feita a alienação.

O art. 161.º, 5 será aplicável também nos casos em que *foi anteriormente dado* o consentimento para o ato pela própria *assembleia de credores* (art. 161.º, 1)? Parece que isso em regra não tem sentido. Sobretudo porque o requerente já podia ter tomado posição naquela assembleia. Tem sido esse, aliás, o entendimento que parece dominante na Alemanha[44]. No entanto, a prova de factos supervenientes pode conduzir a outra leitura[45]. E, além disso, se admitirmos que a assembleia de credores dê o seu consentimento para *espécies* de atos jurídicos[46] e não apenas para atos jurídicos *concretos*, pode naquele primeiro caso justificar-se que se lance mão do art. 161.º, 5, para impedir uma concreta alienação[47].

é necessário que o administrador da insolvência planeie um ato jurídico previsto no § 160 sem ter consentimento da assembleia de credores para tal, DIRK ANDRES, «§ 161», in DIRK ANDRES/ ROLF LEITHAUS/MICHAEL DAHL, *Insolvenzordnung (InsO). Kommentar*, cit., Rn. 5.

[44] Cfr., p. ex., KLAUS GÖRG/CHRISTOPH JANSSEN, «§ 161», in HANS-PETER KIRCHOF/HORST EI-DENMNÜLLER/ROLF STÜRNER, *Münchener Kommentar zur Insolvenzordnung*, cit., Rn. 9 («Voraus-setzung eines *Untersagungsverfahrens* ist gemäß Satz 2 weiter, dass die Gläubigerversammlung der vom Verwalter beabsichtigten Maßnahme noch nicht zugestimmt hat»), que cita outros autores com a mesma opinião e nenhum em sentido contrário; HELMUT BALTHASAR, «§ 161 in JÖRG NERLICH/VOLKER RÖMERMANN, *Insolvenzordnung (InsO)*, cit., Rn. 14.

[45] CARVALHO FERNANDES/JOÃO LABAREDA, *Código da Insolvência e da Recuperação de Empresas anotado*, cit., p. 607, parecem dizer algo de semelhante na medida em que afirmam que «ainda que a assembleia já tenha decidido previamente, parece dever pronunciar-se de novo, agora perante os elementos concretos do negócio perspetivado [...]. Só assim não será se o consentimento anterior tiver já sido dado para os exatos termos do negócio [...]». No entanto, há que distinguir os termos em que o consentimento foi dado e a informação que foi ponderada na altura. Se os «exatos termos do negócio» já tinham sido apreciados quando o consentimento foi dado, parece que não se justifica nova deliberação só porque os credores deliberaram dar o consentimento sem menção aos exatos termos do negócio.

[46] Admitindo-o, para a Alemanha, HELMUT BALTHASAR, «§ 160», in JÖRG NERLICH/VOLKER RÖMERMANN, *Insolvenzordnung (InsO)*, cit., Rn. 22.

[47] Veja-se, no entanto, para a Alemanha, defendendo que mesmo o anterior consentimen-to de caráter geral («generelle Zustimmung») já impede uma nova deliberação, HELMUT

A letra do art. 161.º, 5, não exclui a sua aplicação se, não existindo comissão de credores, a assembleia de credores também não deu o consentimento. Contudo, essa leitura parece não fazer sentido se estamos perante um ato jurídico de especial relevo. A necessidade de consentimento da assembleia de credores já resulta do art. 161.º, 1. E por isso o juiz já deve convocar a assembleia de credores, nos termos do art. 75.º, 1. Se aquela hipótese fosse abrangida pelo art. 161.º, 5, então o juiz só convocaria a assembleia de credores a requerimento da minoria de credores ali prevista perante a demonstração da «plausibilidade de que a alienação a outro interessado seria mais vantajosa para a massa insolvente».

A redação do art. 161.º, 5, não deixa dúvidas quanto à sua aplicação a *alienações* que constituam atos jurídicos de especial relevo. Mas nem só de alienações vivem os atos jurídicos de especial relevo. Não é por isso de afastar a possibilidade de aplicação analógica do preceito a alguns outros atos jurídicos de especial relevo.

O art. 161.º, 5, não limita expressamente o seu âmbito de aplicação aos atos jurídicos de especial relevo. A própria epígrafe do art. 161.º não faz referência aos atos de especial relevo, mas sim à necessidade de consentimento. Daí que se possa até perguntar se não estará ali um regime também aplicável quando o ato *não é de especial relevo*. Seria então necessário que ficasse demonstrada a plausibilidade «de que a alienação a outro interessado seria mais vantajosa para a massa insolvente». Isso significaria a autonomia da hipótese do art. 161.º, 5, relativamente à que está subjacente ao regime dos números anteriores (a da existência de um ato jurídico de especial relevo).

Não parece ser essa, no entanto, a melhor interpretação. Por um lado, devido à inserção sistemática do art. 161.º, 5, visto que os n.ºs 1, 2, 3 e 4 têm em vista os atos jurídicos de especial relevo. Por outro, tendo em conta que também o § 161 da *InsO* visava apenas os atos abrangidos pelo § 160.

A falta do necessário consentimento da comissão de credores ou da assembleia de credores não prejudica, em regra, a eficácia do ato jurídico de especial relevo do administrador da insolvência (art. 163.º)[48]. A ineficácia

---

Balthasar, «§ 161», in Jörg Nerlich/Volker Römermann, *Insolvenzordnung (InsO)*, cit., Rn. 14.

[48] Para o § 164 da *InsO*, sustentando que se trata de defender o tráfego jurídico, Wilhelm Uhlenbruck, «§ 164», in Wilhelm UhlenBruck/Heribert Hirte/Heinz Vallender (her.),

A LIQUIDAÇÃO DO ATIVO

ocorrerá, porém, se as obrigações assumidas pelo administrador da insolvência excederem manifestamente as da contraparte[49]. Este regime é aplicável também aos casos em que o juiz mandou sobrestar na alienação (art. 161.º, 5)[50].

Mas, ainda que o ato não seja ineficaz, isso não significa que o administrador da insolvência o possa praticar sem o consentimento exigido. A prática do ato sem esse consentimento pode conduzir à destituição com justa causa do administrador da insolvência e até à sua responsabilização civil[51].

Insolvenzordnung (InsO), cit., Rn. 2, DIRK ANDRES, «§ 164», in DIRK ANDRES/ROLF LEITHAUS/ MICHAEL DAHL, *Insolvenzordnung (InsO). Kommentar*, cit., PHILIPP ESSER, «§ 164», in EBERHARD BRAUN (her.), *Insolvenzordnung (InsO). Kommentar*, cit., Rn. 1. A essa razão acrescentam KLAUS GÖRG/CHRISTOPH JANSSEN, «§ 164», in HANS-PETER KIRCHOF/HORST EIDENMNÜLLER/ROLF STÜRNER, *Münchener Kommentar zur Insolvenzordnung*, cit., Rn. 1, e WILHELM UHLENBRUCK, «§ 164», in WILHELM UHLENBRUCK/HERIBERT HIRTE/HEINZ VALLENDER (her.), *Insolvenzordnung (InsO)*, cit., Rn. 2, a de se permitir a realização de uma liquidação mais proveitosa em resultado da diminuição da incerteza.

[49] Aceitando, porém, que o consentimento posterior por quem era competente para o dar previamente sana o vício, CARVALHO FERNANDES/JOÃO LABAREDA, *Código da Insolvência e da recuperação de empresas anotado*, cit., p. 614. Pode ainda colocar-se a questão de saber se a *colusão* determina ou não a *nulidade* do ato, perante o teor do art. 281.º do CCiv. (cfr., para a representação voluntária, EWALD HÖRSTER, *A parte geral do Código Civil português*, Almedina, Coimbra, 1992, p. 489). Admitindo que é «das Rechtsgeschäft jedoch dann nichtig, wenn beide Teile kollusiv zum Nachteil der Masse zusammenwirken», DIRK ANDRES, «§ 164», in DIRK ANDRES/ ROLF LEITHAUS/MICHAEL DAHL, *Insolvenzordnung (InsO). Kommentar*, cit.; no mesmo sentido, CHRISTOPH BECKER, «§ 164», in JÖRG NERLICH/VOLKER RÖMERMANN, *Insolvenzordnung (InsO)*, cit., Rn. 6. Considerando, por sua vez, que o § 164 da *InsO* não se aplica aos casos em que é *evidente o caráter inoportuno do ato relativamente ao fim da insolvência* («Rechtshandlungen des insolvenzverwalters, die sich als *evident insolvenzzweckwidrig* erweisen»), PHILIPP ESSER, «§ 164», », in EBERHARD BRAUN (her.), *Insolvenzordnung (InsO). Kommentar*, cit., Rn. 2; em sentido muito próximo, WILHELM UHLENBRUCK, «§ 164», in WILHELM UHELNBRUCK/HERIBERT HIRTE/HEINZ VALLENDER (her.), *Insolvenzordnung (InsO)*, cit., Rn. 3. Como se dá conta em BGH, 25/4/2002, *NZI*, 2002, p. 376, a jurisprudência do BGH e, antes, do RG, tem considerado que poderão ser ineficazes os atos que, de forma clara e inequívoca, são contrários à finalidade do processo de insolvência. Na mesma decisão, pode ler-se que isso acontece quando «der Widerspruch zum insolvenzzweck unter allen in Betracht kommenden Gesichtspunkten für jeden verständigen Beobachter ohne weiteres ersichtlich ist».

[50] Como o juiz manda sobrestar na alienação e convoca a assembleia de credores para prestar (ou não) o consentimento, parece que a proibição de alienar se mantém (pelo menos) até àquela assembleia. Nesse sentido, para a Alemanha, DIRK ANDRES, «§ 161», in DIRK ANDRES/ ROLF LEITHAUS/MICHAEL DAHL, *Insolvenzordnung (InsO). Kommentar*, cit., Rn. 6, PHILIPP ESSER, «§ 164», in EBERHARD BRAUN (her.), cit., Rn. 6.

[51] Cfr. CARVALHO FERNANDES/JOÃO LABAREDA, *Código da Insolvência e da recuperação de empresas anotado*, cit., p. 604.

UM CURSO DE DIREITO DA INSOLVÊNCIA

Por outro lado, a deliberação de consentimento é mesmo apenas isso: de *consentimento*. Não se trata de uma *ordem* ou de uma *instrução*[52]. E mesmo que tenha sido dado o consentimento isso não afasta, só por si, a eventual responsabilidade do administrador da insolvência[53].

4. A venda antecipada de bens

O trânsito em julgado da sentença declaratória da insolvência e a realização da assembleia de apreciação do relatório demoram tempo. A sentença declaratória da insolvência pode ser impugnada por embargos ou recurso (arts. 40.º e ss.) e a assembleia referida será marcada para uma data entre os 45 e os 60 dias subsequentes à data da sentença (art. 36.º, 1, *n*)). Todo esse tempo pode ser excessivo relativamente a bens da massa insolvente «que não possam ou não se devam conservar por estarem sujeitos a deterioração ou depreciação» (art. 158.º, 2).

Quando assim seja, o administrador da insolvência deve promover a venda antecipada dos bens em causa. Antes, porém, deve comunicar a sua decisão ao devedor, à comissão de credores (quando esta exista) e ao juiz. Essa comunicação deve ser realizada com a antecedência mínima de dois dias úteis (art. 158.º, 3).

O administrador da insolvência deve também publicar a sua decisão de proceder à venda antecipada no portal *Citius*. Embora o art. 158.º, 3, não indique a antecedência com que deve ser realizada a publicação, parece adequado aplicar por analogia o regime previsto para a comunicação mencionada no preceito. Assim, também a publicação no Citius deve ser efetuada com pelo menos dois dias úteis de antecedência em relação à data prevista para a venda.

---

[52] No mesmo sentido, para a Alemanha e perante o § 160 da *InsO*, HELMUT BALTHASAR, «§ 160», in JÖRG NERLICH/VOLKER RÖMERMANN, *Insolvenzordnung (InsO)*, cit., Rn. 12, WILHELM UHLENBRUCK, «§ 160», in WILHELM UHELNBRUCK/HERIBERT HIRTE/HEINZ VALLENDER (her.), *Insolvenzordnung (InsO)*, cit., Rn. 11.

[53] Sobre esta, cfr. o art. 59.º. Considerando também que o consentimento não afasta sem mais a responsabilidade do administrador da insolvência, WILHELM UHLENBRUCK, «§ 160»», in WILHELM UHELNBRUCK/HERIBERT HIRTE/HEINZ VALLENDER (her.), *Insolvenzordnung (InsO)* cit., Rn. 11.

A decisão do administrador da insolvência não necessita de ratificação ou homologação pelo juiz[54]. Contudo, a comunicação e a publicação efetuadas pelo administrador da insolvência permitirão que o juiz impeça a venda por sua iniciativa ou a requerimento do devedor, da comissão de credores ou de qualquer credor da insolvência ou da massa insolvente[55]. A decisão do juiz no sentido de impedir a venda será irrecorrível (art. 158.º, 4)[56].

A venda antecipada de bens é assim designada porque ocorre antes do momento identificado na parte inicial do art. 158.º, 1: aquele em que já transitou em julgado a sentença declaratória da insolvência e já teve lugar a assembleia de apreciação do relatório[57]. E mesmo que a sentença declaratória da insolvência seja revogada, os efeitos dos atos «legalmente praticados» pelo administrador da insolvência não serão afetados (art. 43.º)[58].

5. As modalidades da alienação

O art. 164.º, 1, confere ao administrador da insolvência o poder para decidir qual será a modalidade da alienação dos bens. Poderá escolher entre uma das modalidades previstas no âmbito do processo executivo[59] ou optar por outra que considere mais conveniente. O valor a obter em troca e os custos envolvidos em cada uma das modalidades devem ser tidos em conta. E, como

[54] O art. 161.º não exclui expressamente do âmbito de aplicação do art. 158.º os atos jurídicos de especial relevo, que no entanto parecem afastados do regime da venda antecipada.

[55] Sobre esse requerimento, cfr. o art. 158.º, 5.

[56] O art. 158.º não esclarece, porém, se a venda que viola aquela decisão é ou não eficaz. Com efeito, o art. 163.º apenas ressalva a eficácia dos atos praticados com «violação dos dois artigos anteriores» (os arts. 161.º e 162.º). Porém, como no art. 161.º, 5, está também em causa uma decisão do juiz a mandar sobrestar numa alienação, poderá perguntar-se se é justificada a analogia (contra, por verem no art. 163.º um preceito de caráter excecional, CARVALHO FERNANDES/JOÃO LABAREDA, *Código da Insolvência e da Recuperação de Empresas anotado*, cit., p. 595; mas veja-se o que os autores escrevem a p. 666) ou a interpretação enunciativa (desde logo, com recurso ao argumento de maioria de razão).

[57] A venda antecipada de bens pode inclusivamente abranger bens relativamente aos quais esteja pendente ação de reivindicação, pedido de restituição ou de separação, como resulta do art. 160.º, 1, *b*).

[58] Lembrando isso mesmo, PAULA COSTA E SILVA, «A liquidação da massa insolvente», cit., p. 730.

[59] No entanto, é preciso verificar quais são as normas legais previstas no CPC para cada modalidade que podem ser consideradas aplicáveis.

UM CURSO DE DIREITO DA INSOLVÊNCIA

vimos, o administrador da insolvência deve ter em atenção que para os atos de especial relevo será necessário o consentimento da comissão de credores ou, na sua falta, da assembleia de credores (art. 161.º, 1)[60].

O art. 811.º do CPC prevê as seguintes modalidades: «*a*) Venda mediante propostas em carta fechada; *b*) Venda em mercados regulamentados; *c*) Venda direta a pessoas ou entidades que tenham direito a adquirir os bens; *d*) Venda por negociação particular; *e*) Venda em estabelecimento de leilões; *f*) Venda em depósito público ou equiparado; *g*) Venda em leilão eletrónico». Esta lista, apesar de extensa, não esgota as possibilidades.

Antes de escolher a modalidade da alienação, o administrador da insolvência deve ouvir qualquer credor que tenha garantia real sobre o bem a alienar. A esse credor deve igualmente ser fornecida informação quanto ao valor base fixado ou ao preço da alienação projetada a entidade determinada (art. 164.º, 2).

6. A alienação de bens onerados com garantia real

Como acabámos de ver, o credor com garantia real sobre o bem a alienar[61] é ouvido relativamente à modalidade da alienação e é-lhe fornecida informação quanto à alienação. O credor garantido, no prazo de uma semana ou posteriormente mas em tempo útil, pode propor a aquisição do bem por si ou por terceiro. Essa aquisição deve ser proposta por um preço superior ao da alienação projetada ou ao valor base fixado[62]. No entanto, a proposta deve ir acompanhada de uma caução: um cheque visado à ordem da massa

---

[60] Cfr., chamando a atenção para isso mesmo, MARIA JOSÉ COSTEIRA, «Novo direito da insolvência», *Themis*, Edição Especial, 2005, p. 37. Além disso, não é de afastar totalmente a eventual responsabilização do administrador da insolvência por uma escolha mal feita. Mas também se pode perguntar se terá sentido aplicar o art. 72.º, 2, CSC relativamente à escolha da modalidade de alienação de bens pelo administrador da insolvência: cfr., para a Alemanha, defendendo a aplicabilidade da *Business Judgment Rule* à atividade do administrador da insolvência (mas dando especialmente atenção aos casos em que a empresa do devedor continua em atividade), CHRISTIAN BERGER/MICHAEL FREGE, «Business Judgment Rule bei Unternehmensfortführung in der Insolvenz – haftungsprivileg für den Verwalter?», *ZIP*, 2008, 204-210.

[61] Mas veja-se, com especial interesse, o art. 97.º («Extinção de privilégios creditórios e garantias reais»).

[62] Indicando eventuais restrições ao regime do art. 164.º, 3, CARVALHO FERNANDES/JOÃO LABAREDA, *Código da Insolvência e da Recuperação de Empresas anotado*, cit., p. 619.

A LIQUIDAÇÃO DO ATIVO

insolvente, no valor de 20% do montante da proposta (art. 164.º, 4 que conserva a referência à massa... falida!)[63].

Recebida a proposta referida, o administrador da insolvência pode aceitá-la. Se, porém, não a aceitar, «fica obrigado a colocar o credor na situação que decorreria da alienação a esse preço, caso ela venha a ocorrer por preço inferior» (art. 164.º, 3).

Lembre-se também que, no caso de um credor garantido adquirir bens integrados na massa insolvente, será aplicável o regime previsto para o exercício dos seus direitos na venda em processo executivo (art. 165.º)[64].

Quando o bem onerado com a garantia real esteja a garantir uma dívida de terceiro ainda não exigível e pela qual o insolvente não responda pessoalmente, há que distinguir (art. 164.º, 5): se a alienação do bem *onerado com a garantia* prejudicar a satisfação de *outro crédito com garantia prevalecente*, já exigível ou relativamente ao qual se verifique a responsabilidade pessoal do insolvente, a alienação não pode ter lugar naqueles termos (isto é, com a garantia); *não havendo esse prejuízo*, a alienação pode ocorrer *com a oneração*. Na primeira hipótese, estão necessariamente em causa bens que estão onerados com várias garantias para garantir o pagamento de mais do que uma dívida, sendo uma destas dívidas de terceiro, ainda não exigível e não envolvendo responsabilidade pessoal do insolvente.

7. Ainda a alienação de bens onerados com garantia real: o atraso na venda do bem

Vimos que o administrador da insolvência procede em regra à venda dos bens integrados na massa insolvente depois de transitada em julgado a sentença de declaração da insolvência e após a realização da assembleia de apreciação do relatório (art. 158.º, 1). É também assim relativamente à alienação de bens objeto de garantias reais.

O *retardamento da alienação* do bem objeto da garantia real pode causar *prejuízo* ao credor com essa garantia. Este último tem geralmente direito a

---

[63] O CIRE manda aplicar os arts. 897.º e 898.º do anterior CPC, correspondentes aos atuais arts. 824.º e 825.º do CPC: v. CARVALHO FERNANDES/JOÃO LABAREDA, *Código da Insolvência e da Recuperação de Empresas anotado*, cit., p. 619.
[64] Cfr., em especial, o art. 815.º, 1 do CPC.

ser compensado por esse prejuízo se o retardamento não lhe for imputável[65]. Mas nem sempre o retardamento da alienação gera tais prejuízos. Com efeito, é preciso ter em conta que o crédito referido vence *juros* e que esses juros poderão eventualmente ser todos pagos pelo valor do bem vendido[66]. Também o credor com garantia real que sofra prejuízos em consequência da *desvalorização* do bem objeto da garantia terá direito a ser compensado «pela desvalorização do mesmo resultante da sua utilização em proveito da massa insolvente» (cfr., sobre tudo isto, o art. 166.º, 1).

Justamente por causa do que acabámos de expor é que o art. 166.º, 2, permite, em certos termos, que o administrador da insolvência pague *integralmente* o crédito com garantia real à custa da massa da insolvência e antes da venda do bem onerado. No entanto, a decisão do administrador da insolvência é difícil de tomar, pois deve ter em conta o valor que se pode esperar da venda do bem onerado[67].

8. A alienação de imóvel ou fração em que tenha sido feita construção urbana ou esta esteja em curso de edificação

O Regime Jurídico da Urbanização e Edificação (RJUE), aprovado pelo DL 555/99, de 16 de dezembro (com várias alterações), estabelece, no seu art. 4.º, 1 (com a redação dada pelo DL 136/2014, de 9 de setembro), que a «realização de operações urbanísticas depende de licença, comunicação prévia com prazo [...] ou autorização de utilização», nos termos e com as exceções prevista na lei. Por sua vez, o art. 4.º, 5 acrescenta que está «sujeita a autorização a utilização dos edifícios ou suas frações, bem como as alterações da utilização dos mesmos».

A exigência das referidas licenças e autorizações poderia constituir um sério entrave à liquidação[68]. Daí que, se a venda de imóvel ou fração deste

---

[65] Umas vezes pela massa insolvente, outras pelo administrador da insolvência: CARVALHO FERNANDES/JOÃO LABAREDA, *Código da Insolvência e da Recuperação de Empresas anotado*, cit., p. 625 e s..

[66] Chamando a atenção para isto, CARVALHO FERNANDES/JOÃO LABAREDA, *Código da Insolvência e da Recuperação de Empresas anotado*, cit., p. 624 e 627.

[67] CARVALHO FERNANDES/JOÃO LABAREDA, *Código da Insolvência e da Recuperação de Empresas anotado*, cit., p. 628 e s., que identificam vários limites à possibilidade de realização do pagamento.

[68] Cfr. o DL 281/99, alterado pelo DL 116/2008, de 4 de julho.

A LIQUIDAÇÃO DO ATIVO

tiver lugar por negociação particular ou venda direta[69], tendo sido feita ou estando em curso de edificação uma construção urbana, o art. 164.º, 6, do CIRE mande aplicar o art. 905.º, 6, do CPC, correspondente ao art. 833.º, 6, do atual CPC. Lê-se neste último o seguinte: «A venda de imóvel em que tenha sido, ou esteja sendo, feita construção urbana, ou de fração dele, pode efetuar -se no estado em que se encontre, com dispensa da licença de utilização ou de construção, cuja falta de apresentação a entidade com competência para a formalização do ato faz consignar no documento, constituindo ónus do adquirente a respetiva legalização»[70].

9. Bens em contitularidade ou indivisos

O insolvente pode ser contitular de bens ou ter direitos a bens indivisos relativamente aos quais se verifica o direito de restituição ou separação. Em casos desses, compreende-se que não possa ter lugar no processo da insolvência a liquidação dos bens referidos. Daí que o art. 159.º estabeleça que naquelas situações «só se liquida no processo de insolvência o direito que o insolvente tenha sobre esses bens». Caso, porém, ocorra a liquidação (por exemplo, porque teve lugar uma venda antecipada), deve ser tido em conta o art. 172.º, 4: «Intentada acção para a verificação do direito à restituição ou separação de bens que já se encontrem liquidados e lavrado o competente termo de protesto, é mantida em depósito e excluída dos pagamentos aos credores da massa insolvente ou da insolvência, enquanto persistirem os efeitos do protesto, quantia igual à do produto da venda [...]».

10. Bens de titularidade controversa

Os bens apreendidos para a massa insolvente relativamente aos quais esteja pendente ação de reivindicação, pedido de restituição ou de separação[71]

---

[69] Defendendo, «para o efeito», um alargamento do que se deve considerar «venda direta ou por negociação particular», CARVALHO FERNANDES/JOÃO LABAREDA, *Código da Insolvência e da Recuperação de Empresas anotado*, cit., p. 621.

[70] Realce-se a manutenção da referência à «licença» de utilização.

[71] Sobre estes, pode ver-se, por exemplo, JOSÉ LEBRE DE FREITAS, «Apreensão, separação restituição e venda», cit., p. 234-239.

UM CURSO DE DIREITO DA INSOLVÊNCIA

não podem em regra ser liquidados enquanto não houver decisão transitada em julgado (art. 160.º, 1)[72]. Contudo, a liquidação ainda pode ter lugar: se o interessado[73] concordar; no caso de venda antecipada (art. 158.º, 2); se o adquirente, depois de esclarecido quanto à controvérsia relativamente à titularidade, «aceitar ser inteiramente de sua conta a álea respectiva»[74].

11. A liquidação regulada em plano de insolvência

A liquidação da massa insolvente pode ser regulada num plano de insolvência (arts. 192.º, 1, e 195.º, 2, b))[75]. Como é evidente, esse plano de insolvência terá (sobretudo?) sentido caso se pretenda estabelecer um regime para a liquidação que seja diferente daquele que resulta da lei. Lendo os arts. 156.º e ss., facilmente se encontrarão alternativas ao que ali está previsto. Por exemplo, quanto ao momento da venda de bens (art. 158.º, 1), quanto à alienação da empresa (art. 162.º) ou quanto às modalidades da alienação (art. 164.º).

Por outro lado, o plano de insolvência pode também ser misto: pode prever a liquidação de uma parte da massa insolvente juntamente com medidas de recuperação do titular da empresa ou a transmissão da empresa a outra entidade[76].

12. Suspensão da liquidação por determinação da assembleia de credores

A assembleia de credores convocada para apreciar o relatório do administrador da insolvência pode determinar a *suspensão da liquidação e partilha* da massa insolvente *se encarregar o administrador da insolvência de elaborar um plano de*

---

[72] De acordo com o art. 153.º, 4, o inventário elaborado pelo administrador da insolvência deve incluir «um rol de todos os litígios cujo desfecho possa afectar o seu conteúdo».

[73] O autor ou requerente na ação ou pedido: PAULA COSTA E SILVA, «A liquidação da massa insolvente», cit., p. 733, que também trata dos efeitos daquela anuência.

[74] Cfr., neste caso, o art. 160.º, 2, segundo o qual a alienação é comunicada pelo administrador da insolvência ao tribunal da causa e a substituição processual «considera-se operada sem mais, independentemente de habilitação do adquirente ou do acordo da parte contrária». A substituição processual tem assim lugar por força da lei, colocando o adquirente na posição do anterior titular na lide em causa.

[75] Sobre o conteúdo possível do plano de insolvência, cfr., p. ex., PAULO DE TARSO DOMINGUES, «O CIRE e a recuperação das sociedades comerciais em crise», cit., p. 33 e s..

[76] O saneamento por transmissão de que trata o art. 199.º ainda envolve alienação de «um ou mais estabelecimentos [...] mediante contrapartida adequada [...]».

insolvência (art. 156.º, 3). Essa suspensão pode revelar-se útil ou até necessária para garantir a concretização do plano de insolvência[77].

Destaque-se também que o exposto mostra que a atribuição ao administrador da insolvência do encargo de elaborar o plano de insolvência não significa, só por si, que a liquidação não prossiga os seus termos. Além disso, mesmo que a assembleia de credores determine a suspensão da liquidação, tal não impede que se proceda à venda antecipada prevista no art. 158.º, 2 (art. 156.º, 5).

Se a assembleia de credores convocada para apreciar o relatório do administrador da insolvência não determinar a suspensão da liquidação e partilha da massa insolvente, não parece ficar excluída a possibilidade de o determinar mais tarde. Com efeito, «a assembleia pode, em reunião ulterior, modificar ou revogar as deliberações tomadas» (art. 156.º, 6).

A suspensão determinada pela assembleia de credores cessa se o plano de insolvência que o administrador da insolvência estava encarregado de elaborar não for apresentado por este nos sessenta dias seguintes ou se o plano apresentado não vier a ser admitido, aprovado ou homologado (art. 156.º, 4).

13. Suspensão da liquidação por decisão do juiz

No art. 206.º, 1, permite-se que o *proponente* de um plano de insolvência requeira ao juiz que decrete a suspensão da liquidação da massa insolvente e da partilha do produto pelos credores da insolvência. O juiz só poderá decretar a suspensão se concluir que esta é necessária «para não pôr em risco a execução de um plano de insolvência proposto».

No entanto, a suspensão não será decretada (e se já tiver sido decretada também será levantada) se «envolver o perigo de prejuízos consideráveis para a massa insolvente» ou se o administrador da insolvência, com o acordo da

---

[77] Considerando, porém, que «a deliberação de suspensão da liquidação e partilha da massa insolvente só deve ser tomada na assembleia de apreciação do relatório se for indispensável para a execução do plano a implementar», PEDRO PIDWELL, *O processo de insolvência e a recuperação da sociedade comercial de responsabilidade limitada*, cit., p. 258-259. O autor também entende que, na referida assembleia, se a apresentação de uma proposta de plano é entregue a pessoa diferente do administrador de insolvência, «nada parece impedir que na mesma altura seja, também, deliberada a suspensão da liquidação e partilha» se tal for necessário.

comissão de credores, ou, não existindo esta, da assembleia de credores, requerer o prosseguimento da liquidação e partilha (art. 206.º, 2). Além disso, a suspensão que tenha sido decretada cessa se o plano apresentado não for depois admitido, aprovado ou homologado (cfr. a remissão para o art. 156.º, 4, *b*), que surge no art. 206.º, 3).

Mesmo que o juiz decida suspender a liquidação e acolha a pretensão do requerente, isso não afasta a possibilidade de venda antecipada de bens, nos termos do art. 158.º, 2 (cfr. o art. 156.º, 5, aplicável por força da remissão contida no art. 206.º, 3).

O art. 33.º, 1, do Regulamento 1346/2000, também prevê que o órgão jurisdicional que abriu um processo secundário suspenda «total ou parcialmente as operações de liquidação quando o síndico do processo principal o requerer», nos termos ali previstos. Regime semelhante surge previsto no art. 46.º, 1, do Regulamento 2015/848 (cfr. tb., no âmbito do regime relativo a membros de um grupo de sociedades, os arts. 60.º, 1, b), e 2, e 72.º, 2, e)).

14. Suspensão da liquidação em caso de administração pelo devedor

Se a administração da massa insolvente for entregue ao próprio devedor (arts. 223.º e ss.), a liquidação não tem lugar enquanto aquela administração não for *retirada* ao devedor (art. 225.º)[78]. A liquidação *não chega, sequer, a iniciar-se*[79]. O próprio devedor pode realizar as vendas antecipadas de que trata o art. 158.º, 2, mediante consentimento do administrador da insolvência e da comissão de credores, se esta existir[80].

---

[78] E mesmo que seja retirada a administração ao devedor o art. 225.º ressalva o disposto no art. 158.º, 1.

[79] MENEZES LEITÃO, *Direito da insolvência*, cit., p. 251, afirma que na suspensão da liquidação «a mesma inicia-se». O art. 225.º parece mostrar que nem sempre é assim.

[80] PAULA COSTA E SILVA, «A liquidação da massa insolvente», cit., p. 743.

A LIQUIDAÇÃO DO ATIVO

15. Suspensão da liquidação por oposição de embargos à sentença de declaração da insolvência e com o recurso da decisão que mantenha a declaração. A aplicação do art. 40.º, 3, ao recurso da sentença de declaração da insolvência

Como decorre do art. 40.º, 3, a oposição de embargos à sentença de declaração da insolvência suspende a liquidação e partilha do ativo, sendo ressalvado no entanto o disposto no art. 158.º, 2. O mesmo acontece se for interposto recurso da decisão dos embargos que mantiver a declaração da insolvência. A solução compreende-se tendo em conta os fundamentos dos embargos: a existência de factos ou meios de prova «que não tenham sido tidos em conta pelo tribunal e que possam afastar os fundamentos da declaração de insolvência» (art. 40.º, 2).

Como decorre do art. 42.º, 3, a interposição do recurso também suspende a liquidação e partilha, nos mesmos termos e «com as necessárias adaptações».

16. A aprovação de plano de pagamentos

Os devedores que sejam pessoas singulares e não sejam empresários ou sejam apenas titulares de pequenas empresas (art. 249.º, 1) podem apresentar plano de pagamentos, nos termos dos arts. 251.º e 253.º. Caso não se afigure altamente improvável a aprovação do plano de pagamentos, o juiz determina a *suspensão do processo de insolvência* até que seja proferida a decisão sobre o incidente do plano de pagamentos (art. 255.º, 1, *in fine*). Se o plano de pagamentos for devidamente aprovado, o juiz homologa-o por sentença. Uma vez transitada em julgado essa sentença, o juiz declara igualmente a insolvência do devedor no processo principal. Contudo, a sentença de declaração de insolvência contém *apenas* as menções constantes das als. *a)* e *b)* do art. 36.º, 1 (art. 259.º, 1). Logo, a sentença de declaração de insolvência *não nomeia administrador da insolvência nem decreta a apreensão dos bens do devedor*. Resulta também da remissão que no art. 259.º, 1, é feita para o art. 39.º, 7, *a)*, que o devedor «não fica privado dos poderes de administração e disposição do seu património, nem se produzem quaisquer dos efeitos que normalmente correspondem à declaração de insolvência». O processo de insolvência é *encerrado* após o trânsito em julgado das sentenças de homologação do plano de pagamentos

UM CURSO DE DIREITO DA INSOLVÊNCIA

e de declaração de insolvência. Quando tudo assim se passe, não haverá lugar à liquidação do ativo[81].

17. Interrupção da liquidação

Se o administrador da insolvência verificar que «a massa insolvente é insuficiente para a satisfação das custas do processo e das restantes dívidas da massa insolvente», deve dar conhecimento disso ao juiz, que, aliás, também pode tomar oficiosamente conhecimento daquela insuficiência (art. 232.º, 1). Verificada a insuficiência da massa insolvente nos termos referidos, é lícito ao administrador da insolvência interromper de imediato a liquidação da mesma (art. 232.º, 4). Depois de ouvir o devedor, a assembleia de credores e os credores da massa, o juiz declara *encerrado* o processo de insolvência. Não o fará, porém, se «algum interessado depositar à ordem do tribunal o montante determinado pelo juiz segundo o que razoavelmente entenda necessário para garantir o pagamento das custas do processo e restantes dívidas da massa insolvente» (art. 232.º, 2).

18. Encerramento da liquidação da massa insolvente

Sob a epígrafe «Prazo para a liquidação», o art. 169.º indica um prazo para o *encerramento do processo* de insolvência[82]. Ali se prevê a possibilidade de destituição com justa causa do administrador da insolvência, a requerimento de qualquer interessado, se o *processo de insolvência* não estiver *encerrado* no prazo de um ano, contado da data da assembleia de apreciação do relatório[83], ou no final de cada período de seis meses subsequente. Mas antes do encerramento do processo também deve estar terminada a liquidação. Esse encerramento

---

[81] Lembrando isso mesmo, CARVALHO FERNANDES/JOÃO LABAREDA, *Código da Insolvência e da Recuperação de Empresas anotado*, cit., p. 641.

[82] Assim, CARVALHO FERNANDES/JOÃO LABAREDA, *Código da Insolvência e da Recuperação de Empresas anotado*, cit., p. 634.

[83] A menos que, nessa altura, ainda não tenha transitado em julgado a sentença declaratória da insolvência: CARVALHO FERNANDES/JOÃO LABAREDA, *Código da Insolvência e da Recuperação de Empresas anotado*, cit., p. 636.

da liquidação não fica impedido pela existência de rendimentos gerados pela atividade do devedor e que devam acrescer à massa (art. 182.º, 1).

Não é dito no preceito que tem de haver uma qualquer decisão de prorrogação por seis meses, uma ou mais vezes, do prazo inicial de um ano. Daí se pode retirar a conclusão de que, decorrido o prazo inicial ou cada período subsequente de seis meses, pode ser requerida a destituição do administrador da insolvência, que não será decretada se houver razões que justifiquem o prolongamento. Em bom rigor, aquele prazo visa disciplinar a atividade do administrador de insolvência[84].

É ainda importante ter em conta que o *rateio final* é realizado após o *encerramento da liquidação* e da elaboração da conta (art. 182.º, 1) e que a realização do rateio final conduz em regra à declaração do *encerramento do processo* (art. 230.º, 1, *a*)). O que mostra que muita coisa há a fazer após a liquidação e antes do decurso do prazo de um ano (que é, recorde-se, um prazo para o encerramento do processo de insolvência)[85].

---

[84] Em sentido próximo, CARVALHO FERNANDES/JOÃO LABAREDA, *Código da Insolvência e da Recuperação de Empresas anotado*, cit., p. 634.

[85] Lembrando também esse aspeto, CARVALHO FERNANDES/JOÃO LABAREDA, *Código da Insolvência e da Recuperação de Empresas anotado*, cit., p. 634.

CAPÍTULO IX
Administração da massa insolvente pelo devedor

1. Introdução

A massa insolvente é integrada, por um lado, por «todo o património do devedor à data da declaração de insolvência» e, por outro, pelos «bens e direitos que ele adquira na pendência do processo» (art. 46.º, 1). Com a declaração de insolvência, o juiz vai, em regra, decretar a «apreensão, para imediata entrega ao administrador da insolvência, dos elementos da contabilidade do devedor e de todos os seus bens [...]» (art. 36.º, 1, *g*)). O administrador da insolvência passará a ter poderes de administração e de disposição dos bens que integram a massa, poderes esses que são retirados ao insolvente (art. 81.º, 1)[1].

No entanto, e verificados certos pressupostos que analisaremos em seguida, a lei permite que o devedor, apesar de ter sido declarado insolvente, administre a massa insolvente[2]. Dessa forma, aproveitam-se as experiências, as

---

[1] Nos casos em que o juiz verifica, antes da sentença de declaração de insolvência, que há insuficiência da massa insolvente, não vai decretar a apreensão dos bens do devedor (art. 39.º, 1; mas v. também o n.º 8 do mesmo artigo). E o mesmo deve ser dito se transita em julgado a sentença de homologação de plano de pagamentos (art. 259.º, 1).

[2] O direito dos EUA acolhe a figura do *debtor in possession* no *Chapter 11* do *Bankruptcy Code* (sendo os devedores fiscalizados em regra apenas por *creditor committees*) e na Alemanha a *InsO* regula também a *Eigenverwaltung* (com a fiscalização a cargo de um *Sachwalter*), de ambos tendo sido recebida forte influência no CIRE. O regime da *Eigenverwaltung* sofreu entretanto consideráveis alterações com a ESUG. Para um panorama, CATARINA SERRA, «Os efeitos

UM CURSO DE DIREITO DA INSOLVÊNCIA

informações e os contactos do devedor (ou dos membros dos seus órgãos, sendo o caso) em processos de insolvência que até podem ter sido o resultado de circunstâncias que o devedor não podia controlar. Se os credores consideram que podem ainda vir a ganhar no futuro através das relações que estabeleçam com o devedor, estarão mais recetivos à possibilidade de atribuir ao devedor a administração da massa.

Note-se, porém, que a administração da massa insolvente pelo devedor não afasta todo o regime do processo de insolvência e não impede o seu andamento. Pelo contrário[3]. Haverá, por exemplo, lugar à reclamação, verificação e graduação de créditos. E a finalidade do processo de insolvência mantém-se: a satisfação dos credores. Além disso, a atribuição da administração da massa insolvente ao devedor pressupõe que este apresente ou se comprometa a apresentar um plano de insolvência, nos termos do art. 224.º, 2, *b*). Se não apresentar este plano ou o mesmo não for aprovado ou homologado, o juiz põe termo à administração pelo devedor no caso de esta ter sido atribuída. Sendo aprovado e homologado o plano de insolvência apresentado, o trânsito em julgado da sentença de homologação conduz ao encerramento do processo de insolvência, se a isso não se opuser o respetivo conteúdo (art. 230. 1, *b*)). E, portanto, o processo de insolvência pode ter que prosseguir por força do disposto no plano de insolvência.

O devedor que requer a atribuição a si da administração da massa insolvente apresentou ou compromete-se a apresentar um plano de insolvência que «preveja a continuidade da exploração da empresa por si próprio» (art. 224.º, 2, *b*)). E isso parece excluir a possibilidade de apresentação de um plano de

---

patrimoniais da declaração de insolvência após a alteração da Lei n.º 16/2012 ao Código da Insolvência», *Julgar*, 18, set-dez, 2012, p. 196 e s.. Para outras influências, RUI PINTO DUARTE, «A administração da empresa insolvente: rutura ou continuidade?», cit., p. 154 e ss.. Dando conta de que a administração pelo devedor é vista como uma forma de incentivar este a procurar a recuperação mais cedo (mas tendo dúvidas de que seja suficiente para restabelecer a confiança de clientes, credores e trabalhadores), CHRISTOPHER SEAGON, «"Retten, was zu retten ist": Hilft uns hierbei das ESUG?», in WERNER EBKE/CHRISTOPHER SEAGON/MICHAEL BLATZ (her.), Solvenz – Insolvenz – Resolvenz, Nomos, Baden-Baden, 2013, p. 72 e s..

[3] Perante o Regulamento 1346/2000 pode no entanto perguntar-se se é possível a administração pelo devedor num processo secundário se o mesmo não ocorreu no processo principal. Sobre o problema, CHRISTIAN TEZLAFF, «Vorbemerkungen vor §§ 270 bis 285», in HANS-PETER KIRCHOF/HORST EIDENMÜLLER/ROLF STÜRNER (her.), *Münchener Kommentar zur Insolvenzordnung*, Bd. 3, 3. Aufl., Beck (Beck-online), München, 2014, Rn. 38.

insolvência apenas destinado à liquidação[4]. Além disso, enquanto se mantiver a administração da massa pelo devedor o administrador da insolvência não pode efetuar a liquidação (art. 225.º).

O devedor a quem foi atribuída a administração da massa tem poderes de administração. Mas, no quadro desses poderes, pode praticar atos de gestão corrente e atos de administração extraordinária[5]. É o que se pode extrair do art. 226.º, 2. No entanto, não tem poderes de liquidação, como resulta do art. 225.º.

2. Pressupostos

A administração da massa pelo devedor só pode ter lugar se na massa insolvente estiver compreendida uma empresa (art. 223.º). Mas, para além disso, é necessário também que o processo de insolvência não seja abrangido pelo regime constante dos arts. 249.º e ss. (cfr. o art. 250.º). E, por isso, também não pode ser o devedor a administrar a massa se aquele for pessoa singular não titular de empresa (o que já resultaria do art. 223.º) ou titular de pequena empresa tal como esta é entendida no art. 249.º[6]. Assim, a administração da massa insolvente pelo devedor só pode ter lugar se o devedor não é pessoa

---

[4] No *Chapter 11* do *Bankruptcy Code* o regime do *debtor in possession* está pensado para a *reorganisation*. Para Alemanha, admitindo que a *Eigenverwaltung* conviva com um plano de liquidação, CHRISTIAN TEZLAFF, «Vorbemerkungen vor §§ 270 bis 285», in HANS-PETER KIRCHOF/ HORST EIDENMÜLLER/ROLF STÜRNER (her.), *Münchener Kommentar zur Insolvenzordnung*, cit., Rn. 39. Como vimos, os preceitos relativos à administração pelo devedor constantes da *InsO* sofreram profundas alterações com a ESUG (*Gesetzes zur weiteren Erleichterung der Sanierung von Unternehmen vom 7. Dezember 2011*). Por isso, os contributos da doutrina alemã sobre o tema posteriores à referida lei devem ser lidos com maior cuidado. Argumentando no sentido de alargar a administração pelo devedor, MADALENA PERESTRELO DE OLIVEIRA, *Limites da autonomia dos credores na recuperação da empresa insolvente*, cit., p. 42. É, aliás, esse o sentido da Recomendação da Comissão de 12 de março de 2014, como vimos.

[5] No § 270 da *InsO* reconhece-se ao devedor a quem é atribuída a administração da massa os poderes para administrar e dispor da massa insolvente («die Insolvenzmasse zu verwalten und über sie zu verfügen»).

[6] Com esta leitura, CARVALHO FERNANDES/JOÃO LABAREDA, «Regime particular da insolvência dos cônjuges», *Coletânea de estudos sobre a insolvência*, cit., p. 316, MARIA DO ROSÁRIO EPIFÂNIO, *Manual de direito da insolvência*, cit., p. 257, nt. 866.

UM CURSO DE DIREITO DA INSOLVÊNCIA

singular mas é titular de empresa[7] ou, sendo pessoa singular, se é titular de uma empresa que não seja pequena (nos termos em que tal expressão é entendida no art. 249.º).

O devedor que pretenda administrar a massa insolvente tem que o requerer (art. 224.º, 2, *a*)). A atribuição da administração da massa insolvente ao devedor pode ser decidida pelo juiz ou pode ser deliberada pelos credores na assembleia de apreciação do relatório ou em assembleia que a preceda. O regime jurídico num caso e noutro não é o mesmo, pois os pressupostos são diferentes. Mas o requerimento do devedor é sempre necessário: o juiz não pode decidir oficiosamente atribuir a administração da massa insolvente ao devedor nem a assembleia de credores pode deliberar no mesmo sentido sem aquele requerimento. Tendo em conta os pressupostos cuja verificação é exigida, o devedor tem que fundamentar o seu requerimento.

Para que o juiz determine a administração pelo devedor (art. 224.º, 1) é necessário que considere não haver «razões para recear atrasos na marcha do processo ou outras desvantagens para os credores» (art. 224.º, 2, *c*)). Da formulação legal extrai-se que não será concedida a administração da massa ao devedor se há razões para os receios mencionados: isto é, razões que conduzam ao juízo de prognose ali previsto[8].

Haverá razões para recear atrasos na marcha do processo se, por exemplo, já houver manifestações sérias de credores em sentido contrário à atribuição da administração da massa insolvente ao devedor quando a importância desses credores permita recear que facilmente terá lugar uma deliberação da assembleia de credores pondo termo à referida administração[9].

---

[7] Mas há que ter em conta que não parece possível essa administração em todos os casos previstos no art. 2.º, 1.

[8] Como dá conta CATARINA SERRA, «Os efeitos patrimoniais da declaração de insolvência após a alteração da Lei n.º 16/2012 ao Código da Insolvência», cit., p. 187, «quase nunca é possível garantir que dela não advêm atrasos na marcha do processo ou outras desvantagens para os credores». A Professora de Braga lembra, aliás, as alterações introduzidas na *InsO* pela ESUG visando facilitar a atribuição da administração da massa ao devedor.

[9] CHRISTIAN TEZLAFF, «§ 270», in HANS-PETER KIRCHOF/HORST EIDENMÜLLER/ROLF STÜRNER (her.), *Münchener Kommentar zur Insolvenzordnung*, Bd. 3, 3. Aufl., Beck (Beck-online), München, 2014, Rn. 88, embora o autor chame a atenção para a menor importância do exemplo na Alemanha após as alterações introduzidas pela ESUG.

ADMINISTRAÇÃO DA MASSA INSOLVENTE PELO DEVEDOR

As desvantagens para os credores existem se os seus interesses são postos em perigo (*Gefährdung*)[10] ou se ficam em pior posição do que ficariam no caso de não haver administração da massa pelo devedor[11].

Se a insolvência não foi requerida pelo devedor (cfr. o art. 20.º, 1), é necessário que o requerente dê o seu acordo quanto à administração da massa pelo devedor (art. 224.º, 2, *d*)). Isto significa que o requerente da declaração de insolvência tem neste caso um verdadeiro direito de veto.

É ainda exigido que o devedor já tenha apresentado plano de insolvência ou que se comprometa a apresentá-lo no prazo de 30 dias após a sentença de declaração de insolvência. Esse plano deverá prever a continuidade da exploração da empresa pelo devedor (art. 224.º, 2, *b*)). Por vezes é até possível dizer que um plano de recuperação só faz sentido se a administração da massa insolvente for atribuída ao devedor[12].

Se estão reunidos os pressupostos legalmente previstos para que o juiz possa determinar que a administração da massa insolvente seja assegurada pelo devedor, a dúvida que pode surgir é a de saber se o juiz fica então obrigado a decidir nesse sentido. Na verdade, o art. 224.º, 1, parece conferir ao juiz o poder de não atribuir aquela administração ao devedor ainda que estejam preenchidos os pressupostos previstos.

No caso de a administração da massa pelo devedor ser decidida por deliberação dos credores, já não é preciso que não existam «razões para recear atrasos na marcha do processo ou outras desvantagens para os credores» nem é necessário que o requerente da insolvência, quando não seja o devedor, dê o seu acordo. Isso significa que a assembleia de credores pode ultrapassar a recusa de acordo do requerente da insolvência que não seja o devedor (art. 224.º, 2, *d*)). Mas é ainda exigido que o devedor requeira aquela administração e que já tenha apresentado o plano de insolvência ou se comprometa a apresentá-lo

---

[10] CHRISTIAN TEZLAFF, «§ 270», in HANS-PETER KIRCHOF/HORST EIDENMÜLLER/ROLF STÜRNER (her.), *Münchener Kommentar zur Insolvenzordnung*, cit., Rn. 47, RAINER RIGGERT, «§ 270», in EBERHARD BRAUN, *Insolvenzordnung*,, 6. Aufl., Beck (Beck-online), München, 2014, Rn. 5

[11] RAINER RIGGERT, «§ 270», in EBERHARD BRAUN, *Insolvenzordnung*, cit., Rn. 5.

[12] CHRISTIAN TEZLAFF, «Vorbemerkungen vor §§ 270 bis 285», in HANS-PETER KIRCHOF/HORST EIDENMÜLLER/ROLF STÜRNER (her.), *Münchener Kommentar zur Insolvenzordnung*, cit., 2014, Rn. 93.

UM CURSO DE DIREITO DA INSOLVÊNCIA

no prazo de 30 dias a partir da deliberação dos credores. Esse plano deve igualmente prever a continuidade da exploração da empresa pelo devedor.

Aparentemente, o art. 224.º, 3, confere à assembleia de credores, nos termos ali expostos, o poder de confiar ou não ao devedor a administração da massa insolvente. Entendido assim o preceito, uma vez tomada a decisão pela assembleia de credores, a administração da massa insolvente foi conferida ao devedor. Embora a norma pudesse ser mais clara, julgamos necessária uma subsequente decisão judicial a confiar aquela administração ao devedor[13]. Desde logo, porque o art. 224.º, 3, não estabelece que são os credores que confiam essa administração ao devedor. O que resulta do preceito é que os credores podem deliberar que a administração é confiada ao devedor. Encontramos uma redação semelhante à do art. 224.º, 3, no art. 228.º, 1, b): a assembleia de credores pode deliberar pôr termo à administração da massa pelo devedor, mas ainda quando delibera assim é exigida decisão judicial a pôr termo à referida administração. O próprio art. 224.º, 3, liga-se ao disposto no n.º 1 através da palavra «também»: a administração da massa insolvente «é também confiada ao devedor [...]». Confiada pelo juiz mediante deliberação dos credores. Note-se que a leitura defendida parece ser também a que estava no espírito do legislador: no *Preâmbulo não publicado do Decreto-Lei que aprova o Código*[14], surgia escrito que a assembleia de credores podia dar a «anuência» à manutenção da administração da massa insolvente pelo devedor.

Qualquer que seja a leitura adotada, a verdade é que nos casos em que a administração da massa foi confiada ao devedor por assim ter sido deliberação pelos credores torna-se necessário que o devedor, se ainda não o fez, apresente plano de insolvência que preveja a continuidade da exploração da empresa por si próprio no prazo de 30 dias após a deliberação dos credores.

---

[13] Com essa leitura, RUI PINTO DUARTE, «A administração da empresa insolvente: rutura ou continuidade?», in CATARINA SERRA (coord.), *I Congresso de direito da insolvência*, cit., p. 166. Contra, CARVALHO FERNANDES, «A qualificação da insolvência e a administração da massa insolvente pelo devedor», in CARVALHO FERNANDES/JOÃO LABAREDA, *Colectânea de estudos sobre a insolvência*, cit., p. 249, CARVALHO FERNANDES/JOÃO LABAREDA, *Código da Insolvência e da Recuperação de Empresas anotado*, cit., p. 814.

[14] Publicado em *Código da Insolvência e da Recuperação de Empresas*, Ministério da Justiça/Coimbra Editora, Coimbra, 2004, p. 221.

O que foi exposto torna evidente que o devedor não tem um direito a administrar a massa insolvente e que não basta o seu requerimento para que essa administração lhe seja conferida.

3. Apresentação do requerimento pelo devedor

A atribuição da administração da massa insolvente ao devedor está dependente de requerimento formulado nesse sentido pelo próprio devedor. Mas em que momento deve ser apresentado esse requerimento? Ou, pelo menos, até que momento ele pode ser apresentado? A lei não é clara. Tanto mais que a atribuição da administração da massa insolvente ao devedor pode ter lugar por decisão do juiz na sentença de declaração da insolvência ou pode ser deliberada pelos credores na assembleia de apreciação do relatório ou em assembleia que a preceda.

Para que o juiz decida na sentença de declaração de insolvência atribuir a administração da massa insolvente ao devedor, já deve constar do processo o referido requerimento.

Note-se, porém, que no caso de o devedor se apresentar à insolvência a sentença de declaração de insolvência é proferida em prazo muito curto (art. 28.º). Isso torna fácil de compreender que o devedor, para ver ser-lhe atribuída a administração da massa insolvente naquela sentença, deve apresentar o correspondente requerimento na petição inicial. Não pode, no entanto, condicionar o pedido de declaração de insolvência à atribuição da administração da massa ao devedor[15].

Se, porém, não foi o devedor que requereu a declaração de insolvência, pode também apresentar o requerimento de administração da massa insolvente por si na oposição ou no prazo desta. Mas poderá fazê-lo mais tarde? Poderá fazê-lo até ao momento de ser proferida a sentença de declaração de insolvência? Na nossa opinião, o requerimento pode ser apresentado até ser proferida a sentença de declaração de insolvência[16]: é isso que decorre do disposto no art. 224.º, 1, e 2, *a*).

---

[15] Assim também, para a Alemanha, CHRISTIAN TEZLAFF, «§ 270», in HANS-PETER KIRCHOF/ HORST EIDENMÜLLER/ROLF STÜRNER (her.), *Münchener Kommentar zur Insolvenzordnung*, cit., Rn. 34.

[16] CARVALHO FERNANDES/JOÃO LABAREDA, *Código da Insolvência e da Recuperação de Empresas anotado*, cit., p. 813, consideram que o requerimento pode ser apresentado pelo devedor que

UM CURSO DE DIREITO DA INSOLVÊNCIA

Como vimos, a decisão de atribuir a administração da massa insolvente ao devedor pode ser tomada pela assembleia de credores, nos termos referidos. Poderá o devedor limitar-se a apresentar o seu requerimento antes dessa mesma assembleia? Pensamos que sim[17].

4. Momento da decisão pelo juiz

O juiz decide confiar a administração da massa insolvente ao devedor na sentença de declaração de insolvência (art. 224.º, 1). Nesse caso, o juiz não só toma a decisão de confiar a administração da massa ao devedor, como efetivamente a confia. Para além disso, nos casos em que é a assembleia de credores de apreciação do relatório ou anterior que delibera confiar a administração da massa ao devedor (art. 224.º, 3), pensamos que o juiz ainda terá a seu cargo o ato de confiar aquela administração ao devedor: os credores deliberam, o juiz confia.

5. Momento da decisão pela assembleia de credores

A assembleia de credores de apreciação do relatório pode deliberar confiar a administração da massa ao devedor. O mesmo pode ser deliberado em assembleia de credores que a preceda (art. 224.º, 3). O que não parece possível é que essa deliberação tenha lugar posteriormente à assembleia de credores de apreciação do relatório. Mas uma coisa é deliberar confiar a administração da massa ao devedor e outra é confiar efetivamente. Este último ato caberá ao juiz, como vimos ser a melhor solução.

---

não se apresentou à insolvência «antes de proferida a sentença declaratória da insolvência», dando assim a entender que não tem que ser apresentado na oposição ou no prazo desta se a mesma não for apresentada; no mesmo sentido, PEDRO PIDWELL, *O processo de insolvência e a recuperação da sociedade comercial de responsabilidade limitada*, cit., p. 304; com outra leitura, CARVALHO FERNANDES, «A qualificação da insolvência e a administração da massa insolvente pelo devedor», cit., p. 249, e (defendendo que o pedido tem «necessariamente» de ser apresentado na contestação caso o processo de insolvência não seja da iniciativa do devedor), CATARINA SERRA, «Os efeitos patrimoniais da declaração de insolvência após a alteração da Lei n.º 16/2012 ao Código da Insolvência», cit., p. 188.

[17] Nesse sentido também, CARVALHO FERNANDES/JOÃO LABAREDA, *Código da Insolvência e da Recuperação de Empresas anotado*, cit., p. 814.

Se o juiz atribuiu a administração da massa insolvente ao devedor na sentença de declaração de insolvência, tem que convocar a assembleia de apreciação do relatório. Mas, nesse caso, a assembleia de credores já não tem que deliberar atribuir a administração da massa ao devedor (a atribuição já teve lugar).

Se, porém, o juiz não atribuiu a administração da massa insolvente ao devedor e não convoca a assembleia de apreciação do relatório, quando é que pode ter lugar a decisão da assembleia de credores que delibera no sentido de ser confiada ao devedor a administração da massa? Julgamos que deve ser na primeira assembleia de credores que tenha lugar[18]. No entanto, há que contar, nesse caso, com as regras relativas à convocação da assembleia de credores.

O que foi dito mostra que a decisão do juiz que atribui a administração da massa insolvente ao devedor tem, na medida do exposto, caráter provisório. E, por outro lado, também tem caráter provisório a decisão do juiz que recusa aquela atribuição[19].

6. A publicidade e registo da atribuição da administração da massa insolvente ao devedor

A atribuição da administração da massa insolvente ao devedor está sujeita a publicidade e registo, nos termos dos arts. 37.º e 38.º (cfr. também o art. 9.º, *l*), CRCom, e o art. 1.º, 1, *m*), CRCiv.).

7. A suspensão da liquidação

Sendo atribuída ao devedor a administração da massa insolvente, a liquidação só poderá começar depois de essa administração ser retirada ao devedor (art. 225.º).

---

[18] Assim também, CARVALHO FERNANDES/JOÃO LABAREDA, *Código da Insolvência e da Recuperação de Empresas anotado*, cit., p. 814.

[19] Salientando esse caráter provisório (*vorläufigen Charachter*) também na Alemanha, CHRISTIAN TEZLAFF, «§ 270», in HANS-PETER KIRCHOF/HORST EIDENMÜLLER/ROLF STÜRNER (her.), *Münchener Kommentar zur Insolvenzordnung*, cit., Rn. 111.

UM CURSO DE DIREITO DA INSOLVÊNCIA

No caso de a administração da massa insolvente ter sido logo atribuída ao devedor na sentença de declaração de insolvência, esta sentença não decreta a apreensão dos elementos da contabilidade do devedor e dos seus bens[20].

Se, porém, na sentença de declaração de insolvência foi decretada essa apreensão, o que deverá ocorrer no caso de posteriormente ser confiada a administração da massa insolvente ao devedor? A solução só pode ser uma: o juiz deve fazer cessar essa apreensão[21]. Ficam, obviamente, ressalvados os efeitos dos atos já praticados pelo administrador da insolvência.

8. A remissão para o art. 158.º, 1: as dúvidas quanto ao sentido da remissão

O art. 225.º ressalva o disposto no art. 158.º, 1. Ou seja, se por um lado se afirma que a liquidação não tem lugar antes de ser retirada a administração da massa ao devedor se a mesma lhe tinha sido atribuída, por outro é dito que o administrador da insolvência «procede com prontidão à venda de todos os bens apreendidos para a massa insolvente, independentemente da verificação do passivo, na medida em que a tanto se não oponham as deliberações tomadas pelos credores na referida assembleia». Parece contraditório.

Para Carvalho Fernandes e João Labareda, a remissão referida significa que a assembleia de credores que atribui a administração da massa ao devedor pode «tomar, em relação a alguns bens, uma deliberação no sentido da sua alienação imediata, a promover pelo próprio devedor ou até pelo administrador da insolvência».

Na primeira edição deste livro escrevemos o seguinte: «Julgamos, porém, que se justifica uma verdadeira interpretação corretiva do art. 225.º com base nos trabalhos preparatórios do CIRE e de que dão conta aqueles autores. Com efeito, tendemos para aceitar antes a outra via que os mesmos enunciam. Parece-nos mais adequado ver na remissão feita para o art. 158.º, 1, uma referência ao art. 162.º, 2: segundo este último, depois de o administrador iniciar funções "efetua imediatamente as diligências para a alienação da empresa

---

[20] Aparentemente com outra leitura, FÁTIMA REIS SILVA, «Dificuldades da Recuperação de Empresa no Código da Insolvência e da Recuperação de Empresa», cit., p. 170.

[21] Nesse sentido, MENEZES LEITÃO, *Código da Insolvência e da Recuperação de Empresas – Anotado*, cit., p. 214; contra, CATARINA SERRA, «Os efeitos patrimoniais da declaração de insolvência após a alteração da Lei n.º 16/2012 ao Código da Insolvência», cit., p. 189.

ADMINISTRAÇÃO DA MASSA INSOLVENTE PELO DEVEDOR

do devedor ou dos seus estabelecimentos". Não se trata aqui de proceder à alienação, mas de a preparar, o que nos parece muito mais razoável tendo em conta que o devedor assegura a administração da massa. Veja-se que o art. 162.º, 2, tinha correspondência no art. 141.º, 3, do Anteprojeto. O art. 225.º, por sua vez, tinha o seu antecedente no art. 201.º, 5, do Anteprojeto, que remetia precisamente para o art. 141.º, 3 do mesmo. Terá havido, certamente, lapso do legislador».

Hoje, a leitura que fazemos é outra. A ressalva quanto ao teor do art. 158.º, 1, parece querer dizer que, por um lado, depois de retirada a administração ao devedor, a liquidação não pode iniciar-se se a sentença declaratória da insolvência não transitou e se a assembleia de apreciação do relatório ainda não teve lugar, e, por outro lado, que podem os credores ter tomado deliberações naquela assembleia que se oponham a essa liquidação.

9. A remissão para o art. 158.º, 2: bens sujeitos a deterioração ou depreciação

O devedor que seja encarregado da administração da massa insolvente pode proceder à venda dos bens que a integrem «que não possam ou não se devam conservar por estarem sujeitos a deterioração ou depreciação». É o que resulta da remissão que no art. 225.º é feita para o art. 158.º, 2. No entanto, essa venda só pode ter lugar com o consentimento do administrador da insolvência e da comissão de credores, se esta existir.

10. A fiscalização pelo administrador da insolvência

O devedor que tem a administração da massa insolvente fica sujeito à fiscalização do administrador da insolvência. Se, no decurso dessa atividade de fiscalização, o administrador da insolvência verificar circunstâncias que desaconselhem a manutenção daquela administração pelo devedor, deve comunicá-lo imediatamente ao juiz e à comissão de credores ou, não havendo esta, a todos os credores que reclamaram os respetivos créditos (art. 226.º, 1)[22].

---

[22] Criticamente, defendendo que a comunicação deveria ser feita, na ausência de uma comissão de credores, à assembleia de credores, CARVALHO FERNANDES/JOÃO LABAREDA, *Código da Insolvência e da Recuperação de Empresas anotado*, cit., p. 818.

O administrador da insolvência e a comissão de credores, bem como credor ou grupo de credores que sejam titulares de créditos que representam pelo menos, na estimativa do juiz, um quinto do total dos créditos não subordinados, podem requerer a convocação da assembleia de credores (art. 75.º, 1), se o juiz não a convocar. E nessa assembleia pode ser deliberado pôr termo à administração da massa insolvente pelo devedor (art. 228.º, 1, *b*)).

11. As obrigações que resultem de atos de gestão corrente

O devedor que tem a administração da massa insolvente a seu cargo pode praticar atos de gestão corrente. E pode fazê-lo ainda que dos mesmos resultem obrigações[23]. Porém, já não deve contrair essas obrigações se o administrador da insolvência se opuser. Para que este o possa fazer, tem que fiscalizar (art. 226.º, 1).

Mas, se aquela oposição se verificar, o ato é na mesma eficaz. É o que resulta do art. 226.º, 2, *a*)[24]. Note-se que, embora o preceito estabeleça o dever de não contrair as obrigações mencionadas, parece que está a impedir a prática do próprio ato de que resulta a obrigação. Por outro lado, também dele resulta que o devedor pode em regra praticar atos de gestão corrente.

O CIRE não diz o que são os atos de gestão corrente[25]. Entendemos por gestão corrente a gestão do dia-a-dia, quotidiana, que não pode exceder a

---

[23] Para uma equiparação dos atos de gestão corrente aos atos de administração ordinária, CARVALHO FERNANDES/JOÃO LABAREDA, *Código da Insolvência e da Recuperação de Empresas anotado*, cit., p. 818. Não podemos deixar de lembrar que, nos termos do art. 51.º, 1, *c*), são dívidas da massa as emergentes dos atos de administração da massa insolvente. CATARINA SERRA, «Os efeitos patrimoniais da declaração de insolvência após a alteração da Lei n.º 16/2012 ao Código da Insolvência», cit., p. 193, também entende que as dívidas resultantes da atuação do devedor enquanto administrador da massa insolvente são dívidas da massa, mas invoca a analogia com o art. 51.º, 1, *d*) e *h*).

[24] Discordando da solução legal, CARVALHO FERNANDES/JOÃO LABAREDA, *Código da Insolvência e da Recuperação de Empresas anotado*, cit., p. 819.

[25] COUTINHO DE ABREU, *Governação das Sociedades Comerciais*, 2.ª ed., Almedina, Coimbra, p. 40, fala-nos da gestão «técnico-operativa quotidiana». PEDRO PIDWELL, *O processo de insolvência e a recuperação da sociedade comercial de responsabilidade limitada*, cit., p. 307, nt. 1345, considera que os atos de gestão corrente se identificam com os atos de administração ordinária. É, aliás, criticável que no art. 226.º, 2, *a*), surjam os termos «gestão corrente» e, no art. 226.º, 2, *b*), conste antes «administração extraordinária». No § 275 da *InsO*, a contraposição que surge feita é entre obrigações que integram a *gewöhnlichen Geschäftsbetrieb* e as que não a integram.

ADMINISTRAÇÃO DA MASSA INSOLVENTE PELO DEVEDOR

prática de atos de mera administração (os que «correspondem a uma gestão patrimonial limitada e prudente», em suma, atos de conservação dos bens administrados ou destinados a promover a respetiva frutificação normal[26]). Mas, como está em causa a gestão *corrente*, parece necessário ter em conta o que era até aí a gestão do devedor[27]. Além disso, a *gestão* corrente ainda é... gestão.

No entanto, o juiz pode, oficiosamente ou a pedido da assembleia de credores, proibir que determinados atos sejam praticados pelo devedor sem a aprovação do administrador da insolvência (cf. o art. 226.º, 4, e quanto à publicidade e registo, o art. 229.º, o art.m 9.º, *l*), CRCom. e o art. 1.º, 1, *m*), CRCiv.). Esses atos podem ser atos de gestão corrente. Quando essa proibição ocorra, a violação da mesma tem as consequências previstas no art. 81.º, 6. E, por isso, agora o ato será, em regra, ineficaz (com as exceções ali previstas).

12. As obrigações que resultem de atos de administração extraordinária

No que diz respeito a atos de administração extraordinária de que resultem obrigações a solução é diferente. Aqueles necessitam de consentimento do administrador da insolvência apesar de a falta desse consentimento não afetar a eficácia do ato (art. 226.º, 2, *b*)). Mais uma vez, e não obstante a redação da lei, o que exige o consentimento é o ato de que resulta a obrigação. Mas também parece que, *a contrario*, o devedor pode praticar atos de administração extraordinária de que não resultem obrigações sem necessidade, em regra, de consentimento do administrador da insolvência.

O CIRE não esclarece quanto ao que deve entender-se por atos de administração extraordinária. Não custa a aceitar ver aí o que são os chamados atos

---

[26] Cfr. MANUEL DE ANDRADE, *Teoria geral da relação jurídica*, vol. II, Almedina, Coimbra, 1983, p. 61 e s..

[27] É o que consideram adequado fazer, para a Alemanha, CHRISTIAN TEZLAFF/CHRISTOPH KERN, «§ 275», in HANS-PETER KIRCHOF/HORST EIDENMÜLLER/ROLF STÜRNER (her.), *Münchener Kommentar zum Insolvenzordnun*, Bd. 3, 3. Aufl., Beck (Beck-online), München, 2014, Rn. 8, RAINER RIGGERT, «§ 275», in EBERHARD BRAUN, *Insolvenzordnung*, cit., Rn. 4, ANDRES, «§ 275», in DIRK ANDRES/ROLF LEITHAUS/MICHAEL DAHL, *Insolvenzordnung*, 3. Aufl., Beck (Beck-online), München, 2014, Rn. 2.

UM CURSO DE DIREITO DA INSOLVÊNCIA

de frutificação anormal ou de melhoramento do património administrado à custa dos rendimentos do mesmo[28].

Porém, também pode agora o juiz, mais uma vez oficiosamente ou a pedido dos credores, proibir que determinados atos sejam praticados pelo devedor sem a aprovação do administrador da insolvência (quanto à publicidade e registo da decisão, cf. as normas referidas no ponto anterior). Quando essa proibição ocorra, a grande diferença está em que a violação da mesma tem as consequências previstas no art. 81.º, 6 (ineficácia, com as exceções ali referidas).

13. Recebimentos em dinheiro e pagamentos

O devedor que administra a massa insolvente pode receber dinheiro e pagamentos. No entanto, o administrador da insolvência pode exigir que esses recebimentos fiquem a seu cargo. E pode fazer essa exigência ao devedor sem necessitar de autorização do juiz[29] ou dos credores.

14. A proibição de atos que não contam com a aprovação pelo administrador da insolvência

Como vimos, o art. 226.º, 4, permite que o juiz, oficiosamente ou a pedido da assembleia de credores, proíba que determinados atos sejam praticados se antes não for dada a aprovação para os mesmos pelo administrador

---

[28] MANUEL DE ANDRADE, *Teoria geral da relação jurídica*, vol. II, cit., p. 62. Como esclarecia aquele Professor, um ato de administração pode ser um ato de alienação contanto se integre nos domínios daquela. E pode ser também um ato de aquisição desde que dentro das finalidades da administração. Um ato já deve ser considerado de disposição se afeta o «casco dos bens, o capital na forma ou composição que tinha quando» foi confiada a sua administração. Mas, quanto a estes últimos, não parece de aceitar a leitura de MENEZES LEITÃO, *Direito da insolvência*, cit., p. 299, pois entende que, por interpretação extensiva, apenas seria necessário o consentimento do administrador da insolvência «à semelhança do que sucede com os actos de administração extraordinária». Sucede, porém, que mesmo o administrador da insolvência não pode praticar livremente os atos de disposição: cfr. os art.s 158.º, 160.º e 161.º.

[29] Cfr. tb. PEDRO PIDWELL, *O processo de insolvência e a recuperação da sociedade comercial de responsabilidade limitada*, cit., p. 308. Contra, defendendo que o administrador da insolvência deve apresentar a exigência ao juiz, que decide, CARVALHO FERNANDES/JOÃO LABAREDA, *Código da Insolvência e da Recuperação de Empresas anotado*, cit., p. 819 (para os autores, a parte final do art. 226.º, 4, e o art. 229.º serão aqui aplicáveis) e FÁTIMA REIS SILVA, «Dificuldades da Recuperação de Empresa no Código da Insolvência e da Recuperação de Empresa», cit., p. 168.

da insolvência. Sem essa aprovação, os atos serão, em princípio, ineficazes (art. 81.º, 6). A proibição deve especificar os atos: devem ser determinados.

A proibição referida está sujeita a publicidade e registo, nos termos dos arts. 37.º e 38.º (art. 229.º).

O juiz deve estar especialmente atento ao risco de serem praticados atos que beneficiem alguns credores em detrimento de outros. Esse risco pode ser maior quando existe uma comissão de credores[30], eventualmente capturada pelo próprio devedor[31].

15. Os poderes conferidos pelo «Capítulo III» do Título IV

Se o devedor recebe a administração da massa insolvente, decorre do art. 226.º, 5, que fica também como os poderes que no Capítulo III do Título IV são conferidos ao administrador da insolvência.

O art. 226.º, 5, estabelece que apenas o administrador da insolvência pode resolver atos em benefício da massa, mas a resolução em causa também não está prevista naquele Capítulo.

Porém, a remissão para o referido Capítulo não faz qualquer sentido, como bem mostram Carvalho Fernandes e João Labareda[32]. Nenhum dos preceitos que o integram mereceria agora aplicação. Daí que se apresente como melhor solução defender uma interpretação revogatória do preceito.

Com efeito, não seria caminho preferível considerar que a remissão correta é para o Capítulo IV do mesmo Título. Aí encontramos o regime dos efeitos da declaração de insolvência sobre os negócios em curso. E não parece que a

---

[30] Alertando para riscos semelhantes na Alemanha, Christian Tezlaff, «Vorbemerkungen vor §§ 270 bis 285», in Hans-Peter Kirchhoff/Hors Eidenmüller/Rolf Stürner (her.), *Münchener Kommentar zur Insolvenzordnung*, cit., Rn. 22-23.

[31] Christian Tezlaff, «Vorbemerkungen vor §§ 270 bis 285», in Hans-Peter Kirchhoff/ Hors Eidenmüller/Rolf Stürner (her.) *Münchener Kommentar zur Insolvenzordnung*, cit., Rn. 29.

[32] Carvalho Fernandes/João Labareda, *Código da Insolvência e da Recuperação de Empresas anotado*, cit., p. 819 e s.. Contudo, Carvalho Fernandes, «A qualificação da insolvência e a administração da massa insolvente pelo devedor», cit., p. 253, defendeu que «o sentido a atribuir ao preceito será o de reconhecer, como regra, ao devedor, na administração da massa insolvente, poderes análogos aos que, nessa tarefa, incumbem ao administrador da insolvência».

lei quisesse deixar tão relevante matéria nas mãos do devedor[33]. Seria, aliás, uma solução que premiaria o devedor insolvente. Além disso, se a lei queria remeter para o Capítulo IV do Título II também não se justificava afastar expressamente da competência do devedor a resolução de atos em benefício da massa insolvente: esta surge tratada no Capítulo V daquele Título (não no Capítulo IV e muito menos no Capítulo III).

16. A elaboração e depósito das contas anuais

Se o devedor está obrigado a elaborar e a depositar as contas anuais, continua a ser ele que tem de o fazer enquanto tiver a seu cargo a administração da massa.

17. A remuneração do devedor ou dos seus administradores e membros dos seus órgãos sociais

O art. 227.º mostra que, no caso de a administração da massa insolvente ficar a caber ao devedor, terá lugar a correspondente remuneração. No entanto, a lei distingue entre a remuneração dos administradores e membros dos órgãos sociais do devedor e a remuneração do devedor pessoa singular.

---

[33] Entre nós, MENEZES LEITÃO, *Código da Insolvência e da Recuperação de Empresas – Anotado*, cit., p. 213, entende que a remissão deve ser lida como sendo feita para o Capítulo IV do Título IV (negócios em curso); igual opinião é defendida por CATARINA SERRA, «Os efeitos patrimoniais da declaração de insolvência após a alteração da Lei n.º 16/2012 ao Código da Insolvência», cit., p. 189 e s., em texto e nt. 44, e por PEDRO PIDWELL, *O processo de insolvência e a recuperação da sociedade comercial de responsabilidade limitada*, cit., p. 314. Porém, essa não parece ser a melhor leitura. Com efeito, na Alemanha, vemos no § 279 da *InsO* o devedor que tem a administração da massa colocado na posição do administrador da insolvência quanto ao disposto nos §§ 103 a 128. *No entanto, aquele § 279 exige que o devedor exerça os direitos resultantes da lei quanto ao cumprimento dos negócios, em regra, por acordo* («im Einvernehmen») *com o Sachwalter*. E só isso já justificaria a inadequação de uma interpretação corretiva que conduzisse a ler «Capítulo IV» onde está «Capítulo III». Mas quem aceite a interpretação corretiva proposta pelos referidos autores (porque parece ser de interpretação corretiva que falam) terá também de reconhecer a necessidade de verificar, nas decisões que ponham termo aos negócios em curso (onde e quando possam ser tomadas), se estamos perante verdadeiros atos de disposição ou, pelo menos, de administração extraordinária, e até, por vezes, atos de especial relevo (cfr. o art. 161.º; no sentido que preferimos, CARVALHO FERNANDES/JOÃO LABAREDA, *Código da Insolvência e da Recuperação de Empresas anotado*, cit., p. 605).

No que diz respeito aos devedores que não sejam pessoas singulares, os seus administradores e membros de órgãos mantêm as remunerações que já tinham (art. 227.º, 1)[34].

Quanto à remuneração de devedor que seja pessoa singular, podem retirar da massa «os fundos necessários para uma vida modesta dele próprio e do seu agregado familiar, tendo em conta a sua condição anterior e as possibilidades da massa» (art. 227.º, 2). Assim, essa remuneração está limitada por um critério de necessidade em função de uma vida modesta. Mas nessa apreciação é preciso contar não apenas com o devedor, mas também com o seu agregado familiar. Por um lado, a lei manda ter em conta a condição anterior do devedor. Por outro, as possibilidades da massa.

18. As demais competências do administrador da insolvência

O administrador da insolvência não tem apenas competências no âmbito da administração da massa insolvente. Já o vimos quando analisámos as suas funções enquanto órgão da insolvência. A administração da massa insolvente pelo devedor não afasta as restantes competências e poderes do administrador da insolvência. O art. 226.º, 7, ressalva a possibilidade de examinar os elementos da contabilidade do devedor, mas vários outros exemplos podem ser apresentados.

Desde logo, as competências que o CIRE lhe reconhece quanto aos negócios em curso. Lembre-se, por exemplo, o disposto no art. 102.º e a possibilidade de optar que se encontra aí prevista. Lembre-se, também, a elaboração de inventário, de lista de credores e de relatório, nos termos dos arts. 153.º e ss..

---

[34] O que pode ser exagerado, tendo em conta que o devedor está em situação de insolvência. Também criticamente, CARVALHO FERNANDES/JOÃO LABAREDA, *Código da Insolvência e da Recuperação de Empresas anotado*, cit., p. 821, CATARINA SERRA, «Os efeitos patrimoniais da declaração de insolvência após a alteração da Lei n.º 16/2012 ao Código da Insolvência», cit., p. 191.

19. Termo da administração pelo devedor

19.1. A necessidade de decisão judicial

O art. 228.º revela, antes de mais, que o termo da administração pelo devedor ocorre por decisão do juiz nos casos ali enumerados. Não basta, assim, uma deliberação da assembleia de credores. A decisão do juiz é necessária mesmo quando foi a assembleia de credores que deliberou no sentido de ser confiada a administração da massa ao devedor. Mas, por outro lado, a verificação de alguma das situações previstas nas diversas alíneas do art. 228.º, 1, deve conduzir à decisão de pôr termo à administração da massa pelo devedor. O juiz apenas tem de verificar se os pressupostos estão ou não preenchidos. Quanto à publicidade e registo da decisão, cf. o art. 229.º e, bem assim, o art. 9.º, *l*), CRCom e o art. 1.º, *m*), CRCiv.

19.2. Termo da administração pelo devedor a requerimento deste

Seguindo a ordem pela qual esses casos são apresentados na lei, vemos que, em primeiro lugar, nos surge referido o requerimento do próprio devedor (art. 228.º, 1, *a*)). Com efeito, seria contraproducente que a administração da massa estivesse a cargo de um devedor que não pretendesse levá-la a cabo. Aliás, também é necessário que o devedor requeira que a administração da massa lhe fique a caber para que a mesma lhe seja atribuída (art. 224.º, 2, *a*)).

19.3. Termo da administração pelo devedor por deliberação da assembleia de credores

A administração da massa pelo devedor também termina se a assembleia de credores assim o deliberar (art. 228.º, 1, *b*))[35]. Essa deliberação pode ter lugar ainda quando tenha sido o juiz a atribuir a administração da massa ao devedor

---

[35] CATARINA SERRA, «Os efeitos patrimoniais da declaração de insolvência após a alteração da Lei n.º 16/2012 ao Código da Insolvência», cit., p. 192, critica a solução. Na Alemanha, o § 272 da *InsO* passou a exigir, com a ESUG, não apenas a maioria dos votos, mas também a maioria dos credores votantes (a chamada *Kopfmehreit*).

(art. 224.º, 1 e 2). Mas, por outro lado, a deliberação da assembleia dos credores não faz cessar, só por si, a administração pelo devedor. Com efeito, será ainda necessária a decisão do juiz a pôr-lhe termo. E isto mesmo quando a administração da massa insolvente foi confiada ao devedor por assim ter sido deliberado pela assembleia de credores

É questionável se a deliberação da assembleia no sentido de pôr termo à administração da massa pelo devedor pode ser objeto da reclamação prevista no art. 78.º, 1. Com efeito, não se pode dizer que a simples cessação daquela administração é contrária ao interesse comum, uma vez que, à partida, o administrador da insolvência não atuará contra esse interesse comum[36]. Mas também não é de excluir que, em concreto, sejam identificáveis mais razões entre o Céu e a Terra que justifiquem a dita reclamação.

19.4. Termo da administração pelo devedor por ter sido afetada pela qualificação da insolvência como culposa a pessoa singular titular da empresa

A terceira causa de cessação da administração da massa pelo devedor é a afetação do devedor que seja pessoa singular titular da empresa pela qualificação da insolvência como culposa (art. 228.º, 1, *c*)). A solução é aceitável, tendo em conta o que conduz a essa mesma qualificação. Aparentemente, não é necessário que a sentença de qualificação da insolvência como culposa tenha transitado em julgado.

No que diz respeito aos restantes devedores, há que ter em consideração o disposto no art. 189.º, 2, *b*) e *c*)[37].

19.5. Termo da administração pelo devedor a pedido de algum credor

Qualquer credor pode solicitar que o juiz ponha termo à administração da massa insolvente pelo devedor. No entanto, é necessário que o juiz entenda

---

[36] Cfr., em sentido próximo, para a Alemanha, CHRISTIAN TEZLAFF, «§ 272», in HANS-PETER KIRCHOF/HORST EIDENMÜLLER/ROLF STÜRNER (her.), *Münchener Kommentar zur Insolvenzordnung*, Bd. 3, 3. Aufl., Beck (Beck-online), München, 2014, Rn. 16.

[37] Chamando a atenção para isso mesmo, CATARINA SERRA, «Os efeitos patrimoniais da declaração de insolvência após a alteração da Lei n.º 16/2012 ao Código da Insolvência», cit., p. 192 e s..

UM CURSO DE DIREITO DA INSOLVÊNCIA

que deixou de se «verificar o pressuposto previsto na alínea *c)* do n.º 2 do artigo 224.º»: o julgador tem que concluir que já não pode afirmar não haver razões «para recear atrasos na marcha do processo ou outras desvantagens para os credores»[38].

Como o art. 228.º, 1, *d)*, considera que o juiz faz cessar a administração da massa pelo devedor quando deixou «de se verificar o pressuposto» previsto no art. 224.º, 2, *c)*, parece que o termo da administração pelo devedor só pode ocorrer com este fundamento quando essa mesma administração foi atribuída pelo juiz. Só nesses casos é que o disposto na al. *c)* do art. 224.º, 2, é pressuposto da atribuição da administração da massa ao devedor.

19.6. Termo da administração da massa pelo devedor e falta de plano de insolvência aprovado e homologado

Por último[39], são indicados vários fundamentos da decisão de pôr termo à administração da massa pelo devedor que estão relacionados com o plano de insolvência. Como se lê no art. 224.º, 2, *b)*, o devedor que requer a administração da massa insolvente por si ou apresentou já plano de insolvência, ou, se não o fez, compromete-se a apresentá-lo num certo prazo. São, assim, fundamentos para que seja posto termo à administração da massa insolvente pelo devedor a não apresentação de plano de insolvência ou, se este foi apresentado, a sua não admissão, aprovação ou homologação (art. 228.º, 1, *e)*). Deve ainda ser realçado que o regime descrito mostra bem que o processo de insolvência não fica parado com a atribuição da administração da massa ao devedor. Desde logo porque é necessário tomar decisões acerca do plano de insolvência: no caso de não ter sido apresentado ou no caso de o ter sido.

---

[38] Com a ESUG, o § 272 *InsO* passou a exigir que o credor requerente prove que, para além do mais, a subsistência da administração pelo devedor ameaça causar-lhe consideráveis prejuízos.

[39] Mas, como lembram CARVALHO FERNANDES/JOÃO LABAREDA, *Código da Insolvência e da Recuperação de Empresas anotado*, cit., p. 823, também a morte do devedor causará o termo da administração por aquele. Mas parece que será na mesma necessária decisão do juiz.

19.7. Termo da administração da massa pelo devedor e prosseguimento do processo

A decisão do juiz que põe termo à administração da massa insolvente pelo devedor tem como imediata consequência a apreensão dos bens (arts. 228.º, 5, e 149.º e ss.), seguindo-se os demais termos até final.

A sentença de declaração de insolvência em que se atribui ao devedor a administração da massa insolvente não vai decretar a apreensão dos bens do devedor (art. 36.º, 1, *g*)). Mas, se termina aquela administração, já faz sentido que a apreensão tenha lugar.

Se a administração da massa insolvente pelo devedor foi decidida em assembleia de credores (art. 224.º, 3), a sentença de declaração de insolvência terá, em regra, decretado aquela apreensão. Com a deliberação dos credores mencionada cessa a apreensão de bens do devedor, que voltará a ter lugar se for proferida a decisão do juiz pondo termo à administração da massa pelo devedor.

A decisão que põe termo à administração da massa insolvente pelo devedor está sujeita a publicidade e registo, nos termos dos arts. 37.º e 38.º (art. 229.º).

Embora o art. 228.º não o refira, a administração da massa pelo devedor também cessa quando é encerrado o processo de insolvência. O art. 233.º, 1, *a*), estabelece como efeito (entre outros) do encerramento do processo a cessação de todos os efeitos da declaração de insolvência e a recuperação pelo devedor do direito de disposição dos seus bens e a livre gestão dos seus negócios, nos termos ali expostos (e, portanto, com a ressalva dos efeitos da qualificação da insolvência como culposa e do disposto no art. 234.º).

CAPÍTULO X
Pagamento

1. O pagamento para satisfazer os credores

O processo de insolvência tem como finalidade a satisfação dos credores (art. 1.º, 1). Essa satisfação é geralmente conseguida através do pagamento, regulado nos arts. 172.º a 184.º. Sucede, porém, que o pagamento tem que ser realizado tratando igualmente o que é igual e desigualmente o que é desigual. Nesta fase será também necessário distinguir entre dívidas da massa e dívidas da insolvência. Será preciso igualmente ter em conta que entre os credores da insolvência podemos encontrar os que são garantidos, privilegiados, comuns ou subordinados. A tudo isso e muito mais há que conferir o devido tratamento[1].

2. As dívidas da massa

Sabemos já que a massa insolvente só será utilizada para satisfazer os credores da insolvência depois de serem pagas as suas próprias dívidas (art. 46.º, 1). Compreende-se, por isso, que o administrador da insolvência tenha primeiro que deduzir da massa insolvente «os bens ou direitos necessários à satisfação

---

[1] Deve ser tido em conta que é possível encontrar noutros diplomas normas que interferem com o regime do CIRE. É o caso do art. 114.º CCoop, cuja articulação com o regime do pagamento no processo de insolvência suscita dúvidas.

UM CURSO DE DIREITO DA INSOLVÊNCIA

das dívidas desta» e só depois proceda ao pagamento dos créditos sobre a insolvência (art. 172.º, 1). Para efetuar aquela dedução o administrador da insolvência deve inclusivamente contabilizar as dívidas da massa que «previsivelmente se constituirão até ao encerramento do processo». Note-se ainda que o pagamento das dívidas da massa insolvente deve ser feito nas datas dos respetivos vencimentos e independentemente do estado do processo (art. 172.º, 3)[2]. Não sendo feito o pagamento, não está afastada a possibilidade de intentar as ações necessárias, nos termos do art. 89.º[3].

As dívidas da massa são primeiro imputadas aos rendimentos da própria massa, se os houver. Na parte excedente, serão imputados «na devida proporção» ao produto (da venda) dos bens móveis e/ou imóveis. Mas, quanto a estes, há que distinguir: de um lado, temos os bens móveis e/ou imóveis que não são objeto de garantias reais; do outro, os bens móveis e/ou imóveis que são objeto dessas garantias. Neste último caso, a imputação das dívidas da massa ao produto desses bens não pode, em regra, exceder os 10%. Mas a imputação já poderá exceder esses 10% do produto se e na medida em que for «indispensável à satisfação integral das dívidas da massa insolvente ou do que não prejudique a satisfação integral dos créditos garantidos» (art. 172.º, 2).

Pode, porém, dar-se o caso de ser intentada uma ação para a verificação do direito à restituição ou separação de bens já liquidados. Quando isso ocorra, uma vez lavrado o termo de protesto legalmente previsto, é mantida em depósito e excluída dos pagamentos uma quantia igual à do produto da venda se este puder ser determinado e, no caso contrário, será mantida em depósito uma quantia igual à do valor constante do inventário.

O art. 172.º, 4, manda aplicar, com as devidas adaptações, o art. 180.º, 2 e 3. Isto parece significar que, uma vez proferida a decisão definitiva na ação para a verificação do direito à restituição ou separação de bens já liquidados, o levantamento das quantias depositadas é autorizado para pagamento ao autor que tenha obtido ganho de causa. Se o autor não obteve ganho de causa, é efetuado o rateio dessas quantias pelos credores. Se o levantamento é

---

[2] O pagamento de créditos sobre a insolvência só pode abranger os que estão verificados por sentença transitada em julgado (art. 173.º).

[3] Já os credores da insolvência estão sujeitos ao disposto no art. 90.º.

parcial, a quantia sobrante também é rateada pelos credores. O art. 180.º, 3, é igualmente aplicável com as devidas adaptações.

3. As dívidas da insolvência

3.1. Introdução

As dívidas da insolvência correspondem aos créditos sobre a insolvência (art. 47.º, 2) e estes apenas podem ser pagos depois de verificados por sentença transitada em julgado (art. 173.º). Esta exigência vale mesmo no caso de haver possibilidade de realizar rateios parciais (art. 178.º).

Pode, porém, suceder que a sentença de verificação e graduação de créditos esteja pendente de recurso ou haja protesto por ação pendente. Quando assim seja e para serem atendidos em rateios, os créditos objeto de recurso e dos autores que intentaram as ações que conduziram à realização do protesto[4] consideram-se condicionalmente verificados e, no caso dos primeiros, «pelo montante máximo que puder resultar do conhecimento» do recurso. Essa verificação condicional não permite, no entanto, que os credores em causa sejam pagos quanto a tais créditos nos rateios realizados. Com efeito, as quantias correspondentes devem ficar depositadas e o seu levantamento só será autorizado após ser proferida decisão definitiva do recurso ou ação que o permita e na medida do que for decidido. Caso contrário, serão rateadas pelos credores. Esse rateamento terá lugar ainda quando o levantamento autorizado diga apenas respeito a uma parte da quantia que estava depositada (art. 180.º, 2).

Como vimos, o recurso da sentença de verificação e graduação de créditos e o protesto por ação pendente obrigam os outros credores a esperar e podem impedir o levantamento de quantias pelos outros credores. Quando assim seja, o que recorreu ou protestou e decai terá que indemnizar os credores lesados mediante o pagamento de juros de mora à taxa legal sobre a quantia retardada e contados desde a data do rateio em que essa quantia foi incluída (art. 180.º, 3).

---

[4] O art. 146.º, 3, manda que seja a secretaria a lavrar oficiosamente termo de protesto nos casos ali previstos.

UM CURSO DE DIREITO DA INSOLVÊNCIA

Se for feito protesto e a realização do mesmo ocorrer após a efetivação de um rateio, é preciso que, em posteriores rateios, seja reposta a igualdade devida entre credores através da atribuição aos credores em causa do montante adicional que para isso seja necessário. Enquanto não existir decisão definitiva na ação que esteve na origem do protesto, as quantias destinadas ao pagamento dos créditos considerados condicionalmente verificados e que originaram o protesto mantêm-se depositadas (180.º, n.º 4).

3.2. Credores garantidos

Os créditos garantidos são os que beneficiam de garantias reais, aí se incluindo os privilégios creditórios especiais (art. 47.º, 4, *a*)). Os bens onerados com garantias reais serão liquidados para pagar aos credores garantidos. No entanto, antes desse pagamento será necessário abater ao valor obtido as despesas com a própria liquidação dos bens e efetuar as imputações e deduções previstas no art. 172.º, 1 e 2, quanto às outras dívidas da massa.

O pagamento aos credores garantidos será efetuado imediatamente, respeitando-se a prioridade estabelecida na sentença de verificação de créditos transitada em julgado (arts. 173.º, 174.º, 1, e 140.º). Como vimos, a graduação é especial quanto a bens a que respeitem direitos reais de garantia e privilégios creditórios (art. 140.º, 2).

Se os credores garantidos não obtiverem daquela forma o pagamento integral dos seus créditos, o saldo respetivo será incluído entre os créditos comuns se o devedor responder perante eles com todo o seu património.

Antes da venda dos bens onerados com as garantias reais pode ter já ocorrido algum rateio entre os credores comuns. Nesse rateio deverá ter sido calculado um saldo estimado reconhecido como crédito comum relativamente ao valor a que teria direito o credor garantido mas que se calcula que não será pago pelo produto do bem onerado com a garantia. O valor desse saldo estimado não será pago ao credor garantido: será depositado até à confirmação do saldo efetivo. Uma vez feita a liquidação do bem onerado com a garantia real, pode suceder que o credor garantido não seja integralmente pago através do produto daquela liquidação. O saldo efetivo (a quantia que ficou por pagar após a liquidação do bem onerado com a garantia real) vai então substituir o saldo estimado que tenha sido calculado no rateio entre os credores comuns

PAGAMENTO

se não coincidir com este. O levantamento da quantia depositada no âmbito desse rateio entre os credores comuns será autorizado «na medida do que se vier a apurar». Mas, se o saldo efetivo atinge um valor superior ao que tiver sido depositado, o credor só poderá ser satisfeito em relação à diferença em pagamentos posteriores[5].

Pode dar-se o caso de o bem onerado com a garantia responder por dívida de terceiro. Com efeito, a garantia pode ter sido constituída sobre o bem para garantir uma dívida de terceiro. Essa dívida pode ser exigível ou não. Nesta última hipótese, o art. 174.º, 3, obriga a fazer a distinção entre três situações.

Em primeiro lugar, surge mencionada a dívida de terceiro ainda não exigível e pela qual o insolvente não responde pessoalmente, no caso de o bem ter sido alienado com a oneração (a garantia da dívida do terceiro). Quando assim seja, o pagamento da dívida de terceiro não tem lugar após a liquidação do bem onerado com aquela garantia. O mesmo se diga quanto aos casos em que o titular da garantia renuncia à mesma. Esta é a segunda das situações previstas no art. 174.º, 3, a).

Em terceiro lugar, temos os restantes casos de dívidas de terceiro não exigíveis[6] que estejam garantidas pelo bem em causa. Nesse caso, o pagamento terá lugar com as limitações resultantes do art. 174.º, 3, b): não pode «exceder o montante da dívida, atualizado para a data do pagamento por aplicação do n.º 2 do artigo 91.º», o que bem se compreende atendendo a que se trata de uma dívida que ainda não seria exigível. Além disso, o pagamento dessa dívida de terceiro vai implicar a sub-rogação nos direitos do credor sobre o devedor, «na proporção da quantia paga relativamente ao montante da dívida», sendo este também atualizado de acordo com o regime do art. 91.º, 2 (cfr. o art. 174.º, 3, c)).

É importante também lembrar o regime resultante do art. 166.º. Nos termos do art. 158.º, 1, o administrador da insolvência só pode começar, em regra, a vender os bens apreendidos para a massa insolvente após o trânsito em julgado da sentença de declaração de insolvência e depois de realizada a

---

[5] Cfr., nesse sentido, CARVALHO FERNANDES/JOÃO LABAREDA, *Código da Insolvência e da Recuperação de Empresas anotado*, cit., p. 650.

[6] Aparentemente com outra leitura, parecendo limitar sempre a aplicação do art. 174.º, 3, às dívidas de terceiro não exigíveis *e pelas quais o insolvente não responda pessoalmente*, MENEZES LEITÃO, *Direito da insolvência*, cit., p. 262, e CARVALHO FERNANDES/JOÃO LABAREDA, *Código da Insolvência e da Recuperação de Empresas anotado*, cit., p. 651.

UM CURSO DE DIREITO DA INSOLVÊNCIA

assembleia de apreciação do relatório (quando esta tenha lugar). A demora que venha a verificar-se a partir daí[7] na realização da venda do bem onerado com a garantia real pode causar prejuízo ao credor com essa garantia. Daí que o art. 166.º, 1, preveja que esse credor deva ser «compensado pelo prejuízo causado pelo retardamento da alienação do bem objeto da garantia que lhe não seja imputável, bem como pela desvalorização do mesmo resultante da sua utilização em proveito da massa insolvente». O art. 166.º, 2, também estabelece que o administrador da insolvência pode pagar integralmente um crédito com garantia real antes da venda do bem onerado, reduzindo assim os riscos de pagamento da compensação referida. Aquele pagamento integral anterior à venda será então efetuado à custa da massa insolvente. Mas tal só pode acontecer depois do momento previsto no art. 158.º, 1, a partir do qual pode iniciar-se a venda dos bens.

3.3. Credores privilegiados

São créditos privilegiados os que beneficiam de privilégios creditórios gerais sobre bens integrantes da massa insolvente (art. 47.º, 4, *a*)). O pagamento desses créditos tem lugar à custa dos bens sobre os quais recai o privilégio e não afetos a garantias reais prevalecentes[8]. Assim, se um bem que integra a massa insolvente está onerado com uma garantia real que prevalece sobre o privilégio, o credor privilegiado deve ser pago à custa de outros bens.

Se, porém, o bem está onerado com uma garantia real que não prevalece sobre o privilégio, o produto da liquidação do bem já será usado para pagar ao credor privilegiado[9].

---

[7] CARVALHO FERNANDES/JOÃO LABAREDA, *Código da Insolvência e da Recuperação de Empresas anotado*, cit., p. 625.

[8] Para boa compreensão do preceito deve ser tido em conta que a massa insolvente pode integrar bens afetos a garantias reais que prevalecem sobre o privilégio creditório geral, bens afetos a garantias reais que não prevalecem sobre o privilégio creditório geral e bens que não estão afetos a garantias reais.

[9] Mas, nesse caso, não é clara qual deve ser a solução adequada. Na verdade, podem colocar-se em cima da mesa pelo menos duas possibilidades: a) O credor privilegiado deve, em qualquer caso, ser primeiro pago através do produto da liquidação do bem onerado com uma garantia real que não prevalece sobre o privilégio; b) O credor privilegiado deve primeiro ser pago através do produto da liquidação de outros bens não onerados com garantia real e só no caso de tal não suceder (ou de ser previsível que não suceda) na totalidade é que pode ser pago

PAGAMENTO

O pagamento dos créditos privilegiados é efetuado respeitando-se a prioridade existente entre eles. Sendo igualmente privilegiados, o pagamento respeitará a proporção dos respetivos montantes (art. 175.º, 1).

Se os credores privilegiados não obtiverem daquela forma o pagamento integral dos seus créditos, o saldo respetivo será incluído entre os créditos comuns se o devedor responder perante eles com todo o seu património. Com efeito, o art. 175.º, 2, manda aplicar o art. 174.º, 1, segunda parte, e 2, em ambos os casos com as devidas adaptações.

Antes da venda dos bens onerados com os privilégios creditórios gerais pode ter já ocorrido algum *rateio* entre os credores comuns. Nesse rateio deverá ter sido calculado um *saldo estimado* reconhecido como crédito comum relativamente ao valor a que teria direito o credor privilegiado e que se calcula que não será pago pelo produto do bem onerado com o privilégio creditório geral. O valor desse *saldo estimado* não será pago ao credor privilegiado: será depositado até à confirmação do saldo efetivo. Uma vez feita a liquidação do bem onerado com o privilégio geral, pode suceder que o credor privilegiado não seja integralmente pago através do produto daquela liquidação. O *saldo efetivo* (que ficou por pagar após a liquidação do bem onerado com o privilégio geral) vai então substituir o *saldo estimado* que tenha sido calculado no rateio entre os credores comuns se não coincidir com este. O levantamento da quantia depositada no âmbito desse rateio entre os credores comuns será autorizado «na medida do que se vier a apurar». Mas, se o saldo efetivo atinge um valor superior ao que tiver sido depositado, o credor só poderá ser satisfeito em relação à diferença em pagamentos posteriores[10].

3.4. Credores comuns

Os créditos comuns são aqueles que não são nem garantidos, nem privilegiados, nem subordinados. Os credores comuns serão pagos antes dos credores subordinados (art. 48.º).

através do produto da liquidação do bem onerado com a garantia que não prevalece sobre o privilégio geral. Com esta última solução, Carvalho Fernandes/João Labareda, *Código da Insolvência e da Recuperação de Empresas anotado*, cit., p. 652 e s..

[10] Cfr., nesse sentido, Carvalho Fernandes/João Labareda, *Código da Insolvência e da Recuperação de Empresas anotado*, cit., p. 650.

UM CURSO DE DIREITO DA INSOLVÊNCIA

Não havendo credores garantidos ou privilegiados, os credores comuns serão pagos através do produto da liquidação dos bens da massa insolvente e, se a massa insolvente for insuficiente para a sua satisfação integral, esse pagamento será efetuado na proporção dos créditos (art. 176.º).

Existindo credores garantidos ou privilegiados, as garantias e os privilégios que incidem sobre bens da massa insolvente vão permitir que tais credores sejam pagos primeiro do que os credores comuns através do produto da liquidação daqueles bens. Mas, se houver outros bens não onerados com garantias ou privilégios, o produto da liquidação dos mesmos também será utilizado para pagar aos credores comuns.

Se os bens onerados com garantias ou privilégios forem liquidados e o produto permitir o pagamento integral dos créditos garantidos ou privilegiados, os credores comuns podem ainda ser pagos com o produto eventualmente restante. Isso é o que julgamos resultar do art. 601.º do CCiv..

3.5. Credores subordinados

Os créditos subordinados são graduados depois dos restantes créditos sobre a insolvência (art. 48.º) e o seu pagamento só tem lugar depois de serem integralmente pagos os créditos comuns. Se for possível pagar os créditos subordinados, a ordem de pagamentos é aquela pela qual são indicados esses créditos no art. 48.º (art. 177.º, 1, 1.ª parte). Porém, se a subordinação é convencional (art. 48.º, c)), as partes podem atribuir ao crédito uma prioridade diferente da que resulta do art. 48.º (art. 177.º, 2). Em relação aos créditos subordinados de cada alínea do art. 48.º o pagamento será feito na proporção dos montantes no caso de a massa não ser suficiente para o seu pagamento integral (art. 177.º, 1, 2.ª parte).

4. Rateios parciais

Ao longo do processo de insolvência pode ser possível efetuar rateios parciais. Isto é, rateios que não obrigam a esperar pelo rateio final[11]. Os rendimentos da

---

[11] Cfr., no entanto, o art. 20.º, 2, do Regulamento 1346/2000 quanto aos processos abrangidos pelo mesmo (no Regulamento 2015/848 v. o art. 23.º, 2), e o art. 284.º, 3, do CIRE (quanto a este, tendo presente o art. 275.º).

massa insolvente, o dinheiro depositado ou o produto da liquidação, por exemplo, podem atingir valores que permitam efetuar aqueles rateios. Para que esses rateios parciais ocorram é necessário que «haja em depósito quantias que assegurem uma distribuição não inferior a 5% do valor de créditos privilegiados, comuns ou subordinados» (art. 178.º, 1)[12]. Nesse caso, o administrador da insolvência deve começar por pedir o parecer da comissão de credores, se esta existir, e depois apresentar esse parecer com o plano e mapa de rateio que na sua opinião deva ser efetuado para serem juntos ao processo principal. Segue-se a decisão do juiz, que deverá determinar os pagamentos a efetuar (art. 178.º, 2).

5. Rateio final

O rateio final tem lugar depois do encerramento da liquidação da massa insolvente e da elaboração da conta. Esse rateio final, bem como a distribuição, são efetuados pela secretaria do tribunal e não pelo administrador da insolvência. No entanto, o administrador da insolvência pode apresentar proposta de distribuição e rateio final para ser apreciada pela secretaria. A proposta do administrador da insolvência deve ser acompanhada da documentação de suporte respetiva (art. 182.º, 1 e 3)[13].

O rateio final ocorre após a elaboração da conta porque as custas do processo de insolvência são dívidas da massa insolvente (art. 51.º, 1, *a*)) e sujeitas ao regime inerente. As custas do processo de insolvência são encargo da massa insolvente se a insolvência foi decretada por decisão com trânsito em julgado (art. 304.º).

---

[12] Para CARVALHO FERNANDES/JOÃO LABAREDA, *Código da Insolvência e da Recuperação de Empresas anotado*, cit., p. 657, «não será sequer necessário que se reúna a dita percentagem com relação à totalidade do valor dos créditos integrantes da mesma categoria, se, por virtude das regras próprias da hierarquia, ela comportar diferentes espécies ou graus, como pode suceder com relação aos créditos privilegiados e aos créditos subordinados». Não podemos deixar de manifestar algumas dúvidas quanto à proposta: é que a leitura nela contida pode acabar por conduzir a que sejam sempre os mesmos a beneficiar dos rateios parciais dentro de cada categoria de créditos.

[13] Cfr., mais uma vez, o art. 20.º, 2, do Regulamento 1346/2000 quanto aos processos abrangidos pelo mesmo (bem como o art. 23.º, 2, do Regulamento 2015/848), e o art. 284.º, 3, do CIRE.

UM CURSO DE DIREITO DA INSOLVÊNCIA

Se as sobras da liquidação não cobrirem sequer as despesas do rateio, são as mesmas atribuídas, hoje, ao Instituto de Gestão Financeira e Equipamentos da Justiça, I.P., entidade que veio ocupar o lugar do Instituto das Tecnologias de Informação na Justiça, I. P., e do Instituto de Gestão Financeira e de Infraestruturas da Justiça, I. P.[14](art. 182.º, 2)[15]. Mas, naturalmente, as sobras da liquidação podem ser mais avultadas e permitirem cobrir aquelas despesas do rateio e, até, efetuar pagamentos aos credores.

6. Rateios e créditos sob condição suspensiva

Se o crédito está sujeito a condição suspensiva, isso não impede que seja tido em conta em rateios parciais. São aí atendidos pelo seu valor nominal, mas as quantias a pagar ficam depositadas enquanto estiver pendente a condição (art. 181.º, 1).

No rateio final, é necessário verificar primeiro se existe ou não «manifesta improbabilidade da verificação da condição» (art. 181.º, 2, a))[16]. Se existe, então o crédito não é atendido no rateio final e as quantias que estivessem eventualmente depositadas em consequência de rateios parciais efetuados nos termos do art. 181.º, 1, são agora rateadas pelos demais credores.

Não existindo aquela manifesta improbabilidade de verificação da condição, e uma vez que a condição está pendente, o crédito será igualmente atendido pelo seu valor nominal. Contudo, a quantia será depositada pelo administrador da insolvência em instituição de crédito. Se a condição suspensiva se preencher, a quantia depositada é entregue ao titular[17]. Caso se adquira a certeza de que a verificação da condição suspensiva é impossível, a quantia depositada é rateada pelos demais credores (art. 181.º, 2, b)).

---

[14] Cfr. o DL 164/2012, de 31 de julho.

[15] O Cofre Geral dos Tribunais foi extinto pelo art. 133.º da Lei nº 53-A/2006 de 29 de dezembro.

[16] A decisão acerca da existência ou não dessa manifesta improbabilidade compete ao juiz e não à secretaria, como esclarecidamente demonstram CARVALHO FERNANDES/JOÃO LABAREDA, *Código da Insolvência e da Recuperação de Empresas anotado*, cit., p. 706.

[17] Esse pagamento deve ser efetuado com base em decisão do juiz: CARVALHO FERNANDES/ JOÃO LABAREDA, *Código da Insolvência e da Recuperação de Empresas anotado*, cit., p. 669.

PAGAMENTO

7. Modo de realização dos pagamentos

Os pagamentos a realizar serão sempre efetuados por cheque sacado sobre a entidade em que esteja aberta a conta da insolvência, não sendo necessário apresentar requerimento para o efeito. Havendo comissão de credores, os cheques devem ser assinados pelo administrador da insolvência e por pelo menos um membro daquela comissão (arts. 167.º, 2, e 183.º, 1). Não havendo comissão de credores, serão assinados pelo administrador da insolvência.

Se os cheques não forem solicitados na secretaria nem apresentados a pagamento no prazo de um ano a contar do aviso ao credor, os créditos prescrevem. As importâncias reverterão, nesse caso, para o Instituto de Gestão Financeira e Equipamentos da Justiça, I.P., pois o Cofre Geral dos Tribunais já foi extinto (art. 183.º, 2). Como resulta do preceito em causa, está pressuposto o envio de um aviso ao credor para que levante o cheque na secretaria.

8. Pagamento no caso de devedores solidários

Um devedor insolvente pode ser devedor solidário. Essa dívida solidária pode responsabilizar outro ou outros devedores. E esse ou esses outros devedores solidários podem também ter sido declarados insolventes noutro ou noutros processos de insolvência. Quando assim seja, o credor não pode acabar por receber, nos diversos processos de insolvência, mais do que o montante do seu crédito.

Por isso, o art. 179.º, 1, exige que o credor que pretenda receber alguma quantia em qualquer daqueles processos apresente certidão que comprove o que recebeu nos processos de insolvência dos restantes devedores solidários.

De acordo com o art. 524.º do CCiv., o «devedor que satisfizer o direito do credor além da parte que lhe competir tem direito de regresso contra cada um dos condevedores, na parte que a estes compete». Se um devedor solidário insolvente pagar apenas parcialmente a dívida ao credor e quiser exercer esse direito de regresso nos processos de insolvência dos condevedores solidários, só poderá ser aí pago depois de o credor estar integralmente satisfeito (art. 179.º, 2)[18]. Enquanto o processo de insolvência que diz respeito ao conde-

---

[18] Defendendo a aplicação do art. 179.º ao caso do simples garante, CARVALHO FERNANDES/ JOÃO LABAREDA, *Código da Insolvência e da Recuperação de Empresas anotado*, cit., p. 661.

UM CURSO DE DIREITO DA INSOLVÊNCIA

vedor declarado insolvente que pagou ao credor não estiver encerrado, cabe ao administrador da insolvência respetivo solicitar o pagamento nos processos de insolvência dos outros condevedores solidários[19].

9. Remanescente

De acordo com o disposto no art. 184.º, 1, o saldo que reste após o pagamento dos créditos sobre a insolvência é entregue ao devedor pelo administrador da insolvência[20]. Com efeito, é isto que certamente deve ser lido naquele preceito, uma vez que não há saldo para entregar ao devedor se o produto da liquidação é apenas «suficiente» para pagar os créditos sobre a insolvência. Só se o produto da liquidação exceder o que for necessário para efetuar o pagamento de todos os créditos sobre a insolvência é que pode haver sobras para entregar ao devedor.

No entanto, pode não haver um devedor a quem entregar esse saldo, visto que no caso de não ser pessoa singular pode já estar extinto. Daí que o art. 184.º, 2, estabeleça o seguinte: «Se o devedor não for uma pessoa singular, o administrador da insolvência entrega às pessoas que nele participem a parte do saldo que lhes pertenceria se a liquidação fosse efetuada fora do processo de insolvência, ou cumpre o que de diverso estiver a este respeito legal ou estatutariamente previsto».

10. O pagamento pelo Fundo de Garantia Salarial. O Fundo de Compensação do Trabalho e o Fundo de Garantia de Compensação do Trabalho

10.1. O Fundo de Garantia Salarial

De acordo com o art. 336.º do Código do Trabalho (CT), o «pagamento de créditos de trabalhador emergentes de contrato de trabalho, ou da sua violação ou cessação, que não possam ser pagos pelo empregador por motivo de insolvência ou de situação económica difícil, é assegurado pelo Fundo de

---

[19] CARVALHO FERNANDES/JOÃO LABAREDA, *Código da Insolvência e da Recuperação de Empresas anotado*, cit., p. 660.
[20] Cfr., porém, o art. 35.º do Regulamento 1346/2000 (bem como o art. 49.º do Regulamento 2015/848) e o art. 296.º, 6, do CIRE (quanto a este, tendo presente o art. 275.º).

PAGAMENTO

Garantia Salarial, nos termos previstos em legislação específica». Após muitos sobressaltos, o regime desse Fundo (o FGS) consta hoje do DL 59/2015, de 21 de abril[21].

O art. 1.º, 1, *a*), do Regime do FGS (RFGS) estabelece que, se for proferida sentença de declaração de insolvência do empregador, o FGS assegura o pagamento ao trabalhador de créditos emergentes do contrato de trabalho ou da sua violação ou cessação. Mas não só. O FGS assegura também o pagamento daqueles créditos se foi proferido despacho do juiz a designar o AJP no PER, bem como se foi proferido despacho do IAPMEI a aceitar o requerimento no procedimento extrajudicial de recuperação de empresas (art. 1.º, 1, *b*) e *c*) do RFGS)[22].

No entanto, o FGS assegura apenas o pagamento dos créditos emergentes do contrato de trabalho, da sua violação ou cessação *que se tenham vencido nos seis meses anteriores à propositura da ação de insolvência* (ou à apresentação do requerimento no PER ou do requerimento de utilização do procedimento extrajudicial de recuperação de empresas) (art. 2.º, 4, do RFGS).

Além disso, a importância a pagar pelo FGS tem um limite máximo global equivalente a seis meses de retribuição e limite máximo mensal correspondente ao triplo da RMMG e tem lugar uma imputação prioritária do pagamento

---

[21] Com este novo regime pretende-se também transpor a Diretiva 2008/94/CE do Parlamento Europeu e do Conselho, de 22 de outubro de 2008, «relativa à proteção dos trabalhadores assalariados em caso de insolvência do empregador».

[22] No caso de trabalhadores ilegais, o TJ, no seu Ac. de 5 de novembro de 2014, O. Tümer contra Raad van bestuur van het Uitvoeringsinstituut werknemersverzekeringen, Proc. C-311/13, decidiu, perante a Diretiva 80/987/CEE do Conselho, de 20 de outubro de 1980, relativa à proteção dos trabalhadores assalariados em caso de insolvência do empregador, conforme alterada pela Diretiva 2002/74/CE do Parlamento Europeu e do Conselho, de 23 de setembro de 2002, que «devem ser interpretadas no sentido de que se opõem a uma regulamentação nacional relativa à proteção dos trabalhadores assalariados em caso de insolvência do empregador, como a que está em causa no processo principal, segundo a qual um nacional de um país terceiro que não resida legalmente no Estado-Membro em questão não é considerado um trabalhador assalariado que possa pedir uma indemnização por insolvência ao abrigo, designadamente, dos créditos salariais não pagos em caso de insolvência do empregador, sendo que, por força das disposições do direito civil desse Estado-Membro, esse nacional de um país terceiro é qualificado de "trabalhador assalariado" com direito a uma remuneração que pode ser objeto de recurso contra o seu empregador nos órgãos jurisdicionais nacionais».

UM CURSO DE DIREITO DA INSOLVÊNCIA

à retribuição base e diuturnidades (art. 3.º, 1 e 2 do RFGS)[23]. Se não houver créditos vencidos naqueles seis meses ou forem inferiores ao limite máximo referido, o FGS assegura o pagamento até àquele limite de créditos vencidos após os seis meses anteriores à propositura da ação de insolvência (art. 2.º, 5, do RFGS).

O disposto no art. 2.º, 6, do RFGS também merece especial atenção. Com efeito, aquele preceito estabelece que a compensação devida calculada nos termos do art. 366.º CT (diretamente ou por remissão legal) só será paga pelo FGS *na parte que não caiba* ao Fundo de Compensação do Trabalho, ao Fundo de Garantia de Compensação do Trabalho ou a Mecanismo Equivalente (salvo nos casos previstos na lei). Daí a importância dos pedidos de informação previstos no art. 6.º do RFGS.

O pagamento pelo FGS deve ser requerido a este até um ano a partir do dia seguinte àquele em que cessou o contrato de trabalho (art. 2.º, 8, do RFGS). O requerimento é realizado pelo trabalhador nos termos do art. 5.º do RFGS. O FGS fica sub-rogado nos direitos e privilégios creditórios do trabalhador, na medida dos pagamentos efetuados, acrescidos de juros de mora vincendos (art. 4.º, 1, RFGS). Mas, se os bens da massa insolvente forem insuficientes «para garantir o pagamento da totalidade dos créditos laborais, são graduados os créditos em que o Fundo fica sub-rogado a pari com o valor remanescente dos créditos laborais» (art. 4.º, 2, RFGS, que assim resolveu uma querela antiga).

O financiamento do FGS cabe aos empregadores, «através de verbas respeitantes à parcela dos encargos com políticas ativas de emprego e valorização

---

[23] Saliente-se também que serão deduzidos aos créditos devidos ao trabalhador os «montantes de quotizações para a segurança social que sejam da responsabilidade do trabalhador e os valores que o trabalhador deva correspondentes à retenção na fonte «do imposto sobre o rendimento» (art. 2.º, 2, *a*) e *b*)). No âmbito do CT de 2003 e da L 35/2004, o TJ, no seu Ac. de 28 de novembro de 2013, Maria Albertina Gomes Viana Novo e outros contra Fundo de Garantia Salarial IP, Proc. C-309/12, entendeu que a «Diretiva 80/987/CEE do Conselho, de 20 de outubro de 1980, relativa à proteção dos trabalhadores assalariados em caso de insolvência do empregador, conforme alterada pela Diretiva 2002/74/CE do Parlamento Europeu e do Conselho, de 23 de setembro de 2002, deve ser interpretada no sentido de que não se opõe a uma legislação nacional que não garante os créditos salariais vencidos mais de seis meses antes da propositura da ação de insolvência do empregador, mesmo quando os trabalhadores tenham proposto, antes do início desse período, uma ação judicial contra o seu empregador, com vista à fixação do valor desses créditos e à sua cobrança coerciva».

PAGAMENTO

profissional da taxa contributiva global, nos termos previstos no Código dos Regimes Contributivos do Sistema previdencial de Segurança Social, na quota-parte por aqueles devida, e pelo Estado, em termos a fixar por portaria dos membros do Governo responsáveis pelas áreas das finanças, do emprego e da segurança social» (art. 14.º, 2, RFGS).

10.2. O Fundo de Compensação do Trabalho (FCT) ou Mecanismo Equivalente (ME) e o Fundo de Garantia de Compensação do Trabalho (FGCT)

O FGS não se confunde com o Fundo de Compensação do Trabalho (FCT) ou Mecanismo Equivalente (ME) nem com o Fundo de Garantia de Compensação do Trabalho (FGCT). Os regimes jurídicos destes Fundos constam hoje da Lei 70/2013, de 30 de agosto[24], com as alterações introduzidas pelo DL 210/2015, de 25 de setembro[25].

O FCT e o FGCT destinam-se a assegurar «o direito dos trabalhadores ao recebimento efetivo de metade do valor da compensação devida por cessação do contrato de trabalho, calculada nos termos do art. 366.º» do CT (diretamente ou por remissão legal, em caso de cessação contrato trabalho – arts. 3.º, 1, e 2.º, 4, da L 70/2013).

Comecemos pelo FCT. Este é um «fundo de capitalização individual, que visa garantir o pagamento até metade do valor da compensação devida por cessação do contrato de trabalho, calculada nos termos do artigo 366.º do Código do Trabalho, e que responde até ao limite dos montantes entregues pelo empregador e eventual valorização positiva» (art. 3.º, 4, L 70/2013).

O empregador está obrigado a aderir ao FCT (arts. 3.º, 3, e 8.º, 1) mas, ao contrário do que se passa com o FGCT, o empregador pode, em alternativa à adesão ao FCT, optar por aderir a um ME (nos termos da lei). Uma vez celebrado o primeiro contrato de trabalho que seja abrangido pela L 70/2013, a admissão do trabalhador deve ser comunicada ao FCT ou ao ME (art. 8.º, 3, da L 70/2013). A adesão ao FCT (ou a ME) é automática, dando-se com a inclusão no FCT ou ME do trabalhador com quem é celebrado o primeiro contrato de trabalho abrangido pela L 70/2013.

[24] Sobre o respetivo âmbito de aplicação, cfr. o art. 2.º da mesma.
[25] Quanto à entrada em vigor destas alterações, v. o art. 6.º do DL210/2015; sobre a aplicação no tempo da mesma, v. o seu art. 4.º.

UM CURSO DE DIREITO DA INSOLVÊNCIA

A entidade gestora do FCT cria uma conta global em nome do empregador depois da adesão deste. Essa conta vai ainda prever contas de registo individualizado relativamente a cada trabalhador[26]. Com a adesão ao FCT ou ao ME o empregador fica obrigado a realizar *entregas* por cada trabalhador abrangido (v. os arts. 11.º 12.º, 1, da L 70/2013; os arts. 11.º-A e 11.º-B, acrescentados pelo DL 210/2015, preveem respetivamente casos de suspensão e de dispensa de entregas e suas retomas)[27].

Quando cessa um contrato de trabalho abrangido pela L 70/2013, *o empregador* pode solicitar ao FCT o reembolso do saldo da conta de registo individualizado daquele trabalhador (incluindo a valorização positiva – mas v. a redação do n.º 7 introduzida pelo DL 210/75). Esse reembolso deve ser solicitado nos termos do art. 34.º, 1, da L 70/2013, mas este preceito foi alterado pelo DL 210/2015 e ressalva agora casos – os do n.º 4 – em que pode haver rateio.

Se a cessação do contrato de trabalho dá direito à compensação calculada nos termos previstos no art. 366.º do CT, o empregador tem que a pagar. E deve usar o valor reembolsado para esse efeito (cfr., a propósito, os arts. 34.º, 9 – na redação do DL 210/2015 – e 56.º da L 70/2013).

Porém, se a cessação do contrato de trabalho não dá lugar à obrigação de pagar a compensação calculada nos termos do art. 366.º do CT, o valor que o FCT reembolsa ao empregador reverte para este (art. 34.º, 3, da L 70/2013, que ressalva, na redação do DL 210/2015, os casos de rateio previstos no n.º 4)[28].

Por sua vez, o FGCT tem natureza mutualista e visa «garantir o valor necessário à cobertura de metade do valor da compensação devida por cessação do contrato de trabalho calculada nos termos do artigo 366.º do Código do Trabalho, subtraído do montante já pago pelo empregador ao trabalhador» (art. 3.º, 5, L 70/2013). No entanto, o FGCT não responde por qualquer valor se o empregador já pagou ao trabalhador um valor que seja igual ou superior a «metade da compensação devida por cessação do contrato de trabalho

---

[26] Quanto ao regime das contas em caso de transmissão de empresa ou estabelecimento, v. o art 16.º da L 70/2013.

[27] É importante ter presente que a falta de regularização voluntária de dívida ao FCT «determina a sua cobrança coerciva, sendo para tal a mesma equiparada a dívidas à segurança social» (art. 51.º, 3, da L 70/2013).

[28] Para os casos em que o despedimento é declarado ilícito por decisão judicial, v. o art. 17.º da L 70/2013.

PAGAMENTO

calculada nos termos do artigo 366.º do Código do Trabalho» (art. 3.º, 6, L 70/2013). Sem prejuízo das comunicações legalmente previstas, a adesão do empregador ao FCT ou a ME determina a adesão automática daquele ao FGCT (art. 8.º, 8, L 70/2013, na redação do DL 210/2015). Com a adesão ao FCT ou a ME, o empregador fica obrigado a realizar entregas para o FGCT (cfr. os arts. 11.º, 2, e 12.º, 2, da L 70/2013)[29].

Se a cessação de contrato de trabalho dá origem ao direito à «compensação calculada nos termos do artigo 366.º do Código do Trabalho, o empregador paga ao trabalhador a totalidade do valor da compensação [...]», sem prejuízo do direito ao reembolso previsto no artigo seguinte» (art. 33.º, 1, da L 70/2013). Porém, se o empregador não efetua, total ou parcialmente, o pagamento referido, *o trabalhador* pode «acionar o FGCT, pelo valor necessário à cobertura de metade do valor da compensação devida por cessação do contrato de trabalho, calculada nos termos do artigo 366.º do Código do Trabalho, subtraído do montante já pago pelo empregador ao trabalhador», nos termos dos arts. 46. a 49.º da L 70/2013 (art. 33.º, 2, da mesma Lei). Mas, se o empregador já pagou ao trabalhador «valor igual ou superior a metade da compensação devida por cessação do contrato de trabalho calculada nos termos do artigo 366.º do Código do Trabalho», o FGCT não responde por qualquer valor (arts. 33.º, 3, e 46.º, 2, L 70/2013).

Se o FGCT responde, então *o trabalhador* pode requerer àquele «o valor necessário à cobertura de metade do valor da compensação devida por cessação do contrato de trabalho calculada nos termos do artigo 366.º do Código do Trabalho, subtraído do montante já pago pelo empregador ao trabalhador» (art. 46.º, 1, L 70/2013). Havendo lugar a pagamento, os montantes que estejam disponíveis na conta de registo individualizado do trabalhador no FCT devem ser remetidos ao FGCT (nos termos do art. 46.º, 7, da L 70/2013). O FGS pode requerer ao FGCT que este o notifique da decisão sobre o requerimento entregue pelo trabalhador «com indicação dos valores eventualmente pagos pelo empregador». A decisão, por sua vez, deve indicar, em caso de

---

[29] E também a falta de regularização voluntária de dívida ao FGCT «determina a sua cobrança coerciva, sendo para tal a mesma equiparada a dívidas à segurança social» (art. 51.º, 3, da L 70/2013).

UM CURSO DE DIREITO DA INSOLVÊNCIA

deferimento total ou parcial, o montante a pagar e a forma de pagamento (v. o art. 48.º, 1 e 2).

Efetuados pagamentos aos trabalhadores pelo FGCT nos casos legalmente devidos, este fica «sub-rogado nos direitos de crédito e respetivas garantias dos trabalhadores, incluindo privilégios creditórios». Os juros de mora beneficiam do mesmo regime (art. 52.º, 1, L 70/2013). Se o património do empregador não for suficiente para garantir o pagamento da totalidade dos créditos acabados de mencionar, incluindo os da massa insolvente, «os créditos em que o FGCT ficou sub-rogado são pagos imediatamente após satisfeitos os créditos dos trabalhadores» (art. 52.º, 2, L 70/2013)[30].

---

[30] No caso de pagamentos efetuados pelo FGS e pelo FGCT, MIGUEL LUCAS PIRES, *Dos privilégios creditórios. Regime jurídico e sua influência no concurso de credores*, cit., p. 274, sustentava que devia ter lugar o rateio entre ambos.

CAPÍTULO XI
Encerramento do processo

1. O processo de insolvência não vive para sempre

Um processo de insolvência não está destinado a permanecer pendente para sempre. E isso é assim mesmo que não seja possível pagar nesse processo todas as dívidas do insolvente. O próprio rateio final pode não permitir pagar a todos os credores. Tanto mais que o processo de insolvência deve estar encerrado «no prazo de um ano contado da data da assembleia de apreciação do relatório, ou no final de cada período de seis meses subsequente, salvo havendo razões que justifiquem o prolongamento» (art. 169.º).

Sabemos também que o processo de insolvência será declarado findo logo após o trânsito em julgado da sentença de declaração de insolvência nos casos abrangidos pelo art. 39.º, 7, *b*)[1]: os casos de insuficiência da massa insolvente em que não foi requerido o complemento da sentença[2]. Por isso mesmo o art. 230.º, 1, identifica as causas de encerramento do processo de insolvência quando o processo prosseguiu após a declaração de insolvência[3]. Vejamos

---

[1] Não aplicável se o devedor pessoa singular requereu antes da sentença de declaração de insolvência a exoneração do passivo restante: art. 39.º, 8.

[2] Note-se também que, nos termos do at. 39.º, 10, se o devedor é uma sociedade comercial fica sujeito ao disposto no art. 234.º, 4.

[3] Os arts. 272.º, 1, e 273.º, 1, mostram que o processo de insolvência instaurado em Portugal deve ser encerrado se foi aberto um processo principal noutro Estado membro da União

UM CURSO DE DIREITO DA INSOLVÊNCIA

quais são essas causas, tendo presente que o art. 230.º, 1, torna necessário que o juiz declare o encerramento do processo de insolvência[4].

2. Realização do rateio final

Em regra, a realização do rateio final conduz ao encerramento do processo de insolvência. Nos termos do art. 182.º, 1, o rateio final tem lugar depois de encerrada a liquidação e de ser elaborada a conta.

O art. 230.º, 1, *a*), ressalva o disposto no n.º 6 do art. 239.º. Este último preceito está inserido no regime da exoneração do passivo restante. Se foi pedida a exoneração do passivo restante e proferido o despacho inicial mencionado no art. 239.º, 1, esse mesmo despacho, entre outras coisas, determina que durante os cinco anos subsequentes ao encerramento do processo de insolvência o rendimento disponível do devedor se considere cedido ao fiduciário. O despacho inicial não afasta a liquidação da massa insolvente, como aliás já se extrai do art. 235.º: a exoneração do passivo restante diz respeito aos «créditos sobre a insolvência que não forem integralmente pagos no processo de insolvência ou nos cinco anos posteriores ao encerramento deste». Porém, se for interposto recurso do despacho inicial o art. 239.º, 6, estabelece que o rateio final só determina o encerramento do processo depois de a decisão transitar em julgado. O que, evidentemente, também atrasa o início do período da cessão.

3. Trânsito em julgado da decisão de homologação do plano de insolvência, se a isso não se opuser o conteúdo deste

O plano de insolvência aprovado na assembleia de credores está sujeito a homologação pelo juiz. Em regra, o trânsito em julgado da sentença de homologação conduz ao encerramento do processo de liquidação[5]. Contudo, o

---

Europeia e se aquele não puder prosseguir como processo secundário. Sobre o tema, v., em especial, o art. 37.º do Regulamento 1346/2000 e o art. 51.º do Regulamento 2015/848.

[4] Sobre as decisões de encerramento proferidas em processo estrangeiro, cfr. os arts. 288.º, 2, e 290.º, com a ressalva do disposto no art. 275.º. No que diz respeito às decisões de encerramento proferidas em processos abrangidos pelo Regulamento 1346/2000, cfr. o respetivo art. 25.º, 1 (v. tb. o art. 32.º, 1, do Regulamento 2015/848).

[5] O art. 34.º, 1, II, do Regulamento 1346/2000 exige, em regra, o acordo do síndico no processo principal de insolvência para que tenha lugar o encerramento do processo secundário através

próprio conteúdo do processo de insolvência pode impedir que assim seja. Se não ocorre o encerramento do processo de insolvência em consequência da homologação do plano de insolvência, então o processo de insolvência só se encerra uma vez verificada outra causa de encerramento.

O plano de insolvência pode prever a liquidação da massa insolvente em termos diferentes dos que estão previstos na lei, a recuperação do titular da empresa, a transmissão da empresa a outra entidade ou ser misto. A alternativa escolhida determinará se é ou não possível encerrar o processo com o trânsito em julgado da sentença de homologação do plano de insolvência. Se o plano prevê a realização de atos de liquidação, o encerramento subsequente à homologação parece impossível[6]. Solução diferente vale no caso de um plano que apenas preveja um aumento de capital a subscrever por credores com conversão de créditos em participações sociais[7].

4. Pedido do devedor

O juiz declara o encerramento do processo de insolvência a pedido do devedor se este já não está em situação de insolvência ou quando todos os credores prestem o seu consentimento (art. 230.º, 1, *c*)).

Apresentado o requerimento, o pedido do devedor fundado na cessação da situação de insolvência é notificado aos credores. Essa notificação é realizada para permitir aos credores deduzirem oposição. Essa oposição deve ser apresentada no prazo de oito dias, sendo aplicável o art. 41.º, 3 e 4.

Se o pedido do devedor se funda na prestação de consentimento de todos os credores, terá que ser acompanhado de documentos que o comprovem.

---

de um plano de recuperação, de uma concordata ou medida análoga. Só não será exigido aquele acordo se «a medida proposta não afectar os interesses financeiros dos credores do processo principal». O art. 47.º, 1, do Regulamento 2015/848 não é tão restritivo.

[6] Cfr., sustentando que o encerramento não tem lugar se o plano prevê atos de liquidação, CARVALHO FERNANDES/JOÃO LABAREDA, *Código da Insolvência e da Recuperação de Empresas anotado*, cit., p. 829, SANTOS JÚNIOR, «O plano de insolvência. Algumas notas», ..., p. 589, nt. 9 («o processo encerrar-se-á com o rateio do saldo apurado na liquidação dos bens»), MENEZES LEITÃO, *Direito da insolvência*, cit., p. 295 e s., PEDRO PIDWELL, *O processo de insolvência e a recuperação da sociedade comercial de responsabilidade limitada*, cit., p. 319.

[7] RUI SIMÕES, «A aquisição de empresas insolventes», in PAULO CÂMARA (coord.), *Aquisição de empresas*, Coimbra Editora, Coimbra, 2011, p. 384.

UM CURSO DE DIREITO DA INSOLVÊNCIA

É preciso, no entanto, distinguir. Se já terminou o prazo para a reclamação de créditos, o consentimento tem que ser dado por todos os credores reclamantes. Se, pelo contrário, esse prazo não terminou, o consentimento tem que ser dado por todos os credores conhecidos (art. 231.º, 2).

Em qualquer caso, o juiz, antes de decidir, tem que ouvir o administrador da insolvência e, se existir, a comissão de credores (art. 231.º, 3).

5. Constatação pelo administrador da insolvência da insuficiência da massa insolvente

Quando o juiz se aperceba, no momento de elaborar a sentença de declaração de insolvência, que a massa insolvente não é presumivelmente suficiente para a satisfação das custas do processo e das dívidas previsíveis da massa insolvente, terá de aplicar o disposto no art. 39.º, 1. E, como já sabemos, se não for requerido o complemento da sentença o processo de insolvência é declarado findo «logo que a sentença transite em julgado» (art. 39.º, 7, *b*)).

Porém, se essa insuficiência da massa insolvente só for detetada mais tarde, também não será conveniente que o processo de insolvência se mantenha pendente apenas para «se alimentar a si próprio». Daí que seja possível encerrar posteriormente o processo de insolvência com aquele fundamento. É o que vemos regulado no art. 232.º, que no entanto afasta o que nele está disposto a esse propósito «na hipótese de o devedor beneficiar do diferimento do pagamento das custas, nos termos do n.º 1 do artigo 248.º, durante a vigência do benefício» (art. 232.º, 6).

Resulta assim do CIRE que o juiz pode declarar encerrado o processo de insolvência se, oficiosamente ou por iniciativa do administrador da insolvência, tomar conhecimento daquela insuficiência da massa insolvente. O próprio administrador da insolvência deve interromper imediatamente a liquidação logo que se aperceba da insuficiência da massa (art. 232.º, 4). Mais uma vez, presume-se a insuficiência da massa se o património é inferior a 5000 euros (art. 232.º, 7).

Antes, porém, de proferir a decisão de encerramento, o juiz deve ouvir o devedor, a assembleia de credores e os credores da massa insolvente (art. 232.º, 1). O juiz não pode, porém, declarar encerrado o processo se algum interessado realizar o depósito do «montante determinado pelo juiz segundo o que razoavelemente entenda necessário para garantir o pagamento das custas do processo e restantes dívidas da massa insolvente», depósito esse a efetuar à ordem do tribunal (art. 232.º, 2).

Uma vez que a massa insolvente foi considerada insuficiente para pagar as custas do processo e as próprias dívidas da massa, compreende-se bem o teor do art. 232.º, 3: remetido o processo à conta, a secretaria do tribunal vai utilizar as importâncias em dinheiro existentes na massa para pagar as custas e distribui o que sobrar pelos credores da massa insolvente de forma proporcional aos respetivos créditos.

O processo de insolvência pode ter conduzido à abertura de incidente de qualificação da mesma, que seguia os seus termos como incidente pleno por não se terem considerado ainda verificados os pressupostos contidos no art. 191.º, 1. Se assim era, o encerramento do processo de insolvência por insuficiência da massa vai conduzir a que o incidente de qualificação da insolvência que ainda não tiver terminado prossiga como incidente limitado (art. 232.º, 5). As adaptações a realizar, nos termos do art. 191.º, dependerão da fase em que se encontre o próprio incidente.

6. No despacho inicial do incidente de exoneração do passivo restante

De acordo com o art. 230.º, 1, *e)* [8], o encerramento do processo de insolvência será declarado pelo juiz no despacho inicial do incidente de exoneração do passivo restante se ainda não tiver sido declarado antes.

Analisaremos as dificuldades que o preceito mencionado coloca quando olharmos para o regime da exoneração do passivo restante e para aí remetemos o leitor.

7. Notificação e publicidade

A decisão de encerramento do processo proferida nos termos do art. 230.º, 1, é notificada aos credores e objeto da publicidade e do registo previstos nos artigos 37.º e 38.º, com indicação da razão determinante desse encerramento (art. 230.º, 2; cfr. também o art. 9.º, *n)*, CRCom., e o art. 1.º, 1, *l)*, CRCiv).

---

[8] Esta al. e) surgiu com a L 16/2012, de 20 de abril.

UM CURSO DE DIREITO DA INSOLVÊNCIA

Resulta ainda do art. 222.º, 1, que nos casos em que o plano de insolvência prevê a fiscalização da sua execução (art. 220.º), a publicação e registo da decisão de encerramento do processo de insolvência também devem incluir referência a isso mesmo e divulgar, sendo o caso, os atos «cuja prática depende do consentimento do administrador da insolvência e do limite dentro do qual é lícita a concessão de prioridade a novos créditos [...]»[9].

8. O encerramento do processo de insolvência após o trânsito em julgado das sentenças de homologação do plano de pagamentos e de declaração de insolvência. A ausência de publicidade ou registo

O art. 259.º, 4, consagra uma causa de encerramento do processo de insolvência que não se acha prevista no art. 230.º. Com efeito, o trânsito em julgado da sentença que homologa o plano de pagamentos e da sentença que decreta a insolvência determina o encerramento do processo de insolvência. A própria sentença de declaração de insolvência apenas contém as menções constantes do art. 36.º, 1, *a*) e *b*).

A decisão de encerramento do processo não é agora objeto de publicidade ou registo (art. 259.º, 5).

9. Efeitos do encerramento

9.1. Efeitos gerais do encerramento do processo de insolvência

O art. 233.º enumera efeitos do encerramento do processo de insolvência permitindo fazer a distinção entre aqueles efeitos que ocorrem, em regra, após qualquer encerramento[10], e aqueles outros que se produzem se o encerramento tem lugar antes do rateio final. Comecemos pelos primeiros.

---

[9] O plano de insolvência pode determinar de forma expressa que cabe ao administrador da insolvência representar o devedor nas ações de impugnação da resolução de atos em benefício da massa insolvente durante o período de fiscalização. PEDRO PIDWELL, *O processo de insolvência e a recuperação da sociedade comercial de responsabilidade limitada*, cit., p. 299 e s., considera que a decisão de encerramento também deve incluir referência a isso mesmo.

[10] E dizemos «em regra» porque, como veremos, a própria lei ressalva a aplicação de outros regimes.

9.2. (Cont.). A cessação dos efeitos da declaração de insolvência

Uma vez encerrado o processo, há que distinguir, antes de mais, entre os casos em que a insolvência foi qualificada como culposa e os restantes. Com efeito, o art. 233.º, 1, *a*), começa por estabelecer que o encerramento do processo de insolvência tem como consequência a cessação de todos os efeitos da declaração de insolvência. Assim, e designadamente, o devedor passa a poder dispor dos seus bens e a tratar livremente da gestão dos seus negócios. Mas, há que contar com o que resulte de eventual plano de insolvência aprovado e homologado por sentença transitada em julgado[11].

Se a insolvência foi qualificada como culposa, então é ainda preciso olhar os efeitos que daí resultam para quem é afetado pela qualificação (art. 189.º, 2). São aqui particularmente relevantes as inibições para a administração de patrimónios de terceiros, para o exercício do comércio e para a ocupação dos cargos mencionados no art. 189.º, 2, *c*).

No caso de o devedor declarado insolvente ser uma sociedade comercial, é necessário ter presente o art. 234.º, que aliás o art. 233.º, 1, *a*), também ressalva. São particularmente relevantes os n.ºs 3 e 4 do art. 234.º. O primeiro estabelece que a sociedade comercial declarada insolvente considera-se extinta depois de registado o encerramento do processo de insolvência após o *rateio final* (pressupondo, evidentemente, que esse rateio final teve lugar e que por isso o processo de insolvência foi declarado encerrado, nos termos do art. 230.º, 1, *a*)). E se a sociedade se considera extinta, não vai recuperar o direito de disposição dos seus bens e a livre gestão dos seus negócios.

Por outro lado, se o encerramento do processo de insolvência teve lugar por *insuficiência da massa insolvente* (e estamos agora a falar do art. 234.º, 4), a liquidação da sociedade vai prosseguir «nos termos do regime jurídico dos procedimentos administrativos de dissolução e liquidação de entidades comerciais» e comunicando o juiz ao serviço de registo competente o encerramento e património da sociedade.

---

[11] Lembrando isso mesmo, CARVALHO FERNANDES/JOÃO LABAREDA, *Código da Insolvência e da Recuperação de Empresas anotado*, cit., p. 838. Considerando que com o encerramento os atos ineficazes por força do art. 81.º, 6, «recuperam a sua plena eficácia», MARIA DO ROSÁRIO EPIFÂNIO, *O Processo Especial de Revitalização*, Almedina, Coimbra, 2015, p. 37.

O teor do art. 234.º, 2, não pode ser ignorado. É que nos casos de encerramento *a pedido do devedor* (art. 230.º, 1, *c*)) a lei prevê ali que os sócios podem deliberar a retoma da atividade. E essa deliberação é, evidentemente, relevante para que a sociedade prossiga essa mesma atividade. A isto voltaremos.

9.3. (Cont.). A cessação das atribuições da comissão de credores e do administrador da insolvência

Com o encerramento do processo cessam, em regra, as atribuições da comissão de credores e do administrador da insolvência. O art. 233.º, 1, *b*), ressalva, porém, as atribuições referentes à apresentação de contas e as que sejam conferidas pelo eventual plano de insolvência.

Embora o art. 233.º, 1, *b*), não o esclareça, parece que também a assembleia de credores cessa as suas atribuições com o encerramento do processo de insolvência[12].

9.4. (Cont.). O exercício de direitos pelos credores da insolvência contra o devedor

Um dos efeitos da declaração de insolvência do devedor é o de obrigar os credores da insolvência a exercerem os seus direitos em conformidade com o disposto no CIRE enquanto estiver pendente o processo de insolvência (art. 90.º). Lembre-se, também, que a declaração de insolvência vai obstar à instauração de ações executivas pelos credores da insolvência contra o insolvente (art. 88.º, 1).

Uma vez encerrado o processo de insolvência, os credores da insolvência podem exercer os seus direitos contra o devedor. Tanto mais que, como resulta do art. 100.º, um dos muitos efeitos da sentença de declaração de insolvência é precisamente o de suspender «todos os prazos de prescrição e de caducidade oponíveis pelo devedor, durante o decurso do processo».

No entanto, o exercício daqueles direitos dos credores da insolvência está limitado pelo que eventualmente resulte do plano de insolvência ou do plano

---

[12] Assim também, CARVALHO FERNANDES/JOÃO LABAREDA, *Código da Insolvência e da Recuperação de Empresas anotado*, cit., p. 839.

de pagamentos que tenham sido aprovados e homologados. Além disso, há que contar com a restrição constante do art. 242.º, 1, se foi concedida a exoneração do passivo restante ao devedor: durante o período da cessão de rendimentos disponíveis ao fiduciário não são permitidas quaisquer execuções sobre os bens do devedor que sejam destinadas à satisfação de créditos sobre a insolvência.

A sentença homologatória do plano de pagamentos, a sentença de verificação de créditos ou a decisão proferida em ação de verificação ulterior de créditos constituem título executivo, por si ou, se for o caso quanto às duas últimas[13], em conjugação com a sentença homologatória do plano de insolvência.

9.5. (Cont.). O exercício de direitos pelos credores da massa

A massa insolvente serve para pagar, em primeiro lugar, as suas próprias dívidas (arts. 46.º, 1, e 172.º, 1). No entanto, isso não garante que no processo de insolvência aquelas dívidas sejam integralmente pagas. Daí que o art. 233.º, 1, d), preveja que o encerramento do processo de insolvência permita que os credores da massa reclamem do devedor os direitos respetivos ainda não satisfeitos.

9.6. O encerramento antes do rateio final

9.6.1. Efeitos sobre as resoluções de atos em benefício da massa insolvente

No momento em que tem lugar o encerramento do processo de insolvência podem ter já ocorrido resoluções de atos em benefício da massa insolvente. Se aquele encerramento se verifica antes do rateio final, as resoluções referidas tornam-se ineficazes (art. 233.º, 2, a)). Não será assim, porém, nos seguintes casos: a) Se tiver sido aprovado e homologado plano de insolvência que atribui ao administrador da insolvência competência para a defesa nas ações dirigidas à impugnação da resolução dos atos em benefício da massa; b) Se as ações de impugnação da resolução em benefício da massa já não podem ser intentadas porque decorreu o prazo previsto no art. 125.º; c) Se a resolução em benefício

---

[13] Com efeito, e embora o art. 233.º, 1, c), não o esclareça, o art. 250.º exclui a possibilidade de aprovação de plano de insolvência nos processos abrangidos pelo Capítulo em que o mesmo se insere. E nesse Capítulo vemos surgir, isso sim, o regime do plano de pagamentos (arts. 251.º e ss.).

UM CURSO DE DIREITO DA INSOLVÊNCIA

da massa foi impugnada mas essa impugnação foi considerada improcedente por decisão transitada em julgado.

Assim, se o processo de insolvência foi encerrado antes do rateio final e houve resolução de atos em benefício da massa insolvente, a sorte desta resolução também ficará dependente do momento em que tem lugar o encerramento, da apresentação ou não de impugnações das resoluções efetuadas, da existência e conteúdo do plano de insolvência e da sorte da impugnação da resolução.

Se o processo de insolvência foi encerrado antes do rateio final por a massa insolvente ser insuficiente (art. 232.º) e a ação de impugnação de resolução de ato em benefício da massa insolvente for considerada procedente por ser considerada ineficaz aquela resolução nos termos do art. 233.º, 2, *a*), as custas da ação de impugnação constituem encargo da massa insolvente. Com efeito, parece ser apenas para esses casos que vale o regime previsto no art. 233.º, 3: só aí é que a procedência da ação de impugnação tem lugar «em virtude do disposto na alínea *a*) do número anterior»[14].

9.6.2. Efeitos sobre processos pendentes de verificação de créditos e de restituição e separação de bens já liquidados que se encontrem pendentes

No momento em que tem lugar o encerramento do processo de insolvência ocorrido antes do rateio final podem ainda estar pendentes processos de *verificação de créditos* e processos de *restituição e separação de bens já liquidados*.

Os efeitos daquele encerramento vão depender da *fase processual* em que se encontrem esses processos ou do *motivo* que conduziu ao encerramento antes do rateio final.

Com efeito, o regime regra previsto no art. 233.º, 2, *b*), é o da *extinção da instância* daqueles processos se tem lugar o encerramento do processo de insolvência antes do rateio final.

No entanto, dispõe o referido preceito que essa extinção não ocorrerá forçosamente se: a) Já tiver sido proferida a sentença de verificação e graduação de créditos prevista no art. 140.º; ou b) Se o encerramento resulta da aprovação

---

[14] Parecendo ter outra leitura, CARVALHO FERNANDES/JOÃO LABAREDA, *Código da Insolvência e da Recuperação de Empresas anotado*, cit., p. 842.

do plano de insolvência (note-se que, em rigor, o art. 239.º, 1, *b*), exige, para o encerramento, a aprovação do plano de insolvência, a sua homologação e o trânsito em julgado da sentença de homologação).

Não tendo lugar a extinção da instância nos processos de verificação de créditos e de restituição e separação de bens já liquidados que estejam pendentes, o art. 233.º, 2, *b*), estatui que prosseguem até final os recursos interpostos «dessa sentença» e bem assim «as ações cujos autores assim o requeiram, no prazo de 30 dias».

No entanto, um regime que à primeira vista parece claro deixa no ar muitas interrogações.

Em primeiro lugar, questiona-se se fará muito sentido que o facto de ser proferida sentença de verificação e graduação de créditos prevista no art. 140.º impeça a extinção da instância nos processos de restituição e separação de bens já liquidados que estejam pendentes.

Em segundo lugar, também se pode perguntar porque é que o encerramento do processo de insolvência decorrente da aprovação (e homologação transitada em julgado) do plano de insolvência leva ao prosseguimento até final dos recursos interpostos da sentença de verificação e graduação de créditos.[15].

É ainda preciso referir que o art. 233.º, 2, *b*), prevê que, não tendo lugar a extinção da instância nos processos ali em causa, prosseguem as ações cujos autores assim o requeiram, no prazo de 30 dias. E isso é assim, à primeira vista, quer nos casos em que a extinção da instância não se dá porque já foi proferida a sentença de verificação e graduação de créditos prevista no art. 140.º, quer porque o encerramento decorre da aprovação (e homologação transitada) de plano de insolvência. Mas se o processo de insolvência encerrou por esta última razão, parece que não será necessário esperar pela sentença de verificação e graduação de créditos para que as ações ali em causa possam prosseguir se os autores o requererem no prazo legalmente previsto. O tema deixa muitas dúvidas.

---

[15] Carvalho Fernandes/João Labareda, *Código da Insolvência e da Recuperação de Empresas anotado*, cit., p. 841, entendem, aliás, que no caso de o encerramento ter lugar por aprovação e homologação transitada de um plano de insolvência apenas haverá que falar do prosseguimento das ações cujos autores o requeiram, e não do prosseguimento até final dos recursos interpostos da sentença de verificação e graduação de créditos.

E duvidosa é igualmente a resposta à questão de saber se as *ações que prosse-guem a requerimento dos autores* e mencionadas na parte final do art. 233.º, 2, *b*), são apenas as ações de *restituição e separação de bens já liquidados* ou se tam-bém podem como tal ser consideradas as ações de *verificação de créditos*[16]. E sempre se poderá perguntar se um processo de verificação de créditos é, para o art. 233.º, 2, *b*), não só o que corre termos de acordo com o disposto nos arts. 128.º e ss., mas também a ação de verificação ulterior de créditos prevista no art. 146.º. Lembre-se ainda que um processo de restituição e separação de bens pode também correr termos de acordo com o disposto nos arts. 141.º e ss., ou constituir antes uma ação de verificação ulterior do direito à separação ou restituição de bens prevista no art. 146.º.

Se teve lugar o encerramento do processo de insolvência antes do rateio final mas não se verifica a extinção da instância nos processos de restituição e separação de bens já liquidados por ocorrerem as exceções previstas no art. 233.º, 2, *b*), a ação que corra por dependência do processo de insolvência é desapensada deste processo e remetida para o tribunal competente caso não deva ser prosseguida pelo administrador da insolvência por força do disposto no plano de insolvência. Naquela ação é o devedor que passa a ter exclusiva legitimidade para a causa e independentemente de habilitação ou de acordo da contraparte (art. 233.º, 4)[17].

9.6.3. Efeitos sobre ações pendentes contra responsáveis legais pelas dívi-das do insolvente propostas pelo administrador da insolvência

De acordo com o art. 233.º, 2, *c*), o encerramento do processo de insolvência antes do rateio final tem também como consequência a extinção, em regra, das ações que se encontrem pendentes contra os responsáveis legais pelas dívidas

---

[16] CARVALHO FERNANDES/JOÃO LABAREDA, *Código da Insolvência e da Recuperação de Empresas anotado*, cit., p. 840 e ss., apenas se referem ao prosseguimento das ações de restituição e separação de bens já liquidados. Já PEDRO PIDWELL, *O processo de insolvência e a recuperação da sociedade comercial de responsabilidade limitada*, cit., p. 329, menciona a possibilidade de reque-rimento para que prossigam ações de verificação de créditos.

[17] Saliente-se que o art. 233.º, 4, diz respeito a «qualquer acção» na dependência do processo de insolvência que não se extinga de acordo com o art. 233.º, 2, *b*), nem deva ser prosseguida pelo administrador da insolvência segundo o plano de insolvência.

do insolvente que tenham sido propostas pelo administrador da insolvência[18]. Não será assim, no entanto, se o plano de insolvência atribuir ao administrador da insolvência competência para o prosseguimento dessas ações. Nesse caso, a instância não se extingue.

9.7. Desapensação de ações

O encerramento do processo de insolvência não conduz sempre à extinção da instância nas ações que corram por dependência daquele. Torna-se, por isso, importante saber qual o destino que essas ações terão depois do encerramento referido. O art. 233.º, 4, estabelece qual é esse destino em relação a algumas das ações pendentes. Não se aplica, porém, aos processos de verificação de créditos, às ações de restituição e separação de bens já liquidados que se extinguem nos termos do art. 233.º, 2, *b)*, e às ações cuja instância deva ser prosseguida pelo administrador da insolvência de acordo com o teor do plano de insolvência. As restantes ações que corram por dependência do processo de insolvência são desapensadas deste e remetidas para o tribunal competente. Nessas ações o devedor passa a ter legitimidade exclusiva para a causa «independentemente de habilitação ou do acordo da contraparte» (art. 233.º, 4).

9.8. Efeitos sobre as sociedades comerciais

No art. 234.º, surgem identificados alguns dos principais efeitos que o encerramento do processo de insolvência tem sobre as sociedades comerciais.

Se os trâmites do processo de insolvência se desenrolaram até que fosse encerrada a liquidação da massa insolvente da sociedade comercial e realizado o rateio final (art. 182.º, 1), o processo foi declarado encerrado (art. 230.º, 1, *a)*). Registado esse encerramento, a sociedade comercial considera-se extinta (art. 234.º, 3)[19].

---

[18] V., a propósito, o art. 82.º, 3, *c*).

[19] Cfr., com interesse, o Ac. RL de 30/11/2011, Proc. 2110/11.0TVLSB.L1-2, de cujo sumário se retira o seguinte: «I - A declaração de insolvência de uma sociedade comercial não conduz à sua imediata extinção, mas, apenas, à sua dissolução, considerando-se a sociedade dissolvida extinta com o registo do encerramento da liquidação – até então continuará a deter personalidade jurídica e, logo, personalidade judiciária. [...]». O art. 48.º, 2, do Regulamento 2015/848

UM CURSO DE DIREITO DA INSOLVÊNCIA

Mas, como vimos já, o encerramento do processo de insolvência não decorre necessariamente da realização do rateio final. Pode, por exemplo, fundar-se na aprovação e homologação de plano de insolvência se transitar em julgado a sentença de homologação (art. 230.º. 1, *b*)). Se esse plano de insolvência prevê a continuidade da sociedade comercial e não a sua extinção, aquela sociedade «retoma a sua atividade independentemente de deliberação dos sócios» (art. 234.º, 1).

O encerramento do processo de insolvência também pode dar-se porque o devedor o pediu quando deixou de estar em situação de insolvência ou quando todos os credores deram o consentimento para tal (art. 230.º, 1, *c*)). Pois bem, nesse caso os sócios podem deliberar a retoma da atividade e a sociedade, obviamente, não se extingue (art. 234.º, 2)[20].

Em relação às sociedades comerciais é igualmente possível que o administrador da insolvência constate a insuficiência da massa insolvente e o juiz declare o encerramento do processo de insolvência com esse fundamento (art. 230.º 1, d)). Nesse caso, o juiz deve comunicar ao serviço de registo competente o encerramento do processo de insolvência e o património da sociedade, prosseguindo a liquidação da sociedade de acordo com o regime dos procedimentos administrativos de dissolução e liquidação de entidades comerciais (art. 234.º, 4). Lembre-se, ainda, que o art. 39.º, 10, manda aplicar o mesmo regime aos casos em que o juiz concluiu logo na sentença de declaração de insolvência que se verificava a insuficiência da massa insolvente (art. 39.º, 1)[21].

---

contém uma solução curiosa: «Se um processo de insolvência relativo a uma pessoa coletiva ou uma sociedade no Estado-Membro da respetiva sede estatutária implicar a dissolução da pessoa coletiva ou sociedade em causa, essa pessoa coletiva ou sociedade não é dissolvida enquanto não forem encerrados quaisquer outros processos de insolvência relativos ao mesmo devedor ou enquanto o administrador ou administradores da insolvência desses processos não tiverem dado o seu acordo à dissolução». E onde surge escrito, na versão em português, «não é dissolvida enquanto», aparece, noutras versões, coisa diferente («no dejará de existir hasta», «shall not cease to exist until», «ne cesse d'exister que», «so besteht die betreffende juristische Person oder Gesellschaft so lange fort»).

[20] Considerando que, sem essa deliberação, a sociedade se extingue «nos termos do n.º 3», CARVALHO FERNANDES/JOÃO LABAREDA, *Código da Insolvência e da Recuperação de Empresas anotado*, cit., p. 844. Mas temos dúvidas de que seja esse o regime.

[21] Sobre esse regime, cfr. CASSIANO DOS SANTOS, «Dissolução e liquidação administrativas de sociedades», *Reformas do Código das Sociedades*, Almedina, Coimbra, 200, p. 139-161, PAULA

ENCERRAMENTO DO PROCESSO

9.9. A declaração sobre o caráter da insolvência

A sentença de declaração de insolvência não tem necessariamente que declarar aberto o incidente de qualificação da insolvência. É o que resulta hoje do art. 36.º, 1, *i*). Quando aquela abertura não ocorra, o juiz deve declarar na decisão de encerramento do processo de insolvência que a insolvência é fortuita (art. 233.º, 6)[22].

9.10. A documentação e os elementos de contabilidade

Com o encerramento do processo, vimos que, em regra, cessam as atribuições do administrador da insolvência. Isto, naturalmente, sem prejuízo das relativas à apresentação de contas ou que sejam conferidas pelo plano de insolvência (art. 233.º, 1, *b*)).

Compreende-se, por isso, que o administrador da insolvência deva entregar no tribunal a documentação relativa ao processo que tenha em seu poder para ali ser arquivada e os elementos de contabilidade do devedor que não tenha que devolver a este. Aquela entrega deve ter lugar no prazo de 10 dias (art. 233.º, 5).

COSTA E SILVA, «Dissolução e liquidação de sociedades comerciais: nótula», *Jornadas em Homenagem ao Professor Doutor Raúl Ventura*, Almedina, Coimbra, 2007, p. 289-294

[22] Contudo, o art. 295.º, *b*), estabelece, quanto aos processos particulares por ele abrangidos, que neles não há lugar à qualificação da insolvência como fortuita ou culposa. Cfr., porém, o art. 275.º.

CAPÍTULO XII
Qualificação da insolvência

1. A abertura do incidente. Os poderes do juiz

A insolvência pode ser culposa ou fortuita[1]. Para se apurar se a insolvência é culposa, é necessário que seja declarado aberto o incidente de qualificação[2]. Se, porém, o processo de insolvência for encerrado sem que, nos termos do art. 36.º, 1, *i*), tenha sido aberto o incidente de qualificação, o juiz deve declarar expressamente na decisão de encerramento referida no art. 230.º que a insolvência tem caráter fortuito (art. 233.º, 6), e o mesmo deve fazer se o incidente também não foi posteriormente aberto ao abrigo do disposto no art. 188.º, 1 e 2[3].

Depois das alterações introduzidas no art. 36.º pela Lei 16/2012, o juiz não declara sempre aberto o incidente de qualificação da insolvência na sentença

---

[1] Como vimos, o art. 295.º, *b*), estabelece, quanto aos processos particulares por ele abrangidos, que neles não há lugar à qualificação da insolvência como fortuita ou culposa. Cfr., porém, o art. 275.º.

[2] O incidente tem caráter urgente, como decorre do art. 9.º, 1. Sobre a influência da *Ley Concursal* espanhola no regime da qualificação da insolvência do CIRE, Catarina Serra, «"Decoctor ergo fraudator"? – A insolvência culposa (esclarecimentos sobre um conceito a propósito de umas presunções», cit., p. 60, autora que também relativiza essa influência perante os antecedentes nacionais (sobre estes, v. tb. o que escrevemos nas considerações gerais introdutórias).

[3] Cfr., nesse sentido, Carvalho Fernandes/João Labareda, *Código da Insolvência e da Recuperação de Empresas anotado*, cit., p. 843.

UM CURSO DE DIREITO DA INSOLVÊNCIA

de declaração de insolvência[4]. Agora, esse incidente apenas será declarado aberto naquela sentença se o juiz dispuser de elementos que justifiquem essa abertura. Se o incidente é aberto, deve igualmente constar da sentença de declaração de insolvência se o mesmo tem caráter pleno ou limitado (art. 36.º, 1, *i*)). O art. 39.º, 1, prevê, com efeito, que no caso de o juiz concluir que existe insuficiência da massa insolvente nos termos ali previstos e que dispõe de elementos que justifiquem a abertura do incidente de qualificação da insolvência declara aberto esse incidente com caráter limitado. Isso, evidentemente, sem prejuízo do disposto no art. 39.º, 8.

No entanto, um incidente de qualificação que começou como pleno pode depois, em certos casos, prosseguir como limitado (cfr. o art. 232.º, 5). E um incidente de qualificação que começou como limitado também pode, por vezes, prosseguir depois como pleno (cfr. o caso previsto no art. 39.º, 4).

Quando o juiz, na sentença de declaração de insolvência, considera que dispõe de elementos que justificam a abertura do incidente e o declara aberto, deve apresentar os fundamentos em que se baseia. Deve dizer, em suma, quais são aqueles elementos e porque é que entende que justificam a abertura[5].

Tendo sido apresentado o requerimento previsto no art. 188.º, 1, num processo de insolvência em que ainda não tinha sido aberto o incidente de qualificação da insolvência, o juiz deve conhecer os factos ali alegados e, «se considerar oportuno», declara aberto o incidente. Não parece, no entanto, que o juiz deva apreciar o requerimento apenas de acordo com critérios de oportunidade. Também aqui, o juiz abre o incidente se considerar que dispõe de elementos que o justifiquem. A analogia com o disposto no art. 36.º, 1, *i*), assim o impõe. E mais uma vez deve apresentar os elementos que justificam a abertura e porque é que o justificam.

Se o juiz não declara aberto o incidente de qualificação da insolvência na sentença de declaração da insolvência, pode ainda assim declará-lo aberto mais tarde, nos termos do art. 188.º. Este preceito consta do regime aplicável

---

[4] Antes daquelas alterações também não o declarava aberto se, na sequência da apresentação de um plano de pagamentos, era proferida sentença de declaração de insolvência com o conteúdo limitado previsto no art. 259.º, 1.

[5] Chamando a atenção para o caráter «pouco curial» desta tomada de posição, MARIA JOSÉ COSTEIRA, «A insolvência de pessoas coletivas. Efeitos no insolvente e na pessoa dos administradores», *Julgar*, 2012, setembro-dezembro, p. 169.

ao incidente pleno, mas é para ele que também remete o art. 191.º, 1, no quadro das normas relativas ao incidente limitado.

O art. 187.º preocupa-se com os casos em que houve anterior processo de insolvência contra o mesmo devedor (o processo «velho»), tendo ele sido declarado insolvente em ambos (no «velho» e no atual ou «novo»). Se nesse processo de insolvência «velho» foi aberto o incidente de qualificação, só pode ser aberto outro incidente no processo «novo» se se provar «que a situação de insolvência não se manteve ininterruptamente desde a data da sentença de declaração anterior» (a proferida no «velho» processo). O mesmo regime vale se no processo «velho» não foi aberto o incidente, salvo se essa não abertura se tiver ficado a dever à aprovação de um plano de pagamentos aos credores.

A solução pode parecer estranha numa primeira leitura. Contudo, se no processo «velho» foi declarada a insolvência e nele não foi aberto o incidente de qualificação mas manteve-se a situação de insolvência ininterruptamente, a lei considera adequado que, em regra, no processo «novo» não se volte à questão da qualificação da insolvência. E, se foi aprovado um plano de pagamentos aos credores no processo «velho» e esse plano foi homologado por sentença transitada em julgado, isso também conduz à elaboração de uma sentença de declaração da insolvência que apenas contém as menções do art. 36.º, 1, *a*) e *b*) (cfr. o art. 259.º, 1). Este é, aliás, um aspeto que convém realçar: se essa sentença de declaração de insolvência só contém as referidas menções, não irá declarar aberto o incidente de qualificação da insolvência.

2. A insolvência culposa e a insolvência fortuita

A insolvência é qualificada como culposa ou como fortuita[6]. Mesmo que o incidente de qualificação da insolvência não seja aberto, já vimos que o art. 233.º, 6,

---

[6] A qualificação que tem lugar no processo de insolvência (no incidente ou nos termos do art. 233.º, 6) «não é vinculativa para efeitos da decisão de causas penais» nem da decisão das ações previstas no n.º 3 (art. 185.º, que mantém a remissão para o art. 82.º, 2, apesar das alterações por este sofridas). No entanto, o art. 300.º, 1, já obriga a remeter ao tribunal onde corre o processo de insolvência o «despacho de pronúncia ou de não pronúncia, de acusação e de não acusação, da sentença e dos acórdãos proferidos no processo penal». Proferida alguma destas decisões, entendem CARVALHO FERNANDES/JOÃO LABAREDA, *Código da Insolvência e da Recuperação de Empresas anotado*, cit., p. 974, que a decisão do incidente de qualificação «não pode deixar de a ter em conta e conformar-se com ela». Sobre o art. 185.º, com desenvolvimento, RUI ESTRELA

UM CURSO DE DIREITO DA INSOLVÊNCIA

estabelece a necessidade de ser declarado o caráter fortuito na decisão de encerramento prevista no art. 230.º. Por sua vez, a qualificação da insolvência como culposa deve ter lugar no incidente de qualificação. Mas este incidente não conduz necessariamente a essa qualificação, como se vê pela leitura do art. 189.º, 1. A qualificação da insolvência não é vinculativa para as decisões de causas penais ou das ações referidas no art. 82.º, 3 (art. 185.º - o preceito faz menção às «ações a que se reporta o n.º 2 do artigo 82.º», mas é um lapso que resulta da inserção pela Lei 16/2012 de um novo n.º 2 no artigo em causa e consequente renumeração[7]).

Considera-se culposa a insolvência se a situação (de insolvência) foi «criada ou agravada em consequência da atuação, dolosa ou com culpa grave, de devedor, ou dos seus administradores, de direito ou de facto, nos três anos anteriores ao início do processo de insolvência» (art. 186.º, 1)[8]-[9]. Assim, a lei exige que esteja em causa um comportamento de certos sujeitos (o devedor ou os seus administradores, de direito ou de facto), a existência de dolo ou culpa grave, uma relação causal entre aquele comportamento e a criação ou agravamento da situação de insolvência e, por fim, que o comportamento tenha lugar dentro de um certo lapso de tempo (nos três anos anteriores ao início do processo de insolvência). A situação de insolvência pode ter sido criada sem que existisse culpa mas pode ter havido culpa no agravamento da situação de insolvência. Em ambos os casos a insolvência pode ser qualificada como culposa[10].

DE OLIVEIRA, «Uma brevíssima incursão pelos incidentes de qualificação da insolvência», *O Direito*, 142.º, 2010, p. 936 e ss..

[7] Chamando também a atenção para isso mesmo, ADELAIDE LEITÃO, «Insolvência culposa e responsabilidade dos administradores na Lei n.º 16/2012», in CATARINA SERRA (coord.), *I Congresso de direito da insolvência*, cit., p. 273.

[8] Tendo especialmente em vista os administradores de facto, cfr. RICARDO COSTA, *Os administradores de facto das sociedades comerciais*, Almedina, Coimbra, 2014, p. 118 e ss. Sobre a eventual possibilidade de utilização da *business judgment rule* no âmbito da apreciação da culpa, cfr. RUI ESTRELA DE OLIVEIRA, «Uma brevíssima incursão pelos incidentes de qualificação da insolvência», *O Direito*, 142.º, 2010, p. 970 e ss..

[9] Vendo no art. 186.º uma «disposição de protecção cuja violação por parte dos administradores de uma sociedade desencadeia responsabilidade civil pela insolvência», CARNEIRO DA FRADA, «A responsabilidade dos administradores na insolvência», cit., p. 687.

[10] Assim também, para a Espanha perante o teor do art. 164.º, 1, da *Ley Concursal*, CECILIA ROSENDE VILLAR, «Articulo 163», in FAUSTINO CORDÓN MORENO (dir.), *Comentarios a la Ley Concursal*, t. II, Aranzadi/Thomson Reuters, Cizur Menor, 2010, p. 562.

QUALIFICAÇÃO DA INSOLVÊNCIA

Na atuação dolosa será abrangida a que tem lugar com dolo direto, necessário ou eventual[11]. Por sua vez, a culpa grave consistirá na «negligência grosseira, só cometida por um homem excepcionalmente descuidado»[12]. A atuação dos administradores que é considerada relevante é tanto aquela dos que ainda são administradores à data da sentença de qualificação como os que já não o são.

Para auxiliar a tarefa probatória, o CIRE contém o que se pode chamar de duplo sistema de presunções legais[13]. O n.º 2 do art. 186.º contém algumas presunções legais de culpa que não admitem prova em contrário («sempre culposa»). As presunções ali estabelecidas dizem respeito à culpa e não à situação de insolvência. E, embora aquele n.º 2 restrinja o seu âmbito de aplicação aos devedores que não sejam pessoas singulares, a verdade é que o art. 186.º, 4, manda aplicar, «com as necessárias adaptações», esse mesmo regime à atuação das pessoas singulares e seus administradores «onde a isso não se opuser a diversidade das situações».

Por sua vez, o art. 186.º, 3, enumera hipótese de cuja verificação resulta uma presunção legal de culpa grave que admite prova em contrário (art. 350.º, 2, CCiv.).

O CIRE não dá uma definição de insolvência fortuita. Será, então, a que não é culposa[14].

---

[11] ELISABETE RAMOS, «Insolvência da sociedade e efectivação da responsabilidade civil dos administradores», cit., p. 479.

[12] PESSOA JORGE, *Ensaios sobre os pressupostos da responsabilidade civil*, Lisboa, 1972, reedição, p 357.

[13] Referindo-se a um *doble sistema de presunciones de carácter legal* a propósito do art. 164 da *Ley Concursal*, RICARDO DE ÁNGEL YAGÜEZ, «Artículo 164», in PEDRO PRENDES CARRIL (dir.), *Tratado práctico concursal*, t. IV, Aranzadi/Thomson Reuters, Cizur Menor, 2009, p. 66.

[14] Assim também, MARIA ELISABETE RAMOS, «A insolvência da sociedade e a responsabilização dos administradores no ordenamento jurídico português», *Prim@facie*, ano 4, n.º 7, jul./dez. 2005, p. 23, e MARIA DO ROSÁRIO EPIFÂNIO, *Manual de direito da insolvência*, cit., p. 128. Curiosamente, era possível encontrar uma caracterização da quebra casual no CCom 1833 (art. 1146 - «o estado d'insolvencia d'um comerciante, proveniente de caso fortuito ou força maior») e no CCom 1888 (art. 736.º - «quando o falido, tendo procedido na gerencia do seu commercio com honrada solicitude, foi forçado a cessar pagamentos por causa independente da sua vontade»). A partir daqui, é de falência casual que se trata: no CFal de 1899 (art. 142.º), no CPCom de 1905 (art. 321.º), no CPCom de 1905 (art. 321.º), no CFal de 1935 (art. 195.º – «quando o falido, tendo procedido na gerência do seu comércio com honrada solicitude, foi colocado na impossibilidade de solver os seus compromissos por causa independente da sua

UM CURSO DE DIREITO DA INSOLVÊNCIA

3. A tramitação do incidente pleno de qualificação da insolvência

3.1. A abertura do incidente: na sentença de declaração da insolvência ou em momento posterior

A tramitação do incidente vai depender de ter sido ou não declarado aberto o incidente na sentença de declaração da insolvência.

No caso de a abertura do incidente de qualificação da insolvência não ter sido declarada na sentença de declaração de insolvência, poderá sê-lo nos termos do art. 188.º, 1. Este preceito prevê a possibilidade de o administrador da insolvência ou qualquer interessado[15] apresentarem um requerimento em que alegam por escrito e fundamentadamente o que acharem que é conveniente para que a insolvência seja qualificada como culposa e indicam quem deve ser afetado pela qualificação.

Quando tenha sido convocada assembleia de apreciação do relatório, o requerimento pode ser apresentado até 15 dias após a realização dessa assembleia. Se a assembleia não foi convocada, o prazo de 15 dias conta-se «com referência ao 45.º dia subsequente à data de prolação da sentença de declaração da insolvência» (art. 36.º, 4)[16].

---

vontade»), no CPC de 1939 (art. 1301.º) e no CPC de 1961 (art. 1275.º - «quando o falido, tendo procedido na gerência do seu comércio com honestidade e diligência normal, foi colocado na impossibilidade de cumprir as suas obrigações por causa independente da sua vontade» – redação que se manteve mesmo depois das alterações de 1967).

[15] Considerando interessado qualquer dos sujeitos com legitimidade para requerer a declaração de insolvência nos termos do art. 20.º, CARVALHO FERNANDES/JOÃO LABAREDA, *Código da Insolvência e da Recuperação de Empresas anotado*, cit., p. 687. No mesmo sentido mas indo mais além, RUI ESTRELA DE OLIVEIRA, «Uma brevíssima incursão pelos incidentes de qualificação da insolvência», cit., p. 950. Não nos custa a aceitar que a aferição da existência de interesse seja realizada a partir das próprias consequências da qualificação da insolvência como culposa e que os credores da massa também possam apresentar o requerimento em causa. ANTONIO GARCÍA MARTÍNEZ, «Artículo 168», in PEDRO PRENDES CARRIL (dir.), *Tratado práctico concursal*, t. IV, cit., p. 154, afirma que o interesse legítimo exigido pela Ley Concursal deve ser apreciado «en relación con lo que es matéria objeto de la sección de calificacion y, más en concreto [...] com la calificación del concurso como culpable».

[16] Admitindo que o juiz adapte a marcha processual quanto à contagem do prazo, MARIA DO ROSÁRIO EPIFÂNICO, *Manual de direito da insolvência*, cit., p. 149 e s.. Pode também perguntar-se se é possível apresentar o requerimento previsto no art. 188.º, 1, na assembleia de apreciação

QUALIFICAÇÃO DA INSOLVÊNCIA

O juiz, nos 10 dias posteriores à apresentação do requerimento, conhece os factos alegados e decide se declara aberto o incidente de qualificação da insolvência, o que fará se entender que isso é oportuno. Se o juiz declara aberto o incidente, o despacho em que o faz é irrecorrível e é publicado imediatamente no Citius (art. 188.º). Se o juiz recusa abrir o incidente, o despacho é recorrível nos termos gerais.

No entanto, e apesar de nada o indicar no art. 188.º, 1, não parece estar afastada a possibilidade de o juiz, oficiosamente, abrir o incidente de qualificação se não o fez na sentença de declaração de insolvência. Com efeito, se o podia abrir naquela fase mais precoce, por maioria de razão dever poder fazê-lo se o processo, numa fase mais avançada, apresenta elementos que o justifiquem[17].

O art. 188.º, 1, deixa uma dúvida a pairar. É que dele não resulta, com clareza, se o requerimento ali previsto pode ser apresentado quando a abertura do incidente de qualificação teve lugar na sentença de declaração de insolvência. Com efeito, poderia dizer-se que, lendo a parte final daquele n.º 1, está pressuposto que ainda não foi declarado aberto o incidente de qualificação.

No entanto, o art. 191.º, 1, *a*), parece dar razão a outra leitura. Ali se pode ver que nos casos previstos no art. 39.º, 1, e no art. 232.º, 5, o incidente de qualificação será limitado, tendo o administrador da insolvência ou qualquer interessado prazo para alegar o que acharem conveniente para efeito da qualificação da insolvência como culposa nos prazos ali previstos. Lendo o art. 39.º, 1, vemos que nele está prevista a possibilidade de o juiz abrir o incidente de qualificação da insolvência com caráter limitado na sentença de declaração de insolvência em que o juiz concluiu que a massa insolvente era «insuficiente». Por outro lado, o art. 232.º, 5, diz respeito a casos em que o processo de insolvência é encerrado por insuficiência da massa e já estava aberto o incidente de qualificação, que prossegue como incidente limitado. Ou seja: em ambos os casos já está aberto o incidente de qualificação e em ambos os casos é admitida a possibilidade de o administrador da insolvência

do relatório ou antes mesmo dessa assembleia. Em bom rigor, a lei não exclui a possibilidade de tal requerimento ser apresentado antes da própria assembleia de apreciação do relatório.

[17] Coincidimos assim na leitura defendida por CARVALHO FERNANDES/JOÃO LABAREDA, *Código da Insolvência e da Recuperação de Empresas anotado*, cit., p. 687 e s.. Contra, MARIA DO ROSÁRIO EPIFÂNIO, *Manual de direito da insolvência*, cit., p. 149, nt. 471.

UM CURSO DE DIREITO DA INSOLVÊNCIA

ou qualquer interessado alegarem nos termos referidos e que são os mencionados no art. 188.º, 1.

Assim, se a abertura do incidente de qualificação teve lugar na sentença de declaração de insolvência, parece adequado admitir a apresentação do requerimento previsto no art. 188.º, 1, com as alegações ali referidas. Nesse caso, o requerimento apresentado não visará a abertura do incidente, como é óbvio. O requerimento conterá a alegação do que for tido por conveniente para efeito da qualificação da insolvência como culposa e indicar as pessoas que deve ser afetadas. No entanto, esse requerimento só poderá ser apresentado pelos interessados: não pelo administrador da insolvência[18]. E isto porque, se a abertura do incidente teve lugar na sentença de declaração de insolvência, o administrador da insolvência já emitiu o parecer previsto no art. 188.º, 3, no prazo de 20 dias. E o art. 188.º, 1, prevê que o requerimento nele mencionado seja apresentado no prazo de 15 dias após a realização da assembleia de apreciação do relatório. Só assim não será, julgamos nós, se o administrador da insolvência não apresentou aquele parecer, violando o seu dever. Então, ainda poderá apresentar o requerimento mencionado no art. 188.º, 1.

3. 2. A abertura do incidente e o parecer do administrador da insolvência

A abertura do incidente pode ter sido desencadeada por requerimento do administrador da insolvência, de acordo com o disposto no art. 188.º, 1, de requerimento de outro interessado ou da iniciativa do juiz.

Se o administrador da insolvência não requereu a qualificação como culposa nos termos do art. 188.º, 1, deve apresentar *parecer* sobre os factos relevantes (art. 188.º, 3). Esse parecer deve ser apresentado no prazo de 20 dias ou em prazo mais longo que seja fixado pelo juiz. Apesar de o art. 188.º, 3, não o dizer, parece que o prazo se conta a partir da data da publicação no Citius do despacho que declara aberto o incidente (art. 188.º, 2), se foi esse o caso.

Se o incidente foi aberto na sentença de declaração de insolvência, essa sentença também nomeia o administrador da insolvência, sendo essa nomeação notificada ao próprio (art. 54.º). Será por isso razoável afirmar que o prazo

---

[18] Parece ser o que defende também MARIA DO ROSÁRIO EPIFÂNIO, *Manual de direito da insolvência*, cit., p. 151.

QUALIFICAÇÃO DA INSOLVÊNCIA

começará a correr a partir da data em que o administrador da insolvência for considerado notificado dessa nomeação[19]. Não parece haver razão plausível para dizer que o parecer do administrador da insolvência só deve ser apresentado quando o incidente foi aberto na sequência do requerimento apresentado de acordo com o art. 188.º, 1. Não é isso que resulta do n.º 3 do art. 188.º.

O parecer do administrador da insolvência deve ser *fundamentado* (de facto e de direito) e *documentado*, deve incidir sobre *factos relevantes* e termina com uma proposta, que pode ser no sentido da qualificação da insolvência como culposa ou como fortuita. Se o administrador da insolvência entender que há pessoas que devem ser afetadas pela qualificação da insolvência como culposa, identifica-as. A fundamentação e documentação exigidas dizem respeito a todo o parecer: devem abranger não só os factos relevantes, mas também a proposta quanto à qualificação e a identificação das pessoas que devam ser afetadas pela qualificação da insolvência como culposa[20].

A fundamentação e documentação, bem como os factos relevantes trazidos, devem ser incluídos no parecer tanto no caso em que o administrador da insolvência propõe que a insolvência seja considerada como culposa, como no de propor a qualificação da mesma como fortuita. O administrador da insolvência pode pronunciar-se sobre os efeitos da qualificação, o que terá mais sentido quando proponha a qualificação da insolvência como culposa.

Aliás, para que o juiz, na sentença que qualifica a insolvência como culposa, possa aplicar o disposto no art. 189.º, 2, *d*) e *e*), vai certamente necessitar da colaboração do administrador da insolvência. Com efeito, será difícil que assim não seja para que o juiz possa condenar as pessoas afetadas na restituição de bens ou direitos recebidos em pagamento de créditos sobre a insolvência ou sobre a massa insolvente ou para que possa condenar as pessoas afetadas a indemnizarem os credores do devedor insolvente no montante dos créditos não satisfeitos. E sobre tudo isso o administrador da insolvência já pode pronunciar-se no seu parecer.

Se o incidente foi aberto por despacho após a apresentação por algum interessado do requerimento mencionado no art. 188.º, 1, o administrador

---

[19] Mas v., com dúvidas, MARIA DO ROSÁRIO EPIFÂNIO, *Manual de direito da insolvência*, cit., p. 150.
[20] Neste sentido quanto à identificação das pessoas afetadas, para a Espanha, ANTONIO GARCÍA MARTÍNEZ, «Artículo 169», in PEDRO PRENDES CARRIL (dir.), *Tratado práctico concursal*, t. IV, cit., p. 176.

UM CURSO DE DIREITO DA INSOLVÊNCIA

da insolvência, para além de ter que elaborar o parecer, deve ter em conta o teor do requerimento do interessado[21-22].

3.3. O parecer do Ministério Público e a possibilidade de qualificação da insolvência como fortuita

O parecer do administrador da insolvência e as alegações do requerimento apresentado ao abrigo do art. 188.º, 1, vão «com vista» ao Ministério Público, que deve pronunciar-se em 10 dias (art. 188.º, 4). Não parece bastar que o Ministério Público se limite a colocar o seu «visto», pois deve pronunciar-se sobre o parecer e as alegações mencionadas.

Quanto a esta pronúncia, a lei pouco diz. No entanto, resulta do art. 188.º, 5, que deve apresentar uma proposta sobre a qualificação da insolvência. Mas julgamos que o Ministério Público deve pronunciar-se sobre aquilo que lhe é apresentado. Quanto ao requerimento previsto no art. 188.º, 1, deverá pronunciar-se sobre o que foi alegado quanto à qualificação da insolvência como culposa e quanto às pessoas indicadas para serem afetadas por essa qualificação. Relativamente ao parecer do administrador da insolvência, o Ministério Público também deverá pronunciar-se sobre a fundamentação e documentação apresentados e sobre os factos relevantes ali contidos, e bem assim sobre o que o administrador da insolvência entenda acerca das pessoas que devam

---

[21] CARVALHO FERNANDES, «A qualificação da insolvência e a administração da massa insolvente pelo devedor», in CARVALHO FERNANDES/JOÃO LABAREDA, Colectânea de estudos sobre a insolvência, cit., p. 256, entende mesmo que «se algum interessado tiver alegado factos por ele tidos como relevantes para atribuir à insolvência a qualificação de culposa, o administrador, para satisfazer os requisitos a que o seu parecer deve obedecer, não pode deixar de se pronunciar sobre tais factos». Em sentido próximo, MENEZES LEITÃO, Direito da insolvência, cit., p. 277, nt. 372.

[22] Não tendo o administrador da insolvência apresentado o seu parecer no prazo devido, pergunta-se se tal parecer pode ser apresentado tardiamente. CARVALHO FERNANDES/JOÃO LABAREDA, Código da Insolvência e da Recuperação de Empresas anotado, cit., p. 689, entendem que sim, embora acrescentem que haverá então justa causa de destituição do administrador da insolvência. Já RUI ESTRELA DE OLIVEIRA, «Uma brevíssima incursão pelos incidentes de qualificação da insolvência», cit., p. 952 e s., tem leitura diferente. Se o juiz admitir os pareceres apresentados tardiamente, tem que permitir que o devedor e aqueles que «em seu entender devam ser afetados pela qualificação da insolvência como culposa» se oponham, como prevê o art. 188.º, 6. Este último preceito até parece indicar que a notificação e citações ali previstas só terão lugar depois de apresentados os pareceres do administrador da insolvência e do Ministério Público devidos.

ser afetadas pela qualificação da insolvência como culposa. Quanto às pessoas que devem ser afetadas pela qualificação da insolvência como culposa, não julgamos que o Ministério Público só possa pronunciar-se sobre as indicações constantes do parecer e das alegações. Pode também propor que a qualificação afete outras pessoas. Ao pronunciar-se, o Ministério Público deve fundamentar a sua pronúncia.

No caso de o administrador da insolvência e o Ministério Público se pronunciarem no sentido de a insolvência ser qualificada como fortuita, o juiz *pode* logo proferir decisão contendo essa qualificação e que é considerada insuscetível de recurso (art. 188.º, 5)[23]. Essa é, no entanto, apenas uma faculdade que é conferida ao juiz, como aliás resulta do art. 188.º, 6[24].

3.4. As notificações e citação. As oposições

Se o juiz não profere a decisão prevista na parte final do art. 188.º, 5, deve mandar notificar o devedor e citar pessoalmente os sujeitos que «devam» ser afetados pela qualificação da insolvência como culposa para se oporem («querendo»). Essa oposição pode ser deduzida no prazo de 15 dias, e tanto pode ser deduzida pelo devedor como pelos outros sujeitos que «devam» ser afetados (art. 188.º, 6). Para permitir que a oposição seja apresentada tendo em conta o conteúdo dos pareceres do administrador da insolvência e do Ministério Público, aqueles pareceres e os documentos a eles juntos («que os instruam») devem acompanhar as notificações e citações.

A falta de oposição não conduz necessariamente à qualificação da insolvência como culposa ou a que seja afetado pela qualificação como culposa aquele que não deduziu oposição. Mas talvez se possa aceitar que certos factos relativos ao sujeito em causa sejam considerados admitidos por acordo, nos termos do art. 574.º, 2, CPC.

Os sujeitos que «devam» ser afetados pela qualificação da insolvência como culposa não podem encarar de ânimo leve a elaboração da oposição.

---

[23] O que, evidentemente, pode suscitar problemas de constitucionalidade.

[24] A Lei 16/2012 tornou o regime claro. Na redação anterior, discutia-se se o juiz estava vinculado ao teor dos pareceres do administrador da insolvência e do Ministério Público quando coincidissem na qualificação da insolvência como fortuita. Sobre o tema, Maria do Rosário Epifânio, *Manual de direito da insolvência*, cit., p. 152, nt. 481.

UM CURSO DE DIREITO DA INSOLVÊNCIA

Na verdade, os efeitos que para eles podem resultar se forem afetados por aquela qualificação são graves (cfr. o art. 189.º). A oposição deve ser utilizada para que se pronunciem também sobre esses mesmos efeitos. Lembre-se, aliás, que o juiz manda efetuar a notificação e citações das pessoas que «em seu entender devam ser afetados pela qualificação da insolvência como culposa». O art. 188.º, 6, dá assim a entender que as referidas pessoas são como a pescada: antes de o serem, já o eram. Estamos, aliás, perante uma solução que não pode deixar de ser questionada. Inclusivamente, quanto à sua constitucionalidade.

Mas se o juiz manda notificar o devedor e citar os que «em seu entender devam ser afetados pela qualificação da insolvência como culposa», então deve dar a conhecer qual é o seu «entender». Isto é, deve dar a conhecer quais são os fundamentos que já identifica para o seu entendimento. E isso é tanto mais importante quanto o juiz não está sequer obrigado a considerar a insolvência como fortuita quando o administrador da insolvência e o Ministério Público propuserem essa qualificação. Além disso, não se pode esquecer que o incidente pode ter sido aberto pelo juiz logo na sentença de declaração de insolvência e que pelo menos nesse caso o administrador da insolvência não está obrigado a apresentar o requerimento previsto no art. 188.º, 1.

3.5. As respostas

Terminado o prazo de 15 dias para ser deduzida a oposição, abre-se um outro prazo, agora de 10 dias, para que o administrador da insolvência, o Ministério Público e interessados com posição contrária à que foi apresentada nas oposições possam, por seu turno, responder ao teor da oposição ou oposições.

3.6. O parecer da comissão de credores

Depois de terminado esse prazo de resposta, tem a comissão de credores 10 dias para juntar parecer sobre as oposições (art. 135.º, por força do art. 188.º, 8)[25].

---

[25] Considerando aplicável o art. 136.º, MENEZES LEITÃO, *Direito da insolvência*, cit., p. 277.

3.7. A remissão para os arts. 132.º a 139º quanto aos termos subsequentes

As oposições, as respostas e os termos subsequentes do incidente ficam sujeitos aos arts. 132.º a 139.º, que o art. 188.º, 8, manda aplicar «com as devidas adaptações». Os referidos arts. 132.º a 139.º estão inseridos no conjunto de preceitos que contêm o regime da reclamação e verificação de créditos. A remissão feita obriga, assim, a autuar num único apenso as oposições e as respostas acima referidas. Na verdade, o art. 188.º, 8, só remete nos termos mencionados para o art. 132.º quanto às oposições e respostas: não quanto aos pareceres do administrador da insolvência e do Ministério Público. Mas essa parece ser, desde já, uma das adaptações a fazer, pois não parece razoável que tais pareceres não fiquem contidos no apenso. O mesmo, aliás, se diga do requerimento previsto no art. 188.º, 1. Aliás, é também este preceito que estabelece ser o requerimento «autuado por apenso».

Tendo em conta o art. 133.º, o requerimento apresentado nos termos do art. 188.º, 1, e os pareceres do administrador da insolvência e do Ministério Público devem ser patenteados[26] na secretaria do tribunal durante o prazo para as oposições e as respostas[27]. Isso mesmo deve ser indicado no despacho em que o juiz manda efetuar a notificação e as citações previstas no art. 188.º, 6[28]. É certo que a notificação e as citações são acompanhadas dos pareceres do administrador da insolvência e do Ministério Público, bem como dos documentos que instruam esses pareceres. Mas deve ser tido em conta que o administrador da insolvência, o Ministério Público e qualquer interessado que assuma posição contrária às oposições também pode responder a essas oposições (art. 188.º, 7). E, na verdade, não teria sentido que estes últimos, para elaborarem as suas respostas, pudessem efetuar as consultas e o mesmo não fosse antes permitido a quem pudesse deduzir oposição.

Olhando agora para o art. 134.º, teremos que afirmar que com as oposições e as respostas deve o respetivo apresentante oferecer todos os meios de prova de que disponha e fica obrigado a apresentar as testemunhas arroladas.

---

[26] Contra, RUI ESTRELA DE OLIVEIRA, «Uma brevíssima incursão pelos incidentes de qualificação da insolvência», cit., p. 964.

[27] O art. 133.º faz referência ao prazo «fixado para as impugnações e as respostas».

[28] CARVALHO FERNANDES/JOÃO LABAREDA, *Código da Insolvência e da Recuperação de Empresas anotado*, cit., p. 692.

UM CURSO DE DIREITO DA INSOLVÊNCIA

Quanto ao número de testemunhas, há que ter em conta que o art. 25.º, 2 (aplicável por força do art. 134.º, 1), ainda remete para o art. 789.º do CPC, que nos surgia, antes do CPC de 2013, no âmbito dos preceitos relativos ao processo declarativo sumário. Sucede porém que, com o novo CPC, passou a haver apenas o processo declarativo comum. Parece, assim, que valerá aqui o limite constante do atual art. 511.º[29].

Se as oposições e as respostas forem apresentadas em papel, devem ser acompanhadas de dois duplicados das peças e dos documentos que as acompanhem. Caso tenham sido apresentadas em suporte digital, os duplicados serão extraídos pela secretaria. Um desses duplicados destina-se ao arquivo do tribunal e o outro fica na secretaria para consulta dos interessados (art. 134.º, 2). Durante o prazo para as oposições e respostas, o processo deve ser mantido na secretaria para exame e consulta dos interessados (art. 134.º, 5)[30]. Terminado o prazo para as respostas, a comissão de credores deve juntar aos autos, no prazo de 10 dias após aquele termo de prazo, parecer sobre as oposições (art. 135.º)[31].

Depois de ser junto esse parecer da comissão de credores ou de decorrido o prazo de 10 dias para o efeito, segue-se a fase de saneamento do processo. Tendo em conta o teor do art. 136.º, as normas relativas à tentativa de conciliação e à verificação e graduação de créditos não fazem agora sentido. Mas já se justifica a existência de despacho saneador, hoje regulado nos arts. 595.º e 596.º do CPC[32] (cfr. o art. 136.º, 3).

Antes mesmo da audiência de discussão e julgamento, pode ser necessário realizar diligências probatórias. O juiz deve determinar que sejam tomadas as providências necessárias para a conclusão dessas diligências no prazo de

---

[29] CARVALHO FERNANDES/JOÃO LABAREDA, *Código da Insolvência e da Recuperação de Empresas anotado*, cit., p. 223, a propósito do art. 25.º.

[30] Afastando, com razão, a aplicação do art. 134.º, 3 e 4, ao incidente de qualificação da insolvência, CARVALHO FERNANDES/JOÃO LABAREDA, *Código da Insolvência e da Recuperação de Empresas anotado*, cit., p. 692.

[31] Contra, RUI ESTRELA DE OLIVEIRA, «Uma brevíssima incursão pelos incidentes de qualificação da insolvência», cit., p. 964.

[32] No mesmo sentido, CARVALHO FERNANDES/JOÃO LABAREDA, *Código da Insolvência e da Recuperação de Empresas anotado*, cit., p. 692. Considerando também que não haverá lugar à tentativa de conciliação prevista no art. 136.º, RUI ESTRELA DE OLIVEIRA, «Uma brevíssima incursão pelos incidentes de qualificação da insolvência», cit., p. 964. Com outra leitura, CATARINA SERRA, *O regime português da insolvência*, cit., p. 143.

QUALIFICAÇÃO DA INSOLVÊNCIA

20 dias, contados a partir da data do despacho que as ordena. A prova que qualquer interessado produza aproveita a todos eles (art. 137.º).

A audiência de discussão e julgamento só será marcada depois de produzidas as provas que o devam ser antes daquela audiência ou, se for antes o caso, depois de expirado o prazo marcado nas cartas para essa produção. A audiência deve ser marcada para um dos 10 dias posteriores à produção da prova ou, sendo o caso, para um dos 10 dias posteriores à data em que expira o prazo marcado nas cartas (art. 138.º).

Quanto à audiência de discussão e julgamento, aplica-se o art. 139.º. Porém, como no CPC já não existe o processo declaratório sumário, só pode ser aplicável o processo declaratório único[33]. As especialidades a observar são várias.

Antes de mais, quanto às pessoas a ouvir. Sempre que necessário e na altura em que o tribunal o determine, serão ouvidos o administrador da insolvência e/ou a comissão de credores[34]. Além disso, a produção da prova segue a ordem de apresentação das impugnações (que correspondem, agora, às oposições, segundo parece). Por último, na discussão podem primeiro usar da palavra os advogados dos que se opuseram à qualificação da insolvência como culposa e, depois, os advogados dos interessados que responderam à oposição, não havendo réplica. O regime é discutível. Desde logo, porque não surge previsto, por força da remissão, o uso da palavra pelo administrador da insolvência e pelo Ministério Público se responderam. Depois, pela própria ordem de produção da prova e das intervenções: quem sustenta a qualificação da insolvência como culposa deveria falar primeiro.

3.8. A sentença de qualificação

3.8.1. A sentença qualifica a insolvência como culposa ou como fortuita

No incidente de qualificação da insolvência o juiz deve proferir sentença qualificado a insolvência como culposa ou como fortuita. O CIRE permite dizer

---

[33] Carvalho Fernandes/João Labareda, *Código da Insolvência e da Recuperação de Empresas anotado*, cit., p. 543.

[34] Defendendo que deve considerar-se na mesma posição o Ministério Público, Carvalho Fernandes/João Labareda, *Código da Insolvência e da Recuperação de Empresas anotado*, cit., p. 692.

UM CURSO DE DIREITO DA INSOLVÊNCIA

que a insolvência fortuita é a que... não é culposa[35]. Nos termos do art. 186.º, 1, a insolvência culposa é aquela em que a situação de insolvência foi «criada ou agravada em consequência da actuação, dolosa ou com culpa grave, do devedor, ou dos seus administradores, de direito ou de facto, nos três anos anteriores ao início do processo de insolvência». Assim, é necessário que exista uma atuação do devedor ou dos seus administradores. E tanto é relevante a atuação dos administradores de direito como a dos administradores de facto. A atuação em causa deve ser dolosa ou com culpa grave, não bastando, por isso, a atuação com culpa leve. Além disso, exige-se um nexo causal: aquela atuação deve ter criado a situação de insolvência ou, pelo menos, deve ter agravado a situação de insolvência. No incidente de qualificação, é preciso não esquecer, o juiz pode decidir baseado em factos que não tenham sido alegados pelas partes (art. 11.º). No entanto, deve ser assegurado o devido contraditório[36]. Por fim, a atuação que conduz à qualificação deve ter ocorrido nos três anos anteriores ao início do processo de insolvência.

3.8.2. A presunção inilidível de insolvência culposa

No art. 186.º, 2, são enumerados, de forma taxativa[37], vários factos que, uma vez provados, conduzem a uma presunção inilidível de que a insolvência é *culposa*. No preceito referido surge escrito que o regime é aplicável ao «devedor que não seja uma pessoa singular» e considere relevantes certas atuações dos administradores de direito e de facto desse devedor. Contudo, o art. 186.º, 4, manda aplicar os n.ºs 2 e 3 à atuação do devedor pessoa singular insolvente e dos seus administradores, devendo essa aplicação ser efetuada «com as necessárias adaptações» e «onde a isso não se opuser a diversidade das situações».

Veremos quais são as situações que desencadeiam a presunção, seguindo a ordem por que são apresentadas no art. 186.º, 2. Não se esqueça, porém, que a presunção referida pressupõe que desde a ocorrência dos factos que a desencadeiam até ao início do processo de insolvência não tenham decorrido mais de três anos (art. 186.º, 1). O que não quer dizer que todos esses factos

---

[35] Como vimos, em tempos idos a quebra/falência casual surgia caracterizada na lei.

[36] Como lembra MENEZES LEITÃO, *Direito da insolvência*, cit., p. 278.

[37] CARNEIRO DA FRADA, «A responsabilidade dos administradores na insolvência», cit., p. 689.

QUALIFICAÇÃO DA INSOLVÊNCIA

devam ocorrer antes do início do processo de insolvência: no art. 186.º, 2, i), é mencionado o incumprimento reiterado dos deveres de apresentação e colaboração até à data da elaboração do parecer referido no art. 188.º, 3[38].

Será considerada insolvência culposa aquela em que os administradores de direito ou de facto do devedor que não é pessoa singular:

a) Destruíram, danificaram, inutilizaram, ocultaram ou fizeram desaparecer, no todo ou em parte considerável, o património do devedor (art. 186.º, 2, a));

b) Criaram ou agravaram artificialmente passivos ou prejuízos, reduziram lucros, nomeadamente causando a «celebração pelo devedor de negócios ruinosos em seu proveito ou no de pessoas com eles especialmente relacionadas»[39];

c) Compraram mercadorias a crédito, com revenda ou entrega das mesmas em pagamento «por preço sensivelmente inferior ao corrente, antes de satisfeita a obrigação»;

d) Dispuseram dos bens do devedor «em proveito pessoal ou de terceiros»[40];

e) Exerceram uma atividade em proveito pessoal ou de terceiros e em prejuízo da empresa, a coberto da personalidade coletiva da empresa «se for o caso»[41];

f) Fizeram um uso do crédito ou dos bens do devedor contrário ao interesse deste, em proveito pessoal ou de terceiros, «designadamente

---

[38] Com efeito, o parecer será o do art. 188.º, 3, uma vez que no art. 188.º, 2, não surge hoje referência a qualquer parecer.

[39] Não é necessário, tanto quanto conseguimos ver, que a entidade em causa tenha fim lucrativo. Basta que em relação a essa se possa identificar, em alternativa ou cumulativamente, passivo, prejuízos ou lucros. Aparentemente com outra interpretação, CARVALHO FERNANDES, «A qualificação da insolvência e a administração da massa insolvente pelo devedor», cit., p. 262, nt. 23.

[40] Para casos de aplicação desta alínea, cfr. p. ex. o Ac. RP de 03.03.2009 (Relator: Pinto dos Santos), Proc. n.º 0827686, e o Ac. RL de 14.12.2010 (Relator: Luís Espírito Santo), Proc. n.º 46/07.8TBSVC-O.L1-7, in www.dgsi.pt.

[41] A expressão «se for o caso» mostra que não é necessário, para a aplicação da alínea, que exista sempre uma entidade com personalidade jurídica. Com outra leitura, CARVALHO FERNANDES, «A qualificação da insolvência e a administração da massa insolvente pelo devedor», cit., p. 262 e s., nt. 23.

UM CURSO DE DIREITO DA INSOLVÊNCIA

para favorecer outra empresa na qual tenham interesse directo ou indirecto»[42];

g) Prosseguiram no seu interesse pessoal ou de terceiro uma exploração deficitária, apesar de «saberem ou deverem saber que esta conduziria com grande probabilidade a uma situação de insolvência»[43];

h) Não cumpriram, «em termos substanciais», a «obrigação de manter contabilidade organizada», mantiveram «contabilidade fictícia» ou «dupla contabilidade», ou praticaram «irregularidade com prejuízo relevante para a compreensão da situação patrimonial e financeira do devedor»[44];

i) Não cumpriram, reiteradamente, os respetivos deveres de apresentação e colaboração até à data da elaboração do parecer mencionado no art. 188.º, 3 (e não no n.º 2, pois não foi tida em conta a alteração introduzida naquele art. 188.º[45]).

---

[42] Cfr. p. ex. o Ac. RP de 03.03.2009 (Relator: Pinto dos Santos), Proc. n.º 0827686, e o Ac. RC de 28.04.2010 (Relator: Fonte Ramos), Proc. n.º 4182/08.5TJCBR-B.C1, ambos em www.dgsi.pt.

[43] Considerando injusta a hipótese, RUI PINTO DUARTE, «Efeitos da declaração de insolvência quanto à pessoa do devedor», cit., p. 144.

[44] Tendo em conta as várias hipóteses tratadas na al. *h*), não parece que as entidades abrangidas pela mesma tenham que estar *sempre* sujeitas à obrigação de adotar contabilidade organizada. Não é de afastar que os administradores de uma entidade que não tem aquela obrigação pratiquem «irregularidade com prejuízo relevante para a compreensão da situação patrimonial e financeira do devedor». Aparentemente com outra opinião, CARVALHO FERNANDES, «A qualificação da insolvência e a administração da massa insolvente pelo devedor», cit., p. 263, nt. 23. O art. 164.º, 2, 1.º, da *Ley Concursal* tem, aliás, outra redação, pois começa justamente da seguinte forma: «Cuando el deudor legalmente obligado a la llevanza de contabilidad [...]». Este preceito é aliás claro também no que diz respeito aos casos de irregularidade relevante, pois a mesma diz precisamente respeito à contabilidade organizada que o devedor estava obrigado a manter. Pena é que a mesma clareza não seja encontrada na lei portuguesa. Para uma aplicação da al. *h*) do art. 186.º, 2, a um caso em que sócios gerentes da insolvente declaram, na escritura de dissolução, ter cobrado todos os créditos e pago todos os débitos da sociedade, cfr. o Ac. RP de 11.11.2010 (Relator: Carlos Querido), Proc. n.º 1088/06.6TBPMS-A.C1, in www.dgsi.pt.

[45] Cfr. tb. chamando a atenção para o erro, ADELAIDE LEITÃO, «Insolvência culposa e responsabilidade dos administradores na Lei n.º 16/2012», in CATARINA SERRA (coord.), *I Congresso de direito da insolvência*, cit., p. 274. Para uma aplicação do regime, cfr. o Ac. RC de 12.10.2010 (Relatora: Manuela Fialho), Proc. n.º 1404/08.6TBTNV-F.C1, in www.dgsi.pt.

Nos casos descritos, o art. 186.º, 2, não só presume a culpa, mas também o nexo de causalidade[46] quanto à criação ou agravamento da situação de insolvência. Porém, a prova de algum dos factos ali enumerados não significa que se presuma a *situação de insolvência*. Além disso, para que a presunção atue é necessário, no que diz respeito ao devedor que não é pessoa singular, que tenham sido os seus administradores, de direito ou de facto, que atuaram da forma descrita no art. 186.º, 2 («os seus administradores, de direito ou de facto, tenham»). Tratando-se de pessoa singular, também será preciso que as atuações que em relação a ela são relevantes sejam daquela ou dos seus administradores[47].

---

[46] Nesse sentido, MENEZES LEITÃO, *Direito da insolvência*, cit., p. 274. V. tb., p. ex., Ac. RC de 28.05.2013 (Relator: Moreira do Carmo), Proc. n.º 102/12.0TBFAG-B.C1, e quanto às als. *h*) e *i*), o Ac. RP de 27.02.2014 (Relator: Leonel Serôdio), Proc. n.º 1595/10.6TBAMT-A.P2. Mas v., criticamente quanto às als. *h*) e *i*) do art. 186.º, 2, CATARINA SERRA, «"Decoctor ergo fraudator"? – A insolvência culposa (esclarecimentos sobre um conceito a propósito de umas presunções)», cit., p. 66 e (considerando-as ficções) p. 69; o mesmo é defendido em *O regime português da insolvência*, cit., p. 141. Por sua vez, CARNEIRO DA FRADA, «A responsabilidade dos administradores na insolvência», cit., p. 692 e s., não mostra simpatia pelas soluções consagradas nas mencionadas alíneas, assim como relativamente às das als. *d*) e *f*), mas considera que no n.º 2 não temos ficções. Na nossa opinião, a crítica apenas é de acolher relativamente à al. *i*). Tendo em conta que estamos a falar de comportamentos posteriores ao início do processo de insolvência, não se vê grande sentido em extrair daí a existência de culpa e de causalidade na criação ou agravamento da situação de insolvência. Ainda para mais, de forma inilidível. Já no que respeita às obrigações relativas à contabilidade e às contas, julgamos adequada a solução legal, uma vez que uma e outras servem, também, para avaliar a evolução dos negócios do devedor. Avaliação que deve (poder) ser efetuada pelos terceiros e pelo próprio devedor. De qualquer modo, nas diversas alíneas do art. 186.º não encontramos, em rigor, enumerações de casos que se reconduzem ao n.º 1. Do que se trata é de presunções legais: ilações que a lei retira de um facto conhecido para firmar um facto desconhecido (art. 349.º CCiv.). Já RUI ESTRELA DE OLIVEIRA, «Uma brevíssima incursão pelos incidentes de qualificação da insolvência», cit., p. 974, não parece aceitar a existência de uma presunção de causalidade em todas as hipóteses do art. 186.º, 2, e entende, como Catarina Serra, que nas als. *h*) e *i*) estamos perante ficções legais.

[47] Para a Espanha, perante o teor do art. 164, 2, da *Ley Concursal*, JOSÉ ANTONIO GARCÍA-CRUCES, «Artículo 164», in ÁNGEL ROJO/EMILIO BELTRÁN (dir.), *Comentario de la Ley Concursal*, t. II, Thomson-Civitas, Madrid, 2008, p. 2526, afirma que o devedor pode alegar e provar que os factos que geram a presunção não lhe são imputáveis; por sua vez, RICARDO DE ÁNGEL YAGÜEZ, «Artículo 164», in PEDRO PRENDES CARRIL (dir.), *Tratado práctico concursal*, t. IV, cit., p. 63, afirma mais categoricamente que o tribunal deve «valorar, junto con la concurrencia del supuesto de hecho en cuestión, la imputación de la conducta al concursado y a sus representantes y administradores».

UM CURSO DE DIREITO DA INSOLVÊNCIA

É compreensível que a atuação dos administradores, de direito ou de facto, do devedor que não é pessoa singular, conduza à qualificação da insolvência como culposa quando está preenchida alguma das hipóteses que foram enumeradas. Os administradores são, agora, «aqueles a quem incumba a administração ou liquidação da entidade ou património em causa, designadamente os titulares do órgão social que para o efeito for competente». Não sendo o devedor pessoa singular, não tem cabeça, tronco e membros que lhe permitam atuar por si. Podem ser afetados pela qualificação da insolvência como culposa tanto os administradores que ainda o sejam na data em que é proferida a sentença de qualificação como aqueles que já deixaram de o ser nessa altura[48].

Tratando-se, porém, de um devedor que é pessoa singular, há hipóteses previstas no art. 186.º, 2, que não serão aplicáveis. Como é evidente, sendo aquele o devedor, não há que falar em personalidade coletiva da empresa (al. *e*)). Mas isso não afasta a possibilidade de o devedor pessoa singular exercer uma atividade em proveito de terceiros e em prejuízo da empresa[49].

Mas, por outro lado, importa realçar que no caso dos devedores pessoas singulares a sua própria atuação pode ser relevante[50]. A pessoa singular não tem necessariamente administradores que atuem por ela, como é evidente.

[48] Nesse sentido, para a Espanha, José Antonio García-Cruces, «Artículo 165», in Ángel Rojo/Emilio Beltrán (dir.), *Comentario de la Ley Concursal*, t. II, cit., p. 2581. Sobre o que deve entender-se por administrador de facto, cfr., por todos, Coutinho de Abreu/Elisabete Ramos, «Artigo 72.º», in J. M. Coutinho de Abreu (coord.), *Código das Sociedades Comerciais em comentário*, vol. I, Almedina, Coimbra, 2010, p. 843 e ss., e Ricardo Costa, *Os administradores de facto das sociedades comerciais*, Almedina, Coimbra, 2014. Defendendo que pode ser considerada administrador de facto uma «entidad de crédito que instruyó y ordenó el destino de los fundos puestos a disposición de la companía y además participó con fines de control con una significativa posición accionarial en otras sociedades con la sociedad concursada», Miguel Ángel Manzano Rodríguez/Esther Jiménez Martín, «Artículo 172.bis», in Alberto Sala Reixachs/Jaume Alonso-Cuevillas Sayrol/José Machado Plazas/Pau Vila Florensa, *Proceso Concursal*, Bosch, Barcelona, 2013, p. 908. Entre nós, sobre o tema, v. Francisco Pinto da Silva, «A influência dos credores bancários na administração das sociedades comerciais e a sua responsabilidade», *DSR*, 2014, vol. 12, p. 231-265.

[49] Com diferente leitura, Carvalho Fernandes/João Labareda, *Código da Insolvência e da Recuperação de Empresas anotado*, cit., p. 682. Com efeito, os autores citados consideram que a al. *e*) não é aplicável a pessoas singulares.

[50] Defendendo que as situações previstas nas alíneas do art. 186.º, 2 (que não a *e*)), podem «verificar-se por referência aos administradores do insolvente pessoa singular ou mesmo a este», Carvalho Fernandes/João Labareda, *Código da Insolvência e da Recuperação de Empresas anotado*, cit., p. 682.

Quando está em causa a atuação de um representante legal do devedor pessoa singular, o art. 186.º, 4, merece mais algumas reflexões. Com efeito, este último preceito dispõe que os anteriores n.ºs 2 e 3 são aplicáveis «com as necessárias adaptações, à actuação de pessoa singular insolvente e seus administradores [...]». Mas os administradores da pessoa singular não são só os mandatários com poderes gerais de administração: são também os representantes legais. Será razoável considerar que a insolvência do devedor incapaz é «sempre culposa» quando, por exemplo, o seu representante legal destruiu o património do devedor? Será razoável que, nesse caso, o próprio devedor deva ser afetado pela qualificação? Ou não se justificará dizer que estas são situações em que a diversidade das situações se opõe à aplicação do art. 186.º, 2 e 3? Parece-nos que sim, pois o devedor não pode escolher ou afastar o seu representante legal. E, de alguma forma, é essa possibilidade que justifica as consequências da atuação do administrador relativamente ao administrado no âmbito da qualificação da insolvência.

3.8.3. A presunção ilidível de culpa grave

Como vimos, o art. 186.º, 2, enumera um conjunto de situações que conduzem à qualificação da insolvência como culposa, sem que se admita prova em contrário. No art. 186.º, 3, encontramos antes descritas[51] situações que fazem presumir a existência de culpa grave se os administradores de direito ou de facto de um devedor que não seja pessoa singular não cumprirem o que ali vem previsto. Mas, mais uma vez, o art. 186.º, 4, manda aplicar o n.º 3 «com as necessárias adaptações» também «à atuação de pessoa singular insolvente e seus administradores, onde a isso não se opuser a diversidade das situações».

Vamos então ver quais são as hipóteses descritas no art. 186.º, 3. Lembramos, também aqui, que a presunção ali contida pressupõe que desde a ocorrência dos factos que a desencadeiam não tenham decorrido mais de três anos até ao início do processo de insolvência (art. 186.º, 1)[52].

---

[51] Também de forma taxativa: CARNEIRO DA FRADA, «A responsabilidade dos administradores na insolvência», *ROA*, 2006, II, p. 689.
[52] Cfr., tb. nesse sentido, MARIA DO ROSÁRIO EPIFÂNIO, *Manual de direito da insolvência*, cit., p. 133.

UM CURSO DE DIREITO DA INSOLVÊNCIA

Começa a al. *a*) por estabelecer que se presume existir culpa grave se os administradores de direito ou de facto do devedor não cumprirem o dever de requerer a declaração de insolvência[53]. Como sabemos, esse dever não abrange as pessoas singulares não titulares de empresas (art. 18.º, 2). Em relação a estas últimas, podemos inclusivamente ler no art. 186.º, 5, que, mesmo que não se apresentem à insolvência ou atrasem essa apresentação, a insolvência não será considerada culposa apenas por isso. E isso é assim ainda que a omissão ou o atraso determinem um agravamento da situação económica do insolvente.

Embora o art. 186.º, 3, *a*), apenas preveja o incumprimento do dever de requerer a declaração de insolvência, não se pode aceitar que os administradores do devedor que não é pessoa singular procurem afastar a presunção através da voluntária apresentação de uma petição inicial que claramente não cumpre com os requisitos legalmente estabelecidos e que permitam o indeferimento por força do disposto no art. 27.º, 1, *i*), desinteressando-se da prática dos atos que o evitariam[54].

Por sua vez, o art. 186.º, 3, *b*), acrescenta que também faz presumir a existência de culpa grave o não cumprimento pelos administradores de direito ou de facto do devedor da obrigação de elaborar, no prazo legal, as contas anuais, bem como das obrigações de as submeter à «devida fiscalização» ou de as depositar na conservatória do registo comercial. Como é evidente, está pressuposta a existência dessa obrigação. E compreende-se bem o regime legal. A elaboração das contas permite decisões tomadas de modo informado, decisões essas que podem afastar a situação de insolvência. A sujeição das contas à devida fiscalização permite ao órgão de fiscalização atuar em conformidade com a lei. E o depósito na conservatória do registo comercial confere aos terceiros a possibilidade de apreciarem mais facilmente a situação do devedor e de tomarem decisões mais informadas sobre a concessão de (mais) crédito ao mesmo.

O art. 186.º, 3, permite no entanto perguntar se a presunção é apenas relativa à culpa grave ou se também é presumida a insolvência culposa. Perante

---

[53] Cfr., p. ex., o Ac. RP de 28.09.2010 (Relator: Fernando Samões), Proc. 3157/08.9TBVFR-D. P1, in www.dgsi.pt.

[54] Com leitura semelhante, para a Espanha e perante o art. 165 da *Ley Concursal*, JOSÉ ANTONIO GARCÍA-CRUCES, «Artículo 165», in ÁNGEL ROJO/EMILIO BELTRÁN (dir.), *Comentario de la Ley Concursal*, t. II, cit., p. 2537.

o disposto no art. 186.º, 1, parece-nos que as presunções previstas no n.º 3 seguinte apenas dizem respeito à atuação do devedor. Será, ainda, necessário provar que tal atuação com culpa grave (presumida) criou ou agravou a situação de insolvência[55].

Também agora se pode dizer que as duas alíneas do art. 186.º, 3, fazem presumir a culpa grave se o dever e as obrigações ali mencionados não foram cumpridos pelos administradores, de direito ou de facto. E, no caso do art. 186.º, 4, é necessário que tenha sido a pessoa singular devedora ou os seus administradores a não cumprirem o dever e as obrigações em causa.

Relativamente ao administrador de facto de devedor que não é pessoa singular é preciso ter em conta, ainda assim, que os comportamentos em causa no art. 186.º, 3, dificilmente podem ser por ele praticados. E isso pode permitir afastar a presunção.

3.8.4. As pessoas que podem ser afetadas pela qualificação

Lê-se na al. *a*) do art. 189.º, 2, que o juiz deve identificar na sentença de qualificação da insolvência como culposa «as pessoas, nomeadamente administradores, de direito ou de facto, técnicos oficiais de contas e revisores oficiais de contas, afetadas pela qualificação...»[56].

---

[55] Cfr. tb. ADELAIDE LEITÃO, «Insolvência culposa e responsabilidade dos administradores na Lei n.º 16/2012», in CATARINA SERRA (coord.), *I Congresso de direito da insolvência*, cit., p. 275, PESTANA DE VASCONCELOS/PEDRO CAEIRO, «As dimensões jurídico-privada e jurídico-penal da insolvência (uma introdução)», cit., p. 542, o Ac. STJ de 06.10.2011 (Relator: Serra Batista), Proc. n.º, in www.dgsi.pt e, entre muitos, o Ac. RL de 09.11.2010 (Relator: Graça Amaral), Proc. n.º 168/07.5TBLNH-D.L1-7, o Ac. RP de 25.110.2010 (Relator: Pinto de Almeida), Proc. n.º 814/08.3TBVFR-F.P1, todos em www.dgsi.pt. Com diferente leitura, CATARINA SERRA, «"Decoctor ergo fraudator"? – A insolvência culposa (esclarecimentos sobre um conceito a propósito de umas presunções», cit., p. 69, e *O regime português da insolvência*, cit., p. 141 (com outras indicações da jurisprudência), CARNEIRO DA FRADA, «A responsabilidade dos administradores na insolvência», cit., p. 207, e NUNO OLIVEIRA, «Responsabilidade civil dos administradores pela insolvência culposa», in CATARINA SERRA (coord.), *I Colóquio de direito da insolvência de Santo Tirso*, cit., p. 207.

[56] No Ac. TC n.º 280/2015 (Relator: Carlos Cadilha) foi decidido «julgar inconstitucional, por violação do direito ao recurso de decisões judiciais que diretamente afetam direitos, liberdades e garantias, decorrente do direito de acesso aos tribunais, consagrado no artigo 20.º, n.º 1, da Constituição, a norma extraída das disposições conjugadas do artigo 15.º do CIRE, e artigos 304.º, primeira parte, e 629.º, n.º 1, do CPC, interpretadas no sentido de que não cabe recurso

UM CURSO DE DIREITO DA INSOLVÊNCIA

No entanto, o art. 186.º, 1, não foi alterado. E, portanto, a insolvência continua a ser considerada culposa quando «a situação tiver sido criada ou agravada em consequência da actuação, dolosa ou com culpa grave, do devedor, ou dos seus administradores, de direito ou de facto, nos três anos anteriores ao início do processo de insolvência». A atuação do devedor ou dos seus administradores, de direito ou de facto, é que conta para que a insolvência seja considerada culposa, e não apenas a atuação de TOC's, ROC's ou outros. Ou seja, para que a insolvência seja culposa é necessária uma certa atuação do devedor ou dos seus administradores, de direito ou de facto.

Já não parece boa solução admitir que a simples atuação de TOC's, ROC's ou outras pessoas que não sejam o devedor ou os seus administradores de direito ou de facto conduza à qualificação da insolvência do devedor como culposa[57]. Não está porém excluído que TOC's, ROC's ou outros atuem como administradores de facto, criando ou agravando a situação de insolvência.

Mas, se a insolvência é culposa, podem ser afetados pela qualificação os seus administradores de direito ou de facto, os TOC's, os ROC's e outras pessoas. A enumeração constante do art. 189.º, 2, *a*), é exemplificativa («nomeadamente»). Curiosamente, não encontramos aí referida a possibilidade de o *devedor* ser afetado pela qualificação da insolvência como culposa. Pelo contrário, o art. 188.º, 6, até contrapõe o devedor e os que «devam ser afetados pela qualificação da insolvência como culposa».

No entanto, não temos dúvidas em afirmar que o devedor pessoa física pode ser afetado pela qualificação da insolvência como culposa[58]: a enumera-

de decisões proferidas no incidente de qualificação da insolvência cujo valor, determinado pelo ativo do devedor, seja inferior ao da alçada do tribunal de primeira instância».

[57] Mas v., com diferente leitura, COUTINHO DE ABREU, *Curso de direito comercial*, vol. I, 9.ª ed., Almedina, Coimbra, 2013, p. 143, e MARIA DO ROSÁRIO EPIFÂNIO, *Manual de direito da insolvência*, cit., p. 129 (pelo menos na medida em que afirma que «o art. 186.º deverá ser interpretado em harmonia com o disposto no art. 189.º, n.º 2, al. *a*)»). Pena é que, também aqui, não tenha havido mais cuidado na redação da lei.

[58] Nesse sentido, CARVALHO FERNANDES/JOÃO LABAREDA, *Código da Insolvência e da Recuperação de Empresas anotado*, cit., p. 694. Na Espanha, é discutido se o *concursado* pode ser uma das *personas afectadas por la calificación*: que não, JOSÉ ANTONIO GARCÍA-CRUCES, «Artículo 165», in ÁNGEL ROJO/EMILIO BELTRÁN (dir.), *Comentario de la Ley Concursal*, t. II, cit., p. 2580, sem distinguir entre *concursados*; que sim, CECILIA ROSENDE VILLAR, «Ariculo 163», in FAUSTINO CORDÓN MORENO (dir.), *Comentarios a la Ley Concursal*, t. II, Aranzadi/Thomson Reuters, Cizur Menor, 2010, p. 548; que sim, mas apenas quanto ao concursado pessoa física, RICARDO DE

ção do art. 189.º, 2, *a*), como vimos, é exemplificativa. Só que também parece resultar da lei que o devedor não é necessária e automaticamente afetado pela qualificação da insolvência como culposa. Dito de outro modo: a insolvência do devedor pode ser qualificada como culposa mas ele pode não ser afetado pela insolvência. Basta pensar que uma pessoa singular pode também ter administradores e que só esses administradores devam ser afetados pela qualificação referida.

Já não parece que do art. 189.º resulte a possibilidade de considerar afetados pela qualificação da insolvência como culposa devedores que não sejam pessoas físicas. Com efeito, o art. 189.º, 3, determina o registo da inibição para o exercício do comércio e a inibição para a administração de patrimónios alheios na conservatória do registo civil. Além disso, a atuação do devedor que não é pessoa física tem lugar através de pessoas físicas. E estas é que devem ser afetadas pela qualificação da insolvência como culposa.

As pessoas que serão afetadas pela qualificação da insolvência como culposa serão, antes de mais, o devedor e os seus administradores cuja atuação, dolosa ou com culpa grave, criou ou agravou a situação de insolvência, nos termos do art. 186.º, 1. Serão, também, o devedor e os seus administradores cuja atuação é abrangida por alguma das alíneas do art. 186.º, 2 e 3 (neste último caso, desde que a presunção de culpa não seja afastada e se demonstre o nexo causal).

Mas o que será de exigir para que a qualificação da insolvência como culposa afete TOC's, ROC' ou outras pessoas *que não sejam o devedor e seus administradores de direito ou de facto*? No art. 189.º, 2, *a*), vemos escrito que o juiz fixa o grau de culpa «sendo o caso». Isso não significa que possam considerar-se afetadas pessoas que atuaram sem culpa. Significa, isso sim, que pode haver apenas uma pessoa afetada pela qualificação, e nesse caso não é necessário encontrar o grau de culpa. Mas é preciso mais do que a simples culpa. Com efeito, se para a qualificação da insolvência como culposa é necessário o dolo ou culpa grave do devedor ou dos seus administradores de direito ou de facto (art. 186.º, 1), por maioria de razão deve exigir-se esse dolo ou culpa grave

---

Ángel Yágüez, «Artículo 172», in Pedro Prendes Carril (dir.), *Tratado práctico concursal*, t. IV, cit., p. 229.

para que alguém seja afetado pela qualificação da insolvência como culposa. Vejamos algumas das situações possíveis.

Serão afetados pela qualificação da insolvência como culposa TOC's, ROC' ou outras pessoas *que não sejam o devedor e seus administradores de direito ou de facto* que, com dolo ou culpa grave, atuaram de forma tal que contribuíram para a criação ou agravamento da situação de insolvência do devedor. Mas já sabemos que, só por si, essa atuação não permite a qualificação da insolvência como culposa, pois para isso é necessário que o devedor ou os seus administradores atuem nos termos descritos no art. 186.º, 1. A situação de insolvência pode ter sido criada em consequência da atuação, com dolo ou culpa grave, de TOC's, ROC' ou outras pessoas *que não sejam o devedor e seus administradores de direito ou de facto*. Mas a atuação dolosa ou com culpa grave do devedor ou dos seus administradores pode ter *agravado* essa mesma situação de insolvência. Nesse caso, a insolvência já seria qualificada como culposa.

Serão também afetados os TOC's, ROC' ou outras pessoas *que não sejam o devedor e seus administradores de direito ou de facto* que, com dolo ou culpa grave, colaboraram[59] com o devedor[60] ou com os seus administradores na criação ou agravamento da situação de insolvência ou que colaboraram com o devedor ou com os seus administradores em qualquer das atuações previstas no art. 186.º, 2.

Também serão afetados os TOC's, ROC' ou outras pessoas *que não sejam o devedor e seus administradores de direito ou de facto* que, com dolo ou culpa grave, tenham colaborado com o devedor[61] ou com os seus administradores nas atuações abrangidas pelas alíneas do art. 186.º, 3 (mais uma vez, desde que a presunção de culpa não seja afastada e se demonstre o nexo causal).

No que diz respeito aos TOC's, ROC' ou outras pessoas *que não sejam o devedor e seus administradores de direito ou de facto*, não parece possível dizer que sejam abrangidos pelas presunções contidas no art. 186.º, 2 e 3, no que diz respeito ao dolo ou culpa grave.

---

[59] É ao conceito de cooperação que recorre o art. 166 da *Ley Concursal* espanhola relativamente aos *cómplices*. Quanto a estes, exige-se, designadamente, que tenham cooperado, com dolo ou culpa grave, na realização de qualquer ato que tenha sido fundamento da qualificação da insolvência como culposa. A sua atuação pode relacionar-se com os factos que desencadeiam as presunções legais: cfr. PEDRO PRENDES CARRIL, «Artículo 166», in PEDRO PRENDES CARRIL (dir.), *Tratado práctico concursal*, t. IV, cit., p. 127.

[60] Quanto ao devedor, cfr. o art. 186.º, 4.

[61] Cfr., mais uma vez, o art. 186.º, 4.

A atuação que é relevante para a qualificação da insolvência como culposa é a que teve lugar nos três anos anteriores ao início do processo de insolvência. Pois bem, também deve ser esse o período de tempo relevante para que alguém possa ser afetado pela qualificação. Embora isso não resulte do art. 189.º, deve ser aquele o regime. Se o prazo é relevante para qualificar a própria insolvência como culposa, também deve ser relevante para se considerar alguém afetado por essa qualificação. A aplicação daquele prazo deve ter lugar, mais não seja, por analogia. Trata-se de encontrar um limite temporal que dê certeza e segurança.

Como vimos, a qualificação da insolvência como culposa pode afetar os administradores de direito e os administradores de facto do devedor. Uns e outros podem ser identificados como afetados pela qualificação na mesma sentença. Se há administrador de facto e este é afetado, isso não exclui que o administrador de direito também seja afetado[62]. E vice-versa.

3.8.5. A inibição para administrar patrimónios alheios

Na sentença em que qualifica a insolvência como culposa o juiz deve decretar a inibição das pessoas afetadas pela qualificação para administrarem patrimónios alheios (art. 189.º, 2, *b*)). O juiz deve fixar o período de duração dessa inibição, que será no mínimo de 2 anos e no máximo de 10 anos.

Tendo em conta os termos gerais usados pelo legislador («inibição [...] para administrarem patrimónios de terceiros»), há que verificar quais as situações que podem ser abrangidas na hipótese normativa. A administração de património de terceiro não abrangerá, desde logo, as situações que nos surgem autonomizadas no art. 189.º, 2, *c*): isto é, a administração que decorra do exercício do cargo de «titular de órgão de sociedade comercial ou civil, associação ou fundação privada de atividade económica, empresa pública ou cooperativa» (o titular de órgão não é, verdadeiramente, terceiro, nem aquelas entidades o são em relação a ele). Mas já poderemos falar em administração de património de terceiro sempre que se esteja perante relações jurídicas que impliquem *autonomia* de atuação do insolvente e não se reconduzam a relações de trabalho

---

[62] Assim, para a Espanha, José Antonio García-cruces, «Artículo 165», in Ángel Rojo/ Emilio Beltrán (dir.), *Comentario de la Ley Concursal*, t. II, cit., p. 2584.

subordinado. Haverá, por exemplo, administração de património de terceiro na atuação de mandatário ou de comissário mercantil[63]. Além disso, estará abrangida a própria administração de bens próprios do outro cônjuge e a administração de bens do filho no âmbito das responsabilidades parentais (art. 1913.º, 3)[64]. Quanto à tutela, o art. 1933.º, 2, já prevê que o insolvente só pode ser nomeado tutor se for apenas encarregado da guarda e regência da pessoa do menor. Por sua vez, o insolvente não pode ser administrador de bens do menor (art. 1970.º, a)).

A administração de património de terceiro relevante não é apenas a que incida sobre todo o património de terceiro, mas também a que diz respeito apenas a uma parte desse mesmo património.

Quanto à duração da inibição, o CIRE fixa apenas um limite mínimo e um limite máximo. Para encontrar a duração concreta, o juiz deve ter em conta vários aspetos relativos à atuação: por exemplo, se há dolo ou culpa grave, se criou ou agravou a situação de insolvência, se foi solitária ou não, se havia autonomia decisória, quais as consequências e sua gravidade.

A inibição para administrar patrimónios alheios é oficialmente registada na conservatória do registo civil. Se o afetado for comerciante em nome individual, o registo será também efetuado na conservatória do registo comercial. Os registos são efetuados mediante comunicação eletrónica ou telemática da secretaria, que será acompanhada de um extrato da sentença (art. 189.º, 3)[65].

3.8.6. A inibição para o exercício do comércio

De acordo com o teor do art. 189.º, 2, c), o juiz, na sentença que qualifica a insolvência como culposa, declara as pessoas afetadas inibidas para o exercício

---

[63] Admitindo também que possa estar em causa o mandato civil ou comercial, com o sem representação, MARIA DO ROSÁRIO EPIFÂNIO, *Manual de direito da insolvência*, cit., p. 135. A autora aceita igualmente que a insolvência do mandatário conduz à caducidade do contrato de mandato por impossibilidade de realização da prestação. O exposto mostra que não concordamos com CATARINA SERRA, «Os efeitos patrimoniais da declaração de insolvência após a alteração da Lei n.º 16/2012 ao Código da Insolvência», cit., p. 184, para quem a utilidade e necessidade da inibição em causa «não é sensível».

[64] Quanto a esta última, no sentido exposto, MARIA DO ROSÁRIO EPIFÂNIO, *Manual de direito da insolvência*, cit., p. 136.

[65] Cfr. tb. o art. 1920.º-B, d), CCiv..

QUALIFICAÇÃO DA INSOLVÊNCIA

do comércio[66]. Mais uma vez, o juiz deve fixar o período de duração dessa inibição. E mais uma vez esse período será no mínimo de 2 anos e no máximo de 10 anos. No entanto, nada obriga a que a duração do período da inibição para o exercício do comércio seja a mesma que foi fixada quanto à inibição para administrar patrimónios alheios. Mais uma vez, a duração concreta será encontrada tendo em conta vários aspetos relativos à atuação: por exemplo, se há dolo ou culpa grave, se criou ou agravou a situação de insolvência, se foi solitária ou não, se havia autonomia decisória, quais as consequências e sua gravidade.

Não parece possível dizer que a inibição para o exercício do comércio abrange ainda a prática *isolada* de atos de comércio: estes poderão ser praticados pelo sujeito afetado pela qualificação[67].

A inibição para o exercício do comércio também é oficialmente registada na conservatória do registo civil (cfr. também o art. 1.º, 1, *n*), CRCiv.) Se o afetado for comerciante em nome individual, o registo será também efetuado na conservatória do registo comercial. Os registos são efetuados mediante comunicação eletrónica ou telemática da secretaria, que será acompanhada de um extrato da sentença (art. 189.º, 3).

3.8.7. A inibição para a ocupação de qualquer cargo de titular de órgão de sociedade comercial ou civil, associação ou fundação privada de atividade económica, empresa pública ou cooperativa

A sentença que qualifica a insolvência como culposa deve declarar as pessoas afetadas inibidas para a «ocupação de qualquer cargo de titular de órgão de sociedade comercial ou civil, associação ou fundação privada de atividade económica, empresa pública ou cooperativa» (art. 189.º, 2, *c*))[68].

---

[66] Para uma comparação entre o regime da inibição para o exercício do comércio e o das medidas de segurança, RUI ESTRELA DE OLIVEIRA, «Uma brevíssima incursão pelos incidentes de qualificação da insolvência», cit., p. 946.

[67] Assim, MARIA DO ROSÁRIO EPIFÂNIO, *Manual de direito da insolvência*, cit., p. 138.

[68] MARIA JOSÉ COSTEIRA, «A insolvência de pessoas coletivas. Efeitos no insolvente e na pessoa dos administradores», cit., p. 171, tende a admitir, por isso, que não estará abrangido o exercício de funções em ACE ou AEIE. Mas a solução talvez deva ser outra.

UM CURSO DE DIREITO DA INSOLVÊNCIA

Em bom rigor, a letra do preceito que consagra essa inibição não diz qual é ou pode ser a duração dessa inibição. Com efeito, a referência ao período «de 2 a 10 anos» diz respeito à inibição para o exercício do comércio. Mas tal prazo deve entender-se aplicável por analogia.

Outra dúvida que o art. 189.º deixa ao intérprete é a que resulta de não constar do seu n.º 3 qualquer referência ao registo da inibição para ocupar os mencionados cargos. No entanto, o art. 1.º, 1, *n*), do CRCiv. ocupa-se da questão, aparentemente (e dizemos «aparentemente» porque «determinados cargos» não é a mesma coisa que «qualquer cargo»). Cf. também o art. 9.º, *j*), CRCom. e o art. 1.º, 1, *n*), CRCiv.

3.8.8. A perda de créditos sobre a insolvência ou sobre a massa insolvente e a condenação na restituição de bens ou direitos recebidos em pagamento daqueles créditos

De acordo com o art. 189.º, 2, *d*), a sentença de qualificação da insolvência como culposa deve conter: a) A determinação da perda de *quaisquer* créditos sobre a insolvência que sejam detidos pelos sujeitos afetados pela qualificação; b) A determinação da perda de *quaisquer* créditos sobre a massa insolvente que sejam detidos pelos sujeitos afetados pela qualificação; c) A condenação dessas pessoas na restituição de bens ou direitos que por elas já tenham sido recebidos em pagamento de tais créditos (sobre a insolvência ou sobre a massa), estando aqui em causa um crédito da massa insolvente[69].

3.8.9. A obrigação de indemnizar

As pessoas afetadas pela qualificação da insolvência como culposa devem ser condenadas na sentença de qualificação a pagarem uma indemnização aos credores do devedor insolvente que deve ser «no montante dos créditos não satisfeitos, até à força dos respetivos patrimónios» (art. 189.º 2, *e*))[70].

---

[69] MENEZES LEITÃO, *Direito da insolvência*, cit., p. 282.

[70] Criticamente quanto à solução, RUI PINTO DUARTE, «Reflexões de política legislativa sobre a recuperação de empresas», in CATARINA SERRA (coord.), *II Congresso de direito da insolvência*, cit., p. 350. MARIA JOSÉ COSTEIRA, «A insolvência de pessoas coletivas. Efeitos no insolvente e na pessoa dos administradores», cit., p. 172, sustenta uma interpretação restritiva e defende

QUALIFICAÇÃO DA INSOLVÊNCIA

Os sujeitos em causa são solidariamente responsáveis pelo pagamento do montante referido[71] e a sua responsabilidade pode afetar todo o seu património[72]. Mas, evidentemente, é limitada ao montante dos créditos não satisfeitos: não diz respeito a todos os créditos. Se a responsabilidade dos afetados pela qualificação é solidária, pode ser exigido de qualquer um deles todo o montante (art. 519.º, 1 CCiv.). Por outro lado, se a obrigação de indemnizar se estende «até à força» dos patrimónios dos afetados (de cada um deles), isto parece significar que se pretende tornar claro que todos os bens do património de cada afetado respondem[73].

Os credores com direito à indemnização são os credores do devedor que não viram os seus créditos (totalmente) satisfeitos. Integram-se aqui, sem dúvida, os *credores da insolvência* que viram os seus créditos verificados por sentença transitada em julgado (cfr. o art. 173.º). Mas que dizer dos *credores da massa*? Também estes podem não conseguir receber tudo aquilo a que tinham

---

que a sentença deve fixar uma data limite «que deverá reportar-se aos três anos que antecederam o início do processo», tendo em conta o art. 186.º. Se o próprio devedor insolvente pode ser afetado pela qualificação, é difícil de conceber que também seja condenado a indemnizar nos termos do art. 189.º, 2, *e)*. Defendendo que o «círculo dos potenciais afetados também aparenta restringir-se às quatro categorias nomeadas no artigo 189.º, n.º 2, alínea a)», v. JOSÉ MANUEL BRANCO, *Responsabilidade patrimonial e insolvência culposa (da falência punitiva à falência reconstitutiva)*, Almedina, Coimbra, 2015, p. 59.

[71] A obrigação de indemnizar referida foi introduzida com a Lei 36/2012. Contudo, no CPEREF já era possível encontrar no art. 126.º-A, 1, a previsão da possibilidade de responsabilizar certas pessoas pelo passivo da falida e, no art. 126.º-B, 1, de responsabilizar os sujeitos ali identificados pelo passivo a descoberto de sociedade ou pessoa coletiva ou, se inferior, pelo montante do dano que causaram. Ambos os preceitos foram acrescentados pelo DL 315/98, de 20.10. Sobre os mesmos, vejam-se, CARVALHO FERNANDES/JOÃO LABAREDA, *Código dos Processos Especiais de Recuperação da Empresa e de Falência anotado*, 3.ª ed., Quid Juris, 1995, p. 347 e ss., ELISABETE RAMOS, «Insolvência da sociedade e efectivação da responsabilidade civil dos administradores», cit., p. 451 e ss., e MARIA DE FÁTIMA RIBEIRO, «A responsabilidade de gerentes e administradores pela actuação na proximidade da insolvência de sociedade comercial», cit., p. 90. Cfr. tb., para casos de responsabilidade semelhantes (mas com diferenças), o art. 172.bis da *Ley Concursal* e o art. L651-2 do *Code de Commerce*.

[72] Mas não é clara a posição de outros credores do afetado pela qualificação perante a responsabilidade referida. MARIA DO ROSÁRIO EPIFÂNIO, *Manual de direito da insolvência*, cit., p. 142, parece ter isso em atenção.

[73] Considerando que a lei «pretende é excluir a possibilidade de os afectados pela qualificação serem declarados insolventes por não poderem cumprir esta obrigação de indemnização na sua integralidade», MENEZES LEITÃO, *Direito da insolvência*, cit., p. 282. Mas e se, entre a condenação e a cobrança, o condenado fica sem bens?

UM CURSO DE DIREITO DA INSOLVÊNCIA

direito. No entanto, os credores da insolvência são titulares de créditos cujo fundamento é anterior à data da declaração de insolvência (art. 47.º). Já não parece justificar-se que a obrigação de indemnizar prevista no art. 189.º, 2, *e*), beneficie também os titulares de créditos cujo fundamento é posterior à data da declaração de insolvência. E, sobretudo, isso não seria razoável tendo em conta o que conduz a considerar alguém como afetado pela qualificação da insolvência como culposa[74].

A condenação a indemnizar não parece estar dependente de *pedido* formulado nesse sentido[75], o que é estranho. Porém, o CIRE não esclarece a quem deve ser efetuado o pagamento: à massa ou a cada um dos credores? Apesar de no art. 189.º, 2, *e*), se ler que as pessoas afetadas serão condenadas «a indemnizarem os credores do devedor», o pagamento direto a cada credor na pendência do processo de insolvência iria permitir que surgissem violações ao princípio da igualdade ou à graduação de créditos realizada. As indemnizações devem, por isso, integrar primeiro a massa insolvente e, só depois, servirem para pagar aos credores[76]. É, também, possível invocar o regime do art. 82.º, 3, *b*), cuja aplicação por analogia parece fazer sentido[77]. Este preceito atribui exclusiva

---

[74] Também parece ser essa a opinião de Carvalho Fernandes/João Labareda, *Código da Insolvência e da Recuperação de Empresas anotado*, cit., p. 696 e s., uma vez que apenas se pronunciam acerca da obrigação de indemnizar os credores sobre a insolvência.

[75] Não era assim no art. 126.º-B, 2, do CPEREF, pois exigia-se requerimento de qualquer credor ou do Ministério Público.

[76] Maria do Rosário Epifânio, *Manual de direito da insolvência*, cit., p. 142.

[77] Invocando o regime do art. 82.º, por maioria de razão, Maria do Rosário Epifânio, *Manual de direito da insolvência*, cit., p. 142. Na Espanha, entendia-se que a redação do art. 172, 3, apesar de mencionar os pagamentos aos *acreedores concursales*, permitiria defender que estava em causa o dano causado à massa activa: José Antonio García-cruces, «Artículo 165», in Ángel Rojo/Emilio Beltrán (dir.), *Comentario de la Ley Concursal*, t. II, cit., p. 2593. A alteração à *Ley Concursal* introduzida com a Ley 38/2011, de 10 de outubro, tornou isso claro. Na França, o art. L651-2 também estabelece que a quantia devida na *action en comblement d'insuffisance d'actif* entra no património do devedor e é repartida «au marc le franc» entre todos os credores: ou seja, são repartidas «sans tenir compte des privilèges» (Bruno Petit, *Droit des sociétés*, 3.ª ed. Litec/LexisNexis, Paris, 2006, p. 66). Na Alemanha, o § 64 da *GmbHG* estabelece uma responsabilidade dos gerentes perante a sociedade por pagamentos realizados após a situação de insolvência (por *Zahlungsunfähigkeit* ou *Überschuldung*). Embora a lei se refira a um pagamento – *Zahlung* – a palavra tem sido entendida em termos amplos: v., p. ex., Hans-Friedrich Müller, «§ 64», in Holger Fleischer/Wulf Goette (her.), *Münchener Kommentar zum Insolvenzordnung*, Bd. 3, Beck (Beck-online), München, 2011, Rn. 132. Como o autor esclarece, a norma tem uma função de tutela dos credores, *mas por via da recomposição do*

legitimidade ao administrador da insolvência para, na pendência do processo de insolvência, propor e fazer seguir as «acções destinadas à indemnização dos prejuízos causados à generalidade dos credores da insolvência pela diminuição do património integrante da massa insolvente, tanto anteriormente como posteriormente à declaração de insolvência»[78]. E isto tanto em relação às ações declarativas como às ações executivas. A lei não distingue.

Porém, com o encerramento do processo de insolvência, cessam em regra as atribuições do administrador da insolvência (art. 233.º, 1, *b*)) e os credores da insolvência e da massa podem exercer os seus direitos nos termos do art. 233.º, 1, *c*) e *d*).

O juiz, caso possa fazê-lo, deve logo *fixar o valor* das indemnizações devidas. Se isso não for possível por o tribunal não dispor dos elementos necessários para o cálculo do montante dos prejuízos sofridos, *fixará os critérios* que devem ser usados para a quantificação daquele valor em liquidação de sentença (art. 189.º, 4). Compreende-se que assim seja. Se não estiver terminada a liquidação da massa insolvente, pode não ser possível saber qual será o montante dos créditos não satisfeitos. E é esse montante que parece ser também o montante dos prejuízos sofridos tido em conta no art. 189.º, 4[79].

---

património da sociedade (Rn. 125). Salientando a necessidade de compreender o regime tendo em conta a possibilidade de apresentação da sociedade à insolvência, ULRICH HAAS, «§ 64», in ADOLF BAUMBACH/ALFRED HUECK, *GmbHG*, 20. Aufl., Beck (Beck-online), 2013, Rn. 1a. Sobre os problemas que este regime coloca para a celebração de contratos de seguro quanto à responsabilidade dos gerentes, ANDREAS SCHMIDT, *Handbuch der gesellschaftsrechtlichen Haftung in der GmbH-Insolvenz*, Carl Heymanns/Wolters Kluwer, Köln, 2013, p. 272. O § 92, *Abs.* (2), da *AktG* contém regime semelhante. Para uma analise, entre nós, das soluções alemãs, MARIA DE FÁTIMA RIBEIRO, «A responsabilidade de gerentes e administradores pela actuação na proximidade da insolvência de sociedade comercial», cit., p. 99 e ss..

[78] Defendendo que o art. 82.º, 2, *b*), está pensado para os casos abrangidos pelo art. 78.º, 1, CSC, ELISABETE RAMOS, «Insolvência da sociedade e efectivação da responsabilidade civil dos administradores», cit., p. 470. Aliás, como a autora citada revela, é também o princípio da *par conditio creditorium* que justifica o teor do preceito.

[79] Julgamos ser essa a leitura também de ADELAIDE LEITÃO, «Insolvência culposa e responsabilidade dos administradores na Lei n.º 16/2012», in CATARINA SERRA (coord.), *I Congresso de direito da insolvência*, cit., p. 279. Já MARIA DO ROSÁRIO EPIFÂNIO, *Manual de direito da insolvência*, cit., p. 142, revela dúvidas acerca da leitura acertada, lembrando que no art. 126.º-B, 1, do CPEREF estava previsto que os que ali eram identificados como responsáveis seriam condenados a pagar «o passivo a descoberto ou apenas o montante do dano por eles causado, se fosse considerado inferior». Procurando ler o art. 189.º, 2, *e*), à luz do n.º 4, CARVALHO FERNANDES/JOÃO LABAREDA, *Código da Insolvência e da Recuperação de Empresas anotado*, cit., p. 697,

UM CURSO DE DIREITO DA INSOLVÊNCIA

Note-se, porém, que o art. 189.º, 2, *e*), não se aplica apenas nos casos em que há liquidação nos termos previstos no CIRE. Se foi aprovado e homologado um plano de insolvência, podem ficar créditos por satisfazer. O art. 217.º, *c*), estabelece que o cumprimento do plano de insolvência «exonera o devedor e os responsáveis legais da totalidade das dívidas da insolvência remanescentes». Cabe perguntar se, para os efeitos acabados de referir, os afetados pela qualificação da insolvência como culposa e que estão obrigados a indemnizar nos termos do art. 189.º, 2, *e*), são «responsáveis legais». Não parece, uma vez que, segundo o art. 6.º, 2, só o são «as pessoas que, nos termos da lei, respondam pessoal e ilimitadamente pela generalidade das dívidas do insolvente, ainda que a título subsidiário». E já vimos que os referidos afetados não respondem ilimitadamente pelas dívidas do insolvente. Esse será, por isso, um dos aspetos a ter em conta na redação do plano de insolvência. Tanto mais que os sujeitos afetados pela qualificação da insolvência como culposa e condenados de acordo com o disposto no art. 189.º, 2, *e*), não são condevedores nem garantes da obrigação (art. 217.º, 4).

O art. 189.º, 4, permite afirmar que na sentença de qualificação da insolvência como culposa o juiz, se o puder fazer, terá que fixar o valor da indemnização devida a cada um dos credores. O plural utilizado assim o indica: «fixar o valor das indemnizações devidas». Mas essa fixação parece depender não apenas da liquidação, como da verificação e graduação de créditos. Esses são aspetos que estarão certamente entre os critérios a utilizar para a quantificação em liquidação da sentença. E, em liquidação da sentença, até se pode acabar por concluir que nada há a pagar.

A obrigação de indemnizar que recai sobre as pessoas afetadas pela qualificação da insolvência como culposa compreende-se melhor se pensarmos no que conduziu à sua afetação. Mas a lei já não parece exigir que a concreta atuação de cada uma das pessoas afetadas seja *causa da insuficiência* do património do insolvente para satisfazer todos os créditos. E isso mostra que ainda

---

e NUNO OLIVEIRA, «Responsabilidade civil dos administradores pela insolvência culposa», cit., p. 242 e ss.. Para um caso em que na sentença se considerou que «o critério a utilizar corresponde ao valor dos créditos julgados verificados (no apenso respetivo) e não satisfeitos através dos pagamentos a efetuar no processo», cfr. o Ac. RC de 23.09.2014 (Relator: Fernando Monteiro), Proc. n.º 4/13.3TBSEI-L.C1., in www.dgsi.pt.

QUALIFICAÇÃO DA INSOLVÊNCIA

se pode falar aqui de uma dimensão punitiva da responsabilidade[80]. Tanto mais que o juiz tem o dever de proferir a condenação em causa. Tudo o que foi por nós dito leva também a afastar uma leitura que visse no art. 189.º, 2, *e*), *apenas* uma presunção legal de culpa e/ou de nexo causal[81].

A identificação dos comportamentos ilícitos que fundamentam a responsabilização dos afetados pela qualificação é facilitada pelas diversas alíneas dos n.ºs 2 e 3 do art. 186.º. A qualificação da insolvência como culposa também pode resultar do recurso ao disposto no art. 186.º, 1.

A situação de *insolvência atual* existe quando se verifica uma *impossibilidade de cumprir as obrigações vencidas* e, nos casos do art. 3.º, 2, quando o *passivo seja manifestamente superior ao ativo*. Contudo, a responsabilidade dos sujeitos afetados pela qualificação da insolvência prevista no art. 189.º, 2, *e*), e 4, abrange o *montante dos créditos não satisfeitos*. Ou seja: os afetados pela qualificação podem encontrar-se nessa situação porque criaram ou agravaram uma situação de insolvência que se traduz na impossibilidade de cumprir as obrigações vencidas *e não por terem criado ou agravado a manifesta superioridade do passivo em relação ao ativo*. Apesar disso, ainda serão responsáveis pelo montante dos créditos não satisfeitos de acordo com o regime do CIRE[82].

A verdade, porém, é que as pessoas afetadas pela qualificação só assim são consideradas se a *situação de insolvência foi criada ou agravada em consequência da atuação dos sujeitos em causa e se essa atuação foi dolosa ou com culpa grave*. Se é

---

[80] Assim, para a Espanha, RICARDO DE ÁNGEL YÁGÜEZ, «Artículo 172», in PEDRO PRENDES CARRIL (dir.), *Tratado práctico concursal*, t. IV, cit., p. 262. Defendendo que «a qualificação da insolvência deverá ser referenciada como o instituto jurídico que agrega o complexo de normas legais, simultaneamente adjetivas e substantivas que, visando objetivos punitivos, ressarcitórios e cautelares, institui uma nova forma de responsabilização apenas passível de ser exercida em contexto de insolvência [...]», JOSÉ MANUEL BRANCO, *Responsabilidade patrimonial e insolvência culposa (da falência punitiva à falência reconstitutiva)*, cit., p. 45.

[81] Com essa leitura quanto ao art. 172.º da *Ley Concursal*, RICARDO DE ÁNGEL YÁGÜEZ, «Artículo 172», in PEDRO PRENDES CARRIL (dir.), *Tratado práctico concursal*, t. IV, cit., p. 354. Considerando que o art. 189.º, 2, *e*), do CIRE, «em ligação com o n.º 4», consagra uma presunção de dano e uma presunção de causalidade, NUNO OLIVEIRA, «Responsabilidade civil dos administradores pela insolvência culposa», cit., p. 252.

[82] Se existe uma situação de insolvência que, no entanto, não impede a satisfação dos créditos, o art. 189.º, 2, *e*) e 4, não se aplica. Aceitando, apesar disso, a eventual responsabilidade dos administradores de uma sociedade (mas não por via daquelas normas), NUNO OLIVEIRA, «Responsabilidade civil dos administradores pela insolvência culposa», cit., p. 251.

UM CURSO DE DIREITO DA INSOLVÊNCIA

necessário que exista esse *nexo de causalidade* atuação/situação de insolvência ou agravamento da situação de insolvência para que tais sujeitos sejam afetados, pareceria adequado exigir igualmente tal *nexo causal* entre o *comportamento do afetado* e a *não satisfação dos créditos ou de uma parte deles*[83]. Mas a lei não o prevê e até estabelece a solidariedade entre todos os afetados. Não parece sequer que se possa dizer estarmos perante uma presunção de causalidade (entre o comportamento que levou a que o sujeito fosse afetado pela qualificação e o dano) ou que essa presunção admita prova em contrário.

Tendo em conta que a responsabilidade entre os afetados é solidária, parece que a fixação do grau de culpa que o art. 189.º, 2, *a*), manda efetuar terá relevo no plano interno: não na fixação do valor das indemnizações devidas por cada um dos afetados pela qualificação[84]. Mas poderá haver responsáveis sem culpa? E que culpa é esta?

Com efeito, o art. 189.º, 2, *a*), parece abrir a porta à existência de afetados sem culpa («fixando, sendo o caso»). Mas o que dali resulta é que não se fixa o grau de culpa... se só há um culpado. Havendo dois ou mais afetados, o juiz fixará o grau de culpa. No entanto, essa culpa não diz respeito à existência

---

[83] O art. 172.º bis, 1, da *Ley Concursal* espanhola manda ter em conta «la medida que la conducta que ha determinado la calificación culpable haya generado o agravado la insolvencia» e, no caso de serem vários os condenados, a «individualizar la cantidad a satisfacer por cada uno de ellos, de acuerdo com la participación en los hechos que hubieran determinado la calificación del concurso». Por sua vez, o art. L651-2 dispõe o seguinte: «Lorsque la liquidation judiciaire d'une personne morale fait apparaître une insuffisance d'actif, le tribunal peut, en cas de faute de gestion ayant contribué à cette insuffisance d'actif, décider que le montant de cette insuffisance d'actif sera supporté, en tout ou en partie, par tous les dirigeants de droit ou de fait, ou par certains d'entre eux, ayant contribué à la faute de gestion. En cas de pluralité de dirigeants, le tribunal peut, par décision motivée, les déclarer solidairement responsables» (sobre o âmbito de aplicação do regime, v. tb. o art. L651-4). Ou seja, é necessário que a «faute de gestion» tenha contribuído para a insuficiência do ativo. E os «dirigeants de droit ou de fait» respondem se contribuíram para a «faute de gestion». Considerando que «il faudra donc établir l'existence de la faute, du préjudice et du lien de casualité», PHILIPPE ROUSSEL GALLE, *Réforme du droit des enterprises en difficulté par la loi de sauvegarde des entreprises du 26 juillet 2005*, Litec/LexisNexis, Paris, 2005, p. 309; no mesmo sentido, BRUNO PETIT, *Droit des sociétés*, cit., p. 66. Para uma análise do regime entre nós, v. tb. MARIA DE FÁTIMA RIBEIRO, «A responsabilidade de gerentes e administradores pela actuação na proximidade da insolvência de sociedade comercial», cit., p. 93 e ss..

[84] V. porém, com dúvidas, CARVALHO FERNANDES/JOÃO LABAREDA, *Código da Insolvência e da Recuperação de Empresas anotado*, cit., p. 698.

de créditos não satisfeitos. Diz respeito, isso sim, à criação ou agravação da insolvência culposa.

Teremos, assim, uma responsabilidade dos afetados pela qualificação por créditos não satisfeitos que não parece depender nem da prova da existência de culpa daqueles pela não satisfação dos créditos[85], nem sequer da prova de um nexo causal entre o respetivo comportamento e essa não satisfação.

E daí falarmos de uma dimensão punitiva da responsabilidade em causa[86]. Mas também é fácil de ver que este regime pode ser bastante gravoso para os afetados. Até se pode perguntar se a desproporção não pode acabar por ser de tal ordem que conduza a um juízo de inconstitucionalidade[87].

O regime previsto no art. 189.º, 2, *e*), e 4, não se aplica apenas aos casos em que as pessoas afetadas são membros do órgão de administração de uma sociedade ou, até, de uma pessoa coletiva. Logo por isso, não há sobreposição relativamente ao disposto no art. 78.º do CSC. Além disso, este último preceito não exige que a insolvência seja qualificada como culposa[88]. Mais: o art. 78.º do CSC não exige sequer que a sociedade esteja insolvente (lembre-se que o art. 3.º, 2, do CIRE só se aplica a pessoas coletivas e patrimónios autónomos «por cujas dívidas nenhuma pessoa singular responda pessoal e ilimitadamente,

---

[85] Poderia dizer-se que a culpa em causa já resultaria da qualificação da insolvência como culposa. Se os afetados criaram ou agravaram, com dolo ou culpa grave, a situação de insolvência, então criaram ou agravaram uma situação de impossibilidade de cumprimento das obrigações vencidas ou uma situação de manifesta superioridade do passivo em relação ao ativo. Mas nem uma nem outra das situações implica necessariamente que se tenha produzido o dano indemnizável identificado no art. 189.º, 2, *e*). Com efeito, se há no final da liquidação créditos não satisfeitos, isso pode não ter ficado a dever-se à situação de insolvência que levou à declaração de insolvência. E estamos a deixar de lado, para clareza do discurso, os casos de insolvência iminente.

[86] Não, obviamente, no sentido de fazer depender a obrigação de indemnizar da culpa do afetado quanto aos créditos não satisfeitos. Mas também parece difícil falar de uma responsabilidade objetiva se apenas está em causa a responsabilidade pelos afetados na qualificação da insolvência como culposa. Note-se que a questão em análise ainda se torna mais complexa se tivermos em conta que não parece fácil dizer que todos os afetados terão sempre o dever de evitar que existam credores não satisfeitos.

[87] Como lembra NUNO OLIVEIRA, «Responsabilidade civil dos administradores pela insolvência culposa», cit., p. 246 e ss..

[88] Mas v., admitindo riscos de dupla indemnização de um dano ou de duas indemnizações de dois danos «sistemática e teleologicamente» incompatíveis, NUNO OLIVEIRA, «Responsabilidade civil dos administradores pela insolvência culposa», cit., p. 254 e ss..

UM CURSO DE DIREITO DA INSOLVÊNCIA

por forma direta ou indireta», o que não abrange todos os tipos de sociedades comerciais – ao contrário do disposto no art. 78.º, 1, do CSC)[89].

A responsabilidade para com os credores sociais prevista no art. 78.º, 1, do CSC deve ser apreciada numa ação que, na pendência do processo de insolvência, terá que ser proposta pelo administrador da insolvência, como resulta aliás do art. 82.º 3, *b*), do CIRE[90]. Mas não é assim no que diz respeito à responsabilidade de que trata o art. 189.º, 2, *e*), e 4, pois o juiz deve condenar nos termos ali previstos na própria sentença que qualifica a insolvência como culposa. E esta última diz respeito aos credores da insolvência que exerceram os seus direitos em conformidade com os preceitos do CIRE (art. 90.º).

O regime que encontramos previsto no art. 189.º, 2, e), e 4, tendo surgido com a L 16/2012, será considerado favorável aos credores internacionais das nossas sociedades. De alguma forma, insere-se num movimento de responsabilização dos membros dos órgãos de administração que tinha encontrado eco no *Report of the High Level Group of Company Law Experts on a Modern Regulatory Framework for Company Law in Europe*, de 2002, onde se fazia menção à possível existência de um regime europeu sobre *wrongful trading*[91] (que no modelo da *Insolvency Act* é bem diferente do que ficou consagrado no CIRE[92]).

---

[89] Analisando as relações entre o art. 78.º, 1, do CSC e o art. 189.º, 2, *e*), e 4, do CIRE, v. CARNEIRO DA FRADA, «A responsabilidade dos administradores na insolvência», cit., p. 653 e ss., mas antes das alterações introduzidas pela L 16/2012, e NUNO OLIVEIRA, «Responsabilidade civil dos administradores pela insolvência culposa», cit., p.216 e ss., para quem o art. 78.º, 1, exige a insolvência, ainda que por impossibilidade de cumprimento – p. 222, em texto e nt. 100). Também MIGUEL PUPO CORREIA, «Sobre a responsabilidade por dívidas sociais dos membros dos órgãos da sociedade», *ROA*, p. 685, citado por Nuno Oliveira, entendia que o art. 78.º, 1, não se aplica se não há situação de insolvência, mas essa posição tinha de ser compreendida perante o regime jurídico então vigente.

[90] Sobre isto, v., por todos, J.M. COUTINHO DE ABREU/MARIA ELISABETE RAMOS, «Artigo 78.º», in J.M. Coutinho de Abreu (coord.), *Código das Sociedades Comerciais em comentário*, vol. I, Almedina, Coimbra, 2010, p. 901 e s..

[91] P. 69. Sobre este Relatório, v. MARIA DE FÁTIMA RIBEIRO, «A responsabilidade de gerentes e administradores pela actuação na proximidade da insolvência de sociedade comercial», cit., p . 108 e ss. (lembrando antecedentes), e ADELAIDE LEITÃO, «Insolvência culposa e responsabilidade dos administradores na Lei n.º 16/2012», cit., p. 271.

[92] V., p. ex., ROY GOODE, *Principles of Corporate Insolvency Law*, cit., p. 528 e ss., e, entre nós, MARIA DE FÁTIMA RIBEIRO, «A responsabilidade de gerentes e administradores pela actuação na proximidade da insolvência de sociedade comercial», cit., p. 108 e ss.

Realmente, o regime legal, entendido da forma acima descrita, tutelará, em princípio, os credores, assim como estimulará os potenciais afetados pela qualificação a atuarem de modo a evitar que os créditos não sejam satisfeitos. Mas a incerteza que gera pode constituir um perigoso limite à iniciativa e ao assumir de riscos inerentes à atividade económica. Para já não falar na eventual inconstitucionalidade do mesmo.

3.8.10. O termo da administração da massa pelo devedor pessoa singular titular de empresa: o art. 228.º, 1, *c)*

O CIRE prevê a possibilidade de, verificados certos pressupostos, ser atribuída ao devedor a administração da massa insolvente. No caso de se tratar de uma pessoa singular, essa atribuição só pode ocorrer se ela for *titular de uma empresa que não seja considerada pequena*, nos termos do art. 249.º. E isto por força do disposto no art. 250.º. Uma das razões que devem levar o juiz a fazer cessar a administração da massa pelo devedor que seja pessoa singular é, precisamente, o facto de esta ter sido afetada pela qualificação da insolvência como culposa (art. 228.º, 1, *c*)). Essa decisão não está dependente de requerimento, mas deve ter lugar.

3.8.11. Cessação antecipada do procedimento de exoneração do passivo restante. O art. 243.º, 1, *c)*

Se o processo de insolvência tem como devedor uma pessoa singular, o CIRE permite que esta requeira a exoneração do passivo restante. Se o pedido não for liminarmente indeferido e for proferido o despacho inicial, este determinará que tenha lugar um período da cessão durante os cinco anos subsequentes ao encerramento do processo de insolvência. Decorrido esse período, o juiz decide se concede ou não a exoneração do passivo restante.

Porém, *antes de terminado o período da cessão* o juiz deve *recusar* a exoneração, a *requerimento* fundamentado de algum credor da insolvência ou até mesmo do administrador da insolvência ou do fiduciário, se a «decisão do incidente de qualificação da insolvência tiver concluído pela existência de culpa do devedor na criação ou agravamento da situação de insolvência» (art. 243.º, 1,

UM CURSO DE DIREITO DA INSOLVÊNCIA

c)). Nestes casos, o juiz não tem alternativa: tem que recusar a concessão e fazer cessar o procedimento.

3.8.12. Outros casos em que os comportamentos que conduzem à qualificação podem ser relevantes

No art. 238.º, 1, encontramos previstas várias situações que devem conduzir ao indeferimento liminar do pedido de exoneração do passivo restante. Em várias delas, os comportamentos em causa podem também levar a concluir que a insolvência é culposa. É o que se passa com as hipóteses contidas nas als. *b*), *e*) e *f*). E isso é ainda relevante enquanto causa de revogação da exoneração, nos termos do art. 246.º, 1, que remete para o art. 238.º, 1, *b*) e ss..

3.8.13. A inabilitação e o seu desaparecimento com a Lei 16/2012

Antes das alterações introduzidas no CIRE pela Lei 16/2012, o art. 189º, 2, *b*), estabelecia que o juiz, na sentença de qualificação da insolvência como culposa, devia decretar «a inabilitação das pessoas afectadas por um período de 2 a 10 anos». No entanto, o Tribunal Constitucional, no seu Ac. n.º 173/2009, declarou a inconstitucionalidade, com força obrigatória geral, daquele preceito, «na medida em que impõe que o juiz, na sentença que qualifique a insolvência como culposa, decrete a inabilitação do administrador da sociedade comercial declarada insolvente». A mesma questão poderia colocar-se a propósito de outras pessoas afetadas pela qualificação.

4. A tramitação do incidente limitado de qualificação da insolvência

4.1. Casos em que é admissível

Na sentença de declaração de insolvência o juiz pode declarar aberto o incidente de qualificação da insolvência com caráter limitado quando conclui que a massa insolvente é insuficiente, nos termos do art. 39.º, 1 (mas v. o art. 39.º, 8). Mais uma vez, o juiz não é obrigado a declarar aberto o incidente: só o faz se considerar que dispõe de elementos que justifiquem a abertura.

Por seu lado, o art. 232.º, 5, prevê que, se o processo de insolvência for encerrado por insuficiência da massa e estiver aberto o incidente de qualificação, este prossegue como incidente limitado se, evidentemente, ainda não estiver findo. E, naturalmente, a aplicação das regras relativas ao incidente limitado só diz respeito aos trâmites que ainda não tenham ocorrido enquanto o incidente era pleno. Veja-se, no entanto, que o art. 232.º, 6, afasta a aplicação do disposto nos números anteriores daquele mesmo artigo se o devedor beneficia do diferimento do pagamento das custas, de acordo com o art. 248.º, 1, e durante a vigência do benefício (art. 232.º, 6). O diferimento está previsto para os casos em que o devedor apresenta pedido de exoneração do passivo restante, pedido esse que, como é sabido, só pode ser apresentado por pessoas singulares.

4.2. A aplicação dos arts. 188.º e 189.º

A tramitação do incidente limitado de qualificação da insolvência está, antes de mais, sujeita ao regime dos arts. 188.º e 189.º (art. 191.º, 1), regime esse que já apresentámos a propósito do incidente pleno. No entanto, estão previstas algumas adaptações.

4.3. As adaptações

4.3.1. Quanto ao prazo para as alegações previstas no art. 188.º, 1

O prazo que o art. 188.º, 1, estabelece para as alegações ali previstas é de «até 15 dias após a realização da assembleia de apreciação do relatório». Está bem de ver que, no caso previsto no art. 39.º, 1, a sentença de declaração de insolvência não designa data para a assembleia de apreciação do relatório. Nesse caso, o prazo para as alegações do administrador de insolvência ou de qualquer interessado «para efeito da qualificação da insolvência como culposa» é de 45 dias contados da data da sentença de declaração de insolvência.

Por outro lado, se tem lugar a aplicação do art. 232.º, 5, e não foram ainda apresentadas as ditas alegações, o prazo para as mesmas será também de 45 dias, mas agora contados da data da decisão de encerramento do processo de insolvência prevista naquele preceito. Se, porém, antes do encerramento do

UM CURSO DE DIREITO DA INSOLVÊNCIA

processo de insolvência *já tinha sido aberto e terminado o prazo* previsto no art. 188.º, 1, no incidente que era então pleno e sem que fossem apresentadas as alegações ali em causa, o encerramento do processo de insolvência previsto no art. 232.º, 5, não permite voltar a abrir o prazo[93].

4.3.2. Quanto ao prazo para o administrador apresentar o parecer

Como vimos acima, no incidente pleno de qualificação o administrador da insolvência que não propôs a qualificação da insolvência como culposa de acordo com o estabelecido no art. 188.º, 1, apresenta, após a declaração de abertura do incidente, um parecer no prazo de 20 dias ou em prazo mais longo fixado pelo juiz.

Caso a sentença de declaração de insolvência tenha sido proferida de acordo com o disposto no art. 39.º, 1, vimos que o administrador da insolvência pode pronunciar-se no sentido da qualificação da insolvência como culposa no prazo previsto no art. 191.º, 1, *a)*. Se o tiver feito, já não haverá lugar ao respetivo parecer (art. 188.º, 3). Porém, se o administrador da insolvência não propôs a qualificação da insolvência como culposa, o referido parecer deve ser emitido. O prazo será, então, de 15 dias.

Quando o incidente de qualificação da insolvência seja limitado por força do disposto no art. 232.º, 5, também não haverá lugar à emissão do parecer se antes o administrador da insolvência se pronunciou nos termos do art. 188.º, 1, propondo a qualificação da insolvência como culposa. Mas também pode já o administrador da insolvência ter emitido o parecer em causa. Não irá, evidentemente, emiti-lo segunda vez.

4.3.3. Quanto aos documentos da escrituração do insolvente

No incidente pleno, o art. 188.º, 8, remete para os arts. 132.º a 139.º. Essa remissão vale, também, para o incidente limitado. Porém, o art. 133.º obriga o administrador da insolvência a, entre outras coisas, patentear os documentos da escrituração do insolvente, durante o prazo para as oposições e as respostas,

---

[93] CARVALHO FERNANDES/JOÃO LABAREDA, *Código da Insolvência e da Recuperação de Empresas anotado*, cit., p. 701. Com diferente opinião, MARIA DO ROSÁRIO EPIFÂNIO, *Manual de direito da insolvência*, cit., p. 155, nt. 488.

para serem examinados por qualquer interessado. No incidente limitado, tais documentos são «patenteados» pelo insolvente (art. 191.º, 1, *b*))[94].

Convém lembrar que nos casos em que o incidente de qualificação começou como limitado, nos termos do art. 39.º, 1, a sentença de declaração de insolvência também não decretou a apreensão dos elementos da contabilidade do devedor.

Já quando o incidente de qualificação começou como pleno a sentença de declaração de insolvência terá determinado aquela apreensão. No entanto, o encerramento do processo de insolvência por insuficiência da massa dita, entre outras coisas, a cessação das atribuições do administrador da insolvência (art. 233.º, 1, *b*)) e a cessação dos efeitos que resultam da declaração de insolvência (art. 233.º, 1, *a*)).

4.3.4. Quanto às menções da sentença que qualifique a insolvência como culposa

Vimos que o art. 189.º enumera várias menções que devem constar da sentença que qualifica a insolvência como culposa. No incidente limitado, o juiz não determinará a perda dos créditos referidos no art. 189.º, 2, *d*).

Carvalho Fernandes[95] defende que a razão de ser deste regime reside na impossibilidade de verificação da hipótese daquela al. *d*) «dada a insuficiência da massa». Não nos parece. Com efeito, a razão estará com Maria do Rosário Epifânio[96]. Para esta autora, é preciso ter em conta que, se o incidente de qualificação é, desde o início, limitado, isso ocorre nos casos em que a sentença de declaração de insolvência não decreta a apreensão dos bens do devedor nem designa prazo para reclamação de créditos. Se o incidente de qualificação, que começou como pleno, prosseguiu termos como limitado, de acordo com o art. 232.º, 5, é porque o processo de insolvência foi encerrado por insuficiência da massa. E se o processo de insolvência foi encerrado, daí se seguem os efeitos previstos no art. 233.º.

---

[94] No «local onde eles normalmente se encontrem»: Carvalho Fernandes, «A qualificação da insolvência e a administração da massa insolvente pelo devedor», cit., p. 261, nt. 20.

[95] Carvalho Fernandes, «A qualificação da insolvência e a administração da massa insolvente pelo devedor», cit., p. 261.

[96] Maria do Rosário Epifânio, *Manual de direto da insolvência*, cit., p. 155, nt. 489.

UM CURSO DE DIREITO DA INSOLVÊNCIA

4.4. Os deveres previstos no art. 83.º

Se o processo de insolvência foi encerrado por insuficiência da massa, do encerramento resultam, entre outros, a cessação de todos os efeitos resultantes da sentença de declaração de insolvência (art. 233.º, 1, *a*)) e a cessação das atribuições do administrador da insolvência (art. 233.º, 1, *b*)). Certamente por isso[97] é que o art. 191.º, 2, manda aplicar o art. 83.º «na medida do necessário ou conveniente para a elaboração do parecer do administrador da insolvência» e permite «designadamente» que lhe seja «facultado o exame a todos os elementos da contabilidade do devedor».

[97] Cfr. tb., quanto à cessação dos deveres do insolvente, CARVALHO FERNANDES/JOÃO LABAREDA, *Código da Insolvência e da Recuperação de Empresas anotado*, cit., p. 701.

CAPÍTULO XIII
O plano de insolvência

1. Introdução

O art. 192.º, 1, do CIRE permite que certas matérias sejam reguladas por um plano de insolvência[1]. Quando assim seja, o disposto no plano de insolvência «derroga»[2] as normas do CIRE (diremos nós, «derroga» as normas que sejam

---

[1] Sobre os antecedentes históricos, vejam-se GISELA TEIXEIRA JORGE FONSECA, «Natureza jurídica do plano de insolvência», *in* RUI PINTO (coord.), *Direito da insolvência. Estudos*, Coimbra Editora/Kluwer, Coimbra, 2011, p. 68 e ss., salientando os pontos de contacto com o *reorganisation plan* do direito norte-americano e com o *Insolvenzplan* germânico. Quanto às raízes do *reorganisation plan* (i.e, quanto à *receivership*), HORST EIDENMÜLLER, «Vorbemerkungen vor §§ 217 bis 269», in HANS-PETER KIRCHOFF/HORST EIDENMÜLLER/ROLF STÜRNER (her.), *Münchener Kommentar zum Insolvenzornung*, Bd. 3, 3. Aufl., Beck (Beck-online), München, 2014, Rn. 18. O Regulamento 2015/848 contém um Regime para o plano de coordenação de grupo de sociedades (v., em especial, o art. 72.º, 1, *b)*), plano esse que deverá ser adequado para a gestão dos processos de insolvência relativos a membros de um grupo de sociedades (art. 56.º, 1).

[2] Destacando a impropriedade da expressão, CARVALHO FERNANDES/JOÃO LABAREDA, *Código da Insolvência e da Recuperação de Empresas anotado*, cit., p. 706, e PAULO DE TARSO DOMINGUES, «O CIRE e a recuperação das sociedades comerciais em crise», cit., p. 36, nt. 20. Referindo-se, a propósito do *Insolvenzplan*, a uma *Privatisierung der Insolvenzabwicklung* (Privatização da tramitação da insolvência), HORST EIDENMÜLLER, «Vorbemerkungen vor §§ 217 bis 269», in HANS-PETER KIRCHOFF/HORST EIDENMÜLLER/ROLF STÜRNER (her.), *Münchener Kommentar zum Insolvenzornung*, cit., Rn. 1-2.

UM CURSO DE DIREITO DA INSOLVÊNCIA

«derrogáveis»). Se o plano de insolvência visa a recuperação do devedor, designa-se plano de *recuperação* (art. 192.º, 3)[3].

O plano de insolvência, que só pode ser aprovado e homologado após a declaração de insolvência do devedor, tanto pode surgir nos casos em que essa insolvência foi declarada por o devedor se encontrar numa situação de insolvência atual, como naqueles em que a declaração ocorreu porque o devedor estava em situação de insolvência iminente. E é precisamente porque o plano de insolvência tem que ser aprovado e homologado no processo de insolvência e após a declaração de insolvência que hoje o PER e o SIREVE surgem como alternativas sedutoras.

As matérias que podem ser abrangidas pelo plano de insolvência são o *pagamento dos créditos sobre a insolvência*, a *liquidação da massa insolvente* e a sua *repartição pelos titulares dos créditos sobre a insolvência* e a *responsabilidade do devedor* depois de findar o processo de insolvência[4]. O CIRE deixa aos credores uma grande margem de liberdade na definição dos termos a seguir para que

---

[3] Não se deve confundir a recuperação do devedor com a recuperação da empresa do devedor. O plano de insolvência só será considerado de «recuperação» quando se destina à recuperação do devedor. Chamando a atenção para estas distinções, COUTINHO DE ABREU, *Curso de direito comercial*, 1.º vol., cit., p. 324 e s.. No sentido de que o plano de insolvência só pode ser um plano de recuperação do devedor «quando da massa faça parte uma empresa», PAULO DE TARSO DOMINGUES, «O CIRE e a recuperação das sociedades comerciais em crise», cit., p. 33. Como é evidente, relativamente às pessoas singulares vale o art. 250.º.

[4] O art. 197.º, *c*), determina que a ausência de expressa estatuição em sentido diverso tem como consequência, entre outras, que *o cumprimento* do plano de insolvência «exonera o devedor e os responsáveis legais da totalidade das dívidas da insolvência remanescentes». Mas, por outro lado, há que ter em conta o art. 233.º, 1, *c*), no que diz respeito aos efeitos do encerramento do processo. Por sua vez, o art. 233.º, 2, *a*), mostra a importância de, em certos casos, se atribuir competência ao administrador da insolvência para defesa nas ações dirigidas à impugnação das resoluções de atos em benefício da massa insolvente. Quanto às dívidas da massa insolvente, é importante reter o conteúdo do art. 219.º, que determina que o administrador da insolvência as pague antes do encerramento do processo que, em regra, tem lugar após o trânsito em julgado da decisão de homologação do plano de insolvência (art. 230.º, 1, *b*)). Na Alemanha, a *ESUG* alterou o § 217 da *InsO*, passando a admitir expressamente que o plano de insolvência incida sobre a tramitação processual (*Verfahrensabwicklung*). Entre nós, não parece admissível que o plano de insolvência procure regular aquele andamento na fase declarativa: cfr. ISABEL ALEXANDRE, «O processo de insolvência: pressupostos processuais, tramitação, medidas cautelares e impugnação da sentença», cit., p. 60, e RUI SIMÕES, «A aquisição de empresas insolventes», in PAULO CÂMARA (coord.), *Aquisição de empresas*, cit., p. 377, nt. 18. Sobre o conteúdo do plano de insolvência, cfr. tb., designadamente mas com relevo geral, o art. 195.º.

O PLANO DE INSOLVÊNCIA

o referido pagamento e liquidação ocorram[5]. Efetivamente, o plano de insolvência pode determinar que o pagamento dos créditos sobre a insolvência seja alcançado através de uma *liquidação* da massa insolvente que decorra em termos diferentes relativamente àqueles que surgem previstos no CIRE.

Mas não só. O plano de insolvência também pode prever que o pagamento referido será obtido através da *recuperação do titular* da empresa[6] ou da *transmissão da empresa* a outra entidade. É igualmente admissível que o plano de insolvência tenha natureza *mista*[7].

A escolha dependerá de muitas circunstâncias[8], mas o valor que se pode obter para pagar aos credores será determinante[9]. Não há um catálogo taxativo de medidas que possam ser adotadas no plano de insolvência, como aliás se pode retirar, por exemplo, dos arts. 192.º, 1 e 2, e 196.º, 1. Mas no regime das medidas que prevê a lei indica alguns limites.

---

[5] O que desde logo coloca o problema de saber como articular essa liberdade com o princípio do inquisitório consagrado no art. 11.º. Sobre a matéria, para o direito alemão, Horst Eidenmüller, «Vorbemerkungen vor §§ 217 bis 269», in Hans-Peter Kirchoff/Horst Eidenmüller/Rolf Stürner (her.), *Münchener Kommentar zum Insolvenzornung*, cit., Rn. 50-52.

[6] O que implica muitas vezes novos financiamentos.

[7] Assim, Catarina Serra, *O novo regime português da insolvência*, cit., p. 146. No mesmo sentido, Menezes Cordeiro, «Introdução ao direito da insolvência», cit., p. 503.

[8] O art. 3.º, 3, do Regulamento (CE) n.º 1346/2000 do Conselho de 29 de maio de 2000 estabelece que o processo de insolvência secundário «deve ser um processo de liquidação». Porém, o processo de liquidação é, como resulta do art. 2.º, c), «um processo de insolvência na acepção da alínea a) que determine a liquidação dos bens do devedor, incluindo os casos em que o processo for encerrado através de concordada ou de qualquer outra medida que ponha fim à situação de insolvência, ou em virtude da insuficiência do activo. A lista desses processos consta do anexo B». O art. 34.º, 1, do Regulamento mostra que o processo secundário pode terminar «sem liquidação, através de um plano de recuperação, de uma concordata ou de qualquer medida análoga [...]». O art. 3.º, 3, do Regulamento 2015/848 já não exige que o processo secundário seja um processo de liquidação e o seu art. 47.º, 1, mostra também que o processo secundário pode terminar sem liquidação.

[9] E, naturalmente, o regime fiscal aplicável a cada alternativa deve ser tido em conta. Vejam--se a esse propósito, com especial interesse, os arts. 268.º-270.º. Horst Eidenmüller, «Vorbemerkungen vor» §§ 217 bis» 269, in Hans-Peter Kirchoff/Horst Eidenmüller/Rolf Stürner (her.), *Münchener Kommentar zum Insolvenzornung*, cit., Rn. 7, lembra ainda, entre outras coisas, a necessidade de ter em conta o papel do proprietário ou administrador e os respetivos conhecimentos e capacidades, as relações contratuais existentes ou o acesso ao financiamento.

UM CURSO DE DIREITO DA INSOLVÊNCIA

Com efeito, nem sempre é possível aprovar um plano de insolvência. Desde logo, e como resulta do art. 250.º, não o é[10] nos processos de insolvência em que o devedor insolvente é uma *pessoa singular* que não seja titular de empresa[11] ou que seja titular de pequena empresa[12], nos termos do disposto no art. 249º[13]. Contudo, no processo de insolvência dessas pessoas singulares pode ser admissível um plano de pagamentos (251 e ss.)[14].

Por outro lado, há casos em que no processo de insolvência se torna necessária a apresentação de plano de insolvência para certos efeitos. É o que se verifica quando o devedor pretenda assegurar a administração da massa insolvente. Um dos pressupostos previstos no art. 224.º, 2, é o de o devedor ter apresentado, ou comprometer-se a apresentar no prazo de 30 dias após a sentença de declaração de insolvência, um plano de insolvência que preveja a continuidade da exploração da empresa por aquele.

O art. 1.º, 1, dá a entender, na sua atual redação, que no processo de insolvência haverá sempre um plano de insolvência. Porém, essa primeira impressão é desmentida pelo próprio CIRE. Para além do que já foi dito, o plano de insolvência carece de aprovação e homologação.

---

[10] Nesse sentido, cfr. o Ac. RP de 21.03.2011 (Relator: Mendes Coelho), Proc. n.º 306/09.3TBM-BR.Pl. e o Ac. RL de 03.07.2012 (Relatora: Conceição Saavedra), Proc. n.º 2843/11.0TBTVD-B. L1-7, ambos em www.dgsi.pt. Com outra leitura, CARVALHO FERNANDES/JOÃO LABAREDA, *Código da Insolvência e da Recuperação de Empresas anotado*, cit., p. 879.

[11] Recorremos aqui à epígrafe do Capítulo II (Insolvência de não empresários e titulares de pequenas empresas) do Título XII (Disposições específicas da insolvência de pessoas singulares). No entanto, o art. 249.º, 1, *a*), revela que é aqui determinante ser ou não titular da *exploração* de empresa. E pode-se ser titular da exploração da empresa sem se ser titular da empresa. O art. 249.º do CIRE tem semelhanças com o § 304 da *InsO* e o art. 250.º com o § 312, *Abs*. (2), já revogado.

[12] O plano de insolvência já será admissível se o devedor não empresário ou que é apenas titular de uma pequena empresa *não for uma pessoa singular*.

[13] A pequena empresa (cfr., novamente, a epígrafe do Capítulo II do Título XII) será aquela que cumpra os requisitos estabelecidos no art. 249.º, 1, *b*) (embora seja duvidoso que a inexistência de dívidas laborais à data do início do processo possa ser vista como requisito para que se possa falar de pequena empresa).

[14] A solução contida no art. 250.º pode merecer reflexão adicional no que diz respeito ao plano de insolvência. Sobretudo, tendo em conta as soluções que foram introduzidas na Alemanha com a *Gesetzes zur Verkürzung des Restschuldbefreiungsverfahrens und zur Stärkung der Gläubigerrechte* quanto à utilização do plano de insolvência no processo de insolvência por pessoas físicas. Foi especialmente importante a revogação do § 312 da *InsO* quanto às pessoas físicas abrangidas pelos §§ 304 e ss. da *InsO*.

O que se pode retirar com clareza daquele art. 1.º, 1, é que o plano de insolvência deve ser *adequado à satisfação dos credores*. E se nada se estabelecer expressamente em contrário no plano de insolvência, o seu cumprimento «exonera o devedor e os responsáveis legais da totalidade das dívidas da insolvência remanescentes» (art. 197.º, *c*)).

O plano de insolvência carece de *aprovação* pelos credores. Até que ocorra essa aprovação, estamos apenas, quando muito, perante uma *proposta* de plano de insolvência. Está, assim, nas mãos dos credores determinar se a liquidação prevista no CIRE será ou não afastada. Como já foi escrito, «o plano de insolvência traduz uma como que desregulação do direito da insolvência [...], deixando aos credores a tomada de decisões conformes aos seus interesses de satisfação dos créditos [...]»[15]. O plano pode, por exemplo, prever a recuperação do devedor ainda que isso não surja como viável aos olhos do juiz.

A aprovação dos credores tem lugar através de deliberação[16] sobre uma proposta. A deliberação tem aqui a natureza de negócio jurídico[17]. Ao votar, cada credor emite uma declaração de vontade. A exigência de homologação pelo juiz, por sua vez, parece ser uma condição de eficácia do plano[18].

---

[15] Santos Júnior, «O plano de insolvência. Algumas notas», *O Direito*, 138.º, 2006, III, p. 574, nt. 9.

[16] Salientando este aspeto («Beschlusscharacter der Gläubigerentscheidung»), Volker Römmermann, «Vorbemerkung vor § 217 bis 269 InsO», in Jörg Nerlich/Volkder Römmermann, *Insolvenzordnung*, 25. Ergänzungslieferung, Beck (Beck-online), München, 2013, Rn. 81.

[17] Santos Júnior, «O plano de insolvência. Algumas notas», cit., p. 590. Sobre as várias doutrinas quanto à natureza jurídica dos «convénios falimentares», Gisela Teixeira Jorge Fonseca, «Natureza jurídica do plano de insolvência», cit., p. 79 e ss., Horst Eidenmüller, «§ 217», in Hans-Peter Kirchoff/Horst Eidenmüller/Rolf Stürner (her.), *Münchener Kommentar zum Insolvenzornung*, Bd. 3, cit., Rn. 9-13 (defendendo a dupla natureza – contrato de direito substantivo e processual). Sustentando que o plano de insolvência tem natureza jurídico-negocial, Coutinho de Abreu, «Recuperação de empresas em processo de insolvência», in Jorge de Figueiredo Dias/José Gomes Canotilho/José de Faria Costa (org.), *Ars Iudicandi. Estudos em homenagem ao Prof. Doutor António Castanheira Neves*, II, BFD/Coimbra Editora, 2008, p. 20.

[18] Assim também, Carvalho Fernandes/João Labareda, *Código da Insolvência e da Recuperação de Empresas anotado*, cit., p. 792, e Santos Júnior, «O plano de insolvência. Algumas notas», cit., p. 590.

2. A apresentação da proposta

2.1. Apresentação pelo devedor

O próprio *devedor* pode apresentar uma proposta de plano de insolvência. Essa proposta pode logo acompanhar a *petição* que o devedor entrega para se apresentar à insolvência ou pode ser entregue posteriormente, nos termos dos arts. 223.º e ss. (cfr. o art. 24.º, 3). Se o devedor é uma pessoa coletiva, a decisão sobre o conteúdo da proposta a apresentar deve ser tomada, obviamente, respeitando o regime jurídico aplicável ao sujeito em causa[19].

Não é à partida claro se, perante um requerimento de declaração de insolvência contra ele formulado, o devedor pode apresentar *no prazo da contestação* um plano de insolvência. Parece que sim, tal como parece possível que essa apresentação ocorra posteriormente[20]. O art. 24.º, 3, não o exclui, e o art. 193.º, 1, parece comprovar a bondade daquela solução.

No processo de insolvência relativo a pessoas singulares *não empresárias* ou que sejam titulares de *pequenas empresas* (com o sentido dado a estas palavras no CIRE) não é admissível um plano de insolvência. Contudo, o plano de insolvência é admitido se o devedor é pessoa singular titular de empresa que não seja pequena. Como é também admitido se o devedor não é pessoa singular, ainda que não seja empresário ou que seja apenas titular de pequena empresa.

O art. 223.º expressamente limita a possibilidade de aplicação do regime do Título X (Administração pelo devedor) aos casos em que «na massa insolvente esteja compreendida uma empresa». Mas o *devedor que pretenda manter a administração da massa insolvente* terá, entre outras coisas, de apresentar uma proposta de plano de insolvência «que preveja a continuidade da exploração da empresa por si próprio», nos termos do art. 224.º, 2, *b*). Neste último caso, se ainda não apresentou a proposta de plano de insolvência quando requer que

---

[19] No que diz respeito às sociedades comerciais, v., defendendo que existe um «dever legal de submissão do plano a deliberação social previamente à sua apresentação no processo», Madalena Perestrelo de Oliveira, *Limites da autonomia dos credores na recuperação da empresa insolvente*, cit., p. 54. No entanto, a autora considera que a violação do dever não se repercute na «validade ou eficácia do plano de insolvência», mas apenas internamente.

[20] Nesse sentido, Carvalho Fernandes/João Labareda, *Código da Insolvência e da Recuperação de Empresas anotado*, cit., p. 709, que realçam o papel fiscalizador do juiz e aceitam que o plano seja apresentado com a contestação, a título subsidiário.

O PLANO DE INSOLVÊNCIA

a administração da massa insolvente fique a seu cargo, deve comprometer-se a apresentá-lo no prazo de 30 dias após a sentença de declaração de insolvência. Caso não pretenda manter a administração da massa insolvente, o devedor pode apresentar a proposta de plano posteriormente[21].

A possibilidade de juntar uma proposta de plano de insolvência com o próprio requerimento de apresentação à insolvência pelo devedor fará mais sentido se previamente o devedor tiver negociado esse plano com os principais credores. Essa é, aliás, uma alternativa que apresenta semelhanças com a chamada *prepackaged bankruptcy* do direito dos EUA[22].

2.2. Apresentação pelo administrador da insolvência

O *administrador da insolvência* pode apresentar proposta de plano de insolvência (arts. 155.º, 1 c), 156.º, 3 e 4, e 193.º, 1[23]). E pode fazê-lo por iniciativa própria ou encarregado pela assembleia que aprecia relatório. Com efeito, o art. 193.º, 1 e 3, mostra que o administrador da insolvência pode apresentar uma proposta de plano de insolvência mesmo que não tenha sido disso incumbido pela assembleia de credores[24]. E mesmo que tenha havido essa incumbência, não

---

[21] Paulo de Tarso Domingues, «O CIRE e a recuperação das sociedades comerciais em crise», cit., p. 35.

[22] Horst Eidenmüller, «§§ 217», in Hans-Peter Kirchoff/Horst Eidenmüller/Rolf Stürner (her.), *Münchener Kommentar zum Insolvenzornung*, cit., Rn. 169, Eberhard Braun/ Achim Frank, «§ 218», Eberhard Braun (her.), *Insolvenzordnung*, 6. Aufl., Beck (Beck--online), München, 2014, Rn. 2.

[23] Quanto aos processos de insolvência secundários, cfr. o art. 34.º, 1, e 3, do Regulamento 1346/2000, os arts. 47.º, 1, e 56.º, 2, *c*), do Regulamento 2015/848 e o art. 296.º, 5, do CIRE (tendo também presente o art. 275.º).

[24] Lembrando o art. 193.º, 1, Santos Júnior, «O plano de insolvência. Algumas notas», cit., p. 579, Carvalho Fernandes/João Labareda, *Código da Insolvência e da Recuperação de Empresas anotado*, cit., p. 709; convocando o art. 193.º, 3, e o art. 155.º, 1, *d*), Paulo Olavo Cunha, «Providências específicas do plano de recuperação de sociedades», in Catarina Serra (coord.), *I Congresso de direito da insolvência*, Almedina, Coimbra, 2013, p. 112. Concordando com a possibilidade de apresentação da proposta de plano de insolvência pelo administrador da insolvência por iniciativa deste, Gisela Teixeira Jorge Fonseca, «Natureza jurídica do plano de insolvência», cit., p. 92. Com outra opinião, Menezes Leitão, *Código da insolvência*, cit., p. 194, sustentando que o administrador só deve apresentar «providências» se «tiver sido encarregado disso pela comissão de credores».

UM CURSO DE DIREITO DA INSOLVÊNCIA

parece excluída a possibilidade de o administrador da insolvência apresentar a proposta de que foi encarregado e outra da sua iniciativa.

O relatório do administrador da insolvência conterá já uma indicação acerca da conveniência (ou inconveniência) de se aprovar um plano de insolvência (art. 155.º, 1, *c*)). A própria assembleia de credores de apreciação do relatório pode incumbir o administrador da insolvência de elaborar um plano de insolvência (art. 156.º, 3). Se for encarregado pela assembleia de credores (a de apreciação do relatório ou outra) de elaborar uma proposta de plano de insolvência, o administrador deverá apresentá-la em *prazo razoável* (art. 193.º, 2)[25]. O encargo pode ser atribuído ao administrador da insolvência na assembleia de apreciação do relatório ou noutra assembleia de credores.

A assembleia de credores, ao encarregar o administrador de insolvência da elaboração do plano de insolvência, pode deliberar a suspensão da liquidação e partilha da massa insolvente (art. 156.º, 1). Essa suspensão cessa se nos 60 dias seguintes o plano não for apresentado pelo administrador da insolvência ou se, tendo sido apresentado, não for depois admitido, aprovado ou homologado (art. 156.º, 2).

O administrador da insolvência deve elaborar a proposta em colaboração com a comissão de credores que exista, com a comissão de trabalhadores ou com os representantes dos trabalhadores, e com o devedor, acrescentando a parte final do art. 193.º, 3, que o administrador da insolvência deve «conformar-se com as directrizes que tenham sido aprovadas em assembleia de credores, quando a proposta não seja de sua iniciativa».

---

[25] CARVALHO FERNANDES/JOÃO LABAREDA, *Código da Insolvência e da Recuperação de Empresas anotado*, cit., p. 711, consideram «genericamente aceitável» o prazo de sessenta dias. Avançam esse prazo porque, se a assembleia encarrega o administrador da insolvência de elaborar um plano de insolvência e determina a suspensão da liquidação e partilha da massa insolvente, essa suspensão termina se a apresentação do mesmo não ocorrer nos sessenta dias seguintes (art. 156.º, 4, *a*)). Parecendo concordar com a solução, SANTOS JÚNIOR, «O plano de insolvência. Algumas notas», cit., p. 582, e MENEZES LEITÃO, *Direito da insolvência*, cit., p. 285, nt. 380. Em sentido próximo, FÁTIMA REIS SILVA, «Processo de insolvência: os órgãos de insolvência e o plano de insolvência», *Revista do CEJ*, 2010, 14, p. 165. Admitindo que a assembleia delibere sobre a questão, PEDRO PIDWELL, *O processo de insolvência e a recuperação da sociedade comercial de responsabilidade limitada*, cit., p. 190.

O PLANO DE INSOLVÊNCIA

2.3. Apresentação por credor ou credores

O art. 193.º, 1, permite que *um credor ou grupo de credores* apresentem uma proposta de plano de insolvência[26]. Não é, no entanto, qualquer credor que o pode fazer. A proposta só poderá ser apresentada por credor ou grupo de credores «cujos créditos representem pelo menos um quinto do total dos créditos não subordinados reconhecidos na sentença de verificação e graduação de créditos», se essa sentença já tiver sido proferida (e ainda que não tenha transitado em julgado[27]), ou, no caso contrário, na estimativa do juiz. O CIRE não estabelece um prazo para a apresentação da proposta de plano de insolvência pelos credores[28].

2.4. Apresentação por responsável legal pelas dívidas da insolvência

Tem ainda legitimidade para apresentar uma proposta de plano de insolvência qualquer pessoa que responda *legalmente* pelas dívidas da insolvência. Aí estão abrangidos todos aqueles que «nos termos da lei, respondam pessoal e ilimitadamente pela generalidade das dívidas do insolvente, ainda que a título subsidiário» (art. 6.º, 2): é o caso, por exemplo, dos sócios de sociedades em nome coletivo, dos sócios comanditados de sociedades em comandita ou de sócios de sociedades civis. Também para estes responsáveis não vemos

---

[26] Não é assim na Alemanha, pois o § 218, 1, da *InsO* prevê que apenas o devedor e o administrador da insolvência podem apresentar a proposta de plano de insolvência. Criticando a estreiteza da solução, que impede uma verdadeira concorrência de planos, HORST EIDENMÜLLER, «§ 218», in HANS-PETER KIRCHOFF/HORST EIDENMÜLLER/ROLF STÜRNER (her.), *Münchener Kommentar zum Insolvenzornung*, cit., Rn. 3.

[27] CARVALHO FERNANDES/JOÃO LABAREDA, *Código da Insolvência e da Recuperação de Empresas anotado*, cit., p. 710.

[28] CARVALHO FERNANDES/JOÃO LABAREDA, *Código da Insolvência e da Recuperação de Empresas anotado*, cit., p. 709, e PAULO DE TARSO DOMINGUES, «O CIRE e a recuperação das sociedades comerciais em crise», cit., p. 35. Considerando que parece muito difícil que um plano de recuperação «venha ser proposto com sucesso depois de ter transitado em julgado a sentença de declaração de insolvência e de se ter realizado a assembleia de aprovação do relatório, quando esta delibere o encerramento dos estabelecimentos [...] ou [...] logo que se comecem a alienar os bens da massa (pelo menos aqueles que sejam necessários para a actividade do insolvente)», MIGUEL PESTANA DE VASCENCELOS, «Insolvência e IVA – A Regularização do IVA liquidado no caso de declaração de insolvência do devedor», *RPC*, 2012, II, 5, p. 59.

UM CURSO DE DIREITO DA INSOLVÊNCIA

estabelecido no CIRE um prazo para a apresentação da proposta de plano de insolvência[29].

2.5. Apresentação da proposta e suspensão da liquidação e partilha

Quem propõe o plano de insolvência pode requerer ao juiz que seja decretada a *suspensão da liquidação* da massa insolvente e da *partilha do produto* pelos credores da insolvência quando isso seja necessário para que não seja posta em risco a execução daquele plano (art. 206.º, 1).

Porém, há casos em que a suspensão envolve «perigo de prejuízos consideráveis para a massa insolvente» (art. 206.º, 2, 1.ª parte). Quando assim seja, o juiz não deverá ordenar a suspensão e deverá levantar a suspensão já decretada. Também deverá atuar assim se o administrador da insolvência requerer o prosseguimento da liquidação e partilha e tiver o acordo da comissão de credores, se existir, ou da assembleia de credores (art. 206.º, 2, 2.ª parte[30]).

A decisão a tomar dependerá em muito do teor do plano proposto e da composição da massa insolvente. Um plano de insolvência que contenha medidas de recuperação pode conviver bem com a liquidação de bens que não tenham interesse para a execução do plano. Parece, inclusivamente, de admitir que o juiz decrete apenas a suspensão de uma parte da liquidação[31].

Tendo sido decidida a suspensão da liquidação e da partilha, a mesma cessa se o plano não for admitido, aprovado ou homologado (art. 156.º, 4, *b*), e 206.º, 3). Além disso, a suspensão da liquidação que seja decretada não impede a venda antecipada de bens nos termos do art. 158.º, 2 (arts. 156.º, 5, e 206.º, 3).

Lembre-se que, tendo a assembleia de credores incumbido o administrador da insolvência da apresentação de um plano de insolvência, a suspensão da liquidação e partilha até pode já ter sido decretada antes da apresentação daquele plano.

---

[29] CARVALHO FERNANDES/JOÃO LABAREDA, *Código da Insolvência e da Recuperação de Empresas anotado*, cit., p. 709, e PAULO DE TARSO DOMINGUES, «O CIRE e a recuperação das sociedades comerciais em crise», cit., p. 35.

[30] Cfr., ainda, o art. 80.º.

[31] Nesse sentido, CARVALHO FERNANDES/JOÃO LABAREDA, *Código da Insolvência e da Recuperação de Empresas anotado*, cit., p. 754.

Por outro lado, se é assegurada pelo devedor a administração da massa insolvente, a própria liquidação da massa não deve iniciar-se (com as exceções previstas no art. 225.º). E para que essa administração seja determinada pelo juiz é necessário que o devedor, entre outras coisas, apresente plano de insolvência que preveja a continuidade da exploração da empresa pelo apresentante ou que se comprometa a apresentá-lo no prazo de 30 dias após a sentença de declaração de insolvência ou a partir da deliberação dos credores tomada na assembleia de apreciação do relatório ou anterior (art. 224.º, 3). Quanto a este último caso, é importante também lembrar que, em regra, a venda dos bens apreendidos para a massa só ocorrerá uma vez transitada em julgado a sentença declaratória da insolvência e depois de ter lugar a assembleia de apreciação do relatório (art. 158.º, 1).

3. O conteúdo do plano (e da proposta)

3.1. Para liquidar; para recuperar o titular da empresa; para transmitir a empresa; misto

O CIRE dá grande liberdade à configuração do conteúdo do plano de insolvência. O plano pode assim prever a liquidação, a recuperação do titular da empresa, a transmissão da empresa ou ser misto. O plano que é destinado à recuperação do devedor chama-se... plano de recuperação (art. 192.º, 3)[32].

Qualquer que seja a modalidade adotada, o CIRE não obriga a que sejam escolhidas certas medidas. As que indica têm natureza meramente exemplificativa. A autonomia deixada aos credores que aprovarão o plano de insolvência na determinação do conteúdo respetivo é evidenciada pelo teor dos arts. 192.º, 1, 195.º, 2, *b*), 196.º, 1, ou 197.º. No entanto, é preciso ter em conta as limitações que a própria lei estabelece e que procuraremos dar a conhecer nas linhas seguintes[33].

---

[32] Foi bom que o legislador se lembrasse de esclarecer este ponto...

[33] As escolhas devem igualmente ter em conta as eventuais vantagens fiscais associadas. Cfr., designadamente, os arts. 268.º e ss.. Há que ter também em conta, designadamente, os regimes aplicáveis à concentração de empresas. Sobre o argumento da «empresa insolvente», v. bibliografia indicada a p. 320, nt. 14.

3.2. O conteúdo do plano: a esfera jurídica dos interessados e os direitos de terceiros

O CIRE contém vários preceitos que afetam os interessados ou até terceiros. Eventualmente, pode haver a intenção de incluir no plano de insolvência uma ou mais cláusulas que regulem precisamente matérias que são visadas por aqueles mesmos preceitos. No entanto, o art. 192.º, 2, estabelece que o plano da insolvência só pode «afetar por forma diversa a esfera jurídica dos interessados, ou interferir com direitos de terceiros» nos casos em que isso estiver expressamente autorizado no Título IX ou houver consentimento dos visados. O juiz deve ter este regime em conta no momento em que decide se homologa ou não o plano de insolvência.

Mesmo os direitos decorrentes de garantias reais e de privilégios creditórios podem ser afetados pelo plano de insolvência. Porém, o art. 197.º, *a*), mostra que isso só acontecerá se houver estatuição expressa no plano de insolvência.

Para além do que diremos a seguir sobre o princípio da igualdade (e, em especial, sobre o art. 194.º, 2), também é importante referir desde já que o art. 216.º prevê a possibilidade de, em certos casos, ser requerida ao juiz a não homologação do plano de insolvência.

3.3. O princípio da igualdade

No art. 194.º o CIRE consagra o princípio da igualdade dos credores da insolvência no plano de insolvência. Mas essa igualdade não é absoluta, pois admitem-se desde logo «diferenciações justificadas por razões objectivas»[34]. Pense-se, por exemplo, na posição em que se encontram os titulares de créditos subordinados quanto a esses mesmos créditos.

Cada credor tem direito a ter o mesmo tratamento que é dado a outros credores que estejam nas mesmas circunstâncias. No entanto, é possível dar a um credor um *tratamento mais desfavorável do que o tratamento dado a outros credores que se encontrem na mesma situação* se aquele der o seu consentimento[35], que se considera tacitamente prestado quando o credor em causa vota

---

[34] Considerando que se trata de uma igualdade «mitigada», cfr. o Ac. STJ de 13.01.2009 (Relator: Fonseca Ramos), Proc. n.º 08ª3763, in www.dgsi.pt.

[35] O § 1123, a, 4, do *Bankruptcy Code*, por exemplo, também contém solução semelhante.

O PLANO DE INSOLVÊNCIA

favoravelmente a proposta de plano de insolvência (art. 194.º, 2). Mas, por outro lado, o regime descrito torna possível que, dentro dos limites legais, todos os *credores em idêntica situação* sejam *igualmente afetados* pelo plano de insolvência (sem esquecer, porém, o art. 216.º, 1).

Para evitar que o comportamento no processo de um credor seja influenciado por vantagens *não incluídas no plano de insolvência* que sejam conferidas pelo administrador da insolvência, pelo devedor ou por outrem em *qualquer acordo*, o art. 194.º, 3, estabelece a nulidade destes[36]. Compreende-se a solução. Estará em causa evitar que, nas costas dos outros credores, sejam negociados certos comportamentos processuais de um deles, comportamentos esses que seriam «vendidos». O acordo confere uma vantagem se o credor consegue obter mais do que obteria sem a conclusão daquele[37].

O art. 200.º admite que o plano de insolvência ofereça opções alternativas aos credores, devendo indicar qual é a aplicável se não for efetuada a escolha no prazo fixado. Mas o que sobretudo agora interessa dizer é que o preceito referido permite que tais opções sejam oferecidas não apenas a todos os credores, mas a algum ou alguns deles.

3.4. A indicação das alterações para as posições jurídicas dos credores da insolvência

O plano de insolvência pode ter um conteúdo muito variado. O CIRE não impõe sequer um número limitado de alternativas. Daí que faça todo o sentido exigir que o plano de insolvência indique quais são as alterações que dele resultam para as posições jurídicas dos credores da insolvência. Só assim podem saber com rigor em que medida poderão ser beneficiados ou prejudicados e terão a possibilidade de votar conscientemente ou de reagir, se for o caso, perante o plano aprovado[38].

---

[36] Cfr., com solução próxima, o § 226, (3), da *InsO*.

[37] Nesse sentido, para a Alemanha, WOLFGANG BREUER, «§ 226», IN HANS-PETER KIRCHOFF/HORST EIDENMÜLLER/ROLF STÜRNER (her.), *Münchener Kommentar zum Insolvenzornung*, cit., Rn. 17.

[38] Sobre os efeitos relativamente aos bens situados no território de outro Estado-Membro de quaisquer limitações dos direitos dos credores nos processos territoriais de insolvência referidos no art. 3.º, 2, do Regulamento 1346/2000, cfr. o art. 17.º, 2 desse mesmo regime

UM CURSO DE DIREITO DA INSOLVÊNCIA

3.5. Os elementos do art. 195.º, 2

O art. 195.º, 2, indica vários elementos que devem constar do plano de insolvência, embora alguns só tenham que constar se estiverem verificados certos pressupostos. É o que se vê na al. *c*), que se aplica nos casos em que o plano de insolvência prevê a manutenção em atividade da empresa e pagamentos aos credores à custa dos respetivos rendimentos.

Mas, por outro lado, a indicação constante das várias alíneas do art. 195.º, 2, não é exaustiva, como o advérbio «nomeadamente» deixa entender.

O art. 195.º, 2, exige que constem do plano de insolvência a sua finalidade, a descrição das medidas necessárias à sua execução e todos os elementos relevantes para efeitos da sua aprovação pelos credores e homologação pelo juiz. Deverão, nomeadamente, constar do plano os elementos das alíneas seguintes:

a) A descrição da situação patrimonial, financeira e reditícia do devedor;
b) A indicação acerca da forma de obtenção dos meios de satisfação dos credores (através de liquidação da massa insolvente, de recuperação do titular da empresa ou da transmissão da empresa a outra entidade);
c) Estando prevista a manutenção em atividade da empresa, quer essa empresa fique na titularidade do devedor ou de terceiro, e pagamentos aos credores à custa dos respetivos rendimentos, o plano de investimentos, a conta de exploração previsional, a demonstração previsional de fluxos de caixa pelo período de ocorrência dos referidos pagamentos e o balanço pró-forma com os elementos do ativo e passivo resultantes da homologação do plano de insolvência inscritos pelos respetivos valores[39];
d) O impacte expectável das alterações propostas no plano de insolvência, comparando com a situação que ocorreria se não houvesse plano de insolvência;

---

e, quanto aos processos secundários regulados por aquele Regulamento, cfr. tb. o seu art. 34.º, 2. No Regulamento 2015/848, v. os arts. 22.º, 2, e 34.º, 2.

[39] Estamos aqui perante elementos que permitem aferir da viabilidade económico-financeira da manutenção da atividade da empresa (cfr. MENEZES LEITÃO, *Direito da insolvência*, cit., p. 287).

e) A indicação dos preceitos legais que sejam «derrogados» pelo plano de insolvência e o âmbito da «derrogação» em causa[40].

3.6. Providências com incidência no passivo

As providências com incidência no passivo do devedor são especialmente visadas pelo art. 196.º. Também aqui é revelado o caráter não taxativo das medidas que são apresentadas no preceito, pois surge no n.º 1 a palavra «nomeadamente». As medidas que constam desse n.º 1 são as seguintes:

a) Perdão ou redução do valor de créditos sobre a insolvência, que podem dizer respeito ao capital, aos juros ou a ambos[41]; pode também ser incluída a cláusula «salvo regresso de melhor fortuna»;
b) Condicionamento do reembolso de créditos (de todos ou de parte) às disponibilidades do devedor;
c) Modificação dos prazos de vencimento ou das taxas de juro dos créditos;
d) Constituição de garantias[42];
e) Cessão de bens aos credores.

O art. 196.º, 2, proíbe que o plano afete certas garantias reais e certos privilégios creditórios gerais de que gozam os créditos ali mencionados[43].

---

[40] Questionando, e bem, a utilização do termo «derrogação», CARVALHO FERNANDES/JOÃO LABAREDA, *Código da Insolvência e da Recuperação de Empresas anotado*, cit., p. 717.

[41] Se nada constar em sentido diverso do plano de insolvência, os créditos subordinados consideram-se objeto de perdão total (art. 197.º, *b*)).

[42] O CIRE não especifica se estão em causa apenas as garantias prestadas pelo próprio devedor ou também por credores ou por terceiros. Tendo em conta que o próprio art. 196.º, 1, esclarece que a indicação é exemplificativa, não vemos razões para excluir alguma daquelas alternativas. Mas deve tratar-se de garantias que possam ser constituídas voluntariamente. Sobre isto, MIGUEL LUCAS PIRES, *Dos privilégios creditórios. Regime jurídico e sua influência no concurso de credores*, cit., p.47.

[43] São «as garantias reais e os privilégios creditórios gerais acessórios de créditos detidos pelo Banco Central europeu, por bancos centrais de um Estado membro da União Europeia e por participantes num sistema de pagamentos tal como definido pela alínea a) do artigo 2.º da Diretiva n.º 98/26/CE, do Parlamento Europeu e do Conselho, de 19 de maio, ou equiparável, em decorrência do funcionamento desse sistema».

Mas, por outro lado, revela que o plano de insolvência também pode «afetar» outras garantias reais e outros privilégios creditórios gerais. Se assim não fosse, não se justificava a proibição. No mesmo sentido, aliás, pode ser invocado o disposto no art. 197.º, *a*): se o plano de insolvência não dispuser em sentido diverso, não são afetados por aquele os «direitos decorrentes de garantias reais e de privilégios creditórios». No entanto, deve ser verificado se há ou não violação do princípio da igualdade dos credores na insolvência.

As providências enumeradas no art. 196.º, 1, podem acumular-se no mesmo plano de insolvência. Podem também ser integradas num plano de insolvência que contenha outras providências não previstas naquele preceito. A redação do plano de insolvência deve ser pensada olhando também para a eventual necessidade de intentar posteriormente uma ação executiva[44].

Nem tudo pode constar do plano de insolvência, como é óbvio. Salientamos a necessidade de respeitar o princípio da igualdade, tendo em conta o que se acha disposto no art. 194.º.

Especialmente importante é o regime a que estão sujeitos os créditos tributários. Antes de mais, porque o art. 30.º, 2, da LGT estabelece que tais créditos são *indisponíveis*, «só podendo fixar-se condições para a sua redução ou extinção com respeito pelo princípio da igualdade e da legalidade tributária» (cfr. tb. o art. 36.º, 2, LGT: «Os elementos essenciais da relação jurídica tributária não podem ser alterados por vontade das partes»). Além disso, o art. 36.º, 3, da LGT também dispõe que a «administração tributária não pode conceder moratórias no pagamento das obrigações tributárias, salvo nos casos expressamente previstos na lei» (cfr. tb. o art. 85.º, 3, do CPPT). E nem sequer se pode invocar o caráter especial do CIRE. É que o art. 30.º, 3, da LGT, aditado pela Lei n.º 55-A/2010, de 31 de dezembro, também acrescenta que o n.º 2 «prevalece sobre qualquer legislação especial»[45].

---

[44] Alertando para isso mesmo, HORST EIDENMÜLLER, «§ 221», in HANS-PETER KIRCHOFF/ HORST EIDENMÜLLER/ROLF STÜRNER (her.), *Münchener Kommentar zum Insolvenzornung*, cit., Rn. 17.

[45] De acordo com o art. 125.º da Lei 55-A/2010, o n.º 3 do art. 30.º da LGT é inclusivamente aplicável aos «processos» de insolvência pendentes que não tenham sido homologados, embora tenha certamente havido lapso do legislador. Como salienta CATARINA SERRA, *O regime português da insolvência*, cit., p. 149, certamente estarão em causa os «planos» de insolvência, pois são estes que estão sujeitos a homologação pelo juiz. Note-se que, antes da alteração referida, havia quem entendesse que as normas relativas ao plano de insolvência contidas

O PLANO DE INSOLVÊNCIA

O aditamento do n.º 3 referido visava, designadamente, enfrentar as dúvidas que até aí surgiam acerca da relação entre o CIRE, a LGT, o CPPT[46]

no CIRE permitiriam afastar o disposto nos preceitos tributários: cfr. Ac. STJ de 02.03.2010 (Relator: Silva Salazar), Proc. n.º 4554/08.5TBLRA-F.C1.S1, in www.dgsi.pt.

[46] No que diz respeito ao CPPT, deve ser realçado o teor do seu art. 196.º (na versão dada pela Lei n.º 66-B/2012, de 31 de dezembro): «Pagamento em prestações e outras medidas 1 - As dívidas exigíveis em processo executivo podem ser pagas em prestações mensais e iguais, mediante requerimento a dirigir, até à marcação da venda, ao órgão da execução fiscal. 2 - O disposto no número anterior não é aplicável às dívidas de recursos próprios comunitários e às dívidas resultantes da falta de entrega, dentro dos respectivos prazos legais, de imposto retido na fonte ou legalmente repercutido a terceiros, salvo em caso de falecimento do executado. 3 - É excepcionalmente admitida a possibilidade de pagamento em prestações das dívidas referidas no número anterior, sem prejuízo da responsabilidade contra-ordenacional ou criminal que ao caso couber, quando: a) Esteja em aplicação plano de recuperação económica legalmente previsto de que decorra a imprescindibilidade da medida, podendo neste caso, se tal for tido como adequado pela entidade competente para autorizar o plano, haver lugar a dispensa da obrigação de substituição dos administradores ou gerentes; ou b) Se demonstre a dificuldade financeira excecional e previsíveis consequências económicas gravosas, não podendo o número das prestações mensais exceder 24 e o valor de qualquer delas ser inferior a 1 unidade de conta no momento da autorização. 4 - O pagamento em prestações pode ser autorizado desde que se verifique que o executado, pela sua situação económica, não pode solver a dívida de uma só vez, não devendo o número das prestações em caso algum exceder 36 e o valor de qualquer delas ser inferior a 1 unidade de conta no momento da autorização. 5 – Nos casos em que se demonstre notória dificuldade financeira e previsíveis consequências económicas para os devedores, poderá ser alargado o número de prestações mensais até 5 anos, se a dívida exequenda exceder 500 unidades de conta no momento da autorização, não podendo então nenhuma delas ser inferior a 10 unidades de conta. 6 - Quando, no âmbito de plano de recuperação económica legalmente previsto, se demonstre a indispensabilidade da medida e, ainda, quando os riscos inerentes à recuperação dos créditos o tornem recomendável, a administração tributária pode estabelecer que o regime prestacional seja alargado até ao limite máximo de 150 prestações, com a observância das condições previstas na parte final do número anterior. 7– A importância a dividir em prestações não compreende os juros de mora, que continuam a vencer-se em relação à dívida exequenda incluída em cada prestação e até integral pagamento, os quais serão incluídos na guia passada pelo funcionário para pagamento conjuntamente com a prestação. 8 - Podem beneficiar do regime previsto neste artigo os terceiros que assumam a dívida, ainda que o seu pagamento em prestações se encontre autorizado, desde que obtenham autorização do devedor ou provem interesse legítimo e prestem, em qualquer circunstância, garantias através dos meios previstos no n.º 1 do artigo 199.º 9– A assunção da dívida nos termos do número anterior não exonera o antigo devedor, respondendo este solidariamente com o novo devedor, e, em caso de incumprimento, o processo de execução fiscal prosseguirá os seus termos contra o novo devedor. 10 - O despacho de aceitação de assunção de dívida e das garantias apresentadas pelo novo devedor para suspensão da execução fiscal pode determinar a extinção das garantias constituídas

UM CURSO DE DIREITO DA INSOLVÊNCIA

e aspetos do regime da regularização das dívidas à segurança social[47]. Com efeito, a jurisprudência mostrava-se dividida quanto à possibilidade de o plano de insolvência, porque previsto em lei especial, afastar o regime contido em normas imperativas da legislação referida. O art. 30.º, 3, da LGT não permite agora dizer que as soluções previstas no plano prevaleceriam sobre a legislação fiscal.

Como melhor veremos adiante, o juiz deve recusar «oficiosamente a homologação do plano de insolvência aprovado em assembleia de credores no caso de violação não negligenciável de regras procedimentais ou das normas aplicáveis ao seu conteúdo» (art. 215.º). A violação pelo conteúdo do plano dos preceitos imperativos da LGT, do CPPT e do CRCSPSS mencionados deve ser considerada uma violação das normas aplicáveis ao conteúdo do plano (não negligenciável, para quem exija que assim seja)[48].

---

e ou apresentadas pelo antigo devedor. 11 – O novo devedor ficará sub-rogado nos direitos referidos no nº 1 do artigo 92º após a regularização da dívida, nos termos e condições previstos no presente artigo. 12 – O disposto neste artigo não poderá aplicar-se a nenhum caso de pagamento por sub-rogação».

[47] Cfr. especialmente os arts. 190.º, 191.º, 192º e 199.º do Código dos Regimes Contributivos do Sistema Previdencial de Segurança Social (CRCSPSS). A L 110/2009, de 16.09, que aprovou o CRCSPSS, revogou o DL 411/91, de 17.10 (v. art. 5.º, 1, *j*)). Quanto ao pagamento em prestações de dívidas à segurança social nos processos de execução de dívidas à segurança social, cfr. o art. 13.º do DL 42/2001, de 9 de fevereiro, com a redação dada pelo DL 63/2014, de 28 de abril, e pelo DL 128/2015, de 7 de julho.

[48] Veja-se o Ac. STJ de 15.12.2011 (Relator: Silva Gonçalves), Proc. n.º 467/09.1TYVNG-Q. P1.S1, confirmando um Ac. da RP de 04.07.2011 que «revogou a decisão recorrida e substituiu-a por outra que declarou não homologado o plano de insolvência». Considerando que apenas poderemos falar de uma ineficácia do plano de insolvência no que diz respeito aos créditos fiscais ou relativos a contribuições para a Segurança Social, cfr. os Acs. STJ de 25.03.2014 (Relator: Fernandes do Vale), Proc. n.º 730/12.4TBPFR-D.P1.S1, in www.dgsi.pt, de 10.05.2012 (Relator: Álvaro Rodrigues), Proc. n.º 368/10.0TBVL-D.G1.S1, disponível in www.dgsi.pt,de 15.05.2012 (Relator: Álvaro Rodrigues), Proc. n.º 368/10.0TBPVL-D.G1.S1, in www.dgsi.pt. Para uma decisão que *tem em conta o valor relativo dos créditos* do Estado para determinar se a violação é ou não negligenciável (embora a propósito de um PER), cfr. o Ac. STJ de 09.07.2014 (Relator: Fernandes do Vale), Proc. n.º 3525/12.1TBPTM-A.E1.S1, in www.dgsi.pt. Ainda assim, CATARINA SERRA, *O regime português da insolvência*, cit., p. 150 e s., continua a defender que os créditos fiscais são modificáveis pelo plano de insolvência. Invoca em favor dessa leitura, designadamente, que dessa forma se evita que fique «irreversivelmente comprometida a função de recuperação de empresas» e uma interpretação conforme com o ponto 2.19 do «Memorando de entendimento sobre os condicionalismos específicos de política económica» de 17 de maio de 2011. Cfr. tb., da mesma autora, «Créditos tributários e principio da igualdade entre os

No entanto, convém ter bem presente a distinção entre o conteúdo do plano de insolvência e o procedimento (sendo certo que a violação não negligenciável de regras procedimentais também deve conduzir à recusa oficiosa da homologação, como decorre do art. 215.º).

Está em causa o conteúdo do plano de insolvência, desde logo, se este reduz ou extingue o montante do crédito tributário[49], fixa moratórias que não podia fixar ou fixa um número de prestações superior ao permitido[50].

Por outro lado, o Fisco e a Segurança Social não podem votar a favor de um plano que viola, pelo seu conteúdo, normas legais. Se o fizerem, isso não é suficiente para afastar a recusa de homologação.

Existindo violação de norma aplicável ao conteúdo do plano de insolvência que afeta o princípio da indisponibilidade dos créditos tributários, pode ainda assim tratar-se de uma violação negligenciável que não conduza à recusa oficiosa de homologação[51]? Pensamos que não: qualquer violação do referido princípio constitui uma violação não negligenciável. Os créditos tributários não são iguais aos outros. Da satisfação desses créditos depende o pagamento de pensões e de outras prestações sociais. É o edifício do Estado Social que é

---

credores – dois problemas no contexto da insolvência de sociedades», *DSR*, Outubro 2012, ano 4, vol. 8, p. 75-101. Para uma leitura diferente, Rui Morais, «Os credores tributários no processo de insolvência», cit., p. 221 e ss. («o juiz deve, oficiosamente, recusar a homologação do plano de insolvência sempre que dele resultem alterações à situação do credor tributário que vão além de um pagamento em prestações autorizado pela administração fiscal nos termos legais» – p. 226), Hugo Luz dos Santos, «Os créditos tributários e a criação de normas imperativas, no contexto do direito da insolvência: "Das Prinzip Verantwortung" ou a ética da (ir)responsabilidade – estudo realizado a partir da análise da jurisprudência recente dos tribunais superiores», *Julgar*, 23, 2014, p. 76 e s., e Susana Silva/Marta Santos, «Os créditos fiscais nos processos de insolvência: refelxões críticas e revisão da jurisprudência», in Estudos Gerais/UC, p. 4 e ss..

[49] V., quanto ao conteúdo da relação jurídica tributária, o art. 30.º, 1, LGT.

[50] Note-se, porém, que é necessário distinguir entre a indisponibilidade do crédito tributário e as garantias de que este beneficia: nesse sentido, Susana Silva/Marta Santos, «Os créditos fiscais nos processos de insolvência: reflexões críticas e revisão da jurisprudência», cit., p. 9. E a questão não é de menor importância atendendo ao disposto no art. 197.º, *a*), e tb. nos arts. 194.º, 2, e 216.º, 1, *a*). Também não se pode confundir a violação não negligenciável da norma aplicável ao conteúdo e o sentido do voto do Fisco ou da Segurança Social.

[51] Mas v., parecendo defender que a violação de normas aplicáveis ao conteúdo do plano de insolvência deve conduzir à recusa oficiosa da homologação ainda que se trate de violação negligenciável, Paulo de Tarso Domingues, «O CIRE e a recuperação das sociedades comerciais em crise», cit., p. 38.

UM CURSO DE DIREITO DA INSOLVÊNCIA

posto em causa. O perdão de um euro significa uma refeição a menos servida na cantina a uma criança carenciada.

Já não parece possível afirmar que o princípio da indisponibilidade do crédito tributário se estenda às moratórias ou ao número de prestações e que aquele princípio seja violado se essas moratórias ou o número de prestações acordado não respeitam o que está legalmente estabelecido. Mas a recusa oficiosa de homologação deve ainda ter lugar atendendo às normas legais que então seriam violadas (de forma não negligenciável).

Não será sequer possível invocar o regime da redução dos negócios jurídicos para se defender uma *homologação parcial*, uma vez que isso parece afastado pelo disposto no art. 215.º do CIRE[52].

3.7. Providências específicas de sociedades comerciais

3.7.1. As providências não são taxativas

O CIRE não prevê um conjunto limitado de providências específicas de sociedades comerciais[53]. Mais uma vez, é dada significativa margem de manobra aos credores. O art. 198.º não exclui, por exemplo, que sejam adotadas *medidas com incidência no passivo* da sociedade comercial previstas no art. 196.º ou que o plano de insolvência preveja o *saneamento por transmissão* (art. 199.º). Quanto às

---

[52] No mesmo sentido para a Alemanha e perante o § 250 da *InsO*, considerando que «Die Bestätigung oder ihre Versagung ist stets *nur einheitlich* bezüglich des gesamten Plans zulässig. Eine *teilweise* Bestätigung unter Zurückweisung des unzulässigen Teils würde den Inhalt des Plans verändern», RALF SINZ, «§ 250», in HANS-PETER KIRCHOFF/HORST EIDENMÜLLER/ROLF STÜRNER (her.), *Münchener Kommentar zur Insolvenzordnung*, 3. Aufl., Bd. 3, Beck (Beck-online), München, 2014, Rn. 61; no mesmo sentido, EBERHARD BRAUN, «§ 250», in JÖRG NERLICH/VOLKER RÖMMERMAN, *Insolvenzordnung*, 28. EL, Beck (Beck-online), München, janeiro 2015 («Eine Ablehnung oder Zulassung ist stets nur bezüglich des gesamten Planes zulässig»).

[53] Admitindo a aplicação do art. 198.º, 1, às sociedades civis sob forma comercial e do art. 198.º, 2, a estas últimas, a outras «realidades de natureza societária» e a «tipos diferentes de pessoas colectivas», CARVALHO FERNANDES/JOÃO LABAREDA, *Código da Insolvência e da Recuperação de Empresas anotado*, cit., p. 727; aceitando a extensão «a todas as realidades que se encontram sujeitas ao mesmo regime jurídico das sociedades comerciais, como é o caso das sociedades civis sob forma comercial», PAULO OLAVO CUNHA, «Providências específicas do plano de recuperação de sociedades», cit., p. 117. Sobre a aplicação por analogia do art. 198.º, 2, a outras pessoas coletivas (com resposta afirmativa), PAULO DE TARSO DOMINGUES, «O CIRE e a recuperação das sociedades comerciais em crise», cit., p. 40.

O PLANO DE INSOLVÊNCIA

providências identificadas no art. 198.º, 2, importa realçar que estamos perante medidas que, em condições normais, deveriam ser decididas na sociedade e, em regra, pelos seus órgãos.

Não se pode no entanto esquecer que, fora do CIRE, vamos encontrar outras limitações. O próprio CSC não permite tudo. Com efeito, o art. 97.º, 3, do CSC proíbe que uma sociedade se funda «a partir da data da petição de apresentação à insolvência ou do pedido de declaração desta» e o art. 120.º manda aplicar à cisão, com as necessárias adaptações, o regime da fusão[54].

3.7.2. O plano condicionado à adoção e execução pelos órgãos societários competentes de medidas que não constituam meros atos de disposição

O art. 198.º, 1, permite que o plano de insolvência fique condicionado à adoção e execução pelos órgãos societários competentes de medidas que não constituam meros atos de disposição do património societário[55]. Isto é, pode o plano de insolvência dispor que os seus efeitos apenas se produzirão se os órgãos da sociedade que para tal forem competentes adotarem e executarem as mencionadas medidas. Pode tratar-se, por exemplo, de deliberações relativas ao capital social ou de outras alterações do contrato de sociedade[56].

---

[54] Sobre o tema, cfr. ELDA MARQUES, «Artigo 97.º», in COUTINHO DE ABREU (coord.), *Código das Sociedades Comerciais em comentário*, II, Almedina, Coimbra, 2011, p. 162 e 408, e PAULO OLAVO CUNHA, «Providências específicas do plano de recuperação de sociedades», cit., p. 131 e ss., que avança uma hipótese de interpretação restritiva do art. 97.º, 3, e sustenta que é inaplicável o «disposto no art. 97.º, n.º 3 à cisão, naturalmente sempre que esta operação não implique uma fusão subsequente». No entanto, parece que a remissão do art. 120.º faz sentido tendo em conta o regime do saneamento por transmissão e os efeitos da homologação do plano de insolvência e do encerramento do processo. Defendendo que o plano não pode prever fusões ou cisões como medidas para a recuperação da empresa societária do devedor, PAULO DE TARSO DOMINGUES, «O CIRE e a recuperação das sociedades comerciais em crise», cit., p. 38 e s..

[55] Como bem notam CARVALHO FERNANDES/JOÃO LABAREDA, *Código da Insolvência e da Recuperação de Empresas anotado*, cit., p. 726, a redação do preceito não significa que o plano de insolvência não possa conter medidas de alienação do património: o que se pretende, isso sim, é alargar o leque de possibilidades.

[56] Sobre estes e outros exemplos, RALF SINZ, «§ 249», in HANS-PETER KIRCHOFF/HORST EIDENMÜLLER/ROLF STÜRNER (her.), *Münchener Kommentar zum Insolvenzornung*, Bd. 3, cit., Rn. 13

UM CURSO DE DIREITO DA INSOLVÊNCIA

A condição só pode ser suspensiva, pois decorre do art. 201.º, 3, que as condições resolutivas não podem ser apostas ao plano de insolvência[57], apenas se ressalvando o disposto no art. 218.º. Quanto às condições suspensivas, só são lícitas «tratando-se da realização de prestações ou da execução de outras medidas que devam ocorrer antes da homologação pelo juiz» (art. 201.º, 1)[58]. Se o plano contém um prazo para que essas condições suspensivas se verifiquem ou, não o contendo, o juiz fixa um prazo razoável para essa verificação, o juiz deve recusar oficiosamente a homologação do plano se tais prazos são ultrapassados[59].

3.7.3. A redução do capital para cobertura de prejuízos

No art. 198.º, 2, *a*), está prevista a possibilidade de o plano de insolvência adotar uma *redução do capital social para cobertura de prejuízos*. A redução do capital social pode inclusivamente ser para zero ou outro montante inferior ao mínimo legal tendo em conta o tipo societário em questão. Porém, será então necessário que a redução seja acompanhada de aumento do capital (operação acordeão ou harmónio), de forma que este se torne igual ou superior ao mínimo legal[60].

Para que seja possível a redução a zero do capital social é necessário que se possa presumir «que, em liquidação integral do património da sociedade, não subsistiria qualquer remanescente a distribuir pelos sócios» (art. 198.º, 3). Este aspeto é particularmente importante tendo em conta que qualquer sócio

---

[57] Nesse sentido também, CARVALHO FERNANDES/JOÃO LABAREDA, *Código da Insolvência e da Recuperação de Empresas anotado*, cit., p. 726. A questão não deixa de ter interesse uma vez que o art. 198.º, 1, apenas remete para o art. 201.º, 1. A redação do art. 198.º, 1, parece indicar que as medidas a adotar e executar surgem como condição para que o plano de insolvência produza efeitos.

[58] O § 249 da *InsO* contém um regime semelhante ao que resulta dos arts. 201.º, 1, e 215.º, parte final. HORST EIDENMÜLLER, «§ 221», in HANS-PETER KIRCHOFF/HORST EIDENMÜLLER/ ROLF STÜRNER (her.), *Münchener Kommentar zum Insolvenzornung*, cit., Rn. 25, salienta que se trata de um preceito que visa fundamentalmente proteger os credores.

[59] CARVALHO FERNANDES/JOÃO LABAREDA, *Código da Insolvência e da Recuperação de Empresas anotado*, cit., p. 782 e s..

[60] Como é sabido, o CSC exige que as sociedades anónimas e as sociedades em comandita por ações tenham um capital social mínimo de 50.000 euros. Quanto às sociedades por quotas, o que é hoje exigido pelo art. do CSC é que cada quota tenha o valor nominal mínimo de 1 euro. Assim, o capital mínimo de cada sociedade por quotas dependerá do número de quotas em que se divida aquele capital.

O PLANO DE INSOLVÊNCIA

pode requerer a recusa de homologação do plano de insolvência se demonstrar em termos plausíveis que a sua situação ficará pior do que na ausência de qualquer plano, nos termos do art. 216.º, 1, *a*)[61].

Note-se, porém, que tudo o que estamos a dizer suscita muitas dúvidas se o devedor é uma sociedade anónima. Com efeito, o art. 34.º da Diretiva 2012/30/UE estabelece que qualquer «redução do capital subscrito, à exceção da que for ordenada por decisão judicial, deve ser, pelo menos, deliberada pela assembleia geral [...]»[62]. A violação do disposto naquela Diretiva, atendendo ao respetivo efeito direto quanto ao preceito referido, deve conduzir à não admissão da proposta de plano de insolvência (art. 207.º) ou, se tiver sido admitida, à recusa de homologação[63].

Sendo necessário fazer acompanhar a redução de capital de um aumento do mesmo, esse aumento deverá respeitar o disposto no art. 198.º, 4: se for realizado *sem concessão de preferência* aos sócios, pressupõe que, alternativamente, o capital social seja previamente reduzido a zero *ou* que o aumento não acarrete desvalorização das participações mantidas pelos sócios[64]. No caso de o plano conter a previsão de aumento de capital, há que contar, naturalmente, com o art. 201.º, 2, e o que mais se dirá acerca daquele aumento[65].

---

[61]   Lembrando isso mesmo, Paulo de Tarso Domingues, «O CIRE e a recuperação das sociedades comerciais em crise», cit., p. 42, nt. 39.

[62]   Cfr., nos mesmos termos, o art. 30.º da anterior Diretiva 77/91/CE. Sobre o tema tratado em texto, cfr. Maria Ângela Soares, «Aumento do capital», AAVV., *Problemas do direito das sociedades*, IDET/Almedina, Coimbra, 2002, p. 243, Coutinho de Abreu, *Curso de direito comercial*, 1.º vol., cit., p. 336 e s., e Paulo de Tarso Domingues, «O CIRE e a recuperação das sociedades comerciais em crise», cit., p. 44 e ss..

[63]   Coutinho de Abreu, *Curso de direito comercial*, 1.º vol., cit., p. 336 e s.. Já Paulo de Tarso Domingues, «O CIRE e a recuperação das sociedades comerciais em crise», cit., p. 48, mostra dúvidas acerca da desconformidade do regime perante a Diretiva uma vez que o art. 34.º da mesma admite a redução que tenha sido ordenada por decisão judicial, entendendo o autor que se poderá aceitar ser aí abrangida a homologação judicial do plano de insolvência.

[64]   Criticando as soluções do art 198.º, 4, Coutinho de Abreu, *Curso de direito comercial*, 1.º vol., cit., p. 335.

[65]   Para a situação paralela do art. 95.º, 2, do CSC, encontra-se previsto um prazo de 60 das para que tenha lugar o aumento do capital. Contudo, não parece que esse prazo valha na hipótese analisada no texto. Paulo de Tarso Domingues, «O CIRE e a recuperação das sociedades comerciais em crise», cit., p. 41, nt. 36, também assim o entende, mas o autor defende igualmente que o aumento não tem de ser contemporâneo da redução (p. 42). Porém, a verdade é que o art. 198.º, 2, *a*), exige que o aumento *acompanhe* a redução.

UM CURSO DE DIREITO DA INSOLVÊNCIA

Embora a redução do capital social de uma sociedade comercial obrigue à alteração dos respetivos estatutos, essa mesma alteração que seja adotada no plano de insolvência não parece tornar necessário observar o disposto no art. 198.º, 5. Julgamos que se poderá entender que a alteração abrangida pelo art. 198.º, 2, *a)*, constitui norma especial. Este último preceito afasta a aplicação do art. 198.º, 5, que aliás deixa de fora do seu âmbito as hipóteses previstas no art. 198.º, 2, *a)* e *b)*.

3.7.4. O aumento de capital a subscrever por terceiros ou por credores

O plano de insolvência pode «adotar» um aumento do capital social. Esse aumento pode ser em espécie[66] ou em dinheiro[67] e pode destinar-se a ser subscrito por terceiros ou por credores. Neste último caso, o aumento pode até ser subscrito por conversão de créditos em participações sociais, reestruturando a dívida[68]. A conversão depende, em regra, da *anuência* dos titulares dos

---

[66] Parecendo ser de exigir, nesses casos, o relatório do ROC previsto no art. 28.º do CSC. Sobre a nomeação do mesmo, PAULO OLAVO CUNHA, «Providências específicas do plano de recuperação de sociedades», cit., p. 125, nt. 37.

[67] Não está previsto na norma o aumento de capital por incorporação de reservas. Afirmando que isso se justifica «essencialmente por não resultar dessa operação a disponibilização de (novos) meios que reforcem efectivamente a situação económica da sociedade e lhe proporcionem condições para se manter em actividade», PAULO OLAVO CUNHA, «Providências específicas do plano de recuperação de sociedades», cit., p. 123.

[68] Sobre o *debt-equity swap*, v., p. ex., ANDREAS PIEKENBROCK, «Das Insolvenzrecht zu Beginn des 21. Jahrhunderts: eine Dauerbaustelle», in WERNER EBKE/CHRISTOPHER SEAGON/MICHAEL BLATZ (her.), *Solvenz – Insolvenz – Resolvenz*, cit., p. 101 e ss. (referindo-se também à sua admissibilidade no procedimento de *sauvegarde*, no *concordato preventivo*, na *réorganisation judiciaire* e no *company voluntary arrangement*), JENS EKKENGA/ARNO BERMEL, «Finanzierung und außergerichtliche Sanierung», in JENS EKKENGA/HENNING SCHRÖER, *Handbuch der AG--Finanzierung*, Carl Heymanns/Wolters Kluwer, Köln, 2014, p. 1456 (salientando a importância do instrumento para melhorar o *Rating* da sociedade por diminuição do endividamento e pelo aumento da liquidez devido à redução do encargo com juros), JOSÉ ANTONIO GARCÍA--CRUCES (dir.), *Los acuerdos de refinanciación y de reestructuración de la empresa en crisis*, cit., p. 327 e ss. (lembrando que o credor também pode querer adquirir a participação para, por exemplo, integrar a sociedade num grupo e criar economias de escala e sinergia), HARALD HESS/DIETMAR REEH, «Kreditsanierung», in HARALD HESS (her.), *Sanierungshandbuch*, 6. Aufl., Luchterhand/Wolters Kluwer, Köln, 2013, p. 496 e ss. (que destacam as estratégias seguidas pelos bancos, que não têm geralmente interesse em adquirir participações no devedor), e, entre nós, PAULO DE TARSO DOMINGUES, «O CIRE e a recuperação das sociedades comerciais

O PLANO DE INSOLVÊNCIA

créditos, nos termos do art. 202.º, 2, embora essa exigência conheça exceções contidas no art. 203.º.

Se estiver previsto na lei ou nos estatutos um direito de preferência dos sócios em caso de aumento, o plano de insolvência pode respeitá-lo ou não[69]. No entanto, há que ter em atenção o disposto no art. 198.º, 4. A aprovação desse aumento sem concessão de preferência aos sócios, «ainda que por entradas em espécie»[70], pressupõe que o capital seja previamente reduzido a zero ou que a medida não acarrete desvalorização das participações que os sócios conservem[71].

O art. 198.º, 4, obriga a perguntar se o direito de preferência em causa é ali reconhecido mesmo quando o mesmo não resulte de outra norma legal ou dos próprios estatutos da sociedade[72]. É, no entanto, difícil sustentar essa leitura. O referido preceito parece ligar-se ao art. 198.º, 2, *b*), em que apenas se faz menção ao «direito de preferência dos sócios legal ou estatutariamente previsto».

O aumento do capital social de uma sociedade obriga à alteração dos respetivos estatutos. Mas essa alteração não parece tornar necessário observar o disposto no art. 198.º, 5. A alteração abrangida pelo art. 198.º, 2, *a*), constitui

---

em crise», cit., p. 43 e s., e MADALENA PERESTRELO DE OLIVEIRA, *Manual de corporate finance*, Almedina, Coimbra, 2015, p. 318 e ss..

[69] Defendendo que os sócios de sociedade em nome coletivo também teriam direito de preferência quanto ao aumento de capital do plano de insolvência, CARVALHO FERNANDES/ JOÃO LABAREDA, *Código da Insolvência e da Recuperação de Empresas anotado*, cit., p. 729. Estes autores parecem admitir um direito de opção dos sócios no caso de aumento de capital por conversão de créditos (p. 731), no que são seguidos por PEDRO PIDWELL, *O processo de insolvência e a recuperação da sociedade comercial de responsabilidade limitada*, cit., p. 239.

[70] Esse direito de preferência terá que resultar de cláusula do contrato de sociedade. CARVALHO FERNANDES/JOÃO LABAREDA, *Código da Insolvência e da Recuperação de Empresas anotado*, cit., p. 729, defendem que o art. 198.º, 4, «consagra implicitamente uma extensão do direito legal de preferência a todos os casos de aumento decidido no âmbito de um plano de insolvência». E, portanto, mesmo no caso de o aumento de capital ser realizado por entradas em espécie também existiria direito de preferência. A mesma leitura foi defendida por PAULO DE TARSO DOMINGUES, «O CIRE e a recuperação das sociedades comerciais em crise», cit., p. 43.

[71] Mostrando alguma perplexidade perante esta parte do preceito, COUTINHO DE ABREU, *Curso de direito comercial*, vol. I, cit., p. 335, PAULO DE TARSO DOMINGUES, «O CIRE e a recuperação das sociedades comerciais em crise», cit., p. 43.

[72] Defendendo essa posição, como vimos, CARVALHO FERNANDES/JOÃO LABAREDA, *Código da Insolvência e da Recuperação de Empresas anotado*, cit., p. 729 e ss..

UM CURSO DE DIREITO DA INSOLVÊNCIA

norma especial que afasta a aplicação do art. 198.º, 5. Este último preceito deixa de fora do seu âmbito as hipóteses previstas no art. 198.º, 2, *a*) e *b*).

Também quanto ao aumento de capital de *sociedade anónima* a solução contida no CIRE parece contrariar o que resulta do art. 29.º, 1, da Diretiva 2012/30/UE e, antes, o que se extraía do art. 25.º da Diretiva 77/91/CEE[73]. Acresce que a própria supressão pelos credores do direito de preferência dos acionistas viola o art. 33.º, 1 e 2, daquela Diretiva[74]. E mais uma vez as violações referidas devem conduzir à não admissão da proposta de plano de insolvência (art. 207.º) ou, se tiver sido admitida, à recusa de homologação[75].

Estando previsto um aumento de capital da sociedade devedora, é preciso ter em conta o teor do art. 201.º, 2: antes da homologação do plano de insolvência é necessário que estejam *subscritas* as participações sociais, que estejam *integralmente realizadas* as entradas em *dinheiro* (através de depósito à ordem do administrador da insolvência), que tenham sido *emitidas as declarações* de que se transmitem as entradas em espécie e que o valor destas tenha sido *verificado por ROC* designado no próprio plano[76].

---

[73] No art. 29.º, 1, da Diretiva 2012/30/CE, lê-se, designadamente, que qualquer «aumento do capital deve ser deliberado pela assembleia geral [...]». Mais uma vez sobre o tema, cfr. MARIA ÂNGELA SOARES, «Aumento do capital», cit., p. 243, COUTINHO DE ABREU, *Curso de direito comercial*, 1.º vol., cit., p. 336 e s., e PAULO DE TARSO DOMINGUES, «O CIRE e a recuperação das sociedades comerciais em crise», cit., p. 44 e ss. (com análise dos Acs. do TJCE Karella e Karellas, Proc. C-19/90 e C-20/90, CJ-TJCE, 1991, I, p. 2691 e ss., Syndesmos Melon, Proc. C-381/89, CJ-TJCE, 1992, I, p. 2111 e ss., Dyonysios Diamantis, Proc. C-373/97, CJ-TJCE, 2000, I, p. 1705 e ss. e Alexandros Kefalas, Proc. C-367/96, CJ-TJCE, 1998, I, p. 2843 e ss.). Com leitura diferente, cfr. o Ac. RL de 21.01.2014 (Relator: Roque Nogueira), Proc. n.º 4843/10.9TBFUN--H.L1-7, in www.dgsi.pt.

[74] PAULO DE TARSO DOMINGUES, «O CIRE e a recuperação das sociedades comerciais em crise», cit., p. 47 e s..

[75] COUTINHO DE ABREU, *Curso de direito comercial*, 1.º vol., cit., p. 336 e s., e PAULO DE TARSO DOMINGUES, «O CIRE e a recuperação das sociedades comerciais em crise», cit., p. 47.

[76] CARVALHO FERNANDES/JOÃO LABAREDA, *Código da Insolvência e da Recuperação de Empresas anotado*, cit., p. 740, consideram que a intervenção do ROC não deve ter lugar se foi já proferida sentença de verificação de créditos; por sua vez, RUI SIMÕES, «A aquisição de empresas insolventes», cit., p. 385, aceita essa solução quando a sentença de verificação de créditos tenha fixado os valores de forma definitiva. Como é evidente, a solução apontada só faria sentido se os critérios de avaliação a utilizar pelo ROC fossem os mesmos que são usados no âmbito da verificação de créditos.

3.7.5. A alteração dos estatutos

O plano de insolvência pode conter a alteração dos estatutos da sociedade[77]. Desde logo, alterações que não se traduzam em reduções ou aumentos de capital.

No entanto, a alteração dos estatutos só será possível se estiverem cumpridos alguns requisitos, que variam consoante os casos.

É antes de mais necessário verificar se o capital da sociedade foi também reduzido a zero ou se todos os sócios foram excluídos, visto que, se tal não acontece, será necessário que se encontrem respeitadas outras exigências (art. 198.º, 5).

No entanto, a redução do capital a zero «só é admissível se for de presumir que, em liquidação integral do património da sociedade, não subsistiria qualquer remanescente a distribuir pelos sócios» (art. 198.º, 3). Por sua vez, a exclusão de todos os sócios no plano de insolvência só vem prevista para as sociedades em nome coletivo ou em comandita simples, devendo ser acompanhada da admissão de novos sócios (art. 198.º, 2, *f*)).

Não tendo sido reduzido a zero o capital nem tendo ocorrido a exclusão de todos os sócios, a alteração dos estatutos depende, antes de mais, de que o plano contenha também um aumento de capital destinado, no todo ou em parte, a não sócios. Além disso, será também preciso que a alteração dos estatutos pudesse ser deliberada em assembleia geral e que do aumento de capital mencionado resulte para os credores e terceiros em conjunto a maioria necessária para aquela alteração (art. 198.º, 5). E, mais uma vez, é necessário ter em conta os arts. 201.º, 2, 202.º, 2, 203.º, 204.º e 205.º.

Pelo menos aparentemente, o aumento de capital previsto no art. 198.º, 5, *a*) e *b*), que não conceda preferência aos sócios deve também respeitar o disposto no art. 198.º, 4 e, sendo o caso, o art. 198.º, 3. Isto é, se, por força do art. 198.º, 5, for necessário que o plano de insolvência contenha um aumento de capital destinado, no todo ou em parte, a não sócios, então há que respeitar o

---

[77] Também o § 1123, (a), (5), (I), do *Bankruptcy Code* dos EUA prevê a possibilidade de o plano conter uma «amendment of the debtor's charter». Por sua vez, o § 225 a *InsO*, introduzido pela *ESUG*, prevê no seu n.º 3 que o plano pode conter qualquer medida admissível de acordo com o direito das sociedades («Im Plan kann jede Regelung getroffen werden, die gesellschaftsrechtlich zulässig ist [...]»).

direito de preferência dos sócios ou cumprir o preceituado no art. 198.º, 4, e eventualmente o art. 198.º, 3. No entanto, esta leitura é questionável. Com efeito, o aumento de capital previsto no art. 198.º, 5, surge como exigência para que sejam adotadas outras medidas: não é verdadeiramente o que os credores pretendem, mas uma exigência legal. Os credores terão em regra interesse em afastar o direito de preferência dos sócios, pois o art. 198.º, 5, *b*), torna necessário que «do aumento decorra para o conjunto dos credores e terceiros participantes a maioria para esse efeito legal ou estatutariamente estabelecida». O exercício do direito de preferência pelos sócios poderia afastar a possibilidade de adotar as medidas pretendidas. Só que a aplicação do art. 198.º, 4, parece excluída pelo facto de o aumento de capital previsto no n.º 5 surgir como caminho a seguir quando o capital não foi reduzido a zero ou todos os sócios tenham sido excluídos. Ora, é precisamente a alternativa da redução a zero do capital que volta a surgir no art. 198.º, 4, *a*).

3.7.6. A transformação da sociedade

Outra das providências relativas às sociedades comerciais que pode constar do plano de insolvência é a transformação da sociedade existente noutra de outro tipo (art. 198.º, 2, *d*)). Mais uma vez, será necessário que se respeite o teor do art. 198.º, 5, tendo também em conta os arts. 201.º, 2, 202.º, 2, 203.º, 204.º e 205.º. E mais uma vez também, surge o problema da aplicação (ou não) do art. 198.º, 4.

3.7.7. A alteração dos órgãos sociais

A alteração dos órgãos sociais pode verificar-se em relação a vários aspetos. Destacamos os relativos à sua composição em concreto, ao número de membros e à estrutura organizatória[78]. Naturalmente, qualquer uma dessas alterações deverá respeitar as exigências legais quanto ao tipo societário em causa.

---

[78] Defendendo que o regime se aplica também quando a alteração dos órgãos sociais deve ser deliberada por outro órgão, CARVALHO FERNANDES/JOÃO LABAREDA, *Código da Insolvência e da Recuperação de Empresas anotado*, cit., p. 732 e s.. Sobre o momento da entrada em funções dos titulares designados no plano de insolvência, PAULO OLAVO CUNHA, «Providências específicas do plano de recuperação de sociedades», cit., p. 137.

O PLANO DE INSOLVÊNCIA

A alteração dos órgãos sociais obriga a ter especialmente em conta, mais uma vez, o teor dos arts. 198.º, 5, 201.º, 2, 202.º, 2, 203.º, 204.º e 205.º. E novamente, surge o problema da aplicação (ou não) do art. 198.º, 4.

3.7.8. A exclusão de todos os sócios da sociedade em nome coletivo ou em comandita simples

A al. *f)* do art. 198.º, 2, permite que o plano de insolvência preveja a exclusão de todos os sócios de sociedade em nome coletivo ou em comandita simples, acompanhada da admissão de novos sócios[79]. No caso de se tratar da exclusão dos sócios da sociedade em comandita simples, são abrangidos os sócios comanditados e os sócios comanditários.

Trata-se de uma medida difícil de aceitar com a extensão desenhada na lei. Com efeito, a exclusão é decidida pelos credores sem que se exija sequer que exista justa causa para o efeito. E nem mesmo o facto de o art. 198.º, 6, estabelecer que a exclusão pressupõe «o pagamento aos sócios excluídos da contrapartida adequada» afasta a objeção deduzida. Essa contrapartida não será sequer paga quando as partes sociais sejam «destituídas de qualquer valor».

3.7.9. A exclusão dos sócios comanditados na sociedade em comandita por ações

Vimos no ponto anterior que os credores poderiam aprovar um plano que preveja a exclusão de todos os sócios de uma sociedade em comandita simples[80]. No caso, porém, de estarmos perante uma sociedade em comandita por ações, a exclusão apenas pode abranger os sócios comanditados. E mesmo essa exclusão só pode ter lugar se for acompanhada da redução do capital a zero. Contudo, essa redução deve realizar-se nos termos da al. *a)* do art. 198.º, 2. Essa remissão é tudo menos clara. Com efeito, a referida al. *a)* preocupa-se com a redução do capital para cobertura de prejuízos. Mas não será isso que estará a ser exigido agora. O que, isso sim, fará sentido é considerar que a redução a zero tem que ser acompanhada de aumento do capital para montante

[79] Criticamente, Coutinho de Abreu, *Curso de direito comercial*, 1.º vol., cit., p. 336.
[80] Mais uma vez crítico perante a solução, Coutinho de Abreu, *Curso de direito comercial*, 1.º vol., cit., p. 336.

UM CURSO DE DIREITO DA INSOLVÊNCIA

igual ou superior ao mínimo legal, devendo esse aumento ter em conta o que resulta do próprio CIRE.

De qualquer modo, a redução a zero do capital social da sociedade em comandita por ações só pode constar do plano se «for de presumir que, em liquidação integral do património da sociedade, não subsistiria qualquer remanescente a distribuir pelos sócios» (art. 198.º, 3).

3.8. Saneamento por transmissão

Uma das medidas que também pode ser adotada num plano de insolvência é a que surge designada como *saneamento por transmissão* (art. 199.º). O plano de insolvência prevê nesse caso a *constituição de uma ou mais sociedades*, contém em *anexo* os próprios estatutos das mesmas e procede ao «preenchimento» dos órgãos sociais. A sociedade ou sociedades assim constituídas destinam-se à exploração de um ou mais estabelecimentos[81] adquiridos à massa insolvente, aquisição essa que deverá ser efetuada mediante *contrapartida adequada*, a encontrar caso a caso e tendo em conta as circunstâncias[82].

As alternativas não parecem sequer estar limitadas à transmissão de um estabelecimento a cada sociedade constituída[83]. A transmissão de estabelecimento no saneamento por transmissão constitui um verdadeiro trespasse de estabelecimento[84].

Tal como para o aumento de capital da devedora, também agora será necessário (art. 201.º, 2) que, antes da homologação do plano de insolvência, estejam subscritas as participações sociais, estejam integralmente realizadas as entradas em dinheiro (através de depósito à ordem do administrador da insolvência), tenham sido emitidas as declarações de que se transmitem as entradas em espécie e o valor destas tenha sido verificado por ROC designado no próprio plano.

---

[81] Sobre o sentido do termo estabelecimento no âmbito deste preceito, CASSIANO DOS SANTOS, «Plano de insolvência e transmissão da empresa», in CATARINA SERRA, *I Congresso de direito da insolvência*, Almedina, Coimbra, 2013, p. 142.

[82] Defendendo que as contrapartidas dependem da vontade das partes, PEDRO PIDWELL, *O processo de insolvência e a recuperação da sociedade comercial de responsabilidade limitada*, cit., p. 209.

[83] Cfr., nesse sentido, CASSIANO DOS SANTOS, «Plano de insolvência e transmissão da empresa», cit., p. 148.

[84] Com essa opinião também, RUI SIMÕES, «A aquisição de empresas insolventes», cit., p. 392.

O PLANO DE INSOLVÊNCIA

Os credores do devedor podem ser sócios da sociedade ou sociedades cuja constituição está prevista no plano de insolvência[85]. Nesse caso, as suas entradas para as ditas sociedades podem ser constituídas pelos próprios créditos sobre o devedor. Estaremos então perante entradas em espécie, devendo o respetivo valor ser verificado por ROC designado no plano (art. 201.º, 2, parte final). Como lembram Carvalho Fernandes e João Labareda[86], esses créditos podem, «se essa for a vontade da assembleia, ser usados, total ou parcialmente, em contrapartida da transferência do estabelecimento que a nova sociedade intenta prosseguir».

No entanto, não é apenas nesse caso que a transmissão da empresa do devedor pode ser prevista no plano de insolvência. Isso pode ser confirmado pela leitura do art. 195.º, 2, *b*) e *c*)[87]. Por outro lado, a alienação da empresa ou estabelecimento do devedor pode ser um *ato de liquidação*, como o art. 162.º comprova[88].

A transmissão de um ou mais estabelecimentos para a sociedade ou sociedades que têm a constituição prevista no plano de insolvência não pode deixar de ser estudada olhando para o regime dos débitos do devedor relacionados com a exploração do estabelecimento ou estabelecimentos a transmitir. Particularmente importante é a questão de saber se os débitos referidos se transmitem ou não quando nada é dito quanto aos mesmos no plano de insolvência. E não se pode esquecer também que pelo menos alguns daqueles débitos podem ser dívidas da massa[89].

---

[85] Mas não parece de excluir que também seja sócio da sociedade ou das sociedades a constituir quem não seja credor do insolvente: COUTINHO DE ABREU, *Curso de direito comercial*, 1.º vol., p. 333, nt. 837.

[86] CARVALHO FERNANDES/JOÃO LABAREDA, *Código da Insolvência e da Recuperação de Empresas anotado*, cit., p. 734; na mesma direção, CASSIANO DOS SANTOS, «Plano de insolvência e transmissão da empresa», cit., p. 151.

[87] Como aliás lembra CASSIANO DOS SANTOS, «Plano de insolvência e transmissão da empresa», cit., p. 143.

[88] Considerando que o próprio saneamento por transmissão pode ter lugar no âmbito de um «plano-liquidação», PEDRO PIDWELL, *O processo de insolvência e a recuperação da sociedade comercial de responsabilidade limitada*, cit., p. 207.

[89] Sobre o tema, com posições não totalmente coincidentes, v. CARVALHO FERNANDES/JOÃO LABAREDA, *Código da Insolvência e da Recuperação de Empresas anotado*, cit., p. 734 e s., e CASSIANO DOS SANTOS, «Plano de insolvência e transmissão da empresa», cit., p. 151.

UM CURSO DE DIREITO DA INSOLVÊNCIA

A transmissão do estabelecimento ou estabelecimentos pode deixar a sociedade insolvente sem condições de sobrevivência. Com o registo do encerramento do processo após o rateio final, considera-se extinta a sociedade (art. 234.º, 3). Porém, o plano de insolvência pode prever a continuidade da sociedade comercial. Nesse caso, a sociedade retoma a atividade após o encerramento do processo independentemente de deliberação dos sócios (art. 234.º, 1). Contudo, será difícil que o plano de insolvência preveja essa continuidade se também prevê a alienação do único estabelecimento da sociedade ou de todos os estabelecimentos desta[90].

3.9. Subscrição de participações no caso de aumento do capital social da devedora ou de constituição de sociedade em saneamento por transmissão

Já vimos acima que o plano de insolvência pode prever a realização de um aumento de capital da sociedade devedora ou o saneamento por transmissão. Num caso e noutro a subscrição de participações deve ocorrer antes da homologação do plano de insolvência, o mesmo devendo acontecer com a realização integral das entradas em dinheiro (mediante depósito à ordem do administrador da insolvência), com a emissão das declarações de que se transmitem as entradas em espécie e com a verificação do valor destas entradas pelo ROC que o próprio plano deve designar (art. 201.º, 3). Assim, antes da homologação fica assegurada a entrada no património da sociedade dos bens referidos, com as entradas em espécie devidamente avaliadas.

3.10. Condições suspensivas e resolutivas

Como resulta do art. 201.º, 1, não é proibida a aposição de condições *suspensivas* ao plano de insolvência desde que essas condições digam respeito à realização de *prestações* ou à execução de *outras medidas* «que devam ocorrer antes da homologação pelo juiz». Ou seja, no momento em que o juiz tem de decidir se homologa ou não o plano de insolvência, é necessário que as condições suspensivas já se tenham verificado. As condições suspensivas a que o plano pode

---

[90] Mas v., lembrando que o art. 234.º, 1, não exige que a sociedade mantenha «no imediato, algum património», CARVALHO FERNANDES/JOÃO LABAREDA, *Código da Insolvência e da Recuperação de Empresas anotado*, cit., p. 735.

O PLANO DE INSOLVÊNCIA

ficar sujeito não estão enumeradas. Pode tratar-se de prestações de credores ou de terceiros, de constituição de garantias ou de financiamentos, por exemplo[91].

Não tendo sido fixado prazo no plano de insolvência para que ocorram as condições, o juiz pode fixar um prazo razoável para que tal se verifique. Ultrapassado esse prazo sem que as condições suspensivas se verifiquem, deve o juiz recusar oficiosamente a homologação do plano de insolvência (art. 215.º).

O CIRE já não tem a mesma tolerância em relação às condições *resolutivas*. Bem pelo contrário, pois as condições resolutivas são proibidas pelo art. 201.º, 3, que apenas ressalva o disposto no art. 218.º[92].

3.11. Necessidade de consentimento do devedor/de credor e casos de dispensa

O art. 202.º identifica nos seus n.ºs 1 e 2 vários casos em que é necessário o *consentimento* do *devedor*, de *sócios* deste ou de *credores*.

Em primeiro lugar, é necessário que o devedor que seja pessoa singular declare que está disponível para o efeito se o plano de insolvência prevê que aquele deva continuar a exploração da empresa. Essa declaração *acompanha a proposta de plano de insolvência*[93].

Caso, porém, o devedor seja uma sociedade comercial (e este é o segundo caso)[94], a declaração referida cabe aos sócios que assim se mantenham e que respondam pessoalmente pelas dívidas da sociedade[95].

---

[91] Sobre estes e outros exemplos, RALF SINZ, «§ 249», in HANS-PETER KIRCHOFF/HORST EIDENMÜLLER/ROLF STÜRNER (her.), *Münchener Kommentar zum Insolvenzornung*, cit., Rn. 7 e ss..

[92] Sobre a cláusula «salvo regresso de melhor fortuna», cfr. o art. 196.º, 1, *a*).

[93] Considerando, porém, que o art. 207.º, 1, *a*), permite que o juiz fixe prazo para o suprimento, CARVALHO FERNANDES/JOÃO LABAREDA, *Código da Insolvência e da Recuperação de Empresas anotado*, cit., p. 742.

[94] Mas v., alargando o âmbito de aplicação do preceito aos ACE's e a outras «entidades jurídicas insolventes titulares de empresa que deva por elas continuar a ser explorada» e «a cujo corpo se mantenham ligadas pessoas que se mostre serem pessoal e ilimitadamente responsáveis pelas respetivas obrigações», CARVALHO FERNANDES/JOÃO LABAREDA, *Código da Insolvência e da Recuperação de Empresas anotado*, cit., p. 742.

[95] RAPOSO SUBTIL e outros, *Código da Insolvência e da Recuperação de Empresas anotado*, 2.ª ed., Vida Económica, 2006, p. 282 (*apud* RUI SIMÕES, «A aquisição de empresas insolventes», cit., p. 383, nt. 27), defendem que os sócios da sociedade insolvente têm que assumir pessoalmente a responsabilidade pelas dívidas daquela se quiserem manter-se como sócios, o que não tem

UM CURSO DE DIREITO DA INSOLVÊNCIA

Em ambas as situações (previstas no n.º 1) pretende-se que não seja possível impor aos sujeitos em causa a continuação de uma atividade que envolve riscos para eles[96] e, por isso, não estão obrigados a prestar a declaração que deve ser apresentada.

Por sua vez, o art. 202.º, 2, alberga três hipóteses: a dação de bens em pagamento de créditos (sobre a insolvência); a conversão de créditos sobre a insolvência em capital; e a transmissão de dívidas correspondentes a créditos sobre a insolvência quando essa transmissão tiver efeitos liberatórios para o antigo devedor.

Em todas essas situações acabadas de descrever é necessária, em regra, a anuência dos titulares dos créditos em causa. Essa anuência deve ser prestada por escrito e é aplicável a parte final do art. 194.º, 2, significando isso que a anuência se considera prestada de forma tácita se o credor votou favoravelmente o plano e que nesse caso a anuência já não tem que acompanhar a proposta de plano de insolvência.

A necessidade da anuência dos titulares dos créditos é fácil de compreender. Na dação em pagamento, o titular do crédito vai receber algo que pode ser difícil converter em dinheiro. Quanto à conversão de créditos sobre a insolvência em capital, pretende-se proteger alguém que pode não querer participar (ou participar ainda mais) na entidade em causa. Por fim, na transmissão de dívidas com efeitos liberatórios para o antigo devedor tem-se em vista tutelar o credor perante a situação do novo devedor (o adquirente da dívida).

A anuência do titular dos créditos sobre a insolvência já *não será necessária* nos casos previstos no art. 202.º, 3: aqueles em que os créditos sobre a insolvência são créditos comuns ou subordinados e a dação em pagamento tem por objeto créditos sobre uma nova sociedade ou sociedades, créditos esses que decorreram da aquisição de estabelecimentos à massa[97]. Por outras palavras, se está prevista a constituição de nova (ou novas) sociedade(s) e a aquisição de estabelecimentos à massa, os créditos que daí resultarem sobre aquela

---

correspondência na lei e parece não ter sentido. Criticando também aquela posição, RUI SIMÕES, «A aquisição de empresas insolventes», cit., p. 383, nt. 27.

[96] CARVALHO FERNANDES/JOÃO LABAREDA, *Código da Insolvência e da Recuperação de Empresas anotado*, cit., p. 742.

[97] Aparentemente com leitura não totalmente coincidente, CARVALHO FERNANDES/JOÃO LABAREDA, *Código da Insolvência e da Recuperação de Empresas anotado*, cit., p. 744.

(ou aquelas) sociedade(s) podem ser objeto de dação em pagamento aos credores sobre a insolvência. Porém, essa dação em pagamento de créditos comuns ou subordinados não carece da anuência dos titulares desses créditos.

O art. 203.º identifica *outros casos em que não é necessário o consentimento dos titulares de créditos* comuns ou subordinados para a *conversão* de uns e outros em *capital da sociedade insolvente* ou em *capital de uma nova sociedade*, bem como para a *extinção* de tais créditos por *contrapartida da atribuição de opções de compra* de participações representativas do capital social respetivo *liberadas pela conversão de certos créditos em capital*. Vejamos melhor.

Em qualquer dos casos, é necessário, antes de mais, que a sociedade insolvente ou a nova sociedade sejam sociedades *anónimas* e que os estatutos respetivos *não contenham restrições à transmissibilidade* das ações (art. 203.º, 1, *a*) e *b*))[98]. Os estatutos da sociedade insolvente ou da nova sociedade devem também conter (art. 203.º, 1, *c*) e *d*)): a obrigatoriedade de ser requerida a *admissão imediata das ações à cotação* em mercado regulamentado, ou então logo que estejam *verificados os requisitos* exigidos para o efeito; a *insusceptibilidade*, enquanto a sociedade for aberta, de *alteração que contrarie o disposto nas als. b) e c) do art. 203.º, 1 e que não seja tomada por unanimidade*. Note-se que os requisitos indicados nas diversas alíneas do art. 203.º, 1, podem ser consequência do próprio plano de insolvência[99].

No que diz respeito à *extinção de créditos por contrapartida da atribuição de opções de compra de participações*, há certos aspetos que merecem destaque. As opções de compra devem ter por objeto participações representativas das sociedades referidas que tenham sido «liberadas» por conversão de créditos sobre a insolvência de grau hierarquicamente superior. Essas opções de compra serão válidas pelo período mínimo de 60 dias contados da data do registo do aumento de capital ou da constituição da nova sociedade e serão livremente transmissíveis[100].

---

[98] Sobre essas restrições, leia-se ALEXANDRE DE SOVERAL MARTINS, *Cláusulas limitativas da transmissibilidade das acções*, Almedina, Coimbra, 2006.

[99] A sociedade que emite as ações em que são convertidos créditos sobre a insolvência independentemente de consentimento dos titulares é considerada sociedade com o capital aberto ao investimento do público (ou sociedade aberta), como decorre do art. 204.º.

[100] No art. 203.º, 1, lê-se, entre outras coisas, que as ditas opções serão «livremente transmissíveis, consoante os casos». No entanto, parece que os «casos» em vista serão, por um lado, os de conversão de créditos em capital, e, por outro, os de extinção de créditos por contrapartida

UM CURSO DE DIREITO DA INSOLVÊNCIA

O titular do crédito agora em causa fica sem ele porque o mesmo se extingue, mas adquire as referidas opções de compra. Se exercer essas opções de compra, adquire participações sociais. Irá pagar o preço ao titular da participação que, por sua vez, a adquiriu através da conversão de créditos sobre a insolvência de grau hierarquicamente superior. Como escrevem Carvalho Fernandes e João Labareda[101], «do que se trata é ainda de criar uma forma alternativa de realização hierárquica dos direitos concorrentes. Por isso é que o titular da opção deve pagar o que, em boa verdade, corresponde ao esforço financeiro feito por aqueles a quem compra e que, por imperativo do *corpo* do n.º 1, são sempre outros credores originariamente titulares de créditos mais tutelados».

Veja-se que, nos termos do art. 203.º, 2, o exercício da opção deverá ter lugar mediante o pagamento de um preço que será «igual ao valor nominal dos créditos empregues na liberação das acções a adquirir». Com efeito, a opção de compra será exercida perante quem adquiriu antes as ações através da conversão de créditos sobre a insolvência. E é o valor nominal desses créditos convertidos que constituirá o preço de exercício das opções de compra.

Além disso, quem pretenda exercer as opções de compra deve verificar se existem também *opções de compra atribuídas a titulares de créditos de grau hierarquicamente superior*. Se tal se verificar, aquele exercício das opções de compra (por titulares de créditos de grau hierarquicamente inferior) «faz caducar, na proporção que couber, as opções atribuídas aos titulares de créditos de grau hierarquicamente superior, pressupondo o pagamento a estes últimos do valor nominal dos créditos extintos por contrapartida da atribuição das opções caducadas» (art. 203.º, 2, parte final).

Se aquele que recebeu as opções de compra não as quer exercer, também as pode transmitir e assim receber eventualmente dinheiro por elas. Com efeito, e como decorre do art. 203.º, 1, as opções devem ser livremente transmissíveis.

---

da atribuição de opções de compra. Por sua vez, o art. 203.º, 3, prevê a emissão, no prazo de dez dias, de títulos representativos das opções de compra, títulos esses que serão emitidos pela sociedade emitente das ações objeto das opções a pedido dos titulares destas. O pedido será formulado após a homologação do plano de insolvência.

[101] CARVALHO FERNANDES/JOÃO LABAREDA, *Código da Insolvência e da Recuperação de Empresas anotado*, cit., p. 747.

480

O PLANO DE INSOLVÊNCIA

Tendo em conta que algumas das operações de que estivemos a tratar poderiam ser demasiado difíceis de concretizar perante as normas do CVM e legislação complementar, o art. 205.º vem afastar a aplicação desses preceitos relativamente a certas ofertas de valores mobiliários (al. *a*)), a certas ofertas «coenvolvidas na atribuição de opções de compra» e a oferta dirigida à «respetiva» aquisição[102] (al. *b*)), e à eventual ultrapassagem das fasquias que tornam obrigatório o lançamento de uma OPA nos casos em que são exercidas as opções de compra que satisfaçam os requisitos do art. 203.º, 1 e 2, ou em que tem lugar a aquisição de ações em aumento de capital da sociedade insolvente de acordo com o previsto no plano de insolvência (al. *c*)). Saliente-se, porém, que nos restantes casos (isto é, nos que não são abrangidos pelo art. 203.º) haverá mesmo necessidade de verificar se aquelas normas se aplicam. E isso pode ter sérias consequências quando as ofertas sejam públicas ou quando surja o dever de lançar OPA.

3.12. As consequências da falta de estipulação expressa quanto a certas matérias

O art. 197.º vem estabelecer que a falta de previsão no plano de insolvência de uma regulamentação expressa quanto a certas matérias transporta consigo a aplicação de um regime supletivo.

Assim, se nada constar em sentido diverso do plano de insolvência, não se consideram afetados por este os «direitos decorrentes de garantias reais e de privilégios creditórios». Fica, por outro lado, demonstrado que o plano de insolvência pode afetar, com limites, aqueles direitos. Mas há que ter em conta o disposto no art. 194.º quanto ao princípio da igualdade e o art. 216.º[103].

Além disso, a falta de estatuição expressa em sentido diverso leva a que devam considerar-se objeto de perdão total os créditos subordinados. Isso obriga a que os titulares de créditos subordinados procurem fazer constar do plano de insolvência alguma coisa quanto aos respetivos créditos.

---

[102] A segunda parte da al. *b*) deixa dúvidas sobre o objeto da oferta CARVALHO FERNANDES/ JOÃO LABAREDA, *Código da Insolvência e da Recuperação de Empresas anotado*, cit., p. 750, defendem, aparentemente, que se trata da oferta dirigida à aquisição das ações objeto das opções.
[103] Lembrando isso mesmo, PEDRO PIDWELL, *O processo de insolvência e a recuperação da sociedade comercial de responsabilidade limitada*, cit., p. 203.

UM CURSO DE DIREITO DA INSOLVÊNCIA

Por fim, se o plano de insolvência nada disser expressamente em sentido diverso também se considera que, após o cumprimento do plano, o devedor e os responsáveis legais ficam exonerados da totalidade das dívidas da insolvência remanescentes. Com efeito, o plano de insolvência pode prever um conjunto de medidas que, só por si, não garantem o pagamento de todas as dívidas da insolvência. O plano de insolvência pode ser integralmente cumprido e, no entanto, não se consegue obter o pagamento de todas aquelas dívidas. Se o plano de insolvência nada dispõe diversamente, tais dívidas remanescentes não terão que ser pagas pelo devedor e responsáveis legais. E isto deve ser tido em conta na leitura do art. 233.º, 1, c)[104].

3.13. O conteúdo do plano: alguns aspetos relativos ao período posterior ao encerramento do processo: a fiscalização pelo administrador da insolvência, a prioridade a novos créditos e outros temas

Com o trânsito em julgado da sentença de homologação do plano de insolvência, o processo de insolvência é, em regra, encerrado (art. 230.º, 1, b)), sendo isso mesmo declarado pelo juiz. Isto, naturalmente, se o conteúdo do próprio plano não se opuser a um tal encerramento.

Mesmo quando aquele trânsito em julgado conduza ao encerramento do processo de insolvência, o plano de insolvência pode prever a fiscalização da respetiva execução pelo administrador da insolvência e exigir a autorização deste último «para a prática de determinados atos pelo devedor ou da nova sociedade ou sociedades». Se esses atos tiverem lugar sem a mencionada autorização, serão em princípio *ineficazes* (nos termos do art. 81.º, 6). A isto voltaremos.

Para já, consideramos também importante referir que, *se o plano de insolvência prevê a fiscalização* da própria execução pelo administrador da insolvência (art. 220.º), pode igualmente prever que os créditos constituídos *durante o período de fiscalização* e até um *certo limite global* tenham prioridade relativamente

---

[104] Mas v., considerando que no caso de «plano-recuperação», a «ausência de estatuição expressa, relativamente à responsabilidade pelo remanescente das dívidas, é motivo de não homologação oficiosa por parte do juiz, com fundamento na violação não negligenciável de normas aplicáveis ao conteúdo do plano», PEDRO PIDWELL, *O processo de insolvência e a recuperação da sociedade comercial de responsabilidade limitada*, cit., p. 205.

482

aos créditos sobre a insolvência em *novo processo de insolvência que seja aberto antes do fim do período de fiscalização* (art. 221.º, 1). Essa prioridade deve ser reconhecida expressamente e por escrito, sendo indicado o montante abrangido e devendo ser confirmada pelo administrador da insolvência. A prioridade será inclusivamente válida perante outros créditos de origem contratual que se tenham constituído durante o período de fiscalização (art. 221.º, 2), assim se evitando que o devedor utilizasse a celebração de novos contratos para afetar as expetativas dos credores prioritários[105]. Com o estabelecimento da prioridade mencionada, pode tornar-se mais fácil obter (certo) crédito durante o período de fiscalização, pois na ausência da mesma os credores terão maiores receios quanto ao surgimento de um novo processo de insolvência e às suas consequências. Por outro lado, é natural que os credores que aprovam o plano de insolvência só estejam dispostos a aceitar aquela prioridade se a execução do plano é fiscalizada pelo administrador da insolvência.

Encerrado o processo, o plano de insolvência pode conferir atribuições à comissão de credores e ao administrador da insolvência (art. 233º, 1, *b*)). Pode também limitar os direitos que os credores da insolvência possam exercer contra o devedor após aquele encerramento (art. 233.º, 1, *c*)).

O encerramento do processo de insolvência antes do rateio final não impede que o plano de insolvência atribua ao administrador da insolvência competência para a defesa nas ações de impugnação da resolução de atos em benefício da massa (art. 233.º, 2, *a*)) ou para prosseguir ações pendentes contra os responsáveis legais pelas dívidas do insolvente que aquele tenha proposto (art. 233.º, 2, *c*)).

4. Decisão do juiz sobre a proposta

Depois de apresentada a proposta, o juiz decide se a mesma é ou não admitida. A possibilidade de intervenção do juiz nesta fase visa evitar não só abusos, mas também perdas de tempo e de dinheiro[106]. O art. 207.º enumera um conjunto de hipóteses que devem conduzir à recusa da admissão.

---

[105] CHRISTIAN TEZLAFF/CHRISTOPH KERN, «§ 265», in HANS-PETER KIRCHOFF/HORST EIDENMÜLLER/ROLF STÜRNER (her.), *Münchener Kommentar zum Insolvenzornung*, cit., Rn. 1.
[106] EBERHARD BRAUN/ACHIM FRANCK, «§ 231», in EBERHARD BRAUN, *Insolvenzordnung*, 6. Aufl., Beck (Beck-online), München, 2014, Rn. 1 e 2.

Na primeira alínea, é feita a distinção entre vícios relativos à *legitimidade para apresentar o plano* (cfr. o art. 193.º) e vícios relativos ao *conteúdo* do plano. Uns e outros podem ser vícios *supríveis* ou *insupríveis*. Sendo supríveis, a recusa de admissão só deve ter lugar se não foram sanados no prazo razoável que o juiz fixar para o efeito[107]. Se forem insupríveis, não haverá lugar à fixação de um tal prazo.

Na al. *b*), indica-se como fundamento de recusa de admissão do plano de insolvência a *manifesta* inverosimilhança da aprovação do plano pela assembleia de credores[108] ou da homologação do plano aprovado. Por outro lado, da al. *c*) resulta que é motivo para recusar a admissão do plano *a manifesta* inexequibilidade deste[109].

Finalmente, conduzirá ainda à recusa de admissão do plano de insolvência (al. *d*)) a *anterior* apresentação pelo devedor de uma proposta de plano de insolvência admitida pelo juiz se a *nova* proposta for também apresentada pelo devedor e o administrador da insolvência se opuser à admissão e tiver o acordo da comissão de credores nos casos em que esta exista.

Admitida a proposta de plano de insolvência, a decisão tomada não admite recurso. O art. 207.º, 2, di-lo expressamente. E como essa norma não faz referência aos casos em que a proposta não foi admitida, então nesses casos já será admitido o recurso[110].

---

[107] Considerando que os «elementos referidos no art. 195.º são obrigatórios e a sua falta dá lugar a não admissão do mesmo – cfr. art. 207.º n.º 1, al. a)», FÁTIMA REIS SILVA, «Processo de insolvência: os órgãos de insolvência e o plano de insolvência», cit., p. 166.

[108] Dando o exemplo de perda de uma licença indispensável para que se continue a explorar um determinado estabelecimento e a fragmentação do que constitua a estrutura do estabelecimento, quando o plano assenta necessariamente nesses aspetos, WOLFGANG BREUER, «§ 231», in HANS-PETER KIRCHOFF/HORST EIDENMÜLLER/ROLF STÜRNER (her.), *Münchener Kommentar zum Insolvenzornung*, Rn. 19.

[109] A exigência de que a inverosimilhança ou inexequibilidade sejam manifestas mostra que o juiz, apesar do princípio do inquisitório (art. 11.º), não pode ordenar a produção de prova para a apreciação em causa. Em sentido próximo, para a Alemanha, WOLFGANG BREUER, «§ 231», in HANS-PETER KIRCHOFF/HORST EIDENMÜLLER/ROLF STÜRNER (her.), *Münchener Kommentar zum Insolvenzornung*, Rn. 6, para quem é de exigir que se trate de casos claros, inequívocos (*eindeutigen Fällen* – Rn. 19).

[110] Assim também, MENEZES LEITÃO, *Direito da insolvência*, cit., p. 291, CARVALHO FERNANDES/JOÃO LABAREDA, *Código da Insolvência e da Recuperação de Empresas anotado*, cit., p. 760 e MARIA DO ROSÁRIO EPIFÂNIO, *Manual de direito da insolvência*, cit., p. 295.

5. Não admissão da proposta de plano de insolvência e cessação da suspensão da liquidação e partilha

Como vimos, a apresentação de uma proposta de plano de insolvência não tem necessariamente como consequência a suspensão da liquidação da massa insolvente e da partilha do produto. Nos termos do art. 206.º, 1, o juiz *pode* decretar essa suspensão a *requerimento* de quem apresenta a proposta de plano de insolvência. Mas decidirá assim «se tal for necessário para não pôr em risco a execução» desse plano. Por outro lado, a própria assembleia de credores de apreciação do relatório pode determinar a suspensão da liquidação e partilha se «cometer ao administrador da insolvência o encargo de elaborar um plano de insolvência» (art. 156.º, 3). Se a assembleia de apreciação do relatório assim o decidir, a liquidação e partilha podem estar suspensas quando é apresentado o plano de insolvência pelo administrador da insolvência.

Não havendo suspensão da liquidação e partilha, a venda de todos os bens apreendidos para a massa insolvente começará, em regra, após o trânsito em julgado da sentença declaratória da insolvência e depois de realizada a assembleia de apreciação do relatório, de acordo com o art. 158.º, 1.

Se o plano de insolvência não foi admitido, cessa em qualquer caso a suspensão da liquidação e partilha. É isso o que resulta para a suspensão decidida pela assembleia de credores de apreciação do relatório do art. 156.º, 4, *b*). E é também o que resulta para a suspensão decretada pelo juiz da remissão para o art. 156.º, 4, *b*), que encontrarmos no art. 206.º, 3. E, por isso, inicia-se ou continua essa mesma liquidação e partilha.

Se a liquidação e partilha não tinham sido suspensas, seguirão também os seus termos.

6. Notificação para parecer

Se a proposta de plano de insolvência for admitida (e já vimos que pode não o ser), devem ser efetuadas várias notificações para que os destinatários se pronunciem em 10 dias sobre a proposta. O art. 208.º manda notificar a comissão de trabalhadores ou, se esta não existir, os representantes que tenham sido designados pelos trabalhadores. Além disso, deve ser notificada a comissão de credores, se existir, bem como o devedor e o administrador da insolvência.

UM CURSO DE DIREITO DA INSOLVÊNCIA

Claro está que, como as notificações se destinam a que os destinatários se pronunciem sobre a proposta de plano de insolvência, não serão efetuadas a quem apresentou a proposta[111]. O devedor também não será notificado se foi dispensada a audiência nos termos do art. 12.º[112].

7. A assembleia de credores para discutir e votar a proposta de plano de insolvência. Convocação

A assembleia de credores em que se discute e vota a proposta de plano de insolvência também é convocada pelo juiz. É o que resulta do art. 209.º, 1, que em geral manda aplicar o disposto no art. 75.º.

Contudo, estão previstas algumas especificidades. Desde logo, quanto à antecedência com que deve ser efetuada a convocação. Agora, a antecedência mínima para realizar a convocação é de 20 dias[113]. Acresce que o anúncio e circulares devem conter: a) A indicação de que a proposta de plano de insolvência está à disposição dos interessados na secretaria do tribunal para consulta por aqueles e desde a data da convocação; b) A indicação de que os pareceres que sejam emitidos nos termos do art. 208.º também estarão à disposição dos interessados para serem consultados no mesmo local durante os dez dias anteriores à data da assembleia.

O juiz está sujeito a várias limitações quanto à data para que pode marcar a assembleia de credores em que se discute e vota a proposta de plano de insolvência. Com efeito, essa assembleia não se pode reunir: a) Antes do trânsito em julgado da sentença que declarou a insolvência; b) Antes de esgotado o prazo para impugnar a lista de credores reconhecidos; c) Antes da realização da assembleia de apreciação do relatório[114].

---

[111] CARVALHO FERNANDES/JOÃO LABAREDA, *Código da Insolvência e da Recuperação de Empresas anotado*, cit., p. 761.
[112] CARVALHO FERNANDES/JOÃO LABAREDA, *Código da Insolvência e da Recuperação de Empresas anotado*, cit., p. 761, MARIA DO ROSÁRIO EPIFÂNIO, «Os credores e o processo de insolvência», cit., p. 708, nt. 63.
[113] FÁTIMA REIS SILVA, «Processo de insolvência: os órgãos de insolvência e o plano de insolvência», cit., p. 166, afirma porém que, «porque o prazo de publicações, regra geral, ronda mais ou menos os 15 dias», nunca convocaria a assembleia com «uma antecedência tão curta».
[114] Considerando que a reunião da assembleia de credores sem a verificação das condições mencionadas constitui violação não negligenciável de regras procedimentais a justificar recusa

O PLANO DE INSOLVÊNCIA

É compreensível a necessidade de esperar pelo trânsito em julgado da sentença que declara a insolvência[115]. A procedência da impugnação daquela sentença conduziria a sérias dificuldades se o plano de insolvência eventualmente aprovado estivesse a ser executado. Mas, por outro lado, o regime descrito obriga a ter bem presentes as consequências da impugnação da sentença referida. Enquanto não ocorre o trânsito em julgado da sentença de declaração de insolvência não pode ter lugar a assembleia para discutir e votar o plano de insolvência e isso pode ser muito prejudicial para a recuperação do devedor ou da empresa[116].

Também é aceitável que se exija esperar pelo decurso do prazo para impugnar a lista de credores reconhecidos. Se não houver impugnações, torna-se mais fácil calcular qualquer quórum e votos. Havendo impugnações, são exigíveis outras cautelas, como revela o art. 209.º, 3. O prazo para apresentar as impugnações está previsto no art. 130.º, 1.

Aguarda-se também pela realização da assembleia de apreciação do relatório pela importância que a mesma terá para que o plano de insolvência seja corretamente elaborado. Porém, o art. 36.º, 1, *n)*, mostra que o juiz pode, «fundadamente, prescindir da realização da mencionada assembleia». Quando assim aconteça, é necessário ter em conta o art. 36.º, 2, 3 e 4.

O art. 209.º já não impede que a assembleia de credores que discutirá e votará a proposta de plano de insolvência reúna antes do trânsito em julgado da sentença de verificação e graduação de créditos[117]. Com efeito, o art. 209.º, 3, prevê justamente que, se aquela assembleia tiver lugar antes do referido trânsito em julgado, o plano de insolvência que nela seja aprovado «acautela os efeitos da eventual procedência das impugnações da lista de credores reconhecidos

---

oficiosa de homologação do plano (art. 215.º), MARIA DO ROSÁRIO EPIFÂNIO, «Os credores e o processo de insolvência», cit., p. 710.

[115] Criticando a solução, FÁTIMA REIS SILVA, «Processo de insolvência: os órgãos de insolvência e o plano de insolvência», cit., p. 166.

[116] Alertando para isso mesmo, FÁTIMA REIS SILVA, «Dificuldades da recuperação de empresas no Código da Insolvência e da Recuperação de Empresas», cit., p 142.

[117] Não era assim antes das alterações introduzidas pelo DL 200/2004. Para uma análise desse anterior regime, FÁTIMA REIS SILVA, «Algumas questões processuais no Código da Insolvência e da Recuperação de Empresas – Uma primeira abordagem», cit., p. 54 e s., JOÃO LABAREDA, «O novo Código da Insolvência e da Recuperação de Empresas – Alguns aspectos mais controversos», cit., p. 23 e ss.

UM CURSO DE DIREITO DA INSOLVÊNCIA

ou dos recursos interpostos dessa sentença, de forma a assegurar que, nessa hipótese, seja concedido aos créditos controvertidos o tratamento devido».

8. Alterações na assembleia

A redação do art. 210.º permite fazer várias distinções quanto à apresentação de modificações ao plano de insolvência proposto. Com efeito, é possível distinguir entre as seguintes modificações: a) Apresentadas *fora da assembleia* de credores e *na assembleia* de credores; b) Apresentadas pelo *proponente* ou por *outrem*; c) *Não substanciais* e *substanciais*; d) *Substanciais que não contendem* com o próprio cerne ou estrutura do plano ou com a finalidade prosseguida ou *substanciais que contendem* com o próprio cerne ou estrutura do plano ou com a finalidade prosseguida.

O art. 210.º não permite dizer qual é o tratamento para todas essas hipóteses. No entanto, dele decorre que o *proponente* pode apresentar na assembleia certas modificações ao plano por ele proposto para que este seja logo ali votado na mesma sessão já com as alterações. Para que assim aconteça, as alterações referidas, sejam ou não substanciais, não podem contender com o próprio cerne ou estrutura do plano ou com a finalidade prosseguida.

Nos restantes casos, não está afastada a possibilidade de apresentação de modificações ao plano de insolvência. Porém, parece decorrer do art. 210.º que nessas outras situações a votação, em regra, não deve ter lugar na mesma sessão em que as modificações foram apresentadas[118]. Há, no entanto, que abrir uma exceção quanto a modificações apresentadas pelo proponente antes da assembleia, pois não se justificaria então obrigar a realizar uma outra sessão.

Por outro lado, a modificação da proposta deve passar pelo controlo do juiz, a realizar, com as devidas adaptações, nos termos previstos no art. 207.º[119].

---

[118] Defendendo a necessidade de se proceder a nova convocatória, CARVALHO FERNANDES/ JOÃO LABAREDA, *Código da Insolvência e da Recuperação de Empresas anotado*, cit., p. 768. Mas se o proponente não apresenta modificações, «nada impedirá, contudo, que, na própria assembleia, outros façam sugestões de alteração ao plano, que o proponente poderá incorporar na sua proposta»: PAULO DE TARSO DOMINGUES, «O CIRE e a recuperação das sociedades comerciais em crise», cit., p. 35, nt. 16.

[119] Com outra opinião, apesar de terem defendido que «uma proposta alterada equivale a uma nova proposta», CARVALHO FERNANDES/JOÃO LABAREDA, *Código da Insolvência e da Recuperação de Empresas anotado*, cit., p. 768.

9. Votação sobre a proposta de plano

9.1. Créditos que não conferem direito de voto

Após a discussão da proposta de plano de insolvência na assembleia de credores, deve a mesma ser sujeita a votação para se apurar se é aprovada ou não.

Há, no entanto, créditos que não conferem direito de voto quanto à proposta de plano de insolvência. De acordo com o disposto no art. 212.º, 2, *a*), estão nessa situação os créditos que não são modificados pela parte dispositiva do plano de insolvência. A solução parece razoável. Se aqueles credores não vêm os seus créditos afctados pelo plano de insolvência, também não devem interferir com o destino do mesmo.

No entanto, mesmo os créditos que não são modificados pela parte dispositiva do plano de insolvência podem acabar por conferir direito de voto se estivermos perante a situação prevista no art. 212.º, 3: isto é, se a aplicação do critério das als. *a*) e *b*) do n.º 2 conduzisse à privação do direito de voto relativamente a todos os créditos.

Também não conferem direito de voto para votar sobre a proposta de plano de insolvência os créditos subordinados de determinado grau quando o próprio plano determina «o perdão integral de todos os créditos de graus hierarquicamente inferiores e não atribuir qualquer valor económico ao devedor ou as respetivos sócios, associados ou membros, consoante o caso» (art. 212.º, 2, *b*)). Assim, nem mesmo na deliberação da assembleia de credores sobre a proposta de plano de insolvência os créditos subordinados conferem necessariamente o direito de voto[120]. Mas, por outro lado, se nada consta expressamente em sentido diverso no plano de insolvência, os «créditos subordinados consideram-se objeto de perdão total» (art. 197.º, *b*)). E deve entender-se que «a omissão de qualquer referência no plano relativamente ao destino dos créditos subordinados deve ser considerado equivalente à do expresso acolhimento da sua extinção (perdão)»[121].

---

[120] Se a deliberação não disser respeito a essa proposta, os créditos subordinados também não conferem direito de voto (art. 73.º, 3).

[121] Carvalho Fernandes/João Labareda, *Código da Insolvência e da Recuperação de Empresas anotado*, cit., p. 723.

Perguntar-se-á como é que um crédito subordinado pode estar perante créditos de graus hierarquicamente inferiores se, como se lê no art. 48.º, 1, os próprios créditos subordinados são graduados depois dos outros créditos sobre a insolvência. Para se compreender o regime legal é preciso ter em conta que o art. 177.º, 1, também manda efetuar o pagamento dos créditos subordinados segundo a ordem por que estes são indicados no referido art. 48.º.

Para que os créditos subordinados de determinado grau não confiram direito de voto é ainda necessário que o plano de insolvência não atribua valor económico ao devedor ou aos sócios, associados ou membros daquele. Um dos casos em que é atribuído valor aos sócios de uma sociedade comercial é aquele em que o plano de insolvência prevê que a sociedade continue a exploração da empresa e não contemple a redução do capital daquela a zero (art. 212.º, 4).

Não conferem igualmente direito de voto no que diz respeito à proposta de plano de insolvência os créditos sobre a massa[122].

Como é fácil de compreender, um mesmo credor pode ser titular, simultaneamente, de créditos que conferem direito de voto e de créditos que não conferem direito de voto.

9.2. Votação na assembleia ou votação por escrito

A votação da proposta de plano de insolvência pode ocorrer em assembleia de credores convocada para discutir e votar aquela proposta. Isso mesmo resulta, por exemplo, dos arts. 210.º e 212.º, 1.

Contudo, o juiz pode decidir que a votação da proposta tenha lugar através de voto escrito fora da assembleia. Nesse caso, a votação deverá ocorrer em prazo não superior a 10 dias e nela só podem participar os titulares de créditos com direito de voto que estivessem presentes na assembleia de credores (art. 211.º, 1). Esta exigência compreende-se perante o disposto na primeira parte do art. 212.º, 1. Com efeito, a proposta de plano só pode considerar-se aprovada se, designadamente, estiverem «presentes ou representados na reunião credores cujos créditos constituam, pelo menos, um terço do total dos créditos com direito de voto».

[122] Carvalho Fernandes/João Labareda, *Código da Insolvência e da Recuperação de Empresas anotado*, cit., p. 818, Maria do Rosário Epifânio, «Os credores e o processo de insolvência», cit., p. 773.

Os credores devem votar declarando se aprovam ou rejeitam a proposta de plano de insolvência. Vale como rejeição uma proposta de modificação da proposta ou o condicionamento do voto (art. 211.º, 2)[123].

O sentido do voto de cada credor poderá depender de muitas circunstâncias. Em primeira linha, cada credor ponderará certamente se com a execução do plano é maior a probabilidade de receber o que lhe é devido do que através da liquidação da massa insolvente. Mas os credores não deixarão também de avaliar, por exemplo, o que pode ser o futuro se houver possibilidade de continuar a negociar com o devedor e o grau de confiança que podem depositar na capacidade deste para, se for o caso, cumprir o que constar do plano[124].

9.3. Aprovação

De acordo com o disposto no art. 212.º, 1, a proposta de plano de insolvência considera-se aprovada se, por um lado, na reunião estiverem presentes ou representados credores cujos créditos constituam *um terço*, pelo menos, da totalidade dos créditos que *conferem direito de voto* e, por outro, se reunir a favor da sua aprovação *mais* de *dois terços* da totalidade dos votos emitidos e *mais* de *metade* dos votos emitidos correspondentes a créditos *não subordinados*. O mencionado art. 212.º, 1, esclarece ainda que as abstenções não são contadas como votos emitidos[125].

---

[123] Não é demais lembrar aqui o teor do art. 194.º, 3. Analisando as lacunas, MADALENA PERESTRELO DE OLIVEIRA, *Limites da autonomia dos credores na recuperação da empresa insolvente*, cit., p. 82 e ss.. A autora, a p. 86 e ss., chama também a atenção para os perigos que resultam da proteção dos credores importantes por derivados de crédito. Interessantes são também as páginas que dedica ao estudo das consequências da eventual nulidade do voto do credor. Sobre os perigos dos *empty creditors*, cfr. tb. GABRIELA FIGUEIREDO DIAS, «Financiamento e governo das sociedades (Debt Governance): o terceiro poder», *III Congresso Direito das Sociedades em Revista*, Almedina, Coimbra, 2014, p. 375 e s..

[124] Sobre a matéria, pode ver-se GUIDO EILENBERGER, «§ 220», in HANS-PETER KIRCHOFF/ HORST EIDENMÜLLER/ROLF STÜRNER (her.), *Münchener Kommentar zum Insolvenzornung*, cit., Rn. 4-11

[125] Quanto aos processos particulares de insolvência abrangidos pelo art. 295.º, este dispõe, na sua al. *a*), que o plano de insolvência e de pagamentos só podem ser homologados pelo juiz se forem aprovados por todos os credores afetados quando prevejam uma dação em pagamento, uma moratória, um perdão ou outras modificações de créditos sobre a insolvência. Há que ter em conta, porém, o art. 275.º.

UM CURSO DE DIREITO DA INSOLVÊNCIA

Como é evidente, a exigência legal quanto à importância relativa dos créditos não subordinados só ganha relevo quando existam créditos sobre a insolvência que sejam subordinados. Destina-se, no entanto, a garantir que os titulares de créditos não subordinados têm uma especial palavra a dizer quanto à proposta de plano de insolvência. Não será, assim, uma qualquer maioria de mais de dois terços de votos emitidos que decidirá.

Uma vez aprovado o plano de insolvência, a deliberação é imediatamente publicada, aplicando-se o art. 75.º «com as devidas adaptações» (art. 213.º).

9.4. Não aprovação

Como vimos, a apresentação de uma proposta de plano de insolvência não tem necessariamente como consequência a suspensão da liquidação da massa insolvente e da partilha do produto. Relembramos que, nos termos do art. 206.º, 1, o juiz pode decretar essa suspensão a requerimento de quem apresenta a proposta de plano de insolvência. E decidirá assim «se tal for necessário para não pôr em risco a execução» desse plano. A própria assembleia de credores de apreciação do relatório pode determinar a suspensão da liquidação e partilha se «cometer ao administrador da insolvência o encargo de elaborar um plano de insolvência» (art. 156.º, 3).

Não havendo suspensão da liquidação e partilha, a venda de todos os bens apreendidos para a massa insolvente começará, em regra, após o trânsito em julgado da sentença declaratória da insolvência e depois de realizada a assembleia de apreciação do relatório, de acordo com o art. 158.º, 1.

Se o plano de insolvência não foi aprovado, cessa em qualquer caso a suspensão da liquidação e partilha (arts. 156.º, 4, *b*), e 206.º, 3) e inicia-se ou continua essa mesma liquidação e partilha[126].

Se a liquidação e partilha não tinham sido suspensas, seguirão também os seus termos.

---

[126] Defendendo a aplicação do art. 213.º também aos casos em que o plano não é aprovado por tal permitir a identificação de situações abusivas, MADALENA PERESTRELO DE OLIVEIRA, *Limites da autonomia dos credores na recuperação da empresa insolvente*, cit., p. 97.

10. Homologação

O plano de insolvência aprovado está sujeito a homologação, que tem lugar por sentença. No entanto, essa sentença não pode ser proferida logo após a aprovação do plano.

O art. 214.º faz a distinção entre os casos em que o plano foi objeto de alterações na assembleia e aqueles em que o não foi. Se as referidas alterações existiram, a sentença de homologação só pode ser proferida decorridos pelo menos dez dias sobre a data da publicação da deliberação. Se a proposta foi aprovada sem alterações na assembleia, a sentença só pode ser proferida decorrido o mesmo número de dias sobre a data da aprovação.

O prazo mínimo de dez dias que deve decorrer justifica-se porque o art. 216.º permite aos interessados, nos termos ali previstos, que requeiram a não homologação do plano de insolvência[127]. Trata-se, no entanto, de um prazo mínimo.

11. Atos que devem preceder a homologação

O art. 201.º impõe que certos atos precedam a homologação do plano de insolvência pelo juiz.

Assim, o plano pode prever condições suspensivas que consistam na realização de prestações ou na execução de outras medidas. Tais prestações ou medidas devem ocorrer antes da homologação (art. 201.º, 1).

O plano pode prever um *aumento de capital social* da sociedade devedora ou um saneamento por transmissão. Quando assim seja, e consoante os casos (art. 201.º, 2), é também antes da homologação que deve ter lugar: *a*) A subscrição de participações sociais; *b*) A realização integral das entradas em dinheiro, mediante depósito à ordem do administrador da insolvência; *c*) A emissão das declarações de transmissão das entradas em espécie e a verificação do seu valor pelo ROC designado no plano[128].

---

[127] Lembrando isso mesmo CARVALHO FERNANDES/JOÃO LABAREDA, *Código da Insolvência e da Recuperação de Empresas anotado*, cit., p. 778.

[128] Parecendo defender coisa diferente uma vez que afirma que as entradas em espécie «terão de ser totalmente efetuadas antes de se encontrar concluída a aprovação do aumento

UM CURSO DE DIREITO DA INSOLVÊNCIA

Se as condições suspensivas não se verificam nem são praticados os atos ou executadas as medidas que devem preceder a homologação do plano de insolvência, o juiz pode fixar um prazo razoável para que isso aconteça. Se nesse prazo não ocorrer o que devia, o juiz recusa a homologação (art. 215.º)[129].

12. Recusa de homologação

12.1. Recusa oficiosa de homologação

O art. 215.º estabelece que o juiz recusa a homologação do plano de insolvência aprovado em vários casos: a) Se verifica que houve violação *não negligenciável* de regras *procedimentais*; b) Se identifica a violação *não negligenciável* de normas aplicáveis ao *conteúdo* do plano de insolvência, «qualquer que seja a sua natureza»[130]; c) Se fixou um *prazo razoável* para que se verifiquem as condições suspensivas do plano, para que sejam praticados atos ou executadas medidas que devam preceder a homologação e aquele prazo não é respeitado[131].

---

do capital», PAULO OLAVO CUNHA, «Providências específicas do plano de recuperação de sociedades», cit., p. 126 e s..

[129] Nos termos do art. 295.º, *a)*, em processo particular de insolvência o plano de insolvência «só pode ser homologado pelo juiz se for aprovado por todos os credores afectados, caso preveja uma dação em pagamento, uma moratória, um perdão ou outras modificações de créditos sobre a insolvência».

[130] CARVALHO FERNANDES/JOÃO LABAREDA, *Código da Insolvência e da Recuperação de Empresas anotado*, cit., p. 780 e s., defendem que a recusa oficiosa da homologação com base na violação das normas aplicáveis ao conteúdo do plano só deve ocorrer se aquela violação também for «não negligenciável», e NUNO CASANOVA/DAVID DINIS, *PER. O processo especial de revitalização*, cit., p. 143, vão no mesmo sentido. MARIA DO ROSÁRIO EPIFÂNIO, *Manual de direito da insolvência*, cit., p. 301, aparenta ter a mesma opinião. Já PAULO DE TARSO DOMINGUES, «O CIRE e a recuperação das sociedades comerciais em crise», cit., p. 38, entende que os vícios de conteúdo impedem a homologação «qualquer que seja a sua natureza». Parece assim que o Professor portuense contrapõe «violação não negligenciável de regras procedimentais» a «violação das normas aplicáveis ao conteúdo, qualquer que seja a sua natureza».

[131] Considerando que o juiz só fixará prazo se a proposta aprovada não o estabelece, CARVALHO FERNANDES/JOÃO LABAREDA, *Código da Insolvência e da Recuperação de Empresas anotado*, cit., p. 783, SANTOS JÚNIOR, «O plano de insolvência. Algumas notas», cit., p. 585, nt. 37.

O PLANO DE INSOLVÊNCIA

Uma violação não é negligenciável quando atinge uma certa importância. Mas isto é ainda dizer pouco. Podemos acrescentar que será não negligenciável a violação que põe em causa as finalidades da norma violada. É, no entanto, importante verificar quando é que está a ser violada a norma e quando é que está a ser afastada, nos casos em que o pode ser[132].

Da leitura do art. 215.º conclui-se que a recusa oficiosa de homologação não pode ser fundada em discordância do juiz quanto ao mérito do que foi aprovado. O juiz não pode recusar a homologação, por exemplo, por achar que no caso em concreto seria mais adequado liquidar em vez de recuperar ou porque certa medida de recuperação teria, na sua opinião, mais sucesso do que a adotada[133]. Seria bom, no entanto, que a lei previsse a possibilidade de, antes de recusar a homologação, o juiz conceder um prazo para que o plano de insolvência fosse corrigido e eliminado o fundamento para a recusa oficiosa de homologação. Com efeito, o § 250, 1, da *InsO* prevê que a recusa oficiosa (*von Amts wegen*) só terá lugar se o vício *nicht behoben werden kann*[134]

---

[132] Para CARVALHO FERNANDES/JOÃO LABAREDA, *Código da Insolvência e da Recuperação de Empresas anotado*, cit., p. 782 e s., não serão negligenciáveis «todas as violações de normas imperativas que acarretem a produção de um resultado que a lei não autoriza», sugerindo também que se atenda ao critério utilizado no art. 195.º do CPC quanto às nulidades processuais. MARIA JOSÉ COSTEIRA, "Questões práticas no domínio das assembleias de credores", cit., p. 112, afirma igualmente que o juiz recusa oficiosamente a homologação quando verifique que existe nulidade. Teremos violação não negligenciável de regras de procedimento se ocorre a participação na votação de um credor sem direito de voto cujos votos «se revelem decisivos para a obtenção de alguma das maiorias exigidas no art. 212.º, 1, ou quando um credor tenha "vendido" os seus votos» (COUTINHO DE ABREU, *Curso de direito comercial*, 1.º vol., cit., p. 330 e s.) ou se falta a convocatória para a realização da assembleia de aprovação do plano (PEDRO PIDWELL, *O processo de insolvência e a recuperação da sociedade comercial de responsabilidade limitada*, cit., p. 278, nt. 1208); haverá vício de conteúdo relevante se forem violadas «normas legais impondo determinados consentimentos» (COUTINHO DE ABREU, últ. *ob. e loc. cit.*) ou se falta a indicação do novo tipo societário no caso de transformação (PEDRO PIDWELL, últ. *ob. e loc. cit.*). Já não parece constituir violação não negligenciável das regras de conteúdo a falta de indicação dos preceitos legais derrogados pela proposta do plano e do âmbito da derrogação (mas v., com outra opinião, PEDRO PIDWELL, últ. *ob. e loc. cit.*).

[133] Para a Alemanha, considerando que o juiz não pode proferir *Ermessensentscheidungen*, MICHAEL JAFFÉ, «§ 250», in KLAUS WIMMER (her.), *Frankfurter Kommentar zur Insolvenzordnung*, 8. Aufl., Luchterhand/Wolterskluwer, 2015, Rn. 1

[134] Admitindo expressamente a concessão de um prazo pelo juiz para a eliminação do vício («wenn der Mangel noch behoben werden kann [...] hat das Insolvenzgericht eine Frist zur Behebung des Mangels zu setzen»), DIRK ANDRES, «§ 250», in DIRK ANDRES/MICHAEL DAHL, *Insolvenzordnung*, 3. Aufl., 2014, Rn. 7.

12.2. Recusa de homologação a requerimento dos interessados

No art. 216.º está prevista a recusa de homologação do plano de insolvência a requerimento de certos sujeitos: do devedor que não seja o proponente e tenha *manifestado nos autos a sua oposição*; de algum credor (garantido, privilegiado, comum ou subordinado) ou sócio, associado ou membro do devedor que tenha *comunicado igualmente nos autos a sua oposição*[135].

Como se vê, em qualquer dos casos é necessário, em regra, que o requerente se tenha *oposto ao plano de insolvência* e que essa oposição tenha sido *manifestada nos autos antes da aprovação* do plano de insolvência. A oposição referida não se confunde, obviamente, com a própria solicitação de recusa de homologação[136].

Contudo, essa manifestação de oposição não é exigida se o requerente *não esteve presente ou representado* na assembleia de credores e nesta a proposta de plano de insolvência tiver sido objeto de *alterações* (art. 216.º, 2). *Não tendo havido qualquer alteração ao plano na assembleia*, a oposição é necessária.

O credor que requer a recusa da homologação e que votou contra a proposta de plano deve ainda assim manifestar a sua oposição, pois não é claro se o voto contrário à proposta vale como oposição para o efeito em causa[137].

O art. 216.º, 1, exige que o *devedor* que requer a recusa de homologação não tenha sido o proponente do plano. Porém, não estabelece igual exigência quanto aos restantes sujeitos que podem ser proponentes do plano e que

---

[135] O § 251 *InsO*, sob a epígrafe «Tutela da minoria» («Minderheitenschutz») também admite que um credor ou um «participante» («beteiligten Person») num devedor que não seja pessoa física requeira em certos termos a não homologação.

[136] Realçando isso mesmo para o direito alemão, Ralf Sinz, «§ 251», in Hans-Peter Kirchoff/Horst Eidenmüller/Rolf Stürner (her.), *Münchener Kommentar zum Insolvenzornung*, cit., Rn. 13.

[137] Se Carvalho Fernandes/João Labareda, *Código da Insolvência e da Recuperação de Empresas anotado*, cit., p. 786, defendem que é «suficiente o voto contrário na deliberação de aprovação», a verdade é que manifestam dúvidas. E na verdade Eberhard Braun/Achim Franck, «§ 251», in Eberhard Braun, *Insolvenzordnung*, 6. Aufl., Beck (Beck-online), München, 2014, Rn. 5, consideram que a oposição é necessária também quando o credor votou contra o plano; no mesmo sentido, Ralf Sinz, «§ 251», in Hans-Peter Kirchoff/Horst Eidenmüller/Rolf Stürner (her.), *Münchener Kommentar zum Insolvenzornung*, cit., Rn. 14, Dirk Andres, «§ 251», in Dirk Andres/Rolf Leithaus/ Michael Dahl, *Insolvenzordnung*, 3. Aufl., Beck (Beck-online), München, 2014, Rn. 3, Eberhard Braun, «§ 251», in Jörg Nerlich/Volker Römermann, *Insolvenzordnung*, 26. Ergänzungslieferung, Beck (Beck-online), München, 2014, Rn. 3.

também têm legitimidade para solicitar a recusa de homologação. Um sócio de uma sociedade em nome coletivo insolvente responde legalmente pelas dívidas da insolvência e pode apresentar proposta de plano de insolvência, o mesmo sucedendo com credor ou grupo de credores cujos créditos representem pelo menos um quinto do total dos créditos não subordinados (de acordo com o art. 193.º, 1). E os credores ou sócios do devedor também podem apresentar a oposição à homologação prevista no art. 216.º, 1. Poderá então dizer-se que, por identidade de razão, também aqueles outros sujeitos que apresentaram a proposta de plano de insolvência estão impedidos de requerer a não homologação nos termos previstos no art. 216.º, 1[138].

Para que a recusa de homologação tenha lugar, é ainda necessário que o requerente consiga demonstrar «em termos plausíveis»[139] e «em alternativa»[140], o seguinte:

a) Que a «sua situação ao abrigo do plano é previsivelmente menos favorável do que a que interviria na ausência de qualquer plano, designadamente face à situação resultante de acordo já celebrado em procedimento extrajudicial de regularização de dívidas»[141];

b) Que o «plano proporciona a algum credor um valor económico superior ao montante nominal dos seus créditos sobre a insolvência, acrescido do valor das eventuais contribuições que ele deva prestar».

---

[138] Defendendo que «parece de afastar a possibilidade de um credor apresentante de uma proposta de plano de insolvência se opor à sua homologação», MARIA DO ROSÁRIO EPIFÂNIO, «Os credores e o processo de insolvência», cit., p. 717.

[139] Como diz SANTOS JÚNIOR, «O plano de insolvência. Algumas notas», cit., p. 585, não se trata de «prova *stricto sensu*, mas de uma *mera justificação*, por isso que o que se exige ao juiz não será a convicção séria e isenta de dúvida da verificação do alegado pelo requerente, mas a conclusão por uma *plausibilidade ou verosimilhança*, ainda que *séria*».

[140] É o que lemos na lei, mas não parece de afastar ser possível a prova de ambas as situações descritas nas alíneas do art. 216.º, 1.

[141] Para uma crítica desta parte final, tendo em conta as alterações introduzidas pelo DL 282/2007, de 7 de agosto, v. CARVALHO FERNANDES/JOÃO LABAREDA, *Código da Insolvência e da Recuperação de Empresas anotado*, cit., p. 786 e s.. COUTINHO DE ABREU, *Curso de direito comercial*, 1.º vol., cit., p. 332, nt. 829, dá o seguinte exemplo de um caso a sujeitar ao art. 216.º, 1, *a*): um credor tem o seu crédito garantido por uma hipoteca sobre um prédio do insolvente com valor suficiente para a satisfação do crédito mas no plano de insolvência é estabelecida a redução do valor de todos os créditos sobre a insolvência.

UM CURSO DE DIREITO DA INSOLVÊNCIA

O art. 216.º não esclarece qual é o prazo para que os interessados requeiram a recusa de homologação. A solução que parece mais cautelosa é a de considerar que vale o prazo geral para a prática de atos processuais, por força do art. 17.º[142].

Estivemos a falar da recusa de homologação a solicitação de interessados. No entanto, a recusa de homologação *não* terá lugar quando, sendo *requerente dessa não homologação o próprio devedor, um sócio, associado ou membro do devedor ou um credor comum ou subordinado*, o plano de insolvência preveja *cumulativamente* o seguinte (art. 216.º, 3):

a) Extinção (*integral*) dos créditos *garantidos* e *privilegiados* por conversão em capital da sociedade devedora ou de nova sociedade ou sociedades, na proporção dos respetivos valores nominais;

b) Extinção dos *demais créditos* (os comuns ou subordinados) por contrapartida da atribuição de opções de compra em conformidade com o disposto no art. 203.º, 1 e 2, «relativamente à totalidade das ações assim emitidas»;

c) Concessão ao devedor ou, sendo o caso, aos sócios, associados ou membros do devedor, na proporção das participações respetivas, de opções de compra de todas as ações emitidas, desde que o exercício dessas opções «determine a caducidade das opções atribuídas aos credores e pressuponha o pagamento do valor nominal dos créditos extintos por contrapartida da atribuição das opções caducadas».

Como é fácil de ver, não é qualquer plano de insolvência que permite invocar o disposto no art. 216.º, 3. E, por outro lado, este preceito não dispensa os regimes previstos para as diversas hipóteses nele abrangidas. Contudo, o art. 216.º, 3, mostra qual é o caminho a seguir se existem razões para crer que o devedor, algum sócio, associado ou membro do devedor ou um credor comum ou subordinado[143] pode invocar o regime do art. 216.º, 1.

---

[142] Com opinião diferente, CARVALHO FERNANDES/JOÃO LABAREDA, *Código da Insolvência e da Recuperação de Empresas anotado*, cit., p. 785, pois defendem não apenas que os interessados contam com o prazo do art. 214.º para que a sentença de homologação seja proferida, mas também que esse prazo pode ser dilatado se a homologação ficou condicionada à verificação prévia de certos requisitos.

[143] Com efeito, os credores garantidos ou privilegiados podem continuar a lançar mão do disposto no art. 216.º, 1, ainda quando se verifiquem as circunstâncias do n.º 3: cfr., chamando

O PLANO DE INSOLVÊNCIA

Se, porém, a conversão em capital referida *não abranger* apenas *algum ou alguns dos créditos garantidos e privilegiados* ou disser respeito a *todos os créditos comuns* mas *só a estes*[144], o art. 216.º, 4, estabelece mais algumas exigências quanto ao pedido de não homologação apresentado pelo *devedor*, pelos seus *sócios, associados* ou *membros*, ou por um *credor comum ou subordinado*. Quando assim seja, e desde que esteja respeitado, quanto ao mais, o art. 216.º, 3, tal pedido apenas «se pode basear na circunstância de o plano de insolvência proporcionar aos titulares dos créditos garantidos ou privilegiados excluídos da conversão, por contrapartida dos mesmos, um valor económico superior ao respectivo valor nominal».

12.3. Recusa de homologação, liquidação e partilha

Se o plano de insolvência aprovado não foi homologado, cessa em qualquer caso a suspensão da liquidação e partilha (arts. 156.º, 4, *b*), e 206.º, 3) e inicia-se ou continua essa mesma liquidação e partilha.

Se a liquidação e partilha não tinham sido suspensas, seguirão também os seus termos.

13. Alguns efeitos da homologação

13.1. Quanto aos créditos sobre a insolvência. Os créditos sobre a massa

Como se lê no art. 217.º, 1, a homologação tem como consequência que se produzem as alterações dos créditos sobre a insolvência introduzidas pelo plano. E isto é assim para os créditos reclamados ou não reclamados, bem como para os verificados ou não verificados.

No entanto, há que ter em atenção que os *credores da insolvência* podem ter também direitos contra «condevedores» ou contra terceiros garantes da obrigação do insolvente. Nesses casos, as providências que estejam previstas

---

a atenção para isso mesmo, Paulo de Tarso Domingues, «O CIRE e a recuperação das sociedades comerciais em crise», cit., p. 40, nt. 30.

[144] E lembre-se que o art. 216.º, 3, *a*), exige a extinção integral dos créditos garantidos e privilegiados, sendo necessário respeitar cumulativamente as várias alíneas daquele n.º 3. Para que o n.º 3 se aplique não pode o plano prever apenas a extinção de créditos comuns.

UM CURSO DE DIREITO DA INSOLVÊNCIA

no plano de insolvência com incidência no passivo do devedor não vão afetar nem a existência, nem o montante daqueles direitos. No que diz respeito aos garantes, a solução legal parece violenta[145]. Tanto mais que os «condevedores» ou os terceiros garantes «apenas poderão agir contra o devedor insolvente em via de regresso nos termos em que o credor da insolvência pudesse exercer contra ele os seus direitos» (art. 217.º, 4).

Convém mais uma vez lembrar o teor do art. 197.º. Deste resulta que, na ausência de expressa estatuição do plano de insolvência noutro sentido, os «direitos decorrentes de garantias reais e de privilégios creditórios não são afetados pelo plano», os «créditos subordinados consideram-se objeto de perdão total» e o «cumprimento do plano exonera o devedor e os responsáveis legais da totalidade das dívidas da insolvência remanescentes».

Quanto aos *créditos sobre a massa insolvente*, há um aspeto que importa destacar. A homologação do plano de insolvência tem, em regra, como consequência o encerramento do processo após o trânsito em julgado daquela decisão. Contudo, o administrador da insolvência deve pagar as dívidas da massa insolvente antes daquele encerramento (art. 219.º) e, no caso de serem litigiosas, deve acautelar «os eventuais direitos dos credores por meio de caução, prestada nos termos do Código de Processo Civil»[146]. Se o plano de insolvência não permite o pagamento das dívidas da massa antes do encerramento do processo, não deve ser homologado (art. 215.º)[147].

13.2. Quanto aos negócios previstos no plano de insolvência

O plano de insolvência pode prever negócios de muito variada natureza. Vimos isso com desenvolvimento a propósito do seu conteúdo. Alguns desses negócios, se celebrados fora daquele plano, poderiam estar sujeitos a certas exigências legais quanto à respetiva forma. O art. 217.º, 2, esclarece, porém,

---

[145] Com outra opinião, CARVALHO FERNANDES/JOÃO LABAREDA, *Código da Insolvência e da Recuperação de Empresas anotado*, cit., p. 793, e PEDRO PIDWELL, *O processo de insolvência e a recuperação da sociedade comercial de responsabilidade limitada*, cit., p. 290 (por entender que os credores ficarão assim mais abertos à ideia de recuperação da empresa).

[146] Realçando, porém, o papel da vontade do próprio credor, CARVALHO FERNANDES/JOÃO LABAREDA, *Código da Insolvência e da Recuperação de Empresas anotado*, cit., p. 801.

[147] CARVALHO FERNANDES/JOÃO LABAREDA, *Código da Insolvência e da Recuperação de Empresas anotado*, cit., p. 800.

O PLANO DE INSOLVÊNCIA

que a sentença homologatória do plano de insolvência confere eficácia aos atos e negócios neste previstos caso estejam cumpridos certos pressupostos: é necessário que constem por escrito do processo «as necessárias declarações de vontade de terceiros e dos credores que o não tenham votado favoravelmente, ou que, nos termos do plano, devessem ser emitidas posteriormente à aprovação». A homologação pode ter lugar ainda que faltem as «declarações de vontade do devedor cujo consentimento não seja obrigatório» de acordo com o CIRE e as declarações da nova sociedade ou sociedades a constituir.

Estando prevista no plano de insolvência a constituição de nova sociedade ou sociedades, a sentença homologatória também é título bastante para o efeito, bem como para o registo da própria constituição (art. 217.º, 3, *a*))[148]. E é também título bastante para a transmissão em benefício daquela ou daquelas sociedades dos bens e direitos que deva adquirir e para a realização dos registos respetivos.

A sentença homologatória será ainda título bastante para a redução e aumento de capital da sociedade devedora, para outras modificações dos seus estatutos, para a transformação da mesma e para a exclusão de sócios e alteração dos órgãos sociais, assim como para a realização dos inerentes registos (217.º, 3, *b*))[149].

14. Encerramento do processo (ou não)

Em regra, o trânsito em julgado da decisão que homologa o plano de insolvência aprovado tem como consequência o encerramento do processo (art. 230.º, 1, *b*))[150]. Não é isso que sucede se o conteúdo do próprio plano não

---

[148] Não obstante a lei dizer (art. 217.º, 3, *a*)) que a sentença homologatória é título bastante para a constituição da nova sociedade ou sociedades, não parece que seja dispensável o registo para a aquisição da personalidade jurídica (art. 5.º do CSC). Nesse sentido, Cassiano dos Santos, «Plano de insolvência e transmissão da empresa», cit., p. 146.

[149] Como bem lembra Paulo Olavo Cunha, «Providências específicas do plano de recuperação de sociedades», cit., p. 135, o plano de insolvência «deve conter os elementos necessários à inscrição registral dos diversos factos que prevê».

[150] Nos processos de insolvência em que tem lugar a aprovação e homologação de plano de pagamentos, o trânsito em julgado das sentenças de homologação do plano de pagamentos e de declaração de insolvência também determina o encerramento do processo de insolvência (art. 259.º, 4). Quanto ao processo de insolvência secundário, cfr. o art. 34.º, 1, do Regulamento 1346/2000.

UM CURSO DE DIREITO DA INSOLVÊNCIA

o permitir. Assim, tudo dependerá do que for esse conteúdo. Como vimos, o plano de insolvência pode prever a liquidação da massa insolvente em termos diferentes daqueles que estão previstos na lei, a recuperação do titular da empresa, a transmissão da empresa a outra entidade ou ser misto. A alternativa escolhida determinará se é ou não possível encerrar o processo com o trânsito em julgado da sentença de homologação do plano de insolvência. Se o plano prevê a realização de atos de liquidação, o encerramento subsequente à homologação parece impossível[151]. Solução diferente vale no caso de um plano que apenas preveja um aumento de capital a subscrever por credores com conversão de créditos em participações sociais[152].

Transitada em julgado a decisão de homologação do plano de insolvência e encerrado o processo, a sociedade comercial devedora cuja continuidade esteja prevista naquele plano retoma a atividade independentemente de deliberação dos sócios (art. 234.º, 1).

15. A execução fiscalizada pelo administrador da insolvência

15.1. A necessidade de previsão no plano de insolvência

Como acabámos de ver, o trânsito em julgado da sentença de homologação do plano de insolvência pode conduzir ao encerramento do processo de insolvência. O plano de insolvência que implique esse encerramento pode então prever algo mais: a fiscalização da execução do próprio plano pelo administrador da insolvência e a necessidade da autorização deste para a prática de determinados atos pelo devedor ou da nova sociedade ou sociedades (art. 220.º, 1). Os atos que podem ficar sujeitos a autorização do administrador da insolvência não são necessariamente negócios jurídicos.

Se a exigência de autorização do administrador apenas pode dizer respeito a *determinados atos*, poderá pensar-se que está afastada a possibilidade de o

---

[151] Cfr., sustentando que o encerramento não tem lugar se o plano prevê atos de liquidação, CARVALHO FERNANDES/JOÃO LABAREDA, *Código da Insolvência e da Recuperação de Empresas anotado*, cit., p. 829, SANTOS JÚNIOR, «O plano de insolvência. Algumas notas», cit., p. 589, nt. 9 («o processo encerrar-se-á com o rateio do saldo apurado na liquidação dos bens»), MENEZES LEITÃO, *Direito da insolvência*, cit., p. 295 e s..

[152] RUI SIMÕES, «A aquisição de empresas insolventes», cit., p. 384.

O PLANO DE INSOLVÊNCIA

plano exigir a autorização do administrador da insolvência para categorias de atos. Dir-se-á que, tendo em conta que o processo de insolvência estará encerrado, as limitações à liberdade de atuação do devedor ou da nova sociedade ou sociedades deverão ser interpretadas restritivamente. No entanto, parece mais razoável aceitar que os atos sujeitos a autorização também possam ser indicados por categorias[153]. A *InsO* alemã, no seu § 263, admite igualmente que determinados negócios jurídicos (*bestimmte Rechtsgeschäfte*) do devedor ou da sociedade adquirente fiquem sujeitos à autorização do administrador da insolvência, aceitando-se que a determinação tenha lugar por referência a categorias de atos[154]. O que se pretendeu com a redação da lei, em Portugal como na Alemanha, foi, por um lado, garantir a indicação clara do que é abrangido pela exigência de autorização e, por outro, evitar que essa exigência abranja todos os negócios do devedor ou da nova sociedade ou sociedades[155]. Se a exigência de autorização apenas pudesse dizer respeito a certos e determinados atos, a sua utilidade seria muito reduzida: na altura da aprovação do plano, dificilmente se podia saber quais os concretos atos que o devedor praticaria num período de fiscalização que se pode prolongar por três anos.

Se é exigida a autorização do administrador da insolvência para a prática de determinados atos do devedor ou da nova sociedade ou sociedades, o art. 220.º, 1, mada aplicar o art. 81.º, 6, com as devidas adaptações. Significa isto, antes de mais, que a falta de autorização tem, em regra, como consequência a ineficácia (absoluta) dos atos praticados. Em princípio, aquela ineficácia não afetará os terceiros de boa fé quanto aos atos celebrados com eles a título oneroso antes da publicação e registo da decisão de encerramento do processo de insolvência previstos no art. 222.º, com a divulgação dos «atos cuja

---

[153] Com essa leitura, CARVALHO FERNANDES/JOÃO LABAREDA, *Código da Insolvência e da Recuperação de Empresas anotado*, cit., p. 803.

[154] EBERHARD BRAUN/ACHIM FRANCK, «§ 263», in EBERHARD BRAUN, *Insolvenzordnung*, cit., Rn. 2, referem-se a várias categorias de negócios que podem ser sujeitas a autorização; DIRK ANDRES, «§ 263», in DIRK ANDRES/ROLF LEITHAUS/ MICHAEL DAHL, *Insolvenzordnung*, cit., Rn. 5, admite que a exigência de autorização esteja prevista para um «círculo» de negócios («einen Kreis von Rechtsgeschäften»). Mas veja-se, com leitura aparentemente mais restritiva (o autor exige que os negócios sejam indicados individualmente - «einzeln bezeichnet»), EBERHARD BRAUN, «§ 263», in JÖRG NERLICH/VOLKER RÖMERMANN, *Insolvenzordnung*, 26. Ergänzungslieferung, Beck (Beck-online), München, 2014, Rn. 2.

[155] Para a Alemanha, com essa leitura, EBERHARD BRAUN/ACHIM FRANCK, «§ 263», in EBERHARD BRAUN, *Insolvenzordnung*, cit., Rn. 2.

prática depende do consentimento do administrador da insolvência». Mas há que contar também com a possibilidade de aplicação direta do art. 81.º, 6, evidentemente.

A exigência de autorização do administrador da insolvência pode ser estabelecida quanto à prática de determinados atos pelo devedor ou da nova sociedade ou sociedades. Parece, por isso, que a exigência de autorização não pode dizer respeito à atuação de uma sociedade constituída antes do início do processo de insolvência. Mas, por outro lado, a fiscalização da execução do plano não tem que dizer respeito apenas à execução pela nova sociedade ou sociedades, para além do devedor.

A fiscalização e exigência de autorização não são a regra, uma vez que carecem de previsão no plano de insolvência[156]. Em certos casos a fiscalização fará mais sentido do que noutras. Compreende-se bem a previsão de fiscalização se, por exemplo, do plano consta que os credores obterão o pagamento dos seus créditos através do resultado da exploração pelo devedor da sua empresa[157] ou se está previsto o saneamento por transmissão (art. 199.º), tendo em conta que determinados atos da nova sociedade ou sociedades podem ficar sujeitos à necessidade de autorização do administrador da insolvência[158]. E também se torna mais fácil de compreender a existência dessa fiscalização tendo em conta o disposto no art. 218.º quanto às consequências do incumprimento do plano de insolvência.

Deve ser ainda realçado que o art. 220.º, 3, só permite que o administrador da insolvência represente o devedor nas ações de impugnação da resolução de atos em benefício da massa insolvente durante o período de fiscalização quando isso seja expressamente determinado no plano de insolvência.

---

[156] O art. 220.º não é claro quanto à possibilidade de previsão no plano de um outro regime de fiscalização. Que sim, para a Alemanha, GUIDO STEPHAN, «§ 260», in HANS-PETER KIRCHOFF/HORST EIDENMÜLLER/ROLF STÜRNER (her.), *Münchener Kommentar zum Insolvenzornung*, cit., Rn. 3.

[157] Destacando esta hipótese, GUIDO STEPHAN, «§ 260», in HANS-PETER KIRCHOFF/HORST EIDENMÜLLER/ROLF STÜRNER (her.), *Münchener Kommentar zum Insolvenzornung*, cit., Rn. 1.

[158] As dificuldades práticas de aplicação do regime podem ser consideráveis: alertando para problemas semelhantes no direito alemão, GUIDO STEPHAN, «§ 263», in HANS-PETER KIRCHOFF/HORST EIDENMÜLLER/ROLF STÜRNER (her.), *Münchener Kommentar zum Insolvenzornung*, cit., Rn. 10.

O PLANO DE INSOLVÊNCIA

15.2. Os deveres de informação a cargo do administrador da insolvência durante o período de fiscalização

De acordo com o disposto no art. 220.º, 2, o administrador da insolvência, durante o período de fiscalização, tem especiais deveres de informação. Antes de mais, tem um dever que lhe cabe cumprir sempre: o de informar anualmente o juiz e a comissão de credores que exista quanto ao estado de execução do plano de insolvência e, bem assim, quanto às perspetivas de cumprimento do mesmo pelo devedor.

Além disso, tem o dever de prestar as informações que forem requeridas (e se forem requeridas) durante o mesmo período pela comissão de credores existente e pelo juiz.

Acresce o dever de informar o juiz e a comissão de credores (ou, na sua falta, os titulares de créditos reconhecidos[159]) acerca da existência ou inevitabilidade de situações de incumprimento[160].

15.3. A manutenção em funções do administrador da insolvência e da comissão de credores

Se o plano de insolvência prevê a fiscalização da respetiva execução, o administrador da insolvência e os membros da comissão de credores (se esta existia) mantêm-se em funções para o efeito da aplicação do art. 220.º, 1 a 3, e o próprio juiz mantém os seus poderes de fiscalização. É o que se retira do art. 220.º, 4, cuja utilidade resulta de se tratar de casos em que o trânsito em julgado da sentença de homologação do plano de insolvência deve conduzir ao encerramento do processo. A manutenção de funções e de poderes referida ocorre enquanto durar o período de fiscalização, nos termos do art. 220.º, 6.

---

[159] Considerando que apenas os não ressarcidos devem ser informados, CARVALHO FERNANDES/JOÃO LABAREDA, *Código da Insolvência e da Recuperação de Empresas anotado*, cit., p. 805.
[160] PAULO OLAVO CUNHA, «Providências específicas do plano de recuperação de sociedades», cit., p. 139, levanta a hipótese de o juiz poder, em certos casos, desencadear uma reapreciação do plano e convocar novamente os credores «após a aprovação do plano, no momento em que se deverá iniciar a sua execução». Mas, como se vê, está a pensar em casos em que *ainda não se iniciou a execução* do plano. Contudo, o mesmo autor, a p. 139, aceita que o juiz reveja «o plano de insolvência sem necessidade de homologar um novo plano no âmbito de nova insolvência».

UM CURSO DE DIREITO DA INSOLVÊNCIA

Tendo em conta o exposto, compreende-se bem o teor do art. 220.º, 5. O plano de insolvência que implica o encerramento do processo de insolvência e que prevê a fiscalização da sua execução deve também fixar a remuneração do administrador da insolvência e bem assim as despesas que podem ser reembolsadas àquele administrador e aos membros da comissão de credores. Consoante os casos, os custos inerentes à fiscalização serão suportados pelo devedor ou pela nova sociedade ou sociedades. No entanto, o art. 60.º, 3, prevê expressamente a possibilidade de o administrador da insolvência renunciar ao exercício do seu cargo se não der previamente o acordo à remuneração fixada pela assembleia de credores quanto à atividade de fiscalização do plano de insolvência aprovado, sendo exigido que o faça na assembleia em que é tomada a deliberação.

15.4. A duração do período de fiscalização

O plano de insolvência pode fixar um prazo para a duração do período de fiscalização. Contudo, esse prazo não pode ser superior a três anos. Se o plano de insolvência não fixa um prazo para aquela duração, o período de fiscalização deverá terminar após o decurso de três anos[161].

O período de fiscalização poderá terminar antes do prazo fixado no plano de insolvência ou decorrente da lei. Com efeito, o art. 220.º, 6, acrescenta que a fiscalização termina também em dois outros casos: a) Logo que estejam satisfeitos os créditos sobre a insolvência, nas percentagens previstas no plano de insolvência; b) Logo que seja declarada em novo processo a situação de insolvência do devedor ou da nova sociedade ou sociedades[162].

Em qualquer caso, o juiz deve confirmar, por decisão, o fim do período de fiscalização se isso for requerido pelo administrador da insolvência, do devedor ou da nova sociedade ou sociedades.

---

[161] CARVALHO FERNANDES/JOÃO LABAREDA, *Código da Insolvência e da Recuperação de Empresas anotado*, cit., p. 805.

[162] Parece, porém, que a declaração de insolvência de qualquer dos sujeitos mencionados só deverá conduzir ao termo da fiscalização se o sujeito em causa tiver a seu cargo obrigações que resultem do plano de insolvência: assim, CARVALHO FERNANDES/JOÃO LABAREDA, *Código da Insolvência e da Recuperação de Empresas anotado*, cit., p. 805.

15.5. Publicidade da fiscalização

A previsão, no plano de insolvência, de uma fiscalização da execução do plano de insolvência tem consequências quanto ao que deve ser publicitado. Essa fiscalização deve ser referida na publicação e registo da própria decisão de encerramento do processo de insolvência (art. 222.º, 1). Com efeito, esta decisão de encerramento é «objeto da publicidade e do registo previstos nos artigos 37.º e 38.º, com indicação da razão determinante».

Se o plano de insolvência prevê que determinados atos do devedor ou da nova sociedade ou sociedades devem ser autorizados pelo administrador da insolvência, isso deve ser divulgado na publicação e registo. Nos casos em que, de acordo com o preceituado no art. 221.º, o plano de insolvência preveja a prioridade de créditos constituídos durante o período de fiscalização, aquela exigência de divulgação vale ainda para o limite a que fica sujeita a concessão de prioridade.

A decisão do juiz a confirmar o encerramento do período de fiscalização é também publicada e registada nos termos que estão previstos para a decisão de encerramento do processo de insolvência (art. 222.º, 2; cfr. tb. o art. 9.º, o), CRCom).

16. Incumprimento

O art. 218.º, sob a epígrafe «incumprimento», estabelece o regime aplicável a certos casos de mora do devedor ou em que o devedor foi declarado insolvente noutro processo. No entanto, esse regime apenas vale na falta de disposição do plano de insolvência que expressamente estabeleça de modo diverso e não abrange todos os casos de incumprimento do plano[163].

O art. 218.º, 1, *a*), tem em vista casos em que o devedor se constitui em *mora* relativamente a um *crédito reconhecido pela sentença de verificação de créditos ou por*

---

[163] O art. 260.º estabelece que nos casos previstos no art. 218.º, 1, também a moratória ou o perdão previstos no plano de pagamentos ficam sem efeito, podendo o próprio plano dispor expressamente regime diverso. Verificado o incumprimento do plano de pagamentos nas condições do art. 260.º, o art. 261.º, 1, *a*), permite que os titulares de créditos que constem da relação anexa ao plano de pagamentos homologado judicialmente peçam a declaração de insolvência do devedor noutro processo.

outra decisão judicial, não sendo no entanto necessário que tenham transitado em julgado (art. 218.º, 2). Relativamente *a esse* crédito, o regime ali previsto é o seguinte: se o devedor *não cumprir* a prestação e juros moratórios devidos no prazo de *15 dias* após a interpelação escrita que lhe seja feita pelo credor, ficam *sem efeito a moratória ou o perdão* previstos no plano de insolvência *quanto àquele crédito.* Embora a lei não o diga claramente, parece lógico considerar que estão em causa prestações previstas no próprio plano de insolvência[164].

Por sua vez, o art. 218.º, 1, *b*), estabelece que, *se ainda não tiver terminado a execução* do plano de insolvência quando o devedor for declarado insolvente em novo processo de insolvência, ficam *sem efeito a moratória ou o perdão* previstos no plano de insolvência *quanto a todos os créditos.*

Como já vimos, as consequências referidas têm lugar se o plano de insolvência não dispuser em sentido diverso. Mas, por outro lado, o plano de insolvência também pode estipular que a moratória ou o perdão podem ficar sem efeito quando ocorram outras hipóteses diferentes das que estão previstas na lei («acontecimentos de outro tipo»). É, no entanto, necessário que se trate de casos que ocorram dentro do prazo de três anos a contar da data da sentença homologatória do plano de insolvência (art. 218.º, 3).

Os incumprimentos que estão previstos no art. 218.º, 1, *a*), e 2, são indicados no art. 20.º, 1, *f*), como factos-índice que conferem legitimidade aos sujeitos ali identificados para requererem a declaração de insolvência do devedor que não cumpriu. Se um dos credores requerer a declaração de insolvência invocando aquele facto-índice e for proferida sentença de declaração de insolvência do devedor, também a al. *b*) do art. 218.º, 1, poderá ser aplicável.

---

[164] Lembrando que «os credores subsistentes poderão requerer a liquidação da empresa, em novo processo de insolvência», PAULO OLAVO CUNHA, «Providências específicas do plano de recuperação de sociedades», cit., p. 115.

CAPÍTULO XIV
O Processo Especial de Revitalização

1. Notas prévias e caracterização geral. O PER dos arts. 17.º-A a 17.º-H e o PER do art. 17.º-I

O CIRE foi alterado pela Lei 16/2012, de 20 de abril. Mais uma novidade que resultou das negociações com a Troika. Mas, na realidade, o MoU (Memorando de Entendimento sobre as condicionalidades de política económica) e o MPEF (Memorando de Políticas Económicas e Financeiras) pouco dizem sobre as eventuais alterações ao regime da insolvência. Em ambos esses Memorandos é dada especial atenção a matérias relacionadas com a (genericamente designada), reestruturação. As alterações a introduzir deveriam nomeadamente, visar «uma maior rapidez nos procedimentos judiciais de aprovação de planos de reestruturação». Existe, ainda, um Memorando de Enquadramento das Propostas de Alteração ao Código da Insolvência e da Recuperação de Empresas, de 31 de agosto de 2011.

Estava ainda prevista a adoção de «princípios gerais de reestruturação voluntária extra judicial em conformidade com boas práticas internacionais». Esses princípios constam de uma Resolução do Conselho de Ministros publicada em 25 de outubro de 2011[1]. Por sua vez, a Resolução do Conselho de Ministros 11/2012, de 3 de fevereiro, aprovou o Programa Revitalizar.

---

[1] Também surgia referida a necessidade de tomar medidas que autorizem «a administração fiscal e a segurança social a utilizar uma maior variedade de instrumentos de reestruturação baseados em critérios claramente definidos» desde que «outros credores também

UM CURSO DE DIREITO DA INSOLVÊNCIA

O PER constitui uma importante alteração introduzida pela Lei 16/2012, que trouxe ao CIRE os arts. 17.º-A a 17.º-I[2]. E, com isto, temos agora dois novos processos especiais no CIRE, ambos urgentes (art. 17.º-A, 3[3]). O processo de revitalização dos arts. 17.º-A a 17.º-H destina-se a estabelecer negociações entre devedor e credores para a conclusão de acordo de revitalização. Já o processo de revitalização previsto no art. 17.º-I é um processo que visa a homologação de um acordo de recuperação alcançado extrajudicialmente antes de iniciado o processo em causa. Veremos, no entanto, que as boas intenções deram lugar a um regime cheio de imperfeições[4].

---

aceitem a reestruturação dos seus créditos», devendo ser revista a lei tributária. Nos termos do art. 30.º, 2, da LGT «o crédito tributário é indisponível, só podendo fixar-se condições para a sua redução ou extinção com respeito pelo princípio da igualdade e da legalidade tributária». O n.º 3, aditado pela Lei 55-A/2010, de 31 de dezembro, que aprovou o OGE para 2011, acrescenta que o disposto no n.º 2 prevalece sobre qualquer legislação especial. E o art. 125.º da Lei até dispõe que o n.º 3 é aplicável aos processos de insolvência pendentes e que não tenham sido objeto de homologação (sem prejuízo da prevalência dos privilégios creditórios dos trabalhadores previstos no CT sobre quaisquer outros créditos). Quanto às pessoas singulares, aparecia mencionada no MOU a necessidade de «melhor apoiar a reabilitação» das mesmas.

[2] Sobre algumas das figuras próximas que terão influenciado o legislador nacional, cfr. ALEXANDRE DE SOVERAL MARTINS, «Repercussões que os Memorandos da Troika terão no Código da Insolvência», in AAVV., *O Memorando da "Troika" e as empresas*, IDET/Almedina, Coimbra, 2012, p. 197 e ss., e, sobre a ESUG alemã e a *Ley 38/2011*, de 10 de outubro, que alterou a *Ley Concursal* espanhola, MADALENA PERESTRELO DE OLIVEIRA, *Limites da autonomia dos credores na recuperação da empresa insolvente*, cit. p. 44 e s.. Sobre a importância na Alemanha do *Schutzschirmverfahren* do § 270b da InsO, CHRISTOPHER SEAGON, «"Retten, was zu retten ist": Hilft uns hierbei das ESUG?», cit., p. 73 e s..

[3] Embora o art. 17.º-I não remeta para o art. 17.º-A, 3, o art. 17.º-I, 1, estabelece que o processo que se inicia nos termos ali previstos é o «processo previsto no presente capítulo».

[4] Muitas das lacunas são difíceis de preencher. Mesmo o recurso, por analogia, ao regime do plano de insolvência ou do SIREVE, não é isento de dificuldades: cfr. CATARINA SERRA, «Entre o princípio e os princípios da recuperação de empresas (um *work in progress*)», in CATARINA SERRA (Coord.), *II Congresso de direito da insolvência*, cit., p. 274 e ss.. Como não o é também o recurso ao regime do processo de insolvência em geral ou ao CPC: cfr. ISABEL ALEXANDRE, «Efeitos processuais da abertura do processo de revitalização», in CATARINA SERRA (coord.), *II Congresso de direito da insolvência*, cit., p.236 e ss.. O art. 17.º manda aplicar ao processo de insolvência o CPC, mas o PER... não é processo de insolvência: cfr. CARVALHO FERNANDES/JOÃO LABAREDA, *Código da Insolvência e da Recuperação de Empresas anotado*, cit., p. 138. Considerando o PER um «instrumento» híbrido, CATARINA SERRA, últ. ob. cit., p. 73. Lembrando, pertinentemente, que o regime do PER surge inserido nas «Disposições introdutórias» do CIRE, MARIA DO ROSÁRIO EPIFÂNIO, *O Processo Especial de Revitalização*, cit., p. 13. A autora invoca também o art. 549.º, 1, CPC.

2. O art. 1.º, 2, do CIRE. A situação económica difícil e a situação de insolvência iminente

O PER pode ser requerido pelo devedor[5] que esteja numa de duas situações: situação económica difícil ou situação de insolvência iminente[6].

---

[5] O PER pode ser utilizado por qualquer devedor, pessoa singular ou coletiva, empresário ou não, pessoa ou não, que não esteja legalmente impedido de o fazer. O art. 17.º-A, 1, não faz qualquer distinção, ao contrário do que vemos suceder no regime do SIREVE. E também os devedores não empresários merecem ser recuperados. Acresce que o regime do procedimento de conciliação (DL 316/98) fazia expressa referência às empresas que podiam requerer aquele procedimento. Não se vê razão plausível para limitar aqui a autonomia dos interessados. A própria Exposição de Motivos da Proposta de Lei 39/XII não excluía o devedor pessoa singular da possibilidade de recurso ao PER nem exigia que fosse empresário. Cfr., admitindo o recurso ao PER por quem não seja titular de empresa, Isabel Alexandre, «Efeitos processuais da abertura do processo de revitalização», in Catarina Serra (coord.), *II Congresso de direito da insolvência*, cit., p. 235, e lembrando os regimes especiais existentes; por sua vez, Fátima Reis Silva, Processo especial de revitalização. Notas práticas e jurisprudência recente, Porto Editora, Porto, 2014, p. 20, e Maria do Rosário Epifânio, *O Processo Especial de Revitalização*, cit., p. 15, aceitam o recurso ao PER por qualquer devedor; no mesmo sentido, João Aveiro Pereira, «A revitalização económica dos devedores» *O Direito*, 145.º, 2013, I-II, p. 32; mas veja-se, no sentido de que tem de ser devedor-empresário, Carvalho Fernandes/João Labareda, *Código da Insolvência e da Recuperação de Empresas anotado*, cit., p. 140, e, aparentemente, Paulo Olavo Cunha, «Os deveres dos gestores e dos sócios no contexto da revitalização de sociedades», in Catarina Serra (Coord.), *II Congresso de direito da insolvência*, cit., p. 220 e s.. Exigindo o exercício de atividade económica, Nuno Casanova/David Dinis, *PER. O processo especial de revitalização*, cit., p. 13. Já o SIREVE pressupõe que haja empresa: nos termos do art. 5.º CIRE antes da entrada em vigor do DL 26/2015 (art. 2.º, 1 e 2 DL 178/2012 na redação anterior à referida alteração) ou abrangendo apenas sociedades comerciais e empresários em nome individual com contabilidade organizada (art. 2.º, 5, do DL 178/2012, com a redação do DL 26/2015). Por sua vez, o plano de insolvência não pode ser usado na insolvência de não empresários e de titulares de pequenas empresas (art. 250.º), apesar da (nova) redação do art. 1.º, 1. Sobre a possibilidade de coligação de sociedades do mesmo grupo no PER, Catarina Serra, «Revitalização no âmbito de grupos de sociedades», cit., p. 482 e ss. e «Grupos de sociedades: crise e revitalização», cit., p. 46 e ss..

[6] O PER não pode ser utilizado quando o devedor está em situação de insolvência atual. Por sua vez, a recuperação através de SIREVE pode ter lugar em caso de situação económica difícil ou insolvência iminente, e, até à entrada em vigor do DL 26/2015, em caso de insolvência atual, mas antes da sua declaração. E o SIREVE não pode ser utilizado, designadamente, se houve apresentação à insolvência da empresa ou declaração de insolvência (art. 18.º, 1, DL 178/2012). Já o plano de insolvência apenas pode ser aprovado após a declaração de insolvência. Lembre-se também que o termo do PER de acordo com o preceituado no art. 17.º-G, 1 a 5, impede o devedor de recorrer ao mesmo pelo prazo de dois anos. Considerando que o art. 17.º-G, 6, é aplicável, por interpretação extensiva, aos casos em que o plano aprovado não

UM CURSO DE DIREITO DA INSOLVÊNCIA

Quanto ao que devemos entender por situação económica difícil, temos que recorrer a um dos artigos introduzidos no CIRE com a Lei 16/2012. Assim, o art. 17.º-B considera em situação económica difícil «o devedor que enfrentar dificuldade séria para cumprir pontualmente as suas obrigações, designadamente por ter falta de liquidez ou por não conseguir obter crédito»[7]. Tanto a situação económica difícil como a situação de insolvência iminente foram analisadas no Capítulo II e para aí remetemos o leitor[8].

Se o devedor estiver em situação de insolvência atual, não pode recorrer ao PER. Tem sido dito que não estará a ser efetuado um controlo dessa inexistência de situação de insolvência atual. Aparentemente, porque o art. 17.º-C, 3, *a*), estabelece que o juiz, depois de receber a comunicação do devedor de que pretende dar início às negociações, nomeia de imediato o administrador judicial provisório[9]. Temos dúvidas que assim deva ser.

---

foi homologado, NUNO CASANOVA/DAVID DINIS, *PER. O processo especial de revitalização*, cit., p. 169, e MARIA DO ROSÁRIO EPIFÂNIO, *O Processo Especial de Revitalização*, cit., p. 78, nt 146.

[7] No art. 3.º, 2, CPEREF, era dito que estaria em situação económica difícil «a empresa que, não devendo considerar-se em situação de insolvência, indicie dificuldades económicas e financeiras, designadamente por incumprimento das suas obrigações».

[8] CARVALHO FERNANDES/JOÃO LABAREDA, *Código da Insolvência e da Recuperação de Empresas anotado*, cit., p. 141, entendem que a apresentação do requerimento a instaurar o PER dispensa o devedor de se apresentar à insolvência se estiver em situação de insolvência iminente. Os autores consideram que o dever de apresentação à insolvência previsto no CIRE também existe nos casos de insolvência iminente, leitura que afastámos.

[9] Nesse sentido, AAVV, *Guia prático da recuperação e revitalização de empresas*, Vida Económica, Porto, 2012, p. 81. Defendendo a «insindicabilidade» dos pressupostos substantivos do PER por força do art. 17.º, 3, *a*), FÁTIMA REIS SILVA, *Processo especial de revitalização. Notas práticas e jurisprudência recente*, Porto Editora, Porto, 2014, p. 20; cfr. tb., com essa leitura, o Ac. RP de 15.11.2012 (Relator: José Amaral), Proc. n.º 1457/12.2TJPRT-A.P1, in www.dgsi.pt. CATARINA SERRA, *O regime português da insolvência*, cit., p. 177, prefere dizer que «o juiz tão-pouco tem grande possibilidade de averiguar sobre a situação em presença». A mesma autora voltou a abordar o tema em «Processo especial de revitalização – Contributo para uma rectificação», *ROA*, 2012, II/III, p. 720 e ss., em «Revitalização – A designação e o misterioso objecto designado. O processo homónimo (PER) e as suas ligações com a insolvência (situação e processo) e com o SIREVE», in CATARINA SERRA (coord.), *I Congresso de Direito da Insolvência*, Almedina, Coimbra, 2013, p. 88 e ss., e em «Entre o princípio e os princípios da recuperação de empresas (um work in progress)», in CATARINA SERRA (coord.), *II Congresso de direito da insolvência*, cit., p. 86 e s. (aqui, a autora dá conta de jurisprudência que segue maioritariamente no sentido de não competir ao juiz verificar se estão preenchidos os requisitos materiais de recurso ao PER). Cfr. tb. MENEZES CORDEIRO, «Perspectivas evolutivas do direito da insolvência», *RDS*, 2012, 3, p. 590. Por sua vez, ISABEL ALEXANDRE, «Efeitos processuais da abertura do processo de

O PROCESSO ESPECIAL DE REVITALIZAÇÃO

Não se deverá recorrer, por analogia, ao disposto no art. 27.º do CIRE, que prevê uma apreciação liminar?[10] Veja-se que até o IAPMEI aprecia (liminarmente) o requerimento de utilização do SIREVE (art. 6.º).

De qualquer modo, e atendendo ao art. 17.º-G, 1, os credores podem inviabilizar o acordo se considerarem que existe situação de insolvência[11]. E, além disso, o devedor deve ter em conta que em regra o PER não suspende o dever de apresentação à insolvência[12].

---

revitalização», cit., p. 237, aceita a vigência do princípio do inquisitório no PER. CARVALHO FERNANDES/JOÃO LABAREDA, *Código da Insolvência e da Recuperação de Empresas anotado*, cit., p. 139, admitem que o juiz indefira o requerimento inicial por falta de pressuposto processual insuprível se dá conta da «inexistência de qualquer uma das situações fundamentantes do processo de revitalização». Para um caso em que se entendeu que o tribunal podia, em certos casos, controlar a verificação dos requisitos, Ac. RC de 10.07.2013 (Relator: CARLOS MOREIRA), Proc. n.º, 754/13.4TBLRA.C1, www.dgsi.pt. Lembre-se, ainda, que não parece afastada a possibilidade de responsabilizar o devedor que apresenta o requerimento para o início de PER sem cumprir os requisitos legalmente previstos: sobre a matéria, MENEZES LEITÃO, «A responsabilidade pela abertura indevida do processo especial de revitalização», cit., p. 148 e ss., CARVALHO FERNANDES/JOÃO LABAREDA, *Código da Insolvência e da Recuperação de Empresas anotado*, cit., p. 139, e PAULO DE TARSO DOMINGUES, «O Processo Especial de Revitalização aplicado às sociedades comerciais», cit., p. 18.

[10] Admitindo a aplicação por analogia do art. 27.º, 1, *b*), CARVALHO FERNANDES/JOÃO LABAREDA, *Código da Insolvência e da Recuperação de Empresas anotado*, cit., p. 146. Admitindo também o despacho de correção, NUNO CASANOVA/DAVID DINIS, *PER. O Processo Especial de Revitalização*, cit., p. 19, FÁTIMA REIS SILVA, *Processo Especial de Revitalização. Notas práticas e jusrisprudência recente*, cit., p. 26, e MARIA DO ROSÁRIO EPIFÂNIO, *O Processo Especial de Revitalização*, cit., p. 26. FÁTIMA REIS admite ainda (p. 27) o indeferimento liminar em dois casos: falta de junção de elementos essenciais após o prazo concedido e situação de insolvência atual declarada judicialmente. Por sua vez, NUNO CASANOVA/DAVID DINIS (p. 17), MARIA DO ROSÁRIO EPIFÂNIO (p. 23) e PAULO DE TARSO DOMINGUES, «O Processo Especial de Revitalização aplicado às sociedades comerciais», cit, p. 17, também admitem o indeferimento liminar se é manifesta a inviabilidade do pedido.

[11] Lembrando esse aspeto, AAVV, *Guia prático da recuperação e revitalização de empresas*, cit., p. 155. CATARINA SERRA, «Processo especial de revitalização – Contributo para uma rectificação», cit., p. 721 e ss., considera que o indeferimento liminar pode ter lugar se há vícios no requerimento de abertura (v. art. 17.º-C, 2) não sanados no prazo concedido ou se o devedor já tinha sido declarado insolvente antes daquele requerimento (cfr. o art. 17.º-E, 6, a contrario). Sobre a matéria, da mesma autora, «Entre o princípio e os princípios da recuperação de empresas (um work in progress)», cit., p. 91, nt. 65. NUNO CASANOVA/DAVID DINIS, *PER. O processo especial de revitalização*, cit, p. 34, lembram o caso previsto no art. 17.º-G, 6, admitindo a rejeição do PER requerido naquele prazo de dois anos.

[12] Chamando a atenção para isso, MARIA DO ROSÁRIO EPIFÂNIO, «O Processo Especial de Revitalização», cit., p. 264. Mas cfr. o que escrevemos no Cap. III, 1. 4. 2.

UM CURSO DE DIREITO DA INSOLVÊNCIA

E não será de afastar a possibilidade de recusa de homologação perante a prova de que o devedor estava insolvente quando apresentou o requerimento para abertura do PER[13].

3. A suscetibilidade de recuperação (art. 17.º-A, 1)

Para que o processo de revitalização possa ter lugar, é necessário que exista suscetibilidade de recuperação[14]. É um requisito mais, acrescentado pelo art. 17.º-A, 1. Sucede porém que, com tantas vírgulas colocadas no n.º 1, fica--se sem perceber bem se a suscetibilidade de recuperação diz respeito ao devedor ou à situação.

O n.º 2 basta-se com declaração escrita e assinada em que o devedor atesta que reúne as condições necessárias para a sua recuperação. A verdade é que no Anteprojeto surgia antes a exigência de «declaração certificada por técnico oficial de contas ou, sempre que legalmente a tal esteja obrigado, por revisor oficial de contas, independentes [...]»[15]. Na Proposta de Lei já não constava essa exigência.

4. «Requerimento e formalidades» (art. 17.º-C)

4.1. Requerimento?

Quem tente saber como se inicia o processo de revitalização verifica logo a importância de saber escrever em bom português.

O art. 17.º-C tem por epígrafe «Requerimento e formalidades». Curiosamente, nesse mesmo art. 17.º-C não surge depois a menção a qualquer

---

[13] Assim também, com base no art. 215.º, NUNO LOUSA, «O incumprimento do plano de recuperação e os direitos dos credores», in CATARINA SERRA, *I Congresso de direito da insolvência de Santo Tirso*, cit., p. 124, nt. 9..

[14] A finalidade do PER é a recuperação do devedor (art. 17.ºA, 1). A finalidade do SIREVE é também a recuperação, mas agora das empresas abrangidas e por via extrajudicial. O plano de insolvência tem como finalidade a satisfação dos credores (art. 1.º, 1) e não tem de regular a recuperação (art. 192.º, 1).

[15] Chamando também a atenção para esse aspeto, MARIA DO ROSÁRIO EPIFÂNIO, «O processo especial de revitalização» in CATARINA SERRA (coord.), *II Congresso Direito das Sociedades em Revista*, cit.

O PROCESSO ESPECIAL DE REVITALIZAÇÃO

requerimento. É, sim, no art. 1.º, 2, que é dito poder o devedor em situação económica difícil ou em situação de insolvência meramente iminente *requerer* ao tribunal a instauração de processo especial de revitalização.

Diga-se, também, que parece estranha esta formulação: requerer a instauração. Parece que o processo de revitalização não fica logo instaurado com a receção do requerimento. Isto apesar de o art. 267.º, 1, CPC considerar que a instância se inicia pela proposição da ação «e esta considera-se proposta, intentada ou pendente logo que seja recebida na secretaria a respetiva petição inicial»[16].

4.2. A «manifestação de vontade do devedor e de, pelo menos, um dos seus credores», de «encetarem negociações conducentes à revitalização daquele por meio da aprovação de um plano de recuperação»

O art. 17.º-C, com a epígrafe referida, começa, aí corretamente, com um n.º 1. Mas também esse n.º 1 contém lapsos. Diz o mesmo que o processo especial de revitalização «inicia-se pela manifestação de vontade do devedor e de, pelo menos, um dos seus credores, por meio de declaração escrita, de encetarem negociações conducentes à revitalização daquele por meio da aprovação de um plano de recuperação»[17].

Porém, é óbvio que não é *só* com essa *declaração escrita* que se inicia o processo especial em causa. Esse processo só se inicia com a entrega em juízo daquilo que na epígrafe do art. 17.º-C surge referido como *requerimento* mas que no n.º 3 já é considerado uma *comunicação*. É evidente que uma comunicação não é um requerimento. Esse n.º 3 mostra que tem de haver uma «comunicação»

---

[16] Sobre a possibilidade de desistência do pedido ou da instância, FÁTIMA REIS SILVA, *Processo especial de revitalização. Notas práticas e jurisprudência recente*, cit., p. 21 e s., e RITA SOARES, «As consequências da não aprovação do plano de recuperação», cit., p. 113 e ss.. O problema existe por causa da redação do art. 17.º-G, 5. Considerando que a «comunicação» não tem que ser subscrita por advogado por não envolver questões de direito, NUNO CASANOVA/DAVID DINIS, *PER. O Processo especial de revitalização*, cit., p. 30, e MARIA DO ROSÁRIO EPIFÂNIO, *O Processo Especial de Revitalização*, cit., p. 22. Sobre os requisitos da petição inicial, v. o art. 552.º do CPC.
[17] O PER necessita, para se iniciar, da declaração escrita de pelo menos um credor (art. 17.º-C, 1). O SIREVE não carece dessa declaração. E o processo de insolvência também não. Rejeitando a possibilidade de a declaração do credor exigida pelo art. 17.º-C, 1, ser de um credor de suprimentos, NUNO CASANOVA/DAVID DINIS, *PER. O processo especial de revitalização*, cit., p. 27 e MARIA DO ROSÁRIO EPIFÂNIO, *O Processo Especial de Revitalização*, cit., p. 20.

UM CURSO DE DIREITO DA INSOLVÊNCIA

ao juiz, estando o devedor «munido da declaração» do n.º 1. A declaração não se confunde com a comunicação ao juiz.

4.3. Tribunal competente

A comunicação/requerimento a comunicar que o devedor pretende «dar início às negociações conducentes à sua recuperação» será entregue pelo devedor no tribunal competente para declarar a insolvência respetiva[18] e dirigida ao juiz[19].

4.4. As declarações e documentos a juntar/apresentar

Já mencionámos a declaração exigida pelo art. 17.º-A, 2: a declaração do devedor que atesta reunir as condições necessárias à sua recuperação. Embora a lei não o preveja, parece que tal declaração deve conter data, à semelhança do que ocorre com a declaração referida no art. 17.º-C, 2. E parece que aquela declaração deve ser entregue juntamente com a comunicação/requerimento de que pretende dar início às negociações. Note-se também que o devedor tem que comprovar que se encontra «em situação económica difícil ou em situação de insolvência meramente iminente, mas que ainda seja suscetível de recuperação» (art. 17.º-A, 1)[20].

O n.º 3 do art. 17.º-C é interessante. A lei, em vez de dizer que a comunicação/requerimento apresentada deve ser acompanhada da declaração referida no n.º 1, só faz menção à necessidade de o devedor estar «munido» dessa declaração. Julgamos que o devedor não só tem de estar *munido* da declaração, como tem de a *juntar* com a comunicação/requerimento...

O n.º 3 é aliás estranho (para não dizer mais) na medida em que nele lemos que o devedor «munido da declaração [...] deve, de imediato, adotar» algo a que

---

[18] O PER corre em tribunal (é processo especial, ainda que se trate do previsto no art. 17.º-I). O processo de insolvência também. O SIREVE funciona no âmbito do IAPMEI, com a possibilidade de submeter em certos casos ao tribunal proposta de acordo para suprimento de aprovação (art. 19.º, 2, DL 178/2012).

[19] Sobre o tribunal competente, veja-se o que foi escrito sobre a matéria a propósito da tramitação do processo de insolvência.

[20] Defendendo que a declaração escrita e assinada exigida pelo art. 17.º-A, 2, deve ainda atestar que o devedor «se encontra em situação económica difícil ou em situação de insolvência iminente», NUNO CASANOVA/DAVID DINIS, *PER. O processo especial de revitalização*, cit., p. 19.

516

O PROCESSO ESPECIAL DE REVITALIZAÇÃO

a lei chama de procedimentos. E entre esses procedimentos lá encontramos a comunicação (ou requerimento).

Acresce que com o requerimento podem[21], aparentemente, ser juntos os documentos «elencados no n.º 1 do artigo 24.º», como parece decorrer do art. 17.º-C, 3, *b*). Veja-se que a lei não exige expressamente que a comunicação/requerimento para o início do processo de revitalização seja acompanhada desses documentos. As duas alíneas do art. 17.º-C, 3, não estabelecem essa necessidade, parecendo, à primeira vista, admitir que os documentos referidos na al. *b*) possam ser remetidos *em separado*[22]. Mas também nada parece obstar a que tais documentos acompanhem a comunicação/requerimento para início do processo de revitalização[23].

5. O despacho a nomear, «de imediato», um administrador judicial provisório. Os seus efeitos

5.1. Onde está (previsto) o despacho?

Apresentada a comunicação/requerimento, o que se segue? Temos de procurar o passo seguinte ainda no art. 17.º-C: o tal que tem por epígrafe «Requerimento e formalidades». E é no n.º 3, al. *a*), *in fine*, que o vamos encontrar: o juiz profere despacho a nomear, «de imediato», um administrador judicial provisório («aplicando-se o disposto nos artigos 32.º a 34.º, com as necessárias adaptações»[24] –

---

[21] Considerando que os documentos previstos no art. 24.º, 1, têm que ser juntos com o requerimento de revitalização, Fátima Reis Silva, *Processo especial de revitalização. Notas práticas e jurisprudência recente*, cit., p. 25.

[22] Se assim for, trata-se, evidentemente, de uma solução diferente da que encontramos prevista no art. 24.º, 1, pois neste exige-se que os documentos ali referidos acompanhem a petição inicial.

[23] Considerando essencial a junção da certidão de registo prevista no art. 23.º, 2, *d*), «pelo menos para as pessoas coletivas», Fátima Reis Silva, *Processo especial de revitalização. Notas práticas e jurisprudência recente*, cit., p. 24; sustentando que também devem ser remetidos os documentos previstos no art. 23.º, 2, *c*) e *d*), Nuno Casanova/David Dinis, *PER. O processo especial de revitalização*, cit., p. 29, que aceitam ainda a aplicação por analogia do art. 24.º, 2, *b*). O regime das custas levanta dificuldades, que são relevantes neste momento porque se discute se é ou não necessário juntar o comprovativo da autoliquidação: com posições diferentes, Fátima Reis Silva, últ. ob. cit., p. 68 e s., e Nuno Casanova/David Dinis, últ. ob. cit., p. 32.

[24] Chamando a atenção para as dificuldades que resultam da remissão, Maria do Rosário Epifânio, «O processo especial de revitalização», cit., p. 259, nt. 8, e Catarina Serra,

UM CURSO DE DIREITO DA INSOLVÊNCIA

tendo em conta, desde logo, o que está disposto no regime do PER). Atendendo à epígrafe do art. 17.º-C, como este despacho não é um requerimento deve ser considerado uma formalidade...

No entanto, esse despacho que anda perdido no meio do art. 17.º-C tem efeitos muito importantes: efeitos sobre o devedor, efeitos processuais e efeitos em relação aos credores.

O art. 17.º-E, 2, tem uma redação, também ela, curiosa. Começa assim: «Caso o juiz nomeie administrador judicial provisório...». Dá por isso a ideia de que o juiz pode optar por não nomear. E não é isso que se extrai do art. 17.º-C, 3, *a*). Mas parece ter razão Catarina Serra ao afirmar que «o legislador pretendia reconhecer que, em alguns casos, é possível a recusa do pedido» para a abertura do processo[25].

O despacho referido é notificado ao devedor e publicado no Citius, mandando o art. 17.º-C, 4, aplicar-lhe os arts. 37.º e 38.º[26]. Do mesmo despacho decorrem importantes efeitos que merecem alguma atenção.

«Revitalização – A designação e o misterioso objecto...», cit., p. 95 e ss.. A Lei n.º 22/2013, de 26 de fevereiro, com entrada em vigor 30 dias após a sua publicação, contém o novo EAJ. Como decorre do seu art. 2.º, 1, é também administrador judicial «a pessoa incumbida da fiscalização e da orientação dos atos integrantes do processo especial de revitalização». Lembrando a diferente redação do art. 17.º-I, 2, CATARINA SERRA, «Revitalização – A designação e o misterioso objecto...», cit., p. 90, nt. 10. Afastando a aplicação do art. 33.º, 1 e 2, NUNO CASANOVA/DAVID DINIS, *PER. O processo especial de revitalização*, cit., p. 35. Por sua vez, FÁTIMA REIS SILVA, *Processo Especial de Revitalização. Notas práticas e jurisprudência recente*, cit., p. 28, entende que «dadas as funções do administrador judicial provisório no processo especial de revitalização não se afigura previsível a existência de atos de gestão que requeiram especiais conhecimentos, pelo menos na generalidade dos casos». Porém, esses especiais conhecimentos podem ser necessários para se poder dar ou recusar a autorização para atos de especial relevo. E por isso a parte final do art. 32.º, 1, parece aplicar-se também aqui.

[25] CATARINA SERRA, *O regime português da insolvência*, cit., p. 179. Sobre as alternativas ao despacho de nomeação do administrador judicial provisório, FÁTIMA REIS SILVA, *Processo especial de revitalização. Notas práticas e jurisprudência recente*, cit., p. 25 e ss.

[26] Questionando os termos dessa aplicação, FÁTIMA REIS SILVA, «A verificação de créditos no processo de revitalização», in CATARINA SERRA (coord.), *II Congresso de direito da insolvência*, cit., p. 256 e s., NUNO CASANOVA/DAVID DINIS, *PER. O processo especial de revitalização*, cit., p. 36 e ss., e MARIA DO ROSÁRIO EPIFÂNIO, *O Processo Especial de Revitalização*, cit., p.30. Alertando para a publicidade inerente ao cumprimento dos preceitos em causa, CARVALHO FERNANDES/JOÃO LABAREDA, *Código da Insolvência e da Recuperação de Empresas anotado*, cit., p. 148.

5.2. Efeitos sobre o devedor

Comecemos pelos *efeitos sobre o devedor*. Logo que este receba a notificação do despacho a nomear o administrador judicial provisório, deve comunicar aos credores que não subscreveram a declaração escrita referida no n.º 1 do art. 17.º-C[27] «que deu início a negociações com vista à sua revitalização, convidando-os a participar, caso assim o entendam, nas negociações em curso» e o mais que vem previsto no art. 17.º-D, 1.

Tal comunicação deve ser feita logo que o devedor receba a notificação do despacho a nomear o administrador judicial provisório. Não só deve ser feita *logo*, como deve ser feita *de imediato...*

Outro efeito do despacho sobre o devedor está previsto no art. 17.º-E, 2: se o juiz nomeia o administrador judicial provisório, «o devedor fica impedido de praticar atos de especial relevo, tal como definidos no artigo 161.º, sem que previamente obtenha autorização para a realização da operação pretendida por parte do administrador judicial provisório»[28]. Isto é importante. O devedor que pretende recorrer a este processo tem que estar ciente desta consequência. Tanto mais que a lei, embora fixe prazos para a resposta do administrador judicial provisório, também estabelece que a falta dessa resposta «corresponde a declaração de recusa de autorização» (art. 17.º-E, 5)[29].

---

[27] Obviamente, se os reconhecer como tal: cfr. o Ac. RL de 11.7.2013 (Relator: Leopoldo Soares), Proc. n.º 1190/12.5TTLSB.L1-4, in www.dgsi.pt. Não sendo feita a comunicação a todos os credores, o devedor e, sendo ele pessoa coletiva, os seus administradores de direito ou de facto serão responsáveis nos termos previstos no art. 17.º-D, 11. Defendendo que «a violação do dever de comunicação poderá constituir um fundamento para a recusa da homologação do plano, nos termos do art. 215.º (*ex vi* do art. 17.º-F, n.º 5), por violação de uma regra procedimental não negligenciável», MARIA DO ROSÁRIO EPIFÂNIO, *O Processo Especial de Revitalização*, cit., p. 42.

[28] Criticamente quanto à extensão da aplicabilidade do art. 161.º, RUI PINTO DUARTE, «Reflexões de política legislativa sobre a recuperação de empresas», in CATARINA SERRA (coord.), *II Congresso de direito da insolvência*, cit., p. 354 e s..

[29] Atendendo à remissão contida no art. 17.º-C, 3, *a*), para o art. 34.º, e deste para o art. 81.º, 6, parece que a falta de autorização conduz, em regra, à ineficácia do ato de especial relevo praticado pelo devedor sem a autorização necessária (cfr. tb. CATARINA SERRA, «Revitalização – A designação e o misterioso objecto...», cit., p. 96; mas veja-se, com dúvidas, MARIA DO ROSÁRIO EPIFÂNIO, «O processo especial de revitalização», cit., p. 259, nt. 8, e, da mesma autora, mas com mais certezas, *O Processo Especial de Revitalização*, cit., p. 37). No entanto, não parece estar afastada a possibilidade de ratificação pelo administrador judicial provisório (nesse sentido, MARIA DO ROSÁRIO EPIFÂNIO, últ. ob. cit., p. 37 e ss.). No PER o devedor não fica sem poderes

UM CURSO DE DIREITO DA INSOLVÊNCIA

A nomeação do administrador judicial provisório pode retirar interesse em recorrer a este processo. Todos gostam de ser os senhores na sua casa. No entanto, essa nomeação poderá ter sido pensada olhando para o Regulamento 1346/2000, relativo a insolvências transfronteiriças[30].

De qualquer modo, o administrador judicial provisório pode ser proposto pelo requerente, em certos casos, nos termos dos arts. 32.º e ss.[31].

5.3. Efeitos sobre os credores

Falemos agora dos efeitos do despacho *sobre os credores*. A partir da *publicação* no Citius do despacho com a nomeação do administrador judicial provisório começa a correr um prazo de 20 dias para que qualquer credor reclame os

de administração e disposição, mas há atos que carecem de autorização do administrador judicial provisório. No SIREVE, existe um impedimento no art. 11.º, 5, do DL 178/2012, quanto à celebração de certo tipo de negócios em certas condições, «sob pena de impugnação e invalidade» (!). No processo de insolvência, em regra (com exceções) a declaração da insolvência priva o insolvente dos poderes de administração e representação dos bens integrantes da massa insolvente, que passam a competir ao administrador da insolvência (art. 81.º, 1).

[30] O art. 1.º, 1, dispõe que «O presente regulamento é aplicável aos processos colectivos em matéria de insolvência do devedor que determinem a inibição parcial ou total desse devedor da administração ou disposição de bens e a designação de um síndico». Porém, o art. 2.º, dedicado às «Definições», remete para o que consta dos Anexos se queremos saber o que são processos de insolvência e síndicos para efeitos do Regulamento. Levantando o problema da aplicação do regulamento «aos *pre-insolvency proceedings* e aos *hybrid proceedings*», CATARINA SERRA, «A contratualização da insolvência: *hybrid procedures* e *pre-packs*», in CATARINA SERRA (coord.), *II Congresso Direito das Sociedades em Revista*, cit., p. 267. O art. 1.º, 1, do Regulamento 2015/848 já não obrigará a que os processos por ele abrangidos «determinem a inibição parcial ou total» do devedor «da administração ou disposição de bens e a designação de um síndico». O PER está, aliás, expressamente previsto no Anexo A. Na Espanha, a *Ley* 14/2013, de 27 de setembro, acrescentou à *Ley Concursal* o Título X, que trata do «Acuerdo extrajudicial de pagos». O regime em causa prevê a nomeação de um «mediador concursal» a pedido do devedor insolvente que cumpra os requisitos do art. 231.º da referida lei e que pretenda «alcanzar con sus acreedores un acuerdo extrajudicial de pagos» (art. 232.º, 1).

[31] Defendendo que a proposta «deve ser da autoria conjunta dos subscritores /grupos de subscritores da declaração (devedor e credores), CATARINA SERRA, *O regime português da insolvência*, cit., p. 183. A autora tem razão ao afirmar que «a proposta conjunta é, com efeito, a solução mais adequada a este tipo de processo [...]». Porém, parece que uma coisa é o *requerimento* apresentado pelo devedor, outra é a *declaração* do art. 17.º-C, 1. Pelo menos, atendendo a que o n.º 3 do mesmo art. 17.º-C faz ainda menção à comunicação «ao juiz do tribunal competente [...]». Cfr. tb., da mesma autora, «Processo Especial de Revitalização...», cit., p. 726 e ss., e «Revitalização – A designação e o misterioso objecto...», cit., p. 96.

520

O PROCESSO ESPECIAL DE REVITALIZAÇÃO

seus créditos. Mas, por outro lado, os credores que decidam participar nas negociações devem apresentar declaração ao devedor, por carta registada. E podem fazê-lo «durante todo o tempo em que perdurarem as negociações», nos termos do art. 17.º-D, 7[32]. A isto voltaremos, na medida em que não é muito fácil perceber como é que tal possibilidade se articula com a existência de um prazo para reclamar créditos neste processo.

5.4. Efeitos processuais

O despacho a nomear o administrador judicial provisório tem também *efeitos processuais*. Desde logo, irá obstar «à instauração de quaisquer ações para cobrança de dívidas contra o devedor e, durante todo o tempo em que perdurarem as negociações, suspende, quanto ao devedor, as ações em curso com idêntica finalidade»[33]. O art. 17.º-E, 1, que o estabelece, acrescenta que se extinguem «aquelas logo que seja aprovado e homologado plano de recuperação, salvo quando este preveja a sua continuação»[34]. Como estão em causa «quaisquer ações para cobrança de dívidas contra o devedor», os termos da lei parecem indicar que neles não são apenas abrangidas as ações executivas[35]. Cobrança não se confunde com recebimento. Se estão em causa

---

[32] Criticando a falta de previsão de uma obrigação de participação dos credores públicos, MARIA DO ROSÁRIO EPIFÂNIO, «O processo especial de revitalização», cit., p. 263.

[33] A lei não pressupõe que esses efeitos ocorram após publicação ou notificação do despacho: ISABEL ALEXANDRE, «Efeitos processuais da abertura do processo de revitalização», cit., p. 240. A suspensão referida deverá manter-se não apenas até ao fim das negociações, mas até à homologação do plano de recuperação (no mesmo sentido, NUNO CASANOVA/DAVID DINIS, *PER. O processo especial de revitalização*, cit., p. 107).

[34] No PER, o art. 17.º-E, 1, estabelece que a decisão de nomeação do administrador judicial provisório obsta à instauração de quaisquer ações para cobrança de dívidas contra o devedor e suspende durante o tempo das negociações as ações em curso com idêntica finalidade, extinguindo-se em princípio logo que aprovado e homologado plano de recuperação. Para o SIREVE, cfr. o art. 11.º, 2 e 3 do DL 178/2012. No processo de insolvência, encontramos os efeitos da declaração de insolvência sobre ações pendentes dos arts. 85.º e ss., e em especial os efeitos sobre as ações executivas identificados no art. 88.º.

[35] Cfr. o Ac. RP de 30.9.2013 (Relator: António Ramos), Proc. n.º 516/12.6TTBRG.P1, in www. dgsi.pt, CARVALHO FERNANDES/JOÃO LABAREDA, *Código da Insolvência e da Recuperação de Empresas anotado*, cit., p. 161 (considerando que podem ser ações executivas e declarativas), e FÁTIMA REIS SILVA, *Processo especial de revitalização. Notas práticas e jurisprudência recente*, cit., p. 53 (aceitando que estão incluídas ações executivas, declarativas condenatórias, ações especiais e procedimentos

UM CURSO DE DIREITO DA INSOLVÊNCIA

«quaisquer» ações que tenham como finalidade cobrar dívidas do devedor, não vemos como afastar as ações declarativas. Tanto mais que o plano de recuperação até pode prever a continuação das ações suspensas (art. 17.º-E, parte final). Quanto à suspensão referida, a mesma diz apenas respeito ao devedor.

Na parte final do art. 17.º-E, 1, temos outra pérola de bom português. Diz-se que são «aquelas» ações que se extinguem com a aprovação e homologação de um plano de recuperação. Se a palavra «aquelas» estivesse bem utilizada, estariam em causa as ações *a instaurar*. Seria um absurdo: *extinguiam-se as ações ainda não instauradas...* Por isso, as ações que se extinguem são «estas»: as ações em curso «com idêntica finalidade»[36].

De qualquer forma, a parte final do art. 17.º-E, 1, mostra que os credores podem buscar melhor proteção do que a resultante da lei: podem negociar que no plano de recuperação se estabeleça que, apesar dele, as ações continuarão após a aprovação e homologação desse plano. E a Segurança Social estará a exigir que as ações executivas pendentes para cobrança de dívidas à segurança social se mantenham suspensas mesmo após aprovação e homologação do plano de recuperação até integral cumprimento do plano de pagamentos[37].

---

cautelares). Considerando abrangidas as ações declarativas para cumprimento de obrigações pecuniárias e as ações executivas para pagamento de quantia certa, João Aveiro Pereira, «A revitalização económica dos deveres», cit., p. 37. Mas v., considerando que apenas as ações executivas são abrangidas, Madalena Perestrelo de Oliveira, «O processo especial de revitalização: o novo CIRE», *RDS*, 2012, 3, p. 718 e s., e Isabel Alexandre, «Efeitos processuais da abertura do processo de revitalização», cit., p. 245 e s. (que, por um lado, também tende a excluir as execuções para entrega de coisa certa e para prestação de facto, para além de ver limitações no que diz respeito à execução por alimentos, e, por outro, abrange na proibição de instauração os arrestos e arrolamentos); defendendo que só são abrangidas as ações executivas para pagamento de quantia certa (ou convertidas nos termos dos arts. 867.º e 869.º CPC) e os procedimentos cautelares antecipatórios de ações que devam ser suspensas nos termos do preceito em causa, Nuno Casanova/David Dinis, *PER. O processo especial de revitalização*, cit., p. 97. Por sua vez, Maria do Rosário Epifânio, *O Processo Especial de Revitalização*, cit., p. 33, considera abrangidas «apenas as ações executivas, ou as diligências executivas e ainda as providências cautelares de natureza executiva».

[36] Criticamente, Fátima Reis Silva, *Processo especial de revitalização. Notas práticas e jurisprudência recente*, cit., p. 53, lembrando, pertinentemente, que o plano pode nem sequer abranger os créditos litigiosos em causa nas ações que se extinguem. Limitando a extinção aos casos em que a sentença homologatória já transitou, Nuno Casanova/David Dinis, *PER. O processo especial de revitalização*, cit.,, p. 109.

[37] AAVV, *Guia prático da recuperação e revitalização de empresas*, cit., p. 112. O teor da parte final do art. 17.º-E, 1, remete-nos, aliás, para outro tema bastante interessante: o das consequências

O PROCESSO ESPECIAL DE REVITALIZAÇÃO

Outro dos efeitos do despacho de nomeação do administrador judicial provisório está contido no art. 17.º-E, 6. A publicação daquele despacho no Citius tem como efeito a *suspensão* de *processos de insolvência em curso* contra o devedor «desde que não tenha sido proferida sentença declaratória da insolvência». Se teve lugar a suspensão desses processos de insolvência, os mesmos extinguem-se se foi aprovado e homologado plano de recuperação (presume--se que no processo especial de revitalização)[38]. A suspensão não é possível se já foi proferida sentença declaratória da insolvência, o que poderá justificar-se pelo facto de o PER não se aplicar aos casos de insolvência atual[39].

6. A reclamação de créditos, a lista provisória de créditos e as impugnações

6.1. A reclamação de créditos

Vimos já que a partir da publicação no Citius do despacho com a nomeação do administrador judicial provisório começa a correr um prazo de 20 dias para que qualquer credor reclame os seus créditos[40].

---

do incumprimento do PER. Sobre isto, BERTHA ESTEVES, «Da aplicação das normas relativas ao plano de insolvência ao plano de recuperação conducente à Revitalização», in CATARINA SERRA (coord.), *II Congresso de direito da insolvência*, cit., p. 277 e s., e NUNO LOUSA, «O incumprimento do plano de recuperação e os direitos dos credores», in CATARINA SERRA (coord.), *I Colóquio de direito da insolvência de Santo Tirso*, cit., p. 119 e ss..

[38] Mas v., afastando a aplicação do art. 17.º-E, 6, aos casos em que o processo de insolvência resultou da apresentação à insolvência do devedor ou em que não foi deduzida oposição pelo devedor, com as consequências previstas no art. 30.º, 5, se preenchidos os pressupostos da declaração de insolvência aí mencionados, CARVALHO FERNANDES/JOÃO LABAREDA, *Código da Insolvência e da Recuperação de Empresas anotado*, cit., p. 161-162. Exigindo o trânsito em julgado da sentença de homologação, NUNO CASANOVA/DAVID DINIS, *PER. O processo especial de revitalização*, cit., p. 117.

[39] Mas v., exigindo o trânsito em julgado da sentença declaratória da insolvência, PAULO DE TARSO DOMINGUES, «O Processo Especial de Revitalização aplicado às sociedades comerciais», cit., p. 21.

[40] Questiona-se, porém, a existência de dilação: FÁTIMA REIS SILVA, *Processo especial de revitalização. Notas práticas e jurisprudência recente*, cit., p. 38, NUNO CASANOVA/DAVID DINIS, *PER. O processo especial de revitalização*, cit., p. 50, e MARIA DO ROSÁRIO EPIFÂNIO, *O Processo Especial de Revitalização*, cit., p.30 e s.. No PER há reclamação de créditos. No processo de insolvência também. No SIREVE não há propriamente uma fase de reclamação de créditos, devendo o devedor apresentar no requerimento a «identificação do credor ou dos credores no requerimento a identificação do credor ou dos credores com os quais

UM CURSO DE DIREITO DA INSOLVÊNCIA

Isto vale até para os credores que assinaram a declaração com a manifestação de vontade de encetarem negociações e referida no art. 17.º-C, 1[41]. As reclamações[42] são remetidas ao administrador judicial provisório.

6.2. A lista provisória de créditos

O administrador judicial provisório tem um prazo de 5 dias[43] para elaborar uma lista provisória de créditos[44], lista essa que é «imediatamente apresentada na secretaria do tribunal e publicada no portal Citius»[45].

a empresa pretende negociar que representem, pelo menos, um terço do total das dívidas da empresa, conforme resulte dos documentos de prestação de contas [...]» (art. 3.º, 2, *c*), do DL 178/2012, na redação dada pelo DL 26/2015; na redação anterior, exigia-se que constasse no requerimento a identificação do credor ou credores que representassem, pelo menos, 50% das dívidas da empresa constantes do balanço analítico elaborado nos termos do art. 3.º, 2, *c*)). Mas dentro de um certo prazo qualquer credor cuja participação não tenha sido solicitada pela empresa nem promovida pelo IAPMEI, IP, pode requerer a sua participação no SIREVE (art. 10.º DL 178/2012). No PER parece afastada a possibilidade de verificação ulterior de créditos: Fátima Reis Silva, *Processo especial de revitalização. Notas práticas e jurisprudência recente*, cit., p. 49.

[41] V. tb. Paulo de Tarso Domingues, «O Processo Especial de Revitalização aplicado às sociedades comerciais», cit., p. 19. Com dúvidas, Maria do Rosário Epifânio, *Manual de direito da insolvência*, cit., p. 283, nt. 945 (mas v., da mesma autora *O Processo Especial de Revitalização*, cit., p. 45).

[42] Defendendo a aplicação, por analogia, do art. 128.º ao requerimento de reclamação, Carvalho Fernandes/João Labareda, *Código da Insolvência e da Recuperação de Empresas anotado*, cit., p. 151.

[43] Considerando, mas sem razão, que o juiz deve encerrar o processo se o prazo for ultrapassado, Nuno Casanova/David Dinis, *PER. O processo especial de revitalização*, cit., p. 72. Criticando a escassez do prazo, Fátima Reis Silva, «A verificação de créditos no processo de revitalização», cit., p. 258.

[44] Carvalho Fernandes/João Labareda, *Código da Insolvência e da Recuperação de Empresas anotado*, cit., p. 152, defendem que o administrador judicial provisório deve incluir na lista de créditos os que «constem dos elementos da contabilidade do devedor ou sejam por outra forma do seu conhecimento»; no mesmo sentido, Bertha Esteves, «Da aplicação das normas relativas ao plano de insolvência ao plano de recuperação conducente à Revitalização», in Catarina Serra (coord.), *II Congresso de direito da insolvência*, cit., p. 268. Considerando que o administrador judicial provisório deve «incluir imediatamente, nas listas que elabora, os créditos que sejam de alguma forma do seu conhecimento», e designadamente os daqueles credores que assinaram a declaração referida no art. 17.º-C, 1, Catarina Serra, «Entre o princípio e os princípios da recuperação de empresas (um work in progress)», cit., p. 98, embora defenda que é um dever sob condição. Aproximando a lista provisória de créditos

O PROCESSO ESPECIAL DE REVITALIZAÇÃO

6.3. As impugnações e a decisão

Após a publicação, a lista pode ser impugnada no prazo de cinco dias úteis[46]. Não o sendo, converte-se em definitiva.

O juiz tem também o prazo de cinco dias úteis para decidir as impugnações[47]. O art. 17.º-D, 3, dá a entender que o prazo de cinco dias úteis de que dispõe o juiz só começa a correr depois de terminar o prazo para a apresentação das impugnações, e não após a entrega das mesmas[48]. Após decisão do juiz que já não admita recurso, a lista também se torna definitiva[49].

---

do PER à lista provisória do art. 154.º, NUNO CASANOVA/DAVID DINIS, PER. O processo especial de revitalização, cit., p. 73, resultando para os autores que a lista deve incluir também todos os créditos reclamados ainda que o administrador não os reconheça. Defendendo que a lista provisória deve incluir os créditos reclamados e os créditos constantes da relação de créditos remetida pelo devedor, MARIA DO ROSÁRIO EPIFÂNIO, O Processo Especial de Revitalização, cit., p. 48. Mas v., afirmando que a lista provisória só deve incluir os créditos reclamados, AMÉLIA REBELO, «A aprovação e a homologação do plano de recuperação», in CATARINA SERRA (coord.), I Colóquio de direito da insolvência de Santo Tirso, cit., p. 75.

[45] Defendendo a aplicação do art. 129.º, com exceção do n.º 4, CARVALHO FERNANDES/JOÃO LABAREDA, Código da Insolvência e da Recuperação de Empresas anotado, cit., p. 152.

[46] A contar, parece, da publicação no Citius: FÁTIMA REIS SILVA, «A verificação de créditos no processo de revitalização», cit., p. 259, e MARIA DO ROSÁRIO EPIFÂNIO, O Processo Especial de Revitalização, cit., p. 49. Propendendo para a tramitação por apenso, de acordo com o art. 132.º, CARVALHO FERNANDES/JOÃO LABAREDA, Código da Insolvência e da Recuperação de Empresas anotado, cit., p. 153.

[47] FÁTIMA REIS SILVA, «A verificação de créditos no processo de revitalização », cit., p. 265, considera que «a decisão de impugnação de créditos não é autonomamente recorrível, apenas podendo ser impugnada no recurso que venha a ser interposto da decisão final e apenas no caso de aprovação». Certamente por isso, também defende que a decisão das impugnações torna a lista definitiva. Já CARVALHO FERNANDES/JOÃO LABAREDA, Código da Insolvência e da Recuperação de Empresas anotado, cit., p. 155, entendem que a decisão sobre a impugnação está «sujeita a recurso, nos termos gerais». Inclinamo-nos para esta última solução, mas tendo em conta as normas aplicáveis ao PER.

[48] A decisão das impugnações não se confunde com uma sentença de verificação e graduação de créditos: FÁTIMA REIS SILVA, «A verificação de créditos no processo de revitalização», cit., p. 261.

[49] Considerando que a decisão das impugnações também permita falar de lista definitiva, FÁTIMA REIS SILVA, «A verificação de créditos no processo de revitalização», cit., p. 261, e MARIA DO ROSÁRIO EPIFÂNIO, O Processo Especial de Revitalização, cit., p. 52 (referindo-se a um «sentido lato»).

UM CURSO DE DIREITO DA INSOLVÊNCIA

7. As negociações e prazo para a sua conclusão

7.1. Prazo

Terminado o prazo para as impugnações, o art. 17.º-D, 5, estabelece um outro prazo de dois meses para que os declarantes concluam as negociações encetadas[50], prazo esse que pode ser prorrogado por um mês verificadas certas circunstâncias[51]. A lei não faz distinções entre os casos em que houve ou não houve impugnações. E a decisão definitiva sobre as impugnações pode demorar tempo.

7.2. Termos das negociações

Sobre os *termos* dessas negociações entre o devedor e os seus credores diz o art. 17.º-D, 8, que os mesmos podem resultar de *convenção* entre todos os intervenientes. Na falta desse acordo, *caberá ao administrador judicial provisório definir as regras* por que se regerão as negociações[52]. O papel do administrador judicial provisório não será o de mero espectador, como resulta do art. 17.º-D, 9: deve participar nas negociações, orientar e fiscalizar o decurso dos trabalhos e a sua regularidade e «assegurar que as partes não adotam expedientes dilatórios, inúteis ou, em geral, prejudiciais à boa marcha daquelas».

---

[50] V., porém, considerando tratar-se de prazos ordenadores, o Ac. RG de 4.03.2013 (Relator: António Santos), Proc. n.º 3695/12.9TBBRG.G1.

[51] Criticando o regime, RUI PINTO DUARTE, «Reflexões de política legislativa sobre a recuperação de empresas», in CATARINA SERRA (coord.), *II Congresso de direito da insolvência*, cit., p. 359. No SIREVE, o prazo de conclusão é de três meses, eventualmente prorrogável por mais um (nos termos do art. 15.º do DL n.º 178/2012).

[52] O art. 17-D, 10, obriga todos os intervenientes nas negociações a atuarem «de acordo com os princípios orientadores aprovados pela Resolução do Conselho de Ministros n.º 43/2011, de 25 de outubro». Por sua vez, o n.º 11 responsabiliza solidária (e civilmente...) o devedor e os seus administradores de direito ou de facto «pelos prejuízos causados aos seus credores em virtude de falta ou incorreção das comunicações ou informações a estes prestadas [...]». Sobre um eventual dever jurídico de renegociação, NUNO OLIVEIRA, «Responsabilidade pela perda de uma chance de revitalização?», in CATARINA SERRA (Coord.), *II Congresso de direito da insolvência*, cit., p. 153 e ss.. Pronunciando-se sobre a violação de um dos Princípios, Ac. STJ de 03.03.2015 (Relator: João Camilo), Proc. n.º 1480/13.0TYLS.L1S1, in www.dgsi.pt.

O PROCESSO ESPECIAL DE REVITALIZAÇÃO

O art. 17.º-D, 5, faz referência apenas ao prazo concedido aos declarantes para concluírem as negociações, sendo possível que nestas participem outros credores para além daqueles que inicialmente declararam querer «encetar» negociações (art. 17.º-C, 1, e art. 17.º-D, 7). Isto para além dos «peritos que cada um dos intervenientes considerar oportuno» (art. 17.º-D, 8, que também trata da questão de saber quem suporta os custos dos peritos)[53].

Mas quais são os *credores que podem participar nas negociações*?

Se há uma lista definitiva de créditos, e se os credores que decidem participar devem apresentar declaração ao devedor, por carta registada, mas «durante todo o tempo em que perdurarem as negociações», nos termos do art. 17.º-D, 7, é necessário saber quem pode participar a todo o tempo nas negociações e quais os credores que constam da lista definitiva de créditos.

Maria do Rosário Epifânio afirmava que «os créditos destes participantes tardios deverão constar da lista definitiva de créditos»[54]. Este excerto permite duas leituras: ou entende a autora que os créditos dos participantes tardios constarão também da lista definitiva de créditos independentemente do momento em que decidem participar nas negociações (leitura com que não concordamos); ou é ali defendido que só pode ser participante tardio quem consta da lista definitiva de créditos.

Na realidade, o art. 17.º-D, 7, permite (pelo menos) apontar três alternativas quanto ao seu sentido:

a) Depois de haver lista definitiva de créditos, ainda seria possível a participação nas negociações de todos os credores que declararem querer fazê-lo e a lista definitiva vai sendo atualizada. É uma leitura que não parece correta, pois então a lista definitiva não o seria e surgiriam nela incluídos outros credores sem que se pudesse abrir nova fase de impugnação;

[53] Considerando que o art. 429.º do CT confere às comissões de trabalhadores, o poder de participar no processo negocial, MARIA DO ROSÁRIO EPIFÂNIO, *O Processo Especial de Revitalização*, cit., p. 55.

[54] MARIA DO ROSÁRIO EPIFÂNIO, *Manual de direito da insolvência*, cit., p. 264, nt. 856. Posteriormente, a mesma autora, em *O Processo Especial de Revitalização*, cit., p. 55, sustentou que a possibilidade de participar nas negociações, quanto aos credores, «se restringe aos credores cujos créditos constam da lista definitiva de créditos ou, se esta não existir, da lista provisória de créditos».

UM CURSO DE DIREITO DA INSOLVÊNCIA

b) Depois de haver lista definitiva, só podem participar nas negociações os que constam da lista definitiva (faz um pouco mais de sentido);

c) Mesmo depois de haver lista definitiva *podem participar nas negociações todos os que declarem pretender fazê-lo*, mas a *lista definitiva não é alterada e quem não consta da lista definitiva não pode votar* o plano de recuperação (faz ainda mais sentido, pois pode ser vantajoso para se conseguir um acordo; quem reclama o crédito não está obrigado a participar nas negociações e podem participar nas negociações credores que não reclamaram os créditos; no entanto, a reclamação ganha mais importância se entendermos que só os credores que constam da lista podem votar por força do art. 17.º-F, 3[55]).

7.3. Garantias e financiamentos

No que diz respeito ao processo negocial há dois temas que não podem deixar de ser tratados: o das *garantias convencionadas* entre o devedor e os seus credores e o dos *financiamentos acordados* naquele processo.

A lei contém no art. 17.º-H, 1, um regime com que se pretendeu conferir alguma proteção aos credores que participam nas negociações e com quem são convencionadas *garantias com vista a proporcionar ao devedor meios financeiros* necessários para a sua atividade[56]. Proteção desde logo perante o regime da

---

[55] V. tb. Paulo de Tarso Domingues, «O Processo Especial de Revitalização aplicado às sociedades comerciais», cit., p. 20. Os credores que podem votar o plano de recuperação podem apenas participar nas negociações para votar o plano? Aparentemente, sim (art. 17.º-D, 7).

[56] Defendendo que o negócio subjacente beneficia do regime previsto no art. 17.º-H, 1, Maria do Rosário Epifânio, *O Processo Especial de Revitalização*, cit., p. 88. Afastando uma limitação aos credores «financeiros», Catarina Serra, *O regime português da insolvência*, cit., p. 185, «Processo especial de revitalização...», cit., p. 729 e ss. Considerando que a garantia não tem que ser prestada «diretamente a quem proporciona os meios financeiros», Nuno Casanova/ David Dinis, *PER. O processo especial de revitalização*, cit., p. 179. Os autores referidos em último lugar admitem também que estejam abrangidas as garantias a favor de créditos preexistentes (p. 180 e s.), mas não parece que assim seja (cfr. tb. João Aveiro Pereira, «A revitalização económica dos devedores», cit., p. 39. Afirmando, com razão, que o regime do art. 17.º-H só será aplicável aos créditos que se traduzam na atribuição de «fresh money», Paulo de Tarso Domingues, «O Processo Especial de Revitalização aplicado às sociedades comerciais», cit., p. 22, e, quanto ao art. 17.º-H, 2, Fátima Reis Silva, *Processo Especial de Revitalização*, cit., p. 73, e Nuno Lousa, «O incumprimento do plano de recuperação e os direitos dos credores», cit., p. 130.

O PROCESSO ESPECIAL DE REVITALIZAÇÃO

resolução em benefício da massa[57]. Mas não se percebe muito bem por que razão apenas são ali protegidas as garantias. Felizmente, o art. 120.º, 6, na sua nova redação, estabelece que são «insuscetíveis de resolução» os «negócios jurídicos celebrados no âmbito de processo especial de revitalização [...] cuja finalidade seja prover o devedor com meios de financiamento suficientes para viabilizar a sua recuperação»[58].

Além disso, os credores que «no decurso do processo, financiem a atividade do devedor disponibilizando-lhe capital para a sua revitalização» vão beneficiar de *privilégio creditório mobiliário geral*[59] graduado antes do que é concedido aos trabalhadores[60]. É o que nos diz agora o art. 17.º-H, 2. Dir-se-á, com razão, que os trabalhadores serão prejudicados. Mas aquela pode ser a diferença entre continuar a ser trabalhador ou passar a ser desempregado[61].

O art. 17.º-H é, no entanto, mais uma fonte de dúvidas. Faz-se ali referência a «garantias convencionadas [...] durante o processo especial de revitalização», de financiamento no decurso do processo.

---

[57] Mas não só: cfr. o art. 97.º, 1, *d*) e *e*). Lembrando também o art. 97.º, 1, *e*), Nuno Casanova/ David Dinis, *PER. O processo especial de revitalização*, cit., p. 176, e Maria do Rosário Epifânio, *O Processo Especial de Revitalização*, cit., p. 87.

[58] Catarina Serra, *O regime português da insolvência*, cit., p. 187, chama no entanto a atenção para o risco de impugnação pauliana. Cfr. tb., da mesma autora, «Processo especial de revitalização...», cit., p. 733, e Carvalho Fernandes/João Labareda, *Código da Insolvência e da Recuperação de Empresas anotado*, cit., p. 180, que lembram ainda a ação de nulidade.

[59] Criticando a timidez da proteção, Maria do Rosário Epifânio, «O processo especial de revitalização», cit., p. 262, e Catarina Serra, *O regime português da insolvência*, cit., p. 189, e «Revitalização – A designação e o misterioso objeto...», cit., p. 104 e ss.. Defendendo que a disponibilização em dinheiro deve ser entendida em sentido amplo para abranger dinheiro e outros valores, Carvalho Fernandes/João Labareda, *Código da Insolvência e da Recuperação de Empresas anotado*, cit., p. 179; por sua vez, Maria do Rosário Epifânio, *O Processo Especial de Revitalização*, cit., p. 89, aceita que estejam abrangidos as moratórias, os fracionamentos de pagamentos e os novos fornecimentos; com outra leitura, inclinando-se para a necessidade de fluxo de dinheiro, Fátima Reis Silva, *Processo especial de revitalização. Notas práticas e jurisprudência recente*, cit., p. 76.

[60] Sobre a eventual existência de uma obrigação de dar preferência aos que já eram credores antes da abertura do PER, Catarina Serra, *O regime português da insolvência*, cit., p. 187, «Processo especial de revitalização...», cit., p. 735.

[61] No PER dá-se proteção às garantias convencionadas entre o devedor e os credores durante o processo em causa e confere-se aos credores que financiam o devedor no decurso do processo um privilégio creditório mobiliário geral, tudo nos termos do art. 17.º-H. Para o SIREVE, cfr. o art. 11.º, 6 e 8, do DL 178/2012, na redação do DL 26/2015, ou o art. 11.º, 6, na redação anterior.

UM CURSO DE DIREITO DA INSOLVÊNCIA

Mas o que deve entender-se por *durante* e *no decurso*? Estamos a falar de garantias e de financiamento que *resultam do plano de recuperação*? Estamos a falar de garantias e de financiamento que *resultam de outros acordos alcançados no processo*? Ou basta que se trate de garantias e de financiamento acordados *enquanto está pendente o processo especial de revitalização, ainda que fora do mesmo*?[62]

Entendemos que a proteção conferida pelo preceito apenas tem sentido quanto a garantias e financiamento acordados *no âmbito* do processo de revitalização. Desde logo porque é essa a indicação que resulta do art. 120.º, 6, na sua nova redação. Aí se estabelece que são «insuscetíveis de resolução» os «negócios jurídicos celebrados no âmbito de processo especial de revitalização [...] cuja finalidade seja prover o devedor com meios de financiamento suficientes para viabilizar a sua recuperação»[63]. Isto relativamente ao art. 17.º-H, 1.

Por sua vez, o art. 17.º-H, 2, também só confere a garantia ali prevista aos *financiamentos que permitem disponibilizar capital para a revitalização*. Revitalização que só pode ser a que está a ser negociada no PER. Só os financiamentos negociados *no âmbito* do PER[64] é que são financiamentos de capital *para a revitalização*.

Mas a lei podia ser bem mais clara.

---

[62] Admitindo a aplicação do art. 17.º-H, 1, também em favor dos créditos preexistentes, Catarina Serra, *O regime português da insolvência*, cit., p. 186, «Processo especial de revitalização...», cit., p.732 .

[63] Note-se, aliás, que este art. 120.º, 6, parece abranger também os casos do art. 17.º-H, 2. Invocando o argumento de maioria de razão partindo do art. 17.º-H, 1, Carvalho Fernandes/ João Labareda, *Código da Insolvência e da Recuperação de Empresas anotado*, cit., p. 180, entendem que são irresolúveis «os créditos concedidos para financiar a prossecução da atividade do devedor sem, contudo, ter sido convencionada, quanto a eles, a constituição de qualquer garantia especial».

[64] Mas v., fazendo a distinção entre negócios celebrados no decurso do PER e negócios celebrados no âmbito do PER, dando caráter mais abrangente a estes últimos, Nuno Casanova/ David Dinis, *PER. O processo especial de revitalização*, cit., p. 178. Os autores citados lembram também (p. 180 e s.) que o art. 161.º, 3, *f*), considera a constituição de garantias atos de especial relevo e (p. 182) admitem que as garantias reais não extintas constituídas a favor de pessoas especialmente relacionadas com o devedor sejam abrangidas pelo art. 17.ºH, e pela exceção do art. 47.º, 4, *b*) (mas v., com outra leitura, Miguel Lucas Pires, *Dos privilégios creditórios. Regime jurídico e sua influência no concurso de credores*, cit., p. 335 e s.).

O PROCESSO ESPECIAL DE REVITALIZAÇÃO

Por outro lado, parece que a proteção conferida pelo art. 17.º-H só fará sentido se houve *aprovação e homolgação*[65] *de plano de recuperação conducente à revitalização*. Veja-se que o art. 17.º-G, 2, prevê que o encerramento do PER *sem acordo ou ultrapassado o prazo* e não havendo insolvência conduz à *extinção de todos os seus efeitos*. Talvez se possa dizer que entre esses efeitos estariam os do art. 17.º-H. Parece que, por maioria de razão, esses efeitos do art. 17.º-H se extinguiriam havendo situação de insolvência e ausência de acordo ou ultrapassado o prazo.

De qualquer modo, a aplicação do art. 17.º-H será menos insegura se as garantias e financiamentos constam do plano de recuperação conducente à revitalização, aprovado e homologado.

O art. 17.º-H não esclarece sequer se a proteção que confere pressupõe que tenha sido cumprido o art. 17.º-E, 2. Este último exige a autorização do administrador judicial provisório quanto aos atos de especial relevo. Fará isso sentido quando se trate de atos que estão contidos no próprio plano de recuperação, a homologar pelo juiz? Parece-nos que não[66].

7.4. O fim das negociações por iniciativa do devedor a todo o tempo

Uma outra norma que interessa analisar é a que consta do art. 17.º-G, 5. Aí se diz que «o devedor pode pôr termo às negociações a todo o tempo, independentemente de qualquer causa, devendo, para o efeito, comunicar tal pretensão ao administrador judicial provisório, a todos os seus credores e ao tribunal, por meio de carta registada, aplicando-se, com as necessárias adaptações, o disposto nos números anteriores».

Ou seja: se *o devedor põe termo às negociações* naqueles termos, o *processo negocial é encerrado*, o administrador judicial provisório *comunica* esse encerramento ao processo e *nessa comunicação emite o parecer* sobre se o devedor está

---

[65] Assim tb., Paulo de Tarso Domingues, «O Processo Especial de Revitalização aplicado às sociedades comerciais», cit., p. 23.

[66] V. tb., com essa leitura, Paulo de Tarso Domingues, «O Processo Especial de Revitalização aplicado às sociedades comerciais», in Catarina Serra (coord.), *I Colóquio de direito da insolvência de Santo Tirso*, cit., p. 22, nt. 28.

UM CURSO DE DIREITO DA INSOLVÊNCIA

em situação de insolvência depois de ouvir o devedor e os credores, e, *se conclui pela insolvência, deve requerê-la*, seguindo-se os demais termos[67].

7.5. Acordo ou plano?

No art. 17.º-D, 1, surge escrito que as *negociações* têm *em vista a revitalização* do devedor, sem que se estabeleça que tal revitalização deve ocorrer *com* um plano de recuperação[68].

No art. 17.º-F, 1 e 2, encontramos feita referência aos casos em que tem lugar a conclusão das negociações com a aprovação de um plano de recuperação conducente à revitalização do devedor. Mas *o que é que pode ser acordado* no processo especial de revitalização além desse plano de recuperação? Os termos usados não são sempre os mesmos. No art. 17.º-A, 1, é dito que as negociações são estabelecidas de modo a concluir com os credores acordo conducente à revitalização do devedor. Terá esse acordo que revestir sempre a modalidade de plano de recuperação conducente à revitalização? Essa é que parece ser a solução correta. Mas estará afastada a possibilidade de celebrar outros acordos para além desse? Também consideramos que não.

O CIRE não estabelece um elenco de medidas de revitalização que possam ser adotadas, deixando uma grande margem de liberdade. É, porém, necessário ter em conta o regime legal aplicável às medidas pretendidas[69].

No art. 17.º-G, 1, são visados os casos em que *se conclui que é impossível alcançar acordo*. Porém, não é esclarecido *de que acordo* se está a falar. Pensamos que terá que ser, pelo menos, um acordo conducente à revitalização.

Se o devedor consegue um acordo com um credor que permite salvar o devedor, pode ter a tentação de o celebrar *fora do processo especial de revitalização*. E depois pode querer pôr termo às negociações, nos termos do art. 17.º-G,

---

[67] Questão difícil de resolver é a que diz respeito à admissibilidade de desistência do pedido ou da instância perante a redação do art. 17.º-G, 5. Sobre isto, v. os auores citados na nt. 16 deste cap..

[68] As escolhas devem igualmente ter em conta as eventuais vantagens fiscais associadas. Cfr. os arts. 268.º e ss..

[69] Lembrando a necessidade de aprovação pela coletividade dos sócios das sociedades comerciais em certos casos, PAULO DE TARSO DOMINGUES, «O Processo Especial de Revitalização aplicado às sociedades comerciais», cit, p.24.

n.º 5, que permite que isso aconteça a todo o tempo e independentemente de qualquer causa, embora com as consequências legalmente previstas.

No entanto, isso tem riscos. Não estaremos então perante um acordo celebrado *no âmbito* do processo. E por isso não vemos como poderá beneficiar da proteção do art. 17.º-H.

7.6. O Fisco e a Segurança Social

Quanto à participação do Fisco e da Segurança Social nas negociações, lembramos, pelo seu interesse prático, os arts. 30.º, 2 e 3, e 36.º, 3, da LGT, o art. 196.º CPPT, os arts. 190.º, 191.º, 192.º e 199.º do Código dos Regimes Contributivos do Sistema Previdencial de Segurança Social (CRCSPSS)[70], e o art. art. 107.º do OGE para 2013. Como escreve Fátima Reis Silva[71], «a discussão jurisprudencial à volta dos créditos tributários e do plano se transferiu, de forma quase integral, para o plano de recuperação em processo de revitalização». Remetemos, assim, para o que escrevemos sobre o tema no Capítulo dedicado ao plano de insolvência. Apenas diremos ainda que o juiz deve recusar «oficiosamente a homologação do plano de insolvência aprovado em assembleia de credores no caso de violação não negligenciável de regras procedimentais ou das normas aplicáveis ao seu conteúdo» (art. 215.º), valendo esse regime quanto à homologação do plano de recuperação no PER (art. 17.º-F, 5). A violação pelo conteúdo do plano de recuperação dos preceitos imperativos da LGT, do CPPT e do CRCSPSS atrás mencionados pode ser considerada uma violação das normas aplicáveis ao conteúdo do plano (não negligenciável, para quem, como nós, exija que assim seja) e conduzir à recusa de homologação[72].

---

[70]   Já nos referimos a estes preceitos quanto ao plano de insolvência e para aí remetemos. A L 110/2009, de 16.09, que aprovou o CRCSPSS, revogou o DL 411/91, de 17.10 (v. art. 5.º, 1, *j*)). Quanto ao pagamento em prestações de dívidas à segurança social, cfr. o art. 13.º do DL 42/2001, de 9 de fevereiro, com a redação dada pelo DL 63/2014, de 28 de abril.

[71]   Fátima Reis Silva, *Processo especial de revitalização. Notas práticas e jurisprudência recente*, cit., p. 66.

[72]   Nesse sentido, perante as normas consideradas relevantes para os casos analisados, cfr. o Ac. RP de 28.06.2013 (Relator: Maria Amália Santos), Proc. n.º 4944/12.9TBSTS-A.P1, Ac. RP de 30.09.2013 (Relator: Oliveira Abreu), Proc. n.º 4819/12.1TBSTS-A.P1, Ac. RP de 10.10.2013 (Relator: Judite Pires), Proc. n.º 4183/12.9TBPRD.P1, Ac. RG de 23.04.2013 (Relator: António Santos), Proc. n.º 2848/12.4TBGMR.G1, todos em www.dgsi.pt. Admitindo a homologação de planos de recuperação que apenas contenham a violação negligenciável do princípio da indisponibilidade

UM CURSO DE DIREITO DA INSOLVÊNCIA

Há, ainda, um argumento adicional que não pode ser ignorado (sobretudo, por todos aqueles que dão muito valor ao argumento histórico da interpretação): é que na Exposição de Motivos da Proposta de Lei n.º 39/XII podia ler-se claramente que «é criado o processo especial de revitalização (artigos 17.º-A a 17.º-I), lançando-se a primeira pedra deste processo logo no n.º 2 do artigo 1.º, explicitando-se, em traços muito largos, quais os devedores que ao mesmo podem recorrer. O processo visa propiciar a revitalização do devedor em dificuldade, naturalmente que *sem pôr em causa os respectivas obrigações legais, designadamente para regularização de dividas no âmbito das relações com a administração fiscal e a segurança social*» (itálico nosso)[73].

7.7. O prazo para a votação

Se das negociações resultar um plano para votar, quem fixa *o prazo para a votação por escrito*? O juiz ou o administrador judicial provisório? O art. 17.º-D, 9, parece apontar nesta última direção. A fixação de prazo caberia no âmbito dos poderes de orientação que são atribuídos ao administrador judicial provisório. Não se justificará exigir a decisão do juiz. No entanto, o art. 17.º-D, 8, deixa dúvidas quanto à possibilidade de o devedor e os credores convencionarem outra coisa.

7.8. A elaboração do plano e a necessidade de homologação

Na elaboração do plano e na sua aprovação pelos credores deve ser tida em conta a *necessidade de homologação* pelo juiz. Daí que deva ser dada especial atenção ao que se encontra estabelecido no art. 17.º-F, 5: o juiz aplica «com as necessárias adaptações, as regras vigentes em matéria de aprovação e homologação do

---

dos créditos fiscais e da Segurança Social, Ac. RC de 24.09.2013, (Relator: Freitas Neto), Proc. n.º 36/13.1TBNLS.C1. No sentido da não vinculação da Fazenda Nacional e da Segurança Social, o Ac. RP de 16.09.2013 (Relator: Manuel Fernandes), Proc. n.º 1060/12.7TBLSD.P1, Ac. RL de 20.2.2014 (Relator: António Martins), Proc. n.º 174/13.0TYLSB-A.L1-6. Considerando que «os planos de recuperação aprovados que prevejam uma modificação ou extinção dos créditos públicos sem que o Estado tenha votado favoravelmente estão feridos de vício não negligenciável quanto ao seu conteúdo», MARIA DO ROSÁRIO EPIFÂNIO, *O Processo Especial de Revitalização*, cit., p. 71.
[73] Chamando a atenção para isto mesmo, SUSANA TAVARES DA SILVA/MARTA COSTA SANTOS, «Os créditos fiscais nos processos de insolvência: reflexões críticas e revisão da jurisprudência», cit., p. 3.

O PROCESSO ESPECIAL DE REVITALIZAÇÃO

plano de insolvência previstas no título IX, em especial o disposto nos artigos 215.º e 216.º». Essas regras merecem um estudo cuidadoso justamente para evitar eventuais recusas de homologação.

7.9. Aprovação do plano e conclusão das negociações

Do disposto no art. 17.º-F, 1 e 2, retira-se que a *aprovação do plano* de recuperação conducente à revitalização do devedor implica a *conclusão das negociações*. Assim sendo, *a aprovação do plano ainda integra as negociações*. E a *conclusão das negociações* deve ocorrer no prazo do art. 17.º-D, 5: dois meses após findar o prazo para as impugnações, eventualmente prorrogável por um mês. Dentro desse prazo também terá de ser efetuada a aprovação do plano referido[74]. É dessa aprovação que vamos falar a seguir.

8. O plano de recuperação conducente à revitalização do devedor em que intervenham todos os credores

8.1. Aprovação unânime, assinatura, homologação

Se houve aprovação unânime de plano de recuperação conducente à revitalização do devedor com a intervenção de todos os credores, aplica-se o disposto no art. 17.º-F, 1, pelo que o plano deve ser assinado por todos, remetido ao processo[75] e apreciado pelo juiz, que o homologará ou recusará a sua homologação[76].

---

[74] Com outra leitura, Fátima Reis Silva, *Processo especial de revitalização. Notas práticas e jurisprudência recente*, cit., p. 59. Defendendo que «o acordo obtido após o decurso do prazo não pode ser homologado pelo juiz», Maria do Rosário Epifânio, *O Processo Especial de Revitalização*, cit., p. 75. Aplicando o art. 215.º, v. o Ac. STJ de 08.09.2015 (Relator: Fonseca Ramos), Proc. n.º 570/13.3TBSRT.C1.S1. A remessa do plano de recuperação ao processo é que não parece integrar as negociações ou a aprovação do plano.

[75] Pelo devedor, por analogia com a hipótese prevista no art. 17.º-F,2. Considerando que é também o devedor a remeter Maria do Rosário Epifânio, *O Processo Especial de Revitalização*, cit., p. 60.

[76] Primeiro, é necessário que exista votação. Se essa votação conduzir à aprovação unânime do plano nos termos referidos no texto, então o plano deve ser assinado por todos e remetido ao juiz do processo. Mas v., com opinião aparentemente diferente, Carvalho Fernandes/João Labareda, *Código da Insolvência e da Recuperação de Empresas anotado*, cit., p. 165 e ss. Defendendo que o «devedor deverá necessariamente aprovar e subscrever o plano de revitalização,

UM CURSO DE DIREITO DA INSOLVÊNCIA

Se for homologado, produz «de imediato» os seus efeitos (diríamos nós: que possa produzir...). Mesmo os credores que não participaram nas negociações ficam vinculados pela «decisão do juiz» (art. 17.º-F, 6, que trata também da publicidade a dar à decisão.

8.2. Intervenção de todos os credores

Lendo o art 17.º-F, 1, ficamos com outra dúvida: a referência à *intervenção de todos os credores* diz respeito a quê? Julgamos que diz respeito à *aprovação unânime* do plano. Não basta que todos os credores tenham participado nas negociações. Mas, para além disso, também não parece fazer sentido que todos os credores que participaram nas negociações tenham que intervir na aprovação: só se justifica que a aprovação tenha ocorrido com a intervenção na mesma dos *credores com direito de voto*. Mais uma vez a lei peca por falta de clareza. A questão terá maior ou menor relevo consoante o que se entenda que deve constar das listas provisória e definitiva de créditos.

8.3. Votos e votação

Não é indicado no CIRE como são contados os votos dos credores. Deverá, por isso, aplicar-se por analogia o critério estabelecido para as assembleias de credores: em regra, conta-se um voto por cada euro ou fração[77]. No entanto, não é necessário que a votação por escrito tenha lugar em assembleia, embora não esteja excluído que a mesma tenha lugar. Por outro lado, e tal como se estabelece no corpo do art. 17.º-F, 3, (na redação dada pelo DL 26/2015), aplicável

---

sob pena de o mesmo não poder ser homologado», Nuno Casanova/David Dinis, *PER. O processo especial de revitalização*, cit., p. 124 (mas os autores admitem «subscrição tácita»...). No sentido de que «o consentimento do devedor e a subscrição do acordo são essenciais à eficácia do mesmo», Maria do Rosário Epifânio, *O Processo Especial de Revitalização*, cit., p. 65. Com efeito, o PER serve para se tentar alcançar ou obter a homologação de acordo também com o devedor: v. Paulo de Tarso Domingues, «O Processo Especial de Revitalização aplicado às sociedades comerciais», cit., p. 23.

[77] Assim também, Bertha Esteves, «Da aplicação das normas relativas ao plano de insolvência ao plano de recuperação conducente à Revitalização», in Catarina Serra (coord.), *II Congresso de direito da insolvência*, cit., p. 271, que aborda a questão da aplicação das exceções à regra. V. tb. o ponto 9.4.

O PROCESSO ESPECIAL DE REVITALIZAÇÃO

analogicamente[78], o juiz pode computar «os créditos que tenham sido impugnados se entender que há probabilidade séria de estes serem reconhecidos» (mas tenha-se em conta a data da entrada em vigor das alterações). Os créditos sob condição suspensiva obrigam a que o juiz fixe o número de votos que conferem «em atenção à probabilidade de verificação da condição» (art. 73.º, 2)[79].

Evidentemente, estamos a pressupor que a aprovação unânime tem lugar com votação[80].

8.4. Homologação e recusa de homologação

O art. 17.º-F, 5, fixa ao juiz um prazo de 10 dias para decidir se homologa o plano de recuperação ou se recusa essa homologação. Embora a norma referida estabeleça que naquele prazo o «juiz decide se deve homologar», parece-nos que se pretende que a decisão de homologar ou não deve ocorrer naquele periodo de tempo. O prazo conta-se a partir da receção da documentação indicada na lei. São aplicáveis, com as necessárias adaptações, «as regras vigentes em matéria de aprovação e homologação do plano de insolvência previstas no título IX, em especial, o disposto nos artigos 215.º e 216.º» (art. 17.º-F, 5). Porém o art. 17.º-F não esclarece o leitor acerca das *consequências da recusa de homologação* do plano de recuperação. Curiosamente, o mesmo não se passa quanto ao PER previsto no art. 17.º-I (o processo de homologação de acordos extrajudiciais), pois o seu n.º 5 prevê que, no caso de não homologação do acordo, serão aplicáveis os n.ºs 2 a 4 e 7 do art. 17.º-G.

Tudo isto é esquisito. O art. 17.º-F, que trata da homologação do plano ou sua recusa[81], não remete para o art. 17.º-G, mas o art. 17.º-I já o faz. Isso poderia

---

[78] No mesmo sentido, NUNO CASANOVA/DAVID DINIS, *PER. O processo especial de revitalização*, cit., p.123. Defendendo a aplicação do art. 17.º-F, 3, MARIA DO ROSÁRIO EPIFÂNIO, *O Processo Especial de Revitalização*, cit., p. 59.

[79] O que fará surgir dificuldades quanto ao momento de intervenção do juiz e perturbará a atuação do administrador judicial provisório. Sobre a inclusão dos créditos sob condição suspensiva na lista de créditos do art. 17.º D, v. o Ac. RL de 18.06.2015 (Relatora: Maria Teresa Pardal).

[80] Aparentemente com outra leitura, CARVALHO FERNANDES/JOÃO LABAREDA, *Código de Insolvência e da Recuperação de Empresas anotado*, cit., p. 166.

[81] Consideramos que o art. 17.º-F, 4, 5, 6 e 7 aplica-se aqui também. Para mais desenvolvimentos, v. o ponto 9.4 seguinte.

levar a pensar na aplicação do art. 17.º-I, 5, por *analogia*, à recusa de homologação do art. 17.º-F. Maria do Rosário Epifânio defende antes a *interpretação extensiva* do art. 17.º-G[82].

Lendo o art. 17.º-G, 2 e 3, logo surge a dúvida. É que em ambos os preceitos se faz menção ao *encerramento* do PER *sem que se restrinja esse encerramento aos casos mencionados na epígrafe* desse art. 17.º-G: os de conclusão do processo negocial sem aprovação do plano. O próprio art. 17.º-G, 3, alude ao encerramento do processo regulado no «presente capítulo», parecendo dar a entender que *vale para todos os casos de encerramento*. Isso poderia fazer pensar na eventual aplicação direta do art. 17.º-G, 3, aos casos de recusa de homologação, se essa recusa acarretar o encerramento do PER. Mas, como vimos, isso não é claro[83].

9. O plano sem unanimidade ou sem a intervenção de todos os credores

9.1. Aprovação «sem observância» do art. 17.º-F, 1

O art. 17.º-F, 2, tem, também ele, uma redação curiosa. Vejamos: «Concluindo-se as negociações com a aprovação de plano de recuperação conducente à revitalização do devedor, sem observância do disposto no número anterior, o devedor remete o plano de recuperação aprovado ao tribunal».

Quando se aplica este n.º 2? Diz a lei: é preciso que as negociações tenham sido concluídas, que tenham sido concluídas com a aprovação do plano de recuperação referido, e que tudo isso tenha sucedido sem observância do disposto no número anterior.

Mas, então, o que é que está disposto no número anterior que pode eventualmente ter falhado?

Pode o plano ter sido aprovado sem unanimidade.

Pode o plano ter sido aprovado por unanimidade, com intervenção de todos os credores, mas não ter sido assinado por todos.

---

[82] Maria do Rosário Epifânio, *Manual de direito da insolvência*, cit., p. 267.

[83] Considerando que o art. 17.º-G não abrange os casos de recusa de homologação, Rita Soares, «As consequências da não aprovação do plano de recuperação», in Catarina Serra (coord.), *I Colóquio de direito da insolvência de Santo Tirso*, cit., p. 95.

O PROCESSO ESPECIAL DE REVITALIZAÇÃO

Pode o plano ter sido aprovado por unanimidade, com intervenção de todos os credores, assinado por todos, mas não ter sido imediatamente remetido ao processo.

Pode o plano ter sido aprovado por unanimidade, com intervenção de todos os credores, assinado por todos, ter sido imediatamente remetido ao processo, mas não ter sido acompanhado da documentação que comprova a sua aprovação.

Pode o plano ter sido aprovado por unanimidade, com intervenção de todos os credores, assinado por todos, ter sido imediatamente remetido ao processo, ter sido acompanhado da documentação que comprova a sua aprovação, mas isso não ter sido atestado pelo administrador judicial provisório.

Será que é para todos estes casos que vale o disposto no art. 17.º-F, 2? Achamos que não.

Nessa norma estará em causa apenas uma certa aprovação: a aprovação não observa o disposto no n.º 1 se não é unânime e com a intervenção *nessa aprovação* de todos os credores com direito de voto.

9.2. O plano aprovado é remetido ao tribunal pelo devedor

De qualquer modo, quer no caso do n.º 1 do art. 17.º-F, quer no caso do n.º 2, o plano é sempre remetido para algum lado. E dizemos isto assim porque no n.º 1 o plano é remetido *ao processo* (?) para homologação ou recusa pelo juiz. Não se diz *quem* o remete.

Essa lacuna já não surge no n.º 2: é agora aqui dito que é *o devedor que remete* o plano aprovado ao tribunal, e não ao processo... O n.º 2, é certo, já não esclarece *para que é que o devedor remete o plano ao tribunal*. Mas deve ser para que o juiz o homologue ou recuse a homologação, nos termos do art. 17.º-F, 5.

9.3. Aprovação do plano. Maiorias

Quando é que o plano de recuperação se considera aprovado? Dizia o art. 17.º-F, 3, na redação anterior ao DL 26/2015, que isso acontecia se o plano reunia «a maioria dos votos prevista no n.º 1 do artigo 212.º, sendo o quórum deliberativo calculado com base nos créditos relacionados contidos na lista de créditos a que se referem os n.ºs 3 e 4 do artigo 17.º-D, podendo o juiz computar os

UM CURSO DE DIREITO DA INSOLVÊNCIA

créditos que tenham sido impugnados se considerar que há probabilidade séria de tais créditos deverem ser reconhecidos, caso a questão ainda não se encontre decidida».

Qual é a *maioria dos votos* prevista no art. 212.º, 1? Lembremos o teor deste preceito: «A proposta de plano de insolvência considera-se aprovada se, estando presentes ou representados na reunião credores cujos créditos constituam, pelo menos, um terço do total dos créditos com direito de voto, recolher mais de dois terços da totalidade dos votos emitidos e mais de metade dos votos emitidos correspondentes a créditos não subordinados, não se considerando como tal as abstenções».

À primeira vista, a maioria seria simultaneamente uma maioria de dois terços da totalidade dos votos emitidos e de mais de metade dos votos emitidos correspondentes a créditos não subordinados, não se considerando como tal as abstenções.

No entanto, devia perguntar-se se também se aplicava aqui a primeira parte do art.º 212.º, 1: isto é, se deviam estar «presentes» ou «representados» na votação (por escrito) credores cujos créditos constituissem, pelo menos, um terço do total dos créditos com direito de voto[84].

Para sustentar uma resposta afirmativa podia dizer-se que no art. 17.º-F, 3, era querida uma aproximação do regime ali previsto ao que consta do art. 212.º. Tal podia levar a concluir que para aprovação do plano conducente à revitalização seria necessário que votassem por escrito credores cujos créditos constituissem, pelo menos, um terço do total dos créditos com direito de voto. Além disso, o art. 17.º-F, 5, obriga o juiz a aplicar, «com as necessárias adaptações, as regras vigentes em matéria de aprovação e homologação do plano de

---

[84] MARIA DO ROSÁRIO EPIFÂNIO, «O processo especial de revitalização», cit., p. 260, considerava necessária a «presença de credores titulares de créditos representativos de pelo menos 1/3 do total dos créditos com direito de voto», e CATARINA SERRA, *O regime português da insolvência*, cit., p. 180, afirmava que o plano se considerava aprovado «quando reúna a maioria dos votos prevista no n.º 1 do art. 212.º, ou seja, quando, estando presentes credores cujos créditos constituam, pelo menos, um terço do total, recolha mais de dois terços da totalidade dos votos emitidos e mais de metade dos votos emitidos correspondentes a créditos não subordinados»; no mesmo sentido, NUNO CASANOVA/DAVID DINIS, *PER. O processo especial de revitalização*, cit., p. 131. Com outra leitura, BERTHA ESTEVES, «Da aplicação das normas relativas ao plano de insolvência ao plano de recuperação conducente à Revitalização», in CATARINA SERRA (coord.), *II Congresso de direito da insolvência*, cit., p. 270, e FÁTIMA REIS SILVA, *Processo especial de revitalização. Notas práticas e jurisprudência recente*, cit., p. 60.

insolvência previstas no título IX [...]». Podia considerar-se que nessas regras se incluía a primeira parte do art. 212.º, 1, tendo no entanto em conta que a votação é efetuada por escrito (o que, aliás, também é permitido no art. 211.º, embora aqui depois de uma discussão do plano de insolvência).

Mas a resposta negativa tinha a seu favor alguns argumentos mais fortes. O art. 17.º-F, 3, usava as palavras «*reúna* a maioria dos votos prevista no n.º 1 do artigo 212.º». Era uma expressão equivalente à que encontramos na segunda parte do art. 212.º, 1: «*recolher* mais de dois terços [...]»[85]. E uma coisa é a *maioria dos votos*, outra é a exigência da presença ou representação de credores com créditos de certa importância relativa. Além disso, a remissão para o art. 212.º, 1, não era feita para se apurar o *quorum* a respeitar, mas sim a maioria de votos necessária. Na nossa opinião, era aliás esta segunda leitura que devia prevalecer[86].

Era mais duvidosa a resposta quanto à questão relativa ao sentido da expressão «quórum deliberativo calculado com base nos créditos relacionados contidos na lista de créditos a que se referem os n.ºs 3 e 4 do artigo 17.º-D».

Já referimos antes[87] que a lei, com a expressão «quórum deliberativo calculado com base...», poderia estar a responder à questão de saber quais eram os votos emitidos que deviam ser considerados para se calcular se foi ou não

---

[85] Além disso, naquele art. 17.º-F, 3, também era feita menção ao cálculo de «quórum deliberativo». E poderá questionar-se se é verdadeiramente disso que se trata na primeira parte do art. 212.º, 1. Ensinava V. G. Lobo Xavier, *Anulação de deliberação social e deliberações conexas*, Almedina, Coimbra, 1998 (reimp.), p. 209, que o *quorum* deliberativo «diz respeito ao número de votos concordantes requerido para que se considere aprovada uma dada deliberação». O *quorum* para a constituição de assembleias gerais consiste na exigência da «presença de determinado número de sócios, ou de sócios que representem uma determinada fracção do capital da sociedade, para que o colégio possa tomar deliberações, ou, pelo menos, deliberações de certa natureza». Em sentido próximo, Engrácia Antunes, *Direito das sociedades*, 4ª ed., Porto, 2013, p. 291. Leitura diferente tem Pinto Furtado, *Deliberações de sociedades comerciais*, Almedina, Coimbra, 2005, p. 181: «É *quorum deliberativo* o número de *presenças* (ou *representações*) necessárias para que, mesmo que todos os presente sou representados venham a votar em idêntico sentido, a concreta *deliberação* a ser votada possa ser aprovada, segundo a especial *maioria* para ela exigida». Fazendo a distinção entre *quorum* de reunião e *quorum* de deliberação a propósito do art. 212.º, 1, Carvalho Fernandes/João Labareda, *Código da Insolvência e da Recuperação de Empresas anotado*, cit., p. 772.

[86] Julgamos que era essa também a opinião de Paulo de Tarso Domingues, «O CIRE e a recuperação das sociedades comerciais em crise», cit., p. 51.

[87] «O P.E.R. (Processo Especial de Revitalização)», cit., p. 34-35.

UM CURSO DE DIREITO DA INSOLVÊNCIA

atingida a maioria necessária. Esses votos poderiam ser os correspondentes aos créditos constantes de lista não impugnada e eventualmente de lista provisória impugnada.

Atualmente, achamos que essa leitura merecia aperfeiçoamentos. Na verdade, havia um argumento forte para se dizer que a maioria exigida para aprovação do plano devia ser calculada em função dos créditos relacionados contidos na lista de créditos referida no art. 17.º-D, 3 e 4: isto é, que o plano devia recolher mais de dois terços da totalidade dos votos *correspondentes aos créditos listados*[88] e mais de metade dos votos emitidos correspondentes a créditos não subordinados. É que no art. 17.º-I, 1, o PER pode iniciar-se com a «apresentação pelo devedor de acordo extrajudicial de recuperação, assinado pelo devedor e por credores que representem pelo menos a maioria de votos prevista no n.º 1 do artigo 212.º [...]». Para que isto tenha sentido, essa maioria de votos será calculada a partir da relação dos credores indicada no art. 24.º, 1, *a*)[89]. Isto é, o acordo deve surgir assinado pelo devedor e por credores que representem mais de dois terços da totalidade dos votos correspondentes aos créditos relacionados e por credores que representem mais de metade dos votos correspondentes a créditos não subordinados relacionados. Mas se é assim aqui, raciocínio semelhante teria que ser feito a propósito do disposto no art. 17.º-F, 3, na redação anterior ao DL 26/2015.

O juiz podia ter em conta os créditos impugnados para saber se tinha sido atingida a maioria necessária se considerasse que havia «probabilidade séria de tais créditos deverem ser reconhecidos, caso a questão ainda não se encontre

---

[88] Nesse sentido, BERTHA ESTEVES, «Da aplicação das normas relativas ao plano de insolvência ao plano de recuperação conducente à Revitalização», in CATARINA SERRA (coord.), *II Congresso de direito da insolvência*, cit., p. 270 («o quórum deliberativo deve ser apurado por referência à totalidade dos credores integrantes da tal lista e não, como sucede no âmbito dos processos de insolvência, por referência ao quórum constitutivo previsto no n.º 1») e FÁTIMA REIS SILVA, *Processo especial de revitalização. Notas práticas e jurisprudência recente*, cit., p. 61.

[89] CARVALHO FERNANDES/JOÃO LABAREDA, *Código da Insolvência e da Recuperação de Empresas anotado*, cit., p. 182. Também neste ponto a lei falha na clareza que lhe era exigida: o art. 17.º-I, 1, remete para a maioria de votos prevista no art. 212.º, 1, enquanto o art. 17.º-I, 4, já convoca a maioria do art. 17.-F, 3, que por sua vez obriga (na redação do DL 26/2015) a ter como «base» os créditos relacionados «contidos na lista de créditos a que se referem os n.ºs 3 e 4 do artigo 17.º-D».

O PROCESSO ESPECIAL DE REVITALIZAÇÃO

decidida»[90]. A formulação adotada também não era feliz. Probabilidade séria de «deverem ser reconhecidos» não correspondia ao bom português. A probabilidade séria que interessava era outra. Era a probabilidade séria de virem a ser reconhecidos. O «dever ser» remete-nos para outras preocupações.

Se a lista de créditos ainda não era definitiva, o juiz tinha que fazer a apreciação exigida pelo art. 17.º-F, 3. Mas, segundo parecia, fazia essa apreciação depois da votação ter lugar. A votação não ocorria (antes e agora) perante o juiz: é escrita e realizada nos termos do art. 17.º-F, 4. Ou seja: a votação tem lugar por escrito sem intervenção do juiz e só depois, quando o plano é remetido «ao processo» ou «ao tribunal», é que a apreciação prevista no art. 17.º-F, 3, se verifica[91].

---

[90] O art. 17.º-F, 3, não remetia expressamente para qualquer uma das alíneas do art. 212.º, 2, onde surgem identificados créditos que não conferem direito de voto. No entanto, não podiamos esquecer que, nos termos do art. 17.º-F, 5, o juiz aplica «com as necessárias adaptações» as «regras vigentes em matéria de aprovação e homologação do plano de insolvência previstas no título IX, em especial o disposto nos artigos 215.º e 216.º». Ora, essas regras iniciam-se no art. 209.º e terminam no art. 216.º... Abrangem, portanto, o art. 212.º, 2. Considerando então aplicável o art. 212.º, 2, *a)*, cfr. o Ac. RL de 23.01.2014 (Relator: Maria José Mouro), Proc. n.º 4303/13.6 TCLRS-A. L1-2, in www.dgsi.pt. Com outra leitura, CARVALHO FERNANDES/JOÃO LABAREDA, *Código da Insolvência e da Recuperação de Empresas anotado*, cit., p. 171, BERTHA ESTEVES, «Da aplicação das normas relativas ao plano de insolvência ao plano de recuperação conducente à Revitalização», in CATARINA SERRA (coord.), *II Congresso de direito da insolvência*, cit., p. 272.

[91] O art. 17.º-F, 3, não esclarece como se contam os votos. Mas a remissão para o art. 211.º (cfr. o art. 17.º-F, 4) permite afirmar que a contagem decorrerá nos mesmos termos em que é ali realizada. E não parece que esse regime possa ser atingido pela liberdade deixada no art. 17.º-D, 8, ao devedor e seus credores ou ao administrador judicial provisório quanto às regras a que as negociações ficam sujeitas. Defendendo que o critério era o geral (ou seja, o do art. 73.º, 1, por analogia), COUTINHO DE ABREU, *Curso de direito comercial*, vol. I, cit., p. 339. , para quem se contará um voto por cada euro ou fração do crédito. Mas o problema não diz apenas respeito à primeira parte do art. 73.º, 1. Assim, não parece suscitar grandes dúvidas que o art. 73.º, 2, também será aplicável por analogia e o juiz fixará o número de votos conferidos aos créditos sob condição suspensiva «em atenção à probabilidade da verificação da condição» (parece ser também essa a leitura de FÁTIMA REIS SILVA, Processo Especial de Revitalização – Notas práticas e jurisprudência recente, cit., p. 63, e de BERTHA ESTEVES, «Da aplicação das normas relativas ao plano de insolvência ao plano de recuperação conducente à revitalização», cit., p. 272). Poderá também discutir-se se faz sentido a aplicação do art. 73.º, 7. Mas já não o fará a aplicação do art. 73.º, 3, tendo em conta a redação do próprio art. 17.º-F, 3 (assim também, aparentemente e para a redação anterior, BERTHA ESTEVES, «Da aplicação das normas relativas ao plano de insolvência ao plano de recuperação conducente à revitalização», cit., p. 272).

UM CURSO DE DIREITO DA INSOLVÊNCIA

Com o DL 26/2015 foram (finalmente) introduzidas significativas alterações na redação do art. 17.º-F, 3. Muitas das dúvidas atrás expostas foram resolvidas. Outras surgirão.

Dispõe agora aquele preceito que o plano de recuperação se considera aprovado quando se verifique uma de duas situações:

a) O plano seja *votado* por credores «cujos créditos representem, pelo menos, um terço do total dos créditos relacionados com direito de voto, contidos na lista de créditos a que se referem os n.ºs 3 e 4 do artigo 17.º-D» (primeiro requisito) e, além disso, «recolha o voto favorável de mais de dois terços da totalidade dos votos emitidos e mais de metade dos votos emitidos corresponda a créditos não subordinados, não se considerando como tal as abstenções» (segundo requisito);

b) O plano recolha «o voto favorável de credores cujos créditos representem mais de metade da totalidade dos créditos relacionados com direito de voto, calculados de harmonia com o disposto na alínea anterior, e mais de metade destes votos corresponda a créditos não subordinados, não se considerando como tal as abstenções»[92].

É particularmente importante sublinhar o diferente relevo dos votos correspondentes a créditos não subordinados em cada uma das situações. Na primeira, é necessário verificar se mais de metade dos votos *emitidos* corresponde ou não a créditos não subordinados, *independentemente do sentido do voto*. Na segunda, é preciso que mais de metade dos votos *favoráveis* corresponda a créditos não subordinados (e, como também é necessário que recolha o voto favorável de credores cujos créditos representem mais de metade da totalidade dos créditos relacionados com direito de voto, pode dizer-se que estamos perante a exigência de uma dupla maioria).

Parece também claro que só na situação descrita em primeiro lugar (art. 17.º-F, 3, *a*)) é que se exige que o plano seja votado por credores «cujos créditos representem, pelo menos, um terço do total dos créditos relacionados

---

[92] Considerando que a al. *b*) «parece destituida de qualquer utilidade», MARIA DO ROSÁRIO EPIFÂNIO, *O Processo Especial de Revitalização*, cit., p. 64.

544

O PROCESSO ESPECIAL DE REVITALIZAÇÃO

com direito de voto», nos termos referidos. Mas a lei não exige então que todos esses credores votem a favor do plano de recuperação.

Refira-se ainda que o corpo do art. 17.º-F, 3, permite que o *juiz* continue a «computar no cálculo das maiorias os créditos que tenham sido impugnados se entender que há probabilidade séria de estes serem reconhecidos», o que é especialmente relevante tendo em conta que o art. 17.º-D, 3, admite a impugnação da lista provisória de créditos[93].

Uma outra nota se impõe acerca da referência feita, nas duas situações, aos créditos relacionados com *direito de voto*. Isto parece significar que será aplicável o disposto no art. 212.º, 2[94]. Mas a falta de remissão expressa conduzirá ao surgimento de novas dificuldades.

9.4. Homologação e recusa de homologação

O juiz tem que decidir sobre o plano de recuperação, homologando-o ou recusando a homologação. Deve, nomeadamente, ter em atenção os motivos de recusa previstos nos arts. 215.º e 216.º[95]. A «decisão do juiz» vincula

---

[93] Continua, porém, a suscitar dúvidas a aplicabilidade, por analogia, do disposto no art. 73.º, 4, na parte em que estabelece que é a pedido do interessado que o juiz pode conferir votos a créditos impugnados. Defendendo essa aplicabilidade, CARVALHO FERNANDES/JOÃO LABAREDA, *Código da Insolvência e da Recuperação de Empresas anotado*, cit., p. 168; no mesmo sentido, BERTHA ESTEVES, «Da aplicação das normas relativas ao plano de insolvência ao plano de recuperação conducente à revitalização», cit., p. 272. No entanto, a verdade é que o art. 17.º-F, 3, não condiciona o poder do juiz ao requerimento do interessado.

[94] Admitindo que só «os créditos afetados conferem direito de voto», MARIA DO ROSÁRIO EPIFÂNIO, *O Processo Especial de Revitalização*, cit., p. 62. Contra a aplicação do art. 212.º, 2, PAULO DE TARSO DOMINGUES, «O Processo Especial de Revitalização aplicado às sociedades comerciais», cit., p. 25, e BERTHA ESTEVES, «Da aplicação das normas relativas ao plano de insolvência», cit., p. 272.

[95] A remissão para os arts 215.º e 216.º obriga a indagar se vale também aqui o art. 194.º. Parece que sim, (MARIA DO ROSÁRIO EPIFÂNIO, *O Processo Especial de Revitalização*, cit., p. 68). Veja-se que o art. 194.º, 2, tem a seguinte redação: «O tratamento mais desfavorável relativamente a outros credores em idêntica situação depende do consentimento do credor afectado, o qual se considera tacitamente prestado no caso de voto favorável». Quem pretenda solicitar a recusa de homologação deve ter em conta o prazo que o juiz tem para decidir: chamando a atenção para isto, FÁTIMA REIS SILVA, *Processo especial de revitalização. Notas práticas e jurisprudência recente*, cit., p. 64 e MARIA DO ROSÁRIO EPIFÂNIO, *O Processo Especial de Revitalização*, cit., p. 68. Esta última autora recusa a possibilidade de o devedor solicitar a recusa de homologação (p. 69).

UM CURSO DE DIREITO DA INSOLVÊNCIA

inclusivamente os credores que não tenham («hajam», diz a lei) participado nas negociações (art. 17.º-F, 6)[96]. E por isso os credores têm que estar atentos ao CITIUS.

O art. 17.º-F, 5, não remete apenas para os arts. 215.º e 216.º. Com efeito, o que a lei determina é que sejam aplicadas pelo juiz, «com as necessárias adaptações», as regras «vigentes em matéria de aprovação e homologação do plano de insolvência previstas no Título IX» em que estão incluídos os referidos arts. 215.º e 216.º[97].

10. Uma terceira alternativa regulada na lei: «o devedor ou a maioria dos credores» prevista no n.º 3 do art. 17.º-F concluem antecipadamente que não é possível alcançar acordo ou é ultrapassado o prazo para concluir as negociações

10.1. Encerramento do processo negocial e encerramento do processo especial

Vamos supor que «o devedor ou a maioria dos credores» prevista no n.º 3 do art. 17.º-F[98] concluem antecipadamente que não é possível alcançar acordo

---

[96] Mesmo que não lhes tenha sido feita a comunicação prevista no art. 17.º-D, 1? Isabel Alexandre, «Efeitos processuais da abertura do processo de revitalização», cit., p. 254, considera que sim. Sobre os efeitos relativamente a condevedores e terceiros garantes, Bertha Esteves, «Da aplicação das normas relativas ao plano de insolvência ao plano de recuperação conducente à Revitalização», in Catarina Serra (coord.), *II Congresso de direito da insolvência*, cit., p. 274 e ss.. Defendendo que a vinculação só abrange os credores que poderiam ter reclamado os seus créditos no âmbito do PER, Maria do Rosário Epifânio, *O Processo Especial de Revitalização*, cit., p. 81 (a p. 84 defende que é aplicável no PER o art. 217.º, 4, com as inerentes consequências para os garantes).

[97] Homologado o plano, nada garante que seja cumprido. Defendendo a aplicação, por analogia, do art. 218.º, Nuno Lousa, «O incumprimento do plano de recuperação e os direitos dos credores», cit., p. 138 (mas afastando o n.º 2), e Maria do Rosário Epifânio, *O Processo Especial de Revitalização*, cit., p. 98. A prática comprova que a falta de realização de prestações acordadas no plano aprovado e homologado já está a dar lugar a... novos PER!

[98] A mesma solução deve valer se a conclusão é de credores que são titulares de créditos que conferem votos suficientes para a formação de uma minoria de bloqueio, tendo em conta a maioria necessária para a aprovação do plano. Nesse sentido, advogando a interpretação extensiva do art. 17.º-G, 1, Nuno Casanova/David Dinis, *PER. O processo especial de revitalização*, cit., p. 162.

O PROCESSO ESPECIAL DE REVITALIZAÇÃO

ou que foi ultrapassado o prazo para concluir as negociações. Em qualquer desses casos o processo negocial é encerrado. É o que se lê no art. 17.º-G, 1.

Este preceito deixa também a seguinte dúvida: o encerramento do *processo negocial* é a mesma coisa que o encerramento do *processo especial de revitalização*? A lei não é muito esclarecedora.

O administrador judicial provisório deve *comunicar o encerramento do processo negocial ao processo*, nos termos do art. 17.º-G, 1. O que dá a entender que uma coisa é o *processo negocial*, outra o *processo especial de revitalização*. Assim sendo, o encerramento do processo negocial não se confunde com o encerramento do processo de revitalização[99].

Não pode deixar de ser referido que o tero PER nos termos dos n.ºs 1 a 5 do art. 17.º-G impede o devedor de voltar a recorrer àquele processo pelo prazo de dois anos.

10.2. A atuação do administrador judicial provisório se o devedor não está insolvente

Antes de comunicar ao processo que foi encerrado o processo negocial, o administrador judicial provisório deve *verificar se o devedor já está em situação de insolvência*. No âmbito dessa verificação, *tem de ouvir o devedor e os credores* (17.º-G, 4).

Se o devedor *não está* em situação de insolvência, o administrador judicial provisório deve emitir *parecer* nesse sentido, nos termos do art. 17.º-G, 4, parecer esse que será emitido *na comunicação* do art. 17.º-G, 1. E terá lugar o *encerramento* do processo especial de revitalização. No entanto, a lei não esclarece se deve haver uma *declaração de encerramento* do processo especial e se essa declaração cabe ao *administrador judicial provisório* ou ao *juiz*, por analogia com o disposto no art. 230.º.

Uma coisa é o processo de negociações, outra o processo especial. Veja-se que o encerramento do processo negocial é comunicado ao processo especial (17.º-G, 1). O art. 17.º-G, 2, parece pressupor que houve comunicação ao processo especial de parecer no sentido da inexistência de situação de insolvência

---

[99] Cfr. tb. Maria do Rosário Epifânio, *O Processo Especial de Revitalização*, cit., p. 73. Com diferente interpretação, Nuno Casanova/David Dinis, *PER. O processo especial de revitalização*, cit., p. 159.

UM CURSO DE DIREITO DA INSOLVÊNCIA

– essa comunicação é feita após encerramento do processo negocial (17.º-G, 1)
– e é comunicação a processo especial ainda não encerrado.

10.3. A atuação do administrador judicial provisório se o devedor está insolvente

Se o devedor está em situação de insolvência, o encerramento do processo especial de revitalização «acarreta» (é o que diz a lei) a insolvência do devedor. O juiz deve declarar isso mesmo[100] após a receção pelo tribunal da comunicação de que o processo negocial foi encerrado. Mas os termos a seguir não são claros.

O administrador judicial provisório que entenda que o devedor está em situação de insolvência deve emitir parecer nesse sentido e requerer a insolvência do devedor, tudo nos termos do art. 17.º-G, 4.

O administrador judicial provisório comunicará então ao processo o encerramento das negociações (17.º-G, 1) e o parecer afirmativo sobre a situação de insolvência («na comunicação»: 17.º-G, 4). Incluirá ainda na comunicação o requerimento da insolvência («na comunicação»: 17.º-G, 4).

Isto é, a comunicação do encerramento do processo negocial é ao mesmo tempo comunicação, parecer e requerimento. O que significa que o

---

[100] O dever estabelecido na lei não significa que o juiz não tenha margem de apreciação. O juiz deve declarar a insolvência naquele prazo se existe situação de insolvência. Nesse sentido, CATARINA SERRA, *O regime português da insolvência*, cit., p. 181, «Processo especial de revitalização...», cit., p. 723, e «Revitalização – A designação e o misterioso objecto...», cit., p. 101. Se assim não fosse, estaríamos provavelmente perante uma solução inconstitucional tendo em conta o disposto no art. 202.º, 1 e 2, da CRP. A leitura que defendemos encontra apoio na Exposição de Motivos da Proposta de Lei n.º 39/XII, na qual se lê, a p. 4, o seguinte: «se, ao invés, o devedor já se encontrar, nessa fase, em situação de insolvência, deve o administrador judicial provisório, após ouvir o devedor e os credores, requerê-la, fundamentadamente, ao tribunal, *devendo o juiz apreciá-la* e declará-la no prazo de 3 dias úteis» (itálico nosso). E no art. 17.º-G, 3, da Proposta lá estava o dever de declaração da insolvência. Quanto ao juiz competente para declarar a insolvência, cfr. ISABEL ALEXANDRE, «Efeitos processuais da abertura do processo de revitalização», cit., p. 252, analisando o Ac. RC de 12.3.2013 (Relator: Albertina Pedroso), Proc. n.º 6070/12.1TBLRA-A.C1, in www.dgsi.pt, no qual se decidiu que, no caso de ser apresentado parecer pelo administrador judicial provisório «no sentido de ser decretada a insolvência do devedor, a mesma é imediatamente decretada pelo Juiz no próprio PER, que se converte em processo de insolvência, ficando os autos iniciais apensos a este». Com outra leitura, FÁTIMA REIS SILVA, *Processo Especial de Revitalização*, cit., p. 73.

O PROCESSO ESPECIAL DE REVITALIZAÇÃO

administrador judicial provisório não pode comunicar logo ao processo o encerramento do processo negocial[101].

Isto é tudo muito estranho e aparentemente muito perigoso. Feita a comunicação/parecer/requerimento, a partir da sua recepção pelo tribunal o juiz deve declarar a insolvência «no prazo de três dias úteis» (17.º-G, 3). Significa isso que o juiz declara a insolvência sem que o devedor possa opor-se ao requerido? Sem audiência de discussão e julgamento?

É certo que o administrador judicial da insolvência deve ouvir o devedor antes de emitir o seu parecer. Mas isso não deveria bastar. O administrador judicial provisório vai ouvir o devedor sobre a existência ou não de situação de insolvência. A lei não exige que o administrador judicial da insolvência ouça o devedor depois de concluir que este está em situação de insolvência ou que comunique ao devedor que o quer ouvir sobre a intenção de requerer a insolvência. O devedor pode ter sido ouvido pelo administrador judicial provisório sem ter em conta concretos argumentos deste último.

Como deve então proceder o juiz? Deve dar prazo para o devedor, querendo, deduzir oposição? E que prazo, se o juiz tem três dias úteis para declarar a insolvência?

Tudo aponta para que a lei não queira que seja dado prazo para o devedor deduzir oposição. A lei considerou que bastaria a audição do devedor, pelo administrador judicial provisório, na fase anterior à emissão do parecer[102].

---

[101] O art. 51.º, 1, do Regulamento 2015/848 suscita alguma curiosidade. Lê-se naquele preceito que «A pedido do administrador da insolvência do processo principal de insolvência, o órgão jurisdicional do Estado-Membro em que tiver sido aberto o processo secundário de insolvência pode ordenar a convolação deste último noutro tipo de processo de insolvência enumerado no Anexo A, desde que estejam preenchidas as condições para a abertura desse tipo de processo nos termos da lei nacional e que esse tipo de processo seja o mais adequado no que respeita aos interesses dos credores locais e à coerência entre o processo principal e o processo secundário de insolvência». E para aquele Regulamento o PER pode ser processo principal ou secundário de insolvência e o administrador judicial provisório pode ser considerado administrador da insolvência.

[102] Considerando que o parecer no sentido da situação de insolvência «não é contestável», MARIA DO ROSÁRIO EPIFÂNIO, «O processo especial de revitalização», cit., p. 264; vendo virtudes no regime, FÁTIMA REIS SILVA, Processo especial de revitalização. Notas práticas e jurisprudência recente, cit., p. 17.

UM CURSO DE DIREITO DA INSOLVÊNCIA

Pensamos que isto viola o princípio do contraditório. E é inconstitucional. Lembremos o teor do art. 20.º da CRP: «Acesso ao direito e tutela jurisdicional efectiva. 1. A todos é assegurado o acesso ao direito e aos tribunais para defesa dos seus direitos e interesses legalmente protegidos, não podendo a justiça ser denegada por insuficiência de meios económicos. (...) 4. Todos têm direito a que uma causa em que intervenham seja objecto de decisão em prazo razoável e mediante processo equitativo. (...).

Se o devedor não pode pronunciar-se sobre um concreto requerimento de declaração de insolvência, não lhe é assegurado o acesso ao direito e aos tribunais para defesa dos seus direitos e interesses legalmente protegidos e, sobretudo, é violado o seu direito a uma decisão mediante processo equitativo[103].

Ainda que se entenda de forma diversa[104], surge logo outro problema. O que é dito por devedor e credores ao administrador judicial provisório será documentado? E será remetido ao processo com o requerimento de insolvência, para que o juiz possa ler o que disseram?

Outra dificuldade que o art. 17.º-G, 4, faz surgir é a que diz respeito à remissão para o art. 28.º CIRE. Mas no art. 17.º-G, 4 está em causa o requerimento de declaração da insolvência apresentado pelo administrador judicial provisório.

Por sua vez, o art. 28.º CIRE trata da apresentação do devedor à insolvência. O que surge aí dito?

Vemos que a apresentação do devedor à insolvência implica o reconhecimento por este da sua situação de insolvência, mas não faz sentido aplicar esta parte ao requerimento apresentado pelo administrador judicial provisório. Nada há na lei que justifique que o administrador judicial provisório possa substituir o devedor na apresentação à insolvência. Aquele requerimento do administrador judicial provisório não equivale à apresentação à insolvência

---

[103] Criticando também a solução, PAULO DE TARSO DOMINGUES, «O CIRE e a recuperação das sociedades comerciais em crise», cit., p. 52, e «O Processo Especial de Revitalização aplicado às sociedades comerciais», cit., p. 27. Se houver prazo para deduzir oposição, fará sentido aplicar aqui o art. 253.º se o devedor pretende apresentar plano de pagamentos. Mas v., para casos em que não é concedido prazo para oposição, o Ac. RG de 24.10.2013 (Relator: Manuel Bargado), Proc. n.º 1368/12.1TBEPS-A.G1, e RITA SOARES, «As consequências da não aprovação do plano de recuperação», cit., p. 106 e s..

[104] NUNO CASANOVA/DAVID DINIS, PER. O processo especial de revitalização, cit., p. 166, afirmam que a inconstitucionalidade será afastada através da aplicação analógica do art. 40.º, 1, a), admitindo assim que o devedor deduza embargos à sentença que declara a insolvência.

nem permite dizer que implica o reconhecimento pelo devedor da sua situação de insolvência[105].

Resulta também do art. 28.º que a apresentação à insolvência implica que a insolvência será declarada até ao 3.º dia útil seguinte ao da distribuição da petição inicial – também esta parte não será aplicada ao requerimento apresentado pelo administrador judicial provisório, uma vez que o art. 17.º-G, 3, já estabelece o prazo para a declaração de insolvência pelo juiz.

A apresentação à insolvência, ainda segundo o art. 28.º, tem também como consequência que, havendo vícios corrigíveis na petição do devedor, o prazo para ser declarada a insolvência só se conta a partir do respectivo suprimento. *Só isto poderá aplicar-se, com as necessárias adaptações, ao requerimento apresentado pelo administrador judicial provisório.*

Se o juiz declara a insolvência do devedor, o art. 17.º-G, 7, levaria a concluir que o processo especial de revitalização é convertido em processo de insolvência. Contudo, esse n.º 7 estabelece que a conversão tem lugar por aplicação do disposto no n.º 4.

Ora, na parte final do art. 17.º-G, 4, o que é dito é que o processo especial de revitalização é apenso ao processo de insolvência. No n.º 4 não está prevista qualquer conversão: há, sim, um processo de insolvência e um processo apenso a esse.

Além disso, se o devedor está em situação de insolvência, o art. 17.º-G, 3, mostra que antes da declaração de insolvência houve encerramento do processo especial de revitalização. Este processo encerrado é que vai ser convertido em processo de insolvência? Mas como, se o PER é apenso ao de insolvência?

---

[105] Também Maria do Rosário Epifânio, *O Processo Especial de Revitalização*, cit., p. 77, entende que não se aplica a parte inicial do art. 28.º e que «não existe reconhecimento pelo devedor da sua situação de insolvência». Mas v., com diferente leitura, Fátima Reis Silva, *Processo especial de revitalização. Notas práticas e jurisprudência recente*, cit., p. 72 («o requerimento do administrador judicial vai equivaler a confissão da situação de insolvência, que, sendo apresentação, *tanto pode ser atual como iminente*»). Considerando que vale como apresentação a adesão do devedor ao parecer do administrador judicial provisório na consulta prévia daquele, se manifesta o acordo quanto à situação de insolvência, Rita Soares, «As consequências da não aprovação do plano de recuperação», cit., p. 106. Do que dizemos no texto também já decorre que, na nossa opinião, o administrador judicial provisório não pode requerer a insolvência do devedor se este apenas está em situação de insolvência iminente. Com efeito, o art. 3.º, 4, não foi alterado nem foi afastada a sua aplicação.

UM CURSO DE DIREITO DA INSOLVÊNCIA

É muito esquisito. O apenso é simultaneamente o processo de insolvência em que se converteu.

Parece que o PER, antes de o ser (processo de insolvência), já o era...

Talvez se entenda que o requerimento de insolvência apresentado pelo administrador judicial provisório conduz à abertura de um processo de insolvência e que o processo especial de revitalização é apenso ao processo de insolvência. O processo especial de revitalização estava encerrado, como parece ainda resultar do n.º 3 do art. 17.º-G. Mas não há que falar de uma reabertura do processo especial de revitalização. E será um apenso... encerrado. Será que é assim? Mesmo que o seja, a lei podia ser bem mais clara. Tanto mais que é pelo menos duvidoso que haja lugar a qualquer conversão[106].

De qualquer modo, no processo de insolvência a que deu origem o processo de revitalização a lista definitiva de créditos reclamados que já exista será aproveitada. O processo segue termos como processo de insolvência e o prazo de reclamação de créditos que será fixado na sentença de declaração da insolvência destina-se à reclamação de créditos que ainda não o tenham sido nos termos do art. 17.º-D, 2.

Assim, e havendo lista definitiva de créditos reclamados no PER, o prazo para reclamação de créditos que conste da sentença de declaração de insolvência serve para reclamar os créditos ainda não reclamados no âmbito do

---

[106] FÁTIMA REIS SILVA, *Processo especial de revitalização. Notas práticas e jurisprudência recente*, cit., p. 56, mostra que tem sido discutido se há conversão do PER ou se é antes aberto novo processo que é distribuído. Para aquela magistrada, tudo ficou a dever-se à manutenção da referência à conversão, que vinha do primeiro projeto do diploma legal que introduziu o PER. Assim, não haveria que fazer qualquer conversão: o requerimento do administrador judicial provisório dá origem a um processo distinto, a remeter à distribuição com o PER apensado. Mas, se estiver suspenso um outro processo de insolvência mais antigo do que o PER (suspenso, lembre-se, por força do art. 17.º-E, 6), defende também que será esse a prosseguir, suspendendo-se aquele processo de insolvência a que deu origem o requerimento do administrador judicial provisório. V., com leitura próxima, MARIA DO ROSÁRIO EPIFÂNIO, *O Processo Especial de Revitalização*, cit., p. 80, e o Ac. STJ de 08.09.2015 (Relator: João Camilo), Proc. n.º 5649/12.6TBLRA-N.C1.S1; em sentido diferente, v. o Ac. RC de 18.12.2013 (Relator Falcão de Magalhães), Proc. n.º 5649/12.6 TBLRA-C.C1. A propósito do art. 17.º-G, considerando que não há conversão, mas sim a abertura de um novo processo de insolvência, CARVALHO FERNANDES/JOÃO LABAREDA, *Código da Insolvência e da Recuperação de Empresas anotado*, cit., p. 176, NUNO CASANOVA/DAVID DINIS, *PER. O processo especial de revitalização*, cit., p. 170. Com outra leitura, cfr. o já referido Ac. RC de 12.3.2013, e, ainda, o Ac. RL de 14.11.2013 (Relatora: Ondina Alves), Proc. n.º 16680/13.4T2SNT-D.L1-2; cfr. tb. JOÃO AVEIRO PEREIRA, «A revitalização económica dos devedores», cit., p. 46 e s..

PER[107]. Naturalmente, devem ser tidos em conta os efeitos da declaração de insolvência.

O grande problema diz respeito aos casos em que não há ainda lista definitiva no PER. Isso significa que tanto os que ali reclamaram como os que não o fizeram têm de reclamar os seus créditos no prazo definido na sentença de declaração de insolvência? Jugamos que sim[108].

Realce-se, porém, que o facto de o art. 17.º-G, 7, só referir a possibilidade de reclamação de créditos não reclamados «nos termos do n.º 2 do artigo 17.º-D» não significa que os créditos reclamados constantes da lista definitiva tenham que ser considerados verificados no processo de insolvência.

Por outro lado, os créditos que tenham sido reclamados no PER e que não ficaram a constar da lista definitiva também não são reclamados[109], pois se o foram no PER o que o art. 17.º-G, 7, vem dizer também é que consideram-se reclamados no processo de insolvência. A decisão que os excluiu no PER não faz caso julgado no processo de insolvência subsequente.

---

[107] Cfr. o Ac. RL de 09.05.2013 (Relator: Ondina Alves), Proc. n.º 2134/12.0TBCLD-B.L1-2, in www.dgis.pt. Mas v., considerando que os que já reclamaram no PER não ficam impedidos de os reclamar novamente no processo de insolvência «sequencial», FÁTIMA REIS SILVA, «A verificação de créditos no processo de revitalização », cit., p. 262. Por sua vez, CARVALHO FERNANDES/JOÃO LABAREDA, *Código da Insolvência e da Recuperação de Empresas anotado*, cit., p. 178, afirmam que a lista definitiva fixada no PER «apenas releva no âmbito do próprio processo». As dúvidas são maiores no que diz respeito aos créditos reclamados no âmbito do PER e que não foram incluídos na lista definitiva ali alcançada. Já defendemos que, no PER, o prazo de reclamação da sentença de declaração de insolvência não serve para os que foram nele reclamados e excluídos da lista definitiva. E continuamos a pensar assim. Mas os titulares dos créditos reclamados e excluídos da lista definitiva do PER podem, perante as listas dos credores reconhecidos e não reconhecidos apresentadas no processo de insolvência (art. 129.º, 1), deduzir impugnação nos termos do art. 130.º. Pensamos, aliás, que é esse o teor do pensamento de FÁTIMA REIS SILVA, *Processo especial de revitalização. Notas práticas e jurisprudência recente*, cit., p. 45, ao afirmar que «mesmo se entendesse que os credores constantes da lista definitiva do PER não podem voltar a reclamar os seus créditos [...] tal não implica que a situação fique definitivamente regulada».

[108] Já o escrevemos em «O P.E.R. (Processo Especial de Revitalização)», cit., Abreu/Almedina, p. 40. Parecendo ter a mesma leitura, CARVALHO FERNANDES/JOÃO LABAREDA, *Código da Insolvência e da Recuperação de Empresas anotado*, cit., p. 177, e FÁTIMA REIS SILVA, «A verificação de créditos no processo de revitalização », cit., p. 263 e s..

[109] Com outra opinião, NUNO CASANOVA/DAVID DINIS, *PER. O processo especial de revitalização*, cit., p. 171.

UM CURSO DE DIREITO DA INSOLVÊNCIA

O art. 17.º-G, 7, apenas dispensa a reclamação e não a verificação e graduação. A letra do preceito assim o permite concluir: só se preocupa com o que pode ser feito no prazo de reclamação de créditos e não com as restantes fases do apenso.

11. O PER do art. 17.º-I

Vamos agora dar alguma atenção ao processo especial de revitalização de que trata o art. 17.º-I[110]. Ainda é um processo especial de revitalização porque é isso que decorre do n.º 1: estamos a falar de um processo previsto no mesmo capítulo – o capítulo dedicado ao processo especial de revitalização. Que vai agora iniciar-se em termos diferentes.

O processo começa com a apresentação pelo devedor de um acordo extrajudicial de recuperação[111]. As negociações que conduziram a esse acordo foram realizadas antes, obviamente, do início deste processo.

Embora isso não resulte do art. 17.º-I, não se pode esquecer que, mais uma vez, o devedor deve estar em situação económica difícil ou em situação de insolvência meramente iminente. É o que se retira do art. 1.º, 2.

O acordo em causa tem que estar assinado pelo devedor «e por credores que representem pelo menos a maioria de votos prevista no n.º 1 do artigo 212.º» (para além de dever ser acompanhado de vários documentos). A remissão para o art. 212.º, 1, não deixará de colocar problemas.

---

[110] Considerando-o um «aspeto particularmente bem conseguido» (!?), MADALENA PERESTRELO DE OLIVEIRA, «O Processo Especial de Revitalização: o novo CIRE», cit., p. 720.
[111] A *Ley Concursal* espanhola contém, na «disposición adicional quarta», um regime para a homologação de *acuerdos de refinanciación*. V. tb., especialmente, o art. 5bis. O regime dos *acuerdos de refinanciación* foi recentemente alterado pela Ley 9/2015, de 26 de maio. Sobre os *acuerdos de refinanciación*, v. CARLOS PAVÓN NEIRA, *Institutos preconcursales y refinanciación de dudas*, Bosch, Barcelona, 2013, p. 50 e ss. (salientando no entanto o efeito limitado da homologação mas sublinhando tratar-se, ainda assim de uma «superación excepcional de la tradicional relatividade de los contratos»), JOSÉ ANTONIO GARCÍA-CRUCES (dir.), *Los acuerdos de refinanciación y de reestructuración de la empresa en crisis*, Bosch, Barcelona, 2013 (com desenvolvido tratamento da matéria, dando especial relevo ao regime de resolução em benefício da massa). Na Itália, o art. 182 bis da *Legge Fallimentare* contém o regime dos *accordi di ristrutturazione dei debiti*. Sobre estes, e dando conta da discussão anterior sobre a eventual validade de *concordato stragiudiziale*, v. STEFANO AMBROSINI, *Il concordato preventivo e gli accordi di ristrutturazione dei debiti*, in GASTONE COTTINO (dir.), *Trattato di diritto commerciale*, Cedam/Padova, 2008, p. 157 e ss..

A lei não o diz, mas parece que o acordo é apresentado com um requerimento do devedor.

O processo de homologação dos acordos extrajudiciais:

a) obriga também à nomeação de administrador judicial provisório, com os efeitos previstos no art. 17.º-E, e com as necessárias adaptações;
b) envolve uma fase de reclamação de créditos[112];
c) implica uma decisão judicial de homologação ou de recusa de homologação do acordo (cfr. os arts. 215.º e 216.º, que o art. 17.º-I, 4, manda aplicar), sendo que a decisão do juiz vincula os credores, mesmo que não tenham participado nas negociações[113]. O juiz deverá verificar se foi respeitada a maioria prevista no art. 17.º-F, 3 (e agora já perante o que resultou das reclamações de créditos e da decisão sobre as impugnações).

Porém, se o juiz não homologa o acordo, as coisas complicam-se. É que nesse caso aplica-se, com as necessárias adaptações, o disposto nos n.ºs 2 a 4 e 7 do art. 17.º-G. Mas, sendo assim, isso quer dizer que terá de haver um parecer do administrador judicial provisório sobre a existência ou não de situação de insolvência do devedor. Se existir, tem de comunicar o seu parecer e requerer, sendo o caso, a insolvência do devedor.

O n.º 3 do art. 17.º-G prevê que o encerramento do processo acarreta a insolvência e que o juiz a declara. O encerramento do processo de homologação será declarado depois de o juiz receber o parecer e o requerimento da insolvência. E aparentemente será aberto um novo processo de insolvência em que a mesma é declarada. Mais uma vez sem oposição ou sem audiência. Mais uma vez com as apensações (e conversões?) de que já falámos.

---

[112] Defendendo que o ónus de reclamar os créditos só existe para os credores que não subscreveram o acordo nem constam da lista de credores junta, Nuno Casanova/David Dinis, *PER. O processo especial de revitalização*, cit., p. 192, e Maria do Rosário Epifânio, *O Processo Especial de Revitalização*, cit., p. 93.

[113] Admitindo a conversão de um PER do 17.º-I em PER do 17.º-A e ss., se o devedor conclui que o plano negociado deixou de ser viável e precisa de voltar a negociar com os credores, Fátima Reis Silva, *Processo especial de revitalização. Notas práticas e jurisprudência recente*, cit., p. 78.

UM CURSO DE DIREITO DA INSOLVÊNCIA

Também o art. 17.º-H é aplicável com as necessárias adaptações. Mas o que significa isto? Veja-se que estamos a falar de um acordo extrajudicial cuja homologação é pedida. E o art. 17.º-H trata de garantias convencionadas durante o processo especial de revitalização ou de financiamento no decurso do processo. O acordo extrajudicial que contenha essas garantias ou o acordo de financiamento é anterior ao processo de homologação. Logo, a adaptação a fazer ao art. 17.º-H passa talvez por considerar que neste caso terá de abranger *as garantias convencionadas e os financiamentos acordados no acordo extrajudicial anterior ao processo de homologação.*

CAPÍTULO XV
O SIREVE

1. A revisão do procedimento de conciliação extrajudicial

No âmbito do Programa de Assistência a Portugal que foi acordado com a chamada Troika, foi dada especial atenção a matérias relacionadas com a (genericamente designada) reestruturação. Estava, designadamente, prevista a adoção de «princípios gerais de reestruturação voluntária extra-judicial em conformidade com boas práticas internacionais». Esses princípios constam da Resolução do Conselho de Ministros n.º 43/2011, publicada em 25 de outubro.

Em vez de proceder à introdução de alterações no regime do procedimento de conciliação para viabilização de empresas em situação de insolvência ou em situação económica difícil, regulado pelo Decreto-Lei n.º 316/98, de 20 de outubro[1], foi criado o SIREVE ou Sistema de Recuperação de Empresas

---

[1] Este pressupunha que a empresa estivesse «em condições de requerer judicialmente a sua insolvência». O IAPMEI recusava liminarmente o requerimento de conciliação se entendesse que não havia «situação de insolvência, ainda que meramente iminente» (art. 4º, 1, *d*) do DL 316/98). Esta, aliás, seria talvez uma das razões que levava a que muitos devedores fugissem destes procedimentos. É que para isso tinham que reconhecer que já estavam em situação de insolvência. Por outro lado, o procedimento de conciliação destinava-se «a obter a celebração de acordo, entre a empresa e todos ou alguns dos seus credores...». Isto é, o acordo seria obtido no âmbito do procedimento de conciliação e não fora dele. O que não quer dizer que as coisas não pudessem ser preparadas antes. O regime do procedimento de conciliação até previa a possibilidade de suprir judicialmente, em certos termos, a falta de aprovação do acordo por uma parte dos credores, com subsequente homologação do acordo. Era o que se

UM CURSO DE DIREITO DA INSOLVÊNCIA

por Via Extrajudicial, o que se fez através do DL 178/2012, de 3 de agosto[2]. Como se lê no preâmbulo desse diploma, o SIREVE enquadra-se «no âmbito do Programa Revitalizar, aprovado pela Resolução do Conselho de Ministros n.º 11/2012, de 3 de fevereiro». O SIREVE «constitui um procedimento que visa promover a recuperação extrajudicial de empresas, através da celebração de um acordo entre a empresa e todos ou alguns dos seus credores, que viabilize a sua recuperação e assegure a sua sustentabilidade» (cfr. o art. 1.º do DL 178/2012, na redação do DL 26/2015, e, quanto às empresas que podem recorrer ao SIREVE, o art. 2.º, 5).

2. Em que casos é possível o recurso ao SIREVE

O SIREVE só pode ser utilizado se a empresa requerente estiver em situação económica difícil (cfr. os arts. 17.º-A e 17.º-B, do CIRE) ou em situação de insolvência iminente (cfr. o art. 3.º, 4, do CIRE). Com a redação dada pelo DL 26/2015, o art. 2.º do DL 178/2012 deixou de prever a possibilidade de recurso ao SIREVE se a empresa estiver em situação de insolvência atual (art. 3.º, 1 e 2, do CIRE).

Mas não basta que a empresa requerente esteja em situação económica difícil ou em situação de insolvência iminente. Com efeito, é ainda necessário que obtenha avaliação global positiva nos indicadores referidos no art. 2.º, 1, relativos aos três últimos exercícios completos na data em que o requerimento

verificava quando a proposta de acordo correspondia ao disposto no n.º 2 do art. 252.º do CIRE e essa proposta tinha obtido aprovação escrita, no âmbito do procedimento, por mais de dois terços do valor total dos créditos relacionados pelo devedor nesse procedimento. Os créditos que para o efeito interessavam eram os que tinham sido relacionados pelo devedor. E o requerimento de procedimento de conciliação devia integrar credores que representassem mais de 50% das dívidas da empresa.

[2] São deste DL 178/2012 os artigos indicados no presente Capítulo se nada for indicado em sentido contrário. A redação que será tida em conta é a que resulta do DL 26/2015, de 6 de fevereiro, que entrou em vigor «no primeiro dia útil do mês seguinte ao da sua publicação» (art. 12.º do DL 26/2015) – ou seja, em 2 de março de 2015 (mas v. tb. o art. 8.º do mesmo diploma). Até que essa data seja atingida, deverá ser consultada a redação anterior. O DL 26/2015 revoga também os seguintes preceitos do DL 178/2012: o art. 5.º, o art. 6.º, 1, a), ii), o art. 7.º e o art. 9.º, 2. Sublinhe-se que no momento em que terminámos a escrita deste texto ainda não tinha sido publicada qualquer declaração de retificação do DL 26/2015. O SIREVE não surge mencionado no Anexo A do Regulamento 1346/2000 nem no Anexo A do Regulamento 2015/848.

O SIREVE

é apresentado[3]. Os indicadores são os seguintes: Indicador 1: «autonomia financeira, medida pela relação entre o valor dos capitais próprios e o valor do ativo líquido total»; Indicador 2: «relação entre os resultados antes de depreciações, gastos de financiamento e impostos, e o valor dos juros e gastos similares»; Indicador 3: «relação entre a dívida financeira e os resultados antes de depreciações, gastos de financiamento e impostos»[4].

O art. 2.º-A, 1, introduzido pelo DL 26/2015, torna ainda necessário que a empresa que pretenda obter a sua recuperação com recurso ao SIREVE submeta a respetiva situação económica e financeira a prévio diagnóstico através de uma plataforma informática. No entanto, o art. 8.º, 2, do DL 26/2015 estabelece que esse requisito apenas é de verificação obrigatória depois de cumprido o disposto no n.º 1 do mesmo artigo[5].

O DL 26/2015 revogou o art. 6.º, 1, a), ii), que obrigava o IAPMEI a recusar o requerimento quando a empresa fosse economicamente inviável. No entanto, a redação do art. 6.º, 1, a), i), também foi alterada: agora, o IAPMEI profere despacho de recusa do requerimento, designadamente, quando não se encontrem verificados os requisitos do art. 2.º.

Por sua vez, o art. 18.º (mais uma vez com as alterações do DL 26/2015) indica um conjunto de factos que obstam à utilização do SIREVE: a apresentação da empresa à insolvência, a declaração de insolvência da empresa, a pendência de PER, e ainda a «conclusão, sem aprovação do plano de recuperação ou verificando-se o incumprimento dos termos do plano de recuperação, do processo especial de revitalização nos dois anos anteriores à apresentação do requerimento de utilização do SIREVE, nos termos do artigo 17.º-G do CIRE» (o que mostra a necessidade de, antes de se iniciar

---

[3] Se, porém, na data da apresentação do requerimento a empresa apenas tem dois exercícios completos, o prazo referido no art. 2.º, 1, é reduzido «para os dois últimos exercícios completos» (art. 2.º, 4, na redação do DL 26/2015).

[4] Quanto ao que significa uma avaliação positiva de cada indicador, cfr. o art. 2.º, 2 e 3, na redação do DL 26/2015. Embora com exceções, o recurso ao SIREVE é confidencial (art. 21.º-B, 1).

[5] O IAPMEI deve «publicitar no seu sítio na Internet a conclusão da implementação da plataforma» (art. 8.º, 3, do DL 26/2015). Note-se que o recurso por qualquer empresa ao processo de diagnóstico referido no art. 2.º-A do DL 178/2012 e a informação disponibilizada é confidencial, nos termos do art. 21.º-B, 2. A plataforma pode ser usada «por qualquer empresa que pretenda proceder ao diagnóstico da respetiva situação económica e financeira», nos termos do art. 2.º-A, 3.

o PER, ponderar esta consequência da sua conclusão sem que seja aprovado um plano de recuperação).

O art. 17.º impede que, pelo prazo de dois anos a contar da data do despacho de aceitação do requerimento, as empresas que não obtiveram acordo no procedimento, que não cumpriram as obrigações decorrentes de acordo celebrado ou que requeiram a extinção do procedimento venham apresentar novo requerimento a pedir a utilização do SIREVE[6].

3. A necessidade de requerimento. Legitimidade para a apresentação

O procedimento de recuperação extrajudicial em causa inicia-se mediante requerimento, que deve ser apresentado por uma *empresa* que cumpra os requisitos do art. 2.º do DL 178/2012 (cfr. tb. o art. 2.º-A, e o art. 8.º do DL 26/2015).

O termo empresa, como a lei esclarece (art. 2.º, 5, na redação do DL 26/2015), abrange apenas sociedades comerciais e empresários em nome individual com contabilidade organizada[7].

4. O requerimento e a sua apresentação

O requerimento para recuperação extrajudicial através do SIREVE é apresentado por meios eletrónicos ao IAPMEI (art. 3.º, 1, do DL 178/2012), utilizando o modelo por este disponibilizado (art. 3.º, 2, do DL 178/2012).

---

[6] Também aqui as alterações introduzidas pelo DL 26/2015 foram significativas. O prazo passou de um para dois anos e conta-se agora da data do despacho de aceitação do requerimento e não da data de resolução do acordo ou de extinção do procedimento. Por outro lado, na anterior redação não estava prevista a apresentação de requerimento de extinção do procedimento (que, como é lógico, poderia revelar que o requerente só se serviu do SIREVE para ganhar tempo). Sobre esse requerimento, cfr. o art. 16.º, 2, *c*).

[7] Não era assim na redação anterior ao DL 26/2015. O termo empresa tinha o sentido que lhe era dado pelo art. 5.º do CIRE: «toda a organização de capital e de trabalho destinada ao exercício de qualquer atividade económica». Mas, como é evidente, quem requeria era o titular ou aqueles que o representavam. O titular podia ser uma pessoa singular (ou melhor, uma pessoa humana) ou não. Admitindo também que o requerente fosse o empresário individual, Carvalho Fernandes/João Labareda, *Código da Insolvência e da Recuperação de Empresas anotado*, cit., p. 986. Os autores defendem agora que também as sociedades civis sob forma comercial podem recorrer ao SIREVE (p. 1035 e s.).

O requerimento deve conter, *entre outros elementos*[8], os «fundamentos do recurso ao SIREVE», a «identificação das partes a participar no SIREVE», a «identificação do credor ou dos credores com os quais a empresa pretende negociar que representem, pelo menos, um terço das dívidas da empresa, conforme resulte dos documentos de prestação de contas a juntar com o requerimento», o «conteúdo do acordo que se pretende obter», o «plano de negócios, que explicite e fundamente os respetivos pressupostos» e uma relação «de todas as ações declarativas e ou executivas instauradas contra a empresa e ou seus garantes, conforme definidos no n.º 7 do presente artigo»[9] (art. 3.º, 2, do DL 178/2012, na redação do DL 26/2015). Na identificação dos credores com que pretende negociar a empresa requerente terá que ponderar as exigências estabelecidas no regime para a aprovação de um acordo.

O plano de negócios deve «identificar as medidas e os meios necessários à reposição das condições de sustentabilidade económica da atividade da empresa, bem como a capacidade desta em assegurar o cumprimento do acordo de reestruturação e o pagamento das dívidas aos credores evidenciada através dos documentos contabilísticos previsionais, nomeadamente balanço, demonstração de resultados e mapa de fluxos de caixa relativos a um período mínimo de cinco anos» (art. 3.º, 4, do DL 178/2012, na redação do DL 26/2015).

O requerimento deve ser acompanhado de cópia em suporte digital de todos os elementos e documentos referidos no art. 3.º, 3, bem como de comprovativo do pagamento da taxa devida[10].

5. A eliminação da causa de suspensão do prazo para apresentação à insolvência

A apresentação do requerimento de recuperação através do SIREVE suspendia o prazo de apresentação à insolvência previsto no art. 18.º, 1, do CIRE

---

[8] Cfr., nomeadamente, as als. *f*), *g*) e *h*) do art. 3.º, 2. Note-se também que a entrega de alguns documentos pode ser dispensada em certos casos.

[9] De acordo com o art. 3.º, 7, são garantes da empresa «quaisquer pessoas singulares ou coletivas que tenham prestado garantias pessoais ou reais, destinadas a assegurar o cumprimento das obrigações da empresa».

[10] Cfr. o art. 4.º. Mas a falta de apresentação do comprovativo com o requerimento dá lugar a despacho de convite ao aperfeiçoamento: art. 6.º, 1, *b*).

(art. 5.º, 1). No entanto, o DL 26/2015 revogou o art. 5.º (cfr. o art. 10.º, *a*), do DL 26/2015)[11].

6. Apreciação do requerimento pelo IAPMEI

Uma vez apresentado o requerimento, o IAPMEI tem o prazo de 15 dias para proferir despacho (art. 6.º, 1). Esse despacho pode ser de recusa do requerimento, de convite ao aperfeiçoamento ou de aceitação do requerimento.

O IAPMEI profere despacho de *recusa* do requerimento quando se verifique alguma das seguintes situações (art. 6.º, 1, *a*)): não se encontrem verificados os requisitos do art. 2.º; a utilização do SIREVE não seja eficaz para a obtenção do acordo; o requerimento tenha sido instruído sem ser possível o seu aperfeiçoamento; as previstas no art. 18.º, 1. A recusa do requerimento referida é sempre fundamentada (art. 6.º, 2).

Perante a enumeração dos fundamentos de recusa do requerimento constantes do art. 6.º, 1, *a*), não se pode evitar perguntar se é motivo de recusa o facto de a empresa requerente não ter obtido acordo em anterior procedimento no âmbito do SIREVE, não ter cumprido as obrigações decorrentes do acordo ali celebrado ou ter requerido a extinção do procedimento, quando ainda não decorreu o prazo previsto no art. 17.º. Essas são hipóteses que a lei diz impedirem a empresa de apresentar novo requerimento para a utilização do SIREVE. Consideramos, porém, que estaremos então perante situações que conduzem à recusa do requerimento, por analogia com o disposto no art. 6.º, 1, *a*), *v*), e 18.º, 1[12].

O despacho do IAPMEI será de convite ao aperfeiçoamento do requerimento se faltar algum dos elementos previstos no art. 3.º, 2 e 3, ou se faltar fundamento adequado «quanto às condições de viabilidade da empresa» (art. 6.º, 1, *b*)). Tal despacho deve conter a «indicação das informações ou dos

---

[11] Criticamente, Carvalho Fernandes/João Labareda, *Código da Insolvência e da Recuperação de Empresas anotado*, cit., p. 1042.

[12] Parecendo defender que, nos casos de falta de acordo ou de incumprimento de obrigações referidos, havia causa de recusa perante a redação do art. 17.º do DL 178/2012 anterior ao DL 26/2015, Carvalho Fernandes/João Labareda, *Código da Insolvência e da Recuperação de Empresas anotado*, cit., p. 1019. No caso de incumprimento de obrigações, entendem que «só releva quando tenha tido lugar a resolução suportada no mencionado art. 14.º, n.º 1».

documentos em falta» e mencionar «a necessidade de a empresa, sob pena de recusa do requerimento, proceder à sua junção no prazo de 10 dias» (art. 6.º, 3). Feita a junção das informações ou documentos referidos, o IAPMEI tem o prazo de 12 dias para proferir despacho de recusa ou de aceitação (art. 6.º, 4).

Não havendo fundamento para recusa ou para aperfeiçoamento, é proferido despacho de aceitação do requerimento (art. 6.º, 1, *c*), do DL 178/2012).

7. Efeitos do despacho de aceitação

7.1. A eliminação da exigência de parecer do IAPMEI

Depois de ser proferido o despacho de aceitação do requerimento, o IAPMEI tinha 30 dias para analisar a viabilidade da empresa e a adequação do acordo pretendido a essa mesma viabilização e para emitir o seu parecer técnico sobre a matéria. No entanto, o art. 7.º foi revogado pelo art. 10.º, *a*), do DL 26/2015.

7.2. As negociações. Os participantes

Uma vez proferido o despacho de aceitação, inicia-se a fase das negociações. É a partir da data do despacho referido que começa a correr o prazo para a conclusão do procedimento. Esse prazo é de três meses (art. 15.º, 1), prorrogável uma só vez por um mês mediante requerimento fundamentado da empresa ou de qualquer dos credores que participam no procedimento. A prorrogação, diz a lei, pode ter lugar mediante «parecer» favorável do IAPMEI (art. 15.º, 2). Parece que o IAPMEI decide se prorroga ou não o prazo mediante... parecer. Com efeito, não faria muito sentido que o IAPMEI emitisse um parecer para, só depois, decidir.

O IAPMEI promove «as diligências e os contactos necessários entre a empresa e os credores identificados pela empresa no requerimento, com vista à concretização de acordo que viabilize a recuperação da empresa» (art. 6.º, 5). Deverá, nomeadamente, enviar aos credores a proposta de acordo e o plano de negócios apresentados pela empresa, podendo ainda sugerir propostas e modelos negociais (art. 6.º, 6)[13].

---

[13] O art. 21.º-A estabelece que o IAPMEI deve disponibilizar no seu sítio na Internet «informação detalhada relativa a estratégias, instrumentos e diferentes processos de recuperação

UM CURSO DE DIREITO DA INSOLVÊNCIA

O IAPMEI pode também convocar reuniões e, se o fizer, deve orientá-las (art. 6.º, 5). Contudo, os credores indicados pela empresa requerente para participarem no procedimento (art. 3.º, 2, *b*)) não estão obrigados a participar[14]. E podem até não querer participar, atendendo ao disposto no art. 11.º, 3, *b*).

O IAPMEI pode igualmente promover a participação nas negociações de entidades que não tenham sido indicadas pelo requerente (art. 8.º, 1). Aí se incluem, por exemplo, credores que tenham instaurado ações executivas contra o requerente para pagamento de quantia certa ou ações para exigir o cumprimento de obrigações pecuniárias e «entidades com competências legais, conhecimento ou experiência sectorialmente relevantes» (art. 8.º, 1). Mas, como bem lembram Carvalho Fernandes e João Labareda[15], «essa participação tem de ser aceite pela devedora».

No que diz respeito à Fazenda Pública e à Segurança Social, se estiverem relacionados no requerimento de utilização do SIREVE devem participar obrigatoriamente neste. Uma e outra podem, no entanto, manifestar a sua indisponibilidade para a celebração de acordo, devendo fazê-lo de forma fundamentada (art. 9.º, 1)[16].

Se, porém, o requerente deixar de pagar pontualmente à Segurança Social ou à Fazenda Pública novas dívidas vencidas após a apresentação do requerimento de utilização do SIREVE, a lei permite que aquelas entidades credoras façam cessar a respetiva participação no procedimento referido (art. 9.º, 6).

---

empresarial, considerando as melhores práticas internacionais, prestando, ainda, informação adicional neste âmbito, quando assim lhe seja solicitado».

[14] Carvalho Fernandes/João Labareda, *Código da Insolvência e da Recuperação de Empresas anotado*, cit., p. 989.

[15] Carvalho Fernandes/João Labareda, *Código da Insolvência e da Recuperação de Empresas anotado*, cit., p. 999.

[16] A Fazenda Pública e a Segurança Social devem indicar individualmente as condições de regularização dos respetivos créditos (art. 9.º, 3; o art. 9.º, 2, foi revogado pelo DL 26/2015). O plano de pagamentos compreende a dívida relativa à Fazenda Pública e à Segurança Social. Deve abranger a dívida apurada e existente até à data de aceitação do requerimento de utilização do SIREVE (na redação do DL 26/2015). Nele estarão incluídos, nomeadamente, a quantia exequenda, os juros e as coimas (art. 9.º, 4). O plano de pagamentos deve respeitar o limite máximo legalmente previsto (art. 9.º, 5, na redação do DL 26/2015, que elimina a referência ao limite de 150 meses certamente com o objetivo de uniformizar os regimes).

O SIREVE

Como vimos, o requerimento de recuperação através do SIREVE tem que conter, designadamente, a «identificação das partes» que o requerente pretende que participem no procedimento (art. 3.º, 2, *b*)) e a identificação do credor ou credores que pelo menos representem um terço do total das dívidas da empresa conforme resultem dos documentos de prestação de contas a juntar com o requerimento (art. 3.º, 2, *c*)). Vimos também que o IAPMEI pode promover a participação de outras entidades.

É possível que participe no SIREVE qualquer credor que o requeira, ainda que não tenha sido solicitada essa participação pelo requerente ou que a mesma não tenha sido promovida pelo IAPMEI. Contudo, aquela participação deve ser requerida até ao termo do prazo previsto no art. 11.º, 9 (cfr. o art. 10.º)[17], não sendo aberta uma fase específica para a reclamação de créditos. E, mais uma vez com Carvalho Fernandes e João Labareda[18], «essa participação tem de ser aceite pela devedora».

Nas negociações, os participantes devem atuar respeitando os princípios orientadores que constam da Resolução do Conselho de Ministros n.º 43/2011 (art. 11.º, 1). São princípios que devem ser seguidos pelos participantes em procedimentos extrajudiciais de recuperação, de acordo com o que foram identificadas como sendo as boas práticas e recomendações internacionais, para utilização «em negociações envolvendo o devedor e todos os seus credores ou apenas o devedor e os principais credores»[19].

---

[17] Esta remissão não deixa de colocar alguns problemas ao intérprete. Com efeito, é possível distinguir: os credores que são identificados nos termos do art. 3.º, 2, *c*), e com quem a empresa pretende negociar; os restantes credores cujos créditos resultem dos documentos de prestação de contas; as partes que são identificadas pelo requerente para participar no SIREVE (art. 3.º, 2, *b*)). O art. 11.º, 9, obriga os participantes no procedimento a comunicarem ao IAPMEI, *no prazo de 60 dias após a notificação do despacho de aceitação do requerimento*, a sua posição quanto à proposta de acordo que foi apresentada pelo requerente. Mas, certamente, esse despacho não será notificado a todos os credores ainda não participantes. E é para esses que o art. 10.º é dirigido.

[18] Carvalho Fernandes/João Labareda, *Código da Insolvência e da Recuperação de Empresas anotado*, cit., p. 999 e 1003.

[19] «*Primeiro Princípio*: O procedimento extrajudicial de recuperação de devedores corresponde às negociações entre o devedor e os credores envolvidos, tendo em vista obter um acordo que permita a efectiva recuperação do devedor. O procedimento extrajudicial corresponde a um compromisso entre o devedor e os credores envolvidos, e não a um direito, e apenas deve ser iniciado quando os problemas financeiros do devedor possam ser ultrapassados e este possa, com forte probabilidade, manter-se em actividade após a conclusão do acordo. *Segundo*

O IAPMEI acompanha as negociações (art. 8.º, 1), embora os interessados possam ter contactos diretos entre si. O IAPMEI pode a todo o tempo solicitar esclarecimentos ou informações que considere indispensáveis ao requerente ou aos interessados. Tais esclarecimentos ou informações devem ser prestados no prazo de 10 dias (art. 8.º, 2, *a*)). Além disso, e também a todo o tempo, pode o IAPMEI apresentar ao requerente sugestões fundamentadas para a modificação do plano de negócios e dos termos do acordo inicialmente pretendido (art. 8.º, 2, *b*), na redação do DL 26/2015).

Princípio: Durante todo o procedimento, as partes devem actuar de boa-fé, na busca de uma solução construtiva que satisfaça todos os envolvidos. *Terceiro Princípio*: De modo a garantir uma abordagem unificada por parte dos credores, que melhor sirva os interesses de todas as partes, os credores envolvidos podem criar comissões e ou designar um ou mais representantes para negociar com o devedor. As partes podem, ainda, designar consultores que as aconselhem e auxiliem nas negociações, em especial nos casos de maior complexidade. *Quarto Princípio*: Os credores envolvidos devem cooperar entre si e com o devedor de modo a concederem a este um período de tempo suficiente (mas limitado) para obter e partilhar toda a informação relevante e para elaborar e apresentar propostas para resolver os seus problemas financeiros. Este período de tempo, designado por período de suspensão, é uma concessão dos credores envolvidos, e não um direito do devedor. *Quinto Princípio*: Durante o período de suspensão, os credores envolvidos não devem agir contra o devedor, comprometendo-se a abster-se de intentar novas acções judiciais e a suspender as que se encontrem pendentes. *Sexto Princípio*: Durante o período de suspensão, o devedor compromete-se a não praticar qualquer acto que prejudique os direitos e as garantias dos credores (conjuntamente ou a título individual), ou que, de algum modo, afecte negativamente as perspectivas dos credores de verem pagos os seus créditos, em comparação com a sua situação no início do período de suspensão. *Sétimo Princípio*: O devedor deve adoptar uma postura de absoluta transparência durante o período de suspensão, partilhando toda a informação relevante sobre a sua situação, nomeadamente a respeitante aos seus activos, passivos, transacções comerciais e previsões da evolução do negócio. *Oitavo Princípio*: Toda a informação partilhada pelo devedor, incluindo as propostas que efectue, deve ser transmitida a todos os credores envolvidos e reconhecida por estes como confidencial, não podendo ser usada para outros fins, excepto se estiver publicamente disponível. *Nono Princípio*: As propostas apresentadas e os acordos realizados durante o procedimento, incluindo aqueles que apenas envolvam os credores, devem reflectir a lei vigente e a posição relativa de cada credor. *Décimo Princípio*: As propostas de recuperação do devedor devem basear-se num plano de negócios viável e credível, que evidencie a capacidade do devedor de gerar fluxos de caixa necessários ao plano de reestruturação, que demonstre que o mesmo não é apenas um expediente para atrasar o processo judicial de insolvência, e que contenha informação respeitante aos passos a percorrer pelo devedor de modo a ultrapassar os seus problemas financeiros. *Décimo Primeiro Princípio*: Se durante o período de suspensão ou no âmbito da reestruturação da dívida for concedido financiamento adicional ao devedor, o crédito resultante deve ser considerado pelas partes como garantido».

O IAPMEI fixa os prazos para que sejam ouvidos a empresa requerente, os interessados e demais entidades, prazos esses que não podem ser superiores a 10 dias (art. 20.º, 1).

Os prazos previstos no DL 178/2012 são contínuos, incluindo sábados, domingos e feriados (art. 20.º, 2). Nos casos em que o prazo termine em sábado, domingo ou feriado, o final do mesmo transfere-se para o primeiro dia útil seguinte (art. 20.º, 3). Além disso, os prazos mencionados não se suspendem em férias judiciais (art. 20.º, 2).

7.3. Efeitos processuais

O despacho de aceitação tem efeitos relativamente a ações a propor e ações pendentes. Esses efeitos abrangem ações executivas e certas ações declarativas (cfr. o art. 11.º, 2, na redação dada pelo DL 26/2015).

Quanto às ações a propor contra a empresa ou respetivos garantes[20] relativamente às operações garantidas, aquele despacho *obsta à instauração* quer de ações executivas para pagamento de quantia certa, quer de ações destinadas a exigir o cumprimento de obrigações pecuniárias. Esse efeito mantém-se enquanto o procedimento não for extinto. Se, apesar do regime descrito, alguma daquelas ações for intentada, o IAPMEI comunica ao tribunal em causa o teor do despacho de aceitação do requerimento de utilização do SIREVE, usando de preferência meios eletrónicos (art. 11.º, 4).

No que diz respeito às *ações que,* à data da prolação do despacho de aceitação do requerimento da empresa, estejam *pendentes* contra a empresa ou respetivos garantes relativamente às operações garantidas, aquele despacho suspende automaticamente as que sejam ações executivas para pagamento de quantia certa e quaisquer outras ações destinadas a exigir o cumprimento de obrigações pecuniárias[21]. Essa suspensão dura também enquanto o procedimento não for extinto («por igual período»). Mais uma vez, o IAPMEI comunica ao tribunal em causa o teor do despacho de aceitação do requerimento de utilização do SIREVE, com uso preferencial de meios eletrónicos (art. 11.º, 4).

---

[20] Cfr. art. 3.º, 7.

[21] Considerando que isso acontece num caso e noutro ainda que haja outros demandados, mas perante a redação anterior à que foi dada ao art. 11.º, 2, pelo DL 26/2015, CARVALHO FERNANDES/JOÃO LABAREDA, *Código da Insolvência e da Recuperação de Empresas anotado*, cit., p. 1005.

UM CURSO DE DIREITO DA INSOLVÊNCIA

Os referidos efeitos processuais cessam, no caso das ações mencionadas que sejam ou tenham sido instauradas pela Fazenda Pública ou pela Segurança Social, a partir da data em que qualquer destas entidades se manifestar indisponível para celebrar acordo com a empresa requerente, nos termos do art. 9.º, 1, o que deverão fazer de forma fundamentada (art. 11.º, 3, *a*)). Novamente o IAPMEI, usando de preferência meios eletrónicos, comunica ao tribunal em que tenha sido instaurada uma das aludidas ações aquela indisponibilidade (art. 11.º, 4).

Cessam também aqueles efeitos processuais quanto às ações por eles abrangidas que sejam ou tenham sido instauradas por outros credores quando estes comuniquem ao IAPMEI que não pretendem participar no SIREVE (art. 11.º, 3, *b*)). E também isso deve ser comunicado pelo IAPMEI ao tribunal em que tenha sido instaurada uma daquelas ações, usando de preferência meios eletrónicos (art. 11.º, 4).

Extinto o procedimento, deve isso ser comunicado pelo IAPMEI aos tribunais onde estejam pendentes as causas executivas e declarativas referidas, devendo fazê-lo preferencialmente por meios eletrónicos (art. 11.º, 4).

Um outro efeito processual que o despacho de aceitação do requerimento *pode* ter encontra-se previsto no art. 18.º, 3. Se a empresa requerente é também a devedora em processo de insolvência pendente em que não foi ainda proferida sentença de declaração de insolvência, pode aquela *requerer no processo de insolvência a suspensão da instância*. Se isso acontecer, o juiz *pode* suspender a instância[22], suspensão essa que no entanto cessa com a extinção do procedimento no âmbito do SIREVE que tenha ocorrido nos termos do art. 16.º (art. 18.º, 4).

Se o juiz não suspende a instância no processo de insolvência, este corre os seus termos e, se nele for proferida a sentença de declaração de insolvência, o procedimento no âmbito do SIREVE deve extinguir-se, por analogia com o disposto no art. 16.º, 2, *a*) (com a consequente aplicação dos arts. 6.º, 1, *a*), *v*), e 18.º, 1, *b*))[23].

---

[22] Depois de observar o princípio do contraditório: CARVALHO FERNANDES/JOÃO LABAREDA, *Código da Insolvência e da Recuperação de Empresas anotado*, cit., p. 1021. Os referidos autores lembram que a suspensão do processo de insolvência «não é incompatível com a adoção de procedimentos preventivos de tutela», parecendo estar a referir-se aos que são adotados após o pedido de suspensão.

[23] CARVALHO FERNANDES/JOÃO LABAREDA, *Código da Insolvência e da Recuperação de Empresas anotado*, cit., p. 1022, defendem também que deve ter lugar a extinção do SIREVE.

7.4. Efeitos sobre os poderes da requerente

O despacho de aceitação do requerimento de utilização do SIREVE tem efeitos relativamente aos poderes da requerente no que diz respeito a certo tipo de atos. Com efeito, o art. 11.º, 5, prevê que, em determinados casos, a requerente não possa praticar certos atos, sob pena de «impugnação e invalidade». Note-se, porém, que estão apenas em causa os poderes da requerente quanto a atos que *não se inserem* na atividade que constitui o seu objeto.

Parece ser isso que deve ser sublinhado para que se compreenda o sentido do art. 11.º, 6 (na redação do DL 26/2015). Este último preceito estabelece que as garantias convencionadas entre o devedor e os credores durante o processo e com a finalidade de proporcionar ao devedor os meios financeiros necessários para o desenvolvimento da respetiva atividade mantêm-se ainda que, uma vez terminado o processo[24], seja declarada no prazo de dois anos a insolvência do devedor ou este venha a iniciar novo processo de reestruturação[25].

Refira-se ainda que só são abrangidos pela limitação prevista no art. 11.º, 5, atos de cedência, locação, alienação ou de oneração por qualquer modo, no todo ou em parte, de bens que integram o património da empresa. Os atos podem ser «impugnados» e «invalidados» pelos credores prejudicados se forem atos que diminuam, frustrem, dificultem, ponham em perigo ou retardem a satisfação dos seus direitos.

8. A tomada de posição pelos participantes no procedimento

Os participantes no procedimento têm o prazo de 60 dias para comunicarem ao IAPMEI a sua posição quanto à *proposta de acordo que a empresa requerente apresentou com o requerimento*. Esse prazo de 60 dias conta-se a partir da notificação do despacho de aceitação do requerimento de utilização do SIREVE (art. 11.º, 9).

Tenha-se, porém, em atenção que a comunicação referida ainda diz apenas respeito à proposta que foi apresentada pela empresa requerente com o seu

---

[24] Este processo deve ser o procedimento...

[25] Fica-se, mais uma vez, sem ter a certeza se o início do novo processo de reestruturação em causa é o que seja iniciado também no prazo de dois anos depois de findo o processo.

requerimento. As negociações posteriores podem conduzir a uma proposta final diferente[26].

9. O acordo

O acordo obtido no SIREVE deve ser assinado pela empresa, pelo IAPMEI e pelos credores que votem a aprovação do mesmo (art. 3.º, 1)[27]. No entanto, o art. 12.º, 3 (na redação do DL 26/2015) permite que cada credor assine «apenas uma cópia do acordo» referido no n.º 1, ficando essa cópia arquivada no processo e não sendo necessário por isso que «um mesmo documento reúna as assinaturas de todos os credores». Mas, evidentemente, essa possibilidade só existe se o conteúdo de cada exemplar for absolutamente idêntico ao dos restantes.

Para que o plano de recuperação se considere aprovado é necessário que se verifique uma de duas situações:

a) Seja «votado por credores cujos créditos representem, pelo menos, um terço do total das dívidas apuradas da empresa» e, além disso, «recolha o voto favorável de mais de dois terços da totalidade dos votos emitidos e mais de metade dos votos emitidos corresponda a créditos não subordinados», nos termos do CIRE, não se considerando as abstenções (art. 12.º, 2, *a*));

b) Recolha «o voto favorável de credores cujos créditos representem mais de metade da totalidade das dívidas apuradas da empresa, e mais de metade destes votos corresponda a créditos não subordinados, nos termos do CIRE, não se considerando as abstenções» (art. 12.º, 2, *b*)).

Como é fácil de ver, a redação do art. 12.º, 2, na redação dada pelo DL 26/2015, aproxima-se muito da que resultou das alterações introduzidas no art. 17.º-F, 3,

---

[26] Chamando a atenção para isso mesmo, CARVALHO FERNANDES/JOÃO LABAREDA, *Código da Insolvência e da Recuperação de Empresas anotado*, cit., p. 990.

[27] Nada parece impedir que o acordo seja assinado também por outras pessoas que assumam obrigações naquele acordo. CARVALHO FERNANDES/JOÃO LABAREDA, *Código da Insolvência e da Recuperação de Empresas anotado*, cit., p. 1009, admitem isso mesmo se o acordo «contemplar a participação de alguém mais», e bem assim a possibilidade de adesão por declaração autónoma.

do CIRE. Dívidas *apuradas* não parecem ser apenas as que foram identificadas pela empresa requerente no seu requerimento.

A forma exigida para o acordo é, em regra, a *escrita* (art. 12.º, 1). Porém, se se pretende que o acordo contenha atos ou negócios para os quais a lei exija forma mais solene, será também essa a forma que deve revestir o acordo para que esses atos ou negócios tenham «eficácia» (art. 12.º, 4)[28].

O acordo pode, por exemplo, prever «moratórias, perdões, constituições de garantias, extinções, totais ou parciais, de garantias reais ou privilégios creditórios existentes, um programa calendarizado de pagamentos ou o pagamento numa só prestação e a adoção pelo devedor de medidas concretas de qualquer natureza suscetíveis de melhorar a sua situação patrimonial» (art. 252.º, 2, CIRE, e art. 19.º, 2, DL 178/2012). Não foi estabelecido um elenco taxativo de medidas.

Contudo, no que diz respeito aos créditos da Fazenda Pública e da Segurança Social é preciso respeitar o teor do art. 9.º, 5 (mais uma vez, na redação do DL 26/2015): o plano de pagamentos «tem como limite máximo o legalmente previsto» e já referido a propósito do conteúdo do plano de insolvência e do PER.

O acordo pode conter algo relativamente à repartição dos encargos e custas com ações executivas para pagamento de quantia certa ou quaisquer outras ações para exigir o cumprimento de obrigações pecuniárias intentadas contra a empresa requerente. Se nada for previsto a esse propósito, esses encargos e custas serão suportados em partes iguais pelo credor ali demandante e pela empresa requerente (art. 12.º, 5).

Em relação às ações executivas para pagamento de quantia certa instauradas contra a empresa e/ou os respetivos garantes relativamente às operações garantidas, o art. 13.º, 1, estabelece também, para os casos a que se aplica (mas v. o art. 13.º, 2), que o acordo pode prever a manutenção da sua suspensão. Caso contrário, extinguem-se «automaticamente»[29].

---

[28] A redação do art. 12.º, 4, é no mínimo pouco conseguida: «Sempre que seja necessário conferir eficácia a quaisquer atos ou negócios jurídicos previstos no acordo [...]» é formulação que parece dizer respeito a acordos que preveem atos ou negócios *futuros*. Mas, se assim fosse, não era necessário que o acordo já obedecesse à «forma legalmente prevista para os referidos atos ou negócios jurídicos».

[29] Criticamente, CARVALHO FERNANDES/JOÃO LABAREDA, *Código da Insolvência e da Recuperação de Empresas anotado*, cit., p. 1050.

UM CURSO DE DIREITO DA INSOLVÊNCIA

Não parece afastada a possibilidade de o acordo prever alguma coisa acerca de alguma transação a ter lugar nas ações «destinadas a exigir o cumprimento de ações pecuniárias instauradas contra a empresa e ou os seus respetivos garantes relativamente às operações garantidas», transação essa que pode afastar a manutenção da suspensão «por prejudicialidade» (art. 13.º, 1, parte final)[30]. Isto, mais uma vez, se o art. 13.º, 2, não afastar o disposto no número que o antecede.

O acordo deve ser alcançado dentro do prazo de conclusão do procedimento, pois se assim não for o procedimento extingue-se automaticamente (art. 16.º, 1). O art. 17.º estabelece, designadamente, que a falta de acordo no procedimento impede a empresa requerente de apresentar novo requerimento solicitando a utilização do SIREVE pelo prazo de dois anos a contar da data do despacho de aceitação do requerimento (redação do DL 26/2015).

As propostas para a celebração do acordo no SIREVE podem ser usadas, consoante os casos, como propostas de planos de recuperação ou de planos de pagamentos no âmbito dos processos judiciais que corram termos de acordo com o disposto no CIRE. Mas não apenas as propostas, ao contrário do que dá a entender o art. 19.º, 1: também os acordos alcançados no SIREVE podem ser usados nos mesmos termos[31].

Desde logo, a lei permite que se utilize o SIREVE apesar de se encontrar pendente um processo de insolvência em que não tenha sido proferida sentença de declaração de insolvência (art. 18.º, 1, *b*), e 2). Além disso, a empresa requerente pode considerar que deve apresentar-se à insolvência. Os processos em que as propostas ou os acordos referidos podem ser usados são os que corram termos de acordo com o disposto no CIRE: que já estejam a correr ou que comecem a correr[32]. E não se pode também esquecer a possibilidade de recorrer ao PER previsto no art. 17.º-I, desde que o acordo extrajudicial

---

[30] Sobre as comunicações a efetuar aos tribunais respetivos, cfr. o art. 13.º, 3.

[31] CARVALHO FERNANDES/JOÃO LABAREDA, *Código da Insolvência e da Recuperação de Empresas anotado*, cit., p. 1025, só dão relevo aos acordos, considerando haver erro na lei. Com outra leitura, CATARINA SERRA, «Revitalização – A designação e o misterioso objecto designado. O processo homónimo (PER) e as suas ligações com a insolvência (situação e processo) e com o SIREVE», in Catarina Serra (coord.), *I Congresso de direito da insolvência*, cit., p.104.

[32] Parece ser também essa a leitura de CARVALHO FERNANDES/JOÃO LABAREDA, *Código da Insolvência e da Recuperação de Empresas anotado*, cit., p. 1025.

O SIREVE

cumpra as exigências aí estabelecidas[33]. Como o art. 17.º-I, 6, manda aplicar o disposto no art. 17.º-F, 6, a decisão de homologação «vincula os credores, mesmo que não hajam participado nas negociações [...]»[34].

Com o DL 26/2015, surgiu no art. 13.º um n.º 4 que estabelece o seguinte: «As medidas decorrentes da celebração de acordo no âmbito do SIREVE beneficiam da aplicação dos benefícios emolumentares e fiscais, previstos nos artigos 268.º, 269.º e 270.º do CIRE, nos termos do n.º 2 do artigo 16.º do mesmo diploma»[35].

10. A proteção dos financiadores

A decisão de financiar a empresa requerente seria mais difícil de tomar se os financiadores receassem a inutilidade da sua atitude e a eventual declaração de insolvência do devedor. Desde logo porque haveria o risco de o administrador da insolvência se decidir pela resolução dos negócios celebrados, incluindo as garantias prestadas.

Daí que o art. 11.º, 7, estabeleça que em regra são insuscetíveis de resolução de acordo com o art. 120.º, 6, do CIRE, os «negócios jurídicos celebrados no âmbito do SIREVE, cuja finalidade seja prover a empresa de meios de financiamento suficientes para viabilizar a sua recuperação». No entanto, esta proteção é concedida sem «prejuízo do disposto no n.º 5». Ou seja, sob pena de impugnação e «invalidade» dos atos que não digam respeito à atividade que consta do objeto da empresa requerente.

Não é, porém, claro quais são os «negócios celebrados no âmbito do SIREVE». Basta que esteja pendente o SIREVE? Não nos parece que isso seja suficiente. Na nossa opinião, a proteção apenas é concedida aos credores que financiaram a empresa através de um negócio que vai ter enquadramento no acordo aprovado.

---

[33] Nesse sentido, JOÃO LABAREDA, «Sobre o Sistema de Recuperação de Empresas por Via Extrajudicial (SIREVE)», in Catarina Serra (coord.), *I Congresso de direito da insolvência*, cit., p. 78.
[34] Lembrando isso mesmo, JOÃO LABAREDA, «Sobre o Sistema de Recuperação de Empresas por Via Extrajudicial (SIREVE)», cit., p. 81.
[35] Mas v., defendendo que só estarão em causa benefícios fiscais e chamando a atenção para a falta de remissão para o art. 267.º quanto aos benefícios emolumentares, CARVALHO FERNANDES/JOÃO LABAREDA, *Código da Insolvência e da Recuperação de Empresas anotado*, cit., p. 1051.

UM CURSO DE DIREITO DA INSOLVÊNCIA

O art. 11.º, 6, vem proteger as garantias que o devedor e os respetivos credores convencionem «durante o processo» desde que tais garantias tenham sido acordadas com a finalidade de proporcionar ao devedor os meios financeiros «necessários» para o desenvolvimento da sua atividade. Tais garantias «mantêm-se mesmo que, findo o processo, venha a ser declarada, no prazo de dois anos, a insolvência do devedor, ou venha a ser por este iniciado um novo processo de reestruturação». Mais uma vez, não é claro se essas garantias são também as que são prestadas sem enquadramento no acordo aprovado.

Não pode também deixar de ser referida a nova redação do art. 11.º, 8, pois este vem conferir um privilégio creditório mobiliário geral aos credores que financiem, no decurso (?) do processo (procedimento?), a atividade do devedor através da disponibilização ao mesmo de «capital» (?) para a sua revitalização em caso de insolvência (presume-se que seja a do devedor...). Esse privilégio será graduado «antes do privilégio mobiliário geral concedido aos trabalhadores».

11. Efeitos processuais do acordo

O acordo alcançado nos termos do art. 12.º vai ter efeitos sobre ações intentadas contra a empresa requerente.

O art. 13.º faz a distinção entre as ações executivas para pagamento de quantia certa e as ações destinadas a exigir o cumprimento de obrigações pecuniárias (em ambos os casos pode tratar-se de ações intentadas contra a empresa e/ou os respetivos garantes relativamente às operações garantidas).

Quanto às primeiras, extinguem-se «automaticamente» com a obtenção do acordo se este não prever a manutenção da suspensão.

Quanto às segundas, e ressalvado o caso de transação, mantêm-se suspensas «por prejudicialidade»[36] (lembre-se, a propósito, o art. 11.º, 2, segunda parte).

---

[36] Carvalho Fernandes/João Labareda, *Código da Insolvência e da Recuperação de Empresas anotado*, cit., p. 1005, defendiam que nos casos mencionados (de acordo com a redação do DL 178/2012 anterior às alterações introduzidas pelo DL 26/2015) em que as ações correm também contra outros devedores a extinção e a suspensão só abrangiam «em regra» a própria empresa requerente (não era então feita menção no art. 13.º, 1, «e ou» aos respetivos garantes relativamente às operações garantidas).

No entanto, os efeitos referidos não abrangem as ações executivas para pagamento de quantia certa nem as ações destinadas a exigir o cumprimento de obrigações pecuniárias que tenham sido intentadas por credores que não subscreveram o acordo (art. 13.º, 2, na redação dada pelo DL 26/2015, que eliminou a referência aos casos em que as mencionadas ações tinham sido instauradas por credores relativamente aos quais o acordo produza efeitos por força do art. 19.º, 2)[37].

12. O suprimento judicial do acordo dos restantes credores relacionados pela empresa e a homologação

O acordo obtido no SIREVE tem que ser assinado, designadamente, pelos credores que votarem a sua aprovação (art. 12.º, 1) e considera-se aprovado quando se verifique alguma das situações previstas no art. 12.º, 2.

Mas isto pode não ser suficiente para a empresa requerente. Com efeito, os credores que não subscrevem o acordo não são, por exemplo, abrangidos pelos efeitos previstos no art. 13.º, 1 (cfr. o art. 13.º, 2).

Daí que, em certos casos, seja possível obter o suprimento da aprovação dos credores relacionados pela empresa requerente que não aprovaram por escrito o acordo no procedimento do SIREVE. Essa possibilidade está prevista no art. 19.º, 2.

No entanto, não é qualquer acordo que pode ser abrangido pelo regime em causa. Em primeiro lugar, é necessário que o acordo cumpra certas exigências quanto ao respetivo conteúdo. Em segundo lugar, o acordo deve ter sido já aprovado por escrito por credores que «representem mais de dois terços do valor total dos créditos relacionados pela empresa».

Com efeito, aquele preceito (o art. 19.º, 2) começa justamente por estabelecer que o acordo[38] deve corresponder ao disposto no art. 252.º, 2, do CIRE[39].

---

[37] Admitindo, antes das alterações que resultaram do DL 26/2015, que a empresa requerente pudesse também requerer nas ações previstas no art. 13.º, 2, a sua suspensão por ter sido instaurado o processo de suprimento, CARVALHO FERNANDES/JOÃO LABAREDA, *Código da Insolvência e da Recuperação de Empresas anotado*, cit., p. 1013.

[38] Na realidade, o art. 19.º, 2, faz referência à *proposta* de acordo.

[39] Parecendo restringir o âmbito de aplicação do art. 19.º, 2, aos casos em que o devedor não reúne os requisitos previstos no art. 249.º do CIRE, CARVALHO FERNANDES/JOÃO LABAREDA, *Código da Insolvência e da Recuperação de Empresas anotado*, cit., p. 1026.

UM CURSO DE DIREITO DA INSOLVÊNCIA

Esta é uma norma que está contida no regime do plano de pagamentos. Decorre, assim, desse preceito que o acordo que permite obter o suprimento é necessariamente um acordo que prevê «moratórias, perdões, constituições de garantias, extinções, totais ou parciais, de garantias reais ou privilégios creditórios existentes, um programa calendarizado de pagamentos ou o pagamento numa só prestação e a adoção pelo devedor de medidas concretas de qualquer natureza suscetíveis de melhorar a sua situação patrimonial»[40]. Além disso, e desde logo, o acordo não pode violar normas imperativas. Lembre-se, por exemplo, o que o art. 9.º, 5, dispõe quanto aos créditos da Fazenda Pública e da Segurança Social.

Quanto à exigência que diz respeito à importância relativa dos créditos representados pelos credores que já aprovaram o acordo, também ela é fácil de compreender. Pretende-se que a possibilidade de suprimento só surja se já houve acordo prestado por créditos que atinjam um valor relativo considerado importante (mais de dois terços do valor total dos créditos relacionados).

O pedido de suprimento é apresentado no tribunal competente para o processo de insolvência[41]. Os credores cuja aprovação a empresa requerente pretende que o tribunal venha suprir são notificados «nos termos do artigo 256.º do CIRE» (art. 19.º, 3). Se o juiz decide suprir a aprovação dos credores relacionados pela empresa que não tinham aprovado por escrito o acordo, homologará também o acordo. O suprimento e a homologação têm os mesmos efeitos previstos no CIRE para o plano de pagamentos (art. 19.º, 2).

---

[40] Mas veja-se, com outra leitura acerca do conteúdo possível, CARVALHO FERNANDES/JOÃO LABAREDA, *Código da Insolvência e da Recuperação de Empresas anotado*, cit., p. 1027, e JOÃO LABAREDA, «Sobre o Sistema de Recuperação de Empresas por Via Extrajudicial (SIREVE)», in Catarina Serra (coord.), *I Congresso de direito da insolvência*, Almedina, Coimbra, 2013, p. 76.
[41] É, no entanto, questionável se o pedido de suprimento deve ser apresentado em processo de insolvência. CARVALHO FERNANDES/JOÃO LABAREDA, *Código da Insolvência e da Recuperação de Empresas anotado*, cit., p. 1026, assim o entendem. Se o processo de insolvência ainda não está pendente, defendem que deve ser instaurado pela empresa devedora «nos termos do art. 251.º do CIRE, independentemente de se verificarem ou não os requisitos do art. 249.º». Se já estiver pendente um processo de insolvência, consideram que o requerimento deve ser apresentado no processo. Mas os autores referidos não se pronunciam acerca do processo de suprimento previsto nos art. 1000.º CPC.

Que dizer, porém, se o conteúdo do acordo obtido no SIREVE viola norma imperativa? Que dizer se o acordo viola, por exemplo, o disposto no art. 9.º, 5? Deve o juiz suprir a aprovação dos restantes credores relacionados pela empresa e homologar esse acordo? Deve suprir a aprovação referida e recusar a homologação? Ou deve recusar o suprimento e a homologação? Esta última parece ser a solução[42].

O art. 19.º, 2, limita-se a fazer referência ao suprimento da aprovação dos credores que representem os créditos *relacionados* pela empresa requerente no procedimento. Mas, como vimos, o IAPMEI pode promover a participação de outros credores (art. 8.º, 1) e é também possível que outros credores requeiram a participação no procedimento (art. 10.º). Nos casos em que a empresa requerente aceita essas participações, não vemos razões para excluir a possibilidade de suprimento judicial da respetiva aprovação[43].

Justifica-se perguntar se, estando pendente um processo para a obtenção de suprimento judicial, a empresa requerente pode pedir a suspensão das ações previstas no art. 13.º, 2[44]. Não parece afastada essa possibilidade, tendo em conta o art. 272.º do CPC. Contudo, a decisão do juiz dependerá do que for pedido naquelas ações e do teor do acordo. Como vimos, o art. 19.º, 2, admite o suprimento nos casos em que o acordo «corresponda ao disposto no n.º 2 do artigo 252.º do CIRE».

---

[42]   O art. 19.º, 3, depois de permitir o suprimento da aprovação dos restantes credores relacionados pela empresa, também estabelece a necessidade de «consequente homologação». Lê-se igualmente no referido preceito que o suprimento e homologação mencionados têm «os mesmos efeitos previstos no CIRE para o plano de pagamentos». Mas, para além dos «efeitos» do plano de pagamentos previstos para os casos em que houve suprimento da aprovação dos credores e homologação, não parece de afastar a aplicação por analogia de outros aspetos do regime do plano de pagamentos. De qualquer forma, esse regime é escasso quanto ao suprimento da aprovação e homologação.

[43]   Concordamos assim com CARVALHO FERNANDES/JOÃO LABAREDA, *Código da Insolvência e da Recuperação de Empresas anotado*, cit., p. 989.

[44]   Admitindo, como vimos, que a empresa requerente pudesse também requerer nas ações previstas no art. 13.º, 2, a suspensão por ter sido instaurado o processo de suprimento, embora ainda à luz da redação anterior ao DL 26/2015, CARVALHO FERNANDES/JOÃO LABAREDA, *Código da Insolvência e da Recuperação de Empresas anotado*, cit., p. 1013.

UM CURSO DE DIREITO DA INSOLVÊNCIA

13. Incumprimento do acordo

O art. 14.º do DL 178/2012 regula com algum desenvolvimento certos aspetos do incumprimento do acordo. Os credores que subscreveram o acordo e que são confrontados com o *incumprimento definitivo* pela empresa requerente das obrigações que esta assumiu no acordo podem *resolvê-lo individualmente* (art. 14.º, 1). Podem também proceder dessa forma se a empresa, «no prazo de 30 dias a contar da data da notificação para o efeito, não cumprir aquelas obrigações nos termos assumidos no acordo» (cfr. ainda o art. 14.º, 1).

Mas o que significa dizer que o acordo pode ser resolvido *individualmente*? O acordo não se extingue mas o credor que o resolve deixa de estar vinculado pelo mesmo? Ou o acordo extingue-se na totalidade e, portanto, em relação a todos os credores? Parece ser esta última a boa solução. A resolução é individual porque não depende de uma tomada de posição coletiva dos credores[45].

Se a empresa requerente não cumpre as obrigações acordadas mas ainda não há incumprimento definitivo, aquela pode ser notificada para, no prazo de 30 dias, efetuar esse cumprimento. Decorridos esses 30 dias sem que o cumprimento ocorra, o credor subscritor pode também resolver o acordo individualmente (art. 14.º, 1).

A decisão de resolução é comunicada imediatamente por escrito ao IAPMEI. Este, por sua vez, dá conhecimento, por meios eletrónicos, da decisão de resolução aos restantes subscritores do acordo (art. 14.º, 3, na redação do DL 26/2015).

Se estiverem pendentes ações executivas para pagamento de quantia certa ou outras ações destinadas a exigir o cumprimento de obrigações pecuniárias intentadas contra a empresa ou respetivos garantes quanto às obrigações garantidas, o IAPMEI comunica (a decisão de resolução, parece...) ao tribunal, «sendo aplicável o disposto no Código de Processo Civil quanto ao prosseguimento ou renovação da instância, com as devidas adaptações» (art. 14.º, 3, na redação do DL 26/2015, que não parece exigir que a comunicação

---

[45] Considerando que o acordo se extingue na totalidade, CARVALHO FERNANDES/JOÃO LABAREDA, *Código da Insolvência e da Recuperação de Empresas anotado*, cit., p. 1014, que também aceitam a resolução por qualquer credor «mesmo quando a obrigação incumprida o não afete diretamente».

ao tribunal seja feita por meios eletrónicos...). Recebida a comunicação, o tribunal pode determinar, nos termos gerais, a renovação da instância ou a imediata prossecução dos autos, consoante os casos (art. 14.º, 4). Lembre-se, a propósito, que o acordo celebrado conduz à extinção ou, se for o caso, mantém a suspensão, das ações previstas no art. 13.º, 1.

Além disso, o art. 17.º (redação do DL 26/2015), impede as empresas que não cumpram as obrigações do acordo de apresentar novo requerimento a pedir a utilização do SIREVE por dois anos a contar da data do despacho de aceitação do requerimento.

14. Novas dívidas à Fazenda Pública ou à Segurança Social

O art. 14.º, 2, revela a especial preocupação da lei com o regular cumprimento das obrigações para com a Fazenda Pública ou à Segurança social que devam ser pagas após a celebração do acordo. Com efeito, se essas novas dívidas surgirem e não forem regularizadas no prazo de 90 dias a contar da sua data de vencimento, o acordo *cessa* relativamente às referidas entidades.

Porém, e apesar da redação do art. 14.º, 2, essa cessação *não parece ser automática*. É certo que neste preceito surge escrito que nos casos por ele abrangidos o acordo «cessa». Mas também se pode ler no art. 14.º, 3, que a cessação do acordo é *decidida* pelos credores em causa[46].

Mais uma vez, a decisão de cessação do acordo é comunicada imediatamente e por escrito ao IAPMEI. E mais uma vez o IAPMEI dá conhecimento da mesma aos restantes subscritores, por meios eletrónicos.

Se estiverem pendentes ações executivas para pagamento de quantia certa ou outras ações destinadas a exigir o cumprimento de obrigações pecuniárias intentadas contra a empresa ou respetivos garantes quanto às obrigações garantidas, o IAPMEI comunica a decisão de cessação ao respetivo tribunal, «sendo aplicável o disposto no Código de Processo Civil quanto ao prosseguimento ou renovação da instância, com as devidas adaptações» (art. 14.º, 3, na redação do DL 26/2015, que já não menciona o uso de meios eletrónicos para a comunicação ao tribunal). Recebida a comunicação, o tribunal pode

---

[46] É a leitura de Carvalho Fernandes/João Labareda, *Código da Insolvência e da Recuperação de Empresas anotado*, cit., p. 1014.

UM CURSO DE DIREITO DA INSOLVÊNCIA

determinar a renovação da instância ou a imediata prossecução dos autos, consoante os casos (art. 14.º, 4).

Poderá perguntar-se se o art. 17.º é também aqui aplicável. Quanto às empresas que, entre outras coisas, não cumpram as obrigações do acordo, aquele preceito impede-as de apresentar novo requerimento a pedir a utilização do SIREVE por dois anos a contar da data do despacho de aceitação do requerimento. Ora, as dívidas em causa no art. 14.º, 2, são novas e não são decorrentes do acordo, pelo que não parece fazer sentido essa aplicação.

Questiona-se a doutrina acerca do tratamento a dar aos casos em que as novas dívidas surgidas apenas dizem respeito a *uma* das referidas entidades: à Fazenda Pública ou à Segurança Social. Quando assim seja, a *cessação* do acordo diz respeito à entidade credora quanto às dívidas não pagas ou a ambas (Fazenda Pública e Segurança Social)? Apesar da letra da lei (art. 14.º, 2) ser equívoca, não vemos razões que nos levem a achar que a cessação abrange as duas entidades. Pelo contrário, só parece lógico que diga respeito apenas à entidade credora das novas dívidas[47].

15. Extinção do procedimento

O art. 16.º identifica várias causas de extinção do procedimento. Uma delas é causa de extinção automática, enquanto as outras só conduzem à extinção se isso for declarado pelo IAPMEI por despacho e a qualquer momento.

Comecemos pela causa de extinção automática. Desde logo, o procedimento extingue-se pelo decurso do prazo estabelecido no art. 15.º sem que tenha sido celebrado o acordo. Esse prazo é de três meses a contar da data do despacho de aceitação, sendo prorrogável só por mais um. Apesar da redação do art. 16.º, 1, se o prazo foi prorrogado a extinção só ocorre após o decurso da prorrogação.

Quanto às causas de extinção que não operam automaticamente, vemos que em primeiro lugar nos surge referida a constatação de que se verifica alguma das situações que deveriam ter conduzido à recusa do requerimento nos termos do art. 6.º, 1, *a*) (na redação do DL 26/2015): não estão verificados

---

[47] Com opinião contrária, CARVALHO FERNANDES/JOÃO LABAREDA, *Código da Insolvência e da Recuperação de Empresas anotado*, cit., p. 1014.

os requisitos do art. 2.º; a utilização do SIREVE não é eficaz para a obtenção do acordo; o requerimento foi instruído sem ser possível o aperfeiçoamento do mesmo; ocorre alguma das situações previstas no art. 18.º, 1. A referência a este último preceito significa que são causas de extinção do procedimento aquelas situações que estão ali previstas e que obstam à utilização do SIREVE: a apresentação à insolvência por parte da empresa; a declaração de insolvência da empresa; a pendência de PER; a conclusão «sem aprovação do plano de recuperação ou verificando-se o incumprimento dos termos do plano de recuperação, do processo especial de revitalização nos dois anos anteriores à apresentação do requerimento de utilização do SIREVE, nos termos do artigo 17.º-G do CIRE».

É também causa de extinção dependente de despacho do IAPMEI que os termos do acordo proposto «não sejam aceites por credores que perfaçam uma das maiorias referidas no n.º 2 do artigo 12.º» (art. 16.º, 2, *b*))[48].

Em terceiro lugar, surge agora mencionada no art. 16.º, 2, *c*), uma outra causa de extinção do procedimento: a solicitação de extinção do procedimento pela empresa, através de requerimento nesse sentido que deve ser dirigido ao IAPMEI.

O art. 18.º, 7 prevê mais uma causa de extinção do procedimento: o recurso ao PER durante a utilização do SIREVE. Porém, não é agora dito se a extinção é automática ou não. A letra da lei poderia fornecer algum apoio para a resposta positiva («determina a extinção»).

No entanto, a verdade é que a pendência de PER no momento em que se inicia o procedimento no âmbito do SIREVE não conduz à extinção automática deste (arts. 16.º, 2, *a*), 6.º, 1, *a*), *v*), e 18.º, 1, *c*)). E, por isso, não faria sentido que a utilização do PER apenas depois de iniciado o procedimento no âmbito do SIREVE levasse à extinção automática deste. Assim, a extinção do procedimento no âmbito do SIREVE por ter sido instaurado um PER carece de despacho do IAPMEI.

---

[48] O preceito deixa dúvidas quanto ao seu sentido. Basta que a proposta não consiga atingir uma das maiorias referidas ou é necessário que os credores que não aceitam atinjam alguma daquelas maiorias? Optamos pelo primeiro dos sentidos, pois é o que se aproxima mais do que era seguido pela anterior redação da norma (a anterior ao DL 26/2015).

UM CURSO DE DIREITO DA INSOLVÊNCIA

Uma vez extinto o procedimento nos termos do art. 16.º, 1 e 2[49], o IAPMEI comunica essa extinção ao «tribunal respetivo» (art. 16.º, 3), devendo a comunicação ser realizada preferencialmente por meios eletrónicos. A importância dessa comunicação é evidente, desde logo, tendo em conta que pode haver processos suspensos (cfr. tb. os arts. 11.º, 2 e 4, e 18.º, 4)[50].

[49] Embora isso não resulte do art. 16.º, 3, parece que a comunicação deve ter lugar também nos casos do art. 18.º, 7. Cfr. tb., em apoio dessa solução, o art. 11.º, 4.

[50] Estranhamente, o art. 16.º nada dispõe acerca dos casos em que foi possível obter acordo no procedimento com a aprovação nos termos do art. 12.º, 2. É certo que também este procedimento não pode manter-se aberto por séculos e séculos até ao fim dos tempos. Mas a causa de extinção prevista no art. 16.º, 1, abrange os procedimentos em que decorreu o prazo legalmente previsto sem que tenha sido celebrado acordo. Nada impede, por exemplo, que o acordo seja celebrado no último dia do prazo resultante do art. 15.º. E mesmo nesse caso haverá que proceder às comunicações exigidas pelo art. 13.º, 3. Caso se entenda que o procedimento se extingue sempre após o decurso do prazo previsto no art. 15.º (e, portanto, mesmo que tenha sido celebrado acordo nos termos legais), será necessário que as referidas comunicações sejam efetuadas ainda durante o último dia do prazo. Mas esse entendimento não parece razoável. De qualquer forma, fica pendente a outra questão: tendo sido celebrado acordo no procedimento, quando é que este se extingue? Com o próprio acordo? Ou com a realização da última comunicação mencionada? Ou por despacho do IAPMEI, uma vez realizada aquela última comunicação? E como olhar para as comunicações previstas no art. 14.º, 3?

CAPÍTULO XVI
Exoneração do passivo restante

1. A insolvência de pessoas singulares e a exoneração do passivo restante: a razão de ser do regime

A declaração de insolvência de pessoas singulares não pode ser tratada da mesma forma que o é a declaração de insolvência de pessoas coletivas ou de outras realidades. As pessoas singulares, por serem pessoas humanas, merecem um tratamento diferente daquele que é dado às pessoas «colectivas». Sobretudo quando as pessoas humanas não tiveram um comportamento ativo causador da situação de insolvência[1].

O regime da exoneração do passivo restante, surgido entre nós com o CIRE, é apenas aplicável a pessoas singulares e permite, em certa medida, trazer para o processo de insolvência as preocupações referidas[2]. Com efeito, a exoneração do passivo restante vai conduzir à extinção de créditos sobre a insolvência, nos termos do art. 245.º, 1, assim facultando ao devedor

---

[1] Como lembram MARIA MANUEL LEITÃO MARQUES/CATARINA FRADE, «Regular o sobreendividamento», AAVV., *Código da Insolvência e da recuperação de empresas*, Ministério da Justiça/Coimbra Editora, 2004, p. 82, é possível distinguir o sobre-endividamento ativo e o sobre-endividamento passivo: no primeiro «o devedor contribui activamente para se colocar em situação de impossibilidade de pagamento»; no segundo, isso não acontece, resultando o sobre-endividamento de situações como «o divórcio, o desemprego, a morte ou uma doença».
[2] Mas v., afastando a possibilidade de exoneração do passivo restante nos processos particulares de insolvência que tem em vista, o art. 295.º, *c*). Cfr., tb., o art. 275.º.

UM CURSO DE DIREITO DA INSOLVÊNCIA

(e, muitas vezes, à sua família) a possibilidade de não viver o resto da vida (ou, pelo menos, até ao decurso do prazo de prescrição) sob o peso de dívidas que tornariam impossível o retomar de uma vida financeiramente equilibrada[3]. Retira-se até do art. 39.º, 8, que a exoneração do passivo restante pode ser requerida em casos de insuficiência da massa insolvente[4].

Não se pense, porém, que o CIRE contém um regime que é um brinde ao incumpridor. Desde logo, porque o próprio art. 235.º mostra bem que a exoneração do passivo restante poderá ocorrer relativamente a créditos sobre a insolvência que *não forem integralmente pagos no processo de insolvência*. Está assim dito que a exoneração do passivo restante não abrange as *dívidas da massa insolvente*, por um lado, e, por outro, que no processo de insolvência se tenta obter o pagamento de créditos sobre a insolvência.

Além disso, a exoneração só poderá dizer respeito aos créditos sobre a insolvência que *não forem integralmente pagos nos cinco anos posteriores ao encerramento* do processo de insolvência[5]. Efetivamente, o art. 239.º mostra que após o encerramento do processo de insolvência (em que, repita-se, já poderá ter sido efetuado o pagamento de uma parte dos créditos sobre a insolvência)

---

[3] A exoneração do passivo restante encontra inspiração nos regimes da *discharge* do *Bankruptcy Code* dos EUA (cfr., em especial, o *Chapter 7*; mas o *Chapter 11* e o *Chapter 13* também preveem casos de *discharge*, sendo de destacar que mesmo o *Chapter 11* pode aplicar-se a um *individual debtor*, como resulta da decisão do *Supreme Court* no caso *Toibb v. Radloff*) e da *Rechtschuldbefreiung* da *InsO* alemã (mas esta sofreu alterações de monta em 2013 com a *Gesetz zur Verkürzung des Restschuldbefreiungsverfahrens und der Stärkung der Gläubigerrechte*). Em 2005, a *Legge Fallimentare* italiana passou também a contar com a *esdebitazione*. Em Espanha, o art. 178 bis da *Ley Concursal*, introduzido pela Ley 25/2015, de 28 de julho, trata do «Benefício de la exoneración del pasivo insatisfecho». Na União Europeia, deve ser tido em conta que o art. 4.º, 1, do Regulamento UE 1346/2000 determina que «a lei aplicável ao processo de insolvência e aos seus efeitos é a lei do Estado-Membro em cujo território é aberto o processo». Mas v., a propósito do art. 26.º do Regulamento, GUIDO STEPHAN, «Vorbemerkungen vor §§ 286 bis 303», in HANS-PETER KIRCHOFF/HORST EIDENMÜLLER/ROLF STÜRNER (her.), *Münchener Kommentar zum Insolvenzordnung*, Bd. 3, 3. Aufl., Beck (Beck-online), München, 2014, Rn. 70. V. tb., no Regulamento 2015/848, os arts. 7.º, 1, e 33.º.

[4] Chamando a atenção para isso mesmo, ANA CONCEIÇÃO, «Disposições específicas da insolvência de pessoas singulares no Código da Insolvência e Recuperação de Empresas», in CATARINA SERRA (coord.), *I Congresso de direito da insolvência*, cit., p. 32.

[5] Como é evidente, o devedor ficará exonerado dos débitos correspondentes a créditos sobre a insolvência que outros tenham. Criticando a expressão «exoneração dos créditos», CARVALHO FERNANDES, «A exoneração do passivo restante na insolvência das pessoas singulares», cit., p. 277.

584

EXONERAÇÃO DO PASSIVO RESTANTE

decorrerá um período de cinco anos durante o qual o devedor *cede o seu rendimento disponível a um fiduciário*. E durante esse período a exoneração pode ser recusada perante a verificação de alguma das hipóteses referidas no art. 243.º, 1.

O próprio pedido de exoneração do passivo restante é *liminarmente indeferido* nos casos previstos no art. 238.º, 1, sendo visível, nas diversas alíneas ali presentes, que não é qualquer pessoa que está necessariamente em condições de obter a exoneração pedida.

É igualmente significativo que a exoneração não abranja um leque muito relevante de créditos sobre a insolvência e que estão identificados no art. 245.º, 2. De entre esses destacamos os créditos tributários, que facilmente atingem quantias avultadas.

2. O requerimento de exoneração do passivo restante

2.1. Quem pode requerer

O devedor é o único que pode requerer a exoneração do passivo restante[6]. Para isso, tem que ser *pessoa singular*. Tanto a pessoa singular *empresária* como a *não empresária* podem requerer a exoneração. Esta conclusão retira-se facilmente

---

[6] Sobre o regime de apoio judiciário, cfr. o art. 248.º. O n.º 1 desse artigo prevê, entre outras coisas, que o devedor que apresenta o pedido de exoneração do passivo restante beneficia do diferimento do pagamento das custas até à decisão final do pedido, «na parte em que a massa insolvente e o seu rendimento disponível durante o período da cessão sejam insuficientes para o respetivo pagamento integral». A redação da lei é equívoca. Com efeito, não é claro se o diferimento do pagamento das custas é automático, ficando apenas por apurar o exato montante desse diferimento. E isto tem enorme importância prática. Basta pensar na taxa de justiça inicial, no caso de ser feito o pedido de exoneração pelo devedor no requerimento de apresentação à insolvência. Defendendo que o diferimento abrange o pagamento da taxa de justiça inicial, Luís MARTINS, *Recuperação de pessoas singulares*, vol. I, 2.ª ed., Almedina, Coimbra, 2013, p. 172, p. ex., Ac. RL de 28.11.2013 (Relatora: Fátima Galante), Proc. n.º 2645/13.0TB-BRR.L1-6, in www.dgsi.pt; contra, p. ex., Ac. RL de 22.09.2011 (Relatora: Maria José Mouro), Proc. n.º 2975/11.5TBCSC.LL1-2, in www.dgsi.pt. Julgamos também que o diferimento é automático. De outro modo, o diferimento não o era verdadeiramente. Como se escreveu no Ac. RG de 17.05.2012 (Relator: Manso Raínho), Proc. n.º 1617/11.3TBFLG.G1, o «devedor não tem que suportar, pelo menos *entretanto*, quaisquer custas, isto pois até à decisão final do pedido de exoneração do passivo restante que apresentou (trata-se da decisão indicada no art. 244ºdo CIRE); e que, depois de proferida a decisão final, só é chamado a pagar as custas

UM CURSO DE DIREITO DA INSOLVÊNCIA

da comparação entre as epígrafes dos Caps. I e II do Título XII: só na segunda é que surge a menção às pessoas singulares não empresárias mas é no Cap. I referido que encontramos prevista a exoneração do passivo restante. Além disso, o art. 237.º, *c*), mostra que é pressuposto da concessão efetiva da exoneração do passivo restante que não seja aprovado e homologado um plano de insolvência. E, como sabemos, o plano de insolvência não pode ser aprovado e homologado em processo de insolvência de devedor que seja pessoa singular *não empresário* ou que seja apenas *titular de pequena empresa* nos termos previstos no CIRE (arts. 249.º e 250.º). Por sua vez, o plano de pagamentos só pode dizer respeito a pessoas singulares *não empresárias* ou que sejam apenas *titulares de pequenas empresas* (cfr., mais uma vez, os arts. 249.º e 250.º).

2.2. Momento de apresentação do requerimento

O pedido de exoneração do passivo restante pode ser apresentado pelo devedor que se apresenta à insolvência na *petição inicial* em que pede a declaração da sua insolvência. Se, porém, a declaração de insolvência é requerida por outro dos legitimados identificados no art. 20.º, do ato de *citação* de devedor que seja pessoa singular deve constar que o mesmo tem a possibilidade de pedir a exoneração (art. 236.º, 2). Esse pedido pode ser apresentado no prazo de *10 dias posteriores à citação*. Como é também nesse período que o devedor pode apresentar a sua oposição à declaração de insolvência (art. 30.º, 1), parece razoável aceitar que o pedido de exoneração do passivo restante possa constar daquela oposição ou que possa ser apresentado mesmo sem ser deduzida oposição[7].

No entanto, o pedido não pode ser apresentado depois da *assembleia de apreciação do relatório do administrador da insolvência*. Tudo isto pode ser comprovado

que eventualmente não tenham sido já pagas à custa da massa e do rendimento disponibilizado ao abrigo da cessão feita ao fiduciário».

[7] Com essa leitura, José Gonçalves Ferreira, *A exoneração do passivo restante*, Coimbra Editora, Coimbra, 2013, p. 40, nt. 103 (o autor acrescenta ainda a possibilidade de ser apresentada oposição contendo, a título subsidiário, o pedido de exoneração do passivo restante, o que também julgamos ser de aceitar). O problema ganha contornos especiais nos casos em que, no PER, o administrador judicial provisório requer, nos termos do art. 17.º-G, 4, a declaração de insolvência do devedor. Nomeadamente se, ao contrário do que defendemos, não for concedido ao devedor um prazo para se pronunciar sobre o requerimento.

pela leitura do art. 236.º, 1[8]. O devedor que apresenta o pedido de exoneração do passivo restante nos termos referidos tem a garantia de que o juiz irá apreciar o pedido, num momento inicial, tendo em conta os fundamentos para o indeferimento liminar previstos no art. 238.º.

O pedido de exoneração do passivo restante pode ser apresentado pelo devedor mesmo quando não cumpriu o dever de apresentação à insolvência. É o que resulta do art. 238.º, 1, *d*): deste preceito retira-se que o incumprimento do dever de apresentação apenas conduz ao indeferimento liminar se daquele incumprimento tiver resultado prejuízo para os credores e se souber, ou não puder ignorar sem culpa grave, que não existia «qualquer perspetiva séria de melhoria da sua situação económica».

Como foi dito acima, o devedor não pode requerer a exoneração do passivo restante se *já teve lugar a assembleia de apreciação do relatório*: esse pedido será sempre rejeitado. A parte final do art. 236.º, 1, estabelece ainda que «o juiz decide livremente sobre a admissão ou rejeição de pedido apresentado no período intermédio». Este regime aplica-se tanto aos casos em que foi o devedor que se apresentou à insolvência como aos restantes.

Se o *devedor se apresentou à insolvência* mas não incluiu na petição o pedido de exoneração do passivo restante, poderá ainda requerer essa exoneração *se ainda não teve lugar a assembleia de apreciação do relatório*, mas se o fizer sabe que o *juiz decidirá livremente* sobre a admissão ou rejeição do pedido: não está limitado pelos fundamentos de indeferimento liminar constantes do art. 238.º.

Se não foi o devedor que requereu a declaração de insolvência e não apresenta o pedido de exoneração no prazo de 10 dias posteriores à citação, também lhe é permitido requerer essa exoneração se ainda não teve lugar a assembleia de apreciação do relatório, podendo o juiz, mais uma vez, decidir livremente sobre a admissão ou rejeição do pedido[9].

---

[8] Como resulta do art. 243.º, 4, o requerimento de exoneração do passivo restante dá origem a um incidente.

[9] José Gonçalves Ferreira, *A exoneração do passivo restante*, cit., p. 53, exige a audição prévia dos credores e do administrador da insolvência com base no princípio processual da «contradição», não mencionando o teor do art. 236.º, 4. Segundo este último preceito, os credores e o administrador da insolvência têm a possibilidade de se pronunciarem sobre o requerimento na assembleia de apreciação do relatório, aplicando-se esse regime também aos casos em que o pedido é apresentado «no período intermédio».

UM CURSO DE DIREITO DA INSOLVÊNCIA

Que dizer, porém, se o devedor não requereu a exoneração com a petição inicial de apresentação à insolvência ou no prazo de dez dias a contar da citação *e não foi também convocada a assembleia de apreciação do relatório*[10]? Várias teses podem ser avançadas. Uma primeira leitura poderia ser a de considerar que então não haveria limite legal para a apresentação do pedido. Outra poderia ser a de que não haveria período intermédio e, por isso, o devedor não poderia apresentar o pedido de exoneração fora das hipóteses referidas na primeira parte do art. 236.º, 1. Por fim, a terceira via, que parece mais razoável, leva-nos a aplicar o prazo de 45 dias previsto no art. 36.º, 4[11]: se não o for diretamente, parece adequado aplicá-lo, ao menos, por analogia[12].

Como o art. 236.º, 1, estabelece que o pedido de exoneração do passivo restante «será sempre rejeitado se for deduzido após a assembleia de apreciação do relatório», tem que se entender que aquele pedido pode ser formulado *durante a referida assembleia*, decidindo o juiz livremente[13]. No entanto, é necessário que nesse caso seja possível dar cumprimento ao disposto no art. 236.º, 4: os credores e o administrador da insolvência devem ter a possibilidade de se pronunciarem sobre o requerimento na dita assembleia[14].

A apresentação do pedido de exoneração do passivo restante antes da sentença de declaração de insolvência tem uma consequência: o disposto no art. 39.º não será aplicável, como decorre do art. 39.º, 8.

---

[10] A assembleia de apreciação do relatório não pode ser dispensada se o devedor, ao apresentar-se à insolvência, requereu a exoneração, se é previsível a apresentação de um plano de insolvência ou se na sentença de declaração da insolvência se determina que a administração da massa insolvente é assegurada pelo devedor.

[11] É a solução proposta por Carvalho Fernandes/João Labareda, *Código da Insolvência e da Recuperação de Empresas anotado*, cit., p. 849.

[12] Com efeito, o art. 36.º, 4, está pensado para os casos em que há um prazo que começa a correr a partir da data da assembleia de apreciação do relatório. Não sendo convocada a assembleia de apreciação do relatório, torna-se necessário encontrar o momento a partir do qual começa a correr o prazo referido. No texto, do que se trata não é de encontrar o momento de que se parte para contar um prazo, mas sim de identificar o momento até ao qual pode ser praticado um ato.

[13] Se, porém, foi dispensada a audiência do devedor, nos termos do art. 12.º, o juiz deve ter isso mesmo em conta na apreciação que faça.

[14] Carvalho Fernandes/João Labareda, *Código da Insolvência e da Recuperação de Empresas anotado*, cit., p. 851.

EXONERAÇÃO DO PASSIVO RESTANTE

2.3. Requisitos especiais do requerimento

De acordo com o art. 236.º, 3, o requerimento de exoneração do passivo restante deve conter a declaração de que o devedor preenche os requisitos legais exigidos e bem assim que aquele se dispõe a observar todas as condições exigidas na lei. Não parece que o requerimento deva conter a enumeração de todos esses requisitos e de todas essas condições.

O requerimento deve ainda conter o pedido de exoneração do passivo restante, como resulta do art. 236.º, 1[15].

3. O despacho de indeferimento liminar

3.1. Momento em que é proferido

O art. 238.º indica vários fundamentos de indeferimento liminar do pedido de exoneração[16]. A eles voltaremos já de seguida. O que queremos agora destacar é que a apreciação acerca da verificação desses fundamentos não tem sempre lugar no mesmo momento.

Como é evidente, o despacho de indeferimento liminar é proferido *após a assembleia de apreciação do relatório* se o pedido de exoneração foi apresentado depois dessa assembleia. É o que decorre dos arts. 236.º, 1, e 238.º, 1, *a*). E nesse caso a decisão deve ser sempre de *indeferimento liminar*[17].

De acordo com o art. 238.º, 2, se o pedido de exoneração do passivo é apresentado mas dos autos consta já documento que comprova algum dos factos

---

[15] CARVALHO FERNANDES/JOÃO LABAREDA, *Código da Insolvência e da Recuperação de Empresas anotado*, cit., p. 850.

[16] Para ASSUNÇÃO CRISTAS, «Exoneração do devedor pelo passivo restante», *Themis*, Edição Especial, 2005, p. 168, se o devedor apresentou o seu pedido de exoneração com a sua petição inicial ou no prazo de 10 dias após a citação, o «juiz tem sempre de admitir o pedido de exoneração». Mas, se é certo que o indeferimento liminar tem, muitas vezes, lugar após a audição dos credores e do administrador da insolvência na assembleia de apreciação do relatório, é estranho que o despacho em causa indefira *liminarmente* um pedido de exoneração *admitido*.

[17] Como bem nota CARVALHO FERNANDES, «A exoneração do passivo restante na insolvência das pessoas singulares», in CARVALHO FERNANDES/JOÃO LABAREDA, *Colectânea de estudos sobre a insolvência*, cit., p. 286, há um lapso na redação do art. 238.º, 2, pois onde ali se lê «excepto se este for apresentado fora do prazo» é óbvio que «este» não é o relatório do administrador da insolvência, mas o pedido de exoneração.

referidos no art. 238.º, 1, o juiz profere o despacho de indeferimento liminar sem necessidade de audição dos credores e do administrador da insolvência na assembleia de apreciação do relatório: o despacho de indeferimento liminar pode, então, ser proferido antes dessa assembleia[18].

Nos restantes casos, o juiz só pode proferir o despacho de indeferimento liminar depois da audição dos credores e do administrador da insolvência na assembleia de apreciação do relatório. Embora a redação do art. 238.º, 2, seja equívoca, parece que o próprio despacho de indeferimento liminar é proferido na assembleia de apreciação do relatório[19]. Isto, naturalmente, quando essa assembleia tenha sido convocada. No caso de não o ter sido, o juiz deve convocar uma assembleia de credores para que seja realizada aquela audição[20] e só depois profere o despacho de indeferimento liminar, se for o caso. Em qualquer das duas hipóteses, como se vê, o despacho de indeferimento liminar pressupõe aquela audição.

O art. 237.º, *c*), estabelece que a concessão efetiva da exoneração pressupõe, entre outras coisas, que não seja aprovado e homologado um plano de insolvência. Contudo, esse plano de insolvência será aprovado em assembleia de credores convocada nos termos do art. 209.º, 2, e, portanto, depois da realização da assembleia de apreciação do relatório. Se o despacho de indeferimento liminar é proferido nesta última assembleia, não haverá ainda plano de insolvência aprovado e homologado.

3.2. Fundamentos de indeferimento liminar

Para além da apresentação do pedido fora de prazo, o art. 238.º, 1, als. *b*) a *g*), enumera um conjunto extenso de fundamentos de indeferimento liminar do pedido de exoneração do passivo restante.

No caso da al. *b*), estão em causa informações falsas ou incompletas que o devedor forneceu *nos três anos anteriores à data do início do processo de insolvência.*

---

[18] Carvalho Fernandes/João Labareda, *Código da Insolvência e da Recuperação de Empresas anotado*, cit., p. 855.
[19] Carvalho Fernandes/João Labareda, *Código da Insolvência e da Recuperação de Empresas anotado*, cit., p. 855.
[20] Carvalho Fernandes/João Labareda, *Código da Insolvência e da Recuperação de Empresas anotado*, cit., p. 856.

EXONERAÇÃO DO PASSIVO RESTANTE

É necessário que as informações tenham sido fornecidas por *escrito*[21], com *dolo ou culpa grave*[22], e que essas informações sejam relativas às suas circunstâncias económicas «com vista à obtenção de crédito ou de subsídios de instituições públicas ou a fim de evitar pagamentos a instituições dessa natureza». As informações escritas foram fornecidas pelo devedor, mas isso não significa que a lei exija a sua assinatura[23]. O regime exposto não afasta, evidentemente, a eventual responsabilidade criminal pela conduta em causa[24].

Por sua vez, a al. *c*) considera fundamento de indeferimento liminar o facto de o devedor já ter beneficiado, nos dez anos anteriores ao início do processo de insolvência, de outra exoneração do passivo restante. Desta forma, impede-se que a exoneração do passivo restante seja utilizada com frequência pelo mesmo devedor[25], repelindo-se o surgimento de «profissionais da exoneração».

Também é fundamento de indeferimento liminar o *incumprimento do dever de apresentação à insolvência* se daí resultou *prejuízo para os credores* e *sabendo* o devedor, ou *não podendo ignorar sem culpa grave*, que não existia «qualquer perspetiva séria de melhoria da sua situação económica». Se o devedor não está sujeito ao dever de apresentação à insolvência, ainda assim será indeferido liminarmente o pedido de exoneração se não se apresentou à insolvência nos seis meses após a ocorrência da situação de insolvência desde que, mais uma vez, disso tenha resultado prejuízo para os credores e o devedor soubesse ou não pudesse ignorar, sem culpa grave, que não existia «qualquer perspetiva séria de melhoria da sua situação económica» (al. *d*)). Em qualquer das duas hipóteses deve entender-se que o prejuízo para os credores tem que

---

[21] Por razões de segurança jurídica, desde logo: para a Alemanha, GUIDO STEPHAN, «§ 290», in HANS-PETER KIRCHOFF/HORST EIDENMÜLLER/ROLF STÜRNER (her.), *Münchener Kommentar zum Insolvenzornung*, Bd. 3, 3. Aufl., Beck (Beck-online), München, 2014, Rn. 35a.

[22] Neste e noutros casos o indeferimento liminar não pode ser, verdadeiramente, liminar: cfr., p. ex., ASSUNÇÃO CRISTAS, «Exoneração do devedor pelo passivo restante», cit., p. 169, e MENEZES LEITÃO, *Direito da insolvência*, cit., p. 318, nt. 406.

[23] GUIDO STEPHAN, «§ 290», in HANS-PETER KIRCHOFF/HORST EIDENMÜLLER/ROLF STÜRNER (her.), *Münchener Kommentar zum Insolvenzornung*, cit., Rn. 37a.

[24] Alertando para isso mesmo perante o § 290, Abs. 1, (2), *InsO*, GUIDO STEPHAN, «§ 290», in HANS-PETER KIRCHOFF/HORST EIDENMÜLLER/ROLF STÜRNER (her.), *Münchener Kommentar zum Insolvenzornung*, cit., Rn. 33.

[25] Como diz CATARINA SERRA, *O regime português da insolvência*, cit., p. 155, trata-se de estabelecer uma «espécie de "quarentena" entre exonerações».

UM CURSO DE DIREITO DA INSOLVÊNCIA

ser provado, não bastando o mero decurso do tempo[26]. A lei exige uma relação causal entre o comportamento do devedor e o prejuízo para os credores. Para que se possa concluir pela existência desse prejuízo, será necessário comparar com o que seria a sua previsível situação se o devedor tivesse cumprido o dever de apresentação ou, não existindo esse dever, se tivesse apresentado nos seis meses seguintes à verificação da situação de insolvência.

Outro dos fundamentos de indeferimento liminar, agora indicado na al. *e*), consiste na existência de elementos que «indiciem com toda a probabilidade a existência de culpa do devedor na criação ou agravamento da situação da insolvência, nos termos do artigo 186.º». Esses elementos tanto podem constar já do processo como ser fornecidos pelos credores ou pelo administrador da insolvência até que a decisão seja proferida. Este é, aliás, um dos fundamentos mais perigosos de toda a lista. Como é fácil de ver, o juiz irá decidir sobre o pedido da exoneração do passivo restante sem ter ainda decidido que a insolvência é culposa[27].

O pedido de exoneração deve ser igualmente indeferido liminarmente se, nos dez anos anteriores à data da apresentação em juízo do pedido de declaração de insolvência ou após essa data, o devedor tiver sido condenado por sentença transitada em julgado por qualquer um dos crimes identificados nos arts. 227.º a 229.º do CPen. (al. *f*)). Estão assim abrangidos os crimes de insolvência dolosa, frustração de créditos, insolvência negligente e favorecimento de credores. Não é exigida a condenação numa determinada pena, bastando apenas que tenha sido condenado. Também não é exigido que o crime pelo qual foi condenado estivesse relacionado com o processo de insolvência de que a exoneração do passivo é incidente.

Por fim, está ainda prevista na al. *g*) a hipótese de o devedor, no decurso do processo de insolvência, violar, com dolo ou culpa grave, os deveres de informação, apresentação e colaboração que sobre ele o CIRE faz recair.

---

[26] Nesse sentido, cfr. p. ex. o Ac. STJ de 24.01.2012 (Relator: Fonseca Ramos), Proc. n.º 152/10.1TBBRG-E. G1.S1, www.dgsi.pt.

[27] Isto é sobretudo assim por força do art. 188.º, 1. Para exemplos da aplicação desta alínea, cfr. p. ex. o Ac. RP de 28.09.2010 (Relator: João Ramos Lopes), Proc. n.º 995/09 (para um caso em que o devedor cedeu por 30.000 Euros um crédito que permitiu aos cessionários receber mais de 40.000 Euros). Para um comentário a esta decisão, cfr. ADELAIDE LEITÃO, «Pré-condições para a exoneração do passivo restante – Ac. do TRP de 28.09.2010, Proc. 995/09», *CDP*, 35, julho/setembro 2011, p. 65-68.

EXONERAÇÃO DO PASSIVO RESTANTE

No que diz respeito a esses deveres, justifica-se uma especial referência ao disposto no art. 83.º. Para além disso, é preciso notar que, como vimos, o pedido de exoneração pode ser deduzido em momentos diversos, pelo que pode o processo ter já uma história considerável[28].

É certo que alguns dos fundamentos de indeferimento liminar referidos podem parecer estranhos numa apreciação liminar[29]. Contudo, não deve ser esquecido que o art. 238.º, 2, exige, em regra, a audição dos credores e do administrador da insolvência[30].

3.3. Despacho de indeferimento liminar/despacho de rejeição do pedido

No art. 238.º, 1, não consta qualquer referência à prévia apresentação de plano de pagamentos *desacompanhada de declaração de que o devedor pretende a exoneração na hipótese de o plano não ser aprovado* (art. 254.º)[31]. Com efeito, é possível que o pedido de exoneração do passivo surja em momento posterior ao

---

[28] Para um exemplo da aplicação desta alínea, cfr. o Ac. RP de 28.09.2010 (Relator: João Ramos Lopes), Proc. n.º 995/09, in www.dgsi.pt (o devedor alegou na petição inicial que não tinha imóveis, automóveis ou outros bens de valor económico, o que não correspondia à verdade, e negociou com um credor novo contacto de mútuo sem ter revelado que já se apresentara à insolvência).

[29] Criticando a terminologia, ASSUNÇÃO CRISTAS, «Exoneração do passivo restante», cit., p. 169, MENEZES LEITÃO, *Direito da insolvência*, cit., p. 318, nt. 406, e CATARINA SERRA, *O regime português da insolvência*, cit., p. 159.

[30] O encerramento do processo de insolvência não surge no art. 238.º como fundamento de indeferimento liminar. Considerando que «o facto de se ter declarado encerrado o processo por insuficiência da massa insolvente, mesmo que transitado tal despacho, não é motivo de extinguir o processo e incidente de exoneração do passivo restante», cfr. o Ac. RP de 05.211.2007, (Relator: Pinto Ferreira), Proc. n.º 0754986, em www.dgsi.pt. No mesmo sentido, JOSÉ GONÇALVES FERREIRA, *A exoneração do passivo restante*, cit., p. 154. V. tb., com interesse, o art. 230.º, 1, *e*). Refira-se ainda que a ausência de rendimento não deve ser considerada fundamento de indeferimento liminar: parecendo concordar com essa leitura, que recolhe do Ac. RP de 18.06.2009 (Relator: José Ferraz), Proc. n.º 3506/08.0TBSTS-A.P1, e do Ac. RC de 23.02.2010 (Relator: Alberto Ruço), Proc. n.º 1793/09.5TBFIG-E.Cl, CATARINA SERRA, *O regime português da insolvência*, cit., p. 162.

[31] De alguma forma, pode dizer-se que a lei considera que fará mais sentido que o devedor considere mais vantajoso o plano de pagamentos do que a exoneração do passivo restante: salientando isso mesmo, ANA CONCEIÇÃO, «Disposições específicas da insolvência de pessoas singulares no Código da Insolvência e Recuperação de Empresas», cit., p. 50. Lembre-se, no entanto, que nem todas as pessoas singulares podem apresentar plano de pagamentos, como resulta do art. 249.º.

UM CURSO DE DIREITO DA INSOLVÊNCIA

da apresentação de plano de pagamentos. Este pode ser logo apresentado pelo devedor com a sua petição inicial (art. 251.º) ou no prazo da contestação (art. 253.º). É certo que também o pedido de exoneração do passivo restante pode ser apresentado com a petição inicial do devedor ou no prazo de 10 dias posteriores à citação (sendo igualmente de 10 dias o prazo para deduzir oposição, de acordo com o art. 30.º, 1). Mas, mesmo assim, não está excluída a possibilidade de o devedor não fazer a declaração prevista no art. 238.º, 1. Acresce que o devedor, se não apresentou o pedido de exoneração com a sua petição inicial ou no prazo de 10 dias posteriores à citação, ainda pode apresentá-lo até terminar a assembleia de apreciação do relatório, com as consequências previstas no art. 236.º, 1. E, mais uma vez, pode dar-se o caso de formular o pedido sem a declaração exigida pelo art. 254.º. Mas não custa a aceitar que a prévia apresentação de plano de pagamentos desacompanhada de declaração de que o devedor pretende a exoneração na hipótese de o plano não ser aprovado dê lugar a um despacho de rejeição do pedido.

É também de despacho de rejeição que devemos falar se, tendo o pedido de exoneração sido apresentado no período intermédio, o juiz decidir «livre-mente» rejeitá-lo, nos termos da parte final do art. 236.º, 1[32].

O que estamos a dizer não deixa de ter presente que o CIRE parece apresentar apenas as alternativas indeferimento liminar/despacho inicial. É isso, aliás, que numa primeira leitura resulta do art. 239.º, 1: se não há mo-tivo para indeferimento liminar, dir-se-á, a seguir virá o despacho inicial. Mas, como vimos, se não ocorre um dos fundamentos de indeferimento li-minar previstos no art. 238.º, pode ainda assim verificar-se a apresentação de plano de pagamentos desacompanhada de declaração de que o devedor pretende a exoneração na hipótese de o plano não ser aprovado (art. 254.º) ou a decisão do juiz de rejeição do pedido apresentado no período intermédio (parte final do art. 236.º, 1).

---

[32] Para ASSUNÇÃO CRISTAS, «Exoneração do devedor pelo passivo restante», cit., p. 168, a «decisão do juiz, por ser livre, não está submetida a qualquer contraditório obrigatório». Contudo, segundo o art. 236.º, 4, na «assembleia de apreciação do relatório é dada aos credores e ao administrador da insolvência a possibilidade de se pronunciarem sobre o requerimento». Não assim, evidentemente, se o pedido é apresentado depois dessa assembleia.

4. Despacho inicial

Se o pedido de exoneração do passivo restante não é liminarmente indeferido nem é rejeitado, o juiz profere despacho inicial admitindo o pedido[33]. No caso de haver assembleia de apreciação do relatório do administrador da insolvência, o despacho inicial pode ser proferido nessa mesma assembleia ou nos 10 dias subsequentes (art. 239.º, 1). Não tendo sido designada data para a realização da assembleia de apreciação do relatório nos termos do art. 36.º, 1, *n*), o prazo de 10 dias acima referido conta-se «com referência ao 45.º dia subsequente à data de prolação da sentença de declaração da insolvência»[34]. Convém lembrar que o art. 36.º, 2, impede que o juiz prescinda da assembleia de apreciação do relatório se foi requerida a exoneração do passivo restante pelo *devedor* no momento da *apresentação à insolvência*.

No despacho inicial, deve constar que durante os cinco anos subsequentes ao encerramento do processo de insolvência considera-se cedido ao fiduciário o rendimento disponível que o devedor venha a auferir. Os cinco anos referidos são designados período da cessão (art. 239.º, 2). No entanto, o despacho inicial pode também excluir do rendimento disponível certas despesas ressalvadas pelo juiz, a requerimento do devedor (art. 239.º, 3, *b*), iii)). O fiduciário a quem os rendimentos serão cedidos é também escolhido no despacho inicial[35], apesar de a lei não ser muito clara.

O despacho inicial deve ainda declarar que «a exoneração será concedida uma vez observadas pelo devedor as condições previstas no artigo 239.º durante os cinco anos posteriores ao encerramento do processo de insolvência» (art. 237.º, *b*)).

A determinação do período da cessão no despacho inicial não se confunde com a decisão de concessão ou de não concessão da exoneração do passivo restante. Esta última decisão será proferida nos 10 dias subsequentes ao

---

[33] Embora o art. 239.º não estabeleça que o despacho inicial admite o pedido, o art. 236.º, 1, parte final, dá apoio a essa leitura. Admitir o pedido não significa, obviamente, conceder a exoneração.

[34] Aparentemente com leitura diferente, CARVALHO FERNANDES/JOÃO LABAREDA, *Código da Insolvência e da Recuperação de Empresas anotado*, cit., p. 858. Mas os autores referidos têm razão quanto à necessidade de audição dos credores e do administrador.

[35] CARVALHO FERNANDES, «A exoneração do passivo restante na insolvência das pessoas singulares», cit., p. 287.

termo do período da cessão ou, havendo motivos para a cessação antecipada do procedimento de exoneração, antes mesmo de terminado aquele período (cfr. os arts. 243.º e 244.º).

O período da cessão segue-se ao encerramento do processo de insolvência (art. 239.º, 1). Isto é, a cessão dos rendimentos disponíveis e a decisão sobre o pedido de exoneração terão lugar após o encerramento do processo de insolvência. Como se vê, o incidente continuará a correr depois de encerrado o processo de insolvência. Por outro lado, também se conclui que até ao encerramento do processo de insolvência o incidente de exoneração do passivo restante foi correndo em paralelo com aquele.

De acordo com o art. 230.º, 1, e)[36], o juiz declara o encerramento do processo de insolvência no despacho inicial do incidente[37] de exoneração do passivo restante se esse encerramento ainda não tiver sido declarado. No entanto, a letra do preceito não diz tudo e uma leitura mais apressada conduziria a soluções indesejáveis. Vejamos porquê.

O despacho inicial é proferido na assembleia de apreciação do relatório ou nos 10 dias subsequentes (art. 239.º, 1). Se nesse despacho inicial o juiz decretasse *sempre* o encerramento do processo quando nessa altura o processo de insolvência ainda não estivesse encerrado, o devedor com bens sairia profundamente beneficiado. Com efeito, o início da venda dos bens só tem lugar, em regra, após a assembleia de apreciação do relatório (art. 158.º, 1). Mas nessa mesma assembleia ou nos 10 dias subsequentes é proferido o despacho inicial, que declararia encerrado o processo. Não haveria assim tempo para proceder à venda de bens do devedor.

Daí que a existência de bens na massa para liquidar impeça que o juiz decrete o encerramento no despacho inicial[38]. E isto apesar do art. 230.º, 1, e),

---

[36] Esta al. *e)* surgiu com a L 16/2012, de 20 de abril.

[37] O preceito mostra que o procedimento de exoneração constitui um incidente. O mesmo resulta do art. 243.º, 4.

[38] Como dizem Carvalho Fernandes/João Labareda, *Código da Insolvência e da Recuperação de Empresas anotado*, cit., p. 829, «se houver património a liquidar, não se vê como deva – ou possa – o despacho inicial declarar o encerramento do processo de insolvência, o qual só terá lugar após a concretização da liquidação e rateio». O próprio art. 239.º, 6, indicia isso mesmo. Menezes Leitão, *Direito da insolvência*, cit., p. 316, parece partilhar a mesma opinião, na medida em que afirma que «após o encerramento do processo de insolvência, e portanto esgotada a função do administrador de insolvência com a repartição do saldo do património

EXONERAÇÃO DO PASSIVO RESTANTE

que deve por isso ser objeto de interpretação restritiva. É que o preceito parece ter surgido para «situações em que se verifica a insuficiência de bens do insolvente e este beneficia do diferimento do pagamento das custas»[39].

Comecemos por imaginar que o pedido de exoneração do passivo restante foi apresentado antes da declaração da insolvência.

Se o juiz conclui logo na sentença de declaração de insolvência que a massa insolvente é insuficiente (art. 39.º, 1), o art. 39.º não é aplicável porque o devedor já tinha requerido antes a exoneração do passivo restante (art. 39.º, 8). E isto ainda que o juiz conclua que a massa insolvente é insuficiente.

Mas, se a massa é insuficiente e foi pedida a exoneração do passivo, então também não é possível encerrar o processo de insolvência com base no disposto no art. 230.º, 1, d). Esse encerramento deve ter lugar nos termos previstos no art. 232.º. Sucede, porém, que o n.º 6 deste último artigo exclui esse encerramento «na hipótese de o devedor beneficiar do diferimento do pagamento das custas, nos termos do n.º 1 do artigo 248.º, durante a vigência do benefício».

Ora, a insuficiência da massa insolvente verifica se quando esta não chega «para a satisfação das custas do processo e das restantes dívidas da massa insolvente». Por sua vez, o diferimento do pagamento das custas diz respeito à parte das custas para cujo pagamento integral são insuficientes a massa insolvente e, sendo o caso, o rendimento disponível do devedor durante o período da cessão. Sucede, porém, que estamos a falar de uma hipótese em que ainda não foi encerrado o processo e, portanto, também ainda não se iniciou o período da cessão (art. 239.º, 2).

Se a massa é insuficiente e não é possível encerrar o processo com esse fundamento porque tem lugar o diferimento do pagamento de custas, então,

---

actual (Ist Vermögen) pelos credores, ainda se efectua a cessação do rendimento disponível»; em sentido próximo, ANA FILIPA CONCEIÇÃO, «Disposições específica da insolvência de pessoas singulares no Código da Insolvência e Recuperação de Empresas», in CATARINA SERRA (coord.), I Congresso de direito da insolvência, cit., p. 49. Se no processo de insolvência for aprovado e homologado um plano de insolvência, há que contar com o art. 237.º, c). Mas falta a articulação deste preceito com o disposto nos arts. 243.º, 1, 244.º, 2 e 246.º, 1.

[39] CATARINA SERRA, «O regime português da insolvência», cit., p. 144, que lembra que o teor do art. 232.º, 6, impedindo a aplicação do regime do encerramento por insuficiência da massa insolvente se o devedor beneficia de diferimento do pagamento de custas nos termos do art. 248.º, 1, não permitia o encerramento do processo de insolvência por insuficiência da massa.

UM CURSO DE DIREITO DA INSOLVÊNCIA

quando chega o momento de ser proferido o despacho inicial do incidente de exoneração do passivo restante, já pode o juiz declarar o encerramento do processo de insolvência ao abrigo do art. 230.º, 1, *e*). Faz sentido. Pelo menos, se considerarmos que o art. 248.º, 1, reconhece o benefício do diferimento do pagamento de custas até à decisão final do pedido sem que, para isso, seja necessário verificar se a massa insolvente e o rendimento disponível durante o período da cessão são insuficientes para o pagamento integral daquelas custas. Isto é, se considerarmos que é concedido automaticamente o diferimento do pagamento de custas até à decisão final do pedido logo que é apresentado o pedido de exoneração do passivo restante[40]. Mas também o art. 248.º, 1, merecia uma redação bem mais cuidada.

Se na data da declaração de insolvência o devedor não tinha ainda requerido a exoneração do passivo restante (v. o art. 39.º, 8), a sentença de declaração de insolvência tem o conteúdo previsto no art. 39.º, 1, e, se não for requerido o complemento da sentença, o processo de insolvência finda após o trânsito em julgado da sentença de declaração da insolvência (art. 39.º, 7, *b*), que apenas ressalva a tramitação até final do incidente limitado de qualificação da insolvência)[41].

Se não há insuficiência da massa e há liquidação, o encerramento do processo de insolvência terá lugar após a realização do rateio final (art. 230.º, 1, *a*)). Não faz então qualquer sentido aplicar nessa hipótese o art. 230.º, 1, *e*).

Com efeito, o pedido de exoneração do passivo restante é sempre rejeitado se for deduzido após a assembleia de apreciação do relatório. E o juiz não pode prescindir desta assembleia, designadamente, se a exoneração do passivo restante foi requerida pelo devedor no momento da apresentação da insolvência (art. 36.º, 2[42]). Ora, o despacho inicial é proferido na assembleia de apreciação do relatório ou nos 10 dias subsequentes (art. 239.º, 1). Mas, por outro lado, a liquidação só se inicia, em regra, após a referida assembleia (art. 158.º, 1). Ou seja: havendo bens para liquidar, se o despacho inicial do incidente de exoneração declara o encerramento do processo

---

[40] Nesse sentido, Luís MARTINS, *Recuperação de pessoas singulares*, cit., p. 172.

[41] Como decorre do art. 39.º, 7, *a*), se não foi requerido o complemento da sentença o devedor nem sequer fica privado dos poderes de administração e disposição do respetivo património e não se produzem os efeitos previstos no CIRE para a declaração de insolvência.

[42] Teoricamente, o devedor pode pedir a exoneração após a apresentação mas antes da declaração de insolvência. Mas, atendendo ao disposto no art. 28º, isso parece pouco viável.

(art. 230.º, 1, *e*)), fica impossibilitada a liquidação porque se produzem os efeitos do encerramento (art. 233.º).

É certo que poderá haver quem entenda que a solução passa antes por considerar que é admissível, nos casos em análise, um «encerramento pequenino»: um encerramento que não impede a liquidação. O despacho inicial do incidente de exoneração declara o encerramento do processo mas, por interpretação restritiva, restrição teleológica ou qualquer outra via, aquele encerramento não produzia todos os efeitos previstos no art. 233.º: não produzia, pelo menos, os efeitos que impedissem a liquidação dos bens do devedor. Esta leitura poderia permitir que a exoneração do passivo restante ocorresse mais cedo.

Contudo, a leitura alternativa apresentada não nos convence quanto à sua correspondência com o plano delineado pela lei. Como vimos, e seguindo Catarina Serra, o art. 230.º, 1, *e*), terá surgido para fazer face a situações de insuficiência de bens do insolvente em que este teve diferimento do pagamento de custas. Além disso, a própria exoneração diz respeito aos créditos sobre a insolvência «que não forem integralmente pagos no processo de insolvência ou nos cinco anos posteriores ao encerramento deste». Quer isto dizer que a lei pensou numa fase em que, no processo de insolvência (não encerrado), tem lugar o eventual pagamento de créditos sobre a insolvência (após a liquidação, julgamos nós) e, após o encerramento desse, decorrerá então o período de cinco anos da cessão.

Note-se que isto faz muito mais sentido atendendo aos efeitos do encerramento: desde logo, porque com o encerramento cessam as atribuições do administrador da insolvência (com exceção das referidas no art. 233.º, 1, *b*)). Não julgamos sequer convincente o argumento «do coração» ou «do sentimento» justificado pela eventual demora processual decorrente da liquidação. O regime da exoneração do passivo restante não tem apenas em conta os interesses do devedor insolvente. Bem pelo contrário: a lei optou por uma via que obriga aquele a respeitar determinadas exigências. E na perspetiva da lei não se justifica obrigar os credores a suportar todo o regime da exoneração do passivo restante se o devedor insolvente tem bens que permitiriam efetuar o pagamento dos créditos sobre a insolvência. Mas o que fica dito mostra que, também aqui, a lei carece de atenção futura. Sobretudo porque, prolongando--se a liquidação sem encerramento do processo de insolvência, também se

UM CURSO DE DIREITO DA INSOLVÊNCIA

atrasa o início do período da cessão: este, como decorre do art. 239.º, 2, só se inicia com o encerramento do processo de insolvência.

Se o devedor não requere a exoneração no momento da apresentação da insolvência e só o faz posteriormente, pode dar-se o caso de o juiz prescindir da assembleia de apreciação do relatório. Nesse caso, o despacho inicial deverá ser proferido, na nossa opinião, no prazo de 10 dias contado «com referência ao 45.º dia subsequente à data de prolação da sentença de declaração da insolvência» (v. ponto 4 deste Capítulo). Mas a própria liquidação deverá então aguardar pelo decurso dos 45 dias previstos no art. 36.º, 4 (v. ponto 2 do Capítulo VIII). E por isso também não fará sentido que o despacho inicial declare encerrado o processo de insolvência sem ter sido efetuada a liquidação.

O despacho inicial é recorrível. Quando isso aconteça, o rateio final só conduz ao encerramento do processo depois de transitada em julgado a decisão (art. 239.º, 6).

De acordo com o art. 247.º, o despacho inicial deverá ser publicado e registado nos mesmos termos em que o é a decisão de encerramento do processo de insolvência (cfr. também o art. 9.º, *m*), CRCom, e o art. 1.º, 1, *o*), CRCiv.).

5. Cessão do rendimento disponível

No período da cessão, considera-se cedido ao fiduciário o rendimento disponível que o devedor venha a auferir. E isto apesar de a massa insolvente só abranger, em regra, «o património do devedor à data da declaração de insolvência» e «os bens e direitos que ele adquira na pendência do processo» (art. 46.º, 1). A cessão abrange todos os rendimentos que o devedor receba, seja a que título for, apenas se excluindo os que são indicados no art. 239.º, 3.

Assim, a cessão não abrange os créditos que, nos termos do art. 115.º, tenham sido cedidos a terceiros pelo período em que essa cessão se mantenha eficaz. O que for cobrado é algo a que esses mesmos terceiros têm direito. Mas, naturalmente, é preciso estar atento perante a possibilidade de utilização fraudulenta do regime legal descrito.

A cessão também não abrange o que for razoavelmente necessário para o sustento minimamente digno do devedor e do seu agregado familiar, não devendo em regra exceder o equivalente a três vezes o SMN. Porém, o juiz pode permitir que seja excedido esse limite através de decisão fundamentada.

600

EXONERAÇÃO DO PASSIVO RESTANTE

De acordo com o art. 239.º, 3, *b*), ii) e iii), não será abrangido pela cessão o que seja razoavelmente necessário para o *exercício da atividade profissional* do devedor e para fazer face a *outras despesas* que, a *requerimento do devedor*, sejam ressalvadas pelo juiz no *despacho inicial* ou, até, em *momento posterior*. O devedor que pretenda contrair novas obrigações ou que tenha que fazer face a novas despesas deve utilizar esta via, uma vez que o fiduciário irá afetar o rendimento disponível nos termos do art. 241.º, 1. O fiduciário tem, por exemplo, a seu cargo distribuir o remanescente pelos credores da insolvência (art. 241.º, 1, *d*)), não lhe cabendo efetuar pagamentos de novos créditos[43].

A cessão do rendimento disponível resulta de decisão judicial (o despacho inicial)[44], permitida pela lei. Com efeito, o art. 239.º, 1, dispõe que é o despacho inicial que «determina» que o rendimento disponível se considera cedido. Isto é, não é o devedor que cede por ato voluntário aquele rendimento[45]. Compreende-se, por isso, que a cessão do rendimento disponível prevaleça «sobre quaisquer acordos que excluam, condicionem ou por qualquer forma limitem a cessão de bens ou rendimentos do devedor». A cessão determinada no despacho inicial constitui uma cessão de créditos ou bens futuros[46].

Além disso, o que decorre do art. 239.º, 2, é que o despacho inicial «determina que [...] o rendimento disponível que o devedor venha a auferir se considera cedido» ao fiduciário. Daí se segue, logicamente, que os pagamentos devem ser feitos diretamente ao fiduciário[47]. Por isso é que o fiduciário notifica a cessão àqueles de quem o devedor tenha direito a receber os rendimentos, como resulta do art. 241.º, 1. E por isso também é que este mesmo preceito estabelece o que o fiduciário deve fazer com os montantes recebidos. O art. 239.º, 4, *c*), dá aliás a entender que o recebimento de rendimentos pelo próprio

---

[43] Lembrando o problema quanto a encargos fiscais e da segurança social relativos a rendimentos auferidos, MENEZES LEITÃO, *Direito da insolvência*, cit., p. 325.

[44] Referindo-se a uma «cessão judicial de créditos», ASSUNÇÃO CRISTAS, «Exoneração do devedor pelo passivo restante», cit., p. 177.

[45] No mesmo sentido, CARVALHO FERNANDES/JOÃO LABAREDA, *Código da Insolvência e da Recuperação de Empresas anotado*, cit., p. 860.

[46] MENEZES LEITÃO, *Direito da insolvência*, cit., p. 320. CARVALHO FERNANDES/JOÃO LABAREDA, *Código da Insolvência e da Recuperação de Empresas anotado*, cit., p. 907, referem-se a uma «cessão em sentido próprio»,

[47] Cfr. tb. CARVALHO FERNANDES/JOÃO LABAREDA, *Código da Insolvência e da Recuperação de Empresas anotado*, cit., p. 860.

UM CURSO DE DIREITO DA INSOLVÊNCIA

devedor não é encarada como a hipótese normal: o devedor tem a obrigação de entregar «imediatamente» ao fiduciário a parte dos rendimentos cedidos que receba.

Durante o período da cessão o devedor vai beneficiar de proteção perante os credores da insolvência, pois estes não podem executar bens do devedor para satisfazerem créditos sobre a insolvência (art. 242.º, 1)[48]. Mas, por outro lado, nem o devedor nem um terceiro podem conceder vantagens especiais a um credor da insolvência: tal concessão é considerada nula (art. 242.º, 2). Além disso, só é possível compensar dívidas da insolvência e obrigações de um credor da insolvência nos termos em que tal é possível na pendência do processo de insolvência (cfr. arts. 242.º, 3, e 99.º).

6. O fiduciário

6.1. A escolha do fiduciário

O fiduciário é escolhido pelo tribunal logo no despacho inicial. A escolha do fiduciário deve ser efetuada a partir da lista oficial de administradores da insolvência (art. 239.º, 2). Decorre da remissão para o art. 38.º, 2 e 4, que a nomeação do fiduciário será registada oficiosamente na conservatória do registo civil (pois o devedor será uma pessoa singular).

---

[48] No art. 242.º, 1, lê-se, com efeito, o seguinte: «Não são permitidas quaisquer execuções sobre os bens do devedor destinadas à satisfação dos créditos sobre a insolvência, durante o período da cessão». A palavra «destinadas» só pode referir-se às «execuções», não aos «bens». O que está ali em causa? Trata-se de impedir execuções sobre o rendimento disponível, movidas pelos credores da insolvência ou por novos credores? Não nos parece, visto que esse rendimento disponível considera-se cedido ao fiduciário. Deverá entender-se que há erro na redação do preceito e que onde se lê «destinadas» deve ler-se «destinados»? Também não julgamos que assim seja, pois o preceito faz sentido com a redação que tem. É que só o rendimento disponível é considerado cedido ao fiduciário. O devedor mantém-se titular dos restantes bens. No entanto, os credores da insolvência não podem mover execuções sobre esses bens, pois o seu pagamento terá lugar através dos rendimentos cedidos, nos termos do art. 241.º, 1. Assim, o preceito nada estabelece quanto a execuções por créditos novos sobre os bens do devedor que não sejam cedidos ao fiduciário (MENEZES LEITÃO, *Direito da insolvência*, cit., p. 326; aparentemente com outra leitura, CARVALHO FERNANDES/JOÃO LABAREDA, *Código da Insolvência e da Recuperação de Empresas anotado*, cit., p. 865).

EXONERAÇÃO DO PASSIVO RESTANTE

O estatuto do fiduciário é, em grande parte, encontrado no regime previsto no CIRE para o administrador da insolvência, para o qual o art. 240.º, 2, remete[49]. Porém, as respetivas funções são reguladas com algum pormenor no art. 241.º. Essas funções dizem respeito ao período da cessão, que se inicia após o encerramento do processo de insolvência (art. 239.º, 2). Daí que não se justifique a aplicação ao fiduciário do art. 54.º, que prevê a entrada em funções do administrador da insolvência «uma vez notificado da nomeação». Não parece sequer que a notificação da cessão prevista no art. 241.º, 1, deva ocorrer antes do início do período da cessão. Com efeito, o fiduciário deve notificar a cessão àqueles de quem o devedor tenha direito a receber os rendimentos. Mas isso abrange apenas os rendimentos que o devedor tenha direito a receber durante o período da cessão.

Para além da nomeação, entendemos que o exercício das funções de fiduciário depende de aceitação por este[50]. O fiduciário é administrador judicial (art. 2.º, 2, do EAJ), estando por isso sujeito, designadamente, ao disposto no art. 12.º, 3 e 4, do EAJ.

6.2. A remuneração e o reembolso das despesas

O fiduciário é remunerado, estando essa remuneração e o reembolso das despesas que realize a cargo do devedor (art. 240.º, 1), embora através do reembolso efetuado com os rendimentos cedidos (art. 241.º, 1, *b*) e *c*)). O art. 60.º, 1, para o qual remete o art. 240.º, 2, manda aplicar o EAJ.

---

[49] Algumas das normas para as quais o art. 240.º, 2, nos envia devem ser lidas com algum cuidado. Efetivamente, o processo de insolvência pode já estar encerrado, com as inerentes consequências quanto aos órgãos da insolvência. Aparentemente com outra leitura, na medida em que não introduzem ressalvas quanto à competência da comissão de credores na destituição do fiduciário, CARVALHO FERNANDES/JOÃO LABAREDA, *Código da Insolvência e da Recuperação de Empresas anotado*, cit., p. 862. Mostrando que é possível estar em funções o administrador da insolvência enquanto está pendente o incidente de exoneração do passivo, cfr. o art. 243.º, 1.

[50] É também essa a leitura, para a Alemanha, de HEINZ VALLENDER, «§ 292», in WILHELM UHLENBRÜCK, *Insolvenzordnung*, 13. Aufl., Beck (Beck-online), München, 2010, Rn. 8, VOLKER RÖMMERMAN, «§ 292», in JÖRG NERLICH/VOLKER RÖMMERMAN, *Insolvenzordnung*, 26. EL, Beck (Beck-online), München, 2014, Rn. 8,

6.3. O fiduciário e o rendimento cedido

Como vimos, resulta do art. 239.º, 2, que o despacho inicial determina que durante o período da cessão o rendimento disponível auferido pelo devedor se considera cedido ao fiduciário. Este último vai, por isso mesmo, notificar aqueles que devam entregar esses rendimentos ao devedor de que a cessão teve lugar. Embora o art. 241.º, 1, não seja totalmente claro, dele parece resultar que a entrega dos rendimentos cedidos deve ser efetuada ao fiduciário, pois ali se estabelece que o fiduciário afetará de certo modo os «montantes recebidos»: recebidos por ele, fiduciário[51]. Se o devedor receber rendimentos que se considerem objeto da cessão, deve entregá-los imediatamente ao fiduciário (art. 239.º, 4, *c*)).

As quantias que o fiduciário receber têm o destino traçado pelo art. 241.º, 1. Assim, no final de cada ano de duração da cessão, os montantes recebidos servirão, pela ordem a seguir indicada[52], para: *a*) Pagamento das custas do processo de insolvência *que ainda se encontrem em dívida*; *b*) Reembolsar o Instituto de Gestão Financeira e Equipamentos da Justiça, I.P. (pois o Cofre Geral de Tribunais já foi extinto) das remunerações e despesas do administrador da insolvência e do fiduciário que aquele mesmo Instituto tenha suportado; *c*) Pagar a remuneração do fiduciário já vencida e as despesas por ele efetuadas; *d*) Distribuir o remanescente pelos credores da insolvência nos mesmos termos que estão previstos para esse pagamento no processo de insolvência (arts. 173.º e ss.). Como se vê, os credores da insolvência só vão receber o que sobrar (o remanescente) e isso só acontecerá uma vez por ano[53]. Além disso, a remissão para os termos previstos quanto ao pagamento no processo de insolvência mostra que só terá lugar o pagamento dos créditos sobre a insolvência verificados por sentença transitada em julgado (art. 173.º).

---

[51] O fiduciário deve ter em conta as obrigações fiscais que sobre ele recaiam por lhe serem cedidos os rendimentos do devedor.

[52] Como lembram CARVALHO FERNANDES/JOÃO LABAREDA, *Código da Insolvência e da Recuperação de Empresas anotado*, cit., p. 864, a própria al. *d*) do art. 241.º, 1, mostra que há ordem a seguir é a indicada na sequência das diversas alíneas.

[53] Justificando a solução no direito alemão com a poupança de custos, ULRICH EHRICKE, «§ 292», in HANS-PETER KIRCHOFF/HORST EIDENMÜLLER/ROLF STÜRNER (her.), *Münchener Kommentar zum Insolvenzornung*, cit., Bd. 3, 3. Aufl., 2014, Rn. 1. Porém, hoje o § 292, Abs. 1, permite que, verificados certos pressupostos, os pagamentos sejam feitos em períodos mais longos.

EXONERAÇÃO DO PASSIVO RESTANTE

O fiduciário deve manter as quantias que receba pela cessão de rendimentos separadas do respetivo património pessoal (art. 241.º, 2). Por isso, não deve depositar aqueles rendimentos na conta que movimenta para efetuar as suas despesas pessoais. Aquelas quantias são-lhe cedidas para que o fiduciário lhes dê os destinos previstos no art. 241.º, 1. Embora o art. 241.º, 2, não o esclareça, diríamos que a separação vale também perante os credores do fiduciário. Isto é, se o fiduciário mantém as quantias provenientes de rendimentos cedidos pelo devedor separadas do seu património pessoal, essa separação é oponível aos credores do fiduciário, que assim não podem obter o pagamento do que lhes é devido através daquelas quantias.

Se o fiduciário receber rendimentos cedidos e não os utilizar para as finalidades indicadas no art. 241.º, 1, responde pessoal e ilimitadamente («com todos os seus haveres», como se lê no art. 241.º, 2) por esses «fundos». Recai sobre ele a mesma responsabilidade no que diz respeito aos prejuízos que a falta de distribuição dos «fundos» ocasionar.

O rendimento cedido ao fiduciário é o rendimento disponível. Este é composto por «todos os rendimentos que advenham a qualquer título ao devedor», com as exceções enumeradas na lei. Esses rendimentos não são necessariamente em dinheiro. Mas, quando não sejam rendimentos em dinheiro, parece estar pressuposto que o fiduciário pode convertê-los em dinheiro. Não só porque tem que afetar os rendimentos nos termos do art. 241.º, 1, mas também porque o art. 241.º, 2, usa a expressão «quantias provenientes de rendimentos cedidos pelo devedor», dando assim a entender que os rendimentos cedidos podem ser convertidos em «quantias»[54].

Perante o exposto, julgamos adequado dizer que a lei configura a relação entre o fiduciário e aquilo que recebe através da cessão do rendimento disponível como uma propriedade fiduciária[55]. Com efeito, o rendimento disponível

---

[54] Nesse sentido, para a Alemanha, ULRICH EHRICKE, «§ 292», in HANS-PETER KIRCHOFF/ HORST EIDENMÜLLER/ROLF STÜRNER (her.), *Münchener Kommentar zum Insolvenzornung*, cit., Bd. 3, Rn. 5.

[55] É o que propõe também MENEZES LEITÃO, *Direito da insolvência*, cit., p. 322. JOSÉ GONÇALVES PEREIRA, *A exoneração do passivo restante*, cit., p. 81, critica esta posição por considerar que violaria o princípio do *numerus clausus* no que diz respeito à constituição de restrições ao direito de propriedade ou de figuras parcelares do mesmo. Contudo, estamos perante um caso em que é a própria lei que vem permitir aquela propriedade fiduciária. Referindo-se a uma «titularidade» pelo fiduciário, ASSUNÇÃO CRISTAS, «Exoneração do devedor pelo passivo

UM CURSO DE DIREITO DA INSOLVÊNCIA

considera-se cedido ao próprio fiduciário (art. 239.º, 2). Além disso, a lei revela que o fiduciário tem direito a «haver» os rendimentos cedidos (art. 241.º, 1). Trata-se, porém, de rendimentos que só podem ser afetados às finalidades previstas na própria lei.

A cessão de rendimentos efetuada ao fiduciário terá lugar no período de cessão, iniciando-se após o encerramento do processo de insolvência. Daí que a cessão de rendimentos não ponha em causa o regime da massa insolvente[56].

Há, no entanto, que ter em conta que no art. 239.º, 2, é considerado cedido ao fiduciário o rendimento disponível. Este último é encontrado deduzindo a todos os rendimentos do devedor os valores que resultem da aplicação das als. a) e b) do art. 239.º, 3. Por sua vez, o art. 241.º, 1, obriga o fiduciário a notificar a cessão dos rendimentos do devedor «àqueles de quem ele tenha direito a havê-los». Aqui, já não se faz expressa menção à notificação da cessão dos rendimentos disponíveis, mas só esses foram cedidos.

Como se vê, a lei não esclarece se a notificação referida deve ser efetuada sem indicar qual a parte dos rendimentos em causa que é excluída da cessão nos termos do art. 239.º, 3. Como não esclarece se, depois, será o fiduciário a entregar ao devedor a parte dos rendimentos excluída da cessão[57].

Porém, esse modelo não parece o mais adequado. Com efeito, nada impede que o fiduciário, perante o despacho inicial e tendo em conta as informações de que disponha quanto aos rendimentos do devedor, faça os cálculos necessários para só receber a parte dos rendimentos do devedor que tenham sido objeto de cessão. Tanto mais que no art. 241.º, 1, não está previsto que o fiduciário entregue ao devedor o que sobrar depois de afetar os montantes recebidos nos termos ali indicados.

---

restante», cit., p. 178. Estabelecendo uma aproximação com a *fiducia cum creditore*, CARVALHO FERNANDES, «A exoneração do passivo restante na insolvência das pessoas singulares», cit., p. 301. O que parece criticável é o próprio recurso à figura da propriedade fiduciária, pois seria fácil encontrar alternativas à importação de uma figura muito mais próxima de outras tradições jurídicas. Mesmo na Alemanha é discutível o enquadramento jurídico do *Treuhänder* na *Rechtsschuldbefreiung*: cfr. ULRICH EHRICKE, «§ 292», in HANS-PETER KIRCHOFF/HORST EIDENMÜLLER/ROLF STÜRNER (her.), *Münchener Kommentar zum Insolvenzornung*, cit., Bd. 3, Rn. 4.

[56] Lembrando isso mesmo, CARVALHO FERNANDES, «A exoneração do passivo restante na insolvência das pessoas singulares», cit., p. 298.

[57] Mas v., com essa leitura, JOSÉ GONÇALVES FERREIRA, *A exoneração do passivo restante*, cit., p. 88.

EXONERAÇÃO DO PASSIVO RESTANTE

O que foi exposto mostra que as funções do fiduciário são diferentes das que cabem ao administrador da insolvência. Tanto mais que, com o encerramento do processo de insolvência, o devedor recupera «o direito de disposição dos seus bens e a livre gestão dos seus negócios» (art. 233.º, 1, *a*)). No entanto, o regime da cessão de rendimentos ao fiduciário limita esse efeito do encerramento[58].

6.4. A fiscalização do cumprimento das obrigações do devedor

O fiduciário não tem necessariamente funções de fiscalização do cumprimento das obrigações que recaem sobre o devedor. No entanto, a assembleia de credores (e não o juiz) pode conferir-lhe aquelas funções, com o dever de informar a assembleia se tiver conhecimento de qualquer violação (art. 241.º, 3). As obrigações que o fiduciário fiscalizará são as previstas no art. 239.º, 4. Se o fiduciário recebe as referidas funções de fiscalização, pode requerer a cessação antecipada do procedimento de exoneração e a recusa da exoneração se ocorrer algum dos fundamentos previstos no art. 243.º, 1. No caso do requerimento de encerramento do incidente nos termos do art. 243.º, 4, pode o fiduciário apresentá-lo mesmo que não tenha recebido as funções de fiscalização referidas.

O regime previsto no art. 241.º, 3, não é perfeito, uma vez que o encerramento do processo de insolvência implica também a cessação de funções da assembleia[59]. Nesse caso, não há assembleia de credores a quem o fiduciário possa informar que o devedor violou as suas obrigações. A informação deverá ser enviada a cada credor e ao juiz, aplicando por analogia o disposto no art. 240.º, 2, parte final[60]. Uma vez recebida a informação pelo credor, pode este ficar em condições de apresentar o requerimento de recusa da exoneração e de cessação antecipada do procedimento previsto no art. 243.º, 1.

---

[58] Chamando a atenção para estes aspetos, mas perante o direito alemão, DIRK PEHL, «§ 292», in EBERHARD BRAUN, *Insolvenzordnung*, 6. Aufl., Beck (Beck-online), München, 2014, Rn. 9.

[59] Assim, CARVALHO FERNANDES/JOÃO LABAREDA, *Código da Insolvência e da Recuperação de Empresas anotado*, cit., p. 839.

[60] Na Alemanha, embora o § 292, Abs. 2, *InsO*, preveja a possibilidade de a *Gläubigerversammlung* conferir ao *Treuhänder* a função de fiscalização do cumprimento das obrigações pelo devedor, também se estabelece que a violação pelo devedor das obrigações a que está sujeito deve ser comunicada aos credores e não à assembleia de credores («hat der Treuhänder die Gläubiger unverzüglich zu benachrichtigen»).

UM CURSO DE DIREITO DA INSOLVÊNCIA

6.5. A fiscalização da atividade do fiduciário

O exercício da respetiva atividade pelo fiduciário é fiscalizado pelo juiz, aplicando-se o art. 58.º (art. 240.º, 2). Para além disso, o fiduciário deve enviar a cada credor e ao juiz, no termo de cada período de um ano após a assembleia de apreciação do relatório, um documento com informação sucinta sobre os rendimentos que lhe foram cedidos e os pagamentos que efetuou (art. 240.º, 2, e 61.º, 1, aqui aplicável). Ao fiduciário não cabe, evidentemente, administrar e liquidar a massa insolvente.

O art. 62.º, 2, obriga ainda o fiduciário a prestar contas em qualquer altura do processo a pedido do juiz e, também, da comissão de credores ou da assembleia de credores. Se o processo de insolvência já estiver encerrado, é preciso ainda assim ter presente que o art. 233.º, 1, *b*), ressalva as atribuições da comissão de credores (e do administrador da insolvência) «referentes à apresentação de contas»[61] e esse regime parece aplicar-se também aqui.

6.6. A cessação de funções

O juiz pode destituir o fiduciário se fundadamente considerar existir justa causa, aplicando-se o art. 56.º, 1. Além disso, o fiduciário cessa funções com o encerramento do incidente de exoneração (antecipado ou não). Como é óbvio, a morte do fiduciário conduz também à cessação de funções do mesmo. A cessação de funções e a nomeação de outra pessoa para o desempenho do cargo também estão sujeitas a registo e publicidade, nos termos do art. 57.º (art. 240.º, 2).

Se o devedor morrer antes da decisão de exoneração (art. 244.º), parece que a exoneração já não será admissível[62]. Com efeito, a exoneração apenas é aceite relativamente a pessoas singulares (art. 235.º).

---

[61] Sobre a prestação de contas por terceiro, cfr. o art. 63.º. Sobre o julgamento das contas, v. o art. 64.º.

[62] Essa solução é proposta para a Alemanha (quanto ao correspondente período da cessão), por exemplo, por Heinz Vallender, «§ 292», in Wilhelm Uhlenbrück, *Insolvenzordnung*, 13. Aufl., cit., Rn. 9, Ulrich Ehricke, «§ 292», in Hans-Peter Kirchoff/Horst Eidenmüller/ Rolf Stürner (her.), *Münchener Kommentar zum Insolvenzornung*, cit., Bd. 3, Rn. 9.

EXONERAÇÃO DO PASSIVO RESTANTE

É pena que também para a cessação de funções do fiduciário a lei não tenha reservado um pequeno artigo, que tornaria a vida do intérprete mais fácil.

6.7. Apresentação de contas após a cessação de funções

Como resulta do art. 62.º, 1, para que remete o art. 240.º, 2, o fiduciário tem o dever de apresentar contas no prazo de 10 dias após cessar funções, prazo esse prorrogável por despacho judicial[63].

6.8. Responsabilidade do fiduciário

Para além do já referido a propósito do art. 241.º, 2, deve aplicar-se ainda, com as devidas adaptações, o art. 59.º. Naturalmente, haverá que ter em conta os deveres que incumbem ao fiduciário. Daí que não pareça possível aplicar os n.ºs 2 e 3 do referido preceito[64].

7. Obrigações do devedor durante o período da cessão

No art. 239.º, 4, são enumeradas especiais obrigações que recaem sobre o devedor durante o período da cessão.

Encontramos ali, por exemplo, obrigações que dizem respeito aos rendimentos do devedor. O devedor está assim obrigado a não ocultar ou dissimular rendimentos: quaisquer rendimentos e qualquer que seja o título que os fundamenta. Sempre que sejam solicitadas ao devedor informações pelo tribunal ou pelo fiduciário relativamente aos rendimentos que aquele aufere ou quanto ao seu património, deve ele prestá-las «na forma e no prazo em que isso lhe

---

[63] Sobre a prestação de contas por terceiro, cfr. o art. 63.º. Sobre o julgamento das contas, v. o art. 64.º.

[64] Com efeito, o art. 59.º, 2, diz respeito à responsabilidade por danos causados a credores da massa insolvente se esta for insuficiente para satisfazer os direitos daqueles na sua totalidade e tais danos resultarem de ato do administrador. Ora, o fiduciário vai atuar no período da cessão, que se inicia após o encerramento do processo de insolvência. Por sua vez, o art. 59.º, 3, parece pressupor o disposto no art. 55.º, 3, que não é mandado aplicar pelo art. 240.º, 2. Com a mesma leitura quanto aos n.ºs 2 e 3, CARVALHO FERNANDES/JOÃO LABAREDA, *Código da Insolvência e da Recuperação de Empresas anotado*, cit., p. 863,

UM CURSO DE DIREITO DA INSOLVÊNCIA

seja requisitado» (art. 239.º, 4, *a*))[65]. Acresce que o devedor está obrigado a entregar ao fiduciário os rendimentos que receba e que estejam abrangidos pela cessão. E deve fazê-lo «imediatamente» (art. 239.º, 4, *c*)).

O devedor está também sujeito a certas obrigações relacionadas com a sua atividade profissional. Está, antes de mais, obrigado a exercer uma profissão remunerada. Como os rendimentos que daí aufira são tidos em conta para se calcular o valor do rendimento disponível, compreende-se que o devedor não possa abandonar a profissão remunerada que exerça se para tal não houver motivo legítimo. Se estiver desempregado, o devedor deve procurar diligentemente uma profissão e, se não houver razão para isso, não pode recusar emprego «para que seja apto» (art. 239.º, 4, *b*)). Além disso, tem especiais obrigações de informação relacionadas com essa atividade. Antes de mais, informações que deve prestar por sua iniciativa: o art. 239.º, 4, *d*), exige que o devedor informe o tribunal e o fiduciário de qualquer mudança de condições de emprego, assim como de qualquer mudança de domicílio. Essa informação deve ser prestada no prazo de dez dias depois de ter ocorrido a mudança. Mas, para além disso, o devedor também deve informar o tribunal e o fiduciário, quando solicitado e mais uma vez no prazo de dez dias, acerca do que tenha feito para obter emprego (art. 239.º, 4, *d*)).

O art. 239.º, 4, *e*), ainda acrescenta obrigações relativas ao comportamento do devedor perante os credores da insolvência: o devedor está obrigado a só fazer pagamentos aos credores da insolvência através do fiduciário e a não criar vantagens especiais, quaisquer que elas sejam, para qualquer deles. Assim se evita que o devedor privilegie algum ou alguns credores em detrimento de outro ou outros.

8. Cessação antecipada do procedimento de exoneração

8.1. Requerimento

A possibilidade de ser requerida fundamentadamente a cessação antecipada do procedimento de exoneração do passivo restante está prevista no art. 243.º.

---

[65] Parece ter razão MENEZES LEITÃO, *Direito da insolvência*, cit., p. 324, ao afirmar que «até por força do princípio da boa fé, o devedor deverá informar imediatamente o tribunal e o fiduciário se lhe advierem novos rendimentos» e não lhe é permitida uma atitude puramente passiva.

Quando a cessação antecipada seja requerida com fundamento em alguma das hipóteses previstas no art. 243.º, 1, o requerimento pode ser apresentado por «algum» *credor da insolvência*, pelo *administrador da insolvência* que ainda esteja em funções ou pelo *fiduciário* a quem tenha eventualmente sido conferida a tarefa de fiscalizar o cumprimento pelo devedor das obrigações que este último deve respeitar. O requerimento deve ser apresentado no *ano seguinte* quer à data do conhecimento, pelo requerente, dos fundamentos invocados, quer à data em que devia ter tido conhecimento dos mesmos, devendo ser alegados factos que permitam concluir pela tempestividade da apresentação[66]. Com o requerimento deve ser oferecida a prova dos fundamentos invocados e da data em que o requerente teve ou poderia ter tido conhecimento daqueles fundamentos (art. 243.º, 2)[67].

Caso a cessação antecipada seja requerida por terem já sido integralmente satisfeitos todos os créditos sobre a insolvência, o requerimento deve ser formulado pelo devedor ou pelo fiduciário (art. 243.º, 4). Agora, o fiduciário pode apresentar o requerimento mesmo que não tenha sido incumbido da fiscalização do cumprimento pelo devedor das respetivas obrigações[68].

8.2. Encerramento antecipado declarado oficiosamente

Se tiverem sido integralmente satisfeitos todos os créditos sobre a insolvência é o próprio juiz que, oficiosamente, deve declarar encerrado o incidente de exoneração do passivo restante (art. 243.º, 4).

8.3. Recusa de exoneração e antecipação da cessação do procedimento

O art. 243.º tem por epígrafe «Cessação antecipada do procedimento de exoneração». Essa cessação é assim designada porque ocorre *antes de terminado o período da cessão.*

---

[66] Carvalho Fernandes, «A exoneração do passivo restante na insolvência das pessoas singulares», cit., p. 289.

[67] Carvalho Fernandes/João Labareda, *Código da Insolvência e da Recuperação de Empresas anotado*, cit., p. 868.

[68] Carvalho Fernandes/João Labareda, *Código da Insolvência e da Recuperação de Empresas anotado*, cit., p. 869.

No entanto, há uma diferença significativa entre os casos em que a cessação antecipada ocorre com base no disposto no art. 243.º, 1, e aqueles em que tem lugar por se mostrarem integralmente satisfeitos todos os créditos sobre a insolvência (art. 243.º, 4). Com efeito, nos primeiros o juiz *recusa a exoneração do passivo restante*, enquanto nos segundos *não há passivo restante* para exonerar[69]. Assim, nem sempre a cessação antecipada do procedimento pressupõe a recusa de exoneração.

O art. 243.º, 4, torna claro que o juiz, oficiosamente ou a requerimento, encerra o incidente nos casos ali previstos. No art. 243.º, 1, não é dito expressamente que o juiz que recusa antecipadamente a exoneração também declara encerrado o incidente, mas é isso que deve fazer. Aliás, o art. 243.º, 4, dá uma indicação nesse sentido: se nessas hipóteses o juiz declara *também* encerrado o incidente, é porque faz a mesma coisa se recusa a exoneração nos termos do art. 243.º, 1.

Antes de ser proferida a decisão de recusa de exoneração podem ter sido efetuados pagamentos a credores sobre a insolvência. Esses pagamentos produzem os seus efeitos, pois não há reconstituição dos créditos. Por outro lado, com a recusa de exoneração voltam a ser permitidas execuções sobre os bens do devedor destinadas à satisfação dos créditos sobre a insolvência (cfr. o art. 242.º, 1).

A cessação antecipada consta de despacho, que deve ser publicado e registado de acordo com o previsto no art. 247.º (cfr. também o art. 9.º, *m*), do CRCom, e o art. 1.º, 1, *o*), CRCiv).

8.4. Os fundamentos previstos no art. 243.º, 1

São vários os fundamentos que permitem requerer que o juiz recuse antecipadamente a exoneração nos termos do art. 243.º, 1, e, consequentemente, que cesse antecipadamente o próprio procedimento de exoneração. A invocação de uns ou de outros não é irrelevante (cfr. o art. 243.º, 3).

Em primeiro lugar (art. 243.º, 1, *a*)), surge indicada a violação pelo devedor, com dolo ou negligência grave, de alguma das obrigações a que está sujeito

---

[69] Assim também, Carvalho Fernandes/João Labareda, *Código da Insolvência e da Recuperação de Empresas anotado*, cit., p. 869.

por força do art. 239.º, desde que tal violação prejudique a satisfação dos créditos sobre a insolvência.

Por sua vez, a al. *b*) do art. 243.º, 1, ao remeter para o art. 238.º, 1, *b*), *e*) e *f*), aceita como fundamento para se requerer a referida cessação antecipada várias circunstâncias que também constituem outras tantas causas de indeferimento liminar do pedido de exoneração: o fornecimento pelo devedor, por escrito, com dolo ou culpa grave e nos três anos anteriores à data do início do processo de insolvência, de «informações falsas ou incompletas sobre as suas circunstâncias económicas com vista à obtenção de crédito ou de subsídios de instituições públicas ou a fim de evitar pagamentos a instituições dessa natureza»; a existência no processo ou o fornecimento pelos credores ou pelo administrador da insolvência[70] de «elementos que indiciem com toda a probabilidade a existência de culpa do devedor na criação ou agravamento da situação de insolvência, nos termos do artigo 186.º»; a condenação do devedor, em sentença transitada em julgado, por algum dos crimes previstos e punidos pelos arts. 227.º-229.º do CPen. «nos 10 anos anteriores à data da entrada em juízo do pedido de declaração da insolvência ou posteriormente a esta data»[71]. No entanto, como estamos perante circunstâncias que poderiam ter sido fundamento de indeferimento liminar, é também exigido que o requerente só tenha *conhecido* as mesmas *após o despacho inicial* ou que sejam de *verificação superveniente*.

Finalmente, o art. 243.º, 1, *c*), considera fundamento de recusa da exoneração concluir-se na decisão proferida no incidente de qualificação da insolvência que existiu culpa do devedor «na criação ou agravamento da situação de insolvência»[72].

---

[70] E agora não se exige que o fornecimento dos elementos em causa tenha lugar até à decisão de indeferimento liminar, que obviamente não teve lugar.

[71] Assunção Cristas, «Exoneração do devedor pelo passivo restante», cit., p. 171, considera que deve ser feita uma interpretação extensiva ou até enunciativa do art. 243.º, 1, *b*), pois entende que é difícil compreender a razão pela qual o art. 246.º, 1, remete para as als. *b*) e ss. do art. 238.º, 1, e aquele primeiro apenas remete para as als. *b*), *e*) e *f*) do mesmo artigo. Diz a autora: «se passado um ano da concessão da exoneração o juiz pode revoga-la, por maioria de razão deve poder recusar, proferindo despacho que negue a exoneração». E a argumentação não pode deixar de ser considerada procedente.

[72] Exigindo que a insolvência tenha sido considerada culposa (o que só acontece se há dolo ou culpa grave), Carvalho Fernandes, «A exoneração do passivo restante na insolvência

UM CURSO DE DIREITO DA INSOLVÊNCIA

Tal como salientámos quanto ao despacho de indeferimento liminar, também aqui é de estranhar que no art. 243.º não seja tido em conta o teor do art. 254.º.

8.5. Casos em que é necessária a audição do devedor, do fiduciário e dos credores da insolvência

Se a cessação antecipada do procedimento de exoneração foi requerida com base no disposto no art. 243.º, 1, *a*) e *b*), o art. 243.º, 3, prevê a necessidade de o juiz, antes de tomar a decisão, ouvir o devedor, o fiduciário e os credores da insolvência. Essa exigência já não abrange os casos previstos no art. 243.º, 1, *c*): certamente é assim porque já há sentença no incidente de qualificação da insolvência[73].

8.6. A atitude do devedor no que diz respeito às informações a prestar e a recusa de exoneração

Na segunda parte do art. 243.º, 3, pode ainda ler-se que, tendo sido fixado prazo ao devedor para fornecer informações que comprovem o cumprimento das suas obrigações, a exoneração será sempre recusada se, nesse prazo, não as fornecer sem motivo razoável. O mesmo regime vale se, tendo sido convocado para uma audiência em que deveria prestar aquelas informações, faltar à mesma injustificadamente.

9. Decisão final de exoneração/de recusa da exoneração

Terminado o período da cessão, o juiz ouve o devedor, o fiduciário e os credores da insolvência e, depois, decide se concede ou não a exoneração do passivo restante. Tudo isso deve ocorrer no prazo de 10 dias após o termo do período da cessão (art. 244.º, 1), embora a data para a audição dos sujeitos indicados

---

das pessoas singulares», cit., p. 289, e Carvalho Fernandes/João Labareda, *Código da Insolvência e da Recuperação de Empresas anotado*, cit., p. 867.

[73] Carvalho Fernandes, «A exoneração do passivo restante na insolvência das pessoas singulares», cit., p. 290, que lembra ainda o facto de o devedor e o fiduciário terem «oportunidade de se pronunciar sobre os factos relevantes para a qualificação da insolvência».

possa estar marcada com antecedência[74]. A decisão é tomada através de despacho (art. 246.º, 2), que deve ser publicado e registado em conformidade com o teor do art. 247.º (cfr. também o art. 9.º, *m*), CRCom. e o art. 1º, 1 *o*), CRCiv.).

A decisão de exoneração *não carece de prévio acordo dos credores da insolvência* ou de uma maioria destes. Essa é, aliás, uma vantagem do regime da exoneração do passivo restante (cfr. também, p. ex., o art. 248.º, 2).

Para que o juiz decida recusar a exoneração devem estar verificados os mesmos fundamentos e requisitos previstos para a recusa antecipada da exoneração (art. 244.º, 2). E mais uma vez é de estranhar que no art. 243.º não seja tido em conta o teor do art. 254.º. A recusa de exoneração não retira efeitos aos pagamentos aos credores da insolvência que já tenham sido realizados nos termos do art. 241.º, 1, *d*)[75].

Com a recusa de exoneração voltam a ser permitidas execuções sobre os bens do devedor destinadas à satisfação dos créditos sobre a insolvência (cfr. o art. 242.º, 1).

10. Efeitos da exoneração

Se o juiz decide conceder a exoneração, daí resulta como efeito a extinção dos *créditos sobre a insolvência* ainda subsistentes na data em que a decisão tem lugar[76]. Essa extinção abrange inclusivamente os créditos que não tenham sido reclamados e verificados. No entanto, isso não afeta a existência e montante «dos direitos dos credores da insolvência contra os condevedores ou os terceiros garantes da obrigação». Estes últimos estão por sua vez limitados quanto à possibilidade de agir contra o devedor em via de regresso: só o podem fazer «nos termos em que o credor da insolvência pudesse exercer contra ele os seus direitos» (art. 217.º, 4).

---

[74] Carvalho Fernandes/João Labareda, *Código da Insolvência e da Recuperação de Empresas anotado*, cit., p. 870, admitem tanto a audição de devedor, fiduciário e credores antes do fim do período da cessão (mas na sua proximidade), como a audição posterior ao termo daquele período com início do prazo para a decisão contado «a partir do encerramento do período de audições».

[75] Carvalho Fernandes, «A exoneração do passivo restante na insolvência das pessoas singulares», cit., p. 293.

[76] Cfr., com redação semelhante, o § 301, 1, *InsO*.

UM CURSO DE DIREITO DA INSOLVÊNCIA

Embora o art. 245.º, 1, estabeleça que a exoneração «importa a extinção de todos os créditos sobre a insolvência que ainda subsistam»[77], a verdade é que o n.º 2 mostra que não é bem assim. Com efeito, a exoneração não abrange os créditos por alimentos, as indemnizações devidas por factos ilícitos dolosos praticados pelo devedor e que tenham sido reclamadas nessa qualidade[78], os créditos por multas, coimas e outras sanções pecuniárias por crimes ou contraordenações e os créditos tributários[79]. Estes últimos são especialmente dignos de menção, pois facilmente atingirão quantias consideráveis. Tanto mais que o art. 3.º, 2, da LGT abarca nos tributos «os impostos, incluindo os aduaneiros e especiais, e outras espécies tributárias criadas por lei, designadamente as taxas e demais contribuições financeiras a favor de entidades públicas».

A razão de ser das exclusões reside na fonte dos créditos em causa, pois estamos a falar de situações em que os titulares dos créditos não puderam optar por não estar nessa posição[80].

11. Revogação da exoneração

Mesmo que a exoneração tenha sido concedida, o insolvente não pode pensar que a extinção dos créditos se manterá sempre e em quaisquer circunstâncias. Com efeito, o art. 246.º prevê a possibilidade de, em certos casos, ser revogada a exoneração. Na sequência dessa revogação tem lugar a reconstituição dos créditos extintos: de todos os créditos extintos (art. 246.º, 4)[81]. Estão em causa aqueles créditos que, nos termos do art. 243.º, 1, se consideraram antes extintos como efeito da exoneração: ou seja, aqueles que ainda subsistiam à

---

[77] E já não os créditos sobre a massa.

[78] Criticamente, CARVALHO FERNANDES/JOÃO LABAREDA, *Código da Insolvência e da Recuperação de Empresas anotado*, cit., p. 871; mas os autores não parecem sustentar a interpretação restritiva que CATARINA SERRA, *O regime português da insolvência*, cit., p. 167, lhes atribui.

[79] Nos EUA, a *Section* 523, (a), (1), do *Bankruptcy Code* também afasta da *discharge* algumas dívidas «for a tax or a customs duty» (cfr. ainda a *Section* 727 (b)).

[80] CATARINA SERRA, *O regime português da insolvência*, cit., p. 168.

[81] Não obstante a redação do art. 246.º, 4, e do art. 245.º, 1, CARVALHO FERNANDES/JOÃO LABAREDA, *Código da Insolvência e da Recuperação de Empresas anotado*, cit., p. 873, entendem que a reconstituição apenas abrange os créditos sobre a insolvência que tenham sido reclamados ou verificados, sendo total a extinção dos créditos sobre a insolvência não reclamados e verificados.

EXONERAÇÃO DO PASSIVO RESTANTE

data em que a exoneração foi concedida. A reconstituição permite que os credores da insolvência exerçam os seus direitos contra o devedor nos termos do art. 233.º, 1, *c*).

A revogação da exoneração parece pressupor um *requerimento* nesse sentido. Pelo menos, é o que faz pensar a redação do art. 246.º, 1, na medida em que exige a prova do que ali é exigido. Além disso, o art. 246.º, 2, admite o requerimento por um credor da insolvência. Deve, porém, admitir-se que o requerimento seja apresentado também por administrador da insolvência que ainda esteja em funções ou pelo fiduciário que tenha sido incumbido de fiscalizar o cumprimento das obrigações do devedor, aplicando-se por analogia o art. 243.º, 1[82]. Já não parece aceitável que a revogação da exoneração seja decidida *oficiosamente* pelo juiz[83]: é o que se retira da comparação com o art. 243.º, 1 e 4.

A revogação pode ser requerida até ao termo do *ano subsequente ao trânsito em julgado do despacho de exoneração* (art. 246.º, 2)[84]. Isso significa que a incerteza para o devedor pode durar algum tempo.

A lei exige que seja provado: a) Que o devedor incorreu num dos fundamentos de indeferimento liminar previstos no art. 238.º, 1, *b*) a *g*)[85]; ou b) Que o devedor violou dolosamente[86] as obrigações a que está sujeito durante o

---

[82] Admitindo também a legitimidade do administrador da insolvência em funções ou pelo fiduciário, nos termos referidos, CARVALHO FERNANDES, «A exoneração do passivo restante na insolvência das pessoas singulares», cit., p. 305. Porém, em CARVALHO FERNANDES/JOÃO LABAREDA, *Código da Insolvência e da Recuperação de Empresas anotado*, cit., p. 873, consideram que a legitimidade cabe aos credores e às pessoas abrangidas pelo art. 217.º, 4.

[83] CARVALHO FERNANDES, «A exoneração do passivo restante na insolvência das pessoas singulares», cit., p. 305.

[84] O art. 246.º, 2, estabelece que a revogação da exoneração do passivo restante pode ser «decretada» (e não requerida) no prazo mencionado no texto. Porém, CARVALHO FERNANDES, «A exoneração do passivo restante na insolvência das pessoas singulares», cit., p. 306, tem razão ao afirmar que «o prazo fixado no n.º 2 do art. 246.º é dirigido ao momento da apresentação do requerimento de revogação e não ao do seu decretamento».

[85] Criticamente, CATARINA SERRA, *O regime português da insolvência*, cit., p. 165, onde afirma propender «para considerar que o legislador pretendia remeter para as als. *b*) e s. do n.º 1 do art. 243.º e que só por lapso remeteu para as als. *b*) e s. do n.º 1 do art. 238.º» e que «valem, assim, os fundamentos das als. *b*), *e*) e *f*) do n.º 1 do art. 238.º».

[86] O art. 243.º, 1, *a*), basta-se com a grave negligência. Chamando a atenção para isto, ASSUNÇÃO CRISTAS, «Exoneração do devedor pelo passivo restante», cit., p. 173, CARVALHO FERNANDES/JOÃO LABAREDA, *Código da Insolvência e da Recuperação de Empresas anotado*, cit., p. 872.

UM CURSO DE DIREITO DA INSOLVÊNCIA

período da cessão; c) Em qualquer desses casos, que pelo motivo invocado o devedor tenha «prejudicado de forma relevante a satisfação dos credores da insolvência». Se a revogação da exoneração foi requerida por algum *credor da insolvência*, terá de (alegar e) provar que não teve «conhecimento dos fundamentos da revogação até ao momento do trânsito» em julgado do despacho de exoneração (art. 246.º, 2)[87]. O juiz não pode decidir se revoga ou não a exoneração sem antes ouvir o devedor e o fiduciário (art. 246.º, 3).

A revogação da exoneração tem lugar através de despacho, que está sujeito a publicação e registo nos termos do art. 247.º (cfr. também o art. 9.º, *m*), CRCom., e o art. 1.º, 1, *o*), CRCiv.). Tenha-se também especialmente em conta o art. 248.º, 3.

---

[87] Na nossa opinião, tendo em conta o momento tardio em que a questão se coloca, seria de exigir que o não conhecimento referido fosse desculpável.

CAPÍTULO XVII
Plano de pagamentos

1. Algumas vantagens que podem resultar da apresentação de um plano de pagamentos

A apresentação de um plano de pagamentos[1] nos termos legalmente previstos pode trazer várias vantagens ao devedor. Desde logo, o devedor pode obter a suspensão do processo de insolvência até à decisão sobre o próprio incidente de aprovação do plano de pagamentos[2]. Por outro lado, se o plano de pagamentos for aprovado e homologado é proferida a sentença de declaração de insolvência, que só conterá as menções previstas no art. 36.º, 1, *a*) e *b*) (cfr. o art. 259.º, 1). Consequentemente, e por exemplo, não haverá lugar à nomeação

---

[1] Na realidade, nos arts. 251.º ss. vemos apenas feita referência à apresentação pelo devedor de um plano de pagamentos. Porém, nos arts. 264.º, 3, *b*), 4, *a*), 5, *a*) e 265.º, 1, surge antes referida a apresentação de uma proposta de plano de pagamentos. Como é necessária a aprovação pelos credores ou, sendo o caso, o suprimento dessa aprovação, parece-nos preferível falar em proposta de plano de pagamentos até que essa proposta seja aprovada pelos credores ou seja suprida essa aprovação, nos termos legais. No entanto, para não baralhar o leitor que confronte este texto com o teor do CIRE, manteremos, em regra, os termos usados na lei. O regime do plano de pagamentos terá encontrado inspiração no *Schuldenbereinigungsplan* da *InsO* (v. § 305, (1), 4).

[2] Assim é designado no art. 263.º, que determina o seu processamento por apenso ao processo de insolvência.

UM CURSO DE DIREITO DA INSOLVÊNCIA

de administrador da insolvência, à apreensão de bens[3], à abertura do incidente de qualificação da insolvência ou à liquidação. Aquela mesma sentença de declaração de insolvência não é objeto de «qualquer publicidade ou registo» (art. 259.º, 5). Assim, o que começou por ser um incidente do processo de insolvência acaba por conduzir a uma simplificação considerável deste último[4].

O que foi dito mostra também que o regime do plano de pagamentos revela diferenças consideráveis relativamente ao regime da exoneração do passivo restante. Com efeito, a exoneração do passivo restante tem lugar após a declaração de insolvência e não afeta o conteúdo da sentença de declaração de insolvência. Além disso, está prevista a publicidade de muitos atos, aí se incluindo a do despacho de exoneração (cfr. os arts. 240.º, 2, 57.º e 247.º). O próprio requerimento da exoneração do passivo restante não impede a nomeação de administrador da insolvência, a apreensão de bens ou a abertura do incidente de qualificação da insolvência. E, sobretudo, não impede a liquidação dos bens do devedor. Mas, como veremos, nem todos os devedores que podem requerer a exoneração do passivo restante podem apresentar plano de pagamentos.

2. Quem pode apresentar um plano de pagamentos

2.1. Em geral

O plano de pagamentos só pode ser apresentado pelo devedor. No entanto, esse devedor tem que ser pessoa singular não titular da exploração de empresa nos três anos anteriores ao início do processo de insolvência ou pessoa

---

[3] Deve no entanto ser ponderada a possibilidade de adoção de medidas cautelares, nos termos do art. 255.º, 3. As medidas cautelares previstas no art. 31.º estão pensadas para os casos em que há justificado receio da prática de atos de má gestão. Mas sempre se pode perguntar se é apenas nesses casos que tais medidas são admissíveis. É que mesmo que a sentença de declaração de insolvência seja proferida nos termos do art. 259.º, 1, não «se produzem quaisquer dos efeitos que normalmente correspondem à declaração de insolvência» (art. 39.º, 7, a)). Se o devedor não é abrangido pelo disposto no art. 249.º (não é pessoa singular ou, sendo-o, é titular de empresa que não é pequena), deve ser tido em conta o regime da administração da massa insolvente pelo devedor, de acordo com o previsto nos arts. 223.º e ss.. Mas tal regime pressupõe, entre outras coisas, que na massa insolvente esteja compreendida uma empresa.

[4] Considerando estarmos perante um processo simplificado de insolvência, José Alberto Vieira, «Insolvência de não empresários e titulares de pequenas empresas», cit., p. 252.

PLANO DE PAGAMENTOS

singular titular da exploração de pequena empresa (art. 249.º, 1). O devedor é titular da exploração de pequena empresa se, tendo aquela exploração, não tiver dívidas laborais, não tiver mais do que 20 credores e o respetivo passivo global não ultrapassar 300.000 euros.

2.2. A apresentação por marido e mulher

Se marido e mulher apresentarem o pedido de declaração de insolvência ou o processo for instaurado contra ambos, é necessário que cada um deles seja não empresário ou titular de pequena empresa (art. 249.º, 2). Os arts. 264.º--266.º dizem respeito à insolvência de ambos os cônjuges mas só são aplicáveis se estiverem preenchidos os requisitos previstos no art. 249.º. Se marido e mulher se apresentaram à insolvência ou se corre contra ambos um processo de insolvência instaurado por terceiro, a proposta de plano de pagamentos deve em regra ser formulada conjuntamente pelos cônjuges (art. 264.º, 4, *b*))[5].

No entanto, esta última exigência não abrange o caso previsto no art. 264.º, 5: o de, correndo contra ambos os cônjuges um processo de insolvência instaurado por terceiro, ser apresentada por um dos cônjuges oposição ao pedido de declaração de insolvência. Quando assim seja, o outro cônjuge pode na mesma apresentar um plano de pagamentos. Nesse caso, o incidente de aprovação do plano de pagamentos corre em paralelo com o processo de insolvência que segue os trâmites contra o cônjuge que deduziu oposição ao pedido de declaração de insolvência. O processo de insolvência apenas corre contra o cônjuge que deduziu oposição ao pedido de declaração de insolvência porque, relativamente ao cônjuge que apresentou a proposta de plano de pagamentos, o processo estará eventualmente suspenso, nos termos do art. 255.º, 1, parte final.

Contudo, o incidente de aprovação do plano de pagamentos só poderá avançar para lá da fase prevista no art. 256.º se no processo de insolvência já

---

[5] Note-se que, sendo aplicável o art. 265.º, 2 (cfr. tb. os arts. 249.º e 250.º), a proposta de pagamentos apresentada por ambos os cônjuges deve indicar, quanto a cada dívida, se pela mesma são responsáveis ambos ou se é apenas responsável um deles. Além disso, e embora o preceito não o diga, julgamos que no caso de a dívida ser da responsabilidade de apenas um dos cônjuges a proposta de plano de pagamentos deve indicar qual dos cônjuges é por ela responsável.

UM CURSO DE DIREITO DA INSOLVÊNCIA

tiver sido proferida sentença (art. 264.º, 5, *a*))[6]. Mas, se improcedeu a oposição ao pedido de declaração de insolvência, também daí se segue que a sentença de declaração de insolvência vai abranger ambos os cônjuges e extingue-se o incidente do plano de pagamentos (art. 264.º, 5, *b*)). Ou seja, depois da sentença de declaração de insolvência proferida no processo de insolvência o incidente de aprovação do plano de pagamentos prossegue... para a extinção[7]. Esta extinção do incidente de aprovação do plano de pagamentos acaba por funcionar como uma ameaça que pode levar a que não seja apresentada oposição ao pedido de declaração de insolvência.

Pelo contrário, se a oposição apresentada contra o pedido de declaração de insolvência for considerada procedente, o incidente do plano de pagamentos segue os termos até final («cumprindo-se subsequentemente o disposto nos artigos 259.º ou 262.º, consoante o que for aplicável» - art. 264.º, 5, *c*)). Como a oposição procedente é a que foi deduzida por um dos cônjuges contra o pedido de declaração de insolvência, esse cônjuge não será declarado insolvente. Relativamente ao cônjuge que apresentou o plano de pagamentos, os termos do incidente de aprovação do plano de pagamentos são os que estudaremos a seguir. Pode dizer-se desde já que, como vimos, e por força do teor do art. 255.º, 1, parte final, o processo de insolvência estará suspenso relativamente ao apresentante do plano de pagamentos. Se o plano de pagamentos for aprovado e homologado por sentença transitada, segue-se a sentença de declaração de insolvência, com conteúdo limitado (art. 259.º, 1). Se o plano de pagamentos não é aprovado ou, sendo-o, a sentença de homologação é revogada em via de recurso, o processo de insolvência retoma os seus termos com a sentença de declaração de insolvência, nos termos do art. 262.º.

2.3. O art. 250.º e a apresentação de plano de insolvência

O preenchimento dos requisitos previstos no art. 249.º, 1, tem não só a consequência de permitir ao devedor apresentar um plano de pagamentos como também impede que no processo de insolvência seja aprovado ou homologado

---

[6] Criticando o facto de, ainda assim, se avançar tanto no processo, CARVALHO FERNANDES/ JOÃO LABAREDA, *Código da Insolvência e da Recuperação de Empresas anotado*, cit., p. 911.
[7] Considerando a solução «radical», CARVALHO FERNANDES/JOÃO LABAREDA, *Código da Insolvência e da Recuperação de Empresas anotado*, cit., p. 911.

PLANO DE PAGAMENTOS

um plano de insolvência[8] ou que a administração da massa insolvente seja assegurada pelo devedor (art. 250.º). Aliás, do art. 223.º também decorre que essa administração da massa pelo devedor só é admissível se houver na massa uma empresa. Isto vale para as pessoas singulares e para outros devedores.

3. Momento da apresentação

O devedor que se apresenta à insolvência pode apresentar o plano de pagamentos juntamente com a petição inicial (art. 251.º). Se o devedor não se apresentou à insolvência, deve o ato de citação do devedor pessoa singular conter a indicação de que pode apresentar um plano de pagamentos em alternativa à contestação. Essa apresentação deve ter lugar, justamente, no prazo fixado para a contestação (art. 253.º).

Não é claro se o devedor pode apresentar a contestação e, juntamente com ela, um plano de pagamentos, caso declare na contestação que a apresentação deste último tem lugar como alternativa para o caso de a contestação não ser procedente. Tendemos a dizer que não. Com efeito, o que está previsto na lei

---

[8] Nesse sentido, cfr. o Ac. RC de 28.04.2010 (Relatora: Judite Pires), Proc. n.º 523/09.6TBAGD--C.C1, o Ac. RP de 21.03.2011 (Relator: Mendes Coelho), Proc. n.º 306/09.3TBMBR.P1, Ac. RL de 03.07.2012 (Relatora: Conceição Saavedra), Proc. n.º 2843/11.0TBTVD-B.L1-7, CARVALHO FERNANDES/JOÃO LABAREDA, «Regime particular da insolvência dos cônjuges», *Coletânea de estudos sobre a insolvência*, cit., p. 316. Com outra leitura, CARVALHO FERNANDES/JOÃO LABAREDA, *Código da Insolvência e da Recuperação de Empresas anotado*, cit., p. 879, JOSÉ ALBERTO VIEIRA, «Insolvência de não empresários e titulares de pequenas empresas», cit., p. 256. Este último autor entende que o art. 250.º vale para os processos de insolvência «em que haja sido aprovado um plano de pagamentos», o que não tem correspondência na lei. Os processos de insolvência abrangidos pelo capítulo em causa (art. 250.º) são aqueles a que é aplicável o mesmo capítulo: e estes são, por sua vez, os que estão abrangidos pelo art. 249.º. O autor defende também que a solução que propõe decorre do art. 262.º: «malograda a aprovação do plano de pagamentos o processo de insolvência segue a sua tramitação geral. Ora, isso só pode significar que todo o restante regime da insolvência fica disponível». Mas não parece que a referência à tramitação geral só possa significar isso. Em bom rigor, nem o plano de insolvência, nem a administração da massa pelo devedor integram sequer a «tramitação geral». Além disso, e sobretudo, o art. 262.º não remete para a alegada «tramitação geral»: o que se lê no preceito é que, se o plano de pagamentos não é aprovado ou a sentença de homologação é revogada em via de recurso, «são logo retomados os termos do processo de insolvência [...]». Convenhamos que é coisa diferente.

UM CURSO DE DIREITO DA INSOLVÊNCIA

é a apresentação do plano de pagamentos ou, em alternativa, a apresentação da contestação[9].

Não podemos deixar de sublinhar que o art. 253.º é o resultado de má técnica legislativa. Desde logo pela sua localização, tornando enganoso o art. 251.º. Além disso, faz pouco sentido estabelecer o prazo para a apresentação do plano de pagamentos e o seu caráter alternativo à contestação apenas a propósito do conteúdo da citação do devedor pessoa singular... Em bom rigor, o art. 253.º não chega a estabelecer o prazo para a apresentação do plano de pagamentos nem aquele caráter alternativo: só estabelece o conteúdo da citação!

Com efeito, essa citação deve indicar a possibilidade de apresentação do plano de pagamentos em alternativa à contestação e no prazo em que esta deve ser apresentada se o devedor pessoa singular preenche «algum»[10] dos pressupostos do art. 249.º, 1. A citação também deve advertir o devedor para o facto de a apresentação o plano de pagamentos envolver a confissão da situação de insolvência (art. 252.º, 4)[11]. Além disso, a citação deve advertir o devedor para a impossibilidade de beneficiar da exoneração do passivo restante se, ao apresentar o plano de pagamentos, não declarar que pretende a

---

[9] Pronunciando-se contra a apresentação do plano de pagamentos «a título subsidiário», CARVALHO FERNANDES/JOÃO LABAREDA, *Código da Insolvência e da Recuperação de Empresas anotado*, cit., p. 886; não admitindo também a possibilidade de apresentar contestação com caráter subsidiário, LUÍS MARTINS, *Recuperação de pessoas sngulares*, cit.., p. 196.

[10] Certamente a lei tem em vista os pressupostos das als. *a*) e *b*) do art. 249.º, 1, vendo em cada alínea um pressuposto.

[11] Como muito bem notam CARVALHO FERNANDES/JOÃO LABAREDA, *Código da Insolvência e da Recuperação de Empresas anotado*, cit., p. 883, a localização deste n.º 4 não faz qualquer sentido. Não só porque o art. 252.º surge dedicado ao conteúdo do plano de pagamentos, como também porque o pedido de declaração de insolvência formulado por quem não é o devedor apenas surge previsto no art. 253.º. Os mesmos autores mostram a falta de atenção do legislador também porque este se esqueceu de que, sendo a declaração de insolvência requerida por quem não é o devedor, não pode essa declaração ter lugar com fundamento na existência de uma situação de insolvência iminente. Como se lê no art. 3.º, 4, a insolvência iminente é equiparada à insolvência atual quando é o devedor que se apresenta à insolvência. E por força do disposto no art. 28.º a apresentação do devedor à insolvência já implica o reconhecimento por aquele da sua situação de insolvência. No caso de a declaração de insolvência ter sido pedida por quem não é o devedor, essa declaração não pode ter lugar com base na situação de insolvência iminente. Contudo, o art. 252.º, 4, estabelece que a apresentação do plano de pagamentos também envolve confissão da situação de insolvência «ao menos iminente».

PLANO DE PAGAMENTOS

exoneração se o plano de pagamentos não for aprovado (art. 254.º). Tenha-se, porém, em atenção que nem todas as pessoas singulares que podem recorrer à exoneração do passivo restante têm aberta a possibilidade de apresentar plano de pagamentos.

Se o devedor é casado, deve ter em atenção que a parte final do art. 264.º, 2, estabelece que, depois de iniciado o incidente de aprovação de plano de pagamentos, a intervenção do consorte ali prevista só é admitida «no caso de o plano não ser aprovado ou homologado»[12]. Por outro lado, se os cônjuges apresentarem uma proposta de plano de pagamentos num processo de insolvência instaurado contra um deles mas em que o outro se apresentou à insolvência nos termos do art. 264.º, 2, também daí se segue que tal apresentação conduz à suspensão de outros processos de insolvência que tenham sido anteriormente instaurados apenas contra aquele que ali se apresentou. Isto, desde que nesses outros processos não tenha sido declarada a insolvência do apresentante (cfr. o art. 264.º, 3, *b*)).

4. Conteúdo do plano de pagamentos. Os anexos

O devedor que pretende apresentar um plano de pagamentos não pode ignorar o teor do art. 252.º, que versa sobre o conteúdo daquele plano. Além disso, obriga a que o plano de pagamentos seja acompanhado de vários anexos.

No que diz respeito ao conteúdo, a lei não estabelece um elenco taxativo das medidas que podem ser previstas no plano de pagamentos. É isso que resulta da utilização da palavra «designadamente» contida no art. 252.º, 2[13]. No entanto, é também aí que vemos enumeradas várias medidas: a) Moratórias; b) Perdões; c) Constituição de garantias reais; d) Extinções, totais ou parciais, de garantias reais ou de privilégios creditórios; e) Programa calendarizado de pagamentos; f) Pagamento numa só prestação; g) Medidas de qualquer natureza a adotar pelo devedor que sejam suscetíveis de melhorar a respetiva situação patrimonial. A alienação, arrendamento e locação de bens, não estando expressamente previstos no art. 252.º, 2, podem ser especialmente interessantes pela liquidez que geram.

---

[12] Naturalmente, há que ter em conta também o art. 249.º.
[13] As escolhas devem igualmente ter em conta as eventuais vantagens fiscais associadas. Cfr. os arts. 268.º e ss..

UM CURSO DE DIREITO DA INSOLVÊNCIA

O que importa sublinhar é que essas medidas devem surgir no âmbito de uma *proposta de satisfação dos direitos dos credores*, que deve acautelar devidamente os interesses destes e ter em conta a situação do devedor (art. 252.º, 1). Como veremos melhor mais adiante, o plano de pagamentos está dependente da aprovação dos credores ou do suprimento da aprovação nos termos do art. 258.º, pelo que o devedor tem que elaborar o plano de pagamentos tendo em conta os interesses daqueles que irão determinar o destino do plano e sem apresentar propostas que sejam irrealistas perante a sua própria situação. Acima de tudo, o plano de pagamentos é... um plano de pagamentos! E o devedor não pode descurar o conteúdo do plano porque, desde logo, o próprio juiz pode logo dar por encerrado o incidente se considerar que se afigura «altamente improvável que o plano de pagamentos venha a merecer aprovação» (art. 255.º, 1). Além disso, o teor do plano de pagamentos será também verificado pelo juiz se for requerido o suprimento da aprovação de credores, nos termos do art. 258.º, 1.

Como plano de pagamentos que é, deve referir a quem esses pagamentos serão efetuados. O plano de pagamentos pode inclusivamente abranger créditos cuja existência ou montante não sejam reconhecidos pelo devedor. Nesse caso, o plano deve também prever que os montantes para a liquidação dos mesmos serão depositados junto de intermediário financeiro e que, uma vez dirimida a controvérsia, tais montantes serão entregues aos titulares ou repartidos pelos restantes credores, consoante o caso (art. 252.º, 3).

Em certos casos, pode ser dada ao devedor a possibilidade de alterar o plano de pagamentos. De acordo com o art. 256.º, 4, após as observações que os credores apresentem acerca do plano pode ser concedido ao devedor um prazo de 5 dias (para alterar o plano de pagamentos, parece) se isso for considerado conveniente perante aquelas mesmas observações ou para que seja obtido o acordo quanto ao pagamento das dívidas (mas o preceito deixa dúvidas quanto ao sentido da alternativa).

Quando o processo de insolvência diz respeito a marido e mulher, nos termos do art. 264.º (cfr. tb. o art. 249.º), a proposta de plano de pagamentos deve, em regra, ser apresentada conjuntamente por ambos os cônjuges (art. 264.º, 4, *b*); mas v. tb. o art. 264.º, 5). Essa proposta deve indicar, «quanto a cada dívida, se a responsabilidade cabe aos dois ou a um só dos cônjuges» (art. 265.º, 1).

Para além do plano de pagamentos, o devedor deve ainda entregar vários anexos, que acompanham o plano (art. 252.º, 5). Enumeremo-los: a) Declaração de que o devedor preenche os requisitos contidos no art. 249.º; b) Relação dos bens disponíveis do devedor e dos seus rendimentos; c) Sumário com o conteúdo essencial da relação mencionada (resumo do ativo); d) Relação por ordem alfabética dos credores que indique os respetivos endereços[14]; e) Declaração de que são verdadeiras e completas as informações prestadas.

Esses anexos constam, em regra, de modelo aprovado por portaria do Ministro da Justiça. Só assim não será quando se verifique «manifesta inadequação ao caso concreto» (art. 252.º, 6). E, embora tais anexos devam acompanhar o plano de pagamentos, o art. 252.º, 8, permite que, se assim não acontecer, o devedor seja notificado pelo tribunal para os apresentar no prazo fixado, após o que se considera que desiste da apresentação do próprio plano de pagamentos.

O art. 252.º, 7, determina a apresentação de duas cópias do plano de pagamentos e dos seus anexos[15]. Uma das cópias destina-se ao arquivo do tribunal e a outra fica na secretaria judicial para consulta dos interessados. No caso de se tratar de documentos digitalizados, a própria secretaria extrai as cópias referidas para os mesmos efeitos.

Em bom rigor, o art. 252.º, 7, apenas menciona a apresentação de cópias. Mas, evidentemente, não teria sentido só apresentar cópias e não apresentar o original. As cópias acompanham o original, segundo nos parece[16].

5. Despacho liminar de encerramento

Uma vez apresentado o plano de pagamentos com os respetivos anexos, o juiz deve, em primeiro lugar, verificar se estão preenchidos os pressupostos previstos no art. 249.º: isto é, deve verificar se o devedor é pessoa singular e é não empresário ou titular de pequena empresa[17]. Se não estiverem preenchidos, o juiz não

---

[14] Não parece necessário que os endereços sejam apresentados por ordem alfabética... dos endereços. O devedor pode ter a tentação de ocultar algum ou alguns credores. Mas deve ter presente, antes de assim decidir, o teor do art. 261.º, 2

[15] Defendendo, com razão, a aplicação do art. 26.º, 3, CARVALHO FERNANDES/JOÃO LABAREDA, *Código da Insolvência e da Recuperação de Empresas anotado*, cit., p. 891.

[16] Cfr. tb. CARVALHO FERNANDES/JOÃO LABAREDA, *Código da Insolvência e da Recuperação de Empresas anotado*, cit., p. 885.

[17] Considerando que nesta fase o juiz deve controlar a verificação dos requisitos do art. 249.º, CARVALHO FERNANDES/JOÃO LABAREDA, *Código da Insolvência e da Recuperação de Empresas anotado*, cit., p. 888.

UM CURSO DE DIREITO DA INSOLVÊNCIA

deve admitir o plano de pagamentos e os anexos[18] e o incidente será encerrado. Mas, nesse caso, o processo de insolvência não será abrangido pelo capítulo relativo à insolvência de não empresários e de titulares de pequenas empresas (art. 250.º) e serão aplicáveis as disposições relativas ao plano de insolvência.

Se estão cumpridos os pressupostos do art. 249.º, então o juiz aprecia liminarmente o plano de pagamentos e os anexos, nos termos do art. 255.º, 1. Essa apreciação pode logo levá-lo a concluir que é «altamente» improvável que o plano de pagamentos venha a ser aprovado[19]. Nesse caso, o juiz dá por encerrado o incidente, não sendo admissível recurso da decisão[20]. Como não há então suspensão do processo de insolvência e prosseguindo este os seus termos, é logo proferida sentença de declaração de insolvência. Lembre-se, a propósito, que a apresentação do plano de pagamentos «envolve confissão de insolvência» (art. 252.º, 4). Se é encerrado o incidente, é evidente que o plano de pagamentos não é aprovado. Terá então utilidade, também aqui, a declaração do devedor, ao apresentar o plano de pagamentos, de que pretende a exoneração do passivo restante no caso de o plano não ser aprovado (art. 254.º)[21].

Se o juiz, antes de fazer a apreciação prevista no art. 255.º, 1, se apercebe de que falta algum dos anexos referidos no art. 252.º, 5, deve primeiro mandar notificar o devedor para fornecer no prazo fixado os elementos omitidos. No caso de o devedor não os fornecer, considera-se que desiste da apresentação do plano de pagamentos. Se os apresenta, segue-se a apreciação exigida pelo art. 255.º, 1[22].

---

[18] Lembrando o art. 207.º, 1, *a*), Carvalho Fernandes/João Labareda, *Código da Insolvência e da Recuperação de Empresas anotado*, cit., p. 888.

[19] No preceito em causa lê-se «merecer aprovação». Parece, no entanto, que a apreciação do juiz deve incidir sobre a probabilidade ou não de o plano vir a ser aprovado. O plano até pode «merecer» aprovação e não ser aprovado.

[20] Parece-nos que a irrecorribilidade só abrange os casos em que o juiz conclui que se «afigura altamente» improvável a aprovação do plano de pagamentos, já não dizendo respeito às situações em que não estão preenchidos os pressupostos do art. 249.º e que levam à não admissão do plano de pagamentos.

[21] Chamando a atenção para isso mesmo, Carvalho Fernandes/João Labareda, *Código da Insolvência e da Recuperação de Empresas anotado*, cit., p. 889. Mas, se estiverem preenchidos os pressupostos do art. 249.º, não será admissível a aprovação de um plano de insolvência, ao contrário do que parecem defender aqueles autores.

[22] Parecendo ter outra leitura, Ana Conceição, «Disposições específicas da insolvência de pessoas singulares no Código da Insolvência e Recuperação de Empresas», cit., p. 43.

PLANO DE PAGAMENTOS

6. Despacho de suspensão do processo de insolvência

Se o juiz não conclui que é altamente improvável que o plano de pagamentos venha a ser aprovado[23] e estão preenchidos os pressupostos do art. 249.º, determina a suspensão do processo de insolvência, suspensão essa que se mantém até que seja tomada a decisão sobre o incidente do plano de pagamentos (parte final do art. 255.º, 1). Essa suspensão não prejudica, no entanto, a possibilidade de adoção de medidas cautelares (art. 255.º, 3).

A suspensão do processo de insolvência não impede que o incidente de aprovação do plano de pagamentos prossiga os seus termos, como é evidente. Aquela suspensão mostra, no entanto, que nos casos em que o devedor apresentou o plano de pagamentos com a sua petição inicial a sentença de declaração de insolvência não vai ser proferida até ao 3.º dia útil seguinte ao da distribuição da petição inicial (art. 28.º).

Estando suspenso o processo de insolvência, também não foi proferida sentença de declaração de insolvência. Logo, também não se produziram os efeitos processuais daquela sentença.

7. A notificação ou citação dos credores

No caso de o juiz suspender o processo de insolvência, os credores são chamados a tomar posição sobre o plano de pagamentos apresentado pelo devedor. Porém, é necessário distinguir entre o credor que tenha apresentado a petição inicial com o requerimento da declaração de insolvência do devedor e os outros credores. Se o processo de insolvência se iniciou a requerimento de

---

[23] O § 306, Abs. (1), da *InsO* determina que o tribunal mande prosseguir o processo se ficar convencido de que o plano não será aprovado («nach seiner freien Überzeugung der Schuldnerbereinigungsplan voraussichtlich nicht angenommen wird»). HUGO GROTTE, «§ 306», in KLAUS WIMMER (her.), *Frankfurter Kommentar zur Insolvenzordnung*, cit., Rn. 12, afirma que «voraussichtlich» significa que, mediante a apreciação de todos os fatores relevantes para a decisão de prognose (*Prognoseentscheidung*), o plano deve ser recusado quando o seu malogro seja mais provável do que o seu «não-malogro» (*wenn sein Scheitern wahrscheinlicher ist als sein Nichtscheitern*). Assim, o regime do CIRE parece permitir obter mais facilmente a suspensão. No entanto, na Alemanha a suspensão decorre da lei (não é necessária decisão do juiz, embora esteja definido um prazo para a suspensão; a decisão do juiz será necessária para o prosseguimento do processo).

um credor, este será notificado do plano de insolvência. Os restantes credores serão citados por carta registada (art. 256.º, 2).

A notificação e a citação serão acompanhadas de cópia do plano de pagamentos e do resumo do ativo. Se o plano de pagamentos e o resumo do ativo foram apresentados em suporte digital, é a própria secretaria que extrai as cópias necessárias para o efeito. Caso contrário, a secretaria notifica primeiro o devedor para juntar em cinco dias o número de cópias necessário para entregar aos credores mencionados no anexo devido (art. 256.º, 1).

A notificação ou citação dos credores devem necessariamente indicar o que é exigido pelo art. 256.º, 2.

Em primeiro lugar, exige a lei que a notificação ou citação indiquem que os credores têm 10 dias para se pronunciarem sobre o plano de pagamentos e que, não o fazendo, se tem por conferida a sua adesão ao plano (art. 256.º, 2, *a*)).

Além disso, terão que indicar que os credores devem, também naquele prazo de 10 dias, «corrigir as informações relativas aos seus créditos constantes da relação apresentada pelo devedor» e que, se o não fizerem, «em caso de aprovação do plano», serão havidas «como aceites tais informações e perdoadas quaisquer outras dívidas cuja omissão não seja por esse credor devidamente reportada». Logo, os credores terão que analisar com muito cuidado o que constar daquela relação, pois podem ver perdoadas outras dívidas do devedor para com eles se não «reportarem» devidamente a omissão.

Por fim, exige ainda o art. 256.º, 2, que a notificação ou citação indiquem que os demais anexos ao plano (os que não foram enviados com a notificação ou citação) estão disponíveis para consulta na secretaria do tribunal.

As notificações e citações acima referidas permitem iniciar um eventual período de negociações entre os credores e o devedor. Negociações que poderiam ser mais frutuosas se realizadas presencialmente[24].

8. A tomada de posição pelos credores

No prazo de 10 dias de que dispõe para se pronunciar sobre o plano de pagamentos, o credor pode:

---

[24] Dando conta de que alguns tribunais promovem essa reunião «à margem da lei», ANA CONCEIÇÃO, «Disposições específicas da insolvência de pessoas singulares no Código da Insolvência e Recuperação de Empresas», cit., p. 47.

630

PLANO DE PAGAMENTOS

a) Corrigir informações relativas aos seus créditos constantes da relação apresentada pelo devedor, e designadamente contestando a natureza, montante ou outros elementos do seu crédito tendo em conta os termos da configuração pelo devedor (art. 256.º, 2, *b*), e 256.º, 3);

b) Invocar a existência de outros créditos de que seja titular (art. 256.º, 3);

c) Quanto ao mais, pronunciar-se sobre o plano de pagamentos (art. 256.º, 2, *a*)) e, até, aderir expressamente ao mesmo ou recusá-lo expressamente (cfr. o art. 257.º, 2, *a*)).

A tomada de posição pelo credor (ou a sua ausência) ganha especial significado perante o teor do art. 257.º, 1. Com efeito, o plano é tido por aprovado se nenhum credor o recusar ou se houver suprimento da aprovação dos credores que o recusaram[25].

Além disso, resulta do art. 256.º, 2, *a*), que no caso de os credores notificados ou citados não se pronunciarem no prazo ali previsto considera-se «conferida a sua adesão ao plano[26]». Por outro lado, se aqueles credores se pronunciam sobre o plano mas não corrigem as «informações relativas aos seus créditos constantes da relação apresentada pelo devedor», a aprovação do plano terá como consequência serem havidas «como aceites tais informações e perdoadas quaisquer outras dívidas» cuja omissão não tenha sido por eles «devidamente reportada» (art. 256.º, 2, *b*)). Ou seja: se um credor que consta da relação de credores é citado nos termos do art. 256.º, 2, e não invoca a existência de um crédito de que é titular mas que não consta do plano de pagamentos, a aprovação desse plano leva a que se considerem «perdoadas» as dívidas cuja omissão não seja «devidamente reportada» pelo credor.

---

[25] Cfr., com semelhanças, o § 308, Abs. 1, da *InsO*. Quanto aos processos particulares de insolvência abrangidos pelo art. 295.º, este dispõe, na sua al. *a*), que o plano de insolvência e de pagamentos só podem ser homologados pelo juiz se forem aprovados por todos os credores afetados quando prevejam uma dação em pagamento, uma moratória, um perdão ou outras modificações de créditos sobre a insolvência. Há que ter em conta, porém, o art. 275.º.

[26] Cfr., com regime semelhante, o § 307, Abs. 2, da *InsO* (mas o prazo inicial para os credores se pronunciarem é maior). Também ali a falta de tomada de posição no prazo devido vale como acordo (*Einverständnis*). Referindo-se a uma *Fiktion der Zustimmung*, Claus Ott/Mihai Vuia, «§ 307», in Hans-Peter Kirchoff/Horst Eidenmüller/Rolf Sturner (her), *Münchener Kommentar jur Insolvenzordnung*, Bd. 3, cit., Rn. 11. Falando também de uma ficção, Hugo Grotte, «§ 307», in Klaus Wimmer (her.), *Frankfurter Kommentar zur Insolvenzordnung*, cit., Rn. 13.

A aprovação do plano de pagamento, se ocorrer, terá lugar antes da declaração de insolvência, ao contrário do que se passa nos casos em que é aprovado um plano de insolvência. E, como é compreensível, os credores estarão mais disponíveis para aprovarem o plano de pagamentos se puderem confiar no cumprimento do que for estabelecido no plano.

Como vimos, o conteúdo do plano de pagamentos pode ser muito variado. O credor pode querer tomar posição, designadamente, sobre propostas de «moratórias, perdões, constituições de garantias, extinções, totais ou parciais, de garantias reais ou privilégios creditórios existentes», etc., etc..

A *recusa expressa* do plano é considerada *oposição* ao mesmo (art. 257.º, 2, *a*)). E também é considerada oposição ao plano de pagamentos a *contestação* que o credor apresenta quanto à *natureza, montante ou outros elementos* dos seus créditos relacionados pelo devedor ou a *invocação da existência de outros créditos* nos casos em que o devedor não aceita essa contestação (art. 257.º, 2, *b*)).

O art. 257.º, 3, estabelece que não «são abrangidos pelo plano de pagamentos os créditos que não hajam sido relacionados pelo devedor». Contudo, este regime não abrange os casos em que o credor invocou a existência de outros créditos e o devedor declarar que modifica nesses termos a sua relação de créditos (art. 256.º, 3).

Embora o art. 256.º não o esclareça, o art. 258.º, 1, mostra que cada credor pode pronunciar-se sobre os créditos dos restantes[27]. Poderá, por exemplo, suscitar dúvidas legítimas quanto à veracidade ou completude da relação de créditos apresentada pelo devedor (art. 258.º, 1, *c*)).

Isto mesmo nos permite dizer que ao pronunciar-se sobre o plano de pagamentos o credor pode logo apresentar argumentos que devem levar o juiz a recusar o suprimento da aprovação dos credores (art. 258.º, 1, als. *a*) a *c*)).

Não sendo possível ouvir algum titular de crédito relacionado pelo devedor por «ato» que não seja imputável àquele, o crédito em causa não é abrangido pelo plano de pagamentos (art. 257.º, 3).

Se todos os credores se opuserem ao plano de pagamentos, o plano não obtém aprovação e não é possível o suprimento previsto no art. 258.º. Com efeito, este suprimento só é admitido quando o plano de pagamentos tiver

---

[27] Chamando a atenção para isso mesmo, CARVALHO FERNANDES/JOÃO LABAREDA, *Código da Insolvência e da Recuperação de Empresas anotado*, cit., p. 893.

sido aceite «por credores cujos créditos representem mais de dois terços do valor total dos créditos relacionados» (art. 258.º, 1).

Mas se apenas algum ou alguns credores se opuserem ao plano de pagamentos, é necessário verificar se é possível o suprimento da aprovação, nos termos do art. 258.º. Se é possível o suprimento e esse tem lugar, o plano é tido por aprovado (art. 257.º, 1).

No entanto, o suprimento não pode ter lugar se o plano de pagamentos não tiver sido aceite «por credores cujos créditos representem mais de dois terços do valor total dos créditos relacionados» (art. 258.º, 1). Quando se verifique essa hipótese, o plano de pagamentos não é aprovado.

Carvalho Fernandes e João Labareda dizem-no de forma lapidar: «a aprovação implica uma *unanimidade* dos credores, quer diretamente expressa quer por suprimento judicial»[28].

E se não há aprovação do plano de pagamentos, são retomados («logo») os termos do processo de insolvência, sendo proferida a sentença de declaração de insolvência (art. 262.º).

9. A notificação ao devedor para declarar se modifica ou não a relação dos créditos

Se algum credor contestou a natureza, montante ou outros elementos do seu crédito nos termos apresentados pelo devedor, o art. 256.º, 3, estabelece que o devedor *deve* ser notificado para, em 10 dias, tomar posição, declarando se modifica ou não a relação dos créditos. Essa tomada de posição é extremamente importante.

Com efeito, depois de apresentada aquela contestação pelos credores o plano de pagamentos só abrange os créditos cuja existência seja em seguida reconhecida pelo devedor. Se subsistir divergência quanto ao montante, o plano de pagamentos apenas abrange os créditos na parte aceite pelo devedor (art. 256.º, 3, *a*)).

---

[28] Carvalho Fernandes/João Labareda, *Código da Insolvência e da Recuperação de Empresas anotado*, cit., p. 895.

UM CURSO DE DIREITO DA INSOLVÊNCIA

Se for exata a indicação feita pelo devedor mas subsistir divergência quanto a outros elementos, aquele reconhecimento dos créditos pelo devedor também é necessário para que esses créditos sejam abrangidos pelo plano de pagamentos[29] (art. 256.º, 3, *b*)). A «divergência quanto a outros elementos» parece ser a divergência quanto a elementos diferentes do montante.

Porém, do art. 257.º, 2, *b*), consta que, se o devedor não aceitou a contestação do credor quanto à *natureza*, montante ou *outros elementos* dos seus créditos relacionados ou quanto à invocação da existência de outros créditos, entende-se que aquele credor se opõe ao plano de pagamentos.

Vamos supor que um credor contesta a natureza ou outros elementos do seu crédito (mas não o montante). Vamos supor também que o devedor reconhece o crédito mas subsiste divergência «quanto a outros elementos» diferentes do montante do crédito. Num caso destes, deve entender-se que o devedor reconhece a existência do crédito e o mesmo é abrangido pelo plano, nos termos do art. 256.º, 3, *b*). E, na verdade, o credor contestou a natureza ou outros elementos dos seus créditos relacionados pelo devedor, não tendo este aceite essa contestação (subsiste a divergência). Entende-se, assim, que aquele credor se opõe ao plano de pagamentos (art. 257.º, 2, *b*)).

10. A notificação ao devedor para modificar o plano de pagamentos

As considerações feitas pelos credores no prazo devido podem justificar que o juiz conceda ao devedor a oportunidade de modificar o plano de pagamentos. Porém, essa modificação terá que ser considerada conveniente «em face das observações dos credores ou com vista à obtenção de acordo quanto ao pagamento das dívidas». A modificação do plano deverá então ser apresentada no prazo de cinco dias (art. 256.º, 4). Não se vê grande vantagem em prever dois prazos diferentes: um, de 10 dias, no art. 256.º, 3, e outro, de cinco dias, no art. 256.º, 4. Mas, tendo em conta o teor da lei, se a notificação para a declaração prevista no art. 256.º, 3, e a notificação para modificar o plano de pagamentos permitida pelo art. 256.º, 4, forem efetuadas na mesma data, parece que os

---

[29] José ALBERTO VIEIRA, «Insolvência de não empresários e titulares de pequenas empresas», cit., p. 259, parece sustentar coisa diferente quanto aos casos em que subsiste divergência quanto a outros aspetos que não o montante do crédito.

634

PLANO DE PAGAMENTOS

prazos correm em simultâneo. E, como é lógico, um (o de cinco dias) termina antes do outro (o de 10 dias)[30].

11. A notificação aos credores relativamente às modificações ou aos acrescentos previstos no art. 256.º, 3 e 4

Se o devedor modificar a relação dos créditos nos termos do art. 256.º, 3, ou modificar o plano de pagamentos de acordo com o art. 256.º, 4, tais modificações ou acrescentos serão notificados «quando necessário» aos credores para que estes se pronunciem novamente. Embora o art. 256.º, 5, não estabeleça diretamente o prazo para que essa pronúncia tenha lugar, a verdade é que também resulta do mesmo que, se os credores nada dizem no prazo de 10 dias, entende-se que mantêm a sua posição. Assim, o prazo para a pronúncia acaba por ser o de 10 dias.

12. O «novo pronunciamento» dos credores

Recebida a notificação relativa às modificações ou acrescentos referidos no art. 256.º, 3 e 4, os credores podem pronunciar-se novamente quanto à adesão ao plano. Se nada disserem no prazo de 10 dias, deverá entender-se que mantêm a sua posição (art. 256.º, 5)[31].

Este regime deixa muitas dúvidas. Desde logo, não é claro qual é que pode ser o âmbito do «novo pronunciamento». Os credores apenas podem dizer *se aderem ou não ao plano* com as modificações ou acrescentos? Ou, pelo contrário, podem pronunciar-se nos termos previstos no art. 256.º, 2 e 3? Tendo em conta que as modificações ou acrescentos podem repercutir-se no plano de pagamentos no seu conjunto, pensamos que os credores devem poder pronunciar-se sobre o plano modificado ou acrescentado. Podem ainda pronunciar-se sobre as modificações e os acrescentos. E podem corrigir as informações relativas aos seus créditos se os erros ou omissões de que deram conhecimento no primeiro pronunciamento se mantiverem, designadamente contestando mais uma vez a natureza, montante ou outros elementos dos

---

[30] Com leitura diferente, ANA CONCEIÇÃO, «Disposições específicas da insolvência de pessoas singulares no Código da Insolvência e Recuperação de Empresas», cit., p. 45, nt. 29.
[31] Este *ping-pong* tem semelhanças com o regime do § 307 da *InsO*.

635

seus créditos e invocando agora também a existência de outros créditos de que sejam titulares.

Mas, se no momento em que o primeiro pronunciamento (o previsto no art. 256.º, 2 e 3) deve ter lugar o credor nada diz sobre as informações relativas aos seus créditos constantes da relação apresentada pelo devedor (e designadamente não contesta a natureza, montante ou outros elementos do seu crédito tal como configurados pelo devedor, nem invoca a existência de outros créditos de que seja titular), então parece que não pode fazê-lo no «novo pronunciamento».

Por outro lado, também não é facilmente compreensível o sentido do segmento «entendendo-se que mantêm a sua posição os credores que nada disserem [...]» no que diz respeito aos casos em que os credores não se pronunciaram sobre a versão inicial do plano de pagamentos. Com efeito, decorre do art. 256.º, 2, *a*), que a falta de pronúncia no prazo de 10 dias quanto à versão inicial leva a que se tenha por conferida a adesão ao plano. Quando assim seja, o credor não chegou a tomar uma posição. Poderá dizer-se então que, se o credor não se pronunciou quanto à versão inicial do plano de pagamentos e também não se pronunciou sobre a adesão ao plano se houve modificações ou acrescentos, é razoável continuar a entender-se que se tem por conferida a adesão ao plano.

13. Os titulares de créditos não incluídos na relação anexa ao plano e o prosseguimento de outro processo de insolvência contra o devedor

Se está pendente um processo de insolvência, deve em regra ser ordenada a suspensão da instância noutros processos de insolvência instaurados por outros requerentes contra o mesmo devedor cujas petições iniciais tenham dado entrada em juízo posteriormente. É o que resulta do art. 8.º, 2.

Porém, nos casos em que no primeiro processo de insolvência foi apresentado um plano de pagamentos, isso não impede que prossiga contra o mesmo devedor outro processo de insolvência instaurado por titulares de créditos não incluídos na relação anexa ao plano (cfr. o art. 261.º, 2, primeira parte)[32].

---

[32] José ALBERTO VIEIRA, «Insolvência de não empresários e titulares de pequenas empresas», cit., p. 262, admite também que os credores que não constem da relação de créditos requeiram a intervenção principal no incidente de aprovação do plano de pagamentos.

PLANO DE PAGAMENTOS

Esse mesmo regime é também aplicável se, após o decurso do prazo previsto no art. 256.º, 3, continua a existir divergência quanto ao montante ou a outros elementos do crédito de um titular de crédito relacionado pelo devedor. Isto é, agora estamos perante um titular de crédito incluído pelo devedor na relação anexa ao plano que, no entanto, contesta o montante ou outros elementos do respetivo crédito apresentados pelo devedor e não vê a sua posição aceite pelo devedor no prazo mencionado no art. 256.º, 3. A pendência do processo em que foi apresentado o referido plano de pagamentos não obsta ao prosseguimento do outro processo de insolvência que aquele titular de crédito tenha instaurado contra o devedor. Trata-se, agora, da solução contida no art. 261.º, 3. Porém, nesse outro processo[33], a insolvência só será declarada se o requerente fizer prova da incorreção da identificação do crédito efetuada pelo devedor.

14. O suprimento da aprovação dos credores

14.1. Pressupostos gerais. A necessidade de aprovação por credores titulares de créditos com uma certa importância relativa e de requerimento

No art. 258.º está prevista a possibilidade de suprimento, em certos termos, da aprovação dos «demais credores»[34].

O suprimento da aprovação dos credores pelo tribunal pressupõe que o plano de pagamentos não tenha sido aceite por todos os credores mas tenha sido aceite por credores titulares de créditos que representem mais de dois terços do valor total dos créditos relacionados pelo devedor. Além disso, esse suprimento tem que ser requerido.

Os credores que aceitaram o plano de pagamentos são tanto aqueles que o fizeram ao pronunciarem-se sobre o plano, como aqueles que, notificados

---

[33] Com efeito, lê-se na parte final do art. 261.º, 3, que «a insolvência não será declarada neste processo sem que o requerente faça prova da incorreção da identificação efetuada pelo devedor». O processo em causa («neste processo») não parece ser aquele em que foi apresentado o plano de pagamentos mas sim o outro.

[34] Para um regime semelhante, v. o § 309 da *InsO* («*Ersetzung der Zustimmung*»), Referindo-se tratar-se de um regime que tem por fim neutralizar uma *Strategie der "Obstruktion"*, CLAUS OTT/MIHAI VUIA, «§ 309», in HANS-PETER KIRCHOFF/HORST EIDENMÜLLER/ROLF STURNER (her), *Münchener Kommentar jur Insolvenzordnung*, Bd. 3, cit., Rn. 1.

UM CURSO DE DIREITO DA INSOLVÊNCIA

ou citados para o efeito, nada disseram no prazo de 10 dias (art. 256.º, 2, *a*)[35]). Os créditos relacionados pelo devedor que devem ser considerados abrangem aqueles que foram relacionados por ele com a apresentação do plano (cfr. o art. 252.º, 5, *d*)) e aqueles que o devedor aceita depois do pronunciamento dos credores (art. 256.º, 3)[36].

Se o plano de pagamentos foi aceite por todos os credores ou se foi aceite por credores titulares de créditos que não representem mais de dois terços do valor total dos créditos relacionados pelo devedor, o juiz não pode suprir a aprovação dos credores. O mesmo deve dizer-se quando o requerimento é apresentado por quem não tem legitimidade para tal.

14.2. Quem pode requerer

De acordo com o art. 258.º, 1, apenas o devedor ou algum dos credores que aceitou o plano de pagamentos pode requerer o suprimento da aprovação dos credores. Isto parece valer também para os casos abrangidos pelo art. 258.º, 3.

No entanto, o art. 258.º não prevê em que termos tem lugar esse requerimento. Desde logo, nada é dito quanto ao prazo de apresentação do mesmo e ao momento a partir do qual o prazo começa a correr.

O devedor e os credores que aceitaram o plano de pagamentos devem ser colocados em posição de poderem apresentar o requerimento com o pedido de suprimento da aprovação dos credores, o que, na nossa opinião, pressupõe a notificação para o efeito. A alternativa de notificar cada um dos pronunciamentos dos credores é mais complexa e pode gerar maior incerteza. Tanto mais que a primeira das alternativas permite que o pedido de suprimento seja efetuado relativamente a todos os oponentes. Feita aquela notificação, começa a correr o prazo para a apresentação do requerimento. Mas qual é esse prazo? Parece que será o prazo geral para os atos das partes previsto no CPC[37].

---

[35] Com efeito, a adesão ao plano referida no art. 256.º, 2, *a*), não parece ser coisa diferente da aceitação.

[36] Assim também, CARVALHO FERNANDES/JOÃO LABAREDA, *Código da Insolvência e da Recuperação de Empresas anotado*, cit., p. 896.

[37] Considerando também aplicável o prazo geral previsto no CPC para os atos das partes, JOSÉ ALBERTO VIEIRA, «Insolvência de não empresários e titulares de pequenas empresas», cit., p. 265.

PLANO DE PAGAMENTOS

Não sendo apresentado o requerimento para o suprimento da aprovação dos credores, o plano não obtém aprovação. São, assim, «logo» retomados os termos do processo de insolvência com a sentença que declara a insolvência (art. 262.º). Mas se o devedor, quando apresentou o plano de pagamentos, declarou pretender a exoneração do passivo restante no caso de o plano não ser aprovado (art. 254.º), isso deve ser tido em consideração no andamento processual.

14.3. Pressupostos dependentes de avaliação em concreto pelo juiz

O juiz pode suprir a aprovação dos credores nos casos previstos no art. 258.º, 1 e 3. Comecemos pelo disposto nesse n.º 1.

Em primeiro lugar, o CIRE exige que o juiz compare duas situações: de um lado, aquela em que, *com o plano de pagamentos*, ficará qualquer um dos credores relacionados que *não aceitaram* esse plano (os oponentes); do outro, aquela situação em que esses mesmos credores ficariam *se o processo de insolvência prosseguisse com liquidação da massa insolvente e com a exoneração do passivo restante* se esta tiver sido requerida pelo devedor «em condições de ser concedida».

Para fazer essa comparação, o julgador deverá considerar que as circunstâncias do devedor se manteriam idênticas. Realizada a comparação, o juiz poderá suprir a aprovação se concluir que aqueles credores que *não aceitaram* o plano não sofrem *com este* uma desvantagem económica superior à que para eles resultaria da segunda situação referida (art. 258.º, 1, *a*))[38].

Além disso, o juiz terá também que concluir que os credores oponentes não sofrem um *tratamento discriminatório injustificado* com o plano de pagamentos[39]. O tratamento discriminatório será aceitável se for justificável. Para se concluir que há ou não tratamento discriminatório é necessário fazer comparações, evidentemente.

Por fim, é necessário que os credores oponentes não suscitem ao julgador *dúvidas legítimas no que diz respeito à veracidade ou completude da relação de créditos* apresentada pelo devedor, caso essas dúvidas tenham reflexos na adequação

---

[38] Carvalho Fernandes/João Labareda, *Código da Insolvência e da Recuperação de Empresas anotado*, cit., p. 897, lembram que o processo de insolvência está suspenso e, por isso, a tarefa do juiz é «ingrata». Com regime próximo, v. o § 309, Abs. (1), 2 da *InsO*.
[39] Também o § 309, Abs. 1, 1, da *InsO*, contém uma norma semelhante (mas não idêntica).

UM CURSO DE DIREITO DA INSOLVÊNCIA

do tratamento dispensado aos referidos oponentes (art. 258.º, 1, *c*)). Assim, se os credores oponentes questionam a relação de créditos quanto à respetiva veracidade ou completude, as dúvidas suscitadas no espírito do juiz podem também levá-lo a duvidar da adequação do tratamento dispensado àqueles credores. No entanto, o que for decidido pelo juiz a esse propósito «não envolve decisão sobre a efetiva existência, natureza, montante e demais características dos créditos controvertidos» (art. 258.º, 2)[40].

Porém, e segundo o art. 258.º, 3, o juiz pode sempre suprir a aprovação do credor que apenas se limitou a impugnar a identificação do crédito e não adiantou elementos relativamente à configuração do mesmo. Se pode «sempre» suprir aquela aprovação, isso significa, na nossa opinião, que pode supri-la mesmo quando conclua que não se verifica alguma das situações previstas nas alíneas do art. 258.º, 1. Já não parece possível que o juiz possa suprir a aprovação se o plano de pagamentos não foi aceite por credores cujos créditos representem mais de dois terços do valor total dos créditos relacionados pelo devedor ou se o suprimento não foi requerido.

14.4. A decisão do juiz quanto ao requerimento de suprimento da aprovação dos credores

14.4.1. Indeferimento

O juiz deve indeferir o requerimento de suprimento da aprovação dos credores se considerar que não se verifica alguma das situações referidas nas várias alíneas do art. 258.º, 1. Deve igualmente indeferir o requerimento se o plano de pagamentos não foi aceite por credores cujos créditos representem mais de dois terços do valor total dos créditos relacionados pelo devedor ou se o requerimento não foi apresentado por algum dos credores que aceitou o plano ou pelo devedor. E embora o art. 258.º não o diga, não parece que o suprimento possa ter lugar quanto a um acordo nulo por violação de normas imperativas.

---

[40] E isso é importante porque, recusado o suprimento, o plano de pagamentos não obtém aprovação e o processo de insolvência retoma o seu andamento. Proferida sentença de declaração de insolvência, esta fixa o prazo para a reclamação de créditos.

PLANO DE PAGAMENTOS

A decisão que indefira o pedido de suprimento não admite recurso (art. 258.º, 4). E se o pedido de suprimento foi indeferido, o plano de pagamentos não foi aprovado. São, por isso, retomados os termos do processo de insolvência através da prolação e sentença de declaração de insolvência (art. 262.º).

14.4.2. Deferimento

Não se verificando qualquer fundamento para indeferir o requerimento, o juiz «pode» suprir a aprovação dos demais credores (embora se possa questionar em que termos quanto aos créditos tributários).

Como o art. 258.º, 4, apenas exclui a possibilidade de recorrer da decisão que indefira o pedido de suprimento, deve considerar-se admissível o recurso da decisão que defira esse pedido. Mas deve então ser interposto igualmente recurso da sentença de homologação do plano de pagamentos, pois o trânsito em julgado dessa e da sentença de declaração da insolvência «determina o encerramento do processo de insolvência» (art. 259.º, 4)[41].

15. A sentença de homologação do plano de pagamentos. A recusa de homologação

O plano aprovado está sujeito a homologação pelo juiz, que deve ter em conta, designadamente, o regime dos créditos tributários. Considera-se aprovado o plano que não tenha sido recusado por qualquer credor ou aquele que teve a aprovação dos credores que se opuseram suprida por decisão judicial nos termos legais (cfr. o art. 257.º, 1).

A homologação do plano de pagamentos tem lugar através de sentença (art. 259.º, 1) e esta é notificada apenas aos credores que constam da relação fornecida pelo devedor (art. 259.º, 2) e ao devedor[42]. A sentença de homo-

---

[41] Chamando a atenção para o art. 259.º, 4, CARVALHO FERNANDES/JOÃO LABAREDA, *Código da Insolvência e da Recuperação de Empresas anotado*, cit., p. 898. Porém, os autores consideram que «o ataque ao suprimento tem de ser feito através da impugnação da decisão homologatória do plano de pagamentos».

[42] CARVALHO FERNANDES/JOÃO LABAREDA, *Código da Insolvência e da Recuperação de Empresas anotado*, cit., p. 899 e s...

UM CURSO DE DIREITO DA INSOLVÊNCIA

logação do plano de pagamentos não está sujeita a publicidade ou registo (art. 259.º, 5).

A sentença de homologação do plano de pagamentos pode ser objeto de recurso ou de embargos, que podem ser apresentados cumulativamente[43]. No entanto, só podem recorrer ou opor-se por embargos os credores que, não tendo aceitado o plano de pagamentos, viram a sua aprovação suprida (cfr. ainda o art. 259.º, 3).

Se a sentença de homologação do plano de pagamentos for revogada em via de recurso, o art. 262.º determina que são retomados os termos do processo de insolvência com a sentença de declaração de insolvência. Com efeito, mesmo que não seja interposto recurso da sentença de homologação do plano de pagamentos a sentença de declaração de insolvência só será proferida após o trânsito em julgado da primeira (art. 259.º, 1).

Embora o art. 262.º mande retomar os termos do processo de insolvência nas hipóteses nele descritas, há que lembrar, entre outras coisas, que o devedor pode ter declarado pretender a exoneração do passivo restante na hipótese de o plano não ser aprovado, de acordo com o preceituado no art. 254.º. Se essa declaração do devedor teve lugar, deverá ser aberto o incidente de exoneração do passivo restante[44].

O art. 259.º, 1, limita-se a dizer que o «juiz homologa o plano de pagamentos aprovado nos termos dos artigos anteriores por meio de sentença», mas isto não pode significar que essa homologação tenha lugar sem quaisquer outras averiguações[45]. Não é concebível que o juiz homologue, pura e simplesmente, um plano de pagamentos que, pelo seu conteúdo, viole normas imperativas[46]. Certamente que o juiz terá feito a apreciação do conteúdo da proposta do plano de pagamentos nos termos impostos pelo art. 255.º, 1. Contudo, o plano aprovado por todos os credores pode já não coincidir com o que foi proposto inicialmente pelo devedor (v. o art. 256.º). Evidentemente, só estamos a tratar

---

[43] Nesse sentido, José Alberto Vieira, «Insolvência de não empresários e titulares de pequenas empresas», cit., p. 267, em texto e nt. 11.

[44] Lembrando isso mesmo, Carvalho Fernandes/João Labareda, *Código da Insolvência e da Recuperação de Empresas anotado*, cit., p. 905.

[45] Mas v., defendendo que «uma vez verificada a aprovação do plano de pagamentos, o juiz deve homologá-lo, sem mais, por meio de sentença», Carvalho Fernandes/João Labareda, *Código da Insolvência e da Recuperação de Empresas anotado*, cit., p. 899.

[46] Sendo, obviamente, de questionar mais uma vez se a homologação pode ser parcial.

PLANO DE PAGAMENTOS

da recusa da homologação do plano aprovado por todos os credores a ter em conta e não do plano que foi aprovado graças ao suprimento previsto no art. 258.º: este último plano deve ter o conteúdo controlado pelo juiz no momento em que se pronuncia sobre o pedido de suprimento.

16. A sentença de declaração de insolvência

Uma vez transitada em julgado a sentença de homologação do plano de pagamentos, o juiz declara a insolvência do devedor no processo principal (art. 259.º, 1), de que é apenso o incidente de aprovação do plano de pagamentos (art. 263.º).

A sentença de declaração de insolvência contém apenas as menções previstas no art. 36.º, 1, *a*) e *b*). Assim, e designadamente, a sentença de declaração de insolvência não irá nomear administrador da insolvência, não decreta a apreensão dos bens do devedor e não declara aberto o incidente de qualificação de insolvência[47]. Além disso, o devedor «não fica privado dos poderes de administração e disposição do seu património, nem se produzem quaisquer dos efeitos que normalmente correspondem à declaração de insolvência» (art. 39.º, 7, *a*), aplicável por força do art. 259.º, 1, parte final). Isto mostra bem algumas das grandes vantagens da aprovação de um plano de pagamentos e sua homologação[48].

A sentença de declaração de insolvência é notificada aos credores que constam da relação fornecida pelo devedor (art. 259.º, 2) e ao devedor[49], e não está sujeita a publicidade ou registo (art. 259.º, 5).

---

[47] Veja-se, porém, que isso não afasta a possibilidade de, nos termos do art. 187.º, o incidente de qualificação de insolvência vir a ser eventualmente aberto noutro processo de insolvência.
[48] José Alberto Vieira, «Insolvência de não empresários e titulares de pequenas empresas», cit., p. 268, defende a aplicação do art. 88.º, 1, por analogia, quanto aos processos de execução por dívidas que hajam sido relacionadas e integrem o plano de pagamentos, os quais serão suspensos. O autor defende ainda que serão igualmente afetados «os arrestos, as penhoras, os arrolamentos efectuados ou outras providências decretadas a favor de credores relacionados» e que os credores incluídos na relação de créditos «ficam igualmente impedidos de instaurar novos processos de execução relativamente a créditos que constem dessa relação».
[49] Carvalho Fernandes/João Labareda, *Código da Insolvência e da Recuperação de Empresas anotado*, cit., p. 899 e s..

Só os credores cuja aprovação tenha sido eventualmente suprida é que podem reagir, através de embargos ou recurso, contra a sentença de declaração de insolvência (art. 259.º, 3). Se a sentença de declaração de insolvência for revogada, daí resulta «também» a ineficácia do plano de pagamentos (art. 259.º, 3, parte final).

Uma vez transitada em julgado a sentença de homologação do plano de pagamentos e a sentença de declaração de insolvência, o processo de insolvência é encerrado (art. 259.º, 4), não havendo lugar a publicidade ou registo da decisão de encerramento (art. 259.º, 5).

17. Encerramento do processo de insolvência

A sentença de homologação do plano de pagamentos é proferida no incidente de aprovação do plano de pagamentos, que corre por apenso ao processo de insolvência (art. 263.º). E só depois de transitada em julgado essa sentença de homologação é que será proferida a sentença de declaração de insolvência no processo de insolvência. Após o trânsito em julgado de ambas as sentenças, o juiz declara encerrado o processo de insolvência (art. 259.º, 4). Neste caso, o processo de insolvência não prossegue depois da declaração de insolvência[50].

18. A sentença de homologação do plano de pagamentos e o pedido de declaração de insolvência noutro processo

Uma vez proferida a sentença de homologação do plano de pagamentos, não podem, em regra, os titulares de créditos constantes da relação anexa àquele plano pedir a declaração de insolvência do devedor noutro processo.

No entanto, essa regra conhece as exceções previstas no art. 261.º, 1. A primeira que surge aí indicada é a que se verifica quando há incumprimento do plano nos termos do art. 260.º. A isso voltaremos.

A segunda exceção ocorre quando aqueles titulares de créditos provarem que os seus créditos «têm um montante mais elevado ou características mais favoráveis do que as constantes daquela relação». Com efeito, e apesar de os

---

[50] Pelo contrário, o art. 230.º diz respeito a casos em que o processo de insolvência prossegue após a declaração de insolvência. Chamando também a atenção para este aspeto, CARVALHO FERNANDES/JOÃO LABAREDA, *Código da Insolvência e da Recuperação de Empresas anotado*, cit., p. 900.

PLANO DE PAGAMENTOS

credores poderem contestar a natureza, montante ou outros elementos dos seus créditos (art. 256.º, 3), também é verdade que isso não afasta necessariamente a aprovação do plano de pagamentos. Embora a lei considere que se opõem ao plano os credores que «por forma não aceite pelo devedor, tenham contestado a natureza, montante ou outros elementos dos seus créditos relacionados pelo devedor [...]» (art. 257.º, 2, *b*)), a possibilidade de suprimento da aprovação dos credores que não aceitaram o plano não pode ser esquecida.

Em terceiro lugar, surgem os casos em que os credores são titulares de créditos «não incluídos na relação, total ou parcialmente, e que não se devam ter por perdoados, nos termos do n.º 3 do artigo 256.º» (ou melhor, nos termos do n.º 2, *b*), do art. 256.º, pois é nessa alínea que é referida a hipótese de perdão de dívidas[51]). Para que não tenha lugar esse perdão, é necessário que o credor tenha «reportado» a omissão de outra ou outras dívidas. E, então, ou o devedor aceita, no todo ou em parte, essa invocação da existência de outros créditos, ou não a aceita. Daí que no art. 261.º, 1, *c*), nos apareça a menção aos «créditos não incluídos na relação, total ou parcialmente». Também aqui, não se pode esquecer que a lei considera que se opõem ao plano de pagamentos os credores que, por forma não aceite pelo devedor, tenham invocado a existência de outros créditos (art. 257.º, 2, *b*), parte final). Mais uma vez, a possibilidade de suprimento da aprovação dos credores que não aceitaram o plano não pode ser esquecida.

Como se vê, ou está em causa o incumprimento do plano de pagamentos, ou o credor invoca algo que não foi tido em conta na relação anexa ao plano de pagamentos. Só por isso já teria motivos para querer pedir a declaração de insolvência noutro processo. E lembre-se ainda que o «trânsito em julgado das sentenças de homologação do plano de pagamentos e de declaração da insolvência determina o encerramento do processo de insolvência» (art. 259.º, 4). Além do mais, a sentença de declaração de insolvência proferida após o trânsito em julgado da sentença de homologação do plano de insolvência tem um conteúdo bastante limitado (cfr. o art. 259.º, 1), podendo o credor ter interesse em que no novo processo de insolvência o juiz profira sentença de declaração de insolvência com o conteúdo previsto no art. 36.º.

---

[51] Carvalho Fernandes/João Labareda, *Código da Insolvência e da Recuperação de Empresas anotado*, cit., p. 904.

UM CURSO DE DIREITO DA INSOLVÊNCIA

19. A sentença de declaração de insolvência e os outros processos de insolvência instaurados pelos titulares de créditos não incluídos na relação anexa ao plano

Em regra, a declaração de insolvência num processo de insolvência que corra contra um devedor implica o dever de suspender a instância nos outros processos de insolvência que corram contra o mesmo devedor. Se aquela sentença de declaração de insolvência transitar em julgado, a instância considera-se extinta naqueles outros processos de insolvência. E isto é assim independentemente da data das entradas em juízo das petições iniciais. Tudo isto pode ser comprovado pela leitura do art. 8.º, 4.

Porém, a declaração de insolvência no processo em que foi homologado plano de pagamentos por sentença transitada em julgado (art. 259.º, 1) *não suspende* a instância nos outros processos de insolvência instaurados contra o mesmo devedor por titulares de créditos não incluídos na relação anexa ao plano[52]. O trânsito em julgado daquela sentença de declaração de insolvência também *não extingue a instância* naqueles outros processos de insolvência. O regime exposto resulta do art. 261.º, 2.

Esse mesmo regime é também aplicável se, após o decurso do prazo previsto no art. 256.º, 3, continua a existir divergência quanto ao montante ou a outros elementos do crédito de um titular de crédito relacionado pelo devedor. Isto é, agora estamos perante um titular de crédito incluído pelo devedor na relação anexa ao plano que, no entanto, contesta o montante ou outros elementos do respetivo crédito apresentados pelo devedor e não vê a sua posição aceite pelo devedor no prazo mencionado no art. 256.º, 3. Se for proferida a sentença de declaração de insolvência no processo em que foi apresentado o plano de pagamentos, isso não suspende nem extingue a instância do outro processo de insolvência que aquele titular de crédito tenha instaurado contra o devedor. Trata-se, agora, da solução contida no art. 261.º, 3. Porém, nesse

---

[52]   O art. 261.º, 2, começa por estabelecer que o seu regime derroga o disposto no art. 8.º. Como o n.º 4 deste art. 8.º é aplicável «independentemente da prioridade temporal das entradas em juízo das petições iniciais», tudo leva a crer que é assim também quanto à parte final do art. 261.º, 2.

PLANO DE PAGAMENTOS

outro processo[53] a insolvência só será declarada se o requerente fizer prova da incorreção da identificação do crédito efetuada pelo devedor[54].

20. Incumprimento do plano de pagamentos

O art. 260.º tem por epígrafe «Incumprimento». No entanto, o mesmo apenas tem em vista os casos em que o incumprimento se traduz numa das hipóteses previstas no art. 218.º, 1.

Assim, o art. 260.º diz antes de mais respeito aos casos em que o devedor se constituiu em mora quanto a um crédito previsto no plano, desde que a prestação, acrescida dos juros moratórios, não seja cumprida no prazo de 15 dias após interpelação por escrito feita pelo credor. Quando assim aconteça, a moratória ou o perdão previstos no plano de pagamentos ficam sem efeito quanto aos créditos em relação aos quais o devedor se constituiu em mora.

Além disso, o art. 260.º também abrange aqueles outros casos em que o devedor foi declarado insolvente noutro processo de insolvência. Se assim for, a moratória ou o perdão que o plano de pagamentos preveja ficam sem efeito em relação a todos os créditos.

O art. 218.º, 2, não é aplicável aos casos acima referidos porque restringe a aplicação do número que o antecede aos créditos reconhecidos pela sentença de verificação de créditos ou por outra decisão judicial. Mas nenhuma dessas situações ocorreu no incidente de aprovação do plano de pagamentos[55].

As consequências previstas no art. 260.º dizem respeito aos créditos dos titulares relacionados no anexo ao plano de pagamentos, como decorre do art. 261.º, 1. Porém, aquelas consequências podem ser afastadas pelo plano de pagamentos através de disposição expressa em sentido diverso.

---

[53] Com efeito, lê-se na parte final do art. 261.º, 3, que «a insolvência não será declarada neste processo sem que o requerente faça prova da incorreção da identificação efetuada pelo devedor». O processo em causa («neste processo») não parece ser aquele em que foi apresentado o plano de pagamentos mas sim o outro. Assim também, José Alberto Vieira, «Insolvência de não empresários e titulares de pequenas empresas», cit., p. 271.

[54] Como alerta José Alberto Vieira, «Insolvência de não empresários e titulares de pequenas empresas», cit., p. 272, o regime previsto no art. 261.º, 2 e 3, «pode vir a gerar um conflito de regulações que o CIRE não resolve».

[55] Assim, Carvalho Fernandes/João Labareda, *Código da Insolvência e da Recuperação de Empresas anotado*, cit., p. 901.

UM CURSO DE DIREITO DA INSOLVÊNCIA

O incumprimento do plano de pagamentos nos termos identificados no art. 260.º permite aos titulares de créditos constantes da relação anexa ao plano de pagamentos homologado judicialmente requerer a declaração de insolvência do devedor noutro processo (art. 261.º, 1, *a*)).

Como é evidente, no art. 260.º ficam por regular muitos outros casos de possível incumprimento do plano de pagamentos. Aliás, e como resulta do art. 252.º, 2, o plano de pagamentos não tem sequer que conter moratórias ou perdões. Mas também é verdade que, embora o art. 260.º apenas contenha referência à possibilidade de o plano de pagamentos dispor em sentido diverso quanto à moratória ou ao perdão, não estará aparentemente excluída a possibilidade de fazer dele constar outros aspetos quanto ao regime que deve valer em caso de incumprimento[56].

Não parece estar afastado que o credor possa intentar uma ação executiva tendo como título executivo a sentença homologatória[57]. Além disso, o incumprimento de obrigações previstas em plano de pagamentos, se verificados os requisitos indicados no art. 20.º, 1, *f*), permite que os sujeitos ali referidos requeiram nova declaração de insolvência do devedor.

---

[56] José ALBERTO VIEIRA, «Insolvência de não empresários e titulares de pequenas empesas», cit., p. 269.

[57] Admitindo essa possibilidade, José ALBERTO VIEIRA, «Insolvência de não empresários e titulares de pequenas empresas», cit., p. 269. O autor admite, inclusivamente, que o plano de pagamentos seja resolvido, nos termos do art. 801.º, 2. Relativamente à sentença homologatória do plano de pagamentos como título executivo, cfr. o art. 233.º, 1, *c*).

CAPÍTULO XVIII
Insolvência de ambos os cônjuges

1. Introdução

O CIRE contém nos arts. 264.º-266.º um conjunto de normas dirigidas aos processos em que está em causa a insolvência de ambos os cônjuges[1]. Esses preceitos surgem inseridos num Capítulo que se inicia no art. 249.º. Ora, como se lê nesse mesmo artigo, o regime contido no Capítulo em causa é aplicável se o devedor, para além de ser pessoa singular, não é empresário ou titular de pequena empresa (tal como esta é entendida no CIRE).

E, na verdade, o art. 249.º, 2, acrescenta que nos casos em que marido e mulher se apresentam à insolvência ou em que o processo é instaurado contra ambos, nos termos do art. 264.º, as exigências previstas no n.º 1 do art. 249.º têm que se verificar relativamente a cada cônjuge[2].

---

[1] Deverá ser tido em conta o disposto no art. 5.º da L 9/2010, de 31.5, quanto ao género dos cônjuges. Lembrando isso mesmo, MARIA DO ROSÁRIO EPIFÂNIO, *Manual de direito da insolvência*, cit., p. 336, nt. 1115.

[2] A redação do art. 249.º, 2, deixa dúvidas quanto aos casos em que o processo de insolvência foi instaurado contra um dos cônjuges e o outro pretende apresentar-se à insolvência nesse processo nos termos do art. 264.º, 2. É que então nem se apresentaram ambos os cônjuges à insolvência, nem o processo foi instaurado contra ambos. A isto voltaremos.

UM CURSO DE DIREITO DA INSOLVÊNCIA

2. Apresentação conjunta de ambos os cônjuges à insolvência

Em regra, cada processo de insolvência diz respeito a um único devedor. Casos há em que é possível a apensação de processos de insolvência. Assim, e no que diz respeito às pessoas singulares casadas, o art. 86.º, 1, prevê a possibilidade de apensação aos autos, a requerimento do administrador de insolvência, de processos de insolvência em que tenha sido declarada a insolvência do cônjuge se não estiverem casados no regime de separação de bens.

Verificados certos pressupostos, é ainda possível que ambos os cônjuges se apresentem em conjunto à insolvência (coligação ativa)[3]. Será assim quando ambos estejam em situação de insolvência e não estejam casados no regime de separação de bens. Isto, naturalmente, para além dos requisitos previstos no art. 249.º.

Se ambos os cônjuges se apresentarem à insolvência, a sentença de declaração de insolvência também será única e nela se aprecia a situação de insolvência dos dois (art. 264.º, 4, *a*)).

Havendo interesse nisso, a proposta de plano de pagamentos entregue deve ser formulada conjuntamente pelos cônjuges (art. 264.º, 4, *b*)). Como ambos se apresentaram à insolvência conjuntamente, não tem aqui lugar a aplicação do art. 264.º, 5: se ambos se apresentaram à insolvência, não pode um deles opor-se ao pedido de declaração de insolvência.

3. Processo de insolvência instaurado contra ambos os cônjuges por terceiro

O processo de insolvência pode ser instaurado contra ambos os cônjuges (coligação passiva) se estes não estiverem casados em regime de separação de bens desde que ambos sejam responsáveis perante o requerente da declaração de insolvência e ambos preencham os requisitos estabelecidos no art. 249.º.

Se o processo de insolvência foi instaurado contra ambos os cônjuges, a sentença de declaração de insolvência aprecia a situação de insolvência dos

---

[3] Admitindo também a coligação ativa superveniente, CARVALHO FERNANDES/JOÃO LABAREDA, «Regime particular da insolvência dos cônjuges», *Coletânea de estudos sobre a insolvência*, cit., p. 317.

650

INSOLVÊNCIA DE AMBOS OS CÔNJUGES

dois e uma proposta de plano de pagamentos deve ser formulada conjuntamente pelos cônjuges (art. 264.º, 4, *a*) e *b*)).

Porém, essa proposta de plano de pagamentos já não tem que ser apresentada por ambos os cônjuges se um deles se opõe ao pedido de declaração de insolvência. Aliás, seria contraditório. É que a apresentação do plano de pagamentos envolve confissão da situação de insolvência pelo devedor, como resulta do art. 252º, 4.

As distintas posições assumidas pelos cônjuges não afastam a possibilidade de apresentação do plano de pagamentos pelo cônjuge que não se opõe ao pedido de declaração de insolvência. Teremos, assim, um cônjuge que apresenta plano de pagamentos e que se considera que confessa a situação de insolvência e outro cônjuge que se opõe ao pedido de declaração de insolvência e que não apresenta plano de pagamentos. Quando assim seja, correm em paralelo, de um lado, o incidente de aprovação do plano de pagamentos e, do outro, o processo de declaração de insolvência contra o cônjuge que se opôs ao pedido de declaração de insolvência.

Porém, a tramitação naquele incidente de aprovação do plano de pagamentos suspende-se depois de cumprido o disposto no art. 256.º e até que seja proferida sentença no processo de insolvência que corre contra o cônjuge que se opôs à declaração da mesma (art. 264.º, 5, *a*)). Essa sentença pode dar razão à oposição à declaração de insolvência ou não. Se a oposição à declaração de insolvência é considerada improcedente, a sentença declara a insolvência de ambos os cônjuges e o incidente do plano de pagamentos é extinto (art. 264.º, 5, *b*)). Isso mostra que a decisão tomada por um dos cônjuges de deduzir oposição ao pedido de declaração de insolvência envolve riscos para o outro que apresentou proposta de plano de pagamentos. E também permite explicar porque é que o incidente do plano de pagamentos fica suspenso depois de cumprido o disposto no art. 256.º.

Se a oposição à declaração de insolvência é considerada procedente, o cônjuge que a apresentou não será declarado insolvente. Justifica-se, assim, que o incidente do plano de pagamentos prossiga os seus termos até final a partir daí, aplicando-se o disposto no art. 259.º ou no art. 262.º, consoante os casos (art. 264.º, 5, *c*)).

4. Processo de insolvência instaurado contra um dos cônjuges e apresentação à insolvência do outro cônjuge no mesmo processo

Se o processo de insolvência foi instaurado contra um dos cônjuges apenas[4], o outro pode apresentar-se nesse mesmo processo à insolvência (coligação passiva superveniente) se estiverem verificados alguns pressupostos.

Em primeiro lugar, é necessário que o cônjuge contra quem foi instaurado o processo dê a sua anuência.

Em segundo lugar, é preciso que, tendo sido iniciado incidente de aprovação de plano de pagamentos, esse plano ainda não tenha sido aprovado ou homologado.

O art. 264.º não estabelece expressamente um prazo para a apresentação do cônjuge no processo que corre contra o outro. Pode essa apresentação ter lugar mesmo depois de o cônjuge contra quem corre o processo ter apresentado proposta de plano de pagamentos, como decorre do art. 264.º, 2. Não pode é esse plano ter sido aprovado e homologado. Mas, por outro lado, como a sentença de declaração de insolvência terá que ser proferida apreciando a situação de insolvência de ambos os cônjuges (art. 264.º, 4, *a*)), a apresentação também só pode ter lugar antes dessa sentença[5].

No entanto, há um conjunto de outros aspetos que não ficam devidamente esclarecidos pela leitura do art. 264.º, 2. Antes de mais, a letra desse preceito não revela se os cônjuges devem estar casados em regime que não seja o de separação de bens. Por outro lado, também não é claro se, perante o requerente no processo de insolvência que começou a correr contra um dos cônjuges, é ou não necessário que ambos os cônjuges sejam responsáveis perante aquele requerente. No entanto, o elemento sistemático da interpretação leva-nos a

---

[4] O processo instaurado contra um dos cônjuges é o que foi instaurado por terceiro e não aquele em que esse cônjuge se apresentou à insolvência. Essa é a leitura que o elemento sistemático da interpretação permite se lembrarmos o teor do art. 264.º, 1, pois aqui se faz a distinção entre os casos em que os cônjuges se apresentam à insolvência e aqueles em que o processo é instaurado contra ambos. Mas v., com outra leitura, CARVALHO FERNANDES/ JOÃO LABAREDA, «Regime particular da insolvência dos cônjuges», *Coletânea de estudos sobre a insolvência*, cit., p. 322.

[5] CARVALHO FERNANDES/JOÃO LABAREDA, «Regime particular da insolvência dos cônjuges», *Coletânea de estudos sobre a insolvência*, cit., p. 323.

INSOLVÊNCIA DE AMBOS OS CÔNJUGES

responder afirmativamente a ambas as questões[6]. Com efeito, o n.º 2 parece ser apenas um aditamento ao n.º 1.

Acresce ainda que não se pode considerar evidente que ambos os cônjuges tenham que ser não empresários ou apenas titulares de pequenas empresas, nos termos do art. 249.º. É que o n.º 2 deste último preceito apenas exige que os requisitos do n.º 1 se verifiquem em relação a cada um dos cônjuges se marido e mulher se apresentarem à insolvência ou se o processo for instaurado contra ambos. Ora, no caso do art. 264.º, 2, o que sucede é que o processo é instaurado contra um e o outro apresenta-se à insolvência. No entanto, é o próprio n.º 1 do art. 249.º que exige que os requisitos ali estabelecidos sejam respeitados quanto ao devedor pessoa singular para que o disposto no Capítulo em causa seja aplicável. E para o art. 264.º, 2, tanto é devedor o cônjuge contra quem o processo é instaurado como aquele que se apresenta à insolvência nesse processo.

O certo é que a apresentação à insolvência por um dos cônjuges no processo de insolvência que foi instaurado contra o outro não envolve necessariamente a confissão da situação de insolvência do cônjuge que se apresentou (art. 264.º, 3, a)). Com efeito, a lei apenas considera que a apresentação à insolvência envolve ali a confissão da situação de insolvência se também vier a ser declarada a insolvência do outro cônjuge (isto é, do cônjuge contra quem foi instaurado o processo de insolvência inicialmente[7]). Trata-se, evidentemente, de um regime diferente daquele que consta do art. 28.º.

Além disso, se o cônjuge que se apresenta à insolvência no processo de insolvência instaurado contra o outro cônjuge tem pendente contra si algum processo de insolvência que apenas contra ele foi instaurado, esse processo ficará suspenso com a apresentação à insolvência referida desde que estejam preenchidos determinados requisitos cumulativos: nesse outro processo de

---

[6] Também CARVALHO FERNANDES/JOÃO LABAREDA, *Código da Insolvência e da Recuperação de Empresas anotado*, cit., p. 908, afirmam que o n.º 2 «previne a hipótese de, sendo admissível a coligação passiva dos cônjuges, o requerente do processo o instaurar apenas quanto a um deles». Com diferente leitura, JOSÉ ALBERTO VIEIRA, «Insolvência de não empresários e titulares de pequenas empresas», cit., p. 274.

[7] Retirando daí que tal regime «exclui necessariamente a declaração de insolvência do apresentante quando a sentença rejeita a do cônjuge inicialmente requerida nos autos», CARVALHO FERNANDES/JOÃO LABAREDA, «Regime particular da insolvência dos cônjuges», *Coletânea de estudos sobre a insolvência*, cit., p. 324.

insolvência ainda não pode ter sido proferida a sentença de declaração de insolvência; a apresentação à insolvência tem que ser acompanhada da confissão expressa da situação de insolvência; e ambos os cônjuges devem apresentar uma proposta de plano de pagamentos.

Se um dos cônjuges se apresenta à insolvência no processo instaurado contra o outro nos termos do art. 264.º, 2, pode dizer-se que também aí corre contra ambos um processo de insolvência instaurado por terceiro[8]. Assim sendo, também constará da mesma sentença a apreciação da situação de insolvência de ambos os cônjuges (art. 264.º, 4, *a*)). Deve igualmente ser formulada por ambos uma eventual proposta de plano de pagamentos (art. 264.º, 4, *b*)), a menos que se verifique a oposição prevista no art. 264.º, 5. E, como um dos cônjuges se apresentou à insolvência, não será este que pode apresentar oposição. Deduzida essa oposição, seguem-se os termos definidos naquele art. 264.º, 5.

5. A proposta de plano de pagamentos e as reclamações de créditos

Se o processo de insolvência respeita a ambos os cônjuges (apresentaram-se ambos à insolvência ou o processo foi instaurado por terceiro), isso tem consequências também quanto ao conteúdo do plano de pagamentos que os cônjuges apresentem. E, como vimos, em regra a proposta de plano deve então ser apresentada conjuntamente (art. 264.º, 4, *b*)). Com efeito, decorre do art. 265.º, 1, que essa proposta deve indicar se cada dívida é da responsabilidade de um (devendo ser clarificado de qual, na nossa opinião) ou dos dois cônjuges.

Também a reclamação de créditos que qualquer credor apresente deve indicar, em relação a cada dívida, se ambos os cônjuges respondem ou se essa responsabilidade cabe apenas a um deles (e, embora a lei não o diga, a qual).

---

[8] Referindo-se também a um processo que passa a correr contra ambos os cônjuges, Carvalho Fernandes/João Labareda, «Regime particular da insolvência dos cônjuges», *Coletânea de estudos sobre a insolvência*, cit., p. 314.

INSOLVÊNCIA DE AMBOS OS CÔNJUGES

6. A lista dos credores reconhecidos e a sentença de verificação e graduação de créditos

Nos termos do art. 265.º, 1, também a lista de credores reconhecidos e a sentença de verificação e graduação de créditos devem referir se a responsabilidade por cada dívida é comum ou exclusiva de um dos cônjuges (e parece, mais uma vez, que deve ser indicado de qual).

7. Os votos na assembleia de credores

De acordo com o art. 265.º, 2, nos processos de insolvência que respeitam a marido e mulher ali em causa os votos na assembleia de credores serão conferidos pelo valor nominal dos créditos sem que se considere agora relevante se a responsabilidade pelas dívidas é de ambos os cônjuges ou exclusiva de um dos dois.

Porém, se a deliberação da assembleia de credores incide sobre bens que são próprios de um dos cônjuges, não serão admitidos a votar os titulares de créditos que sejam da responsabilidade exclusiva do outro cônjuge (art. 265.º, 3).

8. Os votos nas deliberações da comissão de credores

Se a deliberação da comissão de credores incidir sobre bens próprios de um dos cônjuges, não serão admitidos a votar os titulares de créditos que sejam da exclusiva responsabilidade do outro cônjuge (art. 265.º, 3).

9. Dívidas comuns e próprias. Inventário, manutenção e liquidação

Quando o processo de insolvência diz respeito a marido e mulher, nos termos do art. 264.º (cfr. tb. os arts. 249.º e 250.º), a reclamação de créditos indica, «quanto a cada dívida, se a responsabilidade cabe aos dois ou a um só dos cônjuges» (art. 265.º, 1).

Os bens comuns e próprios de cada cônjuge são inventariados, mantidos e liquidados separadamente (art. 266.º).

CAPÍTULO XIX
Insolvências transfronteiriças: breve apontamento

1. A insolvência de devedores com atividade plurilocalizada

A considerável abertura de um crescente número de mercados nacionais permite que o investimento transponha cada vez mais frequentemente as fronteiras de cada Estado. Essa possibilidade é fortalecida, desde logo, pelo desenvolvimento dos meios de comunicação ou de transportes e pela informática. Nesse movimento de internacionalização, as sociedades comerciais assumem papel destacado

Mas, se as coisas correm mal ou muito mal, quem expandiu as suas atividades pode ser arrastado para um processo de insolvência. Pela natureza das suas atividades, o património do devedor estará frequentemente disperso por diversos países e ele terá estabelecimentos abertos em várias regiões do Mundo.

Se o insolvente tem como estatuto pessoal a lei de um determinado Estado, interessa saber se deve ser aberto um só processo nesse Estado ou um processo em cada país onde se encontrem bens do insolvente, se no processo podem ser abrangidos os bens no exterior e que lei aplicar.

Os problemas mencionados podem ser encarados de acordo com vários princípios[1]. Por um lado, contrapõem-se os princípios da territorialidade e da universalidade. Por outro, os princípios da unidade e da pluralidade.

---

[1] Sobre o tema, cfr, com grande clareza, MICHAEL VENDER, *Cross-border insolvency proceedings and security rights*, Kluwer, Deventer, 2004, p. 85 e ss.; entre nós, cfr., por ex., LUÍS DE LIMA

UM CURSO DE DIREITO DA INSOLVÊNCIA

Se um Estado adota o princípio da territorialidade, o processo de insolvência que nele seja aberto apenas produz efeitos nesse mesmo Estado no que diz respeito ao património do devedor. E processos de insolvência abertos noutros Estados não iriam produzir efeitos no Estado que se regesse pelo referido princípio quanto aos bens do devedor situados neste último.

Pelo contrário, o princípio da universalidade conduz a que o processo de insolvência aberto no Estado que acolha tal princípio deve produzir efeitos noutros Estados quanto aos bens do devedor que aí existam. Por outro lado, na sua pureza, o princípio da universalidade deveria levar a que o Estado que o acolhe aceitasse os efeitos, quanto aos bens do insolvente, de um processo de insolvência aberto noutro Estado[2].

De acordo agora com o princípio da pluralidade, o devedor pode ficar sujeito a mais do que um processo de insolvência, designadamente quando os seus bens se encontram dispersos por dois ou mais Estados. O princípio da pluralidade não é incompatível com o princípio da universalidade, uma vez que pode eventualmente existir coordenação entre os vários processos de insolvência[3]. Por sua vez, o princípio da unidade conduz à abertura de um só processo de insolvência por devedor, processo esse que deverá abranger todos os bens do insolvente onde quer que se encontrem.

O ideal, em abstrato, seria abrir um só processo, no qual fosse aplicada uma única lei e abrangidos todos os bens e todos os credores[4]. A decisão que fosse proferida nesse processo deveria depois ser reconhecida em todos os países onde fosse necessária a produção dos seus efeitos, designadamente, naqueles onde se situassem bens da sociedade insolvente.

PINHEIRO, «O Regulamento Comunitário sobre Insolvência. I – Uma introdução», *ROA*, Dezembro, 2006, p. 1106 e ss. (igualmente publicado em *Nos 20 anos do Código das Sociedades Comerciais. Homenagem aos Profs. Doutores A. Ferrer Correia, Orlando de Carvalho e Vasco Lobo Xavier*, III, Coimbra Editora, Coimbra, 2007, p. 153 e ss.).

[2] Para outras variações, VENDER, *Cross-border insolvency proceedings and security rights*, cit., p. 86 e s.

[3] Se assim não for, podem surgir situações que justifiquem considerar o sistema da pluralidade como um «Raub-System»: cfr., sobre isto, PEDRO DE SOUSA MACEDO, *Manual de direito das falências*, cit., p. 416.

[4] Referindo-se à unicidade e à universalidade como princípios que permitiriam garantir o igual tratamento dos credores (*par conditio creditorum*), DÁRIO MOURA VICENTE, «Insolvência internacional: direito aplicável», AAVV., *Estudos em memória do Professor Doutor José Dias Marques*, Almedina, 2007, p. 83.

INSOLVÊNCIAS TRANSFRONTEIRIÇAS: BREVE APONTAMENTO

Mas até essa solução não iria satisfazer do mesmo modo todos os interesses em presença[5]. Se esse processo único fosse aberto no país do estatuto pessoal do insolvente, interessaria certamente aos respetivos trabalhadores, bem como a outros credores daquele país, que o processo de insolvência ali corresse, abrangendo todos os bens do insolvente, todos os seus credores e aplicando-se a lei do referido país.

Contudo, noutros países onde existam bens do insolvente podemos encontrar credores com direitos sobre esses mesmos bens (garantias, direitos de aquisição, etc.) que contavam com a aplicação da lei do país de localização dos bens.

E, naturalmente, o país onde se encontrem esses bens pode não ver com bons olhos a aplicação de lei diferente da sua no que diz respeito ao estatuto daqueles bens.

Na ausência de um regime que o impeça, pode haver da parte do devedor insolvente a tentação de procurar sujeitar-se à lei do país que regule o processo de insolvência da forma que lhe seja mais favorável. E pode, designadamente, movimentar os seus bens de forma a conseguir a melhor proteção para o seu património[6].

Um regime jurídico uniforme a nível mundial que resolva de forma harmónica as principais dificuldades envolvidas numa insolvência transfronteiriça não se afigura viável num horizonte próximo. No entanto, existem tentativas dirigidas à aproximação das legislações. A UNCITRAL elaborou, por um lado, uma *Model Law on Cross-Border Insolvency*, de 1997, e, por outro, o *Legislative Guide on Insolvency Law*, de 2004, este último bastante mais abrangente mas não deixando de lado o tema da insolvência transfronteiriça. Em 2010 surgiu o *Legislative Guide on Insolvency Law, Part Three: Treatment of enterprise groups in insolvency* e em 2013 o *Legislative Guide on Insolvency Law, Part Four: Directors' obligations in the period approaching insolvency* (2013).

---

[5] Sublinhando isso mesmo, DÁRIO MOURA VICENTE, «Insolvência internacional: direito aplicável», cit., p. 84 e s..

[6] Lembrando esse aspeto como um dos fatores na origem do Regulamento 1346/2000, STEFAN REINHARDT, «Verordnung (EG) Nr. 1346/2000 des Rates vom 29.5.2000 über Insolvenzverfahren. Vorbemerkungen vor Artikel 1», in HANS-PETER KIRCHOF/HORST EIDENMÜLLER/ROLF STÜRNER (her.), *Münchener Kommentar zur Insolvenzordnung*, Bd. 3, 2. Aufl., Beck (Beck-online), 2008, Rn. 17.

UM CURSO DE DIREITO DA INSOLVÊNCIA

Sob os auspícios do Conselho da Europa, foi assinada em Istambul, em 1990, a *Convention Européenne sur certains aspects internationaux de la faillite*. Porém, este texto não entrou em vigor[7]-[8].

Ao nível europeu, não pode deixar de ser mencionada a Convenção de Bruxelas relativa aos processos de insolvência (JOCE, L 6500/96), outorgada em 1995 entre 12 Estados membros da CEE, que também não entrou em vigor por não ter sido assinada pelo Reino Unido[9]. Pela proximidade de muitas formulações, aquela Convenção é bastante útil na interpretação do Regulamento 1346/2000 e do Regulamento 2015/848[10], de que falaremos a seguir[11]. Tendo em conta que este último Regulamento só será aplicável, em geral, a partir de 26 de junho de 2017, continuaremos a dar maior atenção ao Regulamento 1346/2000.

---

[7] Pode ser consultado em www.coe.int.

[8] A Convenção de Bruxelas relativa à competência judiciária e à execução de decisões em matéria civil e comercial não se aplica às falências. O mesmo acontece com o Regulamento (CE) n.º 44/2001 do Conselho, de 22 de dezembro de 2000, relativo à competência judiciária, ao reconhecimento e à execução de decisões em matéria civil e comercial JOCE, L 12, 16/1/2001, p. 1-23.

[9] Por razões relacionadas, aparentemente, com o embargo à carne de vaca: cfr. HUBER, «Internationales Insolvenzrecht in Europa – Das internationale Privat-und Verfahrensrecht der Europäischen Insolvenzordnung», *ZZP*, 2001, p. 133, nota 4. Se assim foi, então o Reino Unido provavelmente veio dar argumentos para o embargo.

[10] Regulamento (UE) 2015/848 do Parlamento Europeu e do Conselho de 20 de maio de 2015 relativo aos processos de insolvência (reformulação), publicado no JOUE, L141, de 5/6/2015. Este Regulamento, que revoga o 1346/2000, é em geral aplicável apenas a partir de 26 de junho de 2017, com as exceções previstas no seu art. 92.º. Para uma análise da proposta que conduziu ao Regulamento 2015/848, CATARINA SERRA, «Insolvência transfronteiriça – Comentários à Proposta de alteração do Regulamento europeu relativo aos processos de insolvência, com especial consideração do direito português», cit., p. 97-143, e «"Abrindo" o Regulamento europeu sobre insolvência transfronteiriça – Algumas questões sobre o âmbito de aplicação do Regulamento na perspetiva do Direito português», in João REIS/LEAL AMADO/LIBERAL FERNANDES/REGINA REDINHA, *Para Jorge Leite. Estudos Jurídicos*, Coimbra Editora, Coimbra, 2014, p. 729 e ss. Cfr. tb., com muito interesse, a Comunicação da Comissão «Uma nova abordagem europeia da falência e insolvência das empresas», de 12.12.2012.

[11] Na interpretação da Convenção de Bruxelas, tem grande interesse o Relatório Virgos/ Schmit (*Report on the Convention on Insolvency Proceedings*, Doc. do Conselho n.º 6500/96/ EN, Bruxelas, 1996 – não oficial). Sobre isto, VENDER, *Cross-border insolvency proceedings and security rights*, cit., p. 97.

2. O Regulamento CE 1346/2000, de 29 de maio, e o Regulamento 2015/848, de 20 de maio

Sentindo a necessidade de intervir para procurar resolver alguns dos problemas acima descritos, o legislador comunitário fez aprovar o Regulamento CE 1346/2000, de 29 de maio 2000 (doravante apenas Regulamento)[12], relativo a processos de insolvência que produzem efeitos transfronteiriços (Considerandos (2) e (3)).

De acordo com o Considerando (6) do Regulamento, este apenas intervém no que diz respeito «às disposições que regulam a competência em matéria de abertura de processos de insolvência e de decisões diretamente decorrentes de processos de insolvência e com eles estreitamente relacionadas», ao «reconhecimento dessas decisões e ao direito aplicável»[13]. Os processos de insolvência a que se aplica têm que determinar a inibição parcial ou total do devedor quanto à administração ou disposição de bens e a designação de um síndico (arts. 1.º, 1, e 2.º, *b*)). O Regulamento 2015/848 tem diferente teor (v. os arts. 1.º, 1 e 2.º, 1[14]).

Uma das grandes preocupações do legislador comunitário foi a de evitar o *forum shopping* que afete a igualdade das partes. Lê-se, assim, no Considerando (4): «há que evitar quaisquer incentivos que levem as partes a transferir bens ou ações judiciais de um Estado-Membro para outro, no intuito de obter uma

---

[12] Publicado no JOCE, L 160, 30/6/2000, entretanto alterado várias vezes, podendo as alterações ser consultadas em http://eur-lex.europa.eu, onde também se encontra o texto consolidado. O Regulamento não vincula a Dinamarca nem esta se encontra sujeita à sua aplicação (Considerando 33 do Regulamento). O Regulamento entrou em vigor em 31 de maio de 2002. Veja-se que o Título XIV do CIRE tem por epígrafe «Execução do Regulamento (CE) n.º 1346/2000, do Conselho, de 29 de Maio». Para reflexos do Regulamento nas decisões dos nossos tribunais, cfr., p. ex., o Ac. RP 22.4.2008, sumariado em www.processo-civil.blogspot.com, ou o Ac. RL 29.4.2008, www.dgsi.pt. O Regulamento 2015/848 também não vinculará a Dinamarca (v. Considerando 88 do mesmo).

[13] O TJUE já chegou a admitir que o Estado-Membro que tenha competência para abrir o processo também a terá quanto a «ações decorrentes diretamente desse processo e com ele estreitamente relacionadas»: cfr., sobre isto, Ana Gabriela Rocha, *Conceitos de direito europeu em matéria societária e fiscal*, Cadernos IDEFF, n.º 17, Almedina, Coimbra, 2014, p. 139. O Regulamento 2015/848 trata expressamente o tema no art. 6.º.

[14] A isto voltaremos.

UM CURSO DE DIREITO DA INSOLVÊNCIA

posição legal mais favorável (*forum shopping*)»[15] (cfr. tb. Considerando 5 do Regulamento 2015/848)[16].

O Regulamento não define, porém, um estatuto único para a insolvência internacional, nem impõe um particular processo[17]. Antes de mais, parece possível afirmar que, em regra, o Regulamento só se aplicará *quando a lei aplicável ao processo é a lei de um Estado-Membro vinculado pelo Regulamento*. Embora esta leitura possa ser encarada como discutível, julgamos ser a que se retira do art. 4.º, 1: «Salvo disposição em contrário do presente regulamento, a lei aplicável ao processo de insolvência e aos seus efeitos é a lei do Estado-Membro em cujo território é aberto o processo ( )». Para além disso, o Regulamento apenas se preocupa com os efeitos do processo de insolvência que se produzam nos Estados-Membros vinculados.

O Regulamento aplica-se a processos de insolvência[18] referentes a pessoas colectivas ou singulares, sejam elas comerciantes ou não comerciantes.

---

[15] Contudo, o objetivo de evitar o *forum shopping* não foi integralmente alcançado: cfr., p. ex., CATARINA SERRA, «Insolvência transfronteiriça – Comentários à Proposta de alteração do Regulamento europeu relativo aos processos de insolvência, com especial consideração do Direito português», cit.

[16] Com redação quase idêntica.

[17] Nos arts. 275.º e ss. do CIRE encontramos normas de conflitos «aplicáveis na medida em que não contrariem o estabelecido no Regulamento e em outras normas comunitárias ou constantes de tratados internacionais».

[18] Aos processos de insolvência referidos no art. 1.º, 1, do Regulamento: «processos coletivos em matéria de insolvência do devedor que determinem a inibição parcial ou total desse devedor da administração ou disposição de bens e a designação de um síndico». Sobre a definição de processo de insolvência, cfr. o art. 2.º, *a*), do Regulamento e a remissão para a lista do Anexo A. É fácil de ver que muita coisa fica hoje de fora. Desde logo, os processos que não determinem aquela inibição ou a designação de um «síndico». No entanto, o Regulamento 2015/848 (art. 1.º, 1) já prevê a inclusão nos processos de insolvência por ele abrangidos aqueles «processos coletivos públicos de insolvência, incluindo os processos provisórios, com fundamento na lei no domínio da insolvência, e nos quais, para efeitos de recuperação, ajustamento da dívida, reorganização ou liquidação: a) O devedor é total ou parcialmente privado dos seus bens e é nomeado um administrador da insolvência; b) Os bens e negócios do devedor ficam submetidos ao controlo ou à fiscalização por um órgão jurisdicional; ou c) Uma suspensão temporária de ações executivas singulares é ordenada por um órgão jurisdicional ou por força da lei, a fim de permitir a realização de negociações entre o devedor e os seus credores, desde que o processo no qual é ordenada a suspensão preveja medidas adequadas para proteger o interesse coletivo dos credores e, caso não seja obtido o acordo, seja preliminar relativamente a um dos processos a que se referem as alíneas a) ou b)». Mas se tais processos podem ser iniciados «em situações em que existe apenas uma probabilidade de insolvência, a sua finalidade deve

INSOLVÊNCIAS TRANSFRONTEIRIÇAS: BREVE APONTAMENTO

E aplica-se a processos de insolvência relativos a sociedades, comerciais ou não (v. tb. o Considerando 9 do Regulamento 2015/848).

O Regulamento já *não é aplicável* aos «processos de insolvência referentes a empresas de seguros e instituições de crédito, a empresas de investimento que prestem serviços que impliquem a detenção de fundos ou de valores mobiliários de terceiros, nem aos organismos de investimento coletivo» (art. 1.º, 2)[19]. Tal ficou a dever-se ao facto de tais empresas «estarem sujeitas a um regime específico e dado que, em certa medida, as autoridades nacionais dispõem de extensos poderes de intervenção» (Considerando 9; v. tb. o Considerando 19 do Regulamento 2015/848).

Para a compreensão do regime contido no Regulamento é fundamental a distinção entre processo principal de insolvência e processos secundários[20].

Assim, o processo principal de insolvência pode ser aberto no Estado-Membro «em cujo território está situado o centro dos interesses principais do devedor». É como rege o n.º 1 do art. 3.º.

Se for aberto um processo de insolvência (principal) no Estado-Membro do centro dos interesses principais do devedor, os processos de insolvência que sejam posteriormente abertos noutros Estados-Membros devem ser processos secundários[21] e de liquidação[22]: veja-se agora o n.º 3 do art. 3.º[23].

---

ser a de evitar a insolvência do devedor ou a cessação das suas atividades». Cfr. tb. o art. 2.º, 1) e 4), do Regulamento 2015/848. Realce-se que no Anexo A do Regulamento 2015/848 estão referidos, quanto a Portugal, o processo de insolvência e o PER.

[19] O art. 1.º, 2, do Regulamento 2015/848 tem redação semelhante. Porém, a sua alínea c) afasta da aplicação do Regulamento os processos de insolvência mencionados no n.º 1 referentes a empresas de investimento *e outras empresas e instituições, na medida em que estas sejam abrangidas pela Diretiva 2001/24/CE*».

[20] Essa distinção também se pode ver no art. 296.º do CIRE. De acordo com o respetivo n.º 1, o reconhecimento de processo principal de insolvência estrangeiro «não obsta à instauração em Portugal de um processo particular, adiante designado processo secundário». Cft. tb., em especial, os arts. 275.º, 288.º, 290.º e 293.º.

[21] No entanto, a falta de um sistema de publicidade a nível europeu dificultava a identificação do eventual processo principal: cfr. CATARINA SERRA, «Insolvência transfronteiriça – Comentários à Proposta de alteração do Regulamento europeu relativo aos processos de insolvência, com especial consideração do Direito português», cit., p. 104. O Regulamento 2015/848 contém vários preceitos sobre publicidade do processo de insolvência (arts. 24.º- -30.º e 78.º-83.º, em especial).

[22] O que, evidentemente, não favorece a recuperação: CATARINA SERRA, «Insolvência transfronteiriça – Comentários à Proposta de alteração do Regulamento europeu relativo aos processos

UM CURSO DE DIREITO DA INSOLVÊNCIA

Contudo, mesmo esses processos secundários só podem ser abertos no território de Estados-Membros onde o devedor possua um estabelecimento: é o que resulta do n.º 2 do art. 3.º[24]. (cfr. tb. o art. 3.º, 2, do Regulamento 2015/848). Mas, depois de aberto um processo principal num dos Estados-Membros, podem ser abertos processos secundários em todos os restantes Estados-Membros em que exista um estabelecimento do devedor[25].

de insolvência, com especial consideração do Direito português», cit., p. 124. Também aqui o Regulamento 2015/848 contém modificações: cfr. o seu art. 3.º, 3. Mesmo o processo de liquidação pode ser encerrado através de concordata ou outra medida que ponha fim à situação de insolvência: art. 2.º, c), do Regulamento. Como esclarecem CARVALHO FERNANDES/JOÃO LABAREDA, *Insolvências transfronteiriças. Regulamento (CE) n.º 1346/2000, do Conselho, de 29 de Maio de 2000 anotado*, Quid Iuris, Lisboa, 2003, p. 29, o «objetivo da al. c) do art. 2.º é, claramente, o de incluir na definição de processo de liquidação todos os processos de insolvência abrangidos pela precedente al. a) [ ], independentemente de qual seja o seu destino ou resultado final». Sobre a definição de processo de liquidação, cfr. esse último preceito e o Anexo B do Regulamento. Note-se que os processos de liquidação são menos visíveis no Regulamento 2015/848.

[23] Falando de uma «universalidade limitada», MARIA HELENA BRITO, «Falências internacionais. Algumas considerações a propósito do Código da Insolvência e da Recuperação de Empresas», *Themis*, Ed. Especial, 2005, p. 193, e «Falências internacionais», *Estudos em memória do Professor Doutor José Dias Marques*, cit., p. 657; LUÍS DE LIMA PINHEIRO, «O Regulamento Comunitário sobre Insolvência. I – Uma introdução», *ROA*, 2006, III, p. designa-o de «*sistema misto de pendor universalista*»; por seu lado, DÁRIO MOURA VICENTE, «Insolvência internacional: direito aplicável», cit., p. 91, prefere usar os termos «universalidade mitigada», já JÖRG NERLICH/VOLKER RÖMMERMANN «Verordnung (EG) Nr. 1346/2000 des Rates vom 29. Mai 2000 über Insolvenzverfahren. Vorbemerkung», in JÖRG NERLICH/VOLKER RÖMMERMANN, *Insolvenzordnung*, 26. EL, Beck (Beck-online), 2014, Rn. 11, referem-se a um Princípio de Universalidade Moderada (*Prinzip der gemäbigten Universalität*). Na doutrina italiana, optando pela expressão «universalidade limitada ou atenuada», DE CESARI, «Giurisdizione, riconoscimento ed esecuzione delle decisioni nel Regolamento comunitário relativo alle procedure di insolvenza», *RDIPP*, 2003, p. 62. Tendo em conta o n.º 3 do art. 3.º, fácil é de compreender o teor do art. 272.º, n.º 1, do CIRE: «Aberto um processo principal de insolvência em outro Estado membro da União Europeia, apenas é admissível a instauração ou prosseguimento em Portugal de processo secundário, nos termos ( )». Sobre as dificuldades de interpretação encontradas a propósito deste último preceito, cfr. CARVALHO FERNANDES/JOÃO LABAREDA, *Código da Insolvência e da Recuperação de Empresas anotado*, cit., p. 924 e s..

[24] Daí que, nos casos sujeitos ao regime do Regulamento, não tenha aplicação o n.º 2 do art. 294.º do CIRE: «Se o devedor não tiver estabelecimento em Portugal, a competência internacional dos tribunais portugueses depende de ( )». Chamando a atenção para esse aspeto, CARVALHO FERNANDES/JOÃO LABAREDA, *Código da Insolvência e da Recuperação de Empresas anotado*, cit., p. 924.

[25] Lembrando isso mesmo, CARVALHO FERNANDES/JOÃO LABAREDA, *Insolvências transfronteiriças. Regulamento (CE) n.º 1346/2000 do Conselho. Anotado*, cit., p. 39. Porém, o Regulamento

INSOLVÊNCIAS TRANSFRONTEIRIÇAS: BREVE APONTAMENTO

Para além disso, os processos secundários são assim chamados porque não podem ser abertos, em regra, antes da abertura de um processo principal. Os processos de insolvência abertos ao abrigo do disposto no n.º 2 do art. 3.º são processos territoriais (cfr. o n.º 4 do mesmo art. 3.º[26]) e os efeitos desses processos são limitados aos bens do devedor que se encontrem no território do Estado-Membro em que se situa o estabelecimento (cfr. tb. os n.ºs 2 e 4 do Regulamento 2015/848)[27].

Porém, o processo territorial ainda pode ser aberto nos termos do disposto no n.º 2 do art. 3.º apesar de não ter sido aberto o processo principal no Estado--Membro do centro dos interesses principais se, de acordo com o n.º 4 do art. 3.º: «*a)* Não for possível abrir um processo de insolvência ao abrigo do n.º 1 em virtude das condições estabelecidas pela legislação do Estado-Membro em cujo território se situa o centro dos interesses principais do devedor; *b)* A abertura do processo territorial de insolvência for requerida por um credor que tenha residência habitual, domicílio ou sede no Estado-Membro em cujo território se situa o estabelecimento, ou cujo crédito tenha origem

---

2015/848 prevê, nos arts. 36.º e 38.º, a possibilidade de, em certos casos, ser suspensa a abertura ou recusada a abertura de processo secundário. No Regulamento 1346/2000, estabelecimento é «o local de operações em que o devedor exerça de maneira estável uma atividade económica com recurso a meios humanos e a bens materiais» (art. 2.º, *h)*). O art. 2.º, 10, do Regulamento 2015/848 dá uma definição ligeiramente diferente: «o local de atividade em que o devedor exerça, ou tenha exercido, de forma estável, uma atividade económica, com recurso a meios humanos e a bens materiais, nos três meses anteriores à apresentação do pedido de abertura do processo principal de insolvência». O requisito temporal visa, evidentemente, combater o *forum shopping*.

[26] Nos arts. 294.º e ss. do CIRE, surge antes o uso dos termos «processo particular». Manifestando preferência pela terminologia do Regulamento, CARVALHO FERNANDES/JOÃO LABAREDA, *Insolvências transfronteiriças. Regulamento (CE) n.º 1346/2000 do Conselho. Anotado*, vol. II, cit., p. 305.

[27] No Ac. TJ de 11 de junho de 2015, Comité d'entreprise de Nortel Networks SA e o. contra Cosme Rogeau e Cosme Rogeau contra Alan Robert Bloom e outros, Proc. C-649/13, decidiu--se nos seguintes termos: «Os artigos 3.º, n.º 2, e 27.º do Regulamento (CE) n.º 1346/2000 do Conselho, de 29 de maio de 2000, relativo aos processos de insolvência, devem ser interpretados no sentido de que os órgãos jurisdicionais do Estado Membro da abertura de um processo de insolvência secundário são competentes, alternativamente com os órgãos jurisdicionais do Estado Membro da abertura do processo principal, para se pronunciarem sobre a determinação dos bens do devedor que fazem parte da esfera dos efeitos deste processo secundário. A determinação dos bens do devedor que fazem parte da esfera dos efeitos de um processo de insolvência secundário deve ser realizada de acordo com as disposições do artigo 2.º, alínea g), do Regulamento n.º 1346/2000».

UM CURSO DE DIREITO DA INSOLVÊNCIA

na exploração desse estabelecimento». Lendo com atenção estas exceções, verificamos que as mesmas acabam por abranger situações habituais. Não será, assim, muito difícil conseguir abrir um processo territorial antes da abertura do processo principal[28].

Em bom rigor, este processo territorial aberto antes do processo principal não é ainda um processo secundário: precisamente porque não há processo principal (cfr. tb. o art. 3.º, 4, parte final, do Regulamento 2015/848). Por isso é preferível chamá-lo apenas de processo territorial «independente»[29]. E nos casos em que o processo territorial é aberto antes da abertura do processo principal, tal processo não será necessariamente um processo de liquidação. É o que se retira do art. 37.º, pois deste decorre que, aberto posteriormente um processo principal, o síndico[30] deste pode requerer a conversão do processo territorial anteriormente aberto «num processo de liquidação»[31].

---

[28]   No mesmo sentido tb., CARVALHO FERNANDES/JOÃO LABAREDA, *Insolvências transfronteiriças. Regulamento (CE) n.º 1346/2000, do Conselho, de 29 de Maio de 2000 anotado*, cit., p. 40. O Regulamento 2015/848 contém sobretudo diferenças na redação da alínea *b)* do art. 3.º, 4: a abertura do processo territorial pode ter lugar antes da abertura do processo principal, segundo aquela, caso «A abertura do processo territorial seja requerida por: i) um credor cujo crédito decorra da exploração, ou esteja relacionado com a exploração, de um estabelecimento situado no território do Estado-Membro em que é requerida a abertura do processo territorial; ii) uma autoridade publica que, nos termos da lei do Estado-Membro em cujo território o estabelecimento está situado, tenha o direito de requerer a abertura de um processo de insolvência». O novo Regulamento esclarece que o processo territorial passa a ser secundário quando é aberto o processo principal.

[29]   DE CESARI, «Giurisdizione, riconoscimento ed esecuzione delle decisioni nel Regolamento comunitário relativo alle procedure di insolvenza», cit., p. 67; LUÍS DE LIMA PINHEIRO, «O Regulamento Comunitário sobre Insolvência. I – Uma introdução», cit., p. 1118.

[30]   Sobre a definição de síndico, cfr. o art. 2.º, *b)*.

[31]   Com a mesma interpretação, cfr. DE CESARI, «Giurisdizione, riconoscimento ed esecuzione delle decisioni nel Regolamento comunitário relativo alle procedure di insolvenza», cit., p. 67 e s.. Note-se que Portugal fez uma declaração a propósito do art. 37.º do Regulamento, com o seguinte teor: «O artigo 37.º do Regulamento (CE) n.º 1346/2000 do Conselho de 29 de Maio de 2000, relativo aos processos de insolvência, que refere a possibilidade de converter em processo de liquidação um processo territorial aberto antes do processo principal, deve ser interpretado no sentido de que essa conversão não exclui a apreciação judicial da situação do processo local (como é o caso no artigo 36.º) ou da aplicação dos interesses de ordem pública mencionados no artigo 26.º» (cfr. JOCE, C 183, de 30 de Junho de 2000, p. 1). O art. 26.º permite a qualquer Estado-Membro «recusar o reconhecimento de um processo de insolvência aberto noutro Estado-Membro ou execução de uma decisão proferida no âmbito de um processo dessa natureza, se esse reconhecimento ou execução produzir efeitos

Além disso, o art. 34.º, 1, também prevê que o processo secundário termine sem liquidação através de plano de recuperação, concordata ou medida análoga[32].

A importância da correcta aplicação do disposto no art. 3.º torna-se evidente se lermos o n.º 1 do art. 16.º do Regulamento. É que, uma vez tomada uma decisão «que determine a abertura de um processo de insolvência» por um órgão jurisdicional de um Estado-Membro[33] competente de acordo com o art. 3.º, essa decisão «é reconhecida em todos os outros Estados-Membros logo que produza efeitos no Estado de abertura do processo»[34] (cfr. tb. o art. 19.º, 1, do Regulamento 2015/848). Trata-se da confirmação do princípio da confiança mútua, mencionado no Considerando 22 do Regulamento[35].

Para além disso, dispõe o art. 27.º que depois de aberto o processo de insolvência principal a abertura de um processo de insolvência secundário pode ocorrer noutro Estado-Membro, nos termos do disposto no art. 3.º, n.º 2, «sem que a insolvência do devedor seja examinada neste outro Estado»[36]

---

manifestamente contrários à ordem pública desse Estado, em especial aos seus princípios fundamentais ou aos direitos e liberdades individuais garantidos pela sua Constituição». Cfr. tb. o art. 33.º do Regulamento 2015/848.

[32] O Regulamento 2015/848 trás consigo importantes alterações. Como vimos, o seu art. 3.º, 2, não exige que o processo territorial seja de liquidação. E o art. 51.º admite, em certos termos, a convolação com alguma amplitude (que podem ter consequências no regime do PER).

[33] Sobre a definição de «órgão jurisdicional», cfr. o art. 2.º, *d*).

[34] Se as diferenças não são grandes relativamente ao disposto no art. 288.º do CIRE, já são consideráveis quanto aos arts. 290.º, 1, e 293.º.

[35] Carvalho Fernandes/João Labareda, *Insolvências transfronteiriças. Regulamento (CE) n.º 1346/2000, do Conselho, de 29 de Maio de 2000* anotado, cit., p. 72, diziam justamente que o devedor «que, por virtude de um processo de insolvência – na acepção que decorre do art. 2.º –, é declarado no estado de insolvente num País da União, tem esse mesmo estado em todos os outros países comunitários». Para uma comparação entre o regime referido e o constante da Lei Modelo da UNCITRAL, cfr. De Cesari, «Giurisdizione, riconoscimento ed esecuzione delle decisioni nel Regolamento comunitário relativo alle procedure di insolvenza», cit., p. 74. Veja-se, porém, que o art. 4.º, 1, do Regulamento 2015/848 obriga o órgão jurisdicional «ao qual é apresentado o pedido de abertura de um processo de insolvência» a «verificar oficiosamente a sua competência, nos termos do art. 3.º. A decisão de abertura do processo de insolvência indica os fundamentos que determinam a competência do órgão jurisdicional e, em especial, se a mesma decorre do artigo 3.º, n.ºs 1 ou 2» V. tb. o art. 4.º, 2.

[36] Cfr. tb. o art. 25.º do Regulamento 1346/2000, quanto ao reconhecimento de decisões relativas à tramitação e encerramento do processo de insolvência e aos acordos homologados, e o art. 32.º do Regulamento 2015/848.

UM CURSO DE DIREITO DA INSOLVÊNCIA

(cfr. tb. o art. 34.º do Regulamento 2015/848, que no entanto já tem em conta que o processo principal não tem que exigir que o devedor esteja insolvente).

De entre as vantagens do processo principal, destacamos as que resultam dos poderes do síndico nesse mesmo processo (cfr. os arts. 18.º, 1, 29.º e 31.º- -34.º; no Regulamento 2015/848, v. p. ex. os arts. 21.º, 1, 36.º, 37.º, 1 e 2, 38.º, 39.º, 41.º a 47.º) e da transferência do activo remanescente no processo secundário (art. 35.º; no Regulamento 2015/848, v. o art. 49.º). Mas, por outro lado, a abertura de um processo secundário também tem consequências importantes sobre esses poderes: v., p. ex., os arts. 17.º, 1, e 18.º, 1[37] (v. tb., no Regulamento 2015/848, p. ex., os arts. 20.º, 1, e 20.º, 1).

3. O «Centro dos Interesses Principais» («CIP») do devedor

O Regulamento delimita os casos em que os órgãos jurisdicionais dos Estados- -Membros por aquele vinculados têm competência para a abertura do proces- so de insolvência principal através da identificação do centro dos interesses principais do devedor (CIP, «comi» ou «center of main interests»). E o próprio Regulamento será aplicável se o centro dos interesses principais do devedor está situado num Estado-Membro (art. 3.º, 1, e Considerando 14; v. tb., no Regulamento 2015/848, o art. 3.º, 1, e considerando 25)[38].

Esse centro dos interesses principais é o «local onde o devedor exerce habitualmente a administração dos seus interesses, pelo que é determinável por terceiros» (Considerando 13). Trata-se, como se vê, de um conceito crucial. Contudo, e por incrível que possa parecer, é um conceito que não surge nas

---

[37] Chamando a atenção para isso mesmo, CARVALHO FERNANDES/JOÃO LABAREDA, *Código da Insolvência e da Recuperação de Empresas anotado*, cit., p. 965. Tenham-se ainda especialmen- te em conta as limitações que resultam do art. 18.º, 3 (cfr. tb., com diferenças, o art. 21.º, 3, do Regulamento 2015/848).

[38] O art. 4.º, n.º 1, al. *a)*, da Convenção de Istambul permitia a abertura de um processo de falência num Estado que fosse Parte da Convenção quando não se situasse em qualquer um deles o centro dos interesses principais do devedor mas este tivesse um estabelecimento no Estado da abertura. Chamando a atenção para este aspecto, DE CESARI, «Giurisdizione, riconoscimento ed esecuzione delle decisioni nel Regolamento comunitário relativo alle procedure di insolvenza», cit., p. 64, nota 24. Considerando que o COMI é um conceito de direito europeu, ANA GABRIELA ROCHA, *Conceitos de direito europeu em matéria societária e fiscal*, cit., p. 144.

INSOLVÊNCIAS TRANSFRONTEIRIÇAS: BREVE APONTAMENTO

definições contidas no art. 2.º do Regulamento, apenas aparecendo o mesmo clarificado no Considerando 14. É uma técnica legislativa estranha[39].

A Convenção de Bruxelas de 1995 exigia igualmente que o procedimento principal de insolvência fosse aberto no país onde se situasse o «center of main interests» (art. 3.º, n.º 1). Quanto a este, seria o «lugar onde o devedor conduz a administração dos seus interesses numa base regular e é por isso determinável por terceiros»[40]. Como se vê, a formulação é muito próxima da que foi adoptada no Regulamento. Também a Lei Modelo da UNCITRAL, nos seus arts. 2, b, e 16, 3, já continha referências ao «centre of main interests» do devedor[41]-[42].

O centro dos interesses principais referido no Regulamento é, como vimos, o «local onde o devedor exerce habitualmente a administração dos seus interesses, pelo que é determinável por terceiros». Se o devedor tem interesses em vários Estados-Membros, é necessário determinar onde se encontram os seus interesses principais. E veja-se que os «interesses principais» do devedor não se confundem com o «centro principal» dos interesses do devedor. Há que ver

---

[39] Manifestando igual surpresa, VENDER, *Cross-border insolvency proceedings and security rights*, cit., p. 111. Já o legislador nacional clarificou no art. 7.º, n.º 2, do CIRE, o que se entende por «centro dos principais interesses»: «aquele em que ele os administre, de forma habitual e cognoscível por terceiros». O Regulamento 2015/848 dá no art. 3.º, 1, o significado de «centro dos interesses principais»: «local em que o devedor exerce habitualmente a administração dos seus interesses de forma habitual e cognoscível por terceiros».

[40] Sobre isto, cfr. Relatório Virgos, p. 52: «the place where the debtor conducts the administration of his interests on a regular basis and is therefore ascertainable by third parties».

[41] VEDER, *Cross-Border Insolvency Proceedings and security Rights*, Kluwer, 2004, p. 93, em nota, dá conta de outros avanços na matéria, referindo os *Principles of Cooperation in Transnational Insolvency Cases Among the Members of the North American Free Trade Agreement, as Guidelines Applicable to Court-to-Court Communications in Cross-Border Cases* do ALI, e a «Model International Insolvency Cooperation Act» (MIICA) da IBA.

[42] Também o art. 7.º, n.º 2, do CIRE, elege como critério para apurar o tribunal territorialmente competente o do «lugar em que o devedor tenha o centro dos seus principais interesses», em alternativa ao lugar da sede ou domicílio. A alteração da ordem das palavras não parece ter aqui significado: cfr. CARVALHO FERNANDES/JOÃO LABAREDA, *Código da Insolvência e da Recuperação de Empresas anotado*, cit., p. 104. Por sua vez, o n.º 3 do art. 13.º do CPEREF (na versão dada pelo DL n.º 315/98, de 20 de Outubro) dispunha: «Sempre que o devedor tenha sede ou domicílio no estrangeiro e actividade em Portugal, é competente o tribunal em cuja área se situe a sua representação permanente ou, não a tendo, qualquer espécie de representação ou o centro dos seus principais interesses ( )».

UM CURSO DE DIREITO DA INSOLVÊNCIA

quais são os interesses do devedor, quais desses interesses são os principais, e onde se situa o centro desses interesses principais[43].

A referência ao que é «determinável por terceiros» visa acima de tudo permitir alguma previsibilidade. Daí que o centro dos interesses principais não possa ser visto apenas como o local a partir do qual se desenvolve a administração da sociedade: esse local pode não ser «determinável por terceiros»[44].

[43] BENEDETTELLI, «"Centro degli interessi principali" del debitore e fórum shopping nella disciplina comunitária delle procedure di insolvenza tranfrontaliera», *RDIPP*, 2004, p. 514 e s.. O centro dos interesses principais pode situar-se num Estado-Membro no qual não existam bens do devedor e não é sequer necessário que esses bens estejam situados num Estado--Membro: cfr. DÁRIO MOURA VICENTE, «Insolvência internacional: direito aplicável», cit., p. 89. Considerando que os interesses em causa são apenas os económicos («wirtschaftlichen Interessen»), cfr. HUBER, «Internationales Insolvenzrecht in Europa – Das internationale Privat-und Verfahrensrecht der Europäischen Insolvenzordnung», cit., p. 140.

[44] Em termos semelhantes, BENEDETTELLI, «"Centro degli interessi principali" del debitore e fórum shopping nella disciplina comunitária delle procedure di insolvenza tranfrontaliera», cit., p. 514. Interessa saber se, na identificação do que se deve entender por centro dos interesses principais, e para além do que já resulta do próprio Regulamento, deve ser realizada uma apreciação pelo órgão jurisdicional do Estado-Membro onde a questão se coloca em função do próprio direito interno e do procedimento de direito interno em causa, como entende BENEDETTELLI, «"Centro degli interessi principali" del debitore e forum shopping nella disciplina comunitária delle procedure di insolvenza tranfrontaliera», cit., p. 520 e s.. O autor lembra o n.º 1 do art. 4.º, segundo o qual, em princípio, «a lei aplicável ao processo de insolvência e aos seus efeitos é a lei do Estado-Membro em cujo território é aberto o processo ( )», e, para além disso, agora no n.º 2, é «a lei do Estado de abertura do processo determina as condições de abertura, tramitação e encerramento do processo de insolvência ( )». E no Considerando 23 também se lê que «salvo disposição em contrário ( ) deve aplicar-se a lei do Estado-Membro de abertura do processo (*lex concursus*) (...). A *lex concursus* determina todos os efeitos processuais e materiais dos processos de insolvência sobre as pessoas e relações jurídicas em causa, regulando todas as condições de abertura, tramitação e encerramento do processo de insolvência». Será no entanto desejável uma interpretação uniforme do Regulamento na matéria em causa. Desde logo, para evitar conflitos de competências. No Ac. TJ 22.9.78 (*Somafer SA*, proc. N.º 33/78, *Recueil*, 1978, 3.ª parte, p. 2183 e ss.), foi já decidido que a segurança jurídica e a igualdade de direitos e obrigações das partes obrigavam a uma interpretação autónoma e comum aos Estados contratantes das noções contidas no art. 5, n.º 5, da Convenção de Bruxelas relativa à competência judiciária e à execução de decisões em matéria civil e comercial. DÁRIO MOURA VICENTE, «Insolvência internacional: direito aplicável», cit., p. 93, afirma que o Tribunal de Justiça tem entendido, quanto aos «instrumentos de Direito Internacional Privado de que são partes os Estados-Membros da Comunidade Europeia», que os mesmos «devem ser interpretados com autonomia em relação aos Direitos nacionais e com referência aos objectivos e ao sistema desses instrumentos». E a verdade é que o TJ, no seu Ac. 2.5.06 proferido no processo *Eurofood IFSC Ltd*, afirmou, no ponto 31, que «o conceito de centro dos interesses principais é específico do regulamento. Como

E por isso não basta, para ilidir a presunção, provar apenas que a sede principal e efectiva da administração se situa noutro Estado[45].

tal, reveste-se de um significado autónomo e deve, por conseguinte, ser interpretado de modo uniforme e independente das legislações nacionais». A *Eurofood IFSC Ltd*, com sede em Dublin, no *International Financial Services Centre*, era uma «filial a 100% da Parmalat SpA, sociedade de direito italiano» e foi constituída para «financiar as sociedades do grupo Parmalat». No processo de insolvência que deu origem ao reenvio prejudicial estava igualmente em causa saber se o centro dos interesses principais da *Eurofood* se situava no Estado-Membro da sede estatutária (Irlanda) ou no Estado-Membro da sociedade mãe (Itália). A decisão prejudicial foi pedida pela *Supreme Court* da Irlanda, após recurso interposto da decisão da *High Court*, também da Irlanda, pelo gestor judicial italiano. O TJ, de forma muito clara, entendeu, perante o teor do Considerando 3.º do Regulamento, que «o centro dos interesses principais deve ser identificado em função de critérios simultaneamente objectivos e determináveis por terceiros» e que «a presunção simples prevista pelo legislador comunitário em favor da sede estatutária dessa sociedade só pode ser ilidida se elementos objectivos e determináveis por terceiros permitirem concluir pela existência de uma situação real diferente daquela que a localização da referida sede é suposto reflectir». A posição do TJ quanto a esta matéria foi já criticada por tornar «difficile, se non addirittura immpossibile ipotizzare una localizzazione del COMI diversa da quella della sede statutaria»: DE CESARI, «La revocatória fallimentare tra diritto interno e diritto comunitário», cit., p. 998. Por seu lado, DIALTI, «Il caso Eurofood. Tanto rumore per (quasi) nulla?», cit., p. 809, apoiando TAYLOR, «Further into the fog- Some thoughts on the European court of Justice decision in the Eurofood case», *International Caselaw-Alert*, 10, III/2006, p. 25 (não consultámos), bem como as conclusões do Advogado-Geral, lembra os termos em que a questão foi colocada pelo *Supreme Court* irlandês e que deixavam pouca margem para uma solução diferente por parte do TJ. De qualquer modo, a decisão do TJ no caso *Eurofood* teve o grande mérito de afastar a chamada *Mind-of-Management Theory*: cfr. STEFAN REINHARDT, «Verordnung (EG) Nr. 1346/2000 des Rates vom 29.5.2000 über Insolvenzverfahren. Artikel 3», in HANS-PETER KIRCHOF/HORST EIDENMÜLLER/ROLF STÜRNER (her.), *Münchener Kommentar zur Insolvenzordnung*, Bd. 3, 2. Aufl., Beck (Beck-online), 2008, Rn.30.

[45] Também LUÍS DE LIMA PINHEIRO, «O Regulamento Comunitário sobre Insolvência. I – Uma introdução», cit., p. 1114, parece defender igual opinião. Para uma análise do que deve ser exigido para se considerar afastada a presunção, ANA GABRIELA ROCHA, *Conceitos de direito europeu em matéria societária e fiscal*, cit., p. 154 e ss. (com análise do caso *Interedil Srl* em liquidação c. *Fallimento Interedil Srl, Intesa Gestione Crediti SpA*, Proc. C-396/09). No Ac. TJ de 15 de dezembro de 2011, Rastelli Davide e C. Snc contra Jean-Charles Hidoux, Proc. C-191/10, entendeu-se que «a simples constatação de confusão dos patrimónios não basta para demonstrar que o centro dos interesses principais da sociedade» se encontra num determinado Estado-Membro onde tinha sido instaurado um processo de insolvência contra outra sociedade. Para ilidir a presunção de que o cip se encontra no local da sede estatutária, considerou-se necessário «que uma apreciação global de todos os elementos pertinentes permita demonstrar que, de modo que os terceiros possam verificar, o centro efectivo de direcção e fiscalização da sociedade visada pela acção para efeitos de extensão se situa no Estado Membro onde foi instaurado o processo de insolvência inicial».

UM CURSO DE DIREITO DA INSOLVÊNCIA

Por outro lado, há que ter em conta que interessa o que é determinável por terceiros (no art. 3.º, 1, do Regulamento 2015/848, o que é «cognoscível por terceiros»). Sendo certo que o centro dos interesses principais pode ter mudado após o estabelecimento de uma concreta relação entre um certo terceiro e o devedor[46].

Depois de iniciado o processo de insolvência no Estado-Membro em que se situa o centro dos interesses principais do devedor, ao abrigo do disposto no art. 3.º, 1, do Regulamento, e segundo a leitura que parece preferível, a competência do órgão jurisdicional em que o processo se iniciou mantém-se mesmo que, antes da abertura do processo, o devedor transfira aquele centro para outro Estado-Membro.

Foi isso que ficou decidido no Ac. TJ 17.1.06[47], proferido no processo *Susanne Staubitz-Schreiber*: «O artigo 3.º, n.º 1, do Regulamento (CE) n.º 1346/2000 do Conselho, de 29 de Maio de 2000, relativo aos processos de insolvência, deve ser interpretado no sentido de que o órgão jurisdicional do Estado-Membro em cujo território está situado o centro dos interesses principais do devedor no momento da apresentação do requerimento de abertura do processo de insolvência pelo devedor continua a ser o órgão competente para abrir o referido processo quando o devedor transfere o centro dos seus interesses principais para o território de outro Estado-Membro após a apresentação do requerimento mas antes da abertura do processo».

Mais recentemente, no caso *Interedil* (já identificado), o TJUE entendeu ainda que a competência para abrir o processo de insolvência deveria ser aferida em função do último COMI do devedor[48].

Como é fácil de perceber, o critério utilizado para se determinar se os órgãos jurisdicionais de um Estado-Membro podem ou não abrir um processo de insolvência principal parece poder conduzir a conflitos negativos de competências[49]. Basta que a forma de identificar o que se deve entender por interesses principais não seja idêntica em todos os Estados-Membros.

---

[46] Chamando a atenção para este aspeto, JAULT-SESEKE/ROBINE, «L'interprétation du Règlement nº 1346/2000 relatif aux procedures d'insolvabilité, la fin des incertitudes?», cit., p. 823.
[47] Cfr. www.curia.europa.eu.
[48] Chamando a atenção para isso mesmo, ANA GABRIELA ROCHA, *Conceitos de direito europeu em matéria societária e fiscal*, cit., p. 166.
[49] Dando conta disso, entre outros, BENEDETTELLI, «"Centro degli interessi principali" del debitore e fórum shopping nella disciplina comunitária delle procedure di insolvenza tranfrontaliera», cit., p. 504.

672

Porém, a interpretação do Regulamento depara-se com dificuldades quando procuramos saber se o mesmo é aplicável nos casos em que o centro dos interesses principais se situa fora da Comunidade, embora o devedor possua um estabelecimento na Comunidade. Aparentemente, o Considerando (14), anteriormente citado, exclui essa aplicação (v. tb. o Considerando 25 do Regulamento 2015/848).

Mas o Regulamento já se aplica se o centro dos interesses principais do devedor está situado num Estado-Membro sujeito ao referido Regulamento, ainda que os bens do devedor estejam situados fora de qualquer daqueles Estados. Teremos aí, isso sim, um problema de reconhecimento nos países de localização dos bens das decisões proferidas pelos órgãos jurisdicionais dos Estados-Membros. Quando o centro dos interesses principais está situado num Estado-Membro vinculado pelo Regulamento, este também se aplica ainda que nenhuma outra conexão exista com outro Estado-Membro[50].

4. Centro dos Interesses Principais e sede estatutária

Como vimos, o centro dos interesses principais é o «local onde o devedor exerce habitualmente a administração dos seus interesses pelo que é determinável por terceiros» (Considerando 13; v., no Regulamento 2015/848, o art. 3.º, 1). Esse local pode não coincidir com o local onde se situa a sede

---

[50] Nesse sentido, Luís de Lima Pinheiro, «O Regulamento Comunitário sobre Insolvência. I – Uma introdução», cit., p. 1112 e s. (citando doutrina em direcção oposta), Detlef Hab/ Christian Herweg, «Artikel 3», in Detlef Hab/Peter Huber/Urs gruber/Bettina Heiderhoff, *EU-Insolvenzverordnung (EuInsVO)*, 1. Aufl., Beck (Beck-online), 2005, Rn, 4, Annerose Tashiro, «Vorbemerkung vor § 335-358», in Eberhard Braun, *Insolvenzverordnung. Kommentar*, 6. Aufl., Beck (Beck-online), München, 2014, Rn. 18; de entre os autores que defendem não ser de aplicar o Regulamento se não existe outra conexão para além do CIP com Estados-Membros por aquele vinculados, consultámos Oliver Liersch, «Vorbemerkung vor §§ 335-358», in Eberhard Braun, *Insolvenzverordnung. Kommentar*, 3. Aufl., Beck, München, 2007, Rn.. 23, p. 1551, e, a favor da *Lehre vom qualifizierten Gemeinschaftsbezug*, Jörg Nerlich/Volker Römmermann, «Verordnung (EG) Nr. 1346/2000 des Rates vom 29. Mai 2000 über Insolvenzverfahren. Vorbemerkung», in Jörg Nerlich/Volker Römmermann, *Insolvenzordnung*, 26. EL, Beck (Beck-online), 2014, Rn. 38 e ss. (para estes autores, não basta que o CIP se situe num Estado-Membro – é também preciso que exista outra conexão com diferente Estado-Membro).

estatutária da sociedade ou pessoa coletiva. E pode não coincidir também com a sede principal e efetiva da administração.

De acordo com o art. 3.º, 1, do Regulamento, presume-se que, para as sociedades e pessoas coletivas, o centro dos interesses principais é o local da sede estatutária[51]. Contudo, tal presunção é ilidível[52].

E, muitas vezes, tornar-se-á necessário ilidir aquela presunção quando a sociedade ou pessoa coletiva é constituída fora de qualquer Estado-Membro para, por exemplo, tentar escapar a certos aspectos da legislação fiscal destes últimos.

No caso *BRAC Rent-A-Car International Inc.*, apreciado pela Decisão do *High Court of Justice (Chancery Division)* de 7.II.03[53], discutia-se se a referida sociedade poderia ser sujeita na Inglaterra a um processo de *administration*, sem fins de liquidação. Estava em causa uma sociedade constituída no Delaware que nunca teve actividade nos Estados Unidos. Com efeito, quase todas as suas operações eram conduzidas na Inglaterra e aí trabalhavam praticamente todos

---

[51] Quanto às dificuldades que o critério da sede estatutária cria no caso dos grupos de sociedades, ALEXANDRE DE SOVERAL MARTINS, «O "CIP" ("Centro dos Interesses Principais") e as sociedades: um capítulo europeu», cit., p. 145 e ss.

[52] Também aqui intervém o Regulamento 2015/848, pois o art. 3.º, 1, 2.º par., dispõe que a presunção «só é aplicável se a sede estatutária não tiver sido transferida para outro Estado-Membro nos três meses anteriores ao pedido de abertura do processo de insolvência». Trata-se de uma solução que visa «prevenir a seleção foro fraudulenta ou abusiva» (Considerando 31 do Regulamento 2015/848; v. tb., quanto à forma de ilidir a presunção, o Considerando 30 daquele Regulamento: «a presunção de que a sede estatutária o local de atividade principal e a residência habitual constituem o centro dos interesses principais deverá ser ilidível e o órgão jurisdicional competente de um Estado-Membro deverá ponderar cuidadosamente se o centro dos interesses principais do devedor está verdadeiramente situado nesse Estado-Membro. No caso de uma sociedade, essa presunção deverá poder ser ilidida se a administração central da sociedade se situar num Estado-Membro diferente do da sede estatutária e se uma avaliação global de todos os fatores relevantes permitir concluir, de forma cognoscível por terceiros, que o centro efetivo da administração e supervisão da sociedade e da gestão dos seus interesses se situa nesse outro Estado-Membro. No caso de uma pessoa singular que não exerça uma atividade comercial ou profissional independente, essa presunção deverá poder ser ilidida, por exemplo, se a maior parte dos bens do devedor estiver situada fora do Estado-Membro onde este tem a sua residência habitual, ou se puder ficar comprovado que o principal motivo para a sua mudança de residência foi o de requerer a abertura de um processo de insolvência na nova jurisdição e se tal pedido prejudicar significativamente os interesses dos credores cujas relações com o devedor tenham sido estabelecidas antes da mudança».

[53] *RDIPP*, 2004, p. 767 e ss., de onde retirámos os elementos de facto.

os empregados. Todos os contratos celebrados com subsidiárias e franchisados estavam sujeitos ao direito inglês.

O *High Court of Justice* sustentou que o centro dos interesses principais da sociedade era em Inglaterra e, por isso, os Tribunais ingleses teriam jurisdição para o processo em questão, apesar de a sociedade *BRAC Rent-A-Car International Inc.* ter sido constituída no Delaware. O referido tribunal considerou que o Regulamento vê no centro dos interesses principais o único critério para aferir a competência para a abertura do processo principal de insolvência[54] e aquele situar-se-ia na Inglaterra.

5. Centro dos interesses principais e devedor pessoa singular

Como vimos, o critério que permite estabelecer a competência internacional para a abertura de um processo principal de insolvência é o da situação do centro dos interesses principais do devedor. Vimos também que o Regulamento estabelece uma presunção quanto às sociedades e pessoas coletivas. No entanto, o mesmo não sucede em relação às pessoas singulares apesar de o critério valer também para elas. E isso cria, evidentemente, dificuldades de interpretação.

Algumas dessas dificuldades são consideravelmente atenuadas com o Regulamento 2015/848. Com efeito, o art. 3.º, 1, do mesmo começa por dispor que, relativamente a pessoa singular que exerça atividade comercial ou profissional independente, se presume que o cip «é o local onde exerce a atividade principal». A presunção admite prova em contrário e «só é aplicável se o local de atividade principal da pessoa singular não tiver sido transferido para outro Estado-Membro nos três meses anteriores ao pedido de abertura do processo de insolvência».

Quanto às outras pessoas singulares (vale por dizer, as que não exercem atividade comercial ou profissional independente), presume-se também que o cip «é o lugar de residência habitual». E, também aqui, a presunção admite prova em contrário mas só é «aplicável se a residência habitual não tiver sido transferida para outro Estado-Membro nos seis meses anteriores ao pedido de abertura do processo de insolvência».

---

[54] Para uma análise da decisão, cfr. BENEDETTELLI, «"Centro degli interessi principali" del debitore e forum shopping nella disciplina comunitária delle procedure di insolvenza tranfrontaliera».

Trata-se, mais uma vez, de «prevenir a seleção do foro fraudulenta ou abusiva» (Considerando 29 do Regulamento 2015/848; lembre-se tb. o Considerando 30).

6. Grupos de sociedades e insolvência

A insolvência de sociedades integradas em grupos é um tema que suscita dúvidas quanto ao que o direito vigente permite fazer. Desde logo, no que diz respeito à consolidação de processos. Quando as sociedades abrangidas no grupo estão espalhadas por várias jurisdições, os problemas aumentam.

O Regulamento 1346/2000 não parece vocacionado para enfrentar esses problemas. Demos conta disso em anterior estudo. Por sua vez, o Regulamento 2015/848 contém um conjunto de artigos dedicados a processos de insolvência relativos a membros de grupos de sociedades (arts. 56.º-77.º)[55]. Porém, este novo regime pouco mais nos dá do que algumas regras que facilitarão a coordenação entre processos de insolvência. O próprio âmbito de aplicação dessas regras é difícil de alcançar. Desde logo, porque não é claro se o Regulamento 2015/848 impõe que se abra um processo de insolvência por cada sociedade membro do grupo[56]. Além disso, nada parece obrigar

---

[55] O art. 2.º, 13), do Regulamento 2015/848 esclarece que para efeitos do mesmo «grupo de sociedades» deve entender-se como «uma empresa-mãe e todas as suas empresas filiais». Por sua vez, o art. 2.º, 14), esclarece ainda que empresa-mãe é «uma empresa que controla, direta ou indiretamente, uma ou mais empresas filiais. Uma empresa que elabora demonstrações financeiras consolidadas nos termos da Diretiva 2013/34/EU do Parlamento Europeu e do Conselho é considerada uma empresa-mãe».

[56] Note-se, porém, que da Exposição de Motivos da Proposta constava que se mantinha «a abordagem "entidade por entidade" que subjaz ao Regulamento da Insolvência em vigor». A redação em português do art. 56.º, 1, do Regulamento 2015/848 até poderia dar a entender que haveria grande abertura para que um processo de insolvência abrangesse várias sociedades membros do grupo: «Se o processo de insolvência se referir a dois ou mais membros de um grupo [...]». Contudo, basta ver as versões noutras línguas para se concluir que a língua portuguesa é traiçoeira. No texto em inglês, por exemplo, lê-se: «Where insolvency proceedings relate to two or more members of a group of companies». E veja-se também a versão em francês: «Lorsque des procédures d'insolvabilité concernent deux membres ou plus d'un groupe de sociétés». *Proceedings* é plural, *procédures* é plural; o processo é singular... No âmbito do regime previsto para o plano de coordenação de grupo, o art. 72.º, 3, do Regulamento 2015/848 dispõe que tal plano «não pode incluir recomendações quanto à consolidação de processos ou massas insolventes».

a que as normas do Regulamento referido apenas se apliquem quando os processos de insolvência relativos a sociedades do mesmo grupo corram em jurisdições diferentes[57]. Com efeito, lê-se no Considerando 53 que a «introdução de regras sobre o processo de insolvência de grupos de sociedades não deverá limitar a possibilidade de um órgão jurisdicional abrir o processo de insolvência relativamente a várias sociedades pertencentes ao mesmo grupo numa única jurisdição, se considerar que o centro dos interesses principais destas sociedades se situa num único Estado-Membro»[58].

No Regulamento 2015/848 vamos encontrar normas relativas à cooperação e comunicação (entre administradores da insolvência, entre órgãos jurisdicionais e entre administradores da insolvência e órgãos jurisdicionais), aos poderes de cada administrador da insolvência quanto aos restantes processos relativos a membros de um grupo de sociedades[59] e aos processos de coordenação de grupo[60]. Sabe a pouco.

---

[57] Sobre o tema, tendo em conta a Proposta, CATARINA SERRA, «Insolvência transfronteiriça – Comentários à Proposta de alteração do Regulamento europeu relativo aos processos de insolvência, com especial consideração do Direito português», cit., p. 141.

[58] Mais uma vez, a redação em língua portuguesa não coincide com a que foi publicada noutras línguas: «to open insolvency for several companies belonging to the same group», «abra procedimientos de insolvencia para varias sociedades pertenecientes al mismo grupo» (mas v. tb. as versões em francês e italiano).

[59] Destaque-se a possibilidade de aquele administrador poder, «na medida do necessário para facilitar a gestão eficaz do processo: [...] b) Solicitar a suspensão de qualquer medida relativa à liquidação dos bens nos processos abertos relativamente a quaisquer outros membros do mesmo grupo, desde que: i) tenha sido proposto um plano de recuperação para todos ou alguns dos membros do grupo sujeitos a processos de insolvência, nos termos do artigo 56.º, n.º 2, alínea c), e esse plano tenha boas probabilidades de êxito [...]».

[60] Em regra (mas v. o art. 66.º do Regulamento 2015/848), se a «abertura do processo de coordenação de grupo for solicitada junto de órgãos jurisdicionais de diferentes Estados--Membros, qualquer órgão jurisdicional requerido em segundo lugar declara-se incompetente a favor do primeiro» (art. 62.º). Interessa ainda realçar que o coordenador de grupo propõe plano de coordenação que pode nomeadamente incluir propostas sobre «medidas a tomar a fim de restabelecer o desempenho económico e a solidez financeira do grupo ou de qualquer parte do mesmo» (art. 72.º, 1, b), i), do Regulamento 2015/848). Sobre o plano, tendo em conta a Proposta, CATARINA SERRA, «Insolvência transfronteiriça – Comentários à Proposta de alteração do Regulamento europeu relativo aos processos de insolvência, com especial consideração do Direito português», cit., p. 140.

BIBLIOGRAFIA

AAVV, *Guia prático da recuperação e revitalização de empresas*, Vida Económica, Porto, 2012

ABETE, LUIGI, «Articolo 37», in ALBERTO JORIO (dir.), *Il nuovo diritto fallimentare*, Zanichelli, Bologna, 2006, p. 615-624

ABREU, J. M. COUTINHO DE, «Recuperação de empresas em processo de insolvência», in JORGE DE FIGUEIREDO DIAS/ JOSÉ GOMES CANOTILHO/JOSÉ DE FARIA COSTA (org.), *Ars Iudicandi. Estudos em homenagem ao Prof. Doutor António Castanheira Neves*, II, BFD/Coimbra Editora, 2008, p. 9-29, *Curso de direito comercial*, vol. I, 9.ª ed., Almedina, Coimbra, 2013

ABREU, J. M. COUTINHO DE/RAMOS, ELISABETE, «Artigo 72.º», in J. M. COUTINHO DE ABREU (coord.), *Código das Sociedades Comerciais em comentário*, vol. I, Almedina, Coimbra, 2010, p. 837-855

ALBUQUERQUE, PEDRO DE, «Declaração da situação de insolvência», *O Direito*, 137.º, III, 2005, p. 507-525; «A declaração da situação de insolvência (alguns aspectos do seu processo)», AAVV, *Estudos em memória do Professor Doutor José Dias Marques*, Almedina, Coimbra, 2007, p. 773-793, *Responsabilidade processual por litigância de má fé, abuso de direito e responsabilidade civil em virtude de actos praticados no processo (A responsabilidade por pedido infundado de declaração da situação de insolvência ou indevida apresentação por parte do devedor)*, Almedina, Coimbra, 2006

ALEXANDRE, ISABEL, «O processo de insolvência: pressupostos processuais, tramitação, medidas cautelares e impugnação da sentença», *Themis*, 2005, Ed. Especial, p. 43-80, «Efeitos processuais da abertura do processo de revitalização», in CATARINA SERRA (coord.), *II Congresso de direito da insolvência*, Almedina, Coimbra, 2014, p. 235-254

ALMEIDA, CARLOS FERREIRA DE, «O âmbito de aplicação dos processos especiais de recuperação da empresa e de falência: pressupostos objectivos e subjectivos», *RFDUL*, XXXVI, 1995, p. 383-400

AMBROSINI, STEFANO, *Il concordato preventivo e gli accordi di ristrutturazione dei debiti*, in GASTONE COTTINO (dir.), *Trattato di diritto commerciale*, Cedam/Padova, 2008

ANDRADE, MANUEL DE, *Teoria geral da relação jurídica*, vol. II, Almedina, Coimbra, 1983

ANDRES, DIRK, «§ 10», in DIRK ANDRES/ ROLF LEITHAUS/MICHAEL DAHL, *Insolvenzordnung*, 3. Aufl., Beck (Beck-online), 2014, «§ 117», in DIRK ANDRES/ ROLF LEITHAUS/MICHAEL DAHL, *In-*

solvenzordnung, 3. Aufl., Beck (Beck-on-line), München, 2014, «§ 57», in Dirk Andres/Rolf Leithaus/Michael Dahl, *Insolvenzordnung*, 3. Aufl., Beck (Beck-online), 2014, «§ 58», in Dirk Andres/Rolf Leithaus/Michael Dahl, *Insolvenzordnung*, 3. Aufl., Beck (Beck-online), 2014, «§ 68», in Dirk Andres/Rolf Leithaus/Michael Dahl, *Insolvenzordnung*, 3. Aufl., Beck (Beck-online), 2014, , «§ 161», in Dirk Andres/Rolf Leithaus/Michael Dahl, *Insolvenzordnung (InsO). Kommentar*, 3. Aufl., Beck (Beck-online), 2014, «§ 163», in Dirk Andres/Rolf Leithaus/Michael Dahl, *Insolvenzordnung (InsO). Kommentar*, 3. Aufl., Beck (Beck-online), 2014, «§ 164», in Dirk Andres/Rolf Leithaus/Michael Dahl, *Insolvenzordnung (InsO). Kommentar*, 3. Aufl., Beck (Beck-online), München, 2014, «§ 251», in Dirk Andres/Rolf Leithaus/Michael Dahl, *Insolvenzordnung*, 3. Aufl., Beck (Beck--online), München, 2014, «§ 263», in Dirk Andres/Michael Leithaus, *Insolvenzordnung*, «§ 275», in Braun, *Insolvenzordnung*, 3. Aufl., Beck (Beck--online), München, 2014, Rn. 4, Dirk Andres, «§ 275», in Dirk Andres/ Rolf Leithaus/ Michael Dahl, *Insolvenzordnung*, 3. Aufl., Beck (Beck--online), München, 2014

Ángel Yagüez, Ricardo de, «Artículo 164», in Pedro Prendes Carril (dir.), *Tratado práctico concursal*, t. IV, Aranzadi/ Thomson Reuters, Cizur Menor, 2009, p. 46-100, «Artículo 172», in Pedro Prendes Carril (dir.), *Tratado práctico concursal*, t. IV, cit., p. 215-444

Antunes, Engrácia, *Direito das sociedades*, 4ª ed., Porto, 2013

Ascensão, Oliveira, «Efeitos da falência sobre a pessoa e negócios do falido», *RFDUL*, 1995, XXXVI, p. 319-352, *Direito das sucessões*, 5.ª ed., Coimbra Editora, Coimbra, 2000, "Insolvência: Efeitos sobre os Negócios em Curso", *Themis*, Edição Especial Novo Direito da Insolvência, 2005, p. 105-130

Balhtasar, Helmut, «§ 103», in Jörg Nerlich/Volker Römermann, *Insolvenzordnung*, 26 EL, Beck (Beck-online), München, 2014, «§ 159», in Jörg Nerlich/Volker Römermann, *Insolvenzordnung (InsO)*, 26. El., Beck (Beck-online), München, 2014, «§ 160», in Jörg Nerlich/Volker Römermann, *Insolvenzordnung (InsO)*, 26 EL, Beck (Beck-online), München, 2014, «§ 161», in Jörg Nerlich/Volker Römermann, *Insolvenzordnung (InsO)*, 26 EL, Beck (Beck-online), München, 2014

Baumert, Andreas, «§ 60», in Eberhard Braun (her.), *Insolvenzordnung*, 6. Aufl., Beck (Beck-online), 2014

Becker, Christoph, «§ 164», in Jörg Nerlich/Volker Römermann, *Insolvenzordnung (InsO)*, 26. El., Beck (Beck--online), München, 2014

Beltrán, Emilio/Martínez Flórez, Aurora, «Artículo 145», in Ángel Rojo/ Emílio Beltrán, *Comentario de la Ley Concursal*, vol. II, Thomson-Civitas, Madrid, 2008 (reimp.), p. 2336-2348

Benedettelli, Massimo, «"Centro degli interessi principali" del debitore e fórum shopping nella disciplina comunitária delle procedure di insolvenza tranfrontaliera», *RDIPP*, 2004, p. 499--530

Berger, Christian/Frege, Michael, «Business Judgment Rule bei Unternehmensfortführung in der Insolvenz – haftungsprivileg für den Verwalter?», *ZIP*, 2008, 204-210

BÖHNER, MICHAEL, «§ 10», in EBERHARD BRAUN, *Insolvenzordnung*, 6. Aufl., Beck (Beck-online), 2014

BRAHMSTAEDT, ROBERT, *Die Feststellung der Zahlungsunfähigkeit*, Carl Heymanns/Wolters Kluwer, Köln, 2012

BRAUN, EBERHARD, «§ 251», in NERLICH/RÖMERMANN, *Insolvenzordnung*, 26. EL, Beck (Beck-online), München, 2014, «§ 263», in JÖRG NERLICH/VOLKER RÖMERMANN, *Insolvenzordnung*, 26. EL, Beck (Beck-online), München, 2014

BRAUN, EBERHARD/FRANK, ACHIM, «§ 218», EBERHARD BRAUN (her.), *Insolvenzordnung*, 6. Aufl., Beck (Beck-online), München, 2014, «§ 231», in EBERHARD BRAUN, *Insolvenzordnung*, 6. Aufl., Beck (Beck-online), München, 2014, «§ 251», in EBERHARD BRAUN, *Insolvenzordnung*, 6. Aufl., Beck (Beck-online), München, 2014, «§ 263», in EBERHARD BRAUN, *Insolvenzordnung*, 6. Aufl., Beck (Beck-online), München, 2014, – «§ 250», in JÖRG NERLICH/VOLKER RÖMMERMAN, *Insolvenzordnung*, 28. EL, Beck (Beck-online), München, janeiro 2015

BRANCO, JOSÉ MANUEL, *Responsabilidade patrimonial e insolvência culposa (da falência punitiva à falência reconstitutiva)*, Almedina, Coimbra, 2015

BREUER, WOLFGANG, «§ 226», in HANS-PETER KIRCHOFF/HORST EIDENMÜLLER/ROLF STÜRNER (her.), *Münchener Kommentar zum Insolvenzornung*, Bd. 3, 3. Aufl., Beck (Beck-online), München, 2014, «§ 231», in HANS-PETER KIRCHOFF/HORST EIDENMÜLLER/ROLF STÜRNER (her.), *Münchener Kommentar zum Insolvenzornung*, Bd. 3, 3. Aufl., Beck (Beck-online), München, 2014

BRITO, MARIA HELENA, «Falências internacionais. Algumas considerações a propósito do Código da Insolvência e da Recuperação de Empresas», *Themis*, Ed. Especial, 2005, p. 183-220, e «Falências internacionais», *Estudos em memória do Professor Doutor José Dias Marques*, Almedina, Coimbra, 2007, p. 625-686

BUBHARDT, HARALD, «§ 18», in BRAUN, EBERHARD (her.), *Insolvenzordnung*, 6. Aufl., Beck (Beck-online), München, 2014, «§ 19», in BRAUN, EBERHARD (her.), *Insolvenzordnung*, 6. Aufl., Beck (Beck-online), München, 2014

CAEIRO, PEDRO, *Sobre a natureza dos crimes falenciais (o património, a falência, a sua incriminação e a reforma dela)*, Universidade de Coimbra/Coimbra Editora, Coimbra, 1996

CALDERÓN, PÍA, «Artículo 17», in ÁNGEL ROJO/EMÍLIO BELTRÁN, *Comentario de la Ley Concursal*, T. I, Thomson-Civitas, Madrid, 2008 (reimp.), p. 401-415

CÂMARA, PAULO, «Crédito bancário e prevenção do risco de incumprimento: uma avaliação crítica do novo Procedimento Extrajudicial de Regularização de Situações de Incumprimento (PERSI)», in CATARINA SERRA (Coord.), *II Congresso de direito da insolvência*, Almedina, Coimbra, 2014, p. 313-332

CAPELO, MARIA JOSÉ, «A fase prévia à declaração de insolvência: algumas questões processuais», *I Congresso de Direito da Insolvência* (coord. Catarina Serra), Almedina, Coimbra, 2013, p. 187-200

CARVALHO, ORLANDO DE, *Direito das coisas*, Centelha, Coimbra

CASANOVA, NUNO/DINIS, DAVID, *PER. O processo especial de revitalização*, Coimbra Editora, Coimbra, 2014

CASTRO, GONÇALO ANDRADE E, «Efeitos da declaração de insolvência sobre os créditos», *DJ*, 2005, p. 263-290

CÉSAR, GISELA, *Os efeitos da insolvência sobre o contrato-promessa em curso. Em particular o contrato-promessa sinalizado no caso de in-*

solvência do promitente-vendedor, Almedina, Coimbra, 2015

Cesari, Patricia De, «Giurisdizione, riconoscimento ed esecuzione delle decisioni nel Regolamento comunitário relativo alle procedure di insolvenza», *RDIPP*, 2003, p. 55-84

Conceição, Ana Filipa, «A noção de insolvência iminente – Breve análise da sua aplicação à insolvência de consumidores em Espanha e Portugal», *RCEJ*, 23, 2013, p. 27-38, «Disposições específicas da insolvência de pessoas singulares no Código da Insolvência e Recuperação de Empresas», in Catarina Serra (coord.), *I Congresso de direito da insolvência*, Almedina, Coimbra, 2013, p. 29-62

Cordeiro, A. Menezes, «Da retenção do promitente na venda executiva, *ROA*, 57, 1997, p. 547-563, «Introdução ao direito da insolvência», *O Direito*, 137.º, 2005, p. 465-506, *Tratado de direito civil. II. Direito das obrigações*, T. II, *Contratos. Negócios unilaterais*, Almedina, Coimbra, 2010, *Litigância de má fé, abuso do direito de acção e culpa in agendo*, 2.ª ed., Almedina, Coimbra, 2011, «Perpectivas evolutivas do direito da insolvência», *RDS*, 2012, 3, p. 551-591, «O princípio da boa-fé e o dever de renegociação em contextos de "situação económica difícil"», in Catarina Serra (Coord.), *II Congresso de direito da insolvência*, Almedina, Coimbra, 2014, p. 11-68

Correia, Pupo, «Sobre a responsabilidade por dívidas sociais dos órgãos da sociedade», *ROA*, 2001, II, p. 667-698

Costa, Almeida, *Direito das obrigações*, 12.ª ed., Almedina, Coimbra, 2009

Costa, Ricardo, «Artigo 84.º» in J. M. Coutinho de Abreu (coord.), *Código das Sociedades Comerciais em comentário*, Almedina, Coimbra, 2010, p. 965-980, *Os administradores de facto das sociedades comerciais*, Almedina, Coimbra, 2014

Costa, Salvador da, «O concurso de credores no processo de insolvência», *Revista do CEJ*, número especial, 1.º sem., 2006, n.º 4, p. 91-111, *O concurso de credores*, 4.ª ed., Almedina, Coimbra, 2009

Costa, Teresa Nogueira da, «A responsabilidade pelo pedido infundado ou apresentação indevida ao processo de insolvência prevista no artigo 22.º do CIRE», in Maria do Rosário Epifânio (coord.), *Estudos de direito da insolvência*, Almedina, Coimbra, 2015, p.

Costeira, Joana, *Os efeitos da declaração de insolvência no contrato de trabalho: os créditos laborais*, Almedina, Coimbra, 2013, – ««A classificação dos créditos laborais», in Catarina Serra (coord.), I Colóquio de direito da insolvência de Santo Tirso, Almedina, Coimbra, 2014, p. 159-179

Costeira, Maria José, «Verificação e graduação de créditos», AAVV., Código da Insolvência e da Recuperação de Empresas, Ministério da Justiça/Coimbra Editora, Coimbra, 2004, p. 69-78, «Novo direito da insolvência», *Themis*, 2005, Ed. Especial, p. 25-42, «A insolvência de pessoas coletivas. Efeitos no insolvente e na pessoa dos administradores», *Julgar*, 2012, setembro-dezembro, p. 161-173, «O Código da Insolvência e da Recuperação de Empresas revisitado», Miscelâneas, n.º 6, IDET/Almedina, Coimbra, 2010, p. 49-94, «Classificação, verificação e graduação de créditos no Código da Insolvência e da Recuperação de Empresas», AAVV., in Catarina Serra (coord.), *I Congresso de direito da insolvência*, Almedina, Coimbra 2013, p. 241-253, «Questões práticas no domínio das assembleias de credores», in Catarina Serra (coord.), *II Congresso de direito da insolvência*, Almedina, Coimbra, 2014, p. 101-114

COSTEIRA, MARIA JOSÉ/SILVA, FÁTIMA REIS, «Classificação, verificação e graduação de créditos no CIRE – Em especial os créditos laborais», *Prontuário de direito do trabalho*, CEJ, jan.-dez. 2007, n.º especial em homenagem à obra do Dr. Vitor Ribeiro, p. 359-371,

CRISTAS, ASSUNÇÃO, «Exoneração do devedor pelo passivo restante», *Themis*, Edição Especial, 2005, p. 165-182

CUNHA, CAROLINA, *Controlo das concentrações de empresas*, Almedina/IDET, Coimbra, 2005

CUNHA, PAULO OLAVO, «Providências específicas do plano de recuperação de sociedades», in CATARINA SERRA (coord.), *I Congresso de direito da insolvência*, Almedina, Coimbra, 2013, p. 107-139, «Os deveres dos gestores e dos sócios no contexto da revitalização de sociedades», in CATARINA SERRA (Coord.), *II Congresso de direito da insolvência*, Almedina, Coimbra, 2014, p. 209-234

CURA, VIEIRA, *Curso de organização judiciária*, 2.ª ed., Coimbra Editora, Coimbra, 2014

DAUERNHEIM, JÖRG, «§ 129», in KLAUS WIMMER (her.), *Frankfurter Kommentar zur Insolvenzordnung*, Luchterhand/ Wolters Kluwer, Köln, 2015, «§ 132», in KLAUS WIMMER (her.), *Frankfurter Kommentar zur Insolvenzordnung*, Luchterhand/Wolters Kluwer, Köln, 2015, «§ 138», in KLAUS WIMMER (her.), *Frankfurter Kommentar zur Insolvenzordnung*, cit. Luchterhand/Wolters Kluwer, Köln, 2015

DELHAES, WOLFGANG, «§ 76», in JÖRG NERLICH/VOLKER RÖMERMANN, *Insolvenzordnung*, 25. EL, Beck (Beck-online), 2013

DIALTI, FRANCESCO, «Il caso Eurofood. Tanto rumore per (quasi) nulla?», *Dir. Fal.*, nov/dez., 2006, p. 787-831

DIAS, GABRIELA FIGUEIREDO, «Financiamento e governo das sociedades (Debt Governance): o terceiro poder», *III Congresso Direito das Sociedades em Revista*, Almedina, Coimbra, 2014, p. 359-383

DOMINGUES, PAULO DE TARSO, «O CIRE e a recuperação das sociedades comerciais em crise», *Estudos*, 1, Abreu Advogados/ Almedina, Coimbra, 2013, p. 31-53, – «O Processo Especial de Revitalização aplicado às sociedades comerciais», *I Colóquio de direito da insolvência de Santo Tirso*, Almedina, Coimbra, 2014, p. - ,

DRUKARCZYK, JOCHEN/SCHÜLER, «§ 18», in HANS-PETER KIRCHHOFF/HORS EIDENMÜLLER/ROLF STÜRNER, *Münchener Kommentar zur Insolvenzordnung*, 3. Auflage, Beck (Beck-online), 2013, «§ 19», in HANS-PETER KIRCHHOFF/HORS EIDENMÜLLER/ROLF STÜRNER, *Münchener Kommentar zur Insolvenzordnung*, Bd. 1, 3. Auflage, Beck (Beck-online), 2013

DUARTE, RUI PINTO, «Classificação dos créditos sobre a massa insolvente no projecto de Código da Insolvência e Recuperação de Empresas», *Código da Insolvência e da Recuperação de Empresas*, Ministério da Justiça, Coimbra Editora, Coimbra, 2004, p. 51-60, «Efeitos da declaração de insolvência quanto à pessoa do devedor», *Themis*, ed. especial, 2005, p. 131-150, *Curso de direitos reais*, 3.ª ed., Principia, Cascais, 2013 «A administração da empresa insolvente: rutura ou continuidade?», in CATARINA SERRA (coord.), *I Congresso de Direito da Insolvência*, Almedina, Coimbra, 2013, p. 153-174, «Reflexões de política legislativa sobre a recuperação de empresas», in CATARINA SERRA (coord.), *II Congresso de direito da insolvência*, cit., p. 347-360

EHRICKE, ULRICH, «§ 74», in HANS-PETER KIRCHHOF/HORS EIDENMÜLLER/ROLF

STÜRNER (her.), *Münchener Kommentar zum Insolvenzordnung*, Bd. 1, Beck (Beck-online), München, 2013, «§ 292», in HANS-PETER KIRCHOFF/HORST EIDENMÜLLER/ROLF STÜRNER (her.), *Münchener Kommentar zum Insolvenzornung*, Bd. 3, 3. Aufl., Beck (Beck-online), München, 2014

EIDENMÜLLER, HORST, «Vorbemerkungen vor §§ 217 bis 269», in HANS-PETER KIRCHOFF/HORST EIDENMÜLLER/ROLF STÜRNER (her.), *Münchener Kommentar zum Insolvenzornung*, Bd. 3, 3. Aufl., Beck (Beck-online), München, 2014, «§ 217», in HANS-PETER KIRCHOFF/HORST EIDENMÜLLER/ROLF STÜRNER (her.), *Münchener Kommentar zum Insolvenzornung*, Bd. 3, 3. Aufl., Beck (Beck-online), München, 2014, «§ 218», in HANS-PETER KIRCHOFF/HORST EIDENMÜLLER/ROLF STÜRNER (her.), *Münchener Kommentar zum Insolvenzornung*, Bd. 3, 3. Aufl., Beck (Beck-online), München, 2014, «§ 221», in HANS-PETER KIRCHOFF/HORST EIDENMÜLLER/ROLF STÜRNER (her.), *Münchener Kommentar zum Insolvenzornung*, Bd. 3, 3. Aufl., Beck (Beck-online), München, 2014

EILENBERGER, GUIDO, «§ 220», in HANS--PETER KIRCHOFF/HORST EIDENMÜLLER/ROLF STÜRNER (her.), *Münchener Kommentar zum Insolvenzornung*, Bd. 3, 3. Aufl., Beck (Beck-online), München, 2014

EKKENGA, JENS/BERMEL, ARNO, «Finanzierung und außergerichtliche Sanierung», in JENS EKKENGA/HENNING SCHRÖER, *Handbuch der AG*-Finanzierung, Carl Heymanns/Wolters Kluwer, Köln, 2014, p. 1443-1670

EPIFÂNIO, MARIA DO ROSÁRIO, «Efeitos da declaração de insolvência sobre o insolvente no novo Código da Insolvência e da Recuperação de Empresas», *DJ*, XIX, t. II, 2005, p. 191-203., «Efeitos da declaração de insolvência sobre o insolvente e outras pessoas», *Estudos em homenagem ao Professor Doutor Manuel Henrique Mesquita*, vol. I, p. 797 e ss., «O processo especial de revitalização», *II Congresso Direito das Sociedades em Revista*, 2012, Almedina, Coimbra, p. 257-264, *Manual de direito da insolvência*, 6.ª ed., Almedina, Coimbra, 2014, «A crise da empresa no direito português», in FÁBIO ULHOA COELHO/MARIA DE FÁTIMA RIBEIRO, *Questões de direito comercial no Brasil e em Portugal*, Saraiva, São Paulo, 2014, p. 377-403, – *O Processo Especial de Revitalização*, Almedina, Coimbra, 2015

EPSTEIN, DAVID, *Bankruptcy and related law in a Nutshell*, Thomson/West, St. Paul, 2005

ESSER, PHILIPP, «§ 159», in EBERHARD BRAUN (her.), *Insolvenzordnung (InsO). Kommentar*, 6. Aufl., Beck, München, 2014, «§ 161», in EBERHARD BRAUN (her.), *Insolvenzordnung (InsO)*, 6. Aufl., Beck, München, 2014 «§ 163», in EBERHARD BRAUN (her.), *Insolvenzordnung (InsO). Kommentar*, 6. Aufl., Beck, München, 2014, «§ 164», in EBERHARD BRAUN (her.), *Insolvenzordnung (InsO). Kommentar*, 6. Aufl., Beck, München, 2014

ESTEVES, BERTHA, «Da aplicação das normas relativas ao plano de insolvência ao plano de recuperação conducente à Revitalização», in CATARINA SERRA (coord.), *II Congresso de direito da insolvência*, Almedina, Coimbra, 2014, p. 267-278

FERNANDES, CARVALHO, «Efeitos da declaração de insolvência no contrato de trabalho segundo o CIRE», in CARVALHO FERNANDES/JOÃO LABAREDA, *Colectânea de estudos sobre a insolvência*, Quid Juris, Lisboa, 2009, p.215-246, «Órgãos da insolvência», in CARVALHO

FERNANDES/JOÃO LABAREDA, *Colectânea de estudos sobre a insolvência*, Almedina, Coimbra, 2009, p. 143-177, «Efeitos substantivos privados da declaração de insolvência», *Colectânea de estudos sobre a insolvência*, Almedina, Coimbra, 2009, p. 179-213; «A qualificação da insolvência e a administração da massa insolvente pelo devedor», *Coletânea de estudos sobre a insolvência*, Almedina, Coimbra, 2009, p. 247-273, «A exoneração do passivo restante na insolvência das pessoas singulares», *Coletânea de estudos sobre a insolvência*, Almedina, Coimbra, 2009, p. 275-309

FERNANDES, CARVALHO/ LABAREDA, JOÃO, *Insolvências transfronteiriças. Regulamento (CE) n.º 1346/2000, do Conselho, de 29 de Maio de 2000* anotado, Quid Iuris, Lisboa, 2003, «Regime particular da insolvência dos cônjuges», *Coletânea de estudos sobre a insolvência*, Quid Iuris, Lisboa, 2009, p. 311-333, «De volta à temática da apensação de processos de insolvência (em especial, a situação das sociedades em relação de domínio ou de grupo)», *DSR*, Março, 2012, p. 133-175, *Código da insolvência e da recuperação de empresas anotado*, ed., Quid Juris, Lisboa, 2013

FERREIRA, HUGO, «Compensação e insolvência (em particular, na cessão de créditos para titularização)», in RUI PINTO (coord.), *Direito da insolvência. Estudos*, Coimbra Editora, Coimbra, 2011, p. 9-64

FERREIRA, JOSÉ GONÇALVES, *A exoneração do passivo restante*, Coimbra Editora, Coimbra, 2013

FERREIRA, MANUEL REQUICHA, «Estado de insolvência», in RUI PINTO (coord.) *Direito da insolvência. Estudos*, Coimbra Editora, Coimbra, 2011, p. 131-386;

FRADA, CARNEIRO DA, «A responsabilidade dos administradores na insolvência», *ROA*, 2006, 66, II, set. 2006, p. 653-702

FIGUEIRA, MARTA MADALENA PINTO, *Aplicação de medidas cautelares no processo de insolvência*, dissertação de Mestrado/2.º ciclo, FDUC, Coimbra, 2013

FONSECA, GISELA TEIXEIRA JORGE, «Natureza jurídica do plano de insolvência», in RUI PINTO (coord.), *Direito da insolvência. Estudos*, Coimbra Editora/Kluwer, Coimbra, 2011, p. 65-129

FREITAS, JOSÉ LEBRE DE, «Pressupostos objectivos e subjectivos da insolvência», *Themis*, ed. especial, 2005, p. 11-25, «Sobre a prevalência, no apenso de reclamação de créditos, do direito de retenção reconhecido por sentença», *ROA*, 2006, 66, II, p. 581-626, «Apreensão, separação restituição e venda», in CATARINA SERRA (coord.), *I Congresso de Direito da Insolvência*, Almedina, Coimbra, 2013, p. 229-239

FURTADO, PINTO, *Deliberações de sociedades comerciais*, Almedina, Coimbra, 2005

GANTER, GERHARD/LOHMAN, ILSE, «§ 10», in HANS-PETER KIRCHHOF/HORST EIDENMÜLLER/ROLF STÜRNER, *Münchener Kommentar zur Insolvenzordnung*, Bd. 1, 3. Aufl., Beck (Beck-online), 2013

GARCÍA-CRUCES, JOSÉ ANTONIO, «Artículo 164», in ÁNGEL ROJO/EMILIO BELTRÁN (dir.), *Comentario de la Ley Concursal*, t. II, Thomson-Civitas, Madrid, 2008, p. 2521-2534, «Artículo 165», in ÁNGEL ROJO/EMILIO BELTRÁN (dir.), *Comentario de la Ley Concursal*, t. II, cit., p. 2535-2539

GARCÍA MARTÍNEZ, ANTONIO, «Artículo 168», in PEDRO PRENDES CARRIL (dir.), *Tratado práctico concursal*, t. IV, cit., p. 147-169, «Artículo 169», in PEDRO PRENDES CARRIL (dir.), *Tratado práctico concursal*, t. IV, cit., p. 169-189

GEHRLEIN, MARKUS, «§ 138», in HANS-PETER KIRCHOF/HORS EIDENMÜLLER/ROLF STÜRNER (herausg.), *Munchener*

Kommentar zur Insolvenzordnung, Bd. 2., 3. Aufl., Beck (Beck-online), 2013

GOMES, JÚLIO VIEIRA, «Nótula sobre os efeitos da insolvência do empregador nas relações de trabalho», in CATARINA SERRA (coord.), *I Congresso do direito da insolvência*, Almedina, Coimbra, 2013, p. 285-297; «Do direito de retenção», *CDP*, 11, jul/set., 2005, p. 3-25

GÓMEZ MARTÍN, FERNANDO, «Artículo 148», in PEDRO PRENDES CARRIL (dir.), *Tratado práctico concursal*, Tomo III, Aranzadi-Thomson Reuters, Cizur Menor, 2009, p. 1408-1489

GONÇALVES, CARLA/VICENTE, SÓNIA, «Os efeitos processuais da declaração de insolvência», in *Insolvência e consequências da sua declaração*, CEJ, 2012/2013, p. 146-191

GONÇALVES, GABRIEL «Temas da acção executiva», *Themis*, n.º 9, 2004, p. 263-300

GONZÁLEZ LECUONA, MARÍA MARCOS, «Artículo 17.º», in FAUSTINO CORDÓN MORENO (dir.), *Comentarios a la Ley Concursal*, t. I, Aranzadi/Thomson Reuters, Cizur Menor, 2010, p. 279-293

GOODE, ROY, *Principles of corporate insolvency law*, Sweet & Maxwell/Thomson Reuters, London, 2005

GÖRG, KLAUS/JANSSEN, CHRISTOPH, «§ 159», in HANS-PETER KIRCHOF/HORST EIDENMNÜLLER/ROLF STÜRNER, *Münchener Kommentar zur Insolvenzordnung*, Bd. 2, 3. Aufl., Beck (Beck-online), München, 2013, «§ 160», in HANS-PETER KIRCHOF/HORST EIDENMNÜLLER/ROLF STÜRNER, *Münchener Kommentar zur Insolvenzordnung*, Bd. 2, 3. Aufl., Beck (Beck-online), München, 2013, «§ 164», in HANS-PETER KIRCHOF/HORST EIDENMNÜLLER/ROLF STÜRNER, *Münchener Kommentar zur Insolvenzordnung*, Bd. 2, 3. Aufl., Beck (Beck-online), München, 2013

GORJÃO-HENRIQUES, MIGUEL, «A aquisição de empresas no direito da concorrência», in PAULO CÂMARA (coord.), *Aquisição de empresas*, Coimbra Editora, Coimbra, p. 263-312

GOUVEIA, MARIANA FRANÇA, «Verificação do passivo», *Themis*, 2005, Ed. Especial, p. 151-163

GRAEBER, THORSTEN, «§ 59», in HANS-PETER KIRCHHOF/HORS EIDENMÜLLER/ROLF STÜRNER (her.), *Münchener Kommentar zum Insolvenzordnung*, 3. Aufl., Beck (Beck-online), 2013

GUGLIELMUCCI, LINO, *Diritto fallimentare*, 3.ª ed., Giappichelli, Torino, 2008

HAAS, ULRICH, «§ 64», in ADOLF BAUMBACH/ALFRED HUECK, *GmbHG*, 20. Aufl., Beck (Beck-online), 2013

HAB, DETLEF/HERWEG, CHRISTIAN, «Artikel 3», in DETLEF HAB/PETER HUBER/URS GRUBER/BETTINA HEIDERHOFF, *EU-Insolvenzverordnung (EuInsVO)*, 1. Aufl., Beck (Beck-online), 2005

HANS-PETER KIRCHOFF/HORST EIDENMÜLLER/ROLF STÜRNER (her.), *Münchener Kommentar zur Insolvenzordnung*, 3. Aufl., Bd. 2, Beck (Beck-online), München, 2013

HERNÁNDEZ RODRÍGUEZ, MARIA DEL MAR/ORELLANA CANO, NURIA, «Artículo 17», in PEDRO PRENDES CARRIL (dir.), *Tratado práctico concursal*, T. I, Aranzadi-Thomson Reuters, Cizur Menor, 2009, p. 444-459

HESS, HARALD/REEH, DIETMAR, «Kreditsanierung», in HARALD HESS (her.), *Sanierungshandbuch*, 6. Aufl., Luchterhand/Wolters Kluwer, Köln, 2013, p. 469-501

HIRTE, TOBIAS, «§ 67», in EBERHARD BRAUN (her.), *Insolvenzordnung*, 6. Aufl., Beck (Beck-online), München, 2014

HÖRSTER, EWALD, *A parte geral do Código Civil português*, Almedina, Coimbra, 1992

HUALDE LÓPEZ, IBON, «Artículo 148», in FAUSTINO CORDÓN MORENO (dir.), *Comentarios a la Ley Concursal*, T. II, 2.ª ed., 2010, Aranzadi-Thomson Reuters, p. 410-434

HUBER, «Internationales Insolvenzrecht in Europa – Das internationale Privat-und Verfahrensrecht der Europäischen Insolvenzordnung», *ZZP*, 2001, p. 133-178

JAHN, UWE/FRIED, JÖRG, «§ 104», in HANS--PETER KIRCHOFF/HORST EIDENMÜL-LER/ROLF STÜRNER (her.), *Münchener Kommentar zur Insolvenzordnung*, Bd. 2, 3. Aufl., Beck (Beck-online), München, 2013

JAULT-SESEKE/ROBINE, «L'interprétation du Règlement nº 1346/2000 relatif aux procedures d'insolvabilité, la fin des incertitudes?», *RCDIP*, 2006, p. 811-831

JORGE, PESSOA, *Ensaios sobre os pressupostos da responsabilidade civil*, Lisboa, 1972, reedição

JUAN Y MATEU, FERNANDO, «Artículo 35», in ÁNGEL ROJO/EMILIO BELTRAN, *Comentario de la Ley Concursal*, t. 1, Thomson/Civitas, Madrid, 2008 (reimp.), p. 706-724, «Artículo 36», in ÁNGEL ROJO/EMILIO BELTRÁN (coord.), *Comentario de la Ley Concursal*, t. 1, Thomson/Civitas, Madrid, 2008 (reimp.), p. 725--740

JÚNIOR, SANTOS, «O plano de insolvência. Algumas notas», *O Direito*, 138.º, 2006, III, p. 571-591

KAYSER, GODEHARD, «§ 129», HANS-PETER KIRCHOFF/HORST EIDENMÜLLER/ROLF STÜRNER (her.), *Münchener Kommentar zur Insolvenzordnung*, 3. Aufl., Bd. 2, Beck (Beck-online), München, 2013

KIRCHOFF, HANS-PETER/EIDENMÜLLER, HORST/STÜRNER, ROLF (her.), *Münche-ner Kommentar zum Insolvenzornung*, Bd. 3, 3. Aufl., Beck (Beck-online), München, 2014, – «§ 143», in HANS-PETER KIRCHOFF/HORST EIDENMÜLLER/ROLF STÜRNER (her.), *Münchener Kommentar zur Insolvenzordnung*, 3. Aufl., Bd. 2, Beck (Beck-online), München, 2013

KLÖHN, LARS, «§ 15a», in HANS-PETER KIRCHHOF/HORST EIDENMÜLLER/ ROLF STÜRNER, *Münchener Kommentar zur Insolvenzordnung*, Bd. 1, 3. Aufl., Beck (Beck-online), 2013

KREFT, GERHART/HUBER, MICHAEL, «§ 103», in KIRCHOFF, HANS-PETER/ EIDENMÜLLER, HORST/STÜRNER, ROLF (her.), *Münchener Kommentar zur Insol-venzordnung*, Bd. 2, 3. Aufl., Beck (Beck--online), München, 2013

KROTH, HARALD, «§ 117», in EBERHARD BRAUN, *Insolvenzordnung*, 6. Aufl., Beck (Beck-online), München, 2014

LABAREDA, JOÃO, «O Novo Código da Insolvência e da Recuperação de Empresas. Alguns aspectos mais controversos», *Miscelâneas* n.º 2, Almedina/IDET, Coimbra, 2004, p. 7-49, «Pressupostos subjectivos da insolvência: regime particular das instituições de crédito e sociedades financeiras», in CARVALHO FERNANDES/JOÃO LABAREDA, *Colectâ-nea de estudos sobre a insolvência*, Quid Iuris, Lisboa, 2009, p. 103-141, «Contrato de garantia financeira e insolvência das partes contratantes», *Estudos dedicados ao Professor Doutor Luís Alberto Carvalho Fernandes*, II, UCP, Lisboa, 2011, p. 101-132, «Sobre o Sistema de Recuperação de Empresas por Via Extrajudicial (SI-REVE)», in CATARINA SERRA (coord.), *I Congresso de direito da insolvência*, Almedina, Coimbra, 2013, p. 63-84, «Refle-xões acerca do regime extraordinário de protecção de devedores de crédito à habitação em situação económica muito difícil», in Catarina Serra (Coord.), *II Congresso de direito da insolvência*, Almedina, Coimbra, 2014, p. 281-311

Leitão, Adelaide, «Insolvência culposa e responsabilidade dos administradores na Lei n.º 16/2012», in Catarina Serra (coord.), *I Congresso de direito da insolvência*, Almedina, Coimbra, 2013, p. 269-281

Leitão, Menezes, «Os efeitos da declaração de insolvência sobre os negócios em curso», in *Código de Insolvência e da Recuperação de Empresas*, Ministério da Justiça/Coimbra Editora, 2004, p. 61-68, «As repercussões da insolvência no contrato de trabalho», *RDES*, julho-dezembro 2006, n.ºs 3 e 4, p. 273-289, AAVV e *Estudos em memória do Professor Doutor Dias Marques*, Almedina, Coimbra, 2007, p. 871-884, *Garantias das obrigações*, Almedina, Coimbra, 2006, *Direito das obrigações*, I, 9.ª ed., Almedina, Coimbra, 2010, «A natureza dos créditos laborais resultantes de decisão do administrador de insolvência», *CDP*, 34, abril-junho 2011, p. 55-66, *Direito da insolvência*, 4.ª ed., Almedina, Coimbra, 2012, *Código da Insolvência e da Recuperação de Empresas anotado*, 6.ª ed., Almedina, Coimbra, 2012, «Pressupostos da declaração de insolvência», in Catarina Serra (coord.), I *Congresso de direito da insolvência*, Almedina, Coimbra, 2013, p. 175-186, , «A responsabilidade pela abertura indevida do processo especial de revitalização», in Catarina Serra (Coord.), *II Congresso de direito da insolvência*, Almedina, Coimbra, 2014, p. 143-151

Leithaus, Rolf, «§ 15a», Dirk Andres/Rolf Leithaus, *Insolvenzordnung*, 3. Aufl., Beck (Beck-online), 2014, «§ 17», in Dirk Andres/Rolf Leithaus/Michael Dahl, *Insolvenzordnung*, 3. Auflage, Beck (Beck-online), 2014, «§ 19», in Dirk Andres/Rolf Leithaus/Michael Dahl, *Insolvenzordnung*, 3. Aufl., Beck (Beck-online), München, 2014

Liersch, Oliver «Vorbemerkung vor §§ 335-358», in Eberhard Braun, *Insolvenzverordnung. Kommentar*, 3. Aufl., Beck, München, 2007

Lousa, Nuno, «O incumprimento do plano de recuperação e os direitos dos credores», *I Colóquio de direito da insolvência de Santo Tirso*, Almedina, Coimbra, 2014, p. 119-140

Macedo, Pedro de Sousa, *Manual de direito das falências*, vol. I, Almedina, Coimbra, 1964

Machado, Sofia, «*Close-out netting e set-off. Da validade e eficácia das cláusulas de* close-out netting e set-off nos contratos sobre instrumentos financeiros», *Cad MVM*, agosto, 2003, p. 9-17

Madaleno, Cláudia, *A Vulnerabilidade das Garantias Reais. A hipoteca voluntária face ao direito de retenção e ao direito de arrendamento*, Coimbra Editora, Coimbra, 2008

Malaquias, Pedro, «O novo regime jurídico das obrigações hipotecárias em Portugal», *Actualidad jurídica. Homenaje al profesor D. Rodrigo Uría González en el centenario de su nacimiento / número extraordinario-2006*, p. 99-111

Maldonado, João Pedro Nunes, «O direito de retenção do beneficiário da promessa de transmissão de coisa imóvel e a hipoteca», *Julgar*, 2011, janeiro-abril, p. 247-270

Manzano Rodríguez, Miguel Ángel/Jiménez Martín, Esther, «Artículo 172. bis», in Alberto Sala Reixachs/Jaime Alonso-Cuevillas Sayrol/José Machado Plazas/Pau Vila Florensa, *Proceso Concursal*, Bosch, Barcelona, 2013, p. 905-909

MIGUÉIS, JORGE/LUÍS, CARLA/ALMEDIDA, JOÃO/BRANCO, ANA/LUCAS, ANDRÉ/ RODRIGUES, ILDA, *Lei Eleitoral dos Órgãos das Autarquias Locais*, INCM, Lisboa, 2014

MARQUES, ELDA, «Artigo 97.º», in COUTINHO DE ABREU (coord.), *Código das Sociedades Comerciais em comentário*, II, Almedina, Coimbra, 2011, p. 155-175

MARQUES, MARIA LEITÃO/FRADE, CATARINA, «Uma sociedade aberta ao crédito», *Sub Judice*, Jan.Mar, 2003, p. 27-34

MARTINEZ, PEDRO ROMANO, «Artigo 347.º», AAVV., *Código do Trabalho anotado*, 9.ª ed., Almedina, Coimbra, 2013, *Direito do trabalho*, 6.ª ed., Almedina, Coimbra, 2013

MARTINEZ, PEDRO ROMANO/PONTE, PEDRO FUZETA DA, *Garantias de cumprimento*, 5.ª ed., Almedina, Coimbra, 2006

MARTINS, ALEXANDRE DE SOVERAL, *Cláusulas limitativas da transmissibilidade das acções*, Almedina, Coimbra, 2006, «O "CIP" ("Centro dos Interesses Principais") e as sociedades: um capítulo europeu», *DSR*, março 2009, p. 133-152, «Repercussões que os Memorandos da Troika terão no Código da Insolvência», in *O Memorando da "Troika" e as empresas*, IDET/Almedina, Coimbra, 2012, p. 191-210, «O P.E.R. (Processo Especial de Revitalização)», *Ab Instantia*, 2013, abril, n.º 1, Abreu/Almedina, p. 17-41

MARTINS, LUÍS, *Recuperação de pessoas singulares*, vol. I, 2.ª ed., Almedina, Coimbra, 2013

MORAIS, FERNANDO DE GRAVATO, *Resolução em benefício da massa insolvente*, Almedina, Coimbra, 2008, «Promessa obrigacional de compra e venda com tradição da coisa e insolvência do promitente-vendedor», *CDP*, 2010, n.º 29, p. 3-12, «Da tutela do retentor-consumidor em face da insolvência do promitente-vendedor – Ac.

de Uniformização de Jurisprudência n. 4/2014, de 20.3.2014, Proc. 92/05», *CDP*, 46, abril/junho 2014, p. 32-56

MORAIS, RUI DUARTE, «Os credores tributários no processo de insolvência», *Direito e Justiça*, XIX, II, 2005, p. 205-229,

MOREIRA, GUILHERME, *Instituições do direito civil português*, vol. 2.º, *Das Obrigações*, 2.ª ed., Coimbra Editora, Coimbra

MÜLLER, HANS-FRIEDRICH, «§ 64», in HOLGER FLEISCHER/WULF GOETTE (her.), *Münchener Kommentar zum Insolvenzordnung*, Bd. 3, Beck (Beck-online), München, 2011

NEHRLICH, JÖRG, «§ 138», in JÖRG NEHRLICH/VOLKER RÖMERMANN, *Insolvenzordnung*, 26. EL, Beck (Beck-online), 2014, «Verordnung (EG) Nr. 1346/2000 des Rates vom 29. Mai 2000 über Insolvenzverfahren. Artikel 3», in JÖRG NERLICH/ VOLKER RÖMMERMANN, *Insolvenzordnung*, 26. EL, Beck (Beck-online), 2014, – «§ 143», in JÖRG NERLICH/VOLKER RÖMERMANN, *Insolvenzordnung*, 28. EL, Beck (Beck-online), München, januar 2015

NEHRLICH, JÖRG/RÖMMERMANN, VOLKER, «Verordnung (EG) Nr. 1346/2000 des Rates vom 29. Mai 2000 über Insolvenzverfahren. Vorbemerkung», in JÖRG NERLICH/VOLKER RÖMMERMANN, *Insolvenzordnung*, 26. EL, Beck (Beck-online), 2014

OLIVEIRA, ANA PERESTRELO DE, «A insolvência nos grupos de sociedades: notas sobre a consolidação patrimonial e a subordinação de créditos intragrupo», *RDS*, 2009, 4, p. 995-1028, RDS, «Insolvência nas sociedades em relação de grupo: de novo pela consolidação substantiva das massas patrimoniais», in CATARINA SERRA (coord.) *I Congresso de*

UM CURSO DE DIREITO DA INSOLVÊNCIA

direito da insolvência, Almedina, Coimbra, 2013, p. 290-306, – *Manual de corporate finance*, Almedina, Coimbra, 2015

OLIVEIRA, ARTUR DIONÍSIO, «Os efeitos externos da insolvência. As acções pendentes contra o insolvente», *Julgar*, 2009, setembro-dezembro, p. 173-187;

OLIVEIRA, MADALENA PERESTRELO DE, «O processo especial de revitalização: o novo CIRE», *RDS*, 2012, 3, p. 707-726, *Limites da autonomia dos credores na recuperação da empresa insolvente*, Almedina, Coimbra, 2013

OLIVEIRA, NUNO PINTO, «"Com mais irreflexão que culpa"? O debate sobre o regime da recusa de cumprimento do contrato-promessa», *CDP*, 36, outubro/dezembro, 2011, p. 3-21, «Efeitos da declaração de insolvência sobre os negócios em curso: em busca dos princípios perdidos?», in CATARINA SERRA (coord.), *I Congresso de Direito da Insolvência*, Almedina, Coimbra, 2013, p. 201-227, «Responsabilidade pela perda de uma chance de revitalização?», in CATARINA SERRA (coord.), *II Congresso de direito da insolvência*, Almedina, Coimbra, 2014, p. 153-188, «'Com mais irreflexão que culpa'? O debate sobre os direitos do promitente comprador em caso de recusa de cumprimento de um contrato-promessa», *CDP*, Out.-Dez 2011, p. 1-19, «Efeitos da declaração de insolvência sobre os negócios em curso: em busca dos princípios perdidos?», *I Congresso de Direito da Insolvência*, Almedina, Coimbra, 2013, p. 201-228; «Responsabilidade pela perda de uma chance de revitalização?», in CATARINA SERRA (Coord.), *II Congresso de direito da insolvência*, Almedina, Coimbra, 2014, p. 153-188, – «Responsabilidade civil dos administradores pela insolvência culposa», in CATARINA SERRA (coord.), *I Coló-*

quio de direito da insolvência de Santo Tirso, Almedina, Coimbra, 2014, p. - , *Responsabilidade civil dos administradores. Entre direito civil, direito das sociedades e direito da insolvência*, Coimbra Editora, Coimbra, 2015

OLIVEIRA, NUNO PINTO/SERRA, CATARINA, «Insolvência e contrato-promessa: os efeitos da insolvência sobre o contrato-promessa com eficácia obrigacional», *ROA*, 2010, I-IV, p. 395-440

OLIVEIRA, RUI ESTRELA DE, «Uma brevíssima incursão pelos incidentes de qualificação da insolvência», *O Direito*, 142.º, 2010, p. 931-987

OTT, CLAUS/VUIA, MIHAI, «§ 107», in KIRCHOFF, HANS-PETER/EIDENMÜLLER, HORST/STÜRNER, ROLF (her.), *Münchener Kommentar zur Insolvenzordnung*, Bd. 2, 3. Aufl., Beck (Beck-online), München, 2013, «§ 115», in KIRCHOFF, HANS-PETER/EIDENMÜLLER, HORST/STÜRNER, ROLF (her.), *Münchener Kommentar zur Insolvenzordnung*, Bd. 2, 3. Aufl., Beck (Beck-online), München, 2013, «§ 117», in KIRCHOFF, HANS-PETER/EIDENMÜLLER, HORST/STÜRNER, ROLF (her.), *Münchener Kommentar zur Insolvenzordnung*, Bd. 2, 3. Aufl., Beck (Beck-online), München, 2013, – «§ 307», in HANS-PETER KIRCHOFF/HORST EIDENMÜLLER/ROLF STÜRNER (her.), *Münchener Kommentar zur Insolvenzordnung*, Bd. 3, Beck (Beck-online), München, 2014

PALAO UCEDA, JUAN, *La insolvencia iminente y el sistema concursal preventivo*, Bosch, Barcelona, 2013

PAVÓN NEIRA, CARLOS, *Institutos preconcursales y refinanciación de dudas*, Bosch, Barcelona, 2013

PEHL, DIRK, «§ 292», in EBERHARD BRAUN, *Insolvenzordnung*, 6. Aufl., Beck (Beck-online), München, 2014

PEREIRA, JOÃO AVEIRO, «A revitalização económica dos devedores», *O Direito*, 145.º, 2013, I/II, p. 9-50

PIDWELL, PEDRO, *O processo de insolvência e a recuperação da sociedade comercial de responsabilidade limitada*, Coimbra Editora, Coimbra, 2011

PIEKENBROCK, ANDREAS, «Das Insolvenzrecht zu Beginn des 21. Jahrunderts: eine Dauerbaustelle», in WERNER EBKE/ CHRISTOPHER SEAGON/MICHAEL BLATZ (her.), *Solvenz – Insolvenz – Resolvenz*, , Nomos, Baden-Baden, 2013, p. 79-115

PINHEIRO, JORGE DUARTE, «Efeitos pessoais da declaração de insolvência», Estudos em memória do Professor Doutor José Dias Marques, p. 207-223

PINHEIRO, LUÍS DE LIMA, «O Regulamento Comunitário sobre Insolvência. I – Uma introdução», *ROA*, Dezembro, 2006, p. 1101-1152

PIRES, MIGUEL LUCAS, *Dos privilégios creditórios. Regime jurídico e sua influência no concurso de credores*, 2.ª ed., Almedina, Coimbra, 2015

PRENDES CARRIL, PEDRO, «Artículo 93», in PEDRO PRENDES CARRIL (dir.), *Tratado práctico concursal*, T. III, Aranzadi/Thomson Reuters, Cizur Menor, 2009, p. 809-846, «Artículo 166», in PEDRO PRENDES CARRIL (dir.), *Tratado práctico concursal*, t. IV, Aranzadi/Thomson Reuters, Cizur Menor, 2009, p. 120-132

PROENÇA, JOSÉ CARLOS BRANDÃO, «Para a necessidade de uma melhor tutela dos promitentes-adquirentes de bens imóvies (máxime, com fim habitacional», *CDP*, 22, abril/junho 2008, p. 3-26;

RAMALHO, MARIA DO ROSÁRIO PALMA, «Aspetos laborais da insolvência – Notas breves sobre as implicações laborais do regime do Código da Insolvência e da Recuperação de Empresas», *Estudos em memória do Professor Doutor José Dias Marques*, Almedina, Coimbra, 2007, p. 687-705;

RAMOS, ELISABETE, «Insolvência da sociedade e efectivação da responsabilidade civil dos administradores», *BFD*, 83, 2007, p. 449-489

REBELO, AMÉLIA, «A aprovação e a homologação do plano de recuperação», in CATARINA SERRA (coord.), *I Colóquio de direito da insolvência de Santo Tirso*, Almedina, Coimbra, 2014, p. -

REINHARDT, STEFAN, «Verordnung (EG) Nr. 1346/2000 des Rates vom 29.5.2000 über Insolvenzverfahren. Vorbemerkungen vor Artikel 1», in HANS-PETER KIRCHOF/HORST EIDENMÜLLER/ROLF STÜRNER (her.), *Münchener Kommentar zur Insolvenzordnung*, Bd. 3, 2. Aufl., Beck (Beck-online), 2008, «Verordnung (EG) Nr. 1346/2000 des Rates vom 29.5.2000 über Insolvenzverfahren. Artikel 3», in HANS-PETER KIRCHOF/ HORST EIDENMÜLLER/ROLF STÜRNER (her.), *Münchener Kommentar zur Insolvenzordnung*, Bd. 3, 2. Aufl., Beck (Beck-online), 200

REIS, ALBERTO DOS, *Processos especiais*, vol. II, Coimbra Editora, Coimbra, 1982 (reimp. da edição de 1956)

RIBEIRO, MARIA DE FÁTIMA, «A responsabilidade de gerentes e administradores pela actuação na proximidade da insolvência de sociedade comercial», *O Direito*, 142.º, 2010, p. 81-128

RIGGERT, RAINER, «§ 270», in EBERHARD BRAUN, *Insolvenzordnung*, , 6. Aufl., Beck (Beck-online), München, 2014

ROCHA, ANA GABRIELA, *Conceitos de direito europeu em matéria societária e fiscal*, Cadernos IDEFF, n.º 17, Almedina, Coimbra, 2014

ROJO, ÁNGEL, «Artículo 2», in ÁNGEL ROJO/EMILIO BELTRAN, *Comentario de la Ley Concursal*, t. 1, Thomson/Civitas, Madrid, 2008 (reimp.), p. 164-193, «Artículo 120», in Ángel Rojo/Emilio Beltrán (coord.), *Comentario de la ley concursal*, t. II, Thomson/Civitas, Madrid, 2004, p. 2076-2083

Römmermann, Volker, «Vorbemerkung vor § 217 bis 269 InsO», in Jörg Nerlich/Volkder Römmermann, *Insolvenzordnung*, 26. EL, Beck (Beck-online), München, 2014, «§ 292», in Jörg Nerlich/Volker Römmerman, *Insolvenzordnung*, 26. EL, Beck (Beck-online), München, 2014

Rosende Villar, Cecilia, «Articulo 163», in Faustino Cordón Moreno (dir.), *Comentarios a la Ley Concursal*, t. II, Aranzadi/Thomson Reuters, Cizur Menor, 2010, p. 547-560

Sameiro, Pedro, "O direito de retenção e a situação do credor hipotecário", *Revista da Banca* n.º 26, 1993, p. 89-97

Santos, Cassiano dos, *Direito comercial português*, vol. I, Coimbra Editora, Coimbra, 2007, «Dissolução e liquidação administrativas de sociedades», *Reformas do Código das Sociedades*, Almedina, Coimbra, 2007, p. 139-161, «Plano de insolvência e transmissão da empresa», in catarina Serra, *I Congresso de direito da insolvência*, Almedina, Coimbra, 2013, p. 141-151

Santos Cassiano dos/Fonseca, Hugo, «Pressupostos para a declaração de insolvência no Código da Insolvência e da Recuperação de Empresas», *CDP*, 29, Jan.-Mar. 2010, p. 13-24

Santos, Hugo Luz dos, «Os créditos tributários e a criação de normas imperativas, no contexto do direito da insolvência: "Das Prinzip Verantwortung" ou a ética da (ir)responsabilidade – estudo realizado a partir da análise da jurisprudência

recente dos tribunais superiores», *Julgar*, 23, 2014, p. 67-82

Schmerbach, Ulrich, «§ 18», in Klaus Wimmer (her.), *Frankfurter Kommentar zur Insolvenzordnung*, Luchterhand/Wolters Kluwer, Köln, 2015

Schmidt, Andreas, *Handbuch der gesellschaftsrechtlichen Haftung in der GmbH-Insolvenz*, Carl Heymanns/Wolters Kluwer, Köln, 2013

Schmid-Burgk, Klaus, «§ 67», in Hans-Peter Kirchof/Horst Eidenmüller/Rolf Stürner (her.), *Münchener Kommentar zur Insolvenzordnung*, 3. Aufl., Beck, München, 2013, «§ 68», in Hans-Peter Kirchof/Horst Eidenmnüller/Rolf Stürner (her.), *Münchener Kommentar zur Insolvenzordnung*, 3. Aufl., Beck, München, 2013, «§ 69», in Hans-Peter Kirchof/Horst Eidenmnüller/Rolf Stürner (her.), *Münchener Kommentar zur Insolvenzordnung*, 3. Aufl., Beck, München, 2013

Seagon, Christopher, «"Retten, was zu retten ist": Hilft uns hierbei das ESUG?», in Werner Ebke/Christopher Seagon/Michael Blatz (her.), *Solvenz – Insolvenz – Resolvenz*, Nomos, Baden-Baden, 2013, p. 65-77

Sebastián Quetglas, *El concurso de acreedores del grupo de sociedades*, 2.ª ed., Civitas/Thomson Reuters/Aranzadi, Cizur Menor, 2013

Serra, Catarina, *Falências derivadas e âmbito subjetivo da falência*, BFD/Coimbra Editora, Coimbra, 1999, «"Decoctor ergo fraudator"? – A insolvência culposa (esclarecimentos sobre um conceito a propósito de umas presunções» *CDP*, 21, janeiro/março 2008, p. 54-71, *A falência no quadro da tutela jurisdicional dos direitos de crédito*, Coimbra Editora, Coimbra, 2009, «Emendas a (lei da insolvência) portuguesa – primeiras impressões»,

DSR, março, 2012, p. 97-132, «O valor do registo provisório da aquisição na insolvência do promitente-alienante – Anotação ao acórdão do STJ de 12 de Maio de 2011, processo 5151/2006», *CDP*, Abr.--Jun 2012, p. 52-67, «Os efeitos patrimoniais da declaração de insolvência após a alteração da Lei n.º 16/2012 ao Código da Insolvência», *Julgar*, 2012, setembro--dezembro, p. 175-201, *O regime português da insolvência*, 5.ª ed., Almedina, Coimbra, 2012, «A evidência como critério da verdade – estão as cooperativas sujeitas ao regime da insolvência? – Anotação ao Acórdão do Tribunal da Relação do Porto de 16 de Janeiro de 2006», in DEOLINDA APARÍCIO MEIRA (coord.), *Jurisprudência Cooperativa comentada*, INCM, 2012, p. 405-412 , «A contratualização da insolvência: *hybrid procedures* e *pre--packs*», *II Congresso Direito das Sociedades em Revista*, Almedina, Coimbra, 2012, p. 265-290, «Créditos tributários e principio da igualdade entre os credores – dois problemas no contexto da insolvência de sociedades», *DSR*, Outubro 2012, ano 4, vol. 8, p. 75-101, «Processo especial de revitalização – Contributo para uma rectificação», *ROA*, 2012, II/III, p. 717-741, «Revitalização – A designação e o misterioso objecto designado. O processo homónimo (PER) e as suas ligações com a insolvência (situação e processo) e com o SIREVE», in CATARINA SERRA (coord.), *I Congresso de Direito da Insolvência*, Almedina, Coimbra, 2013, p. 85-106, «Insolvência transfronteiriça – Comentários à Proposta de alteração do Regulamento europeu relativo aos processos de insolvência, com especial consideração do Direito português», *DSR*, outubro, 2013, p. 75-96, «Entre o princípio e os princípios da recuperação de empresas (um work in progress)», in

CATARINA SERRA (Coord.), *II Congresso de direito da insolvência*, Almedina, Coimbra, 2014, p. 71-100, «Revitalização no âmbito de grupos de sociedades», *III Congresso Direito das Sociedades em Revista*, Almedina, Coimbra, p. 467-491, «"Abrindo" o Regulamento europeu sobre insolvência transfronteiriça – Algumas questões sobre o âmbito de aplicação do Regulamento na perspetiva do Direito português», in JOÃO REIS/LEAL AMADO/LIBERAL FERNANDES/REGINA REDINHA, *Para Jorge Leite. Escritos jurídicos*, Coimbra Editora, Coimbra, 2014, p. 729-742, «Para um novo entendimento dos créditos laborais na insolvência e na pré-insolvência da empresa – Um contributo feito de velhas e novas questões», QL, 42 (número especial 20 Anos de Questões Laborais), 2013, p. 187-206 , «Grupos de sociedades: crise e revitalização», in CATARINA SERRA (coord.), *I Colóquio de direito da insolvência de Santo Tirso*, Almedina, Coimbra, 2014, p. 35-57

SILVA, CALVÃO DA, *Sinal e contrato promessa*, 13.ª ed., Almedina, Coimbra, 2010

SILVA, FÁTIMA REIS, «Algumas questões processuais no Código da Insolvência e da Recuperação de Empresas», Miscelâneas, 2, IDET/Almedina, Coimbra, 2004, p. 51-80, «Processo de insolvência: os órgãos de insolvência e o plano de insolvência», *Revista do CEJ*, 2010, 2.º sem., n.º 14, p. 121-168, «Dificuldades da recuperação de empresas no Código da Insolvência e da Recuperação de Empresas», Miscelâneas, n.º 7, IDET/ Almedina, Coimbra, 2011, p. 143-170 *Processo especial de revitalização. Notas práticas e jurisprudência recente*, Porto Editora, Porto, 2014

SILVA, FRANCISCO PINTO DA, «A influência dos credores bancários na administração das sociedades comerciais e a sua responsabilidade», DSR, 2014, vol. 12, p. 231-265

SILVA, PAULA COSTA E, «A liquidação da massa insolvente», *ROA*, 2005, III, p. 713-744, «Dissolução e liquidação de sociedades comerciais: nótula», *Jornadas em Homenagem ao Professor Doutor Raúl Ventura*, Almedina, Coimbra, 2007, p. 289-294, «O abuso do direito de acção e o art. 22.º do CIRE», *Estudos dedicados ao Professor Doutor Luís Alberto Carvalho Fernandes*, vol. III, UCP, Lisboa, 2011, p. 155-166

SILVA, SUSANA TAVARES DA/SANTOS, MARTA COSTA, «Os créditos fiscais nos processos de insolvência: reflexões críticas e revisão da jurisprudência», https://estudogeral.sib.uc.pt/bitstream/10316/24784/1/STS_MCS%20insolvencia.pdf

SOARES, RITA, «As consequências da não aprovação do plano de recuperação», in CATARINA SERRA (coord.), *I Colóquio de direito da insolvência de Santo Tirso*, Almedina, Coimbra, 2014, p. 91-117

SIMÕES, RUI, «A aquisição de empresas insolventes», in PAULO CÂMARA (coord.), *Aquisição de empresas*, Coimbra Editora, Coimbra, 2011, p. 371-400

SINZ, RALF , «§ 117», in WILHELM UHLENBRUCK, *Insolvenzordnung*, 13. Aufl., Beck (Beck-online), 2010, «§ 249», in HANS-PETER KIRCHOFF/HORST EIDENMÜLLER/ROLF STÜRNER (her.), *Münchener Kommentar zum Insolvenzornung*, Bd. 3, 3. Aufl., Beck (Beck-online), München, 2014, «§ 251», in HANS-PETER KIRCHOFF/HORST EIDENMÜLLER/ROLF STÜRNER (her.), *Münchener Kommentar zum Insolvenzornung*, Bd. 3, 3. Aufl., Beck (Beck-online), München, 2014, «§ 250», in HANS-PETER KIRCHOFF/HORST EIDENMÜLLER/ROLF STÜRNER (her.), *Münchener Kommentar zur Insolvenzord-*

nung, 3. Aufl., Bd. 3, Beck (Beck-online), München, 2014

SOARES, MARIA ÂNGELA, «Aumento do capital», AAVV., *Problemas do direito das sociedades*, IDET/Almedina, Coimbra, 2002, p. 235-255

SOUSA, MIGUEL TEIXEIRA DE, «A verificação do passivo no processo de insolvência», *RFDUL*, XXXVI, n.º 2, 1995, p. 353 -382

STEPHAN, GUIDO, «§ 260», in HANS-PETER KIRCHOFF/HORST EIDENMÜLLER/ROLF STÜRNER (her.), *Münchener Kommentar zum Insolvenzornung*, Bd. 3, 3. Aufl., Beck (Beck-online), München, 2014, «§ 263», in HANS-PETER KIRCHOFF/HORST EIDENMÜLLER/ROLF STÜRNER (her.), *Münchener Kommentar zum Insolvenzornung*, Bd. 3, 3. Aufl., Beck (Beck-online), München, 2014, «Vorbemerkungen vor §§ 286 bis 303», in HANS-PETER KIRCHOFF/HORST EIDENMÜLLER/ROLF STÜRNER (her.), *Münchener Kommentar zum Insolvenzordnung*, Bd. 3, 3. Aufl., Beck (Beck-online), München, 2014, «§ 290», in HANS-PETER KIRCHOFF/HORST EIDENMÜLLER/ROLF STÜRNER (her.), *Münchener Kommentar zum Insolvenzornung*, Bd. 3, 3. Aufl., Beck (Beck-online), München, 2014

TASHIRO, ANNEROSE, «Vorbemerkung vor § 335-358», in EBERHARD BRAUN, *Insolvenzverordnung. Kommentar*, 6. Aufl., Beck (Beck-online), München, 2014

TEZLAFF, CHRISTIAN, «Vorbemerkungen vor §§ 270 bis 285», in HANS-PETER KIRCHOF/HORST EIDENMÜLLER/ROLF STÜRNER (her.), *Münchener Kommentar zur Insolvenzordnung*, Bd. 3, 3. Aufl., Beck (Beck-online), München, 2014, «§ 270», in HANS-PETER KIRCHOF/HORST EIDENMÜLLER/ROLF STÜRNER (her.), *Münchener Kommentar zur Insolvenzord-*

nung, Bd. 3, 3. Aufl., Beck (Beck-online), München, 2014, «§ 272», in HANS-PETER KIRCHOF/HORST EIDENMÜLLER/ROLF STÜRNER (her.), *Münchener Kommentar zur Insolvenzordnung*, Bd. 3, 3. Aufl., Beck (Beck-online), München, 2014,

TEZLAFF, CHRISTIAN/KERN, CHRISTOPH, «§ 265», in HANS-PETER KIRCHOFF/HORST EIDENMÜLLER/ROLF STÜRNER (her.), *Münchener Kommentar zum Insolvenzornung*, Bd. 3, 3. Aufl., Beck (Beck-online), München, 2014, «§ 275», in HANS-PETER KIRCHOF/HORST EIDENMÜLLER/ROLF STÜRNER (her.), *Münchener Kommentar zum Insolvenzordnun*, Bd. 3, 3. Aufl., Beck (Beck-online), München, 2014

TIRADO, IGNACIO, «Artículo 27», in ÁNGEL ROJO/EMILIO BELTRÁN (coord.), *Comentario de la Ley Concursal*, t. I, Thomson/Civitas, Madrid, 2004, p. 569-590

TOMÉ, MARIA VAZ, «Sobre o contrato de mandato sem representação e o *trust*», *ROA*, 67, 2007, III, p. 1091-1161

TOMILLO, JORGE/GOZALO, VICENTE, «Artículo 121», in ÁNGEL ROJO/EMILIO BELTRÁN (coord.), *Comentario de la ley concursal*, t. II, Thomson/Civitas, Madrid, 2004, p. 2084-2096

TORRES, NUNO MARIA PINHEIRO, «O pressuposto objectivo do processo de insolvência», *DJ*, 19, 2005, p. 165-177

UHLENBRUCK, WILHELM, «§ 160», in WILHELM UHELNBRUCK/HERIBERT HIRTE/HEINZ VALLENDER (her.), *Insolvenzordnung (InsO)*, 13. Aufl., Franz Vahlen (Beck-online), München, 2010, «§ 161», in WILHELM UHELNBRUCK/HERIBERT HIRTE/HEINZ VALLENDER (her.), *Insolvenzordnung (InsO)*, 13. Aufl., Franz Vahlen (Beck-online), München, 2010, «§ 164», in WILHELM UHELN-BRUCK/HERIBERT HIRTE/HEINZ VALLENDER (her.), *Insolvenzordnung (InsO)*, *Insolvenzordnung (InsO)*, 13. Aufl., Franz Vahlen (Beck-online), München, 2010, «§ 292», in WILHELM UHLENBRÜCK, *Insolvenzordnung*, 13. Aufl., Franz Vahlen (Beck-online), München, 2010

VALLENDER, HEINZ, «§ 292», in WILHELM UHLENBRÜCK, *Insolvenzordnung*, 13. Aufl., Beck (Beck-online), München, 2010

VALPUESTA GASTAMINZA, EDUARDO, «Artículo 26», in FAUSTINO CORDÓN MORENO (dir.), *Comentarios a la Ley Concursal*, T. I, Aranzadi/Thomson Reuters, Cizur Menor, 2010, p. 371-378, «Articulo 93», in FAUSTINO CORDÓN MORENO (dir.), *Comentarios a la Ley Concursal*, T. I, Aranzadi/Thomson Reuters, Cizur Menor, 2010, p. 1073-1081

VASCONCELOS, JOANA, «Insolvência do empregador e contrato de trabalho», *Estudos em homenagem ao Professor Doutor Manuel Henrique Mesquita*, II,, Coimbra Editora/BFD, Coimbra, 2009, p. 1091-1109

VASCONCELOS, PEDRO PAIS DE, "Responsabilidade civil do administrador de insolvência", in CATARINA SERRA (coord.), *II Congresso de direito da insolvência*, Almedina, Coimbra, 2014, p. 189-206

VASCONCELOS, PESTANA DE, *Dos contratos de cessão financeira (factoring)*, Coimbra Editora, Coimbra, 1999, «O novo regime insolvencial da compra e venda», *RFDUP*, III, 2006, p. 521-559, *A cessão de créditos em garantia e a insolvência*, Coimbra Editora, Coimbra, 2007, «Contrato-promessa e falência/insolvência – Anotação ao Ac. do TRC de 17.4.2007, Agravo 65/03», *CDP*, n.º 24, 2008, p. 43-64, «Direito de Retenção, contrato-promessa e insolvência», *CDP*, n.º 33 – Janeiro/Março de 2011, p. 3-29,

«O depósito com finalidade de cumprimento, o depósito para administração, o depósito em garantia e os seus regimes insolvenciais», in *Estudos em Homenagem ao Professor Doutor Heinrich Ewald Hörster*, Almedina, Coimbra, 2012 p.725-752, *Direito das garantias*, 2.ª ed., Almedina, Coimbra, 2013, «Direito de retenção, *par conditio creditorum*, justiça material», *CDP*, 41, janeiro/março 2013, p. 5-17, «Insolvência e IVA – A regulação do IVA liquidado no caso de declaração de insolvência do devedor», RPC, 2012, II, 5, p. 53-68

VASCONCELOS, PESTANA DE/CAEIRO, PEDRO, «As dimensões juridico-privada e juridico-penal da insolvência (uma introdução)», in AAVV., Infrações económicas e financeiras. Estudos de criminologia e direito, Coimbra Editora, Coimbra, 2014, p. 529-544

VASCONCELOS, PESTANA DE/CAEIRO, PEDRO, «As dimensões jurídico-privada e juridico-penal da insolvência (uma introdução)», in AAVV., *Infrações económicas e financeiras. Estudos de criminologia e direito*, Coimbra Editora, Coimbra, 2014, p. -

VENDER, MICHAEL, *Cross-border insolvency proceedings and security rights*, Kluwer, Deventer, 2004

VICENTE, DÁRIO MOURA, «Insolvência internacional: direito aplicável», *Estudos em memória do Professor Doutor José Dias Marques*, Almedina, Coimbra, 2007, p. 81-104

VIEIRA, JOSÉ ALBERTO, «Insolvência de não empresários e titulares de pequenas empresas», in AAVV., *Estudos em memória do Professor Doutor José Dias Marques*, Almedina, Coimbra, 2007, p. 251-276

XAVIER, V. G. LOBO, *Anulação de deliberação social e deliberações conexas*, Almedina, Coimbra, 1998 (reimp.)

ÍNDICE ANALÍTICO

São indicadas as partes do livro e os pontos em que as matérias são tratadas (**CGI** – Considerações Gerais Introdutórias; **Cap.** – Capítulo)

Atos de especial relevo: **Cap.** VIII, 3, **Cap.** XIV, 5.2

Administração extraordinária: **Cap.** IX, 12

Administração pelo devedor: **Cap.** III, 1.4.4, **Cap.** IV, 1.6, **Cap.** V, 2.1.1, **Cap.** VIII, 14, **Cap.** IX, **Cap.** XII, 3.8.10

Administrador de bens do menor: **Cap.** V, 2.5.1

Administrador judicial provisório: **Cap.** III, 5, **Cap.** VI, 2.1, **Cap.** XIV, 5, 7.2, 10.2, 10.3,

Administrador da insolvência: **Cap.** IV, 1.5, **Cap.** V, 2.1, 3.7, 5.2.2, 5.2.3, **Cap.** VI, 2, 5, **Cap.** VII, 2, **Cap.** VIII, 2, 3, 4, 5, **Cap.** IX, 10, 14, 18, **Cap.** XI, 5, 9.3, **Cap.** XII, 3.2, 4.3.2, **Cap.** XIII, 2.2, 3.13, 15, **Cap.** XVII, 1

Administradores de direito ou de facto: **Cap.** III, 1.4.5, **Cap.** IV, 1.4, **Cap.** XII, 2, 3.8.2, 3.8.3, 3.8.4

Agrupamento Complementar de Empresas: **Cap.** II, 2, **Cap.** V, 5.17

Agrupamento Europeu de Interesse Económico: **Cap.** II, 2, **Cap.** V, 5.17

Alimentos: **Cap.** V, 2.6, 4.3, **Cap.** VI, 2.2

Alteração estatutária: **Cap.** XIII, 3.7.5

Apensação: **Cap.** V, 3.1, 3.2, 3.3, 3.5,

Apreciação liminar: **Cap.** III, 4

Apreensão de bens: **Cap.** IV, 1.8, **Cap.** V, 2.1.2, **Cap.** IX, 19.7, **Cap.** XVII, 1

Apresentação (Obrigação de): **Cap.** V, 2.4

Apresentação à insolvência: **Cap.** III, 6

Apresentação conjunta de marido e mulher: **Cap.** III, 1, nt. 2, 6

Assembleia de credores: **Cap.** IV, 1.14, **Cap.** VI, 2.2, 3, 5, **Cap.** VIII, 3, 12, **Cap.** IX, 5, 19.3, **Cap.** XIII, 7, **Cap.** XVI, 2.2, **Cap.** XVIII, 7

Associação em participação: **Cap.** V, 5.16

Associações: **Cap.** II, 2, 4, **Cap.** XII, 3.8.7

UM CURSO DE DIREITO DA INSOLVÊNCIA

Atos jurídicos de especial relevo: **Cap.** VIII, 3

Audiência de discussão e julgamento: **Cap.** III, 11

Aumento de capital: **Cap.** XIII, 3.7.4, 3.9, 3.11

Bens de titularidade controversa: **Cap.** VIII, 10

Caducidade: **Cap.** V, 4.11

Capacidade eleitoral: **Cap.** V, 2.5.3

Centro dos Interesses Principais: **Cap.** III, 1.7, **Cap.** XIX, 2, 3

Cessão de créditos futuros: **Cap.** V, 5.13

Cessão de rendas: **Cap.** V, 5.14

Cessão do rendimento disponível: **Cap.** XVI, 5, 6.3,

Citação: **Cap.** III, 7, **Cap.** IV, 2, **Cap.** XVII, 3, 7

Código de Processo Civil (aplicação subsidiária): **CGI**, 8

Colaboração: **Cap.** V, 2.4

Comissão de credores: **Cap.** VI, 4, 5, **Cap.** VII, 5.8, **Cap.** VIII, 3, **Cap.** XI, 9.3, **Cap.** XII, 3.6, **Cap.** XIII, 15.3, **Cap.** XVIII, 8,

Comissões especiais: **Cap.** II, 4

Compensação: **Cap.** V, 4.9

Condição resolutiva: **Cap.** V, 4.4, **Cap.** XIII, 3.10

Condição suspensiva: **Cap.** XIII, 3.10

Cônjuges: **Cap.** III, 6, **Cap.** V, 3.5.2, 3.8, **Cap.** XVII, 2.2, 3, 4, **Cap.** XVIII

Conta corrente: **Cap.** V, 5.15

Contitularidade: **Cap.** VIII, 9

Contrato de gestão: **Cap.** V, 5.9

Contrato de prestação duradoura de serviço: **Cap.** V, 5.10

Contrato de trabalho: **Cap.** V, 5.11

Contrato-promessa: **Cap.** V, 5.6

Convenções arbitrais: **Cap.** V, 3.6

Conversão de créditos: **Cap.** V, 4.6

Cooperativas: **Cap.** II, 2, 7, **Cap.** XII, 3.8.7

Créditos comuns: **Cap.** VII, 4.4, 5.12, **Cap.** X, 3.4

Créditos garantidos: **Cap.** VII, 2, 4.1, 5.12, **Cap.** VIII, 6, 7, **Cap.** X, 3.2, **Cap.** XIII, 3.12

Créditos litigiosos: **Cap.** III, 1

Créditos privilegiados: **Cap.** VII, 4.2, 5.12, **Cap.** X, 3.3, **Cap.** XIII, 3.12

Créditos sobre a insolvência: **Cap.** VII, 2, 4, 5.12, **Cap.** XII, 3.8.8, **Cap.** XIII, 13.1

Créditos sobre a massa: **Cap.** VII, 2, 3, **Cap.** XII, 3.8.8, **Cap.** XIII, 13.1

Créditos subordinados: **Cap.** VII, 4.3, 5.12, **Cap.** X, 3.5, **Cap.** XIII, 3.12

Créditos tributários: **Cap.** XIII, 3.6, **Cap.** XIV, 5.4, 7.6, **Cap.** XV, 7.2, 9, 14, **Cap. XVII**, 14.4.2

Crime: **Cap.** III, 1.4.3, **Cap.** IV, 1.9, **Cap.** XVI, 3.2,

Deliberação dos sócios: **Cap.** III, 1.4.5

Desapensação de ações: **Cap.** XI, 9.7

Desistência do pedido ou da instância: **Cap.** III, 3

Dever de apresentação: **Cap.** III, 1.4, **Cap.** XIV, 2, **Cap.** XV, 5

Direito de preferência: **Cap.** VIII, 2

Dissolução: **Cap.** V, 2.5.2

Dívidas à massa: **Cap.** V, 2.1.4,

Dívidas da insolvência: **Cap.,** VII, 2, 4, **Cap.** X, 3

Dívidas da massa: **Cap.** V, 2.4, **Cap.** VII, 2, 3, **Cap.** X, 2, **Cap.** XI, 9.5

Domínio de sociedade: **Cap.** V, 3.5.3

ÍNDICE ANALÍTICO

Efeitos da declaração de insolvência: **Cap.** V

Efeitos da declaração de insolvência sobre o devedor: **Cap.** V, 2

Efeitos da declaração de insolvência sobre os créditos: **Cap.** V, 4

Efeitos da declaração de insolvência sobre os negócios em curso: **Cap.** V, 5, **Cap.** VI, 2.2

Efeitos processuais da declaração de insolvência: **Cap.** V, 3

Embargos: **Cap.** IV, 3, **Cap.** VIII, 15

Empresa: **CGI**, 4

Empresas de investimento: **Cap.** II, 10.2

Empresas de seguros: **Cap.** II, 10.2

Empresa pública: **Cap.** XII, 3.8.7

Encerramento do processo: **Cap.** IV, 4, **Cap.** VIII, 17, 18, **Cap.** XI, **Cap.** XIII, 14, **Cap.** XVI, 1, 4, **Cap.** XVII, 16

Entidade Pública Empresarial: **Cap.** II, 10.1

Estabelecimento Individual de Responsablidade Limitada: **Cap.** II, 8

Estabilização do passivo: **Cap.** V, 4.2

Exclusão de sócios: **Cap.** XIII, 3.7.8, 3.7.9

Execuções: **Cap.** V, 3.2, **Cap.** XIV, 5.4, **Cap.** XV, 7.3, 9, 11

Exoneração do passivo restante: **Cap.** III, 1.4.4, **Cap.** XI, 6, **Cap.** XII, 3.8.11, 3.8.12, **Cap.** XVI

Extinção de garantias: **Cap.** III, 1.3, **Cap.** V, 4.7

Extinção de sociedades: **Cap.** XI, 9.8

Factos-índice: **Cap.** III, 1.6

Fiduciário: **Cap.** VI, 1, **Cap.** XVI, 1, 5, 6, 8.1 8.5

Finalidade do processo: **CGI**, 3

Fixação de residência: **Cap.** IV, 1.3, **Cap.** V, 2.3

Forum shopping: **Cap.** XIX, 2

Fundações: **Cap.** II, 2, **Cap.** XII, 3.8.7

Fundo de Compensação do Trabalho: **Cap.** X, 10

Fundo de Garantia de Compensação do Trabalho: **Cap.** X, 10

Fundo de Garantia Salarial: **Cap.** X, 10

Garantes: **Cap.** V, 4.5

Garantia financeira: **Cap.** V, 5.1

Gestão corrente: **Cap.** IX, 11

Graduação de créditos: **Cap.** VII

Grupos de sociedades: **Cap.** II, 11, **Cap.** V, 3.5.3

Herança: **Cap.** II, 3

Hipoteca: **Cap.** V, 4.8, **Cap.** VII, 4.1, 5.12

Impugnação de despedimento: **Cap.** V, 3.1

Impugnação pauliana: **Cap.** V, 3.3, 6.8

Inabilitação: **Cap.** XII, 3.8.13

Inabilitados: **Cap.** V, 2.5.1

Incompatibilidades: **Cap.** V, 2.5.2

Indeferimento do pedido: **Cap.** IV, 5

Indivisão: **Cap.** VIII, 9

Informações: **Cap.** V, 2.4, **Cap.** XVI, 7

Inibição para administrar patrimónios alheios: **Cap.** XII, 3.8.5

Inibição para a ocupação de cargos: **Cap.** XII, 3.8.7

Inibição para o exercício do comércio: **Cap.** XII, 3.8.6

Insolvência iminente: **Cap.** I, 3, **Cap.** III, 1.4, **Cap.** XIV, 2

Insolvência transfronteiriça: **Cap.** XIX

Instituições de crédito: **Cap.** II, 10.2

Insuficiência da massa insolvente: **Cap.** IV, 1.1., **Cap.** V, 2.1.1, **Cap.** XI, 1, 5, **Cap.** XVI, 4

UM CURSO DE DIREITO DA INSOLVÊNCIA

Interdição: **Cap.** V, 2.5.1,
Inventário: **Cap.** VI, 2.2, **Cap.** XVIII, 9

Jogo: **Cap.** V, 2.5.4
Juros: **Cap.** V, 4.2, 4.10, **Cap.** VII, 4.3
Justo valor: **Cap.** I, 2

Legitimidade exclusiva do administrador
da insolvência: **Cap.** V, 3.7,
Licença: **Cap.** VIII, 8
Liquidação do ativo: **Cap.** VI, 2.2,
Cap. VIII, **Cap.** IX, 7, **Cap.** XIII, 2.5, 5,
Cap. XVIII, 9
Locação: **Cap.** V, 5.4, 5.8
Locação financeira: **Cap.** V, 5.4

Mandado: **Cap.** V, 5.9
Massa insolvente: **CGI**, 5, **Cap.** IV, 1.8,
Cap. V, 2.1, **Cap.** IX, 1
Medidas cautelares: **Cap.** III, 5

Notificações: **Cap.** IV, 2

Opções de compra: **Cap.** XIII, 3.11
Operações a prazo: **Cap.** V, 5.7
Órgãos da insolvência: **Cap.** VI
Órgãos sociais: **Cap.** V, 2.2, **Cap.** IX, 17,
Cap. XII, 3.8.7, **Cap.** XIII, 3.7.7

Pagamento: **Cap.** VII, 5.13, **Cap.** X
Pedido infundado: **Cap.** III, 2
Penhor de créditos futuros: **Cap.** V, 5.13
Penhor de rendas: **Cap.** V, 5.14
Pequena empresa: **CGI**, 3, **Cap.** XIII, 2.1
PER: **CGI**, 3, **Cap.** I, 3, **Cap.** III, 1.1, 1.4.2,
Cap. V, 3.9, **Cap.** VII, 5.2, **Cap.** XIV
Perda grave do capital social: **Cap.** I, 2,
nt. 15
PERSI: **CGI**, 1, nt. 1, **Cap.** V, 3.10
Pessoas coletivas públicas: **Cap.** II, 10.1

Pessoas especialmente relacionadas com
o devedor: **Cap.** VII, 4.3
Plano de insolvência: **CGI**, 3, **Cap.** VI,
3.9, **Cap.** VIII, 1, 11, **Cap.** IX, 1, 2, 19.6,
Cap. XI, 3, **Cap.** XIII
Plano de pagamentos: **Cap.** III, 1.4.4,
6, 10, **Cap.** V, 2.1.1, 3.8, **Cap.** VIII, 16,
Cap. XI, 8, **Cap.** XVII, **Cap.** XVIII, 2,
3, 4, 5
Prescrição: **Cap.** V, 4.11
Prestações ao devedor: **Cap.** IV, 1.13
Prestações fracionáveis: **Cap.** V, 5.3
Prestações indivisíveis: **Cap.** V, 5.3
Prestações infungíveis: **Cap.** V, 5.3
Princípio da pluralidade: **Cap.** XIX, 1
Princípio da territorialidade: **Cap.** XIX, 1
Princípio da unidade: **Cap.** XIX, 1
Princípio da universalidade: **Cap.** XIX, 1
Princípio do inquisitório: **CGI**, 11
Privilégio creditório: **Cap.** III, 1.2, 1.3,
Cap. VII, 4.1, 4.2, 5.12, **Cap.** XIV, 7.3
Processo principal: **Cap.** XIX, 2
Processo secundário: **Cap.** III, 1, **Cap.** XIX,
2
Protesto: **Cap.** VII, 5, **Cap.** VIII, 9, **Cap.** X,
2, 3.1

Qualificação da insolvência: **Cap.** IV, 1.10,
Cap. IX, 19.4, **Cap.** XI, 9.2, **Cap.** XI,
9.9, **Cap.** XII

Rateio final: **Cap.** X, 5, 6, **Cap.** XI, 2, 9.6
Rateio parcial: **Cap.** X, 4, 6
Reclamação de créditos: **Cap.** IV, 1.11,
Cap. V, 3.1, **Cap.** VI, 2.2, **Cap.** VII, 5.2,
Cap. XIV, 5.3, **Cap.** XIV, 6, **Cap.** XVIII,
5, 9
Recursos: **CGI**, 9, **Cap.** IV, 3, 5, **Cap.** VI,
3.7, **Cap.** VII, 5.13, **Cap.** VIII, 15,
Cap. X, 3.1

ÍNDICE ANALÍTICO

Redução do capital: **Cap.** XIII, 3.7.3

Relatório do administrador da insolvência: **Cap.** VI, 2.2, 3.8

Requerimento de declaração de insolvência: **Cap.** III, 1

Reserva de propriedade: **Cap.** V, 5.4

Resolução em benefício da massa insolvente: **Cap.** V, 1, 6, **Cap.** VII, 4.3, **Cap.** XI, 9.6.1

Responsabilidades parentais: **Cap.** V, 2.5.1

Responsável legal: **Cap.** III, 1, **Cap.** V, 3.5.1 **Cap.** XI, 9.6.3, **Cap.** XIII, 2.4, **Cap.** XIII, 3.12

Responsável solidário: **Cap.** V, 4.5

ROC (Revisor Oficial de Contas): **Cap.** XII, 3.8.4

Saneamento por transmissão: **Cap.** XIII, 3.8

Sentença de declaração de insolvência: **Cap.** IV, **Cap.** XI, 8, **Cap.** XVII, 1, 15, 19, **Cap.** XVIII, 2, 3

Sentença de homologação do plano de insolvência: **Cap.** XIII, 10 11, 13

Sentença de homologação do plano de pagamentos: **Cap.** XI, 8, **Cap.** XVII, 1, 14, 16

Sentença de homologação do plano de recuperação conducente à revitalização: **Cap.** XIV, 7.8, 8.1, 9.4

Sentença de qualificação da insolvência: **Cap.** XII, 3.8, 4.3.4

Sentença de verificação de créditos: **Cap.** VII, 5.5, 5.12, **Cap.** XVIII, 6

SIREVE: **CGI**, 3, 5, 6, **Cap.** I, 3 e nt. 31, **Cap.** III, 1.4.2, **Cap.** V, 3.11, **Cap.** XIV, 2, **Cap.** XV

Sistemas de liquidação: **Cap.** V, 4.12

Situação de insolvência: **Cap.** I, **Cap. XV**, 2, 3

Situação económica difícil: **Cap.** XIV, 2, **Cap.** XV, 2, 3

Sobre-endividamento: **CGI**, 1, nt. 1

Sociedades civis: **Cap.** II, 5

Sociedades irregulares: **Cap.** II, 6

Sociedades unipessoais: **Cap.** II, 2

Solicitadores: **Cap.** V, 2.5.4

Sujeitos da declaração de insolvência: **Cap.** II

Suspensão da instância: **CGI**, 10, **Cap.** V, 3.8, **Cap.** XIV, 5.4, **Cap.** XV, 7.3, **Cap.** XVII, 1, 6, 13

TOC (Técnico Oficial de Contas): **Cap.** XII, 3.8.4

Transformação da sociedade: **Cap.** XIII, 3.7.6

Tribunal competente: **Cap.** III, 1.7

Tutor: **Cap.** V, 2.5.1

Urgência: **CGI**, 9

Venda antecipada de bens: **Cap.** VIII, 4

Verificação de créditos: **Cap.** VII, **Cap.** XI, 9.6.2

Verificação do direito à restituição ou separação de bens: **Cap.** VIII, 2, 4, 9, 10, **Cap.** X, 2, **Cap.** XI, 9.6.2

Verificação ulterior de créditos: **Cap.** IV, 1.11, **Cap.** VII, 5.3, 6

ÍNDICE

Nota prévia à segunda edição. 5

Nota prévia. 7

Lista de siglas e abreviaturas 9

Considerações Gerais Introdutórias. 13
  1. O crédito e a economia de mercado 13
  2. Antes do CIRE já havia direito da falência e antes da Troika
    já se pensara na recuperação das empresas. 14
  3. O atual Código da Insolvência e da Recuperação de Empresas:
    o paradigma. A satisfação dos credores como primeira finalidade 36
  4. O CIRE não é apenas um código da insolvência e recuperação
    de empresas 40
  5. O processo de insolvência como «processo de execução universal» 41
  6. O processo de insolvência é um processo concursual. 41
  7. Insolvência como estado e como processo 42
  8. A aplicação subsidiária do CPC. 42
  9. O carácter urgente 43
  10. A suspensão da instância 43
  11. O princípio do inquisitório 46

CAPÍTULO I
A situação de insolvência
(pressupostos objetivos de declaração de insolvência). 47
  1. O «critério geral»: impossibilidade de cumprir as obrigações vencidas . . 47

UM CURSO DE DIREITO DA INSOLVÊNCIA

2. A manifesta superioridade do passivo em relação ao ativo. 50
3. A insolvência iminente 54

Capítulo II
Quem (e o que) pode ser declarado insolvente 61
  1. O art. 2.º do CIRE. Apreciação geral 61
  2. Quaisquer pessoas singulares ou coletivas 62
  3. Herança jacente 63
  4. Associações sem personalidade jurídica e comissões especiais 64
  5. Sociedades civis 64
  6. Sociedades comerciais e civis sob forma comercial que ainda não viram
    o contrato pelo qual se constituíram definitivamente registado 64
  7. Cooperativas, antes do registo da sua constituição 65
  8. Estabelecimento Individual de Responsabilidade Limitada (E.I.R.L.) . . 65
  9. Outros patrimónios autónomos 67
  10. As exclusões do art. 2.º, 2 67
    10.1. Pessoas coletivas públicas e EPE's 67
    10.2. Empresas de seguros, instituições de crédito, empresas
      de investimento que prestem serviços que impliquem a detenção
      de fundos ou de valores mobiliários de terceiros e OICs 68
  11. Nota sobre os grupos de sociedades. 70

CAPÍTULO III
A tramitação do processo de insolvência antes da sentença de declaração
de insolvência ou de indeferimento do pedido de declaração de insolvência . . 73
  1. O Requerimento de Insolvência 74
    1.1. Quem pode requerer. Os créditos litigiosos 74
    1.2. A vantagem contida no art. 98.º, 1, para o credor que requer
      a declaração de insolvência 78
    1.3. Desvantagens para certos credores que não requerem
      atempadamente a declaração de insolvência 79
    1.4. O dever de apresentação à insolvência 80
      1.4.1. Em que casos existe. Prazo 80
      1.4.2. Suspensão do prazo 82
      1.4.3. Consequências do incumprimento do dever de apresentação
        à insolvência 84
      1.4.4. Algumas vantagens para o devedor que se apresenta à insolvência . 85
      1.4.5. O art. 19º e a necessidade (ou não) de deliberação dos sócios . . . 87

ÍNDICE

1.5. Requisitos da petição inicial 90
1.6. Requisitos da petição inicial (cont.). O art. 20.º. 93
1.7. Tribunal competente. 97
2. Dedução de pedido infundado 101
3. Desistência do pedido ou da instância. 102
4. Apreciação liminar da petição inicial 103
5. Medidas cautelares 105
6. Apresentação à insolvência e tramitação processual 108
7. Citação. Dispensa da audiência do devedor. 109
8. Oposição à insolvência 111
9. Consequência da falta de oposição. 113
10. Apresentação de plano de pagamentos em alternativa à contestação . . 114
11. Audiência de discussão e julgamento. 114

CAPÍTULO IV
A sentença de declaração de insolvência e a sentença de indeferimento
do pedido de declaração de insolvência. 119
1. A sentença de declaração de insolvência 119
1.1. Aspetos gerais. O art. 36.º 119
1.2. Data e hora da prolação da sentença 121
1.3. Identificação do devedor insolvente e da sua sede ou residência. . . . 121
1.4. Identificação dos administradores, de direito e de facto, do devedor,
e fixação de residência a estes e ao devedor pessoa singular 122
1.5. Nomeação de administrador da insolvência e indicação
do seu domicílio profissional. 122
1.6. A administração da massa insolvente pelo devedor. 123
1.7. Entrega de documentos 124
1.8. Apreensão de bens. A massa insolvente 125
1.9. Entrega de elementos ao Ministério Público que indiciem a prática
de infração penal 125
1.10. O incidente de qualificação da insolvência 126
1.11 Prazo de reclamação de créditos. 127
1.12. Advertência aos credores quanto à comunicação de garantias
reais de que beneficiem. 128
1.13. Advertência aos devedores quanto a prestações a efetuar 128
1.14. A assembleia de credores para apreciação do relatório. 129
2. Notificações e citações 130
3. A impugnação 131

UM CURSO DE DIREITO DA INSOLVÊNCIA

4. Encerramento do processo após a sentença de declaração
de insolvência 133
5. A sentença de indeferimento do pedido 134

CAPÍTULO V
Efeitos da declaração de insolvência. 135
1. Introdução 135
2. Efeitos sobre o devedor 137
2.1. Os poderes de administração e disposição dos bens integrantes
da massa insolvente 137
2.1.1. Em regra, passam a competir ao administrador da insolvência
(art. 81.º). Casos em que não é assim 137
2.1.2. A apreensão dos bens. 140
2.1.3. A ineficácia dos atos (art. 81.º, 6) 143
2.1.4. Os pagamentos de dívidas à massa 144
2.2. A manutenção em funções dos membros dos órgãos sociais
e as limitações quanto à renúncia 145
2.3. A fixação de residência 145
2.4. O art. 83.º e as obrigações de fornecer informações,
de apresentação e de colaboração. 146
2.5. Algumas outras limitações 147
2.5.1. No âmbito do direito da família 147
2.5.2. No âmbito do direito das sociedades comerciais e relativamente
às associações, fundações, sociedades civis e cooperativas.
Incompatibilidades. Dissolução 148
2.5.3. No âmbito da capacidade eleitoral 149
2.5.4. Noutros âmbitos. 150
2.6. O direito a alimentos 150
3. Efeitos processuais 151
3.1. O art. 85.º e alguns efeitos sobre ações pendentes 151
3.2. As ações executivas, diligências executivas e providências
e o art. 88.º, 1 153
3.3. Ações de impugnação pauliana. O art. 127.º, 2 154
3.4. As ações relativas a dívidas da massa insolvente 155
3.5. Apensação de processos de insolvência 155
3.5.1. Apensação de processos em que tenha sido declarada
a insolvência de pessoas que legalmente respondam
pelas dívidas do insolvente 155

706

ÍNDICE

3.5.2. Apensação de processos em que tenha sido declarada a insolvência de cônjuge não casado no regime de separação de bens 155

3.5.3. Apensação de processos em que tenha sido declarada a insolvência de sociedades dominadas pela sociedade comercial devedora ou que com ela estejam em relação de grupo 156

3.6. Convenções arbitrais. 157

3.7. Ações que só o administrador da insolvência pode «propor e fazer seguir». 158

3.8. Efeitos sobre outros processos de insolvência que corram contra o mesmo devedor 159

3.9. Efeitos sobre o PER 161

3.10. Efeitos sobre o PERSI 161

3.11. Efeitos sobre o SIREVE. 162

4. Efeitos sobre os créditos. 162

4.1. Concentração 162

4.2. Estabilização do passivo. 162

4.3. Créditos por alimentos 164

4.4. Créditos sob condição resolutiva 165

4.5. Responsáveis solidários e garantes 165

4.6. Conversão de créditos. 166

4.7. Extinção de certas garantias 167

4.8. Inadmissibilidade de registo de certas garantias 167

4.9. Compensação: limites e exclusão 167

4.10. Efeitos quanto a juros 169

4.11. Suspensão de prazos de prescrição e caducidade 170

4.12. Sistemas de liquidação 170

5. Efeitos sobre os negócios em curso 170

5.1. Considerações iniciais 170

5.2. O art. 102.º: «Princípio geral quanto aos negócios ainda não cumpridos» 172

5.2.1. Negócios a que se aplica 172

5.2.2. A suspensão do cumprimento e a opção do administrador da insolvência 173

5.2.3. A recusa do cumprimento pelo administrador da insolvência. . . 174

5.3. «Prestações indivisíveis» (!) 176

5.3.1. A terminologia e as hipóteses 176

5.3.2. É a outra parte que está obrigada à realização da prestação 177

5.3.3. É o devedor insolvente que está obrigado à prestação 179

5.4. Venda com reserva de propriedade (e operações semelhantes) 180

5.4.1. A necessidade de articulação entre o art. 104.º e o art. 102.º. . . . 180

UM CURSO DE DIREITO DA INSOLVÊNCIA

5.4.2. O vendedor é o insolvente	180
5.4.3. O comprador é o insolvente	182
5.5. Compra e venda sem entrega. A transmissão de outros direitos reais de gozo	183
5.6. Efeitos sobre os contratos-promessa de compra e venda	184
5.6.1. Contratos-promessa de compra e venda com eficácia real e tradição	184
5.6.2. Contratos-promessa de compra e venda sem eficácia real e/ou sem tradição. O sinal e o direito de retenção	184
5.7. Operações a prazo	195
5.8. Locação	199
5.8.1. Nota prévia	199
5.8.2. Insolvência do locatário	199
5.8.3. Insolvente locador	203
5.9. Contratos de mandato e de gestão	203
5.9.1. A insolvência do mandante	203
5.9.2. Insolvência de mandatário	205
5.10. Contratos de prestação duradoura de serviço	205
5.10.1. Insolvência de quem recebe a prestação	205
5.10.2. Insolvência da parte obrigada à prestação do serviço	206
5.11. Procurações	207
5.12. Contratos de trabalho	209
5.12.1. Insolvência do trabalhador	209
5.12.2. Insolvência do empregador	209
5.13. Cessão e penhor de créditos futuros emergentes de contrato de trabalho ou de prestação de serviços, ou do direito a prestações sucedâneas	214
5.14. Cessão e penhor de rendas ou alugueres que o administrador da insolvência não possa denunciar ou resolver	215
5.15. Contas correntes	215
5.16. Associação em participação	216
5.17. Agrupamento Complementar de Empresas e Agrupamento Europeu de Interesse Económico	216
6. Resolução em benefício da massa insolvente	217
6.1. A resolução pelo administrador da insolvência	217
6.2. Atos que não podem ser resolvidos	217
6.3. A resolução condicional e a resolução incondicional	218
6.4. Como deve ser efetuada a resolução	220
6.5. Impugnação da resolução	221
6.6. Efeitos da resolução	221

ÍNDICE

6.7. Oponibilidade a transmissários ou adquirentes posteriores 223
6.8. Ainda os efeitos da resolução em benefício da massa:
    a ação de impugnação pauliana 223
7. Efeitos penais 224

CAPÍTULO VI
Órgãos da insolvência 225
1. Introdução 225
2. O administrador da insolvência 226
   2.1. Nomeação 226
   2.2. Funções 230
   2.3. Exercício das funções 236
   2.4. Remuneração 237
   2.5. Fiscalização 239
   2.6. Destituição 240
   2.7. Outras causas de cessação de funções 242
   2.8. Responsabilidade civil 243
3. Assembleia de credores 245
   3.1. Composição 245
   3.2. Competências 247
   3.3. Presidência e convocação 248
   3.4. Deliberações 250
   3.5. Voto 251
   3.6. Suspensão da assembleia 253
   3.7. Reclamações para o juiz 253
   3.8. A assembleia de apreciação do relatório do administrador
      da insolvência 254
   3.9. A assembleia de credores para discutir e votar a proposta
      de plano de insolvência 257
   3.10. Cessação de funções 259
4. Comissão de credores 259
   4.1. Nomeação 259
   4.2. Composição 261
   4.3. Funções 263
   4.4. Reuniões, voto e deliberações 265
   4.5. Remuneração 266
   4.6. Cessação de funções 267
   4.7. Responsabilidade civil 268
5. Súmula acerca da relação entre os órgãos da insolvência e o juiz 269

UM CURSO DE DIREITO DA INSOLVÊNCIA

CAPÍTULO VII

Reclamação, verificação e graduação de créditos 271
  1. Introdução 271
  2. Créditos sobre a massa e créditos sobre a insolvência 272
  3. Dívidas da massa insolvente/créditos sobre a massa 274
  4. Créditos sobre a insolvência. 275
    4.1. Créditos garantidos 275
    4.2. Créditos privilegiados 278
    4.3. Créditos subordinados 279
    4.4. Créditos comuns 283
  5. Verificação e graduação de créditos 284
    5.1. A verificação de créditos como processo que corre por apenso 284
    5.2. O requerimento de reclamação de créditos 284
    5.3. A não apresentação de reclamação de créditos no prazo fixado
        na sentença de declaração da insolvência 289
    5.4. As listas dos credores reconhecidos e dos não reconhecidos. 289
    5.5. A sentença de verificação e graduação de créditos
        se não há impugnação 292
    5.6. A impugnação da lista de credores reconhecidos. 294
    5.7. A resposta à impugnação 296
    5.8. O parecer da comissão de credores 298
    5.9. O saneamento. 298
    5.10. Instrução 300
    5.11. Audiência de discussão e julgamento 300
    5.12. A sentença de verificação e graduação de créditos 301
    5.13. O recurso da sentença 312
  6. Verificação ulterior de créditos 313

CAPÍTULO VIII

A liquidação do ativo. 315
  1. A liquidação do ativo para satisfazer os credores. 315
  2. A liquidação do ativo segundo as normas do CIRE.
    O papel do administrador da insolvência e o início da liquidação 319
  3. Os atos jurídicos de especial relevo 325
  4. A venda antecipada de bens. 332
  5. As modalidades da alienação 333
  6. A alienação de bens onerados com garantia real. 334
  7. Ainda a alienação de bens onerados com garantia real:
    o atraso na venda do bem 335

710

ÍNDICE

8. A alienação de imóvel ou fração em que tenha sido feita construção urbana ou esta esteja em curso de edificação 336
9. Bens em contitularidade ou indivisos 337
10. Bens de titularidade controversa 337
11. A liquidação regulada em plano de insolvência. 338
12. Suspensão da liquidação por determinação da assembleia de credores . 338
13. Suspensão da liquidação por decisão do juiz 339
14. Suspensão da liquidação em caso de administração pelo devedor 340
15. Suspensão da liquidação por oposição de embargos à sentença de declaração da insolvência e com o recurso da decisão que mantenha a declaração. A aplicação do art. 40.º, 3, ao recurso da sentença de declaração da insolvência 341
16. A aprovação de plano de pagamentos 341
17. Interrupção da liquidação. 342
18. Encerramento da liquidação da massa insolvente 342

CAPÍTULO IX
Administração da massa insolvente pelo devedor. 345
1. Introdução 345
2. Pressupostos 347
3. Apresentação do requerimento pelo devedor 351
4. Momento da decisão pelo juiz 352
5. Momento da decisão pela assembleia de credores 352
6. A publicidade e registo da atribuição da administração da massa insolvente ao devedor 353
7. A suspensão da liquidação. 353
8. A remissão para o art. 158.º, 1: as dúvidas quanto ao sentido da remissão . 354
9. A remissão para o art. 158.º, 2: bens sujeitos a deterioração ou depreciação 355
10. A fiscalização pelo administrador da insolvência. 355
11. As obrigações que resultem de atos de gestão corrente 356
12. As obrigações que resultem de atos de administração extraordinária . . 357
13. Recebimentos em dinheiro e pagamentos. 358
14. A proibição de atos que não contam com a aprovação pelo administrador da insolvência 358
15. Os poderes conferidos pelo «Capítulo III» do Título IV 359
16. A elaboração e depósito das contas anuais 360
17. A remuneração do devedor ou dos seus administradores e membros dos seus órgãos sociais 360

UM CURSO DE DIREITO DA INSOLVÊNCIA

18. As demais competências do administrador da insolvência 361
19. Termo da administração pelo devedor 362
   19.1. A necessidade de decisão judicial. 362
   19.2. Termo da administração pelo devedor a requerimento deste 362
   19.3. Termo da administração pelo devedor por deliberação
      da assembleia de credores. 362
   19.4. Termo da administração pelo devedor por ter sido afetada
      pela qualificação da insolvência como culposa a pessoa singular
      titular da empresa. 363
   19.5. Termo da administração pelo devedor a pedido de algum credor . . 363
   19.6. Termo da administração da massa pelo devedor e falta de plano
      de insolvência aprovado e homologado 364
   19.7. Termo da administração da massa pelo devedor e prosseguimento
      do processo. 365

CAPÍTULO X

Pagamento 367
  1. O pagamento para satisfazer os credores 367
  2. As dívidas da massa 367
  3. As dívidas da insolvência. 369
   3.1. Introdução 369
   3.2. Credores garantidos 370
   3.3. Credores privilegiados. 372
   3.4. Credores comuns. 373
   3.5. Credores subordinados 374
  4. Rateios parciais 374
  5. Rateio final 375
  6. Rateios e créditos sob condição suspensiva. 376
  7. Modo de realização dos pagamentos. 377
  8. Pagamento no caso de devedores solidários 377
  9. Remanescente 378
  10. O pagamento pelo Fundo de Garantia Salarial.
     O Fundo de Compensação do Trabalho e o Fundo de Garantia
     de Compensação do Trabalho. 378
   10.1. O Fundo de Garantia Salarial 378
   10.2. O Fundo de Compensação do Trabalho (FCT) ou Mecanismo
      Equivalente (ME) e o Fundo de Garantia de Compensação
      do Trabalho (FGCT) 381

ÍNDICE

CAPÍTULO XI

Encerramento do processo 385
1. O processo de insolvência não vive para sempre 385
2. Realização do rateio final 386
3. Trânsito em julgado da decisão de homologação do plano
de insolvência, se a isso não se opuser o conteúdo deste. 386
4. Pedido do devedor 387
5. Constatação pelo administrador da insolvência da insuficiência
da massa insolvente. 388
6. No despacho inicial do incidente de exoneração do passivo restante ... 389
7. Notificação e publicidade 389
8. O encerramento do processo de insolvência após o trânsito em julgado
das sentenças de homologação do plano de pagamentos e de declaração
de insolvência. A ausência de publicidade ou registo 390
9. Efeitos do encerramento. 390
9.1. Efeitos gerais do encerramento do processo de insolvência 390
9.2. (Cont.). A cessação dos efeitos da declaração de insolvência. 391
9.3. (Cont.). A cessação das atribuições da comissão de credores
e do administrador da insolvência. 392
9.4. (Cont.). O exercício de direitos pelos credores da insolvência
contra o devedor. 392
9.5. (Cont.). O exercício de direitos pelos credores da massa 393
9.6. O encerramento antes do rateio final. 393
9.6.1. Efeitos sobre as resoluções de atos em benefício
da massa insolvente 393
9.6.2. Efeitos sobre processos pendentes de verificação de créditos
e de restituição e separação de bens já liquidados
que se encontrem pendentes 394
9.6.3. Efeitos sobre ações pendentes contra responsáveis legais
pelas dívidas do insolvente propostas pelo administrador
da insolvência 396
9.7. Desapensação de ações. 397
9.8. Efeitos sobre as sociedades comerciais 397
9.9. A declaração sobre o caráter da insolvência 399
9.10. A documentação e os elementos de contabilidade 399

CAPÍTULO XII

Qualificação da insolvência 401
1. A abertura do incidente. Os poderes do juiz 401

UM CURSO DE DIREITO DA INSOLVÊNCIA

2. A insolvência culposa e a insolvência fortuita 403
3. A tramitação do incidente pleno de qualificação da insolvência 406
   3.1. A abertura do incidente: na sentença de declaração da insolvência
      ou em momento posterior 406
   3. 2. A abertura do incidente e o parecer do administrador
      da insolvência 408
   3.3. O parecer do Ministério Público e a possibilidade de qualificação
      da insolvência como fortuita 410
   3.4. As notificações e citação. As oposições. 411
   3.5. As respostas 412
   3.6. O parecer da comissão de credores 412
   3.7. A remissão para os arts. 132.º a 139º quanto aos termos
      subsequentes 413
   3.8. A sentença de qualificação 415
      3.8.1. A sentença qualifica a insolvência como culposa
         ou como fortuita 415
      3.8.2. A presunção inilidível de insolvência culposa 416
      3.8.3. A presunção ilidível de culpa grave. 421
      3.8.4. As pessoas que podem ser afetadas pela qualificação. 423
      3.8.5. A inibição para administrar patrimónios alheios. 427
      3.8.6. A inibição para o exercício do comércio. 428
      3.8.7. A inibição para a ocupação de qualquer cargo de titular de órgão
         de sociedade comercial ou civil, associação ou fundação privada
         de atividade económica, empresa pública ou cooperativa 429
      3.8.8. A perda de créditos sobre a insolvência ou sobre a massa
         insolvente e a condenação na restituição de bens ou direitos
         recebidos em pagamento daqueles créditos 430
      3.8.9. A obrigação de indemnizar 430
      3.8.10. O termo da administração da massa pelo devedor pessoa singular
         titular de empresa: o art. 228.º, 1, c) 439
      3.8.11. Cessação antecipada do procedimento de exoneração
         do passivo restante. O art. 243.º, 1, c) 439
      3.8.12. Outros casos em que os comportamentos que conduzem
         à qualificação podem ser relevantes 440
      3.8.13. A inabilitação e o seu desaparecimento com a Lei 16/2012. . . . 440
4. A tramitação do incidente limitado de qualificação da insolvência 440
   4.1. Casos em que é admissível 440
   4.2. A aplicação dos arts. 188.º e 189.º 441
   4.3. As adaptações. 441
      4.3.1. Quanto ao prazo para as alegações previstas no art. 188.º, 1 441

ÍNDICE

4.3.2. Quanto ao prazo para o administrador apresentar o parecer . . . 442

4.3.3. Quanto aos documentos da escrituração do insolvente 442

4.3.4. Quanto às menções da sentença que qualifique a insolvência
como culposa 443

4.4. Os deveres previstos no art. 83.º. 444

CAPÍTULO XIII

O plano de insolvência. 445

1. Introdução 445

2. A apresentação da proposta 450

2.1. Apresentação pelo devedor 450

2.2. Apresentação pelo administrador da insolvência. 451

2.3. Apresentação por credor ou credores 453

2.4. Apresentação por responsável legal pelas dívidas da insolvência . . . 453

2.5. Apresentação da proposta e suspensão da liquidação e partilha. . . . 454

3. O conteúdo do plano (e da proposta) 455

3.1. Para liquidar; para recuperar o titular da empresa;
para transmitir a empresa; misto 455

3.2. O conteúdo do plano: a esfera jurídica dos interessados
e os direitos de terceiros 456

3.3. O princípio da igualdade 456

3.4. A indicação das alterações para as posições jurídicas dos credores
da insolvência. 457

3.5. Os elementos do art. 195.º, 2 458

3.6. Providências com incidência no passivo 459

3.7. Providências específicas de sociedades comerciais 464

3.7.1. As providências não são taxativas 464

3.7.2. O plano condicionado à adoção e execução pelos órgãos
societários competentes de medidas que não constituam
meros atos de disposição 465

3.7.3. A redução do capital para cobertura de prejuízos 466

3.7.4. O aumento de capital a subscrever por terceiros ou por credores . 468

3.7.5. A alteração dos estatutos 471

3.7.6. A transformação da sociedade. 472

3.7.7. A alteração dos órgãos sociais 472

3.7.8. A exclusão de todos os sócios da sociedade em nome coletivo
ou em comandita simples 473

3.7.9. A exclusão dos sócios comanditados na sociedade
em comandita por ações 473

UM CURSO DE DIREITO DA INSOLVÊNCIA

3.8. Saneamento por transmissão 474
3.9. Subscrição de participações no caso de aumento do capital
social da devedora ou de constituição de sociedade
em saneamento por transmissão 476
3.10. Condições suspensivas e resolutivas 476
3.11. Necessidade de consentimento do devedor/de credor e casos
de dispensa 477
3.12. As consequências da falta de estipulação expressa quanto
a certas matérias 481
3.13. O conteúdo do plano: alguns aspetos relativos ao período posterior
ao encerramento do processo: a fiscalização pelo administrador
da insolvência, a prioridade a novos créditos e outros temas 482
4. Decisão do juiz sobre a proposta 483
5. Não admissão da proposta de plano de insolvência e cessação
da suspensão da liquidação e partilha 485
6. Notificação para parecer 485
7. A assembleia de credores para discutir e votar a proposta
de plano de insolvência. Convocação 486
8. Alterações na assembleia 488
9. Votação sobre a proposta de plano 489
9.1. Créditos que não conferem direito de voto 489
9.2. Votação na assembleia ou votação por escrito 490
9.3. Aprovação 491
9.4. Não aprovação 492
10. Homologação 493
11. Atos que devem preceder a homologação 493
12. Recusa de homologação 494
12.1. Recusa oficiosa de homologação 494
12.2. Recusa de homologação a requerimento dos interessados 496
12.3. Recusa de homologação, liquidação e partilha 499
13. Alguns efeitos da homologação 499
13.1. Quanto aos créditos sobre a insolvência. Os créditos sobre a massa . 499
13.2. Quanto aos negócios previstos no plano de insolvência 500
14. Encerramento do processo (ou não) 501
15. A execução fiscalizada pelo administrador da insolvência 502
15.1. A necessidade de previsão no plano de insolvência 502
15.2. Os deveres de informação a cargo do administrador da insolvência
durante o período de fiscalização 505
15.3. A manutenção em funções do administrador da insolvência
e da comissão de credores 505

ÍNDICE

15.4. A duração do período de fiscalização 506
15.5. Publicidade da fiscalização 507
16. Incumprimento 507

CAPÍTULO XIV

O Processo Especial de Revitalização 509
1. Notas prévias e caracterização geral. O PER dos arts. 17.º-A
a 17.º-H e o PER do art. 17.º-I 509
2. O art. 1.º, 2, do CIRE. A situação económica difícil e a situação
de insolvência iminente 511
3. A suscetibilidade de recuperação (art. 17.º-A, 1). 514
4. «Requerimento e formalidades» (art. 17.º-C) 514
4.1. Requerimento? 514
4.2. A «manifestação de vontade do devedor e de, pelo menos, um dos seus
credores», de «encetarem negociações conducentes à revitalização
daquele por meio da aprovação de um plano de recuperação». 515
4.3. Tribunal competente 516
4.4. As declarações e documentos a juntar/apresentar 516
5. O despacho a nomear, «de imediato», um administrador judicial
provisório. Os seus efeitos. 517
5.1. Onde está (previsto) o despacho? 517
5.2. Efeitos sobre o devedor 519
5.3. Efeitos sobre os credores 520
5.4. Efeitos processuais. 521
6. A reclamação de créditos, a lista provisória de créditos
e as impugnações 523
6.1. A reclamação de créditos 523
6.2. A lista provisória de créditos 524
6.3. As impugnações e a decisão 525
7. As negociações e prazo para a sua conclusão. 526
7.1. Prazo 526
7.2. Termos das negociações. 526
7.3. Garantias e financiamentos. 528
7.4. O fim das negociações por iniciativa do devedor a todo o tempo . . . 531
7.5. Acordo ou plano?. 532
7.6. O Fisco e a Segurança Social 533
7.7. O prazo para a votação. 534
7.8. A elaboração do plano e a necessidade de homologação 534
7.9. Aprovação do plano e conclusão das negociações 535

UM CURSO DE DIREITO DA INSOLVÊNCIA

8. O plano de recuperação conducente à revitalização do devedor
em que intervenham todos os credores 535
  8.1. Aprovação unânime, assinatura, homologação 535
  8.2. Intervenção de todos os credores 536
  8.3. Votos e votação 536
  8.4. Homologação e recusa de homologação 537
9. O plano sem unanimidade ou sem a intervenção de todos os credores . . 538
  9.1. Aprovação «sem observância» do art. 17.º-F, 1 538
  9.2. O plano aprovado é remetido ao tribunal pelo devedor 539
  9.3. Aprovação do plano. Maiorias 539
  9.4. Homologação e recusa de homologação 545
10. Uma terceira alternativa regulada na lei: «o devedor ou a maioria
dos credores» prevista no n.º 3 do art. 17.º-F concluem
antecipadamente que não é possível alcançar acordo
ou é ultrapassado o prazo para concluir as negociações 546
  10.1. Encerramento do processo negocial e encerramento
do processo especial 546
  10.2. A atuação do administrador judicial provisório se o devedor
não está insolvente 547
  10.3. A atuação do administrador judicial provisório se o devedor
está insolvente 548
11. O PER do art. 17.º-I 554

CAPÍTULO XV
O SIREVE 557
1. A revisão do procedimento de conciliação extrajudicial 557
2. Em que casos é possível o recurso ao SIREVE 558
3. A necessidade de requerimento. Legitimidade para a apresentação 560
4. O requerimento e a sua apresentação 560
5. A eliminação da causa de suspensão do prazo para apresentação
à insolvência 561
6. Apreciação do requerimento pelo IAPMEI 562
7. Efeitos do despacho de aceitação 563
  7.1. A eliminação da exigência de parecer do IAPMEI 563
  7.2. As negociações. Os participantes 563
  7.3. Efeitos processuais 567
  7.4. Efeitos sobre os poderes da requerente 569
8. A tomada de posição pelos participantes no procedimento 569
9. O acordo 570

ÍNDICE

10. A proteção dos financiadores 573
11. Efeitos processuais do acordo 574
12. O suprimento judicial do acordo dos restantes credores relacionados pela empresa e a homologação 575
13. Incumprimento do acordo 578
14. Novas dívidas à Fazenda Pública ou à Segurança Social. 579
15. Extinção do procedimento 580

CAPÍTULO XVI
Exoneração do passivo restante 583
  1. A insolvência de pessoas singulares e a exoneração do passivo restante: a razão de ser do regime 583
  2. O requerimento de exoneração do passivo restante 585
    2.1. Quem pode requerer. 585
    2.2. Momento de apresentação do requerimento 586
    2.3. Requisitos especiais do requerimento 589
  3. O despacho de indeferimento liminar. 589
    3.1. Momento em que é proferido 589
    3.2. Fundamentos de indeferimento liminar 590
    3.3. Despacho de indeferimento liminar/despacho de rejeição do pedido 593
  4. Despacho inicial. 595
  5. Cessão do rendimento disponível 600
  6. O fiduciário. 602
    6.1. A escolha do fiduciário. 602
    6.2. A remuneração e o reembolso das despesas. 603
    6.3. O fiduciário e o rendimento cedido. 604
    6.4. A fiscalização do cumprimento das obrigações do devedor 607
    6.5. A fiscalização da atividade do fiduciário 608
    6.6. A cessação de funções. 608
    6.7. Apresentação de contas após a cessação de funções 609
    6.8. Responsabilidade do fiduciário 609
  7. Obrigações do devedor durante o período da cessão 609
  8. Cessação antecipada do procedimento de exoneração. 610
    8.1. Requerimento. 610
    8.2. Encerramento antecipado declarado oficiosamente 611
    8.3. Recusa de exoneração e antecipação da cessação do procedimento . 611
    8.4. Os fundamentos previstos no art. 243.º, 1 612

UM CURSO DE DIREITO DA INSOLVÊNCIA

8.5. Casos em que é necessária a audição do devedor, do fiduciário
e dos credores da insolvência. 614
8.6. A atitude do devedor no que diz respeito às informações
a prestar e a recusa de exoneração 614
9. Decisão final de exoneração/de recusa da exoneração 614
10. Efeitos da exoneração. 615
11. Revogação da exoneração. 616

CAPÍTULO XVII
Plano de pagamentos. 619
1. Algumas vantagens que podem resultar da apresentação
de um plano de pagamentos. 619
2. Quem pode apresentar um plano de pagamentos. 620
2.1. Em geral 620
2.2. A apresentação por marido e mulher. 621
2.3. O art. 250.º e a apresentação de plano de insolvência 622
3. Momento da apresentação. 623
4. Conteúdo do plano de pagamentos. Os anexos 625
5. Despacho liminar de encerramento 627
6. Despacho de suspensão do processo de insolvência 629
7. A notificação ou citação dos credores 629
8. A tomada de posição pelos credores. 630
9. A notificação ao devedor para declarar se modifica ou não a relação
dos créditos 633
10. A notificação ao devedor para modificar o plano de pagamentos 634
11. A notificação aos credores relativamente às modificações
ou aos acrescentos previstos no art. 256.º, 3 e 4. 635
12. O «novo pronunciamento» dos credores. 635
13. Os titulares de créditos não incluídos na relação anexa ao plano e o
prosseguimento de outro processo de insolvência contra o devedor. . . 636
14. O suprimento da aprovação dos credores 637
14.1. Pressupostos gerais. A necessidade de aprovação por credores
titulares de créditos com uma certa importância relativa
e de requerimento. 637
14.2. Quem pode requerer. 638
14.3. Pressupostos dependentes de avaliação em concreto pelo juiz. . . . 639
14.4. A decisão do juiz quanto ao requerimento de suprimento
da aprovação dos credores. 640
14.4.1. Indeferimento 640

ÍNDICE

14.4.2. Deferimento 641
15. A sentença de homologação do plano de pagamentos.
A recusa de homologação. 641
16. A sentença de declaração de insolvência. 643
17. Encerramento do processo de insolvência. 644
18. A sentença de homologação do plano de pagamentos e o pedido
de declaração de insolvência noutro processo 644
19. A sentença de declaração de insolvência e os outros processos
de insolvência instaurados pelos titulares de créditos não incluídos
na relação anexa ao plano. 646
20. Incumprimento do plano de pagamentos. 647

CAPÍTULO XVIII

Insolvência de ambos os cônjuges 649
1. Introdução 649
2. Apresentação conjunta de ambos os cônjuges à insolvência. 650
3. Processo de insolvência instaurado contra ambos os cônjuges
por terceiro 650
4. Processo de insolvência instaurado contra um dos cônjuges
e apresentação à insolvência do outro cônjuge no mesmo processo. . . . 652
5. A proposta de plano de pagamentos e as reclamações de créditos 654
6. A lista dos credores reconhecidos e a sentença de verificação
e graduação de créditos 655
7. Os votos na assembleia de credores 655
8. Os votos nas deliberações da comissão de credores. 655
9. Dívidas comuns e próprias. Inventário, manutenção e liquidação 655

CAPÍTULO XIX

Insolvências transfronteiriças: breve apontamento. 657
1. A insolvência de devedores com atividade plurilocalizada 657
2. O Regulamento CE 1346/2000, de 29 de maio,
e o Regulamento 2015/848, de 20 de maio. 661
3. O «Centro dos Interesses Principais» («CIP») do devedor 668
4. Centro dos Interesses Principais e sede estatutária. 673
5. Centro dos interesses principais e devedor pessoa singular 675
6. Grupos de sociedades e insolvência 676

UM CURSO DE DIREITO DA INSOLVÊNCIA

Bibliografia   679

Índice Analítico   697

Índice   703